R 1326

1665-1673

Boulay, E. du

Historia universitatis parisiensis

1

HISTORIA VNIVERSITATIS PARISIENSIS.

HISTORIA VNIVERSITATIS PARISIENSIS

IPSIVS FVNDATIONEM,

NATIONES, FACVLTATES, MAGISTRATVS, DECRETA, Cenſuras & Iudicia in negotiis fidei, Priuilegia, Comitia, Legationes, Reformationes. Item Antiquiſſimas Gallorum Academias, aliarum quoque Vniuerſitatum & Religioſorum Ordinum, qui ex eadem communi matre exierunt, Inſtitutiones & Fundationes, aliáque id genus cum inſtrumentis publicis & authenticis à Carolo M. ad noſtra tempora ordine Chronologico complectens.

Authore   *Eloquentiæ*
emerito Profeſſore, antiquo Rectore & Scriba eiuſdem
Vniuerſitatis.

AB ANNO CIRCITER 800. AD ANNVM 1100.

PARISIIS,
Apud FRANCISCUM … via Iacobæa, ad Imaginem Diui
Franciſci Seraphici, prope Fontem Sancti Seuerini.

CVM PRIVILEGIO REGIS.

LVDOVICO XIV.
FRANCIÆ
ET NAVARRÆ
REGI CHRISTIANISSIMO.

*P*atere, *REX AVGVSTISSIME,
prodire sub auspiciis tuis Vniuersitatem Parisiensem. Regium ipsa cùm opus sit, non
alium debuit quàm Regem Patronum de-
ligere. Commodè verò & peropportunè contingit, vt quo tempore Orbem Vniuersum imples nominis
tui famâ, omniumque animos venturæ laudis expectatio-
ne suspendis, effundere se incipiat in lucem. Sic enim sperat faciles se aditus habituram vbique, & loca plurima,
vbi magnificè recumbat, reperturam: donec numeris suis
annisque pariter absoluta, eius gloriæ quæ sibi à te accesserit, commemoratione, seculi tui felicitatem illustret. Cùm
verò ipsa se tibi offert, vouet dedicatque, non extollit muneris dignitatem: talis est qualem fecerunt Maiores tui, talemque successum ostentat, qualem sibi dum eam conderet
inuictus Carolus M. pollicitus est habituram. Non enim
ille Studiorum æternitatem quam Barbaræ Gentes in Galliam irrumpentes interruperant, restituendo, nominis duntaxat sui gloriam quæsiuit, aut Regni Gallicani splendorem,
sed id maximè, vt apertâ publicâ litterarum Officinâ, pro-*

ã iij

positisque Priuilegiis & Beneficiis, ex omnibus Orbis Christiani partibus studiosos alliceret, allectos Gallicanis fontibus simul & animis imbueret, imbutos ad amorem Regni, & ad Religionis Christianæ defensionem veræque fidei propagationem vnanimiter adunaret. Nec id contigit præter quam sperabat. Postquam enim vniuersos populos sibi subditos solenni diplomate certos fecit de consilio quod conceperat, ecce Italia, Saxonia, Germania, totumque Imperium Occidentale vltro se submittit, miratusque est vniuersus pene orbis Christianus factum se momento Gallicum, adeò numeroso examine Græci, Latini, Itali, Hispani, Saxones, Germani, Angli Scoti & Hiberni in Galliam sese effuderunt: qui deinde in Patriam remeantes, cæterorum Popularium animos, sæpe etiam aduersos ad amorem Caroli Gallorumque conuerterunt. Quam tam facilem promptamque de animis victoriam agnoscentes Monarchæ Exteri, veritique ne vlterius progrederetur, eiusdem exemplo Caroli sapientiores facti, instituerunt ipsi, quanquam non tam felicibus auspiciis, Academias apud se, vt proposita similiter opportunitate studiorum subditos suos aliquatenus retinerent & à peregrinandi desiderio auerterent. Hinc Bardas Imperator Constantinopolitanam instaurauit; Alfredus Anglorum Rex, & ipse quoque Magnus appellatus, Oxoniensem, euocatis ad id opus Magistris Gallicanis instituit & plantauit. Eodemque exemplo Carolus Caluus Ludouici Pij ex Iuditha filius, litterarum ruinis, quas regnante Patre turbæ Ciuiles fecerant, reparatis, paterni auitique Imperij habenas quæ Patruelibus debebantur, recepit, felicissiméque tractauit: conspirantibus in id scilicet Italis Romanisque, qui studij Parisiensis frequentatione & Gallicano commercio iam diu frui consueuerant. Quid quòd cum in imbelles Successorum manus sceptra Francica deuenissent, ipsis tractandis. Hugo Capetus suffectus, eique ob id maximè assertum firmatumque solium vnanimi Procerum consensu, quod Robertus filius litteratus adolescens Athenas Francicas Instaurandæ spem daret, quæ bellis intestinis & Normannicis attrita pene conciderat? Et quid aliud Henricum I. Philippum I. Ludouicum Crassum, Ludouicum Iuniorem & Philippum Augustum contra eos hostes à quibus lacessiti & impetiti sunt, defendit, immò triumphatores effecit, nisi quia Musarum Parisiensium beneficio habebant vbique terrarum amicos, non armis territos, non ambitione conquisitos, non largitione corruptos, sed amoris & patrocinij, quod liberis eorum in Musæo Regio commorantibus præstabant, vinculis deuinctos & alligatos? Hinc non dubitarunt Guido Manfredi filius & Manfredus filius Pizi, tunc cùm Fridericus Ænobarbus Imperator frendebat aduersus Gallos qui Alexandro III. summo Pontifici patrocinabantur, Ludouico VII. Alb. nepotem suum, quem ad Parisiense studium tanquam Ad Catholicæ fidei arcem, mittebant, commendare, & studium in suis partibus opemque polliceri. Similiterque Lantgrauius missis liberis duobus, eidem Regi non aliunde notus, hoc vno voluit innotescere, datáque occasione se suáque omnia illi addicere. Adeò certum & potens amicitiæ societatísque pignus est dare liberos obsides. Nec potentius reperit Iulius Sacrouir, vt Galliam à Romanis triumphatam in pristinam vindicaret libertatem, quàm Æduensem vrbem occupando, vbi nobilissima Galliarum soboles, teste Tacito, studijs operabatur. Quo facto si quid ab eo peccatum est, admissáque tamen est excusatio necessitatis, quantò certius est amoris pignus, non vi, non terrore, non carcere, non armis, sed patrocinio, liberalitate, gratia, priuilegijs obsides liberos detinere?

Neque verò ad debellandos hostes exteros armáque de manibus eorum excutienda solummodo contulit Academia Parisiensis, Ecclesiæ quoq; Statúsque Gallicani libertates & auita iura, doctrinæ nunquam fatiscentis clypeo, omni æuo *omni seculo, omni tempore propugnauit; Inuasores aut inuadere volentes repressit, schismata extinxit, hæreses debellauit. Non commemoro quid Imperio, quid aliis quibusdam Regnis acciderit: quid Henricis III. IV. V. Lothario, Conrado & Friderico Ænobarbo Imperatoribus: nihil simile contra Galliam attentatum est, aut effectum, immò nec contra eos attentatum fuisset, si ab eis Gallia stetisset. Etenim nemo est tam parum in historia versatus, qui nesciat partem in quam ipsa inclinauit, semper fuisse potiorem. Senserunt ipsi quos commemorauimus Imperatores, experti sunt & Pontifices Romani nullum præsentius in schismatis & tumultibus Italicis ac Romanis comprimendis præsidium patrociniumque esse, quàm Gallicanum: nec agnitos ab Ecclesia fuisse pro Pontificibus, quos Gallia pro Pontificibus non agnouisset. Quo argumento Theobaldus Cantuariensis Archiepiscopus Henricum II. Anglorum Regem à partibus Octauianis & à Friderico Augusto ad Alexandrum III. cui Gallia fauebat, auocauit & transtulit.* Eos, inquit, in humili casu præualuisse crebra recolimus lectione, quos Gallicana recepit & fouit Ecclesia, & infelicem exitum eorum, quos tentationis impetus introduxit. Sic obtinuerunt temporibus nostris Innocentius aduersùs Petrum, Calixtus aduersùs Burdinum, Vrbanus aduersùs Vvibertum, Paschalis aduersùs tres, Albertum, Maginulfum, Theodoricum, & multi similiter in diebus Patrum.

Longum esset ire per omnia secula, & quàm multa sint ope Francorum extincta schismata, quàm multi Pontifices recreati, commemorare. Qua in re quantam partem esse crediderint Academiæ Parissatis indicant priuilegia quæ vltro illi nec rogati concesserunt, beneficia quæ Magistris ipsius contulerunt, dignitates Ecclesiasticæ ad quas eos promouerunt, intima Curiæ Rom. consilia, quorum eos participes esse voluerunt, ipse denique Pontificatus supremus quo plurimos nostrorum sacer Ordo Cardinalium dignos & decorandos esse iudicauit. Id tandem agnouerunt Imperatores

peratores Rom. qui vt *Pontificum à quibus eos sæpe dissidere contigit, potestatem reprimerent, Vniuersitatisque Paris. vires deminuerent, Iuris Ciuilis restitutione Bononiensem Academiam, Medicinæ professione Salernitanam instaurarunt: vt quemadmodum ex omnibus mundi partibus ad Artium Liberalium Theologiaq; exercitia Parisiensis Vniuersitas auditores alliciebat; sic illa Iurisprudentiæ & Medicinæ amatores attraherent: atque ita, vt disciplinarum, sic doctorum media quasi parte vindicatâ, aut tabesceret Parisiensis, aut certè incelebrior & infrequentior foret, partemque longè maximam amitteret authoritatis. Et forsan eueniffet quod coniecerant, nisi Maiores nostri cladem istam præcauentes, iuris quoque Ciuilis & Canonici, nec non & publicam Medicinæ professionem in Lycæo Parisiensi instituissent.*

Verum vt corporibus humanis, ita & Ciuilibus sui sunt morbi suæque mutationes. Fatendum est hanc Regiam Scholam quæ à prima sui institutione seculum nonum iam prope absoluit, ab ea ingenti fama & frequentia plurimum decidisse. Vnde id vero? Tria sunt potissimum quæ commendant Vniuersitatem, Magistrorum fama, disciplinæ scholaris obseruatio, Principum priuilegia. Equidem nunquam illa florentior fuit, quàm nunc est in omni disciplinarum genere. Florent adhuc in Artium liberalium cultura nouem Gymnasia discipulorum quidem numero, non merito Magistrorum inæqualia. Sacer Theologorum ordo nunc maximè, si vnquam alias, toto orbe prædicatur. Medicinæ professio nunquam & nusquam viguit floruitque magis. Decretistarum collegium resumit vires frequentibusq; suorum Auditorum exercitationibus satis demonstrat quid sit ab eo deinceps exspectandum. Quid ergo nunc ad splendorem Academiæ frequentiamque desideratur? non opes, non honores, non dignitates quas nec quæsiuit vnquam, nec ambit vllatenus, sortis quippe suæ & instituti contenta finibus. Aula quæ Beneficiorum & Munerum captatores tam mul-

tos omnis generis & ordinis quotidie videt, videt ab Vniuersitate semel in anno Regiæ Maiestati Cerei munus offerri, nihil postulari, nihil auferri. Quid igitur deest? Priuilegiorum integritas; non eorum modo quibus secura consistat quietemque habeat à turbatoribus, sed eorum maximè quibus singulariter dotata est: ijs quippe modis restituitur splendor, quibus constitutus est, & eâ ratione frequentia redditur quâ comparata est. Illustrissimi Progenitores tui innumeris illam Priuilegijs decoratam esse voluerunt. Carolus M. ex vltimis Britanniæ finibus Alcuinum multosque alios, multos quoque ex Italia exciuit: Caluus Græcos & Hibernos cum Grege Philosophorum ad publicam eruditionem sua celsitudine conduxit, comitate attraxit, dapsilitate prouocauit. Sic illam Ludouicus Crassus, Ludouicus VII. & Philippus Augustus ipsamet Atheniensi, Alexandrinâ & Romanâ florentiorem effecerunt. Eadem ratione consecuti Reges & securitatem ei conciliarunt & dignitatem amplificarunt: quorum exempla præ oculis habens inuictissimus auus tuus Henricus vere Magnus compositis rebus partaque pace nihil antiquius habuit in votis, quàm vt Academiam suam bellis ciuilibus deformatam statutis legibusque in antiquum splendorem reuocaret & priuilegiorum confirmatione solidaret. Tu quoque Rex Paterni auitique in eam amoris æmulus, Imperio Francico succedens eadem authoritate tuâ confirmari voluisti; speramusque fore, vt quandoquidem totus in Regni tui reformationem incumbis, oculos tandem ad Academiam quoque tuam conuertas, eamque in antiquum splendorem dignitatemque restituas.

Quod si veterem quoque frequentiam illam restitutam cupis, Ecce quo consilio Carolus M. eam procurauit. In toto Imperio suo scholas esse voluit duplicis generis, priuatas & publicas. Priuatas in omnibus passim Episcopijs & Cœnobijs vbi Grammatica, Arithmetica & Musica seu cantandi methodus, aliaque eiusmodi artium inferiorum *primordia commodè & minoribus impensis traderentur.* Publicas *quas vulgo Vniuersitates appellamus in 3. tantum locis ; Parisiis, Bononiæ & Ticini, ad quas è priuatis & minoribus illis qui vellent iam non rudes accedere possent, altioribus disciplinis imbuendi. Ac de Bononiensi quidem & Ticinensi nihil hic commemoramus. Parisiensis verò tanta fuit eo etiam regnante, deinde sub Caluo celebritas & frequentia, tam purus sanæ doctrinæ alueus, vt non modo Franciæ & Imperio, imo toti Ecclesiæ sufficere potuerit. Et certè quandiu vnica fuit, non ea visa est in rebus fidei Doctorum dissensio quæ deinde, postquam multiplices aliæ Vniuersitates & innumera scholæ institutæ sunt aut permissæ.*

Quotquot olim discendi studio tenebantur, confluebant Parisios, ibique ex eodem fonte eandem doctrinam hauriebant, nec aliam reuersi prædicabant. Et si qui forsan contra id quod didicerant aut aliunde attulerant, sentire audebant, Magistrorum suorum numero & communis matris authoritate statim comprimebantur.

Itaque Ioannis Erigenæ, Berengarii, Abælardi, Gilberti Porretani, Amalrici Carnotensis errores, quanquam suis temporibus tumultus excitarunt, sectatores tamen aut non habuerunt eorum plurimi, aut non diu certè habuerunt. At postquam non modo in exteris Regnis sed in ipso quoq; Gallicano plures Vniuersitates & Collegia publica instituta sunt, plurima inde Reipub. Ecclesiasticæ & Ciuili mala promanarunt. Nam imprimis nonnulli Doctores suarum potius Vniuersitatum & Collegiorum quàm Dei & Ecclesiæ honorem quærentes, & quam semel animis imbiberunt aut sustinere iussi sunt opinionem, propugnare mordicus contendentes, hæreses & schismata alunt sæpe, Ecclesiamque in apertum discrimen propellunt ; dum aut nimium rationi tribuentes, fidei meritum extenuant : aut humanæ infirmitati nimis compatientes Ethicam Christianam deprauant.

Sed & policiæ Ciuili aliud malum accidit. Ex ijs nempe quemadmodum olim ex Cornificianorum scholis, de quibus loquitur Saresberiensis, scioli multi, pauci docti emergunt. Inde Cœnobitarum ingens multitudo tertiam pene Franciæ partem occupat: inde Rabulæ Forenses innumeri, Leguleij & Procuratores litium infiniti, qui quia latine aliquid garrire didicerunt, fodere aut mercaturam facere dedignantes, Regnum familiasque singulas implicant innumeris quæstionibus & inextricabilibus litium formularumque anfractibus. Inde Aratorum militumque robustorum raritas: otiosorum verò Decoctorumque frequentia. inde tandem certissima clades litterarum. Etenim quotus quisque est peritiæ suæ conscius, qui cum videt furtiuis eiusmodi canalibus Alueum exhauriri Parisiensem, docendi prouinciam suscipere velit? malunt quippe plerique in parua cella sublimem si quam habent scientiam includere, vel vnius adolescentis priuatæ institutioni incumbere, quàm cum timore paupertatis aut solitudinis publicè profiteri. Cui malo, siquidem causa scitur, remedium afferre non est operosum. Quatuor illæ facultates, Artium liberalium, Medicinæ, Iuris vtriusque & Theologiæ quæ tanta cum sedulitate, methodo & peritia docentur, non minus desiderium exteris excitant sciendi quàm olim: nec litterarum amor minor est hodie quàm olim; nec minus certè frequentabitur ab Anglis, Scotis, Hibernis, Italis, Græcis, Germanis, Polonis, Danis, Suecis hæc Academia quàm olim, si par honor litteris reddatur qui olim, par quies earum Professoribus: si scholæ Forenses antiquis finibus coërceantur: vno verbo si antiqua priuilegia ipsi Vniuersitati eiusque scholaribus & Magistris restituantur. E Regia Nauarra.

TVÆ MAIESTATI,

Deuotissimus Cliens & subditus,
Cæsar Egassivs dv Bovlay.

LECTORI
BENEVOLO.

SEPE questus sum apud me, nec vllus est qui non miretur ipse secum, quid sit quod Vniuersitatis Parisiensis toto orbe tam prædicabilis tamq; decantatæ Historiam nemo hactenus contexere aggressus fuerit. Id si quis alius ante nos fecisset, haberes, AMICE LECTOR, Opus longè accuratiùs elaboratum & perpolitum, curiosáque inuestigatione magis commendabile. Inimus viam non ante tritam vlli, nec calcatam. Veremurque ne nobis id eueniat, quod iis quibus iter est per syrtes, aut qui primi prætentant profundum, quibus sæpe hauriri contingit arenæ vorticibus & aquarum. Id verò Maiorumne prudentiæ adscribas an desidiæ, tu videto. Certè licet forte crediderint temerarium esse tanti operis susceptum, non videtur excusabilis eorum incuria, quod tam multa tamque memorabilia quæ suis temporibus acciderunt, obliterari passi sint: sicque suscipiendi operis desiderium Posteris, spemque successus ademerint. Satis enim tute ipse coniicis, quantæ difficultatis quamque immensi laboris sit nouem prope seculorum gesta replicare, hoc est perlustrare labyrinthum tot inextricabilibus inuolutum & implicitum erroribus, nullo filum porrigente. Reuera Scholæ Francicæ seu Parisiensis meminerunt è veteribus nonnulli, sed ingenti in opere nonnunquam vnico loco, idque sæpe verbulo tenus, aliud cogitando, aliud scribendo & per transennam. Hinc si bene affectus accedis & beneuolus, habes vnde conatum nostrum laudes, qualiscumque futurus sit successus; excuses quoque, si desiderio tuo & expectationi non planè satisfacimus. Nolumus enim, quod legitimè tamen possemus, ingentes occupationes nostras prætexere & defectum otij ac temporis, cuius longè maximam partem rapiunt sibi negotia publica Vniuersitatis. Imò fatemur ingenuè, quod si quid otij diuturnæ professioni Rhetorices, si quid negotiis quibus nos aut publica aut priuata necessitas vacare compellit, à 15. prope annis suffurari potuimus, id totum conquirendis Manuscriptis, instrumentis, monimentisque publicis, Authorum testimoniis colligendis applicauimus & insumpsimus. Nec inutilem videbis laborem nostrum in voluminibus quatuor aut quinque reliquis quæ tibi præparantur: At in his duobus quæ prodeunt in lucem, quæque præmittere necesse fuit, omnino labor ingratus extitit, licet immensus: quippe quantacunque sedulitate & diligentia vetera manuscripta conquisierimus, veteres quoque Authores euoluerimus, non inde tamen assequi potuimus, vnde tibi & nobis fieret satis. Sed id commune malum est omnibus fere vetustis corporibus, nescire suam originem. Si tempus veritatis parens aliquid detexerit, quod certius sit, & iis quæ scripsimus, conforme aut consimile, addendo succenturiabis; si contra, ignorantiam nostram excusando corriges & emendabis. Si quid à nobis in ea re peccatum est, non ex animo certè peccatum existimes: à quo crimine longè absumus.

Vt autem totius operis consilium habeas, accipe hæc paucis. Priusquam historiam aggredimur, nonnulla præmittimus de vetustissimis Galliarum Academiis, vt pateat Vniuersis Galliam nostram ab omni æuo litteratam fuisse litterarumque cultricem, nec à veteribus abs re dici *facundam* ac eloquentem, *elatoque cothurno* incedere. Earum autem aliquæ vetustissimi sunt instituti & Aboriginum Gallorum: quales fuerunt Druidenses, & Massiliensis Græcorum Phocentium. Aliæ à Romanis erectæ, quales sunt Narbonensis, Tolosana, Burdigalensis, Lugdunensis, & aliæ nonnullæ: quas quidem omnes perpetuâ seculorum serie ab ipsa Gallicanæ Gentis origine magnam famam, celebritatem & frequentiam consecutas fuisse testantur Annales omnium temporum, & nemo ambigit; donec circa an. Christi 500. inundantes non in Galliam modò sed in Italiam & Hispaniam Barbari indicto Musis silentio publicam earum professionem sustulerunt.

Veteribus illis quas instituit Gentilis curiositas, successerunt Episcopales & Cœnobiticæ, sed in occulto, nec nisi Clericis & Monachis diu patuerunt. Quippe Principibus barbaris & illiteratis odio erant litterati seculares, ob idque ab omni munere publico arcebantur. Hinc fœda barbaries Galliam occupauit, donec Carolus verè Magnus sciendi appetens, iacturamque istam & Gallicani nominis dedecus ferens iniquo animo, reuocatis quasi postliminio Musis, & accitis vndequaque earum Cultoribus Ludum Publicum in Palatio Parisiensi patere voluit, ad eumque subditos suos omnes datis litteris inuitauit & proprio exemplo incitauit. Ab eo ergo iuxta communem & veram Scriptorum sententiam ducimus Vniuersitatis Parisiensis institutionem & originem. Nec satis mirari possumus secus venisse nonnullis in mentem, non infimæ certè notæ Scriptoribus; cum luce meridianâ clarius sit ab ætate Caroli M. ad hæc vsque nostra tempora publicum fuisse Parisiis litterarum exercitium, illudque celeberrimum & frequentissimum. Quod quidem ipsa seculorum & temporum serie Chronologicaque fide apertè demonstratur. Vnum est quod esse videtur incertum, quæ fuerit primitus Reipub. nostræ litterariæ administratio, quæ forma, qui status: ob idque ad calcem primi seculi dissertationes nonnullas tibi proponimus, vt ex comparatione cum veteribus Academiis tam Etnicis quàm Episcopalibus & Cœnobiticis, & ex eo ordine qui in ipsa cernitur Vniuersitate, habeas quid tenendum sit. Diuinant enim profectò qui putant initio complures vndequaque concurrisse Magistros & Scholares, nullaque communi societate inita singulos Scholas singulares per 400. circiter annos exercuisse, donec sub Philippo Augusto vnum corpus composuerunt, certisque legibus & statutis stabilierunt. Istud dicere, diuinare inquam, est; nam regnante quidem Philippo formam Reipub. certam & stabilem habuit Vniuersitas, sed non nouæ institutionis; nec, cùm tam multi illorum temporum scripta sua ad nos transmiserint, ipsique etiam scholarum Paris. frequentiam prædicent, vllus meminit Reipub. litterariæ tanquam recens institutæ: vnde recurrendum est necessariò ad primordia & ad ipsum fundatorem; vt & in aliis multis, quorum vsus perpetuus cernitur absque initio. Sed vt se res habeat de tempore deque authore istius Reipub. magni certè ingenij fuit singularisque prudentiæ iis fundamentis Vniuersitatem solidare, quibus inconcussa fuit hactenus omnesque procellas & tempestates elisit.

Atque vt quem in hacce componenda Historia tenuimus Ordinem, exploratum habeas, scito nos commodo tuo consulentes & fastidio volentes occurrere, Chronologiam instituisse rerum memorabilium, vt quid singulis seculis; imo quantum fieri poterit, quid singulis annis contigerit, faciliùs intelligas. Eumque ordinem à remotioribus seculis & ab ipsis incunabilis Vniuersitatis deducimus, ne tibi nouum videatur quod leges posterioribus & plenioribus temporibus accidisse. Sic agnosces, quæ sint primæua ipsius membra; quæ administratio antiqua, quæ & à quibus pendeat Rectoris Electio, quæ eius dignitas & Iurisdictio: quando & quamobrem duo Cancellarij instituti, cum in cæteris Academiis vnicus tantum esse soleat: quodnam eorum munus & vnde. Item quando summi Pontifices huic Regiæ Scholæ sua cœperint impertiri priuilegia: quando à Regibus, quando à Pontificibus Regiorum Apostolicorumque Priuilegiorum Conseruatores ad quietem tranquillitatemque studiorum dati. Quod forum, quæ Curia vtriusque Conseruationis. Sic cæterorum Magistratuum & publicorum priuatorumque Ministrorum munia intelliges. Item quæ disciplinæ initio exercitæ, quæ aliæ & quo tempore additæ. Quando primum ex 4. Nationibus Vniuersitas constiterit, quando & quâ occasione superiores, vt vocant, Facultates eidem accesserint. Referimus quoque, quæ fuerit in singulis Seculis Scholæ Parisiensis celebritas, quæ fortuna, quis status. Item Comitiorum solemnitatem, supplicationum publicarum pompam, statuta, decreta, priuilegia, iura, immunitates. Nec omittimus commemorare quæ ex ea Academiæ aliæ ortæ tam Gallicanæ quàm externæ: quæ Ordinum Religiosorum propagines eductæ. Et quia medium quoddam semper Corpus fuit inter Ecclesiam & Regnum, referimus quid in vtroque insigniter notabile contigerit, in cuius partem illa venerit, aut venisse meritò existimetur. Hinc Quæstiones & dissertationes celeberrimas ad vtrumque pertinentes, pompas solennes, Consilia Regnorum, Conuentus Doctorum, Comitia Generalia & Nationaia quibus interfuit, hæreses quas confixit, schismata quæ extinxit, iura Regni quæ propugnauit, libertates quas sustinuit, tractamus. Nec nudè illa aut verbo tenus & breuiter, testimoniis authenticis instrumentisque publicis seruato semper ordine Chronologico à Carolo M. ad tempora nostra deducentes confirmamus. Præterea ad calcem singulorum seculorum synopsim addimus, vt si nolis singula, quæ secundum annorum seriem conscripsimus, legere, compendiosè habeas, & veluti in tabella quis fuerit status, quæ fortuna Vniuersitatis in singulis. Denique Illustrium Academicorum & Mecenatum ac Patronorum qui de litteris & litteratis bene meriti sunt, Catalogum subiungimus, ne quoniam alia multa minoris momenti dicendo persequimur, eorum memoriam neglexisse videamur ad posteros transmittere. Sic habes historiam quodammodo vniuersalem, quia Matrem tibi proponimus Vniuersalem.

Duo verò tibi forsan in hoc opere præcipuè reprehendenda videbuntur: nec dissimulamus, quia & ipsi præuidimus. Vnum est, quod nimis multa interseruerimus ad Vniuersitatis historiam non pertinentia. Alterum, quod in rebus etiam Vniuersitatis nimis numerosam congesserimus Instrumentorum & testimoniorum seu authoritatum multitudinem; quæ res indicat & arguit inopiam dicendorum. De primo consuluimus diuersos & diuersa sentire comperimus. Facti tandem causam hanc aut excusationem accipe. Imprimis nihil est quod tantopere fastidio sit legenti, quàm in eadem materia semper animum mentemque detinere. Varietate pascitur animus non minus quam sensus. Non placet oculis tabella vnius coloris, nec Pratum aut hortus vnius floris, non escæ linguæ vnius saporis; non cantus auribus eiusdem tenoris. Deinde Ecclesiæ & Regno sæpe contigit pro variis rerum concursibus & euentibus operà indigere Vniuersitatis: ob idque non putauimus omnino esse abs re vtriusque statum breuiter contexere, vt inde pateat quis locus fuerit amplificationi vel detrimento litterarum; quæ occasio & vnde materia Quæstionum, disputationum & dissertationum. Etsi quæ sunt alia omnino parerga, vt nobis non displicent, ita nec curiosis saltem omnibus displicitura credidimus. Cæterum qui nolet ea legere, absque dispendio præterire poterit, leuis est iactura papyri, nimisque miserum & meticulosum putamus periturę parcere chartæ, si nihil inde mali euenturum sit, & spes affulgeat aliqua profectus. Instrumentorum autem testimoniorumque & authoritatum multitudinem congerere hæc nos ratio impulit, quod quisquis scire desiderat, omnia cuperet vno volumine contineri, ne mutando libros & consulendo variorum authorum loca, tempus terat inutiliter. *Cæterum quæ abundant, non vitiant*, vt vulgò dicitur. Conuiuium tibi ex variis dapibus instruximus, accipe quæ ad gustum magis sapient, alius alias. *Poscuntur vario diuersa Palato*. Si tamen Propositum nostrum intellexerimus omnino tibi displicere, in aliis voluminibus quæ tibi cuduntur, pollicemur emendationem. Vno verbo.

———*Si quid nouisti rectius istis,*
Candidus imperti, si non, his vtere mecum.

TABVLA
PRÆCIPVORVM CAPITVM
in I. Volumine contentorum.

DE vetustissimis Galliarum Academiis, vbi de Samotheis Sarronidis, Bardis, Druidis. 1. 2. 3.
De Academiis & Doctrina Druidarum. 5
De Religione & Sacrificiis Druidarum. 10
De Legislatione & priuilegiis Druidarum. 15.
De Academia Massiliensi. Vbi de Phocensibus, de variis eorum Artibus, Doctrina & professionibus: deque lingua veterum Gallorum. 16. & seq.
De Academia Æduensi seu Augustodunensi. 25
Dissertatio ibi de Scholis Æduensibus & Cliniensibus. 29
De Academia Narbonensi. Vbi de Ara Narbonensi. 33
De Academia Tolosana: vbi de Institut. Ludorum Floralium. 39
De Academia Burdigalensi. Vbi de variis eius scholis in omni disciplinarum genere. 46
De schola Pictauiensi. 55
De schola Aruerna. 57
De schola Treuirensi. 58
De schola Vesontina. 58.59
De Academia Lugdunensi. Vbi de famosa Ara Lugdunensi ludisque miscellaneis. 59.

De regimine veterum Academiarum. Vbi de Institutoribus, Rectoribus, Gymnasiarchis, Regentibus seu Professoribus eorumque Receptione, Honorario, Priuilegiis. de Scholaribus, Connictoribus & Bursariis. 66. & seq.
De scholis Cœnobialibus earumque regimine. 79
De scholis Episcopalibus earumque regimine. 81
De scholis Parisiensibus ante Carolum Magnum. 84
De Institutione seu Fundatione Vniuersitatis Paris. per Carolum Mag. vbi de scholis publicis & priuatis. 91
Vniuersitatis Par. s. Fundationem deberi Carolo Mag. probatur authoritate Scriptorum primæ ætatis, qui floruerunt ab an. circiter 800. ad an. 1200. 100
Idem probatur authoritate Scriptorum mediæ ætatis ab an. 1200. ad an. 1400. 111
Idem probatur authoritate Scriptorum postremæ ætatis ab an. 1400. ad an. 1600. 115.
Respondetur rationibus Quorandam Scriptorum contra Carolinam Fundationem. 121.

I. SECVLVM VNIVERSITATIS PARISIENSIS AB AN. CIRciter. 790. ad an. 900.

HÆreses ab Alcuino & aliis Academicis confixa. 134
Missa Gallicana. 141
De Scriptorum librariorum officio. 142
Schola publica seu Vniuersitates, Parisien-

sis, Ticinensis & Bononiensis. 159
Clades litterarum. 167
Historia Gothescalci. 178
Academiæ seu Vniuersitatis Constantinopolitanæ instauratio. 176

ã

Nundina Indictales S. Dionysii, vbi de Iure pergamentario Rectoris Vniuerſ. Pariſ. & Mineruali quod Indictale Gall. Lendit. Status Vniuerſitatis Pariſ. ſub Carol Caluo. 195
Diſſertatio de Hiſtoria S. Dionyſii Areopagita. 198
Schola Remenſis inſtitutio. 21
Vniuerſitatis Oxonienſis Inſtitutio per Magiſtros Pariſienſes, vbi de eius regimine & Collegiis. 210
Synopſis I. Seculi. De Fortuna & Statu Vniuerſitatis Pariſ. 232
Hareſes I. Seculi. 233
Fauor Principum erga Vniuerſitatem Pariſ. 234
Priuilegia à Carolo M. Vniuerſitati conceſſa. 235
Diſſertatio de Nunciis maioribus & minoribus Vniuerſitatis eorumque officio. 237
Maiorum Nunciorum inſtitutio, cauſa & neceſſitas Inſtitutionũ. Sodalitium eorundem apud Mathurinenſes. 239
Diſſertatio de ſtipendiis Magiſtrorum & nominationibus ad Beneficia. 241
Diſſertatio de Prato Clericorum. 244
De Statu Vniuerſitatis in I. Seculo. 249
Regimen Vniuerſitatis. 249
Nationes, & Facultates Vniuerſitatis: & de earum antiquitate. 250
Procuratores Nationum. 252
Diſſertatio de Rectore Vniuerſitatis. 257
De Iudice & Conſeruatore Priuilegiorum Vniuerſitatis. 265
De Epiſcopo Pariſienſi, quo ad regimen Vniuerſitatis. 267
De ordine Vniuerſitatis in Exequiis Regum & ſolemnibus ſupplicationibus. 270
De Cancellariis Vniuerſitatis. 272
De Munere Cancellary Pariſienſis. 277
De Generibus Diſciplinarũ primi ſeculi. 281
Diſſertatio de antiqua promotione ad Magiſterium in Vniuerſitate Pariſienſi. 284

II. SECVLVM AB AN. 900. AD AN. 1000.

Schola Turonenſis. 290
Academia Cãtabrigienſis inſtitutio. 291
Normanorum in Neuſtria habitatio. 296
Nationum duarum, Normanicæ & Picardicæ ad Vniuerſitatem Pariſ. acceſſio. 297
Vbi rurſus de Antiquitate Gallicanæ & Anglicanæ. ibid.
Aureliacenſis Cœnobÿ fundatio. 298
Schola Cœnobiales 2. ſeculi. 310
Hirſaugienſis. San-Gallenſis, Fuldenſis, Lobienſis, Aureliacenſis, Floriacenſis. 311. 312. & ſeq.
Academia Pariſienſis ſtatus. 313
Schola Leodienſis. 315
Academia Iudæorum, Sorana & Pumbeditanha. 316
Rurſus de Prato Clericorum Vniuerſitatis Pariſ. 314
De Gerberto Aquitano. 333
Synopſis II. Seculi. 344
De fortuna & ſtatu Vniuerſitatis Pariſienſis. ibid.

III. SECVLVM AB AN. 1000. AD AN. 1100.

Origo Hareſeos de Myſterio Euchariſtico. 354
Schola Carnotenſis ſub Fulberto. 356
Schola Remenſis ſtatus. 360
Hareſis Aurelianenſ. Manicheor. ſub Roberto Rege damnata. 363
Quæſtio de Apoſtolatu S. Martialis Pariſiis & alibi agitata. 372
De ſtatu Vniuerſitatis Pariſienſis ſub Rege Roberto. 383
De Rectoris Electione, Dignitate & Authoritate. 385
De Cancellariis. 385. 389
De Ornamentis Pellium in Pallio Rectoris & Procuratorum Nationum. 391
Burſariorum inſtitutio. 392
Parium Franciæ inſtitutio. 395
Cardinalium Rom. inſtitutio. 400
De Berengario & Lanfranco. 410
Concilium Brixenſe in Normania contra Berengarium. 419
Concilium Pariſienſe contra Berengarium. 410
Concilium Vercellenſe contra eundem. 422
Turonenſe contra eundem. 424
Romanum ſeu Lateranenſe contra eundem. 425
Andegauenſe contra eundem. 438
Pictauienſe.
Burdigalenſe.

Adelmanni & Hugonis Lingonensis Ep. contra Berengarium.	*De fortuna Vniuersitatis Paris. in 3. sec.* 506.
Arnulfi ad Lambertum de Quæstionibus Eucharisticis.	*De Heresibus. 3¹ sec.* 507
Origo Nominalium & Realium. 443	*De amore & fauore Principum erga Vniuersitatem.* 508
De Primatu Lugdunensi. 445	*De Statu Vniuersitatis in 3. sec.* 510
Origo Ord. Carthusiens. vbi dissertatio de Canonico Rediuiuo. 467	*Methodus docendi.* 511
De Schola Salernitana. 478	*Schola Prouinciales.* 520
De Doctrina Roscelini Nominalium Antistitis. 485	*Oppidana, Cœnobitica, Episcopales, ibid.*
Synodus Suessionensis contra Roscelinum. ibid.	*Remensis, Leodiensis, Aurelianensis, Turonensis, Andegauensis, Engolismensis, Carnotensis, Laudunensis.* 524
Dissertatio de filiis Presbyterorum ad Ordines & Beneficia Eccles. promouendis. 489	*Dissertatio. De Mercede & Honorario Magistrorum seu Regentium.* 524
De Expeditione Hierosolymitana & Concilio Claromontano. 494	*De Moribus 3. Seculi. Et ibi de Iudiciis Publicis aquæ calidæ & ferri candentis.* 532
Origo Cisterciensis Ordinis. 502	*Catalogus Illustrium Academicorum in 3. Seculis primi voluminis contentorum.* 542.
Collegium Octodecimanum prope Atrium Basilicæ Parisiensis. 503	*Index rerum & Verborum.*
Synopsis 3. Seculi.	

F I N I S.

Summa Priuilegij Regis Christianissimi.

LVDOVICI XIV. Franciæ & Nauarræ Regis Christianissimi diplomate cautum est, ne quis in suo Regno locisve ditioni suæ subiectis intra decem annos à die Impressionis primæ inchoandos excudat, vendat, excudendum vendendumque curet librum, cui titulus est, *Historia Vniuersitatis Parisiensis*, Opera CÆSARIS EGASSII BVLÆI, antiqui Rectoris eiusdem Vniuersitatis. Vt amplius eodem diplomate caueatur, Dato Parisiis 15. April. an. 1663. Signatum, Per Regem, LE GROS.

Idem verò Bulæus ius suum transtulit in Franciscum Noël, Typographum & Librarium iuxta pactum inter eos initum,

In publicas Typographorum, ac Bibliopolarum Parisiensium Societatis tabulas relatum,
22. Martÿ 1664.   E. Martinus Syndicus.

Hæc prima Editio absoluta fuit die vltimâ Septemb. an. Domini 1665.

Pag.	Lin.	Errata.	Corretta.	Pag.	Lin.	Errata	Corretta.
9.	44	qua loquebantur	quam loquebantur	346	1	Parisiensis	Parisiis
40	35	honore	horrore.	.....	17	aptaquiuit	aptauit qui.
47	18	Parentandum esse quos	parentandum esse iis quos	.....	40	subtilitatem	subtilitatum.
51	4	præuilegia	priuilegia.	350	58	disciplinæ	disciplinam.
68	51	Solonem	Sophoclem.	355	49	Fulbutus	Fulbertus
76	2	pensiare	pensitare	370	55	Vvillielmus	& Vvillielmus
ibid.	17	certæ Gentis	certè gentis	375	1	ille	illi
.....	50	finceritus	finceritas	381	4	Bituricensi	Burdigalensi
78	11	fecit	feci.	393	56	sequentur	sequuntur.
103	39	verca	verba.	394	11	appellatur	appellantur.
107	15	diximus	dicimus.	401	11	deum	dum
109	41	1001.	1101.	405	17	extrema	extremas.
.....	48	114.	118.	413	55	Genere Ædua	Gente Ædua.
113	54	prorositio	propositio.	428	14	non inde	tolle non
121	58	post eiusdem Caroli adde	exemplum.	429	38	ac damnabilem	tolle ac
134	1	Publicam Emporium	publicum.	455	52	In concilio tantum	tolle tantum
144	40	de verbo verbum	ad verbum.	456	1	Ædunensis	Æduensi
156	53	victorissimis	victoriosissimis	459	16	rennuntiauit	renunciauit
161	4)	priuatas	priuatis	466	43	Berthrada	Bertha
162	34	post Romanorum adde	aditus.	468	11	dilapidant	dilapidare.
173	50	facete	facere.	470	18	indicaui	indicare.
175	3	affluit	affui.	.....	30	diserto	diserte
179	6	consulerat	consuluerat	479	1	um	tam.
181	19	vocatam	vocatum	493	32	sibi	tibi
202	2	Patrueles	Patruelis	494	44	coactus fuerit	adde ire coactus
211	45	opprime	apprime	509	12	Cardinilibus	Cardinalibus
233	47	bellum imaginibus	pro imaginibus.	521	14	Connificium	Cornificium
251	15	Apostolia	Apostolica	524	24	potera	poterat.
		ista	ita	527	39	ἐξιπεξαπ	ἐξιπεξαπ
256	58	prouidebat	præuidebat	532	44	Est	Ast
260	23	quem	quàm.	547	22	ocamus	vocamus.
263	30	implicitati	simplicitati.	551	25	tua	tuba.
272	42	10.0.	108.	553	31	pugillati	pugillari
284	9	scriptinoe	scriptione	554	28	Saxonicæ carmina	Saxonica
287	34	dem	fidem.	559	1	imbibi	imbibit.
288	39	genuit	gemuit.	566	57	scriptura dicta	scripturæ dicta.
294	53	Manno	Mancio.	567	51	au	in
305	17	cona	conatu	568	35	Abbatis	Ablatis.
310	47	sionibus	sessionibus.	574	14	fide	fine
.....	51	agitationas	agitationes.	584	14	potiut fussie	potuit fuisse.
315	3	in Ecclesias	in Ecclesia S.	586	19	per debeatur pone.	videtur certè
318	14	deposito Leone	deposito Ioanne Leonem	.....	56	spiritalis	spiritali.
.....	22	Saxoniam relegat	in Saxoniam	587	10	à Ro. Pontifici	Pontifice.
322	40	immunitas	immanitas.	.....	12	omnite	omni re
.....	50	fauete	fauere.	595	16		
.....	57	&	ex.	608	14	quem gentis suæ	Gentisq; suæ.
326	39	pro quamlibet	per	609	10	opitius sante	opitulante
327	1	valentes	volentes.	619	50	aperire	aperui
339	24	Henrico IV.	Henrico VI.	630	1	cœna celebranda	cœnæ celebrandæ
.....	38	dede	dederit.	.....	54	difficukat	difficultate
.....	53	interpertem	interpretem.	637	37	manserut	manserunt.
341	28	illi	ille.				

Cætera errata quæ occurrent, facilè tute ipse corriges, & virgulas & puncta malè posita transpositionesque loco mouebis.

DE VETVSTISSIMIS GALLIARVM ACADEMIIS.

SI Gallicanæ Gentis Historiam replicare lubet ad primam vsque originem, reperiemus progenitores nostros, antiquissimos & post diluuium primos Galliarum incolas cum eximiâ laude & dignitate Disciplinas omnis generis exercuisse. Quod quidem certè non parum facit ad commendationem nostræ Gentis. Cæteri enim ferè omnes populi initio rudes & barbari, paulatim & procedente tempore siluestrem ferinumque victum edomuerunt, Artiumque tandem beneficio mitigarunt : at statim, vt à Gomero Iapheti filio (à quo Gomeritæ, teste Iosepho, primùm dicti sunt Galli) seu vt alij volunt, à Samothe habitata est Gallia, cœperunt artes coli, ac disciplinæ omnis generis exerceri. *Samothei.*

Samothes enim, seu frater, seu filius Gomeri, & nepos Iapheti filij Noë, cui Europa in diuisione terrarum obtigerat, anno post diluuium circiter 140. à Gomero, seu ab Aschenase, (quem Cluuerius in sua Germania l. 1. c. 4. totius plagæ septentrionalis Dominum facit) Rex Galliarum constitutus, animarum immortalitatem primus docuit, vsumque litterarum, Philosophiæ præsertim & Astrologiæ. Quam Doctrinam vt transmitteret ad posteros fideliter, instituisse dicitur Sacerdotum Professorumque Collegium, quos Samotheos nominauit. Quamobrem autem hanc Europæ regionem appellauerit Galliam, alij alias rationes afferunt. Nonnulli à voce Hebraïca Gallim nomen deriuant : quod est *transnauigantes*, aut *discooperientes* : cuiusmodi sunt, qui sulcant æquora, littus radunt, & vt vulgus loquitur, plagas discooperiunt, seu detegunt. Hinc genus nauiculæ dictum *Gallion* & *Gallere* ratem nempe remigatam, quæ ab inundatione tutos facit. Ita & Gallos dictos, quasi superantes aquas, quia Arcæ beneficio Noëmus, & ipsius liberi aquas Diluuij superarunt. Alij Galliam, quasi Galatiam à γάλα dictam putant, secuti Virgilium, qui *Lactea colla* Gallorum vocat. Hinc Robertus Antissiodorensis Monachus in sua Chronologiâ, *Gallia*, inquit, *à candore populi nuncupata est*, γάλα *enim Græcè lac dicitur. Montes enim & rigor cœli ab ea parte Solis ardorem excludunt : quo fit, vt candor corporum non coloretur.* Diodorus à Galata Herculis filia Galatiam, inde Galliam dictam putat. Bodinus satis ridiculè ab his vocibus *Où allons-nous ?* vndè *les Oüallons*, Latinè *Guallones & Galli*. Fingit enim Gallos propter exundantem populi multitudinem in Gallia non valentes amplius consistere, à Ducibus peregrè ductos, & inter eundum sese mutuo interrogare solitos, *Où allons nous ?* Frigidè quoque Cluuerius à Celtica voce Gallen, hodie Wallen, Gallicè *aller* iter facere, propter eandem rationem. Nam antequam Bellouesus & Sigouesus regnarent, quorum ductu Gallorum pars in Italiam, pars in Illyricum, atque inde in Græciam & Asiam, pars in Germaniam delata est, credibile est hanc Regionem, Galliæ nomen obtinuisse. Atque idcirco non existimauerim eorum opinionem esse reiiciendam, qui vocem ab Hebræo ductam arbitrantur, cum, vt infra dicetur, primigenia Gallorum lingua, Armenica seu Hebraïca fuerit. Sed de voce hactenus.

Sarronida. Sarron Rex Galliarum tertius, Samothæ, vt aiunt, nepos, & filius Magi seu Magog (à quo Philosophos quoque Magos & Magiam deriuant) aui exemplum imitatus, Sarronidas instituisse dicitur, aliud Philosophorum & Theologorum Collegium : quem Forcatulus lib. 1. de Gallorum Imperio & Philosophia, scribit Imperij sui fines armis prolatasse, & ad Garumnæ ripam positis finibus, paratâ pace litterarium ludum Scholasque totius Regni & Orbis forte primas posuisse, bonis auibus & felicitati sempiterno fœdere consecratas. Fuit itaque, inquit, SARRON REX ACADEMIÆ GALLICANÆ IN EVROPA OMNIVM CVLTISSIMÆ ERVDITISSIMVS FVNDATOR.

Instituit & Dryus Sarronis filius Druidas tam celebres in historia : & Bardus Bardos, qui virorum illustrium facta versibus & lyricis instrumentis canebant. Ita fuerunt 4. Gallorum Sacerdotum Collegia, Samothei, Sarronidæ, Druidæ & Bardi. Sed siue Samotheorum memoria obliterata sit temporum lapsu, siue cum tribus aliis ordinibus confusi & permixti fuerint, nihil de iis fere apud scriptores Latinos aut Græcos reperimus.

Nonnulli quinque faciunt & distinguunt genera Sacerdotum: Sarronidas, Bardos, Eubages, Druidas & Causidicos: quibus diuersa tribuunt officia. Sarronidis instructionem iuuentutis ; Druidis Sacerdotia & res sacras: Eubagibus diuinationes : Bardis poëticam artem, & celebrandæ virorum illustrium memoriæ curam : Causidicis denique iudiciorum exercitium.

Alij tres tantum ordines constituunt, quos vocant Bardos, Vates & Druidas: de quibus sic Diodorus lib. 5. *sunt*, inquit, *apud eos* (Gallos) Καρμινυμ Ποëτα, *quos Bardus vocant,* οὓς βάρδους ὀνομάζουσι: hi ad instrumenta lyris non dissimilia aliorum laudes, aliorum vituperationes decantant. Philosophi etiam quidam sunt & Theologi, eximio in honore habiti, quos Druidas appellant. Sed & Vates, magnæ apud eos existimationis,* χρῶνται δὲ ϰ μαντική: hi auspiciis & victimarum extis de futuris prædicunt, omnemque plebem, dicto audientem habent.*

Similiter Strabo tria tantum illa genera constituit & distinguit lib. 4. Geogr. παρ᾽ ἅπασι δ᾽ ὡς ἐπίπαν τρία φῦλα τῶν τιμωμένων διαφερόντως ἐσι, Βάρδοι τε ϰ Ουάτεις ϰ Δρυΐδαι. Βάρδοι μὲν ὑμνηταί ϰ ποιηταί. Ουάτεις δὲ ἱεροποιοὶ ϰ φυσιολόγοι. Δρυΐδαι δὲ πρὸς τῇ φυσιολογίᾳ ϰ τὴν ἠθικὴν φιλοσοφίαν ἀσκοῦσι, δικαιότατοι δὲ νομίζονται, ϰ διὰ τοῦτο πιστεύονται, τάς τε ἰδιωτικὰς κρίσεις, ϰ τὰς κοινάς, ὥστε ϰ πολέμους διητᾶν πρότερον, ϰ παρατάττεσθαι μέλλοντας ἔπαυον. τὰς δὲ φονικὰς δίκας μάλιστα τούτοις ἐπετέτραπτο δικάζειν. βύου δὲ οὐκ ἄνευ Δρυϊδῶν. *idest apud vniuersos tria fere hominum genera in singulari habentur honore, Bardi, Vates ac Druidæ. Bardi hymnos canunt, carminaque conficiunt. Vates sacra curant, naturamque rerum explicant. Druidæ præter naturalium scientiam etiam de moribus disputant. De horum iustitia summa est omnium opinio. Itaque & priuata iis & publica iudicia committuntur: vti etiam bella iam exercitibus congressuris componunt. His maximè iudicia quoque de cædibus committuntur. Cæterum sacra nulla sine Druidis sunt.*

Inter scriptores Latinos eorundem trium ordinum meminit Marcellinus lib. 15. *Per hæc loci*, inquit, *hominibus paulatim excultis viguere studia, laudabilium doctrinarum inchoata per Bardos, Vates & Druidas. Et Bardi quidem fortia virorum illustrium facta, heroicis composita versibus, cum dulcibus lyræ modulis cantitarunt. Vates verò scrutantes summa & sublimia naturæ pandere conabantur. Inter hos Druidæ ingeniis celsiores, vt authoritas Pythagoræ decreuit, sodalitiis adstricti & consortiis, Quæstionibus occultarum rerum altarumque erecti sunt, & despectantes humana pronunciarunt animas immortales.* Sunt qui non *Vates*, seu *Eubages* legunt : sed prior lectio magis arridet propter testimonia Diodori & Strabonis, qui de vatibus loquuntur.

Bardi. Bardorum autem nomen aliqui deducunt à Rege Bardo. Alij à voce Celtica Bard, quæ *Cantorem* significat, seu *Poëtam* virorum illustrium facta canentem: quod Bardorum officium confirmari potest authoritate Lucani lib. 1. Phars.

Vos quoque qui fortes animas belloque peremptas

Druidarum.

Laudibus in longum Vates demittitis auum,
Plurima securi fudistis carmina Bardi.

Hinc forte Rex ille, Bardus dictus est, quod carminibus delectaretur, & quod Cantores eiusmodi instituisset. Quam ad originem non male etiam referre possumus hæc vocabula Dagobart, id. *Heroïcus Cantor*, Sigebart, *Victor Poëta*, & Robart id. *rubeus* seu *Diuinus Poëta*. Nam rubeum pro Diuino veteres sæpe accipiebant. Aiunt autem regnasse Bardum circa annum mundi 2116. ante Christum 1885. annis: quo fere tempore nati sunt Iacob & Esaü, & conditum Argos, cuius primus Rex Inachus, secundus Phoroneus. Habitabant verò Bardi in Aruernia & Burgundia, & prope Aliziam veterem Collegium habebant. Hinc Mombard & Mombari à Bardis montem incolentibus, nomen accepisse dicitur.

Druidæ verò omnium celeberrimi fuerunt. Erant enim Philosophi & Theo- *Druidæ.* logi, & præter rerum naturalium scientiam, de moribus etiam disputabant, atque cum Diis colloqui putabantur: ita vt per eos veluti per internuncios plebs sacrificia Diis offerendo, ab iis bona omnia expectaret. Habebant illi multas Domos & Collegia, in quibus Iuuentutem litteris imbuebant: hisque omnibus præerat summus quidam Præfectus, veluti Pontifex Maximus: vt infra dicemus.

Vnde nomen habeant Druidæ, disputatur inter Doctos & Curiosos. Aliqui deducunt à Rege Dryo, vel Druide, qui quartus à Samothe fuit. Alij ἀπὸ τῆς δρυός id. *à quercubus*, vel quia Querceta inhabitabant; vel quia visco querneo in sacrificiis vtebantur; & confirmant authoritate Plinij lib. 16. c. 14. sic aientis. *Nihil habent Druidæ (ita suos Galli appellant Magos) visco & arbore in qua gignatur, si modo sit robur, sacratius. Nam per se Roborum eligunt lucos, nec vlla sacra sine ea fronde conficiunt: vt inde appellati quoque interpretatione Græca possint Druidæ videri.* Verum antequam Galli cum Græcis Phocensibus, qui, vt suo loco dicemus, Massiliam appulerunt, commercium vllum haberent, suos Galli Druidas habebant. Nonnulli deriuant à voce Saxonica Dry; vt Affricus asserit in Glossario Saxonico-Latino: indeque Saxonas Magos seu Sacerdotes suos appellasse Dry. Sed credibile est Saxonas à Gallis hanc vocem, non Gallos à Saxonibus desumpsisse: sicut nec à voce Germanica Druchtin vel Truchtin, quæ Dominum, seu Deum etiam adhuc Caroli Magni temporibus, sonabat, vt aliqui scribunt. Quidam deriuant à voce Hebraïca Derusim vel Drusim, quæ *Meditatores* significat, seu mysteriorum scrutatores: quales apud Persas Magi ab Hebræis Drusim id. *Meditatores* appellantur: & apud Phœnicas Ouranoscopi id. *Cæli inspectores.* E nostris verò scriptoribus Sebastianus Rouillardus in sua Historia Carnotensi contendit vocem *Dru* meram esse vocem Celticam: vocatosque fuisse sacerdotes illos Gallicè *les Drus*: & hinc à Græcis & Latinis *Druidas* vel *Drusidas* appellatos: item vrbem Druidarum vel Drusidarum *la ville des Drus*, quæ hodie *Dreux.* Dru autem significat *frequentem, densum, crebrum*: Druidæ porro frequentes habitabant in eodem Collegio, & societatem sodalitiumque aliquod componebant. Vnde Pythagoras Cœnobij seu homœcij sui sumpsit exemplum & originem, quem Druidarum auditorem fuisse ferunt. Marcellinus quidem lib. 15. meminit Sodalitij Druidarum his verbis. *Druidæ ingeniis celsiores, vt authoritas Pythagoræ decreuit, sodalitiis adstricti, & consortiis.* Addit Rouillardus ad sententiæ confirmationem, nullam esse Gentem, quæ non sumpserit nomen à voce seu lingua vernacula & materna: dubitari autem non posse, quin Gallia suam habuerit, sibique propriam.

Cæterum non videtur contemnendum, quod de forma habituque Druidarum refert Ioannes Theophilus apud Montanum: quæ in sex lapideis imaginibus expressa se vidisse testatur in vetustissimo saxo ad fores templi parieti insertis. *Erant*, inquit, *septem pedum singulæ, nudis pedibus & capite intecta, Græcanico pallio & cucullato penulaque & barba ad inguina vsque promissa, & circa naris fistulas bifurcata. In manibus liber & baculus Diogenicus: seuerâ fronte & tristi supercilio, obstipo capite figentes lumina terris. Hi quondam apud Gallos siue interpretandæ Religionis, siue solicitudinis gratia, quo expeditiores inquirendis rerum causis essent, in nemoribus & saltibus consedere, multitudinemque vulgi ad se pellexère.*

An autem Druidæ Galli essent aborigines, an verò aliunde in Galliam profe- *Origo Druidarum.*

A ij

cti, quærunt & disputant Docti. Aliqui enim existimant è Britannia Insula in Galliam venisse: & illi se tuentur authoritate Cæsaris sic scribentis lib. 6. *Disciplina in Britannia reperta, atque inde in Galliam translata esse existimatur : & nunc qui diligentius eam rem cognoscere volunt, plerumque illò discendi causâ proficiscuntur.* Alij contra putant Britannos à Gallis Disciplinam omnem hausisse : & præallata Cæsaris verba non de Insula Britannia, sed de Britannia Aremorica interpretantur. Quam Galliarum partem Gomeritas veteres è nauibus egressos inhabitasse, & primum incoluisse ferunt. Ad cuius rei confirmationem plurimum facit, quod Britones Aremorici habent etiamnum hodie vocabula plurima originis Hebraïcæ, quorum Indicem Roüillardus curiosè contexuit. Itaque Gomeritarum nonnulli, qui in interiores Galliarum partes, Carnutumque penetrauerant: seu potius Aremoricorum Nepotes, memores antiquæ progenitorum suorum habitationis ad ea loca proficiscebantur, quoties rem aliquam accuratius nosse & intelligere cupiebant: quippe existimabant ibi retineri adhuc purè ritus antiquos & obseruari ad amussim, nullo Gentium aliarum commercio violatos aut immutatos. Hinc Ausonius enumerans Burdigalenses Grammaticos, Phœbicium ex eo laudat, quod Beleni Ædituus, quodque *stirpe Druidarum Gentis Aremorica* satus esset: qui Druidæ, inquit Vinetus, *sunt Aremorici*.

Adstipulatur Tacitus in Iulio Agricola; vbi de disciplina Druidarum: quærens enim an illa à Germanis, an ab Iberis seu Hispanis, an à Britannis Insularibus profluxerit, demum sic statuit, omnem Britanniæ superstitionem ac persuasionem è Gallis profectam. Idem docet Plinius cap. 1. l. 30. qui cum dixisset à Druidum magiâ possessam fuisse Galliam ad suam vsque memoriam, subdit, *sed quid ego hæc commemorem! in altum Oceanum quoque transgressa, & ad inania Natura peruecta. Britannia hodieque eam attonitè celebrat tantis ceremoniis, vt dedisse Persis videri possit.* Quid? ipse quoque Cæsar lib. 4. ait Britanniæ mores & instituta Galliæ incognita fuisse. Quæ certe de Galliæ institutis vice versa dici nequeunt: siquidem ab omni æuo Britanniæ communicauit omnis generis disciplinas, iuxta illud Iuuenalis saty. 15.

Gallia Causidicos docuit facunda Britannos.

Non est igitur audiendus Cambdenus in Britanniæ Insulæ Chorographia, qui vt probet Natales Druidarum ei adscribi debere, ait in Dendigensi agro etiamnum hodie locum extare, qui populari appellatione LAPIDES DRVIDVM dicitur. Nam in Gallia quoque vrbs est, quæ à Druidibus denominatur; & mons, qui Druidum dicitur, Gall. *Mondru.* Nil ergo agit exemplum quod litem lite resoluit: nec sic quæstio soluitur, cum & in Gallia, & in Britannia, & alibi etiam reperiantur loca nomine Druidum appellata. Nec certius profert argumentum Brietius, cum ait per Druidas in Galliam fuisse translatam Religionem, illosque in Mona Insula ad Vespasiani tempora perdurasse. Nam certum est Germanis, Gallis & Britannis communes fuisse Druidas : sed è Gallia contendimus ad Britannos & Germanos se contulisse, sacrorumque mysteria & Religionem longè diutius in Gallia, quàm in aliis Regionibus perdurasse, nimirum ad Aureliani & Diocletiani tempora: licet Claudius Imperator eos ob immanitatem sacrificiorum è Gallia expelli iussisset. Hæc de origine Druidarum.

Numerus Druidarū

Cæterum magno erant illi numero, & tanto, vt Equitum seu Nobilium multitudinem æquarent. Siquidem Cæsar Gallorum ordines enumerans lib. 6. ait, eorum qui aliquo erant numero, duo potissimum fuisse genera; vnum sacerdotum, nempe Druidum; alterum Equitum: tertium verò, nempe Plebeiorum pœne seruorum fuisse loco habitum. Præterea Gallos in ea opinione fuisse commemorat Strabo lib. 4. vt quo plures essent in anno Druidæ, eo vberior futura esset bonorum omnium affluentia. Neque solum virorum, sed & mulierum quoque ingens erat numerus, quæ DRVADÆ appellabantur, satis commendatæ in historia Aureliani & Diocletiani, quibus (erant enim magiæ peritissimæ) futura prædixerunt. De iis consuli possunt Lampridius in Alexandro Seuero, Vopiscus in Aureliano & Numeriano, Aurelius Victor in Clodio, Aimoinus in cap. 1. procemij Histor. Franc.

Hinc facile colligitur tantam hominum multitudinem vno loco considere non potuisse, sed multas habuisse Domos & Collegia. In Gallia vero præsertim Celtica & Comata consedisse legimus, at non in vrbibus & magnis ciuitatibus, sed in lucis & nemoribus veluti Anachoretas, à strepitu & turba populari remotas sedes habuisse teste Lucano lib. 1. Pharsal.

Solis nosse Deos & Cæli Numina vobis,
Aut solis nescire datum. Nemora alta remotis
Incolitis Lucis.

Vnum verò præ cæteris celeberrimum habebant in silua Carnotensi Collegium, de quo Cæsar lib. 6. & nonnulli Authores, qui Galliarum Origines obseruarunt, notant in agro Carnotensi extare adhuc vestigia præclara palatij Druidum. Ibi residere solebat summus eorum Antistes: quamobrem illuc fiebat quotannis Conuentus è tota Gallia celeberrimus, in quo lites disceptabantur, teste Cæsare ibidem: *ij certo anni tempore, in finibus Carnutum, quæ Regio totius Galliæ media habetur, considunt in luco consecrato. Huc omnes vndique qui controuersias habent, conueniunt, eorumque iudicijs decretisque parent.*

Omne autem Druidarum officium ad 4. summa capita reuocari potest, quæ sunt sacrorum procuratio, legislatio, iurisdictio & scholarum exercitium, seu Artium disciplinarumque professio: quæ omnia idem Cæsar vno loco complectitur. *Illi,* inquit, *rebus Diuinis intersunt, sacrificia publica ac priuata procurant, Religiones interpretantur, ad hos magnus adolescentium numerus Disciplinæ causâ concurrit: magnoque sunt ij apud eos honore. Nam fere de omnibus controuersiis publicis priuatisque constituunt. Et si quod est admissum facinus, si cædes facta, si de hereditate, de finibus controuersia est, ijdem decernunt, præmia pœnasque constituunt: si quis priuatus aut publicus eorum Decreto non stetit, sacrificiis interdicunt: tantis excitati præmiis & sua sponte multi in Disciplinam conueniunt, & à propinquis parentibusque mittuntur.* De his officiis sigillatim agendum.

Officium Druidarum.

DE ACADEMIIS ET DOCTRINA Druidarum.

PRIMI certè omnium Gymnasia & Academias habuerunt Sacerdotes illi Gallorum Indigenarum eo ordine, quo retulimus: maximè verò Bardi & Druidæ, & hi potissimum, quos variis in locis per plurima secula Scholas publicas exercuisse, maximamque Auditorum frequentiam collegisse manifestum est, tantâ non apud suos modo sed apud cæteras quoque Gentes commendatione & nominis existimatione, vt ad eos tanquam ad veros & solos Musarum sacerdotes, vndique concursus fieret.

Plura autem habebant Collegia in variis Galliarum locis, vt Iuuentutis institutioni commodius incumberent: quorum singulis præerat aliquis inter eos primariæ notæ veluti Gymnasiarcha aut Præfectus: omnibus verò Gymnasiis & toti demum Druidarum Ordini quidam Rector, veluti Pontifex Maximus teste Cæsare loco citato. *His autem omnibus Druidibus præest vnus, qui summam inter eos habet authoritatem: hoc mortuo si quis ex reliquis excellit dignitate, succedit. At si sunt plures pares, suffragio Druidum adlegitur: nonnunquam etiam de Principatu armis contendunt.* Quanto verò numero in singulis Collegiis fuerint, quis dixerit? Certè Gallis persuasum erat, quanto plures quoque anno Druidæ extitissent, tanto maiorem agrorum fertilitatem & bonorum omnium prouentum fore, vt ex Strabone supra docuimus.

Præfecti Scholarum.

Ex hoc autem loco Cæsaris satis intelligitur summi illius Pontificis seu Rectoris præfecturam fuisse perpetuam: & amplius liquet authoritate Marcellini aientis lib. 28. in hoc fuisse illius fortunam meliorem, quàm Regulorum, quod isti ad tempus crearentur, multisque discriminibus obnoxij essent; iste nullis, dignitatemque gereret perpetuam. Sic enim de Burgundionum Rege & Pontifice loquitur. *Apud hos generali nomine Rex appellatur Hendinos: & ritu veteri potestate deposita remouetur, si sub eo fortuna titubauerit belli, vel segetum copiam negauerit ter-*

A iij

ra: *quemadmodum solent Ægyptij casus eiusmodi assignare Rectoribus.* At sacerdos apud Burgundios omnium Maximus vocatur Sinistus, & est perpetuus, obnoxius discriminibus nullis, vt Reges. Cæterum ab illo Pontifice cæteri sacerdotes inaugurabantur, & penes eum summa sacrorum stabat, vt apud Hebræos, à quibus Galli proximam originem duxerunt.

Schola va-ria. Porro amplissima & frequentissima Druidarum Academia existimatur fuisse in Siluâ Carnotensi, eo loco vbi nunc Vrbs à Druidibus nuncupata, Gallicè DRÉVX & in pagis siluæ vicinis, qui etiamnum hodie, vt asserit Rouillardus DRVIDARVM DOMVS dicuntur. Et illuc certo anni tempore mittebantur è reliquis Collegiis selecti viri ad publicum Conuentum; quemadmodum Cœnobiarchæ celebrant suum Generale Capitulum.

Notat quoque Chassanæus Druidas instituisse aliud Gymnasium non procul à Bibracte seu Augustoduno Æduorum: in monte scilicet, qui à Druidis nomen habet, Gallicè *Montedru*. Habebant & aliud in Agro Baiocensi, teste Ausonio in professoribus Burdigalensibus, vbi de Attio Patera Rhetore. *Tu Baiocassis stirpe Druidarum satus.*

Item & aliud Vesontij apud Sequanos, in monte Iouis, vt docet Iacobus Chiffletius, vbi ait fuisse Musarum sedem, eamque ob rem locum etiamnum hodie vocari CAMPVM MVSARVM vulgò CHAMVSE.

Disciplinarum & artium genera. Nullum est autem fere disciplinarum genus, quod Druidæ non exercerent. 1. Rhetoricam & Philosophiam publicè profitebantur, teste Pomponio Mela. *Habent,* inquit de Gallis loquens *facundiam suam & Magistros Sapientiæ Druidas.* Huc pertinet quod Lucianus ait de Hercule Gallico, quem Ogmium vocabant, perforatam habente linguam & catenulas aureas, quibus adstantium & auscultantium aures attrahebat. Quo ornatu suaueloquens Gallorum sapientia, & omnium Artium intelligentia significabatur.

2. Mathematicas disciplinas, Geometriam, & Astrologiam, eodem Mela teste exercebant. *Hi terræ mundique magnitudinem & formam, motus cœli & siderum ac quid dij velint, scire profitentur.* idem docet Cæsar l. 6. *Multa præterea de sideribus atque eorum motu, de mundi ac terrarum magnitudine, de rerum natura, de Deorum immortalitate ac potestate disputant & iuuentuti tradunt.* Meminit Cicero 1. de Diuin. cuiusdam Diuitiaci Druidæ in Astrologia, vt vocant, iudiciaria peritissimi. *Et in Gallia,* inquit, *Druides sunt, è quibus ipse Diuitiacum Æduum cognoui, qui & naturæ rationem, quam Physiologiam Græci appellant, notam esse sibi profitebatur, & partim auguriis, partim coniectura quæ essent futura, docebat.* Erant & fœminæ huius artis gnaræ, Druadæ vel Druiades dictæ. Vopiscus. *Dicebat enim quodam tempore Aurelianum Gallicanas consuluisse Druiadas.* Sic lege, non Druidas. Et in Numeriano. *Vt impleret Druiadis dictum, & cum Druiade quadam muliere rationes conuictus sui quotidiani faceret.* Lampridius in Alexandro Seuero, *Mulier Druias eunti exclamauit Gallico sermone.* Tales erant apud Græcos Mantissæ, Hypatia, Baro, Demo & Theano, cuius mentionem facit Ausonius in vltimo Carmine parentalium. Notat Suidas Mesium Senonum Regem, & Gannam vocatum, cum Bleda in Gallia Vaticinio florentes ad Domitianum venisse, ab eoque honorifice susceptos domum reuertisse.

3. Medicinam quoque profitebantur, vt videtur innuere Plinius l. 30. c. 1. *Tiberij Cæsaris principatus,* inquit, *sustulit Druidas Gallorum & hoc genus vatum Medicorumque.* Et reuera è visco roborco medicamentum aliquod componebant Druidæ, quo vtebantur tanquam præsentissimo Antidoto ad omnes morbos, ac proinde viscum eiusmodi sua lingua *Omnia sanantem* appellabant, teste eodem Plinio in fine lib. 16.

4. Nec dubium, quin Iurisprudentiam quoque profiterentur; quippe de publicis priuatisque controuersijs, hoc est de ciuilibus & capitalibus constituebant, teste Cæsare libro sæpe citato. *Si quod est admissum facinus, si cædes facta, si de hereditate, de finibus controuersia est, ijdem decernunt, & præmia pœnasque constituunt.*

5. Theologiam ipsam & altissima mysteria tractasse & docuisse, ex eodem authore confirmatur. *Illi diuinis rebus intersunt, sacrificia publica ac priuata procurant, Religiones interpretantur.* Præcipua verò huius Doctrinæ pars erat de animarum immortalitate: nam vt indicat Strabo lib. 4. docebant ἀφθάρτους εἶναι τὰς ψυχὰς, animas interitus expertes esse.

Verum circa hanc materiam disputant Docti, quam illi immortalitatem animabus attribuerent. Quidam enim existimant docuisse tantummodo transmigrationem earum in alia & alia subinde corpora, quos secutus est Pythagoras eorum Discipulus. Iuxta quam sententiam credebant Iudæi Eliam & Ioannem Baptistam reuixisse in Christo. Fauet Cæsar. *Imprimis*, inquit, *hoc volunt persuadere non interire animas, sed ab aliis post mortem transire ad alios, atque hoc maximè ad virtutem excitari putant, metu mortis neglecto.* Cæsari succenturiatur Valerius Maximus l.2.c.6. *Vetus ille mos Gallorum occurrit, quos memoriâ proditum est pecunias mutuas, quæ his apud inferos redderentur, dare solitos: quia persuasum habuerunt animas hominũ immortales esse. dicerem stultos, nisi idem Braccati sensissent, quod palliatus Pythagoras credidit.* Idem docet Diodorus lib. 5. ἐνισχύει παρ' αὐτοῖς ὁ Πυθαγόρου λόγος, ὅτι τὰς ψυχὰς τῶν ἀνθρώπων ἀθανάτους εἶναι συμβέβηκε, καὶ δι' ἐτῶν ὡρισμένων πάλιν βιοῦν εἰς ἕτερον σῶμα τῆς ψυχῆς ἐνδυομένης. id est, *Pythagoræ apud eos inualuit opinio, quod animæ hominum immortales in aliud ingressæ corpus definito tempore denuo vitam capessant.*

Contra alij existimant Druidas credidisse veram animarum immortalitatem, atque post exitum è corpore æternam eas ducere vitam apud Manes, seu in Campis Elysijs vel in Limbis, vbi erant primorum parentum animæ ante Christi aduentum. quam doctrinam verisimile est eos per continuam successionem atque traditionem à Noëmi Nepotibus, primis scilicet Galliarum cultoribus & Rectoribus hausisse. Huic sententiæ fauere videtur Mela l. 3. c. 2. Sic aiens, *vnum ex ijs quæ præcipiunt, in vulgus effluit, videlicet vt forent ad bella meliores, æternas esse animas, vitamque alteram ad Manes. Itaque cum mortuos cremant ac defodiunt, apta viuentibus olim negotiorum ratio etiam & exactio crediti differebatur ad inferos: erantque qui se in rogos suorum velut vnà victuri libenter immitterent.* Eidem sententiæ adstipulatur Lucanus Paulò ætate posterior l. 1. Phars.

— *Vobis authoribus vmbræ*
Non tacitas Erebi sedes, Ditisque profundi
Pallida regna petunt. Regit idem spiritus artus
Orbe alio, longæ (canitis si cognita) vitæ
Mors media est.

Quorum versuum sensus est animas defunctorum non quidem transire in alia & alia corpora, sed rursum idem corpus animare, & aliam vitam post mortem viuere: ita vt mors inter duas illas vitas media sit. Quæ sententia omnino Catholica est. Hinc igitur persuasi & excitati Galli Germaniquè mortem contemnebant, & in prælia fortiter ruebant, vt canit Poëta.

— *Populi quos despicit Arctos*
Felices errore suo, quos ille timorum
Maximus haud vrget leti metus: inde ruendi
In ferrum mens prona viris, animæque capaces
Mortis, & ignauum est reditura parcere vitæ.

Quæ verò Druidis ratio fuit trandendæ disciplinæ & docendi? Nemo Cæsare melius & clarius explicat. Sic enim ille lib. citato. *Druides à bello abesse consueuerunt, neque tributa vnà cum reliquis pendunt, militiæ vacationem, omniumque rerum habent immunitatem: tantis excitati præmijs & sua sponte multi in disciplinam conueniunt, & à propinquis parentibusque mittuntur. Magnum ibi numerum versuum ediscere dicuntur. Itaque nonnulli annos vicenos in disciplina permanent, neque fas esse existimant ea literis mandare, cum in reliquis ferè rebus publicis priuatisque rationibus Græcis litteris vtantur.* Ex quo loco multa colligimus in hanc materiam scitu dignissima.

1. Causam frequentiæ tam Magistrorum quàm Discipulorum, fuisse immunitates & priuilegia, quibus fruebantur: hanc enim ob rationem maximè parentes liberos suos tradebant Druidis in Disciplinam, vt priuilegijs illis gauderent. Nam Equites seu Nobiles bellis & bellicis sumptibus erant adstricti: plebeij tributis onerabantur: soli Sacerdotes & Magistri cum Discipulis immunes erant omni onere.

2. Druidæ Philosophiam suam artesque alias versibus comprehensas tradebant discipulis memoriter ediscendas, iuxta veterum Græciæ Philosophorum morem, Empedoclis, Parmenidis, Melissi, Xenophanis: nimirum vt faciliùs, celeriùs

& certius memoriæ mandarentur, quæcumque ita tradebantur: nam vt ait Seneca ep. 33. *Facilius & tenacius puerorum animis insidunt, quæ sunt numeris circunscripta & carminis modo inclusa.*

Sed quinam erant illi versus? Hotomanus in notis ad Cæsarem, & Quidam alij nomine versuum lineas & paragraphos intelligi volunt: quemadmodum apud probatos authores sæpe vsurpari videmus. Verum alij longè probabilius veros versus intelligunt certis pedibus constantes, Heroïcos & Hexametros: quomodo Bardi celebrabant virorum de Repub. bene meritorum præclarè gesta. Quomodo etiam Germani veteres Deorum suorum laudes prædicabant teste Tacito in sua Germania: *celebrant*, inquit, *carminibus antiquis, quod vnum apud illos memoriæ & Annalium genus, Tuitonem Deum terrâ editum, & filium Mannum originem Gentis Conditoresque.* Idem tradit Strabo l. 3. de Turdulis gente Hispanica. *Antiquitatis habent monimenta conscripta, & poëmata ac leges metro inclusas à sex, vt aiunt, annorum millibus.* Idem Mazacenorum in Cappadocia Legum interpretem appellat Νομῳδὸν id. legum Cantorem. Et Zoroaster, qui primus Diuinas humanasque artes docuisse dicitur, teste Hermippo apud Plinium, de Philosophia sua vicies centum millia versuum composuit. Vnde intelligimus hunc morem fuisse antiquitus vsitatissimum.

3. Nihil illi scriptis, sed omnia memoriæ Discipulorum consignabant. Cuius instituti duplicem Cæsar causam affert his verbis. *Id mihi duabus de causis instituisse videntur, quod neque in vulgus disciplinam efferri velint, neque eos, qui discunt, litteris confisos minus memoriæ studere: quod fere plerisque accidit, vt præsidio litterarum diligentiam in perdiscendo ac memoriam remittant.*

Quod ad primam causam attinet, ea Gentibus omnibus communis olim fuisse videtur: vnde qui sacris initiabantur, iuramento silentij adstringi solebant, ne quid forsan effutirent eorum, quæ vidissent in sacris, aut audiuissent. Hinc illud Herodoti lib. 2. de Ægyptiorum Theologia: *quæ mihi de Diis narrarunt, ea exponere, vel scripto mandare non libet, nisi nomina eorum tantum, quod idem de illis omnes homines scire existimem.* Itaque omnium pœnè Gentium Philosophi ac Theologi præcepta sua aut memoriæ tantummodo mandabant, & identidem repetendo imprimebant; aut signis notisue quibusdam vulgo ignotis implicabant, ne sacra profanis euulgarie tenerentur. Sic de Hebræis Clemens Alexand. obseruauit. Eadem Ratio Pythagoræ fuit. Eadem Ægyptiorum in notis Hieroglyphicis, Pythagoreorum, Cabalistarum, Bracmanum apud Indos etiamnum hodie: vt colligimus ex Epistola Francisci Xauerij, de quodam eorum Discipulo sic scribentis, *cum ambo simul essemus, arcana mihi quædam commisit, primum à Ludi Rectore hoc agi, vt quos habiturus est Auditores iureiurando compellat, nunquam se ea quæ audituri sunt mysteria, reuelaturos.*

Altera ratio quam affert Cæsar quamobrem Druidæ nihil litteris, sed omnia memoriæ mandarét; ne videlicet litteris confisi minus memoriæ studerent, eadem fuit Ægyptiorû initio, cur nullis litteris vterentur, teste apud Platonem Socrate in Phædro. *Audiui equidem*, inquit, *circa Naucratim Ægypti priscorum quendam fuisse Deorum, cui dicata sit auis, quam Ibin vocant. Deo autem ipsi nomen Theuth. Hunc primum omnium numeri computationem inuenisse, Geometriamque & Astronomiam, talorum, alearumque ludos & litteras. Erat autem tunc totius Ægypti Rex Thamus in eminentissima amplissimaque vrbe, quam Græci Ægyptias Thebas appellant, Deumque ipsum Ammonem. Ad hunc Regem Theuth profectus artes ei demonstrauit suas, dixitque eas distribui deinceps cæteris Ægyptiis oportere. Verum ille, quæ cuiusque vtilitas foret, interrogauit, & ipso referente, quod bene dictum videbatur, probabat quidem: quod contra, vituperabat. Vbi multa de qualibet arte in vtramque partem, Thamus fertur Theutho ostendisse, quorum singula si enarrare pergamus, prolixa erit oratio. Cum verò ad litteras descendissent, Disciplina hæc, inquit Theuth, ô Rex, sapientiores & memoriâ promptiores Ægyptios faciet: memoriæ namque & sapientiæ remedium est, id inuentum. At ille, ô artificiosissime Theuth, inquit, alius equidem ad artis opera fabricanda idoneus est, alius ad iudicandum promptior, quid emolumenti damniue sint vtentibus allatura? atqui & tu litterarum pater propter beneuolentiam, contrarium quàm efficere valeant, affirmasti. Nam illarum vsus propter recordationis negligentiam, obliuionem in animis discentium pariet: quippe qui externis litterarum confisi monimentis res ipsas intus animo non*

renoluent

Druidarum. 9

revoluent. Quamobrem non memoriæ, sed monitionis remedium inuenisti: sapientiæ quoque opinionem potius, quàm veritatem Discipulis tradis. Nam cum multa absque præceptoris doctrinâ perlegerint multarum rerum periti, vulgo quam ignari sint, videbuntur. Consuetudine quoque & conuersatione molestiores erunt, vt pote qui non sapientiâ ipsâ sint præditi, sed opinione sapientiæ subornati.

4. Plures annos in auditione Druidum Magistrorum ponebant Discipuli, vicenosque ipsos Philosophiæ sub iis vacabant. Nec mirum; cum enim omnia memoriæ traderent, nihil litteris, nihil scripto, diutius erat in scholis immorandum. Germani antiquitus tantundem suæ Philosophiæ impendebant, imò amplius. Indi nonnunquam 37. annos, vt ex Megasthene refert Strabo lib. 15. *Cum 37. annos sic vixerint, ad sua quemque regredi & laxius licentiusque viuere.* Aristoteles ipse Platonem Magistrum audiuit per 20. annos. Idem autem confirmat de nostris Druidis Mela, & addit Nobilissimos Gentis sub eorum ductu exerceri solitos, *Docent multa nobilissimos Gentis clam & diu vicenis annis*: rectè quidem & prudenter, inquit Cluuerius; horum quippe summa postea in reliquos futura erat authoritas, quæ minus ritè plebeiis conueniebat hominibus. Existimabant enim veteres iniuriam fieri nobilissimis artibus, cum à plebeiis & vilibus mancipiis colebantur.

5ᵘᵐ· est de linguâ, quâ Druidæ vtebantur in tradendis disciplinis. Et circa **Lingua.** hoc quæstionem mouent Curiosi, quænam esset lingua Gallorum primigenia. Aliqui existimant Britannis Insularibus & Gallis communem fuisse sermonem, vt colligitur ex multis vocibus, quæ adhuc in Wallia Britanniæ vigent. Puta Galli Iouem Tonantem, vocabant Taranim, Britannis Taran tonare est. Caterua & Cataya voces Gallicæ sunt, *Kad* Britannis bellum sonat. Couinum Belgis vehiculi genus est, Kouain Britannis est *curru vehere*. Armoricæ ciuitates & Morini à Mari nomen habuêre, Britannis Ar-mor *ad mare* significat. Sed quid inde? Gallinè à Britannis linguam mutuati sunt? an contra? Ex hisce vocibus hoc solummodo potest colligi, vicinas regiones habuisse quædam vocabula communia & affinia, Dialectis differentia: ita Aquitanos cum Hispanis, Treueros cum Germanis, Neruios cum Belgis multa habuisse communia. Imò licet vna esset lingua Gallicana omnibus Galliæ populis communis, Aquitani tamen, Celtæ & Belgæ dialectis differebant, vt notauit Strabo initio l. 4. Οὐχ ὁμογλώττοις, ἀλλὰ μικρὸν παραλλάττοντας ταῖς γλώτταις. Hinc patet quomodo sint explicãda hæc verba Cæsaris. *Hi omnes linguâ, institutis, legibus inter se differunt:* scilicet hæc non absolutè, sed secundum varias eiusdem linguæ Dialectos sunt interpretanda.

Alij existimant vernaculam Gallorum veterum linguam eandem fuisse cum Armoricana, hoc est cum eâ quâ hodie vtuntur Britanni Aremorici, quam hactenus illi, propterea quod rarum habent cum cæteris Gentibus commercium, incolumem retinuerunt. Primi enim Galli Duce Gomero, seu Aschenaze in Aremorica consedisse creduntur; vnde nepotes profecti, & interiores Galliarum partes occupantes asperitatem idiomatis paulatim demitigarunt.

Nonnulli cum Glareano Celtarum linguam eandem fuisse putant cum Heluetica aut Treuirensi: quia D. Hieronymus ait Galatarum Asiaticorum, qui ex Gallia profecti in Asia consederant, similem habuisse linguam ei, quâ loquebantur Treuiri suo tempore. Sed hæc sententia communiter reiicitur, ex eo quod Tacitus de moribus Germanorum scribens colligit, Gothinos non fuisse Germanicæ Gentis, quia Gallicâ linguâ vtebantur.

Roüillardus & Quidam cum eo existimant veterum Gallorum vernaculam non omnino discrepasse ab ea qua vtimur; nisi quod asperior erat & impolitior. Et licet multa vocabula in desuetudinem lapsu temporum abierint, multa tamen retinuimus antiqua, vt sunt hæc inter alia *vn trepied, lieuë, le bec,* quæ latinitate sic donata sunt, *tripetia, leuca, beccus.* Quæ autem mutatio aduenerit, postquam Phocenses Græci Massiliam condiderunt, & Romani Gallias occuparunt, infra in Academia Massiliensi dicetur.

B

DE RELIGIONE ET SACRIFICIIS Druidarum.

DRVIDÆ non tantùm litteris Discipulos suos instituebant, sed bonis quoque moribus & virtutibus informabant: imprimis verò Dei timorem imprimere connitebantur; vnde illi, vt Religionis principes, summâ in veneratione erant, & ad omnia sacra adhibebantur. Quæ autem fuerit Gallorum Religio, quæ de Deo opinio, quibusue sacrificiis vterentur, operæ pretium esse videtur inuestigare. Tria verò potissimum ad hanc materiam illustrandam pertinent, quos nempe Deos colerent, quo loco, & quibus sacrificiis.

Atque hoc imprimis animaduersione dignum est, quod scribit Cæsar, Gallos omnes se à Dite progenitos prædicare: idque à Druidibus proditum habere. Nam licet satis probabiliter aliquibus videatur Cluuerius hanc vocem deducere ab hac originali THOTH vel THEVTH, quam varij populi, variis dialectis pronunciarunt, aliqui TIT aut TVIT, nonnulli ZEVS, SEVS, Latini Deus, deinde Dis; hincque Ditem accipiendum pro Mercurio, quem Galli vt supremum Deorum agnoscebant, aut pro Ioue: nihilominus non adeò videtur esse reijcienda Roüillardi coniectura, aientis per *Ditem* intelligendum esse Adam protoplastum. Nam cum ex omnium Historicorum fide certum sit, Gomerum seu Aschenazen cum aliis Noemi Nepotibus Galliam primos inhabitasse, non aliam religionem instituisse videntur, quàm eam, quam à parentibus didicerant. Sciebant autem Adam primum peccauisse, & primum mortem in mundum intulisse, ac proinde rectè patrem mortuorum appellari. Nec aliunde Græci videntur accepisse hanc vocem Ἄδης, qua Plutonem Deum terræ, Diuitiarum & mortuorum significauerunt, quàm ab Hebræorum fonte Adam, qui Princeps terræ omniumque mundi diuitiarum constitutus est, mortuorum deinde caput & parens per peccatum effectus. Hinc quoque Galli ab eodem fonte primum suum patrem appellarunt. Cæsar verò rei ignarus aut vocem deprauauit & detorsit Ditemque appellauit, aut quem illi Adam, aut Ἄδην more & sermone Græco, quo illis temporibus vtebantur, Plutonem, quem Latini Ditem appellabant, significari existimauit.

Ad fulciendam Roüillardi coniecturam facit, quod cum Cæsar ait Gallos existimare se à Dite patre progenitos, non Ditem pro Deo accipere videatur, sed pro homine gentis principe, quia paulò ante Deos, quos colebant, enumerans, Ditis nullo pacto meminit, quem certè non omisisset, si cum pro Deo habuissent. Sic ergo ille. *Galli se omnes à Dite patre prognatos, prædicant: idque ab Druidibus proditum dicunt. Ob eam causam spatia omnis temporis non numero dierum, sed noctium finiunt: & dies natales, & mensium & annorum initia sic obseruant, vt noctem dies subsequatur.* Quem locum facile est de Adamo explicare, quem 70. Interpretes plurimis in locis pro *morte* interpretantur: hinc nox seu mors ab eo, dies verò, lux & vita à Christo: diem verò ideo nocti postponebant, quia nox præcessit per peccatum, Dies verò successit per redemptionem.

Dii Gallorum.

Qnod ad Deos Gallorum attinet, Cæsar loco sæpe citato sic ait. *Deum maximè Mercurium colunt. Huius sunt plurima simulacra. Hunc omnium Inuentorem Artium ferunt: hunc viarum atque itinerum Ducem. Hunc ad quæstus pecuniæ mercaturasque habere vim maximam arbitrantur: post hunc Apollinem, & Martem & Iouem & Mineruam. De his eandem ferè, quam reliquæ Gentes, habent opinionem. Apollinem morbos depellere, Mineruam operum atque artificiorum initia transdere. Iouem imperium cælestium tenere. Martem bella gerere: huic cum prælio dimicare constituerunt, ea quæ bello coeperunt, plerumque deuouent: quæ superauerint animalia capta immolant, reliquas res in vnum locum conferunt.*

Non est verò existimandum hisce nominibus Deos illos fuisse à Gallis appellatos: sed ex officiis, quæ illis attribuebant, Cæsar coniecit tales esse Deos. At Lucanus lib. 1. Pharsal. verba faciens de exercitu Cæsaris, ait in eo fuisse Gallos, per quos Dij Gallorum præcipui Theutates, Hesus & Taranis placarentur : quæ certè propria fuerunt Deorum vocabula, si Latinam Dialectum excipias.

Et quibus immitis placatur sanguine diro
Theutates, horrensque feris altaribus Hesus;
Et Taranis Scythicæ non mitior ara Dianæ.

Item Lactantius l. 1. Inst. c. 12. scribit Gallos hominum cruore placare solitos Hesum & Theutaten. Porro per *Theutaten* omnes intelligunt Mercurium, per *Hesum*, Martem, per *Taranim*, Iouem. De Theutate primum agamus : quæ vox deriuatur à primitiua Theuth, quæ Deum sonat: quo modo Ægyptij Mercurium suum appellabant. Cic. 3. de Nat. Deor. attribuit quinto Mercurio Legum & Artium inuentionem, *hunc*, inquit, *Ægyptij Touth (al. Twoyth, Thoth) appellant : eodemque nomine anni primus mensis apud eos vocatur.* Lactantio l. 1. c. 6. Theuthus dicitur, vel Thot ; Platoni in Phædro Theuth, de quo ante diximus. Ab hac autem voce profluxerunt apud Gallos & Germanos, Græcos & Latinos ista, Theath, Theoth, Theut, Thiat, Thevth, Tiat, Tiot, Tvit. Item Dead, Deid, Deod. Θεὲ, Θεὸς, Ζεὺς Doricè & Laconicè, ita Δεὺς, & Latinè Deus, Gall. Dieu. Ab eadem Germani Theutones, & Thuitones dicti: item Thudisci & Thudisca lingua.

Cum ergo Theutates apud omnes Gentes communiter pro Deo habitus sit, non potuit non censeri verus Deus, rerum omnium Conditor, quem Galli præcipuè celebrabant. Huius Theutate filium Germani veteres aiebant fuisse Mannum teste Tacito : Manno item tres filios assignabant. Item Mercurium appellabant Wodan, vel Gwodan. Vnde vsque hodie, inquit Gotfridus Viterbiensis in Chronico, *Goth Theutonica lingua dicitur Deus*. Franci veteres eandem vocem in Galliam inuexerunt, & hodiè hæc vocabula sunt adhuc in vsu, *Bigot* & *Cagot*, quibus superstitiosos notamus in cultu Diuino. Hinc quoque orta videntur Rusticorum iuramenta, *Vertugoy*, *Morgoy*, *Sangoy*, *Iernigoy* : quæ satis facilem ex se ipsis continent explicationem.

Quem autem Latini Martem, Galli *Hesum* appellabant. Vocem deriuat Roüillardus ab Hebræo Iehvs, quo significatur *Deus existens*, *vir constans*, *Propheta*, *consiliarius* : quod epithetum tribuit Esaias Deo Emmanuel. Vel à Phœnicio Iehud id. *vnicus Dei Filius* teste Eusebio l. 1. c. 7. vel à Iehoua. Galli enim ignari venturi Messiæ, nihilominus ea quæ per traditionem acceperant, retinuisse videntur. Adde quod ante versionem 70. Interpretum teste Iosepho Patriarcharum scripta in alias linguas peregrinas versa fuerant, vt possent ab omnibus intelligi : at variata sunt vocabula post confusionem linguarum. Addit Roüillardus singulari Dei prouidentia contigisse, vt Galli Hesi nomine Martem intelligerent, qui Deus exercituum censetur, & Deus fortis appellatur, quod proprium est Messiæ Iesu attributum. Dicitur enim Deus fortis, Deus Sabaoth id. Deus exercituum. Præterea locus in quo Druidæ Hesum adorabant, hodie etiamnum eodem teste vocatur, *Locus SS. Fortium* des Saints forts.

Quod ad Taranim attinet, sic appellabant Galli & plurimi Europæi Iouem Tonantem. Hinc secundum varias Dialectos Taran, Thoran, Tonar, Donnar, Tordan, Dondar, & Tondar, *tonare* significat. Et hodie etiamnum Walli Britanniæ Insulæ populi Tonitru vocant *Taran*. Sic Saxones *donner* dicunt & Tonner: Belgæ *donder* ; Angli *The dunder*. Sed hæc vocabula à Latino *tonare* videntur potius deducta. Porro Roüillardus putat Taranim fuisse solummodo Hesi Dei epitheton ab Hebræo Tharanis vel Tranis, id. Repurgans homines : quod propriè conuenit Messiæ, qui homines à peccati labe purgauit.

Apollinem quoque sub nomine Beleni adorabant Galli : seu potius hoc nomine Deum vocabant. Quam vocem aliqui à Græco βάλλω deducunt id. *iaculari*, quia sol radios in terram iaculatur : minus id quidem probabiliter ; cum Galli essent Græcis antiquiores. Alij à fonte Hebræo Baal, id. *Dominus*, *Herus*, *Possessor* ; Babylonicè & Syriacè *Bel* & *Beel*. Sic quoque Idolatræ Deos suos Baalim appellabant. Vnde Dialectus Gallicana Belin & Belen ; & Latina Belus & Belenus. Phœnices Deum Cœli & Deum Solis Beelsames, vel Baal-simen appellabant : à quo fonte deducunt etiam vocem Beelzebud id. *Patronus ridiculus*.

Porro huiusce Dei Sacerdotes speciali nomine vocabantur *Pateræ* : vt ex Ausonij versibus liquet, sic aientis de Attio Patera Rhetore Delphidij Titonis Patre;

Beleni sacratum ducis è Templo genus:
Et inde vobis nomina.
Tibi Patera (sic ministros nuncupant
Apollinaris Mystici)
Fratri Patriqúe nomen à Phœbo datum,
Natoque de Delphis tuo.

Locus sacrorum. Iam de Loco, in quo Druidæ Deos adorabant, dicendum. Commune fuit olim omnibus gentibus Deum in aperto colere, non in templis manu hominum factis. Vnde illud Zenonis, Theodori aliorumque Graciæ Sapientum ἱερὰ θεῶν μὴ οἰκοδομεῖσθαι. Persæ, teste Herodoto l. 1. neque statuas, neque templa, neque aras olim extruere solebant: quinimo vesanos reputabant contrarium facientes: rationem hanc subiungit, *quia non ex hominibus Deos esse ortos arbitrantur, quemadmodum Græci.* Non probat hunc morem Cicero 2. de leg. *Deorum,* inquit, *Delubra in vrbibus, esse censeo. Nec sequor Magos Persarum: quibus authoribus Xerxes inflammasse templa Græciæ dicitur, quod parietibus includerent Deos, quibus omnia deberent esse patentia ac libera: quorumque hic mundus omnis templum esset & domus.*

Certè hoc habebant Persæ à populo Hebraico: nam Adamus, primus mortalium parens non in templo, sed in paradiso terrestri sacra Deo faciebat: & Abrahamus post pactum cum Abimelecho fœdus, in luco quem plantauit prope puteum iuramenti dictum Bersabée. Ita nec Galli antiquitus vlla memorantur habuisse templa: sicut nec Germani teste Tacito. *Nec cohibere parietibus Deos, neque in vllam humani oris speciem assimilare ex magnitudine cœlestium arbitrantur. Lucos ac nemora consecrant, Deorumque nominibus appellant Secretum illud quod sola reuerentia vident.* Hinc Claudianus l. 1. de laud. Stilic. scribit non licuisse venari prope siluam Hercyniam propter lucos Diis consecratos, arboresque ad quas sacra fiebant.

Vt procul Hercyniæ per vasta silentia siluæ
Venari tuto liceat, lucosque vetusta
Religione truces & Robora Numinis instar
Barbarici nostræ feriant impune secures.

Tangit Gallorum morem, qui non ad quamuis Arborem, sed maximè ad Quercum seu Robur sacris operabantur: quà arbore nulla erat apud eos sacratior, teste Plinio. l. 16. c. 44. *Nihil habent Druidæ visco & arbore in qua gignatur, si modo sit Robur, sacratius. Iam per se Roborum eligunt Lucos: nec vlla sacra sine ea fronde conficiunt.* Vnde Lucanus l. 3. describens obsidionem Massiliensem, ait Cæsarianos milites nonsine ingenti tremore securi feriisse sacras illas arbores.

Et Gregor. Turon. l. 2. c. 1. hist. gent Francor. quod perniciosum numinibus aliquando tributum erat arboribus, frons anxia iners situs lis super statione Gracia vetustis plinis.

Sed fortes tremuere manus, motaque reuenda
Maiestate loci, si Robora sacra ferirent,
In sua credebant redituras Membra Secures.

Neque habebant aliud Deorum simulacrum quam altas Quercus, teste Maximo Tyrio Dissert. 38. *Inter Barbaros, qui Deum non agnoscat, nemo est. Alij tamen alia ei statuant signa. Celtæ Iouem colunt. Iouis autem simulacrum apud eos est Alta Quercus.* ἄγαλμα δὲ Διὸς Κελτικὸν ὑψηλὴ Δρῦς. forte tamen à Phocensibus simulacra Deorum efformare edocti sunt: siquidem Cæsar ait fuisse Mercurij plura apud eos simulacra.

Restat vt de sacrificijs Druidum agamus. Et primum de Sacerdotibus eorumque habitu cultu & ornatu: deinde de victimis rituque immolandi. Certum est ex Cæsare, Diodoro & Strabone nullum sacrificium fieri solitum sine Druidis, quippe qui sacrificia omnia publica ac priuata procurabant, & per eos quasi per internuncios bona omnia à Dijs expetebantur. Cum vero ad sacrificandum accedebant, Hebræorum, omniumque fere Gentium more candidas vestes & Tunicas induebant. Plinius loco supra citato, *Sacerdos candida veste cultus arborem scandit, falce aurea demetit, candido id accipitur sago.*

Victimas immolabant duplicis generis, homines & animalia. De hominibus infra dicetur. Animalia omnis quidem generis, in solenni visci deceptione, candidos tauros quernea fronde coronatos, eodem Plinio teste: *Sacrificijs epulisque rite sub arbore præparatis duos admouent candidi coloris tauros, quorum cornua tunc primum vinciantur.* Sed quo ritu quibusue ceremonijs id peragerent, placet fusius enarrare ex eodem authore. *Nihil habent,* inquit, *Druidæ, ita suos appellant Magos, visco & arbore in qua gignatur, si modò sit robur, sacratius. Iam per se Roborum eligunt lucos, nec vlla sacra sine ea fronde conficiunt, vt inde appellati quoque interpretatione Græca Druidæ possint videri. Enimuero quidquid adnascatur illis, è cælo missum putant, signumque esse electæ ab ipso Deo arboris. Est autem id rarum admodum inuentu: & repertum magna Religione petitur, & ante omnia sexta Lunâ, quæ principia mensium annorumque his facis, & seculi post tricesimum annum; quia iam virium abunde habeat, nec sit sui dimidia. Omnia sanantem appellantes suo vocabulo. Sacrificiis epulisque rite sub arbore præparatis duos admouent candidi coloris tauros, quorum cornua tunc primùm vinciantur. Sacerdos candida veste cultus arborem scandit, falce aurea demetit. Candido id excipitur sago. Tum deinde victimas immolant, precantes vt suum Donum Deus prosperum faciat his quibus dederit. Fœcunditatem eo poto dari cuique animali sterili arbitrantur, contraque venena omnia esse remedio.*

In hunc locum notat Rouillardus non sine mysterio dici Druidas sextâ Lunâ petere viscum magna religione & sacrificium facere solitos: id Religioni Christianæ applicans, quæ magno cultu sacrum diem Veneris in Parasceue celebrat. Sextam autem Lunam vocari, quæ nobis est sexta dies hebdomadæ, seu dies Veneris. Nam vt supra dictum est, Galli non dies & soles, sed lunas & noctes numerabant. Vnde etiamnum hodie hæc vox Gallo-Romana *Annuict* pro *Auiourd'huy*; more scilicet Hebræorum & Chaldæorum, qui à vespera ad vesperam; non ab oriente sole ad occidentem dies numerabant. Idem quoque notat non sine mysterio & spiritu prophetico Quercum Druidis in tanta veneratione fuisse, quia vnum è lignis, ex quibus Christi crux compacta fuit, quercus fuisse dicitur.

Cæterum nouo potissimùm anno sacrificium istud facere solebant: atque idcirco indicta scholarum vacatione mittebant pridie Discipulos ad inquirendum & inuestigandum viscum. Vnde vulgatus iste versus. *De visco Querneo.*

Ad viscum Druidæ, Druidæ clamare solebant.

Quippe illi eo reperto populum inuitabant ad auspicandum nouum annum. *Principium anni* inquit Theodorus Marcilius, *Druidæ solennibus ceremoniis auspicati ad viscum magno clamore populum vocabant. Cuius ceremoniæ vestigia hodieque in Galliæ prouinciis omnibus cernere aliqua licet.*

Quæ porro vestigia? Docet Vinetus in Notis ad Ausonium, morem scilicet esse, sed ferè exoleuisse, vt quotannis pridie Kalendas Ianu. nonnulli ex singularum Curiarum seu parochiarum adolescentibus quini, seni, septeni, octoni, nouem denique cunctos suæ Curiæ vicos villasque, & qui in circumiectis curiis sunt proximi cum tibicine obeant: Carmine stipem petant, aliquid laridi aut panis, quod verubus infixum asportant; aut pecuniæ quippiam accipiant. postridie quidquid collectum fuit, in ædem conuenientes, Numini offerant: id statim auctione vendatur: ea pecuniola, vt Deo consecrata in sacros vsus recondatur. Quod autem Carmen inconditum canunt, quam stipem accipiunt, & quo die id faciunt Agvilannevf vocitant. Hæc Vinetus.

Quid autem vox ista significet, refert idem ex Merlino San-gelasiano Engolismensi, ad quem extant Christophori Longolij quædam litteræ. Agvilannevf, Agvilannevf id: *ad Viscum* τὸν *Annum nouum esse* dicebat. *Moremque istum ex vetere Druidarum Religione ad nos manasse: quippe per suos adolescentes ita cunctis viscum suum anni principio mitterent; quod qui ferrent, iis aliquod quasi laboris præmium daretur, clamarentque omnes eo viso annum esse nouum.* idem scribit Merula par. 2. Cosmog. l. 3. c. 11. *sunt*, inquit, *qui illud Au gui lan neuf, quod hactenus quotannis pridie Kal. Ian. vulgo publicè cantari in Gallia solet, ab Druidis manasse autumant, ex hoc forte Ouidij.*

Ad viscum Druidæ, Druidæ clamare solebant.

Solitos enim aiunt Druidas per suos adolescentes viscum suum cunctis mittere, eoque quasi munere bonum, faustum, felicem & fortunatum omnibus annum precari.

Non omnino placet aliis hæc interpretatio & coniectura, quod scilicet adolescentes à Druidis missi viscum ferrent ad populum: nihil enim erat visco sacratius, nec profanis tangere licuisset, quod tam solemni ritu decerpebatur à Sacerdotibus. Sed potius adolescentes reperto visco mittebantur à Druidis ad populum, vt nunciarent faustum annum, & ad sacrificium inuitarent, his verbis *Au*

B iij

Guy à l'an neuf. Ad viscum accedite, nouus annus est. Et eam ob rem à populo mercedulâ aliquâ donabantur. Proculdubio fluxit mos iste nunciandi & precandi *Aguilanneuf* fausti ominis ergo, qui hodie etiamnum obseruatur plus minusue in omnibus Galliæ prouincijs.

Quod ad humanarum Hostiarum sacrificium attinet: in eo Græci Romanique Druidas accusant feritatis. Qua de re sic Cæsar l. 6. *Natio est omnis Gallorum dedita Religionibus: atque ob eam causam qui sunt affecti grauioribus morbis, quique in præliis periculisque versantur, aut pro victimis homines immolant, aut se immolaturos vouent, administrisque ad ea sacrificia Druidibus vtuntur: quod pro vita hominis nisi vita hominis reddatur, non posse aliter Deorum immortalium Numen placari arbitrantur: publicéque habent huius generis instituta sacrificia. Alij immani magnitudine simulachra habent, quorum contexta viminibus membra viuis hominibus implent: quibus succensis circumuenti flamma exanimantur homines. Suplicia eorum qui in furto aut latrocinio, aut aliqua noxa sint comprehensi, gratiora Diis imortalibus esse arbitrantur: sed cum eius generis copia deficit, etiam ad innocentium supplicia descendunt.*

Verum non ea solum Maiorum nostrorum consuetudo fuit, sed omnium pœne Gentium. Nescio an non Abrahamus & Iephte, qui iubente Deo prolem suam immolare iussi sunt, huic consuetudini originem dederint. Ammonitæ tempore Mosis hæc sacra obseruabant. Ægyptij viuos homines Typhoni suo comburere solebant. Carthaginienses Saturno humanis hostiis litare; Latini Egeriæ Nymphæ, Albani Lunæ; Græci Dianæ. Et quis nescit Iphigeniæ immolationem? & quis tandem ignorat id quod Plinius refert l. 30. c. 1. *Nempe sexcentesimo quinquagesimo septimo demum anno V. C. Cn. Cornelio Lentulo, P. Licinio Crasso Coss. Senatusconsultum factum esse, ne homo immolaretur: palamque in tempus illud sacra prodigiosa celebrata?*

Porro sacrificium istud duplex erat, priuatum, & publicum. Priuatum, cum quis grauiori aliquo morbo premebatur, aut in periculo imminenti versabatur, hominem ad redimendam vitam suam immolari curabat per Druidas. Publicum, cum Ciuitas aliqua aut Prouincia similiter magno in discrimine constitutam se videbat, publicè certo liberorum hominum, imò Nobilium, si malefici aut captiui deessent, numero contributo Deorum iram auertere conabatur. Et hoc est quod ait Cæsar, *publicè eius generis habent instituta sacrificia.* Similiterque Tacitus de Germanis. *Deorum maxime Mercurium colunt, cui certis diebus, humanis quoque hostiis litare fas habent.*

Hominum immolatio.

Qui verò homines immolabantur, triplicis videntur fuisse generis, clientes, liberi, & captiui atque malefici. Clientes quidem, quales erant *Ambacti*, quos existimant aliqui fuisse seruos mercenarios Dominis suis certo pretio vitam addicentes. AMBACHT apud veteres Gallos Minister erat: cuius vocabuli adhuc vsus est in Flandria. Vocant enim Regionum aut locorum Præfectos Præfecturasque ipsas AMBACHT. Hinc proculdubio fluxit Ambasciata, *Ambassade*, *Ambassadeurs*.

Quod si nulli eiusmodi Clientes essent, liberi ipsi pro patre morti se deuouebant: pro ciuitate vero si nulli essent captiui aut Malefici, homines liberi & innocentes, sæpiusque nobiles immolabantur. De captiuis quidem & Maleficis, sic Diodorus lib. 6. *Pari suæ feritate impietate in Deorum sacrificiis abutuntur. Noxios enim quinquennio seruatos sudibus affixos Diis sacrificant, cumque aliis primitiis super ingentes pyras immolant. Captiuos quoque sacrificant Diis. Quidam de hostibus capta animalia vna cum hominibus interfecta aut insacris comburunt, aut aliis afficiunt pœnis.*

Verum immania tandem illa sacra abolita sunt ab Imperatoribus Romanis. Et primum quidem ab Augusto, qui Ciuibus Romanis Druidarum sacris omnino interdixit, seu Romæ, seu alibi: at Gallis & Druidis nullibi videtur interdixisse, ne in vrbe quidem. Tiberius Druidas ipsorumque sacra ex vrbe sustulit. Plin. l. 30. c. 1. *Tiberij Cæsaris principatus sustulit Druidas eorum; & hoc genus Vatum Medicorumque.* Claudius nec in Gallia quidem esse voluit teste Suetonio in Claud. c. 25. Notat Mela sub Tiberio desiisse humanas victimas immolare, admotis tamen ad aras sanguinem emisisse & libasse. sic enim l. 3. c. 2. *manent vestigia feritatis iam abolitæ: atque vt ab humanis cædibus temperant, ita nihilominus vbi deuotos altaribus admouère, delibant.*

DE LEGISLATIONE, ET PRIVILEGIIS Druidarum.

Vo Druidarum officia fusissimè descripsimus: nimirum Docendi rationem & Sacrorum procurationem. Nunc paucis de eorum Iurisdictione & Legislatione ac priuilegiis agendum. Certum est eos in administratione politica Galliarum partem habuisse maximam : si quidem ait Cæsar eos præmia pœnasque constituisse : quæ duo Legislationis officium implent.

Habebant quoque Iurisdicendi potestatem maximam, non modò in rebus ad Religionem pertinentibus, sed etiam in quibuscumque causis tam publicis, quàm priuatis, ita ut iudicia quoque capitalia exercerent, iusque gladij haberent. Clarè id Cæsar l. 6. *De omnibus Controuersiis publicis priuatisque constituunt : & si quod est admissum facinus, si cædes facta, si de hereditate, de finibus controuersia est., Iidem & decernunt præmia pœnasque constituunt.* Hinc, vt ex Strabone notat Forcatulus, Galli Tectosages & alii qui in Asiam migrarunt, Consilium Trecentorum Iudicum composuerunt, quod à Quercu & Sanguine *Drynemetum* appellarunt : quoniam eo imperio præditi, quod Iureconsulti Merum vocant, de rebus Capitalibus iudicabant: de cæteris Magistratus inferiores.

Certo autem anni tempore in siluæ Carnotensis luco consecrato Iudiciis exercendis Comitia habebant generalia : vt notat Cæsar loco citato. *Ij certo anni tempore in finibus Carnutorum, quæ Regio totius Galliæ media habetur, considunt in Luco consecrato. Huc omnes vndique qui controuersias habent conueniunt, eorum iudiciis decretisque parent.* At semel ne tantum in anno, an pluries? Theodorus Marcilius existimat, id facere solitos Druidas Sextis quibusque Lunis Mensium. Atque idcirco singulis mensibus statâ die iudicia illa Generalia exercuisse.

Pœna verò quam contumacibus & parere detrectantibus infligebant, erat grauissima, cuiuscumque generis, sortis, aut conditionis essent. Nimirum Exsecratio, & vt more nostro atque recepto loquamur, Excommunicatio. Si quis autem, inquit Cæsar, *aut priuatus aut publicus eorum decreto non stetit, sacrificiis interdicunt. Hæc pœna apud eos est grauissima. Quibus ita est interdictum, ij numero impiorum ac sceleratorum habentur. Iis omnes decedunt, aditum eorum sermonemque refugiunt, ne quid ex contagione incommodi accipiant. Neque ys petentibus ius redditur, neque honor vllus communicatur.* Hinc intelligimus, quanta Druidum esset authoritas & potestas: tanta scilicet, vt Magistratus ac Regulos ipsos dicto audientes haberent; secus, sacris arcerent. Quod genus exsecrationis, seu excommunicationis in vsu fuit apud omnes ferè Gentes.

Quæ verò erant Druidarum priuilegia ? hæc duo præcipuè. Immunitas ab armis & immunitas à tributis. Erant enim à ferendis armis immunes, & si bellis aderant, auspiciorum tantum gratia aduocabantur, vacationemque ab omni onere militari habebant. Præterea nullum, qualecumque esset tributum, pendere tenebantur. Quibus præmiis adducti & allecti complures in eorũ societatem & sodalitium adscisci cupiebant. Nam plebs tributorum onere, seruorum adinstar premebatur: Nobilitas assiduo bellorum labore & sumptibus fatigabatur : Illi soli eorumque Discipuli ab vtroque onere immunes erant. Hac de re Cæsar lib. 6. *Druides à bello abesse consueuerunt, neque tributa vna cum reliquis pendunt. Militiæ vacationem, omniumque rerum habent immunitatem. Tantis excitati præmiis & sua sponte multi in Disciplinam conueniunt, & à propinquis parentibusque mittuntur.*

DE ACADEMIA MASSILIENSI.

MAssiliensis Academia Græcis Phocensibus, non Gallis indigenis, aut Romanis adscribenda. Phocenses enim ex Phocæa Ioniæ Ciuitate, seu Harpagi Præfecti Persarum crudelitatem fugientes (quo tempore à Medis ad Persas translatum est imperium, captaque à Nabuchodonosore Hierosolyma) seu piraticæ longius latiusque exercendæ desiderio, quæ ilis temporibus honori & gloriæ ducebatur, primum in Italiam ostio Tiberino Ducibus Simone & Protide inuecti, cum Tarquinio Superbo, vel vt Liuius & Eusebius scribunt, cum Prisco amicitiam pacti, maritimos Galliæ fines ad ostium Rhodani amnis attigerunt: cuius loci amœnitate capti sedem ibi ponere, & vrbem ædificare constituerunt post leuia quædam cum Gallis & Segoregiis illius plagæ incolis commissa feliciter prælia. Quidam autem ex iis in patriam reuersi referunt, quæ viderant, pluresque inuitant ad demigrandum. Imo si vera referunt Historici, omnes communi consilio patrium solum relinquunt, additis etiam exsecrationibus, ne quisquam de repetendâ olim patriâ cogitaret. Vnde abiit in prouerbium Φωκέων Ἀρά *Phocensium Execratio:* quod dicitur de Iureiurando multis vinculis adstricto. Cuius Execrationis meminit Horatius 1. Epod.

Forte quid expediat communiter, aut melior pars
    Malis carere quæritis laboribus.
Nulla sit hac potior sententia Phocæorum
    Velut profugit execrata Ciuitas,
Agros atque lares patrios habitandaque fana
    Apris reliquit & rapacibus Lupis.

Deinde quis fuerit illius execrationis ritus, sequentibus versibus exponit.

Sed iuremus in hac. Simul imis saxa renarint
    Vadis leuata, ne redire sit nefas.
Neu conuersa domum pigeat dare lintea, quando
    Padus Matina lauerit cacumina.
In mare seu celsus procurrerit Apenninus,
    Nouaque monstra iunxerit libidine
Dirus amor, iuuet vt tigres subsidere ceruis,
    Adulteretur & columba Miluio:
Credula nec flauos timeant armenta Leones,
    Ametque salsa leuis Hircus æquora.
Hæc & quæ poterunt reditus abscindere dulces,
    Eamus omnis execrata Ciuitas.

Igitur illis iuxta Dianæ oraculum Aristarcho Duce, vel vt alij scribunt, Furio & Perano Classis Ductoribus Galliæ partem, quæ Narbonensis postea dicta est à Romanis, appellunt, ibique sedem collocant & vrbem condunt, quam Massiliam vocant à fortuito euentu. Nauclerus enim Piscatorem aduertens, quem Græci Ἁλιέα vocant, protinus μᾶσαι ἐκέλωσι τὸ ἀπόγκιον σχοινίον id. *religare iussit altera-*

neum funem. Hoc ex Timæo Rhodiginus l. 16. c. 8. μόσυι enim Æolibus est, quod aliis δῆσαι *alligare*. Ἀλιως verò *Piscator est*. ac proinde ἐκ τ᾽ ἁλίεως καὶ τ᾽ μόσαι dicta Massilia.

Tunc erat Segoregiorum, vel vt alij scribunt, Segobrigiorum Rex Senannus seu Nannus: qui cum aduenas expellere non posset nec prohibere, quominus in suis finibus sedem ponerent, vltro pacto cum iis fœdere, Duces eorum ad cœnam inuitauit nuptialem, in qua de more Gentis eligendus erat Gyptidi filiæ sponsus. Illuc primaria nobilitas vicinarum Ciuitatum conuenerat: cum Gyptis introducta iussaque in eum peluim lauandis manibus aduertere, quem sibi præ omnibus virum deligeret, spretis popularibus ad Græcos conuersa, Perano eorum Duci, cuius forma & vrbanitate se correptam sensit, humanissimè porrexit. Ita ex hospite Gener factus præter spem Peranus, locum condendæ vrbi facile à Socero impetrat: quam conditam intra breue tempus populosissimam reddit confluentibus eò Saliis & vicinarum gentium incolis: tantam in aduenis istis morum ciuilitatem demiratis. Hæc fere ex Iustino l. 43. c. 3.

Profuit Phocensibus ad stabiliendam vrbem imperiumque suum armorum litterarumque exercitium. Ecce illis defuncto Nanno statim à Comano filio Segobrigiorum quoque Rege vltro bellum infertur. At quos non audebat aperto Marte lacessere, insidiis circumuenire nititur, accepta Floraliorum occasione, quam diem Græci solemniter celebrabant. Verum detectus & proditus abstinuit deinceps viros fortes bello prouocare. Hac de re sic Iustinus loco citato. *Mortuo Rege Nanno Segobrigiorum, à quo locus acceptus condendæ vrbis fuerat, cum Regno filius eius Comanus successisset, affirmante Regulo quodam quandoque Massiliam exitio finitimis populis futuram, opprimendamque in ipso ortu, ne mox validior ipsum obrueret, Subnectit & illam fabulam. Canem aliquando partu grauidam locum à pastore precariò petiisse, in quo pareret: quo obtento, iteratò petiisse, vt sibi educere eodem in loco Catulos liceret: & postremum adultis Catulis fultam domestico præsidio proprietatem loci sibi vindicasse. Non aliter Massilienses qui tunc inquilini videantur, quandoque Dominos Regionum futuros.* His incitatus Rex insidias Massiliensibus extruit. Itaque solenni Floralioru die multos fortes ac strenuos viros hospitii iure in vrbem misit. Plures scirpiis latentes frondibusque supertectos induci vehiculis iubet: & ipse cum exercitu in proximis montibus delitescit, vt cum nocte à prædictis apertæ portæ forent, tempestiuè ad insidias adesset, vrbemque somno ac vino sepultam armatis inuaderet. Sed eas insidias Mulier quædam Regis cognata prodidit, quæ adulterare cum Græco adolescente solita, in amplexu iuuenis miserata formæ eius, insidias aperuit, periculumque declinare iubet. Ille rem statim ad Magistratus defert: atque ita patefactis insidiis cuncti Ligures comprehenduntur, latentesque de scirpiis protrahuntur.

Similiter illi Carthaginenses debellant, & tandem rebus terra marique feliciter gestis vrbes alias quasi Colonias & certissima præsidia condunt, & constituunt, Agathen, Taurentum, Antipolim, Niceam, Aphrodisium, Arelaten, quam primum Thelinen vocarunt teste Auieno. Quia verò Floraliorum diebus vrbs pœne capta fuerat, instituerunt, vt festis diebus portæ clauderentur & excubiæ deinceps agerentur, eodem Iustino referente. *Exinde Massilienses festis diebus portas claudere, vigilias agere, stationem in muris obseruare, peregrinos recognoscere, curas habere, ac veluti bellum habeant, sic vrbem pacis temporibus custodire. Adeo illic bene instituta non temporum necessitate, sed rectè faciendi consuetudine seruantur.*

Cum Romanis autem, eodem teste, pœnè ab incunabulis vrbis amicitia contractâ fœdus summâ fide custodierunt, auxiliisque socios in bellis omnibus industriè iuuerunt: adeo vt cum audiuerint Romam à Gallis captam fuisse duce Brenno, eam rem publico funere prosecuti sint, aurumque & argentum publicum & priuatum contulerint ad explendum pondus Gallis, à quibus redemptam pacem cognouerant. Ob quod meritum & immunitas illis decreta & locus spectaculorum in senatu datus, & fœdus æquo iure percussum. Vnde cum Cæsar in bello ciuili ad suas partes conaretur adducere Massilienses, illi constantes in fide permanserunt, neque se partium fautores, sed amicos, socios & adiutores esse velle responderunt. Extat legatorum ad Cæsarem oratio apud Lucanum l. 3.

Semper in externis populo communia vestro
Massiliam bellis testatur fata tulisse,
Comprensa est Latiis quacumque annalibus ætas.

18 Academia

Et nunc ignoto si quos petis Orbe triumphos,
Accipe deuotas externa in prælia dextras.
At si funestas acies, si dira paratis
Prælia discordes, lachrymas Ciuilibus armis
Secretumque damus.
Sit locus exceptus sceleri Magnoque Tibique
Tutus, vt inuicta fatum si consulat vrbi,
Fœdera si placeant, sit quo veniatis inermes.
Vel cum tanta vocent discrimina Martis Iberi,
Quid rapidum deflectis iter? non pondera rerum,
Nec momenta sumus: nunquam felicibus armis
Vsa manus patriæ primis à sedibus exul,
Et post tralatas exustæ Phocidos artes,
Mœnibus exiguis alieno in littore tuti,
Illustrat quos sola fides.

Addit Iustinus à Phocensibus illis Gallos vitæ cultum deposita barbarie, & agros colere & vrbes mœnibus cingere didicisse; legibus non armis viuere, vitem putare, oliuam conserere; adeoque magnum per eos & hominibus & rebus impositum esse nitorem, vt non Græcia in Galliam emigrasse, sed Gallia in Græciam translata esse videretur.

Schola Massiliensis.

Imprimis verò Gymnasium & litterarum omnium Emporium nobilissimum & celeberrimum Massiliæ instituunt: atque idcirco peritissimos quosque è Græcia & Ionia Magistros erudiendæ Iuuentuti aduocant & præficiunt. Fit itaque statim illuc vndique concursus Docentium & Discentium: illorum quidem, muneribus & præmiis, horum verò facilitate methodi & elegantia professionis illectorum. Quippe apud Druidas viceni anni consumebantur in specubus & cryptis nemorum & siluarum. Apud Massilienses autem artium professionumque diuersitas, ciuilitas morum, comitas & conuersatio delectabant. Erant enim qui Grammaticam profitebantur, erant qui Eloquentiam, Philosophiam, Medicinam, Iurisprudentiam, Theologiam in suo quisque genere, & schola exercebant: idque primùm Græca lingua, deinde inito cum Romanis fœdere & commercio, Latinâ: vnde teste Varrone dicebantur à Latinis *Trilingues*, à Græcis τρίγλωσσοι, quia Græco, Latino, Gallicoque sermone vtebantur: vt ait Isidorus l. 15. c. 1. quo loco addit Massiliam de nomine sui Ducis Phocenses nuncupasse.

Hinc ergo Massiliensis Ciuitas antonomasticè vocata fuit Athenopolis, seu Athenæ Gallica, aut Alteræ Athenæ: quò nempe Romani, Itali, Germani, Hispani, Galli, Græci ipsi se conferebant ad discendum Eloquentiam, Philosophiam, Iurisprudentiam, Medicinam aliasque artes relictis Athenis, Româ tot nobilium Oratorum scholâ, aliisque Academiis. ἡ Μασσαλία πόλις Ἑλληνικὴ, inquit Strabo. l. 4. τοσοῦτον δὲ τοὺς λόγους, ᾗ τ[ὴν] Φιλοσοφίαν ἔργῳ ἐζήσχησαν, ὥστε τοὺς Φιλομαθίᾳ ἐχομένους Ῥωμαίους μὴ εἰς Ἀθήνας, ἀλλ' εἰς Μασσαλίαν πορεύεσθαι. id. *Adeo Eloquentiam & Philosophiam perfectè exercuerunt, vt quicumque Romanorum desiderio discendarum litterarum tenebantur, Massiliam, non amplius Athenas proficiscerentur.*

Amplius facit ad laudem Massiliensis Academiæ, quod scribit Cic. in Orat. pro Flaccon. 63. *Neque verò,* inquit, *te Massilia prætereo, qua L. Flaccum militem Quæstoremque cognosti. Cuius ego Ciuitatis disciplinam atque grauitatem non solùm Græciæ, sed haud scio, an cunctis Gentibus anteponendam iure dicam: quæ tam procul à Græcorum omnium regionibus, disciplinis linguaque diuisa, cum in vltimis terris cincta Gallorum Gentibus, Barbariæ fluctibus alluatur, sic Optimatum studio gubernatur, vt omnes instituta eius laudare facilius, possint quàm æmulari.* Eandem vocat. *Nouas Galliarum Athenas, litterarum & ciuilitatis Emporium.* Illuc Augustus Iulium Antonium relegauit *vbi specie studiorum,* inquit Tacitus, *nomen exily tegeretur.* Et prius idem Augustus Titi Arrij filium in parricidio deprehensum Massiliam relegauerat.

Quod autem mirabile est, homines ita transplantati in alieno solo, circumfusi tot Gentibus diuersorum morum, sonum linguæ, mores ingeniumque patriæ, scilicet Phocidos retinuerunt, vt intelligimus ex oratione Rhodiorum in Senatu Romano apud Liuium. 7. Dec. 4. *Massilienses,* inquiunt, *quos si natura insita velut ingenio terra vinci posset, iam pridem efferassent tot indomita circumfusa Gentes in eo honore, in ea meritò dignitate audimus apud vos esse, ac si medium vmbilicum Græciæ incolerent. Non enim sonum modò linguæ vestitumque & habitum, sed ante omnia mores & leges & ingenium sincerum integrumque à contagione Accolarum seruarunt.*

Eandem Ciuitatem Tacitus vocat Magistram Stvdiorvm, hincque Agricolæ socero suo laudem non vulgarem conciliat, quod ibi bonis moribus bonisque Artibus & Disciplinis informatus fuisset à pueritia. *Arcebat*, inquit, *eum ab illecebris peccantium præter ipsius bonam integramque naturam, quod statim paruulus* Sedem *ac* Magistram Stvdiorvm *Massiliam habuerit, locum Græcâ comitate & Prouincialium Parsimoniâ mixtum beneque compositum.* Testis etiam Cæsar l. 2. Belli Ciuilis, quantâ valuerint eloquentiâ Massilienses Oratores, cum legatos suos ab oppugnatione vrbis desistere impulerunt. *Hæc*, inquit, *atque eiusdem generis complura, vt ab hominibus Doctis magna cum misericordia fletuque pronunciantur. Quibus rebus commoti legati milites ex opere deducunt; oppugnatione desistunt, operibus custodias relinquunt. Induciarum quodam genere misericordiâ facto aduentus Cæsaris exspectatur.*

Nullum est autem Facultatum seu Artium & disciplinarum genus, quod Massiliæ non floruerit: imprimis verò Mathematicæ disciplinæ & Astrologia, Iurisprudentia, Medicina, Eloquentia cæteræque artes liberales ibi commendatissimæ fuerunt. Et in iis facultatibus excelluerunt complures viri magni nominis & famæ etiam apud cæteras Gentes. In Mathematicis & Astrologia, Telon, Gyareus, Lydanus, Pytheas, Eratostenes, Eudimenes: quorum Telon & Gyareus fratres in oppugnatione Cæsariana insignem laudem repugnando meruerunt, teste Lucano l. 3. *Artium variarum exercitium.* *Mathemat.*

> *Dirigit huc puppim miseri quoque dextra Telonis,*
> *Quâ nullus melius Pelago turbante Carinæ*
> *Audiuere manum, nec lux est notior vlli*
> *Crastina, seu Phœbum videas, seu cornua Lunæ*
> *Semper venturis componere carbasa ventis,*
> *Hic Latia rostro compagem ruperat alni,*
> *Pila sed in medium venêre trementia pectus,*
> *Auertitque ratem morientis dextra Magistri.*
> *Dum cupit in sociam Gyareus erumpere puppim,*
> *Excipit immissum suspensa par ilia ferrum,*
> *Affixusque rati telo retinente pependit.*
> *Stant gemini fratres fœcundæ gloria matris.*

Pythias seu Pytheas litterarum quoque claritate, præsertim verò Geographiæ notitiâ illustris commendatus est ab omnibus Gentibus. Eius meminit Plinius l. 2. c. 75. quanquam Strabo eius inscitiam arguit circa insulam Thulen. *Geograph.*

In Medicinæ professione inter cæteros excelluerunt Crinas, Carmides, Demosthenes. Crinas quidem Nerone Claudio Imperatore primus, vt creditur, Medicinæ scientiam atque vsum in Schola Massiliensi prouexit: & ita in eo studio profecit, vt si cum aliis eiusdem Artis professoribus conferatur, longè omnes superasse videatur. De eo sic habet Plinius l. 29. c. 1. *Tum Crinas Massiliensis arte geminata, vt cautior religiosiorque ad sidera motus ex ephemeride Mathematicâ cibos dando, horasque obseruando authoritate Thessalum præcessit; nuperque H S. C. reliquit muris patriæ, mœnibus quoque aliis non minori summa extructis.* Idem de Carmide ibidem sic scribit. *Hi regebant fata, cum repente Ciuitatem Carmis ex eadem Massilia inuasit, damnatis non solùm prioribus Medicis, verùm & balneis: frigidaque etiam hibernis algoribus lauari persuasit. Mersit ægros in lacus. Videbamus senes Consulares vsque in ostentationem rigentes. Et sub finem eiusdem cap.* Notum est sub eodem Carmide vnum ægrum ex Prouincialibus H S. ducentis conductum Archontio vulnerum medico H S.C. condemnato ademisse Claudium Principem: Eidemque in Gallia exulanti, & deinde restituto acquisitum non minus intra paucos annos. Eiusdem meminit Rhodiginus l. 23. c. 34. Demosthenes autem homo nauus atque industrius, experientissimus ac diligentissimus Medicus admirationem etiam Galeno Medicorum Principi peperit, à quo laudatur l. 5. c. 11. *Medicinâ*

In Iurisprudentia commendantur supra cæteros Menecrates, alter Scæuola dictus; Charmoleus dignitate suppar, in re Forensi versatissimus, Iudex æquis-

Iurisprudentia.

simus ; Zenotenus Charmolei filius cum Menecrate omni Officiorum genere coniunctissimus, de quibus Lucianus in Toxari. Ex hocce virorum Collegio assumebantur Senatores Massilienses & Quindecim-primi Senatus Principes, de quibus infra dicetur.

Grammatica. Rhetorica.

In cæteris Artibus, præsertim verò in Grammatices & Eloquentiæ professione excelluerunt Antonius Gnipho, Phauorinus Arelatensis, Castor Massiliensis, Petronius Arbiter Castoris Discipulus, Oscus siue Oscius, Pacatus, Victorinus, Coruinus, Trogus Pompeius ; & postremis temporibus Saluianus, Cassianus & alii innumeri. Gnipho quidem ingenuus teste Suetonio in lib. de Illustr. Grammat. sed expositus, à Nutritore suo manumissus & institutus Alexandriæ. *Fuisse dicitur ingenii magni, memoriæ singularis, nec minus Græcè quam Latinè doctus: præterea comi facilique natura, nec unquam de mercedibus pactus, eoque plura ex liberalitate discentium consecutus.* Docuit primum in D. Iulij Domo pueri adhuc ; deinde in suâ priuatâ. Docuit autem & Rhetoricam, itaut quotidie præcepta eloquentiæ traderet, declamaret verò non nisi nundinis. Scholam eius claros quosque viros frequentasse aiunt, in his M. Ciceronem, etiam cum prætura fungeretur. L. Præconinus dictus alter Lælius, encomium facere & orationes nobilissimo cuique scribere solebat initio : deinde Rhetoricam docere aggressus Tiberio Imperante, & à Romanis Massiliam missus est, vt Græcam Massiliensis Academiæ Rhetoricam Latinè redderet. Cum verò de Comicis Tragicisque dictionibus, deque Ionicis & Atticis dialectis nimis curiosè multa conscriberet, Minutij nomen, eo quod minuta ista sectaretur, reportauit.

In eadem Academia docuisse fertur Castor Secundarij filius, Deiotari Galatiæ Regis Gener: postea verò ab ipso Deiotaro cum coniuge interfectus. Ille reliquit libros elegantes de Babylone, de persuadendo, artem dicendi, & Annalium ignorationes, aliosque multiiugâ Doctrinâ plenissimos : quem Castorem antea obscurum Cicero dicit nobilitatum fuisse ductâ filiâ Deiotari, ex quâ Castorem filium suscepit, à quo demum Deiotarus auus apud Cæsarem structarum insidiarum insimulatus est. Castoris illius maioris Oratoris facundissimi scribunt aliqui fuisse filium Petronium Arbitrum. At Suidas filium vult fuisse Galatæ aut Rhodij cognomento Philoromæi, ab amore erga Romanos: vt refert Forcatulus l. 6.

Petronius etiam ipse tam solutâ, quàm strictâ oratione claruit inter primos ætatis suæ Oratores & Poëtas, sed vitæ parum pudicæ fuit : vnde inuidia in eum Tigellini, quasi aduersus æmulum & scientia voluptatum potiorem, vt ait Tacitus l. 16. Annal. Proconsul tamen Bithyniæ fuit, & mox Consul. *Dein renolutus ad vitia, seu vitiorum imitationem inter paucos familiarium Neronis assumptus est elegantiæ arbiter, dum nihil amænum & molle affluentia putat, nisi quod ei Petronius approbauisset.* De eius lasciuis moribus satis clarè Sidonius Apollinaris in Narbone.

Et Te Massiliensium per hortos
Sacri stipitis Arbiter colonum
Hellespontiaco parem Priapo.

Obiit L. Suetonio & L. Telesino Coss. biennio antequam Petrus & Paulus paterentur. Extant quædam eius opera, sed magna eorum pars periit longinquitate temporum.

Iisdem temporibus Rhetoricam profitebatur Statius Tolotensis, forte Tolonensis *de Toulon* cuius meminit Robertus Antissiodorensis in chronico: vbi ait D. Paulum Romæ biennium in libera custodia retentum fuisse, verbum Domini liberè prædicando multosque conuertendo. *Post biennium autem*, inquit, *relaxatus Hispaniam petiit, & Arelaten Trophimum, Viennam verò Crescentem ad prædicandum misit. Statius Tolotensis celeberrimè in Gallia Rhetoricam docet.* Item Oscus seu Oscius Oratoriam profitetur Massiliæ & Romæ. Discipulus fuit Porcij Latronis ; cuius eloquentiæ speciem ita sibi formauit, vt in ea penitus reconditos Magistri sui mores effingeret. De eo Seneca in 6. Controuers. *Oscus non incommodè dixit.*

Quid dicemus de Phauorino Arelatensi, quem eruditio singularis morumque grauitas supra omnes sui seculi Rhetoras, Philosophos, Geometras & Astrologos longè extulit. Ille Massiliæ primum, deinde Athenis docuit, & in Academicorum Schola maximè floruit: vbi A. Gellium inter cæteros Discipulum habuit, & statua donatus est. Romam postea venit Traiano Imperante : sed mox Adriano Cæsari inuidiosus fuit, quia neminem in omni Disciplinarum genere si-

Massiliensis.

biparem ferre poterat. Æmulus fuit Plutarchi, & Heliodori, quē Cæsar Epistolarum Magistrū de Philosophiæ Professore fecerat, cum Rhetorem disertum facere non posset, inquit vrbanè satis Dionysius Milesius Phauorini admirator. Prodigij autem loco reputatum est, quod homo Gallus, Græcè doctus: Eunuchus, adulter creditus; & Adriano Imperatori infestus viueret. Sub vitæ finem in Patriam redire voluit, cui immunitatem postulauit, sed veritus ne frustra, quia Principem sibi aduersantem habebat, nihil aliud dixit, nisi se ita institutum à Magistro, vt patriæ suæ charissimæ consuleret.

Latinus Pacatus Drepanus elegantis ingenij & iudicij vir, Rhetor facundissimus prudentiam cum Eloquentia ita iunxit, vt apud omnes ordines potens fuerit & gratiosus. Eius extat elegans panegyricus Romæ dictus in Senatu Theodosio Seniori Imperatori. Cuius hoc est exordium. *Si quis vnquam fuit, Imp. August. qui te præsente dicturus ante trepidauerit, eum profectò me esse & ipse sentio, & his qui consilium tuum participant, videri posse video. Nam cum te semper vltra omnes retro principes laudari oportuerit, nunc porro vltra quàm alias prædicatus es, in ea vrbe conueniat dicendo celebrari, cuius & libertatem armatus asseruisti, & auxisti dignitatem togatus, quo tandem modo consequi maiestatem vtriusque vestrum oratione mea potero? hoc præcipue in tempore, quo ambo ita mutuò creuistis, vt nec tu fueris adhuc maior, nec illa felicior. Huc accedit Auditor Senatus, cui cum difficile sit pro amore quo in te præditus est, de te satisfieri, tum difficilius pro ingenita atque hereditaria orandi facultate non esse fastidio rudem hunc & incultum Transalpini sermonis horrorem, præsertim cum absurdæ sinistræque iactantiæ possit videri his ostentare facundiam, quam de Deorum fonte manantem in nostros vsque vsus deriuatio sera traduxit.* Hinc ex vngue Leonem disce.

Claudius Marius Victor, seu Victorinus & Coruinus Rhetores & Oratores percelebres Massiliæ quoque floruerunt Theodosio & Valeriano Imperatoribus. Et iisdem temporibus Ioannes Cassianus S. Chrysostomi Discipulus, qui Massiliam vt ad publicum totoque orbe celeberrimum Ludum Constantinopoli & Roma ablegatus se contulisse fertur. De eo sic habet ad an. 427. Robertus Antissiodorensis. *Ioannes Cassianus claret, qui à Ioanne Chrysostomo Diaconus ordinatus, sed postea de Constantinopolitana Ecclesia ab ipso eiectus apud Massiliam Galliæ Presbyteri honorem adeptus est. Hic scripsit experientia magistrante, librato sermone & vt apertius dicamus, sensu verba inueniens & actione linguam mouens res omnium Monachorum professioni necessarias & compertas in Ægypto vitas, Patrum Doctrinasque & Regulas datis ad plurimos libris exposuit.*

Ex eadem Academia prodierunt Cæsarius Arelatensis Episcopus, Eucherius Lugdunensis, Saluianus Massiliensis, Auitus Viennensis, Saloninus & Vrbanus Saluiani Discipuli, Honoratus Massiliensis, Gennadius quoque Presbyter Massiliensis, & alij plurimi. Verum hæc celebris schola post expulsos è Gallia Romanos circa initia Imperij Francici splendorem antiquum amisit & dignitatem litterarum. Captâ enim à Burgundionibus Massiliâ, à Gothis, & Vandalis vastatâ barbaries in eum locum inuecta est, vbi tandiu Musæ regnauerant. Itaque postremi Magistrorum alicuius nominis fuisse videntur Saluianus & Auitus Viennensis. De vtroque Robertus Antissiodorensis in Chronico. *Saluianus Massiliensis Ecclesiæ Presbyter floret* (ad an. 475.) *qui humana & diuina litteratura instructus & Episcoporum Magister scripsit scholastico, & aperto sermone multa.*

De Auito verò Viennensi sic idem author scribit: *Claret Auitus Viennensis Episcopus scientiâ secularium doctissimus & sanctitate præcipuus. Hic metricè de conditione mundi libros composuit. Hic aduersus hæresim Arrianam, quæ tunc non solum Africam, sed & Galliam Italiamque ex parte occupauerat, magno sudore decertauit: Quod clarissima eius opera testantur. Scripsit enim Dialogum satis elegantem, hæresim illam oppugnans fidelissimo & doctissimo immortalique ingenio ad Gundebaudum Burgundionum Regem filium Gundouari. Item alios libellos duos contra Nestorium Episcopum & Eutychen Abbatem authores erroris scripsit luculentissimo & castigato sermone. Fuerunt & alia illius plura eximia opera in Christi Ecclesia probatissima. Hic Sigismundum Regem in fide pietatis erudiuit. Qui agente illo postmodum Monasterium SS. Martyrum Agaunensium Maurici & Sociorum eius construxit. Quem postmodum captum & à Francis occisum vehementer doluit. Huius in Præsulis Epitaphio inter alia sic dicitur.*

Academia

Vnus in arce fuit, cui quolibet ordine fandi,
Orator nullus similis, nullusque Poëta.
Clamant quod sparsit, per crebra volumina libri,
Qui vixit, viuit, perque omnia secula vinet.

Ex hac autem illustri & in omni Disciplinarum genere florentissima schola, cæteræ Galliarum vrbes tum publicos professores, tum priuatos præceptores & pædagogos accipere solebant olim, Grammaticos, Rhetoras, Philosophos, Medicos, grandique stipendio & mercede conducebant, vt notat Strabo. Nam vt olim nemo satis eruditus satisque doctus esse reputabatur, qui Athenis non studuisset: in Gallia tempus fuit, cum nemo crederetur eloquens, aut cuiuscumque artis liberalis satis gnarus, qui Massiliensem Academiam non frequentasset. Quæ res Gallos ita φιλέλληνας reddidit, vt teste Cæsare in omnibus rebus, publicis priuatisque rationibus Græcis litteris vterentur. Quod etiam notauit Strabo l. 4. Cuius locum licet paulo longiorem ideo lubentius attexemus, quod Scholas Massilienses mirificè illustret & commendet. Describit igitur statum Massiliæ, qualis erat suo tempore, elegantiam & frequentiam: quò scilicet omnes qui paulò elegantiores esse vellent, ad docendum philosophandumque se conferre solebant. Sic igitur ille. πάντες γὰρ οἱ χαρίεντες πρὸς τὸ λέγειν τρέπονται ἢ φιλοσοφεῖν. ὥς τ᾽ ἡ πόλις μικρῷ μὲν πρότερον τοῖς βαρβάροις ἀνεῖτο παιδευτήριον, ἢ φιλέλληνας οὕτω κατεσκεύασε τοὺς Γαλάτας, ὥςτε καὶ τὰ συμβόλαια Ἑλληνιστὶ γράφειν. ἐν δὲ τῷ παρόντι καὶ τοὺς γνωριμωτάτους Ρωμαίων πέπεικεν ἀντὶ τῆς εἰς Ἀθήνας ἀποδημίας ἐκεῖσε φοιτᾷν, φιλομαθεῖς ὄντας, οἳ δὲ οὖν τοιούτους οἱ Γαλάται καὶ ἅμα εἰρήνην ἄγοντες τὴν σχολὴν ἀσμένως πρὸς τοὺς τοιούτους διατίθενται βίους, οὐ κατ᾽ ἀΐδια μόνον, ἀλλὰ καὶ δημοσίᾳ σοφιστὰς γοῦν ὑποδέχονται, τοὺς μὲν ἰδίᾳ, τοὺς δὲ αἱ πόλεις κοινῇ μισθούμεναι καθάπερ καὶ ἰατρούς. *Id. qui paulo elegantiores ibi sunt homines, ij se ad dicendum Philosophandumque conferunt. Atque ideo vrbs ea paulo ante quidem Barbaris loco ludi litterarij patefacta fuit, & Græcarum literarum sic studiosos reddidit Gallos; vt contractuum quoque formulas Græcè conscriberent. Nunc verò nobilissimis etiam Romanorum persuasit, vt studiorum causâ pro Athepiensi peregrinatione Massiliensem amplectantur. Quos cum videant Galli, quia in pace viuitur, ipsi quoque lubentes otium huic vitæ instituto impendunt, non modo priuatim, sed etiam publicè. Nam præter* SOPHISTAS *qui priuatis sumptibus commeant, publicis etiam Ciuitatum stipendiis cum* SOPHISTÆ, *tum Medici aluntur.*

Ex hoc loco duo præsertim intelligimus. Primum est, quod excellentissimæ huius Academiæ exemplum plurimæ Galliarum Ciuitates imitatæ publicas quoque scholas erexerint aduocatis ad eam rem Massiliensibus Magistris, sicque ex ea veluti ex equo Troiano innumeri prodierint Professores & Magistri.

Alterum est, quod hæc scholarum in variis vrbibus erectio, hæc cum Græcis hominibus communicatio, adeo studiosos linguæ Græcæ Gallos reddiderit, vt non tantum in priuatis congressibus & colloquiis familiaribus, sed in publicis quoque contractibus sermone Græco vti voluerint, *cum in reliquis ferè rebus*, inquit Cæsar lib. 6. *publicis priuatisque rationibus, Græcis literis vtantur.* Inde tabulæ illæ in Castris Heluctianis repertæ, Græcis literis confectæ, quæ ad Cæsarem perlatæ fuerunt. Inde plurimus in nostro Gallo-Romano Hellenismus, inquit Vinetus. Hinc Iulius Ausonius Græcam linguam melius nouisse dicitur, quàm Latinam, seu in media ipsa Massilia sermonem **Græcum cum Medicina** didicisset, seu domi in patria habuisset præceptorem aliquem, à quo doceretur. Hinc Burdigalæ Paulinus puer institutus est Graiis etiam famulis adhibitis, qui cum puerulo Græcè colloquerentur.

Vsus linguæ Græcæ in Gallia.

Non ergo admittendum, quod aliqui somniant, Gallos litteris quidem seu Characteribus Græcis in scribendo vsos, non item sermone. 1. Enim multi viri docti literas Græcas non Grecè, sed Gallicanæ inuentionis, appellationis & efformationis esse putant. quandoquidem ipsi Greci Characteres α, β, γ, & reliquos quibus vtuntur, fatentur non esse Grecos, sed Barbaros. legimus enim apud Varronem l. 7. de Ling. Latin. Cum Crates Græcus Quæstionem Grammaticam in Græcia agitaret, quæreretque cur prima littera diceretur *Alpha*, non *Alphatos*, Græcos alios Grammaticos respondisse, *Hæc non sunt vocabula nostra, sed Barbara*. Et apud Aristotelem, Philosophiam à Gallorum seu Celtarum Semnotheis, seu Samotheis initium cepisse, Galliamque Græciæ fuisse Magistram.

Massiliensis.

2. Quis dicat Gallos ob id vocatos fuisse φιλέλληνας, quod Græcis Characteribus vterentur? sicut quis eosdem, & alios innumeros populos φιλορωμαίους vocet, quod Romanis notis in expressione linguæ suæ vtantur? planè enim ridiculum est dicere quemquam Latinè scire eò tantùm, quod Latinas notas vsurpet.

3. Plurima vocabula quæ in nostro Gallo-Romano retinemus, luce meridiana clarius ostendunt Maiores nostros ex frequentatione cum Massiliensibus Græcè in multis locutos, & Græco sermone fuisse vsos; aut certè Græcis vocibus, Gallicam Dialecton affinxisse. Vt sunt ista. *Aga, Aga-tien*, vox mirantis ab ἄγαμαι & ἀγάω miror. *Acouter*, pro *escouter*, inde in re venatica *Acout; Acout*, ab ἀκόω audio. *Aigre* ab ἄγριος siluestris. *Aise, estre aise*, ab ἥδομαι; ἥδοραι lætari. αἴσιος qui est à son aise. *Aller lambre* ἀμβλύνω. *Apaster* ab ἀπατάω decipio. *Apaurir* ab ἀπαυρόω. *Assés* ab ἄζω satio, & in aor. 1. ἄσαι. *Atraper* ἀτραπίζων & ἀτραπῶ. *Brasser* à βράσσω. *Briser* à βρίθω & βρίζω. *Faire du bruit, bruire* βρύχειν. *Brouter* βρωθῆσαι & βρωθεῖν. *Car* γάρ enim. *Chamarrer* χαμαρεύων cumulare. *De la Cole* κόλλα. *Couper* à κόπτω scindere & in aor. 2. κοπῆν. *Craquer* à κραζῶ. *Crier* κελεῖ. *Crouler* κρύφω. *Cuire* κυρίον.

Disner δεῖπνον. *Dune*, eminence, θοῦρος. *Embraser* ab ἐμβρέζων. *Entamer* ἐνταμεῖν aor. 2. à τέμνω scindo, hinc ἐντέμνω, j'entame. *Esgayer*, ἀγαίω. *Embaler* ἐμβαλεῖν. *Endener* ab ἐντός intus & ἴω inflammo. *Escumer* κυμαίνειν à κύμα escume, *flot*.

Fagot φάκος. *Falot* folastre φαῦλος. *Filoux*, Imposteur φῆλος.

Grauer γράφω & in aor. 2. γραφεῖν. *Guerre* χόρρη. *Guerdon* κέρδος.

Heureux, qui a bon vent, ὄνειος. *Hoqueton* rusticè Hocheton, ὁ χιτών.

Japper ἰάπτω maledico in aor. 2. ἰαπεῖν.

Leger λαῖος, *lecher & leicher* λείχω lingere. *Lourdaut* λορδός.

Mais μες pro μη δε, μη δή τοι sed.

Se Mesler μελεῖν & ἐμμελεῖν curam suscipere. *Me voila* & corruptè *mevla*. μεμβλοα adsum. *Se mocquer* σμώχειν, μωχᾷζω, μωχᾶν. *Moquerie* μώκησις, & *moqueur* μώχος, *Moüelle* μυελός, μυελοῖς *moüelleux*. *Muë* μύτα, inde μυτεῶν *mettre en muë*. *Faire la moüe* μύειν.

Nettoyer alias *nettier* νίψαι. *Faire la nique* νεικεῖν obiurgare νεῖκος, *nique*.

Orgueilleux ὄργιλος *Orgueil*, ὄργιλος ab ὀργάω turgeo. *Ou* οὗ. vbi. *Ouy* ab οὕτωσι. *Ouyda* οἶδα noui, *scio bene*.

Parler βραχλαλεῖν & παρλεῖν. *Pauure* παῦρος *mettre tout pesle mesle* πελεμίζειν miscere. *Filer* πιλεῖν. *Piquer* πείχειν.

Rabâter ῥαβάσσειν. *Rayer Raser*, ῥαίω vasto, corrumpo. *Rapt.isser* ῥάπτειν.

Siffler σιφλώζειν explodere. *Sifflement* σίφλος.

Troubler τορβεῖν. *Troüer* τρύω, perforare *Trou* τρῦπα. *Tuer* τύψω.

Va βᾶ vade, pro βᾶθι.

Hæc vocabula è longe maiori numero selecta ostendunt clarissimè, quàm verum sit Gallos veteres non solo charactere Græco vsos fuisse, sed ipsam linguam & sermonem vsurpasse. Quemadmodum ergo à temporibus Romanorum vsque ad Franciscum I. res forenses, iudicia & Placita Principum Latino sermone in Gallia exprimere & referre vsus inualuit: ita antiquitus inito cum Massiliensibus commercio, in publicis priuatisque rationibus & contractibus linguæ Græcæ vsus fuit, apud Aquitanos præsertim & Celtas, qui eorum præceptores & magistros ad suas scholas euocarunt.

Nec obstat quod Cæsar, vt habetur in lib. 1. de Bello Gallico, cùm Diuitiaco Æduo, quem aliqui vnum è Druidis volunt fuisse, egerit per C. Valerium Procillum Principem Galliæ Prouinciæ quotidianis interpretibus remotis; neque enim hinc conuincitur Græcè nescisse Diuitiacum, aut Valerium Procillum adhibitum à Cæsare ad interpretandum ei verba Cæsaris, sed solum adhibitum, vt Diuitiacum ad suas partes adduceret, etiam contra Dumnorigem fratrem, à quo se læsum dolebat. Deinde non constat, an Druida fuerit Diuitiacus, imo ex eo quod Magistratum annuum in sua Ciuitate gerebat cum potestate vitæ & necis, & militaria munia tunc obibat, credibile est non fuisse sacerdotem, quia Druidæ militiæ vacationem rerumque omnium immunitatem habebant. Præterea neque Magistratus omnes, neque Nobiles, neque etiam forte Druidæ omnes Græcè sciebant: si-

Academia

eut nec omnes Magistratus hodie, nec etiam omnes sacerdotes satis Latinè sciunt, quanquam lingua ista familiaris sit in Gallia. Non enim contendimus omnes perfectè Græcè sciuisse, aut locutos fuisse, licet in plerisque Ciuitatibus Magistri ex AcademiaMassiliensi euocati Iuuentutem edocerent.

Superest vt de moribus, legibus & institutis Massiliensium pauca dicamus. Existimarunt enim aliqui eos vsque adeo deliciis effœminatos fuisse, vt prouerbio dici consuesset, πλεύσειας εἰς τὴν Μασσαλίαν, *Nauiges Massiliam*, vt refert Athenæus l. 2. quò videtur quoque pertinere illud Plauti in Cassina, *vbi tu es qui colere mores Massilienses postulas?* Verum hunc locum alii explicant de seueritate Massiliensium, aiuntque Athenæum prouerbii sensum non fuisse assecutum, sed hunc esse: vt scilicet, qui moribus effœminati sunt & molles, nauigent Massiliam discendi causâ virtutem & Disciplinæ moralis seueritatem. Nam si Ciceroni & Valerio Maximo fides est, non vlla gens laudatior vnquam fuit, quà Massilienses. Ciceronis locum supra retulimus ex orat. pro Flacco. En Valerii ex l. 2. c. de Institutis antiq. *Eadem ciuitas* (Massiliensis) *seueritatis custos acerrima est: Nullum aditum in scenam Mimis dando, quorum argumenta maiori ex parte stuprorum continent actus, ne talia spectandi consuetudo, etiam imitandi licentiam sumat. Omnibus autem, qui per aliquam Religionis simulationem alimenta inertiæ quærunt, clausas portas habet, & mendacem & fucosam superstitionem submouendam esse existimans.*

Narrat Forcatulus post Valerium Max. l. 2. c. 1. & Strabonem l. 4. Massiliensium Senatum seu Publicum Consilium fuisse DC. virorum quos τιμούχους vocabant, eoque honore fruitos, quoad viuerent: nec creari potuisse, nisi è sanguine Ciuium à tertia generatione, nec nisi qui liberos haberent. Huiusce Senatus Principes Quindecim erant numero, tresque Præsides agnoscebant. Similes proculdubio nostris Scabinis & Maioribus. Et tales erant Magistratus vrbium Municipalium. Cicero pro S. Roscio. *Itaque Decurionum Decretum statim fit, vt Decem-Primi proficiscantur ad L. Syllam.* Sic enim ynico vocabulo *Quinque-primi*, *Decem-primi*, *Quindecim-primi* dicebantur: vt apud Græcos πεντέπρωτοι, εἰκοσίπρωτοι. Hos Cæsar euocauit, antequam bellum inferret Massilienssibus, remisitque in vrbem, vt consilium haberent. Euocat ad se Cæsar *Quindecim-primos*: cum his agit, ne initium inferendi belli à Massiliensibus oriatur: debere eos Italiæ totius authoritatem sequi potius, quàm vnius hominis voluntati obtemperare. hæc Cæsar lib. 1. de Bello Ciuili. Illi autem consulto Sexcentorum Consilio, ex authoritate renunciarunt, se neutrum contra alterum adiuturos, scilicet nec Cæsarem nec Pompeium, aut vrbe aut portubus recepturos. Meminit eiusdem Senatus Lucianus in Toxaride, aiens Menecratem à Sexcentis infamem & ad capessendos Magistratus inidoneum esse iudicatum, quod sententiam quandam parum æquam pronunciasset.

Quis dubitet Academiam suos quoque habuisse Præfectos & Rectores, cum in cæteris rebus Ciuitas tam sapienti Senatu, tamque diligenter selectis Magistratibus munita esset?

Præ cæteris Dijs Palladem seu Mineruam Musarum Præsidem & Patronam colebant, eique Atheniensium exemplo Templum in Arce dedicarunt. In porticu autem Templi inerat simulachrum Deæ Toruæ: quod cum in somno & quiete Catumando Regulo apparuisset, vltro cum Massiliensibus pacem iniit, quibus bellum intulerat, petiitque vt sibi liceret Deam illam venerari, quam deinde veneratus torque aureo donauit. Hac de re Iustinus: *Dux consensu omnium Catumandus Regulus eligitur, qui cum magno exercitu lectissimorum virorum vrbem hostium obsideret, per quietem specie toruæ mulieris, quæ se Deam dicebat, exterritus, vltro pacem cum Massiliensibus fecit: petitoque vt intrare illi vrbem & Deos eorum adorare liceret, cum in Arcem Mineruæ venisset, conspecto in porticibus simulacro Deæ, quam per quietem viderat, repente exclamat illam esse, quæ se nocte exterruisset; illam, quæ recedere ab obsidione iussisset; gratulatusque Massiliensibus, quod animaduerteret eos ad curam Deorum immortalium pertinere, torque aureo donatâ Deâ in perpetuum amicitiam cum Massiliensibus iunxit.*

Cæterum testatur Agathius Massilienses ætate suâ nempe circa an. Christi 540. ab antiquo viuendi loquendique ritu plurimùm deflexisse, & Imperantium institutis moribusque vixisse sub 4. Clodouæi I. liberis Francorum Regibus.

DE ACADEMIA ÆDVENSI SEV AVGVSTODVNENSI.

Dvorvm Ciuitas olim Bibracte appellabatur, & ab Augusto Imp. Augustodunum dicta, vulgò *Autun*, magni nominis in Celtica, vocaturque à Cæsare l. 1. *Oppidum longè maximum ac copiosissimum*; & l. 7. Oppidum apud Gallos *maximæ authoritatis*. Ibi Cæsar sæpe hiemauit, & conuentus indixit. Ibi quoque à Vercingentorige totius Galliæ Comitia indicta, vt legitur l. 7. de Bello Gall. Sed quo loco vrbs hæc posita olim fuerit, non conuenit inter Topographos. Orontius & Vigeneræus *Belnam* nunc esse putant; quæ Bibracte quondam fuit. Marlianus scribit Bibracte nomen retinere. Et notat Ortelius se habere à Ioanne Mercario *Beurect* hodie vocari, quatuorque milliaribus ab Augustoduno distare. Alij in monte Bifracto, qui vulgari nomine appellatur *Beuuray*, constituunt. Alij denique Augustodunum hodiernum idem esse quod Bibracte antiquum arbitrantur. Quæ sententia longè verisimilior apparet propter rationes, quas affert Thomas Cantor & Officialis Ecclesiæ Æduensis in libello de Antiquo Bibracte; & Ladoneus apud Æduos Causidicus in Poëmate Heroïco de Augustoduni Antiquitatibus: in quo vetustam Æduæ Gentis Originem à Samothe repetit, Deorum templa enumerat, Druidum domicilia, Mœnia, Scholas, Ærarij locum, Capitolij Arcem; & cætera eiusmodi. Nos de Scholis agemus.

Prima post Massiliensem fuit proculdubio Æduensis, seu Augustodunensis, omniumque Gallicanarum post eam antiquissima; & haud scio, an non antiquior: quam certè floruisse constat antequam Romani Celticam occuparent. Ibi enim Conuentus suos celebrabant sæpe Druidæ, (PARLAMENTVM DRVIDARVM veteres appellarunt) Scholasque habebant in monte, qui hodie etiamnum de eorum nomine vocatur MONTDRV vel MONTEDRV id. *Mons Druidarum*. Ibi etiam Nobiles adolescentes cum Schola coniunctam palæstram habebant: illucque omnes Celtæ, quoniam longius distabat Massilia, confluebant ad studia bonarum Artium, vt ex Tacito discimus aiente Tiberij Imperatoris temporibus Iulium Sacrouirum Principem seu Regulum Gallorum occupasse Ciuitatem Æduensem, & in ea multos Iuuenes; qui litteris operabantur, vt eos quasi à parentibus datos obsides ad sustinendam defectionem suam haberet. *Augustodunum*, inquit l. 3. An. *caput Gentis armatis cohortibus Sacrouir occupauerat, & nobilissimam Galliarum sobolem liberalibus studiis ibi operatam, vt eo pignore parentes propinquosque eorum adiungeret: simul arma Iuuentuti occultè fabricata disserit.* Hinc patet, quantùm eo tempore celebraretur hæc Academia; quam Lipsius vocat *Vetustissimam post Massiliam Bonarum Artium sedem*. Sacrouiri exemplum imitatus est Ludouicus XI. Francorum Rex, vt legitur apud Mon-

Scholis Æduensis.

streletium, qui exterorum liberos in Collegio Nauarrico Musis operam dantes sibi oppigneravit. Et de vtriusque facto sic scribit Ludouicus D'Orleans in notis ad hunc Taciti locum. *Sacrovir barbaro more sibi oppignoraverat iuuentutem, Musis operam nauantem: quod à nostris Iurisconsultis damnatur, præcipuè apud Bartholum in Tractatu de Repræsaliis. Legi tamen apud Monstreletium, Ludouicum XI. Regem Francorum nobiliores Exterorum adolescentes Parisiis Nauarrico Gymnasio litteris operam dantes pro pignore cepisse. Quod semel factum, semper improbatum est: & ita me pro Iuribus Regiis patrocinante fuit iudicatum à Senatu Parisiensi.* hæc per transennam.

Verum circa tempora Diocletiani, hæc florentissima Schola cum ipsa vrbe Bagaudicæ rebellionis latrociniis destructa est & euersa, expulsique Professores, aut interfecti, quos inter celeberrimus erat Eumenius senior, qui octogenario maior Rhetoricam adhuc profitebatur. Quippe tunc fatiscente Imperio Romano Barbaræ quædam Nationes, & præsertim Latrones quidam & prædones, quos Galli Bagaudas appellabant, totam Galliam, maximè verò Celticam depopulati sunt & deuastarunt: vt intelligitur ex iis quæ refert Sex. Aurelius Victor illius temporis Scriptor, qui de Diocletiano verba faciens sic habet. *Namque vbi comperit Carini discessu Helianum Amandum excita manu Agrestium ac Latronum, quos Bagaudas Incolæ vocant, populatis latè agris plerasque vrbium tentare, Maximianum statim amicitia fidum, quamquam semiagrestem, militia tamen atque ingenio bonum Imperatorem iubet. Huic postea cultu Numinis, Herculis cognomentum accessit.... Sed Herculeus in Galliam profectus fusis hostibus, aut acceptis quieta omnia breui patrauerat.* Hoc accidit an. Christi 287. & ab vrbe condita 1039.

Porro Bagaudæ nomen non fuit populi alicuius, sed factionis atque latrocinij Pastorum, aliorumque eiusmodi vilium hominum & otiosorum; qui etiamnum hodie in aliquibus Prouinciis vocantur Des Begavds. Ad cuius vocabuli explicationem multa scitu dignissima & magnâ diligentiâ conquisita refert Menagius in lib. de Originibus Linguæ Gallicanæ in verbo BAGANS, quo apud Vasconas *Pastores* significantur, à latino forte *vagantes*: at Vossius l. 11. de Vitiis Sermonis c. 3. deducit à verbo *Bagaudæ*, vel *Bacaudæ*: quorum mentionem faciunt præter Aurelium Victorem, Mamertinus, Eutropius, D. Hieronymus, Prosper Aquitanus, & Saluianus. Prosper quidem de iis sic habet. *Eudoxius arte Medicus, praui sed exercitati ingenii in Bagauda id temporis motu delatus ad Chunnos confugit,* & infra. *Omnia pene Gallorum seruitia in Bagaudam conspirauere.* Saluianus lib. 5. *Vocamus rebelles, vocamus perditos, quos esse compulimus criminosos: quibus enim aliis rebus Bagaudæ facti sunt, nisi iniquitatibus nostris? aut quid aliud etiamnum agitur, quam tunc actum est, id est, vt qui adhuc Bagaudæ non sunt, esse cogantur?*

Habuerunt olim Bagaudæ illi Castellum, vbi hodie situm est S. Mauri Fossatensis Monasterium. In quadam enim Charta illius Abbatiæ, quæ est anni 868. locus ille appellatur, CASTRVM BAGAVDARVM. Sed vnde nomen? vel à Græco Βαγεων quod est *vagari* apud Suidam: vel ab Hebraico BAGAD, quod est *rebellare*; vel à voce Gallica *Begaud* & *Begauder*, quod est otiosum & inertem esse: homines sunt inertes vulgò factiosi sunt & seditiosi. Et ex eadem forte voce profluxit ista *Baguenaude*: quâ antiquitus masculina quædam poësis significabatur, seu versus, quorum rithmus erat tantummodo Masculinus & inconditus. Tales autem versus solent à Rusticis componi.

Cum ergo Maximianus Bagaudas deleuisset, qui plurima Oppida, & potissimum Augustodunense vastauerant, plurima ædificia & templa odio Romanorum, à quibus mole tributorum obruebantur, diruerant, paulo post creatis Cæsaribus Iulio Constantio & Galerio Maximiano, eorum alter nempe Constantius in Gallias & in Britanniam profectus, Bagaudarum Reliquias fudit, pacatisque rebus vrbes, vrbiumque ædificia instaurari curauit; eamque ob rem toti Galliæ gratissimus fuit, maximè verò Æduensibus, quorum malam sortem miseratus, Templa Scholasque, quæ non modò Auditoriorum ruinâ, sed & morte Eumenij veteris earundem quondam Rectoris, aliorumque Professorum à Bagaudis aut expulsorum, aut interfectorum exitio conciderant, reparare laborauit.

Vt ex eius Rescripto patet, quod Eumenius Iunior in oratione quam pro in-

seu Augustodunensis. 27

stauratione Scholarum Æduensium ad Virum Perfectissimum Præsidem Galliarum habuit, inseruit. Est autem eiusmodi.

Merentur & Galli nostri, vt eorum liberis, quorum vita in Augustodunensium oppido ingenuis Artibus eruditur, & ipsi adolescentes, qui hilari consensu meum Constantij Cæsaris ex Italia reuertentis suscepere Comitatum, vt eorum Indoli consulere cupiamus. Proinde quod aliud præmium his, quam illud conferre debemus, quod nec dare potest nec eripere fortuna? Vnde AVDITORIO *huic quod videtur interitu Præceptoris orbatum, Te vel potissimum præficere debuimus, cuius eloquentiam & grauitatem morum & Actis nostris habemus administratione compertum. Saluo igitur priuilegio Dignitatis tuæ hortamur, vt professionem oratoriam recipias, atque in supradicta Ciuitate, quam non ignoras Nos ad pristinam gloriam reformare, ad vitæ melioris studium Adolescentium excolas mentes; nec putes hoc munere ante partu aliquid tuis honoribus derogari, cum honesta professio ornet potius omnem, quam destruat Dignitatem. Denique etiam Salarium te in Sexcenis millibus nummûm ex Reipub. viribus consequi volumus, vt intelligas meritis tuis etiam nostram constituere Clementiam. Vale Eumeni charissime nobis.*

<small>Instauratur Schola Æduensis.</small>

Eumenius ipse cum sacræ memoriæ Magister erat in Sacro Palatio, imprimis Constantio Cæsari charus, & propter eloquentiam morumque grauitatem acceptissimus. Licet autem Gallus esset & patria Æduus, non in ea tamen Academia primordialibus litteris imbutus fuisse videtur: quippe scholas Augustodunenses ante pueritiam suam conticuisse notat, propter latrocinia Bagaudarum, vltimumque in iis docuisse Eumenium Rhetorem auum suum. *Quamuis,* inquit, *ante ingressum pueritiæ meæ prætermissa fuerit exercendi studij frequentatio, tamen illic Auum quondam meum docuisse audio hominem Athenis ortum, Romæ diu celebrem, mox in ista vrbe perspecto & probato hominum amore Doctrinæ atque huius ipsius operis veneratione detentum. Cuius Ego locum, in quo, vt referunt, maior octogenario docuit, si ab isto venerabili sene (* TE GLAVCE *appello præsentem, quem videmus non Ciuitate Atticum sed eloquio) recoli ornarique perfecero, ipsum mihi videbor ad vitam tali professionis suæ successione renocasse. Quod quidem meum Ego erga honorem Domus ac familiæ meæ studium non consisteret V. P. nisi ipsis Imperatoribus Cæsaribusque Nostris gratum esse considerem, vt publicam eorum in restituendo Orbe pietatem pro suo quisque captu in renouandis suorum vestigiis æmuletur.*

Tanto ergo libentius hoc in se munus suscepit Eumenius, quod & sua ipsius patria esset, & quod Eumenius auus ibi docuisset, & quod Constantius Cæsar suum erga litteratos amorem testificaretur. Quod verò æternæ laudi dari debet Eumenio, sexcenta illa millia nummûm, quæ Princeps ei stipendij seu salarij loco attribui de ærario voluit, Sholarum egregiarum instaurationi addixit, publicisque sumptibus parcere maluit, quàm priuatis, vt Principis liberalitatem imitaretur: ad cuius eximiam laudem neruos omnes eloquentiæ in priori suæ orationis parte adhibet.

Ante omnia igitur, *inquit*, V. P. Diuinæ Imperatorum Cæsarumque nostrorum prouidentiæ, singularique in nos beneuolentiæ huius quoque operis instauratione parendum est, qui ciuitatem istam & olim fraternæ populi R. nomine gloriatam, & tunc demum grauissimâ clade perculsam cum latrocinio Bagaudicæ rebellionis obsessa auxilium Ro. Principis irrogantem non solum pro admiratione meritorum, sed etiam pro miseratione casuum **attollere ac recreare voluerunt**, ipsamque ruinarum eius magnitudinem immortalibus liberalitatis suæ monimentis dignam iudicauerunt, vt tanto esset illustrior gloria restitutorum, quantò ipsa moles restitutionis immanior. Itaque maximas pecunias, & totum, si res poscat, ærarium non templis modò ac locis publicis reficiendis; sed etiam priuatis domibus indulgent: nec pecunias modò, sed etiam artifices transmarinos, & ex amplissimis Prouinciarum Ordinibus incolas nouos, & deuotissimarum hiberna Legionum, quarum inuicta robora in his quidem, quæ nunc vt maximè egent bellis, requirunt, vt commodis nostris studio gratiæ hospitalis opererentur, & resides aquas & nouos amnes veluti aridis fessæ vrbis visceribus infundant: Ex quo manifestum est eos, qui Coloniam istam tot tantisque operibus totius Imperij erigere atque animare statuerunt, vel præcipuè sedem illam Liberalium Litterarum velle reparari, cum frequentiam honestissimæ iuuentutis illustrato Studiorum honore prouiderint. Cui enim vnquam veterum Principum tantæ curæ fuit, vt Doctrinæ at-

D ij

" que Eloquentiæ studia florerent, quantæ his optimis & indulgentissimis Dominis
" generis humani? Quos ego quidem, quantum advotum pietatemque pertinet,
" Liberorum nostrorum parentes appellare nondubito, qui nobilissimam istam indo-
" lem Galliarum suarũ interitu Summi Doctoris orbatâ respicere dignati, suo potis-
" simum iudicio Præceptorem ei Moderatoremque tribuerunt: & inter Imperatorias
" dispositiones summis Reipub. gubernandæ prouisionibus occupatas, Litterarum
" quoque habuere dilectum: nec aliter quam si Equestri turmæ vel Cohorti Præ-
" toriæ consulendum foret, quem potissimum præficerent, sui arbitrij esse duxe-
" runt, ne ij quos ad spem omnium Tribunalium, aut interdum ad stipendia
" Cognitionum Sacrarum aut fortasse ad ipsa Palatij Magisteria prouehi opor-
" teret, veluti repentino nubilo in mediis adolescentiæ fluctibus deprehensi in-
" certa dicendi signa sequerentur. In quo ego, vir perfectissime, nihil laudi
" meæ tribuo, sed Domini nostri Constantij Principis Iuuentutis incredibi-
" lem erga Iuuentutem Galliarum suarum solicitudinem atque indulgentiam mi-
" rari satis nequeo, qui honorem litterarum hac quoque dignatione cumulauit,
" vt me potius ad pristina mea studia molientem ipsum iusserit Disciplinas Artis
" Oratoriæ retractare, & hoc mihi munus iniunxerit, vt mediocrem quidem pro
" ingenio meo naturaque vocem, Cœlestia tamen verba & Diuina sensa Princi-
" pum prolocuturam ab arcanis sacrorum penetralium ad priuatarum Musarum
" aditus transtulerit: non vtique quia mihi, quem (quod sine inuidia dixerim)
" tanta dignatione respicit, quanta pro summis honoribus debet sufficere sapien-
" ti, vellet aliquid imposita istâ professione detrahere, sed vt professioni ipsi ex eo
" honore quem gessi, adderet dignitatem.

Ex his patet Eumenium non tantùm Rhetorices profitendæ munus suscepisse,
sed præterea moderandæ & regendæ Iuuentutis prouinciam ei fuisse à Constantio impositam: atque ideo Academiæ præfecturam veluti Magistratum quendam gessisse: neque enim credendum est eum vnicum fuisse Professorem & Magistrum Scholæ Æduensis, & Grammaticam cæterasque literales artes docuisse, virum nempe tanti nominis, & multis honoribus & Muneribus Palatinis per-
functum, tuncque etiam perfungentem: sed Conuentui seu Collegio Iuuentutis
Præfectum simul Præceptoremque delectum, vt qui Orator erat eloquentissimus, quique iam eloquentiæ professione claruerat, antequam ad Officia Palatina eueheretur, alios Magistros suo regimini commissos & relictos, adolescen-
tesque Doctrinæ suæ famâ & authoritate faciliùs in officio contineret.

Eiusdem autem Principis factum non modò ab Instauratione Disciplinarum
" extollit, sed etiam à reparatione ædificiorum. *Cui igitur dubium*, inquit, *quin di-*
" *uina illa mens Cæsaris, quæ tanto studio* PRÆCEPTOREM HVIC CONVENTVI IV-
" VENTVTIS *elegit, etiam locum exercitiis illius dedicatum instaurari atque exor-*
" *nari velit, cum omnes omnium rerum Sectatores atque fautores parum se satis-*
" *facere voto & conscientiæ suæ credant, si non ipsarum quas appetunt, gloriarum,*
" *Templa constituant? Inde est, vt Atheniensis humanitas Aram Misericordiæ in-*
" *stituerit, & Rom. Ducis animi magnitudo* TEMPLVM VIRTVTIS ET HONORIS.
" *Quarum enim Artium, siue animi affectionum Magnis hominibus ingenera-*
" *tus ardor fuerit, earum etiam consecrata existere ad posteros monumenta*
" *voluerunt. Ædem Herculis Musarum in Circo Flaminio Fuluius ille Nobilior*
" *ex pecunia Censoria fecit, non id modò secutus quod ipse litteris & summa*
" *Poëtæ amicitia duceretur, sed quod in Græcia cum esset Imperator, acceperat*
" *Herculem Musagetem esse Comitem Ducemque Musarum. Idemque primus*
" *nouem Signa, hoc est omnium Camœnarum ex Ambraciensi oppido translata*
" *sub tutela fortissimi Numinis consecrauit, vt res est, quia mutuis operibus &*
" *præmiis iuuari ornarique deberent: Musarumquies defensione Herculis, & vir-*
" *tus Herculis voce Musarum.*

Nec prætereundum Academiam istam fuisse Menianam appellatam, vt in
multis locis eiusdem Orationis legitur, & Scholas Menianas. *Id postulo, quod
non modo contradicendo nemo audeat impedire, sed omnes potius, quibus Diuina Principum liberalitas, quibus vrbis istius restitutio, quibus Optimarum Artium celebratio grata atque iucunda est, summo gaudio & fauore suscipiunt, vt Meniana illa Schola quondam pulcherrimo opere & studiorum frequentia celebres & illustres, iuxta*

cætera quæ instaurantur opera ac templa, reparentur. Et alibi. Hæc eadem Meniana & alio loco. Ille qui Meniana hæc primus extruxit. Quòrsum verò nomen istud & vnde, ambigitur. An quia à Menio quodam institutæ constructæque fuerunt hæ Scholæ primitus? an quia prope mœnia vrbis? quomodo *Submœniana* mulieres Romæ dicebantur, quæ sub mœnibus quæstuariam exercebant. An vt Romæ *Mæniana* dicebantur tabulata extra domum prominentia, ita & scholæ istæ prominebant tabulatis & columnis sustentatæ? Vt vt sit, in re enim incerta nihil dicimus, in ipsa luce Ciuitatis & iuxta viam Regiam, inter Templum Apollinis & Capitolium sitæ erant: vt significat idem Panegyristes.

Et sane, inquit, vir Perfectissime, interest gloriæ, quam tanti Principes tot victoriis ac triumphis merentur, vt ingenia quæ canendis eorum virtutibus excoluntur, non intra priuatos parietes, sed in publica ostentatione, & in ipso istius vrbis ore vegetentur. Quid autem magis in facie vultuque istius Ciuitatis situm est, quàm hæc eadem Meniana, in ipso transitu aduenientium huc inuictissimorum Principum constituta? qui cum se occursu lætæ Iuuentutis affici, non solùm liberalitate quam ipsi tribuunt, ostendant, sed etiam litteris quibus me ad institutionem eius cohortantur, ostendant, quantò plus capient voluptatis, cum reparatum videant ipsum CONCILIABVLVM IVVENTVTIS? Ad hoc V.P. Opus istud reddit illustrius, cum ipsorum Cæsarum, tum etiam omnium hominum aspectu promptius, quod præcipuo est loco positum, quasi inter ipsos oculos Ciuitatis, inter Apollinis templum atque Capitolium. Quo magis est etiam Sacrosancta sedes, vtriusque lateris veneranda confinio, vtriusque latè muneris instauranda respectu, ne sana longè omnium in hac vrbe pulcherrima labes media deformet; præsertim cum mihi videatur ille ipse qui Meniana hæc primus extruxit, idcirco ea illic potissimum collocasse; vt veluti cognato vicinorum sibi Numinum tenerentur amplexu, cum Augustissima tecta litteris dedicata inde Athenarum conditrix Minerua conspiceret, hinc Apollo medius Camœnarum. Igitur hic maximè & oportet & fas est exercere Iuuentutis Ingenia, vbi tam propinqua sunt Numina amica Doctrinæ; Vbi ex proximo iuuat mens Diuina sapientiam, & Carminum Deus vocem, & verecundiam Virgo perpetua, & prouidentiam præscius futurorum. Quis enim melior vsus est Eloquentiæ, quàm vbi ante aras quodammodo suas Iouios Herculiosque audiant prædicari Iuppiter Pater, & Minerua socia, & Iuno Placata?

In porticu autem huiusce amplissimi ædificij variæ erant tabellæ Geographicæ, vel in parietibus depicti locorum situs, fluuij, maria, sinus, prælia Principum & alia huiusce modi; quo facilius adolescentes Geographiam condiscerent, talia præ oculis habentes spectacula, vtque intelligerent, vbi terrarum Imperatores Rom. de hostibus triumphabant, vbi æstiua & hiberna milites habebant, quamque Orbis partem Imperio Rom. subiiciebant. *Videat, inquit idem Author, in illis porticibus Iuuentus, & quotidie spectet omnes terras & cuncta Maria, & quidquid Inuictissimi Principes Vrbium, Gentium, Nationum, aut virtute deuincunt, aut terrore. Siquidem illic, vt ipse vidisti, credo, instituendæ pueritiæ causa, quò manifestius oculis discerentur, quæ difficilius percipiuntur auditu, omnium cum nominibus suis locorum situs, spatia, interualla descripta sunt: quidquid vbique fluminum oritur & conditur, quacumque se litterum sinus flectunt, quonè ambitu cingit Orbem, vel irrumpit Oceanus. Ibi fortissimorum Imperatorum pulcherrimæ res gestæ per diuersa Regionum argumenta recolunntur, dum calentibus semperque venientibus Victoriarum Nuncijs reuisuntur perfida flumina & Libyæ arua sitientia, & connexa Rheni cornua, & Nili ora multifida: dumque sibi ad hæc singula intuentium animus affingit, aut sub tua, Diocletiane Auguste, clementia Ægyptum furore deposito quiescentem: aut Te, Maximiane inuicte, percussa Maurorum agmina fulminantem; aut sub dextera tua, Domine Constanti, Batauiam Britanniamque squalidum caput siluis & fluctibus exerentem: Aut te, Maximiane Cæsar, Persicos arcus pharetrasque calcantem. Nunc enim nunc demum iuuat Orbem spectare depictum, cum in illo nihil videmus alienum.*

Hæc & plura alia de Scholis Æduensibus Eumenius Rhetor & earundem Præfectus & Rector. Non est tamen dissimulandum esse aliquos, qui putent Constantium non Scholas Augustodunenses, sed Cluuienses instaurasse, eisque regendis Eumenium præfecisse: ac proinde in Rescripto Constantij, quod supra

Dissertatio de Scholis Æduensibus & Cliuiensibus.

retulimus, non *Augustodunensium*, sed *Augustocliuiensium Oppido* esse legendum. Huius sententiæ est Pighius, eamque confirmat pluribus argumentis: Lipsius contrariæ & communis. Lubet vtriusque rationes & argumenta referre, vt veritas magis elucescat.

Fundamentum disputationis est varia lectio loci præallati. 1. enim Pighius nititur editione Beati Rhenani, qui scilicet primus mutatâ lectione antiquâ edidit Constantium in *Augustocliuiensium oppido* Scholas instaurasse. At telum istud facile declinat Lipsius aiens reponendum *Augustodunensium* iuxta veterem lectionem & veram, à Cuspiniano in panegyricis Viennæ editis an. 1513. retentam, à Rhenano malè mutatam & correctam: cum fateatur ipse Rhenanus se nullo vetere authore adiutum, aut vsum ad eam immutandam.

2. Pighius ait ad confirmationē suæ coniecturæ, etiamnum extare Cliuii, quod oppidum est in extrema Belgica ad Rhenum, statuam Eumenij Rhetoris, quam ita ipse describit. *Stat in vestitu sui temporis, tunicâ videlicet talari tectus, & calcei ex alutâ pedem ac talos cingunt: & supra pedem exetti atque fenestrati sunt. Comam in fronte & ceruice decurtatam æqualiter constringit vitta, sicut ventrem latus Baltheus atque bullatus. Dextra Massam vel auri vel argenti in patera positam præsentare videtur. Sinistrâ tenuit ferulam demissam Magisterij insigne.*

Negat Lipsius hæc insignia conuenire Eumenio Rhetori: non baltheum, qui militum esse solet; non vittam, quæ sacerdotum: non ferulam, quæ pædagogorum, non eorum qui publicè & cum dignitate docebant. Cætera ornamenta minus antiqua esse videntur. Addit Lipsius, etiamsi hæc ornamenta conuenire possint Rhetori, non esse tamen affingenda Eumenio, nisi statuæ nomen insculptum sit; nec si insculptum sit, adhuc ipsi, de quo loquimur, plures enim fuisse Eumenios.

3. Ex ipsis Eumenij verbis sumit argumentum Pighius, quem ait satis clarè innuere se de Cliuio loqui, cum in panegyrico prædicto ad Præsidem Galliarum ait *vrbem suam latrocinio Batauicæ rebellionis obsessam Romani Principis auxilium flagitasse.* Hoc contendit non posse de Augustoduno intelligi, cum credibile non sit Batauos, quos hodie Hollandos appellamus, ab extremo Oceano per tot sola terrarum in mediam Celticam penetrasse, cum tot essent interiecta Romana Oppida, quæ diu repugnare potuissent.

At Lipsius, non *Batauicæ rebellionis*, sed *Bagaudicæ* legendum esse probat ex historia illorum temporum: loquitur enim Eumenius de *Latrocinio*: at quis vnquam legit, aut audiuit de Latrocinio Batauorum? rectè vero vocari Latrocinium Bagaudarum: Bagaudas enim non gentem aliquam, sed Latrones passim vagantes & deprædantes vocabant antiquitus Galli: idque duplici testimonio probat, Aurelij Victoris & Saluiani, quod vtrumque supra retulimus. Addamus nos alium locum Saluiani in Valentiniano. *Gallia*, inquit, *vlterior Tibatonem principem rebellionis secuta à Romana societate discessit: à quo tracto initio omnia pœne Galliarum seruitia in Bagaudam conspirauere. Et paulo post, Capto Tibatone & cæteris seditionis partim principibus vinctis, partim necatis Bagaudarum commotio conquiescit.* Hinc patet Bagaudarum nomen fuisse factiosorum seruitiorum & Rusticorum, non Gentis alicuius aut Nationis. Hoc autem non posse conuenire Batauis probat Lipsius ex eo quod tum fidem seruabant Romanis: imò ipsi fracti & iniurias multiplices à Barbaris passi sese domi continebant, nec aliis inferebant.

4. Contendit Pighius debere intelligi de suo Cliuio, non de alia quacumque vrbe descriptionem, quam affert Eumenius situs & finitimæ regionis: adeo vt nulla vi aliorsum trahi possit. *Authæc ipsa, quæ modo desinit esse Barbaria, non magis feritate Francorum velut haustâ desederat, quam si eam circumfusa flumina & mare alluens operuisset.* His verbis depictam exponit Bataviam cum vicina Germania, quas ramis suis Rhenus circumfundit & Mosa alluit & Oceani sinus vbique tangunt. Vbi autem inquit, Æduis mare alluens, vbi circumfusa flumina? fatetur Lipsius hæc verba de Augustoduno intelligi non posse: sed rectè & commodè de tota ipsa Gallia toties à Francis tunc Barbaris & hostibus vastatâ, quam certum est vtrimque mari allui & multis fluminibus perfundi.

Aduersarij telis ita retusis sua vicissim intorquet Lipsius, sed acutiora & fortiora, quam vt ea declinare possit Pighius. 1. Quia veterum Scriptorum nemo meminit Cliuij: non ipse Antoninus, qui in Itinerario suo Cleuum ponit in Britannia, non seu Augustodunensis.

alibi. Credibile autem non est obliturum fuisse locum tam celebrem Scholis illis Menianis, si fuisset vsquam in ripa Rheni. Nec iuuat dicere, quod addo de meo, tempore Antonini nondum adhuc fuisse celebrem: contrarium enim euincitur manifestè ex verbis Eumenij, qui ait in iis scholis olim docuisse auum suum Eumenium Rhetorem ex vrbe Attica oriundum, octogenario maiorem, quod argumento est iam tum & ante ipsum fuisse celebres, vrbemque fuisse magni nominis, quoniam eam vocat Sedem liberalium litterarum: & de scholis loquens ait eas *quondam pulcherrimo opere & studiorum frequentia celebres & illustres fuisse*. Scribebat autem Eumenius circa an. 290. Antoninus decessit an. 160. à Christo nato: interiectum itaque tempus est 130. circiter annorum. Qui igitur fieri potest, vt non fuerint illæ scholæ celebres tempore Antonini, si & cum Eumenius senior in iis docuit, iam celebres erant, ibique detentus est ad docendum homo ex Atticâ in Galliam profectus, & Eumenius Iunior, seu Panegyristes auum non vidit, nec vllum in iis scholis professorem; quæ iam ante ipsius pueritiam contabuerant?

2. Ait Lipsius, Cliuium in Rheni limite situm est, & in confinio Barbarorum: quis autem credat Scholam institutam fuisse in officina Martis?

3. Magna & ampla vrbs ea fuit, de qua Eumenius agit: Templa pulcherrima habuit, Apollinis & Capitolii, Aquæductus & cætera magnifica ornamenta more Romanorum: at horum nihil fuisse legitur Cliuij: omnia verò ista Augustoduni reperiuntur, cuius muros Marcellinus ait fuisse *spatiosi ambitus*, & alibi, *mœnium Augustoduni magnitudinem vetustam appellat*. Cæsar oppidum vocat *longè maximum & copiosissimum*.

4. Scribit Eumenius Ciuitatem, de cuius Scholis instaurandis agit, olim fraterno populi Ro. nomine gloriatam. Quod verè Æduis seu Augustodunensibus conuenit, vt ex Cæsaris Commentariis patet, non Cliuiensibus, de quibus nihil tale scritum vsquam; nec Batauis, qui tributarij erant duntaxat, & graue ferebant iugum Romanæ seruitutis. Addamus Nos eundem Eumenium in oratione Eucharistica ad Constantinum M. Constantij filium, fraternitatem illam Æduorum plurimum extollere. *Quænam igitur Gens*, inquit, *toto Orbe terrarum in amore Rom. nominis Æduis se postulet anteponi? qui primi omnium inter illas immanes & barbaras Galliæ Gentes plurimis Senatus-consultis Fratres populi Rom. appellati sunt; & cum à cæteris Rhodano ad Rhenum vsque populis ne pax quidem posset nisi suspecta sperari, soli & consanguinitatis nomine gloriati sunt, & nuper, vt media præteream, Dinum Claudium parentem tuum ad recuperandas Gallias soli vocauerunt, & ante paucissimos annos, quod maximè prædicandum, p'urima patris tui beneficia partim rebus effecta perceperunt, partim animo significata lætantur.*

5. Scholas illas, quas Eumenius Menianas vocat, pulcherrimoque opere & frequentiâ quondam celebres, facile intelligi de Æduensibus nemo non videt, quæ Tiberii tempore ab omni nobilitate Gallicanâ facto concursu frequentabantur: non autem de Cliuiensibus, de quibus nihil habemus præter suspicionem. Adde quod Eumenius Nepos in Gratiarum actione ad Constantinum nomine suæ ciuitatis Flauiæ Æduorum, disertè se in eadem innuit profiteri litteras. *Gaudiorum Patriæ Nuncium sponte suscepi, vt essem iam non priuati studij litterarum, sed publicæ gratulationis orator.* Et in alio Panegyrico, quem ad eundem Imperatorem dixit nomine eiusdem Ciuitatis. *Quo in genere orationis quanta esset cura quantus labor, quàm sollicita veneratio, sensi etiam cum in quotidiana illa instituendæ Iuuentutis exercitatione versarer.*

6. Menianas illas Scholas inter Apollinis templum & Capitolium constituit Eumenius. Nihil autem de Templo Apollinis apud Cliuienses. Clarè verò in Flauia Æduorum inclusum fuisse idem Eumenius in oratione Constantino dicta. Vidisti, Constantine, Apollinem tuum comitante victoria coronas tibi laureas offerentem, quæ tricenum singulæ ferunt omen annorum. *Et paulo ante hæc verba, Templum vocat, toto orbe celeberrimum. Et infra.* Merito igitur Augustissima illa delubra tantis donariis honestasti, vt iam vetera non quærant, iam omnia te vocare ad se templa videantur, præcipuèque Apollo noster, cuius feruentibus aquis periuria puniuntur; quæ te maximè oportet odisse. Dij immortales, quando illum dabitis diem, quo præsentissimus hic Deus omni pace composita illos quoque

„ Apollinis lucos & facras ædes & anhela fontium ora circumeat? Quorum fcatu-
„ rigines leni tempore nebulofæ arridere, Constantine, oculis tuis, & ofculis fefe
„ inferere velle videantur. Miraberis profectò illam quoque Numinis tui fedem
„ & calentes aquas fine vllo folis ardentis indicio, quarum nulla triftitia eft faporis
„ aut halitus, fed talis hauftu & odore finceritas, qualis fontium frigidorum: da-
„ bis & illic munera, conftitues priuilegia, ipfam denique patriam meam loci
„ veneratione reftitues. Cuius Ciuitatis antiqua nobilitas, & quondam fraterno
„ populi Rom. nomine gloriata opem tuæ Maieftatis expectat, vt illic quoque lo-
„ ca publica & Templa pulcherrima tua liberalitate reparentur: ficut hic video
„ hanc fortunatiffimam Ciuitatem, cuius natalis dies tua pietate celebratur, ita cun-
„ ctis moenibus refurgentem, vt fe quodammodo gaudeat olim corruiffe, auctior
„ tuis facta beneficiis. Video Circum Maximum, æmulum credo Romano; video
„ Bafilicas & forum, opera Regia, fedemque Iuftitiæ in tantam altitudinem fufci-
„ tari, vt fe fideribus & Cœlo digna & vicina promittant.

7. Et poftremò Eumenius Artifices tranfmarinos & ex ampliffimis Prouinciarum Ordinibus Incolas nouos fuæ Ciuitati à Conftantio Cæfare inductos fcribit.
Et idem Panegyriftes ad Conftantinum Conftantij ex Helena filium, *Ciuitas*,
inquit, *Æduorum ex hac Britanniæ facultate victoriæ plurimos quibus illæ Prouinciæ
redundabant, accipit Artifices: & nunc extructione veterum Domorum & refe-
ctione Operum publicorum & Templorum inftauratione confurgit. Nunc fibi redditum
vetus illud Romanæ fraternitatis nomen exiftimat, cum te rurfus habeat conditorem.*

Et in alio Panegyrico ad eundem Imperatorem Conftantinum, quo illi gratias agit nomine Flauiæ Æduorum, multa habet idem Eumenius, quæ temporis
illius Hiftoriam illuftrant: imprimis verò diu fuam vrbem reftitiffe coniunctis
Gallorum copiis, nimirum Bagaudis, feptemque menfes expectaffe Romanorum auxilium, tandemque Rebellibus reliquiffe diripiendam poft magnam cladem in Catalaunicis campis acceptam: huius verò fidelitatis erga Romanos intuitu, Conftantium Cæfarem voluiffe iacentem Ciuitatem erigere, & aliunde
" Colonos, qui eam inhabitarent, aduocaffe. *Attende quæfo*, inquit, *quanti fis;*
" Imperator, quod D. Claudium Parentem tuum ad recuperandas Gallias primi
" follicitauerunt (Ædui) expectantefque eius auxilium feptem menfibus claufi
" & omnia inopiæ miferanda perpeffi rum demum irrumpendas Rebellibus Galli-
" canis portas reliquerunt, cum feffi obferuare non poffent. Quod fi vobis, & cona-
" tibus Æduorum fortuna fauiffet, atque ille Reipub. Reftitutor implorantibus
" nobis fubuenire potuiffet, fine vllo detrimento Romanarum virium, fine clade
" Catalaunica compendium pacis reconciliatis prouinciis attuliffet fraternitas
" Æduorum. Ob hæc igitur merita & prifca Diuus Pater tuus Ciuitatem Æduo-
" rum voluit iacentem erigere, perditamque recreare non folum pecuniis ad Ca-
" lendaria largiendis, & lauacris quæ corruerant, extruendis, fed & Metœcis vn-
" dique transferendis: vt effet illa Ciuitas prouinciarum velut *vna Mater*, *quæ re-
" liquas vrbes quodammodo Romanas prima feciffet*. Metœcos vocat aliunde euocatos Colonos: nam tefte Suida, μέτοικοί τι ἀφ᾽ ἐτέρας πόλεως μεταςάντες, ᾗ τις ἑτέραν
οἰκοῦντες. id. *Metœci funt qui aliam vrbem inhabitant priore relicta*.

Ex his intelligimus Conftantinum abfoluiffe Auguftoduni, quod Conftantius
Pater, morte quippe præuentus Eboraci in Britannia, abfoluere non potuerat.
Fuit autem Conftantius, vt refert Robertus Antiffiodorenfis, omnibus bonis ac-
ceptiffimus, facinorofis & ignauis terribilis. *Nutriuitque femper bonas Artes, fed
præcipuè ftudia litterarum, nunc legens, nunc fcribens, aut meditans.* Quo imperante floruerunt apud Æduos Eumenius, Reticius eiufdem vrbis Epifcopus, Iuuencus Prefbyter natione Hifpanus, qui Euangelia verfibus Heroicis explicauit:
Nazarius Rhetor infignis, qui filiam etiam habuit eloquentia parem. Reticij
inter alios meminit Hieronymus c. 82. de viris Illuftribus. *Reticius Æduorum id.
Auguftodunenfis Epifcopus fub Conftantino celeberrimæ famæ habitus eft in Galliis. Leguntur eius commentaria in Cantica Canticorum, & aliud grande volumen aduerfus
Nouatianum, nec præter hæc eius operum quidquam reperi.* Eius quoque facundiam
prædicat Ep. ad Marcellam, ad Paulinum & ad Florentium. Item Gregor. Turon. l. de Gloria Confeffor. c. 75.

seu Auguſtodunenſis.

Sed vt ad Scholas Æduenſes redeamus, quandiu poſt Conſtantinum floruerint, nihil certi. Quà verò in parte vrbis ſitæ fuerint inter Apollinis Templum & Capitolium, docet Chaſſanæus t. 12. Parte Catalogi Gloriæ Mundi. Conſid. 6. *In ſuperiori huius Ciuitatis parte Capitolium ſituabatur, cui adiacet etiam Vicus fraxineus, vbi Apollinis oraculum variis bellorum triumphis refertum fulgebat. Adeſt & conſequenter in medio vrbis Campus Martius, nunc Campus D. Lazari (aliis vulgò Marchan, quaſi Martis Campus) vocitatus, vbi Militum Claſſes ac Peditum cohortes, turmæque Bellatorum hominum, quotiens ad bellum opus fuiſſet progredi, arma ex templo Martis confertim aſſumebant. In ſuburbiis eſt Monticulus Philoſia: non longè ab hinc Mons eſt Iouis & Mons Druidum.* Hæc de Scholis Æduenſibus.

DE ACADEMIA NARBONENSI.

ACTENVS Academias deſcripſimus primi generis, quas ſcilicet certum eſt floruiſſe in Gallia, priuſquam eam ſibi Romani ſubiicerent. Nunc de Academiis 2. generis, & inſtituti Romani agamus. Nemo quidem dubitat, quin poſt ſubactam Prouinciam & Aquitaniam, omnia ibi ſecundum leges ſuas diſpoſuerint; quin ad earum cuſtodiam Magiſtratus ordinarint, Senatum compoſuerint; Idemque poſtea in Aruernia, atque in aliis demum ſubactis domitiſque prouinciis præſtiterint. Nihil autem illis antiquius fuiſſe videtur, quàm ſcholas publicas erudiendæ Iuuentuti erigere, tum ad eam ſuis inſtitutis informandam; tum ad vberiorem linguæ ſuæ propagationem. Patet ex iis, quæ ſupra de Menianis retulimus, quanto ſtudio Scholas Æduenſes inſtaurari curarit Conſtantius, & poſt eum Conſtantinus filius. Sed parum eſt præ Gratiano Valentiniani filio, qui vt erat vir amantiſſimus Litterarum, reſcripſit ad Antonium Præfectum Prætorio Galliarum, vt in ſingulis Metropolibus excitari curaret & ali ſtudia litterarum, egregioſque eis exercendis profeſſores præficeret cum annonis idoneis. Reſcriptum eſt eiuſmodi, in Codice Theodoſiano.

Per omnem Diœceſim commiſſam Magnificentiæ tuæ frequentiſſimis in Ciuitatibus quæ pollent & eminent claritudine Præceptorum, optimi quique erudiendæ præſideant Iuuentuti. Rhetores loquimur & Grammaticos Atticæ Romanæque Doctrinæ: quorum Oratoribus 24. annorum fiſco emolumenta donentur: Grammaticis Latino vel Græco 12. annorum deductior paulo numerus ex more præſtetur; vt ſingulis vrbibus, quæ Metropoles nuncupantur, nobilium Profeſſorum electio celebretur. Nec vero minus iudicemus liberum vt ſit cuique ciuitati ſuos Doctores & Magiſtros placito ſibi iuuare compendio. Treuerorum verò clariſſimæ Ciuitati vberius aliquid putauimus deferendum, Rhetori vt 30. item Grammatico Latino, Græco etiam, ſi quis dignus reperiri potuerit, 20. præbeantur annonæ.

Non eſt itaque dubium, quin Romani ſingulis Ciuitatibus profeſſores litterarum addixerint, iis verò maximè, quæ primæ iugum ſubierunt: quales ſunt Narbonenſis Prouinciæ & Aquitaniæ Metropoles. Quanquam non eſt ambigendum, quin etiam ante aduentum Romanorum, ibi florerent litteræ propter Maſſiliæ vicinitatem, quæ toti Galliæ, maximè verò propinquioribus ciuitatibus profeſſores ſuppeditabat, tam publicos, quàm priuatos, vt ſupra ex Strabone confirmauimus. At vero ex quo Romani Imperatores & Præfecti Prætorio eas frequentare cœperunt, dici non poteſt, quanto cum ſplendore, quantaque cum dignitate in iis excultæ fuerint omnis generis diſciplinæ, quàmque celebres Academiæ inſtitutæ

Quarum tamen, vt & plurimarum aliarum Galliæ nostræ Scholarum nulla extaret memoria, nisi eas Magnus Ausonius Professor quondam Burdigalensis,& Sidonius Apollinaris ab obliuione vindicassent.

A Narbonensi igitur exordium sumamus: quæ Ciuitas à Narbone vetusto Gallorum Rege creditur condita,& à Narbone Martio Consule instaurata & amplificata: primaque fuit militum Romanorum Colonia, præsidiumque tutissimum aduersus Barbarorum incursiones,& à C. Iulio Cæsare & L. Crasso præcipuis Italiæ Municipiis par effecta. In ea Proconsules vulgò sedem habebant: eamque Amphitheatris, Aquæ-ductibus, Scholis Municipalibus, seu Coloniensibus decorarunt. Hinc à Martiale *pulcherrima* nominatur; à Prudentio *speciosa*: à Sidonio *nullo ornamento carens Ciuitas*; à Theodulpho *decora*: ab Aimoino *celeberrima*. At omnium optimè & elegantissimè antiqua huius vrbis monumenta complectitur Ausonius carm. 11. de claris vrbibus:

> *—— Tu Gallia prima Togati*
> *Nominis attollis Latio Proconsule fasces.*
> *Quis memoret portusque tuos, montesque,lacusque?*
> *Quis populos vario discrimine vestis & oris?*
> *Quodque tibi quondam Pario de Marmore Templum,*
> *Tantæ molis erat, quantum non sperneret olim*
> *Tarquinius, Catulusque iterum, postremus & ille*
> *Aurea qui statuit Capitoli culmina Cæsar.*

Nihil de Ara illa celeberrima dicimus, quæ L. Statilio Tauro & L. Cassio Longino Coss. 10. Kal. Octob. à plebe Narbonensi in foro posita,& Numini D. Augusti Cæsaris consecrata est: ad quam quotannis 9. Kal. Octob. qua die seculi felicitas Orbi terrarum Rectorem eum dederat, fiebat solenne sacrificium: vt legitur in Tabula seu Ara lapidea, inuenta Narbone an. 1566. dum ob fundamenta murorum & aggerum humus altius suffoderetur. Cuius talis est inscriptio.

L. STATILIO TAVRO L. CASSIO LONGINO COSS. X. KAL. OCT.

NVMINI AVGVSTI VOTVM SVSCEPTVM A PLEBE NARBONENSIVM IN PERPETVVM.

QVOD bonum faustum felixque siet, Imp. Cæsari Diui Fil. Augusto PP. Pontifici Maximo Trib. Potest. XXXIIII. Coniugi liberisque Gentique eius, Senatui Populoque Rom. & Colonis Incolisque C. I. P. N. M. Qui se Numini eius in perpetuum colendo obligauerunt, plebs Narbonensium Aram Narbone in foro posuit. Ad Quam quotannis VIIII. Kal. Octob. Qua die cum sæculi felicitas Orbi Terrarum Rectorem edidit, Tres Equites Rom. à plebe & tres libertini Hostias singulas immolent, & Colonis & Incolis ad supplicandum Numini eius Thus & vinum de suo ea die præstent. Et VIII. Kal. Octob. Thus vinum Colonis & Incolis præstent. Kal. quoque Ianuar. Thus & vinum Colonis & Incolis præstent. VII. quoque Idus Ianuar. Qua die primum Imperium Orbis Terrarum auspicatus est, Thure vino supplicent & Hostias singulas immolent,& Colonis Incolisque Thus & vinum ea de re præstent. Et pridie Kal. Iunias, Quod ea die L. Statilio Tauro M. Æmilio Lepido Coss. Iudicia plebis Decurionibus coniunxit, Hostias singulas immolent & Thus & vinum ad supplicandum Numini eius Colonis & Incolis præstent. Exque iis Tribus Equitibus Rom. Libertinis . . . . . Vnus.

Narbonensis.

Paucula quædam hîc effractus lapis amisit. Quæ sequuntur, in dextera facie leguntur.

Plebs Narbonensis Aram Numini Augusti dedicauit legibus iis quæ infra scriptæ sunt. Numen Cæsaris Augusti Patris Patriæ, Quando Tibi hodie hanc Aram Dabo Dedicaboque, his legibus hisque regionibus dabo dedicaboque, Quas hîc hodie palam dixero. Vti Infimum solum huiusque Aræ, Titulorumque est, si quis tergere, ornare reficere volet, Quod Beneficij causa fiat, ius fasque esto. Siue Quis hostia sacrum faxit; Qui Magmentum ne protollat, idcirco tamen probè factum esto. Si Quis huic Aræ Donum dare augereque volet, licero. Eademque lex ei dono esto, quæ Aræ est. Cæteræ leges Huic Aræ Titulisque eædem sunto, Quæ sunt Aræ Dianæ in Auentino. Hisce legibus hisque Regionibus sic vti dixi hanc Tibi Aram pro Imperatore Cæsare Augusto Patre Patriæ Pontifice Max. Tribunitia potestate Tricesimum quintum Coniuge Liberis Genteque eius, Senatu Populoque Rom. Colonis Incolisque Coloniæ Iuliæ Paternæ Narbonis Martij, Qui se Numini eius in perpetuum Colendo obligauerunt, do dedicoque vti sies volens propitium.

Veniamus ad scholas quas percelebres fuisse nemo negauerit, si attendat, quantâ famâ & existimatione nominis in iis docuerint & floruerint complures Magistri & omni disciplinarum genere præstantissimi Professores. Ad quos antequam descendimus, non prætereundum videtur, quod scribit Ioannes Rugerus Cosmographus in Commentariis ad Ptolomæum in verbo Volsci. M. scilicet Tullium Eloquentiæ Rom. Principem ex parentibus Galliæ Narbonensis oriundum fuisse, Patre nempe Auxitano, Matre verò Olaia Auentonensi genitum : quam alii Heluiam, non proprio, sed Patrio nomine appellant. Heluij enim populi fuerunt Galliæ Togatæ trans Rhodanum siti, proximi Aruernis & Cebennis montibus. Ac proinde malè ab Eusebio dici Ciceronem patre Equestris Ordinis ex Regio Volscorum genere natum: nisi forte per Volscos, non illos Italiæ populos, sed Volscas Arecomicos intelligat, aut Tectosagos, qui Galliæ Narbonensis populi fuerunt. Tectosagi quidem Narbonensem & Tholosanum agrum complectebantur : Arecomici Nemausum aliasque vicinas vrbes.

In Narbonensi autem Academia florebat inter cæteros Cæsaris Augusti & Tiberii temporibus in eloquentiæ professione Votienus Montanus, qui à Tiberio in Baleares insulas relegatus fuisse legitur, ob contumelias in eum dictas. Florebat & Iulius Montanus, qui à Seneca patre *tolerabilis Poëta*, à filio *Egregius* appellatur. At Votienus orator fuit admirabilis, ita scholæ addictus, vt quo die à quodam Vinicio Narbonensis Coloniæ nomine accusatus fuit, declamauerit : vnde Seneca l. 7. Cotrouers. 5. eum vocat *Scholasticum*. sic enim ille. *Paratus autem non erat æquus ipsi Montano : accusauerat illum apud Cæsarem, à Colonia Narbonensi rogatus. At Montanus adeo toto animo Scholasticus erat, vt eodem die quo accusatus est à Vinicio, decertauerit.* Decertationem appellat Seneca Declamationes Rhetorum & Controuersias. Tacitus l.4. Annal. Votienum vocat *Celebris ingenii virum*, quem in Senatu postulatum ait *ob contumelias in Cæsarem dictas*, ob idque *Maiestatis pœnis affectum*.

In eadem Academia temporibus Domitiani florebat Artanus Iurisperitus inter Optimates Narbonenses eruditissimus: cuius & similiter Votieni meminit Martialis l. 8. Ep. ad librum suum.

> *Nondum murice cultus, asperoque*
> *Morsu pumicis auidi politus*
> *Artanum properas sequi Libelle,*
> *Quem pulcherrima iam redire Narbo,*
> *Docti Patria Narbo Votieni,*
> *Ad leges iubet annuosque fasces.*

Sed ante hos in iisdem scholis floruerunt Publ. Terentius Varro Atacinus, iisdem scilicet temporibus natus, quibus M. Cicero & Hortensius clari habebantur in Eloquentia. Dictum autem Atacinum non Atracinum, vel ab Atace vico prouinciæ Narbonensis, aut ab Atace fluuio scribit Petrus Crinitus l. 2. de Poëtis Latinis. c. 32. Ibique ait cum ingenio præclaro fuisse, componendis Poëmatis mirifico studio incubuisse, singularique diligentia Græcas litteras didicisse, quò facilius posset illorum ingenia & Doctrinam imitari. Scripsit Argonautica sequutus Apollonium Rhodium, opusque suum 4. libris absoluit. de eo verò tale fert iudicium Quintilianus l. 10. c. 1. *Atacinus in his per quæ nomen est assequutus, interpres operis alieni non spernendus quidem, verum ad augendam facultatem dicendi parum locuples.* Alii tamen referunt ita Publ. Virgilium delectatum fuisse Varronis ingenio, vt illius carmen magno studio imitatus fuerit.

Probus Valerius & alii Grammatici celebrant Argonautica Atacini, & sæpe versiculos ex illis referunt. Idem Atacinus scripsit Carmen Elegiacum, in quo decantauit Puellam nomine Leucadiam, sic dictam ab oppido Leucate, quod hodie vallo & aggere cinctum vltra Narbonem Galliæ propugnaculum est aduersus Salsusam Arcem. hi autem versus de Varrone & Lucadia leguntur.

Hæc quoque perfecto ludebat Iasone Varro,
Varro Leucadiæ maxima flamma suæ.

Veniamus ad recentiores. Temporibus Cõstantini Imperatoris in iisdem Scholis florebat Exuperius magni nominis Rhetor, ciuis Burdigalensis, qui primum in Academia Tolosana, deinde in Narbonensi docuit: vbi Cæsarum Magister fuit, nempe filiorum Dalmatij Cæsaris, Anaballiano Constantini Magni fratre geniti, à quibus postea Præses Hispaniæ constitutus est circa an. Christi 340. Eum Ausonius mirificè prædicat in Carm. *de Professoribus.*

Exuperi memorande mihi, facunde sine arte,
Incessu grauis, & verbis ingentibus, ore
Pulcher, & ad summum motuque habituque venusto.
Copia cui fandi longe pulcherrima, quam si
Auditu tenus acciperes, deflata placeret:
Discussum scires solidi nihil edere sensus.
Palladiæ primum Toga te venerata Tolosæ,
Mox pepulit leuitate pari, Narbo inde recepit.
Illic Dalmatio genitos, fatalia Regum
Nomina, tum pueros grandi mercede docendi
Formasti Rhetor, metam prope puberis æui.
Cæsareum qui mox indepti nomen, honorem
Præsidis, Hispanumque tibi tribuere tribunal.
Decedens placidos mores tranquillaque vitæ
Tempora prædiues sinisti sede Cadurcâ.
Sed Patriæ te Iura vocant & Origo Parentum,
Burdigalæ vt rursum nomen de Rhetore reddas.

Ex hisce versibus facilè est erroris conuincere Petrum Angelum & alios nonnullos confundentes Exuperium Rhetorem cum Exuperio Tolosano Episcopo: nam **Exuperius Rhetor ante an. Christi 330.** Narbone docebat, Tolosanus verò Præsul floruit tantùm circa an. 400. & eius temporibus Tolosa capta est à Vandalis.

Idem Ausonius meminit Car. 19. cuiusdam Marcelli Grammatici Narbonensis, quem Marcelli Senioris Empirici, Ciuis Burdigalensis (qui de Empiricis librum filiis Theodosij Senioris olim dedicauit) filium fuisse ferunt. Is autem licet multos habuisset auditores Prætextatos, seu nobiles, fauore suffultus & gratia Clarentij Nobilis Narbonensis, cuius filiam duxerat; prætenuis tamen meriti fuisse dicitur ab Ausonio, & pecunias quas docendo compararat, amisisse.

Nec te Marcello genitum, Marcelle, silebo:
Aspera quem Genitrix vrbe, domo pepulit,
Sed fortuna potens citò reddidit omnia, & auxit.
Amissam primum Narbo dedit patriam.

Nobilis hic hospes Clarentius indole motus
Egregiam natam Coniugio attribuit.
Mox Schola & Auditor multus pretextaque pubes
Grammatici nomen Diuitiasque dedit.
Sed nunquam ingens cursum fortuna secundat,
Præsertim praui nacta virum Ingenij.
Verum oneranda mihi non sunt, memoranda recepi
Fata: Sat est dictum cuncta perisse simul.
Non tamen & nomen, quo te non fraudo, receptum
Inter Grammaticos pretenuis meriti.

Sequenti Carmine ait filios Sedati Rhetoris Burdigalensis Narbone docuisse, deinde Romæ.

Et tua nunc soboles morem resecuta Parentis,
Narbonem ac Romam nobilitat studiis.

Plurimos quoque eiusdem Scholæ Professores enumerat Sidonius Apollinaris in suo Narbone: imprimis verò Consentios Patrem & Filium Ciues Narbonenses, nullius litteraturæ expertes. Patrem quidem ita laudat, vt magni illi Oratores & Poëtæ Græci & Romani, si cum eo conferantur, Scholastici duntaxat fuisse videantur.

Consentii mihi gignis, Alme, Patrem;
Illum, cui nitidi sales rigorque
Romanus fuit Attico in lepore.
Hunc Milesius & Thales stupere
Auditum potuit &c.

Duxerat ille filiam Iouini Equitum Magistri, viri strenui, obque fortia facta à Valentiniano Imperatore Consulatus dignitatem consecuti. De eo Ammianus Marcellinus l. 27. *Post hæc redeunti Parisios post claritudinem rectè gestorum Imperator lætus occurrit, eumque postea Consulem designauit.* Ex ea coniuge suscepit Consentius filium nomine pariter Consentium, qui Iouini aui materni fasces, & Patris libros inter precipua stemmata & ornamenta suæ nobilitatis duxit.

Sic intra proprios tibi penates,
Consenti, Patriæ decus superbum
Fastis viuit auus, paterque libris.
Hæc per stemmata te satis potentem,
Morum culmine sed potentiorem,
Non possim merita sonare laude.

Et postquam varias eius laudes enarrauit partas litteris, bello & Palatinis muneribus, descendit ad sodalitatem seu hospitalitatem, quam cum eo communem habuerat, cum eosdem frequentabant Narbone Magistros in omni disciplinarum genere præcipuos & primarios, quos etiam enumerat.

Nunc quam diximus hospitalitatem
Paucis personet obsequens Thalia.
O dulcis Domus! O pij penates!
Quos res difficilis sibique discors
Libertas simul excolit pudorque.
O conuiuia, fabulæ, libelli,
Risus, serietas, dicacitates,
Occursus, comitatus vnus isdem.
Seu Delubra Dei colenda nobis
Siue ad Pontificem gradus ferendi.

Tunc erat Narbonensis Pontifex Caprarius, qui Agathensi Concilio subscripsit an. 506. per Auilium presbyterum, vt legitur in Gallia Christiana. Deinde Sidonius Magistros Narbonenses enumerat, in Eloquentia, Poëtica, Iurisprudentia præcellentes, Martium Myronem, Liuium, Leonem, Magnum, Marcellinum, Limpidium, Marinum.

Siue ad culmina Martij Myronis,
Tecta illustria seu videnda Liui,
Siue ad doctiloqui Leonis ædes,

Quo bis sex tabulas docente Iuris,
Viro Claudius Appius lateret,
Claro obscurior in Decemuiratu.
Ac si dicat epos, metrumque rythmis
Flectat commaticis tonante plectro,
Mordacem faciat silere Flaccum,
Quamuis post Satyras Lyramque tendat
Ille ad Pindaricum volare Cycnum.
Seu Nos, Magne, tuus fauor tenebat,
Multis prædite dotibus virorum,
Formâ, nobilitate, mente, censu;
Cuius si varios eam per actus,
Centum & ferrea lasset ora laude,
Constans, ingeniosus efficaxque
Prudens arbiter, optimus propinquus,
Nil fraudans genij sibi, tibi, ulli;
Personas, loca, tempus intuendo.
Seu Nos atria vestra continebant
Marcelline meus perite legum,
Qui verax nimis & nimis seuerus
Asper crederis esse nescienti.
At si te bene quispiam probauit,
Noscit quod velit ipse iudicare:
Nam nunquam metuis loqui, quod æquum est,
Si te Sylla premat, ferusque Carbo,
Si tristes Marij, trucesque Cinnæ,
Et si forte tuum caput latusque
Circunstent gladij Triumuirales.
Seu nos Limpidij Lares habebant
Ciuis magnifici virique summi
Fraternam bene regulam sequentis.
Seu nos eximij simul tenebat
Nectens officiositas Marini,
Cuius sedulitas sodalitasque
Æterna mihi laude sunt colendæ.
Seu quoscunque alios videre fratres
Cordi vtrique fuit, quibus vacasse
Laudandam reor occupationem.

Eadem Ciuitas & Academia Populo Ro. Augustos seu Imperatores dederunt paci & bello idoneos: Carum scilicet, qui post Probum imperauit, & Carinum ac Numerianum Carifilios, quorum æquissima Rescripta Codici Iustinianæo inserta Ius ciuile decorant. Numerianus non tantum rei militaris scientiâ clarus extitit, sed facundiâ præpolluit & Poëtica facultate. Cuius oratio ad Senatum missa, tantum præse tulit eloquentiæ, vt illi statua, non quasi Cæsari, sed quasi Rhetori decreta fuerit positaque in Bibliotheca Vlpia.

In eadem Academia ante tempora **Sidonij** floruerat **Aprunculus** Orator eximius, qui, vt ait Forcatulus l. 2. de Gall. Imp. *Rector Narbonensis* declamando multorum pectora permulsit, & causas agendo à iudicibus pœne extorsit, quas vellet sententias. Is quoque Aruspicina peritus & visceribus animalium inspectis futurum Constantij Cæsaris excessum in Cilicia, tum Iuliano in Illyrico agenti profatus est: quod cum resciuisset Iulianus ita contigisse, Vatem illustri honore donauit.

Hinc ergo intelligimus Narbonenses scholas Sidonij saltem temporibus adhuc floruisse & vsque ad annum Christi circiter 500. Verum illæ tandem, vt omnes aliæ Christianæ, Gothis, Alanis, Vandalis & Hungaris terrarum orbem inundantibus & occupantibus conticuerunt: donec illi edomita feritate & Barbarie deposita ad fidem conuersi, quas sustulerant litteras, restituerunt.

DE ACADEMIA TOLOSANA.

TOLOSA antiquissima & clarissima fuit Ciuitas Volscorum seu Volcarum Tectosagorum, quorum maiores olim duce Brenno Romam obsederunt, ceperunt, incenderunt: deinde in Græciam penetrarunt, Apollinis Delphici Templum diripuerunt: tumque alij Asiæ minoris partem occupantes Galatiæ seu Gallo-græciæ Regnum constituerunt: alij in Galliam reuersi Aurum Delphicum Tolosam reportarunt, dictum *Fatale*, quia omnibus, quotquot illud contrectarunt, damnosum fuisse legitur. Imprimis enim illi qui è Templo illud sustulerant, aut in ipsa vrbe perierunt, aut Tolosæ peste correpti sunt. Vnde se tandem agnoscentes Sacrilegij Reos, consultis Aruspicibus & responso accepto, aurum illud omne proiecerunt in Lacum, sicque peste fuerunt liberati. At longo post tempore Q. Cæpio Consul rem edoctus, vt acciderat, ciuiumque superstitione derisâ extractum è lacu aurum abstulit. Quod Sacrilegium priore peius, & ipsi & eius copiis quæcunque aurum illud attrectarant, fatale fuit & exitiabile. Legitur huiusce rei Historia apud Iustinum l. 32. c. 3. *Tectosagi cum in antiquam patriam Tolosam venissent, comprehensique pestifera lue essent, non prius sanitatem recuperauere, quàm Aruspicum responsis moniti aurum argentumque bellis sacrilegiisque quæsitum in Tolosensem lacum mergerent. Quod omne magno post tempore Cæpio Rom. Consul abstulit: fuere autem argenti pondo centum decem millia. Quod Sacrilegium causa excidy Cæpioni exercituique eius postea fuit. Romanos quoque Cimbrici belli tumultus velut vltor sacræ pecuniæ insecutus est.*

Hæc autem Ciuitas ob singulare Bonarum Artium exercitium meruit appellari *Palladia* à Pallade, quam Artium sapientiæque Deam & Præsidem esse veteres crediderunt. Martialis l. 9. Ep. 10.

Marcus Palladiæ non inficianda Tolosæ
Gloria, quem genuit pacis amica quies.

Loquitur de M. Antonio Tolosæ nato, qui in pueritia cognominatus fuit Beccus, teste Suetonio in Vitellio. Dux fuit Vespasianarum partium, multumque contulit adImperium Vespasiano aquirendum, vt docet Tacitus l. 2. Hist. Hæc inquâ ciuitas singularis tituli excellentiâ ab Authoribus grauissimis *Docta* & *Palladia* nuncupata est: non ob aliam certè rationem, quam quia ibi vigebant eximiè studia litterarum, vt & olim Athenis viguerunt, quam vrbem Ouidius 7. Metam. vocat quoque *Palladias Athenas*, id est Palladi bonarum Artium Deæ consecratas.

Scribit Forcatulus l. 1. de Gall. Imp. Tolosam à Sarrone Galliarum Rege primo Academiarum litterariarum parente conditam fuisse: eúmque nocte concubia diu cumGenio loci collocutum, priusquam ibi vrbem condere aggrederetur, audiuisse ibi fundamenta vrbis & Academiæ pulcherrimæ iactum iri, nec alibi tanti molitionem operis tutam adeo fortunatamque fore.

Extat eodem teste, ædes Tolosæ, quæ *Aurata* dicitur, Palladi olim consecrata, sicque dicta, quod veteribus persuasum esset Pallade nascente magnam auri vim

Rhodi pluiſſe. Huiuſcetempli meminit Strabo l. 4. aiens fuiſſe Toloſæ magnæ ſanctitatis templum à finitimis magnâ veneratione cultum, multiſque offerentium Donariis abundans, quæ tantâ religione ſeruabantur, vt ea nemo contingere auderet, Diuinæ vindictæ metu. Ad aram huiuſce Deæ cum renuiſſet D. Saturninus accedere, & thus offerre, à plebecula furente occiſus eſt teſte Sidonio Apolinari l. 9. Ep. 16. ad Firminum.

> *Perſequutorum niſi quæſtiones*
> *Forſitan dicam meritoſque cœlum*
> *Martyres mortis pretio paraſſe*
>   *Præmia vitæ.*
> *E quibus primum mihi pſallat Hymnus,*
> *Qui Toloſatum tenuit Cathedram*
> *De gradu ſummo Capitoliorum*
>   *Præcipitatum.*
> *Quem negatorem Iouis ac Mineruæ:*
> *Et Crucis Chriſti bona confitentem*
> *Vinxit ad tauri latus iniugati*
>   *Plebs furibunda.*
> *Vt per abruptum boue concitato*
> *Spargeret curſus lacerum cadauer*
> *Cantibus tinctis calidâ ſoluti*
>   *Pulte cerebri.*

Paſſus eſt Decio imperante an. Chriſti 254. vt legitur in eius veteri Paſſione, quam citat Gregorius Turonenſis l. 1. c. 28. his verbis. *Huius* (*Decij*) *tempore ſeptem viri Epiſcopi ordinati ad prædicandum in Gallias miſſi ſunt: ſicut Hiſtoria Paſſionis S. Martyris Saturnini denarrat: ait enim ſub Decio & Grato Coſſ. ſicut fideli recordatione retinetur; primum ac ſummum Toloſana Ciuitas habere cœperat ſacerdotem.* Eiuſdem Paſſionis Baronius meminit ad an. 254. Cum autem ait Sidonius Saturninum fuiſſe de Gradu ſummo Capitoliorum deiectum, innuit Toloſæ, quemadmodum in aliis Metropolibus à Romanis fieri conſueuerat, fuiſſe Capitolium, ſeu Arcem adinſtar Capitolij Romani. Olim quippe Arces *Capitolia* vocabantur, teſte Hieronymo de locis Hebraïcis. *Arx Babyloniæ Capitolium vocatur.*

Porro poſtquam Toloſani Religionem Chriſtianam amplexi ſunt, Templum illud Palladis tectorio inaurato ſpecioſum B. Mariæ Virgini dedicarunt. Erat autem ſatis opacum & ſancto quodam honore venerabile: Minervæ enim, Marti, Hierculi Diis ſeriis, inquit Forcatulus, ſolebant templa Doricè conſtrui & ſine deliciis propter virtutem. Veneri verò, Floræ & Fontium Nymphis Corinthio genere graciliora & florida, foliis & volutis ornatiora, ſi Vitruuio credimus.

At quo loco vrbis conſtituta fuerit florentiſſima illa Academia, nobis non liquet: liquet verò multos olim in ea floruiſſe viros perilluſtres; quorum aliquos Verſibus ſuis commendat Auſonius ; & inter alios Æmilium Magnum Arborium, Auunculum ſuum, fratrem ſcilicet Æmiliæ Æoniæ Matris ſuæ, ab eoque ſe ibi inſtitutum fuiſſe ait. Sic igitur ille Carm. 3. Parental.

> *Tu frater Genitricis & vnanimus Genitoris,*
>   *Et mihi qui fueris & Pater & Genitrix.*
> *Qui me lactentem puerum, iuuenemque virumque*
>   *Artibus ornaſti, quas didiciſſe iuuat:*
> *Te ſibi Palladiæ antetulit Toga docta Toloſæ.*
>   *Te Narbonenſis Gallia præpoſuit.*
> *Ornaſti cuius Latio ſermone tribunal,*
>   *Et fora Hiberorum, quæque Nouempopulis,*
> *Hinc tenus Europam fama creſcente, perito*
>   *Conſtantinopolis Rhetore te viguit.*

In Academia ergo Conſtantinopolitanâ docuit Rhetoricam, auditoreſque habuit inter cæteros, Conſtantini magni filios : ibi autem fato functum permiſit Conſtantinus in Patriam referri, tumuloque maiorum reponi : vt idem Auſonius ait Car. 11.

In Cathedra quoque Toloſana docuit Exuperius, de quo ſupra in Narbonenſi diximus.

diximus. In eadem Sedatus insignis Rhetor, qui ibi vxorem duxit, magnasque opes docendo comparauit: demum ibi fato communi functum Burdigala tanquam Ciuem suum, erat enim Burdigalæ natus, repetiit & obtinuit: vt idem testatur Ausonius.

> *Religio est tacitum si te, Sedate, relinquam,*
> *Quamuis docendi munus indeptus foris.*
> *Communis Patria est tecum mihi: forte potentis*
> *Pati, Tolosam nactus es sedem Scholæ.*
> *Illic coniugium Natíque opulensque senectus;*
> *Et fama qualis est par Magno Rhetori.*
> *Quamuis externâ tamen à regione reducit*
> *Te patria, & Ciuem morte obitâ repetit.*

Huiusce Rhetoris statuam etiamnum suo tempore extitisse Burdigalæ scribit Ælias Vinetus in Notis ad Ausonium: seu potius simulachrum eius in lapide insculptum: in cuius superiori parte sunt hæ litteræ, D. M. hoc est *Diis Manibus*: infra illas, SEDATVS. Tum effigies hominis capillo & barba crispa, librum manu ad pectus tenentis.

Atque ex his patet Musæum Tolosanum esse vetustissimum, longéque vetustius, quàm aliqui putent: qui conditorem illius faciunt Theodosium: non enim negari potest, quin ante ipsum floruerint ibi litteræ: vt & post ipsius tempora florere non destiterunt, etiam occupatâ à Gothis Tolosâ, qui eam Regni sui sedem primariam & Ærarij locum esse voluerunt. Vnde à Sidonio Apollinari *Pelliti Principis Aula* dicitur. Car. 7. vbi etiam docet Theodoricum hortante Auito Tolosæ Romanas didicisse leges bonísque Artibus instructum fuisse. Sic enim ille ad Auitum.

> ———— *Mihi Romula dudum*
> *Per te iura placent: paruumque ediscere iussit*
> *Ad tua verba, Pater, docili quo prisca Maronis*
> *Carmine molliret Scythicos mihi Pagina mores.*

Porro ad Antiqua illa Romanæ Ditionis tempora referunt nonnulli *Floralium Ludorum* in Academia Tolosana institutionem: non illorum quidem Floralium impudicorum, qui fuerant olim Romæ in honorem Floræ insignis meretricis instituti; sed honestorum, laudabilium & gloriosorum, ad experimentum ingenij & eloquentiæ laudem inuentorum. Fuerunt enim Agones Rhetorici & Poëtici quotannis celebrari soliti, quique etiamnum hodie Kalendis Maij quotannis in Domo publica committuntur. *Ludi florales.*

Dubium à quo primùm fuerint instituti. Floralium ludorum meminit Iustinus, vbi de Phocensibus Massiliæ Conditoribus fusè agit; & nos supra meminimus. At Tolosanos communis fert opinio à Virgine quadam Clemencia Isaura bonarum litterarum amatrice fuisse institutos; vel vt alij volunt, instauratos tantummodo & restitutos.

PETRVS FABER SAN-IORIANVS in Senatu Tolosano Præses, qui librum edidit de re Athletica, ludísque veterum Gymnicis, Musicis &c. Impressum Lugduni an. 1595. sub hoc titulo AGONISTICON PETRI FABRI, Isauram illam sæpe vocat **Instauratricem & Restitutricem** Musici illius certaminis: aitque illam incomparabili liberalitate prædia quædam Vrbana & Rustica huic rei testamento addixisse, ea lege, vt ludi Florales quotannis in Æde publica, quam impensis ipsa suis extruxerat, celebrarentur. Papyrius Massonius in eiusdem Virginis immortale factum libellum edidit, cui pro titulo est ELOGIVM CLEMENTIÆ ISAVRÆ.

Erat autem illa ex illustrissima Isaurorum Gente oriunda, & L. Isauri filia virgo innupta: cui ob tam insigne factum Capitolini Tolosani statuam in ingressu Fori Venalium, quod Petræ vocant, media in vrbe siti posuerunt. Quam statuam deinde in Aula Magni Consistorij, vbi Poëticum certamen quotannis committitur, publico in conspectu exhiberi voluerunt. Epitaphio autem memorabili eius monumentum decorarunt, quod est huiusmodi.

EPITAPHIVM CLEMENTIÆ ISAVRÆ.

CL. ISAVRA L. ISAVRI FILIA EX PRÆCLARA ISAVR.
FAM. QVVM IN PP. COELI OPT. VITAM. DELEGI.
CASTAQ. ANNIS L. VIXI. FORVM FRV. VINA. PISCA.
ET OLITO. PS. IN PVBL. VSVM. STATVIT
C. P. T. LD. HAC LEGE VT QVOTANNIS LVDOS
FLOR. IN ÆDEM PVB. QVAM IPSA SVA IMPENSA
EXTRVXIT, CELEBRENT. ROSAS AD MON. EIVS DEFERANT
ET DE RELIQVO IBI EPVLEN. QVOD SI NEGLEX. SINE
CO. FISCVS VENDICET CONDITIONE SVPRADICTA
H. S. V. F. M. R. I. P.

 Id est. *Clementia Isaura Lucij Isauri filia ex præclara Isaurorum familia, cum in perpetuo Cælibatu optimam vitam delegisset, castaque annis 50. vixisset, forum frumentarium, vinarium, piscarium & olitorium proprijs sumptibus in publicum vsum statuit, Capitolinis populoque Tolosano legauit, hac lege vt quotannis ludos Florales in ædem publicam, quam ipsa sua impensa extruxit, celebrent, rosasque ad Monumentum eius deferant, & de reliquo ibi epulentur. Quod si neglexerint, sine controuersia fiscus vendicet conditione supradicta. Hæc sibi viuens fieri mandauit. Requiescat in pace.*

 Ex eadem Isaurorum familia oriundus erat T. Isaurus, qui vrbis Tolosanæ principatum à Carolo M. adeptus est, vt refert Bodinus in quadam oratione ad Senatum populumque Tolosanum de instituenda iuuentute. Vbi de Isaura illa verba faciens, ait eam legauisse hortos & prædia, in quibus rosas legere liceret.

 Sed vnde Florales ludi dicuntur? an à Flora Dea? nullatenus, sed à flore aureo, qui victori dabatur in præmium. Erant enim hæ leges certaminis: proponebantur certatoribus tria præmia. Primum & præcipuum dabatur victori, eratque antiquitus Aureum Leucoion Luteum, quod Occitanâ linguâ vocant *Flor de Violeta*. de Fin aur. Flor. d'Aiglantina. Inde communiter Ludi isti vocantur *l'Aiglantine*. Et tale præmium dabatur adhuc annis 1323. & 1355. Nunc vero, & à ducentis ferè annis ex argento puro & solido proponitur præmium loco floris, vocaturque à doctis nihilominus Argyranthinum, id est *Argenteus Flos*.

 Reliqua duo præmia, quæ duobus Antagonistis, qui propius accessissent, dabantur, erant etiam argentea, nimirum Calthæ seu Heliotropij flores. Vocant illi *Flor. de Gauch, de fin argent*. Nos *du Soucy*, vel *Tournesol*. Atque idcirco secundaria ista præmia accessionis loco proponi debere visum est; tum vt solennior esset huiusce certaminis celebritas, tum ne in vnum duntaxat totus iste honor conferretur: quemadmodum diserte eorum linguâ continetur in commentario quodam publico, quod in Archiuo Octo-virorum Capitolinorum seruatur. Estque eiusmodi.

 Cil que han Gazan hada, una vetzo motas la ioya principal, coma la ioya de la violeta: la qual Principal reputan son nominat fin aymant. E dizen principal en respieg de las autras ioyas, las quas appellam accessorias. E à questas hom dona per hondrac la ioya principal, e per solemnizar la festa. E que vz solamen no aya tota la honor de la festa.

 Ad huius autem Certaminis Musici maiorem solemnitatem fuerunt conscriptæ quædam leges anno 1324. à Septem-viris seu Critis & Guillelmo Molinerio Agonum Cancellario, quas vocant Amorum leges, *La gaye science*, tales autem sunt.

 1. Bedellus seu Præco diem ludorum publicè indicit, & Agonothetas seu Critas, quos *Manutentores* vocant, ipsósque etiam Antagonistas inuitat. Is vir gam gestat argenteam, olimque caput habebat insignitum in apice Filo serico: quod illi *Floc* vocant, quemadmodum antiqui Flamines gestasse dicuntur: vnde Flamines dicti, quasi Filamines. Nunc vestem gestat iantinam, seu violaceam quam teste Fabro Octouiri Capitolini Agonum patroni tribuunt quotannis; &

virgam argenteam, sublato vel ipsâ desuetudine abrogato apicis illius, è serico filo, quod capiti aptabatur, indicio.

2. Kalendis Maij de mane post auditum solenne sacrum incipiunt Agonistæ sua poëmata recitare, totumque diem, si plures sint, recitando consumunt.

3. Ad 5. Nonas Maias solenne Epulum exhibetur symmystis & quibusdam Ciuibus honoratioribus ab Octouiris Capitolinis à Clementiâ Isaura id pensi habentibus, in intimo Capitolinarum Ædium quasi Prytanæo. Illudque Epulum, quod per Tibicines proclamatur, cum omni lætitia & hilaritate celebratur post impensas aliquot horas matutinas poëmatum recitationi. Et in hanc rem sumptus ex Prædiorum Agonotheticorum reditu suppeditantur.

4. Committitur certamen, seu Poëmatum Examen peragitur à Septemviris quos *Los set Mantenedor leyal del ioy d'Amours*; id. *Manutentores* vocant, qui sunt Critæ seu Iudices operum cum Cancellario, seu Præside ad statuam Isauræ, quæ suos quodammodo ludos spectat. Cui Examini præsentes quoque adsunt Magistratus Municipales, Octouiri Capitolini, vulgo dicti *les Capitous*: quorum curæ incumbit Epulum & præmia victoribus proposita exhibere. Et illa super puluinos holoueros chrysopastos atque bracteatos collocant ante Cancellarium seu Protocriten & Præsidem Agonis, cum Commentariis quibusdam vetustis, in quibus leges certaminis continentur.

5. Eadem die habetur Panegyrica oratio Latina, quâ Clementiæ Isauræ immortalis memoria celebratur, litterarum studiorumque, Agonis, Agonistarumque laudes prædicantur, & Iuuenes ad amplectenda studia propositis laborum præmiis & honoribus excitantur. Panegyristes autem iste vulgò eligitur è Nobilibus, qui ingenij, doctrinæ & eloquentiæ non vulgaria specimina ediderit.

6. His præmissis incuntur suffragia & renunciantur Victores, præmiisque Argyrophylinis in ipso Agonis loco, ordine quisque suo donantur ingenti cum applausu & acclamatione omnium spectatorum. Et præter tria, quorum vnum Victori datur, altera duo proximè Accedentibus, Cancellarius priuata quædam de suo tribuit selectis, & quibus libuerit, generosæ Indolis pueris, vt eos ad bonarum Artium incunda studia fouendaque & amplificanda extimulet. Sunt autem illa vulgò ex subargenteo ocello Gall. *Giroflée* aut *Oeillet*, ac proinde minoris quàm publica, pretij & valoris.

7. Post hæc Præcone seu Bedello præeunte cum argentea virga & veste violaceâ, præmiaque Victorum ob oculos omnium præferente, sequuntur suo ordine præmiati, & magno Amicorum circumfusæque multitudinis comitatu se conferunt in ædem B. Mariæ cui *Deaurate* nomen est (olim Palladi seu Mineruæ dedicatæ) præmiaque sua illi offerunt, ad quæ consequenda se fauorem eius gratiamque fatentur expertos. Tum demum suas quisque in ædes solenni, sed pedestri tamen pompâ, qualis apud Romanos mos Ouantium fuit, deducuntur.

8. Alio die festo & solenni, qui à victoribus & rei præstituitur, agendarum Deo gratiarum ergo adeunt Ædem suburbanam D. Rochi cum fautorum quisque suorum amplo comitatu. Illi enim per factiones & cateruas se diuidunt: & inde in equis per triumphalem portam festiuâ pompâ regrediuntur in vrbem, seseque populo spectandos & spectabiles exhibent.

Neque hoc omittendum, nonnunquam ludos illos intermitti, si quando publica calamitas, puta tumultus, bellum, aut pestis interuenerit. Idque ex communi Manutentorum seu Septemvirorum Critarum & Octouirorum Capitolinorum consilio & consensu significatur omnibus per litteras, quas vocant Circulares; sicut iidem per easdem inuitant ad Commissionem Ludorum: quarum exemplar habetur in illo veteri commentario publico de quo ante diximus: & in quo leges quasdam conscripserunt Septemviri an. 1324. quorum hæc sunt nomina: Bernardus de Pansac Donsel, Guill. de Cobra Ciuis, Berengarius à S. Pancardo, Petrus de Meiane-Serre Campsor, Guill. Gontaut, Petrus Camo Mercator, Bernardus Ots Notarius Vicarij Tolosani, & Guill. Molinerius tunc Ludorum Præses & Cancellarius.

Anno vero 1340. eodem Molinerio Cancellario de consilio Bartholomæi Marci legum Doctoris fuerunt aliæ quædam leges additæ, quarum vna est, circa Iusiurandum quod præstare tenentur Septemviri Critæ seu Iudices ad id muneris delecti, se nullius nempe fauore aut odio, aut timore præmium vlli Agonistarum addicturos aut erepturos. Item se Iudicium septemuirale nulli euulgaturos ante diem ipsum Agonis. Quæ leges continentur in prædicti Commentarij l. 2. his verbis.

Que Cascus en lo commensamen de sa receptio iure que per amor, fauor, odi, rancor, temor, prets, pregarias no estara que el lamlos autres sos Compaignos no iuciebe è le almente. Que tendra segret lo Iudiciamen, tro que si a publicat le Iorn que ioya se dara: è que non impugnara ans tendra perfait soque la maior partida de sos Compaignos voldra tendra è iuciara, è que en acquest Iuciamen no gardera è estat, condicio, paubriera, riccat, indignitat de persona, si no en loz cazes ios escriutz, mas solamen manicra de trobar è de ben dictar tenen è gardan las nostras presens leis à bona fee al miels que poira.

His addere iuuat carmen quod ad immortalem Heroïnæ illius Palladiæ Agonum Institutricis, seu Instauratricis laudem & memoriam composuit Stephanus Doletus olim Academiæ Tolosanæ Rector: in quo sic illam loquentem inducit.

Quòd muliebre mihi nomen, quod vultus & ora
    Fœmineum planè referunt genus:
Quòd muliebri animo virtutis cura negetur,
    Cultaque conueniat facies magis,
Quid tum? Virtutisne mihi illecebrosa voluptas
    Præripuit studium studio sui?
Plusne mihi, mihi plusne sinus, plus candida forma
    Quam bene culti animi placuit nitor?
Non ita. Displicuit comptus nimiâ arte capillus,
    Displicuit roseus rubor in genis.
Labra nec infecere mihi conchylia fuco,
    Displicuêre madentia tempora.
Non placuit collo pendere monilia, pectus
    Gemma nec excoluit patulum mihi:
Et segmentatæ vestes & Hianthina & Ostrum
    Charius haud virtute mihi fuit.
Diuitiæ iacuêre mihi, virtusque probata est:
    Præ studio iacuêre mihi omnia.
Præ studio iacuêre mihi Materque Puerque,
    Mater Amoris & Idalius Puer.
Te solum, solum Te Helicon, doctasque puellas
    Collibuit generoso animo sequi.
Nec tantum Aonias colimus, cum vescimur aurâ,
    Perpetuò monimenta rei manent.
Ecce suus Musis honor est solennis, & olim
    Non minor his erit, aut honor aut decus.
Æternum Ingeniis posui certamen, alumni
    Carmina quæque sui vt celebret Dea.
Vtque Theatrali ludo tua gloria, Phœbe,
    Sideribus magis ac magis hæreat.
Et me nunc animo clamet caruisse virili
    Inuidus inuidiæ face percitus.

Extat etiam eiusdem Doleti Carmen Elegiacum de laudibus Critarum seu Iudicum, & exhortatio ad Agonistas hoc modo.

Annua solemni redeunt spectacula pugnæ,
    Miscerique suo Pallas ab Axe iubet.
Non tuba terribili sonitu: non Classica rauca,
    Non quemquam ad bellum Mars truculentus agit.
Clamat io Pallas, magnoque hæc intonat ore.
    Huc precor, huc vates docti inhibete ratem.
Vocibus his Phœbus fauces exercet anhelas,
    Vocibus his Doctos Turba Nouena vocat.
Huc omnes, huc ferte gradum, quos fouimus vltro,
    Queisque datum est sacro tingere labra lacu.

Tolosana.

Ludite securi, quorum non carmina liuor,
  Nec rabido frondens Zoilus ore petet.
Ludite quos præter laudem nomenque superbum
  Non vilis merces, dona sed ampla manent.
Ludite Iudicibus tetrica grauitate probandi,
  Iudicis exacti ludite digna choro.
Vatibus immensum est calcar, non iudice surdo
  Aure, nec agresti fundere voce modos.
Acrius insurgit validus Luctator in hostem,
  Quem spectatorum lumina multa notant.
Gaudet Equus cursu, cursum mirante Magistro,
  Exultansque leui fertur in Astra pede.
Ad Ducis aspectum miles commotior arma,
  Arma capit multis sæpe futura neci.
Nescio quos stimulos nostris conatibus addit
  Censoris virtus, lance probanda grauis.
Ergo agedum quidquid docuit vos Artis Apollo,
  Audiat hæc grauibus cincta Corona viris.
Quas Veneri quondam Paridis sententia primas
  Detulit, hoc Cœtu Docta Minerua tenet.
Non Iunoue Venusue genas bene culta sinumque
  Auferet hinc fuco laurea serta suo.
Hic sola, hic regnat Pallas virtusque decora,
  Vatibus hæc tantum laudis aperta via est.
Huc quos tangit honos, quos gloria tangit, adeste:
  Vatibus hæc tantum laudis aperta via est.

In ea autem Ciuitate, quæ bonarum Artium ab omni æuo amatrix fuit & excultrix, instituta est longo post tempore Vniuersitas ad confutandos Albigensium Hæreticorum errores, qui Tolosam circumiectasque Regiones infecerant, priuilegiisque à Gregorio IX. Pontifice decorata. In ea verò præsertim ab antiquis Romanæ ditionis temporibus ad hæc vsque floruit Iuris Ciuilis scripti Disciplina: quam ibi Theodoricus Thorismundi Gothorum Regis frater & successor perfectè hausit & calluit; vt ante ex Sidonio retulimus. Hincque Gothi qui antea moribus & consuetudine tantummodo tenebantur, sub Euuarige Theodorici successore, vel sub ipsomet Theodorico, vt nonnulli putant, legum instituta scriptis mandare cœperunt.

DE ACADEMIA BVRDIGALENSI.

VÆRVNT Etymologistæ originem & rationem nominis, nec [inueniunt. Aliqui Burdigalam, quasi Bardigalam, sic dictam putant à Bardis, celeberrimis illis Galliarum Vatibus, de quibus ante diximus. Alij quasi Burgigalam, pro Biturigalam, quia conditam fuisse autumant à Biturigibus Cubis Galliæ Populis ad Ligerim. Cuius sententiæ videtur esse Isidorus l. 15. *Burdigalam appellatam ferunt, quod Burgos Gallos primum Colonos habuerit, quibus ante Cultoribus adimpleta est.* Burgos autem vocat, quos communiter appellamus *Ceux de Bourges*. Nec forte hic dormitat, quanquam alibi sæpe: certum est enim Bituriges antiquitus in Gallia præualuisse, itaut Regem Celtis darent, & summam Imperij penes se haberent. Vnde varias deduxeruut colonias etiam extra Galliam ducibus Bellouefo & Sigouefo Ambigathi Biturigum Regis Nepotibus. Nonnulli à duobus fluuiolis Burdâ & Iala, seu Gealo sic dictam scribunt, quibus Burdigalense territorium alluitur. Verum, vt vt sit de Etymologia, constat hanc vrbem esse vetustissimam, & longè antequam à Romanis Gallia occuparetur, conditam. Temporibus Iulij Cæsaris Metropolis erat Biturigum Vibiscorum. In Garumnæ ripâ sita, & postquam subdita est, ei statim Romani leges moresque suos & Instituta indiderunt & imposuerunt. Arcem ibi construxerunt quam illi π, ουπίταν appellarunt, vulgò Trompeta dicitur *le Chaîteau Trompete*. In ea Marmor est, cuius in vna parte hæc inscriptio legitur AVGVSTO SACRVM ET GENIO CIVITATIS BIT. VIB. In dextra visebatur forma vasis ansati: in sinistra lanx seu discus ad vsum sacrificiorum. In posticâ quernea est corona lemniscata. In summo iacentes duo cylindri squamis quibusdam obducti humanisque vultibus, adinstar plenilunij. Hæc & plura alia Elias Vinetus in Notis ad Ausonium.

Strabo Geographus, qui sub Augusto & Tiberio floruit, Burdigalæ scribit fuisse celeberrimum Emporium: & is primus, si creditur Forcatulo l. 2. Burdigalæ nomen inuexit, antea inauditum, cum Ciuitas prius ab Aquitanis populis, & ab aquarum abundantiâ Aquita diceretur. Ibi sub Romanis Præsides Aquitaniæ sedem habere solebant: ibi Senatus erat Aquitanicus: ibi quoque Palatium Imperatorum, vt indicat Gallieni Amphiteatrnm, Gallieni Palatium vulgò nuncupatum: cuius adhuc restant rudera & columnæ quædam, magnifici Templi Deorum Tutelarium, quod Palatium Tutelæ vocant.

Non est igitur dubitandum, quin, ex quo Burdigala Romanæ Ditionis esse cœpit, ibi bonarum Artium instituta fuerit Academia: quandoquidem certum est Romanos id potissimum curare solitos, vt in Metropolibus saltem erigerentur scholæ ad instructionem Iuuentutis, quæ suis legibus & institutis à tenerâ ætate litteras combibendo assuesceret. Nec omittendum, quod qui sub iis Aquitaniæ præficiebatur, iam tum Consulatui, quæ Dignitas erat post Imperatoriam prima, destinabatur. Vnde Tacitus Iulium Agricolam socerum suum imprimis laudat, quod à Vespasiano Prouinciæ Aquitanicæ præpositus fuisset *splen-*

Burdigalensis.

didæ, inquit, *dignitatis administratione, ac spe consulatus, cui destinarat.* Ibi Posthumus Pater sub Gallieno præfecturam gessit, vir bello fortis, in pace constans, & in omni vita grauis, vt Pollio notat in 30. Tyrannis. Et eum Gallienus tanti faciebat, vt Saloninum filium educandum Burdigalam miserit. Verum postquam Imperator voluptati & socordiæ se tradidit, Posthumus Dominatum sibi vindicauit, totoque decennio moderatè gessit magno Gallorum bono & gaudio. Eo demum interrempto Victorinus à Gallis suffectus est. Huic Tetricus Senator Rom. Aquitaniæ quoque præses: quem postea fregit Aurelianus.

Nec desunt, vt refert Forcatulus, qui in Amphitheatro Gallieni putent olim agitata fuisse Poëseos & Rhetorices certamina. Certe Ciuitas illa tam multos tulit viros ingenio & omni Disciplinarum genere præstantes, vt nulla plures Oratores, nulla plures Senatores parturierit. In ea natus est & educatus Ausonius Gratiani Imperatoris quondam Præceptor, Consulatumque Municipalem obtinuit. De qua sic habet.

Diligo Burdigalam, Romam colo: Ciuis in illâ,
   Consul in ambabus; cuna hîc: ibi sella Curulis.

Idem quamplurimos enumerat ætatis suæ Professores eximios: quibus postquam vniuersæ suæ Genti parentauit, existimauit quoque sibi parentandum esse, quos aut Burdigalæ in professione litterarum vidisset, aut qui Burdigalæ nati & bonis artibus informati, aliò profecti fuissent ad docendum. Primum autem omnium Tiberium Victorem Mineruium Præceptorem suum celebrat, quem Constantinopoli & Romæ docuisse significat, demum Burdigalæ. Ante verò quàm singulorum laudes aggrediatur, hanc præmittit præfationem.

Vos etiam quos nulla mihi cognatio iunxit,
   Sed fama, & chara Religio Patriæ,
Et studium in libris & sedula cura docendi,
   Commemorabo viros morte obita celebres.
Fors erit, vt nostros Manes sic adserat olim,
   Exemplo cupiet qui pius esse meo.

Primo autem Carmine Mineruium prædicat, nempe patrem, qui teste D. Hieronymo Romæ docebat circa an. 350. Patrem dico: nam fuit Alethius Mineruius eius filius, qui ab eodem Ausonio Car. 6. laudatur.

Primus Burdigalæ Columen dicêre Minerui,
   Alter Rhetoricæ Quintiliane toga.
Illustres quondam quo præceptore fuerunt
   Constantinopolis, Roma, dehinc Patria.
Non equidem certans cum Majestate duarum;
   Solo sed potior nomine, quod Patria.
Adserat vsque licet Fabium Calagurris Alumnum,
   Non sit Burdigala dum Cathedra inferior.
Mille foro dedit hic Iuuenes, bis mille senatus
   Adiecit numero, purpureisque togis.
Me quoque: sed quoniam multa est prætexta, silebo,
   Teque canam de Te, non ab honore meo.
Siue Panegyricos placeat contendere libros;
   In Panathenaicis tu numerandus eris.
Seu libeat fictas ludorum euoluere lites,
   Ancipitem palmam Quintilianus habet.
Dicendi torrens tibi copia: quæ tamen aurum
   Non etiam luteam volueret inluuiem.
Et Demosthenicum quod te primum ille vocauit,
   In te sic viguit, cedat vt ipse tibi.
Anne & Diuini bona naturalia doni
   Adiiciam? memori quàm fueris animo.
Audita vt, vel lecta semel, ceu fixa teneres:
   Auribus & libris esset vt vna fides.
Vidimus & quondam Tabulæ certamine longo,
   Omnes qui fuerant, enumerasse bolos.

Alternis vicibus, quos præcipitante rotatu
Fundunt excisi per caua buxa gradus,
Narrantem fido per singula puncta recursu
Quæ data, per longas, quæ reuocata moras.
Nullo felle tibi mens liuida. Tum sale multo
Lingua dicax, blandis & sine lite iocis.
Mensa nitens, quem non Censoria regula culpet,
Nec nolit frugi Piso vocare suam.
Nonnunquam pollens natalibus & dape festa,
Non tamen angustas vt tenuaret opes.
Tanquam heredis egens, bis sex quinquennia functus,
Fletus es à nobis vt Pater & Iuuenis.
Et nunc siue aliquid post fata extrema superfit,
Viuis adhuc, cui quod periit, meminens.
Siue nihil superest, nec habent longa otia sensus,
Tu tibi vixisti, Nos tua fama iuuat.

Commemorat deinde Alcimum Alethium, Rhetorem quoque insignem, quem vocat *Palma Forensis & Camœnarum decus, Exemplar vnum in litteris, quas aut Athenis docta coluit Græcia, aut Roma per Latium colebat, hominem probatissimorum morum, comem, mitem, liberalem, miniméque ambitiosum.* Is est Alcinus Panegyristes Iuliani Imperatoris & Sallustij secundi Galliarum Præfecti, qui cum Iuliano quartum Consule Consulatum gessit: quâ de re sic Ausonius ibidem.

Viuent per omnem Posterorum memoriam,
Quos tu sacræ famæ dabas.
Et Iulianum tu magis famæ dabis,
Quàm sceptra, quæ tenuit breui.
Sallustio plus conferent libri tui,
Quàm Consulatus addidit.

Hinc patet Alcimum tempore Iuliani Augusti Burdigalæ docuisse, hoc est circa annum Christi 364. qui cum ante à Constantio 19. Imperij sui anno sublimatus fuisset in Cæsarem, & in Gallias contra Barbaros destinatus, ibi ille paruis Alemannorum copiis adiutus res tam fortiter quam feliciter gessit, fusáque magnâ eorum multitudine Rheno Germanos reuinxit, inquit Monachus Antissiodorensis. Eo successu elatus Augusti nomen Dignitatemque assumens, Italiam Illyricumque peruasit, Constantium Imperij parte priuauit: & inter hæc defuncto Constantio totum Imperium vsurpauit: quod vno tantùm anno & 8. mensibus tenuit. Ille ab initio Christianus tam secularibus quàm Diuinis litteris fuerat eruditus; imò Nicomediæ Lector fuerat constitutus: at Imperator factus, Christianorum quoque factus inimicus, arte tamen potius quam vi aut potestate Religionem abrogare & abolere tentauit, honoribus magis alliciens eius aduersarios, quam eiusdem sectatores tormentis impellens. *Aperto tamen præcipit Edicto,* inquit Monachus Antissiodorensis, *nequis Christianus docendorum liberalium studiorum professor esset. At omnes vbique propemodum Docendi Officium, quàm fidem deserere maluerunt. Inter quos etiam Proæresius Atheniensis Sophista, cum sibi specialiter Iulianus concederet, vt Christianos doceret; scholam sponte deseruit.*

Hinc patet Proæresium fuisse Christianum. Is à Constante Cæsare fuerat accitus in Gallias, tantaque in existimatione habitus, vt inter purpuratos & honoratissimum quemque ad mensam adhiberetur. Ait verò Eunapius Gallos plus corporis magnitudinem & formam admiratos fuisse, quàm Ingenium & Dissertationes eius, quas assequi non poterant. Quod quidem verène dicat an falsò, Curiosi inquirant. Eum postea Cæsar Romam misit, ambitione quadam, inquit idem Author; vt viderent Romani, cuiusmodi homines Imperio parerent. Illi autem in eo tam multa admiranda, tamque mortales cæteros excedentia repererunt, vt quid præ cæteris admirarentur, non haberent, quidue præcipuè in eius honorem decernerent. In hoc tamen conuenerunt, vt illi statua ex ære pari magnitudine erigeretur & consecraretur cum hac epigraphe.

REGINA REGVM ROMA REGI ELOQVENTIÆ.

VErvm vt ad Professores Burdigalenses redeamus, Mineruio & Alcimo accenset Ausonius Luciolum Rhetorices quoque Professorem Condiscipulum alias suum, facundum doctumque virum & versificatoriæ artis peritissimum: Attium Pateram, quem Rhetorum potentem Doctorem vocat, quemque se ait, cum adhuc valdè iuuenis esset, senem vidisse: Atticum Tironem Delphidium, quem Ammianus vocat Oratorem acerrimum ; cuius verò abundantiam Sidonius laudat: Alethium Mineruium Tiberij Mineruij Victoris filium. Hieronymus in Chronico ad an. 360. meminit Alcimi & Delphidij. *Alcimus*, inquit, *& Delphidius Rhetores in Aquitania florentissimè docent.* Delphidij Marcellinus l. 18. in principio, vbi refert ea quæ Iulianus gesserat in Gallia Eusebio & Hypatio Coss. hoc est an. 362. *Numerium*, inquit, *Narbonensis paulò ante Rectorem accusatum vt furem inusitato Censorio rigore pro Tribunali palam admissis volentibus audiebat. Qui cum insitâ ratione defenderet obiecta, nec posset in quoquam confutari, Delphidius orator acerrimus vehementer eum impugnans documentorum inopiâ percitus exclamauit.* Ecqvis, Florentissime Cæsar, *nocens esse poterit vnquam, si negare suffecerit? Circa quem Iulianus prudenter motus ex tempore, Etquis ait, innocens esse poterit, si accusare sufficiet!*

Hinc intelligitur Delphidium causam egisse Narbonensis Coloniæ nimis acriter aduersus Numerium ipsius Rectorem & Præfectum: quæ res illi multorum Potentiorum odium conciliauit, præsertimque Iuliani Cæsaris. Hinc Ausonius

> *Felix, quietis si maneres litteris*
>   *Opus Camoenarum colens :*
> *Nec odia magnis concitata litibus*
>   *Armaret vltor impetus.*
> *Nec inquieto temporis Tyrannici*
>   *Palatio Te attolleres,*
> *Dum spem remotam semper arcessis Tibi,*
>   *Fastidiosus obuia,*
> *Tuumque mauis esse quàm fati bonum ,*
>   *Desiderasti plurima,*
> *Vagus per omnes Dignitatum formulas*
>   *Meritusque plura quàm gerens.*
> *Vnde insecuto criminum motu graui*
>   *Donatus ærumnis patris.*

Nempe ille multis criminibus oneratus sine dubio pœnas luisset, nisi Iudices pietate patris Attij Pateræ moti vitam illi indulsissent. At hoc quoque beneficium ab Apolline, cuius olim Pater sacerdos fuerat, accepisse ait Ausonius, quod prius obierit, quàm vxoris & filiæ mortem infamem videret.

> *Minus malorum munere expertus Dei,*
>   *Medio quod aui raptus es,*
> *Errore quod non deuiantis filiæ,*
>   *Pœnáque læsus Coniugis.*

Ad horumce versuum intelligentiam operæ pretium est notare temporibus illis in Hispania Priscillianum Episcopum cum Instantio & Salviano sparsisse quosdam errores contra Catholicam fidem : Et cum Catholici Episcopi Rescriptum obtinuissent à Gratiano, quo iubebantur Priscillianus & alij duo Coepiscopi non solùm è Diœcesibus suis, sed ex omnibus Imperij Romani terris excedere, sui purgandi causâ Romam proficisci decreuisse ad Damasum tunc summum Pontificem. Hoc ergo consilio inito per Aquitaniam iter direxerunt, atque à multis intuitu pietatis suscepti, præsertim ab Euchrotia nobili Matrona Delphidij Oratoris vidua in villa sua suburbana : vbi aliquandiu demorati iter tandem Romam versus arripuerunt; simulque cum iis Euchrotia & Procula filia, quam Priscilliani stupro grauidam partum sibi graminibus abegisse rumor fuit. Verum nec Damasus Papa, nec Ambrosius Præsul Mediolanensis eos in conspectum suum venire sustinuerunt.

Igitur illi ad Imperatorem conuersi, & Magnatum atque Potentiorum gratiam sibi demeriti obtinent Litteras Restitutorias in integrum. Sed in Hispaniam reuersi nihilo modestiores fuerunt, nihiloque religiosiores. Interea Maximus Tyrannus inuadit Gallias, Gratianum apud Parisios debellat, fugientemque, Lugduni capit & interficit, Treuerique sedem Imperij collocat: & ibi acceptis Episcoporum expostulationibus, exauditisque supplicationibus edicit Burdigalæ Concilium: ad quod Priscillianistas venire iubet. Martinus tunc Episcopus Turonensis Concilio præest, & de communi Coëpiscoporum sententia Hæresim illam damnat; Instantiumque, qui primus causam suam agere voluit, de Episcopatu deijcit. Priscillianus sibi metuens appellat Imperatorem. Treueros ergo deducitur cum Euchrotia, Procula, & aliis quibusdam Priscillianistis, ibique capite pœnas luunt an. 388. immane id multis visum est erga fœminas. Hincque Drepanus Pacatus in panegyrico ad Theodosium crudelitatis & feritatis accusat Maximum. *De virorum mortibus loquor*, inquit, *cum descensum recorder ad sanguinem fœminarum, & in sexum, cui bella parcunt, non parcè sæuitum. Sed nimium graues suberant, inuidiosaque causæ, vt vnco ad pœnam clari vatis* (Delphidij) *Matrona raperetur. Objiciebatur enim atque exprobrabatur mulieri viduæ nimia Religio & diligentius culta Diuinitas*.

Hæc vltima verba consentiunt cum ijs, quæ scribit Sulpicius Seuerus huius Tragœdiæ spectator. l. 2. Historiæ sacræ. Vrsatium enim & Ithacium Episcopos, maximè verò Ithacium nimis acriter rem istam promouisse & perfecisse dicit, Ithacium inquam, quem ait fuisse audacem, loquacem, impudentem, sumptuosum, ventri & gulæ plurimum impertientem: eo verò stultitiæ processisse, *vt omnes etiam sanctos viros, quibus aut studium inerat lectionis, aut propositum erat certare ieiuniis, tanquam Priscilliani socios aut Discipulos in crimen arcesseret, ausumque etiam fuisse Martino viro planè Apostolis conferendo hæresis infamiam obiectare*. Quippe Martinus non desinebat Ithacium increpare & Maximum orare, vt sanguine infelicium abstineret: satis nempe esse, vt illi Hæretici iudicati ab Ecclesiis suis expellerentur: nouum autem & inauditum nefas, vt seculi princeps causam Ecclesiæ iudicaret. Verum abscedente Treuiris Martino Maximus ex Magni & Rufi Episcoporum consilio *censuit Priscillianum sociosque eius captis damnari oportere*. Itaque Priscillianus, Felicissimus, Armenius, Latronianus & Euchrotia gladio perempti, alii in exilium deportati. Deinde Vrbica Priscilliani quoque Discipula Burdigalæ à populo lapidibus obruitur.

Episcopi autem, qui huiusce Capitalis iudicij fuerant authores, Ithacius & Vrsatius, Ecclesiæ postea communione priuati sunt ab alijs Coëpiscopis, aientibus nefas esse hominem Episcopi accusatione necari. Maximus & Aulici Episcopi Vrsatium & Ithacium ab omni crimine vindicabant. Hinc odium in Martinum, cum Ithacianis recusantem communicare. Verum paulò post Maximo ad Aquileiam occiso, Ithacius Episcopatu detrusus est: Vrsacio, seu, vt scribit Sulpicius, Nardacio parcitum, quia sponte se Episcopatu abdicauerat.

Addit Sulpicius Priscilliano interfecto nullatenus expulsam fuisse Hæresim, quæ illo authore pullulauerat, sed amplius confirmatam latiusque propagatam: sectatores quippe, qui prius eum, vt virum sanctum honouerant, vt Martyrem postea colere cœpisse. Peremptorum corpora in Hispanias relata, magnisque exequiis & obsequiis eorum funera fuisse celebrata: quin & per Priscillianum iurare summæ religioni institutum: exarsisse quoque dissidium inter Episcopos Gallicanos, quod iam annos 15. eo quo scribebat, tempore durauerat. Sed his omissis, quæ non extra rem omnino, ad propositum redeamus.

Professoribus Rethorices enumeratis subiungit Ausonius plurimos in Grammatices professione celebres: imprimis Leontium cognomento Beatum, quem suæ semper socium Iuuentæ fuisse ait, non magnum tamen titulum litterarum professione assecutum, nec maiorem, quàm qui exili Cathedræ sufficeret. Romulum, Corinthiū, Spercheūquos se puerum audiuisse scribit, & Mnestheum, in quibus sedulum quidem docendi studium laudat in rudimentis Græcæ Grammaticæ; sub ijs tamen parum se profecisse, Iucundum Leontij fratrem, virum simplicem, bonum, amicum & sodalem.

His qui Græcè docebant, accenset Grammaticos Latinos & Philologos, Macrinum, Phœbitium, Concordium, Sucuronem, Ammonium, & Anastasium, qui Pictauij Grammaticam professus est. Macrinum quidem vtilem puerorum ingenijs fuisse dicit, suamque illi à parentibus creditam pueritiam: Phœbitium Beleni seu Apollinis quondam Ædituum, & Stirpe Druidarum satum: Concordium Patriâ profugum, Sucuronem Libertinum, Anastasium exigui meriti virum, doctrinâ exiguum, moribus implacidum. Subiungit Herculanum Sororis suæ filium, Discipulumque olim suum, quem sibi successorem in Cathedrâ Rhetorices destinarat, & habuisset, nisi eum Iuuentutis æstus à studiis abduxisset.

 Herculane, qui profectus gremio de nostro & Schola,
  Spem magis, quam rem fruendam præbuisti auunculo:
 Particeps Scholæ, Cathedræ pæne successor mea:
  Lubricæ nisi te Iuuentæ præcipitem flexus daret,
 Pythagorei non tenentem tramitis rectam viam.

Annumerat Thalassum his omnibus antiquiorem, Citarium Siculum Syracusanum, Grammaticum Græcum, Aristarcho & Zenodoto parem: Censorium Atticum Agricium, quem in Rhetorices quoque professione excelluisse commemorat tum Burdigalæ, tum Romæ in Athenæo.

 Tam generis tibi celsus Apex, quam gloria fandi,
  Gloria Athenæi cognita sede loci,
 Nazario, & claro quondam delata Pateræ
  Egregiè multos excoluit Iuuenes.

Denique Nepotianum, virum comem, animo iuuenili senem, sodalem conuictoremque suum: Marcellum Marcelli filium, Grammaticum Narbonensem, Crispum & Vrbicum Grammaticos Latinos & Græcos, Poetas egregios, & Historicos: Victorinum subdoctorem siue proscholum; Dynamium, qui in Rhetorica quoque claruit: Attilium Glabrionem, suum olim condiscipulum, mox se facto Rhetore, Grammaticum, deinde Causidicum, seu causarum forensium patronum. Quibus omnibus sic tandem parentat.

 Valete Manes inclytorum Rhetorum,
  Valete Doctores probi.
 Historia si quos, vel Poeticus stylus,
  Forumque fecit Nobiles:
 Medicæ vel artis, Dogma vel Platonicum
  Dedit perenni gloriæ.
 Et si qua cunctis cura viuentum placet,
  Iuuatque honor superstitum,
 Accipite moestum Carminis cultum mei,
  Textum querela flebili.

Quid vero iam de Magno illo viro dicemus? is fuit Iulij Ausonij Vasatensis Ciuis, & Medicinæ quondam apud Burdigalam professoris filius. Latinas Græcasque litteras didicit sub Æmilio Magno Arborio auunculo, Matris suæ fratre. Audiuit etiam Macrinum, Tiberium Victorem Mineruium, aliosque professores clarissimos, de quibus supra. Et ipse vir factus, Spartam, quam nactus erat, adornauit, compluriumque Virorum doctissimorum exemplo in patria docere cœpit, & Rhetoricam tanto cum applausu & celebritate nominis professus est, vt eum Valentinianus Imperator ex omnibus vnum potissimum delegerit, cui Gratianum filium in disciplinam traderet. Hinc ab ipso Gratiano ad Imperatoriam Dignitatem promoto ad omnes Reipub. Rom. honores euectus est, Quæsturam, Præfecturas & Consulatum. Extat præclara eius ad Gratianum pro Consulatu Gratiarum actio: in qua hæc habet inter cætera. *Consul ego, Imperator Auguste, munere tuo non passus septa, neque campum, non suffragia, non puncta, non loculos, qui non prensauerim manus, nec Consultantium confusus occursu, aut sua amicis nomina non reddiderim, aut aliena imposuerim: qui Tribus non circumiui, centurias non adulaui, vocatis Classibus non intremui, nihil cum Sequestre deposui, cum Diribitore nihil pepigi. Romanus populus, Martius Campus, Equester Ordo, Rostra, Ouilia, Senatus, Curia, vnus mihi omnia Gratianus.*

Et cum Gratianus Consulatum illi deferens scripsisset, *se soluere quod debebat,* hoc ille exaggerat his verbis eleganter. *Quid tu mihi debes? Et contra, quid non ego tibi debeo? Anne quod docui? hoc ego possum verius retorquere, dignum me habitum, qui docerem; tot facundiâ doctrinaque præstantes inclinatâ in me dignatione præteritos, vt esset, quem tu maturâ iam ætate per omnes Honorum Gradus festinâ bonitate proueheres; timere vt viderer, ne in me vita deficeret, dum tibi adhuc aliquid, quod deberes præstare, superesset.*

Nec minus ille Theodosio Imperatori, post amissum Gratianum Mecenatem suum acceptus fuit, Theodosio, inquam, amico quondam suo: à quo est Parentis nomine insignitus: vnde Theodosius parto Imperio ad eum scripsit obsecrans obtestansque, vt pro veteri amicitiâ, sua sibi scripta, quibus vehementer delectabatur, dirigeret. Talis autem est eius ad eum Epistola.

THEODOSIVS AVGVSTVS AVSONIO PARENTI Salutem.

Amor meus, qui in te est, & admiratio Ingenij atque eruditionis tuæ, quæ multò maxima sunt, fecit, PARENS IVCVNDISSIME, *vt morem Principibus aliis solitum sequestrarem, familiaremque sermonem autographum ad te transmitterem, postulans pro iure, non quidem Regio, sed illius priuatæ inter nos Charitatis, ne fraudari me scriptorum tuorum lectione patiaris. Quæ olim mihi cognita & iam per tempus oblita, rursum desidero, non solùm, vt quæ sunt nota, recolam, sed vt ea quæ famâ celebri adiecta memorantur, accipiam. Quæ tu de promptuario Scriniorum tuorum, qui me amas, libens impertiare secutus exempla Authorum optimorum, quibus par esse meruisti: qui Octauiano Augusto rerum potienti certatim sua opera tradebant nullo fine in eius honorem multa condentes. Qui illos, haud sciam, an æqualiter, ac Ego Te, admiratus sit. Certè non amplius diligebat.* VALE PARENS.

Quid est, per Deum Immortalem, quod adiici possit huic tanti erga virum litteratum amoris testificationi? Et quid Ausonij ad eundem Epigrammati, quod sequitur?

Agricolam si flaua Ceres dare semina terræ,
  Gradiuus iubeat, si rapere Arma ducem.
Soluere de portu Classem Neptunus inermem,
  Fidere tam fas est, quàm dubitare nefas.
Insanum quamuis hiemet mare, crudaque tellus
  Seminibus, bello nec satis apta manus.
Nil dubites Authore bono. Mortalia quærunt
  Consilium. Certus Iussa capesse Dei.
Scribere me Augustus iubet, & mea Carmina poscit
  Pæne rogans. Blando vis latet Imperio.
Non habeo ingenium, Cæsar sed iussit, habebo.
  Cur me posse negem, posse quod ille putat?
Inualidas vires ipse excitat, & inuat idem,
  Qui iubet. Obsequium sufficit esse meum.
Non tutum renuisse Deo. Laudata pudoris
  Sæpe mora est, quotiens contra parem dubites.
Quin etiam non iussa parant erumpere dudum
  Carmina. Quis nolit Cæsaris esse liber?
Ne ferat indignum vatem, centumque lituras
  Mutandas semper deteriore notâ,
Tu modò Te iussisse, PATER ROMANE, *memento*
  Inque meis culpis da Tibi Tu veniam.

Iam non miremur, si hoc seculum tam ferax fertileque fuit ingeniis virisque omni Doctrinarum genere præcellentibus, quod nactum est Imperatores litteratos & litteratorum hominum Mecenates, Constantium, Constantinum Magnum,

Valentinianum Maiorem, Gratianum & Theodosium. Nam præter eos, quos commemorauimus, insigniter floruerunt Lactantius Crispi Constantini filij Magister,vir omnium sui temporis eruditissimus. Athanasius vir mirabilis & æterna memoriâ dignus, Author illius symboli quod diebus Dominicis in Ecclesia cantatur, QVICVMQVE VVLT SALVVS ESSE. Iuuencus Presbyter natione Hispanus, qui Euangelia versibus Heroïcis explanauit. Nazarius Rhetor Insignis & Rector Athenæi,qui filiam habuit eloquentiâ parem.ConstantinusipseMagnus,qui quandiu vixit, *Nutriuit semper bonas Artes, sed præcipuè studia litterarum,nunc legens,nunc meditans*, inquit Robertus Antissiodorensis. Hilarius Pictauiensis Episcopus, Eusebius Natione Sardus Versellensis Episcopus, Maximus Treuirensis, qui Magnum Athanasium exulantem honorificè suscepit. Hi omnes, inquit idem Author, & doctrinâ præcipui, & sanctitate præclari, velut luminaria quædam Ecclesiæ immobilesque columnæ magnam fidelibus constantiam verbo fidei atque miraculis in tantâ persecutione præbuerunt. Erat enim Ecclesiæ facies tunc deformis, dum hinc premerentur Catholici, hinc inualescerent Arriani.

Iisdem temporibus florebant Dionysius Mediolanensis, Pancratius Presbyter Romanus, Victorinus Rhetor natione Afer, Donatus Grammaticus D. Hieronymi Magister, Paulinus Treuirorum post Maximinum Episcopus, Proctesius, de quo supra; Damasus Papa in versibus componendis eleganti præditus ingenio; Didymus Alexandrinus, qui à tenera ætate luminibus priuatus & ob id Elementorum quoque primorum ignarus, ingenti miraculo Dialecticam, Geometriam, Astronomiam & Arithmeticam, quæ Artes,vel maximè visu indigent,perfectissimè didicit. Ambrosius Mediolanensis, Hieronymus, Augustinus, Gregorius Nazianzenus, Basilius Cæsariensis, Gratianus ipse Imperator Ausonij Discipulus,qui fuisse dicitur admodum litteratus, ingenio bonus, parcus cibi ac vini, victorque libidinis. Martinus Turonensis, Miletius Antiochenus, Amator Antissiodorensis Episcopus, Theophilus Alexandrinus, Prudentius Poëta Hispanus, Sulpicius Seuerus & alij prope innumeri.

Sed vt ad Ausonium, vnde deflexímus, redeamus; ille Gratiano è viuis sublato, cum ægrè à Maximo in Aula retentus fuisset, eo quoque victo,& à Theodosio missione impetratâ in nidum senectæ suæ, hoc est in patriam se retulit, vbi quod erat vitæ reliquum, absoluit. Vixit autem vsque ad annum 394. vxorem habuit Attusiam Lucanam Sabinam, quam Iuuenem iuuenis amisit, nec post eam, aliam duxit contentus 4. liberis quos ex ea susceperat. In præcipuis amicis habuit Syagrium, Gregorium, Tetradium Satyrarum Scriptorem, Clementianum, Theonem Poëtam Medullum, Attium Paulum Rhetorem ac Poëtam Bigerrianum, Q. Symmachum Præfectum Vrbis, & supra omnes, Pontium Paulinum Discipulum quondam suum:vt ipse Paulinus fatetur aiens ei se omnia accepta referre, disciplinasque, dignitates, litteras, linguam, togam & famam : eoque nomine Patronum, Patrem & Præceptorem appellat.

Iste Paulinus Aquitanus ex nobili & splendidâ Aniciorum, seu vt scribit Gabriel Lurbæus,ex Paulinorum & Leontiorum familia ortus (cuius etiamnum hodie Domus & Basilica extanteo nomine insignes Burdigalæ,vulgò Podium Paulini, *le Puy Paulin*) Præceptore Ausonio vsus,in Poëtica & Oratoria excelluit teste D. Hieronymo : ad consulatum promotus est an. 375. Postea vitæ Christianæ desiderio Hispaniam adiit, vbi à Lampridio Barcinonensi Episcopo Presbyter ordinatus est.Exinde perfectioni Euangelicæ studens, venditis in Aquitania prædiis, quæ amplissima habebat, distributaque pauperibus pecuniâ in Clerum Mediolanensem ab Ambrosio adscitus est.Postremo Nolanus Episcopus factus Nolæ in Domino obdormiuit.

Ex Epistolis autem Ausonij ad Pontium Paulinum & Paulini ad ipsum patet, quantæ vir fuerit eruditionis & facundiæ. *Quid de eloquentia dicam ?* inquit Ausonius Ep. 19. *Liquidò adiurare possum nullum tibi ad Poëticam facundiam Romanæ Iuuentutis æquari. Certè ita mihi videris. Si certo, Pater sum, ferme ,& noli exigere Iudicium obstante pietate. Verum cum piè diligam, sincerè ac seuerè diligo. Accessit tibi ad Artem Poëticam mellea modulatio, &c.*

At Paulinus ex Hispania ad Ausonium rescribens, vbi se sacerdotem consecrari petierat, negat se amplius velle Musis vacare, cum se totum Christo tradiderit.

Quid abdicatas in meam causam, Pater,
  Redire Musas præcipis?
Negant Camœnis, nec patent Apollini
  Dicata Christo pectora.
Fuit ista quondam non ope, sed studio pari
  Tecum mihi Concordia,
Clere surdum Delphicò Phœbum specu,
  Vocare Musas Numina.
Nunc alia mentem vis agit, Maior Deus,
  Aliosque mores postulat.
Sibi reposcens ab homine munus suum,
  Vinamus vt vitæ Patri.
Tibi Disciplinas, Dignitatem, Literas
  Lingua & toga & fama decus,
Prouectus, altus, institutus debeo
  Patrone, Præceptor, Pater.

Sequente seculo quanquam Gallia vniuersa ab inundantibus Barbaris vehementer afflictata est, non desierunt tamen vigere Musæ Burdigalenses. Sidonius Apollinaris in pluribus locis meminit Professorum, qui Burdigalæ suo tempore docebant, imprimis verò Leonis Poëtæ, & Lampridij, quorum doctrinam & peritiam laudat l. 9. Ep. ad Tonantium.

Istud vix Leo Rex Castalij Chori:
Vix hunc qui sequitur Lampridius queat
Declamans gemini pondere sub styli
Coram Discipulis Burdigalensibus.

Lampridium à seruis de nocte strangulatum deflet Ep. 11. l. 8. eiusque laudes ibi fusè prosequitur. *Si orationes illius metiaris, acer, rotundus, compositus, excussus. si poemata, tener, multimeter, argutus artifex erat: faciebat siquidem versus oppido exactos, tam pedum mirâ, quàm figurarum varietate. Hendecasyllabos lubricos & enodes: Hexametros crepantes & cothurnatos: Elegos verè nunc schoicos, nunc recurrentes, nunc per anadiplosim fine principiisque connexos. Hic, vt arreptum suaserat opus, & hic additionem pro persona, temporis & loci qualitate variabat: idque non verbis qualibuscunque, sed grandibus, pulchris, elucubratis. In materia Controuersiali, fortis & lacertosus. In satyrica, solicitus & mordax. In Tragica, sæuus & flebilis. In Comica, vrbanus, multiformisque. In fescennina, vernans verbis, æstuans votis. In Bucolica, vigilax, parcus, carminabundus. In Georgica sic rusticans multum, quod nihil rusticius. Præterea quod ad Epigrammata spectat, non copiâ, sed acumine placens, quæ nec breuius distincta, nec longius tetrasticho finiebantur: eademque cum non pauca piperata, mellea multa conspiceres, omnia tamen salsa cernebas. In Lyricis autem Flaccum secutus nunc ferebatur in Iambico citus, nunc in Choriambico grauis, nunc Sapphico inflatus. Quid plura? subtilis, aptus, instructus, quáque mens stylum ferret, eloquentissimus prorsus, vt eum iure censeres post Horatianos & Pindaricos Cygnos gloriæ pennis euolaturum.*

De Leone multa quoque habet præclara. Imprimis verò eum vocat *Regem Castalij chori,* seu quia Academiæ Burdigalensis Præfectus erat & Rector; seu quia omnes sui temporis Poëtas doctrinâ & elegantiâ superabat, vnde Carm. 23. *Doctiloquum* appellat Leonem. Ille ab Euarige Gothorum Rege è Scholis ad Consilium strictius assumebatur; deinde ab Alarico Euarigis successore in Aula retentus est. Sidonius ep. 3. l. 8. eum mirifice laudat his verbis. *Sepone tantisper Pythicas lauros, Hippocrenemque & illos Carminum modos tibi vni tantum penitissimè familiares, qui tamen Doctis, vt es ipse, personis non tam fonte quàm fronte sudantur. Suspende perorandi illud quoque celeberrimum flumen, quod non solum Gentilitium, sed Domesticum tibi, quodque in tuum pectus per succiduas ætates ab atauo Frontone transfunditur. Sepone pauxillum conclamatissimas Declamationes, quas oris Regij (Euarigis) vice conficis: quibus ipse Rex inclytus modò corda horrificat Gentium transmarinarum, modò de superiore cum Barbaris ad Vachalim trementibus fœdus Victor innodat: modò per promotæ limitem sortis, vt populos sub armis, sic frenat arma sub legibus.* Eidem Scholæ videtur fateri se debere Symmachus, quidquid habebat eloquentiæ & bonarum artium: sic enim scribit ad Amicum quendam Gallum Epist. 84. l. 9. *fatendum* tibi est amicè, Gallicana facundia haustus requiro: non quod his 7. montibus Eloquentiæ Latiaris excesserit: sed quia præcepta Rhetoricæ pectori meo, Senex olim Garumna Garumnæ, alumnus immulsit. Est mihi cum scholis vestris per Doctorem vestrum cognatio: quidquid in me est, quod scio quàm sit exiguum, Cælo tuo debeo, riga nos ergò denuò ex illis camœnis, quæ mihi lac bonarum Artium primum dederunt.

Prætereo complures alios viros in omni litteraturæ genere præcellentes, quos passim commemorat, aut ad quos scribit, Constantium Lugdunensem, Gaudentium, Siagrium, Sapaudum, Ruricium, Eriphium, & alios poenè innumeros, quorum doctrinam & elegantiam extollit. Hinc saltem agnoscimus litteras in Gallia ad vsque tempora Sidonij, hoc est ad an. 480. & vltra floruisse.

Licet autem iam inde à temporibus Romanorum Schola Burdigalensis magni nominis fuerit, multosque tulerit viros præstantes; non antè tamen an. 1440. *Vniuersitatis* nomen & præuilegia habuisse comperitur: quo scilicet tempore Petrus Berlandus Archiepiscopus ab Eugenio Pontifice obtinuit Vniuersitatis Burdigalensis erectionem adinstar Tolosanæ, connitentibus in idem Consilium Maiore & Iuratis. Sed de hac re in Chronologia ad eum annum, si Deus cœptis annuerit.

DE SCHOLA PICTAVIENSI, TREVIRENSI, Vesuntina, & Aruerna.

Gentem Pictonicam antiquissimam esse constat ex Commentariis Cæsaris: in quibus non semel mentio fit Pictonum. Originem non inuestigo. Communis est opinio Pictonas ortos à Scythiæ Pictis, Britanniæ posteà populis. Eorum vrbs primaria, Pictauium, dicta olim Augustoritum. Eos Pub. Crassus adolescens Cæsari subdidit: nec Dunacus, quo duce rebellarant, iugum ab iis amouere potuit.

Quando verò Litterarum exercitium apud eos esse cœperit, nihil certi legimus. At fuisse circa an. 300. Christi certum est. Ibi enim Hilarius Francarii filius, Pictauiensium deinde Episcopus, primulæ ætatis tirocinium ponere aggressus est: at cum initio hebetioris esse videretur ingenij, ob idque à Condiscipulis derideretur, consentientibus parentibus Romanam Academiam, deinde Athenienesem lustrauit circa an. 319. vnde post decem ferè annos rediit in patriam litteris ad miraculum vsque plenus.

Itaque Pictauii ipse scholam habuit tum in humanis disciplinis, tum in diuinis. Discipulos quosdam eiusdem præcipuos commemorant Annales Pictauici, Maximum, qui deinde Treuirensis fuit præsul, Iouinum, Maxentium, Iuuentium &c. atque hinc iidem Annales primam Vniuersitatis suæ ducunt originem.

Hilarij encomium sic breuiter contexit Robertus Antissiodorensis. *Floruit hoc tempore* (circa an. Christi 340 sub Constantino) *Hilarius Pictauiensis, qui nimia profunditate subtilis & cautissimus disputator altas scripturarum diuinarum abyssos in medium reuerenter adduxit, thesaurus scientiæ, lux doctrinæ, cuius dicta qui legerit, non credit dicere, sed tonare.* Sed longè excellentius D. Hieronymus lib. de Illustribus Ecclesiæ Doctoribus, & in præfat. Ep. 2. ad Galatas, eum vocat virum eloquentissimum & Latini sermonis aduersus Arianos tubam, nec non eloquentiæ Latinæ Rhodanum. Qui quidem Hieronymus ibidem Galatis ingenij tarditatem affingit, at Aquitaniam oratorum esse fertilem non diffitetur. Sic enim ille. *Non mirum est stultos & ad intelligentiam tardiores Galatas appellatos, cum & Hilarius Latinæ eloquentiæ Rhodanus, Gallus ipse & Pictauij natus in hymnorum carmine Gallos indociles vocet. Et quod nunc oratorum fertiles sunt, non tam ad Regionis diligentiam quàm ad Rhetoricum clamorem pertinet: maximè cum Aquitania Græca se iactet origine, & Galata non de illa parte terrarum, sed de ferocioribus Gallis sint profecti.*

Quæ verba de Græca Aquitanorum Origine ex historia Phocensium, & ex iis quæ supra de Academia Massiliensi retulimus, facilè intelliguntur. Ex ea enim prodierunt innumeri Magistri, seu publico seu priuato stipendio conducti, qui disciplinas Græcas cum comitate & ciuilitate morum cæteris Galliæ populis & vrbibus communicarunt. : cum ipsi Galli antiquitus suam Græcis facundiam Artesque tradidissent, vt notat Ioannes Viterbiensis Commentariis in Berosum. *Neque Galli,* inquit *à Græcis, sed potius à Gallis Græcia & Asia litteras & Disciplinas consecuta fuerunt.*

Licet autem Hilarij ætate (obiit an. 369.) percelebris fuerit schola Pictauiensis, secutis tamen temporibus plurimum defloruisse videtur, nec magni nominis habuisse professores; cum Ausonius, qui ad an. circiter Christi 394. vixit, enumerans claros viros, qui Burdigalæ, Tolosæ & Narbone famam docendo sibi comparuerant, Pictauienses duos tantummodo commemoret, & eos exigui valde nominis, nempe Anastasium Grammaticum, & Rufum Rhetorem : & Sidonius, qui sequente seculo vixit, ne vnius quidem Pictauiensis mentionem faciat. Quod certè argumento est scholam illam non fuisse valde celebrem.

Ausonius ergo ait Anastasium illum relictâ patriâ, nempe Burdigalâ, Pictauium concessisse, vt Grammaticam doceret, sed exiguæ famæ virum fuisse, & contentum rudibus pueris prima rudimenta instillare: innuens quodammodo non potuisse illum Burdigalæ Cathedram obtinere ob ingenij tarditatem, hincque coactum in minus celebri loco scholam habere.

Pange & Anastasio
Flebile, Musa, melum:
Burdigalæ genitum
Transtulit ambitio
Pictonicaque dedit.
Pauper vbi & tenuem
Vitam habitumque colens
Gloriolam exilem
Et patriæ & Cathedræ
Perdidit in senio,
Doctrinâ exiguus,
Moribus implacidis.
Proinde, vt erat meritus,
Famam habuit tenuem.

Idem octo scripsit Epigrammata in Rufum quendam Pictauorum Rhetorem, quem indicat fuisse stupidi admodum ingenii, adeo vt statuæ suæ statua quodammodo esse videretur, nihilque è cathedra Discipulis explicare posset, adeo tardus erat & hebes. Sic enim ludit in eum Epigrammate 46. quod in Rufi tabulam scripsit.

Hæc Rufi tabula est. Nil verius. Ipse vbi Rufus?
In Cathedra. Quid agit? hoc quod & in Tabula.

Eundem ait vocatum aliquando fuisse ad nuptias, & vt ostenderet se Grammaticum esse, hoc votum emisisse pro coniugibus, vt qui masculini & fœminini essent generis, neutrius liberos gignerent. & Epig. 50. sic loquitur cum tabella Rufi.

Ore pulchro & ore muto, scire vis quæ sim? volo.
Imago Rufi Rhetoris Pictauici.
Dicere sed ille vellem Rhetor hoc mi. Non potest.
Cur? Ipse Rhetor est imago imaginis.

Hæc & alia multa de Rufo Satyricè admodum. Sunt tamen qui putent eum esse Rufum qui Valentiniano Imperatori Breuiarium obtulit rerum à populo Rom. gestarum: qui si ille est, non videtur fuisse tam stupidi ingenii, nec adeo contemnendus author.

In eadem schola docuisse ferunt Venantium Fortunatum natione Italum, patria Taruisinum, Rauennæ in litteris humanioribus excultum, qui cum laboraret oculis, relicto patrio solo B. Martini sepulchrum inuisit, & sanatus est. Cuius beneficii memor vitam eius 4. libris metricè descripsit. A Fortunato vero ad Gilbertum Porretanum paucos legimus viros alicuius meriti ibi docuisse. Litteris quidem Petri Pictauorum Episcopi datis an. 1106. subscribit Villielmus Magister scholæ; alios non inuenimus.

Gilbertus

Gilbertus verò Porretanus scholam illam illustrem reddebat circa an. 1140. & vt habetur in Annalibus Pictauicis diu Vniuersitatem tenuit. Ibique habuit quosdam Comprofessores æmulos, qui nec cũ ille ad Episcopalem dignitatem promotus est, à simultatibus abstinuerunt. Eius temporibus Iura interpretatus est M. Villielmus Montis-Lauduni. Sed tandem Eugenius IV. Scholam illam restituens priuilegiis eam ad instar Tolosanæ donauit an. 1431. vt suo loco videbimus.

Scholam Claromotensem seu Aruernam Sidonius Apollinaris commendat & prædicat in Epistolis; præsertim vero Ep. 21. l. 4. qua Aprum alibi, forte Augustoduni docentem in vrbem, vbi natus, educatus & institutus fuerat, reuocare conatur. Pater enim Apri Æduus quidem erat, at Mater Aruerna: hincque partem saltem vitæ Aruerniæ debere contendit: quamobrem ingeniosam instituit patriæ de ipso conquerentis prosopopœiam. *Igitur Aruerni si portionem tui saltem vicissim iure sibi vindicant, patienter admitte querimoniam desiderantum, qui tibi per vnius fi oris mei officium, non vniuspectoris profudere secretum, quos palam & coram dicere puta. Quid in te mali tantum, ingrate, commisimus, vt per tot annos quondam humum altricem nunc velut hostium solum fugias? hic incunabula tua fouimus, hic vagientis infantiæ lactentia membra formauimus, hic Ciuicarum baiulabare pondus vlnarum. Hinc auus Fronto blandus tibi, sibi seuerus, qui exemplo esse potuisset his quos habemus nunc in exemplo: hinc Ania Auspicia, quæ tibi post tuæ matris orbatæ decessum, dependit vna curam ambarum. Sed & Matertera tua hinc, & hinc fuit sanctior sanctis Frontina virginibus, quam verebatur mater, pater venerabatur, summæ abstinentiæ puella, summi rigoris ac fidei ingentis, sic Deum timens, vt ab hominibus metueretur. Hic ter imbuendum liberalibus disciplinis Grammatici Rhetorisque florentia studia monitu certante fouerant, vnde tu non tam mediocriter institutus exixisti, vt tibi liceat Aruernos vel propter litteras non amare.*

Hinc intelligimus veterem illam Frontonum familiam, qui in Arte Rhetorica principem locum tot annos obtinuerant, Aruerniæ deberi. Meminit Ausonius in Grat. actione ad Gratianum Frontonis Rhetoris, quem Antoninus Imperator Magistrum habuerat; quemque Consulem fecerat. Idem Sidonius Ep. 3. l. 8. Leonem illum insignem Rhetorem Alarici Gothorum Regis familiarem & Consiliarium prædicat ab hereditaria eloquentia, quam ab Atauo Frontone per succiduas ætates quasi transfusam habebat.

Plurimum autem Aruerna studia debuisse Hecdicio viro clarissimo & fortissimo diserte docet Sidonius Ep. 3. l. 3. illum enim præcipuè laudat, quod Aruernos nobiles bonis artibus imbui curasset & Latinè loqui, Romanorumque partes tueri contra Barbaros Gothos, quorum exercitus tunc Aruerniam incursabat. *Mitto istic ob gratiam pueritiæ tuæ vndique Gentium confluxisse studia litterarum tuæque personæ quondam debitum, quod sermonis Celtici squamam depositura Nobilitas nunc oratorio stylo, nunc etiam Camœnalibus modis imbuebatur. Illud in te affectum principaliter Vniuersitatis accendit, quod quos olim Latinos fieri exegeras, deinceps esse Barbaros vetuisti.*

Nec dubium quin Sidonius ipse patria quidem Lugdunensis, sed sede & dignitate Claromontensis Episcopus in Metropoli sua curarit studia litterarum exerceri, quibus erat addictissimus, cuique tam prompta facultas erat repentinæ scriptionis, vt teste Gregorio Turon. l. 2. c. 22. non pauculos versus è vestigio non meditatus effunderet, & ex improuiso luculentissimè quæ vellet, componeret: qua de re cum eximiis sui seculi Poëtis, Domnolo, Seueriano & Lampridio certauit. Cæterum qui vir quantusque fuerit, extant opera, quæ demonstrant. obiit an. ætatis circiter 56. 12. Kal. Sept. Christi 482. Epitaphium eius tale legitur in vetusto Codice Cluniacensi.

Sanctis contiguus sacroque Patri
Viuit sic meritis Apollinaris,
Illustris titulis, potens honore,
Rectus militiæ forique iudex,
Mundi inter tumidas quietus vndas,
Causarum moderans subinde motus
Leges Barbarico dedit furori.
Discordantibus inter arma Regnis
Pacem consilio reduxit amplo.
Hæc inter tamen & Philosophando

Scripsit perpetuis habenda saeclis.
Et post talia dona Gratiarum
Summi Pontificis sedens Cathedram
Mundanos soboli refundit actus.
Quisque hic dum lachrymis Deum rogabis
Dextrum funde preces super sepulchrum.
Nulli incognitus & legendus orbi
Illic Sidonius tibi inuocatur.

Porro licet ab Authoribus commendetur Vniuersa Gallia ab exercitio litterarum, certum est tamen Aquitaniam cæteris partibus præcelluisse, vel vnico teste Seuero Sulpicio Dial. 1. c. vlt. *Sed dum cogito me hominem Gallum inter Aquitanos verba facturum, vereor ne offendat vestras nimium vrbanas aures sermo rusticior.* Quæ verba concordant cum Sidonianis ex Ep. 3. l. 3. vbi *sermonis Celtici squama* appellatur.

Treuirensis Treuirensis Academia inter veteres Gallicanas olim maximè floruit, cum apud Treuiros Imperatores Romani Augustissimum Palatium, & Præfecti Prætorio sedem Galliarum posuerint teste Ammiano pluribus in locis: ibique Curia Senatorum fuerit nobilissima, ad quam extat Epistola Senatus Romani apud Vopiscum in vita Floriani cum hac inscriptione. SENATVS AMPLISSIMVS Curiæ Treuirorum. Itaque hæc Ciuitas apud Authores multa habet honorifica nomina; apud Hieronymum dicitur *Nobilissima*: apud Fortunatum *Nobilis vrbs*, *Nobilium & Caput*. Apud Athanasium, *Metropolis Galliarum*. Apud Ammianum, *Principum Domicilium*, Principum Solium, *Vrbs Augusta*. præclarè quoque commendatur ab Ausonio Carmine de claris vrbibus.

Armipotens dudum celebrari Gallia gestit,
Treuericaeque vrbis solium: quæ proxima Rheno,
Pacis vt in media gremio secura quiescit:
Imperij vires quod alit, quod vestit & armat.

Et in descriptione Mosellæ.

Salue amnis laudate agris, laudate Colonis,
Dignata Imperio debent cui mænia Belgæ.

In ea igitur ciuitate Augusta scholas fuisse magni nominis patet ex tit. 3. & ii. l. 13. Cod. Theodos. & ex Rescripto Gratiani ad Antonium Præfectum Prætorio Galliarum, quod supra retulimus in Academia Æduensi. Nam huiusce Ciuitatis professoribus ampliores annonas prouideri voluit, quàm cæteris; Rhetori, quippe 30. Grammatico 20. cum in aliis vrbibus Rhetori assignarentur tantum 24. annonæ, Grammaticis singulis 12. *Treuirorum Clarissima Ciuitati vberius aliquid putauimus deferendum; Rhetori vt 30. Item Grammatico Latino, Græco etiam, si quis dignus reperiri potuerit, 20. præbeantur annonæ.*

Extat Panegyricus Belgæ cuiusdam publici apud Treuiros Oratoriæ artis professoris ad Constantinum Augustum nomine vrbis dictus, cuius quidem à se restitutæ natalem celebrari iusserat. *Dabis & illic munera,* inquit, *constitues priuilegia, ipsam denique Patriam meam ipsius loci veneratione restitues, cuius Ciuitatis antiqua nobilitas, & quondam fraterno populi Rom. nomine gloriata opem tuæ Maiestatis expectat: vt illic quoque loca publica & Templa pulcherrima tua liberalitate reparentur: sicut hic video hanc fortunatissimam ciuitatem, cuius natalis dies tua pietate celebratur, ita cunctis mænibus resurgentem, vt se quodammodo gaudeat olim corruisse, auctior tuis facta Beneficiis.*

Vesontina. Vesontina Schola olim etiam fuit florentissima, egregiosque habuit professores & inter cæteros, Titianum, qui Maximini Iunioris in arte Oratoria præceptor fuit iam senior. Filius erat illius Titiani qui sub Adriano consul fuit cum Gallicano. Scripsit de Agricultura, vt ait Diomedes: & de Rhethorica teste Isidoro, vocaturque ab Ausonio *Fandi artifex*: nobilis quippe scriptor fuit & Ciceroniani styli tam diligens & accuratus imitator, vt sui temporis Simia vocatus sit, vt docet Sidonius l. 1. Ep. 1. *Nam de M. Tullio silere in stylo Epistolari melius puto: quem nec Titianus totum sub nominibus Illustrium fæminarum digna similitudine expressit. Propter quod illum cæteri quique Frontonianorum, vt pote consectaneum æmulati, cum veternosum dicendi genus imitarentur, Oratorum Simiam nuncupauerunt.* Vir tamen iste vilitate consenuit, vt ait Ausonius in Panegyrico Gratiani. *Quomodo Titianus Magister Municipalem Scholam apud Vesuntionem Lugdunumque variando non ætate quidem, sed vilitate consenuit.* At laudatur à Seruio 10. Æneid. quòd Materias omnes de Virgilio elicuerit, & ad dicendi vsum conformarit.

Scholarum apud S. Ioannem Bisontinum meminit Petrus Damiani in Ep. ad Hugonem Archiepiscopum. Eas autem vetustate collabentes instaurasse legitur Fridericus cognomento Ænobarbus: & Scholarum S. Mariæ Magdalenæ mentio fit in instrumentis Chartularij Magdalensis ad an. 1267. & 1284. vnde vicus proximus adhuc Scholæ nomen retinet. Nicolaus V. an. 1450. Vniuersitatem ibi erexit & priuilegiis donauit.

DE ACADEMIA LVGDVNENSI.

LVGDVNVM Segusianorum veterum Metropolis à Sidonio Apollinari *Rhodanusia* vocatur & *Araria*, quia in Confluenti Araris & Rhodani sita est. Vnde autem Lugduni nomen habuerit, ambigitur. Quidam nomen deriuant à Lugdo Celtarum Rege. Sed id diuinare est. Alij à Lugo quod Coruum, & Duno quod montem seu locum editiorem prisco Gallorum sermone significat: quia vbi prius Corui nidificabant, ciuitas est illa condita. Alij à Lucio Munatio Planco, Lucdunum quasi Lucidunum: quia ille vrbem incendio absumptam instaurauit. Paradinus & Rubrius primùm sitam fuisse putant in Colle S. Iusti, qui antiquitus *Forum Veneris*, & nunc etiam *Foruieres* dicitur. Alij ex aduerso in Colle S. Sebastiani inter confluentes Rhodanum & Ararim: quem situm præclare describit Iulius Scaliger cum encomio.

Flumineus Rhodanus quà se fugat incitus vndis,
Quaque pigro dubitat flumine mitis Arar.
Lugdunum iacet antiquo nouus Orbis in Orbe,
Lugdunumque vetus Orbis in Orbe nouo.
Quod nolis, alibi quæras, hic quare quod optas,
Aut hic, aut nusquam vincere vota potes.

Antiquitus ornata erat Templis, Amphitheatro, Fontibus, Aquæductibus, quorum fornices lateritij cernuntur adhuc hodie, sexto ab vrbe lapide ducti: quæ ornamenta magna ex parte dicitur à Claudio Imperatore accepisse, qui eo die Lugduni natus est, quo Ara Cæsari Augusto, de quâ mox dicemus, dedicata fuit: eamque ob rem Lugdunensibus Ius Romanæ Ciuitatis impetrauit.

Schola Lugdunensis.

Scholam quoque habuit celeberrimam, & plurimorum seculorum, iam inde à temporibus Reipub. vt ex continuâ serie confirmare facile est. Ex ea prodisse fertur L. Plotius Gallus, qui primus Romæ Rhetoricam docuit publicè teste Cic. Ep. ad M. Titinium apud Suetonium l. de Claris Rhetoribus. *Equidem memoria teneo pueris nobis primum Latinè docere cœpisse L. Plotium quendam: ad quem cum fieret concursus, quod studiosissimus quisque apud eum exerceretur, dolebam mihi idem non licere. Continebar autem doctissimorum hominum authoritate, qui existimabant Græcis exercitationibus ali melius ingenia posse.*

At sub Imperatoribus longè celebrior fuit Schola Lugdunensis. Et primum ipsa Ciuitas exemplo Narbonensis Templum Augusto Cæsari dedicauit sexaginta Galliæ Prouinciarum vltro contribuentium sumptibus, quarum vnaquæque suam ibi statuam erectam voluit ad perpetuum obseruantiæ & amoris erga Augustum sui monimentum. Huiusce Templi meminit Strabo. *Templum ab Vniuersis Gallis communi designatum impensa & Augusto Cæsari dedicatum ante hanc vrbem ædificatum est, vbi fluminum est coitio. Adest & Ara dignitatis eximiæ Gentium 60. numero inscriptum habens titulum, earumque singularum statua vna. Alia subinde locata est Ara.* Nempe in Templo prædicto erant Aræ duæ magnificæ, vna Augusto, altera Deæ Romæ sacra: quarum Sacerdotes dicebantur *Augustales.* Eò quotannis in honorem Augusti & consequentium Imperatorum confluebant ex Galliæ Prouinciis quamplurimi sacris illic operaturi: atque ob eam rem institutti sunt ad diem certum scilicet ad Kal. Aug. Ludi solennes & publica spectacula. Quibus adiecit Caius Caligula Eloquentiæ Græcæ & Latinæ certamina ad exercitationem ingeniorum. Verum durà lege. Nam victos præmia Victoribus conferre voluit, eorumque laudes componere. Quorum verò scripta maximè displicuissent, ipsos Authores ea spongia linguave delere, ni mallent ferulis cædi, aut flumine proximo mergi. Testis Suetonius in eius vita c. 20. *Edidit,* inquit, *& peregrè spectacula: in Sicilia Syracusis, Asticos ludos; & in Gallia Lugduni, Miscellos. Sed & certamen quoque Græcæ Latinæque facundiæ. Quo certamine ferunt Victoribus præmia victos contulisse, eorum & laudes componere coactos. Eos autem, qui maximè displicuissent, scripta sua spongiâ linguave delere iussos, nisi ferulis obiurgari, aut flumine proximo mergi maluissent.* Quanta ergo formidine corripi oportebat, quisquis illuc animo certandi accedebat! exprimit Iuuenalis Saty. 1.

Palleat, vt nudis pressit qui calcibus Anguem,
Aut Lugdunensem Rhetor dicturus ad Aram.

In quem locum refert Ascensius inscriptionem cuiusdam Sarcophagi impositi parietibus fani S. Petri Diuarum Monialium, in parte exteriori, quæ huius Aræ mentionem facit: estque huiusmodi.

IOVI OPT. MAX. Q. ADCINNIVS VRBICI FILIVS.
MARTINVS SEQVANVS SACERDOS ROMÆ ET AVGVR
AD ARAM AD CONFLVENTEM ARARIS ET RHODANI
FLVMEN DVVMVIR IN CIVITATE SEQVANORVM.

Duræ autem illius conditionis, quæ Agoni apposita est, mentio fit l. 2. Anthologiæ hoc distycho, quod pro titulo habet εἰς ποιητάς.

Τοὺς γὰρ πάσχω νεκρὰ χάριν, οἷα πάθοιεν
οἱ καταλείξαντες βιβλία καὶ καλάμους.

Tua gratia post mortem patior, qualia paterentur qui delingunt scripta sua & calamos nihil scilicet Poëtæ & Rhetori sinistrius imprecatur, quam vt eis accidat, quod victis accidebat in ludis Miscellaneis Lugdunensibus.

Id igitur institutum Caligulæ, qui ne aliquâ vitæ parte hominem saperet, præclaro facto immanitatem adiunxit. Ille autem locus vbi dicebant Oratores, Athenæum dictus est; & ibi hodie Cœnobium est Benedictinorum nomen adhuc retinens, Gall. *l'Abbaye d'Aisnay:* quamquam alij Athanatum seu Athanacum dictum volunt, ob corpora ibi exusta 48. martyrum Athanacensium Antonino Vero imperante. Cæterum vt olim ad aram illam concurrebant Oratores & Poëtæ Galli Iudicum decretis parituri: ita hodiè ad sedem primatialem Lugdunensem concurrunt Clerici Gallicani ab Archiepiscopo Primate Galliarum sententiam relaturi.

Post Caligulam Nero Romæ primus omnium teste Suetonio cap. 72. instituit Quinquennale certamen more Græcorum, illudque triplex, Musicum, Gymnicum, Equestre, quod appellauit NERONIANA. Musicum à Musarum exercitio dictum, complectebaturque omnia Doctorum virorum tam solutâ, quàm strictâ oratione certamina. Et ipse Nero Oratoriæ materiæ & Latini Carminis coronam, de qua optimus quisque contenderat, in iisdem ludis ipsorum consensu sibi concessam recepit. Item & alia vice Senatus illi facundiæ coronam obtulit, teste Tacito l. 16. an. Illud autem certamen committebatur in Thermis Neronianis de nocte, magna luce ignium, vt refert Alexander Neapol. lib. 6. c. 19.

Vtriusque Imperatoris exemplum secutus Domitianus duplex, instituit & ipse certamen huiusmodi: Vnum Quinquennale dictum, in honorem Iouis Capitolini: alterum Anniuersarium, in honorem Palladis in monte Albano, vbi arcem habebat suburbanam, vocauitque *Quinquatria*. de vtroque Suetonius c. 4. *Instituit & Quinquennale certamen Capitolino Ioui triplex, Musicum, Equestre, Gymnicum: & aliquanto plurium quàm nunc est Coronatorum* (Torrentius legit Coronarum) *certabant etiam & prosâ oratione Gracè Latinèque. Celebrabat & in Albano quotannis Quinquatria Minerua, cui Collegium instituerat: ex quo sorte ducti Magisterio fungerentur, redderentque eximias venationes & scenicos ludos, superque Oratorum ac Poëtarum certamina.*

In Priore, materia certaminis perpetua erat laus Iouis Capitolini. In altero, quælibet. In hoc præmium erat corona oleagina ex auro. Vnde Statius *Palladium aurum* appellat, *Cæsareum aurum, & Albanum*. Ter câ Statius reuinctus est, vt innuit Carmine ad Claudiam vxorem.

————Ter me nitidis Albana ferentem
Dona comis, sanctoque indutum Cæsaris auro
Visceribus complexa tuis, sertisque dedisti
Oscula anhela meis.

In Capitolino Corona erat quernea, similiter ex auro. Quam se dolet Statius in Epicedio Patris l. 5. Sil. non fuisse consecutum, quemadmodum Oleaginam consecutus fuerat in Albano. Vtriusque certaminis fortunam sic ille describit.

Hei mihi quod tantùm Patrias Ego vertice frondes
Solaque Chalcidicæ Cerealia dona Coronæ
Te sub teste tuli! qualem te Dardanus Alba
Vix cepisset Ager, si per me serta tulisses
Cæsarea donata manu. Quod subdere robur
Illa dies, quantùm potuit dempsisse senectæ!
Nam quod me mixtâ quercus non pressit Oliuâ,
Et fugit speratus honos, cum dulce parentis
Inuidâ Tarpey caneret te nostra Magistro
Thebais, vrgebant priscorum exordia vatum.

Duo autem maximè, vt hoc obiter moneamus, commendabant in hisce certaminibus victoris honorem. Vnum, cum princeps ipse propriâ eum manu coronabat, quo honore affectum se gaudet Statius in Epulo Domitiani *Palladio tua me manus induit auro*. Aderat quippe Agoni, amictus purpura, coronam ipse gestans in capite: quem habitum sic describit Sueton. c. 4. *Certamini præsedit crepidatus, purpureaque amictus toga Germanica, capite gestans Coronam auream cum effigie Iouis, Iunonis ac Mineruæ: assidentibus Diali sacerdote & Collegio Flauialium pari habitu; nisi quod illorum coronis inerat & ipsius imago.* Tali ergo habitu coronas victorum capitibus imponebat.

Alterum erat Iudicium meriti, cum nempe iudicum omnium sententiis renunciabatur victor. Qui honor contigit L. Valerio Pudenti Puero Tredecenni, vt ex hac inscriptione patet, quæ teste Onuphrio visitur in Oppido Hisconio: quod nunc El Guasto dicitur.

L. VALERIO L. F. PVDENTI.

HIC CVM ESSET ANNORVM XIII. ROMÆ CERTAMINE IOVIS CAPITOLINI LVSTRO VI. CLARITATE INGENII CORONATVS EST INTER POETAS LATINOS OMNIBVS SENTENTIIS IVDICVM. HVIC PLEBS VNIVERSA HISCONENSIVM STATVAM ÆRE COLLATO DECREVIT.

Sed ad Lugdunensem Ciuitatem redeamus. Senecæ temporibus sæuissimo incendio tota absumpta est, magnaque in ea Librorum copia: quod factum ille deflet in ep. *Liberalis noster nunc tristis est nuciato incendio quo Lugdunensis Colonia exusta est. Nusquam tam infestum vlli exarsit incendium, vt nihil alteri super esset incendio. Tot*

Lugduni pulcherrima opera, quæ singula illustrare singulas vrbes possent vna nox strauit, & in tanta pace quantum ne bello quidem timeri potest, accidit. Quis hoc credat vbique armis quiescentibus, cum toto orbe terrarum diffusa securitas sit ì Lugdunum quod ostentabatur in Gallia, quæritur. Omnibus fortuna quos publicè afflixit, quod passuri erant timere permisit. Nulla res magna, non aliquod habuit ruinæ suæ spatium: in hac vna nox interfuit inter vrbem maximam & nullam.

Quandiu verò postquam vrbs instaurata est, ludi illi Miscelli celebrati sint & quàdonam celebrari desierint, nihil habemus, quod affirmare possimus. Certum quidem est M. Antonino Vero imperante circa an. Christi 165. cum inciperet festum illud solemne, quo celebrati, quo Gentes Gallicanæ conueniebant ad Aram, Præsidem Lugdunensem plurimos Christianos capite truncasse: alios bestiis obiecisse, qua de re Euseb. l. 5. Eccl. hist. c. 1. 4. & 6. similiter Dio qui Alexandri Seueri seculo floruit an. Ch. 235. ait l. 54. spectaculum illud adhuc suo tempore celebratum. Cur verò Ludi illi dicerentur Miscelli hanc affert rationem Forcatulus, quod Lugdunenses facundiâ domesticâ delectati, nacti deinde occasionem Religionis, & Romanæ maiestatis prætextu, eloquij exercendi gratia ad aram conuenientes, Laudationes instituissent oratione libera, Græcâ, Latinâ & Gallicâ. Certum est deinde scholas, vt antea, floruisse & ad multa deinde secula splendorem & celebritatem retinuisse. In iis fertur docuisse ante Vespasiani tempora Iulius Florus, & in iisdem studuisse Iulius Secundus eius nepos, quem Quintilianus l. 10. c. 8. vocat *miræ facundiæ virum, patruum verò in Eloquentia Galliarum principem.* De vtroque sic habet. *Memini narrasse mihi Iulium Secundum, illum aqualem meum, atque à me vt notum est familiariter amatum, miræ facundiæ virum, infinite tamen curæ, quid esset sibi à patruo suo dictum: is fuit Iulius Florus in Eloquentia Galliarum, quoniam ibi demum exercuit eam, Princeps, alioqui inter paucos disertus & dignus illa propinquitate, cum Secundum scholæ adhuc operam dantem tristem forte vidisset, interrogauit &c.*

Extat Plinij secundi Ep. 11. l. 9. ad Geminium, cum quo magnum videtur habuisse litterarum commercium. Ille autem Lugduni degens à Plinio petierat scriptum aliquod, quod libris suis inserere posset: plurimi enim fieri opera quæcunque ederet & à Bibliopolis venditari: vnde non parum gauisus est Plinius, quod libellis suis ea gratia maneret peregrè, quam Romæ collegerant. Idem rogauit Traianum, vt suo nomine ius Rom. Ciuitatis concederet tribus Medicis, quorum vnus erat Abascantus Lugdunensis, cuius meminit Galienus lib. de Composit. Medic. & l. 2. de Antidot. c. 12.

Ad Scholarum earundem splendorem non parum contulit S. Irenæus natione Græcus S. Polycarpi quondam Discipulus, Lugduni à S. Pothino presbyter ordinatus & successor designatus: quo martyrium passo Zacharias promotus est. Et circa ea tempora M. Titianus sui seculi simia dictus Rhetoricam Lugduni profitebatur, quam & Vesontione professus est, fuitque Maximini præceptor: vt tradit Capitolinus, Modestini Iureconsulti coætaneus, multorum operum editor & præsertim de Agricultura, de Rhetorica, de Prouinciis, quas sub nominibus Illustrium fœminarum intelligendas putat apud Sidonium Sauaro in notis ad Ep. 1. l. 1. vbi hæc habet Sidonius. *Nam de M. Tullio silere in stylo Epistolari melius puto, quem nec totum Titianus sub nominibus illustrium fœminarum dignâ similitudine expressit.* Eum tamen ait Ausonius vilitate, non ætate consenuisse.

Eidem Scholæ adscribunt **Theonem** Iuliani Imperatoris temporibus, præceptorum rhetoricorum, & exemplorum huius artis traditione notissimum: quem Eunapius ait illustrem gloriam in Gallia consecutum; Eucherium, postea Lugdunensem Episcopum, virum elegantem in sententiis, ornatum in verbis, qui vt scribit Robertus Antissiodorensis, ad Hilarium Arelatensem Episcopum Eremi deserta petentem edidit Opusculum vnum de laude eiusdem Eremi luculentissimo & dulci sermone dictatum. Saluianus libros eius vocat stylo breues, doctrina vberes, lectione expeditos, instructione perfectos, menti ac pietati pares. Obiit circa an. 449. Sidonium Apollinarem, ex parentibus quidem Aruernis & patre Præfecto Prætorio Galliarum oriundum, at Lugduni natum & institutum in scholis Hœni Grammatici artis poëticæ peritiâ præcellentis, & Eusebij Philosophi. Hic autem vir tantopere profecit & excelluit, vt inter Doctores sui seculi maximè conspicuus fuerit, at inter Poëtas Princeps euaserit. Vnde illi Auito imperante decreta est statua, positaque in Foro Traiano, & in Bibliothecæ Vlpiæ porticu, inter Poëtas Latinos & Græcos: de qua ille Carm. 8.

Vlpia quod rutilat porticus are meo.

Et ep. 16. l. 9. in Saphicis ait se geminam coronam meruisse, statuamque suam cum titulis fixam fuisse inter authores vtriusque Bibliothecæ, tam Græcæ quàm Latinæ. Post decem verò circiter annos se Præfectum vrbis creatum, qui Magistratus ab Anthemio ipsi collatus est.

Eiusdem Scholæ Lugdunensis alumnum vocant Claudianum Mamertum, S. Mamerti Episcopi Viennensis fratrem & adiutorem, seu Coëpiscopum, Librorum de statu animæ authorem: cuius laudes plurimas passim prosequitur Sidonius, & præsertim l. 4. Ep. 11. ad Petreium Claudiani nepotem ex sorore, qua eius mortem deflet his verbis *angit me nimis damnum seculi nuper erepto auunculo tuo Claudiano, oculis nostris ambigo, an quempiam deinceps parem conspicaturis. Vir equidem fuit prouidus, prudens, doctus, eloquens, acer, & hominum, æui, loci, populi sui ingeniosissimus, quique indesinenter salua Religione philospharetur. Huic Epistolæ subiicit fletus suos his versibus.*

> *Germani decus & dolor Mamerti,*
> *Mirantum vnica gemma Episcoporum,*
> *Hoc dat Cespite membra Claudianus.*
> *Triplex Bibliotheca quo Magistro*
> *Romana, Attica, Christiana fulsit.*
> *Quam totam Monachus virente in æuo*
> *Secreta bibit institutione,*
> *Orator, Dialecticus, Poeta,*
> *Tractator, Geometra, Musicusque,*
> *Doctus soluere vincula Quæstionum,*
> *Et verbi gladio secare sectas,*
> *Si quæ Catholicam fidem lacessunt.*

Iisdem temporibus id. circa an. 480. florebat Lugduni Constantius Rhetor, ad quem extant Sidonij nonnullæ Epistolæ, quemque omnium Examinatorem & Correctorem constituit Ep. 1.l.1. Vt pote quem nouerat immodicum fautorem non studiorum modo, verum etiam studiosorum. l. 7. Ep. 21. mittit librum examinandum, ibique cum vocat *lectorem delicatissimum.*

Is est Constantius Presbyter, qui vitam S. Germani Episcopi Antissiodorensis quadraginta circiter post eius obitum annis conscripsit & Censurio dedicauit: qua de re sic Robertus in Chronico ad an. 4. *Constantius Lugdunensis Presbyter & Rhetor facundissimus obtentu S. Patientis Lugdunensis Episcopi vitam S. Germani mirabili stylo edidit, omnique diligentia elaboratam eidem postmodum Episcopo Censurio direxit anno fere quadragesimo post transitum eiusdem Germani Antistitis gloriosi.*

Verum Scholæ Lugdunensis statum moremque, qualis vigebat illis temporibus, nemo melius describit, quàm Erricus Antissiodorensis, qui de hacce vitæ S. Germani per Constantium conscriptione, deque Censurio, quarto post Germanum Antisiodorensi Episcopo verba faciens, sic ait. *Censurius cum Ecclesiastici primatus polleret dignitate, Constantius Lugduni impense doctissimus, impulsu vel precibus S. Patientis eius tunc vrbis Episcopi, librum de vita & virtutibus S. Germani mira sententiarum elegantia copioque delectu verborum excellentissime edidit, cum per omnia cunctorum Sancti recens adhuc spiraret memoria, pluresque qui eum degentem seculo viderant superessent: quorum indubitata relatio sanctitatis eius magnalia pura adhuc & nec dum varietatis labem perpessa ferebat. Ea tempestate Lugdunensium Ciuitas prima ac præcipua Galliarum, professione quoque scientiæ Artiumque Disciplina inter omnes extulerat caput. Offensa namque Sapientia, qua propter seipsam tantum appetenda est, quorundam lucris turpibus, multorum indisciplinata vita, omnium postremo a lepide se appetentium inhonesta desidia, Præceptorum inopia intercedente, priorumque studiis pæne collapsis huius nostræ exitialiter perosa regionis, Lugduni sibi aliquandiu familiare consistorium collacauit. Ibi quas dicam* DISCIPLINARVM LIBERALIVM *peritia, quasque ordine currere hoc tempore fabula tantum est, eo vsque conualuit, vt quantum ad* SCHOLAS, PVBLICVM *appellaretur* CITRA MARINI ORBIS GYMNASIVM. *Et vt aliquid rationis afferre videar, eo id argumento colligimus, quod Quisquis Artium profitendarum studio afficeretur, non ante Professis inscribi merebatur, quàm hinc exploratâ diligentiâ examinatus abiret. Cui rei Satyricus quoque adstipulatur, qui vt exempli circunstantia res eluceat, primo sui operis libro acriter diuque in impudicos inuectus refert conscientiâ frequentati sceleris perinde pallescere, vt Lugdunensem Rhetor dicturus ad aram. Ita claret hanc Sapientibus & palmas & nomina olim fuisse largitam.*

Ex his Errici verbis intelligimus. 1. Nemini olim licuisse docere Lugduni publicè, priusquam examinatus fuisset & docendi licentiam consecutus. 2. Eorum, qui admissi fuissent ad profitendum, nomina in Commentarios Academiæ referri solita, Professorumque libris inscripta. 3. Hac ratione Scholam illam inter omnes Gallicanas fuisse celeberrimam: propterea quod nemo nisi dignus & meritus ad docendum admittebatur. Et hinc procul dubio factum est, vt multi illustres viri seculo illo infelici & Barbarorum incursione infami florerent: quales fuerunt memoratus Constantius, Principius Episcopus Suessionensis, Remigius eius frater Archiepiscopus Rhemensis, cuius exundans atque ineffabile eloquium extollit Sidonius l. 9. Epist. 7. Constantinus, Lupus, Tonantius, Claudianus Mamerti frater, Lampridius, Ruricius & alij plurimi, ad quos passim scribit Sidonius. Inter cæteros verò maximè prædicat Faustum, olim, vt videtur, Magistrum suum, tunc verò ex Abbate Lirinensi factum Regiensem Episcopum, à cuius latere Philosophia nunquam discessit. *Hæc ab annis*, inquit l. 9. Ep. 9. *vestra iamdudum pedissequa primoribus, hæc tuo lateri comes inseparabilis, siue in palæstris exercereris vrbanis, siue in abstrusis macerarere solitudinibus: hæc Athenæi consors: hæc Monasterij tecum mundanas abdicat, tecum supernas prædicat disciplinas.*

Vehementer quoque laudat Ep. 2. l. 8. Ioannem quendam eximium Professorem, qui & scriptis & viua voce velut alter Demosthenes aut Tullius animos lectorum & auditorum rapiebat. *Credidi*, inquit, *vir peritissime, nefas in studia committere, si distulissem prosequi laudibus, quod aboleri tuleras. Quarum quodammodo iam sepultarum suscitator, fautor, assertor concelebraris, teque per Gallias vno Magistro sub hac tempestate bellorum Latina tenuerunt ora portum, cum pertulerint arma naufragium. Debent igitur, vel æquaui, vel posteri nostri vniuersatim feruentibus votis alterum te vt Demosthenem, alterum vt Tullium, nunc statuis, si liceat, consecrare, nunc imaginibus, qui te dicente formati institutique iam sinu in medio sint gentis inuicta, quod tamen aliena, talium vetustorum signa retinebunt. Nam iam remotis gradibus Dignitatum, per quas solebat vltimo à quoque summus quisque discerni, solum erit posthac nobilitatis indicium litteras nosse.* Iste Ioannes circa an. 470. ex Archidiacono Cabillonensi consecratus eiusdem Ecclesiæ Episcopus à Patiente Lugdunensi.

Prætereo complures alios, quos in Epistolis & Carminibus laudat, Petrum, Quintianum, Felicem, Paulinum, Ampelianum, Symmachum, Messalam, Martium Myronem, Antedium, Magistrum suum Hœnum & alios de quibus Carm. 9. Veniamus ad consequentia tempora, quibus Scholam Lugdunensem non omnino defloruisse constat. Sequente ergo seculo Nicetius patre Florentino senatore, Matre Artemia procreatus ad Episcopatum post Sacerdotem Patruum suum promotus, auunculus Armentariæ Matris Gregorij Turonensis, curauit ibidem exerceri professionem litterarum, primusque Cantum instituit in Ecclesia Lugdunensi, vtque ex vtraque parte Chori alternis caneretur, quemadmodum legitur in eius Epitaphio.

Psallere præcepit, normamque tenere canendi
Primus & alterutrum tendere voce Chorum.

At psallendi ordinem processu temporis deprauatum instaurauit regnante Carolo Magno Leidradus Archiepiscopus, Imperatoris olim Bibliothecarius, cuius ad Carolum extat in hanc rem Epistola. *Officio vestræ pietatis placuit, vt ad petitionem meam mihi concederetis reditus, qui ab antiquo fuerunt de Lugdunensi Ecclesia, per quam Deo iuuante & mercede vestra annuente, in Lugdunensi Ecclesia est Ordo psallendi instauratus, vt iuxta vires nostras secundum ritum Sacri Palatij omni ex parte agi videatur, quidquid ad Diuinum persoluendum Officium Ordo exposcit. Nam habeo scholas Cantorum ex quibus plerique ita sunt eruditi, vt alios etiam erudire possint. Præter hæc verò habeo Scholas Lectorum, non solum qui Officiorum Lectionibus exercentur, sed etiam in Diuinorum librorum meditatione spiritalis intelligentiæ fructus consequantur, ex quibus nonnulli de libro Euangeliorum sensum spiritalem iam*

Lugdunenſis.

ex parte adipiſci poſſunt. Pleriq́ue vero librum Prophetarum ſecundùm ſpiritalem intelligentiam adepti ſunt. Similiter libros Salomonis vel libros Pſalmorum atque etiam Iob. In libris quoque conſcribendis in eadem Eccleſia, in quantum potui, elaboraui.

Extat Alcuini Epiſtola ad fratres Lugdunenſes admonitoria, ne cum Felice Vrgelitano commercium vllum habeant, vtq́ue SS. Patrum veſtigia ſequantur, & Vniuerſali Eccleſiæ ſeſe adiungant. Laidrado, qui abdicato Epiſcopatu ſeceſſit in Monaſterium S. Medardi Sueſſionenſis, ſucceſſit Agobardus natione Gallus, vir doctus & Doctorum hominum amantiſſimus, ad quem extant Walafridi Strabi Augienſis Carmina de M. Floro Eccleſiæ Lugdunenſis tum Diacono, ipſiq́ue Epiſcopo familiariſſimo; viro in omni ſcientiarum genere verſatiſſimo.

Agobardo ſucceſſit Amulius vir quoque Doctus, qui ſcripſit contra Iudæos: quo ſedente damnatus eſt Gotheſcalcus. Amulio Remigius Lotharij Imp. Archicapellanus: quo tempore ſcribens Lupus Abbas Ferrarienſis de ſchola Lugdunenſi ſic habet Ep. 121. ad Gerhardum Ducem. *Cæterum quod diligenter ſcrutamini, noueritis Monachum, & Diſcipulum meum nonnunquam à noſtro Monaſterio aufugiſſe, ſed ad petitionem B. memoriæ Mancuuardi Abbatis ex Prumia, aut perperam à nobis eum honeſtè directum & cum illo aliquandiu conuerſatum quorundam inuidioſorum vitaſſe inſidias, & inde diſcendi ſtudio & quietis amore in vrbe Lugdunenſium conſtitiſſe .... idoneus eſt ad docendum. Regalibus & Pontificalibus fultus eſt Epiſtolis.* Eodem Remigio Antiſtite ſcripſit Eccleſia Lugdunenſis aduerſus Ioannem Scotum, commendaturq́ue à Carolo Caluo in ſuo Diplomate his nominibus, *quod ditiſſima, rebus florentiſſima, ac religione præclariſſima ſit.*

Maiolus Abbas 32. Monaſterij S. Joannis in Diœceſi Lingonenſi quod Reomaüs dicitur, deinde Cluniacenſis, audita M. Antonii Profeſſoris Lugdunenſis famâ, illuc diuertit diſcendi ſtudio, circa an. 950. Formaque Diſcipuli aſſumptâ, illius Magiſterio ſe deuotus commiſit, vt loquitur author Anonymus in eius vita. Gregorius VII. l. 6. Ep. 36. ad Canonicos Lugdunenſes Eccleſiam illam mirificè extollit: & poſt ipſum Innocentius II. Bernardus verò Claruallenſis de ea ſic ſcribit, *inter Eccleſias Galliæ conſtat profectò Lugdunenſem anteire, ſicut dignitate ſedis, ſic honeſtis ſtudiis & laudabilibus inſtitutis.*

Denique publicè docendi & interpretandi, Licentiaſq́ue impertiendi poteſtatem penes ſe retinuiſſe ad annum vſq́ue 1290. patet ex lite mora inter Beraldum de Gout Archiepiſcopum, & Capitulum de Iuriſdictione temporali Ciuitatis Lugdunenſis: quam ſibi vtraque pars vindicabat cum facultate Licentiarum Profeſſoribus Iuris concedendarum, vt ex vetuſtis actis refert Andreas Ducheſnius in notis ad Biblioth. Cluniac. Sed tandem omnia ſcholæ illius antiquiſſimæ Iura ad Academiam Bituricenſem tranſlata ſunt conceſſione Regia circa an. Chriſti 1473. vt ſuo loco dicetur.

DE REGIMINE VETERVM ACADEMIARVM.

EXACTIS veteribus Galliarum Academiis, seu Scholis Publicis, quæ plus habuisse videntur splendoris & celebritatis, nunc operæ pretium est inuestigare quodnam earum esset regimen, antequam ad scholas 3. Generis, Cœnobiales scilicet & Episcopales transeamus; Circa autem hanc materiam tria potissimum occurrunt examinanda. Primum est de loco Scholarum. 2. de Magistris. 3. de Scholaribus.

Locus initio incertus; deinde certus fuit. Omnes enim fere Academiæ, seu scholæ publicæ à singularibus & priuatis initium sumpserunt; quas nempe priuati Magistri vbilibet passim, seu in propriis ædibus, seu in conductitiis habebant; quasque ex vnâ regione vrbis in aliam, cum lubebat transferebant. Talis fuit M. Antonius Gnipho Romæ, qui teste Suetonio c. 7. lib. de Illustribus Grammaticis ; *docuit primum in D. Iulij Domo, pueri adhuc: deinde in sua priuata.* Talis Lenæus Pompei Libertus, qui eo defuncto eiusque filiis, docuit in Carinis ad Telluris ædem, in quâ Regione Pompeiorum Domus fuerat. Verrius Flaccus cum alibi docuisset, demum cum tota Schola transiit in Palatium, docuitque in Atrio Catilinariæ Domus, quæ tunc Augustani Palatij pars erat. Legimus quoque C. Albutium Silum propria Auditoria instituisse. Atque id ita certum est, vt eiusdem professionis Scholæ singulares 20. & amplius eodem tempore fuerint, vt ait Suetonius.

At verò crescente Docentium & Discentium numero commodius visum est certa loca iis assignare: tum vt inter eos æmulatio maior exurgeret; tum vt declamationibus Rhetorum, Philosophorumque Disputationibus plures adesse possent. Id primùm factum Athenis in Suburbio, Alexandriæ in Regia Ptolomæi : Romæ in Capitolio. Massiliæ in Arce Palladis. Bibracte seu Augustoduni in Menianis : & sic alibi ; ne Magistri & Scholares à Ciuibus, Ciues à Scholaribus obstrependo turbarentur.

Porro locus ille, seu Regio illa Scholastica alibi plura, alibi pauciora continuit Gymnasia seu Collegia muris inter se discreta. Athenis tria hæc potissimum commemorantur, Academia, Lycæum, Cynosarges. Plutarchus in Moralibus meminit Stoæ, Palladij, Odæi : Pausanias, Ptolomæi & Adriani. Erant autem loca illa spatiosa, ab omni vrbis commercio separata, ædificiis ornata pulcherrimis, ambulacris, exedris, porticibus, lucis vmbrosis & fontibus.

Academia quidem, ab Academo seu Echedemo quodam Atheniensi ciue Litterarum amantissimo relicta est & legata in vsum eiusmodi, quæ prius villa illius erat suburbana teste Pausania in Atticis *Extra vrbem proximè Heroum virorumque fortium sepulchra est Academia priuati olim hominis ager, nunc Gymnasium.* Vmbrosum autem hunc fuisse locum innuit Horatius Ep. l. 2.

Veterum Academiarum. 67

Atque inter Siluas Academi quærere verum.

Cymon Atheniensis, vt legitur apud Plutarchum, arboribus & fontibus decorauit. Ibi Plato Rhetoricam & Philosophiam docuit magnâ Discipulorum frequentiâ, & post eum Zenocrates & Speusippus eius Discipuli.

Lycæum, Gymnasium alterum superius Academiæ iunctum, at muris discretum: sic dictum vel ab Apolline Lycæo, sub cuius tutela erat, vel ἀπὸ τῦ λύκυ id. à Lupo sacro Apollini. Vel ἀπὸ τῆς λύκης id. à Luce, quod plus lucis minusque haberet vmbrarum, quàm Academia. In eo docuit Aristoteles, postquam à Platone recessit: ibique Peripatum seu locum ad deambulandum atque disputandum instituit. Hinc Peripateticorum princeps dictus.

Cynosarges, tertium Gymnasium, non longè à portis ciuitatis. Ibi primus docuisse dicitur Antisthenes. Huic autem Gymnasio hoc peculiare fuit, quod in eo pueri Nothi, qui à neutro parente ius Ciuitatis habebant, instituerentur, pauperioribus vero victus de publico suppeditaretur, vt refert Suidas. Prætereo cætera eiusdem vrbis collegia, diuersis temporibus fundata & addita.

Hisce Collegijs proximæ erant Palestræ ad exercitationem corporis, vt adolescentes è scholâ egressi animos relaxarent. Meminit huius rei Cicero in Orat: n. 8. *Ego palæstram & sedes & porticus etiã ipsos Græcos exercitationis & delectationis causâ, non disputationis inuenisse arbitror. Nam & seculis multis ante Gymnasia inuenta sunt, quam in his Philosophi garrire cœperunt. Et hoc ipso tempore cum omnia Gymnasia Philosophi teneant, tamen eorum auditores Discum audire, quàm Philosophum malunt: qui simul vt increpuit, in mediâ oratione de maximis rebus & grauissimis disputantem Philosophum omnes vnctionis causa reliquunt.*

Romani in hoc Græcos, vt in multis aliis imitati ad vtrumque vsum, hoc est tam ad exercitationem corporis quàm animi Thermas Augusti temporibus composuerunt: in quarum parte quæ erat ad Septentrionẽ conuersa, Exedras aulasque discretas & separatas Philosophis, Rhetoribus, aliarumq; artium professoribus constituerunt. Ibi erant platanones ad amussim consiti, ibi fontes varij, quorum aquæ per canaliculos diffluebant in Narationem, vt vmbrarum amœnitate aquarumque leni murmure Docentes & Discentes reficerentur. Ibi habebant sua auditoria distincta & diuisa suasque exedras à dextra & sinistra vestibuli Septentrionalis parte clausas plures ante plateam cum sedilibus in Hemicycli formam, vt Disputantes & tam loquentes quàm audientes se se omnes aspicerent: aliquas vero patentes, vt sunt scholæ nostræ ad leuiora studia, inquit Andreas Baccius Elpidianus l. 8.

Compertum est autem studentium profectui obesse plurimum voces & clamores lauantium se & exercitantium in Thermis. Itaque ad exercitia scholarum duo potissimum Collegia, ampla & capacia destinata sunt; Athenæum & Auditorium Capitolinum: vtrumque varijs Scholis seu classibus pro varijs Disciplinis distinctũ. De Athenæi Fundatore dubitatur. Volaterranus l. 12. Geog. Claudium Imperatorem agnoscit his verbis. *Erat Romæ Athenæum ad Alexandrini Musæi æmulationem à Claudio principe institutum: vbi historiæ ab eo editæ quotannis recitarentur: quo & Adrianus ipse quandoque conuenit audiendorum Poetarum & Oratorum gratia.* Opinionem suam confirmat authoritate Suetonij aientis in Claudio, cum veteri Alexandriæ Musæo alterum addidisse sui nominis. Sed male suspicatur Volaterrannus illud ab eo Romæ institutum, cum clarè Suetonius illud Alexandrino additum dicat.

Melius igitur Athenæi institutionem tribuit Adriano Aurelius Victor. *Gymnasia,* inquit *Doctoresque curare occæpit: adeo quidem, vt etiam Ludum ingenuarum artium quod Athenæum vocant, constituerit.*

Hoc Collegium, quod ab Athene seu Minerua Disciplinarum Dea dictum est, vt Dio scribit in fine Iuliani τὸ Ἀθήναιον καλύμβρον ἀπὸ τῆς ἐν αὐτῷ τῶν παιδευμβρον ἀσκήσεως, celeberrimum fuit, & ab Imperatoribus sæpe frequentatum. Testis de Alexandro Seuero Lampridius. *Ad Athenæum audiendorum & Græcorum & Latinorum Rhetorum, vel Poëtarum causâ frequenter processit.* Capitolinus de Gordiano. *Vbi adoleuit, in Athenæo controuersias declamauit audientibus eum Imperatoribus.* Idem de Pertinace. *Et Pertinax eo die processionem, quam ad Athenæum parauerat, vt audiret Poëtam, ob sacrificij præsagium distulit.* Temporibus D. Hieronymi celeberrimum adhucerat, vt ipse indicat ad Paulam & Eustochium. *Omissa Apostolorum simplicitate & puritate verborum, quasi ad Athenæum & ad Auditoria conueni-*

I ij

tur, ut plausus circumstantium suscitentur. Tandem hoc Collegium mutato nomine COLLEGIVM SAPIENTIÆ est appellatum teste Middendorp. l. 3.

Auditorium Capitolinum fuit quoque celeberrimum, & variis classibus, quas *Pergulas seu Cellulas Magistrales*, vocabant, munitum. Vetuit autem Theodosius senior, ne professores, qui in iis publicè docebant, alios Discipulos circumferrent ad ostentationem, néve alibi priuatas scholas exercerent. Vt legimus l. 14. Cod. Theod. tit. 8. in Rescripto ad Olibrium Præfectum. *Vniuersos, qui usurpantes sibi nomina Magistrorum in Publicis Magistrationibus Cellulisque collectos undecumque Discipulos circumferre consueuerunt, ab ostentatione vulgi præcipimus amoueri: itaut si quis eorum post emissos Diuinæ sanctionis affatus, quæ prohibemus atque damnamus, iterum facere tentauerit, non solum eius quam meretur infamiæ notam subeat, verum etiam pellendum se ex ipsa ubi versatur inlicitè, urbe cognoscat. Illos verò qui intra plurimorum Domus eadem exercere priuatim studia consueuerunt, si ipsis tantummodo Discipulis vacare maluerint, quos intra domesticos parietes docent, nulla eiusmodi interminatione prohibemus. Sin autem ex eorum numero fuerint, qui videntur intra* CAPITOLII AVDITORIVM *constituti, hi omnibus modis priuatarum ædium studia sibi interdicta esse cognoscant: scituri, quod si aduersum Cælestia statuta facientes fuerint deprehensi, nihil penitus ex illis priuilegiis consequentur, quæ his, qui in Capitolio tantùm docere præcepti sunt, merito deferuntur.*

Capacissimum autem istud Collegium fuisse necesse est: si quidem plusquam 30. Cellulas, seu Classes in suo ambitu continebat, plures scilicet Grammaticæ Latinæ, plures Grammaticæ Græcæ; plures item Oratoriæ Artis, Philosophiæ, Iurisprudentiæ; illæque omnes separatæ à se inuicem, & muro intermedio diuisæ. Hac de re sic habetur in eodem Rescripto.

Habeat igitur Auditorium nostrum, in his primum, quos Romæ Eloquentiæ Doctrina commendat, Oratores quidem tres numero: decem verò Grammaticos. In his etiam qui facundia Græcitatis pollere noscuntur, quinque numero sint Sophistæ, & Grammaticæ æquè decem. Et quoniam non his Artibus tantùm Adolescentiam gloriosam optamus institui, profundioris quoque scientiæ atque Doctrinæ memoratis Magistris sociamus Authores. Vnum igitur adiungi volumus cæteris, qui Philosophiæ arcana rimetur. Duos quoque qui Iuris ac legum formulas pandant. Itaut vnicuique LOCA SPECIALITER DEPVTATA *adsignari faciat Tua sublimitas: ne Discipuli sibi inuicem possint obstrepere, vel Magistri: néve linguarum confusio permixta, vel vocum aures Quorundam aut mentes à studio litterarum auertat.*

Eadem ratio fuit Academiæ Alexandrinæ, quæ duo quoque capacissima Musæa seu Gymnasia complexa est: Alexandrinum à Ptolomæo Rege fundatum, & Claudianum à Claudio Imperatore additum: quibus alia duo accesserunt, Serapium & Isæum. Eadem Berytensis Iurisprudentiæ professione celebris: eadem Constantinopolitanæ. Nec dubito quin eadem pariter fuerit nostratum ratio, Burdigalensis, Tolosanæ & Narbonensis, vbi tam multi Magistri simul docuisse leguntur.

Principes Academiarum Institutores.

Talis ergo fuit veterum Academiarum & Collegiorum litterariorum dispositio. Sed quale regimen, & qui Magistri? Triplex potissimum genus hominum Scholarum regimen habuisse videtur. Principes, vel Principum nomine certi Magistratus ab iis, vel à Repub. designati. Gymnasiarchæ, seu Præfecti Musarum atque Rectores, & Professores seu Magistri Regentes.

Certum est Scholarum institutionem ad Rempub. pertinere: ac proinde Princeps & Senatus, qui caput sunt Reipub. cauere imprimis debent, vt adolescentes optimis imbuantur moribus, legibus, & institutis; ac ne quid, quod ipsius Reipub. Decretis & administrationi aduersetur, tenellis puerorum & adolescentum mentibus imprimatur. Vnde Solonem legimus olim tulisse legem Athenis, vt neque Scholæ erigerentur, neque Philosophorum quisquam præesset absque Consilij seu Senatus Decreto. Hinc quoque est, quod cum Quidam Rhetores & Philosophi Romæ olim stante adhuc Repub. non obtentâ docendi licentiâ & potestate, in vrbe docere agressi fuissent, Senatus-Consulto expulsi sint: iniunctumque est Pomponio Prætori, curaret, vti Romæ ne essent. Et aliquanto post iidem Professores Censorio Edicto vetiti sunt scholas habere: quia verebantur Romani, ne pueri qui totos dies in eorum scholis desidebant, minus postea forent ad

Veterum Academiarum. 69

arma idonei, id factum Cn. Domitio Ænobarbo & L. Licinio Crasso Coss. vt habet Suetonius in lib. de Claris Rhetoribus.

Ipsi deinde Imperatores Scholarum curam susceperunt, vel eorum nomine, Romæ Præfectus vrbis, in Prouinciis subditis Proconsules & Præsides: nec nisi de eorum consensu Magistri ad docendum admittebantur: vt infra dicetur. Hinc Augustus Scholam Iurisprudentiæ Romæ promouet. Caligula Athenæum Lugdunense celebritate Ludorum nobilitat. Domitianus stipendia publica professoribus attribuit. Adrianus Athenæum Romanum instituit. Constantius Menianas Scholas apud Æduos, iisque regendis Eumenium præficit. Theodosius Constantinopoli, Beryti & Romæ Auditoria pulcherrimo ordine disponit. Vt nihil dicam de Ptolomæo Musæi Alexandrini Institutore & Fundatore: nihil de aliis Regibus, qui apud se Liberales Disciplinas excoli voluerunt.

Singulis autem Academiis & Collegiis ab omni ævo institutum est, vt sui essent Præfecti, Rectores & Gymnasiarchæ, veluti Reipublicæ, aut Principum Vicarij, quorum curæ incumbebat tam Præceptores seu Regentes, quàm Discipulos in officio continere. Quemadmodum singulis Gymnasiis Gladiatoriis & Athleticis sui erant præfecti Gymnastæ, Gymnasiarchæ & Epistatæ dicti: qui non modò Iuuenibus, qui ibi exercebantur, sed eorum etiam Magistris præerant. hinc Eumenius à Constantio præficitur Scholis Æduensibus. Hinc toti Druidarum Ordini præerat, teste Cæsare, vnus Archidruida: hinc apud Persas Magis suus erat Archimagus, qui vt munus suum diligentius exequeretur, & authoritatem, quæ maxima erat, splendidius conseruaret, singulis mensibus 4. auri libras ex ærario percipiebat, teste Abdia Babylonio lib. 6. Apud Indos Archigymnosophista, proximam habebat à Rege dignitatem & authoritatem. Meminit Mathias Quadus l. 2. c. 1. Geogr. Iarchæ cuiusdam Gymnosophistarum tum Rectoris, & in aureo throno philosophantis, cum Apollonius eorum Academiam inuisit. Rabini & cæteri legis Iudaicæ Doctores Archisynagogo parebant: de quo hæc Adrianus apud Spartianum, *nullus nunc Alexandriæ Iudæorum Archisynagogus est*. Et in Alexandro Seuero Lampridius. *Syrum eum vocantes Archisynagogum & Archierea.*

Similiter cum Ptolomæus Philadelphus Bibliothecam illam tam omnium Scriptis celebratam Alexandriæ comparasset, iuxta illam, Scholam publicam instituit, Professores liberalium artium vndecunque stipendio Regio euocauit, illisque omnibus Archiereum seu Principem Magistrum & Musarum Sacerdotem præfecit ad vitam: quo mortuo successoris substituendi potestatem sibi & posteris Regibus reseruauit: quam deinde Cæsares Romani subacta Ægypto sibi retinuerunt. Hac de re sic habet Strabo l. 14. Geog. τῆς δὲ βασιλείας μέρος ἐστὶ τὸ Μουσεῖον ἔχον περίπατον ἢ ἐξέδραν ἢ οἶκον μέγαν, ἐν ᾧ συσσίτιον τῶν μετεχόντων τοῦ Μουσείου φιλολόγων ἀνδρῶν. Ἔστι δὲ τῇ συνόδῳ ταύτῃ ἢ χρήματα κοινὰ ἢ ἱερεὺς ὁ ἐπὶ τῷ Μουσείῳ τεταγμένος τότε μὲν ὑπὸ τῶν βασιλέων, νῦν δ' ὑπὸ τοῦ Καίσαρος. Idem Strabo commemorans Ciuitates Orientis, quæ suo tempore eruditissimis hominibus, literatissimisque disciplinis abundabant, tres potissimum prædicat, Tharsum Ciliciæ, Athenas Greciæ, Alexandriam Ægypti: sed huic palmam defert, quod longè plures eò tanquam ad Sapientiæ Mercatum proficiscerentur, éque scholis eius tanquam ex equo Troiano exirent multi excellentes viri, quorum ingeniis Exteri deinde ad humanitatem erudirentur.

Nobilissimum ergo fuit istud profectò institutum, partem Palatii seu Regiæ Musarum exercitio consecrare, Professoribus qui conuersarentur & conuescerentur, sumptus communes & stipendia publica assignare, vt in sodalitio conuersantes quietius litteris vacarent, de victu nihil solliciti. Extat Apollonij Tyanæi Epistola missa τοῖς ἐν τῷ Μουσείῳ σοφοῖς *Magistris in Musæo conuersantibus.*

Huicce veteri Collegio alterum addidit Claudius Imperator teste Suetonio sub eius vitæ finem. *Græcas scripsit Historias* τυῤῥηνικῶν 20. id. de rebus Thuscis: χαρχηδονιακῶν 8. id. de rebus Carthaginiensibus, *quarum causa veteri Alexandriæ Musæo alterum additum ex ipsius nomine: institutumque, vt quotannis in altero* τυῤῥηνικῶν *libri, altero* Καρχηδονιακῶν *diebus statutis, velut in Anditorio recitarentur toti à singulis per vices.*

I iij

De Regimine

Reuera summopere enixus est Claudius, vt hæc Academia frequentissima esset, eximiisque professoribus abundaret: quos ipse adlegebat per litteras Imperatorias, & adscribebat iis qui ibi de publico alebantur, vt innuere videtur Philostratus in vita Dionysij Milesij Sophistæ, quem ille κατέλεξε τοῖς δημοσία ἐν τῷ Μυσίῳ σιτυμένοις. Id. in Polem. κατέλεξε δ' αὐτὸν ἐν τῷ τῶν Μυσῶν κύκλῳ τῆς τῶν Αἰγυπτίων σύνοδον. Hoc verò modo Musæum definit. *Musæum*, inquit, est *Mensa Ægyptia congregans quot quot sunt in toto orbe viri Docti*, τὸ δὲ Μυσεῖον τράπεζα Αἰγυπτία ξυγκαλοῦσα τοὺς ἐν πάσῃ τῇ γῇ ἐλλογίμους.

Postquam verò Alexandria facta est Christiana, eamdem Academiam rexerunt Gymnasiarchæ celeberrimi: inter quos commemorantur Pantenus sub Commodo circa an. Christi 190. Clemens dictus Alexandrinus Panteni auditor, & in Cathedra Theologica successor; Origenes, Achillas, Dionysius, Athenodorus, Didymus, Athanasius & alij plurimi. Antiochenæ quoque Scholæ præfuit Malchion Authore Eusebio l. 7. c. 29.

Porro Gymnasiarchæ illi, cum sæpe docendi munus simul exercerent, nec facile possent omnibus Scholis suæ curæ commissis vacare, aut Gymnasiis semper adesse, deligebant sibi Adiutores, qui PROSCHOLI dicebantur, Hypodidascali, Antescholani, Subdoctores & Submonitores. Neque Gymnasiarchæ modò, sed ipsi quoque Professores nonnunquam eiusmodi Adiutores habebant. De iis Cicero clare l. 9. Ep. 18. ad Papirium Pœtum, de Ludo loquens eloquentiæ quem in suo Tusculano instituerat, *sella tibi erit in Ludo tanquam Hypodidascalo proxima*. De iisdem Quintilianus l. 2. c. 5. *Nunc verè scio*, inquit, *id fieri apud Græcos, sed magis per Adiutores, quos illi Hypodidascalos appellabant, quia non videntur tempora suffectura, si legentibus singulis ipsi præceptores præire velint*. Mos igitur iste à Græcis profluxit, quem deinde Romani imitati. Suetonius l. de Illust. Gramm. c. 10. *Atteius Prætextatus nobilis Grammaticus Latinus, Declamantium deinde Adiutor atque præceptor, ad summum Philologus ab semet nominatur*. Augustinus l. 8. Confess. c. 6. vtitur verbo *subdocere*, & Ausonius Victorinum vocat, *Proscholum siue Subdoctorem*, hoc est, vt ait Vinetus, *Subprincipalem*, qui secundus sit à Principali & præfecto Scholæ eiusue vicem gerat.

Eiusmodi Adiutorum Officium sic discribit Thomas Schreuelius in Diatribis Scholasticis orat. 5. ait enim, sicut præceptores cultores ingeniorum erant, sic proscholos seu promagistros fuisse, qui non tam docendis pueris, quàm formandis eorum moribus præfecti essent, vnamque hanc fere curam haberent, vt concinnè ad Magistrum pueri accederent, vt togam componerent atque omni gestu, incessu, vestitu compositi essent: vt externus corporis habitus animo bene composito responderet. Hoc autem ita facere solitos. In primo scilicet Scholæ vestibulo locum fuisse, quem Proscholium appellabant, velo tanquam aliquo integerrimo pariete disseptum, vbi Proscholus loci illius præfectus ingredientes obseruabat, externum corporis habitum componebat, dissolutos reprehendebat, ingressuris Auditorium morum ciuilitatem commendabat: nefas enim putabant Musarum adyta quemquam subire, qui non prius moribus excultus veniret. Hæc Schreuelius: quæ paucis verbis videtur Petronius complecti. *Nec diu tamen lachrymis indulsi; sed veritus ne Menelaus Antescholanus inter cætera mala solum me in diuersorio inueniret, collegi sarcinulas.*

Magistri seu Regentes. Iam de Magistris seu Professoribus agendum, in quibus duo spectanda: receptio seu admissio ad docendum, & salarium. Receptio duplici modo fiebat; examine & scriptione. Examen ab omni æuo visum est necessarium, ne quis temere ad docendum prosiliret. Apud Athenienses sic fiebat. Indicebatur dies examinis; tum se sistebat Candidatus: aderànt Magistri seu Professores, eique quas volebant Quæstiones de Disciplina quam professurus erat, proponebant præsentibus Tribunis, quos Archontas vocabant stante Repub. vel Proconsulibus sub Imperatoribus Romanis. Si satisfecisset, suffragiis Magistrorum adlegebatur; sin minus, reiiciebatur. Sic ait Gregorius Nazianzenus sibi facundiæ principatum calculis datum Doctorum. Nec quis admittebatur ad docendum, nisi altero mortuo; teste Luciano in Eunucho. ἰδεῖν δὲ ἐπιστάντες πρεσβύτεροι ἀπηχθοῦσθαι δοκιμασθῆναι ὑπὲρ τῶν Ἀρείων. id. oportebat aliquo mor-

tuo alium in eius locum substituit, qui probatus fuisset calculo præstantissimorum. Sic mortuo Iuliano Sophista, cum multi nomen suum professi fuissent munus docendi ambientes, omnium suffragiis deliguntur Proæresius, Hephestion, Epiphanius, & Diophantus, vt legitur apud Eunapium in Proæresio. χιροτονοῦνται δὲ δοκιμασθέντες ἁπάσαις κρίσεσι. Et paulo post χειροτονηθέντων δὲ τέταρ id. *his per suffragia creatis.*

Apud Romanos ante Augustum, quisquis se ad docendum habilem arbitrabatur, docere, obtentâ tamen à Senatu vel à Censoribus potestate, poterat. At D. Augustus Iurisprudentiæ præsertim professioni limites præscripsit, & quo maior Iuris authoritas haberetur, constituit vt qui respondere vellent, seu responsa petentibus dare, ex authoritate principis responderent: atque ex illo tempore peti hoc pro Beneficio cœpit: ideoque optimus Princeps Adrianus, cum ab eo viri Prætorij peterent, vt sibi liceret respondere, rescripsit hoc non peti, sed præstari solere: quasi Principes non conferrent nisi iis qui priusse idoneos, nempe in examine demonstrassent. Hæc fere Pomponius.

Augusti constitutio ad omnes deinde professores extensa est. Philostratus Theodotum commendat, non tam quod primus Athenis mercede docuerit institutâ à Marco Imperatore, quàm quia M. Antonini Philosophi iudicio ad id muneris delectus fuerat & Iuuentuti Atheniensium docendæ præpositus, cum eligendorum cæterorum, Platonicorum nempe Stoïcorum, Epicureorum & Peripateticorum Philosophorum curam Herodi Attico dedisset, & Græcâ facundiâ & Consulari honore prædito, quémque Græca oratione fere vniuersos grauitate atque copia elegantiaque vocum longe superasse ait Gellius l. 1.c. 2.

Secuti principes id quoque maxime cautum voluerunt, ne quis in demortui professoris locum subrogaretur, nisi prius fuisset iudicatus idoneus, vt legitur C. de professoribus l. si quis *Ne quis temere ad docendum prosiliat, sed diligenter ante probetur. Quo loco Vlpianus. Reddatur vnusquisque patriæ suæ, qui habitum Philosophi indebitè & insolenter vsurpare cognoscitur, exceptis his qui à probatissimis approbati ab hac debent colluuione secerni.* Athalaricus apud Cassiodorum l. 9. Ep. 21. ad Senatum Rom. vult nouos Professores Decessorum suorum commoda & stipendia percipere, dummodo authoritate Senatus comprobati, & ad munus susceptum fuerint idonei iudicati.

Quod si quis Cathedras ambiuisse & temere vsurpasse comperti sunt, confisi potius fauore quàm meritis, ab aliis Comprofessoribus vt vilis pretij homines semper habiti fuerunt: qualis fuit Iucundus Grammaticus Burdigalensis, de quo sic Ausonius Car. 9.

> *Et te quem Cathedram temere vsurpasse loquuntur,*
> *Nomen Grammatici nec meruisse ferunt.*
> *Voce ciebo tamen.*

Sic Anastasium Triuialem Grammaticum scholæ Burdigalensis honorem sibi non ausum vsurpare, ait Pictauium concessisse; ibique indecorè consenuisse.

Nec omittendum quod supra in Academia Lugdunensi ex Errico Antissiodorensi retulimus, neminem scilicet olim admitti solitum ibi ad docendum, qui non ante publico examine probatus fuisset. *Et vt aliquid rationis afferre videar, eo argumento colligimus, quod quisquis Artium profitendarum afficeretur studio, non ante Profissis inscribi merebatur, quàm exploratâ diligentiâ examinatus abiret.* Hæc de Examine sufficiant.

Altera ratio receptionis seu admissionis ad docendum, erat scriptio seu aliud aliquod specimen capacitatis. Ita legimus D. Augustinû à Symmacho Præfecto vrbis Rom. probatum fuisse, antequam Mediolanum mitteretur ad professionem Rhetoricæ. Sic enim ille l. 5. Confess. c. 13. *Sed vtrique nesciebamus, vt dictione propositâ me probatum Præfectus tunc Symmachus mitteret.* Extat in hanc rem Constitutio in l. Magistros C. de professoribus & Medicis. Qua cauetur, vt antequam quis ad docendam aliquam artem admittatur, is de ea re ab Ordine interrogetur, atque adeo specimen aliquod edat artis, quam profiteri cupit. Item Constitutione Leonis Imp. Cod. de Aduocat. dir. Iud. cauetur vt Iurisperiti, eorum qui se in consortium aduocatorum præfecturæ prætorio cooptari petebant, eos tantum admitterent,

Scriptio.

quorum in iure peritia à Doctoribus iuratis probata fuisset. Quod similiter factum erga cæteros artium professores, adeo vt nemo ad docendum publicè admitteretur, cuius meritum non fuisset experimento approbatum, non modò Romæ, sed nec in Municipiis aut Coloniis. Quam in rem constitutio Iuliani Imp. edita Spoleti Mamertino & Neuita Coss. legiturque l. 10. Cod. *Magistros studiorum, Doctoresque excellere oportet moribus primum, deinde facundiâ. Sed quia singulis ciuitatibus adesse ipse non possum, iubeo quisquis docere vult, non repente nec temere prosiliat ad hoc munus, sed iudicio Ordinis probatus Decretum Curialium mereatur, Optimorum* (Magistrorum peritorum) *conspirante consensu.*

Salarium autem seu Mineruual Magistrorum duplicis fuit generis. Vnum honorarium in priuilegiis, honoribus & immunitatibus consistens. Alterum Quæstuosum, vocabaturque propriè *Merces & Mineruual*: & hoc iterum duplex, certum seu publicum, & incertum, seu priuatum. Incertum vocamus, quod ex numero Discipulorum, & liberalitate parentum pendebat. Quo quis enim plures Discipulos habebat, plus etiam vulgo lucrabatur, ampliorémque mercedem referebat: seu ex gratuitâ eorum liberalitate, seu ex stipulatione. Primus mercede docuisse dicitur Protagoras apud Platonem & Philostratum. Speusippus vnus è successoribus Platonis grandem pecuniæ summam exigendo collegit à volentibus & nolentibus. Nonnunquam stipulatio intercedebat inter Discipulum, seu eius parentes & Magistrum. hinc Varro l. 3. de re Rustica c. 2. *simul ac promiseris Mineruual, incipiam.* Iuuenal. saty. 7.

Quantumvis stipulare, & protinus accipe quod do,
Vt totiens illum pater audiat.

Laudatur M. Antonius Gnipho à Suetonio in lib. de claris Grammaticis, quod mercedes non exigeret, nec de iis pasciseretur, ideoque plures ait consecutum. *Fuisse dicitur ingenij magni, memoriæ singularis, nec minus Græcè, quàm Latinè doctus, præterea comi facilique natura, nec vnquam de mercedibus pactus, eoque plura ex liberalitate discentium consecutus.* Maiorem autem vulgò Mercedem Rhetor, quàm Grammaticus habebat. Ausonius de Exuperio Rhetore Tolosano.

―――― *Tum pueros grandi merce docendi*
Formasti Rhetor.

Cic. 2. Phil. *At quanta merces Rhetori est data? audite, audite Patres conscripti, & cognoscite Reipub. vulnera: duo millia iugerum agri Leontini S. Clodio Rhetori adsignata, & quidem immunia, vt tanta mercede nihil sapere disceres.* Amplas certè tam Grammatici, quam Rhetores à nonnullis suis Discipulis consequebantur mercedes, ab aliis sæpe nullas, contra quos proinde illis competebat actio, aut ita Oeconomorum, vel Pædagogorum fraude furtoque imminutas, vt pro nullis pœne haberentur. Teste Iuuenale Saty. 7.

Rara quidem merces, quæ cognitione Tribuni   Non egeat...
Quis gremio Enceladi doctique Palæmonis affert,
Quantum Grammaticus meruit labor? & tamen ex hoc
Quodcunque est, minus est autem quàm Rhetoris æra,
Discipuli Custos præmordet Acænitus ipse,
Et qui dispensat, frangit sibi.

Professoribus verò scholarum publicarum salaria de fisco fuerunt attributa, primum à Ptolomæo Philadelpho Alexandriæ, vt ante docuimus: apud Romanos, à Vespasiano, teste Suetonio. *Ingenia & artes,* inquit, *vel maximè souit: primus è Fisco Latinis Græcísque Rhetoribus annua centena constituit.* Hoc est aureos millenos, inquit Casaubonus, nostrâ verò monetâ aureos bis millenos & quingenos. De hoc Vespasiani instituto similiter Eusebius ad an. 90. Christi *Quintilianus ex Hispania Calagorritanus primus Romæ publicam scholam & salarium à fisco accepit.*

Quod autem Vespasianus Romæ instituit, id in prouinciis fecit Antoninus Pius sic scribente Capitolino. *Rhetoribus & Philosophis per omnes prouincias & honores & salaria detulit.*

Dio cum Capitolino consentit, aiens Marcum Athenas profectum attribuisse professoribus annua stipendia ἵππον μισθὸν, scilicet mille drachmas singulis, vt ex Eunucho Luciani discimus; quas Philostratus ob id vocat τὰς ἐκ βασιλέως Μυελίας id. *Mille Drachmas Regias.* Μυελίαι autem singulæ summam efficiebant 40. sestertiorum,

Veterum Academiarum.

sestertiorum, hoc est 400. aureorum; Monetæ verò nostræ secundum supputationem Salmasij 1000. Coronatos. At Tatianus in Oratione Apologetica aureos sexcentos annuos, seu sexagena millia nummûm fuisse dicit stipendium Rhetorum & Philosophorum. *Vestri*, inquit, *Philosophi tantum à contemptu opum absunt, vt ab Imperatore Romanorum nonnulli annuos aureos sexcentos accipiant.* ὤ τε τῶ Ῥωμαίων βασιλεὺς ἐποίησε χρυσοὺς ἑξακοσίους λαμβάνειν τινάς. Quem locum explicans Casaubonus ait notandam vocem τινάς. id. *nonnullos*, ex ea enim intelligi, celeberrimis tantum Doctoribus id datum Salarium. Constantius Cæsar eandem summam assignat Eumenio Rhetori & Rectori Scholæ Æduensis. *Salarium te in sexcenis millibus nummûm ex Reipub. viribus consequi volumus, vt intelligas meritis tuis etiam nostram constituere Clementiam.* Et ipse Eumenius in Oratione Eucharistica. *Salarium me liberalissimi Principes ex huius Reipub. viribus in sexcenis millibus nummûm accipere iusserunt.*

Et licet sæpe Respub. multis impensis oneraretur, nunquam tamen Principes Doctoribus sua salaria aut detrahi, aut imminui voluerunt. Nam vt nihil dicamus de Constitutionibus Theodosianis & Iustinianæis, quibus expressè cauetur, vt Liberalium Artium Professoribus mercedes & salaria reddantur, Athalaricus apud Cassiodorum l. 9. Ep. 21. nullatenus acquiescens Publicanorum nundinationi, qui prætexentes necessitatem Imperij & exhaustum Ærarium detraxerant constituta & consueta Professoribus Salaria, Senatui mandat, vt nulla eorum habita ratione, curet ea exactè persolui. *Nuper quorundam susurratione cognouimus Doctores Eloquentiæ Rom. Laboris sui constituta præmia non habere, & aliquorum nundinatione fieri, vt Scholarum Magistris deputata summa videatur imminui. Quapropter cum manifestum sit præmium Artes nutrire, nefas iudicauimus Doctoribus adolescentium aliquid subtrahi, qui sunt potius ad gloriosa studia per commodorum augmenta prouocandi.... Quâ de re P. C. hanc vobis curam, hanc authoritatem propitiâ Diuinitate largimur, vt successor Scholæ liberalium litterarum tam Grammaticus, quàm Orator, nec non & Iuris Expositor commoda sui Decessoris, ab eis quorum interest sine aliqua imminutione percipiat.*

Hæc autem Salaria geminâ pensione fuisse illis præstita & numerata declarat paulo post; primâ quidem post sex menses suscepti laboris: alterâ post annum. *Et ne aliquid pro voluntate præbentium relinquatur incertum, mox vt sex Menses exempti fuerint, statutæ summæ mediam partem consequantur prædicti Magistri mediam portionem: residua vero anni tempora cum Annonarum debita redhibitione claudantur.* Et paulò post, quàm id iustum sit, sic probat ab exemplo. *Nam si opes nostras Scenicis pro populi oblectatione largimur, & ea studiosè consequuntur, qui adeo necessarij non habentur, quanto magis illis sine dilatione præbenda sunt, per quos & honesti mores proueniunt, & Palatio nostro facunda nutriuntur ingenia?*

Non obstabat verò huiusmodi Salarij pensitatio, quominus parentes erga Magistros præstarent se liberales & gratos: vt ex loco præallato intelligitur; & ex Rescripto Gratiani ad Antonium Præfectum Prætorio Galliarum, quo liberum relinquit cuique Ciuitati *suos Doctores & Magistros placito sibi iuuare compendio.* Quinimo vt stipendij publici institutio remedium fuit aduersus paupertatem multorum ingenuorum, qui quod non possent mercedem professoribus soluere, ad studia se conferre non audebant, ita aduersus Diuitum malitiam, qui Magistros debito solatio defraudabant, ne vt ibidem ait Athalaricus, *de alieno cogerentur pendere fastidio.* At nihil vetabat, quominus acciperent, si quid daretur honorarij loco & gratitudinis.

Hactenus de Mineruali Quæstuoso, nunc de Honorario breuiter agamus, quod in promotione ad honores Palatinos & Publicos, atque in immunitatibus consistebat. Ipsa certè professio per se honesta semper habita est: quid enim est honestius, inquit Quintilianus l. 12. c. vlt. quàm docere, quod optimè scias? Sic ad se Cœlium deductum à patre Cicero profitetur. Sic Pansam, Hirtium, Dolabellam in morem præceptoris exercuit. Nec Constantius Dignitati Magistri memoriæ & libellorum supplicum derogari credidit, cum Eumenium Rhetorem ad resumendam professionem oratoriam & scholarum Æduensium præfecturam induxit.

Iam verò quid dicemus de iis, qui è scholarum professione ad supremos Rei-

Honorari[um].

K

74 De Regimine

pub. Magistratus honoresque prouecti sunt ? quorum tantus est numerus, vt nullâ quantumuis accuratâ & curiosâ diligentiâ iniri possit. Nam vt Othonem prætereamus, cui teste Tacito l. 3. Ann. Litterarium ludum exercere vetus ars fuerat: Iulium Pertinacem, qui Grammaticam publicè professus: Eugenium Rhetorem, qui Imperator consalutatus, quis nescit? M. Antonium cognomento Philosophum Iunio Rustico Professori Rhetorices & præceptori suo binum Consulatum detulisse, eique post obitum à Senatu statuas postulasse? quem Imperatorem legimus apud Capitolinum, tantùm honoris Magistris suis detulisse, *vt imagines eorum aureas in Larario suo haberet, ac sepulcra eorum aditu, hostiis, floribus semper honoraret.* Quis verò enumeret quàm multi è Gallis nostris ad supremas Dignitates promoti sint, præter Eumenium, qui è Rhetoricâ professione Magister sacræ memoriæ factus est, & Ausonium, qui à Gratiano ad Consulatum aliasque præfecturas euectus est? Quis referat, quàm multi similiter è Græcis suprema honorum Palatinorum & Imperij consecuti sint! Anatolius cognomento Azutrio omnibus, vt ait Eunapius, Regiæ honoribus Muneribusque perfunctus, demum Præfectus Prætorio constitutus est, qui Magistratus Imperatoria dignitas est » δὲ ἀρχὴ βασιλεία ἐστὶν ὁμόφωνος. Proæresio statua in foro decreta est, cum hac inscriptione REGINA RERVM ROMA REGI ELOQVENTIÆ. Celso, qui Romæ Professionem publicam pollicebatur, procurat Symmachus apud Theodosium l. 10. Ep. 18. locum inter Senatores. *Celsus*, inquit, *Archetymo patre, quem memoria litterarum Aristoteli supparem fuisse consentit, Iuuentuti nostræ Magisterium bonarum Artium pollicetur, nullum quæstum professionis affectans. Atque ideo dignus in Amplissimum Ordinem cooptari, vt animum vitiis auaritiæ liberum Dignitatis præmio muneremur. Sunt huius rei exempla nobilia, quæ prudens æmuletur imitatio. Nam & Carneadem Cyreneum, & Pœnum Clitomachum Atheniensis Curia societate dignata est: itidem vt nostri Zaleucum Legum Locrensium Conditorem Ciuitate donarunt. Dignum est igitur æternitate numinis vestri Celsum genere, eruditione, voluntate laudabilem adiudicare nobilibus cum pignore Dignitatis, cum prærogatiua scilicet Consulari, ne sumptum eius magis, quam Magisterium quæsisse videamur.* Hinc Imperatorem vehementer laudat, quod tantum virum *Optimatem sapientiæ Romanis Gynasiis arrogasset.*

Priuilegia. Quod verò ad Priuilegia spectat & immunitates vacationesque, fusè de iis agunt Iureconsulti lib. 10. Cod. ad tit. 46. 47. 49. & 52. vna hæc Constantini constitutio ad Volusianum sufficiat. *Medicos & maximè Archiatros, vel ex Archiatris, Grammaticos & Professores alios litterarum & Doctores Legum vna cum vxoribus & filiis, nec non & rebus quas in Ciuitatibus suis possident, ab omni functione, & ab omnibus muneribus, vel Ciuilibus vel publicis immunes esse præcipimus, & neque in prouinciis hospites recipere, nec vllo fungi munere, nec ad iudicium deduci,* id. Non alio trahi ad iudicium, *nec eximi vel exhiberi, vel iniuriam pati: vt siquis eos vexauerit, pœna arbitrio Iudicis plectatur: & Mercedes etiam eis & Salaria reddi iubemus, quo facilius Liberalibus studiis & memoratis artibus multos instituant.*

Scholastici. Diximus de Magistris. Nunc operæ pretium est nonnihil quoque dicere de Scholasticis, quorum duplex cernitur in veteribus Academiis diuisio. Vna ratione Gentis seu Nationis: altera ratione generis, seu status. Prior inuenta ab Atheniensibus ob ingentem scholarium multitudinem ex omnibus orbis partibus confluentium, Asiaticorum, Ægyptiorum, Scytharum, Græcorum, Latinorum, Gallorum moribus & linguis differentium: quos ad maiorem profectum Magistris suæ quosque Nationis diuidebant. Id videtur innuere Gellius l. 18. c. 2. *conueniebamus ad eandem cœnam compluscули*, inquit, *qui Romani in Græciam veneramus, quique easdem, auditiones eosdem Doctores colebamus.* Ibi Gellius cum aliis Latinis audiuit Phauorinum Arelatensem, qui è Gallia Athenas profectus fuerat: & Taurum philosophum etiam Latino-græcum eò libentiùs, quod illi Latinè & Græcè loquebantur, seque eo modo suis Discipulis magis idoneos præstabant ad docendum.

Mira autem erat, imo importuna in comparandis conquirendisque scholaribus sedulitas. Nam pro variis sectis Philosophi præsertim & Sophistæ ac Rhetores suos habebant Procuratores, quos vocabant τοὺς τῶν διατριβῶν προστάτας, id. Scholarum Duces, qui tirones de nouo aduenientes, ad suum quisque Collegium & Pro-

Veterum Academiarum. 75

fessorem deducere satagebant, etiam vi adhibitâ. Imo ipsas vrbes prouinciasque exteras præoccupabant teste Gregorio Naz. in Orat. de laudibus Basilij. Vbi de Procuratoribus illis loquens qui in id incumbebant, vt Scholæ Magistrorum suorum numero Discipulorum crescerent locupletioresque fierent, *ea res*, inquit, *vehementer absurda est. Præoccupantur vrbes, viæ, portus, summa montium, planities, solitudines, omnes; denique Attica & reliqua Græciæ partes, atque adeo incolarum permulti: nam & illos quoque in partes ac studia distractos habent.* Ita Libanius adolescens exceptus à Discipulis Diophanti, & ad eum perductus, qui si sponte sua Doctorem eligere potuisset, ad Procæresium, vel ad popularem suum Epiphanium se contulisset, vt legitur apud Eunapium.

Inter istas autem Factiones sæpe rixa cædesque oriebantur, dum adolescentes aduenientes alij alio distrahebantur; hincque tota Ciuitas turbabatur; insurgentibus in Scholasticos proteruos Ciuibus, & Scholasticis in Ciues: vt accidit tempore Iuliani Sophistæ, quo Sophistarum nemo in publicum aliquandiu prodire ausus est, tanta fuit tamque vehemens seditio inter Ciues & adolescentes, vt docet Eunapius in eius vita. Nec minor accidit eo defuncto: quippe cum de successore deligendo ageretur, & plurimi docendæ Sophistices munus ambientes nomen suum professi fuissent, vrbs in contraria studia diuisa est; donec tandem isti quatuor, Procæresius, Hephæstion, Epiphanius & Diophantus, veluti præstantiores communibus omnium suffragiis delecti sunt & comprobati. Atque ne deinceps factionum illarum occasione turbæ exurgerent, singulis assignatæ sunt Nationes, & ex illis Nationibus quotquot aduenirent Scholastici. Itaque totus Oriens cessit Epiphanio. Diophantus Arabiam sortitus est. Hephæstion Atticam; sed breui excessit. Procæresius Pontum, Bityniam, Hellespontum, Lydiam, Cariam, Pamphyliam, Ægyptum & Libyam. Et quam quisque partem accepit, veluti Magistratum quendam reputauit, καθάπερ τι γέρας, inquit Eunapius in Procæresio: qui de hac re sic habet.

ἡ μὲν γὰρ Ἰωνία καθάπερ τι γέρας Ἐπιφανίῳ σαφῶς ἐξίκνει: τὴν δὲ Ἀραβίας εἴληχει Διόφαντος. Ἡφαιςίων δὲ καταδείσας Προαιρέσιον ἀπῆλθεν ἐξ Ἀθηνῶν καὶ ἀνθρώπων. Προαιρεσίῳ δὲ ὁ πόντος ὅλος, ᾧ τὰ ἐκείνου προσοικα τοὺς ὁμιλητὰς ἀνίεσαν, ὥσπερ οἰκεῖον ἀγαθὸν τὸν ἄνδρα θαυμάζοντες: προσέτι δὲ καὶ Βιθυνία πᾶσα καὶ Ἑλλήσποντος. id. *Orientem quidem veluti Magistratum aliquem aut Præmium Epiphanius delegit. Diophantus Arabiam sortitus est. Hephæstion reueritus Procæresium abiit Athenis & homines reliquit. Procæresio Pontus vniuersus & finitimæ Gentes Discipulos submisere, virum illum tanquam vernaculum, bonum & apud se natum admiratæ. Adiunxit se illi cum tota Bithynia Hellespontus.*

Ex his & sequentibus apud Eunapium, liquet Academiam Athenienfem tunc fuisse diuisam in 4. primarias Nationes, singulas verò earum multas continuisse & complexas fuisse prouincias. Puta Syriacam seu Orientalem, cuius Princeps erat Epiphanius è Syria oriundus, continuisse Syriam, Armeniam, Persidem, Indiam &c. Arabicæ, quæ Diophanto Arabi cesserat, adiunctas fuisse tres Arabias & totam illam plagam: Atticæ, quæ Ephæstioni obtigerat, toram Græciam: Ponticæ omnes illas Gentes & Prouincias, quas enumerat Eunapius, quasque ait Procæresio ex Armenia Pontica oriundo obuenisse.

Hac ratione putarunt Athenienses se satis prudenter occurrisse turbis & rixis, quæ ex eiusmodi scholasticorum extraneorum conquisitione & deductione oriebantur: quippe futurum arbitrati, vt vnusquisque nouus sponte & liberè ad professorem se conferret suæ quisque Nationis. Verum quam difficile sit consuetudinem antiquam præsertim ludicram & delectabilem ex iuuenum animis eradicare, probauit euentus. Nam Libanius adolescens Antiochenus & Syrus paulo post Athenas profectus, insidiis exceptus Discipulorum Diophanti Arabicæ Nationis Principis, ad eum deductus est, qui ad Epiphanium vt ad popularem se contulisset, si ei licuisset. Quæ praua consuetudo multos deterrebat à Scholis Athenienfibus, vt nihil dicamus de ludicra deductione ad Balnea, deque sumptu & conuiuio, quod Scholæ Procuratori & deductoribus apparare tenebantur. Nam initio Nouus seu Tiro pendebat tantummodo nouem obolos ad vnguenta, coronas, sacrificia, ad sustinendam Musarum seu Scholæ Procuratoris & Ducis dignitatem δαπάνας φαιδράς εἰς τοὺς τῶν ἀφετηρίδων προςάτας;

K ij

vt legitur apud Athenæum l. 22. Verum abiit tandem iste iocundus aduentus, seu ius, quod pro eo pensiare necesse erat (Ius Beiaunij Maiores nostri vocauerunt) abiit inquam in sumptus immodicos, primusque Lycon contemptis legibus sumptuariis, in Peripato opiparam cœnam exhibuit tanta cum ostentatione, & pompa, vt nemo non execraretur & ipsum & Athenas, quæ tam immodicos sumptus fieri paterentur, vt refert idem author l. 12. c. 25. Et iste Lycon factus suo tempore Musarum Procurator τῶν Μουσικῶν προστάτης, in loco Ciuitatis celeberrimo, in Cononis ædibus Triclinium cum 20. lectis stratis parauit ad fastum & arrogantiam. Hæc & plura Athenæus.

Hunc tandem insanum morem sustulerunt Imperatores Romani, extatque in hanc rem Constitutio l. 3. Cod. de Veteri iure enucleando, & in Cod. Theod. l. 1. De Studiis liberalibus Vrbis Romæ. Hoc autem modo rem peragi voluerunt, vt legitur in Rescripto Valentiniani ad Olibrium Præfectum Vrbis.

1. Enim Scholastici antequam è patria pedem efferrent, adibant Magistrum Census Prouincialium Iudicum & ab eo litteras ad Præfectum Vrbis obtinebant, in quibus exprimebatur nomen, oppidum, natales, ne parentibus inuitis digressi viderentur, vtque Romæ Magistros idoneos & suæ certæ Gentis nanciscerentur. *Quicumque ad vrbem discendi cupiditate veniunt, primitus ad Magistrum Census Prouincialium iudicum, à quibus copia est danda veniendi, eiusmodi litteras proferant, vt oppida hominum & Natales & merita expressa teneantur.*

2. His muniti litteris Romam ibant, traditisque Præfecto vrbis & Magistro Census declarabant, quâ potissimum in facultate studere vellent. Tum ille in Album seu Matriculam referebat eorum nomina, vt hoc pacto sciret quinam homines & ex qua Gente, quibusue studiis vacaturi essent. *Deinde vt in primo statim profiteantur introitu, quibus potissimum studiis operam nauare propenant.*

3. Idem Magister Census per se vel alium lustrabat hospitia studentum, inquirebatque, num sedulò studiis vacarent, eique facultati, quam initio professi fuerant, incumberent; an cœtus & quasdam consociationes facerent, an ludos & spectacula frequentarent. 3. *Vt hospitia eorum solicitè Censualium norit Officium: quò ei rei impertiant curam quam se asseruerint expetisse. Iidem immineant Censuales, vt singulis eorum tales se in Conuentibus præbeant, quales esse debent: qui turpem inhonestamque famam & consociationes, quas proximas putamus esse criminibus, æstiment fugiendas: neue spectacula frequentius adeant, aut appetant vulgò intempestiua conuiuia.*

4. Si quem inueniebat aduersus præscriptas leges peccantem, nec officio fungentem, idem Imperator voluit, vt publicè castigaretur, & ex vrbe expelleretur. *Quinetiam tribuimus potestatem, vt si quis de his in vrbe se ita non gesserit, quemadmodum Liberalium Rerum dignitas poscat, publicè verberibus affectus, statimque nauigio superpositus abyciatur Vrbe, domumque redeat.*

5. Idem Imperator Præfecto vrbis mandauit, ne pateretur Iuuenes vltra 25. ætatis annum in studiis commorari, nisi forte necessitas exigeret: quo pacto volebat inertes & ignauos atque perditos ganeones, qui vt alios corrumperent, sæpe in Academiis remanebant, expelli. *His sane, qui sedulò operam Professionibus nauant, vsque ad 25. suæ ætatis annum Romæ liceat commorari. Post id verò tempus, qui neglexerit sponte remeare, solicitudine Præfecturæ etiam inuitus in patriam reuertatur.*

6. Voluit confici singulis mensibus à Magistro Census Matriculam seu Catalogum tum Nouitiorum, tum eorum qui studiorum cursum absoluissent, quos in vrbe remanere nolebat, nisi forte Academicis oneribus essent adstricti. *Verum ne hæc perfunctoriè fortasse curentur, Percelsa sinceritas tua Officium Censuale commoneat, vt per singulos menses, qui vel vnde veniant, quiue sint pro ratione temporis ad Africam, vel ad cæteras prouincias remittendi, Breuibus comprehendat. His duntaxat exceptis, QVI CORPORATORVM sunt oneribus adiuncti.* Hoc est sine dubio, præter eos qui de corpore sunt Academiæ, eiusque oneribus adstricti.

7. Voluit Breues eiusmodi seu Matriculas ad se mitti, vt agnito vniuscuiusque Scholastici merito, in Imperij administratione eo vti posset, quo modo mirificè accendit adolescentum animos ad strenue studendum. *Similes autem*

Veterum Academiarum. 77

Breues ad Scrinia mansuetudinis nostræ annis singulis dirigantur: quo meritis singulorum institutionibusque compertis vtrum quandoque nobis sint necessarij, iudicemus.

Porro Scholastici cuiuscumque Nationis essent, triplicis omnino generis fuisse videntur apud Veteres, nimirum Externi, Conuictores & Alimentarij. Circa externos non moramur, & alios ex aliis hospitiis Collegia seu Scholas frequentantes, quos certum est fuisse magno numero.

Conuictores autem sic distinguimus ab Alimentariis, vt diuites à pauperibus, quod illi propriis, isti alienis sumptibus & impensis in studio alerentur. Negari certè non potest, quin vel professores, vel Gymnasiarchæ Contubernium habuerint ingenuorum adolescentum, quemadmodum hodie vulgo vsurpari solet. Neminem Pythagoras qui non esset apud se conuictor, in scholam suam admittebat, testis Aulus Gellius *Sed id, inquit, prætereundum non est, quod omnes simul, qui à Pythagora in cohortem illam Disciplinarum recepti erant, quod quisque familiæ pecuniæque habebant, in medium dabant. Et coibatur societas inseparabilis, tanquam illud fuerit antiquum Consortium, quod in re atque verbo Romano appellabatur* Κοινόβιον. — *Conuictores*

Charondas Legislator apud Thurios voluit vt Ciuium liberi omnes in ipso Ludo seu Collegio instituerentur, conductis ad id mercede & ære publico præceptoribus, teste Diodoro l. 12. vtque plures vnius Magistri curæ & Disciplinæ mandarentur, qui simul Magister esset & Comes, sicut de Thuscis & Massiliensibus traditur. Ait quoque Suetonius lib. de Illust. Rhetorib. cap. 6. C. Albucium Silonem Nouariensem receptum fuisse in Planci Oratoris Contubernium, breuique ipsi Planco silentium imposuisse. Et Seneca Ep. 6. ad Lucilium præclare docet conuictum formandis moribus plus prodesse quam scholam ipsam. *Plus tibi viua vox & conuictus, quàm oratio proderit: in rem præsentem venias oportet. Primum quia homines amplius oculis quàm auribus credunt, deinde quia longum est iter per præcepta, breue & efficax per exempla. Zenonem Cleanthes non expressisset, si eum tantummodo audisset. Vitæ eius interfuit, secreta prospexit, obseruauit illum, an ex sua formula viueret. Plato & Aristoteles & omnis in diuersum itura sapientum turba plus ex moribus, quàm ex verbis Socratis traxit. Metrodorum & Hermachum & Polienum magnos viros non schola Epicuri, sed contubernium fecit.*

Nec prætereundum, quod dum cœnabant Conuictores, solebat aliquis eorum, aut seruus è suggestu vel mensæ assistens legere Græcarum aut Latinarum aliquid: tumque si quid occurreret difficultatis, magistri explicabant, Conuictores interrogabant, & Quæstiones proponebant. Testis Gellius l. 3. c. 19. de Contubernio Phauorini Arelatensis in Athenensi Gymnasio publici professoris. *Apud cœnam Phauorini Philosophi cum discubitum fuerat, cœptusque erat apponi cibus, seruus assistens mensæ eius legere inceptabat aut Græcarum quid litterarum, aut Nostratium. Velut eo die qua assui legebatur C. Bassi eruditi viri liber de origine verborum... Tum Phauorinus, vbi hæc audiuit, superstitiosè, inquit, hæc... Et l.9. c.19. Sicut nuperrime apud mensam cum legerentur vtraque simul Bucolica Theocriti & Virgily.*

Quod verò attinet ad Scholasticos Alimentarios, quos hodie vulgo *Bursarios* — *Bursarij.* appellamus, id fuisse videtur institutum à Ptolomæo illo Musæi Alexandrini Conditore, qui non modò Præceptores sumptibus Regiis vndequaque euocauit, sed eosdem cum iuuenibus bonarum artium studiosis ad necessarios Reipub. vsus publicis impensis ali voluit: vnde Thimon Phliasius apud Athenæum Iuuenes illos auibus comparat pretiosissimis, quæ in Cauea pascuntur. Apud Romanos Nerua, teste Eutropio pueros & puellas egenis natos parentibus publico sumptu per Italiam ali & institui iussit. Traianus Neruam imitatus, vt legitur apud Aurelium Victorem, quinque mille adolescentes bonæ indolis ex omni Imperio selectos publicè ali & parentis affectu paribus disciplinis erudiri curauit. Adrianus quoque incrementum liberalitatis adiecit pueris ac puellis, quibus Traianus alimenta detulerat, inquit Spartianus. Plinius in panegyrico Traiani meminit huiusce Liberalitatis his verbis. *Paulominus P. C. 5000. ingenuorum fuerunt, quos Liberalitas Principis nostri conquisiuit, inuenit, adsciuit. Hi subsidium bellorum, ornamentum pacis publicis sumptibus aluntur, patriamque non vt patriam tantum, verum vt altricem amare condiscunt. Ex his Castra, ex his Tribus replebuntur, ex his aliquando nascentur, quibus alimentis opus non sit.*

K iij

Immortale principis sui factum imitatus Plinius Secundus non ludos aut gladiatores, sed annuos sumptus in alimenta ingenuorum dedit, prouiditque, vt ex reditu agri quem Actori publico mancipauerat & imposito vectigali receperat, pauperes pueri & ingenui alerentur atque educarentur. Cuius rei extat memoria apud Mediolanum in lapide vbi hæc verba leguntur. Hoc AMPLIVS DEDIT IN ALIMENTA PVERORVM ET PVELLARVM PLEB. VRBANÆ Hs. CCC. IN TVTELAM BIBLIOTHECÆ HS. C. addit Cataneus in notis ad Ep. 8. l. 1. extare adhuc huiusce Plinianæ liberalitatis vestigium Comi, vnde ipse originem duxerat. Ipse verò de hoc suo facto sic scribit ad Caninium Ep. 18. l. 7.

Equidem nihil commodius inuenio, quàm quod ipse fecit. Nam pro quingentis millibus nummûm, quæ in alimenta ingenuorum ingenuarumque promiseram, agrum ex meis longè pluris Actori publico mancipaui: eundem vectigali imposito recepi ccc. millia annua daturus. Deinde hæc aurea verba subiungit; *nec ignoro me plus aliquanto quam donasse videor, erogauisse, cum pulcherrimi agri pretium necessitas vectigalis infregerit. Sed oportet priuatis vtilitatibus publicas, mortalibus æternas anteferre, multoque diligentius muneri suo consulere, quàm facultatibus.*

Hæc Laudabilia Exempla imitati sunt deinde Principes Christiani vbique passim. Alexius Comnenus Musæum instituit, in quo pueros iubebat erudiri pecuniâ ex Regio vectigali datâ. Victor III. Pontifex Max. Grammaticorum scholam, in quâ publicè docerentur pauperum liberi, constituto tam Magistris & pædagogis, quàm Discentibus ad victum vectigali: teste Zonara. quid verò Reges Franciæ præstiterint, dicetur in Historia.

DE SCHOLIS COENOBIALIBVS ET EPISCOPALIBVS.

Actenvs de Scholis, seu Accademiis à veteribus Gallis & à Romanis institutis egimus. Nunc tertium scholarum genus longè à prioribus diuersum, quod est Cœnobialium & Episcopalium, se se nobis offert examinandum. Quandiu Romani Gallias rexerunt, satis belle & feliciter cum litteris actum est: vt enim erant bonarum artium amantissimi, amabant quoque earum cultores: honoribus, beneficiis & opibus cumulabant: atque idcirco florebant illæ, erantque in pretio, & honore alebantur. At postquam à Barbaris expulsi sunt, in Gallias magno impetu exundantibus, & ab ijs occupatæ vrbes primariæ, cum desierunt præmia studiosis retribui, desierunt & artes exerceri. Quis enim virtutem amplectitur ipsam, inquit Iuuenalis, præmia si tollas? Et quia pluscæteris Galliarum Prouincijs Aquitania & Narbonensis optimarum artium exercitio florebant, primæ quoque earundem cladem senserunt & viderunt occupatæ à Gothis & Wisigothis ab anno circiter 419. & iisdem subditæ per 80. & amplius annos. Ita vt iam temporibus Sidonii Apollinaris circa an. scilicet 470. omnis pœne germana latinitas multis in locis exularet. Quanquam ille & nonnulli alij nobili ardore & studio ducti discedentes Musas retinere conarentur, & reuera aliquandiu retinuerint.

Verum succrescentibus bellis inter Romanos, Gothos, Francos, Vandalos & Gallos, & Romanis tandem ex omni Galliarum parte depulsis, Gothis verò ex Aquitania, quam occupauerant, Franci victoriâ & imperio Gallicano potiti, homines rudes & ignari litterarum, plusque armis confisi quàm artibus, vt pote qui partum armis Regnum, iisdem tueri conabantur; publicam illam, quæ ante viguerat litterarum professionem vanescere, imò pœne extingui passi sunt in plurimis locis summo Reipub. Christianæ detrimento.

Tum verò veriti proceres Ecclesiastici, ne sublatis litteris fides Catholica vacillatura esset, scholas in omnibus passim Episcopiis ad Clericorum saltem instructionem instituere cœperunt. Opportunè quoque iisdem temporibus Benedictus Ordinem suum instituit, & propter innumerabilem hominum ad eum confluentium multitudinem, vbique passim Cœnobia erexit & in Cœnobiis scholas priuatas ad Monachorum instructionem, quas deinde necessitate cogente publicas facere & externis atque Laicis aperire coacti sunt: quo argumento vtebantur olim Dominicani aduersus M. Guillelmum de S. Amore & Academicos Parisienses, cum eis obiiciebatur nimio studio & ambitione affectata publicè docendi professio.

Eodem & Iesuitæ cum initio sui Instituti Scholas habere prohiberentur. Qua de re sic scribit Ribadeneira l. 2. vitæ Ignatianæ c. 24. *Quod præclarum inuentum imitatus est B. Benedictus Monachorum & ipse in Occidente parens, qui* pueros in Cœnobiis educabat, informabatque ad pietatem, ad eum ferme modum, quo Societas nostra in quibusdam Collegiis separatim nunc facit: sic Placidum & Maurum puerulos à B. Benedicto receptos legimus, & omni genere virtutum excultos atque perfectos. Quæ consuetudo diu postea tenuit. Nam D. Gregorius Anglos pueros magnâ diligentiâ conquiri iubebat & in sui Ordinis Cœnobiis ali atque educari. Et D. Thomas Aquinas longo post tempore in Cassinensi Monasterio à puero institutus est. Neque verò pueros fingebant Monachi S. Benedicti ad omnem tantummodo virtutis laudem, sed etiam Disciplinis & omni scientiarum genere instruebant. Nam & in Germania & in Gallia & in Anglia magna cum laude docuerunt, authore & principe huius Instituti venerabili Beda, qui ante annos 800. in Anglia docuit & scholæ præfuit.

Sed omnium curiosissimè & diligentissimè rem istam examinauit Trithemius in Chronico Hirsaugiensi & alibi passim, vbi ait Benedictinos ab omni æuo ad Litterarum professionem se contulisse, duplicésque scholas instituisse: in minoribus quidem Monasteriis *Minores*: in Maioribus verò & Locupletioribus *Maiores*, & in his omnium Disciplinarum emporium atque professionem: atque ad has confluere solitos ex toto orbe Monachos, qui deinde ad Episcopia, & ad alias Ecclesiæ dignitates promouebantur. In illis porro Maioribus vnum aliquem doctrinâ & solertiâ præcellentiorem rei Scholasticæ præfectum fuisse, qui non modo docebat ipse, sed & curabat vt alij Commonachi litterarum professioni addicti suum in docendo Munus exequerentur. audiamus ipsum. Sic ergo habet in Chronico Hirsaug. *In omnibus Ordinis nostri Cœnobiis in Germania & Gallia maximè Monachorum Scholastici ex Monachis habebantur, qui Iuniores quosque & ingenio præstantes in primitiuis litterarum scientiis erudirent, & postea qui habiles inuenti fuissent, ad altiora transmitterent.* En Minores Monachorum Scholas, subiungit de Maioribus. *In solis autem famosioribus Cœnobiis, quibus & abundantia rerum temporalium erat copiosior & Monachorum numerus maior, constituebantur ad officium docendi alios Monachi omnium doctissimi, & non solum in Diuinis, sed etiam in secularibus litteris eruditi, ad quos mittebantur Monachi altioribus Disciplinis instituendi.* Inter Maiora vero Cœnobia commemorat hæc præsertim Fuldense, Sangall. S. Dionysii Parisiense, Turonense, Antissiodorense &c.

Cum autem hæ scholæ Monachis & Oblatis solummodo edocendis institutæ fuissent, quia tamen Episcopi & alii Ecclesiarum prælati suas exercere neglexerunt, aut exerceri non curarunt, nec habebant Laici & seculares quo liberos suos commodè mittere possent ad eruditionem, eos præsertim, quos Ecclesiasticis Ordinibus destinabant, processu temporis intra ipsa Monasteria recipi & hospitari postularunt, aut ad Cœnobiales Scholas Externos miserunt. At Monachi veriti, ne si Seculares Regularibus miscerentur, in Monasticum ordinem confusio & peruersitas irreperet, duplices scholas exercitio litterarum addixerunt: interiores quidem Cœnobitis instituendis, exteriores vero Secularibus edocendis. de vtrisque clarè Enkexardus Monachus in lib. de Casibus S. Galli c. 1. traduntur, inquit, *post tempus Marcello scholæ Claustri cum Notkero postea cognomine Balbulo & cæteris Monastici habitus pueris. Exteriores autem id. Canonicæ, Isoni cum Salomone & eius Comparibus.* Quæ verba referens & expendens Filesacus in lib. de Sacrâ Episcoporum authoritate c. 15. subdit. *Sed hinc discimus Claustrales istas scholas in intimis Monasterii penetralibus constitutas fuisse, alias vero extra Monasterium.*

Tales quoque fuerunt scholæ S. Benedicti ad Ligerim seu Floriacenses, nimirum interiores & exteriores: ad has verò missus est Abbo filius Ciuis Aurelianensis, vt in eius vita apud Aimonium legitur c. 1. *talibus ergo Abbo*, inquit *ortus parentibus in Floriacensi Monasterio Scholæ Clericorum Ecclesiæ S. Petri obsequentium traditur litteris imbuendus.* Et has scholas ait Ioannes de Bosco in Bibliotheca Floriacensi, plus quinque millibus scholasticorum olim abundasse. Sed de his alias.

Porro in illis Maioribus Cœnobiis toti rei Scholasticæ vnum aliquem Monachum præfuisse nomenque Scholastici habuisse, testis est idem Trithemius, *è quorum Collegio*, inquiens, *in singulis Cœnobiis maioribus vnus cæteris in scientia*

& Episcopalibus.

ia scripturarum excellentior Scholasticus ponebatur. Quod siquem non habebant idoneum, quem aliis præficerent, aliunde, hoc est ex aliis Monasteriis euocabant eodem teste. Quoties autem idoneum ad hanc subeundam prouinciam in suo Cænobio Monachorum Abbas minimè haberet, de aliquo alio Monasterio petere aptum non erat verecundum. Maximum enim dedecus iudicabat dociles animos Monachorum negligere, quos vt moribus & litteris bene instituere possent, nullis laboribus, nullis parcebant impensis. Sic namque doctissimus ille Gemblacensis Monachus Sigebertus multo tempore in Cænobio S. Vincentij Metensis Monachorum præceptor, quanquam de alio Monasterio fuit. Ita Strabus Monachus Fuldensis in Hirsfeldia, Notgerus S. Galli in Stabulensi, Albinus Monachus Anglus in Fulda, Milo S. Amandi in Corbeia, atque alij complures in aliis Monasteriis docendi ad tempus tenuerunt Officium.

Imo nonnunquam si deessent Monachi satis periti, è secularibus assumebantur, qui id muneris præstarent. Refert enim Hedio l. 6. c. 9. Histor. Eccles. *Doctos viros è Græcia in Galliam venisse, & à Pipino ac Carolo M. in Monasteria missos esse, vt Græcam linguam docerent Monachos: atque ita Ægidium in Galliis, Apollonium Ratisbonæ in Cænobio Hemerani, Vergilium apud Salzburgenses inclaruisse:* Hæc de Scholis Cœnobialibus.

Quod ad Scholas Episcopales spectat, non est dubium, quin antiquissimæ sint, vt pote tum institutæ, cum Ecclesia liberior esse cœpit in exercitio Christianæ religionis. Et in iis non modo professores ab Episcopis aduocatos, sed Episcopos etiam ipsos docuisse legimus: vt videtur innuere Synesius Ptolemaidis Cyrenaicæ Episcopus Ep. 57. contra Andronicum, quo loco Episcoporum facta improbans, qui se negociis temporalibus applicabant, ait de se ipso: *sed quemadmodum nec Philosophus fui publicus, neque theatri spectaculis deditus, neque ludum litterarium aperui.* Quasi dicat se non exercuisse scholas publicas ad ostentationem & gloriæ aucupium, vt multi facere solebant. Id tamen postea prohibitum fuit, legimusque à Gregorio Pontif. Max. quendam Episcopum obiurgatum fuisse, quod Grammaticam profiteretur.

Scholæ Episcopales.

Itaque, vt Episcopi se totos Ecclesiæ regimini traderent, suis scholis viros doctos præfecerunt, qui futuros Christi milites seu Clericos instituerent liberalibus Disciplinis, dum ipsi Pastorum officium agerent, sacrifque concionibus vacarent. Quod institutum in Ecclesia Alexandrina viguit maximè, vbi teste Eusebio functi sunt eo munere Pantænus, Origenes, Achillas, aliique viri doctissimi; Episcopi verò Gymnasij Moderatores erant & professorum Coriphæi. Antiochenæ quoque scholæ præfuit Malchion, eodem Eusebio teste. Et hoc institutum constituendis in singulis Episcopiis Scholarchis, qui sub Episcopo scholas regerent, occasionem dedisse communis fert sententia.

Renatus Choppinus l. 1. de Sacra Politia originem huius rei repetit à D. Paulo his verbis. *Paulus ille magnus Ecclesiæ propugnator & diuinitus electum Organum Euangelicæ Philosophiæ refert alios esse in Ecclesia doctores, & pastores alios, nonnullos Ministros inferiores Ephes. 4. Ex quo antiquitus prodiere Ecclesiasticæ schola ad Clericorum cæterorumque Egentium eruditionem. Quibus litterariis Gymnasiis præficiebantur viri lectissimi, qui non Theosophiam modò, sed Grammaticam quoque & humaniores Disciplinas edocerent. Vetusta huius consuetudinis in Alexandrina Ecclesia meminit Eusebius l. 5. sacræ Histor. c. 10. qui in Ecclesia functos eo professionis munere Achillam, Pantænum & Origenem scriptum est ab Eugenio ipso l. 6. c. 3. & l. 7. c. 29. Vnde continuus fuit hic & ad longas ætates mos perductus, vt à Presbyterorum Collegio pueris erudiendis functio mandaretur Litterato Gymnasiarchæ, illiusque officio incumbebat prospicere, vt politiori doctrinâ iuuentus imbueretur. Can. de Quibusdam 37. distin. qui desumptus est è sacra Synodo Eugenij 1. PP. Hodie etiamnum in Cathedrali quolibet sacerdotum Cœtu Scholiarchos videmus Ludo Litterario præpositos, qui Doctores elegantiorum artium seligant, cæteraque Musæi publici commoda promoueant. Imo & sacram hanc dignitatem esse in Pontificali templo quolibet notat Innocentius III. Moguntinensi rescribens Studiorum Præfecto.*

Vt autem tum scholæ illæ facilius exercerentur, tum Episcopi & Canonici decentius & religiosius viuerent, institutum est regnante in Francia Pipino, vt more Cœnobitarum iuxta Claustri septa commorarentur & conuescerentur. In eam rem à Pipino Romam missus est ad Stephanum Papam Chrodegangus

L

olim in Palatio Caroli Martelli eruditus, deinde Referendarius, cum vero Episcopus Metensis : isque effecit vt Stephanus in Franciam veniret. Qui salutato Pipino, aliquandiu in Abbatia San-Dionysiana commoratus præclaram illam Constitutionem Claustralem edidit, teste Paulo Warnefrido Diacono Foro-Iuliensi lib. de Episcopis Metensibus, vbi de Chrodegango verba faciens, *Is*, inquit, *in Palatio maioris Caroli ab ipso enutritus eiusdemque Referendarius extitit, ac demum Pipini Regis temporibus Pontificale decus promeruit.* (an. 743.) *fuit autem omnino clarissimus omnique nobilitate coruscus, forma decorus, eloquio facundissimus, tam patrio quàm Latino sermone imbutus, seruorum Dei nutritor, orphanorum viduarumque non solum altor sed & clementissimus tutor. Cumque esset in omnibus Locuples à Pipino Rege omnique Francorum Cœtu singulariter electus Romam directus est, Stephanumque venerabilem Papam, vt cunctorum vota anhelabant, ad Gallias euocauit. Hic Clerum adunauit & adinitar Cœnobij intra Claustrorum septa conuersari fecit, normamque eis instituit, qualiter in Ecclesia militare deberent, quibus annonas vitaque subsidia sufficienter largitus est, vt perituris vacare negotiis non indigentes, Diuinis solummodo Officiis excubarent.* Ipsumque Clerum abundanter Lege Diuina, Romanaque imbutum Cantilena morem atque Ordinem Rom. Ecclesia seruare præcepit : quod vsque ad id tempus in Metensi Ecclesia factum minimè fuit.

Quæret iam Curiosus aliquis, quo loco essent illæ Scholæ constitutæ & quomodo regerentur. De loco, hoc legendo accepimus, constitutas fuisse in inferiori Basilicæ naui, vel in Atrio seu in aliquo Conclaui atrij iuxta Canonem 23. Concilij Toletani 4. habiti circa annum Christi 624. in quo hæc habentur verba. *Quicumque in Clero puberes aut adolescentes existunt, omnes in vno conclaui atrij commorentur, vt lubricæ ætatis annos non in Luxuria, sed in Disciplinis Ecclesiasticis agant deputati probatissimo seniori, quem & Magistrum Doctrinæ & testem vitæ habeant.*

Hinc ab edocendis Paruis locum illum, seu Atrium volunt aliqui vocatum fuisse PARVIS, cuiusmodi est Atrium Basilicæ Parisiensis, quod vulgò dicitur *le Parvis Nostre-Dame*. Et Mathæus Parisiensis ad an. 1250. Vbi de quibusdam exactionibus Legatorum Apostolicorum in Francia loquitur, deque miserrimo quodam Magistro Clericorum, qui pendere tributum cogebatur. *Pro illa substantiola persoluenda*, inquit, *cogebatur ille pauperibus multis diebus Scholas exercens venditis in Paruisio libellis vitam famelicam & Codrinam protelare.* Quæ verba explicans Iacob. Watsius in Glossario, *Sanè*, inquit, *aliquando Pars quædam in inferiore Naui Ecclesiæ Scholæ exercendæ destinata à Paruis Pueris ibi edoctis* PARVIS *vel* PARVISIVM, Angl. THE PARVIS *dicebatur*. Sensus igitur est pauperculum istum non tantùm coactum fuisse Scholam docere, sed & exemplaria libellorum pro paruulis suis exscribere eisque vendere. Adhuc in celeberrima Oxoniensi Academia postquam Magistri Quodlibeta sua siue disputationes magnas in Scholis publicis absoluerint, Iuniores paruis suis pomeridianis se exercent, & Paruisias appellant. Etiam & in Collegiis Iurisperitorum Nostratium exercitium siue Colloquium studentium THE PARVILE vocabatur, quod nunc *Moote* dicimus.

Regimen Scholarum Episcopali

Talis ergo Scholarum illarum locus, quale verò regimen ? hoc quoque ex Variorum Authorum scriptis collegimus, plures aliquando fuisse in Atrio Cellulas **Magistrales, hodie vulgò *Classes* vocamus, pluresque Magistros pueris**, adolescentibus, Clericis & Presbyteris in Grammaticalibus & aliis artibus liberalibus, in cantu & psalmodia, in intelligentia Sacrarum Scripturarum, Sacramentorum, Ritualium & Ceremonialium instituendis addictos : omnesque illos Vni è Canonicis ab Episcopo vel à Capitulo ad id muneris electo paruisse, qui in aliquibus locis *Scholasticus*, in aliis *Scholaster*, alibi *Capischola*, seu Caput Scholæ, alibi *Decanus*, vel *Cancellarius* appellatur. Et de eo intelligendus Canon Concilij Toletani IV. quo præcipitur, vt pueri probatissimo alicui Seniori ad custodiendum deputentur. Ad cuius Canonis explicationem hæc habet Chrodegangus in lib. de Regula Canonicorum c. 48. quem publici iuris fecit Lucas Dacherius in Spicilegio tom. I. SOLERTER *Rectores Ecclesiarum vigilare oportet*, inquit, *vt pueri & adolescentes, qui in Congregatione sibi commissa nutriuntur vel erudiuntur, ita iugibus Ecclesiasticis Disciplinis constringantur, vt eorum lasciua ætas & ad peccandum valde* procliuis nullum possit reperire locum, quo in peccati facinus proruat. Quapropter in huiuscemodi custodiendis & spiritualiter erudiendis tali: à Prælatis constituendus est Frater, qui eorum curam summâ gerat industriâ, eosque ita arctissimè constringat, qualiter Ecclesiasticis Doctrinis imbuti & armis spiritualibus induti & Ecclesiæ vtilitatibus decenter parere & ad gradus Ecclesiasticos quandoque dignè possint promoueri. Libuit præterea ob ædificationem congruam & instructionem negotij, de quo agitur, quandam SS. Patrum sententiam huic operi inserere quæ ita habet (Conc. Tolet. 4.) Quisquis autem in Clero Puberes aut Adolescentes existunt, omnes in vno Conclaui Atrij commorentur, vt lubrica ætatis annos non in luxuriâ, sed in Disciplinis Ecclesiasticis agant deputati Probatissimo Seniori quem & Magistrum Doctrinæ & testem vitæ habeant. Hii ita præmissis oportet vt Probatissimo Seniori, pueri ad custodiendum, licet ab alio erudiantur, deputentur. Frater verò, cui hæc cura committitur, si eorum curam parui penderit, & aliud quàm oportet, docuerit, aut his aliquam cuiuslibet læsionis maculam ingesserit, seuerissimè correptus ab officio amoueatur & Fratri alij hi committantur, qui eos & innocentis vitæ exemplis informet & ad bonum opus peragendum excitet.

Initio quidem Archidiaconi hanc videntur habuisse curam, dicebanturque *Primicerij Scholæ.* Ita legitur in Ep. 4. S. Remigij Tomo 1. Conciliorum Ecclesiæ Gallic. *Cum igitur Lenitas feceris, Presbyteros consecraris, Archidiaconum institueris Primicerium Scholæ clarissimè militiæque Lectorum.* legitur etiam apud Chrodegangum hic titulus, *De Archidiacono seu Primicerio.* Postea specialis hæc instituta est in Capitulo Cathedrali Dignitas cum Præbenda, vocataque in aliquibus locis *Scholania* vel *Scholastria*: de qua extat quædam Decretalis Alexandri III. Quæ tamen inter eas non legitur, quæ ex ipso in Decretalibus Gregorianis referuntur. Titulum habet De Magistris Collect. 2. *Peruenit ad Nos, quod cum in Ecclesia Laudunensi & Ecclesia Tornacensi ad sustentationem eius qui Scholas regit, Beneficium olim deputatum fuisset, sicut per omnes fere alias Maiores Gallicanas & fuisse quondam, & in quibusdam adhuc esse dignoscitur.*

Talem autem Primicerium seu Magistrum Scholarum Hospinianus comparat cum Rectore Academiæ: nam ille Scholarum Episcopalium & Clericalium præfectus erat, vt iste Publicarum. Erat *Scholasticus* inquit, *Scholæ Ecclesiasticæ inspector & moderator primæ Dignitatis*: qualem in Scholis Publicis, quas Academias iam nuncupant, dicere possumus Rectorem. Ille autem cæteris Magistris tam qui in Scholis Atriensibus, quàm qui in vicanis docebant, authoritate Apostolica vel Episcopali licentiam docendi impertiebatur: quam Dignitatem & potestatem etiamnum habet sub Cancellarij nomine in Vniuersitatibus plurimis, in aliis ipsi Episcopi Cancellarij munere funguntur: quâ de re sic habet Gregorius Tolos. Syntag. l. 15. c. 19. *Tolosæ post Præpositum secundus in Dignitate est Cancellarius Academiæ, & Canonicus in choro & alibi. Cadurci non ita: sed post Archidiaconos duos & Cantorem Officium gerit.* Hic in Diplomatibus summorum Pontificum, qui Priuilegia Academiæ nostræ Cadurcorum largiti sunt, dicitur *Magister Scholarum.* Nam antequam Academia esset, erat inter Canonicos vnus Magister, aut Canonica portio vni Magistro dabatur, qui docendi prouinciam susciperet, & suâ curâ alios Præceptores & Magistros docendi causâ deligeret iuxta Concilij Generalis & Lateranensis Decreta. Subinde in institutione Academiæ ex Magistro Scholarum factus est Cancellarius, eiusque Dignitas, vt aliarum Dignitatum Ordo, metienda est ex consuetudine Ecclesiarum, in quibus sunt instituti. Sed nos ea de re ad calcem primi seculi Vniuersitatis Parisiensis, vbi de Rectore & Cancellario pluribus agemus.

DE SCHOLIS PARISIENSIBVS ANTE
Carolum Magnum.

Irca Scholas Parisienses triplex est Scriptorum opinio. Aliqui eas reponunt inter celebres, præsertim ex quo Gallia Christianam fidem amplexa est. Scribunt enim Dionysium Areopagitam relictis Athenis Romam primum contendisse: deinde à Clemente Pontifice in Gallias missum ad prædicandum Christi Euangelium Lutetiæ resedisse, litterasque humanas & diuinas cum fide seminasse. Addunt authoritatem Boëtij scribentis in lib. de Disciplina Scholarium *se in Ciuitate Iulij Cæsaris, quæ Parisius dicebatur, multos artes mendicare perspexisse, nullis eis pocula Philosophiæ administrantibus.* Vnde inferunt olim fuisse Parisiis celebre litterarum Emporium, sed tempore Boëtii, licet ad illud Germani, Itali, Hispani confluerent, minus floruisse.

Verum ista duo fundamenta nimis caduca sunt & incerta, quàm vt ad hanc sententiam accedere debeamus. Primum quidem, quod Ludouici Pij temporibus inualescere cœpit, tam validis rationibus & coniecturis impugnatur, vt si non falsum, certe falso & commentitio proximum appareat. Alterum verò, quod Seuerini Boëtij authoritate nititur, plurimum quidem ponderis haberet, si libellus iste Boëtij fœtus esset. Verum tria euincunt non esse, Titulus, Elocutio & Inuentio: Titulus quidem, quia opusculum inscribitur nomine Boëtij illius viri consularis, tam celebris in Historia, qui statim in proëmio ait se inhumani Regis Gothorum, nempe Theodorici *cruciatu corrosum* fuisse: deinde cap. 2. causa sanitatis recuperandæ in Galliam se transtulisse, in Ciuitate Iulij Cæsaris nempe Parisiis multos artes mendicare perspexisse. At constat Boëtium, paulo postquam Theodoricus Romam aduenit, ab eo quorundam Improborum impulsu relegatum, non Parisios neque in Galliam, sed Ticinum seu Papiam: neque inde egressum: nonoque demum anno in carcerem cum Symmacho Socero coniectum, ibidemque obtruncatum.

Elocutionem quoque non redolet Boëtij opusculum istud, puritatem elegantiamque sermonis, quæ cernitur in libris de Consolatione Philosophiæ, quos ille Ticini conscripsit, aliisue eiusdem authoris operibus. Non potest autem eiusdem hominis tam dispar esse stylus, etiam si maximè conetur.

Inuentio denique non potest tribui Boëtio; cuius temporibus non erat ea certè frequentia Scholarium Lutetiæ, quam author ille fingit tum fuisse. Meminit enim c. 2. non modo Gallorum, sed Britonum, Germanorum, Hispanorum atque Romanorum, quorum paucos, quia proterui erant & discholi, Magisterij Gradu & honore donari viderat. Præterea de Determinationibus agit Terminorum Philosophiæ; de Archischolaribus, quos Baccalaureos appellamus; de Incipientibus, deque deductione eorum ad Scholas Magistrorum, aliisque eiusmodi circunstantijs studiorum, quas temporibus Boëtij nondum vsurpatas fuisse Parisiis manifestum est; nec forsan alibi.

Præterea opus istud inter Boëtiana à nemine veterum Scriptorum recenseri legimus: & quanquam non diffitemur antiquum esse, nec contemnēdum putamus, non tamen Caroli M. seculo vetustius esse credimus. Quis vero sit illius author, nihil audemus affirmare. Sed si coniecturâ vti licet, videtur esse vetus aliquis professor Academiæ Parisiensis, qui præcepta quidem tradit de Disciplina Scholarium, sed suppressis nominibus multorum mores arguit: & corruptissimam quorumdam Magistrorum consuetudinem reprehendit, quorum ne incurreret offensionem, nominibus pepercit. Adde quod licet videatur de Gymnasio Athenienst loqui, omnino tamen Parisiensem Disciplinam, indigitat, quam cernimus antiquitus obseruatam, & qualis fuisse videtur à temporibus Caroli M. ad Ludouici IX. Ætatem. Itaque si in re tam antiqua diuinationi & conie-

&turæ locus est, credibile est libelli memorati authorem esse Ioannem Scotum seu Erigenam, qui Caroli Calui temporibus Luteriæ publicè docebat: quippe tria illi conuenire videntur, quæ in illius opusculi auctore deprehenduntur. Quod scilicet studuerit Athenis, Græcasque litteras amauerit: at Ioannes è Græco in Latinum multa opera iussu Calui conuertit. Quod Dialecticæ studium maximè commendet: cui Ioannes impensissimè addictus fuit, & Sophisticis cauillationibus etiam nimium. Quod denique Magistros sugillet: quia non placebat eorum in docendo consuetudo. Vnde Ioannes multorum inuidiam & odium incurrit. Sed de his plusquam satis.

Aliorum est opinio, nullas omnino fuisse Scholas Parisienses antiquitus: atque ideo Civitati Parisiensi nimis quippe priscis temporibus angustæ & ignotæ omnem derogant litterarum professionem, cum nullus veterum Authorum illius meminerit: non Ausonius Burdigalensis, non Sidonius Apollinaris, qui tam curiosè tamque studiosè celebres suorum temporum scholas præstantissimosque professores commemorant.

Certè mirum videri debet hanc Galliæ Celticæ partem, si litterarum exercitium habuit, nulla famâ inclaruisse. De Belgica minus mirum, quæ à cæteris Galliarum partibus longius abest: ideoque minus culta semper fuit, hincque cæteris fortior existimata: vnde miratur Sidonius l. 4. Ep. 17. in Arbogaste Belga tantam facundiam fuisse *Tu*, inquit, *Quirinalis impletus fonte facundiæ, potor Mosella Tiberim ructas. Sic Barbarorum familiaris, quod tamen nescius Barbarismorum. Par Ducibus antiquis lingua manuque; sed quorum dextera solebat non minus stylum tractare, quàm gladium. Quocirca Sermonis pompa Romani, si qua adhuc vspiam est, Belgicis olim siue Rhenanis abolita terris, in te residet: quo vel incolumi, vel perorante, & si apud limitem ipsum Latina iura ceciderunt, verba non titubant.*

Narbonensis verò & Aquitania amplissimùm olim tenuerunt Litterarum Imperium. Itaque cum vetusti authores Gallicanam facundiam prædicant, de illis certè Galliarum partibus vulgo intelligendi sunt. Ipsa quoque quæ tribuunt epitheta, ingenij Vasconici & Prouincialis naturam exprimunt. M. Cato lib. 2. Origin. apud Carisium, *Pleraque Gallia duas res industriosissimè persequitur, rem militarem & argutè loqui.* Hieronymus ad Rusticum Monachum. *Ac post studia Galliarum quæ vel florentissima sunt.* & paulo post *vbertas Gallici nitorque sermonis.* Et ad Paulin. quàm eleganter Aquitanum hominem & Vasconici ingenij pompam exprimit, de Hilario loquens, *S. Hilarius Gallicano cothurno attollitur.* Et in proœmio Ep. 2. ad Galatas eum vocat *Eloquentiæ Latinæ Rhodanum.*

At Celtis nostris nihil tale legimus attributum: imò potius ruditatem quandam & impolitiam. Sulpicius Seuerus Dialog. 1. c. vlt. *Tu verò vel Celticè, aut si mauis Gallicè loquere, dummodo iam Martinum loquaris.* Irenæus in Præfat. l. 1. aduersus hæreses. *Non autem exquires à nobis qui apud Celtas commoramur, & in Barbarum sermonem plerumque auocamur, Orationis Artem, quam non didicimus.* Quæ verba non ita tamen intelligenda sunt, vt Lugduni, vbi tum sedebat Episcopus, nullum esset litterarum exercitium, fuisse enim celeberrimum antea demonstrauimus: sed quod homo Græcus Latini sermonis elegantiam non potuisset nec posset perfectè callere, satis quippe occupatus in addiscenda lingua Gallicana, cuius ipsi necessarius erat vsus in negotiis suæ Diœceseos tractandis. Sidonius Apollinaris l. 3. Ep. 3. Hecdicium nobilem Aruernum laudat, quod in Aruernia Latinis Musis causam dedisset & occasionem instituendi exercitij. *Mitto istic ob gratiam pueritiæ tuæ vndique Gentium confluxisse Studia litterarum, tuæque personæ quondam debitum, quod sermonis Celtici squamam depositura Nobilitas nunc Oratorio stylo, nunc etiam Camœnalibus modis imbuebatur.* Quid est autem illa sermonis Celtici squama, nisi ruditas & impolitia?

Itaque præter Lugdunenses & Æduenses Scholas raras videmus in tota Celtica fuisse alicuius celebritatis & famæ, nomenque meruisse Gymnasij Publici, aut Academiæ. Quanquam tamen non videtur posse negari, quin in Metropolibus & in aliis Vrbibus, vbi Romani Præsides Tribunal habebant, Liberalium Artium professio exercita fuerit. Nam vt ait D. Augustinus l. 19. de Ciuit. c. 7. *Opera data est vt imperiosa Ciuitas (Romana) non solum iugum, verum etiam linguam suam domitis Gentibus imponeret.* Et Gratianus Imperator edixit, *vt saltem in Me-*

tropolibus Galliæ nobilium Profeſſorum electio celebraretur : cuius Reſcriptum antè retulimus.

Iam verò quis neſcit Lutetiam Pariſiorum fuiſſe Præſidum Cæſarianorum ſedem? Iulianus, qui Apoſtata dictus eſt, cum in Gallia degeret, Ciuitatem illam, poſthabitis ſuæ Ditionis vrbibus, delegiſſe videtur ad habitandum : vnde illam vocat in Encomio Barbæ *Caram Lutetiam* τὴν φίλην λευκιτίαν, eiuſque laudat ſitum & temperiem ; ibidem extruxit Palatium, quod diuturnis temporibus Palatij Iuliani Thermarumque nomen retinuit. Expulſis verò è Gallia Romanis Primi Francorum Reges, ſi ſtudia litterarum non amplificarunt, ſaltem non abſtulerunt : imò poſtquam à bello quieuerunt & Chriſtianam fidem amplexi ſunt, in primariis ſuis ſedibus eas exerceri voluerunt. Belforeſtius ſingularis diligentiæ vir & Antiquitatum Gallicarum Indagator ſolertiſſimus atque accuratiſſimus ait in ſua Coſmographia, eo loco vbi de Vniuerſitate Pariſienſi fuſè diſſerit, Clodouæum I. è Pagano factum Chriſtianum in monte, qui tunc Locutitius ſeu Leucotitius, deinde verò San-Genoueſianus dictus, Baſilicam extruxiſſe magnificam in honorem SS. Apoſtolorum Petri & Pauli, ibique conſtituiſſe Canonicos, vt vocant, ſeculares, & SEMINARIVM LITTERARVM. Item in Eccleſia S. Vincentij, quæ nunc S. Germani Pratenſis appellatur, inſtitutam olim fuiſſe Scholam Eccleſiaſticam.

Childebertus I. dicitur amauiſſe litteras, ſatiſque commodè Latine locutus ; atque è Tribunali Ius ſubditis reddidiſſe. Sic enim de eo Fortunatus apud Maſſonium, *Cum bella odiſſet, pacem & litteras ac inſtitiam amabat : primus enim Regum Noſtrorum Latinè ſciuit, cum parens atque auus Sicambricè locuti fuiſſent.*

Chilperico Childeberti ſucceſſori hoc imprimis illuſtre glorioſumque fuit, quod Francigenarum Regum primus poëſim excoluerit, & poëticè compoſuerit ; quodque teſte eodem Fortunato, nullo interprete multarum Gentium linguas diſcernere ſoleret. Gregorius verò Turonenſis l. 5. c. 45. ſcribit eum addidiſſe quinque litteras Alphabeto, vt ſuauior commodiorque foret idiomatis Francici pronunciatio, præcepiſſeque omnibus Magiſtris, vt eas Diſcipulis diligenter inculcarent. *Addidit & litteris litteris noſtris*, inquit, *id eſt u ſicut Græci habent Æ, The, W WI. quarum Characteres ſubſcripſimus : hi ſunt* O, ѱ, Z, π. *& miſit Epiſtolas in Ciuitates Regni ſui, vt ſic pueri docerentur, ac libri antiquitus ſcripti planati pumice reſcriberentur.*

Alij aliter ſcribunt, aiuntque illum has quinque Græcorum Duplices θ χ φ ξ ψ. in Alphabetum noſtrum tranſcripſiſſe ad exprimendas vno Charactere haſce geminas TH, Ch, PH, Cs, PS. quod quidem in vſu fuiſſe quandiu vixit, teſtatur Gregorius ; cum eo verò inſtitutum illud interiiſſe

Idem refert ab eo conſcriptos fuiſſe duos libros verſibus, ſed nullo certo pede, nec obſeruatâ quantitate, conſtantibus. *Confecit*, inquit, *duos libros, quaſi Sedulium imitatus, quorum verſiculi debiles nullis pedibus ſubſiſtere poſſunt : in quibuſdam non intelligebat : pro longis ſyllabas breues poſuit, & pro breuibus longas ſtatuebat ; & alia opuſcula, vel hymnos, ſiue Miſſas, quæ nulla ratione ſuſcipi poſſunt.* Aimoïnus tamen Hiſtoriæ Francicæ ſcriptor longè aliter de Chilperici Poëmate ſentit, eo ſcilicet conſtitiſſe, quàm non illi Poëtici ingenij ſpiritus deeſſet, queriturque ſua ætate quæſitum iam reperiri non potuiſſe. In exemplum verò venæ illius non infelicis refert Epitaphium, quod ille in honorem S. Germani Pariſienſis Epiſcopi compoſuiſſe dicebatur, quod legitur in vita S. Germani à Fortunato Pictauorum Epiſcopo ſcripta : ſed venam Fortunati, vt arbitror, ſapit magis, quàm Chilperici. Vt vt ſit, illud ad venerandæ antiquitatis commendationem referre non pigebit.

Eccleſiæ ſpeculum, Patriæ vigor, Arareorum :
 Et Pater & Medicus, Paſtor amorque Gregis.
Germanus virtute, fide, corde, ore beatus,
 Carne tenet tumulum, mentis honore polum.
Vir cui dura nihil nocuerunt fata ſepulcri :
 Viuit enim, nam mors quem tulit, ipſa timet.
Creuit adhuc potius Iuſtus poſt funera. Nam Qui
 Fictile vas fuerat, Gemma ſuperba micat.

& Episcopalibus.

Huius opem ac meritum multis data verba loquuntur
Redditus & cæcis prædicat ore Dies.
Hic vir Apostolicus rapiens de carne trophæum
Iure triumphali considet arce poli.

Obiit Germanus 28. Maij an. 576. scribit quoque idem Fortunatus Charibertum optimè didicisse Latinè loqui, itaut Romanos ipsos benedicendi facundia superaret.

Cum sis progenitus clara de stirpe Sicamber,
Floret in Eloquio lingua Latina tuo.
Qualis es in propria docto sermone loquela?
Qui nos Romanos vincis in Eloquio.

Clotarius Iunior Chilperici filius, qui regnare cœpit an. 587. erat teste Sauarone in litteris versatissimus, Diuini cultus amantissimus, benignus, mitis, liberalis, omnique virtutum genere decoratus. Addamus ex Fredegario c. 92. *Fuisse patientiæ deditum, timentem Deum, Ecclesiarum & sacerdotum magnum Muneratorem, pauperibus eleemosynas tribuentem, seque omnibus benignum & pietate plenum ostendere solitum: quæ virtutes solent Musas comitari.*

Eodem anno, aut certe sequente Guntranus Aurelianorum Rex in vrbe sua exceptus est Orationibus omnis generis, Syriacis, Hebraïcis, Iudaïcis & Latinis. Testis Gregorius l. 8. c. 1. *Processit*, inquit, *ei obuiam immensa turba cum signis atque vexillis canentes laudes: & hinc lingua Syriaca, hinc Latinorum, hinc etiam ipsorum Iudæorum in diuersis laudibus variè increpabat.* Hunc præterea scribunt fuisse benignum erga pauperes & eleemosynarum largitorem. Notat idem Gregorius l. 4. c. 24. Gondobaldum Gontrani filium Professoribus Aurelianensibus traditum fuisse in Disciplinam.

De Dagoberto commemorat Massonius l. 1. Annal. ex communi omnium scriptorum sententia neminem illo fuisse *ad studia litterarum animo propensiorem, & boni æquique amantiorem, aut erga Deum magis pium.* Rigordus verò ait eum fuisse eloquentissimum: quod quidem eò credibilius videri potest, quia Clotarius pater eum seuerè voluerat educari sub Disciplina Sandragesili Præceptoris.

Iam verò quis dubitet, cum legit Reges istos fuisse litteris deditos, quin Aureliæ & Lutetiæ Scholas haberi voluerint, in quibus vrbibus primariam Regni sui sedem posuerant? de Lutetia quidem testis Gregorius l. 1. c. 37. & 38. Clodouæum exclusis Gothis & partâ de Alarico victoriâ Parisios venisse, ibique *Cathedram Regni constituisse.* Aimonius, seu potius Continuator l. 5. c. 51. de eadem sic scribit. *Parisiana sedes propria Regum est, eamque sicut in antiquis legitur scriptis Reges Francorum Regiam habere consueuerunt.*

Quod ad Episcopos verò Parisienses attinet, quorum curæ maximè incumbebat Clerum instruere & fidem propagare, non est dubium, quin scholas quoque in Episcopio habuerint. Et de S. Germano communis est sententia, multos cum habuisse Discipulos. Non enim erubescebant olim Episcopi cum fidei dogmatis litterarum peritiam teneris mentibus infundere. Vnde Fortunatus, qui ex Italia post B. Maurum Benedicti Discipulum in Galliam se contulit, quique Turonis publicè docuit, & tandem ad Pictauiensem sedem promotus est, de Germano deque Clero Parisiensi verba faciens, ait Beatum Episcopum tam senes rexisse quàm iuuenes. *Episcopi Parisienses*

Carmine Dauidico Diuina Poëmata pangens
Cursibus assiduis dulce reuoluit opus.
Inde Sacerdotes, Leuiticus hinc micat Ordo:
Illos Canicies, hos stola longa tegit.
In medio Germanus adest Antistes honore,
Qui regit hinc Iuuenes, subrigit inde senes.

Quæ postrema verba interpretatur Hemeræus de Scholis, quas B. Præsul regebat, è quibus ait prodiisse viros eximia pietate illustres, & inter alios Briocum & Clodoaldum, huncque in Ecclesia Parisiensi Clericali gradu refulsisse. Briocus autem natione Hibernus S. Vincentij in Aremorica regione creatus est Episcopus.

Ad hunc Beatum virum mittebantur ex omnibus Regni partibus nobiles adolescentes, quos pietas parentum sacerdotio destinabat, vt ab eo humanâ litteraturâ, moribus Ecclesiasticis & pietate Christianâ imbuerentur. Ita Bertranus à Parentibus ipsi traditus, ab eo instructus & institutus fuit, vt ipsemet in testamento scribit: de Germano enim verba faciens, *ille*, inquit, *me dulcissimè enutriuit, & in suâ sanctâ oratione ad sacerdotij honorem perduxit.*

At præclaram illam Germani scholam, in qua non modò artium liberalium, verum etiam Cantus & Psalmodiæ professio celebrabatur, pœnè sustulit Eusebius quidam natione Syrus Episcopatum pecuniâ consecutus anno circiter 565. de quo sic scribit Gregorius l. 10. *Ragnemundus Parisiacæ vrbis Episcopus obit: cumque Germanus eius Faramundus presbyter pro Episcopatu concurreret, Eusebius Quidam negotiator genere Syrus datis multis muneribus in locum eius subrogatus est: isque accepto Episcopatu omnem Scholam Decessoris sui Germani & Ragnemundi, abijciens Syros de genere suo Ecclesiasticæ Domui Ministros statuit.* Sic schola Parisiensis, quæ Germano præsule & Childeberto Rege floruerat, sub hoc Episcopo Syro plurimum defloruit.

Nec præterire æquum est, quod scribit Fortunatus ad laudem insignis Regis Childeberti, illum scilicet superbam Basilicam seu Ecclesiam Episcopalem extruxisse quæ cum templo, Salomoniaco certaret, de cuius dedicatione licet nihil dicat, certum tamen est eam fuisse Diuæ Virgini communi Parisiensium patronæ dedicatam. Idque clarè testatur Aimoinus l. 3. c. 57. de gestis Francorum. *Interea*, inquit, *Fredegundis Regina Marito viduata ad Basilicam Parisiacæ vrbis in honorem S. Mariæ dicatam cum Thesauris quos secum habebat, se conferens, à Ragnemundo suscipitur Episcopo.* Fortunatus ergo sic habet l. 2. de Templo illo fide & Religione Christianâ permagnifico.

> *Si Salomoniaci memoretur Machina Templi,*
>   *Arte licet par sit, pulchrior ista fide.*
> *Nam quæcunque illic veteris velamine Legis,*
>   *Clausa fuere prius, hic reserata patent.*
> *Floruit illa quidem vario intertexta Metallo,*
>   *Claruit hæc Christi sanguine tincta nitens.*
> *Illam aurum, lapides ornarunt, Cedrina ligna.*
>   *Hic venerabilior de cruce fulget honor.*
> *Constitit illa vetus ruituro structa Metallo:*
>   *Hæc pretio mundi stat solidata Domus.*
> *Splendida marmoreis attollitur aula columnis,*
>   *Et quia pura manet, gratia maior inest.*
> *Prima capit radios variis oculata fenestris*
>   *Artificisque manu clausit in arce diem.*
> *Cursibus auroræ vaga lux laquearia complet,*
>   *Atque suis radiis & sine sole micat.*
> *Hæc pius egregio Rex Childebertus honore*
>   *Dona suo populo non moritura dedit.*
> *Totus in affectu Diuini cultus inhærens*
>   *Ecclesiæ viles amplificauit opes.*
> *Melchisedech noster merito Rex atque sacerdos*
>   **Compleuit Laicus Religionis opus.**
> *Publica iura regens ac celsa Palatia seruans*
>   *Vnica Pontificum gloria, norma fuit.*
> *Hinc abiens illic meritorum viuit honore;*
>   *Hic quoque gestorum laude perennis erit.*

Ex dictis igitur intelligimus à primis Christi seculis, maximè vero ab institutâ Monarchiâ Francorum ad annum circiter 600. perpetuum fuisse Lutetiæ litterarum exercitium, non eo quidem splendore, quo post Carolum Magnum fuit, sed aliquo certe & laudabili; atque adeo non ita fuisse Barbaros Parisienses, vt Angli prædicant, quandoquidem vt testantur eorum Annales, Lutetiam commigrare solebant ad primariam Regni Francici sedem, vt suauioribus Disciplinis, ciuilitate morum, sanâ Doctrinâ, Diuinarumque scripturarum intelligentiâ imbuerentur.

& Episcopalibus. 89

Non est verò dissimulandum, quod scribunt aliqui à Dagoberto ad Carolum M. fuisse quasi duorum seculorum caliginem; & valde paucos in tota Gallia litteris excelluisse: quod ex eo factum existimant, quia Reges consecuti, aut desides, aut qui eorum vice regebant; Maiores Palatij, plus Laicis hominibus, quàm Ecclesiasticis, plus illiteratis, quàm litteratis tribuebant. Quo quidem vitio imprimis laborasse legitur Martellus: ille enim teste Flodoardo l. 2. c. 11. non solum Remensem, sed & alios etiam Episcopatus Laicis hominibus dabat: itaut Episcopis in rebus Ecclesiæ nihil ferè iuris & authoritatis permitteret. Quamobrem cum illi propè soli litterarum curam tunc haberent, soleatque Beneficium Ecclesiasticum esse merces studiosorum, necesse est magnam tunc temporis iacturam passas fuisse litteras, mercede & Mecœnatibus deficientibus. Adde bella ciuilia, frequentesque Regni vicissitudines, & Regum mutationes, Litterarum quieti & professioni omnino inimicas.

Temporum illorum miserabilem statum describit Antissiodorensis in Chronico ad an. 700. vbi de Carolo Martello. *Antissiodorensi Ecclesiæ*; inquit, *post Clementem præfuit Adulphus ex Cantore Episcopus: vir in Diuinis Officiis strenuus, & Episcopali largitate famosus. Huius tempore res Ecclesiastica ab Episcoporum potestate per Carolum Principem abstracta in Dominatum Secularium cesserunt. Siquidem centum tantummodo Mansis Episcopo derelictis, quidquid villarum superfuit, in sex Baioarios distributum est. Abbatiæ verò singulis Abbatibus dilargitæ. Quam Ecclesiæ humiliationem idem Religiosus Pontifex pœnè exitialiter doluit: adeo vt Paralisis morbo correptus vniuersis sui corporis officiis priuaretur.*

Narrat idem Author paulo post Maurinum eiusdem vrbis Episcopum ea de re conquestum apud Carolum M. sub initia regiminis obtinuisse, vt res Ecclesiæ decedentibus Possessoribus Laicis ad veros & legitimos possessores redirent. *Hic Carolum Regem adiit, & ab eo obtinuit, vt decedentibus singulis, qui tunc res Ecclesiasticas obtinebant, paulatim cuncta reciperet: sicque annuente Deo res prosperè cessit, vt ferè intra biennium nullus pœnè eorum restiterit, quibus prædia Ecclesiastica contra licitum deseruiebant.* Obtinuit quoque ab eodem Leidradus Archiepiscopus Lugdunensis restitutionem bonorum Ecclesiæ suæ concessorum, quæ à Laicis possidebantur. Sed non ita cæteri Episcopi & Abbates, quos sæpe conquestos legimus apud consecutos Reges & Imperatores, quod contra fas omne Laici Beneficia Ecclesiastica possiderent & retinerent: vt in synodo Meldensi an. 845. & sæpe aliàs.

Causa tamen retinendi initio videbatur illis esse legitima, aut saltem tolerabilis, eaque duplex. Vna, quia Episcopi plerique & Abbates bonis illis sacratis abutebantur, & ad profanos vsus ea conuertebant, sæpe etiam impios & sacrilegos. Cui malo Chrodegangus Martelli Referendarius & magnæ in Palatio authoritatis, vir eloquio facundissimus, & tam patrio quàm etiam Latino sermone imbutus, deinde Antistes Metensis, mederi curauit obtentâ per Stephanum summum Pontificem Cleri Reformatione, quem vt ante retulimus, in Gallias euocarat. Hic enim, vt refert Paulus Diaconus, *Clerum adunauit & adinstar Cœnobij intra Claustrorum septa conuersari fecit: normamque eis instituit, qualiter in Ecclesia militare deberent: quibus annonas vitæque subsidia sufficienter largitus est, vt perituris vacare negotiis non indigentes Diuinis solùmmodo Officiis excubarent, ipsumque Clerum abundanter lege Diuina Romanaque imbutum cantilenâ morem ad Ordinem Romanæ Ecclesiæ seruare præcepit.* Nec dubium quin Scholas in Episcopiis haberi quoque præceperit. Et vt ipse exemplo præiret, Romam reuersus post recuperatam SS. Dionysij, Rustici & Eleutherij Martyrum inuocatione & auxilio sanitatem, Academiæ Romanæ Collegium addidit, quod Scholam Græcorum nuncupauit: Paulus verò eius successor opus inchoatum perfecit.

Altera prædiorum Ecclesiasticorum alienandorum causa hæc fuit. Cum Gallia à Saracenis, Danis & posteà à Normanis frequenter vexaretur: nec possent Episcopi & Abbates eos repellere, imò sæpe cogerentur aut illis se submittere, aut ex Episcopiis & Abbatiis fugere, quibus posteà Barbari tanquam præsidiis & propugnaculis vtebantur ad vlterius procedendum & deprædandum, æquum visum est eâ vrgente necessitate Episcopatus, maximè verò Abbatias commendare Ducibus Laicis, seu custodiendas committere aduersus Barbarorum incursationes

M

90 De Scholis Cœnobialibus & Episcopal.

& insultus, eisque ad militum sustentationem prædia sacrasque possessiones assignare. Idque intelligimus ex priuilegio, quod longo post tempore Henricus I. an. 1058. Fossatensibus Monachis impertiuit: quo scilicet indicat Hugonem Capetum auum suum eatenus Burchardo Comiti Corboliensi eorum Abbatiam concessisse, vt eam contra hostes tueretur. *Comes Burchardus*, inquit, *nihil aliud ab Auo nostro Hugone de illo loco habuit, neque tenuit: nisi vt prouidentiam atque defensionem aduersus hostem & inimicos sanctæ Dei Ecclesiæ atque peruersores prædiorum ipsius loci haberet: & vt ipsum locum sublimare atque ditare terrarum suarum beneficiis atque possessionibus liceret.*

Atque hinc originem sumpsisse liquet Abbatias, quæ vulgò *Commendatariæ* appellantur. Fuit enim *Commenda vetus*, vt definiunt Iurisconsulti in Glossa verbi *Commendare* in cap. Nemo deinceps de Elect. l. 6. *Ecclesiæ custodia alicui commissa ad tempus euidentis necessitatis gratia.* At postea citra necessitatem Commendæ datæ sunt in titulum. Vnde Ioannes Andreas Commendarum duo facit genera: quasdam scilicet ait esse in Titulum, quasdam verò in Custodiam.

DE INSTITVTIONE SEV FVNDATIONE VNIVERSITATIS PARISIENSIS.

IAM inquirendum, quis sit institutor & author Academiæ, seu vt obtinuit loquendi vsus, Vniuersitatis Parisiensis, omnium quotquot olim fuerunt, aut deinceps institutæ sunt, florentissimæ & celeberrimæ. Certè si priora illa Imperatorum Ro. & Regum Francorum tempora cum ætate Caroli Magni conferantur, affirmare licebit Musas olim delituisse, & si quid ausæ fuerunt, balbutire tantummodo didicisse: Regnante vero Carolo ex occulto in apertum, è priuatis cellulis in publicum forum, è tenebris ad lucem, ex vmbra ad Solem prodiisse, frontemque vernâ quadam amœnitate hilarem ostentasse, ac demum veluti solutâ linguâ liberè, suauiter & eloquenter loqui cœpisse. Itaque Artium splendorem ac dignitatem, litterarum ornamentum, Disciplinarum omnis generis extra Canonicorum, Episcopiorum, & Cœnobiorum septa professionem, & vt more iam recepto loquamur, VNIVERSITATIS PARISIENSIS institutionem atque erectionem Carolo M. deberi tam certum est, quàm quod certissimum.

Vnde mirum videri debet, quod quibusdam viris Doctis & Antiquitatum nostrarum non incuriosis scrutatoribus venerit in mentem, non Carolum, sed Philippum Augustum, aut ad summum Ludouicum VII. eius parentem duodecimo Christi seculo fuisse huius Vniuersitatis institutorem, cum nullus veterum scriptorum, nullus quoque recentiorum, exceptis forsan tribus aut quatuor, in tanto numero de Carolina fundatione dubitet. In eo scilicet pauculi isti hallucinati sunt, quod nullum authorem Vincentio Bellouaco antiquiorem esse crediderunt, qui id assereret, fictamque putauerunt esse historiam, quæ Carolum in haccecondenda Vniuersitate Anglorum & Scotorum quorumdam opera vsum fuisse commemorat.

Nos igitur cum nouem prope seculorum fide indubitanter asserimus Carolum verè Magnum, omnium Regum maximum, sapientissimum, litteratissimum esse huius principis Academiæ verè Parentem, Institutorem & Fundatorem. Non quod nullæ fuissent omnino ante ipsum Litteræ Lutetiæ, fuisse enim supra demonstratum est; sed quia paucis cognitas & in Cœnobiis ac Claustris Episcopiisque latentes eduxit in lucem, seculares quodammodo reddidit & communes, easque proposuit omnibus ad amplectendum, quæ solis ferè viris Ecclesiasticis & Cœnobitis antea patebant. Postremo quia illustriori & nobiliori quodam ordine modoque illarum professionem exercitationemque disposuit, Professoribus præmia & Priuilegia concessit, & professioni loca commodiora, salubriorem stationem in vrbe Regni primaria Regumque sede longè à belli tumultibus & hostium finibus remota assignauit, adeo vt ad Præcellentis Academiæ absolutissimam perfectionem nihil desideratum fuisse videatur.

Hoc autem antequam demonstramus, quatuor nobis præstanda incumbunt. Imprimis enim examinandum qui fuerint Caroli mores erga litteras. Deinde quo instituto & exemplo rem tam præclaram meditatus sit. 3. Quid ad Academiæ seu Vniuersitatis litterariæ erectionem institutionemque necessarium sit. Postremo quid Academia publica à Scholis priuatis differat.

Igitur hoc præmittendum, quod in confesso est apud omnes, Carolum supra omnes prædecessores suos singulari animi affectu litteras earumque Professores coluisse. Sed quod mirum videri debet, quodque pauci forsan aduerterunt, eas non puer didicisse videtur, sed adultus; non priuatus adhuc, sed iam Rex factus, victor hostium & triumphator. Regnare enim cœpit cum Carlomanno fratre an. 769. quo tempore nec primordiales quidem Disciplinas prælibarat: tum deinde à M. Petro Pisano Grammaticam didicit, qui relictâ Papiâ vbi docebat, à Rege accitus in Galliam venit; & in Palatio non tantum Carolum, sed alios quoque instituit vt infra dicemus.

At vnde Pisanus tam procul à Gallia remotus Carolo notus fuit? ab Alcuino forsan, qui cum adhuc adolescens Romam proficisceretur & aliquandiu Papiæ commoratus fuisset, Magistrum Petrum audiuerat, & disputantem viderat: vt ipse testatur Ep. 15. ad Carolum. *Dum Ego adolescens Romam perrexi & aliquantos dies in Papia Regali Ciuitate demorarer, Quidam Iudæus Iulius nomine cum Petro Magistro habuit disputationem: & scriptam esse eandem controuersiam in eadem Ciuitate audiui. Idem Petrus fuit, qui in Palatio vestro Grammaticam docens claruit.*

Ab illo igitur Magistro iam sene in Grammaticis bellè institutus, ab Alcuino Leuitâ Rhetoricam, Dialecticam, cæterasque Liberales Artes cum Astronomia percepit, vt testatur Eginhartus Abbas. *In discenda*, inquit, *Grammatica Petrum Pisanum Diaconum senem audiuit, in cæteris Disciplinis Albinum cognomento Alcuinum item Diaconum de Britannia Saxonici generis hominem, virum vndequaque doctissimum præceptorem habuit: apud quem Rhetorica & Dialectica, præcipuè tamen Astronomiæ ediscendæ plurimum & temporis & laboris impertiuit.* Eginharto consentit Poëta quidam Saxonicus illius seculi, qui historiam ab ipso solutâ oratione conscriptam versibus mandauit. Sic ergo ille lib. 5. de Gestis Caroli Magni.

Artibus ipse quidem cunctis instructus honestis
  Harum Doctores mirificè coluit.
A sene Leuitâ quodam cognomine Petro
  Curauit primo discere Grammaticam.
Artis Rhetoricæ, ceu cui Dialectica nomen
  Sumpsit ab Alcuini dogmate notitiam.
Hic etiam Leuita gradu multumque peritus
  Ex Anglis veniens Saxo fuit genere.
A quo præcipuè studuit totam rationem
  Et legem cursus noscere siderei.

Ab hisce hominibus institutus vir iam grandæuus breui tempore ita profecit, vt Latinam linguam non minus familiarem habuerit, quàm vernaculam, Græcam quoque didicerit, & eloquentissimus euaserit: cuius rei locuples testis est Eginhartus. *Erat eloquentiâ copiosus & exuberans, poteratque quidquid vellet, apertissimè exprimere: nec patrio tantum sermone contentus, etiam peregrinis linguis ediscendis operam impendit; in quibus Latinam ita didicit, vt æque illâ ac patriâ linguâ orare esset solitus. Græcam verò melius intelligere, quàm pronunciare poterat. Adeo certè facundus erat, vt Didascalus appareret.*

Auxit magni Principis ingentem animum, & sciendi desiderium Adrianus I. Pontifex Max. quocum arctissimam contraxit necessitudinem ab ipso Pontificatus initio ad extrema vsque vitæ tempora (cœpit autem Adrianus sedere an. 772. & sedit annos 23. cum 10. mensibus & 17. diebus) Etenim ille collapsam cernens Ecclesiæ Disciplinam, eam quo potuit modo instaurare & restituere conatus est. Imprimis verò seipsum dedit omnibus in exemplum doctrinæ, modestiæ, castitatis, liberalitatis, constantiæ & fortitudinis: centum pauperibus quotidianum victum in Atrio Lateranensi assignauit: Captiuos liberauit, templa extruxit,

Vniuersitas Parisiensis.

Academiam Romanam iam à Stephano III. & Paulo I. amplificari cœptam & Græcorum Scholâ auctam accitis vndequaque viris doctis celebritate & frequentiâ nobilitauit. Has virtutes magni Pontificis Magnus Princeps sibi proposuit ad imitandum, & ita proposuit vt in omnibus fere se non æmulum modò, sed parem superioremque præstiterit. Hinc vt sit inter amicos alter alterius honorem procurabat & promouebat, alter alterius virtutes & dotes imitari studebat.

Atque imprimis Carolus Ecclesiasticæ libertatis acerrimum se protectorem exhibuit, cum anno Regni sui 5. ab Adriano rogatus in Italiam cum exercitu profectus Desiderium Longobardorum Regem Romæ exitium minitantem & Ecclesiæ iura opprimentem compressit & debellauit: qui cum in ista expeditione Cantus Ecclesiastici dissonantiam inter Romanos & Gallos agnouisset, sequente anno duos Clericos Romam misit teste Sigeberto, qui Authenticum Cantum à Romanis Cantoribus discerent, & cæteros Gallos reuersi edocerent. Tunc autem Carolus ab Adriano Patricij Romanorum nomen accepit & Regis Longobardorum: quos titulos Regi Francorum addidit & per 26. annos gessit, donec creatus est Imperator.

Aliquanto post compositis in Francia rebus Romam proficisci cogitauit, & Lutetiâ relictâ, vbi tunc sedebat, anno vt aliqui scribunt 776. vel vt alij 779. in Italiam rediit, vt testatur ille Scriptor Anonymus qui ab Ademaro Caroli & Ludouici filij Gesta historiamque se audiuisse testatur, sicque ille ad an. 779. *Quibus rite peractis Ligerim cum reliquis transmeauit Copiis, & Lutetias quæ alio nomine Parisius vocatur, se se recepit.* Post non multum sane tempus incidit ei desiderium Dominam Orbis videre Romam. Eo autem forte tempore Parisiis cum conuenerunt Doctores Angli scientiam vænalem clamitantes, de quibus infra dicetur.

Anno 787. Romam tertiò profectus perquam honorificè ab Adriano tunc adhuc sedente, receptus est, ibique Pascha celebrauit, non tamen sine tumultu & contentione inter Romanos & Gallos Cantores ortâ de prœeminentia Cantus Ecclesiastici, symphoniâ & consonantiâ. Romani quidem Cantum Gregorianum edocti suauius & elegantius se cantare arbitrabantur, & Gallos præ se rusticos appellabant. Galli contra authoritate Caroli freti, & ab iis edocti, quos ipse Romam ante miserat ad discendum, se hac re longè Romanos superare contendebant. Dissidium diremit Carolus his verbis vsus ad suos, vt notat Monachus Engolismensis, *Dicite quis purior est & quis melior, aut fons viuus, aut riuuli eius longè decurrentes? responderunt omnes vna voce fontem velut caput & originem puriorem esse, riuulos autem eius, quanto longius à fonte recesserint, tanto turbulentos & sordibus ac immundiciis corruptos. Et ait Domnus Rex, reuertimini vos ad fontem S. Gregorij, qui manifestè corrupistis Cantilenam Ecclesiasticam.* Denique, vt breuiter absoluamus, ab Adriano obtinuit, vt in Franciam mitteret egregios Cantores Romanos Theodorum & Benedictum, quorum alterum Rex Metis, alterum Suessione Scholam Cantus Ecclesiastici habere voluit.

Atque ne vlla parte Ecclesiæ deesse videretur, secum exinde quoque plures Magistros & præsertim Artis Grammaticæ professores adduxit in Franciam, Litterasque publicè profiteri præcepit, vt testatur idem Author ad an. 787. *Et Domnus Rex Carolus iterum à Roma Artis Grammaticæ & Computatoriæ Magistros adduxit in Franciam, & vbique studium litterarum expandere iussit. Ante ipsum enim Domnum Regem Carolum in Gallia nullum studium fuerat Liberalium Artium.* Iterum, inquit, quia iam ante ex Italia & aliunde complures viros in Artium professione versatos euocarat.

Cum autem ait prædictus Author nullum fuisse Studium Liberalium Artium in Gallia ante Carolum, id non absolutè de quocunque studio, sed de studio publico & Generali intelligendum est. Quo modo quoque interpretanda mens est Roberti Gaguini sic aientis de hac Institutione. *Ante id tempus*, (scilicet ante Carolum) *nulla scholæ Conuentio apud Parisios fuerat instituta. Quare miror quosdam Doctrina sibi scientiam arrogantes iactitare ab Athenis D. Dionysium Areopagitam secutam Scholasticorum multitudinem, Romam primum, deinde Parisium demigrasse. Cuius rei verisimilitudo nullo vel Græcæ locutionis, vel Collegij, vel eruditi hominis vestigio confirmatur. Nam ante Caroli M. ætatem apud Parisios Scholasticorum conuentum fuisse nemo Scriptorum prodit. Alioquin ex Scotia venientes Bedæ Discipuli Parisiensis Scho-*

Iz authores frustra fuissent à Carolo instituti. Illa, inquam verba de scholis publicis, deque conuentu atque concursu celeberrimo intelligenda sunt, non de priuatis & Claustralibus, aut Vicanis scholis, quas certum est fuisse Parisiis & in Gallia passim ante Caroli M. ætatem. At his non contentus Carolus Publicas & Maiores in certis locis constituit & collocauit.

Quod vt euidentius pateat, operæ pretium est animaduertere 1. Carolum non tantum sibi Liberisque suis ac Nepotibus erudiendis Magistros euocasse, sed Vniuersis subditis & omnibus Christianæ Religionis Amatoribus, omnibus quoque studiosis & Artium Liberalium Cultoribus prodesse voluisse. Quippe certum est eum ex omnibus mundi partibus viros Doctos & docendi peritia insignes euocasse, eosque ad publicè docendum præmijs & honoribus inuitasse, quod nobile & immortale studium mirificè prædicat Alcuinus Ep. 23. *Vestram optimam sollicitudinem, Domine mi Dauid, semper amare & prædicare sapientiam cognoscebam, omnesque ad eam discendam exhortari, imò & præmiis honoribusque sollicitare; atque ex diuersis mundi partibus amatores illius, vestræ bonæ voluntatis adiutores conuocare studuisse: inter quos me etiam infimum eiusdem sanctæ sapientiæ vernaculum de vltimis Britanniæ finibus adsciscere curasti.*

2. Hinc patet Carolum non qualescunque scholas instituere voluisse, non inquam priuatas tantummodo & sibi, liberis, Aulicisque suis destinatas, quibus nempe suffecissent pauci præceptores; sed publicas, patentes omnibus & omnium Disciplinarum: quibus exercendis necessarij erant multiplices professores, quos quidem tanto numero vndequaque euocauit, vel qui præmijs allecti sponte ipsi sua tanto concursu confluxerunt, vt non Aulæ tantum, aut vni Ciuitati, sed toti Regno onerosi esse viderentur: vt testatur Eginhartus. *Amabat*, inquit, *peregrinos & eorum suscipiendorum magnam habebat curam: adeo vt eorum multitudo non solum Palatio, verum etiam Regno non immeritò videretur esse onerosa. Ipse tamen præ magnitudine animi huiusmodi pondere minimè grauabatur, cum etiam ingentia incommoda laude liberalitatis ac bonæ famæ mercede compensaret.*

3. Certum est Carolum tam multis Magistris conuocatis, alios & præsertim Grammaticos, Arithmeticos & Cantores in diuersis Regni sui vrbibus scholas habere voluisse: Alios verò & peritiores atque omni Doctrinarum genere excellentes Lutetiæ in Scholis Palatinis docere præcepisse. Atque ita scholas esse voluisse duplicis generis, Minores & Maiores. Minores autem in Episcopiis, Canonicorum Claustris, Monasteriis aliisque locis collocasse: quemadmodum ante ipsum in iisdem locis fuerant. Maiores verò in Publicis locis commodis & idoneis ad docendum: in quibus non modò qui Ecclesiastici esse vellent, sed & Nobiles, Nobiliumque filij, item & pauperes; omnis deniquè generis, sortis & Gentis Scholares erudirentur.

Hasce duplicis generis Scholas nemo est qui non agnoscat, si attendere voluerit: sed omnium curiosissimè & doctissimè de iis disserit Ioannes Filesacus huius Academiæ Rector creatus an. 1586. mense Martio, posteà Doctor Sorbonicus, in lib. de Sacra Episcoporum authoritate cap. 15. vbi postquam fusè de Scholis, quæ in Episcopiis & Monasteriis erant antiquitus, disseruit, in fine hoc addit. *Præter has scholas Episcopi Gallicani Concily Parisiensis. 3. c. 12. postulant à Ludouico Pio Imperatore, vt Exemplo patris sui Caroli M. in tribus congruentissimis Imperij locis Scholas Publicas constituat.*

Porro ad hanc rem videtur vsus duplici exemplo & instituto. Primo quidem eoque antiquissimo veterum Scholarum. Nam certè, vt erat vir curiosus cupidusque sciendi, quique cum viris Doctis frequenter versabatur & multorum mores viderat & vrbes, ignorare non poterat fuisse olim scholas illas duplices vbique passim, quasdam scilicet ex iis numero pauciores, publicas, celeberrimas, priuilegiisque munitas, in certis tantum locis, iisque celebrioribus & frequentioribus collocatas. Quales fuerunt Alexandrina in Ægypto: & Atheniensis in Græcia, toto Orbe decantatissimæ, Qualesque deinde fuerunt sub Imperatoribus Romanis Romana, Constantinopolitana, Berythensis, quas certum est fuisse frequentissimas & plurimis priuilegiis decoratas à Theodosio, Iustiniano & aliis Principibus Romanis. Alias verò longè maiori numero, in omnibus passim vrbibus, oppidis etiam & vicis ignobilioribus, certè in frequentiores & minus celebres.

Et ne extra Galliam pedem efferre necesse sit, non adeò deploratæ erant tum in ea litteræ, nec ita memoria deleta præteritorum, vt non discere potuisset fuisse quoque in Gallia scholas duplices, Romanæ Ditionis. Vnas veluti Emporia publica, vt in Aquitania Burdigalensem : in Occitaniâ Tolosanam : in Prouincia Narbonensem : in Celtica Lugdunensem. Alias in aliis Metropolibus, oppidis & vrbibus minoris famæ & celebritatis.

Alterum Exemplum sumere potuit Carolus à Monachorum instituto & consuetudine, si talis vsquam erat. Nam vt ante docuimus ex Trithemio, Benedictini, qui à sui instituti primordiis ad litterarum professionem se contulerunt, scholas habere voluerunt duplicis generis in suis Monasteriis : in Minoribus quidem & infrequentibus Minores & priuatas, in Maioribus verò & famosioribus Maiores, quas propter penuriam Professorum Laïcorum & secularium, omnibus patere & publicas fieri voluerunt, ita vt vnicuique liberum esset etiam Extraneis, Secularibus, Laïcis, Clericis ad eas conuolare, vt de San-Gallensi & Floriacensi antea confirmauimus, vbi de scholis Cœnobialibus fusè egimus.

Quanquam autem pueri ab infantia Monachis ita traditi nullo voto se Cœnobiis adstringebant, sed exire poterant, cum lubebat, & vel vxores ducere, vel aulas Principum, aut militiam sequi, vt ait Bruschius in Monasterio Augiensi, nihilominus plurimi acutioris ingenii Monachorum consortio, legibus & institutis assueti, partim verò à Monachis inescati & illecti Asceticam vitam profitebantur, & Monasticum habitum induere non grauabantur. Atque ita firmissimis quidem columnis Ecclesia fulciebatur : Respublica vero Temporalis, vt vocant, viris prudentibus, litteratis & peritis priuabatur, quorum consilio, prudentiâ & peritiâ gubernari potuisset. Vnde sæpenumero cogebantur Principes assumere Monachos ad tractanda Reipub. Gubernacula, quia illi soli satis ad id muneris periti esse videbantur.

Igitur Carolus communiori & generaliori bono consulens seculares quodammodo litteras fecit & e Cœnobiis ad Palatium euocauit : vno verbo Vniuersale Studium Romano simile Parisiis instituit & collocauit. Hincque Vniuersitatis nomen antea in Occidente pœnè incognitum inualescere cœpit, vt ait Langius in Chronico Citizensi. *Nusquam* inquit, *eo tempore per Germaniam instituta fuerunt Gymnasia, imò & aliquot post seculis Academia, vel vt aiunt, Vniuersitatis nomen illustre in omni pænè Occidentis Imperio incompertum fuerat. Præter enim Romanum vetustissimum & Parisiense tunc nouum, vt pote Caroli M. iussu, opitulamine & authoritate per nostros Doctores Monachos fundatum, nullum in Historiis aliud Vniuersale legimus extitisse studium.* Floruit itaque illâ ætate Sapientiæ in Cœnobiis studium : proinde Reges, Principes cæterique nobiles ad discendum Dei timorem cum litteris liberos suos Monachis intra claustra tradiderunt instituendos.

Non ademit verò Monachis Carolus docendi & profitendi licentiam, sed certè restrinxit & coërcuit, probè intelligens Monachorum professioni & Asceticorum diuinis occupationibus varietatem scientiarum humanarum & profanarum, quas in Academiis secularibus docere necesse est, aduersari : atque idcirco eorum insistens vestigiis & instituto, si quod tale tamen ante ipsum fuit, minores scholas in Episcopiis & Monasteriis aut erigi voluit, sicubi non essent, aut retineri, vbi iam fuissent institutæ, simulque quot & quas artes in iis doceri vellet, præscripsit. Quâ de re sic .l. 1. Capitul. *Carolus siquidem constituit in singulis Monasteriis & Episcopiis Scholas esse, vbi ingenuorum & seruorum filij Grammaticam, Musicam & Arithmeticam docerentur.* Item c. 72. *Schola legentium puerorum fiant, psalmos, horas, cantus, computum, Grammaticam per singula Monasteria, vel Episcopia discant.* Item in Concil. Moguntino cap. 45. *dignum est vt filios suos donent ad Scholam, siue ad Monasteria, siue foras Presbyteris, vt fidem Catholicam rectè discant & orationem Dominicam.* Idque repetitur l. 5. Capit. c. 59. Amplius verò an. 815. Aquisgrani restrinxit Ludouicus Pius Monasteriorum licentiam, ad solos Oblatos : sic enim legitur in Additione *Constituit, vt Schola in Monasterio non habeatur, nisi eorum qui Oblati sunt.* En igitur quo prædicti Imperatores extendi voluerunt professionem Monachorum, itaut si quid amplius ausi sunt deinceps, necesse sit eos contra Constitutiones fecisse.

Quod verò ad scholas Episcopales attinet, circa eas statuitur Capitul. l. 2. c. 5. *Schola sanè ad filios & Ministros Ecclesiæ instituendos vel edocendos, sicut nobis præte-*

rito tempore ad Attiniacum promisistis, & vobis iniunximus, in congruis locis, vbi necdum perfectum est, ad multorum vtilitatem & profectum à vobis ordinari non negligantur. Et in Actis Synodi 2. Cabillonensis, seu apud Cabillum Æduorum eodem Carolo regnante habitæ Patres sic loquuntur. *Oportet etiam, vt sicut Domnus Imperator Carolus præcepit, Scholas constituant, in quibus & litteraria solertia Disciplina, & Sacræ Scripturæ documenta discantur; & tales ibi erudiantur, quibus merito dicatur à Domino Math. 5. Vos estis Sal terræ, & qui condimentum plebibus esse valeant, & quorum doctrina non solùm diuersis hæresibus, verùm etiam Antichristi monitis & ipsi Antichristo renitantur.*

Ex his & aliis pluribus locis Filesacus probat loco suprà laudato in Episcopiis Scholas fuisse duplices; alias pueris erudiendis destinatas; alias Clericis & Presbyteris, quas & Theologicas iure appellari posse contendit; in quibus scilicet Sacra Scriptura docebatur, vt eius intelligentiâ muniti Clerici & Presbyteri hæreticis facilius & fortius resisterent. Clerici, inquam, & Presbyteri, non enim alij, quàm qui vel sacræ militiæ destinabantur, aut qui iam ei nomen dederant, in iis scholis instrui solebant. Quod quidem non tantùm Caroli temporibus, sed longè ante vsurpatum fuisse legimus. Nam Concilium Toletanum 2. quod circa an. 530. celebratum est, Cano. 1. sic habet. *De his quos voluntas parentum à primis infantiæ annis in Clericatus officio posuit, pariter statuimus, vt mox cum Ministerio electorum traditi fuerint, in Domo Ecclesiæ sub Episcopali præsentia à Præposito sibi debeant erudiri vsque ad annum ætatis 18.* Et concilium Toletanum 4. anno Christi 631. vel vt alij scribunt 636. habitum, *Prona est omnis ætas ab adolescentia in malum. Nihil enim incertius vita adolescentum. Ob hoc constituendum oportuit, vt si qui in Clero pueri aut adolescentes existunt, omnes in Conclaui Atrÿ commorentur, vt lubricæ ætatis annos omnino non in luxuria, sed in Disciplinis Ecclesiasticis agant, deputati probatissimo seniori, quem vt Magistrum Doctrinæ & testem vitæ habeant.*

Schola Publica. Iam vero scholas eiusmodi nemo certè dixerit esse publicas, aut posse Academias vocari. Alia verò res est de Maioribus & Publicis, quas non vbique passim Carolus instiui voluit, vt priores, nec in Episcopiis aut Monasterijs erexit, sed in certis tantum locis, iisque celeberrimis & frequentatissimis; nec plures tribus in toto Imperio, vnam quidem Lutetiæ, antequam esset Imperator, scilicet circa an. 790. vt vulgò scribunt Historici: reliquas duas in Italia, Papiæ & Bononiæ, postquam à Leone Pontifice proclamatus est circa an. 801. Occidentis Imperator. Ad has autem veluti ad Celebria quædam Emporia liberum patere voluit aditum & confluxum è minoribus quibuscumque tanquam è seminariis, & veluti canaliculis ad fontem, & è riuulis ad Oceanum. Atque vt consilium de Parisiensis Vniuersitatis erectione notum faceret omnibus suis subditis, hoc diplomate declarauit.

Diploma Caroli M. CAROLVS DEI FRETVS AVXILIO REX FRANCORVM ET LONGOBARDORVM, AC PATRICIVS ROMANORVM RELIGIOSIS LECTORIBVS NOSTRÆ DITIONI SVBIECTIS. *Cùm nos Diuina semper Domi forísque Clementia siue in bellorum euentibus, siue pacis tranquillitate custodiat, etsi rependere quidquam eius beneficiis humana tenuitas non potest, quia est inæstimabilis misericordia Deus noster, deuotas tamen suæ seruituti approbat voluntates. Igitur quia curæ nobis est, vt nostrarum Ecclesiarum ad meliorá semper proficiat status, obliteratam pænè Maiorum nostrorum desidiâ reparare vigilanti studio* LITTERARVM *satagimus* OFFICINAM *& ad pernoscenda* ARTIVM LIBERALIVM STVDIA *nostro etiam inuitamus exemplo.*

Hoc solemne diploma quod alicubi seruatur in Bibliothecis Germanicis, (ad quod certè alludit Alcuinus Ep. 23. cum ait ad Carolum. *Vos semper amare & prædicare sapientiam cognoscebam, omnésque ad eam discendam (* Vestro scilicet exemplo.) *exhortari)* legitur apud Middendorpium, vbi de Academia Parisiensi: eiusque meminit Auentinus (qui Lutetiæ studebat circa an. 1485.) l. 4. Hist. Bohem. vbi de Carolo M. verba faciens, *liberalia,* inquit, *Litterarum studia pænè iam, vt ipse Carolus ait, incuria Maiorum obliterata instaurare summopere connisus est, & vt sui exemplo ad ea amplectenda cæteros inuitaret, ex Hibernia duos Scotos Clementem & Albinum acciuit, vt tum erant tempora, eruditissimos.*

Dolendum est certè Maiores nostros tam parum rerum suarum fuisse curiosos, seu verius tam negligentes fuisse in consignandis memoriæ & posteritati suorum

rum temporum monumentum, vt si quid nobis in eis lucis & intelligentiæ affulget, eruendum sit ex annalibus & scriptis Extraneorum : qui tamen quidquid habebant doctrinæ, e Gallia haurire solebant. Nec verò dubitamus, quin præallatum Caroli diploma longius sit, quàm quod à Middendorpio refertur, idque satis patet ex verbis Auentini, & ex tota historia quam contexit. Vtinam aliquando totum quale fuit, veniat in manus nostras, aut alicuius ex Academicis Parisiensibus, qui hisce Annalibus addere curet. Certè non tam constanter adscriberent scriptores Germanici Carolo M. huius Vniuersitatis institutionem, nisi ex litteris ipsius, & ex diuturno, quod cum eo maiores sui habuerunt, commercio, dum Aquisgrani degeret, Saxonas debellaret, ad fidem conuerteret, & Osnabrugensem scholam fundaret, notum & perspectum haberent.

Ex huiusce autem Diplomatis verbis duo certissimè colliguntur. Vnum est, à Carolo scriptum fuisse & editum, cum esset Rex Francorum & Longobardorum ac Patricius Romanorum, nondum verò Imperator creatus, hoc est ante an. 800. quo vero anno præcisè illud ab eo editum sit, non est facile dictu: quippe per annos 16. hæc nomina prætulit antequam fieret Imperator. Communis tamen opinio est scriptum & editum circa an. 790. aut certè illo tempore fundatam ab eo fuisse hanc Vniuersitatem.

Alterum est, vnam aliquam scholam Maiorem & Publicam alicubi institutam fuisse, non plures: cum dicat se velle *Litterarum Officinam* reparare, non *Officinas*: ad quam, non ad quas suos omnes subditos inuitat, ac proinde Conuentum & Emporium aliquod Publicum omnibus tam Clericis, quam Laicis, tam Regularibus, quàm Secularibus patere voluisse. At per Deum immortalem, vbi officinam illam erexit & reparauit, nisi in Francia? quod omnes fatentur : & in Francia, vbi nisi Lutetiæ? quæ à Clodouæi temporibus Regni Francici sedes primaria semper fuit teste Gregor. Turon. l. 2. c. 38. & vbi multum elanguerant Musæ incuriâ Martelli & desidiâ Principum, vt antè retulimus. Nam de Papiensi seu Ticinensi, aut de Bononiensi eum hîc loqui, ne suspicioni quidem locus esse potest; cum certum sit ex omnium Historicorum confessione illas aut instituisse aut instaurasse post adeptum Occidentis Imperium.

Quodnam est igitur, inquies, discrimen inter scholas illas Minores quæ in Episcopiis & claustris, aliisque vrbibus ac oppidis, & Maiores Officinas, quæ in certis tantum quibusdam locis pauciori numero collocantur? Multiplex est. 1. Ratione disciplinæ, Nam in minoribus non exercentur vulgò omnes Artes omnesque disciplinæ, sed paucæ, & ad summum 7. artes Liberales: atque idcirco pauci sunt professores. At in Maioribus seu Academiis non modò Artes prædictæ, sed & altiores quoque Disciplinæ Medicina, Ius canonicum aut Ciuile, & Theologia doceri solent. Vnde Vniuersitatis nomen habuisse videntur, siquidem vniuersa optimarum Artium studia complectuntur, & multiplices in omni genere Disciplinæ professores.

Discrimina inter scholas Publicas & priuatas.

2. Ratione loci. Scholæ enim Minores & vulgares vbilibet locorum constitui possunt, & reuera constituuntur in omnibus Episcopiis, oppidis, villis & vicis. At Academiæ seu Vniuersitates non vbique passim, sed selectis in locis collocari debent. Cum enim ad eas vndequaque fieri soleat discentium frequens concursus, constitui necesse est in maiori aliqua ciuitate, salubri, à tumultu & strepitu bellorum atque à finibus hostium remotâ. *Maiori* quidem, quales sunt vrbes Regiæ & Regnorum Primariæ; quales olim Roma, Constantinopolis, Berytus, Athenæ, Alexandria: quales in nostra Gallia Burdigala, Tolosa, Narbona, Lugdunum, Proconsulum Præsidumque Romanorum sedes Primariæ. Hinc apud Iudæos tempore Iosue Academia Dabir vocabatur, & antea Cariathsepher, hoc est Ciuitas litterarum, vt habent Biblia Græca: τὸ δὲ ὄνομα Δαβδεὶρ ἦν πόλις γραμμάτων. *Salubris* quoque sit necesse est, quia nihil æque nocet corporibus & proinde Studiis, ac corruptus aer: Qualis esse solet in paludosis & insalubribus locis. Hinc olim Musæ in Montibus Parnasso, Pindo, & Helicone habitasse dicuntur. Postremo debet esse à turba tumultuque armorum remota: quia secessum amant & otia Musæ, silentque inter arma bellorumque strepitus. Hinc Philo ait 70. Interpretes Bibliorum secretum ac purissimum locum delegisse. Et Academia cæteraque Atheniensium Gymnasia in suburbii loco nemoroso ab vrbis strepitu remoto sita erant.

3. Ratione Conditorum, Fundatorum & Institutorum. Scholas enim priuatas & minores Monachus in Cœnobio, Canonicus in claustro, Episcopus in Episcopio, quilibet verò in priuatis locis accedente authoritate Principis, Magistratus aut Episcopi collocare potest. At Academias, seu Vniuersitates instituere & fundare Soli Pontifices Max. Reges, Imperatores & supremi Principes, Respub. aut Senatus possunt, ne si à priuatis instituantur, ad seminanda potius vitia, quàm ad propagandas virtutes, ad euertendam Ecclesiam potius, quàm ad conseruandam veram Religionem institutæ videantur. Nam vt post Aristotelem ait D. Tho. in Tract. contra impugnantes Religionem, *ad eum qui Rempub. regit, pertinet ordinare de nutritionibus & instructionibus Iuuenum, in quibus exerceri debeant, vt dicitur 1. Eth. & Politia ordinat Disciplinas, vt habetur. 1. Eth. quas debitum est esse in Ciuibus, & quales vnumquemque addiscere, & vsquequo habeat.*

Renatus Chopinus l. 1. de sacra Politia ait Regum & Principum esse dare Populo Doctores & administratores, adeoque singulariter curare Scholas. Et l. 3. de Domanio Franciæ tit. 27. ait in Regno Franciæ Academiarum erectionem ad solum Regem pertinere. *Regum planè munus est*, inquit, SCHOLASTICAS VNIVERSITATES *instituere, non Principum Galliæ inferiorum. Et sanè in partibus Regaliorum percensendũ hanc non transmiserunt silentio Raphael in Consil. 162. Barbati, in Cap. per translationem de Offic. Legat. Baldus in l. 2. Cod. de Seruit. & Aq. Vnde si fiduciarius Regulus Musai Publici restituendi ac reformandi quibusdam munus delegarit suo diplomate, puta in Ciuitate fiduciaria, existimo Regiæ authoritatis ius imminutum. Siquidem & omnia alia Collegia eorumque Decreta illicita sunt, nisi mandatis Principalibus indulgeantur, permittantur.*

Denique hoc conueniunt omnes Authores, qui in L. Deo Authore C. de veteri iure enucleando, Doctorem creare Pontificis aut Principis esse affirmant. Azo Lucerna Iuris C. de Profess. eligendos & præficiendos esse docet authoritate publica, cum Decreti interpositione. Hinc Solon Athenis legem tulit, vt neque Scholæ erigerentur, neque Philosophorum quisquam præesset, nisi id Magistratus decreuisset. Hinc quoque Ptolomæus Rex Alexandrinam Academiam instituit. Ninias Assyriorum Imperator Templa Deorum ornauit, & eruditorum hominum Scholas liberaliter auxit, nouaque quædam Gymnasia erexit teste Beroso. Sic Romæ Athenæum Adrianus Cæsar condidit, & Athenis Romam Philosophiæ studia transtulit. Antoninus Romanam Academiam Authore Xiphilino fundauit, Constantius Æduensem in Galliâ, Theodosius Constantinopolitanam: alij alias.

4. Ratione Priuilegiorum, priuati enim homines priuilegia dare non possunt; nec proinde Scholæ Minores vlla ab iis accipere. Contra Academiæ, quia eriguntur & fundantur à summis Principibus: atque ideo Studia Generalia dicuntur, quia vt ait Guimerius in proëmio Pragmat. Sanct. studium habent ex Priuilegio, vel ex consuetudine, cuius scilicet initij non est memoria. & citat Gloss. & Doctores in Clem. Dudum §. in Stud. de Sepul. Doct. in Cap. 2. de Priuileg. in 6. *Et licet*, inquit, *iura possint legi in villis aut Castris & vbique, non enim est timor vt peruertantur, cum volumina sint hodie notissima & multum commentata, talis tamen locus non habebit Priuilegia* STUDII GENERALIS, *nisi ei indulgeatur à Principe, vel consuetudine immemoriali, vt notat Barthol. in Præmio* FF. *Panormit. in C. de Cleric. non resid.* Hinc Goblinus Persona qui vixit vsque ad an. 1418. quinque tantum studia Generalia Priuilegiata commemorat: cætera vocat Studia particularia. *Sciendum*, inquit, *quod quinque sint Studia Generalia singulariter Priuilegiata. Videlicet Romanum, vbi Papa cum Curia sua residet: Parisiense in Francia: Bononiense in Italia: Oxoniense in Anglia, & Salmaticense in Hispania. Cætera verò Studia aliter quàm per Apostolicam sedem Priuilegiata, particularia reputantur.* hodie longè plura sunt.

Denique non plus stare possunt Studia Generalia sine Priuilegiis, quàm corpus sine anima. Et in hoc consentiunt omnes, qui de Academiis scripserunt. Vnde fit, vt eò celebriores esse soleant Academiæ, quò plura & ampliora obtinuerunt & possidere solent priuilegia. Hinc tam celebris olim Atheniensis, Alexandrina, Constantinopolitana, Berytensis, Romana, apud quas eò dignitatis Præfecti Auditorio Scholastico efferebantur, vt iidem essent Magistri sacræ memoriæ in Palatio, seu Magistri libellorum, qui in Schola erant Professores, inquit Chopinus. Hinc Cæsareis legibus Professores Legum donati sunt Comitiua primi Ordinis, vt vocant,

Vniuersitas Parisiensis.

& Vicaria illa dignitate, quæ Prouinciarum olim Rectoribus deferebatur. Leg. Iustin. De Priuilegiis Publicorum Professorum in Titulo de Professoribus vrbis Constantinopolitanæ. Et Titulo de Professor. & Medic.

5. Denique discrepant Scholæ Priuatæ & minores à Publicis & maioribus seu Studiis Generalibus ratione regiminis. Nam Priuatæ non habent eam regendi Musæi & exercendæ disciplinæ rationem, quam habent Studia Generalia, seu Academiæ & Vniuersitates. *Academia enim*, vt rectè notat Adamus Contzen, *constat Docentium & Discentium multitudine, priuilegiis & quadam veluti Republica litterarum.* Hinc Academiæ ad sui regimen multiplici Magistratuum seu Officiariorum, item & Ministrorum genere, Rectoribus, Cancellariis, Conseruatoribus priuilegiorum ; & secundum varias dispositiones & institutiones, Decanis, Procuratoribus Facultatum variarum & Nationum. Item Procuratore Generali, Scriba, Quæstore, Apparitoribus seu Bidellis, qui fasces præferant Magistratibus, Nunciis aliisque eiusmodi. In iis habentur Comitia certis temporibus, leges & statuta conduntur. Ius certis diebus dicitur, & alia multa obseruantur, quæ certè in priuatis & minoribus Scholis non reperiuntur.

Iam verò si quis quinque ista discrimina, quæ inter Scholas vulgares, seu Priuatas, & Academias siue Studia Generalia atque Publica intercedunt, accuratè examinet & perpendat, facilè iudicabit non Scholam qualemcumque, nec Officinam priuatam litterarum Lutetiæ fuisse à Carolo M. institutam, sed Veram Academiam, Publicam Scholam, Studium Generale, vno verbo Nobilissimam Vniuersitatem. Nam in ipsis etiam incunabulis, & vix bene inchoato Embrione nullum est ferè disciplinarum genus, quod in Scholis Palatinis non fuerit exercitum : vt ex dicendis constabit.

De Amplitudine verò Vrbis Parisiensis, deque celebritate, salubritate & amœnitate dubitari non potest. Abbo San-Germano-Pratensis Monachus, qui Caroli seculo vixit, Obsidionem vrbis à Normanis, cuius ipse spectator fuit, describens ad an. 886. de ea sic habet.

Nam medio Sequanæ recubans, culti quoque Regni
Francigenum temet statuis, Præcelsa, canendo
Sum Polis, vt Regina micans omnes super vrbes.
Quæ statione nites cunctis venerabiliori ;
Quisque cupiscit opes Francorum, te veneratur.
Insula te gaudet. Fluuius sua ferttili gyro
Brachia complexo muros mulcentia circum :
Dextra tui Pontes habitant, Tentoria lymphæ
Lauaque claudentes.

Tunc ergo Regina Vrbium iam erat Lutetia : tunc iam erat celeberrima & opulentissima, ab omnibus etiam extraneis frequentata. Itaque si Carolus in celebri loco litterarum Officinam collocare voluit, quo in celebriori potuit ? Sed omnium optimè & elegantissimè Lutetiæ laudes complexus est Ioannes Hautiuillensis, vulgò dictus Architthrenius, qui licet longè post Carolum vixerit, nempe circa an. 1170. non videtur tamen nouas afinxisse Lutetiæ laudes, cum sic loquitur.

Exoritur tandem locus ; altera Regia Phœbi,
Parisius, Cyrrhea viris, Chrysea metallis,
Græca libris, Inda Studiis, Romana Poëtis,
Attica Philosophis, Mundi rosa, balsamus Orbis.
Sidonis Ornatu, sua mensis & sua potu,
Diues agris, fœcunda mero, mansueta Colonis,
Messe ferax, inoperta rubis, nemorosa racemis,
Plena feris, fortis Domino, pia Regibus, aurâ
Dulcis, amœna situ, bona cuilibet, omne venustum,
Omne bonum, si sola bonis fortuna faueret.

De authoritate Fundatoris neque fas est dubitare, aut detrahendum illi nomen Caroli Magni. Quod autem Vniuersitati suæ priuilegia concesserit, nobilioriquè & illustriori regimine, quàm scholas vulgares & Priuatas regi & administrari voluerit, ad calcem primi seculi docebimus.

Porro licet ea quæ hactenus retulimus, satis clarè demonstrare videantur Academiam Parisiensem à Carolo M. institutam fuisse & erectam: quia tamen hæsitant id asserere nonnulli, propterea quod nullum Institutionis extat huiusmodi Diploma præter illud quod supra relatum est, scilicet antiquiora illa tempora suis temporibus & hodiernâ consuetudine metientes: Alij verò, fuisse quidem ab eo institutam aliquam Academiam fatentur, sed Turonis, non Lutetiæ positam fuisse contendunt. Alij denique Scholas ab illo Principe Lutetiæ institutas fuisse non negant, at non alius generis, quàm quæ in aliis vrbibus erant, Academiam vero nostram seu Vniuersitatem à Philippo Augusto aut eius seculo erectam arbitrantur: idcirco operæ pretium esse ducimus, vt omnem ex animis scrupulum euellamus, antequam Annales nostros contexere aggrediamur, tres producere Scriptorum acies, primæ, mediæ & postremæ ætatis: atque Academiæ Parisiensis fundationem institutionemque antiquam & Carolinam constanti eorum authoritate confirmare. Prima ergo acies Scriptorum erit eorum, qui à temporibus Caroli M. hoc est ab an. circiter 790. vsque ad annum 1200. scripserunt. Secunda eorum qui ab an. 1200. vsque ad an. 1400. fuerunt & floruerunt. Postrema denique eorum, qui ab anno 1400. ad nostra vsque tempora eidem veritati subscripserunt. Quibus peractis Dubitantium & Negantium rationes aut falsas esse, aut nullius esse momenti demonstrabimus.

VNIVERSITATIS PARISIENSIS INSTITVTIOnem, seu fundationem Carolo Magno deberi probatur authoritate Scriptorum primæ ætatis.

Authores I.
seculi ab
an. 790.

IGitur prodeant in arenam Scriptores primæ ætatis: & primum illi, qui regnante Carolo, & toto primo Vniuersitatis seculo scripserunt, scilicet ab anno Christi circiter 790. vsque ad annum 900. à quibus par est veritatis, quam asserimus, fundamentum accipere. Agmen vero ducat Dux ipse Carolus qui publicarum litterarum significatione notum esse voluit suis omnibus Subditis velle se Musarum Officinam reparare. *Igitur*, inquit, *quia curæ nobis est, vt nostrarum Ecclesiarum ad meliora semper proficiat status, obliteratam pæne Maiorum nostrorum desidia reparare vigilanti studio Litterarum satagimus Officinam.* Integrum Diploma, quale refert Middendorpius, supra retulimus. Ecce ergo Litterarum Officinam procul dubio in Gallia: non enim in Saxonia aut Lombardia, quas Ditiones nondum tunc planè sibi subiecerat: non in Germania, tunc enim erat solummodo Rex Francorum & Patricius Romanorum, nondum Imperator. Adde quod credibile non est eum spretâ Galliâ, quam auito iure possidebat, Officinam illam alibi extra collocasse.

Ac ne quis de Gallia dubitet, facit Alcuinus Caroli Præceptor, qui Ep. 10. eum laudat mirificè, supraque cæteros Mortales extollit, quod Officinam celebrem, quam illic Athenen nouat, in Francia institutam absoluere conaretur. *Nec fastidiosa*, inquit, *segnicies Legentium beneuolentiæ Magistri iustè deputari debet, si plurimis inclytum vestræ intentionis studium sequentibus forsan Athenæ noua perficeretur in Francia: imò multò excellentior: quia hæc Christi Domini nobilitata Magisterio omnem Academicæ exercitationis superat sapientiam. Illa tantummodo Platonis erudita Disciplinis, septenis informata claruit Artibus, hæc etiam insuper septiformis S. Spiritus plenitudine ditata omnem secularis Sapientiæ excellit dignitatem.*

Hæc verba qui leget, poterit ne dubitare, quin famosa illa Officina fuerit in Gallia constituta? Quod si nomen Franciæ hic accipiatur, vt accipi debet iuxta vocabuli proprietatem, *Pour le Pays de France*, quis inficias ire possit, quin Athenæ illa noua Lutetiæ collocata fuerit, quæ Franciæ propriè dicta caput est, & Regum sedes Primaria iam inde à primis Francorum Regibus? vt supra ex Gregorio Turon. probauimus: vnde hæc Alcuini verba referens & explicans Ioannes Colganus in lib. de Actis Sanctorum Hiberniæ, vbi de S. Clemente, subdit. *Vbi enim tum in Francia esset hæc Athenæ noua & excellentior veteri Græcorum, nisi Parisiis?*

vbi constat Academiæ nobilissimæ Lutetiarum iacta tum fundamenta, antequam Alcuinus vel hæc scripsit, vel in Franciam venit. Contendit enim hic Author Claudium Clementem, qui Antissiodorensis fuit Episcopus, ante Alcuinum fuisse scholæ Parisiensis institutorem: quâ de re nos alibi.

De eadem certe schola intelligendus Ionas Episcopus Aurelianensis, qui & Carolum videre potuit, & sub Ludouico Pio floruit. Is lib. de Cultu imagin. ait, ex eo quod Carolus litterarum Diuinarum & Humanarum Gymnasium in Gallia fundauerat, Galliam abundasse viris doctis, qui Hæreticorum astutias & sophismata retunderent, atque eam ob rem non infectam fuisse hæresi & peste Feliciana. *Quoniam, inquit, non solum apud Germaniam studium Litterarum & amor Diuinarum scripturarum, verum etiam apud eandem Galliam eiusdem memorabilis viri, scilicet Caroli M. solertissimo studio & feruentissimo desiderio actum est, vt Domino opem ferente in sibi commissis Ecclesiæ filiis & Liberalium artium apprime Disciplina & Diuinarum scripturarum perfecta polleret intelligentia.*

Ex his verbis videtur apud Germaniam quoque fuisse publicum aliquod studium à Carolo institutum. Et reuera docet Crantzius lib.1.Metropol. cum in Saxonia Ecclesiam Osnabrugensem tum primum ædificasse, in eaque scholas Græcæ & Latinæ facundiæ fundasse: atque id colligit ex verbis Imperatorij Diplomatis quæ sunt eiusmodi. *Et ea de causa statuimus, quod in eodem loco Græcas & Latinas Scholas in perpetuum manere ordinauimus: nec vnquam clericos vtriusque Linguæ gnaros deesse confidimus. Et vt hæc authoritas firmior habeatur & diuturnis temporibus melius conseruetur, manu propria subter ea roborare decreuimus & annulo nostro sigillare iussimus. Datum 3.Kal. Ian. an. 4. Christo propitio Imperij nostri, 37. Regni nostri in Francia.* Videatur si lubet integrum Diploma.

Sed quibus Adiutoribus hanc Academiam Carolus instituit, & vnde Magistros acciuit? Constans est omnium veterum opinio eum Anglorum Scotorumque quorundam opera vsum fuisse, atque ex Italia quoque plurimos Magistros mercede proposita euocasse. Item ex vrbe Româ, seu potius ex Academia Romana formam quandam Regiminis mutuatum in ea instituisse. Multos vero Extraneos fama liberalitatis excitos ostentandi ingenij & doctrinæ exercendæ causa Lutetiam vndequaque confluxisse.

Testantur Annales Anglici, Germanici, Italici & Nostrates Complures Alcuinum Natione Anglum, patria Eboracensem, ordine & statu Diaconum, Bedæ olim Discipulum ad Carolum nostrum primò missum fuisse ab Offa II. Merciorum Rege Legati nomine: deinde post obitam Legationem assumptum ab eo in Præceptorem: demumque rogatum, vt instituendæ iuuentutis curam susciperet: cuius precibus cum ille acquieuisset, sociis Disciplinæ aduocatis tantam sibi famam tum in Artibus Liberalibus, tum in Theologia comparasse, vt veluti ad rem nouam & pœne Diuinam Omnes vndique discendi studio concurrerint.

Nonnulli tamen contendunt Alcuinum non primum fuisse Publici studii institutorem, sed duos Monachos seu Scotos, seu Hibernos qui cum Mercatoribus Anglis in Galliam aduenerant clamitantes se scientiam habere vænalem: atque ex iis quæsiuisse Carolum, quid & quantum vellent, pactoque demum pretio illis loca ad docendum idonea assignasse, victum honestum prouidisse, & Discipulos eorum curæ & Disciplinæ commisisse. Mox verò peruulgata eius rei famâ Alcuinum cum aliis multis operam laboresque suos Regi obtulisse, ab eoque scholarum Parisiensium regimini deputatum. Equidem valde probabile est Alcuinum non venisse cum Hibernis illis, nec scientiam vænalem clamitasse, tum quia Ep. 23. ad Carolum ait se inter cæteros Adiutores ad instituendam in Francia Sapientiæ Scholam de vltimis Britanniæ finibus adscitum: tum quia certum est ex historia Legatum ab Offa fuisse missum, vt de fœdere inter eos ineundo, commeatuque conseruando ageret: ac proinde cum Alcuinus Lutetiæ Scholam instituere & aperire meditatus est, non potuit esse Carolo ignotus.

Historiam autem vænalis scientiæ, quæ instituendæ huic Academiæ occasionem dedisse dicitur, è veteribus omnium fusissimè prosequitur Monachus Sangallensis, quem proprio nomine Notkerum Balbulum Goldastus appellat, quemque supra diximus in Scholis publicis San-Gallensibus docuisse. Is duos libros de Gestis Catoli Magni conscripsit, quos ait l. 2. c. 26. balbum se & edentulum scripsisse, eosque Carolo Crasso Caroli nostri pronepoti dedicauit. Ac proinde si Carolum M. non vidit, saltem ab iis qui scholarum Parisi. regimini inter initia præpositi fuerant, aut ab aliis, qui quid gestum fuisset, audierant, id quod refert accipere potuit. Et reuera citat Historiæ suæ testes locupletissimos. Nam librum primum quem de Religiositate & Ecclesiastica Domini Caroli Cvra inscripsit, ait in præfatione lib. 2. processisse ex ore Wernberti Sacerdotis. Quasi eo dictante exceperit. Alterum, cui hunc titulum præponit De Rebvs Bellcis Caroli M. affirmat se conscripsisse ex narratione Adalberti patris eiusdem Wernberti, qui cum Domino suo Kekardo Hunisco & Sclauico bello interfuerat.

Porro Adalbertus ille filius erat Sigulfi veteris, Alcuini quondam Discipuli: & ipsemet eundem quoque valde senem cum multis aliis Condiscipulis Turonis docentem audiuerat. Wernbertus verò Adalberti filius cum Hardinundo fuerat Rabani Discipulus teste Trithemio in Chronico Hirsaugiensi, & ipsius Notkeri Balbuli Magister: siquidem in illa præfatione ait Balbulus eum decessisse septem dies antequam partem illam historiæ scriberet: & ipsâ die quâ scribebat quæ erat 3. Kal. Iunij commemorationem illius esse agendam *Filiis orbis & Discipulis.*

Itaque non videtur vlla rei præteritæ memoria seu historia pluribus posse fulciri indiciis & circonstantiis veris aut verisimilibus, quam San-Gallensis: siquidem tota nititur fide duorum Discipulorum Alcuini & Rabani, qui de primis fuerunt Academiæ Parisiensis Doctoribus & Magistris. Quæ quidem historia licet non ignoraretur à primæ & mediæ ætatis scriptoribus, quia tamen incuria successorum diu iacuit in tenebris, à nonnullis postremæ ætatis vt falsa & fictitia reiecta est, donec tandem è veteribus Bibliothecis Germanicis eruta est ab Henrico Canisio & in lucem emissa an. 1601. sed hac de re infra. Igitur Monachus ille San-Gallensis præmisso Titulo lib. de Religiositate Caroli, sic incipit cap. 1.

Omnipotens *Regum dispositor, ordinatorque Regnorum, & temporum cum illius admirandæ statuæ pedes ferreos vel testaceos comminuisset in Romanis: alterius non minus admirabilis statuæ caput aureum per illustrem Carolum erexit in Francis. Qui cum in occidui mundi partibus solus regnare cœpisset, & studia litterarum vbique propemodum essent in obliuione, contigit duos Scotos de Hibernia cum mercatoribus Britannis ad littus Galliæ deuenire, viros & in secularibus & in sacris scripturis incomparabiliter eruditos. Qui cotidie cum nihil ostenderent vænale, ad conuenientes emendi gratia turbas clamare solebant,* Si qvis sapientiæ cvpidvs est, Veniat ad Nos et Accipiat eam, nam Vænalis est apvd Nos. *Quam tamen idcirco se vænalem habere professi sunt, quia populum non gratuita sed vænalia mercari viderunt: vt sic vel sapientia sicut cæteris rebus coëmendis eos incitarent, vel sicut sequentia probant, per tale præconium in admirationem verterent & stuporem. Denique tandiu conclamata sunt ista, donec ab admirantibus vel insanos illos putantibus ad Caroli Regis semper amatoris & cupidissimi sapientiæ perlata fuissent. Qui sub omni celeritate ad suam eos præsentiam euocatos interogauit, si verè, vt ipsa fama comperit, sapientiam secum haberent. Qui dixerunt,* Et habemvs eam, et in nomine Domini digne qværentibvs dare parati svmvs. *Qui cum inquisisset ab illis, quid pro ipsa peterent, responderunt,* Loca tantvm opportvna, et animas ingeniosas, et sine qvibvs ista peregrinatio transigi non potest, alimenta et qvibvs tegamvr. *Quo ille percepto ingenti gaudio repletus, primum quidem apud se vtrumque paruo tempore tenuit: postea verò cum ad expeditiones bellicas vrgeretur, vnum eorum nomine Clementem in Gallia residere præcepit, cui & pueros nobilissimos, mediocres, & infimos satis multos commendauit, & eis prout necessarium habuerunt, victualia ministrari præcepit, habitaculis opportunis ad habitandum deputatis. Alterum verò in Italiam direxit, cui & Monasterium S. Augustini iuxta Ticinensem vrbem delegauit, vt qui illuc ad eum voluissent, ad discendum congregari potuissent.*

Audito autem Albinus de natione Anglorum, quod gratanter sapientes viros religiosissimus Regum susciperet, conscensâ naui venit ad eum. Qui erat in omni latitudine scripturarum supra cæteros modernorum temporum exercitatus, vt pote Discipulus doctissimi Bedæ peritissimi post S. Gregorium Tractatoris. Quem vsque ad finem vitæ iugiter secum retinuit, nisi quando ad ingruentia bella processit, adeo vt se Discipulum eius & ipsum Magistrum

Vniuersitas Parisiensis.

suum appellare voluisset. Dedit autem illi Abbatiam S. Martini iuxta Turonicam Ciuitatem, vt quando ipse absens esset, illic requiescere & ad se confluentes docere deberet. Cuius in tantum Doctrina fructificauit, vt moderni Galli siue Franci antiquis Romanis vel Atheniensibus aquarentur.

Cumque victoriosissimus Carolus post longum tempus in Galliam reuerteretur, præcepit ad se venire pueros, quos Clementi commendauerat, & offerre sibi Epistolas & carmina sua. Mediocres igitur & infimi præter spem omnibus sapientiæ condimentis dulcoratas obtulerunt; Nobiles verò omni fatuitate tepentes præsentarunt. Tunc sapientissimus Carolus æterni Iudicis Iustitiam imitatus, bene operatos ad dextram segregatos his verbis allocutus est, MVLTAS GRATIAS HABETE FILII, *quia iussionem meam & vtilitatem vestram iuxta possibilitatem exequi fuistis intenti. Nunc ergo ad perfectum attingere studete, & dabo vobis Episcopia & Monasteria permagnifica, & semper honorabiles eritis in oculis meis. Deinde ad sinistros cum magna animaduersione vultum contorquens & flammato intuitu conscientias eorum concutiens, ironicè hæc terribilia verba intonando potius quàm loquendo iaculatus est in illos.* VOS NOBILES, *vos Primorum Filij, vos delicati & formosuli in natales vestros & possessiones confisi mandatum meum & glorificationem vestram postponentes, litterarum studiis neglectis, luxuriæ, ludo & inertiæ vel inanibus exercitiis indulsistis. Et his præmissis solitum sibi iuramentum, Augustum caput & inuictam dexteram ad cœlum conuertens, fulminauit. Per Regem Cælorum non Ego magnipendo Nobilitatem vestram & pulchritudinem vestram, licet alij vos admirentur. Et hoc procul dubio scitote, quia nisi citò priorem negligentiam vigilanti studio recuperaueritis, apud Carolum nihil vnquam boni acquiretis.*

Ita promouebat Carolus studia litterarum, præmia bene meritis proponens, pœnas & indignationem pigris & desidibus minitans. In rebus verò sacris dolere se paucos habere Theologos qui excellerent; quique longè abessent à doctrina & virtutibus SS. Hieronymi & Augustini, vt narrat idem author c. 9. *Generosissimus,* inquit, *Carolus per totum Regnum suum studia litterarum florere conspiciens, sed ad maturitatem patrum præcedentium non peruenire condolens, & plusquam mortale laborans in hanc tædiatus vocem erupit. O vtinam haberem 12. Clericos ita doctos omnique sapientia sic perfectè instructos, vt fuerunt Hieronymus & Augustinus: ad quod doctissimus Albinus ex illorum comparatione meritò se indoctissimum indicans, in quantum nullus mortalium in conspectu terribilissimi Caroli audere præsumeret; maximâ indignatione conceptâ & parumper ostensâ,* CREATOR COELI ET TERRÆ SIMILES ILLIS PLVRES NON HABVIT, ET TV VIS HABERE DVODECIM.

Hæc historia, vt dictum est, cum Authore suo diu sub puluere iacuit, nec ante an. 1601. prodiit in lucem, cum scilicet Henricus Canisius excussam, & ex codice Monacensis Bibliothecæ Bauaricæ exscriptam, deinde cum alio MS. Cœnobij Moissiacensis diligenter collatam publicauit. Et tum agnitum est plagium Chronologistæ Arelatensis, qui non modo historiam illam refert, sed eadem plane verca transcripsit exceptis paucis, supresso germani & veri nomine authoris. Vnde factum, vt quotquot mediæ ætatis Historici ea de re scripserunt, eam omnes ex Chronico Arelatensi referant, & ad illud remittant Lectorem: quod quia non extabat, nec vllibi reperiri poterat, nec vllus authorum aiebat se illud vidisse & legisse, idcirco à nonnullis Posterioribus habitum est pro commentitio, præsertim à Paschasio: sed tandem Canisij diligentiâ verus Author repertus, qui legitur in 2. Tomo veterum Historiæ Francicæ scriptorum, omnem dubitandi locum abstulit.

Ad eandem historiam Hibernorum alludit Erricus Antissiodorensis in Epistola dedicatoria ad Carolum Caluum, quam alio loco integram referemus, nimirum ad an. 870. Sic autem habet inter cætera. *Multa sunt tuæ monumenta clementiæ, multa symbola pietatis: illud vel maximè tibi æternam parat memoriam, quod famatissimi aui tui Caroli studium erga immortales Disciplinas non modo ex æquo repræsentas, verum etiam incomparabili feruore transcendis, dum quod ille sopitis eduxit cineribus, tu fomento multiplici tum Beneficiorum, tum authoritatis vsquequaque prouehis. Et paulo post. Quid Hiberniam memorem contempto pelagi discrimine pœnè totam cum grege Philosophorum ad littora nostra migrantem? quorum quisquis peritior est, vltro sibi indicit exilium, vt Salomoni sapientissimo famuletur ad votum.* Hinc intelligitur plurimos alios Scotos & Hibernos diuulgatâ Carolinæ institutionis famâ toto illo seculo Parisios conuolasse.

At, inquiet aliquis, Eginhartus qui tam studiosè & accuratè Caroli vitam historiamque contexuit, neque Scotorum neque hibernorum illorum meminit, qui tamen longè certius, quàm qui deinde scripserunt, rem eiusmodi scire potuit & referre, cum esset Carolo à Secretis & ab Epistolis, eique superstes vixerit. Distinctè quidem non meminit, sed paucis tamen verbis & generalibus historiam præallatam comprehendit. Clarè hæc de Alcuino. *In discenda Grammatica Petrum Pisanum Diaconum senem audiuit: in cæteris Disciplinis Albinum cognomento Alcuinum, item Diaconum de Britannia Saxonici generis hominem virum vndecumque Doctissimum præceptorem habuit.* Et alio loco suppressis aliorum Magistrorum nominibus, quos Carolus peregrè aduenientes, aut euocatos suscipiebat, ait tantam eorum fuisse multitudinem, vt non modò Palatio, sed toti ipsi Regno esset grauis & onerosa. *Amabat*, inquit, *Peregrinos & eorum suscipiendorum magnam habebat curam: adeo vt eorum multitudo non solum Palatio, verum etiam Regno non immeritò videretur onerosa. Ipse tamen pro magnitudine animi huiusmodi pondere minimè grauabatur, cum etiam ingentia incommoda laude liberalitatis & bonæ famæ mercede compensaret.* Itaque Eginhartus, breuiter & generatim, vt solent Epitomastæ, rem complexus est: vt & multi alij, qui eo sæculo scripserunt, quorum abstineo verba referre, quia non apertius loquuntur.

Nec ab eadem Historia abludit Alcuinus Ep. 23. ad Carolum: quanquam enim nihil de scientia illa venali dicit, satis tamen indicat complures viros Doctos ex Britannia, vt & complures alios aliundè à Carolo præmiis & honoribus ad emigrandum sollicitatos fuisse. *Vestram optimam sollicitudinem D. mi Dauid semper amare & prædicare sapientiam cognoscebam, omnesque ad eam discendam exhortari; imò & præmiis honoribusque sollicitare, atque ex diuersis mundi partibus Amatores illius, vestræ bonæ voluntatis adiutores conuocare studuisse: inter quos me etiam infimum eiusdem Sanctæ Sapientiæ vernaculum de vltimis Britanniæ finibus adsciscere curastis.*

Possemus prædictis authoritatibus addere ea quæ habentur in Actis Concilij VI. Parisiensis an. 829. habiti, vbi fit mentio trium Scholarum Publicarum à Carolo inchoatarum: authoritatem Lupi Ferrariensis in Ep. ad Æneam Episcopum Parisiensem: Nicolai I. Pontificis de Ioanne Scoto Studij Parisiensis Capitali: Flodoardi & aliorum, qui Scholarum Parisiensium meminerunt aut meminisse videntur. Verum in historia primi seculi eorum testimonia suis locis commodius referemus, ne quam nunc tractamus Quæstionem, authoritatum numero obruamus.

Schola Publica in Palatio.

At si Lutetiæ Parisiorum Scholam Publicam instituit Carolus, quo in loco quaque in parte vrbis collocauit? In Palatio: vt suâ præsentiâ Magistros ad fideliter docendum impelleret, & iuuenes exemplo suo ad strenuè & impigrè studendum incitaret & accenderet. Si quando enim belli curas intermittebat, concertationibus & disputationibus Scholasticis interesse delectabatur, & tam Magistros quam discipulos variis quæstionibus exercebat; quas si dissoluere non poterant, earum solutionem ab Archididascalo Alcuino repetebat, etiam postquam relictis scholis Palatinis Turonas concessit: imo nonnunquam vt veniret ipse, flagitabat. Qua de re sic Alcuinus Ep. 25. ad Homerum suum. *Miror cur Flaccinæ pigritiæ socordiam septiplicis sapientiæ decus Dulcissimus meus Dauid* (Sic **sæpe Carolum vocat, & Ludouicum filium, Salomonem**) *interrogare voluisset de Quæstionibus Palatinis emeritæque hominem militiæ in castra reuocare pugnantia, vt tumultuosas militum mentes sedaret: dum secularis litteraturæ libri & Ecclesiasticæ soliditatis sapientia, sicut iustum est, apud vos inueniuntur; in quibus ad omnia quæ quæruntur, vera inueniri possunt responsiones.*

Et Ep. 106. ad Carolum ipsum Imperatorem, a quo per litteras de quibusdam Quæstionibus interrogatus Academicorum seu Magistrorum Palatinorum nomine, sic respondet. *Mirabilis sapientiæ vestræ litterarum serie perlecta inuenimus eas eloquentia nitore splendidas & profunditate sensuum subtilissimas, & inquisitionis gratia iocundissimas. Vnde patenter agnosci poterit non tantum Imperatoriam vestræ prudentiæ potestatem à Deo ad solum mundi regimen, sed maximè ad Ecclesiæ præsidium & sapientiæ decorem conlatam, & Iuuenum mentes, quadam inertiæ rubigine obductas ad acumen ingenij per vestram sanctissimam solertiam elimandas.*

Siquidem

Vniuerfitas Parifienfis.

Siquidem præter Imperiales & Publicas curas, Euangelicas Quæstiones Academicis vestris à nobis enucleandas requiritis.

Item Ep. 9. ad eundem Imperatorem ait se molestè & grauiter ferre, se à Professoribus Palatinis, quos ipse instituerat, quosque in Palatio docentes reliquerat, absentem in rebus Mathematicis fuisse reprehensum, & imperitiæ atque ignorantiæ accusatum, se inquam, qui alios docuerat quidquid in illa professione scire videbantur. Itaque illos ironicè vocat *pueros*, seque graui Entello comparat, qui exultantem animis & viribus fidentem Dareta prostrauit. *Ego*, inquit, *imperitus*, *Ego ignarus*, *nesciens Ægyptiacam Scholam in Palatio Dauitica versari gloria. Ego abiens Latinos ibi dimisi, nescio quis subintroduxit Ægyptios: Nec tam indoctus fui Memphiticæ supputationis, quàm beniuolus Romanæ consuetudinis.*

Molestè inquam ferebat Alcuinus & iniquo animo se ab illis Magistris, quos dimiserat, argui ignorantiæ in eâ re, quâ cæteris præcellere vulgò putabatur; & ob quam Disciplinam Carolo eiusdem valde studioso gratissimus erat: imò cuius opera factum erat, vt quemadmodum Romani Gallis cantandi peritiâ præcellebant, sic contra Galli Romanis mathematicâ doctrinâ potiores esse viderentur: vt videtur ipse Alcuinus innuere Ep. 2. ad Carolum. *Audiui dum Romæ essem, quosdam dicentes Magistros, quod Orientales populi 9. hebdomadas, & Græci 8. & Latini 7. ieiunare soleant: & inde consuetudinem Romanam sumpsisse Ecclesiam septuagesimos, sexagesimos, & quinquagesimos dies nuncupare Dominicos; Hoc quia à talibus non audiui Magistris, quorum authoritati me tradere auderem, omnino confirmare non fui ausus.*

Quod autem Alcuinus in Scholis Palatinis docuerit, iisque præfuerit, testatur Anonymus Quidam, qui vitam S. Aldrici Abbatis Ferrariensis & Archiepiscopi quondam Senonensis, ipsius Alcuini Discipuli, scripsit, sic enim habet de Alcuino. *Super quibus iocundatus Imperator Augustus eum Præceptorem Palatinum instituit, vt vita Imperialis Aulæ & maiora negotia suæ discretionis arbitrio definirentur.* In iisdem Scholis non tantum Carolum, Caroli filios & alios adolescentes edocuit, sed & ipsius quoque Regis filias Gisam & Recthrudam liberalibus artibus, imò nonnullis etiam Sacræ Scripturæ tractatibus informauit: itaque illæ postquam Turonas recessit, ab eo Commentaria in Ioannis Euangelium sibi Parisios mitti postularunt: ac ne causaretur absentiam aut itineris longitudinem, B. Hieronymi exemplo vsæ, qui in Bethleem degens Matronis Romanis & sacris virginibus sua scripta dirigebat, ac proinde e loco longius distante ab vrbe Româ, quàm Turonica ciuitas distet à Parisiaca, impetrarunt quod petebant. Initio verò Epistolæ sic eum compellant. *Postquam Venerande Magister, aliquid de mellifica S. Scripturæ cognitione vestrâ sagacitate exponente hausimus, ardebat nobis, vt fatemur, de die in diem desiderium huius sacratissimæ Lectionis, in qua purificatio est animæ, solatium mortalitatis nostræ & spes perpetuæ beatitudinis.* Et sub finem. *Memento clarissimum in Sanctâ Ecclesiâ Diuinæ scripturæ Doctorem, Beatissimum siquidem Hieronymum, Nobilium nullatenus spernere fæminarum preces, sed plurima nominibus illarum in Propheticas obscuritates dedicasse opuscula, sæpiusque de Bethleem Castello Christi Dom. nostri Natiuitati consecrato ad Romanas arces Epistolaribus, iisdem petentibus, volare Chartulis, nec terrarum inquietate vel procellosi Adriatici maris fluctibus territum, quominus sanctarum Virginum petitionibus annueret. Minori vadosum Ligeri flumen, quam Tyrrheni maris latitudo periculo nauigatur. Et multò facilius Chartarum Portator tuarum de* TVRONIS PARISIACAM *Ciuitatem, quàm illius de Bethleem Romam peruenire poterit.* Hæc qui leget, poterit dubitare, quin Alcuinus Parisiis in Palatio Regio docuerit? & quin ipse de Palatio Parisiensi loquatur, cum sic ait ad librum.

Perge libelle sacer, cunctis præclarior odis
Et pete Præclari præclara Palatia Regis.

De eodem certe intelligenda sunt hæc verba Ep. 1. *Ad sapientiam omni studio discendam & quotidiano exercitio possidendam exhortare Domne Rex Iuuenes quosque in Palatio Excellentiæ vestræ: quatenus in ea proficiant ætate floridâ, vt ad honorem caniciem suam perducere digni habeantur.* In eodem igitur Athene noua constituta est Academiâ Platonicâ præstantior, vt habetur Ep. 10. In iisdem Scholis docuerunt Æneas Parisiensis, Lupus Ferrariensis, Ioannes Erigena, Manno Philosophus, cuius in iis Discipulus fuit Ratbodus Guntharij seu Guntheri Archiepiscopi Coloniensis ex sorore nepos. De quo sic legitur apud Surium ad 29. Nouemb. *Primæ ætatis tempus exegit apud Guntherum Coloniensem Archiepiscopum auunculum suum litteris operam nauans. Sed cum illi Episcopo res aduersa accidisset, puer egregiæ indolis hortantibus suis, plerisque etiam adiuuantibus, quippe quem Dei gratia quâ præditus erat, omnibus charum efficeret, primò ad Caroli Regis Francorum, inde ad Ludouici eius filij aulam se contulit: non quod Palatinos ambiret honores, sed quod intra* REGIS PALATIVM LIBERALIVM DISCIPLINARVM STVDIA PRÆCLARE COLERENTVR. *Præerat autem Collegio illi Manno Philosophus, cui sanctus puer feruens discendi studio sedulus adhærebat.*

Palatium Schola dictum.

Ab hocce autem litterarum exercitio & professione Domus Regia vocari cœpit Antonomasticè & per excellentiam SCHOLA: vt colligitur ex verbis Episcoporum synodi Carisiacæ anno 858. habitæ, vbi specialem articulum de administratione Domus Regiæ conscribentes, satis innuunt Palatium Regium vulgari nomine tum SCHOLAM appellatum. *Et ideo*, inquiunt, DOMVS REGIS SCHOLA *dicitur & Disciplina: quia non Scholastici modò Disciplinati & bene correcti sunt, sicut alij: sed potius ipsa* SCHOLA, *quæ interpretatur* DISCIPLINA *& correctio dicitur.* Quid clarius? Adstipulatur Erricus Antissiodorensis in Epistola ad Carolum Caluum, totâ ad Imperatoris laudem compositâ, maximè propterea quod ad splendorem litterarum plus contulisset, quàm Pater Ludouicus, quàm ipse Carolus Magnus, quodque & pacis & belli tempore curaret eas in Palatio exerceri. *Hinc est*, inquit, *quod cum sit perantiqua Sententia* SILENT LEGES INTER ARMA, *hæc tamen tam belli quàm pacis tempore apud vos semper plurimum obtinent dignitatis: itaut meritò vocitetur* SCHOLA PALATIVM; *cuius Apex non minus* SCHOLARIBVS, *quàm militaribus consuescit quotidie disciplinis.*

Et qui primi Palatium Parisiense ita voluerunt appellari, videntur procul dubio præ oculis habuisse Regiam illam Alexandrinam, quæ pariter SCHOLA dicta est, Μυσῖον locus Musis & studiis consecratus: vt & ipse Carolus videtur imitatus fuisse præclarum Ptolomæi institutum, qui ex omnibus mundi partibus viros Doctos ad publicam professionem acciuit, & in Regia collocauit, vt ante diximus.

Vniuersitas filia Regis

Neque malè forsan suspicari possumus inde primùm Vniuersitati nomen impositum FILIÆ REGIS PRIMOGENITÆ: quòd nempe in Regia Domo collocata sit veluti de familia Regia; quòd ab Institutore non minus dilecta, quàm propriæ filiæ; & quod iisdem propè iuribus gaudeat, ac Regiæ stirpis proceres: cum quoties lubet Regem, vt patrem adeat non petitâ licentiâ, & ipsi etiam iniuriatæ credatur, vt suo loco dicemus. Atque vt Rex sine liberis, magnâ sui parte mancus est, ita & Regnum absque Academia Parisiensi maxinopere deformatum videretur. Est enim illa vnum e tribus Lilijs quæ Tesseram symbolicam Regis Regnique componunt; quod si deesset, reliqua duo omnino deformia remanerent. Quemadmodum olim Ludouico IX. sub initia Regni VIRI SAPIENTES quos aduocauerat in consilium, exponendo demonstrarunt, cum propter iniuriam Vniuersitati factam de deserenda Lutetia & Regno Magistri simul & Discipuli cogitarent. Quâ de re sic Nangius in vita Ludouici. *Si tam pretiosissimus thesaurus Sapientiæ salutaris, qui olim de Græcia sequendo Dionysium Areopagitam Parisius ad partes Gallicanas deuenerat cum fide & militiæ titulo, de Regno Franciæ tolleretur, maneret vtique Liliatum signum Regis Franciæ, quod trini floris solio depictum est, in vnâ parte sui miserabiliter deformatum.* Et paulo post. *Duplex enim par Flos Lilij Sapientiam & Militiam significat: quæ duo sequentes de Græcia in Galliam Dionysium Areopagitam cum Fide, quam ibidem Dei gratia seminauit, tertium Florem Lilij facientem custodiunt & defendunt.*

Nec dissentit Rebuffus in Procemio Concordatorum, imò eandem planè sententiam adstruit, vbi quærens quamobrem Rex Franciæ dicatur Filius Ecclesiæ primogenitus, respondet dici eo modo quo Vniuersitas Parisiensis Filia Regum vocatur, quia scilicet sicut illa primò fidem & honorem Regis, vt primò nata tuetur, ita & Reges Franciæ dicti Filij Ecclesiæ, quia primò Fidem Catholicam ante omnia tutati sunt. *Dicuntur Reges Franciæ primi filij sanctæ Ecclesiæ Catholicæ (sicut*

Vniuersitas Parisiensis. 167

Vniuersitas Parisiensis vocatur prima filia & Primogenita Regis, quia primo ei nata est; & primo fidem ac Regis honorem tuetur) quia sanctam sedem primo & ante omnia tutati sunt, vt est in historiis multa videre.

Verum vt ad Palatium Caroli redeamus, vbinam situm erat? Aliqui scribunt vetustissimum Regum Palatium ab omni æuo fuisse eo in loco, vbi nunc est Forense, in Insula scilicet. Vbi quoque fuit olim Arx Parisiorum, & vbi suos conuentus agere solebant Parisini, egitque Cæsar consilium totius Galliæ, vt habetur l. 6. Comment. In ea ergo Arce Clodouæum I. habitasse ferunt, & pro sacra Capella Ædem D. Bartholomæi habuisse, in qua aiunt Clotildem Coniugem intinxisse liberos lustrali aqua Baptismatis antequam migrarent in montem Leucotitium, qui San-Genouefanus postea dictus est, vbi Regiam sibi & posteris extruxit. An verò consecuti Reges eadem Palatia inhabitarint, res est adhuc in dubio.

Locus palatij Carolini.

Illud saltem certum est Reges olim duplex habuisse Palatium, vnum Vrbanum, alterum Suburbanum. Nam Clodouæus præter veterem Regiam in Insula sitam, aliam in monte, quem nunc diximus San-Genouefanum, condidit ad captandum salubriorem aërem vitandosque strepitus & tumultus vrbis. Nec videtur quoque dubitandum, quin alij Reges aliud extruxerint eo propè loco, vbi hodie Luparæa Regia sita est; ad quod statuendum pluribus adducor argumentis.

1. Quia vt ex dictis patet, certum est Carolum M. in aliqua Palatij Regij parte Musas collocasse: eamque vocatam Scholam: at ille locus nomen etiamnum hodie retinet Gallicè *l'Eschole*, & portus illius loci, Scholæ portus appellatur *le port de l'Eschole*. Imo vt legitur in antiquitatibus Parisiensibus, S. Germani Antissiodorensis Ecclesia vocabatur antiquitus Schola: & apud Iuuenalem de Vrsinis in vita Caroli VI. Schola S. Germani dicitur; quod nomen certè non habuit aliunde, quam à vicina Regia Suburbana, quæ à Caroli temporibus Schola dicta est. At in Palatio vrbano, vbi vestigium vllum Scholarum?

2. Luparæa Regum Domus vetustior est, quàm vulgo creditur. Scribunt enim aliqui, sed malè & ignorantissimè, fuisse à Francisco I. constructam, cum constet Philippi Augusti temporibus iam Regiam fuisse Domum. Luparæ quidem nomen legitur in priuilegio, quod Monachis San-Dionysianis indulget Dagobertus anno 5. Regni sui 7. Kal. Iunij: videturque de hacce Domo Surburbana loqui, cum scribit velle se Reos immunitatem consequi, qui ab vrbe Parisiaca Montem Martyrum præterierint, aut qui è Palatio egredientes viam, quæ tendit ad Luparam transierint. *Quisquis fugitiuorum pro quolibet scelere ad præfatam Basilicam Beatorum Martyrum fugiens Tricenam pontem aduenerit, vel ex parte Parisius veniens Montem Martyrum præterierit, vel de Palatio Nostro egrediens Publicam viam qua pergit ad Luparam, transierit.*

Ad Luparam, inquam, quæ vulgo dicitur *Louure en Parisis*. At quis non videt Regiam suburbanam propinquiorem esse viæ Luparæ, quæ nunc D. Honorati dicitur, quàm Vrbanam? Et forsan ipsa iam tum Dagoberti temporibus Luparea seu Lupara dicebatur. Nam non erat nomen illud nouum, cum Philippus Augustus an. 1214. Ferrandū Flandriæ Comitem in Arce seu Turri Luparæa quam ædificauerat, seruari & custodiri voluit, de qua Guilhel. Brito in sua Philippide.

———— *Parisianis*
Ciuibus offertur Luparæ claudendus in Arce.

Hancce Domum Guillelmus Carnotensis S. Ludouici Cappellanus *Castrum Luparæ* appellat. *Apud Castrum Luparæ Parisius D. Petrus de Landuno Miles Custos puerorum D. Regis Philippi.* Et Nangius de eadem in eiusdem Principis vita verba faciès & de Domino Couciacensi, qui tres scholasticos capi & suspendio affici iusserat, quod in Nemore suo Cuniculos sectari visi fuissent, scribit Regem *per Clientes Aulicos eum fecisse capi, & in Domo sua Parisius, quæ Lupara dicitur, in custodia reseruari.* Ex quibus patet antiquitus illam Domum Reges inhabitare maluisse, quod esset commodior, quàm vrbana, & à strepitu vrbis remotior.

3. Eandem veritatem confirmant antiquissima Vniuersitatis Collegia in illis locis sita, scilicet S. Nicolai & S. Thomæ de Lupara: Item Bonorum puerorum S. Honorati. Adde proximum Pratum Clericorum, quod à Carolo M. Scholaribus & Magistris, veluti Campum Martium ad deambulandum, conferendum

O ij

seu disputandum & ludendum concessum fuisse alio loco docebimus. Neque verò, si non temporibus ipsis Caroli M. aut saltem primo illo seculo ea loca possedit Vniuersitas, facile inuenietur quandonam possidere potuerit aut debuerit. Nam certum est, eam, postquam Suburbia à Normanis vastata sunt, Atrienses Scholas & vicinas occupasse, item & in Colle San-genouesiano ac valle subiectâ Castra sua posuisse: quod secundo seculo & aliis consequentibus factum videmus, nec ex iis locis aliò deinceps commigrasse legimus. Vnde procul dubio euincitur Luparæam illam Regionem ab ipsâ primitus fuisse possessam & habitatam.

4. Quia Collegia, præsertim verò Bonorum Puerorum & D. Nicolai Luparæi omnium antiquissima esse creduntur, idque de posteriore constanter asseruit Natio Gallicana an. 1420. (cum Excestriæ Dux tunc Franciæ Prorex sub Anglis Collegij præfecturam concedere voluit M. Rogero Scoto) suum esse dicens & ad se suósque Nationales pertinere, vt scribit M. Petrus de Credulio tunc eiusdem Nationis Procurator, *Nar/aui vlterius*, inquit, *quod Collegium S. Nicolai de Lupara erat Collegium antiquius fundatum Parisius: quod etiam Collegium illud erat Nationis, quia maior pars Scholarium debent esse de Natione: quapropter oportebat quod Magister esset de Natione.* Eiusdem Collegij antiquitatem agnoscit Brolius lib. 3. Antiquit. Paris. *En l'Eglise & ceinture de S. Nicolas du Louure il y auoit anciennement exercice des Lettres, & des Escholiers rentez, que nous appellons Boursiers, lesquels Iean Du Bellay 104. Euesque de Paris en l'an 1542. erigea en Chanoines, & doiuent estre neuf auec vn Preuost pour Chef*: additque se non potuisse eiusdem Ecclesiæ fundationem accipere propter summam eius antiquitatem.

Collegium quoque Bonorum Puerorum antiquissimæ Originis esse semper creditum est. Iacobus Mazerius Procurator Nationis Gallicanæ electus 3. Non. Iunij an. 1521. tam de sua electione, quam de illo Collegio sic scribit. *Non denique minis territi aut allecti fauore, motivè extremo odio Iacobum Mazerium Parisiensem iuuenes in celebratissimo Bonorum Puerorum Musæo Parisius primitus fundato à multis iam annis edocentem elegerunt Procuratorem.* Eiusdem collegij Bursarios Ludouico IX. qui Sanctus dictus est, charissimos fuisse discimus ex Gaufrido de Bello-loco. *Connocabat pluries in anno Clericos electos & gratiosè cantantes, & maximè de Bonis Pueris, qui in sanctâ congregatione Parisius morabantur: quibus in recessu denarios erogabat: illísque magna ex parte anni in studio sustentabantur.* Eorundem meminit bonus ille Rex in suo testamento. *Item Pauperibus Scholaribus S. Honorati Parisius 10. libras.* Ex his igitur constat Vniuersitatem Parisiensem in Luparæa Regione fuisse primitus à Carolo collocatam. Quomodo verò & quando inde migrauerit, ex Annalibus patebit.

Authores.
saculi.
900.

Hactenus produximus authores, qui primo Vniuersitatis nostræ seculo floruerunt & scripserunt. In secundo verò, quod ab omnibus Historicis infelicissimum vocatur & meritò, licet paucos habeamus, non desunt tamen qui Scholarum Parisiensium meminerint. Imprimis Ioannes Cluniacensis B. Odonis Abbatis Discipulus in eius vita sic scribit. *Decimo nono ætatis suæ anno apud B. Martinum Turonis est tonsus, ibíque Grammaticæ laribus*, forsan legendum Grammaticalibus *educatus: deinde apud Parisium Dialecticam Musicamque à Remigio doctissimo viro est institutus.* Is est celeberrimus ille Remigius Antissiodorensis, qui à Fulcone Archiepiscopo Remensi e Scholis Parisiensibus euocatus Remis Scholas instituit, vt suo loco referemus.

Idem testatur Anselmus Leodiensis Canonicus de Huboldo in vita S. Notgeri Episcopi Leodiensis, quem ait Lutetiam venisse, Canonicis San-Genouesianis adhæsisse, & multorum ibi scholarium Doctorem fuisse. *Quid de Huboldo dicam*, inquit, *qui dum adolescentulus è Scholari Disciplina aufugisset Parisius veniens, S. Genouefæ Canonicis adhæsit (qui tum Seculares erant & publicè profitebantur, & in breui multorum Scholarium instructor fuit: vbi cum aliquandiu à D. Notgero ignoraretur, tandem Canonicæ Episcopalis sententiæ executione compulsus est redire, relictis ibi pluribus studiorum & moralitatis insignibus.*

Eandem Scholarum Parisiensium celebritatem euidentissimè probat Aimoinus Floriacensis in vita Abbonis Abbatis sui, cui in peregrinationibus comes assiduus fuit, & mortis oculatus testis an. 1004. Eum enim ait relictis Floriacensibus

Vniuersitas Parisiensis. 109

Scholis, in quibus ipse docuerat, & quæ tum maximè florebant, ad Parisienses, tanquam ad Maiorem litterarum Officinam se contulisse. Sic ergo habet c. 3. *Verum ipse maiora gliscens Scientiæ scrutari arcana, diuersorum adiit Sapientiæ Officinas locorum: quapropter Parisios atque Remos, ad eos qui Philosophiam profitebantur, profectus, aliquandiu quidem in Astronomia, sed non quantum cupierat, apud eos profecit.*

Circa eadem tempora Olbertus, qui Abbas Gemblacensis postea factus est, e Lobiensi Cœnobio, vbi à puero enutritus fuerat, Parisios venit, deinde ad Fulbertum Carnotensem profectus est, qui tunc in exercitio litterarum inter celeberrimos habebatur. Hinc ergo patet ex aliis oppidis & vrbibus Lutetiam ad Maiores Scholas & altiores Disciplinas conuenire solitos, quicunque vellent virorum doctorum famam sibi comparare.

In 3. Seculo cuius initium ducimus ab an. 1000. habemus inter cæteros Scriptores Ademarum S. Eparchij Engolismensis Monachum, qui Chronicum suum ad an. 1028. perduxit: ac proinde pœnè suppar primis Academiæ Parisiensis Doctoribus & Magistris, quorum catalogum & ordinem contexit in vita Ludouici Pij, de Rabano sic scribens. *Imperatori ipsi porrexit librum valdè mirabilem de Theologia S. Crucis Rabanus Magnentius doctissimus Monachus Magister Alcuini. Beda enim docuit Simplicium, Simplicius Rabanum, qui à transmarinis oris à Domino Imperatore Carolo susceptus & Pontifex in Francia factus docuit Alcuinum, & Alcuinus Smaragdum imbuit. Smaragdus autem docuit Theodulfum Aurelianensem Episcopum. Theodulfus vero Heliam Scotigenam Engolismensem Episcopum. Elias autem Heiricum, Heiricus Remigium & Vcbaldum Caluum Monachos hæredes Philosophiæ reliquit.*

Paulum inuertit Ademarus seriem & ordinem successionis, vt rectè notat Andreas Duchesnius: sed nec iste assecutus est, cum corrigere voluit. Sic ergo putauerim instituendum. Rabanus Magnentius doctissimus Monachus M. Alcuini Discipulus fuit. Beda enim docuit Simplicium, Simplicius Alcuinum, Alcuinus Theodulfum & Rabanum, Theodulfus Smaragdum, Smaragdus Heliam Scotigenam &c. Certum est enim Rabanum Magnentium nullatenus Magistrum esse potuisse Alcuini, sed ad summum Discipulum. Item Theodulfus non potuit esse Smaragdi discipulus: vt ex Chronologia patebit. Verum quocunque tandem modo sit contexenda series illa Magistrorum, hoc saltem colligimus illos omnes docuisse Parisiis primo seculo Vniuersitatis, & Ademari ætate historiam illam peregrinorum Doctorum à Carolo M. euocatorum & ad docendum constitutorum pro vera & certa fuisse habitam.

Porro euellendus hic scrupulus, qui de Ademaro oriri posset. Nam Myræus ait eum Caroli M. & Ludouici Pij temporibus vixisse & floruisse, eique Chronicum vetustissimum Engolismense tribuit: sed vel ex supra relata Professorum serie erroris conuincitur: cum in ea Magistros enumeret, qui 60. & amplius post Ludouicum annis floruerunt. Verus itaque author Chronici est Ademarus S. Eparchij Monachus, qui temporibus Roberti Regis scripsit. Neque idem confundendus est cum Ademaro Episcopo Engolismensi, qui sub finem eiusdem seculi Cathedram tenuit, & obijt an. 1001.

In 4. Seculo plurimos citare possemus authores, qui Carolinæ fundationis meminerunt, sed quatuor sufficient: quorum vnus initio seculi floruit; alter in medio: duo reliqui sub finem. Duo priores ab Ademaro Magistrorum Parisiensium Ordinem seriemque mutuati fuisse videntur, aut saltem ab eodem authore, a quo Ademarus. Primus quidem author Chronici S. Maxentij, seu Malleacensis, qui scribere desiit an. 1134. sic habet ad annum 816. *In illo tempore Rabanus Magnentij Monachus doctissimus Magister Alcuini Imperatori ipsi Ludouico, porrexit librum valdè mirabilem de Theologia S. Crucis. Beda enim doctus à Benedicto Abbate & nutritus docuit Simplicium, & Simplicius Rabanum, qui à transmarinis oris à D. Imperatore Carolo susceptus est, & Pontifex in Francia factus. Item Rabanus docuit Alcuinum: & Alcuinus Smaragdum imbuit. Smaragdus autem docuit Theodulfum Aurelianensem Episcopum. Theodulfus verò Heliam Scotigenam: Helias autem Henricum; Henricus Remigium & Vcbaldum Caluum hæredes Philosophiæ reliquit.*

Alter Scriptor paulò recentior, Canonicus scilicet quidam Engolismensis Anonymus, qui Historiam Pontificum & Comitum Engolismensium conscripsit vsque ad an. 1159. sic habet c. 8. de Helia Scotigena Episcopo quondam

Authores 3. seculi.
1000.

Authores 4. seculi.
1100.

1150.

O iij

Vniuersitas Parisiensis.

Engolismensi. *Defuncto Launo suscepit Helias Scotigena Cathedram Engolismensem, qui in Gallia mirificè Scholas rexit. Hic attulit sacrosanctum corpus sanctissimi Martyris Benigni Engolismam; quo tempore Carolus Imperiale solium ascendit: sub quo Rege Helias Scotus vita egreditur. Ita siquidem inuenitur in quodam libro, Scotigenam fuisse Doctorem in Galliis. Beda docuit Simplicium, & Simplicius Rabanum, qui à transmarinis oris ab Imperatore Carolo vocatus in Pontificem in Gallia promouetur: qui Alcuinum docuit; Alcuinus Maragdum; Maragdus Theodulfum Aurelianensem Episcopum: Theodulfus Heliam Scotigenam Engolismensem Episcopum: Helias Henricum; Henricus Remigium & Hugbaldum hæredes Philosophiæ reliquit.*

1130. Sub finem eiusdem seculi florebant in Academia Parisiensi duo percelebres viri, Helinandus & Alexander Nexam, qui ambo de eiusdem fundatione & institutione scripserunt. Helinandus quidem transactâ magnâ vitæ suæ parte inter Laïcos & sæculares, tandem vanitates mundi pertæsus ad Frigidum Montem se contulit, & Monachus obiit an. 1212. Ille ergo ab Orbe condito ad finem vsque vitæ Historiam longissimam perduxit; sed nondum e tenebris & e puluere emersit. Vincentius Bellouacus Dominicanus Helinando suppar sæpe eundem citat, & ex eius Historia transcribit in suam non pauca. Hæc verò inter alia de Alcuino, deque Monasterio S. Martini Turonensis, quod ei Carolus regendum commisit. *Hoc itaque Monasterium post hoc, vt dictum est, regnante Carolo suscepit regendum Alcuinus scientiâ vitæque præclarus, qui & sapientiâ studium de Roma Parisius transtulit, quod illuc quondam à Græcia translatum fuerat à Romanis: fueruntque Parisius fundatores eius Studÿ 4. Monachi Bedæ Discipuli, scilicet Rabanus & Alcuinus, Claudius & Ioannes Scotus.*

Hæc scribebat Helinandus regnante Philippo Augusto, vir Academiæ Parisiensis Alumnus, in historia Gallicana versatissimus, Principi suo gratissimus & charissimus. Itáne verò scripsisset, si, vt somniant aliqui, Philippus aut Pater eius Vniuersitatem instituisset? ei-ne gloriam hanc immortalem inuidisset, & tam insigniter mentiri ausus fuisset, in cæteris tam studiosus veritatis? tam impudenter inquam asserere fundationem istam antiquam, quæ tot contradictores habuisset oculatos, quot erant in Francia homines? credat Iudæus apella, non ego.

1180. Alexander verò Nexamus Natione Anglus, Parisiensis quoque Vniuersitatis alumnus & Magister ac Professor circa an. 1180. quique reuersus in Angliam & factus Episcopus obiit an. 1227. in libro de Naturis rerum tria commemorat loca vetustissima, in quibus olim studia magno concursu & frequentiâ floruerunt, in Græcia Athenas, in Italia Romam, & in Gallia Lutetiam. *O felicia*, inquit, *Antiquorum tempora, in quibus ipsi Imperatores mundum suberrantes seipsos Philosophiæ dederunt; vt patuit de Alexandro, de Iulio Cæsare, de Ptolomæo Rege Ægypti, qui fuerunt sapientiæ studiosi... Cuiuslibet Regni gloria creuit in immensum, & quandiu Artium ingenuarum in ipso floruerunt studia, hostibus Regni restiterunt: vt patet de Græcia, quando floruerunt studia Athenis, de Roma, de Regno Francorum, ex quo floruerunt studia in illo. Victoria enim militiæ & gloria Philosophiæ quasi simul concurrebant: & hoc meritò, quia Philosophia vera docet iustè & rectè regulare.*

Tum fusè illa persequitur: quæ sic in compendium contrahit author Anonymus apud Brianũ Thuynum. *Viguerunt studia in Ægypto, vt probat Alexander Nexam in libris de naturis rerum. Abraham docuit Quadriuiũ, id est 4. Artes, scilicet Arithmeticam, Geometriam, Musicam & Astronomiam. Demum cœpit Græcia nobilitari Philosophorum frequentiâ & consecrata sunt Athenæ Deæ sapientiæ Mineruæ, vt dicit Augustinus 18. de Ciuit. c. 9. Demum Carolo M. regnante cœpit studium florere Parisius; cuius fundatores fuerunt Rabanus, Alcuinus, Claudius & Ioannes Scotus. Postea Oxoniæ in Anglia studia floruerunt: & sicut dicit Alexander Nexam iuxta Vaticinium Merlini, Ad vada Boum vigent studia, ad partes Hiberniæ suo tempore transitura.*

Idem Alexander l. 2. comparans Academiam Parisiensem cum Bononiensi & aliis Italicis, ait eam Theologiæ & Artium Liberalium doctrinâ longè esse præferendam. *Iuris Ciuilis peritiam sibi vindicat Italia; sed cœlestis Scriptura & liberales Artes Ciuitatem Parisiensem cæteris præferendam esse conuincunt.* Hæc verba in manuscripto Bibliothecæ Magdalenensis apud Oxoniam se legisse ait Brianus Thuynus.

Vniuersitas Parisiensis.

IDEM PROBATVR AVTHORITATE
Scriptorum Mediæ ætatis.

MEdiæ ætatis initium ducimus ab an. 1200. & producimus ad an. 1400. referimusque ad veritatis eiusdem confirmationem, non omnium quidem, sed celebriorum tantum Authorum testimonia, qui ducentorum annorum spatio ea de re scripserunt. Agmen vero ducet Vincentius Bellouacus, natione vt multi volunt, Burgundus, professione Dominicanus, qui antequam ad illum Ordinem se conferret, in Academia Parisiensi studuerat regnante adhuc Philippo Augusto, cuius proinde historiam compertissimam habuit. A Ludouico IX. Philippi nepote assumptus in Præceptorem filiorum, eiusque iussu & sumptibus Specula 4. composuit, Doctrinale, Historiale, Naturale & Morale; quorum Historiale perduxit ad an. vsque 1244. ipse vero obiisse dicitur an. 1256. Ille ergo postquam Helinandi authoritatem & verba ex Chronicis retulit lib. 23. Speculi Historial. c. 173. subiungit ex Chronico Arelatensis Metropolis eandem plane historiam, immo eadem omnino verba, exceptis paucis, quæ ex Monacho San-Gallensi supra retulimus. Sic ergo ille.

Authoris Seculi. 1240.

In Chronicis Metropolis Arelatensis legitur, Omnipotens rerum dispositor ordinatorque Regnorum & temporum, cum illius admirandæ statuæ, & cætera, vt in Chronico San-Gallensi: & paulo post de Carolo verba faciens subiungit. Qui cum in Occiduis partibus regere solus cœpisset, & studia litterarum vbique essent in obliuione, adeoque vera Deitatis cultura teperet, contigit duos Scotos Monachos de Hibernia cum mercatoribus Britannis littus Galliæ aduenire, viros & in sacris & in secularibus scripturis eruditos. Qui quotidie cum nihil ostenderent vænale, ad conuenientes emendi gratia turbas clamare cœperunt. Si qvis sapientiæ cvpidvs est, veniat ad nos et accipiat. Nam vænalis est apvd nos. Tandiu conclamata sunt ista, donec ab admirantibus, licet insanos putantibus ad aures Regis Caroli semper amatoris sapientia sunt perlata: qui celeriter illos ad præsentiam suam euocatos interrogauit, si vere scientiam haberent vt ipse compararet. Sapientiam, inquiunt, habemus, & in nomine Domini eam quærentibus dare parati sumus. Qui cum quæsisset ab his, quid pro ipsa peterent, responderunt. Loca tantum opportuna, & animas ingeniosas, & sine quibus ista peregrinatio transiri non potest, alimenta & quibus tegamur. Quo ille accepto, ingenti gaudio repletus primum quidem apud se paruo tempore tenuit: postea vero cum ad expeditiones bellicas vrgeretur, vnum eorum nomine Clementem in Gallia, Parisius scilicet, residere fecit, cui & pueros nobilissimos, mediocres & infimos satis multos commendauit, & eis prout necessarium habuerunt, victualia ministrari præcepit, habitaculis opportunis ad metandum deputatis. Alterum vero in Italiam direxit, cui & Monasterium S. Augustini iuxta Ticinensem vrbem delegauit, vt illic si voluissent, ad discendum congregari possent. Audito autem Albinus de natione Anglorum, quia gratanter sapientes in religiosos viros susciperet Carolus, conscensâ naui venit ad eum cum Sociis suis in omnibus scripturis exercitatus, vt pote Doctissimi Bedæ Discipulus. Quem vsque ad finem regni iugiter secum retinuit, nisi cum ad ingruentia bella processit: deditque & illi Abbatiam S. Martini, vt quando ipse absens esset, illic resideret, & ad se confluentes doceret. Cuius in tantum doctrina fructificauit, vt Franci antiquis Romanis & Atheniensibus æquipararentur. Hæc Vincentius.

Eadem historia legitur in Chronico Lemouicensi, & in Memoriali Historiarum, vt refert Duchesnius inter testimonia de B. Alcuino Abbate. Et quia deinceps Doctorum manibus teri cœpit Vincentius, propter multiplicem quæ continetur in 4. speculis doctrinam, quotquot fere post eum de illa Academiæ Parisiensis institutione scripserunt, omnes Chronicon Arelatense, vel Vincentium citare contenti fuerunt ad sententiæ suæ confirmationem, nec vltra scrutari curarunt. Ita Chronicon San-Gallense & alia multa iacuerunt in pulue-

1270.

re Bibliothecarum, donec ea viri docti & curiosi excusserunt: spesque iam affulget maxima, longe plura quæ nondum in lucem prodierunt opera, posterorum, & eorum, qui nunc viuunt, diligenti & indefesso labore proditura.

Eandem veritatem confirmat Martinus nomine & natione Polonus ad an. 787. sic scribens in Adriano Papa. *Hoc tempore floret Albinus, qui & Alcuinus Caroli eruditor. Hic genere Anglicus fuit, ingenio clarus & philosophia excellentissimus non tantum scientia, sed etiam morum honestate praclarus. Ab eo Carolus didicit omnes artes liberales, qui etiam studium de vrbe Roma Parisius transtulit, quod de Græcia illuc translatum fuerat a Romanis.* Hæc Martinus: at hîc lacunam esse putat Suffridus Petrus Leouardiensis Frisius, qui Martinum an. 1574. edidit Antuerpiæ cum annotationibus, eumque supplet insertâ historiâ aduentus Scotorum in Galliam hoc modo. *Fueruntque Parisiensis studij fundatores 4. Monachi Bedæ Discipuli, Rabanus, Alcuinus, Claudius & Ioannes Scotus.* Tum subiungit seriem verborum Poloni de Monasterio S. Martini Turonensis, quod Carolus Alcuino dedit regendum. Porro totam historiam & ipsissima verba Helinandi Polonus vsurpat, prout leguntur apud Vincentium loco citato.

Atque vt obiter moneam, errant qui Martinum Polonum Innocentij IV. Pœnitentiarium fuisse dicunt, propterea quod initio præfationis sic ait *Ego F. Martinus D. Papæ Pœnitentiarius & Capellanus*: quem aliqui Cisterciensem Monachum, alij Benedictinum, Scotum aut Italum faciunt. Fuit ille natione Polonus, patriâ Corsulanus, professione Dominicanus, Officio Pœnitentiarius & Capellanus Nicolai III. qui Ioanni XXI. an. 1277. successit, suumque Chronicon ad Ioannem vsque perduxit, vt ait ipse in præfatione. A Nicolao promotus Viterbij an. 1278. die 10. Kal. Iulij. ad Archiepiscopatum Gnesnensem in Polonia: sed eo anno obiit.

Iisdem temporibus florebat M. Iordanus natione Germanus & Germanis impensè addictus, scripsitque libellum de translatione Imperij Romani: in quo probat inter cætera Ecclesiam seu Religionem Catholicam tribus fultam columnis subsistere: Rom. Pontifice, Imperatore & Academia Parisiensi: atque idcirco summum Pontificem imprimis curare debere, vt tres istæ columnæ firmæ stabilesque permaneant. Præterea ait Carolum M. Statuto perpetuo sanxisse, vt futuri Romanorum Imperatores ab Electoribus Germanicis eligerentur, relictô Regibus Francorum iure successionis. Quia verò videbatur iisdem Regibus suâ suâ lege Imperium adimere, quandoquidem Imperatoris Electio ab Electoribus pendebat, Regnumque Francicum quod ipse tenuerat & tenebat, magna sui parte priuare compensationis cuiusdam loco adiecisse illi studium Liberalium artium, & Lutetiæ in sede Regni primariâ collocasse; præterea que omni obsequio, & vt vulgo dicitur, homagio erga Imperatorem exemisse. Sic igitur habet:

Porro quod ipse Carolus Rex Francorum extiterit, & ab illis Regnum ex successione ad eum fuerit deuolutum deinde Imperium, fuisset indecens, quod ipse filios & eorum hæredes dignitate Regia penitus denudasset: statuit igitur, vt Francigena cum quadam Regni portione Francorum Regem haberent de Regali semine iure hæreditario successurum, qui in temporalibus superiorem non recognosceret; cui videlicet tanquam Imperatoris posteritas ad homagium vel aliud obsequium non teneretur. Sequitur deinde iste titulus.

Quomodo studium sit Parisius translatum? pergit. *Hinc Regi & suo hæredi in recompensationem Regni defalcati adiecit studium Philosophiæ & Liberalium Artium, quod ipse de vrbe Romana in ciuitatem Parisiensem transplantauit. Et est notatu dignum, quod debitus & necessarius ordo requirebat, vt sicut Romani tanquam seniores, Sacerdotio; sic Germani, vel Franci tanquam Iuniores Imperio: & ita Francigena & Gallici tanquam perspicaciores scientiarum studio ditarentur. Et vt fidem Catholicam, quam Romanorum constantia firmiter tenet, virtus & Germanorum magnanimitas imperialiter tenere præciperet: & fidem eandem Gallicorum argutia & facundia ab omnibus esse tenendam firmissimis approbaret rationibus & demonstraret.* Multa alia habet præclara ad laudem Vniuersitatis, quæ suo loco referentur.

1280. Facit & ad rem nostram quod scribit Nangius ad an. 1281. tantam scilicet in Vniuersitate fuisse discordiam inter Scholares Anglicanæ & Picardicæ Nationis, vt totum Parisiense studium poenè confusum fuerit. De causa Seditionis nihil

Nangius

Vniuerſitas Pariſienſis. 113

Nangius: at quidã Hiſtoricus Anglus hanc affert, quod vtraque Natio de primatu contenderet: Picardica quidem, quod eſſet Regi Francorum ſubdita, deque Regno Gallicano: Anglica vero, quod in Vniuerſitate Pariſienſi origine prior fuiſſet & à Beda primum collocata. Ad hanc autem diſcordiam ſedandam Martini V. Legatum acceſſiſſe & re diſcuſſa pro Anglicana pronunciaſſe. *Veniens autem Legatus controuerſiam audiens pro lege promulgauit eſſe Anglos primariam illius ſtudij Nationem. Nam Beda, ait, Romam petens primus omnium Scholas Pariſius tenuit.* De hocce diſſidio alibi plura, interim intelligimus conſtantem hanc fuiſſe ſemper opinionem de Anglis, tanquam de primis Academiæ Pariſienſis Profeſſoribus.

Tranſeamus iam ad ſextum Vniuerſitatis noſtræ ſeculum; in quo plurimos quoque eidem veritati ſuffragantes habemus. Imprimis igitur Eduardus II. Angliæ Rex Ep. ad Ioannem XXII. pro mutuâ Pariſienſem inter & Oxonienſem Vniuerſitatem Societate idem conteſtatur. Cum enim Bonifacius VIII. Priuilegium hoc ſingulare Pariſienſi conceſſiſſet, vt quicunque Magiſtri in ea Gradum accepiſſent, vbiuis terrarum nullo præuio examine docere poſſent; Eduardus exiſtimans huiuſmodi Priuilegium Oxonienſi ſuæ iniurioſum eſſe, petiit à Ioanne, qui ſedere cœpit an. 1315. vt idem illi concederet pro mutuâ vtriuſque ſtudij Societate: hancque inter cæteras rationem affert, quod Pariſienſis ab Anglicanis duxiſſet originem. *Verum quia dubium non eſt ſecundum veterum teſtimonia ſcripturarum* GALLICANVM STVDIVM AB ANGLICANIS NOSTRIS ORIGINALE TRAXISSE PRINCIPIVM, *conſtatque talem Apoſtolicæ diſpenſationis gratiam in Anglicani Studij redundare diſpendium, ſi Vniuerſitas noſtra Oxonienſis cum prædictis Vniuerſitatibus Regni Franciæ in Libertatibus & Scholaſticis Actibus non concurrat, Sanctitati veſtræ affectuoſâ inſtantiâ ſupplicamus, quatenus ad pacem mutuam inter Scholaſticos nutriendam, Vniuerſitatem prædictam conſimili velitis priuilegio decorare.*

Conqueritur quoque ipſa Vniuerſitas apud eundem Pontificem, quod ſe ſpretâ ſuiſque neglectis Magiſtris beneficia Eccleſiaſtica Pariſienſibus concederet. *Intelligimus quod nuper ad ſtudium Pariſienſe miſericordes oculos conuertiſſis. Nos autem P. S. diuina inſtitutione formati audemus dicere, quod noſtrum* STVDIVM *Oxonienſe illo Pariſienſi Studio, quamuis excellenter nobili, eſt quidem antiquius tempore, prius origine, & prout credimus non poſterius dignitate. Conſtat namque Albinum Philoſophum & Doctorem Catholicum Natione Anglum, famoſiſſimi Principis Caroli M. Magiſtrum, & per eundem Carolum de Anglia accerſitum fuiſſe Pariſius* STVDII FVNDATOREM: *quod non Anglicæ modo, imò Gallicæ atque Romanæ Hiſtoriæ conteſtantur.*

Ioannes Brompton Abbas Iornalenſis Scriptor Anglus, qui ſub Eduardo III. florebat circa an. 1340. quique Chronicon ſcripſit ab an. 588. quo Auguſtinus iuit in Angliam ad mortem Richardi, ſcilicet ad an. 1199. Poſtquam de Academiæ Oxonienſis per Alfredum inſtitutione verba fecit, & Alexandri Nexami locum de tribus famoſiſſimis STVDIIS Generalibus retulit, de Pariſienſi idem prorſus ſcribit, quod authores præallati. *Deinde*, inquit, *regnante Carolo M. cœpit florere* STVDIVM PARISIVS. *Vt enim dicitur in Tractatu, quod Speculum vocatur, Alcuinus de Roma* STVDIVM PARISIVS *tranſtulit, quod illuc de Græcia à Romanis fuit translatum autem 4. fundatores huius ſtudij Rabanus, Alcuinus, Claudius & Ioannes. Et vbi recitatur in Chronicis Metropolis Arelatenſis, dicitur quod caput aureum ſtatuæ, de qua Daniel. 1. per Carolum M. erexit Deus in Francis. Qui cum regnaret, & ſtudia litterarum deeſſent, & eſſent in obliuione, & cultus Diuinitatis teperet, contigit duos Scotos, &c.*

Cum anno 1366. Vrbanus V. Pontifex Max. relictâ Auenione ſedem Pontificiam Romam referre cogitaret, Rex Carolus V. celebres Legatos ad eum miſit, qui reditum diſſuaderent. Extat in M. S. Bibliothecæ Victorinæ notato P. 10. & hiſce Characteribus 686. quædam, vt ibi legitur PROROSITIO NOTABILIS ex parte Regis Franciæ: Inter rationes autem plurimas quæ ibi inſeruntur, vna petitur ex Vniuerſitate Pariſienſi eiuſque antiquitate, his verbis. *Item dicebatur quod iſte locus* (nim. Francia) *eſt in omnibus præeligibilior pluribus rationibus.* 1. *Siquidem floret locus iſte pluribus ſtudijs Eccleſiaſticis, &*

aliis scientijs & disciplinis: per quas præ cæteris aliis Regnis Orbis fides nostra & vera Iustitia informantur, prout cuicunque patet, quod STVDIVM TRANSLATVM FVIT A ROMA PARISIVS PER B. CAROLVM MAGNVM, *& hæc Gloria Romanorum Parisius in Gallos est translata: quod etiam diutius ante fidem susceptam erat præfiguratum.*

1380.   Præallatis authoribus accensere possumus Goblinum Personam. Hic author Decanus erat in Bilenvede in Bœdexen, natus an. 1358. factus presbyter an. 1386. historiam composuit, quam Cosmodromium, id est mundi cursum inscripsit: in qua componenda 40. annos insumpsit. Ait vero ad an. 1340. se quidquid ante prædictum annum scripsit, totum fere ex libris famosis conscripsisse, pauca de scripturis priuatis, pauciora ex relatu, paucissima propria imaginatione. Ille ergo qui tot annos in componenda historia sua impendit, potuit mature & cum otio in rei nostræ veritatem inquirere: sic autem de ea scribit.

Carolus eruditus in Liberalibus artibus studium transtulit de vrbe Roma ad Parisios, quod de Græcia Romam translatum fuerat à Romanis: non tamen sic transtulit, vt ipsum studium vrbi Romæ auferret, sed modum & solemnitatem quæ in vrbe seruabatur, translatis inde Parisios Doctoribus & Magistris instaurauit & priuilegiis confirmauit. Pro quo sciendum, quod quinque sunt studia generalia singulariter priuilegiata, videlicet Romanum, vbi Papa cum curia sua residet: Parisiense in Francia: Bononiense in Italia: Oxoniense in Anglia: Salmaticense in Hispania. Cætera vero studia aliter quàm per sedem Apostolicam priuilegiata, particulиaria reputantur. Hæc Goblinus, qui Chronicon suum perduxit ad an. 1417. obiit vero an. 1418.

1390.   Iisdem temporibus florebat Iacobus Magnus patria Toletanus, vir in Diuinis scripturis eruditissimus Philosophiæ naturalis cognitione insignis, ac veterum lectione copiosus, vt ait Trithemius. Ille autem l. 1. Sophologij c. 15. de studiis atque sectis Philosophorum agens, circa finem de tribus celeberrimis studiis Atheniensi, Romano & Parisiensi fuse disserit: quæ omnia ex Alexandro Nekamo transcripsisse videtur. Ex quo, inquit, Græci Romaniquе studia perdiderunt, ex tunc semper deciderunt. Vnde regnantibus Atheniensibus Minerua id. Sapientia colebatur, vt refert Augustinus l. 18. de Ciuit. Dei. Numeremus ergo quâ Philosophorum famosa studia fuerunt: & cum Historiographis tria dicamus fuisse cæteris solemniora. Quorum primum Atheniense: secundum, Romanum: tertium, Parisiense. De studio autem Atheniensi refertur, quod solemnissimum extitit. Vnde ciuitas Athenarum nutrix fuit Liberalium Artium atque Philosophorum.... Aliud studium solenne fuit dictum Romanum, in quo floruit Italicum genus Philosophorum, ibique refulserunt Iulius Cæsar, Cato, Virgilius, Tullius. Nam de Iulio patet in vita Cæsaris. De Catone narrat Solinus l. 1. De Virgilio & Tullio, nulli est dubium. Ibique docuit Rhetoricam Aurelius Augustinus, vt ipsemet fatetur l. 5. Conf. Cæterum aliud studium & tertium dictum Parisiense, quod florere cœpit tempore Caroli M. quod quidem Alcuinus de vrbe Roma perduxit. Huiusque quatuor fuerunt Fundatores, scilicet Rabanus, Alcuinus, Claudius & Ioannes Scotus. Et prout narratur in Chronicis, tempore Caroli Magni duo Monachi Scoti cum mercatoribus ad Franciam accesserunt, & interrogabant siquis sapientiam emere vellet. Ob hoc plurimi stultos illos putabant. Nihilominus tamen hæc verba ad Regem peruenerunt. quibus adductis interrogauit, an sapientiam haberent, quam vendere vellent: qui responderunt, quod sic. Quibus Rex, quid pro ea vultis? cui responderunt, tria petimus, locum opportunum, Discipulos ingeniosos & victum cum vestitu. Quibus concessis studium Parisiense inceptum & ex tunc dilatatum est.

Vniuerſitas Pariſienſis.

IDEM PROBATVR AVTHORITATE SCRIPTO-
rum poſtrema ætatis.

Reſtat vt Vniuerſitatis noſtræ fundationem & inſtitutionem authoritate Scriptorum poſtremæ ætatis confirmemus, eorum ſcilicet qui ab an. 1400. ad hæc noſtra tempora ea de re ſcripſerunt : quorum quidem tantus eſt numerus, vt nemo quantumuis curioſus & diligens omnes dicendo percenſere poſſit. Præcipuos igitur tantum commemorabimus, & eo ordine quo vixerunt, aut ſcripſerunt quàm poterimus diligentiſſimè, vt omnes intelligant nihil vnquam fuiſſe tam concorditer tamque vnanimiter creditum & ſtabilitum.

Initium ducamus à M. Ioanne Gerſonio Eccleſiæ & Vniuerſitatis Pariſienſis Cancellario, qui ab an. circiter 1380. vſque ad an. 1429. quo obiit, ingentis nominis & famæ fuit. Ille autem in quadam oratione quam Gallicè habuit ad Senatum Pariſienſem an. 1404. Vniuerſitatis nomine conquerentis de cæde ſuorum Scholarium à Sauoiſianis perpetratâ, ipſam ſic inducit loquentem. *Helas ie ſuis celle, qui premierement en Adam feus inſpirée en ſa nouuelle creation. Ie ſuis celle, qui depuis par ſucceſſion feus fondée & renouuellée en Egypte par Abraham & autres fils de Noë. Puis feus tranſpoiſée à Athenées & nommée Pallas ou Minerue : puis vins à Rome, quand Cheualerie y ſeignoriſoit : puis par Charlemagne le Grand feus plantée à grands labeurs en France en la Cité de Paris.*

Franciſcus Zabarella Patauinus Eccleſiæ Rom. Presbyter Cardinalis, qui eodem quoque tempore florebat & vixit vſque ad an. 1417. vir in Iure Canonico verſatiſſimus, & tam in Diuinis ſcripturis, quàm in ſecularibus inſigniter doctus, in Clementina de Magiſtris quæſt. 5. de Studio Pariſienſi, eadem prorſus ſcribit, quæ ſupra ex Alexandro Nexamo, Ioanne Bromptone & Iacobo Magno Toletano retulimus; nimirum quod ſtudium Pariſienſe florere incepit regnante Carolo M. & quod huius ſtudij fundatores fuerunt 4. Monachi. *Nam legitur*, inquit, *quod Caput aureum ſtatuæ, de qua Daniel. 2. per Carolum M. exercuit Deus in Scotis. Quia cum Franci regnarent & ſtudia litterarum non haberent & eſſent in obliuione & cultus Dei deperiret, contigit duos Scotos Monachos de Hibernia cum mercatoribus Britannis venire ad littus Gallicum, in ſacris & ſecularibus litteris eruditos; qui cum nihil venale oſtenderent, ad turbas venientes cauſâ emendi clamabant, Si quis ſit auidus ſapientiæ veniat ad nos, & accipiat eam. Nam apud nos eſt Venalis. Et aliis putantibus illos inſanos eſſe, venit ad aures Regis, vocatique ſunt ad eum: & cum interrogarentur, an haberent Sapientiam, dixerunt quod ſic: & ſe paratos eam dare petentibus in nomine Domini. Quo quærente quid pro ea vellent, reſponderunt tria, ſcilicet bona loca, animas ingenioſas & alimenta... Et ſic Franci æquati ſunt Romanis & Athenienſibus quo ad gloriam ſtudiorum in liberalibus Artibus.*

Antoninus Dominicani Ordinis Archiepiſcopus Florentinus in 2. par. Hiſt. tit. 14. c. 4. §. 12. de ſtudio Pariſienſi quomodo inſtitutum ſit Pariſius, ſic habet. *Narrat Iacobus de Colonia in hiſtoria ſua, quod tempore Caroli M. Alcuinus natione Anglus à Regibus Angliæ pro pace miſſus ad Carolum Francorum Regem, apud illum benignè exceptus eſt & in Gallia apud eum remanſit, vir vndecumque doctiſſimus : cuius præcipuè Magiſterio Rex omnes artes liberales, maximè Aſtronomiam didicit, in qua valde delectabatur. Hic igitur Alcuinus ſcientia vitaque præclarus & ſapientia litterarum ſtudium de Roma Pariſios tranſtulit, quod illuc de Græcia tranſlatum fuerat à Romanis. Fuerunt autem Pariſius fundatores huius ſtudij 4. Monachi Bedæ Diſcipuli, ſcilicet Rabanus & Alcuinus, Claudius & Ioannes Scotus. In Chronicis autem Metropolis Arelatenſis ſic legitur. Omnipotens rerum diſpoſitor & ordinator Regnorum & temporum, &c.*

Idem paulo poſt c. 5. vbi ſpeciatim de Alcuino. *De hoc etiam Alcuino dicitur in Martiniana* id. in hiſtoria Martini Poloni, *Quod origine fuit Anglus, Philoſophia excellentiſſimus, qui ſtudium ab Vrbe tranſtulit Pariſios : quod ſtudium à Græcia ad vrbem ipſam Romanam tranſlatum fuerat à Romanis. Huic Alcuino Carolus M. monaſte-*

rium S. Martini, quod est Turonis, commisit regendum.

Author Chronici Belgici Magni, qui scripsit vsque ad an. 1474. nihil de suo promit, sed Martini Poloni & Goblini Personæ testimoniis & authoritate vtitur. *Isto tempore floruit Albinus, qui & Alcuinus Caroli eruditor, genere Anglicus: clarus ingenio, in Philosophia excellentissimi, non tantum in scientiâ, sed & morum honestate præclarus, à quo Carolus didicit omnes artes Liberales, qui & studium de vrbe Roma transtulit Lutetiam: quod de Græcia illuc translatum fuerat à Romanis.* Hæc Martinus. *Non tamen sic transtulit, vt ipsum studium vrbi Romæ auferret, sed modum & solemnitatem, quâ in vrbe seruabatur, translatis inde Parisius Doctoribus & Magistris instaurauit & priuilegiis confirmauit.* Hæc Goblinus.

1470.

Anno 1473. promulgatum est à Ludouico IX. Edictum aduersus Nominales, in quo Rex iuxta comunem sententiam & monimentorum fidem, quæ sibi ab Vniuersitate tradita fuerant, sic habet. *Prædecessores nostri qui Christianæ Religionis & Catholicæ veritatis fuerunt feruentissimi Zelatores, merito Christianissimi vocati sunt. Sic Carolus M. Rex & Imperator gloriosissimus studiosos quidem viros, Bedam scilicet, Rabanum, Strabum, Alcuinum aliosque complures famosissimos atque eruditissimos ex vrbe Roma ad inclytam vrbem Parisiensem idcirco transduxit, quò ille generale ex omni nationum linguâ studium institueret. Qui profectò Doctores præclaris moribus, doctrinâ & Disciplinis ibidem studium ita refertum reliquerunt, vt eorundem prædecessores Francorum Regum ope atque auxilio in hunc vsque diem non modo celeberrimum, verum etiam fructuosissimum vbique terrarum habitum sit, ab omnique superstitionis & hæresis maculâ alienum.*

Robertus Gaguinus Franciæ Historiographus, scholæ Iuris Canonici olim Decanus, qui ab an. 1470. vsque ad an. 1501. quo obiit, ingenti nominis fama claruit, in vitâ Caroli M. sic scribit. *Eo authore Parisiensis schola, quam Vniuersitatem vocant, hac occasione cœpit. Delati naue ex Scotia Claudius & Ioannes, Rabanus quoque & Alcuinus ex venerabilis Bedæ Discipulis in Galliam cum venissent, nec quicquam præter bonas disciplinas patriæ exportassent, se sapientiam profiteri eamque vænalem habere conclamant: quâ re ad Carolum perlatâ illos ad se vocat: vocati libere profitentur sapientiam illis esse, quam adipisci cupientes gratis edocerent, si vita locusque tantum eis præberetur. Intellexit Imperator ingenuam hominum mentem, eosque cum aliquot dies apud se tenuisset, Claudium, cui nomen erat Clemens, Parisij conuersari & generosos adolescentes bonis disciplinis instituere iubet: Ioannem vero Papiam misit. Hoc initium habuit Parisiensis schola, celebre mox Philosophis atque Theologis Gymnasium, vnde prodiere insignes doctrinâ & eruditione viri, qui non secus atque illuminatissimæ faces mirum Christianæ Religioni fulgorem diffuderunt. Itaut non abs re bonorum studiorum parens, non quidem annis, sed liberalibus religiosisque disciplinis, antiqua à plerisque nominetur.*

1480.

Et in gratiarum actione ad Guillelmum de Ruperforti Franciæ Cancellarium, cum Parisios primum adiret an. 1483. pro remissâ Vniuersitatis causâ ad Senatum Parisiensem, *Enimuero*, inquit, *quicumque Scholasticorum Conuentus, seu apud Chaldæos, vel apud Ægyptios, vel inde apud Græcos, addam & Druidas fuit olim constitutus, ex eo velut ex confertissimo promptuario grana, viri sapientes prodierunt, qui Reipub. gubernacula capescerent. Cuius rei scientissimus Diuinus ille Rex atque Imperator Carolus cognomento Magnus hoc potissimùm supra 700. annos curauit in hac Parisiorum vrbe toto orbe terrarum celebri alteram post Athenas litterarum Academiam collocare, facereque prudentissimorum virorum latè diffusam sementem. Vnde in omnes mundi Prouincias doctrina prodiret, & sapientia: atque ita plus famâ atque gloriâ in condendo vno erudiendorum hominum contubernio, quàm in dilatandis Imperij finibus sibi paratum iri putauit.*

Authores 8. sæculi. 1500.

Ioannes Trithemius vir multitudine scriptorum satis notus, qui obiit 3. dec. an. 1516. multis in locis meminit eiusdem fundationis. lib. autem de viris Illustribus Ordinis S. Benedicti c. 26. de Alcuino sic loquitur. Hic iussu Caroli studium Parisiense à Roma translatum Parisius primus instituit. Vbi multos etiam ex Monachis Discipulos insignes educauit.

Baptista Mantuanus Carmelitarum Generalis, insignis Poëta, qui eodem quoque anno id. 1516. obiit, lib. 2. Dionysiados eandem historiam refert; atque vt eam pigmentis Poëseos exornet, fingit Dionysio apparuisse D. Paulum futuraque prædixisse, & sic de Carolo nostro deque Alcuino vaticinatum.

Vniuersitas Parisiensis.

Maximus hic igitur Terræ Pater & Pater vndæ
Ante grauescentes ætas quàm vergat in annos,
Ante virum, primis fruticat dum frondibus æuum
Per senis Albini gradiens vestigia Montes
Aonas intrabit, nec-non Parnassida Cyrrham
Et fontes Libetra tuos, ac Phocida totum,
Romanumque loqui Cicerone disertius ipso
Discet & anteibit Reges facundia & armis.
Vertet ad Annales animum veteresque nouosque
Dulcibus emungens studiis, ceu lactea quædam
Vbera nectareo conferta volumina succo.
Hauriet hinc rerum causas, hinc hauriet omnem
Vim naturæ hominum & regnandi intelliget Artem:
Hac dape nutritam mentem supponet agendis
Imperij rebus, non conficienda labore,
Non hebetanda metu, non vi superanda, nec astu
Supplantanda, ferens forti sub pectore corda.
Neu desit Gallis vllum decus, illa per orbem
Clara, per Æthiopes nigros audita, per Indos,
Illa tuæ quibus in cœlum tolluntur Athenæ,
Tot Sophiæ fœcunda bonis, tot lucida claris
Scriptorum ingeniis, quæ tanquam sidera lumen
Æterno splendore ferunt, Gymnasinata primus
Transferet ad Gallos, sicut Tirynthius hortis
Vester ab Hesperiis tulit auricoloriamalas;
Sicut & à Colchis olim Pegasæus Iason
Vexit ad Argolicos pecudis velamina fuluæ.
Et tua de Graiis migrans Academia campis
Ibit ad occasum, vacuasque relinquet Athenas.

Ioannes Auentinus, qui se litteris olim & Philosophiæ operam dedisse ait in Academia Parisiensi lib. 4. Annal. Boiorum de Carolo M. post multa sic habet. *Vtraque linguâ Romanâ & Germanicâ facundus ac promptus; nam linguam Latinam iuxta patriam, hoc est Teutonicam calluit: Græcas quoque litteras attigit, quas tamen melius intelligeret, quàm pronunciaret. Artes liberales studiosissimè coluit. Audiuit in eis Albinum Saxonem Anglicumque virum optimum eius tempestatis vndecumque doctissimum, quem ferè secum, vbi à bellis feriæ erant, in Aula magno honore detinuit.... Artium Liberalium Doctores præter cæteros egregiè veneratus est, magnis illos afficiebat honoribus, plurima in illos beneficia conferens. Constat quosdam celebres è Ludo litterario in Aulam receptos Sacerdotia locupletissima & Pontificatus consecutos fuisse.... Liberalia litterarum studia pænè iam vt ipse ait, incuriâ Maiorum obliterata instaurare summoperè connisus est; & vt sui exemplo ad ea amplectenda cæteros inuitaret, ex Hibernia duos Scotos Clementem & Albinum acciuit, vt tum erant tempora, eruditissimos. Item ex Anglia alterum Albinum enocauit. Albinum Scotum Ticinum misit, ibique Ludum litterarium aperire iussit. **Commilito Clemens mandato Caroli in Lutetia Parisiorum consedit,** eique Magnus annonam & stipendia e fisco tradit. Procerum pauperumque pueros ingenuos modo erudiendi causâ tradidit, commisit. Albinum Anglicum secum detinuit. Idem D. Martini Cænobio in agro Turonum sito, vbi doceret cum in Aula non esset, condonauit, Waldonemque Augiæ maioris Magistrum ad D. Dionysij Templum in agrum Parisiorum e Sueuia docendi ergo transtulit, &c.*

Prætereo quæ habet Ioannes Maior Doctor Theologus Facultatis Parisiensis l. 2. de Gestis Scotorum c. 15. Iacobus Almainus in Tractatu de suprema potestate Ecclef. & Temporal. q. 2. c. 5. Mathæus Makerellus sacræ Theologiæ & Præmonstratensis ordinis Professor in Epistola Præliminari ad Ioannem Fischerum Episcopum Roffensem Cantabrigiensis Academiæ Cancellarium: Baptista Egnatius & alij eiusdem ætatis scriptores.

Polydorus Vergilius lib. 5. Histor. Anglic. ea de re sic quoque habet. *Alcuinus Lutetiæ Parisiorum bonas litteras profiteri cœpit, eoque authore non multò post ipse Carolus in ea vrbe primus Gymnasium collocauit, & in Italia Ticini, quæ nunc*

1530.

Papia nuncupatur, alterum. Fuit is annus salutis nostræ circiter 792. cum duos ferunt Monachos ex Hibernia, siue ex Scotia, vt quibusdam placet, in Galliam delatos se sapientiam venalem habere magnâ voce testantes mercedis loco cibaria & vestiaria duntaxat petiisse: & istorum alterum, qui Clemens nominabatur, à Carolo Lutetiæ retentum, eique ex omni Ordine Ciuitatis traditos Iuuenes in disciplinam: alterum verò in Italiam transiisse & Ticini docuisse.

Idem lib. 4. eiusdem Historiæ in fine de Achaio Scotiæ Rege Ethini filio verba faciens, cum quo Carolus M. fœdus & amicitiam inierat, *Non sine Dei numine*, inquit, *id factum prædicant, quod etiam nunc amicitia inter Scotum & Gallum inuiolata manet, itaut alter cum altero in perpetuum consentiat: id quod etiam ferunt assignandum odio inter vicinos suis semper finibus timentes orto: & idcirco illud vtrisque in Anglum, & Anglo vicissim in vtrosque commune esse.* Ille item ad Carolum, qui nouas conditurus Academias ad se ab extremis vsque orbis partibus eruditos viros aduocabat, Clementem & Ioannem homines doctissimos misit, per quos Carolus postea & Lutetiæ & Ticini bonas artes cunctos mortales docendos curauit.

1537. Anno 1537. die 29. Decemb. in Comitiis Mathurinensibus frequentissimis M. Petrus Duval Academiæ Parisiensis Rector præsentibus egregiis Senatoribus DD. Iacobo de la Barde & Nicolao Sanguin à Curia Parisiensi ad dirimendam litem, quæ Vniuersitati cum Facultate Decretorum intercedebat, missis verba fecit in hunc modum. *Liberales Disciplinas, quas Artes vocant, ex Græcia primum, imo ex ipsis Athenis fuisse in Gallias Caroli M. quondam huius Francorum Regni inclyti Regis tempore adscitas Parisiisque collocatas: quo in loco hacque florenti Academia quantum authoritate, gloria, Disciplina pariter & diligentia ac honore floruerint, quantosque fœtus aluerint, fouerintque, nemo est qui ignoret, vt pote quæ Artium Facultas omnium Dis-*
1540. *ciplinarum parens non immerito dicta fuerit.*

Ioannes Balæus Scriptor Anglus lib. de scriptoribus Anglicis. *Alcuinus Bedæ primum, Egberti Archiepiscopi postea obsequentissimus olim discipulus, Theologorum suæ ætatis, imo omnium Anglorum ab initio post Bedam & Adhelmum longè eruditissimus credebatur: itaut esset Caroli M. præceptor & Parisiorum Academiæ institutor primus. Gymnasii Cantabrigiensis Annales habent, quod omnes illic artes liberales publicè post Bedam docuerit Latinè, Græcè & Hebraicè peritus: & quod tandem Eboraci sub Egberto prælegerit Philosophorum sui temporis antesignanus ... Gymnasium ex Roma circiter annum Salutis 791. Lutetiam Parisiorum transtulit, quod & illuc Athenis persimili prius cura venerat, & coniectis primum studii fundamentis per Ioannem & Claudium mirificè illud Lecturis collustrabat Publicis.*

Anno 1543. edita est à M. Eustathio Knobelsdorfio Pruteno apud Christianum Wechelum Parisiis descriptio Lutetiæ, in qua postquam de Antiquitate Oppidi egit, deque Carolo M. ante cuius tempora nullum ait honorem fuisse Musis, & de Alcuini in Galliam aduentu, sic tandem subdit.

Fama viri Regis venerandas perculit aures:
  Cæsaris ascitus constitit ante pedes.
Voce Senis multum captus Pipinius Heros
  Grandia Doctrinæ præmia constituit.
Gentibus ignaris studij insinuabat amorem,
  Dum doctos coleret non sine fruge viros.
Incerto sed adhuc errabant limite Musæ,
  Quas tulit huc docti candida cura senis.
Nec dum fixa piis sedes concessa Camœnis,
  Exily species Gallica terra fuit.
Inclytus exulibus prospexit Magnus, eisque
  Isto constituit digna Lycæa loco.
In patriam sacras recipis dum Carole Nymphas,
  Imperio scisti consuluisse tuo.
Mitibus errantem pacasti legibus orbem:
  Nulla tuam temere terra proposcit opem.
Acribus inuictos strauisti viribus Hunnos,
  Tutaque te saltem vindice Roma fuit.

Vniuersitas Parisiensis. 119

Grandia quis neget hæc? superat tamen, auspice quod te
Gallam Barbaries fœda reliquit humum.

Ioannes Bodinus in Oratione de instituenda Iuuentute, quam habuit ad Senatum populúmque Tolosanum, quæque impressa est Tolosæ an. 1559. in Officina Petri Putei sub signo Pontis, probat vrbes quæ litteris floruerunt, etiam frequentia, imperio, potentia, rerum omnium vbertate & copia floruisse, profertque exempla Athenarum, Alexandriæ Ægyptiacæ, Romæ, Lutetiæ, Tolosæ; sic igitur præsertim de Academia Parisiensi. Testis est Lutetia in qua Carolus " Magnus cum litterarum Officinam, vt illa tempora ferebant, instituisset, sedem " Imperij Gallorum esse voluit, ac eius Imperij, cui Germania quæ nunc Impe- " rij speciem præ se fert; Italia, quæ quondam Orbi terrarum præfuit; Hispania, " quæ ab Afris turpissimâ seruitute premebatur, obediit. Quis tantum Impe- " rium vnà cum litteris ad nos delatum non videt? Vrbs autem illa, quæ non " multò ante exiguâ insulâ continebatur, postea ad tantum fastigium excreuit, " vt hoc tempore, quo studia bonarum litterarum ardentius amplexatur, ma- " gnitudine quidem Romam, numero Ciuium Constantinopolim, mercaturâ " Alexandriam, opibus Venetiam, magnificentiâ Babylonem, artium varietate " veteres Athenas, ingeniorum multitudine cæteras vrbes superasse videatur. "

1580.
Rodulphus Hospinianus in Tractatu de Academiarū Origine sic eadem de re scribit. Carolus M. quoque Studia Publica Liberalium Artium ac disciplina- " rum, quæ propter diuturna & grauia bella diu in Galliâ oppressa iacuerant, " resuscitare volens, vt erat Princeps litteratus, nec non propagandæ Religionis " Christianæ pro virili sua studiosus Parisiensem Academiam instituisse an. 791. " hac occasione dicitur. Ex Scotia in Galliam venerant Claudius, Ioannes, Ra- " banus & Alcuinus &c. Hanc Scholam à se sic institutam tantâ prouentuum & " possessionum amplitudine ipsum locupletasse etiam quantum vix omnes Galliæ " & Germaniæ, quæ inde postea natæ sunt Academiæ possent æquare, Curio " l. 2. testatur.

Authores 9. seculi.
1600.
Possemus longè plurium anthorum huius seculi authoritates & testimonia referre, Hectoris Boethii, Petri Gallandij, Petri Rami, Henrici Pantaleonis, Genebrardi, Iacobi Vsserii, Donati Accioli, Sethi Caluisij. Sed ad vltimum seculum transeamus. Antonius Posseuinus Iesuita, qui scribebat adhuc an. 1608. in suo Apparatu de Beda, Alcuino & aliis sic loquitur. Nunquam Beda ex Anglia " pedem extulit, quidquid secus aliquis dixit: erat enim natione Anglo-Saxo, " quamuis à Gregorio II. Pontifice Max. vt Romam iret, inuitatus fuisset. " Fratres enim duo fuêre Strabo & Haimo viri docti piique, quorum hic sacras " Homilias, ille commentarios in Genesim scripsit. Discipulos reliquit eruditis- " simos, Rabanum, Albinum siue Alcuinum, Claudium & Ioannem Scotum, " qui primi Lutetiæ Parisiorum docuerunt: vnde postea in reliquum Christia- " num Orbem doctrina fluxit vberrima. Et alio loco. Quod autem in Chronico " Chronicorum Regularium Alcuinus dicitur Gallus & præceptor Caroli M. in- " de fieri potuit, quod in Gallia diu vixerit, quod eum de multis docuerit, quod- " que Parisiensis Academiæ fuerit Author siue Director.

1616.
Rodolphus Boteræus in magno Franciæ Consilio Aduocatus, in suo de Lutetia poëmate egregiis versibus Academiæ nostræ laudes amplificat, eamque omnibus Academiis veteribus longè anteponit.

Proxima debetur tibi gloria FILIA REGVM
(Nam tu liligero soboles de sanguine Regum)
Docta Parens studiorum, Altrix Diua ingeniorum,
Non fictus Musarum Helicon, Cyrrha altera Phœbi,
Palladis hospitium, vel quod præponat Athenis,
Artium amica domus, Sophiaque scientia & omnis
Attici, Idumæi, Latiique magistra leporis
Lugdunensem aram formidatumque Tribunal
Rhetoribus Prisci Iuituris amne propinquo
Probra schola, assiduas nec olentia scripta lucernas;
Massiliam & superas, quam visere Romula plebes
Sueuit, vt ingenuas à Gallis disceret Artes,

Bardorum vt numeros, quoque exequiale canebant
Carmen in Heroas Patria pro vindice functos,
Et Druidum solis commissa oracula siluis,
Quercubus in sacris, qua viscum falce putabant,
Quo ritu & quantos viscus legeretur in vsus
Per Carnutum agros, Sophia loca amica latenti
Tunc siluosa, vt nunc glabra & populata securi.
Tu studiorum incus, quam tundere sæpe solebat
Ante faber solers. Tu Cos, qua reddis acuta
Ingenia, attrituque tuo facis apta secundis,
Sarmata, Teuto, Italus, fuscique coloris Iberus,
Anglus, & æterno sociatus fœdere nobis
Scotus, (& à Scotis tua prima putatur origo)
Te causa studiorum adeunt & amore sciendi,
Tu decus Europæ, tu Galliæ & Vrbis ocellus,
Tu facis omne genus sapientum, in iure peritos,
In fidei arcanis, sophiaque, & in arte medendi,
Inque poli motu noscendo Astrisque notandis.
   Non tibi CARLE, *minor laus* MAGNE *dicasse Camœnis*
Partem vrbis longéque viros quæsisse, docerent
   Qui Sophiam & triplicis tunc dona incognita linguæ,
Gloria non minor est, quàm armis & Marte potenti
Sæpe rebellantes populos domuisse, tuasque
Victorem leges orbi imposuisse subacto.
   At tandem Arctois Scotorum emersit aboris
Alcuinus, qui Palladias formator ad Artes
Maximus, & solers cultor fuit Ingeniorum:
Fundamenta operis tanti Carlo auspice primus
Iecit, & Aonias neglecto Helicone Sorores,
Pindo & laurigeris Eurotæ ac Phocidos vndis
Primus Sequaniis iussit considere ripis.
   Iure Caledonios in fœdus traximus, Artes
Per quos Palladias, nullique Helicona reclusum
Ante datum, & Sophiæ nouisse arcana latentis.

Quid cæteros commemorem, qui hoc seculo floruerunt & scripserunt? quos Paschasii & quorundam aliorum de Parisiensis Vniuersitatis institutione & origine aliter sentientium authoritas non deterruit, quo minus communi & receptæ sententiæ subscriberent? Inter cæteros vero Claudius Hemeræus Doctor Sorbonicus & Regalis Ecclesiæ S. Quintini Canonicus, in suo de Academia Parisiensi libello, post quam in Ep. ad Lectorem dixit difficile esse internoscere Classes Artiũ atque scientiarum primis Academiæ temporibus, & colores linearumque ductus disciplinarum & legum ornatum, qui posterioribus annis augusta quadam venerabilique Maiestate plenus illuxit, subiungit. Non ideo tamen ambigimus antiquissima esse initia, & natales annos Academiæ Parisiensis, & erectæ ac fundatæ illius laudem ad Carolum Imperatorem esse referendam: hoc affirmamus 1. cap. Commentarij nostri. Et in maximo potentissimoque Rege infinita discendi cupiditas, beneuolentia & munificentia Regalis, qua coluit ille optimas quasque Disciplinas, earumque Professores amplexatus est, sanctionesque quas de litteris ab obliuione & situ reuocandis frequentissimas tulit: à maioribus denique tradita per manus fides fuere argumenta nobis totidem, quibus suaderemur à communi & iamdiu recepta opinione non esse recedendum.

   Et cap. 1. eiusdem commentarij sic scribit. Fuit autem ista, vt ego iudico, prima configuratio atque institutio Academiæ Parisiensis, quæ à D. Dionysio initia, exigua illa quidem ac perobscura: à Germano Præsule succum paulò pleniorem: ab erudito denique Imperatore statum illum accepit, quo & litterarum VNIVERSITAS dici, & QVIDAM GENERALIS STVDIORVM MERCATVS videri posset. Quam ob causam eidem Restauratori Litterarum, nobilissimoque Gymnasij Fundatori, vbi fuisset ille authenticatus & in Cœlitum numerum

an. 1166.

an. 1166. relatus, erectæ in eodem Lycæo aræ funt, eique in publicum Academiæ Calendarium adscripto solennes preces Christiano ritu, veluti Patrono ac Numini Litteraturæ Parisiensis statis diebus decantari consuetæ sunt.

Eidem sententiæ suffragatur Petrus Berthaldus Presbyter Oratorij Archidiaconus & Canonicus Ecclesiæ Carnotensis lib. 2. Flori Francici c. 11. sub finem ad an. 791. *Cæterum*, inquit, *hoc anno Carolus M. Parisiorum scholam*, studiorum altricem & cuiuscumque eruditionis parentem Alcuini præceptoris opera consilioque vsus instituisse fertur. Erat enim tam elegans Liberalium studiorum omnisque Doctrinæ & author & admirator, vt quod de Scipione Africano dicitur, præcellentes ingenio viros domi militiæque secum haberet. Eo facto prouidit Carolus in posterum, vt qui cæteris orbis gentibus bello superiores euaserant, ingenio non vincerentur: vtrobique verè Magnus, firmato Francicæ Gentis Imperio non armis modo aduersus hostes, sed quod maius est & augustius bonis pacis & Artibus.

RESPONDETVR QVORVNDAM RATIONIBVS contra Carolinam fundationem.

ANte Stephanum Paschasium, Andream Duchesnium & Antonium Loiselium neminem video, qui Parisiensis Academiæ institutionem Carolo M. non adscribat. Octingentorum annorum constans ea fides fuit, quam illi hoc nono seculo leuibus coniecturis argumentisque conuellere conati sunt, negantes Carolum aut vllius Vniuersitatis esse parentem, aut si alicuius fuit, non certè Parisiensis, atque ita posteris non satis in Antiquitate versatis dubitandi, non nullis etiam veritatem non vltra scrutantibus idem scribendi & sentiendi occasionem dederunt. Ne quem ergo scrupulum in animis relinquamus, operæ pretium est triplici hominum generi respondere, quorum aliqui negant legi vspiam Carolum Magnum habitasse Parisiis, multoque minus ibi Vniuersitatem instituisse contendunt. Alij fatentur quidem à Carolo fuisse institutam Athenem aliquam & publicam litterarum officinam seu Vniuersitatem, At Turonis non Lutetiæ. Alii denique cum Paschasio fabulosum esse putant, quod de Anglorum & Scotorum aduentu in Galliam vulgo refertur: propterea quod nullus veterum Scriptorum ante Vincentium Bellouacum qui 400. post Carolum annis natus est, eius rei meminit.

Contra eos qui negant Carolum habitasse vnquam Parisiis, sufficiunt ea quæ ante retulimus de loco Vniuersitatis: ex quibus patet Carolum habuisse Lutetiæ Palatium more maiorum sedemque Regni, antequam Saxonas debellaret, & Imperium Occidentale sibi vindicaret. Tunc autem Lutetiæ degebat, cum visendæ Romæ desiderium animo concepit, vt testatur ille scriptor Anonymus qui ab Ademaro Caroli & Ludouici Historiam se audiuisse affirmat. Sic enim ille scribit ad annum 779. *Quibus rite peractis Ligerim cum reliquis transmeauit copiis, & Lutetias quæ alio nomine Parisius vocatur, se se recepit. Post non multum sanè tempus incidit ei desiderium Dominam quondam orbis videre Romam.* Idem habet Aimoinus l. 5. c. 1. *Quibus rite peractis Ligerim cum reliquis transmeauit copiis & Lutetias quæ alio nomine Parisius vocatur, se se recepit. Tunc eius adiit præsentiam venerabilis Robertus Abbas S. Vincentij sanctique Germani, petens quatenus præceptum immunitatis ipsius Ecclesiæ, quod olim D. Pipinus Genitor eius fecerat, ipse sua benignitate confirmaret.* sequitur Priuilegium eodem anno datum.

Carolus D. G. Francorum Rex & Longobardorum atque Patricius Romanorum omnibus *Episcopis, Abbatibus, Comitibus, siue Iunioribus nostris.* Et in fine *Data 6. Kal. April. an. vndecimo Regni nostri, & 5. Patriciatus nostri. Actum Haristallo in Palatio, reintegratum vero Parisius.* Ex quibus verbis manifestum est sedem & Palatium habuisse Parisiis, ibique solitum inhabitare, cum à bellis cessaret. Adde Gislæ & Recthrudis filiarum eiusdem Caroli in Palatio Pafiensi ab Alcuino institutarum, vt supra retulimus, & infra adhuc referemus.

Rationes Andreæ Duchesnij.
Verum Andreas Duchesnius in præfatione ad B. Alcuini opera, postquam locum illum Epistolæ primæ Alcuini ad Carolum retulit, vbi mentionem facit Athenes nouæ à Carolo institutæ, non fatetur propterea, imo diserte & expresse negat fuisse Parisiis institutam. Sic enim ille. Sed in quibus Franciæ Pro„ uinciis eiusmodi litterarum semina iecit? aut vbinam Vrbiū vel Ciuitatū Galli„ carum hæc Athene perfecta fuit? Forte in facundissima Parisiorum Lutetia, ad „ quam Carolus Rex studium de vrbe Roma transtulisse, quod de Græcia illuc „ translatum fuerat à Romanis, in Magno Chronico Belgico legitur. Plurima „ sunt, quæ vetant credere. 1. quod Alcuinus vel Parisiorum, vel Lutetiæ nul„ libi meminit. 2. quod cum in pluribus Galliæ locis fuerit, aut cum Carolo „ Rege, vt Aquisgrani apud authorem vitæ S. Ludgeri l. 1. c. 34. aut sine Re„ ge Carolo, vt in Belgica latitudine ep. 11. Turonis ep. 1. 13. 15. 17. in Centu„ lo apud S. Amandum & alibi, nunquam tamen docuisse se verbis apertis in„ dicat, nisi vel in Palatio Regis, vel Cæsaroduni Turonum. In palatio enim scho„ lam fuisse demonstrant hæc eius ad Carolum verba Ep. 11. Ego ignarus nes„ ciens Ægyptiacam scholam in Palatio Dauiticæ versari gloriæ. Ego abiens „ Latinos ibi dimisi, nescio quis subintroduxit Ægyptios.

Antequam quid ille de sua Turonica Ciuitate dicat, examinemus, operæ pretium est, quid de Parisiensi asserat, discutere. Primum igitur negat Alcuinum vllibi Lutetiæ seu vrbis Parisiensis meminisse. At mirum non meminisse ipsum qui Alcuini opera edidit, se legisse in Homilia de natali S. Willibrodi Archiepiscopi, inter vrbes quæ Cœlitum quorundam corporibus celebres habentur, Parisiensem referri. Sic enim ibi habetur, *Roma vrbs orbis caput Beatorum Apostolorum Petri & Pauli specialius quodammodo gloriosissimis lætatur triumphis: vnde ad eandem & gentes & populi cum deuoto pectoris officio quotidie concurrunt, vt maiori quique apud beatos Apostolos fidei compunctione vel sua defleant crimina, vel cælestis vitæ abundantiori spe sibi aditum aperiri deposcant. Mediolana olim ciuitas Imperialis S. Ambrosio gaudet defensore. Alpes Agaunia SS. Thebeorum felicius sanguine quam in proceritate exaltantur. Beatius fœcunda Pictauia B. Hilarij Pontificis Reliquis exultat, quam venditionum & emptionum alteratione in quibus sæpe versatur iniquitas. Quid te Turonica ciuitas loquar? muris quidem paruula & despectibilis, sed S. Martini patrocinijs magna & laudabilis? quis propter te adierit te? nonne propter illius certissima suffragia turba ad te confluunt Christianorum? Omnia Parisiacæ ciuitatis suburbana S. Dionysij vel S. Germani magnificis iucundantur auxilijs & festiuos illorum dies maiori populorum celebrant frequentia.* In vita S. Martini apud eundem Alcuinum hæc habentur verba *Leprosum in porta Parisiaca ciuitatis à deformitate sui corporis solo saluauit osculo.* Item in Ep. filiarum Caroli ad Alcuinum Parisiacæ ciuitatis mentio fit. Itaque non satis cogitanter dixit Duchesnius apud Alcuinum nullibi Parisiensis ciuitatis verbum inueniri.

Hæc de nomine. Ad rem veniamus. Fatetur Duchesnius Alcuinum ex scriptis proprijs conuinci docuisse in Palatio Regio & Cæsaroduni Turonum, tanquam in duobus locis distinctis & dissitis, vt reuera distincta fuisse constat, tum ex Ep. 9. in qua ait Alcuinus se abeuntem è Palatio reliquisse inibi Latinos professores: tum ex Ep. 15. vbi vtriusque loci meminit sic aiens ad eundem Carolum. *Ego itaque licet parum proficiens cum Turonica quotidie pugno rusticitate, vestra vero authoritas Palatinos erudiat pueros vt elegantissimè proferant quidquid vestri sensus lucidissima dictauerit eloquentia.* Item Turonis multa opera composuit, commentaria super Ecclesiasten, interpretationes in lib. Genes. Commentaria in Euangelium Ioannis, Psalterium Dauidicum per hebdomadæ dies disposuit; & alia quædam edidit. Antea vero in Palatio Grammaticas, Rhetoricas, Dialecticasque præceptiones elaborarat: vt fatetur ipse Duchesnius.

Restat igitur inquirendum vbi & qua in ciuitate Palatium illud Regis esset. Certè non Turonis, vt ex supra dictis patet: ipse enim Alcuinus cum Turonicâ rusticitate pugnabat, dum Rex in Palatio curabat institui nobiles adolescentes, suoque illos exemplo inuitabat. Non Aquisgrani, quia Athene noua de qua ante dictum est, in Francia fuit à Carolo collocata. Et quanquam propter bella Germanica & Saxonica frequenter habitaret Aquisgrani, nusquam tamen legitur ibi litterarum exercitium posuisse, quod inter hostilium armorum strepitus florere facile non potuisset: quod si ibi positum fuisset, extaret certè aut extitisset saltem eius rei vestigium aliquod post Carolum, nec omisissent Germanici Scriptores hanc illi loco laudem arrogare, quam tamen ei nemo tribuit. Superest igitur vt cum omnibus Historicis Musas Lutetiæ collocatas fuisse concludamus.

Nec mouet Duchesnij argumentum à commoditate loci petitum, sic aientis. *Et si ascititiis etiam vti testimoniis licet, vbi Athenæ illa noua, de qua nunc dixi, melius collocari potest, quàm in eiusmodi schola Turonensi? Nam San-Gal.ensis Monachus sic ea de re. Dedit autem Albino Carolus Rex Abbatiam S. Martini iuxta Turonicam Ciuitatem, vt quando ipse absens esset, illic requiescere & ad se confluentes docere deberet. Cuius in tantum Doctrina fructificauit, vt moderni Galli siue Franci antiquis Romanis vel Atheniensibus aquarentur.* Non inquam, mouet istud argumentum: neque enim negamus Alcuinum docuisse Turonis, sed negamus Athenem Palatinam, & Academicos Magistros & Iuuenes fuisse Turonis: vt patet tum ex his quæ hactenus dicta sunt, tum ex hisce verbis Ep. 106. qua respondet Carolo, a quo rogatus fuerat Academicorum nomine quandam enodare quæstionem de Hymno post cœnam Domini, eumque laudat, quod præter Imperij curas Musis etiam intenderet, Academicosque suos in assiduo studiorum exercitio detineret.

Mirabiles sapientiæ vestræ litterarum series perlectas inuenimus eas eloquentiæ nitore splendidas & profunditate sensuum subtilissimas, & inquisitionis gratia iocundissimas. Vnde patenter agnosci poterit non tantum Imperatoriam vestræ prudentiæ potestatem à Deo ad solum mundi regimen, sed maximè ad Ecclesiæ præsidium & sapientiæ decorem collocatam & Iuuenum mentes quadam inertiæ rubigine obductas ad acumen ingenij per vestram sanctissimam solertiam elimandas. Siquidem præter Imperiales & publicas curas, Euangelicas Quæstiones Academicis vestris à nobis enucleandas inquiritis. Non dicit *Academicis nostris* sed *vestris*, nempe iis, qui in Palatio, non Turonis versabantur, de quo etiam intelligendi sunt hi versus eiusdem Alcuini, ex Poemate 257. quo videtur alloqui Academiæ Palatinæ Discipulos & Professores.

> *Tu qui pergis iter per sacra Palatia lector,*
> *Dic duo, quæ moueant totas Monosyllaba lites:*
> *Dic duo, quæ sanctam rumpant pronomina pacem:*
> *Dic duo, quæ faciant pronomina nomina cunctis.*

Huc reuoca Epistolam Gislæ & Rechtrudis Caroli filiarum ad Alcuinum, quam supra retulimus. Certo enim certius est eas ab eo in Palatio Parisino, vbi tum erant, institutas fuisse. *Multò facilius Chartarum Portator tuarum de Turonis Parisiacam ciuitatem, quàm illius (Hieronymi) de Bethleem, peruenire poterit.* Ipse quoque Alcuinus in Epigrammate ad Libellum quem Palatinis mittebat, sic ait,

> *Perge Libelle Sacer, cunctis præclarior Odis,*
> ~~Prosper pacifice nunc miserante Deo.~~
> *Et pete Præclari præclara Palatia Regis,*
> *Vt maneas Christi semper in æde sacra.*
> *Atque Dei famulis pacis fer munera cunctis,*
> *Dextera quos Domini protegat atque regat,*
> *Quos colo, corde, fide, sancto quoque semper amore,*
> *Cum lachrymis optans, vt vigeant, valeant.*

Veniamus ad Paschasij aliorumque qui Paschasium sequuntur rationes, negantium scilicet vllam à Carolo M. institutam fuisse Vniuersitatem, Historiamque Anglorum cum scientia vænali in Galliam appulsorum fabulosam esse contendentium.

Prima eorum ratio hæc est, quod nec Aimoïnus, nec Rhegino, nec Ado, nec Sigebertus illius institutionis, meminerint: imo nec Eginhartus Caroli Consiliarius & ab intimis secretis, cuius certè mentionem facere non omisissent, si vera fuisset, atque ad eius gloriam illustrandam conferre putauissent. Achillicum hoc argumentum sæpe nullius est roboris ; quam multa enim quotidie contingunt, quorum apud Historicos nulla vnquam mentio futura est ? id inde accidere solet: prout scilicet quisque affectus est, ita scribit : alij alia posteritate digna putant. Aimoïnus ne quidem de studiis Caroli verbum vllum facit, nec de vllis scholis ab eo aut eius iussu institutis. At cæteri scriptores ob id eum mirificè extollunt: & quam multa de iis Alcuinus? Reuera Eginhartus nihil expressè & disertè de aduentu Anglorum seu Scotorum Doctorum scribit, præterquam vnius Alcuini : at videtur tamen id satis innuere, cum ait Carolum amauisse Peregrinos, eorum suscipiendorum magnam habuisse curam, eorúmque ingentia incommoda laude liberalitatis ac bonæ famæ mercede compensasse, vt supra retulimus.

Præterea potuit existimare Eginhartus historiam illam si scriberet, nocituram famæ tam Illustrium Magistrorum, cum multi è ciuibus, multo verò magis ex Aulicis conclamationem illam scientiæ vænalis fatuorum hominum, non prudentum virorum factum esse putarent. Alij verò, qui post eorum obitum scripserunt, non indignam relatu arbitrati sunt, nempe San-Gallensis & Erricus Antissiodorensis, quorum testimonia inter Scriptores primi seculi supra retulimus.

Hinc ergo 2. ratio Paschasii exploditur, scribentis nempe, quod Vincentius Bellouacus ordinis Dominicani, qui post quadringentos & amplius à Caroli temporibus annos scripsit, primus sit author Carolinæ illius institutionis, nec aliud habeat sententiæ suæ fundamentum, quàm Chronicon quoddam Arelatense authoris Anonymi, quod lapsu temporis periit. Ratio inquam ista facile exploditur, quippe supra ostendimus authoritate 4. seculorum talem semper fuisse de Parisiensis Vniuersitatis fundatione opinionem : atque regressu facto à Vincentio Bellouaco ad Carolum, ita sensisse Helinandum, Alexandrum Nexamum, Chronologisten Malleacensem, Ademarum Engolismensem, Erricum Antissiodorensem & Monachum San-Gallensem, qui primos Academiæ Parisiensis Professores aut viderunt, aut iis certè suppares fuerunt. Quæ verò fuisset Sangallensis impudentia non modò affingere Carolo quod falsum fuisset, sed ad id quoque asserendum eorum hominum authoritate vti, qui Carolo familiares fuissent; neque credendum est vni San-Gallensi commissum hoc fuisse secretu ab Adalberto & Werenberto, at eum, quæ nota erant pluribus, & ab iisdem authoribus prolata, ne perirent & obliuione vanescerent, omnibus patefecisse.

3. Ratio est, quod neque in Conciliis quinque Ecclesiæ Gallicanæ quæ habuit Carolus, neque in iis quæ Ludouicus Pius & Carolus Caluus, vlla mentio sit vllius Vniuersitatis seu scholæ publicæ Parisiis institutæ. Reuera in iis Conciliis non fit expressa mentio scholarum Parisiensium, sed Episcopalium tantum & Cœnobialium, quarum curam, regimen & administrationem ad Episcopos & Monachos remiserunt Imperatores : & de iis agit fusè Ioannes Filesacus in lib. de sacra Episcoporum authoritate c. 15. §. 2. At alia ratio est de Scholis Palatinis, quarum ipse Carolus fundator, & consecuti Imperatores curam susceperunt, imo vt susciperent, ab Alcuino & ab Episcopis deinde rogati sunt. Alcuinus certè multis in locis Imperatorem laudes ob eam & diligentiam, quam circa Athenen suam nouam impendebat: eumque passim hortatur, vt Iuuenes Academicos ad amorem impellat Sapientiæ. *Ad hanc*, inquit epist. 1. *omni studio discendam & quotidiano exercitio possidendam exhortare Domne Rex iuuenes quosque in Palatio excellentia vestra, quatenus in ea proficiant ætate florida, vt ad honorem caniciem suam perducere digni habeantur, & per eam ad perpetuam valeant peruenire beatitudinem.*

In Synodo Parisiensi habita an. 829. Episcopi Ludouicum rogant, vt tres Scholas Publicas authoritate sua perficiat in tribus congruentissimis Imperij sui locis. Et in Synodo Carisiaca an. 858. exhortantur Caluum ad fouendas in Palatio virtutes & Disciplinas, à quarum exercitio *Domus Regis Schola dicitur & Disciplina.* Vnde etiam Erricus Antissiodorensis eundem Imperatorem laudat, quod multiplici gratia & priuilegio complures doctos viros ex omnibus mundi etiam partibus allexisset ad Scholas Palatinas, quæ non minus scholaribus quam militaribus consuescebant quotidie disciplinis. Talis ergo fuit Schola Regia primo illo seculo, Regiis scilicet curis administrata : cum interim suam Episcopus Parisiensis in Atrio, suas forte Canonici San-Genouefiani & suas Cœnobitæ exercerent.

Prætereo quod aliqui dicunt Vniuersitatis nomen ante Philippi Augusti tempora ignotum fuisse. Quid enim refert quo nomine Studium Generale appelletur. Alcuinus vocat *Athenæum nouam*, Academiam, Scholam Palatinam. Carolus Mag. *Litterarum Officinam*. Patres Synodi VI. Parisiensis *Scholam Publicam*. Patres Synodi Carisiacæ antonomasticè *Scholam*. Aimoinus Floriacensis, *Maiorem Artium Officinam*. Philippus Abbas Bonæ Spei, qui florere cœpit circa an. 1150. Lutetiam appellat *Ciuitatem Litterarum*. Ne sit ergo quæstio de nomine, sed de re. Vniuersitatem facit non nomen, sed numerus studentium & multiplex Artium variarum professio, Principis instituentis authoritas, priuilegia, forma, loci celebritas. At quis nescit ad Scholam Parisiensem primo etiam seculo Vniuersa optimarum artium Studia confluxisse?

4. Ratio est, quod Paulus Emylius, Ioannes Tillius Claudius Falcetus quorum authoritates plurimi facit Paschasius, nihil de illa Caroli institutione scripserunt. Quid tum? plus ne adhibendum erit fidei quibusdam authoribus rem subticentibus, aut etiam negantibus, quam constanti nouem prope seculorum authoritati, præsertim cum non satis firma ratione nitantur. Nonnullos quoque emouit Paschasij authoritas, & Antonij Loiselij sententia, atque inter alios Gabrielem Naudæum : at non impediit, quominus innumeri, qui post eos scripserunt, vt è nostris sunt Gujjonius, Boterœus, Brölius, Hemeræus, Grangæus, Bertaldus, ex Anglis Brianus Thwynus, è Germanis Hottingerus communi & receptæ suscriberent.

At isti vnde habent non Carolo, sed Philippo Augusto aut Ludouico patri adscribendam esse Vniuersitatis huiusce fundationem? esto enim tum maiori splendore refloruerit, nullus tamen Scriptor coætaneus (plurimi autem fuerunt & magnæ famæ) nullus suppar hanc illis laudem attribuit, sed omnes Carolo, vt supra retulimus. Quamobrem cum Antonius Loiselius in quadam Lite de Collatione Parochiæ SS. Cosmæ & Damiani apud Senatum Parisiensem dicens communem opinionem impugnasset & Innocentio III. Pontifici Max. Philippi Augusti temporibus hanc fundationem attribuisset, à Ludouico Seruino, qui pro M. Ioanne Hamiltone, quem ad Curiam illam nominauerat seu præsentauerat Vniuersitas, orauit, confutatus est toto Senatu applaudente. Extant ipsius Seruini orationes, quarum quæ de Hamiltone est, an. 1586. 12. August. ab eo habita est. Ex qua quæ sequuntur, ad præsentem materiam omnino faciunt.

Contendebat ergo Loiselius Vniuersitatem Parisiensem purè dici debere Corpus Ecclesiasticum, summo Pontifici præcipuè subditum esse, Papam Scholarum & Scholarium curam habere præcipuam, Scholas Parisienses ab Innocentio III. institutas fuisse, eaque de re ad Philippum Augustum scripsisse, & licet iam à temporibus S. Dionysij nonnulli fuissent, qui pietate & bonis moribus Clerum informarunt, nullum tamen fuisse Collegium, nullam Domum exercitio litterarum vsque ad Innocentij tempora, fuisse destinatam. Hæc & alia plura Loiselius : contra quæ sic Seruinus.

Ie me veux arrester au point principal de ma cause, qui est que le Roy Charlemagne & ses Successeurs estans Fondateurs de l'Vniuersité, on ne la peut appeller autre que Laye : & si nous disions autrement & reconnoissions d'autres Fondateurs que les Roys, nous serions ingrats, non seulement enuers le Roy Charlemagne, qui est canonizé pour sa sainte vie, & duquel nous solemnisons le iour en ce Palais : mais nous offenserions tous les autres Roys. Et que diroit Louys le Begue, s'il se reueilloit, n'ssin ie nous demander ce que nous deuons à son nom? I'entends ce grand Hincmarus Archeuesque de Rheims, qui est à son costé, lequel se plaint de ce que l'on a décrié l'Vniuersité, en la nommant Fille d'autre que du Roy. Lisons ce qu'a escrit ce Saint Personnage, nous verrons qu'il a eu soin de faire instruire le Roy ; & entre ses Epistres il y en a vne à Charles le Gros, des Pedagogues du Roy. Mais où prenoit-on les Pedagogues? il n'a pas dit, qu'il en falloit chercher hors du Royaume pour en recouurer de propres, il a prié celuy auquel il escrit de donner aux enfans de France des Maistres iustes & prudens, qui leur monstrassent à seruir Dieu, à obeir à ses Commandemens, & honorer ceux qui le seruoient. Où en pouuoit-on trouuer, s'il n'y en auoit à Paris? Venons au temps de Hugues Capet, voyons quel a esté Robert son Successeur, le plus sçauant de tous les Roys. Qui l'auoit rendu tel? l'Vniuersité Fille de son Pere. Vray est que cettuy-cy a fait florir l'Eschole de Rheims à cause de l'authorité de Gerbert, mais cela n'a diminué la grandeur de l'Vniuersité de Paris. Elle s'est tousiours maintenuë en toutes sortes. Et non seulement nos Chrestiens s'y sont exercez, & monstrez excellens en la connoissance des sciences, lesquelles peuuent confirmer nostre foy: mais aussi les Iuifs estant à Paris lors qu'il estoit permis à leur nation d'habiter en France.

Et post multa. Si donc les Roys sont Fondateurs de l'Vniuersité & Conseruateurs des droits qui luy appartiennent ; & vous Messieurs, par l'authorité des Roys, le Pape ne peut oster aux Escholiers ce qu'il ne leur a pas donné. Et s'il pouuoit déroger au droit de Patronage de l'Vniuersité, il entreprendroit connoissance de cause contre la Pragmatique & Concordats. Que si le Pape Alexandre III. a fait vne Decretale De Magistris, elle n'a lieu sinon és Escholes des Eglises Cathedrales pour le reglement des Scholastiques, comme il appert par la lecture d'icelle. Mais elle ne s'estend aux Escholes publiques de cette Vniuersité, qui n'est tant Ecclesiastique comme Royale. Car bien qu'elle soit en l'Eglise, Non habet Ecclesiam, & non est in Clero, sed Clerus in ea. La protection de l'Vniuersité n'appartient à autre qu'au Roy. Et c'est la vraye marque de bonté & Puissance Royale, plus grande & plus signalée que celle que le mesme Pape Alexandre III. dont on a allegué la Decretale, a reconnu à vn Roy d'Angleterre par le Chap. Ex diligenti de Iure Patron. qui n'est imprimé en nos Decretales communes, & se trouue és anciennes Collectes commentées par Antoine Augustin docte Euesque d'Iserde, auquel Chap. addressant Decano, Præceptori & Capitulo Vellen. le Pape confesse qu'apres le decez d'vn Euesque Reditus Episcopatus ad fiscum Principis deuoluti fuerant. Car les Roys de France ont ce mesme droit dont vsent les Roys d'Angleterre, & donnent les Euesches à ceux qu'ils en estiment capables : mais ils ont encore cet auantage par dessus tous autres Rois, qu'ils sont les premiers Peres & deffenseurs de l'Vniuersité de Paris, qui est plus grande que toutes celles des autres Royaumes, & qu'ils la maintiennent comme leur Fille tres-aymée, voulans que les droits de nomination & presentation à elle appartenans, ayent autant de force que le droit qu'ils ont à cause de la Couronne, que nous appellons le droit de Regale.

Ce n'a donc pas esté ce Pape Alexandre lequel a fondé les Escholes de France: Aussi ne suiuons nous le chap. quanto de Iudic. ne autres Decretales qu'il a fait, par lesquelles il s'est attribué la connoissance de toutes causes, & mesmement du droit de Patronage Laic. Ceux qui se sont soumis à luy ont esté suiets à ses loix, comme le Roy d'Angleterre, auquel est écrit en C. quanto. mais nous n'auons iamais suy les armes de Rome, aussi ne sommes nous astreints à suiure ses loix en ce qui regarde le temporel, comme le droit de Patronage. I'excepte l'obeissance spirituelle deuë par le C. Mos antiquus dist. 6s. & que nous auons rendu & rendons encore à present. Mais ie ne puis accorder que le Pape Alexandre III. ait esté Fondateur des Escholes de Paris, & moins Innocent III. auquel M. Antoine Loisel a donné le tiltre de Fondateur de l'Vniuersité de Paris. Car lors que ce Pape presidoit en l'Eglise Romaine, Philippe Auguste regnoit en France. En ce temps, comme Vincent Historien témoigne en son 30. l. Les Estudes florissoient tellement à Paris, que de toute l'Europe y arriuoit grand nombre d'Auditeurs, non seulement pour le bon air du lieu, & pour l'abondance de toutes choses, mais pour l'honneur que leur portoit ce Roy Philippe, à l'exemple de Louis son pere.

Ex his & pluribus aliis, quæ habet idem Scruinus, intelligimus sententiam illam cuius se Paschasius Authorem profitetur, in ipso ortu fuisse oppugnatam, & ita oppugnatam, vt in maximo Scriptorum, qui post Paschasium ad hæc vsque tempora floruerunt numero, vix quatuor reperias, qui eidem subscripserint, nescio quo spiritu ducti derogandæ Alcuino & extraneis quibusdam laudis istius nobilissimæ, quod Carolo nostro in Academia Parisiensi formanda opem & operam præstiterint. Quisquis Historiam scribit, veritati litare deber expers omnis affectus: haud enim animus verum prouidet, qui odio aut amicitia, ira aut misericordia ducitur. Carolus noster vndequaque viros Doctos acciuit, & præmiis inuitauit, quid mali si quosdam quoque Anglos & Scotos, vt & Græcos atque Italos? præsertim illis temporibus, quibus incuriâ Decessorum Regum in Francia res litteraria poene contabuerat. Reddiderunt Angli, Scoti & Hiberni par pari: & quas ab omni æuo solebant è Gallia haurire disciplinas, eidem quodammodo restituerunt accepti beneficij memores. Nec video quale aut quantum inde redundet in Galliam nostram dedecus. Talis est litterarum natura, vt ament communicari, vtque qui eas possident, sibi solis possidere non possint. Academias olim Gallicanas sub Imperio Romanorum magno concursu frequentabant Græci, Itali, Romani, vt supra confirmauimus: de Anglis verò, Scotis & Hibernis facile quoque est confirmare. Id enim imprimis fatentur eorum Scriptores, Beda, Lelandus, Balæus, Pitsæus & omnes fere Historici: patetque insuper exemplis.

Mellanius Probus, qui circa an. Christi 260. floruit, cum maturos ætatis annos attigisset, non contentus illis Artibus & Disciplinis, quas in patriâ didicerat, studiorum causa Galliam peragrauit & Italiam; & tandem Romæ ad exquisitissimam in sacris litteris cognitionem ascendit, vt scribit Pitsæus, ac proinde à Stephano 1. Pontifice factus est Rothomagensis Episcopus.

Kibius Korinnius natione quoque Britannus in Galliam Iuuenis secessit & S. Hilarij Pictauiensis Episcopi Discipulus fuit. Floruit circa an. 380. Et cum illis temporibus Hæresis Pelagiana Britanniam infestaret, nec Angli eam per se satis confutare possent, à Gallis opem & arma validiora, quàm quæ habebant, per legatos petiuerunt. Sic enim de re venerabilis Beda veritatis amator scribit l. 1. Histor. Angl. c. 17. *Hæresis Pelagiana per Agricolam illata Seueriani Episcopi Pelagiani filium, fidem Britannorum fœdâ peste commaculauerat. Verum Britanni cum neque suscipere dogma peruersum gratiam Christi blasphemando vllatenus vellent, neque versutiam nefariæ persuasionis refutare verbis certando sufficerent, inueniunt salubre consilium, vt à Gallicanis Antistitibus auxilium belli spiritualis inquirant.* Et reuera obtinuerunt: nam Galli celebrato Concilio duos è suis elegerunt, Germanum Antissiodorensem & Lupum Trecensem, vt præclare describit Ericus l. 3. vitæ S. Germani.

> *Hinc Synodus numerosa coit: communibus illic*
> *Causa subest lachrymis: contundunt pectora quisque*
> *Quodque negat sermo, peragunt suspiria voto.*
> *Flent pestem cuncti, nequeunt succurrere cuncti.*
> *Quæritur è cunctis, releuet qui vulnere cunctos,*
> *Et sanctum meritis & acuto dogmate cautum*
> *Et signis facilem poscit Iis tanta Patronum.*
> *Te, Pater exspectant; Tu rebus natus agendis*
> *His quoque succedas repetitâ sorte periclis.*

At Robertus Antissiodorensis ad an. 440. ait B. Germano prima vice Lupum Trecensem, alterâ Seuerum Treuirensem Episcopum adiunctos fuisse comites. *Hoc tempore, inquit, ex Britannia directi Iugnio Gallicanis Episcopis renunciauit Pelagianam peruersitatem in locis suis latè populos occupasse, & quamprimum Catholicæ fidei debere succurri. Ob quam causam Synodus numerosa collecta est, omniumque iudicio duo præclara Religionis lumina vniuersorum precibus ambiuntur, Germanus ac Lupus Apostolici Sacerdotes terram corporibus, cælum meritis possidentes. Hi itaque Oceanum mare Christo duce conscendentes Britanniam peruenerunt, eamque suâ prædicationibus atque virtutibus impleuerunt. Tandem peracto conflictu cum Pelagianis confirmant fidem verbo veritatis simul & miraculorum signis. Sed & bellum Saxonum Pictonumque aduersus Britones eo tempore iunctis viribus susceptum Diuinâ virtute retundunt, cum Germanus ipse Dux belli factus non tubâ clangore, sed clangore Alleluya totius exercitus voce ad sidera leuatâ hostes in fugam vertit immanes. Compressâ itaque peruersitate dogmatis beatissimi sacerdotes reuersi sunt. B. Germanus cum Seuero Treuerensi Episcopo iterum missus in Britanniam transfretat, ibique renascentem Hæresim Pelagianam extirpat.*

S. Patricius cognomento Succetus Discipulus primus fuit S. Martini Turonensis; deinde S. Germani Antissiodorensis, sub cuius Magisterio cum sacris litteris impendisset operam, ad Glasconiense Monasterium secessit, ibique obiit an. 490. Eiusdem Discipulus fuit S. Gildas Albanius, qui cum in patria humaniores litteras ad vnguem didicisset, & Artes Liberales delibare cœpisset, adhuc adolescens Studiorum causâ transfretauit in Galliam, vt loquitur Pitsæus, ibi autem & linguam & Philosophiam omnesque scientias tum sacras, cum profanas accurate didicit, & rediens in patriam vnâ cum multiplici Doctrinâ copiosam retulit librorum supellectilem. Eiusdem quoque Discipulus fuit S. Olcanus, de quo sic Iosselinus Barclandus in Chronico. *Grandiusculus factus discendi auiditate Gallos adijt, ibique diutius legens, multæ litteraturæ scientiam adeptus repatriauit, repatriatus Scholas erexit, innumeros Discipulos, quorum plures Episcopi sancti fuerunt, erudiendos in litteraturæ copiam prouexit.*

Ileutus seu Elcutus Discipulus quoque dicitur fuisse B. Germani, & ab eo sacerdos ordinatus. Merlinus Caledonius in Scotiæ finibus natus Galliam discendi causa de more peragrauit, euasitque vir pietate & doctrinâ clarus, Philosophus insignis & Mathematicorum sui æui, scilicet circa an. 570. facile princeps: quo tempore Fortunatus ex Italia in Galliam veniens, Turonis docere cœpit, ibique Actus B. Martini 4. libris Heroïco metro contexuit, quóque tempore B. Maurus obijt. Alius autem est Merlinus ille Caledonius ab Ambrosio Merlino, qui sub Vortiguo seu Vorciguo Rege Britannorum circa an. 440. spiritu Prophetico afflatus multa cecinit de Regibus Angliæ, more Sibyllarum. In cuius Prophetias plurimi viri Docti Commentaria ediderunt, & inter alios Alanus Magnus de Insulis, qui in Academia Parisiensi florebat circa an. 1170. multa quoque earumdem loca explicat Willielmus Brito in sua Philippide.

Sigebertus Pius Orientalium Anglorum Rex, à quo Cantabrigiensium Academiam institutam ferunt an. circiter 630. à Patre eiectus, exilium sibi delegit in Gallia, vbi litteras apprime didicit: deinde in patriam reuersus ac Rex creatus, in Anglia more Gallorum Scholas instituit ope S. Felicis, vt notat Henricus Huntidonensis l. 3. Chron. Felix autem iste Burgundus erat Natione in Luxouiensi S. Columbani Monasterio educatus & litterarum peritia conspicuus. In illo quippe Monasterio, quod à S. Columbano extructum fuerat, Eustasius Columbani Discipulus celebres Scholas habuit: vnde plurimi Episcopi & alij Ecclesiæ præsules prodierunt.

Porro de Cantabrigiensis Academiæ institutione S. Felicis consilio facta sic loquitur Polydorus Vergilius l. 4. Histor. vbi de Sigeberto verba facit. *Item Princeps Sapientissimus sciens nihil esse æque hominibus ornamento ac litteras, & eas quidem per id tempus in insula admodum raras, hortante Felice Episcopo Burgundione viro doctissimo Scholas passim in suo Regno posuit: & imprimis Cantabrigiæ: vt pueri ab ineunte statim ætate erudirentur. Quare breui multi mortales doctissimi euaserunt, floruitque deinde Cantabrigia Gymnasium bonarum omnium Disciplinarum perpetuò. Quamobrem Anglia, quod postea claros semper doctrina viros tulerit, haud dubie Sigeberto imprimis acceptum referre debet; vt pote qui in ea litterarum fundamentum primus iecerit.*

Quid amplius quærimus? & quid opus est alios innumeros recensere, qui suam omnem in Artibus peritiam Galliæ nostræ debent? S. Adhelmus vel Adelinus Anglus Inæ Occidentalium Saxonum Regis ex fratre Kenteno nepos ab ipsa pueritia Litterarum studijs addictus, adolescens missus est primùm in Galliam, deinde in Italiam vt artes liberales disceret, teste Pitsæo ad an. 709. Benedictus Biscopius Anglo-Saxo vir litteratus & bonarum litterarum, Litteratorumque fautor maximus ingentem optimorum librorum copiam & selectissimos quosque authores, tum Græcos tum Latinos ex Gallia & Italia comportauit in Angliam, vt docet idem Pitsæus ad an. 703. Ex quibus omnibus liquidò constat non Gallos Anglis, sed contra Anglos Gallis debere, quidquid olim habuerunt doctrinæ & eruditionis: Alcuinumque & socios refudisse tantummodo in Galliam, quod ab ea Angligenæ, Scoti & Hiberni per tot secula acceperunt.

Verum

Verum in Historiam illam fundationis nostræ lapsu temporis irrepsit suppositicium nescio quid: cum Alcuinus & alij Magistri, qui seu cum ipso, seu post ipsum in Franciam venerunt, fuisse dicuntur Monachi: quod tamen ante annum circiter 1100. scriptum non inuenimus. Nam quod Alcuinus nunquam fuerit Monachus, luce meridiana clarius patet : 1. enim nullibi se in scriptis Monachum dicit, nec vllus authorum coæuorum, aut supparium talem eum prædicat: vt ante nos notarunt Duchesnius in eius vita, & Petauius in Chronico. Imprimis ergo ipse quo loco pueritiam & adolescentiam suam transegerit ad virilem vsque ætatem commemorat Ep. 98. nimirum in Eboracensis Ecclesiæ Schola: sic enim scribit ad Fratres seu Canonicos Eboracenses. *Vos fragilis infantiæ meæ annos materno souistis affectu, & lasciuum pueritiæ tempus piâ sustinuistis patientiâ & paternâ castigationis disciplinis ad perfectam viri edocuistis ætatem, & sacrarum eruditione disciplinarum roborastis.* Ibi Egbertum Archiepiscopum Magistrum habuit, cui deinde in scholarum exercitio successit, vt scribit ad Eambaldum discipulum suum Elcberti in Cathedra Eboracensi successorem, apud Willelmum Malmesburiensem. *Laus & gloria, Deo, qui dies meos in prosperitate bona conseruauit, vt in exaltatione filij mei charissimi gauderem, qui laboraret vice mea in Ecclesia, vbi ego nutritus & eruditus fuerim, & præesset thesauris sapientiæ, in quibus me Magister meus dilectus Egbertus Archiepiscopus hæredem reliquit.* Ep. 1. ad Carolum vocat eundem Egbertum Magistrum suum; qui quidem Egbertus fuerat Bedæ Discipulus; & hinc factum, vt Alcuinus Bedæ quoque discipulus fuisse dicatur, cum reuera tantum Discipuli Discipulus. Eboracensis igitur Scholæ factus Rector sub Elcberto Egberti successore multos habuit ipse Discipulos, & inter alios, Eambaldum, qui deinde fuit Ar-Archiepiscopus, Ludgerum, qui fuit primus Monasteriensium Episcopus, & Iosephum quendam, qui versibus aliquot eundem Ludgerum laudauit. Ibidem factus Diaconus, postea in Franciam venit & Carolo innotuit; ab eoque licet quibusdam Abbatiis præpositus fuerit, nunquam tamen Monachum induit, vt testatur Anonymus in eius vita paulo post decessum scriptâ: sic enim habet. *Cum senectute vnaque infirmitate plus solito se sentiret affectum, diu vt secum tractauerat, velle se significauit Regi Carolo seculum relinquere, postulans licentiam apud S. Bonifacium Monasticam vitam secundum regulam S. Benedicti ducere; ibidemque S. Benedicti Monachis, Canonicis Alcuinum ad imitandum proponit: & cum obiit Alcuinus, ait eius animam ad Christum Leuitarum cœlestium protomartyris quoque Stephani & Laurentij Archidiaconi ministerio perductam, eademque hora qua obiit, visum fuisse cuidam solitario in Italia Leuitarum Cœlestium exercitum.* Adeo verum est Alcuinum nunquam fuisse Monachum. Prætermittimus itaque plura testimonia, quæ videre est à Duchesnio Alcuini operibus præfixa; quorum aliqua Diaconum, nonnulla Abbatem, nulla Monachum ante Helinandum vocant. Reuera fuit Abbas: at tunc non omnes Abbates erant Monachi, sed plurimæ Abbatiæ à secularibus Clericis, quædam etiam à Comitibus laïcis possidebantur, vt ante dictum est.

Hic scriptor, quem Andræas Duchesnius ex vetusto codice S. Mariæ Remensis notum fecit, ait in Epistola dedicatoria se quæcunque de Alcuino scripsit, accepisse à Sigulfo Magistro suo, eiusdem Alcuini discipulo: ibidemque S. Benedicti Monachis, Canonicis Alcuinum ad imitandum proponit: & cum obiit Alcuinus, ait eius animam ad Christum Leuitarum cœlestium protomartyris quoque Stephani & Laurentij Archidiaconi ministerio perductam, eademque hora qua obiit, visum fuisse cuidam solitario in Italia Leuitarum Cœlestium exercitum. Adeo verum est Alcuinum nunquam fuisse Monachum. Prætermittimus itaque plura testimonia, quæ videre est à Duchesnio Alcuini operibus præfixa; quorum aliqua Diaconum, nonnulla Abbatem, nulla Monachum ante Helinandum vocant. Reuera fuit Abbas: at tunc non omnes Abbates erant Monachi, sed plurimæ Abbatiæ à secularibus Clericis, quædam etiam à Comitibus laïcis possidebantur, vt ante dictum est.

Verum neque cæteri Doctores seu Angli seu Scoti, qui vænalem scientiam clamitasse dicuntur, Monachi fuisse videntur, licet forsan in Monasteriis olim instituti. Nam San-Gallensis, qui primus Historiam illam edidit, hoc ait tantum *Duos Scotos de Hibernia cum Mercatoribus Britannis ad littus Galliæ deuenisse*, eorumque alterum nempe Clementem in Gallia resedisse, alterum Papiam à Carolo missum: credibile autem non est eum qui Monachus erat, præteriturum fuisse hoc de Scotis illis commemorare, si reuera Monachi fuissent, præsertim cum Cœnobitæ omnem sibi vulgò litterarum laudem arrogare soleant, interque suos numerare omnes fere illorum temporum, qui illa prædicatione claruerunt. Posteriores igitur Scriptores, Chronicon Arelatense, Helinandus & Vincentius Scotis illis Monachismum affinxerunt de suo, non aliâ vt credibile est, authoritate fulti: quibus proinde fides est adhibenda eò minus, quod non aliunde quàm ex fonte San-gallensi historiam illam hausisse videantur, cui paucula de suo addiderunt, non tam forte malâ mente, quàm probabili coniecturâ ducti, quod illos nempe Abbates fuisse legerent, hinc suspicati fuisse Monachos.

His addere liceat tam parum maioribus nostris persuasum fuisse, quod Monachi hanc Vniuersitatem instituissent, vt cum lis inter eos & Dominicanos ardebat de societate instituenda, constantissimè semper asseruerint nullum secularibus magistris esse posse cum Regularibus consortium & commercium: imò nec D. Thomas Dominicanorum Athleta fortissimus eo argumento vsus sit vsquam, quod tamen in materia de qua agebatur, peremptorium fuisset. Quanquam enim temporibus illis suam iam edidisset Historiam de Monachis Scotis Vincentius Bellouacus, maluit tamen Thomas antiquiora & certiora, quàm incerta & dubia fundamenta proferre. Itaque in Opusculo contra Impugnantes Religionem, vbi ex professo refellit rationes Academicorum aientium Publicum litterarum exercitium non esse Monachicæ professionis, sic ait. *Ex quibus accipi potest, quod Monachi possint suscipere docendi Officium. Hoc idem ostenditur exemplis sanctorum, qui in Religione viuentes docuerunt: sicut patet de Gregorio Nazianzeno, qui cum Monachus esset, Constantinopolim est adductus, vt sacram scripturam ibi doceret, vt Eccl. narrat Historia. Hoc etiam patet de Damasceno, qui cum Monachus esset, Scholares docuit, non solum in sacra Scriptura, sed etiam in Liberalibus Artibus, vt patet in lib. de miraculis B. Virginis. S. Iero. etiam in prologo Bibl. licet Monachus esset, doctrinam sacræ Scripturæ promittit Paulino Monacho, scilicet quod eum docebit, quem etiam ad studium sacræ Scripturæ hortatur. De Augustino etiam legitur, quod postquam Monasterium instituit, in quo cæpit viuere secundum regulam sub sanctis Apostolis institutam, scribebat libros & docebat indoctos. Hoc etiam patet de aliis Ecclesiæ Doctoribus scilicet Gregorio, Basilio, Chrysostomo & aliis multis qui Religiosi fuerunt, & præcipui Ecclesiæ Doctores.* Quàm facile illi fuisset addere Alcuinum & Scotos primos studij Parisiensis Magistros, si Monachos fuisse credidisset?

Itaque ex his duobus alterum necessarium est, vt aut post mortem Vincentij inserta fuerint Arelatensi & Helinandi Chronico hæc verba de Scotis Monachis, aut pro falsis & supposititiis credita: quandoquidem Academici tam constanter negabant esse posse cum Monachis societatem, nec Dominicani Scotorum exemplum proferebant in illo dissidio, quod accidit circa an. 1250.

PRIMVM SECVLVM VNIVERSITATIS PARISIENSIS.

CHRONOLOGIAM inftituimus Vniuerfitatis Parifienfis, quam fperamus non iniucundam fore lectoribus ob rerum quas continet varietatem & multiplicem complurium virorum doctorum, qui ad eam vndique confluxerunt, eruditionem & celebritatem. Licet autem eius ætatem commodius fit ab anno octingentefimo computare, quia tum cœpit effe cumulatior & frequentior, altius tamen eius incunabula repetenda funt, & inftitutionis feu fundationis occafio retexenda. Imprimis igitur hoc notare conuenit, quod iam ante monuimus, Carolum M. ad reprimendam Defiderij Longobardorum Regis tyrannidem ab Adriano Pontifice Max. in Italiam aduocatum circa an. 774. Romæ, vbi omnia celeberrima loca luftrauit & fcholas liberalium Artium inuifit, videri concepiffe defiderium aliquod Academiæ quoque in Gallia inftituendæ. Nam primùm cum quibufdam aliis præceptoribus fecum adduxit in Franciam M. Petrum Pifanum iam aliunde famâ fibi notum, & quem Papiæ publicè docentem inuenit: a quo ipfe Grammaticam didicit. Deinde poft aliquot annos Romam reuerfus inuifendi Adriani causâ, cum quo neceffitudinem contraxerat arctiffimam, Cantores inde & Grammaticos plurimos adduxit, vt teftatur fcriptor S. Eparchij Engolifmenfis ad an. 787. *Et Domnus Rex Carolus iterum à Roma artis Grammaticæ & Computatoriæ Magiftros fecum adduxit in Franciam, & vbique ftudium litterarum expandere iuffit. Ante ipfum enim Domnum Regem Carolum in Gallia nullum ftudium fuerat Liberalium Artium.*

Tunc ergo formari cœpit Academia: poftrema enim ifta verba, quod ante Carolum in Gallia nullum fuerit Liberalium Artium exercitium, de publico ftudio, feu de Vniuerfitate intelligenda effe fcribit Claudius Falcetus in Carolo M. & rectè: nam ante ipfum fuas faltem habebant fcholas Monachi in Monafteriis, & Epifcopi in Epifcopiis, ad inftructionem iuuentutis in dogmatis fidei & in facrarum intelligentiâ fcripturarum. Carolus vero publicum & patens omnibus voluit effe Liberalium Artium ftudium.

Addit prædictus author. *Tunc in inuicem Domnus Apoftolicus & Domnus Rex gloriofus Carolus valedicentes benedictione affumptâ & oratione peractâ in Franciam cum gloria reuerfus eft, adducens fecum Cantores Romanorum & Grammaticos peritiffimos & Calculatores.* Confentit Enkecardus Iunior Monachus San-Gallenfis in lib. de Cafibus S. Galli c. 4. fic fcribens de Carolo M. *Carolus Imperator cognomine Magnus cum effet Romæ Ecclefias Cifalpinas videns Romanæ Ecclefiæ multimodis in Cantu, vt & Ioannes fcribit, diffonare; rogat Papam tunc fecundum quidem Adrianum, cum defuncti effent, quos antea Gregorius miferat, vt iterum mittat Romanos Cantuum gnaros in Franciam. Mittuntur fecundum Regis petitionem Petrus & Romanus, & Cantuum & feptem Liberalium Artium paginis admodum imbuti.*

R ij

Verum isti Cantores, vt hoc obiter moneam, licet à Carolo magnis fuissent muneribus locupletati & stipendiis, nihilominus perperam Gallos præ inuidia quadam cantare docebant: itavt Metis & apud Treuiros aliter quam Parisiis & Turonis cantaretur, vt ipse Carolus longo post tempore deprehendit. Nam cum vno anno festiuitatem celebrasset Metis & Treuiribus, *sequenti anno* inquit San-Gallensis, *easdem festiuitates Parisiis vel Turonis ageret, & nihil illius soni audiuisset, quem priori anno in supradictis locis expertus fuerat*; conquestus est apud Stephanum Papam Leonis successorem, & Cantores istos partim exilio, partim ergastulis damnauit.

Hinc intelligimus Carolum impensè curauisse, vt cantus Ecclesiasticus apprime disceretur. Itaque in singulis Episcopiis & Monasteriis voluit esse scholas eiusmodi, atque etiam Grammatices: vt legitur l. 1. Capitularij c. 72. vbi præcipit vt *Scholæ legentium puerorum fiant, Psalmos, Horas, Cantus Computum, Grammaticam per singula Monasteria vel Episcopia discant.* Habere & ipse voluit scholam eiusmodi in Palatio, vbi non tantum Cantus Romanus, sed & Musica quæ vna est ex septem Artibus liberalibus, doceretur, vt ante retulimus. Leidradus Archiepiscopus Lugdunensis similiter vnam Lugduni ad instar Palatinæ instituit, vt testatur in Ep. ad Carolum. *In Lugdunensi Ecclesia est ordo psallendi instauratus, vt iuxta vires nostras secundum Sacri Palatij ritum omni ex parte agi videatur quidquid ad Diuinum persoluendum Officium ordo exposcit. Nam habeo scholas Cantorum, ex quibus plerique ita sunt eruditi, vt alios etiam erudire possint.*. Sed hæc de scholis cantus sufficiant.

Cum sic ergo Carolus erga litteras affectus esset, commodè & opportunè factum est, vt quidam Aduenæ scientiarum propolæ cum mercatoribus Anglis in Galliam aduenerint, & Principi in condenda Academia Adiutores se præbuerint: quo vero anno illi venerint, non est facile dictu; veruntamen quia omnes scriptores Mercatorum Anglorum mentionem faciunt, cum quibus Doctores illi aduenisse dicuntur, tempus notare non est difficile. Quo enim tempore Carolus Saxonas, Desiderium Longobardorum Regem & Italos debellabat: eodem Offa II. Merciorum Rex Angliam totam expulsis quinque Regulis sibi subiecit, vir magni quoque animi, Ecclesiasticæ pariter disciplinæ reparator & litterarum studiosus. Vnde ex morum similitudine inter vtrumque Regem magna intercessit necessitudo, & tanta, vt postquam Carolus Desiderium debellauit, Saxonumque Duces ad fidem conuertit, ea de re Offam per legatos & litteras certiorem fecerit, vt testatur Mathæus Parisiensis in vita Offæ.

Contigit tamen inter Anglicani belli moras, vt Reguli quos Offa hostiliter vrgebat, ad Carolum confugerent opemque peterent: sed quia ille bellis suis detinebatur, scripsit ad Offam tantummodo, postulans mitius vt cum vicinis ageret, interminatus nihilominus se si ab illis persequendis non desisteret, in eum arma conuersurum. Verum nec minæ istæ Offam ab inceptis deterruerunt: & Carolus omni cum mercatoribus Anglis commeatu & negotiatione Gallis interdixit. At postquam victoriâ opimâ potitus Offa successus pariter incredibiles intellexit Caroli, veritus ne sibi iratum fecisset & cupiens deinceps pacatius tranquilliusque viuere & regnare, Legatos de pace & amicitiæ ad Carolum misit, inter quos Alcuinus noster fuisse perhibetur.

Extat apud Mathæum Parisiensem in vita Offæ II. Epistola Regis ad Carolum quâ crimen expulsorum Regum à se amouens fœdus & pacem postulat. Est autem eiusmodi.

Litteræ Offæ ad Carolum M.

Regi Francorum maximo, inuictissimo, Triumphatori Carolo Rex Merciorum Offanus salutem & honorem. Cum omnium Regum terrenorum potentissimus & iustissimus fama testificante prædiceris, indignum est & prorsus execrabile aliquibus proditoribus vel profugis à debito seruitio colla excutere volentibus sinum aperire protectionis. Tu vero hostium meorum sermocinationibus nimis credulus & super hoc ignarus veritatis pro ipsis mihi scripsit tua Serenitas, vt eisdem parcerem mihi superbè & insolenter resistentibus. Cum igitur iniustum sit, vt alicui sua fraus suffragetur, noueris eorum falsis persuasionibus tuam mansuetudinem circumueniri & decipi fraudulenter. Oro igitur & sitienter desidero sinceritatem amicitiæ & fœderis soliditatem inter nos re-

formare, vt communis vtilitas & Respublica felix suscipiat incrementum: Ipsos enim Reges cum suis fere omnibus complicibus potenter contriui mihi rebellantes, eos iterum respirare non permissurus. Hæc omnia Domino nostro Iesu-Christo sic volente & disponente qui vincit, regnat & imperat, Regna & Imperia commutat, & cui vult tribuit sapienter, cui etiam contraire te velle nullatenus arbitramur. Vale.

Plura Legati habebant exponenda, per quos, vt in vita Offæ legitur, munera concupiscibilia transmisit. Supplicans vt conceptam iram & indignationem deponeret, Motus est Carolus & precibus & muneribus: maximè vero quia Offam intellexit esse Christianissimum, & iura libertatesque Ecclesiæ, quas Reguli illi subuertebant, sustinere. Itaque cum eo fœdus iniit, & deinceps ad mortem vsque seruasse videtur. Legimus tamen in Chronico Fontanellensi Carolum Offæ subiratum fuisse, propter denegatam Carolo Iuniori filiam quam petebat in vxorem: atque idcirco omnem voluisse edicto commeatum prohibere: at à Geruoldo Comite, Fontanellensi Abbate dissuasum tandem non prohibuisse. Hac de re sic habetur cap. 15. *Nouissimè propter filiam eiusdem Regis quam in coniugium expostulabat Carolus innior, sed illo hoc non acquiescente, nisi Bertha filia Caroli M. eius filio nuptus traderetur, aliquantulum Rex potentissimus commotus præcepit, vt nemo de Britannia insula ac Gente Anglorum mercimonij causa litus Oceani maris attingeret in Gallia: sed hoc ne fieret, admonitione ac supplicatione venerandi prædicti patris Geruoldi inhibitum est.*

Verum vt vt sit de fœdere isto Connubiali, de quo nihil legitur in vita Offæ, certum est inter eos intercessisse magnum litterarum commercium, munerumque communicationem, peregrinorum susceptionem & amicitiam valde sinceram. Extat apud Malmesburiensem Epistola Caroli ad Offam in hæc verba. *Carolus D.G. Rex Francorum & Longobardorum & Patricius Romanorum, Viro reuerendo & Fratri Charißimo Offæ Regi Merciorum salutem. Primo gratias agimus omnipotenti Deo de Catholicæ fidei sinceritate, quam in vestris laudabiliter paginis reperimus exaratam. De peregrinis verò qui pro amore Dei & salute animarum suarum BB. Apostolorum limina desiderant adire, cum pace sine omni perturbatione vadant. Sed si aliqui non Religioni seruientes, sed lucra sectantes inueniantur inter eos, locis opportunis statuta soluant. Negotiatores quoque volumus vt ex mandato nostro Patrocinium habeant in Regno nostro legitimè. Et si in aliquo loco ininsta affligantur oppressione, reclament se ad ad nos & nostros indices, & plenam iubebimus inde iustitiam fieri. Cognoscat quoque Dilectio vestra, quod aliquam benignitatem de Dalmaticis nostris vel palliis ad singulas sedes Episcopales Regni vestri vel Etheldredi direximus in Eleemosynam Domni Apostolici Adriani, deprecantes vt pro eo intercedi iubeatis: nullam habentes dubitationem beatam illius animam in requie esse: sed vt fidem & dilectionem in amicum nobis charißimum præstemus: sed & de Thesauro humanarum rerum, quas D. Iesus gratuita pietate concessit, aliquid per Metropolitanas ciuitates direximus. Vestræ quoque Dilectioni vnum Baltheum & vnum gladium Hunniscum & duo Pallia serica duximus destinanda.*

Ex iis igitur quæ retulimus, manifeste intelligitur inter Carolum ac Offam diuturnam intercessisse necessitudinem ab anno circiter 780. Ac proinde non esse mirum, si docti quidam Angli & Scoti cum Mercatoribus in Galliam aduenerint: præsertim cum intercedente tam sincero inter Reges commercio facile potuissent accipere Carolum impensè viros amare litteratos. Iis igitur & aliis quos ex Italia & aliunde passim euocarat, Adiutoribus Academiam suam Parisiensem iam dudum incohatam formare & perficere cœpit circa an. 790. vt communis fert opinio Scriptorum: atque in eam rem litteras dedit ad Vniuersos subditos, vt siqui vellent liberos suos in litteris humanioribus Institui, eos ad publicam Artium officinam, quam se reparare dicebat, mitterent, quos quidem ad pernoscenda liberalium artium studia proprio etiam ipse inuitare voluit exemplo, vt habetur in eius Diplomate, quod supra retulimus, vbi de Parisiensis Vniuersitatis institutione fusè egimus.

Et quia toto vitæ suæ tempore nihil duxit antiquius, vt ait Eginhartus, quam vt vrbs Roma suo labore suaque operâ veteri polleret authoritate, & Christiana Religio latè spargeretur & floreret, Athenæum suam vt esse voluit publicam Emportium Liberalium simul & sacrarum scripturarum, sic Ecclesiæ & fidei tutissimum propugnaculum firmissimamque columnam efficere destinauit, adeo vt vel vna etiam nascens suffecerit tuendæ fidei & peruersis dogmatibus confutandis hæresibusque extirpandis: quod vt omnibus euidenter pateat, mihi propositum est ortas singulis seculis hæreses & ab Academicis nostris confutatas loco & tempore opportunis referre.

Igitur vt ab initio Scholæ nostræ exordiamur, regnante Carolo in Hispania Felix quidam Vrgelitanus Episcopus contra communem Catholicam & veram de Christi diuinitate fidem insurrexit. Quod vt ad aures Caroli peruenit, vt erat Catholicæ veritatis propugnator acerrimus, nec minus litterarum ornamentis, quàm armorum gloriâ conspicuus, existimauit sibi hydram illam nascentem esse debellandam & præfocandam. Eamque in rem Alcuinum Academiæ suæ moderatorem sibi adiunxit, quem iussit primum experiri per litteras, num ad sanius consilium posset Felicem reuocare. Paruit Alcuinus: at Felix non Epistolam, sed librum sermonum serie prolixum ad Alcuinum direxit, quo peruersa sua dogmata conabatur adstruere. Inter cætera autem negabat Christum de sacra Virgine natum proprium esse Dei filium, nec consentiebat verum esse Deum, sed nouo & inaudito sanctæ Dei Ecclesiæ nomine, inquit Alcuinus l. 1. contra Felicem, *Nuncupatiuum Deum* appellabat: sicque Christum in duos Dei filios diuidens, vnum vocabat proprium, alterum adoptimum nuncupabat, & in duos pariter Deos, vnum verum, alterum nuncupatiuum: atque ad confirmationem erroris sui multa proferebat prauo sensu collecta Doctorum noui & veteris Testamenti dogmata & pronunciata: eamque Hispanorum Doctorum de Christo opinionem esse contendebat. Sed tamen præter vnum Elipantum Episcopum Toletanum neminem legimus huic errori subscripsisse.

His auditis Carolus rectè iudicauit non posse monstrum hoc aliter colliddi, quàm Ecclesiæ authoritate: itaque Synodum Episcoporum, Abbatum, Legatorum Apostolicorum aliorumque Ecclesiæ Doctorum conuocauit, in qua post longam Alcuini cum Felice disputationem damnata est Hæresis prædicta, coactusque Felix errorem abiurare. Non consentiunt authores de anno deque loco Synodi per Carolum conuocatæ; at scire necesse est non vnam sed tres eam ob rem synodos fuisse conuocatas. Primam quidem Aquisgrani: seu vt Eginhartus scribit Rhegini an. 792. Secundam Ratisbonæ, vel vt aliqui volunt, Romæ eodem anno. Tertiam Francofurti an. 794. de prima sic loquitur Sigulfus Alcuini Discipulus.

Interea Hæresis inimica Deo, partibus quæ pullulabat Hispaniæ, asserens adoptiuum filium Dei esse secundum carnem, ad aures perducitur Caroli: quod vt experimento nouit Rex Magnus & per omnia Catholicus totis nisibus decertauit, vt destrueretur semen Diaboli, Zizaniæque de frumento Dei funditus eradicarentur. Aduocans namque Alcuinum institutorem suum Turonis, & miserum Felicem hæresis huius adstructorem de Hispaniæ partibus, congregauit Synodum magnam Episcoporum in Aquisgrani Imperiali Palatio, in quorum ipse sedens medio Felicem licet valde repugnantem de natura filij Dei secundum carnem cum Albino doctissimo disputando rationabiliter confligere iussit. Tum quantum Episcoporum extitit tunc silentium! O quam clara & inexpugnabilis Caroli cum authoritate Magistri sui fidei confissio, atque defensio! Per plura autem Felix fugiens latibula pluriobus ab Albino confossus est spiculis in tantum, vt omnes pæne ciuitates Israel consummaret, quo vsque filius hominis veniret. Nam à 2. vsque ad 7. sabbati parum aliud gestum est. Omnibus denique eius patefacta socordia atque ab Vniuersis Apostolica authoritate hæresi confutata soli sibi latuit deformiter, vsque dum dicta Cyrilli Martyris ab Albino sibi directa legit lamentabiliter, Ea natura quæ per Diabolum vitiata est, super Angelos exaltata est propter triumphum Christi atque ad dexteram Patris collocata. Hanc ergo legens sententiam tandem se recognouisse & impiè egisse voce & nimio fletu testatus est.

II. Sinodus aduersus eundem errorem congregata Ratisbonæ anno eodem 792. vt testantur Annales Metenses, & in eandem rem Romæ an. 793. quò Felicem Carolus per Angilbertum misit ad Papam Adrianum. Ibi Felix communem fidem confessus est, & conceptam hæresim factâ confessione damnauit. hac de re sic habet Poëta Saxonicus l. 3. de Gestis Caroli M.

Celsa Pyrenæi supra iuga consita Montis
Vrbs est Orgellis, præsul cui nomine Felix
Præfuit. Hic heresin molitus condere prauam,
Dogmata tradebat fidei contraria sanctæ,
Affirmans Christus Dominus quia corpore sumpto
Est homo dignatus fieri, non proprius ex hoc
Sed quod adoptiuus sit filius Omnipotentis.
Responsumque Toletano dedit hoc Elipanto
Pontifici, de re tanta consultus ab ipso.
Atque suum scriptis defendere dogma libellis
Omni quo potuit studio certauit & arte.
Hinc ad Catholici deductus Principis aulam
(Idem Rhegino nam tunc hiemauit ia vrbe)
Et multis ibi præsulibus Synodoque frequenti
Est auditus, & errorem docuisse nefandum
Conuictus. posthæc Adriano mittitur almo,
Sedis Apostolicæ fuit hoc qui tempore præsul,
Quo præsente Petri correctus in æde beati
Pontificum coram sancto celebrique senatu
Damnauit Felix prius infœliciter à se
Ortam perfidiæ sectam, meruitque reuerti
Ad propriæ rursus retinendum sedis honorem.

Roma reuersus Felix, nihiloque melior factus in errorem recidit. Itaque 794. Carolus an. 794. collectâ Francofurti Episcoporum & doctorum virorum magna frequentia, eum pro tertia vice condemnari curauit. Cui Synodo missi ab Adriano Papa interfuerunt Theophilactus & Stephanus Episcopi Legati.

In ea quoque Synodo reiecta est nona Græcorum, quam de adorandis imaginibus Constantinopoli habuerant: & in qua durius & audacius quàm decuisset statuerant, *vt qui imaginibus Sanctorum, ita vt deificæ Trinitati seruitium aut adorationem non impenderent, anathema iudicarentur.*

In eadem Synodo duo videmus Carolum postulasse ab Episcoporum confessu: vnum, vt secum in Palatio retinere liceret Angilramnum Archiepiscopum & Hildeboldum Coloniensem Episcopum propter vtilitates, inquiebat, Ecclesiasticas, idque suffragiis suis comprobarent: alterum, vt M. Alcuinum in suum consortium admitterent, *eo quod esset vir in Ecclesiasticis doctrinis eruditus*: & vtrumque obtinuit. Extant Capitula huiusce Synodi ad calcem operum Alcuini.

Porro Alcuinus Hæreticos prædictos non voce tantum & verbo, sed scriptis quoque confutauit; quippe varia sacræ scripturæ sanctorumque patrum testimonia collegit, & septem libros aduersus Felicem composuit; aduersus Flipantum Toletanum, quatuor, qui hodie etiamnum extant in Confessione fidei quam Felix tandem conuersus ad eos quos deceperat, direxit. At Elipantus in hæresi contumax obiisse videtur, vt patet ex ea Epistola quam 82. annos natus ad Felicem scripsit iam conuersum.

In confutanda autem hac hæresi non parum quoque laboris impendit Alcuini suasu & Caroli iussu Paulinus quondam Patriarcha Aquileiensis, quem occupata Italia Carolus secum in Franciam adduxerat: Theodulfus Episcopus Aurelianensis & Richbonus, quos Alcuinus vocat Doctores & Magistros Ep. 4. ad Carolum. Ecclesia Lugdunensis magnæ tunc temporis famæ propter ingentem eruditionem, sed quia in diuersas interpretationes vanâ quadam ingenij & doctrinæ præsumptione abire videbatur, admonita est suauiter & fortiter ab Alcuino per Epistolam, ne altum saperet, sed tritam ab Ecclesia viam sequeretur. Sic ergo ille ad fratres Lugdunenses.

Religiosè in Christo conuersationis vestræ per Laidradum electum Pontificem laudabilem audiens sollicitudinem, magno esse me gaudio delibutum fateor. & paulo post

136 **Primum seculum**

Nouas vero Fratres Charissimi, Hispanici erroris sectas totâ vobis cauete intentione. SS. Patrum in fine sequimini vestigia, in Vniuersali Ecclesia sanctissima vos adiungite vna nimitate. Scriptum est, Terminos patrum tuorum ne transgrediaris. Et symbolo Catholicæ fidei noua nolite inserere, & in Ecclesiasticis Officiis inauditas priscis temporibus traditiones nolite diligere. Per Apostolica Doctrina publicam pergite stratam, nec per diuerticula cuiuslibet nouitatis in dextram vel in sinistram à via Regia declinate. De adoptione verò quam quidam iniuriosè Deo ingerere contendunt, ex authoritate Synodali habetis responsum. En igitur primum Academiæ Parisiensis beneficium erga Religionem Christianam, debellata hæresis.

795. *De Schola Anglorum in Academia Rom.*

Anno 795. Offa Rex Merciorum, de quo supra, Carolum nostrum, vt magnitudine animi & præclarè factorum gloria imitari conabatur, ita sanctitate, pietatis officiis & amore litterarum imitari contendens, Romam ad Adrianum Pontificem profectus impetrauit, vt Albanus Anglorum Protomartyr inter cœlites referretur: Monasterium in eiusdem Sancti honorem extructurum se promisit, eique priuilegium hoc obtinuit, ne vlli Prælato subiiceretur, nisi Romano Pontifici. Atque vt se beneficij memorem gratumque præstaret, quia videbat Adrianum Academiam Romanam diligere virosque doctos & pios ad Ecclesiæ regimina promouere, Scholam Anglorum instituit, seu vt aliqui scribunt iam ante institutam dotauit, dotationemque suam Denarium S. Petri appellauit, & Anglicè ROMSCOT: quem quidem denarium ad sustentationem Scholarium & peregrinorum Anglicanæ nationis à Regni sui familiis quotannis pendi voluit, & edicto sanciuit. Ea de re sic legitur in vita Offæ II. post titulum de Denario S. Petri.

His auditis Rex quid dignè tantæ benignitati compenset, secum studiosè pertractat. Tandem Diuina inspirante gratiâ consilium inuenit salubre, & in die crastina Scholam Anglorum, quæ tunc Romæ floruit, ingressus dedit ibi ex Regali munificentia ad sustentationem Gentis Regni sui illuc venientis singulos argenteos de familiis singulis omnibus in posterum diebus, singulis annis. Quibus videlicet sors tantum contulit extra Domos in pascuis, vt 30. argenteorum pretium excederet. Hoc autem per totam suam ditionem teneri in perpetuum constituit. Excepta tota terra S. Albani suo Monasterio conferenda, prout postea collata priuilegia protestantur: Vt illo Denario à Generali contributione sic excepto & dicto Monasterio sic collato, memoria donatoris indelebiliter perpetuetur. Et hoc tali largitate obtinuit, & conditione, vt de Regno Anglia nullus publicè pœnitens pro executione sibi iniunctæ pœnitentiæ subiret exilium.

Reuersus in patriam Offa, & Cœnobio S. Albani extructo ex 23. Prouinciis, quas Angli Shiras appellant, Denarium prædictum percipi imperauit: qui Denarius ideo dictus S. Petri, quia die S. Petri ad vincula sanctum Albanum Offa inuenerat, & ea die annuum illum reditum in sustentationem Scholarium edicto instituit. Sic enim legitur ibidem. *Idcirco B. Petri Denarius appellatur, quia sæpe dictus Rex Offa die S. Petri qui dicitur ad vincula, ipsum martyrem ipso die meruit cœlitus inuenire, & ipsum annuum reditum ipso die Romanæ Ecclesiæ pro redemptione animæ suæ contulit ad sustentationem videlicet scholæ memoratæ, propter Anglorum rudium & illuc peregrinantium eruditionem.*

Idem author qui hæc scribit, ait paulo post, Denarium istum vocari Anglicè ROMSCOT, quasi tributum Romanum: à quo pensitando Ecclesiam San-Albanensem immunem esse voluit Offanus. Et in Glossario vocum Semibarbararum ad verbum ROMSCOT. *Denarius erat ex iussu Regis Offæ à singulis Regni sui domibus exactus, & Romam in sustentationem scholæ Anglorum ibi fundatæ annuatim missus: vnde Romscot dicebatur. Scot enim Saxonibus nostratibus erat impositio, vectigal, Symbolum. Vnde nostrum scot & shot pro symbolo. Escot Gallicum est.*

Hæc schola processu tandem temporis in Zenodochium mutata est, vt docet Mathæus Parisiensis in vita Willegodi primi Abbatis San-Albanensis. *Quæ schola,* inquit *propter peregrinorum confluxum ibidem solatia suscipientium versa est in Xenodochium, quod S. Spiritus dicitur: ad quod exhibendum Rex Offa ex regali magnificentia & pietatis affectu Denarium, qui dicitur S. Petri de maxima parte regni sui concessit.*

Eodem anno 26. Decemb. obiit Adrianus Papa, cuius mortem defleuit Carolus tolus acerbissimè : erant enim animis & moribus coniunctissimi, & vterque ad promouenda bonarum artium studia Religionemque Christianam amplificandam propensissimus. De hoc obitu sic Eginhartus. *Nunciato sibi Adriani Pontificis obitu quem amicum præcipuum habebat Carolus, sic fleuit ac si fratrem aut charissimum filium amisisset.* Quinimo hos ipse versus ei voluit esse Epitaphij loco.

> *Hic Pater Eclesiæ Romæ decus, inclytus auctor*
>   *Hadrianus requiem Papa beatus habet.*
> *Vir, cui vita Deus, pietas lex, gloria Christus,*
>   *Pastor Apostolicus, promptus ad omne bonum.*
> *Nobilis ex magnâ genitus iam gente parentum,*
>   *Sed sacris longè nobilior meritis.*
> *Exornare studens deuoto pectore pastor*
>   *Semper vbique suo Templa sacrata Deo.*
> *Ecclesias donis, populos & dogmate sancto*
>   *Imbuit, & cunctis pandit ad astra viam.*
> *Pauperibus largus, nulli pietate secundus,*
>   *Et pro plebe sacris peruigil in precibus.*
> *Doctrinis, opibus, muris erexerat arces*
>   *Vrbs caput, Orbis honos, inclyta Roma, tuas.*
> *Mors cui nil nocuit, Christi quæ morte perempta est:*
>   *Ianua sed vita quæ melioris erat.*
> *Post Patrem Karolus lachrymis hæc carmina scripsi.*
>   *Tu mihi dulcis amor, Te modò, plango Pater.*
> *Tu memor esto mei, sequitur Te mens mea semper.*
>   *Cum Christo teneas Regna beata Poli.*
> *Te Clerus, Populus magno dilexit amore*
>   *Omnibus vnus amor, Optime Præsul eras.*
> *Nomina iungo simul titulis, Clarissime, nostra*
>   *Hadrianus Karolus, Rex Ego, Tuque Pater.*

Anno 796. Adriano successit Leo III. qui statim Legatos misit de promotione sua ad Carolum cum muneribus, nempe Claues Confessionis S. Petri & Vexillum vrbis Romæ. Suos vicissim Carolus ad Leonem item cum muneribus. Cuius legationis princeps fuit Angilbertus, vir generis nobilitate illustris animique industria ac probitate conspicuus, à puero cum Carolo enutritus : Apocrisiarius & Archicapellanus sacri Palatij Carolo dilectissimus, omnibus ferè ad Pontifices legationibus functus. Alcuino quoque charissimus, quippe quem Filium suum appellabat & Homerum sæpe vt Ep. 92. & 93. quo eum quoque nomine Carolus ipse compellat. Ad quem extat hæc eius ad eum Epistola de legatione quam ad Leonem obibat.

CAROLVS Gratia Dei Rex & defensor Sanctæ Ecclesiæ Homero Auricolario salutem. Diuina regente misericordia iter tuum & prosperè te adducente ad Domnum Apostolicum Patrem nostrum ammoneas eum diligenter de omni honestate vitæ suæ, & præcipue de Sanctorum obseruatione Canonum. De pia sanctæ Dei Ecclesiæ gubernatione secundum opportunitatem consolationis inter vos, & animi illius conuenientiam. Ingerasque ei sæpius quàm paucorum honor ille quem præsentialiter habet, annorum, quàm multorum est perpetualiter merces, quæ datur bene laboranti in eo. Et de Simoniaca subuertenda hæresi diligentissimè suadeas illi, quæ sanctum Ecclesiæ corpus multis male maculat in locis, & quidquid mente teneas sæpius querelis agitasse inter nos. Sed qualis mihi esset conlatio cum B. Adriano Papa prædecessore illius, de construendo Monasterio ad B. Paulum nullatenus dimittas suggerere illi, vt volente Deo reuertens certum mihi responsum habeas referre. Dominus Deus ducat te & deducat cum omni prosperitate. Dominus Deus regat & dirigat in omni bonitate cor illius, vt faciens faciat, quod sanctæ suæ proficiat Ecclesiæ. Vt sit nobis pius pater, & pro nobis præcipuus intercessor, vt idem Deus & Dominus noster I. C. nos in sua florere faciat voluntate, & cursum qui superest nobis vitæ nostræ ad perpetuæ stabilitatis quietem perducere dignetur. Vade cum prosperitate, proficiens in veritate, reuersurus cum gaudio Homeriane Puer.

Extant quoque eiusdem Caroli litteræ ad Leonem congratulatoriæ de promotione ad Pontificatum. Extant & Alcuini ad Angilbertum, quem vocat *dulcissimũ filium Homerum* de discessu & profectione ad Pontificẽ, quas absoluit hoc disticho.

Prospera cuncta precor faciat tibi Christus, Homere,
Qui te conseruet semper vbique. Vale.

Quamobrem autem Homeri nomen inditum fuerit Angilberto, non satis liquet. Peyratius in Antiquitatibus Capellæ Regiæ l. 1. existimat ob id impositum fuisse, quod in arte Poetica excelleret eique summopere addictus esset. Sed quare non Virgilius potius vocatus est? crediderim hoc nomen à schola habuisse, quod Homerica lectione delectaretur, & Græcam eloquentiam assecutus fuisset, ob idque alterum Homerũ dictum. Ille autem primum duxerat Bertham Caroli filiam, ex qua Nitardum genuit & Harnidum. Postea vero graui morbo affectus vouit se, si sibi sanitas restitueretur, Monasticam vitam amplexurum. Exsoluit votum & volentem Bertham Deo consecrauit loco congruenti intra cœnobium Centulense, & ipse ibi vestem Monachicam à Symphoriano Abbate suscepit, quo defuncto tam fratrum precatu, quam Regis iussu, vt legitur in Chronico Centulensi, Abbatiæ Centulensis, seu S. Richarij regimen suscepit, & statim destructo vetere Monasterio nouum commodius & amplius reædificauit. Alcuinus verò ab eo Centulam accersitus Vitam S. Richarij antiqua simplicitate negligentius digestam venusto sermone composuit, vt legitur in eodem Chronico l. 2. præmissa operis præfatione ad Carolum.

Geruoldus quoque Abbas Fontanellensis Principis sui studium erga litteras imitatus iisdem temporibus scholam in Cœnobio instituit, vt legitur in Chronico his verbis. *Quoniam omnes pœnè ignaros litterarum inuenit, ac de diuersis locis plurimum Christi gregem aggregauit, optimisque Cantilenæ sonis, quantum temporis ordo sinebat, edocuit. Erat enim præfatus Geruoldus quanquam aliarum litterarum non nimium gnarus, Cantilenæ tamen artis peritus vocisque suauitate ac excellentia non egenus.* Obiit ille an. 806. vt in eodem Chronico habetur.

799.
Anno 799. Carolus Leonem à Romanis excœcatum & elinguem benignissimè excipit: cuius honorificentissimam receptionem describit Alcuinus in Pœmate *De Carolo M. & Leonis Papæ ad eundem aduentu.* Extat & in hanc rem aliud Poëma à quodam Poëta illius temporis scriptum: quod primus ex Bibliotheca San-Gallensi vulgauit Canisius, quodque Alcuino adscribit propter multas rationes quas profert: sed profectò author ille quisquis est, fœcundiorem & politiorem Alcuino venam habet, vt patet ex hisce versibus, quibus fingit Carolo fuisse visum Leonem in somnio, eamque ob rem legatos Romam misisse, qui cum e manibus Impiorum eriperent.

Portentum Rex triste videt monstrumque nefandum
In somnis. Summum Romano adstare Leonem
Vrbis Pontificem, mæstosque effundere fletus,
Squallentes oculos, maculatum sanguine vultum,
Truncatam linguam, horrendaque multa gementem
Vulnera.

His subiungit quomodo Legati Principis Leonem adierint, miraculumque restitutæ linguæ & visus describit, aduentum eius ad Carolum & ab eodem recessum. Cuius etiam rei meminit Poëta Saxonicus.

Venit Apostolicus terrarum pœnè supremas
Iam penetrans oras. Illi via tanta peracta
Visa breuis fuerat, quia compensauerat omnes
Intuitu Caroli quos pertulit ante labores.
A quo cunctorum solamina digna malorum
Danda sibi merito spe certâ credidit olim,......
Cumque dies aliquot lætos ibi duceret, idem
Insinuans Præsul sua quæque negotia Regi,
Illius facilem cognouit ad omnia mentem
Concedenda piè voluit quæcunque precari.
Inde reducendum dignè Primoribus illum
Francorum commendauit, qui iussa replentes
Ingressi pariter Romam sua restituerunt
Omnia Pontifici rursum.

Vniuerfitatis Parifienfis.

Anno 800. profectus eft Romam Carolus ad fedandum tumultum inter Papam & ciues Ro. ortum, quod confilium cum mente concepit, voluit in re difficili & ardua comitem & adiutorem habere Magiftrum fuum Alcuinum, tum adhuc in extrema fenectute docentem in fcholis S. Martini Turonenfis. At ille fenium corpufque variis laboribus fatigatum & fractum excufat Epiftola 12. feqüente vero, nempe 13. fic eum alloquitur. *Sed & de hoc quod mihi improperare voluifti, me fumo fordentia Turonorum tecta auratis Romanorum arcibus praponere, fcio veftram legiffe, prudentiam* Salomonicum illud Elogium, Melius, inquit, federe in Angulo domatis, quam cum muliere litigiofa, in domo communi. *Et vt cum pace dicam, magis ferrum nocet oculis quam fumus: Turonis enim fumofis tectis contenta Deo donante per veftra bonitatis prouidentiam in pace permanet. Roma vero qua fraterna difcordia initiata eft, infitum diffenfionis venenum huc vfque tenere non ceffat, veftraque venerandæ dignitatis potentiam ad huius peftis compefcendam perniciem è dulcibus Germaniæ fedibus feftinare compellit.*

Antequam autem Carolus Romam proficifceretur, celebrato apud S. Richarium Centulenfem cum Abbate Angilberto Pafchate, luftratis oris maritimis Rothomagum venit: inde Turonas ad S. Martinum orationis gratia profectus, vbi Magiftrum fuum Alcuinum inuifit, eiufque fuaui confortio per aliquot dies vfus fuit, donec Luitgardam coniugem ibi defunctam humauit. Qui perfolutis Iuftis Aureliam, deinde Lutetiam venit, vbi aliquandiu demoratus eft, vt filias quæ in Palatio Parifienfi habitabant, Academicos fuos & Ciues amabili fua præfentia exhilararet: tum Aquifgranum rediit, & menfe Augufto Moguntiam profectus, conuentuque celebrato Romam tetendit, quò cum eo profectus eft Aaron Epifcopus Antiffiodorenfis vir illis temporibus fpectatiffimæ virtutis & doctrinæ, & Ieffe è fcholis Palatinis ad Epifcopatum Ambianenfem eductus, vir quoque eloquentiffimus & facundiffimus, de quo alibi recurret dicendi occafio.

Pridie vero quam adueniret Romam Carolus, Leo Papa apud Nomentum ei occurrit. Poftero die idem Pontifex *in gradibus Bafilicæ S. Petri Apoftoli*, inquit Eginhartus, *cum Epifcopis & Vniuerfo Clero confiftens aduenientem Regem eoque defcendentem Deo laudes dicendo & gratias agendo fufcepit.* Hæc breuiter Eginhartus: at Anaftafius Bibliothecarius in vita Leonis III. inter cæteros, quos huic pompæ receptiuæ affuiffe dicit, commemorat 4. fcholas peregrinorum, feu vt omnino probabile eft 4. nationes Scholafticorum, qui in Academia Romana litteris operam dabant. Sic enim ille. *Tunc Romani præ nimio gaudio fuum recipientes paftorem omnes generaliter in vigilia B. Andreæ Apoftoli tam proceres Clericorum cum omnibus Clericis, quamque Optimates & Senatus, cunctaque militia & vniuerfus populus Romanus cum fanctimonialibus & Diaconiffis & nobiliffimis matronis feu vniuerfis fœminis. Simul etiam & cunctæ fcholæ Peregrinorum, videlicet Francorum, Frifonum, Saxonum atque Longobardorum, fimul omnes connexi ad Pontem Miluium cum fignis & bandis & canticis fpiritalibus fufceperunt, & in Ecclefiam B. Petri Apoftoli eum deduxerunt, vbi & Miffarum folemnia celebrauit.*

Ex hoc loco intelligimus fine dubio Academiam Romanam fuiffe primitus diuifam in Nationes feu in fcholas diuerfarum Nationum: atque inde Carolum M. exemplum accepiffe diuidendi pariter fuam in Nationes: vt fuo loco fufius exponetur. Nam quod hic fcholarum nomine intelligendæ fint fcholafticorum nationes, patet ex alio loco eiufdem Authoris in vita Adriani I. vbi de alio aduentu Caroli & receptione verba faciens *direxit* inquit, *Adrianus vniuerfas fcholas militiæ vna cum Patronis fimulque & pueris qui ad difcendas litteras pergebant, deportantes omnes ramos palmarum atque oliuarum laudefque omnes canentes cum acclamationum earundem laudum vocibus ipfum Francorum fufceperunt Regem.* Militiæ inquit, certè non Caftrenfis, fed Palladiæ & Mufarum: quis enim dixerit his verbis fignificari Caftrenfem feu fcholas militum Caftrenfium? quorum eft arma geftare, non ramos palmarum, ludos militares agere; non laudes canere & acclamare cum melodia. Nec enim infolens eft Iureconfultis in re litteraria nomen militiæ, vt notat Wolfangus Lazius, l. 4. Commentar. Reipubl. Rom. c. 1. *Ad hæc*, inquit, *commemoratur Iurifconful-*

Primum seculum

tiæ & militia litteraria, quam modò ludum & Scholam dicimus. Meminit Seruius Sulpicius ff. de Orig. Iur.

Scio quidem Scholæ quoque nomen conuenire & commune esse Militiæ Castrensi & litterarum exercitio; item quibusuis Officiis & Corporibus. Vnde Scholares milites Vegetio dicuntur tirones, qui in campo seu in castris, veluti in ludo litterario scholastici exercentur. Hinc dicta Schola Martia Tironum, qualem adhuc Turcarum Tyrannus habet: optimum ac robustissimum quemque ex captiuis curans ad militiæ difficultatem exerceri, inquit Lazius. Schola quoque multiplex erat Scutariorum, Sagittariorum, Speculatorum, Agentium in rebus, Domesticorum, Notariorum &c. Erat quoque Schola Palatina variorum Officiariorum, qui scilicet munere & officio aliquo quod ad Principis & Aulæ ministerium pertineret, fungebantur, vt tradunt Iureconsulti. Verum si rectè perpendatur locus præallatus Anastasij, & alij, vbi mentionem facit Scholarium occurrentium Principi Francorum, sine dubio non possunt intelligi nisi de Scholis Palladiis seu litterariis, cantica vt vocant spiritualia concinentibus: qui mos non solet esse militum. Hæc de Scholis Romanis.

Porro quia Leo ab aduersariis Paschale & Campulo accusatus fuerat, Carolus conuocato Episcoporum aliorumque Procerum Ecclesiasticorum Concilio iussit crimina illa examinari. At illi vnanimi voce ita responderunt, vt Anastasius refert, Nos sedem Apostolicam quæ est caput omnium Dei Ecclesiarum iudicare non audemus. Nam ab ipsa nos omnes & Vicario suo iudicamur: ipsa autem à nemine iudicatur. Quemadmodum & antiquitus mos fuit, sed sicut ipse summus Pontifex censuerit, Canonicè obediemus. Tum Pontifex. Prædecessorum meorum Pontificum vestigia sequor, & de talibus falsis criminationibus, quæ super me nequiter exarserunt, me purificare paratus sum. Alia die in eodem conuentu idem Pontifex accepto Euangeliorum libro in ambonem ascendens sub iureiurando hæc dixit. *Quia de istis falsis criminibus quæ super me imposuerunt Romani, qui iniquè me persecuti sunt, scientiam non habeo, nec talia egisse me cognosco.*

Eodem anno ipsa die Natalis Domini idem Pontifex adstantibus omnibus proceribus tam Ecclesiasticis quàm Laïcis in æde B. Petri reluctantem & renitentem Carolum diademate Imperatorio insigniuit. Eginhartus hoc factum fuisse scribit an. 801. his verbis. *Anno à Christo nato 801. cum ipse Rex Carolus in die sacratissima Natalis Domini ad Missarum solemnia celebranda Basilicam B. Petri Apostoli fuisset ingressus, & coram altari, vbi ad orationem se inclinauerat, adsisteret, Leo Papa capiti eius coronam imposuit cuncto Romanorum Populo acclamante Carolo Augusto à Deo coronato Magno & Pacifico Imperatori vita & Victoria. Post quas laudes ab eodem Pontifice, more antiquorum principum adoratus est.* Hæc ille. Illico vt alij addunt, cum oleo inunxit, & filium eius in Regem coronauit. Rem sic describit Poëta Saxonicus Arnulpho Imperatori æqualis, qui Eginharti historiam versibus complexus est.

Festa dies cælis, eadem celeberrima terris
Virginei partus Christique refulserat ortus,
Post octingentos ex quo processerat annos
Tectus seruilis Dominus velamine forma.
Et iam Natalis tanti compleuerat omnem
Lætitiam Roma Caroli præsentia Regis.
Hic cum Missarum sacro solemnia ritu
Incipienda forent, magnam processit in Aulam,
Quæ corpus mundo venerandum continet omni
Petri, cui claues Christus dedit ipse Polorum.
Eius & ante sacros artus cum mente fideli
Effusis precibus se se Rex inde leuaret,
Ipsius imposuit capiti Leo Papa coronam.
Conclamat pariter populus, sacra personat ædes
Ingenti iubilo. Vox fertur ad æthera plebis
Romanæ, sic concordi simul ore canentis.
Augusto Carolo Magno Pacemque ferenti

Imperij meritò Romani sceptra tenenti
Gloria, prosperitas, Regnum, pax, vita, triumphus.
*Post laudes igitur dictas, & summus eundem
Præsul adorauit, sicut mos debitus olim
Principibus fuit antiquis, ac nomine dempto
Patricij, quo dictus erat prius, inde vocari
Augustus meruit pius, Imperij quoque Princeps.*

Ex eo tempore tantus fuit omnium Populorum erga Carolum amor, tantus quoque Barbaris de eo conceptus terror, vt remotissimæ Gentes Legatos ad eum miserint: Saxones verò deposito tandem belligerandi & rebellandi animo vltro se se illi submiserint, & fidem Catholicam amplexati fuerint. Hinc ergo Princeps ad studia Pacis animum deinde conuertit: Capitularia legum 23. condidit: ad omnes Regni Gallicani & Imperij partes Legatos mittit, qui ius petentibus redderent: per vniuersum quoque Orbem viros mittit peritos ad indagandum nomina, actus & obitus Sanctorum, quos in vnum volumen redigi iussit, idque præstitisse dicitur anno Imperij sui primo. Item Officium Ecclesiasticum in meliorem ordinem redegit. Ex fortuito locorum sacræ Scripturæ in apertione Missalis occursu diuinationem sustulit. Diem omnium Sanctorum Calendis Nouembribus festum esse voluit, prout institutum fuerat à Bonifacio Papa, vt scribit Alcuinus lib. de Diuinis Officiis. *Constitutum est,* inquit, *vt plebs Vniuersa per totum Orbem in Calendis Nouembribus, sicut in die Natalis Domini ad Ecclesiam in honorem omnium Sanctorum ad Missarum solemnia conuenire studeat, vt quidquid fragilitas humana per ignorantiam aut negligentiam in Solemnitatibus Sanctorum minus plenè peregisset, in hac sancta obseruatione solueretur.*

801.

Scribunt etiam nonnulli eum Gallicanam Missam sustulisse & Romanam introduxisse. Verum non ille, sed Pipinus pater morem Gallicanum primus mutauit, vt scribit Carolus Caluus Ep. ad Ecclesiam Rauennatem. *Vsque ad tempora,* inquit, *abaui nostri Pipini Gallicanæ Ecclesiæ aliter quam Romana vel Mediolanensis Ecclesia diuina celebrabant Officia: sicut vidimus & audiuimus ab eis qui ex partibus Toletanæ Ecclesiæ ad nos venientes secundum morem ipsius Ecclesiæ coram nobis sacra Missarum celebrarunt Officia more Hierosolymitano authore Iacobo Apostolo, & more Constantinopolitano authore Basilio: sed nos sequendam ducimus Romanam Ecclesiam in Missarum celebratione.* Ipsemet quoque Carolus M. Capitularij. c. 80. præcipit, *vt Monachi cantum Romanum pleniter & ordinabiliter per Nocturnale vel Gradale Officium peragant, secundum quod B. memoriæ Genitor noster Pipinus Rex decretauit vt fieret, quando Gallicanum Cantum tulit,* id. abstulit, *ob vnanimitatem Apostolicæ sedis & sanctæ Dei Ecclesiæ pacificam concordiam.* Hilduinus Abbas San-Dionysianus ait in Areopagiticis se vidisse vetustos Missales Missæ Gallicanæ ordinem continentes, sed carie exesos. Antiquissimi & nimiâ poene vetustate consumpti Missales libri continentes Missæ Ordinem more Gallico, qui ab initio receptæ fidei vsu in hac Occidentali plaga est habitus, vsquequo tenorem, quo nunc vtimur, Romanum susceperit.

Missa Gallicana.

Porro Gallicanæ Ecclesiæ Missa non idiomate differebat à Romana; vtraque enim **Latino vtebatur, sed ordine, ceremonijs, numero psalmorum,** qui dicebantur & cantabantur integri ad præparationem Missæ & in ipsa quoque Missa. Diuque Galli & Hispani morem retinuerunt omnino diuersum à Romanis, teste Bernone Abbate Augiensi in libello de quibusdam rebus ad Missæ officium pertinentibus. Rationem verò huiusce diuersitatis inquirit Augustinus ille dictus Anglorum Apostolus à Gregorio I. Pontifice apud Bedam l. 1. Histor. Angl. c. 27. sicque respondet Papa. *Nouit fraternitas tua Rom. Ecclesiæ consuetudinem in qua se meminit enutritam: sed mihi placet, vt siue in Romana, siue in Galliarum, siue in qualibet Ecclesia aliquid inuenisti, quod plus omnipotenti Deo possit placere, sollicitè eligas in Anglorum Ecclesia, quæ in fide noua est, institutione præcipua, quæ de multis Ecclesijs colligere potuisti, infundas: non enim pro locis res, sed pro bonis rebus loca nobis amanda sunt. Ex singulis ergo quibusque Ecclesijs, quæ pia, quæ religiosa, quæ recta sunt, elige, & quasi in fasciculum collecta apud Anglorum mentes in consuetudinem depone.*

Non fuit autem semper idem Ordo Missæ, vt notat Author Chronici Belgici Magni sic aiens. *Inceptio Missæ tres varietates habuit. Olim enim à Lectione inchoabatur, sicut adhuc in die Parasceues: postmodum Cælestinus Papa Psalmos integros ad introitum Missæ cum cantu ordinauit, & vnum versum de illo psalmo, qui prius totus cantabatur, retinuit. Item psalmi olim circum aram in modum coronæ à circunstantibus canebantur. Vnde & chorus est. Sed Flauianus & Theodorus, quod alternatim canerentur, instituerunt, ab Ignatio hoc habentes, qui super hoc fuerat diuinitus edoctus. Item Hieronymus psalmos, Epistolas, Euangelia, & ex magna parte Officia diurna & nocturna præter Cantum ordinauit. Gelasius & Gregorius orationes & Cantus adiunxerunt, Lectionibus & Euangelijs cooptauerunt Gradualia,* SANCTVS ET ALLELVYA *ad Missam cantari instituerunt. Hilarius addit* AD GLORIA IN EXCELSIS, LAVDAMVS TE, *& alia quæ sequuntur. Notgerus Abbas S. Galli sequentias pro Neumis ipsius Alleluya vltimò incæpti, prætermittitur. Et Nicolaus Papa ipsas sequentias ad Missas cantari instituit.*

Scriptorum Officium.

Neque hoc omittendum, Missalia & libros Euangeliorum multis olim ornamentis auri, gemmarum, minij exornari solita cum vncialibus & digitalibus litteris. Extant adhuc apud Bibliothecam San-GermanoPratensem Euangelia SS. Marci & Matthæi aureis litteris exarata in purpurea membrana, quæ à Childeberto Rege ex Hispania allata fuisse dicuntur. Lupus Ferrariensis petit ab Eginharto Ep. 1. vt ad se mensuram eiusmodi litterarum vncialium cum picturis & ornamentis mitti curet, in quibus exarandis Bertcaudus quidam Scriptor tum excellebat. *Scriptor Regius Bertcaudus* inquit, *dicitur aliquarum litterarum duntaxat earum, quæ Maximæ sunt & Vnciales à quibusdam vocari existimantur, habere mensuram descriptam: itaque si pænes vos est, mittite mihi eam per hunc quæso, pictorem cum redierit, scedula tamen diligentissime sigillo munita.*

Ex hoc loco intelligimus Reges olim habuisse in Palatinis scholis Scriptores eiusmodi, qui veterum libros ad necessitatem docentium & discentium transcriberent. Idque clarius in Gestis Caroli Magni notat San-Gallensis, Imperatorem scilicet assumpsisse vnum è pauperibus Scholasticis, quos Clementi Academiæ Palatinæ Principi Magistro erudiendos commiserat, in Scriptorem & Dictatorem. *De pauperibus* inquit *supra dictis quendam optimum Dictatorem & Scriptorem assumpsit in Capellam suam.*

Extant inter Poemata Alcuini versus de Scriptoribus sacrorum librorum, & de loco vbi sedere debebant.

Hic sedeant sacræ scribentes famina legis,
  Nec non sanctorum dicta sacrata patrum.
His interserere caueant sua friuola verbis,
  Friuola nec propter erret & ipsa manus.
Correctosque sibi quærant studiose libellos,
  Tramite quo recto penna volantis eat.
Per loca distinguant proprios & commata sensus,
  Et punctos ponant ordine quisque suo.
Ne vel falsa legat, taceat vel forte repente
  Ante pios Fratres Lector in Ecclesia.
Est opus egregium sacros iam scribere libros,
  Nec mercede sua scriptor & ipse caret.
Fodere quam vites melius est scribere libros.
  Ille suo ventri seruiet, iste animæ.
Vel noua vel vetera poterit proferre Magister
  Plurima, quisque legit dicta sacra Patrum

Et hinc forte Vniuersitas Parisiensis Scriptores & Scriptorum officium retinuit: item Librariorum & Miniatorum, seu vt vulgo dicimus Illuminatorum: quorum operâ à primis fundationis suæ temporibus vsa est, & inter Officiarios eos habet etiamnum hodie: quanquam post inuentam artem Typographicam minus vtiles esse cœperunt.

804.

Ad annum 804. referunt Historici ingentem omnium Septentrionalium populorum aduersus Carolum coniurationem, propterea quod eum Imperatorem Occidentis creatum & confirmatum credebant veterum Imperatorum Romanorum ambitioni & felicitati successurum. Verum victis ab eo Saxo-

Vniuersitatis Parisiensis.

nibus, partimque vi, partim salubribus monitis ad fidem conuersis, scholis ad eos instituendos Osnaburgi erectis, iudicibus in tota Saxonia constitutis, qui rebelles & in fide vacillantes pœnis afficerent, omnis ista tandem coniuratio dissipata est.

Eodem anno 14. Kal. Iunij obiit Alcuinus Turonis in Abbatia S. Martini ibique sepultus est cum ingenti omnium bonorum luctu à Sigulfo vetere & Eangisto Discipulis, qui ambo ipsius meritis intolerabili capitis & dentium dolore leuati sunt, vt legitur in eius vita per Anonymum scriptorem Remensem conscripta, his verbis. *Pater Sigulfus corpus Patris cum quibusdam aqua honorificè lauans posuit super feretrum. Habebat nempe & ipse tunc magnum dolorem capitis, sed fide animo sanus citam reperit sanitatem capitis. Oculos namque super Magistri lectulum eleuans cernit pecten quo ipse suum solebat pectinare caput. Istum ergo manibus sumens, ait, credo Domine Iesu quia si isto Magistri* mei pectine meum pectinauero caput, meritis illius statim sanabitur. *vbi igitur prima vice pecten duxit per caput quantum de eo tetigit, totum sanum habuit, sicque totum pectinando gyrans omnem dolorem amisit. Alter Discipulorum eius Eangist nomine Dentium immenso grauiter afflictus dolore, hortatu* Patris Sigulfi eodem pectine dentes tetigit: & continuo *quoniam cum fide fecit, sanitatem meritis Alcuini recepit.*

Anno 806. Idem Imperator etsi bellorum varietate distractus animum tamen intendebat Ecclesiæ rebus & litterarum amplificationi: itaque Pauli Diaconi Aquileiensis natione Longobardi, quem secum in Franciam adduxerat, opera vsus, lectiones ex scriptis SS. Patrum decerptas & vnicuique festiuitati conuenientes in Ecclesia legendas proposuit. Paulus iste suæ gentis historiam scripsit, qui postquam Lombardia Carolo se submisit, in Galliam raptus non parum contulit ad decus & ornamentum litterarum: eique debet Ecclesia hymnum Ioannis Baptistæ *Vt queant laxis,* & alios plurimos quos in Gallia composuit. Verum cum Regem suum Desiderium, cui fuerat à secretis, è custodia tantasset eripere, accusatus & conuictus indulgentia tamen Caroli capitis pœnas euasit, aiente principe ad eos qui plecti suadebant *Et quis historiam scribet quam incepit si morte afficiatur?* Et cum illi nihilominus amputari vellent dextram manum, subiunxit Carolus, *Cuius ergo manu vtemur, si amittat suam?* ne tamen omnino crimen esset impunitum, ablegauit eum in insulam quandam, vt legitur in Historia virorum illustrium Ordinis S. Benedicti, quem Ordinem Paulus sub extrema vitæ suæ tempora amplexus apud montem Cassinum, amorem Caroli sensit vt prius in se reuersum, adeo vt sæpe ab eo litteras propria manu scriptas reciperet. Extant inter Alcuini Poemata duo Caroli ad ipsum Carmina Elegiaca, quorum prius istud est.

Paruula Rex Carolus seniori Carmina Paulo
 Dilecto Fratri mittit honore pio.
Quæ rapuit calamus subito dictantis amore,
 Demandans castæ fer mea verba cito.
Ad faciem Pauli venerandam perge per vrbes,
 Per montes, siluas, flumina, lustra pete.
Casinum montem Benedicti nomine clarum
 Pastoris magni præcipuique Patris.
Illic quære meum mox per sacra culmina Paulum:
 Ille habitat medio sub grege credo Dei.
Inuentumque senem deuota voce saluta
 Et dic Rex Carolus mandat Aueto tibi.

Talis erat amor Caroli erga viros litteratos. Paulinum quoque Patriarcham Aquileiensem valdè dilexit. Ferraguthum & Buhahyliham Bingeslam Iudæos Medicos suos viros etiam Doctos ad scribendum Tacuinorum librum, seu sanitatis tabulas, quarum vsus etiamnum est hodie in Medicina, compulit.

Bibliothecam refertissimam in Abbatia S. Barbaræ non longe à Lugduno dicitur erexisse, cuius curam Leidrado primum, deinde Agobardo commisit. Idem post Bellum Hispanicum omnino intendens animum litteris, septem

Artes liberales in Aula Palatij Aquensis depictas senex relegebat & in memoriam reuocabat.

Haud procul ipse Domum Regalem struxit: in ipsa
Hispanum bellum quod tandem vicit, & Artes
Septem præcipuas depingi fecit, easdem
Nominibus propriis distinxit & ordine certo.

Ita scripsit vetus author, qui Turpini seu Tilpini Archiepiscopi historiam versibus complexus est.

Refert præterea Eginhartus illum iam senescentem pacisque negociis planè intentum Barbara & antiquissima carmina, quibus veterum Regum actus & bella canebantur, scripsisse memoriæque mandasse: item inchoauisse Grammaticam patrio sermone. Mensibus quoque iuxta patriam, id. Teutonicam linguam, qua Reges Franci vsque ad ea tempora & aliquanto etiam post vsi sunt, nomina imposuisse, cum ante id tempus apud Francos partim Latinis, partim barbaris nominibus appellarentur. Ianuarium quidem vocauit Wintarmanoth ab hieme, Februarium à cessando *Orminqh* vel *Hormung*: Martium à tempore *Lenzimanoth*: Aprilem à Paschalibus *Ostermanoth*; Maium à gaudio *Winnemanoth*: Iunium ab arando *Brahmanoth*: Iulium à fœnisecio *Heuuimanoth* vel *Heumanoth*: Augustum à messe *Arnmanoth*: Septembrem à satione *Winthumanoth*: Octobrem à vindemia *Windummanoth*: Nouembrem *Herbistmanoth*: Decembrem *Helmanoth*, seu *Heiligmanoth* à Christi natalibus. Hæc Eginhartus, & post eum Auentinus.

Dum autem ita se res haberent in Germania & in Gallia, Musæque in Palatinis scholis & in Monasteriis & Episcopiis florerent, non minori curâ Ludouicus Pius in Aquitania quam regebat, Dei cultum promouebat, tum à vitiis retrahendo Sacerdotes, & à rebus seculi ad res Ecclesiæ traducendo, tum antiqua Monasteria instaurando, tum denique studiorum exercitium vbique instituendo, vt testatur author anonymus in vita Ludouici Pij, & quæ de eo scribit ea se ab Adhemaro nobilissimo & deuotissimo Monacho, qui cum Ludouico Pio nutritus fuerat, testatur audiuisse. Sic igitur ille ad an. 811. *Et Regis quidem ab ineunte ætate, sed tunc quàm maximè circa diuinum cultum & S. Ecclesiæ exaltationem piissimus incitabatur animus: itaut non modo regem sed ipsius opera potius eum vociferarentur sacerdotem. Nam totius Aquitaniæ videbatur clerus, antequam ei crederetur, vt pote sub tyrannis agens, magis equitationi, bellica exercitationi, missilium librationi, quàm diuino cultui operam nauare notabat. Regis autem studio vndecunque adductis Magistris tam legendi quàm cantandi studium, nec non diuinarum & mundanarum intelligentia litterarum citius quam credi poterat, coaluit. Præcipuè tamen affectu illorum ducebatur, qui cuncta sua amore Domini relinquentes speculatiuæ vitæ curabant fieri participes.* Eadem de verbo verbum habet Pseudo-Aimoïnus l. 5. c. 8.

Ad annum 813. refert Baronius floruisse M. Florum, cuius mentionem facit Vsuardus in præfatione ad Martyrologium, & Vvalafridus Strabo in Carmine ad Agobardum Lugdunensem Archiepiscopum. Verum viri docti huius nostri seculi Launoyius, Valesius & alij huic sententiæ refragantur, aientes Vsuardum & Florum non Caroli M. sed Calui tantum ætate floruisse. Qua de re nos alibi.

Eodem anno celebrata est Synodus Cabillonensis in Prouincia Lugdunensi, continens Canones 67. in quorum tertio præcepti Carolini mentio fit circa litterarum tam humanarum quam diuinarum exercitium, sicque legitur. *Oportet vt sicut Domnus Imperator Carolus præcepit scholas constituant, in quibus & litteraria solertia disciplinæ & sacræ scripturæ documenta discantur, & tales ibi erudiantur, quibus merito dicatur à Domino Mathæi 5. Vos estis sal terræ & qui condimentum plebibus esse valeant, & quorum doctrina non solum diuersis hæresibus, verum etiam Antichristi monitis, & ipsi Antichristo resistatur: vt merito de illis in laude Ecclesiæ dicitur Cantic. 4. mille Clypei pendent ex ea, omnis armatura fortium.* Eodem anno habita alia 4. Concilia Prouincialia, Moguntinum, Remense, Turonense & Arelatense: tunc erat Archiepiscopus Moguntinus Riculphus, cuius meminit Alcuinus Ep. 41. Archipellanus sacri Palatij magnæque authoritatis

&

Vniuersitatis Parisiensis.

& Doctrinæ, qui ex Hispania in Gallias nouum Iuris Canonici corpus adduxit. Remensis Vvlfarius post Tilpinum in Campania Missus olim Domini-
cus, seu Legatus Regis. Turonensis Ioseph, cuius mentio fit in vita Alcuini:
eum enim anno, vt diximus, 804. defunctum tumulo mandauit.

Anno tandem 814. 5. Kal. Feb. hora diei tertia obiit Aquisgrani summo bonorum omnium luctu inuictus Princeps Carolus anno Regni Francici 47.
Imperij 14. ætatis 70. cuius corpus more solemni lotum & curatum, inquit
Eginhartus maximoque totius populi luctu & planctu elatum & humatum
est atque in Basilica quam ipse construxerat, tumlatum: supra cuius tumulum
extructus est arcus deauratus cum imagine & titulo eiusmodi.

814.

**SVB HOC CONDITORIO SITVM, EST CORPVS CAROLI
M. ATQVE ORTHODOXI IMPERATORIS QVI REGNVM
FRANCORVM NOBILITER AMPLIAVIT, ET PER AN-
NOS XLVII. FIDELITER REXIT. DECESSIT SEPTVAGE-
NARIVS ANNO AB INCARNATIONE DOM. 814. INDICT.
VII. V. KAL. FEB.**

Quid modestius hoc Epitaphio? aliud legitur in calce Operum Agobardi Lugdunensis Archiepiscopi, & in 2. tom. Historiæ Franc. scriptorum
non minus modestum. Luxit quoque eius mortem Poëta Saxonicus Elegia
pro illis temporibus satis eleganti, quæ sic incipit.

Plangite iam lacera carmen lugubre Camœnæ,
Dignus enim multis annus hic est lachrymis.

Dici non potest quam multi alij viri litterati præclaris versibus mortem
sui Mecenatis luxerint, quot Cœnobia, quot Gentes: quas inter Saxones singulari eius studio fidem Christianam edocti tanti Principis obitum omni quo
potuerunt, honore prosecuti sunt. Testanti & morienti affuit Angilbertus
Abbas S. Richarij, nec diu superuixit: tanto enim dolore & desiderio sui Principis & soceri quondam sui desiderio correptus est, vt 12. Kal. Martias eodem
anno obierit. Affuisse quoque dicitur eius exequiis Leo Papa cum proceribus Romanis, Archiepiscopi & Episcopi multi, Duces & Comites plurimi.

Ad defuncti tumulum concurrerunt complures spe recuperandæ valetudinis,
aut fauoris eius apud Deum obtinendi. Ludouicus eius filius & successor *Ad Patris monumentum Deo preces ritu Christiano supplex habuit*, inquit Gaguinus. *Carolus enim ob vitæ merita in numerum Sanctorum relatus esse à plerisque creditur.
Cui etiam loci incolæ diem festum agunt: idque ab Ecclesia Rom. permitti Ho-
stiensis Iureconsultus tradit.* Quo exemplo Ludouicus XI. *Carolum à Parisieusi-
bus coli nostra ætate* (nempe an. 1480.) *imperauit, missis vicatim Nuncijs, qui diem
festum celebrari populo indicerent pœnâ capitis repugnantibus indictâ.*

Otho III. eius corpus è veteri tumulo eduxit, & honorificentiori collocauit, vt suo loco dicemus, eumque pro Sancto habuit. At an. 1166. à Paschale publicè inter Cœlites relatus est, & festum probauit Ecclesia, quanquam à Pseudo-Pontifice institutum. Ecclesia S. Quintini Viromanduensis
Officium eius duplex habet & celebrat, quod recognitum & emendatum
legitur in Breuiario eiusdem Ecclesiæ an. 1642. edito: tres lectiones 2. nocturni
proprias habet & orationem, cætera de communi. De huiusce festi institutione amplius alibi. Non possum tamen præterire lectiones eiusdem Breuiarij,
quia ad historiam Scholarum Palatinarum plurimum faciunt, præsertim vero
tertiam quæ talis est.

*Inclinata in senium ætate rediuit ad Disciplinas eo contentius, quò maiori voluptate
ab illis animum impleri ipse experiebatur, & reuocauit earum lumen, quod secula præterita turpiter extinxerant & in Clerum nobilitatemque Francicam induxit.* HINC
SCHOLÆ PALATINÆ *Lutetiæ Parisiorum Nobilibus erudiendis, & Episcopales Clericis; quæ postea in florentissimam Academiam excreuerunt. Restaurauit sacram Discipli-*

T

nam temporum iniquitate collapsam; & eo in opere laborantem Chrodegangus Cancellarius Galliarum feliciter adiuuit. Ecclesiasticas societates pristino splendori reddidit & nouas ædificauit ac prouentu liberali dotauit. Super eo Principe resurrexit Basilica S. Quintini Martyris, quæ est Augusta Veromanduorum noua molitione, Fulrado Abbate eius, quam idem Imperator pretiosa supellectile beneficiisque plurimis ditauit. Vnde Maiores eum Fundatorem illius alterum appellarunt.

815. Anno 815. Claudius Clemens, qui à Carolo M. Parisiis collocatus fuerat ad docendum & Scholis Palatinis præfectus, commentationem edidisse dicitur in Mathæi Euangelia, quod opus Iusto Abbati dedicauit, seruarique aiunt in Bibliotheca Vallicellana in præfatione autem sic habet. *Anno 815. Incarnationis Saluatoris I. C. postquam Pius ac mitissimus Princeps S. Ecclesiæ Catholicæ filius Ludouicus anno 2. Imperÿ sui cælesti fultus auxilio aduersus Barbaras nationes, nempe Normanos, mouisset exercitum, atque abeunte & descendente tua paternitate ex Palatio iam dicti Principis ad charum dilectumque tibi semper tui Monasterÿ portum, iniunxisti mihi vt aliquod dignum memoriæ opusculum in expositione Euangelÿ ad legendum dirigerem fratribus Monasterÿ vestri.* Quod si verum est illud opus Clementis Angli, liquido constat non eum esse, qui fuit Antissiodorensis Episcopus post Gillianum circa an. Christi 700. vt legitur in Chronico Antissiodor. vbi legitur ad eum circiter annum Clementem passum fuisse cœcitatem corpoream, & iuxta Basilicam SS. Apostolorum Petri & Iacobi diuersorium habuisse: Et paulo post ei in Episcopatu successisse Adulfum ex Cantore Episcopum.

816. Anno 816. Ludouicus celebrato apud Aquisgranum Conuentu frequentissimo statuit teste Auentino, vt Pontifices, Monachi, sacerdotes vitam Christi æmularentur, spretisque mundi negotiis operam litteris darent, sacræ Philosophiæ incumberent, pueros edocerent, omnium professionum libros conscriberent. Nec Vestales quidem Deo consecratas ab hoc labore immunes esse voluit: extantque passim in Bibliothecis, inquit Auentinus, cuiusuis generis libri in membranis, quos Virgines sanctæ scripserunt. Præterea quia solis litteratis viris Diuinæ scripturæ notæ erant, vetus & nouum Testamentum in vulgarem linguam conuerti curauit in gratiam Germanorum: qua de re sic legitur in quodam fragmento. *Cum diuinorum librorum solummodo litterati atque eruditi prius notitiam haberent, eius studio atque Imperÿ tempore, sed Dei omnipotentia atque inchoantia mirabiliter actum est nuper, vt cunctus populus suæ ditioni subditus Theudiscâ loquens linguâ eiusdem Diuinæ lectionis nihilominus notionem acceperit. Præcepit namque cuidam viro de Gente Saxonum, qui apud suos non ignobilis vates habebatur, vt vetus ac nouum Testamentum in Germanicam linguam Poeticè transferre studeret: quatenus non solum litteratis, verum etiam illitteratis sacra Diuinorum præceptorum lectio panderetur.*

 Neque hoc in gratiam vnius tantùm Gentis fecit, sed & in Sueciam ad Biornum Regem Doctores Christianæ fidei deposcentem, Anscarium virum tunc temporis doctissimum misit: & in Saxonia Adhalardum senem & Walonem Monachos è Corbeia nostra Picardica educens constituit, qui ibi Corbeiam alteram condiderunt ad fidei propagationem. Vnde non immeritò sic eum compellat Theodulphus Aurelianensis Episcopus.

Ecclesiæ sanctæ dilectus filius extas,
 Quam tibi commisit vnicus ipse Patris.
Hanc tu constanter doctrinis imbuis almis,
 Incolis, augmentas, instruis, ædificas.
Nemo fide Christi nam te præstantior extat,
 Plus orthodoxus est tibi nemo super.
Est tibi nemo super simili pietate vel actu:
 De te vera loqui me tua facta probant.
Diuitias mundi cauto sectaris amore
 Queis tibi constanter Regna beata paras, &c.

817. Anno 817. obiit Leo III. Romanorum Pontifex: eique succedit Stephanus IV. & post sex menses, dies 24. Paschalis I. professione Monachus, vir teste Sigeberto, sanctitate conspicuus, liberalis erga peregrinos, litterarum studiosus, captiuorum redemptor, templorum instaurator. Ille incendium quo Anglorum

Vniuersitatis Parisiensis. 147

Schola, seu Burgus absumi cœperat, signaculo crucis compressit; Græcos Monachos cœnobio donauit, & alia multa quæ Pontificem verè maximum decent, præstitit. Statim verò post promotionem legatos de more ad Ludouicum mittit cum muneribus & Epistola Apologetica, qua insinuat se non ambitione, nec propria voluntate, sed electione cleri & populi acclamatione Pontificali potius succubuisse, quàm insiluisse dignitati. Cuius quidem legationis Princeps erat Theodorus Nomenclator.

In huiusce quoque Pontificis gratiam multa concessit Imperator Ecclesiæ Romanæ, & futuris summis Pontificibus, quæ habentur dist. 63. Ego Ludouicus, legunturque passim apud Iurisconsultos: quam in rem extat eiusmodi Diploma apud Antoninum.

EGO LVDOVICVS Romanus Imperator Augustus statuo & concedo per hoc pactum confirmationis nostra Tibi B. Petro Principi Apostolorum & pro te Vicario tuo D. Paschali summo Pontifici & successoribus eius in perpetuum, sicut à prædecessoribus vestris vsque nunc in vestra potestate & ditione tenuistis & deposuistis, Ciuitatem Rom. cum Ducatu suo & suburbanis atque viculis omnibus & territoriis eius, montanis atque maritimis littoribus & portubus, seu cunctis Ciuitatibus, Oppidis, Castellis & Villis in Tusciæ partibus...... Quando Diuina vocatione huius sacratissimæ sedis Pontifex de hoc mundo migrauerit, nullus ex Regno nostro aut Francus, aut Longobardus, aut de qualibet gente homo sub nostra potestate constitutus licentiam habeat contra Romanos aut publicè aut priuatim conueniendi, vel electionem faciendi, nullusque in Ciuitatibus aut territoriis ad Ecclesiæ B. Petri Apostoli potestatem pertinentibus aliquod malum facere propterea præsumat; sed liceat Romanis cum omni veneratione & sine aliqua perturbatione honorificam suo Pontifici exhibere sepulturam, & eum quem Diuina inspiratione & B. Petri intercessione omnes Romani consilio vno atque concordia sine aliqua permissione ad Pontificatus ordinem elegerint, sine qualibet ambiguitate & contradictione more Canonico consecrare, & dum consecratus fuerit, Legati ad nos, vel ad successores nostros Reges Francorum dirigantur, qui inter nos & illum amicitiam & charitatem & pacem consocient.

Eodem anno Imperator in Conuentu Magno Procerum apud Aquisgranum habito liberis suis Imperij partes administrandas dedit, Lotharium primogenitum Imperatorem designauit, Pipinum in Aquitaniam misit, Ludouicum in Bauariam, vt sciret populus cui parere deberet. Insuper quanto feruore & animi affectu res Ecclesiæ promoueri cuperet, in eodem Conuentu declarauit. Nam vt ex Ademaro refert Anonymus Author ad hunc annum *Congregatis Episcopis nobilissimoque Ecclesiæ Clero fecit componi ordinarique librum Canonicæ vitæ normam gestantem, in quo totius illius Ordinis Benedictini ab omnibus tam viris, quàm sanctimonialibus vbique obseruari voluit. Et paulo post volens etiam vnamquamque Ecclesiam habere proprios sumptus, ne per eiusmodi inopiam cultus Diuini negligerentur, inseruit prædicto Edicto, vt super singulas Ecclesias mansus tribueretur vnus cum pensatione legitima & seruo atque ancilla.... denique tunc cœperunt deponi ab Episcopis & Clericis cingula baltheis aureis & gemmeis cultris onerata, exquisitæque vestes, sed calcaria tals onerantia relinquio.*

Eiusdem Constitutionis meminit Author Chronici S. Maxentij, vulgò Malleacensis, qui circa an. 1120. florebat, sed eam reponit ad an. 816. anno, inquit, *ab Incarnatione Domini 816. Dominus Ludouicus Imperator Indict. 4. anno Imperij sui 3: Aquisgrani habito Concilio iussit fieri Regulam Canonicis: vt sicut Monachi respiciunt ad librum Regulæ S. Benedicti, sic perlegant Canonici inter se librum vitæ Clericorum: quem librum Amalarius Diaconus ab Imperatore iussus collegit ex diuersis Doctorum sententiis, dedit ei Imperator copiam librorum de palatio suo, vt ex ipsis ea quæ viderentur congrua, exciperet; & ita cum Episcoporum Decretis qui ibi fuerant, vita Clericorum roborata est. Scripsit eidem Imperatori Amalarius librum de Diuinis Officijs, & de varietate eorum, & de ordine Psalmorum ad Clericorum vsum antiquum.*

Verum cum hæc ita constitueret in bonum Ecclesiæ piissimus Imperator, nunciatur ei defectio Bernardi Nepotis Italiæ Regis aduersus quem collecto statim exercitu profectus apud Cabillonem Æduorum vrbem coëgit ad pedes supplicem accedere patruo, se dedere, & coniurationis authores & populares declarare; quorum è proceribus hi erant præcipui Egiddeus inter

T ij

amicos Regis primus, Reginhartus cubiculi præfectus, Reginharius Meginharii Comitis filius, cuius auus maternus Hadradus olim in Germania cum multis aliis contra Carolum M. coniurarat. Ex Episcopis Anshelmus Mediolanensis, Wolfodus Cremonensis, Theodulphus Aurelianensis, Bernardi olim vt ferunt, Magister & Præceptor. Quibus in potestatem redactis, eos Aquisgrani habitis Imperii comitiis & procerum sententia iuxta leges Romanas & Salicas affectatæ tyrannidis & læsæ Maiestatis reos peragit & Capitali iudicio condemnat.

Bernardum tamen vita donat: at luminibus priuatum & tonsum Monasterio includit, qui paucis post diebus obiit relictis tribus liberis, Bernardo, Pipino, Heriberto. Episcopos Cœnobiorum claustris vel carceribus mancipat, postquam sententia synodali fuerunt condemnati. Theodulphus in custodia Andegauensi seruatus, vnde paulo post indulgentia principis liber egressus est hæc an. 818. accidisse dicuntur.

819. Anno sequente Conuentum Episcoporum habuit Cæsar Aquisgrani, in quo multa de statu Ecclesiarum & Monasteriorum constituit: & Capitula quæ prioribus legibus deerant, addidit. Post mortem prioris coniugis quæ Andegaui obierat, Iuditham Vvelphonis Comitis filiam duxit: ex qua Carolus cognomento Caluus suo tempore futurus Imperator natus est.

De Rabano. Eodem anno Rabanus Magnentius Alcuini Discipulus Imperatori librum obtulit de Theologia Crucis, teste Ademaro Engolismensi. At Annales Fuldenses ad an. 844. referūt illudque aiunt ipsum Sergio IV. misisse, quod Gregorio. IV authore scripserat. Huius porro libri & aliorum Rabani operum meminit Vincentius; Antoninus vero hæc quæ sequuntur, ex illo refert.

O Crux quæ summi es voto dedicata trophæo!
O Crux quæ Christi es claro benedicta triumpho!
O Crux quæ excelso toti dominaris olympo,
O Crux dux misero, latoque redemptio mundo,
Te Patriarcharum laudabilis actio signat,
Plebsque Prophetarum diuino famine iussa
Agmen Apostolicum pandit tua rite trophæa
Martyrum & ipse Chorus effuso iure cruore.
En arx alma Crucis en fabrica facta salutis,
En thorus hic Regis, hæc conciliatio mundi.
Signa crucis Christi Seraphim cælestia monstrant,
  Distentisque alis brachia tensa notant.
Forma sacrata crucis venerando fulget amictu
Magnus vestit honor lætus loquor hoc Nationi
Crux sacra tu æterni es Regis victoria Christi.
Est Orbi toti Domini quoque passio vita.
In Cruce lex Domini decoratur luce corusca,
Gentes & linguæ sociantur laude sacrata.
Crux æterna Dei laus, viuis in arce polorum.
Crux superis placita es. Crux hinc es nauita mundo,
Rabanum memet clemens rogo Christe tuere
O pie Iudicio.

" Idem soluta oratione sic persequitur. Passio Christi cælum sustentat, mun-
" dum regit, tartarum perfodit. In ea confirmantur Angeli, redimuntur populi,
" conteruntur inimici. Inde timor ductus fideles à pœna liberat. Tristitia salubris
" pœnitentes à peccato mundat. Concupiscentia boni fructus virtutem germi-
" nat. Gaudium vitæ spe confidentes lætificat. Hanc author omnium sibi ma-
" chinam prouidit & construi voluit, vt in ipsa omnino restauraret omnia & coadu-
" naret omnia per Iesum Christum Dominum nostrum O verè bona & sancta
" Crux Christi! quis te rite totam enarrare potest aut condignè laudare? quæ
" cœlestium arcanorum pia es reuelatrix, mysteriorum Dei sacra conseruatrix
" sacramentorum Christi idonea dispensatrix. In te Angeli gaudia sua accumu-
" lata conspiciunt. In te homines iura salutis suæ cognoscunt. In te inferi iu-
" stam retributionem fraudis suæ percipiunt. Præterita renouas, præsentia illu-

stras, futura præmonstras, perdita requiris, inuenta custodis, lapsa restituis & in viam pacis dirigis. Tu æterni Regis es victoria, cœlestis militiæ lætitia, terrigenarumque potentia. Tu peccatorum remissio, pietatis exhibitio, meritorum augmentatio. Tu infirmorum remedium, laborantium auxilium, lassorum refrigerium. Tu cura ægrotos medicans, tu gaudium mœstos consolans, tu sanitas dolentes lætificans. Tu status rectè credentium. Tu firmitas benè operantium. Tu habitudo rite perseuerantium. Et quidquid digne de redemptione mundi potest cogitari, quidquid lingua valet loqui, ad laudem tuam decentissimé potest adaptari, quia quidquid in te laudatur, crucifixo in te Christo Regi deputatur. Tibi Domine I. C. humiles preces offero & oris vota persoluo, quod mihi peccatori inspirare dignatus es honorem S. Crucis tuæ quantulumcunque decantare, & communem omnium nostrum salutem Conseruis meis prædicare. Nec me ab incepto retardauit propriorum conscientia delictorum, sed magis mei fiduciam tribuit, quod hoc carmine celebrarem, in quo peccati regum destruxisti, & toti mundo veniam omnium delictorum dedisti. Salue Crux Dei veneranda, quæ sapientia, lumen & doctrix es orbis terrarum: quæ & vera laus & amica virtutum & clara Philosophia apud Cœlicolas terrigenasque indesinenter viges, quam magis decet Imperialem vocari thronum, quàm seruile tormentum, quia Imperator & Rex noster Christus Regnum sibi in te & potestatem in cœlo & in terra acquisiuit, hostes superauit & mundum Deo reconciliauit. O Christiani populi vexillum, framea, quà cum hoste sortimur bellum, te obsecro vt tua virtute meum pectus infirmum benedicas, vt dignis laudibus æterni Regis in te triumphum valeamus decantare, quæ cœlestia scilicet simul & terrena vno fœdere coniungas, pactum confirmes & vincula mortis dissipes. Quadriga virtutum Cardinalium 4. cornibus S. Crucis decenter aptata ostendit sacram seriem specierum ex ipsa procedentem in triumpho victoriæ Regis Christi consecratam, & pro eius passione proficuum esse toti orbi ad impetrandum fructum pietatis & adipiscendam æternam beatitudinem. Virtus enim est animi habitus, naturæ decus, vitæ ratio, morum nobilitas & vitæ moderatio. Quæ cuncta ô sancta Crux Religiosis hominibus tradis, & cuncta simul beneplacita Deo & salubria depromis, arbor odoris suauissimi, & expansione pulchrarum frondium lætissima. Hortus deliciarum incomparabilis, affluens vbertate largissima, floribus virtutum & foliis verborum iucundissima. Grandis consolatio est fidelibus species sanctæ Crucis & materiam tribuit laudis quæ bonitatem nos facit scire Creatoris. Crux Christi via est iustorum, adscensus ad Cœlum, rota de infimis ad superiora nos trahens. Dux & Ianua Regni, huius pars erecta diuinum, transuersa fraternum commendat amorem. Cuius amoris integritatem Christus nobis ostendit, ac suo Exemplo nos instruxit, qui dilectam animam suam in Cruce moriens pro amicis & inimicis suis posuit, & nos idem facere docuit.

De hoc viro sæpe recurret dicendi locus, quem alij Scotum, alij Franconem, Quidam Germanum faciunt, natumque an. 788. Magentiæ seu Moguntiæ, vnde Rabanus Maurus Magnentius seu Magentius vocabatur. Hallucinantur certè qui Scotum eum prædicant, & cum Magistris illis Scotis Luteciam venisse, cum in Epitaphio, quod ipse Moguntiæ tum Archiepiscopus composuit, se in ea vrbe natum dicat & in Fuldensi Monasterio enutritum: vt ad an. 856. referemus. Errant quoque qui aiunt eum impetratâ ab Abbate suo Ratgario licentiâ Romam profectum, vt Alcuinum tunc Ministrum & Custodem Lateranensis Ecclesiæ ac publicum Bonarum Artium Doctorem audiret. Nam 1. Ratgarius Fuldensi Monasterio præfectus est anno tantum 802. quo tempore Alcuinus effœtis viribus & tumulo proximus Turonis degebat in Cœnobio S. Martini, vbi biennio post obiit. Deinde nusquam legitur Alcuinus docuisse Romæ, aut si docuit, ante natum Rabanum docuisse necesse est, siquidem ab an. circiter 790. Turonis residet, nec inde migrasse fertur, non ipsas etiam scholas Palatinas Parisiis reuisisse. Vnde neque etiam apud Fuldam eundem Rabanum habere potuit Discipulum. Cum itaque ex Flodoardo l. 3. constet, auditorem fuisse Alcuini & vltimum de eius discipulatu, vt ait, relictum : necesse est ipsum audiuisse Turonis, vnde post eius mortem quæ accidit an. 804. ad Palatinas scholas profectus sit, vbi forte, teste Mathia Flacco Illyrico l. 9. Catalogi testium veritatis, *aliquandiu professorem egit & magno ornamento fuit Doctoribus Scholasticis.*

Reuersus ad Fuldense Cœnobium, vbi pueritiam deposuerat & primordialibus Disciplinis imbutus fuerat, scholam publicam habuit, quam etiam Abbas deinde factus continuauit, teste Trithemio : in eaque Monachos non solum in sacris scripturis, sed in secularibus etiam litteris erudiuit sub Ratgario & Egile Abbatibus. Nec Monachos solùm, sed etiam ex diuersis locis aliis ad se transmissos multos in omni genere doctrinæ disciplos instituit: nam præter Abbates, qui suos illuc ad eum Monachos mittebant, Principes quoque & nobiles terræ filios suos illius Magisterio subdiderunt, vt refert ex Meginfredo Trithemius.

Author Neotericus in Lycæo Benidictino c. 6. refert ex eodem Trithemio tum in eo cœnobio 150. Monachos fuisse: doctissimos eorum, numero 12. vocatos *seniores* ex quibus cum quis siue ad aliud Cœnobium mittebatur, siue morte auferebatur, continuo ex Doctioribus & sanctioribus alius in eius locum Rectoris & seniorum illorum 12. electione constituebatur. Decimus ergo tertius vt cum erat Rabanus *Principalis magister seu Rector appellabatur, eratque omnium lectionum Deputator.*

In iis scholis inter alios discipulos habuit Strabum, qui post eum scholis Fuldensibus præfuit. Freculphum postea Lexouiensem Episcopum, qui Elizachari quoque discipulus fuit: Lintbertum, qui primus Abbas Hirsaugiensis fuit. Huldolphum, primum in scholis Hirsaugiensibus Magistrum, Richardum post Huldolphum, secundum Scholasticum. Bernarduum deinde Abbatem Hirsfeldensem. Ioannem, qui primus apud Germanos Cantum Ecclesiasticum, varia vt ait Trithemius, modulatione composuit. Altfridum, deinde Corbeiæ nouæ in Saxonia Scholasticum, postea Hydelheymensem Episcopum, Rodolphum, qui eius vitam scripsit: & isti omnes Monachi fuerunt Fuldenses. Ad eundem insignem Magistrum missus est ab Aldrico Archiepiscopo Senonensi Lupus dictus postea Ferrariensis Abbas, vt Theologiam addisceret, vt alibi dicemus.

822. Anno 822. idem Rabanus ab Imperatore Fuldensis Cœnobii sit Abbas, post mortem Egilis, cui Abbatiæ præfuit annos 20. nec à docendo destitit. Scripsit ad Cæsarem de Cœlesti immortalis Imperatoris nota carmen insigne, æmulatus Porphyrionem, qui ad Constantinum M. factitauit. Quod opus ait Auentinus suo tempore inuentum in Austria à Ioanne Stabio Cæsareo Historiographo præceptore suo, seque Viennæ vidisse: carminum autem litteras singulas ita compositas separatim, vt calces, media capita, versum, sursum deorsum in orbem quoque lecta quoquo versum metra referrent. idem quoque commentaria, quæ in librum Iudith scripserat, Iudithæ Augustæ dedicauit.

Eodem anno Ludouicus Imperator habitâ apud Attiniacum frequenti synodo Episcoporum & Abbatum fratribus suis & Bernardo Nepoti reconciliari cupiens, pœnitentiam spontaneam Theodosij senioris exemplum imitatus suscepit. Ibi autem statuit, vt scholæ passim ad vtilitatem Ecclesiæ maioremque omnium subditorum commoditatem erigerentur, cum non possent omnes ad Publicam Academiam proficisci. Hac de re sic legitur l. 2. Constitut. Imperial. *Scholæ,* inquit, *sanè ad filios instruendos, vel edocendos, sicut nobis præterito tempore ad Attiniacum promisistis & vobis iniunximus, in congruis locis ad multorum vtilitatem & profectum vobis ordinari non negligantur.*

Eodem anno idem Princeps Ebbonem collactaneum & in scholis condiscipulum suum Remensi cathedræ præficit: Ludouicus enim à pueritia Magistris in Disciplinam traditus fuerat: quippe Carolus Pater, vt testatur Eginhartus, *liberos suos, ita censuit instituendos, vt tam filij quam nepotes primò liberalibus studiis, quibus & ipse operam dabat, erudirentur.* Illi autem Ebbo natione Germanus Trans-Rhenensis Himiltrudis filius ex humili quidem seruorum stirpe procreatus, sed ingenij acris & acuti in puerili ætate ad æmulationem datus fuerat condiscipulus. Et hunc Ludouicus Imperator factus ad Ecclesiasticas dignitates promouit, palatinis negotiis applicauit & ad varias legationes misit; præsertim ad Danos cum Theotario & Rotmundo, vt pacem cum Regibus Normanis componeret: quorum multos ad fidem Christianam suscipiendam induxit. Sed ille tot beneficiorum immemor, aduersus principem suum coniurauit, vt infra dicetur.

Anno 823. Lotharius Imperatoris Primogenitus litterarum quoque studiosissimus, & litteratorum Mecenas liberalissimus volente patre Romam profectus à Paschale Pontifice consors Imperij declaratus diadema cum Augusti nomine accepit. Drogo Ludouici frater nothus Metensi Ecclesiæ præficitur, & Carolus Caluus ex Iuditha nascitur, futurus quoque litteratorum omnium benignissimus munerator, cui non minus debent litteræ, quam Carolo M. earum reparatori. 823.

Anno 824. Eugenius II. Patria Romanus cognomento Pater pauperum ad sedem Pontificiam promouetur, vir non minus eruditione & facundia, quam sanctitate clarus, sed mirum in modum erga pauperes liberalis: curauit etiam vti in singulis vrbibus & locis congruis Scholæ Priuatæ instituerentur, vbi scilicet non fuissent prius institutæ. Quam in rem extat decretum in 1. Parte Decretal. distinct. 37. c. 12. *De quibusdam locis ad nos refertur neque Magistros neque curam inueniri pro studio litterarum: idcirco in Vniuersis Episcopiis subiectisque plebibus & aliis locis, in quibus necessitas occurrerit, omnino cura & diligentia adhibeatur, vt Magistri & Doctores constituantur, qui studia litterarum liberaliumque artium dogmata assiduè doceant: quia in his maximè diuina manifestantur atque declarantur mandata.* 824.

Loquitur Eugenius de scholis vicanis & Claustralibus seu Episcopalibus: & de vtrisque etiam Theodulphus Aurelianensis Episcopus in Epistol. ad Clerum Aurelianensem, qua concedit suæ Diœceseos presbyteris, vt nepotes affinesque suos educandos instituendosque tradant Collegio S. Crucis, quæ matrix erat Ecclesia & sedes Episcopalis, vel Monasterio S. Aniani, aut S. Benedicti, aut S. Liphardi: mandatque insuper Rectoribus parœciarum, seu Curionibus & presbyteris, vt in villis & vicis suis scholas similiter instituant, in quibus paruulos edoceant. *Si quis*, inquit, *ex Presbyteris voluerit nepotem suum aut aliquem consanguineum ad Scholam mittere, in Ecclesia S. Crucis aut in Monasterio S. Agnani aut S. Benedicti, aut S. Liphardi, aut in cæteris de his cœnobiis quæ nobis ad regendum concessa sunt, ei licentiam id faciendi concedimus.* 2. *Presbyteri per villas & vicos scholas habeant....Cum ergo eos docent, nihil ab eis pretij pro hac re exigant, nec aliquid ab eis accipiant, excepto quod eis parentes Charitatis studio sua voluntate obtulerint.*

Porro Episcopalium scholarum aliæ pueris erant destinatæ, aliæ presbyteris & clericis, vt ante ex Filesaco retulimus. Scholam autem Presbyterorum iure Theologicam posse appellari probat idem Filesacus ex concilio Cabillon. sub Carolo M. habito c. 3. " Oportet vt sicut Domnus Carolus Imperator præ- " cepit, scholas constituant in quibus litteraria solertia disciplinæ & sacræ scri- " pturæ documenta discantur, & tales ibi erudiantur quibus merito dicatur à " Domino Math. 5. vos estis Sal terræ. Et ex Valentino c. 18. sub Lothario Im- " peratore habito, vbi scholæ duplices memorantur & diuinæ & humanæ litte- " raturæ. Item ex Consil. Meldensi 1. 35. sub Carolo Caluo, in quo clare fit men- " tio Theologici Doctoris. Vt quisque Episcopus talem iuxta se pro viribus ha- " beat, qui iuxta sincerissimum & purissimum sensum Catholicorum Patrum de " fide & obseruatione mandatorum Dei, seu de prædicationis Doctrina Presbyte- " ros plebium assiduè instruat & informet. Itaque Parochos & presbyteros Theologum istum docentem audire præcipit Synodus vt commissam suæ curæ plebem ipsi docere possint.

Item Capitularij l. 7. c. 163. statuitur, vt omnes Presbyteri Parochiæ id. Diœceseos ad Ciuitatem per turmas & per hebdomadas ab Episcopo sibi constitutas conueniant discendi gratia, ita tamen vt aliqua pars in Parochiis Presbyte-

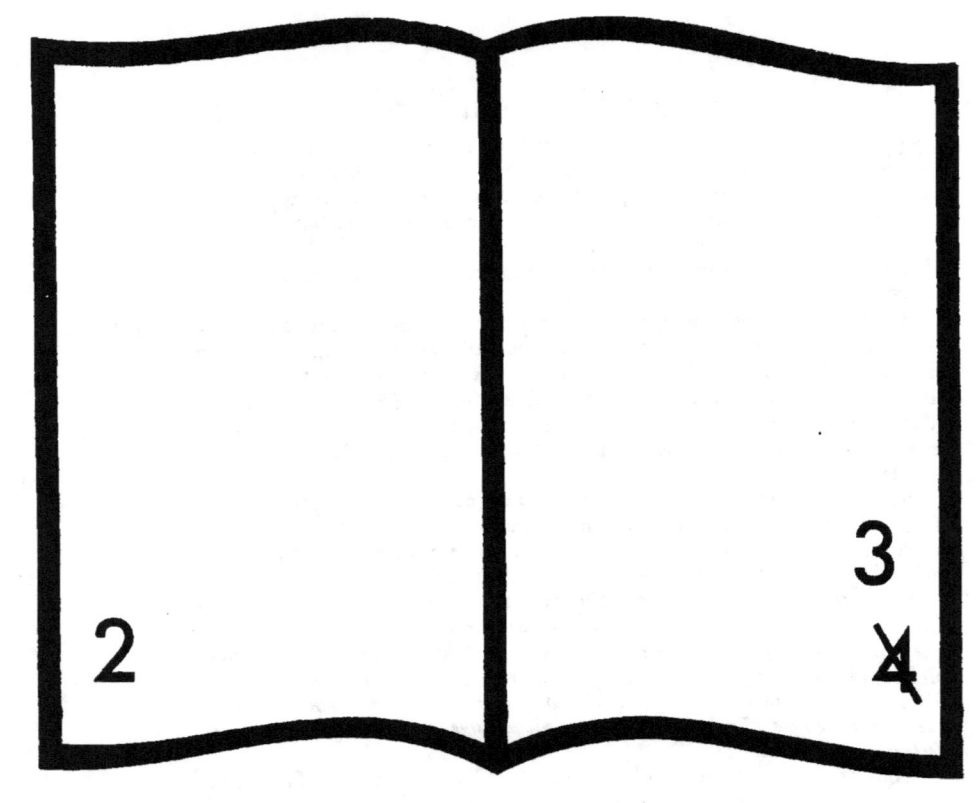

rorum remaneat, ne populi & Ecclesiæ Dei absque Officio sint, & aliqua pars vtilia in Ciuitate discant: ibi ab Episcopo in ciuitate, siue à suis bene doctis ministris bono animo instituantur de sacris lectionibus & diuinis cultibus & sanctis Canonibus, siue de Baptismatis sacramento, atque Missarum solemniis & precibus & de reliquis omnibus officiis. Attamen vetat Imperator l. 1. Capitularij c. 99. ne Presbyteri discendi gratia Quadragesimæ tempore ad ciuitates conuocentur.

Neque verò soli presbyteri ad Scholas illas conueniebant, inquit Filesacus, sed etiam alij Clerici & Canonici: vt apparet ex Capitularij l. 5. c. 105. quo iubentur hi singulis diebus mane primò ad lectionem venire & audire quid eis imperetur. Denique tales olim fuisse in Ecclesia scholas Theologicas probat ex Alexandrina, in qua Pantænus vsus fuit iis magistris, qui Apostolos vidissent, & successorem habuit in schola Clementem Stromatæum; hic Origenem; iste alios.

Atque vt hæc schola facilius exerceretur, constituit Stephanus III. vt Canonici conuescerentur, mensamque communem haberent: vt ante docuimus. In Concilio quoque Moguntino sub Leone III. & Carolo M. habito sic legitur cap. 9. *decreuimus vt Canonici Clerici canonicè viuant, & nihil sine licentia Episcopi, aut Magistri agere præsumant in vnoquoque Episcopatu: & vt simul manducent & dormiant, & in vno Claustro maneant, & singulis diebus mane primo ad lectionem veniant, & audiant quid eis imperetur. Ad mensam verò similiter lectionem audiant & obedientiam secundum Canones magistris suis exhibeant.* Et cap. 10. *prouideat Episcopus, si claustrum firmum habeant, in quo possint saluari animæ ibidem commorantium sub disciplina Canonica vel regulari.* Item *obseruent Canonici ne quas habent domos de Capitulis, laïcis locent lucri gratia.* Item. *Canonicis non liceat in domibus extraneos etiam cognatos recipere, præsertim mulieres, aut iis domos, quas in claustris habent, locare, neque etiam extra claustrum præsertim in domibus laicorum habitare.* Hæc de Scholis Episcopalibus, & plus forsan quàm necesse fuisset. Verum id eâ mente fecimus, vt pateat omnibus euidenter, quem in vsum illæ fuerint institutæ, quidque differant à Scholis Publicis, quas instituit & erexit Carolus in tribus celeberrimis Imperij sui locis: vt ad annum 829. referemus.

Eodem anno legati Michaëlis Balbi Imperatoris Græcorum, cognomento Iconomachi, qui Leonte Armenio Pardi filio cæso Orientale Imperium arripuerat, pacem & fœdus veteri more petierunt: S. Dionysij libros de cœlesti Hierarchia Ludouico obtulerunt, quos Hilduinus Abbas San-Dionysianus iussus est de Græco in Latinum conuertere. Præterea de simulachris sanctorum destruendis egerunt. Quibus pollicetur Augustus se super ea re viros Doctos Regni sui consulturum: cæterum ad Eugenium Pontificem remittit.

825.

Anno verò sequente nimirum 825. Imperatoris iussu conuenerunt ex variis locis plurimi Episcopi & viri Docti Parisiis, de cultu imaginum disputaturi: an scilicet, & quis eis cultus deberetur. Nam Græci nimio superstisiosiores paulo ante etiam latriæ cultum iis impendi voluerant, nunc verò Balbus omnino tolli iubebat. Claudius quoque Taurinensis & nonnulli alij omnem illis cultum derogabant. Alij veneratione dignas reputabant. Hanc in rem disputatio instituta: quæ vulgò Synodus Parisiensis vocatur, sed malè inquit Baronius ad hunc annum, sic aiens. *Sequitur annus Redemptoris 825. Indictione 3. inchoatus quo Kalendis Nouembribus prope Parisios Complures qui doctrinâ excellere videbantur, iussu Ludouici Imperatoris in vnum collecti secundum petitam & acceptam licentiam à Romano Pontifice de Imaginum veneratione disseruere.*

Illi autem re in vtramque partem agitatâ & examinatâ quantum licuit, mediam quandam viam delegerunt, scilicet nec reprobandam esse imaginum venerationem, nec etiam ad eam exhibendam vllum cogi oportere. Sic autem Imperatori Consulta sua direxerunt. EXCELLENTISSIMIS AC VICTORISSIMIS DEOQVE AMABILIBVS AVGVSTIS DD. HLVDVVICO ET HLVTARIO SERENISSIMIS IMPERATORIBVS NOS SERVI ET FIDELISSIMI ORATORES VESTRI *qualiter proximis Kalendis Nouemb. apud Parisiorum vrbem iuxta preceptum vestræ Magnitudinis in vnum conuenimus, qualiterque de negotio à vestra pietate nobis iniuncto de causa videlicet imaginum egerimus, ad memoriam vestræ celsitudinis reducimus.*

Suam

Suam vero deliberationem his verbis concludunt. Nos denique serui vestri in vnum conuenientes & de *nobis iniunctis pro captu intelligentiæ nostræ familiariter conferentes, testimonia ex authoritate diuina & sententias SS. Patrum quas prout temporis angustia permisit, collegimus & coram nobis legi fecimus, vestræ Imperiali potentiæ per venerabiles viros Halitgarium & Amalarium dirigere præsumpsimus.* excusant vero se, quod præ angustia temporis non omnia satis accuratè collegissent. Deinde subiungunt. *Nam quidam nostrorum de longè venientes non habuerunt spatium temporis quærendi. Quidam vero nec causam, pro qua ad hunc Conuentum venire iussi sunt, donec peruenerunt, veraciter nosse potuerunt. Moduinus namque infirmitate in qua diutissimè laborat, detentus venire nequiuit.*

Acceptis igitur Doctorum consultis & Responsis Ludouicus ea per legatos ad Pontificem dat pro ineunda concordia Ecclesiarum. Græci enim omnino negabant deberi cultum imaginibus, Romani deberi plurimum propugnabant: isti vero nostri examinatores mediam quandam viam eligentes, quanquam non satis vt ipsi dicebant accuratè discussâ materiâ, dicebant habendas quidem ad memoriam imagines, neutiquam vero adorandas: cæterum relinquendum vnicuique prout affectus esset, plus minusue illis reuerentiæ cultusque exhibere. Et in hanc rem ipsi Eugenio mittunt Epistolam, quam vocant Consiliatricem.

Non placuit Pontifici sententia eiusmodi. Imo nec ipsismet etiam Francis Doctoribus Palatinisque Magistris: postquam enim maturius rem illam examinare cœperunt, priorem suam illam sententiam festinatam nimis & propter angustias temporis non satis perpensam castigantes & damnantes, vltro se decreto Ecclesiæ submiserunt, & contra contumaces fortiter & generosè scripserunt. Nam Ionas Episcopus Aurelianensis Theodulphi successor, qui ab Imperatore missus fuerat ad Eugenium cum litteris, audito Pontificis decreto scripsit libros tres aduersus Claudium Taurinensem Agiomachum seu Impugnatorem imaginum, virum audacem & Collationis ac deliberationis istius Parisiensis promotorem. Ipse quoque Imperator consultis Palatinis Magistris Claudium confixit, vt scribit ipse Ionas ad Caluum, vbi de libello Claudij deque Ludouico loquens subiungit: *Qui libellus ab eo suique Palatij prudentissimis viris examinatus iusto iudicio est repudiatus.* Imo in Ep. ad Papam satis indicat Ludouicus se non synodum collegisse, aut synodi consulta misisse, sed conuocasse tantummodo viros nonnullos doctos, atque ex eis quæsisse quid credi oporteret: vno verbo se ab ipso Pontifice petiisse licentiam consulendi *Sacerdotes suos non synodum conuocando, sed quærendo ex iis quid ex scripturis sacris in rem imaginum dicendum haberent.*

Ad annum 826. narrant aliqui tum primum organorum Musicorum vsum in Gallia inualescere cœpisse, opera cuiusdam Georgij Veneti sacerdotis & sumptibus Ludouici Imperatoris, qua de re sic author Anonymus ex Adhemaro, in vita Ludouici Imp. *Adduxit Baldricus Imperator presbyterum quendam nomine Georgium bonæ vitæ hominem, qui diceret Organum more Græcorum posse componere. Quem Imperator gratanter suscepit, & quia Deus illi quæ ante se inusitata erant in Regno Francorum attribuebat, gratiarum actiones reddidit, ac Tanculfo Sacrorum Scriniorum prælato commendauit, publicísque stipendiis curare iussit, & eaque huic operi necessaria forent, præparare mandauit.*

826.

Verum longè ante Constantius Orientis Imperator Pipino inter cætera munera Organum per legatos miserat, vt scribit Aimoinus l. 4. c. 64. & San-Gallensis ait iam tempore Caroli Magni fuisse composita & fabrefacta. Sic enim ille l. 2. c. 9. *Adduxerunt etiam ijdem Missi (Constantinopolitani) omne genus Organorum, sed & variarum rerum secum, quæ cuncta ab Opificibus sagacissimi Caroli quasi dissimulanter aspecta accuratissimè sunt in opus conuersa, & præcipuè illud Musicorum Organum præstantissimum, quo Delus ex ære conflatis follibus taurinis per fistulas æreas mirè perflantibus rugitum quidem tonitrui boatu, garrulitatem verò lyræ vel cymbali dulcedinem coæquabat.* Georgius autem ille Sacerdos Hydraulicum Musicæ instrumentum Aquisgrani conflauit.

Eodem anno Herioldus Normannorum Dynasta cum coniuge & liberis veniens in Galliam, Danorumque non parua manu, qui ab Ebbone aliisque Palatinis Magistris prioribus annis ad fidem conuersi fuerant, Moguntiæ apud S. Albanum cum omnibus suis sacrâ baptismatis vndâ perfusus est, atque ab Imperatore magnis muneribus donatus: qui veritus ne in Daniam reuersus à suis expelleretur propter eiuratos ritus paganismi, obtinuit ab Imperatore Comitatum in Frisia nomine Riustri : quò se suosque, si necessitas exigeret, recipere posset.

Obiter autem notandum quantos fructus afferret Ecclesiæ nascens Academia Parisiensis, quæ non modò domi Hæreticos confutabat, in synodis peruicaces confundebat, & de difficillimis quæstionibus consulta respondebat: verum etiam ad lucrandas cœlo animas peregrè suos mittebat, totique terræ sacros verbi diuini præcones subministrabat. Vnde apud Barbaras etiam gentes scholæ Parisiensis authoritas & doctrina ab incunabulis inualuit. Tum vero inter cæteros excellebant qui ex ea prodierunt, Amalarius Fortunatus Treuirensis Archiepiscopus Alcuini quondam auditor, Iesse Ambianensis Episcopus Theologiæ olim professor & concionator egregius, Hilduinus sacri Palatij Archicapellanus Abbas, San-Dionysianus, Ebbo Remensis de quo supra, Halitgarius Episcopus Cameracensis inter doctissimos habitus, ad quem extat Ebbonis Epistola apud Flodoardum lib. 2. qua cum rogat vt librum Pœnitentialem de casibus conscientiæ ad instructionem sacerdotum componat, sic autem cum compellat.

Qua propter charissime frater, noli te ipsum nobis negare, qui semper in diuinis ardenti animo disciplinis, ac solerti cura scripturarum meditationibus perfectissimo otio floruisti. Arripe quæso, sine excusationis verbo huius sarcinæ pondus à me quidem tibi impositum, sed à Domino cuius onus leue est, leuigandum... Noli tuæ deuotionis nobis subtrahere scientiam : noli accensam lucernam sub modio ponere lucernam, sed præcelso eam superpone candelabro, vt luceat omnibus, qui in Domo Dei sunt fratribus tuis : & profer nobis veluti scriba doctus, quod accepisti à Domino. Extat apud eundem Flodoardum Halitgarij ad Ebbonem Responsio : ex qua quam eloquens vir fuerit, intelligitur.

Postquam venerande Pater, directas beatitudinis vestræ accepi litteras, quibus me hortari dignati estis, ne mentis acumen inerti torpentique otio submitterem, sed cognitioni ac meditationi quotidiè sacræ scripturæ me vigilanter traderem, & insuper ex SS. Patrum Canonumque sententiis Pœnitentialem in vno volumine aggregarem, durum quidem & mihi valde difficile tremendumque hoc fuit imperium, vt hanc susciperem sarcinam, quam à prudentibus cognosco relictam multumque renisus sum voluntati vestræ, non velut procaciter durus, sed propriæ infirmitatis admonitus. Hac etenim cura sollicitus necessarium duxi aliquandiu me à scribendi temeritate suspendere, quia sicut perpendi iniuncti operis difficultatem, ita & iniungentis authoritati nec volui nec debui vsquequaque resistere, certus quia imbecillitatem meam multo amplius vestra adiuuaret præcipientis dignitas, quàm grauaret meæ ignorantiæ difficultas.

827. Quod ad Hilduinum attinet, vir quoque fuit eximiæ litteraturæ & facundiæ & tam græcè quam latinè eruditus : quem Anno 827. vulgasse ferunt Historiam Areopagiticam è Græcis codicibus Latinitate donatam, prout ei iniunxerat Imperator, qua Dionysium Areopagitam missum à B. Clemente in Gallias verbi Diuini præconem fuisse asserit & Lutetiæ Parisiorum sedem fidei & Religionis Christianæ posuisse. Vnde librum suum Areopagitica inscripsit: **quem multis vt dicebat veterum** scriptorum authoritatibus, Aristarchi, Visbij, Syncelli, coæuorum vero nonnullorum nec non & Chartarum quarundam vetustissimarum munimine roborauit. Hincque magnus ei honor accessit & gratia multiplex. Verumtamen, vt vulgo accidit, dum aliquid noui profertur, præsertim apud nos, qui nouarum rerum auidi sumus, cœperunt paulo post docti rem istam accuratius examinare : & sub Carolo Caluo de ea à multis dubitatum est. Vt suo loco referemus.

Ionas Aurelianensis vir fuit quoque facundus, plurimæ doctrinæ, & in rebus præsertim Theologicis versatissimus. Ille an. 827. librum edidit de institutione Regia, quem Pipino Ludouici Pij filio & Aquitaniæ Regi dedicauit. In Epistola autem dedicatoria se ipsum incusat, quod ei nihildum exhibuerit officij, cui tamen, si vlli, maximè exhibere tenetur. *Nec immerito*, inquit, *quippe cum vestræ potestati in cuius Regno ortus & altus litterisque admodum imbutus comaque capitis deposita Christi militiæ sum mancipatus, iure fideliterque debui obsecun-*

dare ei quoquomodo, vt pote verendo & delitescendo potiusque subterfugiendo propter blasphemias & opprobria atque mendacia quorundam prauorum hominum, qui meam extremitatem apud serenitatem vestram astu Diabolico, odio & inuidia pleno persæpe diffamauerunt, me corpore non animo substraxerim. Hoc opusculum integrum præter præfationem & duo postrema capita, quæ edidit Lucas Dacherius, habetur in actis Concilij Parisiensis quod ad an. 829. celebratum est. Initio autem operis post præfationem hoc Epigramma præfigit ad Pipinum:

> *Rex pie, sume precor munus quod defero paruum,*
>   *Vt tibi sæpe libens munera grata feram.*
> *Verum si vestris fuerit conspectibus aptum,*
>   *Aptius & properè nostra Thalia dabit.*
> *Nam potiora ferunt docti satis arte Maronis,*
>   *His quia cura manet, Ars quibus ampla cluit:*
> *Qui quondam metricis ludebam promptus in odis,*
>   *Corpore nunc quasso nil nisi flere lubet.*
> *Sit Deus ipse tibi tutor, fautorque per æuum;*
>   *Per quem regnare te tuus omnis amat.*
> *Culmina regnandi teneas sic cunctus in aruis,*
>   *Vt sis post mortem mansor in arce poli.*

Anno 828. Eugenius pontifex obiit: cui successit Valentinus patria Romanus patre Leontio, tantæ vir virtutis, vt tum adhuc tantum Diaconus ad supremum Pontificatum concinentibus omnium votis prouectus fuerit: sed quadragesimo post electionem die obiit, sepultusque est in Basilica S. Petri. Ei successit Gregorius IV. sedemque tenuit per annos 16. consecrationem aliquandiu distulit, donec intelligeret, quæ voluntas esset Imperatoris: at ille lubens electioni subscripsit. Hic de voluntate Imperatoris & omnium Galliæ atque Germaniæ Episcoporum consensu dicitur festum omnium Sanctorum, quod 4. id. Maij celebrari consueuerat, vt notat Laziardus, ad kalendas Nouembris transtulisse, qua de re notauit sic Platina in Gregorio. *Sunt qui scribant rogatu Ludouici Pij Gregorium IV. Sanctorum omnium celebritatem Kalendis Nouembris instituisse; eamque rem magnopere à Rabano Mauro Monacho insigni Theologo carminibus & prosa fuisse laudatam. Habuit etiam Rabanus sermones satis elegantes ad populum: sed is potissimum laudatur, quem habuit in celebritate omnium Sanctorum.* Verum supra docuimus id iam ante à Bonifacio Papa institutum & temporibus Caroli M. vsitatum: idque diserte asserit Alcuinus lib. de Diuinis Offic. c. 32. *Scriptum est in gestis Pontificalibus quod S. Bonifacius Papa quandam domum Romæ Pantheon nomine, quæ erat consecrata in honore omnium Dæmoniorum, eliminatis omnibus spurcitiis sacrauerit Ecclesiam in honore S. Dei Genitricis omniumque Sanctorum. Vnde constitutum est, vt plebs vniuersa per totum orbem in Kalendis Nouembribus sicut in die Natalis Domini ad Ecclesiam in honore omnium Sanctorum ad Missarum solemnia conuenire studeat, illud attendentes, vt quidquid fragilitas humana per ignorantiam aut negligentiam in solemnitatibus Sanctorum minus plene peregisset, in hac sancta obseruatione solueretur.*

Anno 829. habita est Lutetiæ Synodus VI. Ecclesiæ Gallicanæ iussu Imperatoris, cuius acta plurima leguntur 3. libris distincta in 3. Tomo Conciliorum. vnum autem est quod pertinet ad Academiam Parisiensem: postularunt enim Patres à Cæsare, vt tres Academias, seu scholas publicas, quas Carolus Pater instituerat quidem, sed nondum forte absoluerat, authoritate sua firmaret, perfici & absolui curaret, ordinari & dirigi. *Similiter etiam*, inquiunt, *obnixè ac suppliciter vestra Celsitudini suggerimus, vt morem paternum sequentes saltem in tribus congruentissimis Imperij vestri locis* SCHOLÆ PVBLICÆ *ex vestra authoritate fiant, vt labor patris vestri ac vester per iniuriam (forte incuriam) quod absit labefactando non depereat: quoniam ex hoc facto & magna vtilitas, & honor S. Dei Ecclesiæ & vobis magnum mercedis emolumentum & memoria sempiterna accrescet.*

Neminem hactenus legi, qui locum hunc de Academiis, seu vt hodie loquimur, de Vniuersitatibus non interpretetur, deque tribus istis fere, Parisiensi, Bononiensi & Ticinensi seu Papiensi. Paucos referam. Iacobus Middendorpius, qui florebat ante centum ab hinc annos in Epistola dedicatoria libri de Offic.

Schol. ait Carolum M. concepto Ecclesiæ à Barbaris perturbatæ & veræ Religionis instaurandæ, propagandæ & conseruandæ desiderio, à Bonis Artibus, Academiis & Scholis initium sumpsisse, quoniam idcirco Religionem & Rempub. in Gallia perturbatam fuisse agnouerat, quod hæc superioribus temporibus intercidissent, nec tantis laboribus constitutum in Germania & Gallia, Imperium eum splendorem eamque felicitatem retenturum perspiciebat, nisi sapientia fulciretur, tum subdit *Ideoque Episcopi in Concilio Parisiensi à Ludouico & Lothario Impp. petierunt vt Maiorum suorum exemplo bonarum litterarum curam susciperent, & vel Tribus saltem in Locis accommodatissimis maximéque necessariis* PVBLICAS SCHOLAS *fieri procurarent. Hinc enim futurum aiebant, vt nec à maioribus, nec ab ipsis susceptus pro Ecclesia labor vnquam interiret, sed Respublica in perpetuum esset floritura, ipsi verò sempiternam memoriam & immortale præmium essent inde reportaturi.* Quod cum per Gallias feliciter eueniret, tam varia de instituendis Scholis, de alendis Magistris atque instauranda educatione puerili Optimorum Principum mandata, sacrorumque Conciliorum Decreta promulgata fuerunt.

Renatus Chopinus l. 1. Monast. tit. 2. *Carolus M.* inquit, *Puerilis Scholæ præfecturam tribuit Sacerdotali & Monastico Ordini Francica lege* l. 1. c. 68. *de Ministris altaris Dei & Schola. Paterna dehinc anitæque Politica æmuli Ludouicus Pius, & Lotharius Impp. promouerunt* PVBLICA LIBERALIORIS DOCTRINÆ GYMNASIA : *in eaque Principatum seu Magisterium Episcopis addixerunt, Cleroque ipsis militanti.* l. 1. legis Francicæ c. 5. Vers. *Schola sanè ad filios & ministros Ecclesiæ instruendos, &c.* Errat Chopinus, cum ait præfecturam Scholarum Publicarum ab Imperatoribus prænominatis demandatam fuisse Episcopis. Imò cum de iis ipsi loquuntur Episcopi, earum curam ad Imperatores remittunt: at Episcopalium scholarum certum est eos regimini præfuisse, in quibus instituebantur illi fere duntaxat, qui sacræ militiæ destinabantur, vt patet vel ex ipsa lege Francica, quam profert Chopinus. *Schola ad filios & Ministros Ecclesiæ instituendos, &c.*

Papyrius Massonius eodem modo Publicas Scholas interpretatur; postquam enim locum præallatum ex Actis Synodi VI. Parisiensis retulit, subiungit. *Ex his verbis apparet* TRES PVBLICAS SCHOLAS *à Carolo M. institutas, quæ Academiæ dicuntur, post ipsius mortem perituras fuisse, si Ludouicus Paternum amorem secutus non fuisset, cui non minor litterarum cura fuit, quàm Patri : sed vtrumque Carolus Caluus hoc et ga litteras studio longe superauit.* Addit, *Parisiensis, Patauina & Ticinensis Academia Carolum M. parentem suum appellant. Prima cis Alpes in Regno Francorum, posteriores in Italia.*

Ioannes Filesacus multoties à nobis laudatus lib. de sacra Episcoporum authoritate c. 15. §. 2. Postquam fusè de Scholis Cœnobialibus & Episcopalibus egit, vt ad an. 825. retulimus, paragraphum sic claudit. *Præter has Scholas, Cœnobiales scilicet & Episcopales, Episcopi Gallicani Concilij Parisiensis* l. 3. *cap.* 12 *postulant à Ludouico Pio Imperatore, vt exemplo Patris sui Caroli M. in* 3. *congruentissimis Imperij locis Scholas Publicas constitui.*

Eundem locum pari modo interpretatur Innocentius Cironius Academiæ Tolosanæ Cancellarius in lib. 5. Decretal. tit. 5. de Magistris. *Hoc summæ*, inquit, *curæ fuit Carolo M. qui non solum Scholas priuatas haberi tam in Episcopiis, quàm Monasteriis voluit cap.* 3. *Concilij Cabillon. Sed etiam Publicas & solemnes in tribus Imperij sui locis, vt refert Eginhartus in eius vita. Cuius vestigia secuti sunt filij eius Ludouicus & Lotharius in Concilio Parisiensi* l. 3. c. 12. PER PVBLICAS ILLAS SCHOLAS *intelligi debent* SCHOLÆ VNIVERSITATVM, *quas certis tantum locis stabilitas fuisse constat, veluti Lutetia in Gallia, Romæ & Bononiæ in Italia à Carolo M. Oxoniæ in Anglia, Salmatica in Hispania : quibus exhibendorum Doctorum gratia honesta stipendia ab omnibus Ecclesiis, Monasteriis, Capitulis & Collegiis exigi tandem voluit Clemens V. in Concilio Viennensi. Clement.* I.

Ioannes Grangierius Eloquentiæ Professor Regius eundem locum profert in oratione pro restaurandis Scholis habita 14. Kal. Decemb. an. 1619. *Qui Francorum emollierit ferociam Carolus ille M. nunquam cælo deijciendus saxa & lapides Academiæ concinunt. Cæterum Patres Concilij Parisini, quod imperante Ludouico Pio habitum est*, SCHOLAS PVBLICAS *authoritate Regia constitui, & quæ iam constitutæ fuerant, resici petierunt, vt labor Patris vestri (celeberrimi Conuentus interpolare verba mihi religio est*) *& vester per incuriam quod absit, labefactando non depereat: quoniam ex hoc facto & magna vtilitas & honor Dei Ecclesiæ & vobis magnum mercedis emolumentum & memoria sempiterna accrescet. Hactenus Concilium.*

Ex his ergo manifestum est 1. mentionem hic fieri de Scholis maioribus seu Academiis & Vniuersitatibus; deque his tribus, Parisiensi, Ticinensi & Bononiensi, quas diximus fuisse à Carolo M. aut institutas aut instauratas; de his, inquam tribus, in tribus congruentissimis Imperij locis collocatis: nisi forte Osnabrugensem loco Bononiensis, de qua minus certum est, accenseamus. Quod autem de Cœnobialibus aut Episcopalibus hic sermo non sit, patet manifestissimè; quia illas Carolus non in tribus Imperij locis, sed vbique passim collocari voluit ad commoditatem & vtilitatem publicam Ecclesiæ, è quibus deinde ad Maiores & Publicas conuolari posset. Ideo enim videntur priuatæ illæ erectæ vbique, non tantùm vt plures in litteris instruerentur, sed vt ibi rudimenta ponentes, accederent posteà ad publicas iam informati: in quibus demum cumulatissimam omnigenarum scientiarum perfectionem reperirent & compararent: quemadmodum supra de minoribus & maioribus Monasteriis retulimus. Itaque in toto Imperio tres publicæ sufficiebant: at priuatæ longè plures requirebantur.

2. Patet quoque Carolum instituisse quidem 3. Scholas Publicas seu Vniuersitates; non tamen numeris omnibus, quia morte præuentus est, absoluere potuisse. Parisiensem forte voluit extra Palatium collocare, eique exercendæ Aulas quasdam seu Auditoria publica designauit, quemadmodum Oxoniæ ab Alfredo Anglorum Rege factum legimus sub finem huiusce seculi. Itaque verba ista *Scholæ Publicæ, fiant* videntur posse intelligi tam de ædificiis commodis extra palatium litterarum exercitio deputandis, quam de ipsomet Emporio publico litterarum. Item esto Parisiensis, quia in sede Regni primaria constituta suis omnibus partibus, scholarum seu Cellularum diuisione, professionum varietate, Nationum distinctione & forma regiminis absoluta fuerit; non sic tamen forte cæteræ, Ticinensis, Bononiensis aut Osnabrugensis, quibus præsens adesse non poterat, omni parte completæ fuerunt.

3. Liquet etiam ad scholas publicas erigendas opus esse authoritate Regia, ex his verbis *scholæ publicæ vestra authoritate fiant*: ad quam scilicet pertinet concedere immunitates & Priuilegia, & concessa confirmare atque conseruare, vt pote sine quibus non potest stare Vniuersitas: secus vero est de minoribus scholis seu priuatis, quarum curam & præfecturam habebant Episcopi & Monachi vt ante docuimus. Et hinc procul dubio factum est, vt Academiæ Parisiensis Rector summus sit scholarum pro Rege Præfectus: hincque Vicarium Regis Seruinus appellat: alij Musarum & Lycæi publici Regem vocant; qui ab Episcopo Parisiensi nullatenus in sua creatione, electione, administratione dependeat: immo quoscunque Principes & Prælatos in fundo suo præcedat, vt alibi fusius exponemus.

4. Denique necesse est tres illas scholas publicas fuisse à priuatis distinctas: alioquin quid opus fuisset illas instituere, cum in omnibus locis iam fuissent erectæ, earumque præfectura & cura Episcopis demandata? Quid vero discriminis inter publicas illas & priuatas intercesserit, quanquam supra docuimus, notat Claudius Falcetus in Carolo M. ad an. 784. aiens publicas ideo dictas, aut quia omnes artes & Disciplinas complecterentur, aut quia omnibus indiscriminatim paterent discere volentibus: quod quidem de Episcopalibus & Cœnobialibus aliisve priuatis dici nequit, ad quas soli ferè Clerici admittebantur: aut quæ certe non omnium Artium professionem continebant. Placet huius viri verba referre: qui postquam de cantu Ecclesiastico per Carolum reformato, deque Professoribus egit, quos Româ & ex Italia secum in Franciam adduxerat ad docendum vbique in Gallia litteras humaniores, subdit.

Car deuant luy plusieurs cuident qu'il n'y auoit aucune estude en France. (Ie croy que par le mot STVDIVM ils entendoient VNIVERSITE OV COLLEGE PVBLIC D'ARTS LIBERAVX) & que les Monasteres, ou Eglises se contentoient d'auoir des hommes de sçauoir, qui instruisoient la Ieunesse, possible de leur Clergé, & lisoient aux plus auancez. Les Dignités de SCHOLASTIC, D'ES-

" CHOLASTRE, ou Maistre d'Eschole, & en Languedoc & Prouence se nom-
" me Capischol (c'est Chef d'Eschole, qui est demeuré en aucunes Eglises
" Cathedrales) m'en donnent le soupçon ; d'autant qu'ils en ont encore l'in-
" tendance sur les Maistres des petites Escholes de l'A B C, & le Chancelier
" de l'Eglise de Paris est celuy qui doctorize les Maistres de tous les Arts. Car
" ie n'ose pas asseurer, qu'il n'y eust point d'Escholes Pvbliqves, ou pour
" parler plus proprement, Secvlieres, d'autant qu'il est certain, que du-
" rant l'Empire Romain, aux principales Villes des Gaules il y auoit des Le-
" cteurs Publics en langue Grecque & Latine. Mais il est croyable que depuis
" le rauage de tant de Nations Barbares, & l'occupation que les François en
" firent, la connoissance desdites lettres & sciences demeura aux Gaulois Ro-
" mains : lesquels moins employez aux armes & affaires d'Estat, pour le soup-
" çon que les victorieux auoient d'eux, se rendoient au Clergé, ainsi que
" i'ay dit, où ils auoient plus de moyen de s'aider des lettres & sciences, pour
" enseigner le Christianisme aux Nations Idolatres, qui leur auoient osté le
" gouuernement de la Chose Publique. De maniere que les gens d'Eglise, que
" lors on appelloit Clercs, estant presque les seuls, qui entendissent les let-
" tres & sciences, furent cause de les faire appeller Clergie & Clercs, non
" seulement ceux qui s'en aydoient, & les pouuoient montrer aux autres,
" mais encore ceux qui sçauoient seulement lire & peindre les lettres. Mes-
" mes le mot d'Vniversite, qui est donné au Corps des Docteurs ou Maistres
" qui enseignent la Theologie, la Iurisprudence, Medecine, Astrologie, Lo-
" gique & Gramaire, montre la difference qu'il y auoit entre les Escholes
" Pvbliqves et Vniverselles pour tous, & les Particvlieres des Abbayes.
" Soit que ces Pvbliqves eussent pris leur nom pour estre vniuersellement
" ouuertes à tous ; ou pource que toutes les Lettres & Sciences y fussent in-
" differemment & vniuersellement montrées & enseignées. Ce qui n'estoit pas
" aux Escholes Prive'es ov Ecclesiasqves establies, comme i'ay dit, pour
" les Clercs & gens destinez au seruice de l'Eglise.

Præclarè certè hic Falcetus causam vanescentium in Gallia litterarum reii-
cit in Barbarorum inundantium feritatem & belluinos mores, qui ex Imperio Gallicano tam florenti alias, tamque omni scientiarum genere abun-
danti litteras hac ratione sustulerunt, quod litteratos non amplius ad Dignitates Magistratusque, ad quos solis illis sub Ditione Romanorum patebant,
promouerint. Qua de re etiam queritur Sidonius Apollinaris l. 8. ep. ad Ioannem *Iam remotis gradibus Dignitatum, per quas solebat vltimo à quoque summus
quisque discerni, solum erit posthac nobilitatis indicium litteras nosse.* Et l. 4. Ep.
22. ad Leonem Tolosatum professorem. *Certè iam super studiis nulla laus curæ,
sed ne posthuma quidem : præcipuè gloriam nobis paruam ab Historia petere fixum,
quia per homines Clericuli Officij temerario nostra, instanter aliena, præterita in-
fructuosè, præsentia semiplenè, turpiter falsa, periculosè vera dicuntur. Est enim
huiusmodi thema vel opus, in quo bonorum si facias mentionem, modica gratia pa-
ratur : si notabilium, maxima offensa. Sic se illi protinus dictioni color ordoque satyricus admiscet. Ilicet scriptio historica videtur Ordine à nostro multum abhorrere,
cuius inchoatio inuidia, continuatio labor, finis est odium. Sed tunc ista proueniunt
Clericis si aliquid dicetur authoribus, qui colubrinis oblatoratorum molaribus fixi,
si quid simpliciter edamus, insani, si quid exactè, præsumptuosi vocamur.* Sed de
his satis.

Cæterum non est dubium, quin Ludouicus exemplum Patris sequutus
viros Doctos, eosque præsertim qui in Scholis Publicis docebant, singulari fauore prosequeretur : quia & ipse litteris à pueritia fuerat diligenter &
optimè imbutus, vt testatur Theganus Chorepiscopus Treuerensis. *Ludouicus Pius*, inquit cap. 14. *Linguâ Græcâ & Latinâ valde eruditus, sed Græcam magis intelligere poterat, quam loqui : latinam verò sicut naturalem loqui poterat. Sensum verò in omnibus scripturis spiritalem & moralem, nec non & anago-
gen optimè verò nouerat. Poëtica Carmina Gentilia quæ in iuuentute didicerat, respuit, nec legere, nec audire, nec docere voluit.* Quæ carmina ? illa fortè sunt quæ
Carolus pater emendarat. Quippe ille, vt legitur in Historia, ne vllum

popularitatis genus omitteret, barbara & antiquissima quædam poëmata emendauit, quibus priscorum Regum Ducumque clarissimorum res gestæ celebrabantur, ac ediscenda proposuit, vt refert Paulus Æmylius. Quænam autem erant vetusta illa carmina & barbara? forte Bardorum veterum, qui teste Lucano, fortes animas belloque peremptas versibus præclaris commendabant, quæ Carolus emendauit, & iam non intellecta posterioribus commentatione illustrauit, suisque Academicis ediscenda proposuit.

Verum ab hocce tempore vsque ad Calui quictiora tempora magnum passæ sunt litteræ iacturam cladémque propter intestina bella coniurationésque filiorum in patrem, & totius ferè Nobilitatis Gallicanæ ab Imperatore suo defectionem. Causa coniurationis occulta hæc fuit, quod in Conuentu Wormatiensi Pius partiendo Imperium, Germaniam, Rhetiam & Burgundiæ partem Carolo Iuniori ex Iuditha suscepto adsignasset, quodque Bernardum Barcinonensem Comitem, Septimaniæ Ducem, Oræ Hispanicæ Præfectum, Iudithæ Imperatrici addictissimum, spretâ Regni Nobilitate, suis omnibus rebus tanquam supremum Ministrum præfecisset. Altera causa publica & infamis ad concitandam Imperatori inuidiam hæc erat, quod Iuditha cum Bernardo secretos amores exerceret, omniáque ad nutum moderarentur ambo, somniante interim aut conniuente Imperatore, quasi malis artibus fascinato, vt qui solus tantum malum tamque publicam infamiam non videret.

Defectioni, quæ anno tandem 830. publicè erupit, magnum pondus attulerunt Hilduinus Abbas S. Dionysij, Archicapellanus, summus ante Regni Moderator, nunc indignatus sibi Bernardum anteponi: Iesse Ambianensis Episcopus, qui regnante Carolo litterarum exercitium obierat in Scholis Palatinis, ab eóque ad Episcopatum promotus fuerat; Vvala Corbeiensis Abbas, Ebbo Archimysta Remensis, Bernardus Viennensis, Helias Tricassinus Pontifex: è Dynastis Hugo, Matfridus, Landbertus, Godofridi Pater & Filius, Richardus, Hugbertus, Bergaretus Venatorum Augustalium Præfectus & alij maioris in Regno authoritatis, qui Pipinum adolescentem adeuntes ad suas partes facilè pertraxerunt iam satis ad defectionem inclinatum, demonstrando abiectionem sui, Bernardi insolentiam, Nobilitatis Gallicanæ depressionem & despectionem: quodque durius erat & indignius, paterni thori dehonestationem. 830.

Prius vidit Imperator arma, quam sensit aduersum se parari. Intellectâ tamen defectione, Francicæ Nobilitatis Proceres, Germanos, Saxonas, & Bauaros in auxilium aduocat, inter cæteros verò Robertum Witikindi Saxoniæ olim Ducis filium (qui deinde pater fuit Roberti & Odonis Regum aut saltem Proregum Franciæ & Origo Gentis Capetianæ, à qua tandem Pipina è Francico throno deiecta est) virum fortem & ad arma promptum. Hinc vulnus recrudescit: hinc pertinacior, quàm antè Nobilium coniuratio, perfidiam sibi exprobrari molestè ferentium, exterósque in Bellicæ rei administratione præferri. Imprimis verò Imperator Defectionis prætextum amouere cupiens, Bernardum fugam capessere sinit; Iuditham vxorem Lauduni in Monasterio S. Mariæ consistere & morari iubet, ipse verò Compendium petit. At Pipinus inceptum vrgens missis Landberto, Guarino & quibusdam aliis Ducibus cum forti Armatorum manu Imperatricem ad se adduci curat, quam intentatâ mortis pœnâ adigit polliceri se velum sanctimoniale assumpturam, Imperatoríque persuasuram, vt ipse quoque Monachum indueret. Quo facto ad Imperatorem remittit. Imperator tempori seruiendum ratus, de velo nihil cunctatur: at tondeti non patitur, donec eâ de re maturius deliberasset. Pipinus moræ impatiens Imperatricem reportari, & in Monasterium S. Radegundis retrudi iubet: Patrem verò in S. Medardi Suessionensis cœnobio recludit appositis custodibus.

Biennium & amplius in hacce rerum confusione elabitur. Imperator cunctando cuncta restituere conatur: Coniuratis interim omnia possidentibus. Lotharius Imperij consors partim Patri fauet, partim etiam probat, quæ contra Imperatricem facta fuerant. Plurimum tamen momenti affert ad pacem quouis modo paciscendam. Verentur enim Coniurati, ne si cum Pio vires con- 831.

iungat, sustinendo vtrique non sint pares. Præterea miserabilis quæ tum erat Franciæ facies, multorum impatientia, bonorum commiseratio, Regis afflicta fortuna plebem mouens timorem auget, ne fortunæ vices aduersæ recurrant.

832. Igitur an. 832. pax qualitercunque componitur. Imperator Iudithame cœnobio in Aulam reuocat: Reis vitam indulget. Exilio tamen aliquos, alios bonorum iactura multat: sed vt erat bonus & facilis, paulo post in integrum restituit. Verum Pipinus Aquitaniæ Rex leuis & inconstantis indolis rursus noua moliri cœpit. Nec à patre captus & sub custodia datus resipiscit: quippe dum minus arctè custoditur, fuga libertati consulit, regnoque Francico & Imperio cladem parat, fratres in coniurationem adducit incentore malorum Gombaldo quodam Monacho, qui Bernardum ab Imperatore restitutum & ab exilio reuocatum ægrè ferens, propterea quod primas in Regni administratione partes affectabat, omnes communi concordiæ & conspirationis vinculo colligat. Causa belli visa legitima: prona nempe nimis Ludouici in Carolum, quem Caluum vocabimus, voluntas: & Regimen Francicum, auitum & hæreditarium ferè totum cum Aquitania, vnde Pipinum propter periuria expulerat, pro parte paternæ successionis assignatum.

833. Igitur anno tandem 833. eruperunt filij omnes in apertum bellum. Hinc & inde ingentes exercitus collecti. Denique in Wormatiæ campos ventum est. Vbi Gregorius Papa, qui ab vtraque parte rogatus illuc venerat, dum vltro citroque commeat, animorum ardorem paulum demitigat: at dum dies die truditur & in negotiationibus tempus teritur, illi qui Pio fidem iuraverant, spe illecti & muneribus corrupti ad Filiorum partes transfugiunt, desertumque, patrem illorum potestati & arbitrio permittunt. Vnde hic campus ad perpetuam infamiam Campvs Sceleratvs seu Campvs Mendacii vocatus est. Pater ergo deditur filiis, Imperator, subditis. Iuditha vxor in Castra Ludouici Baioariæ Regis ducitur, & inde in Italiam relegatur. Augustus cum Carolo Iuniore ad Lotharium. Hic patrem Suessione in Cœnobio Sam-medardensi sub arctissima custodia recondit. Carolum Prumiensi apud Treueros commendat, nec tamen tonderi iubet.

Calendis deinde octobris Comitia habet Compendij, ibique patrem pullâ indutum veste, depositis armis & insigniis Imperatoriis, vt reum Episcopali sententia per Ebbonem Archiepiscopum Remensem damnat, Imperio inhabilem declarat, atque ita exutum in cœnobium retrudit. Hiematurus deinde Aquisgrani secum ducit. At facinus tam indignum tamque immite displicere cœpit Ludouico Baioariæ, & ipsi etiam Pipino Aquitaniæ Regibus, Lotharii fratribus, gliscente in animos eorum inuidia, quod Lotharius interim opes augeret solus, seque omnibus metuendum formidabilemque præstaret. Mouet quoque ad commiserationem plurimos Franciæ proceres afflicta Pij fortuna statusque calamitosus. Hincque arma parantur.

834. Veritus ergo Lotharius vicinas Ludouici Bauari copias, patrem reducit in Franciam & Parisiis cunctos Fideles sibi obuios esse præcipit an. 834. recluso interim apud San-Dionysianum Cœnobium Augusto. Verum plurimi Proceres ducibus Egrardo seu Eggebardo aut Agobardo Comite & Vvilielmo Comite stabuli, Guarino & Bernardo: item ex alia parte Ludouicus ex Bauaria, Pipinus ex Aquitania aduenientes, pugnaturi pro libertate patris venissent ad manus, nisi bonus Imperator eos à certamine retardasset. Lotharius imparem se tot viribus copiisque coniunctis sentiens, relictâ Luteriâ & quibusdam commissâ Ducibus in Burgundiam se recipit. At breui post eius recessum Augustus è Cœnobio San-Dionysiano retrahitur, restituitur in integrum, Imperatoria Paludamenta resumit, Imperiique clauum retractat. Iuditha & Carolus liberantur, & à Rothaldo Episcopo Suessionensi & Bonifacio Comite reducuntur. Non ante tamen sacras Infulas resumere voluit Pius Imperator, quàm Episcopali ministerio fuit reconciliatus, armisque recinctus, baltheo & cingulo militari, quibus per ipsos Episcopos exutus fuerat. *In qua re*, inquit Anonymus ex Ademaro, *tanta exultatio populi excreuit, vt etiam ipsa elementa viderentur iniuriam patienti compati, & releuato congratulari.*

Huiusce detestandæ coniurationis præcipuus incentor authorque fuit Ebbo
Remensis

Remensis Archipræsul, quem ex Originalium seruorum fœce Germanica ad summas regni Dignitates, vt Conscholarem & Collactaneum suum prouexerat Pius Imperator. Rem verò cum indignatione sic describit Theganus Chorepiscopus Treuirensis, miserabilis illius tragediæ spectator. Postquam enim dixit omnes Episcopos, eos verò maximè qui ex seruili conditione educti fuerant, molestos fuisse suo Imperatori, subiungit. *Elegerunt tunc vnum impudicum & crudelissimum, qui dicebatur Ebbo Remensis Episcopus, qui erat ex Originalium seruorum stirpe, vt eum immaniter afflixisset cum confinitionibus cæterorum inaudita locuti sunt, inaudita fecerunt quotidie improperantes ei, abstulerunt ei gladium de femore suo, iudicio seruorum suorum induentes eum cilicio. Tunc impletum est eloquium Ieremiæ Prophetæ dicentis,* SERVI DOMINATI SVNT NOSTRI : *O qualem remunerationem reddidisti ei! fecit te liberum, non nobilem, quod impossibile est, post libertatem. Vestiuit te purpura & pallio, & tu eum induisti cilicio. Ille pertraxit te immeritum ad culmen Pontificale. Tu eum falso iudicio voluisti expellere à solio patrum suorum. Crudelis! cur non intellexisti præcepta Domini,* NON EST SERVVS SVPRA DOMINVM SVVM... *O Domine Iesu, vbi erat Angelus tuus, qui omnia primogenita Ægypti vnâ nocte deleuit? & ille qui in castris Assyriorum sub Sennacherib Rege iniquo centum octoginta quinque millia perfidorum extinxit testante Esaia Propheta? aut ille qui Herodem iuuenem concionantem percussit, & statim scatere coepit vermibus? Et tu terra quæ eum sustinuisti illo tempore, quare non aperuisti os tuum vt deuorares eum, sicut iam olim fecisti Dathan & Abiron?* Hæc & plura eodem spiritu Theganus. Eandem quoque Principis calamitatem & facti indignitatem exaggerarunt plures viri Docti, tum Parisienses & Galli, tum Germani.

Atque vt Ebbo fuit Imperatori suo insigniter periurus, contra Rodbernus ob eximiam fidem quam illi & Iudithæ Imperatrici seruauit, vehementer prædicari meruit: dici enim non potest, quantis ille se laboribus & periculis exposuerit, vt illis opem afferre posset, quoties ab Imperatore ad Iuditham, & à Iuditha ad Imperatorem per inuia, perque vastas solitudines redierit. Placet ea referre quæ de eo præclaris versibus commendauit Walafridus Strabo Rabani Discipulus insignis Poëta illorum temporum.

Quis numerabit enim quantos persæpe labores
Sustuleris? quantisque tuam, Rodberne, periclis
Credideris vitam, Dominorum damna gemendo?
Dum fraus saua Pium premeret sibi noxia Regem
Reginamque humilem Ligurum clausisset in vrbem,
In manibus posuisti animam, nec grande putabas
Exitium, casusque tui discrimina, si quem
Moliri posses iuris pro parte vigorem.
Quando horum cautâ mecum sub mente recordor,
Miror, & in lachrymas commoto pectore soluor:
Et quantum accipio, Domini solatia vires
Has tribuisse tibi certo pro munere credo.
Heu quibus insidiis arctissima septa viarum
Alpibus in mediis solers custodia cinxit?
Quanta per ingentes fluuiorum angustia cursus
Terruit, & quoties trepidum tenuere latebræ?
Pauperies pressit, præsens metus, omnia dura.
Nullum tempus erat securo munere plenum.
Nox obscura diem, noctem lux ipsa tenebat.
Nulla domo campoue quies, timor vndique pulsans,
Sola fides rectique sibi mens conscia tantum
Suasit opus, docuitque aliquam sperare salutem.
Cætera sed nimio errore pericla furenti
Sæuitiæ cessère hominum, quæ sæpe coactus
Commutasti habitum, famulique vice apta per artem
Seruitia explesti supplex & mille gerebas
Ingeniis, quod præcipuâ virtute nequires.
Sed mens plena fide, nullo defessa labore

Non ante assumptum, quia vim formidinis vnus
Deseruit, requiemque habuit quam prima potentum
Corda per Hesperiam scriptis verboque coëgit
Sacrilegum genuisse nefas. His deinde peractum est
Consilijs, vt fessa diu & compressa malorum
Ponderibus Regina, ferís deducta tenebris
Non sine honore foret, tandemque occultus & arte
Vsus adumbratâ venisti, & dulcia coram
Suscipiens mandata, pio celer ipse libensque
Cæsari, & adiunctis portasti primus amicis.
Nec minus illud iter reciduo horrore molestum
Insidijsque dolisque tibi fuit vndique plenum,
Cumanum quando arte lacum Custodia nisa est
Præclusisse tibi. Domini sed dextra secundos
Immittens ventos inimico à littore vexit.
Rursus in aërijs nimium vis Alpibus altæ
Fecit habere moras requiei inamabile tempus.
Has quoque decutiens studijs iniuncta benignis
Nuncia sollicito retulisti ex ordine Regi.
His tibi pro causis & tam felicibus, inquam,
Ausibus ille redux Rex & Regina soluta,
Et cuncti pariter plenâ pietate fideles
Altius adscribent laudes & nomen honestum....
Ergo age fer Domino grates & munera laudum
Iustitiamque simul Dominorum attende merentum
Tristia deserere & rursus in læta redire.
Nam quid erat mæsto tam desperabile Regno,
Quàm sua depositis iteratò posse venire
Sceptra, statumque illos adipisci posse priorem?

Hæc vir Principi suo fidelis præstitit. Perfidi verò & periurij alij alio fugerunt: & vno fere anno omnes Episcopi tanti sceleris aut Authores, aut Participes perierunt: imò qui sequuntur à Kalendis Septembribus ad Martinalia è vita excesserunt, Iesse Ambianensis Episcopus, Helias Tricassinus, Vvala Corbeïensis Abbas, Matfridus, Hugo, Landbertus, Gotofridus vterque pater & filius, Albertus Comes Pertensis, Burgarethus. Ebbo è fuga & latebris retractus vitam duxit longiorem, sed miseriorem.

835.

Ebbonis Depositio.

Anno enim 835. apud Theodonis-Villam Synodo 43. Episcoporum sistitur proximis ante Quadragesimam diebus, vbi accusatus & conuictus vltro in abdicationem Archiepiscopatus consentit his verbis apud Flodoardum l. 2. Histor.

EGO EBBO indignus Episcopus recognoscens fragilitatem meam & pondera peccatorum meorum, testes Confessores meos, Aiulphum videlicet Archiepiscopum & Badaradum Episcopum, nec non & Modoinum Episcopum constitui mihi Iudices delictorum meorum, & puram ipsis Confessionem dedi, quærens remedium pœnitendi & salutem animæ meæ, vt recederem ab Officio & Ministerio Pontificali, quo me recognosco esse indignum, alienum me reddens pro reatibus meis, in quibus peccasse secretò ipsis confessus sum. Eo scilicet modo vt ipsi sint testes alium succedendi & consecrandi subrogandique in loco meo, qui dignè præesse & prodesse possit Ecclesiæ, cui hactenus indignus præfui. Et vt inde vltra nullam repetitionem aut interpellationem authoritate Canonica facere valeam, manu propria mea subscribens firmaui. EBBO QVONDAM EPISCOPVS SVBSCRIPSI.

Idem instrumentum subsignarunt sex Episcopi, quod à Iona Aurelianensi traditum Heliæ Notario, qui libellum Ebbonis scripserat: atque ille annum apposuit nempe 835. & 21. Imperij Ludouici. His ita factis Ebbo spontaneum sibi exilium indicit vltra montes. At mortuo Imperatore an. 840. Vvormaciam ad Lotharium se contulit; à quo pristinæ sedi restitutus est: vt ad eum annum dicetur. Interim Ecclesiæ Remensis regimen à Synodo commissum est Fulconi Presbytero, eidemque libellus Ebbonis traditus ad reponendum in scrinio eiusdem Ecclesiæ.

Anno 838. Ludouicus Augustus morti se propinquum auguratus, Iudithæ coniugis precibus inductus Imperij Regnique Gallicani partes filiis suis assignauit: ne se defuncto in noua dissidia ab adulatoribus mergerentur: Lothario iam Imperatori consecrato Partem Imperij cum Italia: Ludouico Bauariam, vt ante obtinebat: Pipino Aquitaniam: Carolo Caluo Iuniori Franciam sub tutela Lotharij. Quæ partium Imperij diuisio non placuit maioribus natu filiis: quippe iniquum reputantibus, vt Francia quæ pars opinior erat & honorificentior, iuniori daretur. Composuit tamen animos ad pacem vt potuit parens, & Francorum Proceres Carolo fidem præstare iussit: quam nomine Parisiensis ciuitatis præstiterunt Hilduinus & Gerardus Comes præsente Pipino Aquitaniæ Rege socordis tardique ingenij viro. Quo paulo post reditum in Aquitaniam defuncto relictis duobus filiis Pipino & Carolo, Augustus Caluo adiecit Aquitaniam, vnde noua est exorta materia belli. Aquitani enim respuentes Regem non apud se natum, Pipinum Pipini filium Rebus suis præficiunt. Non patitur Augustus, arma contra eos mouet, & nepotem in Germaniam mittit, ac Drogoni Mediomatricum Pontifici viro docto educandum commendat.

Anno 840. obiit Imperator Ludouicus 12. Kal. Iulii ætatis an 64. sepultusque est Metis in Basilica S. Arnulfi: & funus eius exequialemque pompam curauit solemniter celebrari Drogo Archiepiscopus Metensis, Caroli M. ex pellice filius, eiusque tumulo hoc epitaphium insculptum.

Imperij fulmen, Francorum nobile culmen,
 Erutus à saclo clauditur hoc tumulo.
Rex Lodouicus pietatis tantus amicus,
 Quod Pius à populo dicitur & titulo.
Hildegard soboles, Karoli Magni pia proles,
 In pacis metas colligit hunc pietas.
Rumelicum villam quidquidve refertur ad illam,
 Arnulfo sancto contulit, huicque loco.
Stirps à quo Procerum Regumque vel Imperatorum,
 Quorum muneribus sistitur iste locus.

Post mortem Patris fraterna bella rursus exardent. Lotharius ex Italia cum ingenti exercitu in Franciam properat, & vulpinum animum gerens dum aliud simulat, Carolum fratrem ex auito & à patre sibi relicto Regno deturbare tentat. Verum ille adiuncto sibi Ludouico Baioario altero è fratribus Lotharium expellit. Necessitas tandem ad pacem compellit. Quippe irruentes Normani & omnia ferro flammisque vastantes omnibus terris exitium minitabantur. Furoris Normanici sæpe & diu Francia theatrum fuit, quæ nisi optimum & generosum Principem tum nacta fuisset, de ea actum erat. Et quia Luteria sedes erat Regni primaria, cuius possessio Regnum pollicerì videbatur, eam pertinaciter occupare contenderat, sed semper incassum. Desauit tantummodo eorum rabies in suburbia agrosque vicinos atque in alias Regni vrbes. Omnia tamen bella feliciter confecit Carolus, nec illi quandiu regnauit, in Francia sedem ponere potuerunt.

Hæc autem inter, quis locus esse potuit Musarum exercitio? & vnde Iuuenes Lutetiam confluere potuerunt aut esse securi tot inter procellas animorum & armorum fragores? Itaque mirum non est, si deferbuit aliquantum ardor litterarum, visæque aliquandiu Musæ obmutescere dum bella fremuerunt. Quanquam & alia fuit ignauiæ causa in contentione studiorum: nempe superbia, vanitas, libidines, insolentia nonnullorum, qui quod litteratiores essent, & ab Imperatore e fæce & sordibus ad summas dignitates promoti fuissent, cæteros contemptui habebant, à cæteris etiam odio habiti. Tales plerique eorum fuerunt, quos diximus causas fuisse bellorum ciuilium incentoresque seditionum. Hinc Theganus Ludouicum quidem laudat, quod omnia prudenter & cautè, nihil indiscretè egerit: in hoc vero damnat, quod Consiliariis eiusmodi nimis crederet, quos è vilissima seruitute eduxerat. Quia iam dudum, inquit, pessima illa consuetudo erat, vt ex vilissimis seruis summi Pontifices sumerentur, & hoc non prohibuit: quod tamen maximum est malum in populo Christiano, sicut testatur Regū Historia de Ieroboam filio Nabath, qui erat seruus Regis Salomonis, & post eum principatum habebat super decem tribus filiorum Israel. Refert enim scriptu-

Clades litterarum.

„ ra de eo in hæc verba. Non est reuersus Ieroboam de via sua pessima, sed è
„ contrario fecit de nouissimis populi sacerdotes excelsorum. Et propter hanc
„ causam peccauit Domus Ieroboam & euersa est & deleta est de superficie ter-
„ ræ. Postquam tales culmen accipiunt, nunquam sunt sicut antea mansueti &
„ sic domestici, vt non incipiant esse iracundi, rixosi, maliloqui, obstinati, inu-
„ riosi, & minas omnibus subiectis promittentes, & per huiusmodi negotia cu-
„ piunt ab hominibus timeri & laudari. Turpissimam cognationem eorum à iu-
„ go debitæ seruitutis nituntur eripere & libertatem imponere. TVNC ALI-
„ QVOS EORVM LIBERALIBVS STVDIIS instituunt, alios nobilibus
„ fœminis coniungunt, & propinquas eorum filios Nobilium cogunt accipere.
„ Nullus cum eis æquanimiter venire potest, nisi hi soli qui talem coniun-
„ ctionem habent: cæteri vero cum maxima tristitia gemendo, flendo ducunt
„ dies suos: propinqui autem supradictorum postquam aliud intelligunt, senes
„ nobiles derident atque despiciunt: sunt elati instabiles, inuerecundi.... Propin-
„ qui eorum postquam aliud intelligunt, quod maximum est periculum dan-
„ tibus & accipientibus, ad sacrum Ordinem pertrahuntur. Et licet aliqui sint
„ periti, tamen superat eorum Doctrinam criminum multitudo.

 Hinc igitur irrepsit quædam indignatio vulgi nobiliumque etiam ipsorum aduersus eiusmodi litteratos, maximè propter Ebbonem illum Remensem tot
malorum authorem, qui quia plurimum in litteris profecerat earumque ope
ad summas dignitates emerserat, superbiâ elatus & scientiarum tumore inflatus nobiles despiciebat, plebem calcabat, nouis rebus studebat, denique indi-
gnabatur & fremebat si quem sibi præferri videbat.

 Accedebat alia causa odij communis in litteratos, quod eorum aliqui vitiis
indulgerent, nihiloque meliores, imo sæpe peiores essent indoctis & illiteratis
hominibus: vnde factum, vt plerique à colendis musis absisterent. Qua de re sic
Lupus Ferrariensis apud Eginhartum Ep. 1. *Amor litterarum*, inquit, *ab ipso fere initio pueritiæ mihi est innatus, nec earum vt nunc à plerisque vocantur, superstitiosa
otia fastidio sunt. Et nisi intercessisset inopia Præceptorum & longo situ collapsa priorum
studia pænè interiissent, largiente Domino meæ auiditati satisfacere forsan potuissem. Si
quidem vestra memoria perfamosissimum Imperatorem Carolum cui litteræ eo vsque deferre
debent, vt æternam ei parent memoriam, cœpta reuocari aliquantum quidem extulere caput,
satisque constitit veritate subnixum præclarum Ciceronis dictum* HONOS ALIT ARTES
ET ACCENDVNTVR OMNES AD STVDIA GLORIA. *Nunc oneri sunt, qui aliquid discere
affectant, & velut in edito sitos loco studiosos quosque imperiti vulgo aspectantes, siquid
in eis culpæ deprehenderint, id non humano vitio, sed qualitati Disciplinarum assignant.
Ita dum alij dignam sapientiæ palmam non capiunt, aly famam verentur indignam,
à tam præclaro opere destiterunt.*

 Itaque plurimi discendi amore ducti relictâ Franciâ, quæ longo tempore
theatrum fuit furoris bellici, proficiscebantur in Germaniam, vt ibi quietius
litteris vacarent, præsertim vero ad Fuldense Cœnobium, vbi tum Rabanus
etiam Abbas factus docebat & doceri curabat. Id innuit Lupus Ep. 20. ad
Althuinum. *Reuersus à trans-Rhenanis partibus, vbi statum loci nostri deprehendi, iam
pænè stomachor quoniam non scripsisti, quid Probus noster exerceat: scilicet vtrum in
saltu Germaniæ Disciplinas Liberales, vt serio dicere solitus erat, ordine currat: an
certe inchoatam Satyram, quod magis existimo, struens, Ciceronem, Virgilium cæterosque opinione eius probatissimos viros in electorum collegium admittat.*

 Ep. vero 34. ad eundem Althuinum queritur, quod pœne obsoleta essent in
Francia studia ob Magistrorum imperitiam, librorum inopiam & tumultus bel-
licos, adeo vt Musæ quietem & otia necessaria non haberent. *Si tanta facilitate*, inquit, *discuti possent à quoquam, quantâ mouentur quæstiones, olim ad consummatam studiosi quique sapientiam euassissent. Nunc litterarum studiis pænè obsoletis,
quotus quisque inueniri possit, qui de Magistrorum imperitia, librorum penuria, otij denique inopia merito non queratur.*

 Quanquam autem Lupus hæc oratorio more paulo magis quàm veritas
patiatur, exaggeret, certumque sit ex iis quæ supra relata sunt Ludouicum Augustum non minorem erga litteras amorem quàm Carolum ipsum
Academiæ institutorem præstulisse, valde tamen credibile est propter

bella Ciuilia & propter alias causas quas retulimus, plurimum decreuisse & defloruisse splendorem litterarum; ad quem reducendum Ionas Aurelianensis Carolum Caluum hortatur, proposito Patris exemplo, qui in id quantum potuerat, initio incubuerat, suadetque hac via incedendum esse, si velit nominis immortalitatem comparare. Sic autem ille in præfatione lib. 1. de Cultu Imag. *Quantum Dominus noster gloriosissimus Genitor vester Deo dilectus Ludouicus Cæsar Religiosissimus in fidei sinceritate, totius bonitatis virtute, proborum morum claritudine, sapientia ac sanctitatis dote, diuinique amoris ac timoris feruore extiterit; quantumque Ecclesiam Christi pretioso sanguine redemptam suoque regimini Diuinitus commissam morem Patris sui, videlicet Pij & Omonymi Aui tui Caroli nobilissimi Augusti imitans, imò supergrediens* DISCIPLINIS LIBERALIUM ARTIUM *educauerit, & vtriusque testamenti sancti paginis, atque eximiorum Patrum dictis ad propellenda Hæreticorum dogmata venenata & instruxerit & instrui fecerit, cunctis Apostolicæ fidei filiis perspicuum esse non ambigitur.*

Hisce temporibus agitabatur Quæstio de Partu B. Virginis, an scilicet Christum more modoque cæterarum matrum enixa esset per vuluam, an diuino & extraordinario, inapertâ vuluâ. Quæ quidem Quæstio in Scholis Germanicis primùm agitari cœpit, deinde in Franciam transiit, nec sine æstu animorum & calore de ea disputatum est. Extat in hanc rem Ratramni Corbeiensis Monachi liber de Natiuitate Christi, in quo probat eum vt cæteros natum fuisse & nasci debuisse. In cap. autem 1. sic scribit. *Fama est & quorumdam non contemnendâ cognouimus relatione, quod per Germaniæ partes serpens antiquus perfidiæ nouæ venena diffundat, & Catholicam super Natiuitate Saluatoris fidem nescio qua fraudis subtilitate subuertere molitur, dogmatizans Christi infantiam per Virginalis ianuam vuluæ, humanæ Natiuitatis verum non habuisse ortum, sed monstruosè de secreto ventris, incerto tramite luminis in auras exisse. Quod non est nasci, sed erumpi. Quod enim viæ vteri nascendo non est secutum, sed quacumque versum, tanquam per parietem domus erupit, non iure natum esse, sed violenter egressum. Iam ergo nec verè natus Christus, nec verè genuit Maria.*

Et cap. 2. *Sed quæso cur refugis adscribere Christo Naturalem Virginalis portæ progressum? propterea, inquit, quoniam si vteri portam exiuit, non est Virginis integritas intemerata. Equidem per quemcumque locum fuerit egressus, consequenter secundum tuam sententiam integritas est violata: si enim Saluatoris ortus viam naturæ necessario fuerat corrupturus, necessario quoque quacumque exiuit, siue per latus, siue per ventrem, siue per renes, siue per superiores inferioresue corporis partes non absque integritatis damno processit. Absit verò Catholicis sensibus, vt Natiuitas, per quam restaurata fuit corrupta, quod corruperit, integra credatur.*

Contrariam sententiam tenuit Paschasius Ratbertus Corbejensis Abbas, vir istis temporibus inter doctissimos habitus, tomosque duos edidit de partu B. Mariæ Virginis, quos Abatissæ & Sanctimonialibus Suessionensibus dedicauit, his verbis eas compellans, *Quæstionem, Charissimæ, de partu B. Mariæ Virginis mihi nuper allatam vobis persoluere decreui, quoniam vos eam plurimum amare non ambigo: vt ex hoc sciatis, quantum vos diligam, longe diu à puero vester alumnus, multo iam senio confectus.*

Vehementer verò inuehitur in quosdam cœnobij sui fratres, qui naturalem nascendi modum Christo affingebant. *Nunc, inquit, quia quorundam fratrum rursus impudica quasi percunctando laborat temeritas, decreui ad vos, Matrona Christi de his scribere, quæ ipsi curiosius contra eius pudicitiam conantur explorare. Dicunt enim non aliter B. Virginem Mariam parere potuisse, neque aliter debuisse, quàm communi lege naturæ: & sicut mos est omnium fœminarum, vt vera Natiuitas Christi dici possit: aliàs autem inquiunt, si non ita natus est, vt cæteri nascuntur infantes, vera natiuitas non est, & ideo ne phantasma putetur, aut ne sicut aqua per aluum transisse, ita per vterum Virginis absque nascentis ordine credatur natus, pium est sentire sic cum lege naturæ natum fuisse, quomodo nascuntur cæteri infantes: & eam sic peperisse sicut reliquæ pariunt Mulieres. O cæca pietas quæ tam impiè sentit de Maria Virgine!*

Hæc tandem Quæstio in cœnobiis orta ita omnium Catholicorum animos offendit, vt non vltra progressa fuisse videatur, constansque semper in Ecclesia hæc sententia est, B. Virginem modo supernaturali concepisse & peperisse.

841. Anno 841. Carolus Caluus à Lothario prope è Francico Regno deturbatur: ab eodemque Lothario Ebbo Remensem sedem Imperiali Edicto recuperat, quod legitur apud Flodoardum l. 2. c. vltimo. Huicce restitutioni subscripserunt 20. Episcopi, plures Presbyteri & Diaconi. Et hoc Edicto munitus Ebbo sedem pristinam repetit post sex annos suæ depositionis, tenetque per annum aut circiter, Ordinationes celebrat, Clericos ordinat, & cætera munia Episcopalia obit. Quæ res deinde occasionem dedit Theologis disputandi, an ordinationes illæ legitimæ essent, & an Clerici per Ebbonem ordinati iterum ordinari deberent. Certè tum Episcopi Gallicani restitutioni eiusmodi obstiterunt, aientes Ebbonem à se ipso atque à 43. Episcopis in Synodo apud Theodonisuillam habitâ damnatum, non posse à minori numero restitui; ac poinde irrita esse, quæcumque faceret non legitimè restitutus. Qua de re sic Flodoardus. *Cui restitutioni præfata, quæ Suessionis habita est, contradixit Synodus, asserens quod damnatus à se, atque à 43. Episcopis, à minori numero non præualuit.*

842. Verum anno sequente qui fuit 842. victo Lothario in agro Antissiodorensi ad villam quæ dicebatur Fontanedum, Ebbo Calui iustam iram veritus iterum sedem quam malè recuperauerat, deseruit; nec à Caluo deinceps, nec à Papa restitutionem obtinere potuit. Eo igitur anno in conflictu Ciuili & fraterno opes Franciæ omnino conciderunt: quippe Carolus aduocato Ludouico è Bauaria absentis Lotharij copias superauit quidem, sed tam cruento prælio tamque funestâ victoriâ, vt centena virorum millia cecidisse perhibeantur. Parumque tum abfuit, quin Francia Lothario omnino cederet fatiscentibus Francis & prope animum & arma abiicientibus, cum auditum est Carolum quoque interfectum: sed præter spem è mediis hostium globis erumpens animos suis reddidit & victoriam. Is quoque rumor Regis interfecti statim vrbes vicinas occupauit, & timore corripuit: contrarius deinde omnium plausus excitauit. Hac de re Lupus Ferrariensis Ep. 33. *Præcellentissime Domine, & si dicere audeam, amantissime, auditâ nuper status vestri aduersitate ineffabili dolore distabui. Namque mecum reputabam vestræ nobilitatis indolem, quam cupio ætatis maturitate ac sapientiæ grauitate consummari, nimis immaturè nobis ablatam. Id quia irrecuperabile videbatur, quoniam id constanter fallax fama iactaret, totum me cum fratribus qui mecum Deo seruire satagunt, id impetrandam salutem animæ vestræ contuleram. Cui vehementer timebam quorundam non satis Deum timentium persuasionem obesse. Verum quoniam sospitate vestra donati sumus, incredibili gaudio repleti sincerâ fide Maiestatem vestræ Celsitudinis admonemus, vt omnipotenti Deo nobiscum gratias habeatis.*

Ad hunc annum referunt aliqui historiam seu potius fabulam Ianæ Anglicæ Papissæ, quam aiunt sedem Pontificiam tenuisse per biennium cum quinque mensibus & diebus tribus, nomenque Ioannis VIII. assumpsisse. Commemorant verò illam cum sacerdote quodam Anglicano versatam Moguntiæ & è Cœnobio Fuldensi, vbi aliquandiu bonis Artibus instructa fuerat, ductam Athenas ea demum litteratum laude floruisse, vt Romam regressa Pontificatum obtinuerit; sed tandem conceptum ex scortatione fœtum enixam publicè, partúsque doloribus in solemni processione extinctam occubuisse, cum biennium & vltra orbi Christiano turpiter illusisset. Huius fabulæ authores primi vulgò feruntur fuisse Radulphus, Marianus Scotus, Sigebertus Gemblacensis, **Gotfridus Viterbiensis, Martinus Polonus, Platina** & alij. Verum hæc omnia mera esse figmenta euincit constans Pontificum series, quæ iis temporibus nunquam interrupta fuisse legitur plus quam 15. diebus. Adde quod alij Sergio II. alij Leoni IV. eam successisse scribunt an. 855. Quidam anno 840. ad Pontificatum promotam, quo tempore sedebat adhuc Gregorius. Præterea nullus authorum veterum huius historiæ meminit; non Franci nostri, qui cum Romanis frequens commercium tunc temporis exercebant: non Rabanus, non alij scriptores Fuldenses: non Anastasius Bibliothecarius: non veteres Græci Pontificiæ sedis Rom. inimici. Postremo etiam ipsi hodierni Hæretici, iique qui pro doctissimis habentur, fabulosa esse fatentur, quæ de Iana illa referuntur.

843. Anno 843. Pacem tandem ineunt fratres. Carolo relinquitur Francia: Ludouico cedit Germania, Lothario tota Italia & media inter Germaniam & Franciam Prouincia, quæ ab eo Lotharingiæ nomen habuit & adhuc retinet. Pipino Pipini filio Aquitania, qua tamen Carolus eum paulo post spoliauit. Ille eodem anno Hirmentrudem Wodonis & Ingeltrudis filiam, illiusque Adhelardi neptem, cuius sapientibus consiliis Ludouicus Pius Rempub. pacificè gubernarat, Coniugem accepit. Quamobrem à Populo qui Adhelardum amabat mirificè dilectus est; à Politicis non satis sanè vtilitati publicæ consulere putabatur, cuius nempe intererat cum exteris Regibus fœdus contrahere ad auxilium contra fratres si opus esset, comparandum. Verum amorem populi, quem hisce nuptiis se demeriturum pro certo habebat, præfert, & nuptias explet 18. Kal. an. atque apud S. Quintinum Veromanduorum Natalem Domini celebrat.

Eodem anno Normani, gens ferox e Daniæ finibus orta, numerosa classe aduecti Nanneticam ciuitatem capiunt, vastant & diripiunt à Lamberto quodam ciuitatis illius Comitatum affectante aduocati: dici non potest quantam ibi stragem ediderint Laicorum atque Clericorum & Sacerdotum. Episcopum ipsum nomine Guihardum, seu vt aliqui scribunt, Gunebodum variis tormentis enecant. Carolus eorum furorem reformidans largitionibus potius allicit, quàm auertit: vt ex sequentibus patebit.

Scribit quoque ad hunc annum Sigebertus Theodulphum Aurelianensem prosas & versus qui in Ecclesia cantari cœperunt, composuisse & edidisse. Verum ille & cum illo Trithemius & Baronius hallucinantur, qui vitam Theodulphi ad hæc vsque tempora protrahunt: certum est enim Ionam qui illi in Episcopatu successit, interfuisse Collationi Parisiensi de cultu Imaginum an. 825. Sirmondus verò coniicit Theodulphum obiisse circa an. 821. At hoc anno obiit Ardo Smaragdus Theodulphi Discipulus, vir Doctrina & sanctitate præclarus, quem aiunt fuisse Monachum Aniani Cœnobij in Diœcesi Monpessulensi. Alij distinguunt tres Smaragdos, vnum Abbatem S. Michaelis vulgo *S. Miel*, cuius meminit Frotharius Episcopus Tullensis in Ep. 1. ad Hilduinum, quem D. Lucas Dacherius ait interfuisse Synodo cuidam Romanæ sub Leone IV. simul cum Iesse Ambianensi & Adhelardo Corbeiensi Abbate à Carolo M. missis: huncque ait dedicasse Ludouico Pio, opus Aureum, inscriptum, Via Regia: obiit autem circa an. 823. Alterum Anianæ Monachum hoc anno 843. defunctum: 3. Luneburgensis Monasterij in Saxonia Abbatem circa an. 972. de iis Surius in Catalogo virorum Illustrium.

Eodem anno aut certè superiore obiit Ionas Episcopus Aurelianensis Theodulphi successor, vir inter doctissimos Theologos numeratus, nec minus in rebus agendis peritus: quem Adreualdus Floriacensis lib. 1. de miraculis S. Benedicti c. 25. in litem, quæ Floriacensibus intercedebat cum San-Dionysianis, Iudicem aduocatum fuisse scribit simul cum Donato Melidunensi Comite, quos *Iudices legis Salicæ* appellat. Ei in Episcopatu successit Agius Presbyter Palatij Caroli Calui, & à Wenilone Metropolitano Senonensi est consecratus.

Anno 844. Sergius II. ad Regimen Vniuersalis Ecclesiæ Gregorio successit. 844. Illi antè promotionem *os porci* cognomen erat, quod quia turpe & ridiculum videbatur, deposuit, & Sergius vocari voluit, vt scribit Martinus Polonus & alij. Atque inde factum putant, vt summi Pontifices nomen Gentilitium & proprium mutare soleant in sua creatione. Quanquam alij huiusce mutationis rationem afferunt sanctiorem, quod nimirum Christus instituens Simonem in Pontificem, Petrum vocarit; & vt admoneantur hoc facto Pontifices sibi cum nomine mutandos esse mores & affectus humanos, induendumque nouum hominem. Hic Pontifex dicitur fuisse origine insignis, fide purus, prædicatione liberior, Deo humilis, hominibus valdè amabilis, pauperum & indigentium consolator. Ad confirmandam autem eius electionem Lotharius Imperator Ludouicum primogenitum Romam misit cum amplissimo comitatu prælatorum & principum: & ille ab eo in regem Longobardorum inunctus & inauguratus est. Huic solemnitati affuit inter cæteros Ebbo ille Remensis, qui à Sergio postulans in integrum restitui, hoc tantum obtinere potuit, vt inter Laicos communicaret.

845. Huic Pontifici an. 845. Rabanus librum misit de S. Cruce per Aschoricum & Rupertum Monachos. Quod opus laboriosum, ait Auentinus suo æuo opera Ioannis Rheuclini Hebræarum litterarum Instauratoris ab Thoma Anshelmo fuisse diligentissimè excusum.

Eodem anno Normani ducibus Ragenario seu Regnero & Rorico capta Burdigalâ, Petragorio, Xantone, Lemouico, Turonibus, Aurelia & aliis plurimis ciuitatibus Lutetiam inuadunt & suburbana diripiunt 15 kal. April. quæ erat vigilia paschæ, dum populus sacris intentus erat, occasionem nacti rei malè gestæ cum Britonibus, quibus Carolus succubuerat: quem proinde cogunt à se pacem mercari & ingenti pretio redimere. Scribit Aimoinus l. 5. c. 20. Ragenarium victoriâ elatum & insolescentem triduo post direptum San-Germano-Pratense cœnobium subito concidisse.

Eodem anno in Synodo Bellouacensi, cui præsedit Wenilo Archiepiscopus Senonensis & affuit Ercantradus Episcopus Parisiensis, vnanimi omnium conspirante consensu diligitur in Archimystam Remensem Hincmarus Monachus San-Dionysianus: quæ Ecclesia per decem annos à Fulcone Presbytero, deinde à Nothone vt cunque administrata fuerat. Hunc virum Academiæ Parisiensis alumnum vocat Ludouicus Seruius: at Flodoardus l. 3. ait cum à pueritia in Monasterio S. Dionysii sub Hilduino Abbate *Monasteriali Religione nutritum & studiis litterarum imbutum*, indeque pro sui tàm generis, quàm sensus nobilitate in Palatium Lodouici Imperatoris deductum familiaremque ipsius notitiam adeptum fuisse, fidelitatem quam Abbati suo Hilduino bonis spoliato & in exilium amandato præstitit, mirificè prædicat: quippe cum exulantem secutus est, eidemque postliminium ab Imperatore obtinuit & restitutionem in integrum; & licet eum Abbas restitutus in obsequium suum contra fidelitatem Imperatori debitam pertrahere tentasset, nec potuisset, nihilominus ei prodesse studuit apud ipsum Imperatorem Abbati offensum ob recidiuam conspirationem.

846. Anno 846. Lotharius Imperator audita Hincmari promotione ad sedem Remensem & eiusdem fidelitate erga Carolum Regem, exigit à Sergio litteras ad retractandam Ebbonis Depositionem Treueris. Guntboldus Archiepiscopus Rothomagensis iubetur conuocare Concilium, Hincmarumque citare. At legatis Papæ iuxta condictum non venientibus, Guntboldus annuente Carolo ex litteris Pontificiis synodum condicit Parisiis, ad quam Ebbonem per Litteras & Legatos vocat: at Ebbo nec venit, nec Vicarium pro se, nec litteras mittit. Itaque habita est an. 847. Synodus Parisiis, cui adfuerunt ipse Guntboldus, Wenilo Senonensis Archiepiscopus cum Suffraganeis suis, Landrannus Turonensis cum suis: Hincmarus etiam cum suis, & ex Concilij sententia Ebboni per litteras omni deinceps administratione Remensis Ecclesiæ interdixerunt, donec iuxta mandatum Papæ se sisteret, atque in Generali Conuentu definitionis sententiam acciperet. Sed ille, inquit Flodoardus, *ad nullam synodum vel ad sedem Apostolicam vocem postea reclamationis, vel repetitionis de sede Remensi aut de ordine suo emisit.*

847. Ad eundem annum refert Auentinus in Germania floruisse Poëtas plurimos Historicos & Diuinæ Philosophiæ Doctores clarissimos: in Sueuia Strabonem **Monasterij San-Gallensis Antistitem, Rabanum eodem an. die Dominica 26.** Iunij Archiflaminem Moguntinum, Germaniæ Primarium Pontificem factum: In Francia Orientali apud Fuldam Rudolphum Rabani Discipulum eiusque vitæ scriptorem: qui commentarios in omnes sacræ historiæ libros ediderunt; quos GLOSSAM ORDINARIAM vulgo nuncupant. In Francia nostra Hincmarus, Æneas postea futurus Episcopus Parisiensis, Lupus Ferrariensis, Helias Scotigena, Heriboldus Antissiodorensis, Wenilo Archiepiscopus Senonensis præ cæteris florebant.

Eodem anno Leo IV. post Sergium in Cathedra S. Petri sedit, eamque tenuit annis 8. mensibus 3. diebus 6. fuit multæ patientiæ & humilitatis, largus pius atque benignus, amator Iustitiæ, in diuinis scripturis versatissimus, omni denique laudum genere cumulatus, ab infantia ob litterarum studia inter Monachos enutritus; quam didicerat morum integritatem in Pontificatu retinuit. Is autem inter cætera statuit, prædecessorum suorum Stephani &

Eugenij

Eugenij exempla imitatus, vt iuxta Basilicas clauſtra & ſcholæ conſtituerentur, in quibus clerici Eccleſiaſticis imbuerentur diſciplinis. Statuit quoque vt Aſſumptionis B. Mariæ octauæ celebrarentur in Eccleſia Rom. quod ante ipſum non fiebat.

Eo ſedente & Lothario imperante Sarraceni nauibus adducti ad littora Hetruriæ, plurimis ciuitatibus damna innumera inferunt: deinde Romam properantes omnia ſuburbana flebiliter depopulantur, Baſilicam S. Petri quæ tunc erat extra ſepta, diripiunt, altare ſacrum profanant, ſpoliant & onuſti præda ad naues redeunt. Veriti autem Romani ne deinde locus ille directionibus pateret, Pontificem rogant, vt quod Leo III. inceperat, perficiat, validiſque propugnaculis muniat ſpondentes in eam rem omnia ſua collaturos. Contribuunt quoque in opus tantum Lotharius, Ludouicus & Carolus, quod anno 848. anno 6. Pontificatus abſolutum eſt.

Anno 848. Rabanus Maurus Magnentius tunc Moguntinus Archiepiſcopus Synodum celebrat Moguntinenſem aduerſus Gotheſcalcum Theologum, natione Belgam, profeſſione ſacerdotem, & vt aliqui ſcribunt, Monachum, de prædeſtinatione & redemptione hominum dogmata quædam ſcriptis & voce ſpargentem Catholicis auribus malè ſonantia: nempe homines ineuitabili lege & neceſſitate prouidentiæ diuinæ ſiue inferis ſiue ſuperis deſtinatos eſſe. Ex ſententia autem Synodi ad Archiepiſcopum ſuum Hincmarum Belgicæ Primatem remiſſus eſt. Sacramento prius dicto nunquam ſe in Germaniam rediturum. De eo amplius dicetur infra. Huic Synodo dicitur inter cæteros Eginhartus interfuiſſe tunc Abbas Selingenſtadienſis vnâ cum cæteris eiuſdem Prouinciæ Abbatibus: cui paulo poſt defuncto & in Baſilica ſua Selingenſtadienſi tumulato, quam ipſe proprijs ſumptibus & impenſis conſtruxerat, Rabanus ipſe vt amico chariſſimo & Caroli M. quondam Secretario hoc Epitaphium poſuit.

Te peto, qui templum hoc ingrederis, ne noſcere ſpernas,
   Quid locus hic habeat, quidue tenens moneat.
Conditus ecce iacet tumulo vir nobilis iſto,
   Einhartus nomen cui Genitor dederat.
Ingenio hic prudens, probus actu atque ore facundus
   Extitit, at multis vtilis arte fuit.
Quem Carolus princeps propriâ nutriuit in aula:
   Per quem & confecit multa ſatis opera.
Nam horum ſanctorum condigno functus honore
   Exquirens Romæ corpora duxit & huc.
Vt multis proſint precibus curaque medelæ
   Ipſiuſque animæ Regna poli tribuant,
Chriſte Deus hominum ſaluater, Rector & Author,
   Æternam huic requiem da ſuper aſtra pius.

Nempe Eginhartus reiectis Palatij & Regni negotiis poſt obitum Caroli in prædio ſuo de Mulenheim Baſilicam extruxerat, diuiniſque officiis addixerat, & in honorem SS. Marcellini & Petri dedicarat, quorum corpora ex vrbe Roma **ſumptibus proprijs in Franciam transferri** curauerat. Hic obiter corrigendus error nonnullorum aientium Eginhartum anno 843. obiiſſe. Certius enim eſt quod ſcribit Trithemius, qui omnia Abbatiæ Selingenſtadienſis ſcrinia luſtrauit, eum huicce Synodo Moguntinæ interfuiſſe.

Anno 849. Adelolfus, ſeu Atulphus Rex Anglorum Romam profectus ad Leonem IV. eidem Inſulam ſuam vectigalem facere pergit ex denario S. Petri in gratiam Scholarium Anglicanæ nationis.

Malè Trithemius hocce vectigal ab hoc Principe inſtitutum ſcribit. Nam vt ſupra docuimus ex Annalibus Anglicanis Offa II. Adriano tum ſedente in Cathedra S. Petri Denarium illum quem vocarunt ROMSCOT in eam rem vouerat. Imo contendunt nonnulli non Offam, ſed Inam Occiduorum Saxonum Regem genus illud tributi primum inſtituiſſe: at Atulphum auxiſſe: idque ex Polydoro & Sabellico ſcribit Genebrardus. Ioannes Laziardus in Epitome Hiſtoriæ Vniuerſalis ſic breuiter hac de re. *Hoc tempore Adulphus Rex qui primus to-*

849.

tius Anglia obtinuit Monarchiam, Romam veniens cum Leone Papa nummum argenteum de vnaquaque domo obtulit S. Petro in anno, qui vsque hodie soluitur & sterlingus vocatur. Forte Denarius ille, qui in vsum & sustentationem pauperum scholarium Anglicanæ Nationis institutus fuerat, conuersus est ab Atulpho ad constructionem arcis S. Petri ad quam omnes Reges Christiani de Regnis suis aliquid contribuerunt. Cluuerius maliciosè ait Cantiam & Northumbriam ad redimendum Popularibus suis pœnitentiæ onera, id vectigal obstrinxisse Pontifici.

Hisce temporibus Hincmarus Archipræsul Remensis res raptas & Laïcis hominibus aut Clericis à Regibus attributas ipsi Ecclesiæ restituere conabatur: & in eam rem à Carolo multiplices litteras impetrauit: quas legere est apud Flodoardum lib. 3. Hist. Rem. in quarum vna sic habet Carolus. *Nouerit omnium Dei fidelium ac nostrorum solertia, quia Res ex Episcopatu Remensi, quas magna necessitate & per omnia inuiti, dum à Pastore sedes illa sancta vacaret, fidelibus nostris ad tempus, vnde quoddam temporale solatium in nostro haberent seruitio, commendauimus, electo & ordinato munere S. Spiritus per Dei & nostram dispositionem in eadem S. Sede Hincmaro Archiepiscopo, hoc nostra authoritatis præcepto cum integritate quidquid exinde nos fidelibus nostris beneficiauimus, præsentialiter restituimus.*

Erat enim iste mos in Regno Gallicano, vt quando sedes aliqua Episcopalis vacabat, Reges sacra ministeria per Chorepiscopos peragi curarent, res vero ac facultates sibi suisque attribuerent: quem peruersum morem petiit Hincmarus à Leone reformari: eumque consuluit per litteras, an ij quos, vt scribit Flodoardus, temeritas Chorepiscopalis ordinasset, & quibus spiritum S. consignando tradere præsumpsisset, iterum ordinandi essent & confirmandi: item an ij, quos Ebbo reuersus postliminio & à Lothario ex Synodali quadam sententia restitutus ordinauerat, rectè essent ordinati.

Legimus quoque apud Flodoardum voluisse Hincmarum Romam proficisci ad obtinendam quorundam Priuilegiorum confirmationem, sed à Carolo retentum scripsisse tantummodo ad Leonem petiisseque suæ sedi confirmarius antiquum consecrandorum Franciæ Regum: Stephanum enim II. Pipino, Leonem III. Carolo M. Apostolica munia: Alium quoque Stephanum Ludouico Augusto Imperiale Diadema in eadem sede contulisse. Et ad hoc impetrandum ope & auxilio Lothari Imperatoris vsum fuisse, quem idem Flodoardus scribit in hanc rem ad Papam destinasse & legasse Petrum Spoletinum & alium Petrum Aretinum Episcopos.

850. Anno 850. Freculphus Monachus olim Fuldensis, deinde Lexouiensis Episcopus Rabani Auditor & Helisachari obit: vir inter doctissimos habitus: scripsit Chronicon cuius primam partem dedicauit Helisachato præceptori quondam suo, ab initio mundi ad Christi Natiuitatem.

851. Anno 851. 26. April. die S. Richarij obit quoque Paschasius Ratbertus Abbas S. Petri Corbeiensis ad Somonam in Diœcesi Ambianensi, vir & ipse doctissimus, ad cuius vitam pertinent multa quæ habet Cellotius Iesuita in Historia Gothoscalci. De eo fusius dicetur alibi.

Eodem tempore Hincmarus auget numerum Canonicorum Ecclesiæ Remensis, fundatque Zenodochium seu hospitale, quod postea in scholam conuersum est: de hacce fundatione Flodoardus l. 3. c. 18. *Canonicis huius Remensis Ecclesiæ Hospitale constituit ad susceptionem peregrinorum vel pauperum congruis ad id rebus deputatis cum consensu Coëpiscoporum Remensis Diœceseos atque subscriptionibus eorundem: ea conditione vt nullo vnquam tempore quilibet Episcopus, vel qualibet persona easdem res cuiquam in beneficium dare, vel in alios vsus quocunque modo abstrahere præsumat: neque aliquem censum vel redhibitionem exinde accipiat; sed totum quidquid ex ipsis rebus iustè acquiri potuerit, in vsus Pauperum atque Canonicorum secundum modum descriptum in Priuilegio à se & cæteris Episcopis confirmato expendatur.*

853. Anno 853 habita est 6. Kal. Maias frequens Synodus Suessione in Sam-Medardensi Cœnobio ad retractandam Hincmari & Ebbonis causam. Cui inter cæteros affuerunt Rex ipse Carolus, Wenilo Senonensis Archiepiscopus, Amalricus Turonensis, Theodericus Cameracensis Episcopus, Rothaldus Suessio-

Vniuersitatis Parisiensis.

nensis, Agius Aurelianensis Ionæ successor, Prudentius Trecensis, Lupus Ferrariensis Abbas, Bernardus Floriacensis, Odo Corbeiensis Paschasij Ratberti successor. Ercanradus Episcopus Parisiensis non affluit, sed eius litteræ Canonicæ lectæ sunt, sua & Archiepiscopi Crepiscopotumque suorum manibus confirmatæ, quas ad petitionem Remensis Ecclesiæ Cleri ac plebis Hincmaro tribuerat.

In hac Synodo pronunciatum est Hincmarum rite & Canonicè ordinatum: quidquid verò in ordinationibus Ecclesiasticis post depositionem egerat Ebbo, secundum traditionem Apostolicæ sedis præter Baptismum, irritum esse, & ordinatos ab eo Gradibus Ecclesiasticis priuatos esse censendos. Quod Decretum Benedictus III. Leonis successor approbauit.

Eodem anno Ercanradus Episcopus Parisiensis obit, cui à Clero substituitur Æneas è Palatinis scholis ad Cancellariatum euectus: de cuius electione fusè agit Lupus Ferrariensis Ep. 98. nomine Ecclesiæ Parisiensis ad Wenilonem Metropolitanum Senonensem & Suffraganeos, his verbis.

Religiosissimis Patribus & Fratribus Weniloni Metropolitano Senonicæ sedis Antistiti & Vniuerso Clero eius & cæterarum Ecclesiarum Præsidentibus, quæ in Diœcesi memoratæ sedis censentur, cunctis in eis Domino famulantibus Clerus matris Ecclesiæ Parisiorum & fratres Cœnobij S. Dionysij, & S. Germani & B. Genouefæ ac Fossatensis, diuersorumque Monasteriorum vnanimitas præsentem & futuram salutem. Venerabilem pastorem nostrum Ercanradum nuper decessisse, cum longè latequè diuulgatum sit, tum sanctitatem vestram latere non potuit, nosque affici mœstitia de vocatione Patris defuncti, ac sollicitudine permoueri de electione successuri prudentia vestra intelligit. Cum enim principaliter se futurum Dominus Iesus polliceatur cum eis qui Principes Religionis existunt, non patimur diu carere Antistite, cuius doctrinâ ad salutem nostram instituamur, exemplo informemur, benedictionibus in Nomine Domini muniamur. Eius vt pote bonorum omnium authoris nequaquam nos cura destitutos firmissimè credimus, dum ipse curas nostras sua clementia suscipit & vota vltroneâ benignitate præuenit. Namque ipse in cuius manu cor Regis est, gloriosi D. nostri Caroli, quemadmodum plenè confidimus, menti infudit, vt eius nos regimini committeret, quem in diuinis & humanis rebus sibi fidissimum multis argumentis probasset. Igitur Dei pronam in nos amplectentes misericordiam & Regis nostri piam suscipientes prouidentiam, Æneam cuius præconia præmisimus, concorditer omnes eligimus. Æneam Patrem & Æneam Pontificem habere optamus. Quamuis enim tanta prouidentia ac probitate præcellentissimus Rex noster polleat, vt solum eius Iudicium de viro memorato posset sufficere, tamen conditionis humanæ non nescij futuratumque curiosi rerum nos ipsi propositum ac mores longè prius inspeximus & inter graues probatasque personas & sanctitate feruentes, hunc quem Antistitem habere cupimus, vt nunc palàm est absque errore annumerauimus. Proinde sancti patres, ne dilatione Diuini & Regij Beneficij torqueamur, sed nobis suspensis, nobis desiderantibus, nobis flagitantibus ponatur celeriter lucerna super candelabrum, vt lumen veritatis populus Dei videat, & æmula deuotione præsulis vestigia tenens sempiternæ beatitudini præparetur. Professionem verò nostri consensus in Æneam Deo annuente per vestrum ministerium nobis futurum Antistitem subscriptionibus nostris certatim roborauimus, vt nostra vnanimitate comperta votum summa properantia compleatis.

Ad hæc rescribunt Wenilo & Suffraganei apud eundem Lupum Ep. 94. vehementer se probare electionem huiusmodi summè Canonicam propter tanti viri sibi & omnibus cogniti excellentiam & merita. *Quis enim*, inquiunt, *vel leuiter tetigit Palatium, cui labor Æneæ non innotuit, & feruor in Diuinis rebus non apparuit? quamobrem Electionem vestram in eo factam Deo propitio libenter sequimur, vt eum profuturum populo eius ad dignitatem Pontificatus promouendam concorditer decernamus.*

Nec mirum si Æneas manu & calamo Lupi vsitur: erant enim amicissimi. Vnde Lupus eum rogat Ep. 119. vt Neptis suæ filio Beneficium aliquod Ec-

Y ij

clesiasticum conferat eidemque Tutorem constituat. Et Ep. 115. eundem rogat, vt data occasione Carolum interroget, num sibi velit etiam præmij seu stipendij partem facere, quod professoribus Palatinis promiserat, sibique etiam nuper pollicitus fuerat, se verò libenter & vltro ad docendum rediturum. Sic ergo ille ad Æneam.

Carissimo suo Æneæ Lupus Æternam salutem. Doctrina studiosissimo Regi nostro, quemadmodum vobis post alia, intentionem meam aperui, quod LIBERALIVM DISCIPLINARVM *laborem recolendo & alios instituendo fauente totius boni authore Deo vellem repetere, si etiam ipse habiturus Præmij communionem sua indulgentia concessisset. Quod votum meum sereno vultu sermonibusque blandus amplexus, vt ad effectum valerem perducere, se curaturum promisit, id vobis continuo significandum credidi, ne oblata occasione nesciretis ad tanta rei adnisum quibus esset inuitandus alloquiis.*

Idem ferè rescribit ad Ludouicum Abbatem San-Dionysianum Caroli Regis consanguineum, sibi scilicet in animo esse, cum omnia bona sua in expeditione Aquitanica & Burgundica amisisset, professionem litterarum resumere. *Cupio etiam si Deo placet, quod didici & semper disco, docere: quas res, præter vltimam, ea enim velut Reipubl. inutilis iudicaretur, quæ meo iudicio cæterarum est grauissima, si me euocare voluerit ad Comitatum Regium, quaso suggerite.* Et quanquam ille Ep. 1. ad Eginhartum conqueritur de inopia Magistrorum & litterarum depressione, fatetur tamen Ep. 35. liberales artes præsertim eloquentiam, reuiuiscere cæpisse. *Reuiuiscentem,* inquit, *in his nostris Regionibus sapientiam quosdam studiosissimè colere pergratum habeo.* Qua verò in re sapientia illa consistat, indicat postea. *Etenim plerique ex eo cultum Sermonis quærimus, & paucos admodum reperias, qui ex ea morum probitatem, quod longè conducibilius est, proponant addiscere, & lingua vitia reformamus & purgare contendimus, vita verò delicta paruipendimus & augemus.*

855.   Anno 855. Leone Pontifice defuncto sedes vacat 15. diebus: & tandem illi suffectus est Benedictus III. natione Romanus, Patre Patrodo, vir sanctissimus, qui cum à populo & Clero nec non nobilibus Romanis vrgeretur, vt electioni de se factæ præberet assensum, multis cum lachrymis genua flectens flebili voce dixisse fertur Rogo vos Fratres ne me in eam deducatis Ecclesiam, quia tanti culminis non sufficio ferre grauamen. At illi nihilominus renitentem ad Lateranensem Ecclesiam deducentes in Solio Pontificio collocarunt.

Eodem Anno Lotharius Imperator Reipub. curâ se abdicat, conuocatisque Proceribus tres Imperij partes tribus filiis assignat Ludouico maiori natu Imperium, Romam & Italiam: Lothario Lotharingiam. Carolo minori Galliam Narbonensem & Burgundiam. Ipse apud Cœnobium Prumiense, quod in agro Treuirensi situm est, Monachum induit, vbi paulo post obiit.

856.   Anno 856. die 4. Febr. obiit Vltimus Discipulorum Alcuini Rabanus Magnentius in Fuldensi Cœnobio à pueritia litteris imbutus: deinde Monachus, postea Abbas, postremo Archiepiscopus Moguntinus. Ipse adhuc viuens hoc sibi Moguntiæ composuit Epitaphum.

Lector honeste, meam si vis cognoscere vitam
  Tempore mortali, discere sic poteris.
Vrbe quidem hac genitus sum, ac sacro fonte renatus:
  In Fulda posthac dogma sacrum didici.
Quod Monachus factus Seniorum iussa sequebar,
  Norma mihi vita Regula sancta fuit.
Sed licet incautè hanc nec fidè semper haberem,
  Cella tamen mihimet manso grata fuit.
Ast vbi iam plures transissent temporis anni,
  Conuenere viri vertere facta loci.
Me abstraxere domo inualidum Regique tulere,
  Poscentes fungi Præsulis officio.
In quo nec meritum vitæ, nec dogma repertum est,
  Nec Pastoris opus iure beneplacitum.
Promptus erat animus, sed tardans debile corpus,
  Feci quod poteram, quodque Deus dederat.

Nunc rogo te ex tumulo, frater dilecte, iuuando,
Commendes Christo me vt precibus Domino.
Iudicis æterni me vt gratia saluet in æuum,
Non meritum aspiciens sed pietatis opus.
Raban nempe mihi nomen, & lectio dulcis
Diuinæ legis semper vbique fuit.
Cui Deus omnipotens, tribuas cælestia Regna,
Et veram requiem semper in arce Poli.

Anno 857. Normani iterum Lutetiæ Suburbana diripiunt, depopulantur & incendunt, præsertim verò Basilicam S. Petri in monte Leucotitio Ædemque Sangenouefianam: vt legitur in Annalibus Bertinianis ad hunc annum. *Dani Sequanæ insistentes, cuncta liberè vastant, Lutetiamque Parisiorum aggressi. Basilicam B. Petri & S. Genouefæ incendunt.* Idem legitur in Chronico de Gestis Normanorum in Francia. De hac flebili Ædis San-Genouefianæ per Normanos combustione sic habet Stephanus Tornacensis ep. 164. ad Episcopum Londinensem. *Patres vestri secundum carnem Gentili adhuc ritu ac superstitione detenti Gallias inuadentes in fortitudine brachÿ sui & in robore virium suarum, vrbes, castella, cæterasque munitiones ceperunt, vicos, villas & agros vastarunt, homines alios in prædam & captiuitatem abduxerunt, alios in ore gladÿ percusserunt, loca sancta incendio ac ruina ad solum vsque deiecerunt. Inter alias, quod sine suspirio ac singultu referre non possumus, aut debemus, Ecclesiam Apostolorum Petri & Pauli, in qua B. Virgo Genouefa requiescit in corpore, regali ope & opere constructam Musiuo intus & extra, sicut Reliquiæ adhuc testantur, ornatam & depictam miserabili concremarunt incendio, nec Sacro loco parcentes, nec B. Virgini, aliisue sanctis, qui ibi requiescunt, venerationem exhibentes. Tandem per Dei gratiam Barbaries illa antiqua Christiana mansuetudine mitigata est & mutata; & Septentrionale frigus calore fidei liquefactum reiectis idolis Creatorem suum recognouit.*

Anno 858. defuncto Benedicto assumitur ad Pontificatum Nicolaus I. natione Romanus, Patre Theodoro, sedetque annis 9. mensibus 2. diebus 20. vir sanctissimus, & cui post Gregorium Magnum vix vllus in Romana sede comparandus extitit, cuius consecrationi interfuit Anastasius Bibliothecarius, quamque Ludouicus Augustus Lotharÿ filius suâ præsentiâ cohonestauit & confirmauit. Erat autem ille aspectu pulcher, eloquio facundus, zelo feruentissimus, sermone blandus & humilis, consilio fortis, Regum ac Tyrannorum prope Dominus: dici enim non potest, quantâ ille authoritate orbi terrarum præfuerit, quàm fuerit Impiis terribilis, quantâ vi & constantiâ Imperatores, & Reges legibus Ecclesiasticis subdiderit, vno verbo quam sublimem Pontificatum reddiderit. Lotharium Ludouici Augusti fratrem, qui Thietbergam seu Riebergam vxorem legitimam ductâ Gualdradâ pellice repudiauerat, exortem esse voluit Christianæ communionis. Theugaldum Treuirensem & Guntarium Coloniensem Archiepiscopos, qui fautores & adiutores criminis fuerant, de sedibus deiecit. Sic malè tractati Imperatorem adeunt, Papæ tyrannidem obtrudentes citra Principum & Synodorum suffragia sententiasque Episcopos exauthorantis: sed frustra: non est ausus Imperator mutire. Hinc Teugaldus sibi melius consulens paret Nicolao: Guntarius sententiam excommunicationis & depositionis in se latam nihili faciens sedem repetit, sed malo suo: turpius enim eiectus est vt infra videbitur.

Extant multa huiusce Pontificis Decreta, & præsertim ea quæ ad authoritatem supremæ sedis supra Reges & Imperatores pertinent: ad quos scribens, *Vbinam legistis*, inquit, *Imperatores Antecessores vestros Synodalibus conuentibus interfuisse? nisi forsitan in quibusdam, vbi de fide tractatum est, quæ vniuersalis est, quæ omnium communis est, quæ non solum ad Clericos, verum etiam ad Laicos & ad omnes omnino pertinet Christianos.* Hæc habet dist. 96. & addit. *Satis euidenter ostenditur à seculari potestate nec solui posse prorsus nec ligari Pontificem, quem constat à Principe Pio Constantino Deum appellatum, cum nec posse Deum ab hominibus iudicari manifestum sit. Sed & Theodosius minor sanctæ synodo scribens Ephesinæ primæ dixit, Deputatus est ergo Candidianus magnificentissimus Comes Streuuorum Domesti-*

corum transire vsque ad sacratissimam Synodum nostram, & in nullo quidem quæ facienda sunt de pijs dogmatibus quæstiones seu expositiones, communicare: illicitum namque est eum qui non sit in ordine sanctissimorum Episcoporum, Ecclesiasticis intermisceri tractatibus.

De Scholis Publicis instituendis.

Eodem anno Episcopi Gallicani in Concilio Carisiaco *de Cressy sur l'Oise*, articulos quosdam condiderunt de Regimine Regni: vnum verò de Palatinis Scholis inseruerunt: sic enim compellant Carolum. *Domum vestram domesticam sic nutrite, regite & disponite, vt quando Regni populus ad vos convenerit, in vobis & Domesticis vestris videant qualiter se a'que domum, quanta humilitate atque castitate, quàm sobriè, quàm iustè, quàm piè nutrire & disponere debeant & gubernare. Quidam sicut Quidam sapiens dixit, secundum mores Domini erit familia custodita.* Et ideo DOMVS REGIS SCHOLA DICITVR ET DISCIPLINA, *quia non solùm Scholastici, id est disciplinati & bene correcti sunt, sicut alij, sed potius ipsa* SCHOLA, *quæ interpretatur* DISCIPLINA, *id est* CORRECTIO *dicitur*.

859. Cum autem nonnulli hisce temporibus, qui sibi videbantur supra cæteros sapere, plurimos errores spargerent circa præscientiam diuinam, prædestinationem, liberum arbitrium, item circa corpus & sanguinem Christi, adeout synodi synodis, Episcopi Episcopis aduersarentur & in contrarias sententias abirent; cuius dissidij author fuerat Gotheschalcus, Episcopi Gallicani apud Saponarias in Tullensi Diœcesi an. 859. congregati concilium inierunt plurium Scholarum Publicarum erigendarum, in quibus tam humaniores litteræ, quàm sacræ disciplinæ docerentur, quasi non sufficiente toti Galliæ vna Palatina: atque eam ob rem Principes deprecari constituerunt, vt eas sua authoritate instituerent. *Vt* SCHOLÆ *Sanctarum Scripturarum & humanæ quoque litteraturæ, vnde annis præcedentibus per Religiosorum Imperatorum studium magna illuminatio Ecclesiæ & eruditionis vtilitas processit, deprecandi sunt Pij Principes nostri, & omnes fratres & Coëpiscopi nostri instantissimè commonendi, vt vbicumque omnipotens Deus idoneos ad docendum, id est fideliter & veraciter intelligentes donare dignetur, constituantur vbique* SCHOLÆ PVBLICÆ, *scilicet vt vtriusque eruditionis & diuinæ scilicet & humanæ in Ecclesia Dei fructus valeat accrescere. Quia quod nimis absurdum est & perniciosum maximè, diuina scriptura verax & fidelis intelligentia ita iam dilabitur, vt vix iam eius extrema vestigia reperiantur: & idcirco ingenti cura & summo studio remedium procurandum est.* Huic Synodo subscripsit Æneas Episcopus Parisiensis.

Hinc patet iam ante fuisse quidem à Carolo M. & Ludouico Pio institutas SCHOLAS PVBLICAS, sed iniuriâ temporum magnâ ex parte tum poenè contabuisse: ac proinde admonendos fuisse Principes, vt ei rei incumberent, & Episcopos, vt si quos inuenire possent viros doctos, eos ad docendum propellerent. Hinc quoque patet SCHOLARVM PVBLICARVM necessitas, nempe ad coercendas hæreses, quæ tum præualebant, propterea quod minus studiosè sacræ scripturæ docerentur & humaniores litteræ negligerentur. PALATINAS certè Scholas vt repararet noster Carolus, nulli labori, nullis impensis pepercit: vndequaque enim viros doctissimos euocauit, & liberalitate sua atque præmijs ad docendum inuitauit: licet enim bellis externis & domesticis frequenter distineretur, si quid tamen habebat otij, cum viris doctis piisque illud ad Ecclesiæ decus & ornamentum pacemque conferebat. Qua de re cum vehementer laudat Nicolaus Pontifex Ep. pro Rothado Episcopo Suessionensi. *Laudanda est*, inquit, *frequens conuersatio & assidua cum Ecclesiasticis viris & cum Sapientibus vestra sedulitas, quam circa vtilitatem Ecclesiarum Dei vos habere auditu gratulabundo concipimus.* Sed de hoc Caroli studio dicetur infra pluribus. Vnum est quod hic omittere non licet, frequentibus synodis eum præsentem affuisse, & Patris Auique exemplo plurimas sanctiones Regno & Ecclesiæ vtiles edidisse.

860. Anno 860. habita est synodus Tullensis 14. Prouinciarum de Quæstione præsertim prædestinationis & cæteris Gotheschalcianis, quæ Ecclesiam Gallicanam à duodecim aut quatuordecim circiter annis turbauerant & distraxerant. Rem prout gesta est, quantum ad historiam attinet, hisce Annalibus inserere non erit inutile, quoniam & Academici nostri in ea partem habent. Igitur vt rem ab ipso

initio accessamus, Gothescalcus natione Belga, Presbyter, vt aliqui scribunt, vel vt alij, Monachus, vt vt sit, enutritus in cœnobio Orbacensi Diœcesis Suessionensis, vir tam sacris, quàm humanioribus litteris imbutus, præsertim verò in D. Augustini lectione versatissimus fuit, vt docet Walafridus Strabo in Carmine ad Gothescalcum : at in multis certè nimis curiosus : quamobrem reprehenditur à Lupo Ferrariensi, quem per litteras consuluerat de visione Beatifica, an scilicet Beati Deum visuri essent oculo corporeo, an oculo mentis & spiritaliter. Ille verò Ep. 30, quia nouerat ingenium viri, admonet ne nimis alta scrutetur, & quæ supra se, ne inuestiget curiosius. Proinde, inquit, *semper soluendo & nunquam persoluendo Charitatis debito, te , suspiciende Frater exhortor, vt nequaquam vltra in talibus tuum ingenium conteras, ne his vltra quam oporteat, occupatus, ad vtiliora vestiganda siue docenda minus sufficias. Quid tantopere queramus, quod nobis nosse nec dum forsitan expedit? certè diuinitus illustrata mens Deo loquitur. Oculus non vidit Dominum absque te, quæ præparasti expectantibus te. Et nos ineffabilis illius visionis plenissimam rationem complecti animo, concretis vitiorum sordibus adhuc grauato desideramus?*

Ille circa an. 847. Presbyter consecratus à Rigboldo Chorepiscopo Remensi peregrinationem suscepit ad limina Apostolorum, prout id pluribus moris erat illis temporibus. Inde rediens inuisit Eberaldum Comitem in Gallia Cisalpina ; apud quem aliquandiu commoratus cum Nottingo Episcopo Quæstionem fortè mouit de gemina prædestinatione secundum mentem Augustini : at iste non satis fidens viribus Rabanum consulit, rogatque vt contra Gothescalcum scribat ; quod facit Ep. ad Nottringum, simulque Eberaldum Comitem monet, vt prauæ Doctrinæ sparsorem domo expellat, aut ab errore deducat.

Gothescalcus nolens pro hæretico haberi, prædictæ Rabani Epistolæ respondet per Libellum, in quo de duplici prædestinatione differit, de voluntate Dei, de Christi morte pro omnibus hominibus, ac denique de libero arbitrio iuxta mentem Augustini. Rabanus Concilium in eam rem habet Moguntiæ an. 848. ei se sistit Gothescalcus & libellum fidei tradit. Quo lecto, seu intellecto seu non intellecto interea condemnatur, & remittitur ad Hincmarum Archiepiscopum Remensem, vt sub custodia habeatur & recludatur.

Anno 849. Habetur Synodus Carisiaca de mandato Regis Caroli, cui intersunt 12. Episcopi & nonnulli alij viri Ecclesiastici, eidemque iubetur se sistere Gothescalcus. Comparet, interrogatur, auditur & damnatur triplici de causa 1. quia fuerat ordinatus à presbytero Chorepiscopo Remensi non habente potestatem ordinandi. 2. quia sacerdotio abusus fuerat pravè agendo & prauè docendo. 3. quia contra propositum Monachi Ecclesiastica & ciuilia negotia & iura conturbabat.

Et ob id triplici pœna afficitur, depositione seu interdicto, verberibus, carcere. Prima visa est nonnullis iniqua, quia illis temporibus solebant fieri ordinationes per Chorepiscopos. Altera crudelis & barbara. Tertia dura & inhumana propter diuturnitatem.

Tam malè ergo affecti viri docti status multos mouit ad miserationem & ad inquirendum in causam. Imprimis verò Amulo præsul Lugdunensis & tota eius Ecclesia inter omnes Gallicanas doctissima de pœnis questi sunt. Hincmarus præcipuus Gothescalci aduersarius rescripsit ad præsulem verbera non fuisse Gothescalco inflicta ex sententia Synodali, sed eum ab Abbatibus & Monachis sui ordinis, nempe Benedictini iuxta regulam S. Benedicti fuisse flagellis adiudicatum propter insolentiam. In Ep. verò ad Nicolaum Papam, quæ legitur apud Flodoardum nec depositionis, nec verberum, sed solius carceris mentionem facit, quasi ea sola pœna legitima fuerit & Synodalis. Ecclesia autem Lugdunensis lib. de 3. Epistolis, *Illud prorsus*, inquit, *omnes non solum dolent, sed etiam horrent, quia inaudito irreligiositatis & crudelitatis exemplo tandiu ille miser flagellis trucidatus est, donec sicut narrauerunt nobis qui præsentes aderant, accenso coram se igne libellum in quo sententias scripturarum siue SS. Patrum sibi collegerat, quas in Concilio afferret, coactus est iam pœne emoriens suis manibus in flammam proijcere, incendio concremare.*

Contra 3. verò pœnam, quà scilicet Monasteriali custodiæ mancipatus est ;

scilicet in Altum-villari Cœnobio Diœcesis Remensis, præterquam quod in eo quoque reprehensus est Hincmarus, quod eum non ad Orbacense Suessionensis diœcesis, vbi ille enutritus fuerat, remisisset, sed sub sua potestate in sua Diœcesi retinuisset, sic eadem Ecclesia scribit. *Illa eiusmodi hominis miserandi tam longa & inhumana in Ergastulum per tot annos damnatio, aliqua vt credimus compassionis benignitate & consolatione fuerat temperanda, vel etiam remouenda.* Neque tamen diuturnitas carceris eum à concepta sententia dimouet, in defensione doctrinæ suæ semper seu constans, seu obstinatus manet: duasque edit fidei confessiones; vnam breuiorem, alteram longiorem. Postquam dimissa est Synodus prædicta, Hincmarus suspicatus Prudentium Tricassinum ei non subscripturum, dat ad eum litteras, quibus queritur suam sibi præsentiam substrahi, significatque se ab eo consilium quærere velle de statu & compressione Gotheschalci, intimans quid de ipso actum iudicatumque fuerat in Synodo, quo eum reclusum tenebat iudicio, quod multis modis eum conuerti tentauerit: an in Cœna Domini vel in Pascha debeat eum admittere ad audiendum sacrum officium, vel accipiendam communionem. Hæc & alia Flodoardus l. 3. c. 21.

Dum autem ab Hincmaro & fautoribus oppugnatur, alij eiusdem defensores se profitentur, vt testatur ipse Hincmarus c. 2. lib. de prædestin. Ratramnus Corbeiensis Monachus in Ep. ad Amicum, qua refutat Hincmati Ep. ad Reclusos. Prudentius Episcopus Tricassinus vir eximiæ sanctitatis Opusculum edit, quod Synodi Parisiensis ordinatione mittit ad Hincmarum & Pardulum Laudunensem Episc. cuius restat sola præfatio: Lupus Ferrariensis in Ep. ad Carolum authoritatibus SS. Patrum Prudentij sententiam confirmat. Lupus Seruatus Moguntinus presbyter libellum edit de 3. Quæstionibus, scilicet de Libero Arbitrio, gemina prædestinatione & Morte Christi. Ratramnus quoque iussu Caroli duplici libello aperit, quid de prædestinatione sentiat. Easdem partes tuetur Ecclesia Lugdunensis.

Rex Lupi Ferrariensis & Ratramni opera sibi oblata tradit Hincmaro an. 851. Hincmarus Amalario & Ioanni Scoto Erigenæ Magistris Palatinis eadem tradit examinanda. Isti contra Gotheschalcum scribunt, sed perierunt Amalarij scripta. Scoti librum, seu potius selecta quædam illius Capitula Vuenilo Archiepiscopus Senonensis mittit ad Prudentium Tricassinum, contra quæ iste librum edidit, cui erat pro titulo. LIBER IOANNIS SCOTI CORRECTVS A PRVDENTIO.

Mittuntur eadem opera ad Ecclesiam Lugdunensem, quæ per M. Florum Diaconum respondet libro, qui inscribitur aduersus Scotum; & per Remigium Archiepiscopum Amulonis successorem respondet tribus Epistolis, Hincmari ad Amulonem, Parduli ad eundem, Rabani ad Nottingum: quo libro Gotheschalci doctrinam probat esse Orthodoxam & tenendam. Præterea idem Remigius alium librum edit sub hoc titulo, ABSOLVTIO QVÆSTIONIS DE GENERALI PER ADAM DAMNATIONE ET SPECIALI PER CHRISTVM EX EADEM EREPTIONE ELECTORVM.

Ita incalescentibus animis Carolus Carisiacam iubet haberi Synodum eique se præsentem exhibet. Ibi Hincmarus & alij tum Episcopi, tum Abbates & viri Docti 4 edunt Capitula contra doctrinam Gotheschalci, iisdemq; tam Rex quam ipsi subscribunt, præter Prudentium Tricassinum, qui paulo post vocatus à Wenilone ad Synodum Senonensem de consecratione Æneæ Episcopi Parisiensis Electi, infirmitate detentus per Vicarium scripsit se illi consecrationi consentire, si modo Æneas his 4. Capitulis subscribat. 1. liberum arbitrium semper ad omne opus bonum Dei gratia indigere. 2. quosdam impenetrabili iudicio prædestinatos esse ad pœnam. 3. Christi sanguinem pro solis credentibus fusum. 4. omnes quoscunque vult saluare, & quicunque non saluantur, penitus non esse illius voluntatem vt saluentur. Similiter Ecclesia Lugdunensis contra 4. Capitula Carisiaca librum euulgat, de tenenda veritate scripturæ. Quatuor autem Capitula Carisiaca hæc fuerunt. 1. Vnam esse tantum Dei prædestinationem. 2. de libero arbitrio per gratiam seruato. 3. de voluntate quam habet Deus saluandi homines. 4. de morte Christi pro omnibus.

Anno 855. habetur Synodus Valentina. Trium Prouinciarum, Lugdunensis Viennensis,

Viennensis & Arelatensis, cui praeest Remigius Antistes Lugdunensis, & in ea eduntur 4. Capitula, 4. Carisiacis opposita, condemnanturque 19. Ioannis Scoti capitula.

859.

Anno 859. Synodus Lingonensis ex iisdem Prouinciis habetur praesente Carolo Caluo: in qua Valentinae definitiones comprobantur & confirmantur. Paulo post Tullensis ex 12. Prouinciis congregatur per Remigium, ibique nihil plane videtur definitum, sed propter commotionem Hincmari & aliorum, ad futuram primam Synodum remittitur. Interim mittuntur Romam ad Nicolaum Canones Lingonenses & Valentini, & ab eo approbantur teste Prudentio in Annalibus vt fatetur Hincmarus Ep. 24. ad Egilonem, & Chronico Bertiniano ad hunc annum, vbi sic legitur. *Nicolaus Pontifex Rom. de gratia Dei & libero arbitrio, de veritate gemina praedestinationis, & sanguine Christi, vt pro credentibus omnibus fusus sit, fideliter confirmat & Catholicè decernit.*

Anno 860. habetur Synodus Tullensis 2. ad quam conueniunt 14. Prouinciarum Praelati: in qua Capitula supradicta confirmantur tacente Hincmaro. 861. Hincmarus de Gotheschalco ad Nicolaum Papam scribit, sed sibi subiratum inuenit, vt testatur ipse Ep. 24. ad Egilonem. Iubet autem Nicolaus per Legatos suos Synodum haberi Metis, ibique de negotio Gotheschalci agi: habitaque est an 863. Mense Iunio; queritur vero Hincmarus tardius se ad eam vocatam, quàm vt conuenire posset. Et in eam rem extat apud Flodoardum eius ad Nicolaum Ep. an. 864. missa, in qua de toto negotio Gotheschalci fusè disserit. Nihil autem ad id Pontifex, sed solum hoc, vt res absoluatur. Interim moritur Gotheschalcus, & dissidium quiescit.

860.

Porro hanc fuisse doctrinam Gotheschalci scribit Hincmarus ad Nicolaum I. *dicebat quod veteres Praedestiniani dixerunt, quoniam sicut Deus quosdam ad vitam aeternam, ita quosdam praedestinauit ad mortem aeternam.*

2. *quod Deus* non vult omnes homines saluos fieri, sed tantum eos qui saluantur.

3. *Quod non* pro totius mundi redemptione, id est pro omnium salute & redemptione D. & saluator noster I. C. sit Crucifixus & mortuus, sed tantum pro his qui saluantur.

4. Quod exponens Petri sententiam, Eum qui emit eos, Dominum negantes, sic dicebat. *Baptismi sacramento eos emit, non tamen pro eis crucem subiit, neque mortem pertulit, neque sanguinem fudit.*

5. Quod audacior Praedestinatianis, dicebat *Deitatem S. Trinitatis trinam esse.* Deinde subdit esse alia plura, quae ipse Gotheschalcus & alij plures in Gallia dicant sanae fidei aduersantia, plura quae mente recundant, ea tamen eloqui non praesumere orthodoxi Regis Caroli tempore.

6. Quod postquam primus homo cecidit, nemo ad bene agendum libero possit vti arbitrio. Haec habet in Ep. ad Amulonem.

Postremo subiungit. *Praefatum autem Gotheschalcum, si vestra authoritas mihi scripserit, vt eum à custodia soluam, & aut vt ad vos eundi, vt per vos eius doctrinam experiamini, aut ad quemcumque ex nomine designatum pergendi licentiam donem (quia vt melius ipsi scitis, sicut absolutè quisque regulariter ordinari non valet; ita nisi ex ipsius consensu, cuius esse dinoscitur, certa persona commendandus, & ad certum locum Monachus, vel quisque sub regula constitutus à loco suo absolui iuxta regulas sacras non valet) vestris iussionibus non resultabo. Tantum vt authoritatem vestram habeam; ne tantorum Episcoporum iudicium mea praesumptione parui pendere videar.*

Fautores & defensores Gotheschalci multa malè illi ab Hincmaro imposita esse contendebant. 1. Quod vellet Gotheschalcus Deum praedestinare homines non tantum ad poenam, sed etiam ad culpam, ita vt non possent aliud esse, quam iuxta id quod erant à Deo praedestinati: id falsò aiebant affingi, vt patet ex eius duplici confessione, & ex verbis Ecclesiae Lugdunensis in lib. de 3. Epistol. vbi sic habetur.

Quaeritur in praesenti disputatione, non illud, vtrum impios Deus & iniquos praedestinauerit ad ipsam impietatem, & iniquitatem, id est, vt impij & iniqui non esse non possent. Quod nullus omnino moderno tempore dicere vel dixisse inueni-

Z

tur: quod est vtique immanis & detestabilis blasphemia: sed illud potius quæritur, vtrum eos quos veraciter omnino præsciuit proprio vitio impios & iniquos futuros & in suis impietatibus atque iniquitatibus vsque ad mortem perseueraturos, iusto iudicio suo prædestinauerit, æterno supplicio puniendos. Præterea ipsummet Hincmarum fassum fuisse in lib. de prædest. c. 15. dicere Gothescalcum & eius affines, *Deum prædestinasse Reprobos ad interitum, non ad peccatum.* De cæteris Capitibus idem confirmabant, de quibus consulendi, qui fusius ea de re scripserunt. Nobis id meminisse satis sit ad historiæ illustrationem.

Quod autem ad Amalarium & Ioannem Scotum attinet, malè omnino ab Ecclesia Lugdunensi habiti sunt, quasi indigni, quorum scripta refellerentur. *Quod autem* inquit lib. 1. de 3. Epist. *inter cæteros qui de tanta quæstione, diuina scilicet præscientia & prædestinationis apud eos* scilicet Hincmarum & Hincmarianos, *scripsisse memorantur, etiam Amalarius ponitur & Ioannes Scotus ab eis ad scribendum compulsus esse refertur: multum sanè & dolenter accepimus, vt Ecclesiastici & prudentes viri tantam iniuriam sibimet ipsis fecerint, vt Amalarium de fidei ratione consulerent, qui & verbis & libris suis, mendaciis & erroribus & fantasticis atque hæreticis disputationibus plenis omnes pœnè apud Franciam Ecclesias, & nonnullas etiam aliarum regionum quantum in se fuit, infecit atque corrupit, vt non tam ipse de fide interrogari, quàm omnia scripta eius saltem post mortem ipsius debuerint igne consumi, ne simpliciores quique, qui eos multum diligere & legendo frequentare dicuntur, eorum lectione & inaniter occuparentur & perniciosè fallerentur & deciperentur.* Hæc de Amalario Ecclesia Lugdunensis.

Quis vero fuerit ille Amalarius ambigitur. Nam hocce seculo duos Amalarios viros doctos fuisse comperimus, Fortunatum scilicet Archiepiscopum Treuirensem, quem obiisse ferunt an. 814. aut saltem an. 817. quo Hettis Treueris sedisse legitur; & Amalarium Metensis Ecclesiæ Diaconum, quem in Concilio Aquisgranensi Regulam Canonicorum scripsisse commemorant, & an. 827. libros 4. Officiales dictos edidisse, missumque Romam ad Gregorium IV. à Ludouico Pio antequam Antiphonarium componeret: illum denique vixisse ad annum vsque 836. Itaque necesse est, vt tertius fuerit Amalarius, qui hisce temporibus aduersus Gothescalcum scripsit, quæ quidem disputatio ab anno circiter 847. ad an. vque 864. perducta est. Porro nullum extat huiusce Amalarij opus, quod hactenus in vulgus prodierit.

De Ioanne vero Scoto Erigena sic habet eadem Ecclesia Lugdunensis post ea verba quæ de Amalario retulimus. *Et quod maioris est ignominia ac opprobrij Scotum illum ad scribendum compulerunt, qui sicut ex eius scriptis verissimè comperimus, nec ipsa verba scripturarum adhuc habet cognita. Et ita quibusdam fantasticis adiuuentionibus & erroribus plenus est, vt non solum de fidei veritate nullatenus consulendus, sed etiam cum ipsis omni irrisione & despectione dignus scriptis suis, nisi corrigere & emendare festinet, vel sicut demens sit miserandus, vel sicut hæreticus anathematizandus.*

Hunc hominem tunc adhuc iuuenem & Dialecticis ratiocinationibus plenum valde alibi eadem Ecclesia insectatur, quod dicere auderet se quæcumque aduersus fidem proponerentur, posse Philosophiæ præceptis & sophismatis soluere: hanc enim definitionem seu Thesim ab eo propositam fuisse aiebat. QVADRIVIO REGVLARVM TOTIVS PHILOSOPHIÆ. *Omnem Quæstionem solui, duasque prædestinationes non esse.* Et contra eum Librum edidit & incœpit his verbis.

In nomine D. I. C. incipit libellus aduersus cuiusdam Vaniloqui hominis, qui cognominatur Ioannes, ineptias & errores de prædestinatione & præscientia Diuina & de vera humani arbitrij libertate. Venerunt ad nos cuiusdam Vaniloqui & garruli hominis scripta, qui velut de præscientia & prædestinatione Diuina, humanis, & vt ipse gloriatur Philosophicis argumentationibus disputans nulla ratione reddita, nulla scripturarum siue SS. Patrum authoritate prolata velut tuenda & sequenda sola sua præsumptione definire ausus est. Et paulo post. Sed quia à multis, vt audimus, idem homo quasi scholasticus & eruditus admirationi habetur, & talia garriens siue scribens alios ad hæsitationem deducit, alios quasi magnum aliquid dicat, erroris sui sequaces efficit, omnes tamen auditores & admiratores suos inani verbositate & ventosa loquacitate pernicio-

Vniuersitatis Parisiensis. 183

simè occupet, vt non Diuinis Scripturis, non authoritatibus paternis se humiliter submittant, sed eius potius deliramenta sequantur, necessarium omnino duximus, vt studio Charitatis & debito nostri loci atque ordinis eius insolentia authore Domino responderemus.

Quis autem & vnde fuerit ille Ioannes, intelligimus ex Rogerio Houedensi sic de illo scribente in priori parte Annalium. *Tempore Elfredi Regis*, inquit, *venit in Angliam Ioannes Scotus vir perspicacis ingenij & multa facundia, qui dudum relictâ patriâ Franciam ad Carolum Caluum transierat, à quo magna dignatione susceptus familiarium partium habebatur, transigebatque cum eo tam seria quàm ioca indiuiduusque comes & mensa & cubili erat, multaque faceta ingenuique leporis, quorum exempla hodieque constant, vt sunt ista. Assedebat ad mensam contra Regem ad aliam mensa partem. Procedentibus poculis consumptisque ferculis Carolus fronte hilarior post quadam alia, cum vidisset Ioannem quiddam fecisse, quod Gallicanam comitatem offenderet, vrbanè increpauit & dixit. Quid distat inter Scotum & Sotum? retulit ille solemne conuicium in authorem, & respondit, Mensa tantùm. Quid hoc dicto facetius?* (imò quid impudentius?) *interrogauerat Rex de morum differenti studio, respondit Ioannes de loci distante spatio. Nec verò Rex commotus est, quod miraculo scientia ipsius captus aduersus Magistrũ nec dicto insurgere vellet, sic enim eum vsitatè vocabat. Item cum Regi conniuanti Minister patinam obtulisset, qua duos pisces pragrandes adiecto vno minusculo contineret, dedit ille Magistro accumbentibus duobus iuxta se Clericis departiretur: erant illi gigantea molis, ipse perexilis corporis. Tum qui semper aliquid honesti comminiscebatur, vt latitiam conniuantium excitaret, retentis sibi duobus maioribus, vnum minorem duobus distribuit. Arguenti iniquitatem partitionis Regi, imò inquit, bene feci & aquè. Nam hic est vnus paruus de se dicens, & duo grandes, pisces tangens. Itemque ad eos conuersus. Hic sunt duo magni, Clericos innuens, & vnus exiguus, piscem nihilominus tangens. Caroli ergò rogatu Hierarchiam Dionysij Areopagita in Latinum de Graco verbum e verbo transtulit. Quò fit vt vix intelligatur Latina littera, qua volubilitate magis Graca quàm positione construitur nostra: composuit etiam librum* περὶ φύσεων μερισμοῦ *id est de Natura diuisione intitulauit. Propter perplexitatem quarumdam quastionum soluendam bene vtilem, si tamen ignoscatur in quibusdam, in quibus certè à Latinorum tramite deuiauit, dum in Gracos acriter oculos intendit. Quare & Hareticus putatus est, scripsitque contra eum Quidam Florus. Sunt enim reuera in libro* περὶ φύσεων *perplurima, qua nisi diligenter discutiantur, à fide Catholicorum abhorrentia videantur. Huius opinionis particeps fuisse dignoscitur Nicolaus Papa, qui ait Ep. ad Carolum.*

Relatum est Apostolatui nostro, quod opus B. Dionysij Areopagita, quod de Diuinis vel caelestibus Ordinibus Graco descripsit eloquio Quidam vir Ioannes Scotus genere nuper in Latinum transtulerit, quod iuxta morem nobis mitti & nostro Iudicio debuit approbari, prasertim cum idem Ioannes, licet multa scientia esse pradicetur olim, non sanè sapere in quibusdam frequenti rumore dicatur. Propter hanc ergo infamiam taduit eum Francia, venitque ad Regem Elfredum cuius munificentia illectus & Magisterio eius, vt ex scriptis Regis intelligitur, Melduni residit, vbi post aliquot annos à pueris quos docebat, graphiis foratus animum exuit tormento graui & acerbo.

Eandem historiam iisdem planè verbis refert Mathæus Westmonasteriensis, nisi quod videtur Epistolam prædictam Marino I. tribuere, quem paulò antè ait sedisse in Cathedra D. Petri an. 883. sedisse verò tantùm anno vno & 5. mensibus, deinde historiam Ioannis refert & subdit *huius opinionis particeps esse dignoscitur Pontifex Romanus, qui in Ep. ad Carolum missa dixit* RELATVM EST APOSTOLATVI NOSTRO, &c. & in fine. *Eodem anno Marino Papa successit Adrianus anno vno & mensibus 3.* sic enim videtur coniungere Epistolam Pontificis cum morte Marini & successione Adriani: ita vt eodem anno ista omnia acciderint. Verum cum historiam illam non aliunde desumpsisse videatur, quàm ex Annalibus Rogerij, cuius ipsamet verba refert, nihil quoque causæ est, cur Epistolam illam Marino potius quàm Nicolao tribuamus. Adde quod illam integram habemus ex Collectaneis vltimis Naudæi, quam hausisse videtur ex Bibliotheca Oxoniensi, vel Oxomensi: quippe hunc ritulum præmittit. Collect. ex Bibliotheca Oxom. Est autem eiusmodi.

Z ij

NICOLAVS S. S. D. Dilecto filio Carolo Glorioso Francorum Regi. Sanè plurimum Nos lætificat, quod in Imperio & Regno vestro & specialiter Parisius Bonarum Artium studia prædecessorum vestrorum curâ stabilita repullulent, quarum seminibus Ecclesia Dei fructificat, & animi vegetantur ad illius defensionem. Sed nuper doluimus; vt relatum est Apostolatui nostro, quod opus Dionysij Areopagitæ, quod de Diuinis nominibus & cœlestibus ordinibus Græco descripsit eloquio, Quidam vir Ioannes natione Scotus nuper transtulit in Latinum, quod iuxta morem Ecclesiæ nobis mitti & nostro Iudicio debuit approbari. Præsertim cum idem Ioannes multa scientia esse prædicetur olim, sed non sanè sapere in quibusdam frequenti rumore dicatur. Hinc est quod dilectioni vestræ vehementer rogantes mandamus, quatenus Apostolatui nostro prædictum Ioannem repræsentari faciatis, aut certè Parisius in Studio cuius Capital iam olim fuisse perhibetur morari non sinatis, ne cum tritico sacri Eloquij grana zizaniæ & lolij miscere dignoscatur, & panem quærentibus venenum porrigat. Datum an. 3.

Ex hacce Bulla patet manifestissimè STVDIVM PARISIENSE tum reflorescere cœpisse; & præterea Ioannem illum eiusdem fuisse Rectorem. Quid enim aliud per Capital intelligi possit, non video. Præsertim cum Rector de more Caput Academiæ vocitetur, cumque Philippus Augustus in Priuilegio anni 1200. appellet Capital, & vetet incarcerari. Item Glaber Rodulfus l. 3. c. 8. ait M. Heribertum Aurelian. S. Petri Ecclesiæ cognomento Puellaris Capitale Scholæ tenuisse Dominium.

Quod autem ait Pontifex Ioannem *non sanè sapere in quibusdam*, certum est illum à partibus stetisse Hincmari in disputatione de Prædestinatione, vt ex libro de 3. Epistolis Ecclesiæ Lugdun. supra retulimus: quam opinionem videtur improbasse Nicolaus: idque satis innuit Hincmarus in ep. 24. ad Egilonem Senonensem Romæ apud Papam legationis munere fungentem, cuius hæc sunt verba. *Gothescalcus dicitur multos habere fautores, sicut habuit D. Prudentium, sicut Scripta ipsius testantur quæ à pluribus qui illa habent, possunt proferri. Qui videlicet D. Prudentius in Annali Gestorum nostrorum Regum, quæ composuit ad confirmandam suam sententiam Gestis Dominicæ Incarnationis 859. indidit dicens, Nicolaus Pontifex Rom. de Gratia Dei & Libero arbitrio, de veritate geminæ Prædestinationis & de Sanguine Christi, vt pro credentibus omnibus fusus sit, fideliter confirmat & Catholicè decernit...... Rursum necesse est, vt hoc taliter de hoc, D. Apostolico suggeratis, ne scandalum in Ecclesiam inde veniat, quasi ipse, quod absit, talia sicut Gothescalcus, sentiat. Et precor vt de mea parte nihil ei dicatur, quia commotum dicitur habere suum animum erga me.*

Sed si in materia ista errauit Scotus, longè magis lapsus est circa mysterium Eucharistiæ: ausus enim est asserere panem & vinum non conuerti substantialiter in Corpus & Sanguinem Christi, sed vtriusque tantum esse figuram: quam sententiam ducentis post annis propugnauit Berengarius, vt suo loco dicetur. Ait Genebrardus fuisse eodem tempore quendam Giselbertum authorem libri, qui inscribitur ALTERCATIO SYNAGOGÆ ET ECCLESIÆ, in quo declarat vnam tantum Eucharistiæ speciem populo exhiberi solitam, & in eodem Ioannem Scotum vt coætaneum allegat.

Hic autem obiter corrigendus est error, qui diu inualuit, Paschasium Rathbertum Abbatem Corbeiensem Latinè & Græcè doctissimum de **Sacramento Corporis & Sanguinis Domini** contra Ioannem Scotum ad Carolum Grossum scripsisse circa an. 880. Nam Paschasius ante an. 815. sub Adalardo Abbate Cœnobij Corbeiensis ad Somonam factus Monachus, postea Abbas, obiit die S. Richarij 26. April. an. 851. quo tempore vix Ioannes de Eucharistia librum suum ediderat. Sed & longè ante Paschasius de materia ista scripserat, vt patet ex Epistola Dedicatoria ad Placidum: quippe in ea meminit Adalardi Abbatis sui tunc pro fide exulantis: Adalardus autem ab an. 815. ad an. 822. quo reuocatus est, exulasse comperitur. Præterea meminit turbarum Regni inter fratres de successione patris sui Caroli M. quæ an. 818. contigerunt, quo Bernardus Rex Italiæ, Reginerus Comes Palatij & Reginaldus Præpositus Cameræ Regalis coniurati luminibus priuati sunt; Anselmus Mediolanensis, Wotfoldus Cremonensis & Theodolphus Aurelianensis coniurationis eiusdem participes depositi & relegati.

Non est tamen dubitandum, quin Paschasius eandem Quæstionem longè post retractarit: vt patet ex Ep. ad Frudegardum seu Fredeuardum Equitem, quam scripsit iam senex & cui subdit Expositionem in illud COENANTIBVS autem &c. ex Commentariis in Mathæum. Atque ita verum esse potest, quod scribit Genebrardus, motam fuisse Quæstionem eo tempore à Fredeuardo Equite de manducatione Corporis Domini, esset ne vera an Tropica, sensibilis an insensibilis, modo corporeo an spirituali, ad eaque Paschasium doctissimè respondisse, nonnulla tacitè corrigendo, quæ de ea quæstione Bertrahamus Presbyter paulo ante minus scitè & commodè ad Carolum Caluum rescripserat, hincque librum à Ioanne Scoto de Eucharistia compositum.

Atque vt ea quæ de Ioanne Scoto dicere instituimus, tandem absoluamus, eumne Rex post acceptas Pontificis litteras è Palatinis Scholis dimiserit, vt volebat Pontifex, incertum est. Vnum quidem ex alia eiusdem Pontificis ad Carolum Epistola intelligimus, Episcopos quos sibi quoque transmitti postulauerat ad causam fidei, à Carolo fuisse retentos prætextu frequentium incursationum Gentis Normanicæ. At nec responsum nec prætextus iste placuit Pontifici: ob idque sic rescripsit.

Reprehensibile valde esse constat, quod subintulisti dicendo maiorem partem omnium Episcoporum die noctuque cum aliis fidelibus tuis contra Piratas maritimos inuigilare, ob id Episcopi impediebantur venire cum militum Christi sit Christo seruire. Militum vero seculi seruire seculo, sicut scriptum est, nemo militans Deo implicat se secularibus. Quod si milites Seculi militiæ Student, quid ad Episcopos & milites Christi, nisi vt vacent orationibus?

Hinc quoque coniicitur neque missum Ioannem ad Pontificem, cum ipsum, vt ex Houedensi retulimus, inter familiarissimos haberet. Non negauerim tamen è scholis dimissum Palatinis: quippe cum legimus alibi in Francia docuisse, eique Humbaldum qui fuit deinde Antissiodorensis Episcopus, quocunque se conferret, adhæsisse. Vt legitur in Historia Episcoporum Antissiodorens. c. 40. *Hic a primo ætatis tyrocinio spiritualibus imbuitur Disciplinis, Liberalium artium studiis apprimè instructus. Ioannis Scoti, qui ea tempestate per Gallias sapientiæ diffundebat radios, factus pedissequus.*

At post mortem Nicolai rediit Parisios, vnde postea ab Alfredo Anglorum Rege ad Oxonienses scholas instituendas est euocatus: vt suo loco dicetur.

Anno 862. initium cœpit Comitatus Flandrensis, nam vt scribit Antoninus, Flandria tunc non erat tanti nominis & opulentiæ, sicut nunc cernitur, sed à Regis Francorum Forestariis regebatur. Atque sub Pipino, Carolo Magno & Ludouico Lidericus, Ingelramnus & Audacrus Flandriæ Rectores fuisse leguntur, nec tunc adhuc Comites vocabantur. Balduinus autem Audacri filius Iuditham Caroli filiam rapuit: quamobrem Episcopi iussu Caroli congregati eum vnanimi consensu à Communione Christiana alienum declararunt. Postea tamen Nicolai Papæ precibus, Optimatum & Procerum Regni consilio pacatus & permotus Carolus & Balduinum & Iuditham in gratiam amicitiamque suam recepit, eisque Flandriam dedit & hæredibus eorum Comitatus titulo possidendam. Porrò Iuditha vidua erat Edinulfi seu Edelbodi Anglorum Regis, cuius post obitum, relictis quas apud Angliam obtinuerat, possessionibus ad patrem reuersa & sub eius tutela manens aliquanto post consentiente fratre Ludouico Balduinum Comitem secuta est, inquit Flodoardus, apud quem extat l. 3. c. 12. Epistola Hincmari ad Nicolaum Papam, quâ significat se pro posse Iuditham Patri reconciliasse. Et in fine hæc habet. *Domnus noster Rex filius vester huic desponsationi & coniunctioni interesse non voluit, sed missis publicæ rei Ministris, sicut vobis promisit, secundùm leges seculi eos vxoria coniunctione ad inuicem copulari permisit, & honores Balduino pro vestra solùmodo petitione donauit.*

Anno 863. moritur Galindo cognomento Prudentius Episcopus Tricassinus, Author Chronici Francici, item & libri de Origenianis & Pelagianis erroribus aduersus Ioannem Scotum. Annales Bertiniani commemorant eum obiisse an. 861. & de prædestinatione varia sensisse. *Galindo cognomento Prudentius Tri-*

862.

863.

cassinæ Ciuitatis Episcopus, natione Hispanus, apprimè litteris eruditus, qui ante aliquot annos Gotheschalco Prædestinatiano restiterat, post selle commmotus contra quosdam Episcopos secum hæretico resistentes, ipsius hæresis defensor acerrimus, indeque non modica inter se diuersa & fidei aduersa scriptitans moritur. Sicque licet diutino languore fatigaretur, ut uiuendi, ita & scribendi finem fecit.

Acerbè nimis author iste in Prudentium inuehitur, virum eximiæ sanctitatis, & inter Coelites relatum, cuius festum 9. lectionibus celebratur 6. April. Ei in Episcopatu successit Fulcricus Ecclesiæ Remensis alumnus, vir quoque eximiè doctus.

864.
Academia Constantinopolitana instauratio.

Circa annum 864. Bardas Theodoræ Imperatricis frater, Michaelis III. Constantinopolitani Imp. auunculus sub eo primum Imperij habenas moderatus, deinde ipse Cæsar creatus Philosophiam & Liberalia studia, quorum vix scintillæ supererant Constantinopoli, aggressus instaurare, vnicuique Disciplinæ scholas instituit & Professoribus de publico stipendia ordinauit, inquit Cluuerius, Leonis Philosophi præcipua vsus opera, qui tunc eruditorum hominum apex habebatur. Videns enim Bardas iamdudum, si qui essent in Græcia viri amantes bonarum Artium, aliò commigrare solitos, & maximè in Ægyptum & in Franciam Caroli M. Ludouici Pij, & istis etiam temporibus, Caroli Calui muneribus & priuilegiis allectos, sicque Græciam olim omnium bonarum disciplinarum nutricem contabescere, instaurandæ Academiæ Constantinopolitanæ animum adiecit: qua de re sic habet Ioannes Curopalates.

" Externæ quoque sapientiæ rationem habuit Bardas, quæ iam pridem effluxerat & ad nihilum prorsus reciderat Imperatorum Principum rusticitate ac ruditate, definitis vnicuique sectæ Doctrinæ scholis, aliis quidem vbicumque contingeret; Supernæ vero Philosophiæ, in ipsa Regia in Magnaura. Atque ita ex eo tempore Doctrinæ reflorescere coeperunt. Hoc opus pulcherrimum & celeberrimum haud potuit alias maculas, quibus infectus erat Bardas, abstergere. Philosophiæ igitur dux & Magister erat Leo ille magnus Philosophus ex Fratre nepos Ioannis Patriarchæ, qui etiam Thessalonicæ Thronum consecutus est. Hæc breuiter Curopalates: at Zonaras tom. 3. fusius rem exponit vbi de Michaele Theophili filio Principe ignauo, quem sic Wolfius Latinè eloquentem inducit.

" Nihil Bardas fecit boni, nisi quod eruditionis prouehendæ magnum studium habuit. Nam Philosophia neglecta iacebat, ac prope iam omnino extincta erat, vt ne scintilla quidem eius superesset: in causa fuerat Imperatorum inscitia. Sed hic cuicumque Disciplinæ scholas constituit & Doctores designauit & singulis publica stipendia decreuit, & omnibus MAGNVM ET COMMVNEM DOCTOREM PRÆFECIT LEONEM PHILOSOPHVM, cuius Doctrinæ inclyta fama erat, etiam ab Imperatore Theophilo honoratum hac occasione. Cum multos haberet Discipulos, accidit vt quidam accuratè in Geometria eruditus, dum in Oriente peregrinatur, à Sarracenis captus, cuidam inter Barbaros illustri in seruitutem traderetur. Agarenorum porro Princeps Theoremata & Philosophica studiosè audiebat, tamen Geometricis methodis erat deditus. Cum autem captiui herus Auditorium frequentaret aliquando, & ipse eum comitatus, auditis Doctoribus, qui figuras geometricas delinearant, & triangulum omnis figuræ principium esse docebant omnésque figuras ex eo & oriri & in eundem solui, & circulum omnium figurarum, quæ ambitu æquali contineantur, esse capacissimum, & eius generis alia, rogauit Dominum an liceret Magistros de iis quæ docerent, percontari.

" Quod cum illi permisisset, petiit rationes eorum quæ docuissent, sibi declarari. Verum illis quod responderent, non habentibus, Agarenorum Princeps Captiuo accersito, num ipse id posset, interrogauit. Eum se scire affirmantem afferre in medium iussit. Captiuus igitur ab initio declarat singula rationibus adductis & causis expositis. Auditores verbis eius intellectis Theoremata acutius perspexerunt, quasi dilatatis ingeniis, virumque admirati rogarunt, an Constantinopolis alios similes haberet. Multos, inquit, me præstantiores habet, sed vnum Magistrum omnium, virum in Philosophicis rationibus incomparabilem. His auditis Agarenorum Princeps amore illius Magistri captus

tum & audire & videre deliberauit, ac litteras quibus hortabatur, vt ad se veniret, suamq; sapientiam sibi communicaret, captiuo liberaliter & benignè tractato
ad illum præferendas tradit. At Leo veritus, ne in crimen veniret ob missas ab hoste litteras, Epistolam Domi Logothetæ tradit, captiuo etiam adducto, qui argu-
metum eius exponeret. Ex hoc Theophilo innotuit, & beneficiis affectus publicè
docere iussus est. Post etiam Thessalonicæ Pontifex designatus. Verum Theophilo
mortuo inter cæteros Iconomachos Pontifices & ipse ob honorem sacris imaginibus non delatum, est ea dignitate priuatus. Hunc igitur Bardas cum otium a-
gentem inuenisset, MAGISTRIS præposuit, itáque effecit vt litteræ reflorescerent,
exiguoque tempore incrementa caperent. Sic pro Episcopatu SCHOLASTICVM
orbis tradidit IMPERIVM Leoni Bardas, inquit Cluuerius ex Cedreno.

Ex his autem tria colligimus, quæ maximè nostram illustrant Vniuersitatem.
1. Quod Bardas exemplo Caroli M. PVBLICAM SCHOLAM seu VNIVERSITATEM
instituerit, & vnicuique Disciplinæ exercendæ singulos Magistros seu Professores addixerit, vt ante de Carolo demonstrauimus. 2. quod in ipsa Regia, seu in
Palatio Imperiali supremæ saltem Philosophiæ scholam collocarit. 3. quod toti
isti Academiæ, seu quod idem est, omnibus Magistris supremum aliquem Moderatorem, quem Nos RECTOREM appellamus, præfecerit, cum Academia sine
Capite stare non possit.

Idem Bardas ob repudiatam vxorem sacris prohibitus, Ignatium Patriarcham
de sede Bizuntina deiecit, & Photium insignem doctrina virum, cuius Bibliotheca, inquit Cluuerius,, thesaurum præbet adhuc priscæ eruditionis, euc-
xit. At Nicolaus Papa Ignatij Patriarchæ depositionem & Photij illegitimam
consecrationem esse pronunciauit. Ille est Photius, qui contra Nicolaum Concilium Episcoporum conuocauit, & processionem Spiritus S. à solo Patre acriter defendens ab Ecclesia Rom. palam discessit.

Anno 865. Nicolaus habet Romæ Concilium Episcoporum 113. contra duo
Concilia Prouincialia Metense & Aquisgranense, quæ Thietbergam non esse
legitimam Lotharii Regis vxorem declarauerant facta alterius ducendæ potestate. Hæc Genebrardus. Waldradam autem pellicem sacris arcet per Legatum, admonetque Lotharium vt ea abstineat sub eiusdem pœnæ interminatione. *Præcipuè Gualdradæ pellicis tuæ & dudum à te repudiatæ communionem declina.
Excommunicata est enim, & vsque ad præsentiam nostram ab omni contubernio Christianorum sequestrata: quamobrem cauendum, ne cum ea pari mucrone percellaris sententiæ, & pro vnius mulierculæ passione vinctus & obligatus ad perenne traharis exitium.
Deterius quippe in populis Prælati delinquunt, ac per hoc ipsi crudelius quàm cæteri
puniuntur, vt Gregorius ait.*

Idem scripsit ad Episcopos Galliæ, Germaniæ & Italiæ de illis nuptiis. Adeo
exactè & seuerè leges Ecclesiasticas exercebat. Legati quos ad Lotharium miserat, renunciarunt se in toto eius Regno nullum sapientem Episcopum inuenisse, qui canonicis institutus esset Disciplinis, vt testatur Rhegino l. 2. Guntha-
rium autem Archiepiscopum Coloniensem, licet ab aliis Prælatis vt eum restitueret, rogatus perpetuo decreto ab Archiepiscopatu arcuit, aliumque ei substitui voluit.

Eodem anno Normani spoliata & incensa Abbatia S. Benedicti ad Ligerim,
Aureliam oppugnant & flammis mandant excepta Basilica S. Crucis, quam ignis
absumere non potuit. Idque Adreualdus Floriacensis refert inter miracula S. Benedicti. *Aurelianis ciuitatem & Ecclesias cremauerunt præter Ecclesiam S. Crucis,
quam flamma cum inibi multum laborauerat à Normanis fuerat, vorare non potuit.*

Eodem anno Notgerus Abbas S. Galli moritur, author Sequentiarum seu
Prosarum quas Nicolaus in templis Christianorum cantari permisit. Item Rodulfus Fuldensis Rabani Discipulus, de quo sic habent Annales Fuldenses.
*Ruodolfus Fuldensis Cœnobij presbyter & Monachus, qui apud totius pænè Germaniæ
partes Doctor egregius & insignis floruit Historiographus & Poëta, atque omnium artium nobilissimus Author habebatur, 8. id. Martias diem vltimum feliciter clausit.*

Anno 867. die 13. Nouemb. obit Nicolaus Pontifex, Ecclesiasticæ Disciplinæ assertor & propugnator acerrimus. Ei succedit Adrianus natione Romanus ex patre Talaro, tenuitque Cathedram S. Petri annis 5. & mensibus vnde-

cim: à populo & clero electusabsque Imperatoris consensu,aut certè non exspe-
ctato,licet ipsius Legati Romæ tum essent: quod cum molestè tulisset, responsum est à Clero teste Antonino, non id a se factum contemptu Principis, sed
futuri temporis prospectu, ne scilicet ad Electionem Rom. Pontificum Legatos Principum aut Principes ipsos expectandi mos inualesceret. Cæterum
Adrianus vir erat apprimè doctus, optimus & liberalissimus, virorumque
Doctorum amantissimus. Alfredum Anglorum Regem coronâ Regia insigniuit teste Polydoro l. 5. Histor. Angl.

868. Anno 868. Æneas Episcopus Parisiensis iussu Caroli Regis Corpus B. Mauri Abbatis è Glannafolio in Fossatensem locum transtulit: & in ea translatione
humeros deuotè sancto Feretro supposuit: in cuius rei memoriam Fossatensi Ecclesiæ Præbendam integram in Cathedrali concessit perpetuis temporibus possidendam, annuamque supplicationem, seu vt vulgò loquimur, Processionem instituit his verbis.

„ IN NOMINE PATRIS ET FILII ET SPIRITVS S. Ego Æneas Parisiorum Epis-
„ copus notum facio cunctis Dei Ecclesiæ, filiis præsentibus scilicet & futuris,
„ quod anno 868 Indict. 1. Iussu serenissimi Caroli Regis ad Fossatensem ob reci-
„ piendum Corpus B. Leuitæ Mauri accedens Abbatiam, dum à propriis sacram
„ præfati Sancti deposui humeris super BB. Apostolorum altare Glebam, con-
„ cessi eidem Ecclesiæ annuentibus cunctis Archidiaconibus & Clericis nostris,
„ qui vna mecum illic aderant, in sede nostri Episcopatus, in Ecclesia videlicet
„ B. Dei Genitricis Mariæ perpetuò Præbendam integram. Ita vt ab hac hora
„ vsque in nouissimam huius seculi horam tam venerabilis Odo,qui nunc illi Cœ-
„ nobio præest, quam sui successores eam liberè & absque vlla molestia vel in-
„ quietudine, vel aliquo seruitio habeant & securè possideant. Processionem de-
„ nique annuatim in quadragesima, 4. scilicet feria post Dominicam, quæ pas-
„ sionis Christi prætitulatur, nostris sequacibus in monumentum Processionis
„ quam Christi Dilecto Confessori Mauro exhibuimus, die quâ primum receptus
„ est à Fossatensibus, indicimus, vt cuius semel in anno membra reuisimus, eius
„ precibus & meritis assiduè muniamur. Quicumque ergo nostrûm ad hanc ve-
„ nerit processionem, nullam ibi sumat refectionem, sed sola Charitate quæ mul-
„ titudinem peccatorum operit, illuc adeant, atque sibi mutuo data benedictio-
„ ne ad propria ieiuni redeant. Abbas verò præscripti Cœnobii sibique fratres
„ subditi nullam huius rei gratia persoluant Parisiensi Ecclesiæ consuetudinem,
„ neque nobis aut successoribus nostris aliquam redhibitionem.

„ Quod si aliquis successorum nostrorum huius concessionis calumniator aut
„ retractor extiterit & Præbendam resciderit vel imminuerit, Processionem
„ quoque Fossatensis Ecclesiæ à Nobis ob amorem B. Mauri traditam, fieri nisi
„ occasione rationabili aliquoties prohibuerit, excommunicatus nisi penitus resi-
„ puerit, pereat in æternum. Amen. Vt ergo hoc donum firmum & stabile maneat
„ per successura tempora, coram omnibus in Capitulo B. Mariæ illud manu pro-
„ pria ac nostris Archidiaconibus cunctisque Clericis ad roborandum tradidi
„ nostroque sigillo muniui.

Huius Chartæ fidem eleuat doctissimus Launoyius in duobus præsertim,
scilicet quod tunc non esset Præbendæ Ecclesiasticæ nomen in vsu: nec dum
essent Præbendæ singulares Canonicorum, sed vna omnium mensa communis
iuxta institutum Stephani, Eugenii & Caroli M.° deinde quia tum nondum
erant in Ecclesia Parisiensi plures Archidiaconi, quales fuisse hæc Charta indicat. Sed in rei veritatem inquirere non est præsentis materiæ.

869. Anno 869. Lotharius expulsis Saracenorum copiis ex Italia Romam victor in-
greditur & ab Adriano honorificè excipitur: paulò post grassante peste poenè totus eius exercitus interiit, & ipse amissis ferè omnibus suis Placentiæ 8. id. Augusti subita lue correptus occubuit. Qua re intellecta Carolus noster Lotharianū
Regnum inuadere conatur & Mediomatricibus Tungrensibus & Tullensibus in
fidem acceptis, Metis ab Hincmaro Regio Austraiæ seu Lotharingiæ diademate coronatur: ita paulatim fata viam sternebant ad Imperium Occidentis, quod
post aliquos annos obtinuit.

870. Sub hæc tempora Erricus Antissiodorensis Helix Scotigenæ olim Discipulus

Vniuersitatis Parisiensis. 189

Carolo vitam S. Germani versibus conscriptam dedicauit: à quo quis fuerit *Status A-*
tunc Academiæ Parisiensis status accipimus. Certè vix credi posset tam floren- *cademiæ*
tem fuisse tot inter bellorum Ciuilium & Exterorum procellas fortunæque va- *Parisiensis.*
rios euentus, nisi authorem haberemus illorum temporum, qui quanto studio
Carolus viros doctos & peritos vndequaque accerseret & præmiis alliceret non
ex Gallicanis modò partibus, sed ex omni poenè terrarum orbe, certissimè &
vt oculatus testis describeret. Ab eo discimus Græciam, ad quam olim veluti ad
vnam Artium omnium Matrem & altricem ex omni Regno & Natione concurrebatur, Magistris se orbatam doluisse, seque poenè barbaram sensisse, cum
si qui scientiarum discendarum aut docendarum desiderio tenebantur, in Galliam contempto pelagi discrimine, Principum nostrorum liberalitate allecti
confluerent. Ab eodem intelligimus Anglos, Scotos, Hibernos ad PVBLICAS
FRANCIÆ SCHOLAS hisce Caroli temporibus cateruatim conuenisse. Ac ne quis
à nobis gratis id dictum putet, subiungimus Epistolam dedicatoriam S. Germani vitæ præfixam, in qua sic Carolum compellat.

Immortalibus sceptris Prædestinato Regumque omnium præcellentissimo *Epistola Er-*
Carolo perpetuo Triumphatori ac semper Augusto Erricus Cœnobitarum ex- *vici Antiss.*
timus instantem ac perpetuam in Domino felicitatem. Quoties memoria re- *ad Carolum*
plico Altitudinem tuam sceptra paterna non modo virtute, consilio pruden- *Caluum.*
tiaque regere, verum etiam non minore studio ex intimis Sapientiæ speculis veræ «
pulchritudinis colores ducere, hisque tempora perditis fœdata moribus infor- «
mare, subinde in spes optimas erigor, eiusque sæpenumero quæ ante nos di- «
cta est sententiæ veritate repungor, felicem fore Rempub. si vel Philosopha- «
rentur Reges, vel Philosophi regnarent. Quanquam non insciens sim eam quæ «
nunc Respub. dicitur, vsque adeo vitiorum omnium proluuie obsoluisse, vt de «
eius salute meritò desperetur à pluribus, quod nec virtute subigi, nec sapien- «
tiâ patitur moderari. «

Multa sunt Tuæ monumenta clementiæ, multa symbola pietatis: illud vel «
maximè tibi æternam parat memoriam, quod famatissimi aui *tui Caroli studium* «
erga immortales disciplinas, non modò ex æquo repræsentas, verum etiam incom- «
parabili feruore transcendis: dum quod ille sopitis eduxit cineribus, tu fo- «
mento multiplici tum *beneficiorum*, tum *authoritatis* vsquequaque prouehis, «
imò vt sublimibus sublimia conferam, ad sidera perurges. Ita tuâ tempestate «
ingenia hominum duplici nituntur adminiculo; dum ad sapientiæ abdita per- «
sequenda omnes quidem exemplo allicis, quosdam verò etiam præmiis inuitas. «
Huc accedit illud veritatis inexpugnabile argumentum, quo se tua singularis «
prudentia contra emergentes fortè querimonias circunspecta satis ratione tuetur. «
Ne enim nostra inertia, quæ suam sponte amplectitur cœcitatem, velum sibi «
excusationis de ignorantiâ obduceret, neue de Præceptorum inopia merito «
causaretur, id tibi singulare studium effecisti, vt sicubi terrarum *Magistri flo-* «
rerent Artium, quarum principalem operam Philosophia pollicetur, hos ad PV- «
BLICAM ERVDITIONEM vndecunque tua celsitudo conduceret, comitas attra- «
heret, dapsilitas prouocaret. Luget hoc Græcia nouis inuidiæ aculeis lacessi- «
ta; quam sui quondam incolæ iamdudum cum Asianis opibus aspernantur, tua «
potius magnanimitate delectati, studiis allecti, liberalitate confisi. Dolet in- «
quam se olim singulariter mirabilem & mirabiliter singularem à suis destitui. «
Dolet certè sua illa priuilegia, quod nunquam hactenus verita est, ad Clima- «
ta nostra transferri. Quid Hiberniam memorem contempto Pelagi discrimine «
poenè totam cum grege Philosophorum ad littora nostra migrantem? quorum «
quisquis peritior est, vltro sibi indicit exilium, vt Salomoni sapientissimo fa- «
muletur ad votum. Itaque Cæsar inuictissime, poenè est, vt vniuersus orbis no- «
uas in te struat controuersias, nouis aduersum te declamationibus inuehatur, «
qui dum te tuosque ornamentis sapientiæ illustrare contendis, cunctarum ferè «
Gentium Scholas & Studia sustulisti. Sublatis enim Præceptoribus consine & «
consequens est facile omnium ingenia otio congelasse. Ita namque spretis cæte- «
ris in eam mundi Partem quam vestra potestas complectitur, VNIVERSA OPTIMA- «
RVM ARTIVM STVDIA confluxerunt: vt verisimile habeam iamdudum eas hu- «

A a

„ manæ perosas inertiæ terris penitus excessisse, nisi tuæ integritatis amplitu-
„ dine tenerentur, in qua etiam vnicum suæ professionis culmen ac fastigium, vt
„ palam eminet, mirabiliter collocarunt. Hinc est quod cum sit perantiqua sen-
„ tentia, *Silent leges inter arma*, Hæ tamen tam belli quàm pacis tempore apud
„ Te plurimum semper obtinent dignitatis. Itaut merito vocitetur SCHOLA PA-
„ LATIVM, cuius apex non minus scholaribus, quàm militaribus consuescit quo-
„ tidie disciplinis. Quidquid igitur litteræ possunt, quidquid assequuntur ingenia,
„ tibi debent. Tibi inquam, qui natus ad agendum semper aliquid dignum viro
cùm virtute præcellis, tum etiam sapientiâ refulges. Hæc Erricus S. Germani
Antissiodorensis Monachus, qui à Lothario Abbate suo Caroli filio e Scholis
Parisiensibus euocatus circa an. 865. eiusdem iussu vitam S. Germani versibus
complecti aggressus fuerat: at vix opus illud inceperat, cum obit Lotharius nimirum an. 866. vt ipse in ead. Ep. indicat, *tandemque me qui tum recens scholis
emerseram, connocato dolorem aperit intestinum Lotharius*. Ab incepto verò nolens
desistere perfectum & absolutum opus Carolo dedicauit annos tum natus 32. vt
ait ipse in fine lib. 6.

Quis autem cum hanc Epistolam legit, non repræsentat animo Academiam
omnium Artium professione celeberrimam? ad quam ex omnibus mundi Regionibus Professores confluunt. Quis vnquam plura dixit ad commendationem
& famam Alexandrinæ scholæ, Atheniensis, Romanæ, Constantinopolitanæ,
Berytensis, quandiu maxime floruerunt & viguerunt? Quis vnquam Rex aut
Imperator tam munificus fuit & liberalis erga professores litterarum? Nam
esto Principis factum Erricus paulum exaggeret, certè nemo putabit tam
impudentem fuisse aut tam insigniter mendacem, vt Regi suo tam multa quæ
ad laudem eius immortalem faciebant, affingere auderet, si falsa erant quæ
scribebat. Quæ porro fides homini S. Germani vitam & miracula describenti,
si fronti operis mendacia tam insignia præfixisset?

Dubium igitur non est, quin Carolus Caluus studia bonarum Artium plurimum promouerit. Nec dubium quoque, quin Erricus de Parisiensi Academia
loquatur. Quo enim pertinent hæc verba, AD LITTORA NOSTRA. AD CLIMATA NO-
STRA, cum Antissiodori scribat Erricus? Et quem alium locum indicat nisi Lutetiam Caroli sedem primariam? nullum certè alium. Vnde Andreas Duchesnius qui in præfatione ad opera Alcuini negat Carolum M. Athenas suam
nouam collocasse Parisiis, in notis marginalibus non impressis ad hanc Epistolam manu propria scripsit STVDIA ET VNIVERSITAS PARISIENSIS SVB CAROLO
CALVO. Quem locum & verba mihi pro sua humanitate ostendit filius eius clarissimus Historiographus Regius: adeo non dubitauit Andreas, quin tum esset
Parisiensis Vniuersitas.

Sed placet insuper aliunde hanc Epistolam illustrare. Ex historia Monachi
San-Gallensis patet Caroli M. tempore Anglos & Scotos Philosophos ad eadem littora cum mercatoribus Anglis appulisse, Et quid aliud Erricus, cum
ait *Hiberniam pœne totam contempto Pelagi discrimine ad littora nostra migrasse?* De
Francia verò, & de Lutetia quis non interpretetur ea verba, quæ idem habet ad
Carolum cum ait VNIVERSA OPTIMARVM ARTIVM STVDIA *ad eam partem quam
eius potestas complectebatur*, confluxisse? certum est enim Regnum Franciæ Carolo cecidisse in partem paternæ hereditatis, vt ante docuimus, & Lutetiam
fuisse sedem Regni præcipuam & primariam.

Postremo nemo negauerit, quin Carolus loquatur de Schola Publica Palatina, cum ait professores à Carolo allectos ad PVBLICAM ERVDITIONEM efficere, vt merito vocitetur SCHOLA PALATIVM, quia ibi scholares seu scholasticæ
artes & Disciplinæ exercebantur. Nam vt ante docuimus, Carolus M. Musas
in Palatio suo collocauit, & hodie etiamnum locus in quo vetus ipsius Palatium
fuisse credibile est SCHOLA vocatur, Gallicè L'ESCHOLE & SCHOLÆ quoque portus appellatur.

Accedunt plurima exempla virorum illustrium, qui hisce temporibus Scholam Palatinam frequentabant: quorum nonnulla suppeditat Historia Episco-
coporum Antissiodorensium, quam author quidam Anonymus ex veteribus

monumentis & Annalibus perducit ad an. 1277. ille igitur de Herifrido succeſſore Humbaldi verba faciens cap. 41. ſeu potius verbis vtens authoris Heriſrido ſupparis ſic ait, *Eo tempore Carolus nulli virtute ſecundus totius orbis gubernabat Imperium: quo hoſpite* (forte ſoſpite) *felices extitere res mundi, quia & Rex philoſophabatur & Philoſopus Regni moderabatur habenas. Nam licet in diuerſa vt pote Regum omnium potentiſſimus extenderetur animus, Liberalium Artium ferulas à palatio nunquam videres deeſſe, ſed Regiæ Dignitatis Aulam totius Sapientiæ Gymnaſium mirareris exiſtere. Ad hunc locum quique Nobiles & Regni Optimates diſcendi gratia humani & Eccleſiaſtici generis ſoboles deſtinabant, certi vtriuſque diſciplinæ dogma oppidò refulgere. Inter alios denique ſuperbi ſanguinis Iuuenes inibi exultantibus animis confluentes aderat præfatus vir ex nobiliſſima Armoricani Tractus proſapia deriuatus Heriſridus. Et paulo poſt. Ad ſupradicti Imperatoris famulatum ſeruitum dirigitur. Illic planè Scripturarum perſcrutans paginas, Senioris ſui inhæſit ſeruitio, vt nunquam ab eius vellet præſentia diſcedere, nunquam ab Eccleſiaſticis negotiis ſeparari.... Vbi qualiter vixerit, & quam nobilem ſe normamque virtutum omnibus præbuerit, plures ſuperſunt, qui hæc luce clarius norunt.* Ex his verbis patet authorem vitæ Heriſridi paulum ab eius & Caroli ætate abfuiſſe, cum multos ſuo tempore ſupereſſe dicat, Heriſridum qui nouerant.

Neque omittendum, quod idem author ſcribit paulo ante hæc vltima verba. Heriſridum ſcilicet in vrbe Carnotenſi vnde oriundus erat, primum liberalibus inſtitutum fuiſſe ſtudiis aliquantiſper, deinde vero *vt in eum litteralis ſcientia concurreret,* D. Gauterio ſeu Waltero Epiſcopo Aurelianenſi procurante ad Palatinas ſcholas, quaſi è priuatis & minoribus ad publicas & Maiores miſſum fuiſſe. Porro vir erat magni nominis & authoritatis apud Carolum Gauterius, qui Anſelmo ſucceſſit an. 876. quem Rex ſecum in Italiam duxit ad Imperium capeſſendum, cuiuſque ſapientibus conſiliis in omnibus negotiis vtebatur, & poſt eum vſi Ludouicus Balbus & Carlomannus. Heriſridus autem Humbaldo Ioannis Scoti Erigenæ Diſcipulo ſucceſſit in Cathedra Antiſſiodorenſi.

Idem patet ex Hiſtoria Abbatum Lobienſium c. 15. de Francone ſucceſſore Carlomanni filij Caroli Calui. *Cui in Regimine ſucceſſit Domnus Franco tempore Hludouici iam dicti Caroli Imperatoris* (Calui) *filij, qui Franco multa nobilitatis & Palatinis ſtudiis inſtructus extitit, vnde & plura Monaſteria noſtro acquiſiuit.*

Idem quoque refertur de Ratbodo Teutonico Guntheri Archiepiſcopi Colonienſis nepote, qui cum apud auunculum Coloniæ aliquandiu litteris operam dediſſet, eo de ſede ob contumaciam deiecto à Nicolao Pontifice, ad Palatinas ſcholas ſe contulit, vt legitur apud Surium ex veteri M. S. incerti authoris ad diem 29. Nouemb. *Primæ ætatis tempus exegit apud Guntherum Colonienſem Archiepiſcopum auunculum ſuum litteris operam nauans: ſed cum illi Epiſcopo res aduerſa accidiſſent, puer egregiæ indolis hortantibus ſuis, pleriſque etiam adiuuantibus: quippe quem Dei gratia qua præditus erat, omnibus charum efficeret, primo ad Caroli Regis Francorum, inde ad Ludouici eius filij Aulam ſe contulit, non quod Palatinos ambiret honores, ſed quod* INTRA REGIS PALATIVM LIBERALIVM DISCIPLINARVM STVDIA *præclarè colerentur. Præerat autem Collegio illi Manno Philoſophus, cui ſanctus puer feruens diſcendi ſtudio ſedulus adhærebat.*

Atque vt hanc de Caroli Calui erga immortales Diſciplinas ſtudio & affectu hiſtoriam abſoluamus, Errici authoritatem tanti facit Papyrius Maſſonius & quæ de Carolo dicit, tam efficacia & clara reputat, vt aſſerere non vereatur Pariſienſem Scholam ſuam potius debere ad Caluum referre fundationem & originem, quam ad parentem Ludouicum Auguſtum, aut ad Auum Carolum M. non tantum quia Diſciplinas Artium Liberalium adamauit, ſed quia Profeſſores earum vndequaque in Galliam adſciuit, eorumque conuerſatione & familiaritate adeo delectabatur, vt ab aliquibus per iocum PHILOSOPHVS LITTERARVM appellaretur. *Inter cætera,* inquit, *Liberalium Artium ſtudia & Diſciplinas vnicè amauit, Profeſſoreſque earum vndequaque in Galliam exciuit, vt mihi videatur Pariſienſis ſchola originem ſuam huic potius debere, quàm Parenti aut Auo. Henricus apud Antiſſiodorum Galliæ Monachus Latinè Græceque doctus præfatione ad libros ſuos de vita Germani, Carolo poſt adeptum Imperium ſcriptos* (imo ante) *teſtis est quanti litteras fecerit... Tantus vero iam clarißimi Regis amor erga litteras & professores earum multum Galliæ profuit. Floruere amantißimi litterarum Ionas Aurelia, Freculfus apud Lexouios, in 2. Lugdunensi, Hincmarus Remis, Hilduinus Parisiis, Herricus Altißiodori, Lupus in agro Senonum Rabani in Theologia auditor vt ipse narrat.*

Itaque licet bella modò Ciuilia, modò externa Carolum sæpe distinerent, & huc illucque distraherent, tam prudenter tamen omnia componebat tempori consulendo, vt parum inde damni caperent litteræ, quibus eum addictißimum fuisse patet, tum ex iis quæ retulimus, tum ex Ep. Nicolai I. de qua supra, patebitque adhuc clarius infra authoritate Ioannis Papæ, cum Imperiali eum diademate insigniuit.

871. Circa an. 871. Carolus externo bello occupatus, domesticum sensit. Nam cum Viennam aduersus Gerardum Comitem, qui desciuerat, profectus fuisset, Karlomannus filius eius Clericus, imò Diaconus multarum Abbatiarum Abbas Commendatarius vltro patri bellum intulit, innumeraque mala Regno importauit. Quamobrem Hincmarus à Rege sæpe rogatus vt filium contumacem ad officium salubribus monitis reducere conaretur, secus Episcoporum Synodum aduersus eius perfidiam conuocaret, respondit vt legitur apud Flodoardum l. 3. c. 26. Karlomannum non esse suæ prouinciæ, vt pote qui fuisset ordinatus ab Hildegario Episcopo Meldensi, nec posse quoque Episcopos de aliena prouincia conuocare, imò nec Suffraganeos suos, cum natalis Domini instaret. Licet autem id commodè fieri posset, & Episcopi statuerent contra ipsum, suarumque Diœceseon ingressu interdicerent, non tamen illum destiturum ab inceptis, si non aliunde coerceatur. Eum tandem comprehendi curauit pater, & in carcerem compingi. Verum inde nonnullorum Procerum ope liberatus ad Germaniæ Regem Ludouicum confugit, eumque aduersus patrem capere arma compulit. Postremo tandem postquam multa Regno mala intulit, nec monitis nec precibus vllis flecti potuit, Pater eum comprehensum oculis priuari iussit, & in Abbatia Corbeiensi ad mortem vsque recludi.

872. Circa hoc quoque tempus celebratum est Constantinopoli octauum Concilium Oecumenicum & vniuersale, 300 vel vt aliqui scribunt 383. Episcoporum contra Photium sedis Constantinopolitanæ Inuasorem. Præfuerunt autem illi ab Adriano missi Legati Donatus Ostiensis, Stephanus Nephesinus Episcopi & Marinus Ecclesiæ Rom. Diaconus postea Papa, cum quibus Anastasius quoque Bibliothecarius profectus est. Inter cætera autem Concilii statuta anathematizatus est Photius & Ignatius restitutus. Sicque circa eiusmodi promotiones & depositiones à Principibus laicis factas sacra Synodus definiuit. *Consecrationes & promotiones Episcoporum concordans prioribus Conciliis Clericorum electione ac decreto Episcoporum Collegio fieri hæc sancta & vniuersalis Synodus definiuit & statuit, ac iure promulgauit neminem Laicorum Principum vel Potentum semet inserere electioni vel promotioni cuilibet Patriarchæ Archiepiscopi vel Metropolitani, aut Episcopi cuiuslibet, ne videlicet inordinata & incongrua hinc fiat contentio vel confusio: præsertim cum nullam in talibus potestatem quemquam Potestatiuorum vel Laicorum cæterorum habere conueniat; sed silere & attendere sibi vsquequo regulariter à Collegio Ecclesiæ accipias finem Electio futuri Pontificu.* Ita refert Antoninus in Adriano II.

874. Anno 874. Adrianus obit, eique succedit Ioannes VIII. natione quoque Romanus, patre Gundo, non minori doctrinâ clarus, qui B. Gregorij vitam 4. libris conscripsisse dicitur. Sub eo claruit adhuc Anastasius Cancellarius vulgò Bibliothecarius, Græcâ & Latinâ linguâ valde doctus, eloquio facundus & omni scientiarum genere cumulatus: qui octauam Synodum Oecumenicam de qua supra, iubente Pontifice de Græco in Latinum transtulit; vt & antea Hierarchiam D. Dionysij Areopagitæ transtulerat. Item passionem Petri Alexandrini, Achacij & sociorum eius, & S. Ioannis Eleemosynarij. Porro Ioanni contigit quod nulli vnquam Pontificum Romanorum; tres enim Imperatores intra 4. annos diademate insigniuit, Carolum Caluum, Ludouicum Balbum, & Carolum Crassum. Romæ quidem Carolum inaugurauit. In Gallia Ludouicum coronauit, & Romam reuersus Crassum Imperij insignibus adornauit.

Cum autem illis temporibus graſſarentur Normani & alij Barbari, Monaſteria & Eccleſias aliaſque ædes Deo conſecratas ſpoliarent & depopularentur; & qui iis conſeruandis à Regibus præpoſiti fuerant, nihilò mitius & humanius ſe gererent, imò ipſi quod Barbari reliquiſſent, auferrent, ſeuerè eos puniri voluit Pontifex, eiuſque in hanc rem extant plurimæ conſtitutiones inter Decretales Pontificum: vt diſt. 23. q. 5. *Adminiſtratores planè ſecularium dignitatum, qui ad Eccleſiarum tuitionem, pupillorum ac viduarum defenſionem, Rapaciumque refrenationem conſtituti eſſe procul dubio debent, quoties ab Epiſcopis & Eccleſiaſticis viris conuenti fuerint, eorum querimonias attentius audiant, & ſecundum quod neceſſitas expetierit, abſque negligentia examinent & diligenti ſtudio corrigant. Quod ſi Dei timorem præ oculis non habentes negligere poſt ſecundam & tertiam admonitionem inuenti fuerint, omni ſe nouerint communione priuatos.* Idem q. 8. Demago Duci ſcribens, *Præterea,* inquit, *Deuotionis tuæ ſtudium exhortamur, vt contra marinos latrunculos, qui ſub prætextu tui nominis in Chriſticolas debacchantur, tanto vehementius accendaris, quanto illorum prauitate famam tui nominis fuiſſe obfuſcatam recognoſcis. Quoniam licet credi poſſit, quod te nolente illi nauigantibus inſidiantur, tamen quia à te comprimi poſſe dicuntur, niſi eos compeſcueris, innoxius non haberis. Scriptum eſt enim, Qui crimina quæ poteſt emendare non corrigit, ipſe committit.*

Anno 875. Normani poſt vaſtatam Aquitaniæ magnam partem, Andegauum capiunt, in eaque vrbe quaſi perpetuò manſuri & habitaturi conuectas omnes prædas & ſpolia deponunt. At Carolus adſcito Salomone Britonum Rege multis diebus eam obſidet, Normanos ad deſperationem adducit: & facilè omnes vno prælio concidiſſet, ſi pecuniâ ab eis acceptâ, egreſſum liberum non conceſſiſſet. Quæ res ab eo militum mentes omninò abalienauit; & Normanis plus audendi animos dedit. Nihilominus id prudenter à Principe factum ſcribunt nonnulli: quippe ita pactus erat cum illis, vt liceret quidem naues repetere ſi vellent, aut ſi qui vellent in Regno remanere & fidem Chriſtianam amplecti atque profiteri, ſecurè quoque poſſent, ſeque illis promiſit locum daturum ad habitandum. Quo tempore obiit Æneas Ep. Pariſienſis, cui ſuccedit Ingelwinus.

Eodem anno Ludouicus Imperator menſe Auguſto mortem Mediolani oppetit, ſepeliturque in Baſilica D. Ambroſij, vbi extat adhuc vetus eius elogium. Vir fuit, pietate, iuſtitia & religione inſignis. Verùm ſtudium in eo gloriæ & dignitatis Italicæ conſeruandæ multò maius aut fortunâ, aut opibus fuit, nec tantum virtute quantum voluntate complexus eſt, vt ſcribit Sigonius. Et quia ſine prole maſcula obierat, certatim ad Imperium concurrerunt Carolus Rex Franciæ & Ludouicus Rex Germaniæ; quique ſine contentione Lotharingiam poſt Lotharij mortem diuiſerant, non ſic æquis animis ad Imperium profecti ſunt. Carolus in expeditione celerior fuit, & ad Pontificem Ioannem ſine mora contendit, magnum ratus in celeritate momentum poſitum ad executionem propoſiti: nec ſua eum opinio fefellit, quippe cum 16. Kal. Ian. Romam peruenisſet, ipſo die Natali Domini à Ioanne conſecratus eſt, & Auguſtus proclamatus in Baſilica Vaticana; hincque nonis Ianuarij egreſſus Papiam venit, & coronâ Regiâ Lombardiæ ab Anſperto Archiepiſcopo ſumptâ forum egit, legeſque Regio more populis dedit, ac Ciuitatum & Eccleſiarum iura tenouare inſtituit, vt ſcribit Sigonius. Extat Ioannis Papæ ad Conſeſſum Prælatorum oratio de Electione Caroli deque eius meritis & laudibus, quam hiſce Annalibus non erit abs re inſerere.

Caroli Conſecratio in Imperatorem.

Omnibus Generationibus, immò cunctis mortalibus liquet, qualiter omnipotens & Creator Vniuerſorum Deus in Eccleſia ſua parte, quæ gemebunda peregrinatur in terris, per generationes & generationes Electos ſuos velut in Cælorum ambitu ſidera noua produxerit, vt quodammodo in eiuſdem Eccleſiæ cælo fixa, Diuino lumine radiantia parentium animos illuſtrarent, depulſis tetræ mæſtitiæ tenebris & diuerſarum anguſtiarum diſſipata caligine. Inter quas tanquam clariſſimum ſidus diebus noſtris Ecce nobis Carolum Chriſtianiſſimum Principem ſuperna prouidentia præſcitum à ſe & prælectum ante mundi conſtitutionem & prædeſtinatum non niſi copioſiſſima miſeratione circa noſtram ſalutem mota, ſecundum placitum ſuum, iuxta quod congruum erat in iſto peri-

culoso tempore tribuit, nepotem videlicet illius quondam Magni Caroli, qui Rempub. præliis auxit, victoriis dilatauit, sapientia decorauit. Qui cum omnes Ecclesias sublimasset, semper hoc ei erat in voto, semper in desiderio, sicut in Gestis quæ de eo scripta sunt, legitur, vt sanctam Rom. Ecclesiam in antiquum statum & ordinem reformaret. Vnde & hanc multis honoribus extulit, multis munificentiis & liberalitatibus ampliauit, adeo vt amissas olim vrbes ei restituisset, & ex Regni quoque sui parte alias non modicas contulisset. Sed pauca dicta sunt, nisi qua circa Religionis incrementum gessit, magna & sublimia memorentur. Religionis quippe statum inter diuersorum errorum & prauitatum vepres incultum inuentum sacris litteris erudiuit, Diuina pariter & humana scientia perornauit, erroribus expurgauit, ratis dogmatibus saginauit, atque intra breuissimum tempus ita industrio pietatis medio egit, vt nouus quodammodo videretur mundus, magnis luminaribus venustatus & variis vernantibus floribus adornatus. Cuius filius Diuæ scilicet recordationis Hludowicus Maximus Imperator, Pater huius à Deo Electi Principis Caroli semper Augusti, patrium solium adeo religione imitatus, pietate laudabiliter æmulatus est, vt & paterna Diuini cultus vota & erga prælatam principalem Ecclesiam liberalitatis insignia Pius Natus æquipararet & roboraret: sed & vberioribus beneficiis & dapsilibus munificentiis vt hæres gratissimus ampliaret. Verum iste huius præfulgidus filius, Carolus videlicet, de quo nobis sermo est, serenissimus & tranquillissimus Imperator, qui nobis vt prætulimus, in quos fines seculorum deuenerunt, quique caliginosi temporis ex quadam parte tetras ærumnas & miserias sustinebamus, tanquam splendidissimum Astrum ab arce polorum illuxit, non solum monumenta progenitorum, bonitatem electæ radicis ferens in ramo alacriter æquiparauit, verum etiam omne prorsus auitum studium vicit, & vniuersum paternum certamen in causa Religionis atque Iustitiæ superauit; Ecclesias videlicet Domini diuersis operibus ditans, sacerdotes eius honorans, ad vtramque Philosophiam informans, illos ad virtutes sectandas adhortans, viros peritos amplectens, religiosos venerans, inopes recreans, & ad omne bonum penitus subsecutus, & omne malum medullitus detestatus. Quapropter & Nos, carissimi fratres, tot ac tantarum dilectionum eius atque virtutum audientes insignia & laudabilium longè latèque diffusa morum eius intuentes indicia, pietatis illius affectus experti frequentissimè ac multifariè viscera, non immerito intelleximus istum esse proculdubio qui à Deo constitutus esset saluator mundi: multo profectò præstantius ac decentius ita vocatus, quàm Ioseph qui pænè solam terram saluauit Ægypti. Vnde ab vniuersa Romana plebe voce illius Annæ sanctæ personam gestantis Ecclesiæ sterilis & fecundæ prophetiæ quodammodo spiritu temulentæ quotidie clamabatur: Dominus dabit Imperium Regi suo & sublimabit cornu Christi sui. Et iterum cum Dauid erat Rege pariter ac propheta, da inquiens potestatem siue imperium puero tuo & saluum fac filium ancillæ tuæ, sanctæ videlicet Catholicæ & Apostolicæ Ecclesiæ. Vnde nos tantis indiciis diuinitus incumbentibus luce clarius agentis superni secreti Consilium manifestè cognouimus. Et quia pridem Apostolicæ memoriæ decessori nostro Papæ Nicolao idipsum iam inspiratione cœlesti reuelatum fuisse comperimus, elegimus hunc meritò & approbauimus vna cum annisu & voto omnium fratrum & Coëpiscoporum nostrorum atque aliorum S. Rom. Ecclesiæ Ministrorum, ampliq́ue Senatus totiusque Rom. populi Gentisque rogatu, & secundum priscam consuetudinem solemniter ad Imperij Rom. sceptra prouexímus & Augustali nomine decorauimus vngentes eum oleo extrinsecus, vt interioris quoque Spiritus S. vnctionis monstraremus virtutem, quâ vnxit eum Dominus Deus suus præ consortibus suis, Christum hunc oleo lætitiæ delibutum extrinsecus faciens & Principem Populi sui constituens, ad imitationem scilicet veri Regis Christi filij sui D. nostri, itant quod ipse possidet per naturam, iste consequeretur per gratiam. Deinde non hic perpetuus Augustus ad tanta fastigia se velut improbus intulit, non tanquam importunus fraude aliqua vel praua machinatione aut instanti ambitione ad Imperialem Apicem aspirauit. Absit, neque enim sibi honorem præsumptuosè adsumpsit, vt Imperator fieret, sed tanquam desideratus, optatus, postulatus à nobis, & à Deo vocatus & honorificatus ad defendendam Religionem & Christi vtique seruos tuendos humiliter atque obedienter accessit, operaturus & roboraturus in Imperio summam pacem & tranquillitatem, & in Ecclesia Dei Iustitiam & exaltationem. Nisi enim nos talem eius agnouissemus intentionem, nunquam animus noster fieret tam promptus ad ipsius promotionem. Et hoc per sacerdotum Dei manus & Ministrorum eius Officium, sicut Dauid & Salomon & non-

nulli alij Christi Domini, quos nimirum non esse tangendos Spiritus S. per Psalmorum Cantica protestatur. Quapropter fratres Charißimi, unanimes idipsum sentientes benedicamus Domino & totis cordis ac corporis viribus collaudemus, qui secundum quod pollicitus est, spernentes spreuit & glorificantem se glorificauit, quique hunc tantum nobis talemque contulit, per quem mœrentium consolatio & paganorum contritio & Christianorum proculdubio speretur cita redemptio. Summamque Maiestatem eius & pietatem votis continuis obsecremus vt confirmet hoc in eo, imo & in nobis per eum, quod operatus est in eo, in templo sancto suo quod est in superna Hierusalem. Nosque quod iam in Rom. Ecclesia, quæ est Magistra, Mater & Caput Ecclesiarum authore Deo famulatus nostri Ministerio geßimus, preces benedictionis fundentes & coronam imponentes sceptri & diadema Imperij, etiam hic in sancta & generali fraternitatis nostræ Synodo ad quam Deo duce pro innumeris necessitatibus & vtilitatibus sanctæ Dei Ecclesiæ conueniße dignoscimur, iterato cordis affectibus & oris vocibus & manus subscriptionibus roboremus. Nec sint, quod absit, in nobis schismata, quæ Apostolus medullitus execratur, nec animorum alicuius diuisionis & diuersitatis dissensio.

Responderunt Episcopi sibi vehementer placere electionem Caroli in Imperatorem, factam à Deo, ab hominibus consummatam, seque paratos esse eiusdem inunctioni & inaugurationi subscribere, neminem dissentire, omnes vnanimi voce dicere id sibi vehementer placere. Tum surgens Pontifex sententiam protulit hoc modo.

Piißimi & Sereniβimi Spiritalis filij nostri Caroli Magni & Pacifici Imperatoris " ad Imperialia sceptra electionem & promotionem ante mundi quidem Ordi- " nem diuinitus ordinatam, nuper autem id. præterita nona Indictione per " Ministerium nostræ mediocritatis exhibitam annuente Deo ex tunc & nunc " & in perpetuum firmam & stabilem decernimus permansuram. Responderunt " omnes *Placet Placet.* "

Item si quis tantæ rei Diuinitus actæ proculdubio institutionem superbia " aut auaritia vel certè aliquo pessimæ ambitionis instinctu perturbare aut vio- " lare tentauerit, cuiuscumque sit ordinis, dignitatis aut professionis, tanquam " Dei inimicus & ordinationi eius tyrannide sæua resistens, & Ecclesiæ Dei " hostis totiusque pacis & Christianitatis dissipator, anathemate vsque ad satisfa- " ctionem teneatur omni tempore annexus. Responderunt. *Fiat Fiat.* Tum " ille. "

Patratores & incitatores pessimi huius consilij, qui profecto cum Ministri " sint Diaboli sua quærunt, non quæ Iesu-Christi, & in Imperium subintrodu- " cere simultates & discordiam moliuntur ac fraudulentum immittere schisma ad " confundendam Ecclesiæ vnitatem Regnique congruum statum & ordinem Rei- " que publicæ vtilitatem & tranquillitatem conantur, si deinceps in talibus inuen- " ti fuerint, siquidem Ecclesiastici viri extiterint, tanquam viri schismatici & à " capite dissidentes omnimodis deponantur. Laici vero & Monachi perpetuo " anathemate feriantur. *Et Responderunt omnes tertio. Fiat Fiat Fiat.* Tum subscri- " psit D. Papa & omnes Episcopi qui affuerunt. "

Eadem Electio ab Italici Regni Episcopis & cæteris optimatibus apud Ticinum in Synodo Pontigonensi confirmata fuit eodem anno mense Feb. Eidemque subscripserunt Gallicani Episcopi, qui cum Carolo in Italiam profecti fuerant, Ansegisus Senon. Hincmarus Remensis, Aurelianus Lugdun. Archiepiscopi. IngelWinus Parisiensis, Wala Antisiodorensis, vir scientia clarus & moribus adornatus, cuius *studium fuit Magistros litterarum charitatiuè complecti eorumque alloquiis & consiliis vti, suoque conuiuio participari vt legitur in Chronico Antiss.*) Hilduinus Abbas & Bibliothecarius, Gauzlenus Abbas & Archicancellarius & alij complures.

Anno 876. Carolus Nundinas Indictales vulgo *la Foire du Lendy* ab Aquisgranensi ciuitate, vbi à Carolo M. institutæ fuerant, transtulit ad villam Sancti Dionysianam in Parisiensi agro sitam: atque vt frequentiores celebrioresque essent, impetrauit à Ioanne Pontifice, vt Mercatores Negociatoresque illuc confluentes verè confessi plenissimam peccatorum suorum veniam consequerentur. In Manuscripto quodam codice qui in Abbatia seruatur, hæc verba leguntur. *Nundinas etiam Indicti in Platea, quæ Indictum*

876.
De Nundinis Indictalibus

dicitur, more quo Carolus M. Aquifgrani olim indixerat, quolibet anno in 2. & 3. Feria menfis Iunij ob amorem B. Dionyfij peculiaris fui Patroni fieri ftabiliuit. Tunc etiam à SS. Archiepifcopis, Epifcopis & Abbatibus & à quam plurimis facerdotibus dignis communi Populo facta eft benedictio. De venia autem pænitentiæ ficut in priori Edicto Aquifgrani à Carolo M. ftatuto à Leone Papa III.& ab Archiepifcopis, Epifcopis & Abbatibus indultum eft, vt fi quis purè fua peccata confeffus fuerit & caufa Indulgentiæ ad hoc Indictum verâ pænitentia fructum fecerit, delictorum fuorum omnium veniam obtineat ac remedium & SS. Reliquiarum vifitationem & benedictionem exhilaratus cum pace & iucunditate domum fuam redeat.

Eiufdem translationis meminit Nangius Monachus San-Dionyfianus, qui fcribebat circa an. 1280. *Carolus Caluus*, inquit, *Nundinas* Indicti *in platea S. Dionyfij, q...* Indictum *dicitur, quolibet anno inftituit.* Author Rofarij Ludouici XI. idem refert ad an. 876. fimiliter Forcatulus l. 6. ait Carolum Caluum Nundinas Germanicas Aquifgrani à Carolo M. auo inftitutas Parifios transtuliffe menfe Iunio inchoandas ad fanum Dionyfij. Ibidem ex Tuditano vetere Authore commemorat originem Nundinarum minimè fuiffe Religionis expertem, deductam à Romulo, qui communicato Regno cum T. Tatio facrificiis & fodalibus inftitutis nundinas adiecerit. Licinianus quoque Nundinas Iouis Ferias appellauit. Idem fufpicatur Panegyrim illam celeberrimam ad Aram Lugdunenfem, de qua iam diximus, nihil aliud fuiffe, quàm Nundinas: exemplum quoque affert M. Antonini Gniphonis in Gallia nati, Græcè Latinéque docti & Rhetoricis apprimè exculti, qui Romæ non nifi Nundinis declamabat. Hinc ait fluxiffe morem Xenia Liberalium Artium Doctoribus impertiendi Lutetiæ, & facra quædam ritè peragendi folemnibus Nundinis.

Solus Gaguinus videtur harumce Nundinarum Inftitutionem ad Dagobertum, non ad Caluum referre; fic enim fcribit. *Non ignoro quofdam fcribere Nundinas quæ in Campo Dionyfiano ante Kalendas Iunias fiunt, ab hoc Rege effe inftitutas, de qua re quid fentiam in Dagoberti Geftis annotaui.* At ibi inftitutum eiufmodi tribuit Dagoberto poft natum ipfi Clodoueum feu Ludouicum filium & affignatas fingulis Liberis Regni fui partes. *Dehinc*, inquit, *ad DD. Martyres conuerfus inter multas quas attribuit donationefque largitiones, Emporium annuum menfe Iunio in Campo non procul à Bafilica Sanctorum inftituit, translata ad Miniftros Ecclefiæ omni ditione. Id Lenditum vulgus appellat, corrupto, vt ipfe iudico, vocabulo. Nam Edictum dici crediderim: propterea quod ad eas Nundinas Mercatores fuas vndique merces Edicto Regio, tanquam ad communem mundi mercatum conferre deberent.*

Verum cum Gaguinus nullum pro fe antiquiorem Authorem proferat, non eft cur à trita & recepta fententia difcedamus, præfertim cum Nangius eam ex veteri M. S. Abbatiæ confirmare videatur, cuius quidem Manufcripti mentio fit in Hiftor. San-Dionyf. l 4. c. 18. vbi refertur quo pacto Carolus Romæ inauguratus Imperator confilium cœperit transferendarum eiufmodi Nundinarum, & nonnullas quoque Reliquias ad Bafilicam SS. Martyrum Aquifgrano attulerit: fic ergo habetur. Carolus Imperator coronatus menfe Ian. Ioanni
" fummo Pontifici & Romanis vale dicto per montem Iouis & Monafterium S.
" **Mauricij rediens in Franciam, Patronum Franciæ peculiarem B. Dionyfium,**
" cuius meritis vt publicè confeffus eft, ad Gradum Imperialem afcenderat,
" deuotiffimè vifitauit: & quamuis hanc Ecclefiam terris, reditibus & incom-
" parabilibus ornamentis iam ditaffet in recompenfationem Diuitiarum tam
" in auro quam in argento quas idem abftulerat, vt guerram continua-
" ret contra fratres, de nouo adhuc ftatuit bona Ecclefiæ amplius augmentare.
" Sane Imperator munificus ne ingratitudinis vitio culparetur, proficifcitur
" Aquifgrani, quod tunc fuæ ditioni fubdebatur, & è Palatio fuo ad præfatam
" Ecclefiam attulit quod terrenis diuitiis fupereminet vniuerfis, fcilicet facro-fan-
" ctum vnum clauum, quo pro nobis fanctiffimum Corpus Dominicum pati-
" bulo fuit affixum, partemque fpineæ coronæ Dominicæ & partem viuificæ Cru-
" cis, brachiumque S. Simeonis cum aliis multis Iocalibus pretiofis, quæ Ca-
" rolus M. auus fuus Aquifgrani de Terra fancta afportauerat, & in Ecclefia ibi-
" dem ab eo fundata repofuerat.

Cæterum

Vniuerſitatis Pariſienſis. 197

Cæterum locus in quo hæ Nundinæ exercebantur, erat olim extra villam San-Dionyſianam, vocabaturque *Campus Indicti* ſeu *Indictum*, in quo Palatium Abbatiæ, & Tribunal Forenſe ad dicendum ius mercatoribus. Qui locus videtur fuiſſe Abbatiæ datus à Ludouico Groſſo: ſic enim Sugerius in lib. de Rebus in adminiſtratione ſua geſtis. *De Indicto verò quod D. Ludouicus Pater B. Dionyſio dedit, 300. ſolidos quietè & pacificè, 35. de cenſu ſtallorum Piſtorum in Pantera, quos in feſto BB. Apoſtolorum Petri & Pauli refectioni fratrum appoſuimus, &c.* Item in Conſtitutionibus c. 5. *Notum fieri volumus tam præſentibus, quam poſteris, quod Ego Sugerius Dei patientia B. Dionyſij humilis Miniſter communi fauore capituli noſtri culturam quæ iuxta Indictum eſt, quam glorioſus Rex Francorum Ludouicus B. Dionyſio dedit, &c.*

In memoriam autem illius primæ benedictionis quæ ab Archiepiſcopis & Epiſcopis facta eſt cum primum allatæ ſunt Reliquiæ & celebrari cœptæ Nundinæ, Epiſcopus Pariſienſis quotannis illuc ſe conferebat & Mercatoribus benedictionem impertiebatur, eamque ob rem illi debebantur annuæ decem libræ Pariſienſes. Quod aliqui etiam tribuunt Rectori Vniuerſitatis Pariſienſis. Vt Paſchaſius: Verum nullibi quod ſciam in Actis publicis legitur, quod Rector id muneris obierit, & diſertè negauit olim Ludouicus Seruinus cum an. 1586. in cauſa Hamiltonis id ſibi ab Antonio Loyſelio obiiceretur. *On nous dit que le Recteur benit le Lendit; voyons ſi cela eſt vray: L'Hiſtoire nous apprend que le Lendit eſt vne Foire, qui ſe fait entre Paris & S. Denys, inſtituée par Charles le Chaune, fils de Charlemagne, & ſecond Fondateur des Eſcholes, en reuerence des Clous & Couronne de N. Seigneur, qu'à tel iour il apporta a' Aix la Chapelle où ils auoient eſté mis par Charlemagne, & les remit en l'Abbaye de Saint Denys. Le premier iour de cette Foire le Portier Moine de l'Abbaye auoit droit de venir auec ſes gens à la Proceſſion de la beniſſon du Lendit, droit declaré par Arreſt de la Cour du 6. Auril 1534. Ie reconnois bien que le Recteur s'y eſt trouué quelquefois : mais non pour donner la benediction: ains tous les ans le Procureur Fiſcal de l'Vniuerſité a accouſtumé de s'y tranſporter pour remonſtrer que la cauſe qui l'y mene, eſt afin de continuer la poſſeſſion en laquelle ſont les Recteurs de l'Vniuerſité de tous temps de viſiter tout le parchemin qui vient dans la ville & banlieuë de Paris, & dans la ville Saint Denis en France, meſmement durant la Foire, ſuiuant vn ancien Arreſt de la Cour donné au profit de l'Vniuerſité. Et de cét exploit de continuation de poſſeſſion, il proteſte de iouïr & en demande acte du Scribe du Recteur.* Verum ex quo intra villam San-Dionyſianam Nundinæ tranſlatæ ſunt, id muneris ad Abbatem ſeu Priorem Abbatiæ deuolutum eſt, vt legitur in Antiquitatibus San-Dionyſianis.

De numero dierum Nundinalium fuit olim lis inter Epiſcopum & Monachos: ille enim terno concludi volebat; iſti verò ampliori, ſed tandem circa an. 1216. in Arbitrum litis delegerunt Philippum Auguſtum tunc regnantem, & Honorius Pontifex approbauit: vt ſuo loco referemus. Interim non eſt prætereundum, quod hinc videtur Rector ius habere luſtrandi & probandi Pergameni Indictalis. Nam cum ex ſupra dictis pateat olim à Carolo M. inſtitutos fuiſſe Scriptores & Miniatores ad vſum Scholarum Palatinarum & Bibliothecæ Regiæ, neceſſe eſt quoque fateri fuiſſe pariter Librarios, Pergamenarios & Papyropolas, opuſque **proinde fuiſſe luſtrare & probare tam membranam ſeu pergamenum**, quàm papyrum, ne illi in vſum ſcholaſticum adulterinam materiam exponerent. Hinc ergo eſt, quod Rector cum Procuratoribus Nationum Scriba & Apparitoribus proficiſcebatur olim ad Campum Indictalem, nec prius vlli licebat pergamenum venale exponere, quàm ille faſciculos elegiſſet ad vſum ſcholarum Pariſienſium neceſſarios. Qua de re varia ſtatuta leguntur in Commentariis Vniuerſitatis.

Et ne gratis id aſſerere videamur, Riantius Vniuerſitatis Patronus in cauſa contra Pergamenarios apud Senatum Pariſienſem agitata die 2. Aug. an. 1548. ius Rectoris tale aſſeruit, vt legitur in Actis Curiæ. *Riant trouue que par l'inſtitution de l'Vniuerſité de Paris, le premier Roy fondateur d'icelle qui fut Charlemagne, erigea la Dignité Rectoriale, qu'il voulut doüer faſcibus & ſtipendiis. Faſcibus en ce qu'il voulut & ordonna que le Recteur de l'Vniuerſité auroit la Iuriſdiction ſur tout le parchemin apporté en cette ville de Paris, & non ſeulement en cette ville, mais en*

De Iure Rectorio in Nundinis.

Bb

la banlieuë. Stipendiis *, en ce qu'il voulut & ordonna que de chacune botte de parchemin que ledit Recteur feroit visiter par les quatre Iurez Parcheminiers de l'Vniuersité, il auroit seize deniers Parisis, tellement que voila que par Priuilege Royal il appartient au Recteur de l'Vniuersité de Paris, contraindre tous marchands Parcheminiers Forains venans en cette ville de Paris ou en la banlieuë emmenant parchemin pour vendre, de l'apporter en un lieu de l'Vniuersité destiné, appellé la Halle des Mathurins, pour estre veu, visité & estimé par les quatre Parcheminiers Iurez de ladite Vniuersité, &* hoc nomine *pour chacune botte veuë, visitée & estimée, le Recteur aura seize deniers Parisis.*

Die Martis ante festum omnium Sanctorum an. 1291. interdictum est Pergamenariis emere Pergamenum priusquam Rex, Episcopus Parisiensis & Vniuersitas abstulisset, quantum opus videretur. *Item quod primâ die Nundinarum Lenditi vel S. Lazari non emant Pergamenum antequam Mercatores D. Regis, Parisiensis Episcopi & Magistri & Scholares emerint.* In hanc rem notare conuenit Abbatem & Monachos San-Dionysianos olim intendisse, aut saltem intentare voluisse litem Vniuersitati, si alia die quàm prima Indictali pergamenum caperet: non enim negabant ius illi antiquum esse prima die eligere & capere; sed eâ præteritâ ius eo anno peremptum esse contendebant. Contra Vniuersitas, ius suum generale esse, neque adstrictum diei, sed toto tempore Nundinarum exerceri posse. Qua de re sic Scribit M. Quarretus Procurator Nationis Gall. ad diem 19. Iunij an. 1454. *Fuit propositum qualiter D. Abbas S. Dionysij volebat facere processum contra Vniuersitatem casu quo vellet Vniuersitas capere pergamenum in Indito aliâ die quam primâ die Inditi. Et extitit conclusum quod priuilegium Vniuersitatis erat generale, & quod semper poteramus & debebamus capere pergamenum per totum Inditum: & ideo volebat, quod aliqui adirent personam suam ad communicandum verbaliter de priuilegiis nostris: & casu quo non vellet parere, volebat viriliter Vniuersitas procedere contra eum.*

Minerual Indictale.
Ex hacce Carolina Institutione videtur insuper alia profluxisse consuetudo Academica, pensitandi scilicet eo tempore Minerualis Professoribus Artium, quod proinde *Indictum* appellatum est. Nam cætera munera quæ iis dabantur, puta pro emptione velorum seu telarum & candelarum tempore hiberno, non Minerualis neque mercedis honorariæ loco reputabantur. Solennis autem erat ista Pensitatio: nam Scholastici malum Citrinum in Poculo Chrystallino Magistris offerebant insertis nummis aureis; & qui ditiores erant, cum festiuitate, tympanis & lyricis instrumentis offerebant: atque idcirco certâ die quæ à Rectore indicebatur, vacabant. Vnde quærit Rebuffus, an eiusmodi ferias Indictales concedere esset Simoniacum, & sic quæstionem resoluit. *Quod bene cauere debeant Artium Magistri in hac Vniuersitate degentes & Regentes, ne pro Nundinis quas* LINDICTVM *Gaguinus appellat, quicquam accipiant, vt ferias suis Auditoribus concedant; quod permulti solent facere, non citra Simoniæ labem: secus si pro labore docendi* HONORARIVM *capiant, quod eis optimo iure debetur.*

Ioannes de Bosco Cœlestinus Cœnobij Lugdunensis in sua Bibliotheca Floriacensi, ait scholam Floriacensem olim abundasse plus quinque millibus scholarium, qui pro Candelis & Edicto Parisiensium Minerualis, Magistris suis offerebant & dabant bina Manuscripta volumina. *Didaschalis suis*, inquit, *muneris honorarij gratia pro candelis Edictisue in Parisiensi Academia nostra ætate Classium Moderatoribus exhiberi consuetis, bina manuscripta, eo quod nedum Typographica ars emerserat, offerebant volumina.* Verum hæc tandem consuetudo vltimæ Reformationis quæ an. 1600. promulgata est, legibus & statutis est abrogata.

Eodem anno obiit M. Helias Scotigena Episcopus Engolismensis teste Ademaro Monacho S. Eparchi Engolism. at in Chronico Engolismensi legitur obiisse an. 860. hoc modo. *an. 860. obiit Helias Scotus Episcopus 10. Kal. Octob. qui detulit corpus S. Benigni Martyris Engolismæ Ciuitati* &c. verum interfuisse legitur Synodo Suessionensi III. quæ habita est an. 866. verius ergo Ademarus, cum quo consentit Author Chronici Malleacensis aiens obiisse tum cum Normani grassabantur in Aquitania & Andegauum cœperunt, vt ad an. 875. retulimus.

Dionysij Areopagitæ Historia.
Anno 877. videtur Hincmarus Remensis Hilduini vestigiis insistens historiam S. Dionysii Areopagitæ in lucem edidisse iam ex omni parte absolutam &

Carolo Imperatori dedicasse. Ante quidem Hilduinus tempore Ludouici Pij in eam incubuerat ; verum exortis bellis ciuilibus non potuerat absoluere. Hincmarus nouis eam circunstantiis muniit , vt obtrectatoribus os clauderet linguamque reprimeret, aientibus rem esse nouam, fictitiam & non antea auditam ; ipsumque Vsuardum San-germanopratensem tacitè saltem refelleret, qui in Martyrologio scripserat Dionysium Parisiensem sub Maximiano passum fuisse longè ab ætate Areopagitæ. Hanc porro Historiam, quæ Academicis nostris sæpe disputandi occasionem dedit, non erit extra rem his Annalibus inserere.

Domino glorioso Carolo Imperatori Avgvsto Hincmarus nomine non merito Remorum Episcopus ac plebis Dei famulus. Lecta Dionysij passione à Methodio Constantinopolim Româ directo , Græce dictata, & ab Anastasio vtriusque linguæ perito & vndecunque doctissimo S. Sedis Apostolicæ Bibliothecario latinè conscripta, sicut in præfatione sua narrat, recognoui his quæ ibi scripta sunt, ea quæ in adolescentia legeram consonare, videlicet per quos ac qualiter gesta martyris B. Dionysij sociorumque eius ad Romanorum cognitionem , indeque ad notitiam Græcorum peruenerint. Nam quando Deo disponente in Francono-Furti Palatio natus estis Hucberto Præcentori Palatij Episcoporum Meldensis ciuitatis commissum est, vbi propter Hilderici Episcoli ætatis prolixitatem & diutinam ægritudinem quædam ad scientiam & religionem pertinentia, nec non & ædificia ac cætera quoque necessaria neglecta inuenit. Quapropter à familiari suo Bodone Clerico Domini & Nutritoris mei Hilduini Abbatis sacri Palatij Clericorum summi quendam Clericum ipsius Bodonis propinquum nomine Wandelmarum qui Cantilenam optimè à Teutgario Magistro in S. Dionysij Monasterio didicit, ad erudiendos Clericos suos obtinuit.

Cui Abbatiolam B. Sanctini in beneficium dedit. Iisdem autem Wandelmarus in loco sibi commisso quaterniunculos valdè contritos, & quæ in eis scripta fuerant, penè deleta, de vita & actibus B. Sanctini reperit quos propter notitiam familiaritatis , & quia mesciolum putabat , ad exhaurienda ea quæ in iisdem quaterniunculis contineri videbantur, & ad transcribendum apertè in noua pergamena mihi commisit. Quod & studiosè peregi & mihi commendata commendanti restituit. Sed quia diu est, quod Wandelmarus etiam ante obitum Hucberti defunctus fuit, & sicut audiui, idem locus neglectus extitit , ac demum in eadem Vrbe Normanni fuerunt, & quædam incendio ibi concremauerunt , quædam vero prædantes diripuerunt, nescio si ipsi Quaterniunculi vel eorum exemplaria in eadem vrbe valeant reperiri. Propterea exemplar eorum quod mihi retinui vestro Deuoto & bono studio offerendum putaui, vt si quæ sunt illorum reliquiæ qui negabant Dominum & patrem nostrum , patronum vestrum Dionysium esse Areopagiten à B. Paulo baptizatum & Atheniensium ordinatum Episcopum, & in Gallia à B. Clemente directum , ex his quæ Græca & S. sedis Romanæ attestatio & Gallicana intimat contestatio , ratum & in hac causa, quod longè ante nos dictum est, recognoscant, quia veritas sæpius exagitata magis splendescit in lucem.

S. Areopagites Dionysius egregia Pauli Apostoli prædicatione fidei veritate illuminatus & in nomine S. & Indiuiduæ Trinitatis baptizatus, demumque cœlestium mysteriorum arcanis sufficienter instructus Atheniensium est ordinatus Episcopus. Procedente autem tempore Magistri desiderio de B. Petri amore vna cum præceptore suo Paulo apud sepulchrum vitæ Principis viderat, & docentem audierat, per reuelationem ordinato sibi commissa Ecclesia Romam venit quos nequissimi Neronis crudelitate iam Martyrio coronatos inuenit & à B. Clemente Petri Apostoli successore amabiliter ac honorabiliter susceptus, post aliquod spatium temporis cum aliis ad eroganda Diuini verbi semina in Gallias est directus. Qui prædicando & sermonem confirmando sequentibus signis Parisios ducente Domino peruenit. Destinatis quoque sociis per diuersas ciuitates ad dolos Diaboli destruendos & populos Domino acquirendos, Sanctinum ordinauit Episcopum & Carnotum eos illuminare qui in tenebris & in vmbra mortis erant, inspirante Domino misit,

Bb ij

„ vbi eum per aliquod temporis spatium immorari disposuit. Postea vero Mel-
„ densium ciuitati Pastorem & Episcopum esse constituit. Eiusque suffragio An-
„ toninum qui Iunior ad distinctionem Senioris Antonini prænominabatur, ad-
„ hibuit. Domitianus denique impiissimus Cæsar post Neronem sæuissima perse-
„ cutione in Christianos exæstuans, lictores ad perquirendum & comprehenden-
„ dum Dionysium, cuius famam in destruendis idolis & conuertendis ad Chri-
„ stum populis per multos audierat, in Gallias misit, vt eum diligenter perqui-
„ rerent, & inuentum ac comprehensum aut Idolis sacrificare cogerent aut di-
„ uersis suppliciis affectum occiderent. Quos cum B. Dionysius ad fines Parisio-
„ rum propinquare comperit, Sanctinum & Antoninum ad se accersiuit, quibus
„ præcepit vt sermones & agones ipsius solerter intenderent & memoriæ commen-
„ darent, ac quibus tormentorum generibus per passionum supplicia corporis
„ vitam finiret, conspicientes Romanæ sedis Pontifici & fidelibus quos tunc ibi-
„ dem inuenerint (quia vnde in orbem Christianorum persecutio procedebat, illic
„ ardentius conflagrabat) per ordinem nunciari quantocius studerent, eosque ob-
„ nixe deposcerent vt Atheniensium ciuibus ea nota facerent, quatenus & ipsi
„ Domino pro cursu laborum eius impleto gratias agerent & erga cultum eius bo-
„ no animo fierent. Consummato siquidem B. Dionysio per Martyrii palmam
„ Sanctinus & Antoninus, sicut eis præceptum fuerat, Romam iter maturauerunt,
„ & venientes in Italiam, Antoninus valida febre correptus est. In cuius obsequiis
„ per aliquot dies Sanctinus immoratus consilio & consensu eiusdem Antonini,
„ ne præceptio B. Dionysii quacunque occasione impediretur, peragere cœptum
„ iter disposuit, & sufficienter Xeniis ac honestis linteis Principi domus in qua
„ iacebat Antoninus, commissis petiit & per Dominum contestatus est eum vt si
„ Antoninus conualesceret, exinde illi abundantissimè ministraret, si etiam è
„ vita discederet, honestissimè sepeliret, & sic iter quod cœperat, peragendum
„ arripuit. Et cum Sanctinus fines Romanorum iam contigit, Antoninus vita de-
„ cessit. Quem Princeps Domus retentis omnibus quæ sibi in obsequiis eius com-
„ mendata fuerant, Catabuli sui in quo animalia eius manebant, axes leuauit, &
„ in fossam vbi stercora & vrina animalium defluebant, proiecit & desuper axes re-
„ misit. Quæ mox omnia Sanctinus per Spiritum S. cognouit & cum magna festina-
„ tione reuersus ad domum, in qua Antoninu iacente dimiserat flens ac dolens per-
„ uenit, & principem Domus interrogauit. Vbi est inquiens Antoninus frater meus
„ charissimus? is autem fictis gemitibus ac suspiriis, simulata mœstitia, mortuus
„ est, inquit, quem de mihi à te commissis honestissimè sepeliui. Cui Sanctinus,
„ mentiris, inquit fili Diaboli, in sterquilinium proiecisti eum virum sanctum
„ & iustum, & nunc veni mecum ad Catabuli locum in quem proiecisti eum. Is
„ autem timore perculsus non est ausus reniti, quin cum eo veniret ad locum,
„ vbi eum proiecerat: & leuantes inde axes, Sanctinus cum lachrymis clamauit
„ voce magna dicens: Antonine frater in nomine Domini nostri Iesu-Christi pro
„ cuius nomine & amore passus est gloriosissimus Martyr Dionysius, surge & perfi-
„ ciamus simul obedientiam, quam idem Pater & Magister noster communiter
„ nobis præcepit. Et statim Antoninus stercore obuolutus surrexit, quem Sanctinus
„ de Catabuli fossa extraxit & diligentissimè lauit & mundis ac honestissimis
„ **vestibus induit, sicque offerentes Domino sacrificium Laudis, Eucharistiæ,**
„ Corporis & sanguinis Christi participati sunt, & accipientes cibum confor-
„ tati sunt, & iter cœptum aggredientes Romam auxiliante Domino peruene-
„ runt, & iam B. Clemente Martyre coronato in eadem sede S. Anacletum na-
„ tione Græcum de Athenis qui fuerat à B. Petro Apostolo presbyter ordinatus,
„ consecratum Pontificem inuenerunt. Cui per omnia, sicut eis B. Dionysius ius-
„ serat, actus & Martyrii eius ordinem narrauerunt, perfectoque negotio ad ciui-
„ tatem Meldensium reuersi fuerunt. Vbi sanctæ prædicationi ac piis operibus
„ insistentes Sanctinus plenus fide, virtutibus ac bonis operibus ad cœlestia Re-
„ gna transiuit. Cui Antoninus in Episcopatu successit, & per plures annos in
„ sancto Officio degens cum multiplici bonorum operum fructu & animarum
„ lucro migrauit ad Dominum. Cui est honor & gloria per omnia secula secu-
„ lorum Amen.

Huius Historiæ fidem eleuat M. Ioannes Launoyius celeberrimus Doctor

Theologus Parisiensis, vir in Antiquitate versatissimus, & in multis falsitatis arguit atque affectatæ cautionis, in suo de Areopagiticis Iudicio. Cum enim eodem fere tempore floruerint Methodius, Anastasius & Hilduinus, contendit istud omne negotium per Hilduinum inchoatum & conductum, per Hincmarum perfectum & absolutum ea mente, vt Monasterio suo San-Dionysiano plus famæ apud omnes conciliarent. 2. Hilduinum & Hincmarum opinionem nouam excogitasse contra veterem & receptam: quam vt firmarent, Constantinopoli & Roma aduexisse machinas, aut aduectas finxisse, quas Parisiis fabricauerant, hoc est ad id commentum fingendum Methodij & Anastasij opera vsos fuisse, vt plus fidei alienigenis hominibus haberetur. 3. Neminem ante Hincmarum meminisse Sanctini & Antonini Episcoporum Meldensium, non Bedam, non Rabanum, non Vsuardum, non Florum, non Wandalbertum, non Notkerum, non denique ipsum Martyrologium Romanum vetus, quod anno 1569. Venetiis in lucem publicam editum est.

4. Anastasij Epistolam ad Carolum Imperatorem an. 876. datam examinans omnino explodit. Ait Anastasius se passionem B. Dionysii Romæ olim legisse cum puer esset, à Constinopolitanis legatis auditam, diu illam à Carolo Imperatore quæsitam tandem in Maximo cœnobiorum Rom. repertam seque inter diuersos languores positum accepto interpretandi certamine, Latino eloquio tradidisse, non verbum quidem e verbo, sed sensum assumendo. Tum subdit. *Cesset igitur iam quorundam opinio perhibentium non esse Areopagitam Dionysium eum, qui prope Parisium corpore ac virtutibus redolet, cum hoc & Græcorum quoque stylus cum lingua Latina concordans testetur & prædicet, in qua profecto natus est & præcelsa scripta sua contexuisse probatur.* Singula prope verba expungit Launoyius quæ qui videre volet consulat ipsius librum cui pro titulo est, de Areopagiticis Iudicium. Et similiter quæ contra Hilduini narrationem profert. Imprimis quod Hilduinus aut Authores pro se citet, qui nunquam fuerunt, quales sunt Visbius & Aristarchus, aut veris authoribus affingat verba quæ nunquam protulerunt, qualis est Eusebius Cæsariensis: qui in duobus tantum locis meminit quidem Dionysij Areopagitæ eiusdemque Atheniensis Episcopi, non vero Parisiensis.

Sed & commentitium est, & prope ineptum quod scribit Hilduinus, eo scilicet tempore quo Dionysius à Clemente missus est in Gallias, nempe sub Domitiano, Lutetiam fuisse sedem Regiam & conuentu Gallorum ac Germanorum celebrem. Sic enim habet. *Tunc memorata Parisiorum Ciuitas vt sedes Regia & Conuentu Gallorum ac Germanorum & nobilitate pollebat, quia erat salubris aere, iucunda flumine, fœcunda terris, arboribus nemorosa & vineis vberrima, constipata populis, referta commerciis ac variis commeatibus, vnda fluminis circumferente. Quæ siquidem inter multimoda commoditatum genera etiam aluco suo magnam piscium copiam ciuibus ministrabat. Hunc ergo locum Dei famulus elegit expetendum.* Nempe Dionysius. Certè tunc non erat tanti nominis Lutetia, nec sedes Regia nec commeatibus nec concursu tanto Gallorum & Exterorum celebris, nec vllus est author qui talem eam fuisse prædicet. Sed saltem ex hoc loco euincimus talem fuisse temporibus Caroli M. & Ludouici Pij, quibus Imperantibus Hilduinus vixit & floruit: & eundem locum præ oculis habuisse videtur Ioannes Hautiuillensis seu Architrenius in descriptione Lutetiæ, cuius versus suprà retulimus.

Porro hanc de Dionysio Areopagita opinionem licet palam non oppugnatam eo tempore, non tamen viris doctis placuisse constat ex verbis Ioannis Scoti Erigenæ, qui postquam de Dionysio verba fecit, testimoniumque protulit Dionysij Corinthij, Polycarpi & Gregorij aientium eum fuisse B. Pauli Discipulum & constitutum Episcopum Athenarum, subiungit secundum vulgatam editionem, *Hunc eundem non præfati viri, sed alij moderni temporis homines asserunt, quantum vita à fidelibus viris tradita testatur, temporibus Papæ Clementis Romam venisse, & ab eodem prædicandi gratia in partes Galliarum directum.* Ex his enim verbis *quantum à fidelibus* quæ Ironicè prolata contestatur Launoyius, satis innuitur aut noluisse Erigenam, aut non ausum fuisse refragari & palam contradicere Hincmaro, qui tunc maxima pollebat apud Caluum authoritate.

Verum vt ad Imperatorem redeamus & ad ea quæ illi post adeptum Impetium acciderunt, cum intellexisset Ludouicus Germanorum Rex eum se inconsulto Patrueles Imperium vsurpasse, ingentem conflauit aduersus illum exercitum: at eo statim morte præuento, Carolus cum quinquaginta hominum millibus filios tres superstites Ludouicum, Carolum & Carlomannum aggreditur frustra pacem deprecantibus eorum Legatis. Afflictis Deus affuit. Quippe vt ventum est in conspectum, dolo detecto quo eos inuoluere meditabatur, tanta vi excipitur, vt nusquam olim vllibi tanta strages edita fuerit, nunquam turpior fuga, cladesque nunquam visa tam miserabilis. Fugientibus ergo Francis & ipse Rex fugit, sarcinæ Regiæ interceptæ, vasa omnia capta, captiui & e fuga retracti, spoliati & nudi dimissi, atque eo tandem redacti miseriarum & dedecoris, vt ex arentis foeni manipulis herbarumque torulis sibi vestes aptare coacti fuerint.

Accidit & alia clades à Normanis eodem tempore Sequanæ ostium irrumpere tentantibus. Accidit & tertia à Sarracenis Imperium Italicum modò partum deprædantibus & in Campania Italiæ grassantibus: quorum aduentu & furore territus Ioannes Pontifex statim per legatos Carolum monet & rogat, vt sibi Ecclesiæque opem ferat. Illuc conuolat Carolus nondum depositis animis, quia de summa rerum agebatur, postquam in Conuentu Carisiaco de Ludouico filio ordinauit fieri quæ vellet, si quid sibi humanitus accideret.

Absolutis autem in Italia, propter quas venerat, rebus, dum in Franciam regreditur & iam Alpes attigit, repentina febre corripitur, & obit non sine suspicione veneni à Sedechia Archiatro sibi propinati. De quo sic habet Gaguinus in Caluo. *Erat Iudæus Medicus Sedechias nomine Imperatori propter eius peritiam perfamiliaris: qui vel Religionis Christianæ odio, cui maximè infensi Iudæi sunt, motus, vel corruptus forte pecunia potionem Carolo propinandam miscet. Qua epotâ Carolus omnibus membris ita defectus est, vt Aulicorum ministerio in Cubiculum delatus duodecimo post die interierit. Cuius dum corpus exenteratum & multis aromatibus conditum sui in Franciam efferre cupiunt, cadaueris putredinem ferre non valentes, Vercellis inhumauerunt in B. Eusebij Martyris ade an.* 878. *vnde post annum septimum exemptum in B. Dionysij Templum delatum est.* Vbi in medio primi Chori hoc habet Epitaphium.

Imperio Carolus Caluus Regnoque potitus
   Gallorum iacet hac sub breuitate situs.
Plurima cum villis, cum clauo, cumque Corona
   Ecclesiæ viuus huic dedit ille bona.
Multis ablatis Nobis fuit hic reparator
   Sequanij Fluuij Ruelijque dator.

878. Anno igitur 878. acceptis certis de Caroli obitu Nuncijs Ludouicus eius filius cognomento Balbus Remis ab Hincmaro in Regem Franciæ inungitur. Tum Carolus iunior vnus e tribus Ludouici Germanorum Regis filiis Imperium Italicum & Romanorum occupat annitentibus quibusdam Romanis Proceribus, Lamberto & Helbaldo, seu Alberto, sustraque renitente & reclamante Pontifice violari fidem nuper Carolo Caluo præstitam. Imo ipse ab iis, quos olim Christianorum communione arcuerat, fugatus venit in Franciam, **Lugdunique paulum moratus postea Trecas peruenit, vbi Synodum habuit** frequentem Episcoporum contra persecutores prædictos, eosque de sententia Synodi anathemate percellit. Ludouicum Imperij diademate coronat, Augustumque appellat 8. Decemb. Præterea Hincmarum Laudunensem teste Baronio restituit in integrum, idque probat ex Adonis Chronico in fine, seu potius ex authore supplementi: nam Ado obierat 16. Decembr. an. 874 Continuator vero Aimoini scribit l. 5. c. 24. Ioannem Papam sanxisse, vt Hedenulfus sua authoritate ordinatus Laudunensis Episcopus sedem teneret, & Episcopale munus obiret, Hincmarus verò Missam si vellet, cantaret, partemque de rebus Episcopii haberet. Sed hæc historia paulo altius repetenda.

Cum esset Romæ Carolus Caluus an. 875. Hincmari Remensis suasu egit cum Ioanne Pontifice, vt Laudunensis Hincmarus Episcopatu suo priuaretur, eique sedi alius substitueretur. Iam enim à multis annis Remensis eius auunculus nihil non molitus fuerat, vt nepotem opprimeret. Duas tresue Synodos contra ipsum conuocari curarat, in quarum vna quæ habita est apud Attiniacum an.

870 decreto Episcoporum deiectus de sede fuerat: sed cum ille Papam appellasset, diu res in suspenso fuit. Quæ vero tanti odij causa fuerit, vix vna satis legitima reperitur. Sunt qui putent Hincmarum Laudunensem errasse circa baptismum paruulorum; sed quanquam ei multa passim obiicit auunculus, vt quod superbus esset, quod nouitatis amans, quod contumax & perfidus; non vllius tamen hæreseos eum insimulat. Vnum est, quod euidenter patet nimirum grauiter tulisse Remensem, quod statim atque nepotem fecit Episcopum Laudunensem, se spretum ab eo viderit, quod omnia se inconsulto gereret, abiret, rediret, imo contra interdicta sua quosdam sibi subiectos absolueret aut sacris arceret.

Statim, inquit apud Flodoardum l. 3. c. 22. *vt à paterna nido educationis factus Episcopus euolasti, & me & eos qui te nutrierunt, deseruisti, & seculares amicitias atque familiaritates quæsisti & acquisisti, & sic subinde alios & alios deserens & acquirens non solum de comparibus, sed etiam & de tibi commissis ad hoc emersisti, vt contra sacras Antiochenas regulas præcipientes vt præter me nihil agere debeas secundum antiquam patribus nostris regulam constitutam, nisi ea tantum quæ ad tuam Parochiam pertinent professionesque subiectas, sine mea vel Coëpiscoporum nostrorum conscientia administrationem in Palatio Domni Regis obtinueris, quam administrationem sibi coram eodem D. Rege & aliis qui affuerunt, sacris Regulis interdixi & aliquandiu ab eadem administratione cessasti; postea autem per exteras id. Seculares potestates contra Sardicenses Canones eandem administrationem cum Abbatia in tertia Prouincia vltra Remensem Prouinciam sine mea conscientia obtinuisti. Ad quam Abbatiam sine mea licentia, quotiens tibi placuit perrexisti, & quamdiu tibi placuit, ibidem fuisti immoratus contra Hilarij Papæ decreta dicentis illud non potuimus præterire quod sollicitudine diligentiore curandum est, ne præter Metropolitanorum suorum litteras aliqui Episcopi ad quamlibet Prouinciam audeant proficisci: post hac more tuæ instabilitatis ac inconstantiæ contra Domnum Regem in tantum te sine ratione contumaciter erexisti, vt & administrationem Palatinam & ipsam Abbatiam tibi auferret, & à te exaggeratus duriora ingerenda tibi proponeret.*

Ex his ergo paruis initiis orta primum est simultas, ex simultate apertum odium, ex odio Laudunensis opressio, depositio & excœcatio. In omnibus Tribunalibus causa ista agitata est, secularibus & Ecclesiasticis, Gallicis & Romanis sub 3. Pontificibus, Nicolao, Adriano & Ioanne. Nicolaus auunculum vt nimis acrem & vehementem reprehendit, vt patet ex eius litteris quæ leguntur in 3. Tomo Conciliorum. Extant quoque pro Hincmaro Laudunensi plures Epistolæ Adriani. Eiusdem Episcopi appellatio ad sedem Apostolicam legitur eodem 3. Tomo Concil. post Epist. 3. Ioannis VIII. Eiusdem partes tuetur Baronius ad an. 870. & 871. Ibi enim Concilium Gallicanum 20. Episcoporum apud Vermeriam habitum & alterum in Palatio Attiniaco vocat illegitimum & latrocinale, in eoque Laudunensem iniuste depositum esse contendit.

Veruntamen quia Rex ipsi aduersabatur, obtinuit à Ioanne Papa, vt alius in eius locum subrogaretur, in eamque rem extant Ioannis litteræ ad Hincmarum Remensem datæ Romæ per manum Anastasij Bibliothecarij an. 877. quas Sirmondus edidit ex Bibliotheca B. Remigij. At sequente an. nimirum 878. in Consilio Trecensi in gradum & statum pristinum fuit restitutus ab ipso Ioanne vt supradictum est, postquam ipse auditus est, & vt erat orbatus oculis, miserabiliter defleuit & descripsit calamitates, quas ab auunculo passus fuerat, omniumque mouit animos ad commiserationem. Sic autem inter cætera habuit. *Transmissus sum in exilium, in quo per duos annos sumus, sed aliquanto tempore ferro vinctus custoditus sum. Duobus annis ferme peractis insuper cœcatus sum & vsque modo retentus ad vos & ad vestra pijssima serenitatis præsentiam, mox vt venire dimissus potui, protinus accessi. Nunc autem vestram clementiam suppliciter exoro, & à vestra summa paternitate parari de me æquitatis Iudicium, quod apud vestra Paternitatis pietatem obtinere efflagito, tum pro multitudine miseriæ meæ, tum pro magnitudine pietatis vestræ.*

Cæterum deploratione dignum fuit, quod ex tam leuibus initiis eo deuenerint auunculus & nepos tam egregij ambo viri, doctissimi, & pro illis temporibus, disertissimi. Et certè nemo erat vir bonus & pacis amans, qui vtrumque non reputaret reprehensione dignissimum, vt intelligimus ex scriptis Hincmari Remensis apud Flodoardum l. 3. c. 22. in fine. *De hoc quod dicis, quia dicunt de me homines qualis est ille auunculus qui talia suo nepoti scribit? dicant & de te ipsi homines. Qualis est ille nepos qui ab auunculo suo talis, vt tunc erat, assumptus, & talis sicut nunc est in spiritali ac temporali honore effectus, qui talia sibi exigit ab inuito auunculo, ne talis ab aliis sicut à Nepote suo depingitur, astimatus, per eum blasphemetur nomen Domini & vituperetur ministerium eius secutus Apostolum scribentem ad Corinthios contra se blasphemantes & vilipendi ab aliis laborantes. Egit quippe Doctor egregius, vt dum ipse qualis esset agnosciretur, & vita & lingua malè prædicantium eius prædicatione vilesceret. Illos videlicet commendaret si se absconderet. Cumque se non ostenderet, errori locum dedisset. Dicunt & ipsi homines de te, qualis est ille nepos qui talia contra suum auunculum & nutritorem atque ordinatorem machinatur, & quantum potest mali agit, & plusquam potest agere cupit?*

In omnibus fere locis exprobrat ingratum animum. Sed & aliud vehementer offendit Remensem, quod qui sibi videbatur doctissimus, à nepote argueretur ignorantiæ: & qui disertissimus ac Latinissimus, parum intellectæ Latinitatis, non emendatæ, non correctæ. Vnde liquet nepotem fuisse quoque virum doctissimum & facundissimum: vt eod. Cap. intelligitur, in quo sic scribit ad nepotem auunculus. *Scribis te à me reprehensum & esse reprehensibilem: sed & ego spreta reprehensione tua, qua me quasi sub quodam excusationis velamine de scriptoris vitio more tuo euidenter reprehendere satagis, qui aut differentiam verbi detrectem, quod in meis scriptis tibi datis posui nesciam, aut scriptoris vitium in eis corrigere non sapuerim, vel emendare neglexerim, & ex mea reprehensione tuam ostentare scientiam Cham Noë filius voluisti, non solum in verbi illius differentia, sed & in alio verbo quod ad ostentationem tui in tuis adinuentionibus iteratum inueni. Et cum hinc meam insipientiam voluisti ostendere, tuam studuisti apud Scholasticos stultitiam propalare: pro me nihil curo dicere, mihi enim pro minimo est, ut à te iudicer, aut sine dilectione à tua scientia reprehendar. Sed ne apud illos qui tecum rumusculos captant glorieris quasi me mutum effeceris & elinguem qui solus nostris temporibus thesauros sapientiæ & scientiæ penetrans introisti, hic causa compendij prætermittens, cum mihi vacauerit, ostendam quid Regularum Grammatica authores, quid S. scripturæ Tractatores inde sentiant atque dicant.* Hæc de vtroque Hincmaro.

879. Anno sequente qui fuit 879. idem Pontifex Ioannes annum amplius in Gallia moratus, Ecclesiæ Senonensi Galliarum Primatiam attribuit, in gratiam Ansegisi Archiepiscopi, molestè & grauiter id ferente Hincmaro Remensi. Qua de re sic habet Robertus Monachus Antissiodorensis. *Senonensi Ecclesiæ post Egilem præfuit Ansegisus Monachus, vir in cunctis optimè agens, cuius tempore Senonensis Ecclesia magno & pacifico viguit honore. Siquidem Ioannes Papa totius ei Galliæ & Germaniæ primatum contulit, vt esset primus post Papam Synodumque præsulum euocaret, & de fortioribus quibusque ac grauioribus iudicaret: cui resistere voluit Hincmarus Remorum Archiepiscopus, sed Apostolica authoritate compressus est. Huic etiam Ansegiso venerabili præsuli præfatus Papa dedit caput B. Primi Papæ Gregorij, & brachium S. Leonis Papæ Doctoris, Quas ille venerandas Reliquias Senones detulit, & in Ecclesia S. Petri viui cum debita veneratione reposuit.* Tandem Pontifex comitante Bosone Prouinciæ Rege Romam reuertitur.

Eodem anno Ludouicus Balbus Compendij 10. April. moritur non sine veneni suspicione, qui vbi morbum sæuire sensit, per fidos homines Odonem Episcopum & Albuinum Comitem, Coronam, ensem & cætera Regia insignia ad Ludouicum filium mittit, eumque Regem Franciæ coronari iubet. Contradixerunt nonnulli aientes Ludouicum & Carlomanum filios Balbi impuberes, spurios esse non legitimos. Itaque Boso instigante vxore Hirmingarde Regem se Burgundiæ coronari curat, iis despectis. Hisce temporibus florebat Milo Monachus qui vitam S. Amandi metricè composuerat, & librum de Sobrietate ad Caluum miserat, teste Antonino. Sub quo adolescebat Hubaldus nepos, qui septem artium Liberalium peritia clarus egregiè præter cætera in Musica claruit, & de multis sanctis cantus dulci & regulari modulatione composuit. Hæc Antoninus.

880. Anno 880. Dum Franciæ Proceres inter se de Tutore Regis Regnique eligendo

gendo Rectore certant Ludouicus Germaniæ Rex in Galliam irrumpit & ex altera parte Normani duce Hastingo. Emitur pax, quia bellum sustineri non potest. Lotharingiæ pars quæ Caluo obtigerat, Germanico conceditur. Normanis quoque *Coniectum* seu annonæ & Pecuniæ summa, prætereaque Neustriæ habitanda & incolenda, dum quietè & pacificè ibi consistant. Sed assueti prædis renouant bellum, malo tamen suo, amissis nempe quinque suorum millibus, cæteris fusis & fugatis. Miserrimus autem Franciæ status compellit Hugonem Impuberum Regum Tutorem, & Hincmarum mittere Legatos ad Ludouicum Trans-Rhenensem, vt quandoquidem ipse filium non habet, alterum è duobus Ludouicum aut Carlomannum adoptet. Interim Carlomannus Bauariæ Rex atque Italiæ moritur sine liberis legitimis relicto Arnulfo ex concubina filio. Laudatur iste Carlomannus à peritia litterarum, pietate, abstinentia, fortitudine armorumque gloria & felicitate, nunquam enim sine victoria cum hoste conflixisse dicitur.

Anno 881. Ludouicus & Carlomannus fratres partiuntur Regnum. Ludouico cedit Francia & Neustria; Carlomanno Burgundia & Aquitania, qui coniunctis cum Germano viribus Bozonem Burgundiæ inuasorem fugant. Rursus bellum cum Normanis recrudescit, quos Ludouicus debellat multis occisis: at illi retracto ex fuga milite redeunt ad manus in Campis Turonicis, & rursus debellantur. Verum Rex victor paulò post moritur. Carlomannus qui Viennam obsidebat, relicta obsidione aduolat, habitoque Procerum Conuentu in Regem Franciæ coronatur. Cum Normanis confligit, cum quibus tandem hisce legibus pacem init, vt fidem Christianam amplectantur. Baptizatur Godefridus Dux eorum, multique cum eo: sed pari leuitate fidem eiurantes quadraginta armatorum millibus Luteciam obsident, cepissentque si non habuisset Gozlenum Episcopum & Odonem Comitem fortissimos repugnatores. Godefridum tandem superbè insultantem Carlomannus egregio nixu fugat, & sternit. Sed & paulo post ipse moritur filiumque relinquit puerulum nomine Ludouicum, cognomento *Ignauum* seu *Inertem*. 881.

Anno 882. die 21. Decemb. obit Hincmarus Remensis Archipræsul omnium Franciæ Metropolitanorum Decanus, apud Sparnacum trans Matronam, quò se metu Normanorum omnia depopulantium & ferro flammisque mandantium contulerat. Corpus ad Monasterium S. Remigij Remensis relatum, & in sepulchro quod sibi præparauerat, repositum, cum hoc epitaphio, quod item ipse viuens dictauerat. 882.

> *Nomine non merito Præsul Hincmarus, ab antro*
> *Te lector tituli quæso memento mei.*
> *Quem grege pastorem proprio Dionysius olim*
> *Remorum populis vt petiere dedit.*
> *Quique humilis magnæ Remensis regmina plebis*
> *Rexi pro modulo, hic modo verme voror.*
> *Ergo animæ requiem nunc & cum carne resumptæ,*
> *Gaudia plena mihi hæc quoque posce simul.*
> *Christe tui clemens famuli miserere fidelis,*
> *Sis pia cultori sancta Maria tuo.*
> *Dulcis Remigij sibimet deuotio prosit.*
> *Qua te dilexit pectore & ore, manu.*
> *Quare hic suppetiit supplex sua membra locari,*
> *Vt bene complacuit denique sic obiit.*

Anno Dom. incarnat. 882. Episcopatus autem sui 37. mens. 7. & die quarta. Sic legitur apud Flodoardum. Ei statim substituitur Fulco vir primariæ nobilitatis, Abbas S. Vedasti & S. Bertini apud Atrebatum, in scholis Palatinis enutritus, & Regni sub Carolo Simplice futurus moderator.

Igitur Francia in Regem inertem & impuberem inclinata, dum hinc variis Procerum partibus, inde à Normanis & Germanis concutitur, prope corruit: nec aliud malo remedium inuenit, nisi quod Inerte recluso & apud San-Dionysium tonso Carolus cognomento Crassus Ludouici Germaniæ Regis filius Caroli Calui nepos, Magni pronepos, tunc Imperator aduocetur, vt Regnum 883.

Francicum, qualia fuerant sub Magno & Ludouico Pio, sub vnum Caput Rectoremque redeant, dum interim Carolus puerulus, Simplex dicendus, Balbi filius sub tutela Eudonis Comitis educatur. Id fit circa an. 883.

883. Hæc Regum tam frequens mutatio & Regni confusio: mutatio quoque crebra Pontificum Romanorum prope annua in litterarum professionem & in omnes Orbis Christiani ordines confusionem quoque intulit maximam. Ioanne defuncto 18. Kal. Ian. an. 882. Marinus Gallesianus, seu natione Gallus patre Palumbo substituitur, sedetque anno tantùm vno & mensibus duobus. Huic Adrianus III. vel vt alii scribunt Agapitus an. 884. sedetque an. 1. & mens. 3. Huic Stephanus V. Natione Romanus Patre Adriano an. 885. iste sedit annis sex diebus octo. Sub quibus & à quibus nihil legitur actum dignum memoria: nisi quod Marinus an. 883. Scholam Anglorum, cuius alibi mentionem fecimus, in gratiam Alfredi Anglorum Regis, qui Romam peregrinationis causa profectus fuerat, ab omni tributo liberam esse voluit: qua de re sic scribit Flodoardus ad an. 883. *Eodem anno Marinus Papa Scholam Anglorum Romæ existentem Alfredo Rege deprecante, à tributo liberam fecit, qui etiam Regi præfato dona transmittens plurima dedit ei inter cætera portionem non modicam illius Crucis salutiferæ, in qua Dei filius pro salute mundi pependit.*

884. Circa an. 884. San-Gallensis Monachus, de quo inter authores 1. ætatis dictum est, libros duos de Gestis Caroli M. Crasso dedicauit, quorum priorem de Religiositate & Ecclesiastica Domni Caroli cura, alterum de Rebus Bellicis inscripsit, tunc vt ipse dicit senio grauis & edentulus: & in iis libris fusè agit de aduentu Scotorum Magistrorum, vt ante docuimus. Hisce temporibus in scholis Palatinis docebat adhuc Manno, cuius inter alios Discipulos referuntur Ratbodus Mancio factus Episcopus Cabillonensis apud Surium & Stephanus Tungrensis; & alter, vt videtur Stephanus Salinensis Comitis filius Canonicus Metensis, Abbas deinde Lobiensis, postea Episcopus Leodiensis circa an. 903. is fuit vir litteratus, qui vt legitur apud Fulcuinum lib. de Gestis Abbatum Lobiensium, passionem B. Lamberti impolito digestam stylo vrbanius elucidauit.

Eodem anno Crassus Normanos cædit fugatque: at non satis prudenter vsus victoria vicissim ipse fugatur, pacemque pretio emit & fœdere, datâ scilicet Gothofredo in Coniugem Ægidia seu Gisla Lotharij filia. Quo paulo post occiso, indignati Normani Lutetiam iterum obsident, vt ad an. 886. referemus.

885. Anno 885. Stephanus V. factus est Pontifex Rom. cum quo magnam videtur Fulco Remensis habuisse familiaritatem & necessitudinem, vt pote qui ab eo & frater & amicus appellatur. Datis verò ad eum litteris significat se Romam ad eum profecturum fuisse, nisi à Normanis vndequaque circumuallaretur, qui decem tantùm millibus à sua Ciuitate aberant, tumque Ciuitatem Parisiorum ab iis obsideri. Significat quoque eidem durum sibi omnino esse, quod Ecclesia Remensis, quæ semper omnibus Gallicanis præfuerat, subdita fuisset Senonensi à Ioanne Papa VIII. qui in gratiam Ansegisi illam Primatiæ sedem esse voluerat. Sic ergo ille apud Flodoardum l. 4. c. 1. *Sedem verò Remensem notum habeat ab Antecessoribus suis potius Gallicanis omnibus Ecclesiis fuisse honoratam: vt pote cum primum destinauerit huic vrbi S. Sixtum Episcopum, & totius Gallicanæ Regionis dederit ei Primatum. Hormisda quoque Papa S. Remigio vices suas in Galliarum partibus commiserit. Hoc ideo se commemorare, ne sedes Remensis suis in diebus sineretur dehonestari; annectens etiam de priuilegiis sibi ab huius prædecessoribus Marino & Adriano concessis.*

Quantas autem in Regni Gallicani administratione partes tum haberet Fulco, patet ex Flodoardo l. 4. c. 5. Vnde discimus quoque historiam illius temporis, aliunde satis confusam. Nam statim initio Carolum Crassum Ludouici Trans-Rhenensis filium Imperatorem & Regem Francorum admonet, quo in statu res sint Gallicanæ, quàm afflictæ à Normanis, quàm illi futurum sit turpe & ignominiosum, si quod Regnũ Patruus & eius filij conseruarunt, tueri ipse & conseruare non possit. Inter cætera verò memorat. *Ciuitatem Parisiorum quam Caput asserit & introitum Regnorum Neustriæ atque Burgundiæ, Barbarica cingi obsidione, citóque capiendam, nisi Dei subuentum fuerit clementia. Qua si capta fuerit, totius dis-*

pendium Regni se perpessuros, (vide quantum momentum in hac vrbe capta autseruata.) *tamque periculosè hac iam mala grassari, vt à prædictâ vrbe Remos vsque nil tutum remanserit: nulla nisi peruersorum Christianorum Barbarisque consentientium secura sit habitatio, quorum multi Christianorum deserentes Religionem, Paganorum se societatè coniunxerant ac tuitioni subdiderant.*

Circa ergo an. 886. Imperante Carolo Crasso, Carolo Simplice interim sub tutela Odonis seu Eudonis Comitis Parisiensis relicto, vastata, direpta & depopulata est à Normanis Lutetia, qui cum ægrè & magno tandè labore repulsi fuissent à Gozlino, seu Gauzleno Episcopo, Ebolo eius Nepote, Odone Comite Parisiensi, & aliis quibusdam fortissimis Bellatoribus & Ducibus, Basilicam S. Germani Teretis (hodie Antissiodorensis) & alias quasdam incenderunt, præsertim in iis locis Suburbanis Luparæo Palatio vicinis, vbi tū Musæ Parisienses adhuc morabantur. Iam ab an. 857. à Barbaris illis Septentrionalibus infestari cœperat Lutetia. Piratæ Danorum eam 5. Kal. Ian. an. 857. diripuerant, Basilicam S. Genouefæ Montensis incenderant & cæteras Suburbanas, præter S. Stephani, S. Vincentij seu Germani Pratensis Diuique Dionysij Ecclesias, vt legimus in Annalibus Bertinianis. Iidem an. 861. mense Ian. eandem vrbem aggressi Ecclesiam S. Germani igni tradiderant: at sub Crasso tum absente omnia hoc anno ferro flammisque mandarunt, adeo vt omnia suburbana pœnè destructa sint. Quam miserabilem calamitatem deplorans Adreualdus Floriacensis Monachus in lib. de Miraculis S. Benedicti, de Lutetia à Normanis afflicta & vastata sic loquitur. *Quid Lutetia Parisiorum nobile caput, resplendens quondam gloria, opibus, fertilitate soli, incolarum quietissima pace, quam non immeritò Regum diuitias, Emporium dixero populorum, num magis ambustos cineres, quàm vrbem nobilium potis est cernere?*

886.

Hancce Parisiacæ Ciuitatis obsidionem describit 2. libris Abbo Monachus San-Germano-Pratensis cruentæ tragœdiæ spectator è mœnibus Abbatiæ, quam Normani quoque obsidebant: quâ quidem in descriptione pluribus in locis meminit PRATI, quod vulgò CLERICORVM appellatur: in quo ciues Parisienses S. Germani precibus & auxilio adiuti multas cædes stragesque Normanorum ediderunt.

Ipse Danos, quicumque dabant vestigia Prato,
Militibus speculum cernentibus vrbis in eius
Rure situm, fugiente morâ tradit capiendos......
Quæ voces, quæ lingua, quod os edicere possunt
Bella tot his Prato egregij commissa relati,
Quotque necauerunt Normanos hîc, quot & Vrbi
Duxerunt secum viuos? iam nullus eorum
Tunc audebat agrum Sancti conscendere latum.

Idem Author meminit solennis supplicationis seu Processionis Parisiensium ad Basilicam B. Virginis, delatæque summo cultu & humilitate Thensæ seu Thecæ San-Genouefianæ: cuius Virginis meritis obsessi de obsidentibus insignem victoriam statim reportarunt.

Virgo Dei Genouefa Caput defertur ad Vrbis
Quo statim meritis eius Nostri superarunt.

Hinc intelligimus 1. non esse nouum in vrgenti calamitate recurrere ad S. Genouefam, eiusque Thecam solenniter deferre. 2. Ex ea parte vbi sita est Basilica Sangenouesiana, non fuisse vrbem obsessam: neque enim potuissent Obsessi ab ea Æde ad Basilicam D. Virginis procedere. 3. Prædictam Basilicam D. Virgini consecratam fuisse tunc, vt nunc est, principem & Cathedralem quam proinde vocat CAPVT VRBIS.

Rursus verò, cum recruduisset pugna, infeliciterque pugnassent Obsessi, ad opem B. Germani confugerunt, vt scribit idem Author, indictâque solenni supplicatione sanctissima Christi Cruce, & Ossibus B. Germani ad ædem B. Stephani delatis Diuinam manum adiutricem experti sunt.

Hac virtute Crucis sanctæ victoria nostris
Ceditur, & meritis Germani Antistitis almi
Quamreuehunt ad Basilicam Stephani quoque testū,

Gaudentes Populi præcelsâ voce boantes
VOCE DEVM TE LAVDAMVS Dominumque fatemur.

Intelligit proculdubio Basilicam S. Stephani de Gressibus, non S. Stephani de Monte, quæ longè recentior est, & post tempora Normanorum condita, vt alio loco docebimus. Interim vel ex vna Annalium Bertinianorum authoritate satis coniicitur, in quibus sic habetur ad an. 857. *Dani Sequanâ insistentes cuncta liberè vastant, Lutetiamque Parisiorum aggressi Basilicam B. Petri & S. Genouefæ incendunt, & cæteras omnes præter Domum S. Stephani & Ecclesiam S. Vincentij, præterque Ecclesiam S. Dionysij, pro quibus tantummodo ne incenderentur, multa solidorum summa soluta est.* At quis credat parcituros illos fuisse Basilicæ S. Stephani de Monte Genouefanæ contiguæ?

Neque videtur omittendum Normanos tum in Luparæa regione primum castra posuisse iuxta Basilicam S. Germani Antissiodorensis, qui tunc à structuræ forma Teres dicebatur. Meminit Abbo duobus in locis. Semel quidem lib. 1.

Sole suos fuluo radios fundente sub æthre
Sorte Dionysij lustrant equidem recubantes
Macharij, Sequanæ ripas & Castra beatum
Germanum circa Teretem componere vallis
Commixto lapidum cumulo glebisque laborant.

Iterum verò lib. 2. vbi describit quomodo ea statione vastatâ & relictâ post discessum Henrici ab Imperatore missi in auxilium Oppidanis transierint ad partem aduersam S. Germano propinquam, ipsumque Monasterium vallo circumdederint Duce Sigemfredo.

Conspiciens Sigemfredus Nostros in Agone
Esse feros, inquit Sociis, hanc linquite sedem,
Hic non stare diu Nostrum manet. Hinc sed abire.
Ergo suas vt Aïnricus secessit ad Aulas,
Germani Teretis contemnunt littora sancti,
Æquinocique legunt, cuius factis bene vescor.
Circumeunt castris æquor, sed & vndique vallo
Clauditur: en Dominusque meus, quasi carcere latro,
Ipse nihil peccans. Murus circumdedit eius
Ecclesiam nostro Celsam cogente reatu.

Quamobrem verò Normani ad partem illam transierint, hæc videtur causa inter cæteras fuisse, quia ex ore Ciuium frequenter audiebant has voces deprecatorias, O GERMANE VRBIS PRÆSVL! GERMANE BEATE AVXILIARE TVIS, & similes, volebantque propius experiri, quas ille vires haberet; & quas magno tandem suo malo experti sunt. Nam Odo Parisiorum Comes, qui & postea fuit Rex appellatus, eorum nouemdecim millia prostrauisse fertur. Inter alios verò in vrbe defendenda fortissimè se gesserunt Gauzlinus Episcopus, deinde Anschericus eius successor, Hugo Comes & Abbas S. Germani, Ebolus & ipse Abba-Comes. Qui Abbates non infulati, sed armati cœnobia tuebantur contra Danos. Meminit Abbo Hugonis Abbatis, qui in illa obsidione Parisiensi fortissimè dimicans obiit.

Tempestate sub hac Hugo Princeps obit Abba.

De eodem sic habetur in fragmento Historiæ in membrana Floriacensi, vbi de Normanis, *Peregissentque inchoata, nisi Hugo per Gallias Abbatis honore præditus strenuè Rempub. gubernans eorum temerarios compescuisset ausus.* Ab hoc autem Hugone, autà filio, autà Nepote suspicantur Monachi San-Germano-Pratenses concessum & datum fuisse Vniuersitati Parisiensi Pratum, quod vulgò Clericorum appellatur. Qua de re alio loco dicemus.

Item Ebolus eidem Abboni dicitur *Fortissimus Abba*, & alio loco, vbi Odonem exisse scribit ex vrbe ad accersendum Carolum Crassum, vt oppressæ succurreret, neminem è Ducibus in ea remansisse ait præter Ebolum, quem Martium Abbatem vocat.

Post nullus procerum remanet nisi Martinus Abba.

Atque vt hanc tandem Obsidionis Parisiacæ historiam absoluamus, licet Crassus post victum Henricum, quem ante miserat in auxilium veniens instructissimo, quem habebat exercitu Normanos facile debelllare potuisset, eorumque Regulos captos in vinculis retinere, nescio quo tamen malo genio ductus incolumes dimisit in magnam Reipub. Gallicanæ & Germanicæ perniciem, largisque etiam muneribus vt abscederent, onerauit. Quæ res tam indigna Nobilitati visa est, vt ab omnibus desertus fuerit & Francis & Germanis. A Francis Odo Comes Parisiensis propter egregiè nauatam in repugnatione operam Rex appellatur, licet tutor esset solummodo veri Regis Caroli Simplicis: sed id propterea factum aiunt, quia nomine Regio vel in auspicium opus erat ad expellendos hostes. A Germanis Arnulfus Carlomanni Nothus Imperator eligitur & à Formoso Papa coronatur. Id factum an. 887. vt scribit Sigonius. Crassus autem tantum animo concepit dolorem, vt mox pridie idus Ian. migrarit è vita. Quod vt intellectum est, Berengarius Veronensi & Foto-Iuliésiditioni præfectus Italiam occupat. Guido seu Vido Spoletanæ Dux hortante Pontifice Ro. Regnum Franciæ occupare nititur. Sed nihil proficit Odonis studio exclusus. Regreditur ergo in Italiam & aduersus Berengarium arma mouet, ad Trebiam vincit, & à Stephano Pontifice Romam accersitus an. 891. 9. Kal. Martias Imperator consecratur.

887.

In Francia res sic se habent. Normani præda onusti, superbi & insolentes contra fidem & promissa Parisiensem iterum agrum depopulantur, iterumque Ciuitatem expugnare tentant, nec possunt. Odo Roberti Andegauensium Comitis à Normanis occisi filius ex Gente Saxonica Witikindi, Regis nomen accipit, reluctantibus tamen multis, cum Fulcone Remensi Arnulfum iam à Germanis Imperatorem creatum aut in Regem Franciæ postulantibus, aut in Tutorem Caroli Pupilli contra Odonem Regiæ stirpis inimicum vt dicebant. Hinc Poëta Saxonicus l. 5. de Gestis Caroli M. deplorata Franciæ clade Arnulfum inuitat ad eam defensore carentem auxiliaribus copiis & authoritate sua subleuandam, cum solus id possit.

888.

Væ tibi, væ tali (id. Carolo M.) modò defensore carenti
  Francia, quàm variis cladibus opprimeris?
Gentibus ecce pates populantibus vndique sæuis
  Et quondam felix nunc nimis es misera!
Quippe tuis hilares exultant fletibus hostes,
  Ditanturque tuis assiduè spoliis.
Millia cæsorum captiuaque turba tuorum
  Amplior est numero, quàm sit arena maris.
Nam Carolo moriente tuum decus ac honor omnis
  Ex illo sensim fugit & interiit.
Nunc tamen Arnulpho meritò sub Principe gaudes,
  Qui similis tanto moribus est Auuo.
Denique magnanimus, clemens, promptusque labore
  Peruigili lapsum corrigit Imperium.
Francorumque mouet veteri virtute lacertos,
  Atque vocat resides rursus in arma viros.
Sed moles immensa, diu qua corruit ante
  Non restaurari se subito patitur.

Similiter Fulco Remensis suam Arnulfo opem operamque in id offert. imò ad eum proficiscitur, sed sine vlla grati animi testificatione remissus Odoni parere cogitur, quem oderat. Ait enim Ep. ad Arnulfum apud Flodoardum l. 4. c. 5. cum in eo sibi nulla spes remansisset, *coactum se eius hominis, videlicet Odonis dominatum suscipere, qui ab stirpe Regia existens alienus, Regali tyrannicè abusus fuerit potestate, cuius & inuitus hactenus dominium sustinuerit.*

889.

Scribunt tamen alij Odonem fuisse virum valdè bonum & strenuum, Francicæque salutis studiosissimum. At cum aduersariorum aliqui, quorum ope & fauore ad Regiam dignitatem euectus fuerat, contra quam sperabant, ab eo accepti fuissent, nec consecuti quod optabant, ab eo defecisse, & cum Fulcone conspirantes aut Carolum pupillum coronandum suasisse, aut Guidonem Spoletanorum Ducem, qui Imperium inuaserat & Arnulfo bellum indixerat, aduocandum. Certè Fulco ob id Odoni videtur infestus fuisse, quod non vt prius sibi, sed Anscherico Parisiensi Episcopo Regni præcipua negotia concrederet.

890. Cæterum quàm malè & infeliciter cum Musis Parisiensibus actum sit illis temporibus, facile est suspicari: locis enim quæ in Suburbano Luparæo inhabitabant, vastatis, direptis & incensis necesse est partem cladis quoque tulisse longè miserabilem: vnde non malè forsan tam de Scholaribus quàm de aliis Clericis hi versus Abbonis possunt intelligi.

Plorabant Monachi, lachrimatur Clericus omnis
Aëra voce tonant, luctus sed & æthra facessit.

Hinc procul dubio factum, vt Magistri alij alio migrarent, vt securius aut docere, aut viuere possent. Alij intra vrbem se receperunt, alij in monte San-genouefiano castra posuerunt, donec cladem repararent, & redeunte meliori sidere antiqua hospitia repeterent. Commodè quoque aduenit multis, vt Fulco olim Comes Palatinus, tunc Archiepiscopus Remensis miserabili & deplorandâ vrbis Parisiensis facie tactus azylum in sua ciuitate exhiberet: vt testatur Flodoardus l. 4. c. 8. *Eo tempore*, inquit, *Normanis Francorum terras infestantibus & diuersa loca depopulantibus, hic Pontifex plures tam Sacerdotes, quàm cæteros Clericos & Monachos ad se vndecunque confluentes benignè suscepit, & paternè fouit. Inter quos etiam Monachos S. Dionysij cum ipsius martyris pretioso corpore aliorumque Sanctorum pignoribus recepit & aluit.*

Schola Remensis. Hac tanti viri benignitate multi Magistri & Scholastici inuitati illuc se conferunt: quâ occasione vsus Remenses Scholas instituit accersitis & euocatis ex vrbe Parisiensi Remigio Antissiodorensi & Hucbaldo Caluo celeberrimis Philosophiæ Professoribus. Quâ de re sic habet idem Flodoardus cap. 9. *Præfatus denique præsul honorabilis Fulco solicitus circa Dei cultum & Ordinem Ecclesiasticum, amore quoque sapientiæ feruens duas Scholas Remis, Canonicorum scilicet loci, atque Ruralium Clericorum iam pænè delapsas restituit, & euocato Remigio Antissiodorensi Magistro liberalium Artium studiis adolescentes Clericos exerceri fecit, ipseque cum eis lectioni ac meditationi sapientiæ operam dedit. Sed & Hucbaldum S. Amandi Monachum, virum quoque Disciplinis Sophicis nobiliter eruditum accersiuit, & Ecclesiam Remensem præclaris illustrauit disciplinis.*

Non aliunde, inquam euocauit, quàm ex Parisiensibus Scholis, vbi ab Errico Antissiodorensi relicti fuerant hæredes Philosophiæ, vt supra inter Authores primæ ætatis ex Ademaro Engolismensi retulimus, qui Palatinos Magistros secundum Ordinem successionis enumerans, postremo loco Remigium & Hucbaldum Errici successores accenset: quam seriem ab illo malè contextam Nos verisimilius ita reponimus, vt Beda docuerit Simplicium, Simplicius Alcuinum in Anglia; Alcuinus Theodulphum Parisiis, Rabanum Turonis, Theodulphus Smaragdum ante an. 800. Smaragdus, qui obiit an. 843. Heliam Scotigenam: Helias qui an. circiter 860. factus est Episcopus Engolismensis, & obiit vt vult Ademarus an. 876. vel vt alij an. 886. Erricum Antissiodorensem; Erricus circa annum 865. Remigium & Hugbaldum Caluum, hæredes Philosophiæ reliquerit, in eadem scilicet Schola discipulos semper Magistris succedentes, vt olim in Academia Alexandrina fieri consueuerat: neque enim existimandum est illos solos scholas tenuisse toto hoc seculo, cum multi alij celeberrimi quoque Professores eodem tempore docuisse legantur.

Nec dubitandum, quin Hugbaldus imperante Carolo Caluo docuerit: in cuius laudem libellum vnum composuit de laude Caluorum, opus mirabile 136. versuum, quorum singula verba à littera C. incipiunt. Primus iste sit in exemplum.

Carmina Clarisonæ Caluis cantate Camœnæ.

Quod opus se vidisse testatur Trithemius, & alia quædam eiusdem authoris opera: posteà induit ille Monachum in cœnobio Elnonensi.

Remigius autem Remis non minori quàm Parisiis celebritate docuit: ibique inter alios Discipulos habuisse videtur Seulfum & Hildeboldum. Seulfus quidem ex Archidiacono Remensi factus est postea Archiepiscopus, vt legitur apud Flodoardum l. 4. c. 18. *Successit (Heriueo) Seulfus qui tunc vrbis huius ministerio fungebatur Archidiaconatus; vir tam Ecclesiasticis, quàm secularibus disciplinis sufficienter instructus, quique apud Remigium Antissiodorensem Magistrum in*

Vniuersitatis Parisiensis. 211

Liberalibus studium dederat Artibus. Hildeboldus verò in Monasterio S. Michaëlis super Mosam Grammaticæ Scholam aperuit, docuitque Ioannem Gorziam, postea eiusdem loci Abbatem, vt in eius vita legitur, vbi sic de Hildeboldo. *Hildeboldus Quidam Grammaticam professus è Discipulis Domni Remigij doctissimi ea ætate Magistri Scholas habebat.* Sed tandem Remigius post mortem Fulconis Parisios rediit, vt ad sequens seculum docebimus.

Ex prædicta quoque clade Gallicana per Normanos illata studiique Parisiensis dissipatione amplificauit Alfredus seu Aluredus, Flodoardo Albradus Angliæ Rex, suam Academiam Oxoniensem, cuius instituendæ & fundandæ consilium ceperat circa an. 884. quam quidem historiæ partem hoc loco præterire nefas esse ducimus, quia ex hac nostra Vniuersitate Magistros euocauit ad eam componendam simul & regendam. Igitur Rex ille qui ab Historicis Anglis meritò magnus cognominatur, laudabile & insigne Regum nostrorum æmulatus institutum, doctrinamque & amorem erga litteratos, Neothi Monachi Benedictini consilio Academiam prædictam hostili ciuilique rabie plurimum imminutam & prope collapsam (eam enim antiquitus institutam faciunt Quidam Scriptores Angli) instaurauit hoc modo.

Academia Oxoniensis instituitur.

1. Ex Gallia & aliunde quoque, vbi sciuit viros esse litterarum professione præcellentes, euocat: ex vltimis quidem Britanniæ finibus Asserum: ex Mercia Pleigmundum, Ætheltestanum & Werulfum, seu Warefridum: ex Gallia inter alios Grimbaldum & Ioannem Scotum Erigenam, quorum fama tum erat percelebris supra cæteros. Grimbaldum quidem olim in Gallia viderat in Cœnobio Bertiniensi, cùm Romam adhuc iuuenis proficisceretur. Atque in eam rem scribit ad Fulconem Archiepiscopum Remensem tunc primas in Regno Francorum partes tenentem. Ioannem quoque Erigenam Academiæ Parisiensis olim & diu Rectorem, atque disciplinæ quæ in ea obseruabatur, gnarum accersit. Testis Asserus seu Asserio in vita Alfredi, qui in eam quoque rem ex vltimis Britanniæ finibus euocatus fuerat. Sic enim ille de Æthelwardo Alfredi filio loquens. *Athelwardus*, inquit, *omnibus Iunior ludi litterariæ Disciplinæ Diuino Consilio & admirabili Regis prouidentia cum omnibus pœnè totius Regionis nobilibus Imperantibus, & etiam multis ignobilibus sub diligenti magistrorum cura traditus est. In qua Schola vtriusque linguæ libri, Latina scilicet & Saxonica assiduè legebantur, scriptioni quoque vacabant: itaut antequam aptas humanis artibus vires haberent, venatoriæ scilicet & cæteris Artibus, quæ Nobilibus conueniunt, in Liberalibus Artibus studiosi & ingeniosi viderentur....... Legatos vltra mare ad Galliam Magistros acquirere direxit; indeque aduocauit Grimbaldum Sacerdotem & Monachum, Venerabilem videlicet virum, Cantorem optimum, & omnimodo Ecclesiasticis Disciplinis & in Diuina scriptura eruditissimum, & omnibus bonis moribus ornatum. Ioannem quoque æquè Presbyterum & Monachum, acerrimi ingenij virum & in omnibus Disciplinis litteratoriæ artis eruditissimum, & in multis alijs Artibus artificiatum. Quorum doctrinâ Regis ingenium multum dilatatum est, & eos magnâ potestate ditauit & honorauit. His temporibus Ego quoque à Rege aduocatus ex occiduis & vltimis Britanniæ finibus ad Saxoniam adueni.* Hæc Asserus qui obiit an. 909.

Ingulfus Croelandiæ Abbas, qui ab anno circiter 1050. florere cœpit & vixit vsque ad an. 1109. Alfredi & Doctorum Gallicanorum meminit his verbis. *Manus Saxonica ab omnibus Saxonibus & Merciis vsque ad tempora Regis Alfredi, qui per Gallicanos Doctores omnibus litteris opprimè instructus erat, in omnibus Chirographis vsitata à tempore D. dicti Regis desuetudine viluerat: & manus Gallicana, quia magis legibilis & aspectui perdelectabilis præcellebat, frequentius in dies apud omnes Anglos complacebat.* Nimirum antequam Galli Nostrates in Angliam transfretarent, Angli Charactere quodam Saxonico vtebantur intermixtis Characteribus Romanis, quales videntur in vita Alfredi per Asserum conscripta, quam Thomas Walsinghamus Historiæ suæ præmisit. Nostri verò Galli commodiorem scribendi vsum, qualis in Gallia erat, illis communicarunt.

Florentius Wigorniensis Monachus qui obiit an. 1118. de liberis Alfredi, deque huiusce Academiæ institutione verba faciens sic ait, *Æthelwardus omnibus Iunior litterariæ disciplinæ Diuino consilio admirabilique Regis Prouidentia &*

,, omnes pœne totius Regionis nobiles & etiam ignobiles sub diligenti Magistro-
,, rum cura traditi sunt, vt antequam aptas humanis artibus vires haberent libera-
,, libus instruerentur Artibus. Edvvardus & Alfritha semper in curia Regia nutriti
,, non sine liberali Disciplina. Inter cætera præsentis vitæ studia Psalmos & Saxo-
,, nica carmina studiose didicêre. At Rex.....defuncto Wictiorum Episcopo Alhu-
,, næ, S. Wigorniensis Ecclesiæ nutritus & vir in Diuinis scripturis doctissimus
,, Werefrithus 7. id. Iunij die Pentecostes ab Athelredo Doroberniæ Archiepisco-
,, po antistes est ordinatus, qui Imperio Regis Alfredi libros Dialogorum B. Pa-
,, pæ Gregorij de latinitate primum in Saxonicam linguam elucubratim & ele-
,, gantissime transtulit. Huic eidem & processu temporis Pleigmundum genere
,, Mercium Doroberniensis Ecclesiæ Archiepiscopum, venerabilem scilicet virum
,, sapientia præditum, sacerdotes quoque genere Mercios Æthelstanum & Ve-
,, rulfum quam optimè litteris instructos idem Rex ad se de Mercia vocauit. Mul-
,, tisque honoribus & potestatibus extulit, quo cum in desiderata, imo in discenda
,, litterarum scientia adiuuarent: Legatos etiam vltra mare ad Galliam direxit. Inde
,, S. Grimbaldum sacerdotem & Monachum, virum venerabilem, Cantorem op-
,, timum Ecclesiasticis Disciplinis & in diuina Scriptura eruditissimum, omnibus-
,, que bonis moribus ornatum. Ioannem quoque æque Presbyterum atque Mona-
,, chum acerrimi ingenij virum. Asserum etiam de occiduis & vltimis Britanniæ fi-
,, nibus è Monasterio S. Devvij aduocauit. Quorum omnium doctrina & sapien-
,, tia Regis desiderium ita in dies crescebat & implebatur, vt in breui librorum
,, omnium notitiam haberet.

Vvilielmus Malmesburiensis, qui scripsit vsque ad an. 1142. de eadem re fusissimè disserit his verbis. Monasteria, vbi opportunum videbatur, construxit
,, Alfredus, vnum in Adelingia, vbi eum latuisse superior relatio meminit, ibi-
,, que Abbatem Ioannem constituit ex antiqua Saxonia oriundum, alterum
,, vero in Vvintonia quod dicitur nouum Monasterium, vbi Grimbaldum Abba-
,, tem constituit, qui se euocante & Archiepiscopo Remensi Fulcone mittente in
,, Angliam venerat; cognitus quod se puerum olim vt ferunt, Romam euntem
,, benigno hospitio confouerat. Causa euocationis, vt litteraturæ studium in An-
,, glia sopitum & pœne emortuum sua suscitaret industria. Habebat ex sancto
,, Devvi Asserionem quendam scientia non ignobili instructum quem Schirebur-
,, niæ fecit Episcopum. Hic sensum librorum Boëtij de consolatione Philosophiæ
,, planioribus verbis enodauit: quos ipse Rex in Anglicam linguam conuertit. Hoc
,, tempore creditur fuisse Ioannes Scotus viri perspicacis ingenij & multæ facundiæ,
,, qui dudum concrepantibus vndique bellorum fragoribus in Franciam ad Caro-
,, lum Caluum transierat, cuius rogatu Hierarchiam Dionysij Areopagitæ in Lati-
,, num de Græco verbum e verbo transtulit. Composuit etiam librum quem περὶ
,, Φύσεων μερισμῶ id. de Naturæ diuisione intitulauit propter perplexitatem neces-
,, sariarum Quæstionum soluendam bene vtilem, si tamen ignoscatur ei in aliquibus
,, in quibus à Latinorum tramite deuiauit, dum in Græcos acriter oculos intendit.
,, Succedentibus annis magnificentia Alfredi allectus venit in Angliam & apud
,, Monasterium nostrum pueris quos docebat, graphijs vt fertur perforatus, etiam
,, Martyr æstimatus, quod sub ambiguo ad iniuriam S. animæ non dixerim, cum
,, celebrem eius memoriam sepulchrum in sinistro latere altaris & Epitaphij pro-
,, dant versus, scabri quidem & moderni temporis limà carentes, sed ab antiquo
,, non adeo deformes.

Clauditur hoc tumulo sanctus Sophista Ioannes,
Qui dotat etiam viuens dogmate miro;
Martyrio tan... Christi conscendere Regnum
Qui meruit, sancti regnant per secula cuncti.

,, His Collateralibus Rex fretus liberales totis medullis indidit in tantum, vt
,, nullus Anglorum fuerit, vel intelligendo acutior, vel interpretando elegan-
,, tior.

Idem confirmat de Ioanne Scoto Rogerius Houedensis in priori parte Annalium. Et Mathæus Vestmonasteriensis, quorum loca supra retulimus, vbi de Ioanne fusius egimus. Ioannes Brompton Abbas Iornalensis, qui sub Eduardo III.
florebat circa an. 1340. eiusdem historiæ meminit in Chronico. *Grimoaldum Mo-*
nachum,

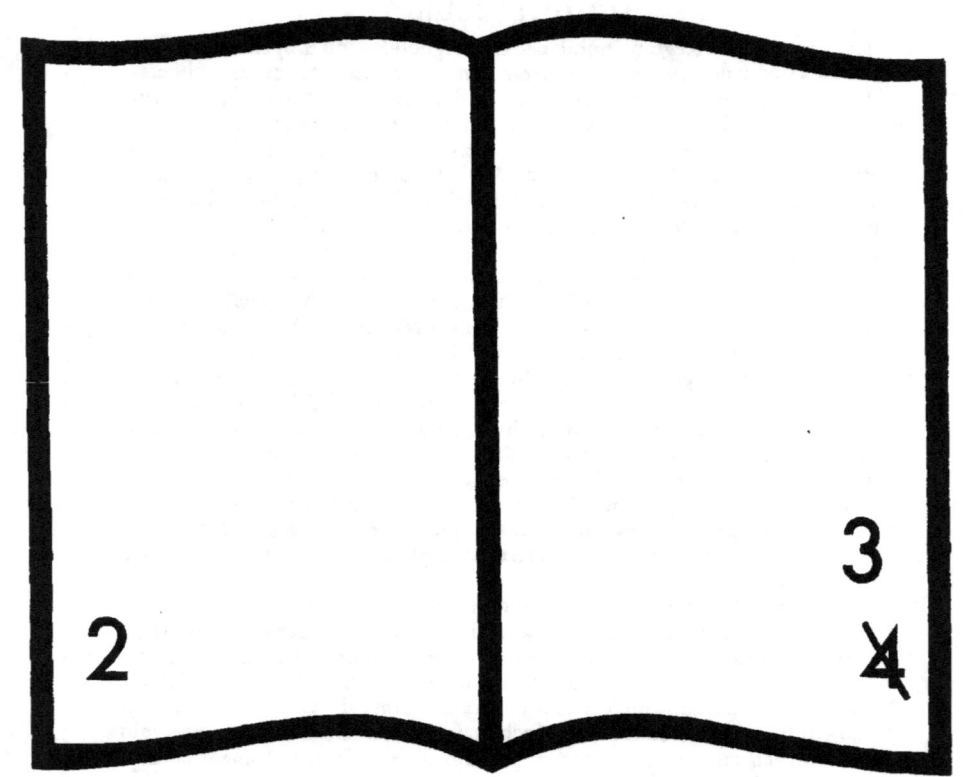

nachum, inquit, *litteratura & cantu peritum de partibus Galliæ, & Ioannem Monachum de Monasterio S. Dauid Meneuiæ in vltimis finibus posito ad se vocauit, vt litteraturam ab eis addisceret. Optimates quoque suos ad litteraturam addiscendam in tantum prouocauit, vt ipsi filios suos, vel saltem filios si non haberent, seruos suos litteris commendarent.*

Duplicem aliqui Ioannem faciunt: vnum Saxonem, Ethelingiani Cœnobij Monachum, eumque aiunt cum Grimbaldo adscitum ab Alfredo: alterum Erigenam, Meneuiensem Monachum ex Professore Parisiensi, eoque etiam vsum in Academiæ suæ institutione.

Quod autem Alfredus SCHOLAS PVBLICAS Oxoniæ instituerit, & varias variis artibus classes, vt vulgo loquimur, assignarit, testis est Vvillelmus Malmesburiensis in suo de Glastoniensis Cœnobij antiquitate libello ad Henricum Blesensem Vvintoniæ Episcopum, cuius hoc est initium. *Post Dominicæ Resurrectionis gloriam.* De Alfredo igitur, institutisque ab eo scholis sic habet. *Rex Aluredus Dei seruus Neothum sæpius adiit, suisque nonnunquam vtebatur consilijs. Consilio namque Neothi Abbatis* SCHOLAS PVBLICAS *variarum Artium apud Oxoniam primus instituit Aluredus, Romamque Legatos misit obsecrans D. Martinum II. vt Anglorum Scholis eamdem libertatem, quam Romæ habent dignitatem concederet: & quod à sanctissimo Patre petiit, absque vlla cunctatione impetrauit, & in multis articulis priuilegiari procurauit.* Eademque verba vsurpat Higdenus l. 6. *Aluredus Scholas variarum Artium apud Oxoniam primus instituit: quam vrbem etiam in multis priuilegiauit.* Hinc intelligimus & Papam & Regem nascenti huic Academiæ priuilegia concessisse.

At de Compositione, regimine, Artium ac Scholarum distinctione, deque Fulconis Remensis ad Regem Alfredum super ea re litteris, loquuntur recentiores. Nicolaus Harspheldius Archidiaconus Cantuariensis ad 9. seculum c. 10. de Grimbaldo & Fulcone sic disserit. Aluredus Rex *inquit*, cum Rempub. à Danorum depopulationibus virtute sua aliquantulum recreasset, cœpit & Ecclesiasticæ quoque Disciplinæ emendandæ manum admouere. Ad quod præclarum opus felicius conficiendum cum vidisset illam partem frequenti Danorum incursione sæuaque debacchatione, totque Monachorum, sacerdotum, sacrarumque virginum cæde, partim negligentia prælatorum subditorumque ignorantia, alijsque temporum iniurijs cum litterarum pœne omnium deplorando interitu grauiter collapsam atque debilitatam, non solum domestica ad illam rursus erigendam instaurandamque, vt Plegmundi, Vverifridi, Asserij & aliorum, sed & externa Ioannis presbyteri, atque Grimbaldi subsidia conquisiuit. Amandauit itaque Nuncios ad Fulconem Remensem in Gallia Episcopum vt Grimbaldum sacerdotem, & vt Asserius scribit; venerabilem Monachum, nec canendi modo, sed omnium Ecclesiasticarum disciplinarum & sacræ scripturæ peritia insignem virum, omnibus bonis ornatū e Monasterio D. Bertini ad se transmitteret. Cuius aliquam Aluredus notitiam habuisse traditur, cum Romam adhuc puer adierat. In quo itinere diuertit ad Cœnobium D. Bertini, multaque salutis præcepta à Grimbaldo audiuit, neque ab eo tempore vnquam gratam illius memoriam ex animo deposuit. Re igitur cum Ethelredo Cantuariensi communicata summaque eius voluntate illustres Legati missi sunt ad Fulconem. Qui etsi ægrè tantum Galliæ ornamentum à se Galliaque diuerti pateretur, noluit tamen tam honestæ petitioni Regis atque Archiepiscopi, & ipsi temporis necessitati deesse. Cū sūmo igitur ipsius & præfati Cœnobij Bertiniensis cōsensu trāsmittitur in Angliā Grimbaldus vna cum Fulconis litteris, in quibus amplissimis verbis mirificè cōmendat singulare Regis in vtraque tam Politica quam Christiana Repub. reparanda studium; gratiasque simul pro muneribus transmissis magnas agit; quæ hodie litteræ extant satis prolixæ, sed piè & sapienter conscriptæ. At Aluredus & Ethelredus vbi Grimbaldum in Angliam appulisse cognouerunt, obuiam cum magno Procerum comitatu illi eunt, Londinumque honorificè deducunt, vbi illam quam supra commemorauimus in Synodo concionem habuit. Ab eo deinde tempore intimus fuit Aluredo, arcanorumque consiliorum particeps, eiusque inter alios opera, in constituenda Oxoniensi Academia vsus est.

Ethelredus ille Cantuariensis Archiepiscopus obiit an. 889. eique suffectus est

Primum seculum

Plegmundus de quo supra: ob idque Fulco Remensis Regem per litteras laudauit ob eiusmodi viri docti promotionem. Extat apud Flodoardum l. 4. c. 5. exemplar Epistolæ ad Albradum Regem Transmarinorum: item ad ipsum Plegmundum, quem Pleonicum vocat, in eandem rem. Hactenus de iis, quos Alfredus ad condendam Academiam suam ex diuersis locis euocauit: nunc quomodo eam composuerit & rexerit, inquirendum.

Collegia 3. instituta. 2. Igitur virorum istorum consilio tria collegia erudiendæ iuuentuti primum constituit, Grammaticis vnum, Philosophis alterum, tertium Theologis; præterea vnum vastissimum & amplissimum quod VNIVERSITATIS COLLEGIVM, SEV AVLA MAGNA VNIVERSITATIS vocatum est: Addidit, vt aliqui scribunt, San-Magdalenense, quod longo post tempore Vvilielmus Archidiaconus Dunelmensis instaurauit. In eo autem consentiunt omnes fere scriptores Angliteste Isaaco Vvaxe Oratore eiusdem Academiæ in suo Rege Platonico. Idem quoque affirmat & clarius explicat Ioannes Rossus ex Hidensis Monasterij Archiuis apud Thvvynum lib. 2. Apol. *In prima*, inquit, *dicta Vniuersitatis fundatione ipse nobilis Rex Alvredus infra vrbis Oxoniensis mænia Doctores in Grammatica, Artibus & Theologia tribus locis in nomine S. Trinitatis ex suis sumptibus instituit: in quarum vna in alto vico versus portam Orientalem sita 26. Grammaticorum omnibus necessariis ipsam Aulam dotauit, & eam propter scientiæ inferioritatem* PARVAM AVLAM VNIVERSITATIS *appellari decreuit: & sic in diebus meis appellata est. Aliam Aulam versus muros vrbis Boreales, vbi iam dicitur Vicus scholarum, sumptibus necessariis pro Dialecticis seu Philosophis 26: abundanter construxit, & hanc* AVLAM MINOREM VNIVERSITATIS *appellari precepit. 3. in alio vico versus portam Orientalem fundatam primæ Aulæ occidentaliter contiguam* AVLAM MAGNAM *pro 26. Theologis appellatam sacræ scripturæ studium daturis ordinauit, quibus & expensas sufficientes abundanter exhibuit.*

3. His omnibus Magistris & toti Academiæ Grimbaldum nostratem præfecit: Ioannem Erigenam virum facundissimum Scholas aperire iussit: quod ille tanta cum laude præstitit, vt intra breue tepus innumeri scholares illuc confluxerint. Dein professores singulis artibus addixit quasi primarios, Grimbaldu & Neothu Theologicis, Asserum Grammaticis & Rhetoricis: Ioannem Erigenam Dialecticis, vt legitur in vetere quodam Chronico de institutione huius Vniuersitatis: quod in c. 5. Seculi 9. historiæ Anglicanæ refertur à Nicolao Harspfeldio. Postquam enim ille descripsit quanto studio & affectu Rex ille verè magnus litteras quasi postliminio reuocare studuisset, subiungit. *Doctos igitur ex iis qui in Anglia superfuerant, alios præterea à veteribus in Wallia Britannis, atque etiam ex Francia ingentibus promissis ad se euocat: à quibus & ipse, & etiam alij, qui ipsius parebant Imperio, bonis litteris informarentur. Omnium igitur bonarum Disciplinarum quasi Officinam quandam apud Vadum Isidis, id est Oxoniense oppidum constituit, qua de re quid vetusti quidam apud Vvintoniam Cœnobij annales prodiderint, ipsius authoris verbis iam referam.* Primus huiusce Cœnobii Abbas fuit Grimbaldus ante an. 900. vt hoc obiter moneam: sequitur ergo Chronicum.

Igitur anno Incarnationis 886. anno 2. aduentus S. Grimbaldi in Angliam incepta est Vniuersitas Oxonia primitus in ea regentibus ac in sacra Theologia legentibus S. Neotho Abbate, nec non in Theologia Doctore egregio: & S. Grimbaldo sacræ paginæ suauissimæ dulcedinis excellentissimo professore. In Grammatica verò & Rhetorica regente Assero Monacho & in arte litteratoria viro eruditissimo. In Dialectica vero, Musica & Arithmetica legente Ioanne Monacho & Collega S. Grimbaldi, viro acutissimi ingenij & vndecumque doctissimo, præsente gloriosissimo & inuictissimo Rege Alfredo, cuius in omni ore nomen quasi mel indulcabitur memoria: & totius Regni sui Clero ac populo, vbi idem prudentissimus Alfredus tale Decretum, edidit videlicet, vt OPTIMATES SVI FILIOS, VEL SI FILIOS NON HABERENT, SALTEM SERVOS SVOS, SI INGENIO POLLERENT, CONCESSA LIBERTATE LITTERIS COMMODARENT. Hoc Annales illi, seu Chronicon Vintoniense quod incipit à Rege Egberto & desinit ad annum 1030. in eoque multa Saxonice conscripta leguntur, & inter alia duo Alfredi testamenta. Ex eo autem patet iam tum *Vniuersitatis* nomen in vsu fuisse, & eo sensu quo vulgo accipimus, vsurpatum.

Quod autem Alfredus Grimbaldum toti suæ Academiæ præfecerit sub Cancellarij nomine, qui apud Oxonienses Rectoris munus obit, testatur inter cæteros Ioannes Rossus l. citato his verbis. *Et ad suorum Rex Magnificus sustentationem secundum Marianum in Chronico suo, assignauit octauam partem prouentuum suorum annuatim, & vt scribit Thomas Rodban in maiore Chronico suo, S. Grimbaldus Flandrensis & Prior Cantor optimus Studij Parisiensis in Theologia Doctor, vir liberalibus scientiis ad plenum eruditus persæpe ad dictum Regem Anglorum Alfredum vocatus, egrediensque de terra sua & cognatione studium Oxoniense adiit, & ibi Lecturam suam reiecepit, creuitque per filios scholasticos in gentem magnam, cuius matris in gremio cum Prælatis & Magnatibus Regni, vt tunc primus Cancellarius & Doctor ordinarius primitus lectionem scholasticam exposuit & declarauit. Et hîc considerandum est quod studium Parisiense per Anglicos traxit ortum, & iterum ab eisdem rediit & refluxit omnibus scientia Diuina & humana per S. Grimbaldum antedictum. Deinde in sua senili atate studio relicto adiit Vvintoniam, vbi nouo constructo Monasterio primus fuit illius loci Abbas, & obiit 8. id. Iulij an. D. 903. anno atatis 88.* Similiter Author quidam in Ranulfum. *Iste Grimbaldus vt primò Cancellarius & Doctor Ordinarius præsente Rege Victoriosissimo, cateris que Regni Magnatibus in Vniuersitate Oxoniensi legit primò lectionem Scholasticam, qui paulò ante fuit Cancellarius Parisiensis.*

Verum cum processu temporis, Magistrorum & scholarium crescente in dies multitudine necesse esset Statuta condere, in disponendo scholarum regimine, & studij componenda administratione, orta est quædam inter veteres professores Oxonienses quos Rex retinuerat, & nouos, contentio. Grimbaldus & alij recenter euocati omnia vetera illius scholæ instituta mutare, noua vero adinstar Academiæ Gallicanæ inducere conabantur, aliis reluctantibus : quippe existimant Angli apud Oxoniam ab omni æuo fuisse litterarum exercitium, Alfredum verò amplificasse & priuilegiis decorasse. Tandem contentio ista authoritate Regis sedata est, qui ex veteribus Scholæ Oxoniensis Annalibus didicit iam inde à temporibus Pelagij pristinam disciplinam comprobatam fuisse à D. Germano Antissiodorensi, qui in Angliam vt Hæresim profligaret, se contulerat, à Kentigerno & Nennio, qui litteris illic olim operam dederant: atque idcirco retinendam esse censuit. Quæ res cum non satis Grimbaldo ex animo successisset, ille relicto Scholarum & Vniuersitatis regimine ad Monasterium propinquum se contulit.

Quod autem contentio ista orta sit occasione Statutorum, apertè indicat Asserus testis oculatus. *Caput*, inquit, *huius contentionis in hoc erat positum. Veteres illi Scholastici contendebant antequam Grimbaldus Oxonium deuenisset, litteras illic passim floruisse : etiamsi Scholares tunc temporis numero erant pauciores quàm priscis temporibus, plerisque nimirum seuitia ac tyrannide Paganorum expulsis. Quin etiam probabant & ostendebant eoque indubitato veterum Annalium testimonio illius loci Ordines ac instituta à nonnullis piis & eruditis hominibus fuisse sancita, vt à D. Gilda, Melkino, Nennio, Kentigerno & aliis, qui omnes litteris illic consenuerant, omnia ibidem felici pace & concordia administrantes, ac D. quoque Germanum Oxoniam aduenisse, annique dimidium illic esse moratum: quo tempore per Britanniam iter fecit aduersus Pelagianorum hæreses concionaturus, Ordines & instituta supradicta mirum ni modum comprobauit.*

Id quoque clarè docet Brianus Thwynus lib. 2. Apol. Oxoniensis. *Quæstionem hîc inter veteres Oxonia Scholares, ac nouos Aluredianos de ratione Scholastica Iurisdictionis intercessisse video. Inter Aluredianos Asserius ipse vnus ex Professoribus nouis fuerat : ad quem huiusce Quæstionis cognitio magnopere pertinebat.* Novi SCHOLARES *Aluerdiani atque recentes* SCHOLASTICAM *suam in veteres & seniores authoritatem exercent : Aluredus ipse sit Index. Veteres Scholares se Antiquitatis sua præsidio defendunt. Maiores suos producunt: quorum felicissimis auspiciis res Oxoniensis retroactis temporibus steterit, idque non suo sed veterum Annalium testimonio ostendebant aduersus Grimbaldum, & probabant.*

Quantum autem Ego ex Scriptorum Anglicorum Annalibus colligere possum, præcipuum contentionis caput mihi videtur fuisse de Rectore Scholæ deque eius Iurisdictione. Molestè ferebant Anglígenæ aduenas & Extraneos homines Academiæ suæ præfici. Fatentur enim omnes Grimbaldum ab Alfredo eiusdem regimini præpositum fuisse. Estque omnino credibile voluisse illum leges & instituta Scholæ Parisiensis, cuius quoque Rector fuisse dicitur, illic obseruari: Angligenas verò repugnasse; vel quia habebant aliam antea administrationis formam, quam nolebant violari; vel quia non facile patiebantur ab Extraneo sibi leges imponi. Vt vt sit, constat de forma regiminis, deque ratione obseruandæ disciplinæ diu fuisse disputatum. Testatur Iacobus Vuachius in suo Rege Platonico, de Alfredo sic aiens. *Eum primarium fuisse hîc litterarum Institutorem nescio an dicere, an credere sit insanius: cum indubitatissimâ Asseriana Historiæ veritate constet Grimoaldo, quem Academiæ Cancellarium præfecit Aluredus, grauissimas fuisse cum Antiquioribus Studiosis de Disciplinarum ratione contentiones; nec sopiri potuisse, nisi Aluredi ipsius præsentiâ, qui cum huc accederet, asseritur ab Asserio antiquos Academiæ Annales euoluisse, manifestissimisque testimoniis deprehendisse pristinam illam Disciplinarum rationem olim temporibus Pelagianis à S. Germano, Kentigernio, Nennio litteris hîc operam dantibus comprobatam fuisse.*

4. Igitur Rex vt pacem inter Academicos componeret, aliis alium Rectorem volentibus, e neutro magistrorum ordine, neque veterum scilicet neque nouorum præfici voluit; sed ita statuit, vt quemadmodum ipse secundum à se Regni Cancellarium sibi deligebat, ita professores, quem vellent, è Regni Proceribus, Academiæ Principem Patronum deligerent. Et hinc factum est, vt ab instituta illa Academia ad hæc vsque tempora Princeps aliquis è Regni Primoribus, aut è Regio Senatu, aut saltem ex præcipua nobilitate, teste Pitsæo, ad Cancellariatum seu Præfecturam eiusmodi semper fere assumptus fuerit. Hunc autem Magistratum perpetuum esse voluit, Aulamque comitari. Quia verò sic in Aula degens & aliis Regni muneribus & negotiis impeditus, rei Academicæ inuigilare non potuisset, ei substituit Procancellarium e numero Professorum eligendum, eiusque Electionem pendere voluit à Cœtu Academico per duos Procuratores legitimè conuocato, ex mandato tamen supremi illius Magistratus, qui semel electus non mutatur, nisi grauem ob causam: aut Procancellarii e Magistratu qui annuus est, abeuntis, qui ibi verè Rectoris vices obit.

Huiusce porro Procancellarii, seu vt illi vocant, Commissarii electio pendebat quidem olim à Cœtu Academico, confirmatio verò ab Ordinario loci, nimirum Episcopo Lincolniensi. At circa an 1350. Clemens VI. Abrogato hoc Episcopi Priuilegio, Academiæ soli electionem, confirmationem & omnimodam approbationem tam Cancellarij, quàm Procancellarij concessit, vt docet Pitsæus. Ideo autem Oxonienses supremum illum Academiæ Magistratum e primis Regni Proceribus deligi voluerunt, vt propter eminentem apud omnes authoritatem & apud ipsum Regem gratiam, facilius Academiam tueri, & protegere posset, eiusque honores, priuilegia, maiestatemque conseruare. Quod munus apud nos obeunt Conseruatores Regij & Apostolici: & obiit initio Apocrisiarius sacri Palatij, idem Iudex, Tutor Conseruatorque Priuilegiorum Scholasticorum, quandiu Musæ in Palatio habitarunt.

5. Procuratores quoque duo institutionis Regiæ & Aluredianæ esse putantur, proximumque dignitatis locum inter publicos Magistratus obtinent, *qui ad hoc munus è Magistris Artium*, inquit Pitsæus, *assumuntur, suntque paris inter se potestatis*. Annuus est iste Magistratus, Procancellario dignitate proximus. Illi tanquam Tribuni seu Consiliarij publici assidere & in consiliis adesse debent. Eorum munus describunt Pitsæus & Iacobus Vuakius publicus Academiæ Orator. Prior sic habet. *Horum etiam munus erat, Principes viros, vel Principum legatos hospitio suscipere, & communi Senatus Academici nomine publicoque sumptu honorificè tractare. Item Academiæ negotia in aula Regia solicitare, dirigere, perficere.*

6. Ordine & dignitate sequebatur Orator publicus, cuius munus erat Legatos Pontificis & alios illustres viros illuc aduentantes excipere publica oratione totius Academiæ nomine: quemadmodum solebat olim fieri in Academia Parisiensi. Deligebatur enim in Comitiis Centuriatis Orator publicus, seu vt Maiores nostri illum appellabant, Proponens, qui Academiæ nomine ad Regem, Legatos Pontificios & Regni Proceres aliosque illustres viros orationem haberet, vt suo loco docebimus.

7. Ad Magistratus illius supremi commendandam dignitatem sex Pedellos, seu vt vulgo dicimus, Bedellos ab eodem Rege institutos ferunt, qui Fasces seu

clauas & massas illi præferrent, tres quidé primos seu Maiores, qui aureas, tres vero Minores, qui argenteas. Et hoc quoque notandū Maiores Bedellos singulari Regum beneficio in Nobilium ordinem cooptari solitos titulisque & priuilegiis gaudere, quibus alij Nobiles vulgares gaudent. Vnde & Torquatos vocat Vacxius. Minores vero quos inferioris ordinis esse voluerunt, minoribus quoque & paucioribus priuilegiis gaudere peroptarunt. His septimus aliquis statis temporibus adiungitur Viator seu Anteambulo, quem quia virgam argenteam gestat, VIRGIFERVM appellant, Anglicè VERGER. Cæterum omnes honestis viuunt stipendiis: & ab iis qui ad Gradus promouentur, non contemnenda accipiunt iura. PROCANCELLARIO iidem sex illi apparent eademque munia obeunt, quæ nostri vulgo obire solent.

8. Ad eundem Regem referunt institutionem habitus Academici, vt scilicet Magistratus purpura vterentur, pileo rubro more Cardinalium, anulo, ocreis. Item insignium Academicorum, seu Tessellarum Symbolicarum, quæ sunt tres coronæ & in medio illarum liber patens 7. fibularum, quasi 7. artium liberalium ornamento decorus. Cui libro hæc sententia inscripta est, *Deus illuminatio mea*. Quæ insignia eos à nobis sumpsisse, nemo est qui non videat. Rectoris enim nostri Tessella Symbolaris est Liber tribus liliis sparsus, qui manu tenetur. Illi vero 3. Coronas depinxerunt, ad denotanda tria Regna Anglicanum, Scoticum & Hibernum. Et certè quidni fateantur Angli id à nobis se mutuatos esse, cum fateantur suam Academiam à Parisiensi secundam esse? Et quanquam initio historiæ Oxoniensis hæc verba legantur in libro Procuratorum Vniuersitatis teste Camdeno. *Contestantibus plerisq; Chronicis multa per orbis climata varijs temporibus variarum scientiarum studia floruisse leguntur, emritus autem inter Latinos extantibus studiis Vniuersitas Oxoniensis fundatione prior quadam scientiarum pluralitate generalior, in Veritatis Catholica professione firmior & priuilegiorum multiplicitate præstantior inuenitur;* Semper tamen Parisiensem excipiunt, quæ sine dubio antiquior est, vt ex historiis etiam Anglicanis patet.

Peculiare autem est eidem Academiæ Ocrearum symbolum, cuius institutionem Vvakius acceptam refert S. Benedicti seculo, *cuius discipuli*, inquit, *cum Augustino Monacho Angliam ingressi an. 596. hoc institutum à primo institutore habuerunt, vt ocreati incederent, & hoc sui ad nos accessus testimonium reliquerunt, tantumque olim Benedicti familiæ, Neotho præsertim Aluredi Adiutori atque Alcuino Academia nostra tribuit, vt S. Scholastica quæ S. Benedicti soror erat, celebritatem religiosè imprimis coluerit, & antiqua Benedictinorum apud nos merita litteris antiquitus consignarit.*

De eiusdem etiam Academiæ celebritate, regimine, collegiorum multitudine præclarè quoque Polydorus Virgilius Hist. Anglic. l. 4. ad Henricum VIII. an. 1533. *Aluredus Neothum imprimis Monasticæ professionis virum sanctissimum ob eximiam eruditionem miro amore complexus est, quo hortante Oxonij Gymnasium instituit proposita mercede omnibus qui publicè bonas Artes profiterentur, quo multi doctrina clari confluxerunt docendi gratia. Etenim ab eo tempore quo Sigebertus Orientalium Anglorum Rex scholas in suo Regno extruxerat, deinceps fuere viri semper in insula eruditissimi. & paulo post. Academia Oxoniensis statim à principio tum Diuinarum humanarumque litterarum studiis, tum miro hominum Doctrinis incumbentium frequentia multo celeberrima esse cæpit deincepsque vsque eo floruit, vt iam facile cum quouis alio totius orbis Gymnasio de nominis gloria certare posset: in qua Scholastici ipsi vt cuiusdam religionis obseruatione à primo imbuti neutiquam minus animos bonis moribus quàm litteris excolunt. Habent enim Cœnobia magnifico apparatu constructa; multorum cum Episcoporum tum Regum hominumque nobilium ac fœminarum probatissimarum muneribus opulentissima, quæ Collegia vocant, quòd eorum Collegia eo loci collocata sint quorum Magistri sunt viri Doctrina imprimis probati & honesti. Igitur ibi cum abunde suppeditentur Facultates, communiter viuunt, ac quotidie bene mane sacris prius aut operam dant, aut intersunt, quàm ad rem litterariam aggrediantur: atque ita Deum cum primis venerantes se se castissimo simul viuendi genere & Doctrinarum omnium studiis exercent. Vnde iugiter singulari pietate & eruditione viri velut ex quodam amplissimo Disciplinarum Theatro existunt, qui tam piè quàm vtiliter nunc docendo, nunc scribendo mirum in modum rem Christianam iuuant, celebrant, tuentur.*

Sed quorsum tam multa de Academia Oxoniensi? vt pateat qualis fuit primus eius status, atque inde coijciatur qualis erat tunc temporis status nostræ, quæ eius administratio & penes quos esset. Nam cū in instauranda seu erigenda Oxoniensi vsus sit Alfredus Academicorum nostrorum opera, Grimbaldi & Ioannis Erigenæ, statimque priuilegijs eam decorarit, stipendijs dotauerit, statutis munierit, ei verò regendæ & administrandæ certos Magistratus præfecerit, quis diffiteatur, quin eandem quæ nostræ erat, aut certè non ab simili ratione instituerit? Itaque renatis hoc seculo & reparatis per Adrianum Papā, Carolum M. & Offam litteris, generosa deinde surrexit studiorum æmulatio inter Bardam Constantinopolitanum Imperatorem, Carolum Caluum & Alfredum Reges. Cuius rei ratio proculdubio hæc est, quia molestè & grauiter ferebant Græci Anglique suos subditos cogi peregre proficisci ad scientias acquirendas; veritique sunt ne Francitam literarum Principatum sibi arrogarent, quàm terrarum Imperium virtute sua sibi vindicauerant. Sed ex orbita in viam.

894.   Anno 894. Secundum Reginonem dum Odo in Aquitania occupatur, Carolus Simplex à Fulcone Remis in Regem inungitur. Ægre fert id se inconsulto factum Arnulfus, factique culpam in Fulconem coniicit. Hanc ille à se amolitur per litteras, rescribitque Francos post mortem Crassi, cum ipse noluisset Regni regimen suscipere, instante imò perseuerante immanissima Normanorum persecutione coactos fuisse Odonem rebus præficere, donec puer Regni gubernaculis foret idoneus: nunc autem eam ætatem attigisse, vt possit salubre sibi consilium dantibus præbere consensum. Quod autem id sine ipsius Arnulfi consilio præsumpsissent, talem esse Francorum morem, vt Rege decedente alium de stirpe regia vel successione *sine respectu vel interrogatione cuiusquam maioris aut potentioris Regis* eligerent, vt legitur apud Flodoardum.

Odo Arnulfum sibi conciliat, & ambo Fulconi offensi agrum Remensem depopulantur. Itaque Fulco qui à Formoso inuitabatur ad Concilium Romanum, hanc prætexit causam detrectationis, simulque rogat vt Arnulfo & Odoni fulmina Apostolica interminetur, nisi à bello desistant, vt videre est apud Flodoardum l. 4. c. 3. *Arnulpho Trans-Rhenensi authoritate Apostolica præciperet, ne Caroli Regnum inquietaret, quin potius ei auxilio esset, vt propinquum propinquo deceret. Odoni verò mandaret, ne Regnum istud inuadere aut deprædari præsumeret; quod si auderet, Apostolicæ sedis sententiam reformidaret. Item quia post admonitionem ipsius Papæ nec Arnulphus Orbitati Caroli subuenire voluit, nec Odo à peruasione Regni, rapinis ac depopulatione cessauit: sed & Arnulphus res Ecclesiæ Remensis, tam eas quas aliquandiu iniustè sublatas ipse restituerat, quàm eas etiam, quæ nunquam prius substractæ fuerant, abstulit ob id tantummodo, quia temerariam eius inuasionem hic Præsul recipere noluerit. Et quod Odo Ciuitatem Remensem obsederit, innumeras etiam cædes & deprædationes exercuerit, & Res Ecclesiæ Remensis suis satellitibus dederit, huius Ecclesiæ insistens rapinis, donec Carolus cum valido exercitus apparatu adueniens eum ab obsessa Ciuitate depelleret.*

895.
Reliquiæ
S. Dionysianæ furto sublatæ.

His autem temporibus, cum Arnulfus & Odo fœdus & amicitiam pacti Carolum infestis armis persequebantur, aiunt Germanici quidam Scriptores Gisalbertum quendam iussu Odonis furto sustulisse sacras D. Dionysij Reliquias, easque ad Arnulfum misisse, veluti Palladium quo sibi eius amicitiam demereretur, deque Francorum leuitate vindictam sumeret, à quibus in Regem electus, postea desertus fuerat. Rem sic describit Auentinus l. 4. Histor. Bohem.

Otho quo vicissim Arnulpho gratificaretur sacra Galliæ peculiaria surripit, Arnulpho tradit. Nempe Dionysium illum Gallorum tutelarem Cælitem: & quem tanti æstimant, librum auratum atque gemmatum, ob honorem tanti Herois iussu Imperatoris Caroli Calui Rectoris Occidentalium Francorum, aureis litteris scriptum & ædi eiusdem Diui amplissimæ in agro Parisiorum sitæ donatum. Arnulphus hæc pietatis monumenta Reginoburgij in D. Haimerani Tutelaris Boiorum Numinis condidit, vbi adhuc monstrantur, religiosè coluntur, passim coit frequens populus, vota reddit. Nosque hos dies quibus illa Religionis pignora ex Gallia furto sublata & in Boiariam translata sunt, in fastos & acta retulimus & festos habemus. Atque is de quo dixi, Codex Vitam & Diuinam Philosophiam Christi Domini nostri Iesu Christi, quos 4. Euangelistas vulgus nuncupat, continet. In liminari pagina Imperator Caluus Rex Franciæ

Occidentalis depictus cultu Regio, solio residet in alto: dextra laeuaque adorabundi ac supplices Cornucopia exhibent, cum hisce Carminibus.

Francia Grata Tibi Rex inclyte munera defert,
Gothia te pariter cum Regnis inchoat altis.

Circum Regem hæc Pentametra Hexametraque Elegiaca scripta leguntur.

Hic residet Carolus Diuino munere fultus
Ornat quem pietas & bonitatis amor.
Hludouic inustus erat, quo Rex non iustior alter
Qui genuit prolem hanc tribuente Deo.
Alma viro peperit Iudith de sanguine claro
Cum Genitor Regnis iura dabat propriis.
Hic nomen Magni Caroli de nomine sumpsit,
Nomen & indicium sceptra tenendo sua.
Istius Imperio Codex resplendet & auro
Qui bona construxit multa fauente Deo.

Ad vmbilicum hi sunt versiculi.

Bis quadringenti volitant & septuaginta.
Anni, quo Deus est virgine natus homo.
Terdenis annis Carolus regnabat & vna
Cum Codex actus illius Imperio.
Hactenus vndosum calamo descripsimus æquor,
Littoris ad finem nostra Carina venit.
Sanguine nos vno patris matrisque creati,
Atque Sacerdotii seruat vterque gradum.
En Beringarius, Leuthardus nomine dicti
Queis fuerat sudor difficilisque nimis.
Hic tibimet lector succedant verba precantis
Vt dicas, capiant regna beata poli.

Seruantur insuper in Contubernio D. Haimerani saxa quadrata, in quibus hoc Epigramma, litteris Romanis Maiusculis insculptum est.

DIONYSIVS AREOPAGITA HIC REQVIESCIT SVB ARNVLPHO IMPERATORE ET OTHONE REGE. SVB EVBVLONE ABBATE MONASTERII S. DIONYSII GISALBERTVS FVRATVS EST V. NON. IVLII. FVRTO SVBLATVS HVC VENIT PRIDIE NON. DECEMB. TEMPORE TVTONIS EPISCOPI.

Is Gisalbertus procerum locupletissimus fuit, ex composito sacrilegij condemnatus, de industria monasterium D. Dionysij deportatus libenter à Monachis recipitur: cum quibus frequenter bene victitans, nam & habebat quod dabat, & dabat nemo largius, longè gratior factus est. Hactenus Auentinus.

Anno 896. Arnulfus à Formoso Pontifice in auxilium aduocatus Romam post Gothos primus per vim capit, Sergianosque omnes qui Formoso & sibi aduersabantur interimit, nec pueris parcit, aut mulieribus, aut sacerdotibus sacratisue virginibus, adigitque omnes quibus parcit, in sua verba iurare, ac demum Imperatorem se & Augustum consecrari iubet. Formoso paulo post fato communi fungitur, & post biduum ei substituitur Bonifacius: eo vero post quindecim dies è viuis sublato, Stephanus VIII. Anagninus Episcopus Sergianæ factionis; qui statim in frequenti Episcoporum Conuentu Formosi cadauer è tumulo extractum, Pontificalibus exutum vestibus, & laicalibus indutum Simoniæ damnat, damnatum iubet proiici in Tiberim; omnia eius acta rescindit; Arnulfum Imperatorem vitio creatum pronunciat, & Lambertum Augustum inungit.

Ad hunc Conuentum iussus est ire Fulco Remensis, & ni iret, minatus est Stephanus se canonicam in eum sententiam laturum. Tam graue tamque vehemens edictum Fulconem à profectione deterret: rescribit tantùm mirari se vnde tanta sit necessitas proficiscendi? vnde tam acerbus in se Pontificis animus.

cum à sede Romana nihil nisi dulce & mellitum scribi soleret?

Verum Stephano Kalendis Aprilis an. 897. sublato minæ istæ quieuerunt. Ei successit Romanus Constantini filius, & Marini quondam Pontificis nepos, qui Formosi causam retractans, habito nouo Episcoporum conuentu Stephanum quod impotenti animo desæuerit in mortui Corpus, damnat. Et eo intra quinque mensium spatium sublato Theodorus II. ei substitutus omnes à Formoso initiatos & à Stephano abdicatos ordinibus suis restituit. Quo post 20. dies defuncto Albertus Sergianæ factionis subrogatur: at victus & repulsus locum cessit Ioanni IX. contrariæ factionis Pontifici. Hæc an. 897. contigisse refert Sigonius.

897.

Circa eadem tempora Fulco Pacem inter Carolum & Odonem Franciæ Reges composuit, veritus ne Carolus absolueret fœdus cum Normanis, quod pactus fuerat ea lege, vt in recuperando Regno auxilium sibi præstarent. Cuius rei indignitas impulit Fulconem ad scribendum acriter Carolo in hæc verba, quæ leguntur apud Flodoardum l. 4. c. 5.

898.

„ Quis, qui vobis sicut oportet, fidelis non expauescat vos inimicorum Dei
„ amicitiam velle, & in cladem ac ruinam nominis Christiani Pagana arma &
„ fœdera detestanda suscipere? Nihil enim distat vtrum quis se Paganis societ,
„ an abnegato Deo Idola adoret. Nam si, vt ait Apostolus, bonos mores Collo-
„ quia praua corrumpunt, quantò magis corrumpitur castitas animæ Christia-
„ næ Ethnicorum Consiliis & societate? Neque enim poterit non imitari quod
„ assiduè viderit: quin potius assuescet paulatim, & quasi vinculo malæ consue-
„ tudinis trahetur ad facinus. Certè Progenitores vestri Reges deposito Genti-
„ litio errore Diuino cultui se sublimiter subdiderunt, & à Deo semper auxilium
„ expetiuerunt, propter quod & feliciter regnauerunt, & Regni hæreditatem ad
„ suos Posteros transmiserunt. Vos è contra nunc Deum relinquitis. Dicam
„ certè, licet nolens, quia Deum relinquitis, cum vos eius hostibus sociatis. Vn-
„ de & meritò prophetica illa vox ad vos dirigitur, quæ quondam ad Regem
„ Israël similia facientem directa est. IMPIO PRÆBES AVXILIVM, ET HIS QVI
„ ODERVNT DEVM AMICITIA IVNGERIS. Et certè cum deberetis malis præteritis
„ terminum ponere, & rapinis & deprædationibus pauperum renunciare, ac pro
„ his omnibus pœnitentiam agere, nunc ad maiorem iram Dei prouocandam,
„ his qui Deum ignorant & in sua feritate confidunt, vos coniungitis. Credite
„ mihi, quia nunquam sic agendo ad Regnum peruenietis, imò velociter disper-
„ det vos Deus quem irritatis. Hactenus quidem de vobis meliora sperabam:
„ nunc video vos cum omnibus Consanguineis vestris perituros, si tamen hoc
„ verè vultis agere, & talibus consiliis acquiescere. Re vera qui tale vobis dant
„ consilium non fideles, sed per omnia infideles esse comprobantur: quos si au-
„ dire volueritis, terrenum simul & celeste Regnum amittetis. Deprecor itaque
„ vos per Deum vt tale deseratis consilium, neque velitis vos in æternum præci-
„ pitare interitum, & mihi cæterisque, qui secundum Deum vobis fideles sunt,
„ æterni doloris afferre dispendium. Melius enim fuerat vos non nasci quàm Dia-
„ boli patrocinio velle regnare, & illos iuuare, quos deberetis per omnia impu-
„ gnare. Sciatis enim quia si hoc feceritis & talibus consiliis acquieueritis, nun-
„ quam me fidelem habebitis, sed & quoscumque potuero, à vestra fidelitate
„ reuocabo, & cum omnibus Coëpiscopis meis vos & omnes vestros Excom-
„ municans æterno anathemate condemnabo. Pro fidelitate quam vobis seruo,
„ hæc gemebundus vobis scribo, quoniam cupio vos secundum Deum & secu-
„ lum semper esse honoratum, & non Sathanæ sed Christi adiutorio ad debitum
„ vobis conscendere Regni fastigium. Regnum enim quod Deus dat, firmum
„ habet fundamentum: quod verò per iniustitiam & rapinas acquiritur, cadu-
„ cum est, & citò deciduum, nec poterit diu permanere.
„ Hisce tamen temporibus magnam cladem acceperunt Normani ab Arnulfo Imp. qui cum per annos 70. Christianos afflixissent, ab eo cœsi sunt ad centum millia vix vno aut altero è Christianis amisso, si vera scribunt Helmold. c. 8 & Sigebertus. Fames verò tum erat tanta, vt multi cogerentur vesci humanis carnibus. Verùm paulò post Gens illa detestanda crudelius quàm antea

Vniuerſitatis Pariſienſis. 231

tea Galliam vaſtauit, donec Rollo fidem Chriſtianam amplexus eſt, vt ad 1. ſæculum dicemus.

Anno igitur 899. obiit Eudo ſeu Odo ex filio Roberti Comitis Andium Rex Franciæ inauguratus per Gualterium Senonenſem Archiepiſcopum ſcientiâ & nobilitate clariſſimum, inquit Monachus Antiſſiodorenſis, reluctantibus Balduino Comite Flandriæ & Fulcone Remenſi, eo quod ad Caroli M. Gentem nihil attineret. Obiit autem Feræ in Picardia die 1. Ian. & in æde San-Dionyſiana ſepultus eſt inter Reges. Scribunt aliqui ab eo primum vſurpata fuiſſe Tria Lilia pro Teſſella ſymbolica Franciæ: at alij communiter è cœlo delapſa cum phialâ chriſmatis autumant ad inunctionem Clodouæi primi Regis Chriſtiani. Filius erat Roberti Comitis cognomento Fortis e Principibus Saxonicis orti, qui in prælio contra Normanos commiſſo fortiter dimicans occubuit. Fratrem habuit Robertum, quem Rex factus Palatij Præfectum fecit: at iſte occupato Regno in Prælio Sueſſionenſi occidit. an. 922. Filium verò reliquit Hugonem Magnum Comitem Pariſiorum, ex quo ortus Hugo Capetus Regnum recuperauit, quod Gens ſua Odonis & Roberti morte amiſerat. Hinc patet quamobrem Fulco ad Arnulſum ſcribens dicat *Eudonem à ſtirpe Regiâ alienum eſſe*; quippe qui è Saxonicâ Gente, non ex Francicâ & Gallicana originem ducebat.

899.

SYNOPSIS PRIMI SECVLI
DE FORTVNA ET STATV
VNIVERSITATIS PARISIENSIS,
ET I. DE FORTVNA.

AD huiufce Vniuerfitatis fplendorem illuftrandum, nobis propofitum eft quæ fuerit eius fortuna & quis ftatus in fingulis feculis, demonftrare. Fortunam in duobus ponimus, in eiufdem vtilitate atque neceffitate circa Religionem & Regnum; & in fauore feu Patrocinio fummorum Pontificum & Regum Francorum. Statum fimiliter in duobus; in ordine feu regimine, & in profeffione Difciplinarum.

Primum igitur hoc ftatuimus, Academiam noftram ab initio inftitutionis fuæ ad hæc vfque tempora quibus fcribimus firmiffimũ fuiffe fidei propugnaculum, Ecclefiæ Columnam Clypeumque veritatis: hærefeonvero frænũ fcopulumque hæreticorum. Adeo vt vel vna hæc fchola fuffecerit ad tutelam fidei peruerforumque dogmatum repulfionem aut extirpationem. Vix bene nata erat, cum Carolus M. Alcuini & quorundam aliorum Academicorum vtitur opera ad confutandam hærefim Felicis Epifcopi Vrgelitani, qui prauè fentiens de Chrifti diuinitate negabat verum effe Deum, & Chriftum in duos filios diuidens vnum vocabat *proprium*, alterum *Adoptiuum*: & in duos fimiliter Deos, vnum *verum*: alterum *Nuncupatiuum*. Illudque virus fuum iam latè per Hifpaniam fparferat ante an. 790.

1. Hærefis. Contra hanc Hærefim plurimas habuit Synodos Carolus: alij tres, alij quatuor, nonnulli quinque in hanc rem habitas fcribunt. Primam Reginoburgi. 2. Aquifgrani. 3. Ratifbonæ: 4. Francofurti. 5. in Aquenfi Palatio. Primæ non interfuit Alcuinus vt fcripfit ipfe lib. 1. aduerfus Elipantum. *Antequam ego*, inquit, *eodem fapientiffimo Rege Carolo iubente veniffem in Franciam, hæc eadem veftri erroris fecta eodem gloriofo Principe præfidente, præfente Felice, quem multum laudare foles, veftræ partis tunc temporis defenfore ventilata eft in celeberrimo loco qui dicitur Raiginis Burgum, & fynodali authoritate facerdotum Chrifti qui ex diuerfis Chriftiani Imperij partibus conuenerant, æterno anathemate damnata: imo & à B. memoriæ Adriano, Papa, qui tum temporis S. Romanæ Ecclefiæ Apoftolicæ authoritate rexerat fedem, funditus exterminata, donec idem Felix infeliciter ad veftras refugiens partes, fopitos infidelitatis cineres vobis exorantibus fufcitare intendit.*

2. Synodus Aquifgrani habita eft, in qua Alcuinus contra Relapfum acerrimè diuque difputauit, tandemque fateri coegit errorem & abiurare: vt fupra retulimus. Prius tamen quam congrederetur, imo quàm Synodus conuocaretur, hoc

obtinuit à Carolo vt nonnullis Magistris & Doctoribus Theologis exemplaria traderentur libri Feliciani examinanda priuatim, quibus adiutoribus posset ipse in arenam descendere. Hæc de te sic habet in Ep. 4. à Carolum. *De Libello vero Infelicis non Magistri, sed subuersoris placet mihi valde, quod vestra sanctissima voluntas & deuotio habet cum responsione ad defensionem fidei Catholicæ: sed obsecro si vestra placeat pietati, vt Exemplarium illius libelli Domno dirigatur Apostolico: aliud quoque Paulino Patriarchæ; similiter Richbodo & Theodulfo Episcopis Doctoribus & Magistris: vt singuli pro se respondeant. Flaccus vero tuus tecum laborat in reddenda ratione Catholicæ fidei.* Et Ep. 8. ad eundem. *Huius vero libri vel magis erroris responsio multà diligentiâ & plurimis adiutoribus est consideranda. Ego solus non sufficio ad responsionem. Prouideat vero tua sancta pietas huic operi tam arduo & necessario adiutores idoneos, quatenus hæc impia hæresis omnimodis extinguatur.*

De Synodo Ratisbonensi & Francofurtensi quibus ipse quoque Alcuinus interfuit, dictum est in Historia. Vltimò tandem an. 796. ad Aquense Palatium Felix à Laidrado Archiepiscopo Lugdunensi perductus collatis amicè rationibus præsente Leone Papa, qui eo anno Adriano successerat, & Episcopis numero 57. errorum suorum manifestè conuictus rediit in sinum Ecclesiæ, & citra omnem simulationem se verè Catholicum tandem professus est. Cui synodo adfuisse quoque Alcuinum scribunt, cum ipse dicat lib. ad Elipantum, *Ego cum Ruffino B. Felicem Martyrem non feci, sed Felicem olim vestri erroris complicem Deo miserante Catholicum effeci.*

Extant Alcuini & Paulini scripta quædam aduersus Felicem & Elipantum Hæresiarchas, quæ quanti fuerint momenti, ponderis & authoritatis apud Pontificem & Ecclesiam, docet Hincmarus hist. Remensis l. 3. c. 15. apud Flodoardum *Eorum*, inquit, *Sententias qui diuinâ dignatione, postquam ipse Canon à B. Gelasio conscriptus est sensu & doctrinâ Catholicâ & sanctitate conuersationis in Ecclesia floruerunt, & ab ipsorum Orthodoxorum Patrum, qui in eodem Canone adnotati sunt, fideli, qui à Catholica doctrina nihil dissonum scripserunt vel docuerunt, reuerentia pari amplectimur, veluti venerabilis Bedæ Presbyteri à Discipulis S. Papæ Gregorij Catholicâ fide imbuti & à S. Theodoro Archiepiscopo vtriusque linguæ, Græca videlicet & Latina perito, & à S. Romana Ecclesia ad Anglos, post discipulos B. Gregorij ad eruditionem transmisso non mediocriter instructi, ac venerandæ memoriæ Paulini Patriarchæ Aquileiensis Parochiæ, atque Alcuini viri religiosi & docti: quorum fidem & doctrinam Apostolica sedes Romana non solùm benignissimè acceptauit, verùm & multis laudibus extulit: sicut in scriptis ipsius S. Sedis inuenimus, quæ Ecclesiæ nostræ ab eadem Ecclesiarum matre acceperunt tempore Diuinâ memoria Karoli Imperatoris, quando synodus pro cognita infidelitate Felicis est habita, & ad Rom. Ecclesiam velut ad apicem Ecclesiarum transmissa, sed & eorum scripta qui legit, quàm sint laudanda & recipienda, intelligit.*

2. Huiusce seculi hæresis fuit circa cultum Imaginum. Claudius enim Taurinensis Felicis Vrgelitani, vt aiunt, Discipulus ex Hispania à Ludouico Pio euocatus & in Palatio aliquandiu retentus, dubium an ad docendum, postmodum ab eo Taurinensi Ecclesiæ sedique præpositus omnes Sanctorum imagines atque simulachra de templis deijci iussit, vetans vllum iis cultum exhiberi, libellumque in eam rem emisit aduersus Theodemirum Abbatem pro earundem cultu decertantem. Quæstio hæc in synodo Constantinopolitana paulo ante agitata fuerat, in eaque bellum imaginibus indictum. Agitata quoque est Parisiis iussu Pij in consessu seu Collatione virorum quorundam Doctorum: & quod ibi deliberatum est, ad Eugenium Pontificem perscriptum, vt ad an. 825. retulimus. Sed nec Eugenio, nec ipsis etiam Doctoribus Gallicanis posteà placuit: qui re accuratius examinatâ Claudium Taurinensem pro hæretico habuerunt. Dungalus insignis tunc temporis Theologus & magnæ vir eruditionis contra eum scripsit: opusque suum Ludouico & Lothario Augustis dedicauit. Ionas quoque Aurelianensis Doctrinam illam tribus libris confutauit, quam nonnulli Claudij & Aogbardi Lugdunensis cum Iconomachis aliquo modo con sentientis Sectatores adstruere conabantur. Sed tandem authoritate Apostolia compressi sunt.

3. Hæresis, aut talis saltem vulgo credita, de prædestinatione fuit & præscientia diuina atque humani arbitrij libertate: cuius author Gothescalcus Presbyter

1. Hæresis

3. Hæresis

Belga, seu Orbacensis Cœnobij Monachus, vir multæ quidem litteraturæ, sed mysteriorum Diuinorum nimis forte curiosus perscrutator. Ille multos Sectatores habuit & Doctrinæ suæ assertores, Prudentium Tricassinum eximiæ doctrinæ & sanctitatis virum. M. Florum Ecclesiæ Lugdunensis Diaconum, ipsam Ecclesiam Lugdunensem, plurimos Episcopos, Synodos complures. Hincmarus insignis quoque Theologus Archimysta Remensis, Amalarius & Ioannes Erigena contra Gotheschalcum scripserunt: sed tandem tota hæc disputatio quæ magno animorum æstu per quindecim circiter annos habita est, cum Gotheschalco sepulta fuisse videtur. Hæc de re satis fuse in Historia ad an. 860.

4. *Hæresis.* 4. Hæresis ad Mysterium Eucharistiæ pertinuit, hocque modo emersit, vt scribit Petrus de Marca Archiepiscopus olim Tolosanus, postea Parisiensis, in Ep. ad Lucam Dacherium Bibliothecarium S. Germani Pratensis in 2. Tomo Spicil. Paschasius Abbas Corbeiensis an. 818. adhuc iuuenis librum edidit de mysterio Eucharistiæ, in quo paulo nimis græcis locutionibus adhærens docuit Symbola panis & vini absque vllo quantitatis & substantiæ discrimine per sanctificationem tota & integra in corpus & sanguinem Christi mutari. Contra Heribaldus seu Heriboldus Antissiodorensis Episcopus & Rabanus duo distinguebant, formam ex quantitate & cæteris accidentibus compactam, & carnem & sanguinem inuisibilem & spiritualem Domini ex Virgine natam, quæ per consecrationem conficitur, quamque speciebus externis coniunctam Sacramentum esse dicebant carnis crucifixæ, & verti in alimentū corporis Christi imo secessui obnoxium. Quod Paschasiani dicere abhorrebant, putantes quantitatem etiam mutari in Corpus Christi: imo post 300. adhuc annos scilicet Berengarianis temporibus non potuerant assuescere huic sententiæ Rabani homines Pii & Religiosiores. Præterea Rabanus asserebat aliud esse Corpus Christi passum, ab eo quod est in sacramento, vtpote illud visibile, hoc inuisibile & spirituale.

Ex hac Paschasianorum & Rabanistarum altercatione nata est opinio tertia Bertrami Presbyteri, seu Ioannis Scoti asserentis in sacramento mysticam esse tantummodo Christi carnem aliamque à corpore Crucifixo: quod erat corruptibile, itaque nudam esse in Sacramento figuram & speciem, non veritatem corporis, quod sola fide perspiciebatur: eamque opinionem dicebat esse suam & veterum Patrum, non tamen Ecclesiæ quæ tunc erat. Paschasius tum senex morti propinquus contra hanc nouam opinionem scripsit, *Audiant*, inquit, *qui volunt extenuare hoc verbum corporis quod non sit vera Caro Christi, quæ nunc in sacramento celebratur in Ecclesia Christi, neque verus sanguis eius, nescio quid volentes plaudere aut fingere, quasi quædam virtus sit Carnis aut Sanguinis in eo tantummodo sacramento, vt Dominus mentiatur, & non sit vera Caro eius neque verus Sanguis, in quibus vera mors Christi annunciatur, cum ipsa veritas dicat.* HOC EST CORPVS MEVM...*Nec itaque dixit, cum fregit & dedit eis panem,* HÆC EST, *vel in hoc mysterio est quædam virtus vel figura corporis mei, sed ait non fictè,* HOC EST CORPVS MEVM : *& ideo hoc est quod dixit, non quod quisque fingit.*

Existimat autem Marcanus Ioannem Scotum Bertrami Presbyteri nomen supposuisse loco sui: quia Hincmarus lib. de Prædestinat. c. 31. non Bertramum nominat, sed Ioannem Scotum huius sententiæ authorem.

Alii Bertramum à Ioanne Scoto distinguunt, & Bertramum putant tempore Paschasii huius fuisse hæreseos authorem, Ioannem vero eiusdem, plusque hominis in ea tuenda comparasse. Vnde à Nicolao Papa dicitur *non sapere in quibusdam*, licet multæ scientiæ vir esse prædicaretur. Conueniunt autem Docti Bertramum à Ratramno distinguendum. Bertramum nempe fuisse Presbyterum prauæ illius opinionis authorem : Ratramnum vero fuisse Monachum Corbeiensem, veramque & Orthodoxam Paschasij Abbatis sui sententiam propugnasse. Exiit nuper in lucem Dacherij opera Ratramni Opus 4. Libris distinctum contra Græcorum opposita. Hæresis vero prædicta e tenebris & obliuione excitata à Berengario, in Concilio tandem Vercellensi, Parisiensi & Romano damnata est, vt referemus ad an. 1050.

Eodem seculo Religio Christiana mirum in modum per nostros amplificata est in Hispania, Aquitania, Saxonia & aliis Germaniæ regionibus, vbi teste Krantzio Carolus M. nouas erexit Cathedrales Ecclesias. Bohemorum Duces

14. baptizari curauit Ludouicus Pius Bathurico Regino Burgensi in Episcopum constituto sub. an. 816. eodem anno Ansgarium ad Boiorum Regem Sueciæ Doctores fidei postulantem misit. Sub eodem Rex Bulgarorum baptizatus est. Item Harioldus Danorum Rex à Rabano Moguntiæ. Ebbo quoque missus in Daniam multos ad fidem conuertit. Alij alios similiter : refloreſcentibus enim opera piorum Imperatorum litteris reflorescere quoque cœpit Religio Christiana : & haud scio an fuerit vllum seculum viris doctis & in omni litteraturæ genere versatis abundantius.

Hinc quoque satis intelligitur quàm fuerit vtilis Regno Academia Parisiensis, quamque insignes viros tulerit Reipub. gubernandæ habiles & idoneos, quorum passim in historia meminimus. Sed duos hic præterire non possumus, Hincmarum & Fulconem, quorum ille sapientibus suis consiliis Carolo Caluo Franciæ Regnum, deinde Imperium comparauit, domum vero Regiam ita rexit, vt schola virtutis esse videretur. Alter verò Carolo Simplici thronum restituit: vt in historia retulimus.

Quod ad fauorem & gratiam Principum attinet, dubium non est imprimis, quin ipsa Vniuersitas summopere cordi fuerit Carolo M. Fundatori & Institutori, Ludouico Pio & Carolo Caluo vt ex historia patet. Et quod insignius esse potest amoris argumentum, quàm in ipsa Regia Schola Publicam collocare & eius professores, gratia, præmiis, beneficiis, officiis cumulare ? Alcuinus apud Carolum Discipulum non modo gratia & authoritate valuit, sed etiam Regiæ Domus administrationi præfectus est: in omnibus consiliis Regiis partem habuit præcipuam & potiorem. Idem Princeps Paulinum Aquileiensem Patriarcham in Francia exulem, Paulum Diaconum Desiderij quondam Lombardiæ Regis Secretarium, Petrum Pisanum suum in Grammatica Magistrum, Angilbertum cognomento Homerum, Amalarium Fortunatum Treuirensem Archiepiscopum, Laidradum Lugdunensem, Agobardum, Iesse, Theodulphum & alios plurimos scientiarum professione & peritia insignes mirificè fouit & coluit. Ebbo Remensis apud Ludouicum Pium tanta gratia valuit, vt maior esse non posset, quandiu Principi suo cuius Collactaneus & Conscholaris fuerat, fidelis fuit. Hilduinus, Theodulfus, quandiu fidem seruarunt, Rabanus Moguntinus, Ionas Aurelianensis, & alij docti viri piique eidem Principi inter præcipuos consiliarios fuerunt, imò nimio plus etiam litteras & litteratos, vt multis videbatur, colebat. Carolo Caluo præter cæteros gratissimi acceptissimique fuerunt Ionas Aurelianensis, Hincmarus Remensis, Lupus Ferrariensis, Æneas Parisiensis, Erricus Antissiodorensis, Ioannes Erigena, & Fulco Hincmari successor.

Quàm verò grati quoque & accepti fuerint Academici Nostri summis Pontificibus, Adriano, Leoni III. Stephano, Eugenio, Sergio, Nicolao, Formoso & aliis qui sedem hoc seculo tenuerunt, patet tum ex legationibus quas ad eos obierunt, tum ex hæresibus quas confutarunt, tum ex litteris quas ad eos dederunt, seu potius ex mutuo inter eos litterarum commercio.

Ex fauore & gratia Principum sequuntur & promanant Priuilegia, sine quibus nec coponi, nec conseruari potest Academia. Est enim Priuilegium veluti anima Corporis Litteratorum. Et in hoc conueniunt omnes Iureconsulti. Idque facile est omnium Academiarum tum veterum, quàm à Principibus Christianis institutarum & erectarum exemplis confirmare. Omnia autem Priuilegia ad duo præcipua capita possunt reuocari, scilicet ad Patrocinium seu Protectionem Principum, & Præmium. Ex Patrocinio proueniunt securitas in eundo, redeundo, morando : & quies in studio, vnde oriuntur exemptio à tributis, & à litigatione extra vrbem, in qua posita est Academia : quod priuilegium maiores nostri vocabant *De non trahi extra.* Hinc, quia contra vexatores non possunt commodè quacunque occasione adiri Principes, concedi solent Academiis seu Scholis Publicis Priuilegiorum Conseruatores.

Præmium duplex, lucrosum, & gloriosum seu honorificum. Lucrosum ad necessitatis remedium & præcipuè pertinet ad docentes : idque duplex, publicum & priuatum. Publicum ex stipendio publico pendet, seu vt vulgo dicimus ex fundatione : priuatum ex liberalitate discentium. Gloriosum verò seu Honorificum ad docentes & discentes pertinet, consistitque in honore publico, qui illis ob studia defertur & prærogatiua quadam, quâ discernuntur litterati ab illiteratis: vnde oriuntur promotiones ad Magistratus & Beneficia Ecclesiastica.

Iam quæritur an Carolus M. Vniuersitati priuilegia concesserit, & quænam illa sint? Nemo certè dubitauerit, si quàm ipse studiosus esset omnium bonarum artium, attenderit. Imprimis igitur hoc statuendum, inuictum illum Imperatorem, cum erga omnes maximè liberalis esset, erga litteratos fuisse liberalissimum, eosque singulari patrocinio fuisse tutatum, non populares modò & subditos, sed & aduenas quoscunque & peregrè venientes teste Eginharto. *Amabat peregrinos & eorum suscipiendorum magnam habebat curam; adeo vt eorum multitudo non solum Palatio, verum etiam Regno non immeritò videretur, onerosa. Ipse tamen præ magnitudine animi huiusmodi pondere minimè grauabatur cum etiam ingentia incommoda laude liberalitatis ac bona fama mercede compensaret.* Et alio loco. *Artes liberales studiosissimè coluit, earumque Doctores plurimum veneratus magnis afficiebat honoribus.*

Hisce verbis multa comprehendit Eginhartus. Hinc enim discimus Carolum ipsummet se Academicorum hominum præstitisse Patronum & Defensoré, eorumque suscipiendorum curam habuisse maximam. Ac nequis eos vexare auderet, dum variis bellis distractus abesset, Conseruatorem dedisse videtur Duos enim Magistratus Palatinos instituit, qui de omnibus negotiis prius cognoscerent, quàm ad Regem deferrentur, ne plurimis & importunis conquestionibus audiendis fatigaretur, Apocrisiarium scilicet & Comitem Palatij; hunc quidem, qui de secularibus & politicis, seu ad Regni administrationem pertinentibus, illum qui de Ecclesiasticis & ad Ecclesiam spectantibus, Ordinibus, Dignitatibus, Priuilegiis & aliis eiusmodi iudicium interponeret, vt infra fusius docebitur. Ab his vero si ius non redderetur, aut si grauiora negotia essent, adiri se voluit. Idque ex veteri & primæuo more retinuit Vniuersitas, vt Regem adeat ipsum, si quid velit, aut si vlla in re sua putet imminui priuilegia, seque semper authoritate Regis tueatur: quia Reges primi institutores, seu fundatores sub vmbra quodammodo alarum suarum eam tectam esse voluerunt. Hinc Erricus Antissiodorensis Caluum laudat, quod authoritatis suæ fomento multiplici studia bonarum artium proucheret. *Tu fomento multiplici tum Beneficiorum, tum authoritatis vsquequaque prouehis.* Eodem videtur respicere Eginhartus supra, cum ait Carolum M. ingentia Doctorum peregrè venientium incommoda *laude liberalitatis & bona fama mercede* compensasse. Et Monachus San-Gallensis, *audito Albinus de Natione Anglorum, quod gratanter sapientes viros Religiosissimus Carolus susciperet.*

Ad Patrocinium pertinet securitas viarum & portuũ, eundo, redeũdo, morando, portando, reportando: item exemptio ab omni iure portorij, nauli, transuectionis rerum ad Magistros & Scholares pertinentium, per se, per Nuncios suos vectarum aut reuectarum. Atque ob eam rem certè Scholastici qui vrbis Romanæ & Constantinopolitanæ Studia adibant, à Præfecto Prouinciæ aut Oppidi vnde digrediebantur, accipiebant litteras ad Præfectum vrbis vt legitur in Cod. Theod. Titul. de studiis liberalibus vrbis Romæ & Constantinop. tum vt postquam ad vrbem aduenissent, Magistros sortirentur idoneos & domos ad habitandum; tum vt in via securi essent resque suas securè deferrent. Quod priuilegium concessit quoque Academiæ Bononiensi Fridericus I. an. 1158. vt habetur in Authentica Habita. Sic enim legitur. *Omnibus qui causa studiorum peregrinantur, scholaribus & maximè diuinarum atque sacrarum legum professoribus hoc nostræ pietatis beneficium indulgemus: vt ad loca, in quibus exercentur litterarum studia, tam ipsi, quàm eorum Nuncij veniant & habitent in eis securè. Dignum namque existimamus, vt cum bona facientes nostram laudem & protectionem omnes mereantur, eos quorum scientia mundus illuminatur, & ad obediendum Deo & nobis eius ministris vita subiectorum informatur, quadam speciali dilectione ab omni iniuria defendamus. Quis enim eorum non misereatur, qui amore scientiæ facti exules, de diuitibus pauperes semetipsos exinaniunt, vitam suam multis periculis exponunt & à vilissimis sæpe hominibus, quod grauiter ferendum est, corporales iniurias sine causa perferunt?*

Quas rationes hic affert Fridericus, eædem omnibus sunt & esse debent SCHOLARVM PVBLICARVM INSTITVTORIBVS: nisi enim omnibus eas frequentantibus, Magistris, Scholaribus, eorumque Nunciis & Famulis securum liberumque curent præstari commeatum, frustra illas patere volunt, ad quas nempe nemo nisi securus personæ suæ suarumque rerum accedere velit. Rerum dico, quia securitas ista quam pollicetur Imperator, non est propriè priuilegium quoad personas, quibus de iure communi comperit securè ire & redire. Hinc ad officiũ Præsidis prouinciæ spectabat curare, vt malis hominibus careret, pacata esset & quieta, in eaque homines securè viuerent: vnde respondent hic Iureconsulti quoad hoc, non esse priuilegium; at in eo esse, quod, vt aiunt Bartolus & Baldus, Scholastici non teneantur soluere vectigalia & sint ab aliis oneribus exempti. Aliis ergo etiam de iure communi datur securitas veniendi & habitandi, sed non sunt ob id exempti ab onerum solutione. Tandem Rebuffus in hunc locum sic concludit. *Textus permittit securè ire non solum propter vectigalia, sed etiam propter represalias contra Studentes non concedendas & alia onera, quæ aliis imponuntur, parentes dimittant & patrias, fortunas suas debent esse aliena.* Similiter Gregorius IX. approbans & confirmans ea quæ à Legato suo Portuensi acta fuerant in Institutione Vniuersitatis Tolosanæ, Bulla sua data an. 1233. sic cauet *de Magistris & Nunciis eorum. Et si quid eos, vel eorum Nuncios in bonis ipsorum pecuniâ vel rebus aliis spoliauerint, ipsi (nempe Comes Tolosanus, Balliui & alij Iudices vel emendare faciant, vel emendent.)*

Hunc quoque Authenticæ prædictæ locum præ oculis habuisse videtur Philippus Pulcher in priuilegio quod an. 1312. Vniuersitati concessit ad exemptionem vectigalis de Weissant, *Nos attendentes,* inquit, *labores, vigilias, & sudores, penurias, tribulationes & ærumnas, quas præfati studiosi subeunt pro scientiæ margarita quærenda, qualiter etiam amicos, parentes dimittant & patrias, fortunas suas atque substantias suas contemnunt de longinquis partibus venientes, sitientes ad aquas veniunt viui fontis fluenta sumentes vbique riuos deriuant; ex quibus mundus sui diuersis partibus irrigatur, lumen fidei, Patrum traditiones, & doctrinam S. Matris Ecclesiæ recipiunt, suscepti luminis radios emittentes ex quibus Orbis terrarum clarè lucescit, monemur & meritò pro libertate dicti passagy .... Nos præfatis personis ad Studium Parisiense venientibus, vel inde redeuntibus, dicti passagy quatenus per dictum Comitem (Boloniæ) vel eius nomine leuabatur, libertatem & immunitatem concedimus perpetuò per præsentes. Prohibemus deinceps quidquam ab eis exigi, vel leuari pro personis, libris, equis, seu rebus eorum quibuslibet, quas secum deferent vel habebunt pro sui necessitate vel studij supradicti, saluo præfato Comiti successoribusque suis in personis aliis cuiuscumque status aut conditionis existant ac rebus eorum, iure suo dicti passagy, prout hactenus extitit consuetum.*

Similiter Ludouicus Hutinus an. 1315. confirmans omnia, quæ à prædecessoribus suis Vniuersitati fuerant indulta Priuilegia, sic habet. *Notum facimus quod Nos Progenitores nostrorum Regum Franciæ vestigiis inhærendo, Vniuersitatem ipsam & singulos eiusdem benignis prosequi desiderantes affectibus, nec non fauore placido omnia quæ eiusdem firmitatem ac prosperitatem respicient, nutrire & augere sincerius intendentes, concedimus & volumus quod omnes & singuli de quacumque regione vel natione oriundi de huiusmodi corpore Vniuersitatis existentes & esse volentes, ad eam accedere, morari, redire, & se, Nuncios resque suas vbilibet transferre pacificè & liberè, absque aliqua inquietatione, possint, sicut eisdem melius videbitur expedire.*

DISSERTATIO PRIMA.

DE NVNCIIS VNIVERSITATIS.

ADmonet Nos iste locus, vt de Nunciis Vniuersitatis Parisi. agamus, quorum Institutio ad hoc primum seculum necessariò referenda est. Cum enim, vt ex annalibus nostris patet, certum sit regnantibus Magno, Pio & Caluo confluxisse ad Scholas Palatinas ex omnibus Orbis Christiani regionibus Magistros & Scholares, Græcos, Danos, Germanos, Italos, Hispanos, Anglos, Scotos, Hibernos, & longè plures ex omni Galliarum parte, necesse fuit proculdubio ordinem inter illos constituere, legesque promulgare, ad quas se componerent. Hinc institutum Corpus Scholarium, cui Rector præfectus, veluti caput, adiunctique Procuratores Nationum, vt Consiliarij & Adiutores. Et vt nemo potest stare sine aliqua familia, quemadmodum tradunt Iureconsulti l. non alias §. 1. ff. de Iud. Sic nec Corpus eiusmodi sine Accessoriis personis, id. sine famulis, seu vt veteres loquebantur, sine seruitoribus. Hinc Priuilegia quæ conceduntur & competunt Scholaribus, competunt etiam eorum famulis, extendunturque ad personas accessorias, sine quibus priuilegium inutile remaneret: vt latè probat Rebuffus in Priuil. 166. de Scriptoribus, Librariis & Nunciis. Cuius rei ratio primaria hæc est, quia nisi munera & officia ista exequantur famuli, magistri & scholares iis incumbant necesse est, quod esset illos à studio distrahere. Itaque inquit Rebuffus, *Sicut non potest Scholaris capi vel eius valisia seu bogetta, ita nec Nuntius, quia personalia quidem priuilegia non egrediuntur personam non accessoriam: at secus est in Accessoriis, vt tenet Decius in l. in omnibus causis id obseruatur ff. de Reg.* Iur. Hæc de famulis generatim.

Quod ad Nuncios verò attinet, cum, vt dictum est, Schola Parisiensis Magistrorum & Scholarium multitudine abundaret, nec vlli essent Nuncij Ordinarij, non veredarij, non postæ, vt vocant, non mercatores, qui statis & certis diebus irent & redirent, non commercium quale est hodie inter hanc vrbem & exteras, imo inter eam & cæteras Gallicanas, operæ pretium fuit homines mittere quoquo versus & ad parentes delegare, vt pecuniam & cætera quæ ad victum vestitumque necessaria erant, Lutetiam afferrent, aliaque eiusmodi obirent munera ad commoditatem Studentium. Et isti ab hoc officio dicti sunt *Missi*, Gall. *Messagers*. Quales sunt etiam, quos in prouincias mittebat suprema Regiarum Rationum Curia ad Seneschallos, Præsidesque vt mandata exequerentur; quosque vocabat *Missos pedites*, *Messagers à pied*: quales etiam, qui in Historia Caroli M. & consequentium Regum, MISSI REGII dicuntur; quos nempe Rex non statis quidem diebus, sed prout res exigebat, ad quædam negotia obeunda destinabat.

Tales ergo Missi Academici, ne Scholares & Magistri ab exercitio studiorum auocarentur, eundo ad parentes & ad scholas redeundo, à Procuratoribus Nationum ad certa loca destinabantur, prout illis opus erat ad ea quæ necessaria erant subministranda; sicque paulatim per eiusmodi Missos non modò Scholarium parentes, sed & Vicini Ciuesque quilibet vnius Vrbis & Oppidi litteras aut quiduis aliud ad amicos Parisiis commorantes, & vicissim Parisienses ad illos mittere assueuerunt, commoditatem & occasionem nacti opportunam, hebdomadarum, quindenorum dierum, aut mensium, quibus illi ibant aut redibant. Ita sensim institutum commercium, quod ante rarum erat admodum etiam inter Gallos. Longè verò magis postquam Senatus Lutetiæ residere iussus, factumque vt vocant *Parlamentum Sedentarium*: tunc enim & ex eo tempore Nuncij Academici Iurati idonei reperti & admissi ad ferendos referendosque litium processus, pecunias & alia eiusmodi, in vsum & commodum tam litigatorum, quàm negotiatorum.

Illis autem concesserunt Reges nostri securitatem & immunitatem à vectigalibus & tributis, vt antè dictum est. Et quia quauis data occasione & necessitate non erat promptum & facile saltem ad longinquas vrbes Nuncios expedire, instituti sunt alij Officiarij, nempe quidam Ciues Parisienses, qui pro interuenientibus necessitatibus pecuniam, & quæ ad victum vestitumque necessaria forent præstita cautione scholaribus subministrarent, eisque loco parentum essent. Et isti dicti sunt *Archinuncij* seu *Nuncij Maiores*, tum quia debebant esse Ciues Parisienses & Parisiis residere, tum quia ditiores & locupletiores, quàm Minores seu Viatores, vt pote qui se sacramento obstringebant ad subministrandam pecuniam, vt Mensarij, quoties postularentur & opus esset: Viatores verò ire tantùm & redire, ferre & referre ea quæ sibi commitebantur, tenebantur; tum etiam quia Maiores ad certa Comitia Vniuersitatis cum Magistris vocabantur, ad quæ Viatores non reperiuntur fuisse vocati: postremo denique quia Maiores soli

Magistrorum

Magistrorum & scholarium ministerio adstringuntur. Viatores vero mixtam operam ab omni æuo Vniuersitati & omnibus Regis subditis præstiterunt. Porro Maiores processu temporis Sodalitatem instituerunt apud Mathurinenses in honorem B. Virg. & Caroli M. fundatoris, quæ etiamnum hodie perseuerat. Et illis similiter Reges nostri priuilegia eadem concesserunt, quæ Vniuersitati; immunitatem scilicet à vectigalibus subsidiarijs, excubiis aliisque seruitutibus vrbanis. Quæ quidẽ priuilegia diuersa esse constat ab iis quæ Viatoribus indulserunt. Nam illa vrbana sunt, ista viatoria & ad vias, portusque pertinentia: diuersa inquam pro diuersitate scilicet vtriusque muneris & ministerij. Quippe Maiores suis gaudent, vt in vrbe scholaribus operam præstent: Viatores suis, vt peregrè proficiscantur, vtque vehant & reuehant, quæcumque illis tam ad scholares quam ad alios quoscumque vehenda & reuehenda committuntur.

Iam de numero Nunciorum si quis quærat, sic videtur respondendum. Viatores, quos paruos & ordinarios vulgo nuncupamus, nullo fuisse olim numero definitos & circumscriptos. Quia cum illi pro numero studentium instituti sint, prout crescebat istorum numerus, aut prout ex locis vnde non solebant esse, confluebant scholares, Nunciorum quoque numerum augere necesse fuit. Hinc ad supplicationem Magistrorum & Scholarium, nonnunquam etiam vrbium & oppidorum noui Nuncij creabantur. Inter acta Nationis Gallicanæ ad diem 7. Sept. an. 1408. legitur supplicasse scholares Lucionenses pro nouo Nuncio, eorumque supplicationi Nationem annuisse in Comitiis Mathurinensibus. *Fuit etiam concessa supplicatio Scholarium Lucionensium, qui supplicauerunt pro quodam Nuncio in Natione: & commissa potestas Procuratori & Deputatis recipiendi iuramenta dicti Nuncij.* Sæpe etiam vrbes & oppida Nuneios ab Vniuersitate postularunt; aut eorum aliquando postulatio & Nuncrj alicuius nominatio à senatu Parisiensi admissa ea lege vt Vniuersitati nomen daret & à Rectore protectorias litteras impetraret. Hinc factum, vt in plurimis huius Regni Diœcesibus & Prouinciis sint Nuncij Vniuersitatis numero inæquales, in aliis plures, in aliis pauciores, pro maiori vel minori numero scholarium, maiorive vel minori Oppidanorum istorum cum Parisiensibus commercio.

Numerus Nunciorum.

Hinc quoque factum vt Vniuersitas nonnunquam ad postulationem & conquestionẽ vrbium Nuncios muneribus suis priuaret, si eos contra præstitum iuramentum iis abuti agnosceret, vt patet ex Actis Nationis Gallicanæ ad diem 17. Sept. an. 1441. M. Ioanne de Oliua tunc Procuratore. *Ad requestam D. Lugdunensis (Archiepiscopi) Reuocauit Natio Mater mea quinque Nuncios de Diœcesi Lugdunensi qui erant abusores priuilegiorum, scilicet Io. Mussyen, Lud. Foyol, Iacob. Guimeux, & Philip. Pillet: & voluit Natio quod Petrus de Villa viciosa solus remaneret Nuncius, eo quod erat bonus & fidelis dictæ Vniuersitati. Alios autem declarauit priuatos & periuros.*

Maiorum Nunciorum numerus fuit certus pro numero scilicet Diœceseon tam in Regno quàm extra Regnum. Vnus enim sufficere creditus est subministrandæ pecuniæ vniuscuiusque Diœcesis Scholaribus. Itaque cum regnante Carolo VI. plures ciues vt se subsidiariis vectigalibus, & seruitutibus vrbis liberarent, litteras subreptitias ab Vniuersitate impetrassent, auctusque fuisset extra ordinem præsertim in Natione Gallicana istorum numerus, quamobrem conquerebantur Generales Subsidiarij & Redemptores Publici, quod plures e ciuibus nuncios se dicerent eiusdem diœceseos, ob idque ab oneribus exceptos, ipsa volens lubensque numerũ correxit & ad priorem legitimumque redegit: qua de re sic legitur in Commentariis Nationis Gall. ad diem 16. Sept. an. 1445. M. Ioanne de Martigniaco tum Procuratore. *Placuit Nationi remediare & obuiare abusibus commissis vel committendis per Nuncios Nationis. Vult specialiter quod fiat vna distincta tabula omnium Diœceseon & soli veri Nuncij ibi distinctè ponantur & approbentur, cum institutione & destitutione. Et ad diem 20. Martij an. 1468. Voluit Natio quod Procurator cum cæteris deputatis haberet à Registris Rectoralibus redigere seu retrahere nomina Nunciorum dictæ Nationis ad partem & vocare Magistros & Scholares Diœceseon pro quibus est pluralitas Nunciorum & non diuersitas linguarum, ac eosdem Magistros & scholares interrogare quis sit eorum Nuncius vt responsione habita maneat ipse quem nominabunt, & expellantur alij illius Diœcesis.*

Maiorū Nuncij.

Primum seculum

Denique correctus fuit illorum numerus, descriptusque Catalogus & Curiæ Subsidiariæ traditus, atque ab ipsa acceptus; qua de re sic legitur in Actis eiusdem Nationis ad 10. Mensis Oct. an 1476. *Responsum hoc dederunt quod ipsi erant contenti acceptare & approbare Rotulum sicut datus erat eis à matre Vniuersitate: & quod ipsi erant parati seruire Vniuersitati & manutenere priuilegia ipsius quantũ possent, & etiam releuare illos, qui erant in processibus & ipsos defendere, dum tamen essent in Rotulo; & quod exinde ipsi regerent se in ista materia Nunciorum secundum Rotulum eis datum ab Vniuersitate.*

Sodalitas Maiorum Nunciorũ. Nuncij autem ita descripti in catalogo, vt omnem amouerent ab Ordine suo confusionem, Sodalitium, seu vt vocant Confratriam instituerunt an. 1478. in honorem B. Virginis & Caroli Magni Academiæ fundatoris, si tamen Vniuersitati ita placeret. Atque in eam rem tres eorum nomine Procuratorio Nationi Gallicanæ, quæ longè pluribus quàm cæteræ Nationes abundabat, supplicarunt, & illa demum supplicationi annuit, dummodo Regis & D. Episcopi Parisiensis consensum obtinerent; vt patet ex hoc publico instrumento sigillo eiusdem Nationis munito, quod est eiusmodi.

VNIVERSIS præsentes litteras inspecturis Procurator & Natio Gallicana in alma Vniuersitate Studij Parisiensis salutem in Domino. Nouerint Vniuersi, quod an. Dom. 1478. die 21. mensis Martij Nos omnes & singuli Magistri Nationis Gallicanæ apud S. Mathurinum per M. Antonium Cistelli dictæ Nationis Procuratorem specialiter conuocati ad audiendum supplicationem Vienneti Pingoti Nuncij Lingonensis Diœcesis, Guill. Drouet Burdigalensis Diœcesis & Guill. Mallart Lodeuensis Diœcesis Nunciorum Procuratores & Procuratorio nomine cæterorum Nunciorum præfatæ Nationis, de quo Procuratorio promptam fidem fecerunt. Quorum supplicatio continebat in effectu quod ipsi Nuncij recognoscentes gratiam eis à Natione factam, considerantes excellentiam & dignitatem Vniuersitatis Parisiensis, cuius primum & firmius membrum est ipsa Natio, quæ quidem Vniuersitas originem creditur traxisse ab Athenis, tandem per S. Karolum Magnum ab vrbe Roma in hanc Parisiorum Vrbem adducta & fructuosè collocata innumerabiles fructus continuò producens, proponebant ex præsenti voto si Natio laudaret fundare vnam Confratriam ad honorem Dei Omnipotentis, B. Mariæ & S. Karoli Magni ad diuini cultus augmentum, ad exorandum Altissimum pro felici successu Regis & suorum, etiam ad recommendationem tam Vniuersitatis quàm Nationis prædictarum. Attendentes itaque quod plures inde tollentur abusus in Institutione primaria dictorum Nunciorum, promittentes nihilominus & ad hoc per dictum eorundem Procuratorium se obligantes dictam Confratriam honorabiliter manutenere per se singulos quamdiu eorum officia exercebunt & in eorumdem Officiis intertenebuntur, & post eos, eorum successores qui singuli in eorum prima Institutione dictæ Confratriæ soluent 16. solidos Parisienses cum annuali onere statuendo per dictos Gubernatores statuetur ad celebrandam dictam Confratriam Parisius comparebunt. Quorum deuotæ petitioni fauorabiliter annuentes concessimus auxilium & fauorem concedimus per præsentes habito consensu supremi D. nostri Regis, ac Reuerendi in Christo Patris & D. D. Parisiensis Episcopi. Datum Parisius sub Magno Sigillo anno mense & die supradictis. sig. T. Meynart cum syngrapha. de præcepto D. Procuratoris præfatæ Nationis Franciæ.

Iuxta prædictam ergo correctionem & Catalogum, seu Rotulum Curiæ Subsidiariæ porrectum secundum Diœceses Carolus VIII. Litteris suis, vt vocant, Declaratoriis tales Nuncios, vnum scilicet pro qualibet Diœcesi Regni Gallicani & Ditionum Regi subditarum, item pro qualibet extra Regnum, dum ex ea Scholares essent in Academia aliqui, priuilegiis Vrbanis gaudere voluit. Qua de re sic breuiter Gouletus, circa an. 1516. sic scribens. *Nuncij Vniuersitatis, vnus de qualibet Diœcesi Regni Franciæ & Dominiorum Regni subditorum: & vnus similiter ex qualibet Diœcesi extra Regnum, si de illa aliquis fuerit Scholasticus in ipsa Vniuersitate studens. Item concessum est ipsi Vniuersitati, quod de Diœcesi, in qua est varietas linguarum, sit etiam pluralitas Nunciorum, scilicet pro qualibet lingua vnus.* Hæc de Nunciis dixisse sufficiat, deque Patrocinio Regio, iam ad stipendia transeamus.

DISSERTATIO II.

DE STIPENDIIS ET NOMINATIONIBVS AD BENEFICIA.

Stipendium duplex, vt dictum est supra, Publicum & Priuatum. Dubium *Stipendia.* non est, quin primi huiusce Academiæ Institutores maximè liberales fuerint erga viros litteratos, eamque ob rem statim ad Scholas Regias vndequaque confluxerint plurimi, vt præmij, quod pollicebantur & concedebant, communionem acciperent: vnde factum est vt tam multi primo hoc seculo floruerint viri in omni Doctrinarum genere præcellentes; nam vt rectè Martialis,
Sint Mecenates, non deerunt, Flacce, Marones,
Nam tibi Virgilium vel tua rura dabunt.

De Caroli liberalitate supra egimus. Patrem æmulatus est Pius filius, vtrumque Caluus: quâ de re laudatur ab Errico Antissiodorensi. *Ad sapientia abdita persequenda, omnes quidem exemplo allicitis, quosdam etiam præmiis inuitatis.* Et paulo post. *Luget hoc Græcia nouis inuidiæ aculeis lacessita: quam sui quondam Incolæ iamdudum cum Asianis opibus aspernantur, tua potius magnanimitate delectati, studiis allecti, liberalitate confisi.* Et Lupus Ferrariensis Ep. ad Æneam Parisiensem testatur se Scholas libenter repetiturum, si Rex sibi communionem faceret præmij, quod promiserat, & aliis Professoribus impertiebatur. Hæc fortassis attendens Cario lib. 2. Chronol. & post eum Hospinianus ait Carolum M. Scholam suam tanta prouentuum & possessionum amplitudine locupletasse, *quantam vix omnes Galliæ & Germaniæ, quæ inde natæ sunt Academiæ possent æquare.*

Ex hisce authoritatibus, quæ primariæ sunt notæ coniicere licet, imò affirmare Fundatores nostros stipendia quædam de Fisco Professoribus assignasse, saltem ad vitæ sustentationem, cultum & habitum: nec minus hac parte Carolum, quàm Scholæ suæ Publicæ institutione Romanos Imperatores & Ptolomæum Alexandrinorum Regem æmulatum fuisse, qui Doctores Artium honoribus & præmiis stipendiisque publicis ad docendum inuitasse leguntur. Nec ignorabat Athalaricum Italiæ Regem semestres annonas professoribus pensitari voluisse, ne cogerentur de alieno pendere arbitrio. Sic enim ille apud Cassiodorum l. 9. Ep. ad Senatum Rom. *Et ne aliquid pro voluntate præbentium relinquatur incertum, mox vt sex menses exempti fuerint, statutæ summæ consequantur prædicti Magistri mediam portionem: residua verò anni tempora cum annorum debita redhibitione claudantur; ne cogantur de alieno pendere fastidio, cui piaculum est vel horarum aliquot vacasse momento.* Cum ergo ex Historia constet quærenti & interroganti Carolo, quid Aduenæ Magistri pro litterarum professione peterent, respondisse tria tantum se petere, loca opportuna, adolescentes ingenio præditos, & alimenta ad vitæ sustentationem, nemo iure dubitare potest, quin illa quæ petebant concesserit, & vltra quam optabant, liberaliter elargitus fuerit.

Ab eodem Primo nostro Fundatore ius & consuetudo procul dubio profluxit *Nominationum ad Beneficia Ecclesiastica. Nam certum est eos qui in Scholis Palatinis studuissent & studendo profecissent, ab eo aut amplissimis Regni Aulæque honoribus, aut Beneficiis Ecclesiasticis affici & compensari solitos fuisse. Sic enim ille teste Monacho San-Gallensi ad strenuos adolescentes Clementi sDiscipulos. *Nunc ergo ad perfectum attingere studete, & dabo vobis Episcopia & Monasteria permagnifica, & semper honorabiles eritis in oculis meis.* Et statim subiungit idem Author eius rei exemplum in quodam Clerico seu Scholastico paupere, quem primùm, quia optimus *dictator & scriptor* erat, in capellam suam assumpserat, deinde pingui Episcopatu donauit repudiatis precibus & postulatis Aulicorum ac Procerum; imò ipsiusmet Reginæ Hildegardis feruentissimis petitionibus & blandiciis, quæ idem Beneficium Capellano suo postulabat.

Vno verbo neminem Princeps ille agnouit, qui se strenuè gessisset in castris Mineruæ quem debitâ mercede non assecerit, vt narrat idem Author l. 1. c. 8. *Ne vero*, inquit, *obliuisci videar vel negligere, hoc verè de industria & meritis eius agnoui; quia de Discipulis eius,* Clementis, *nullus remansit, qui non vel Abbas sanctissimus vel Antistes extiterit clarissimus.* Subdit exēpla. *Apud quem & Dominus meus* Gallus, Abbas S. Galli *primum in Gallia, mox vero in Italia Liberalibus est Disciplinis imbutus. Sed ne à scientibus rerum illarum arguar mendacij, qui nullum exceperim, fuerunt in eius Schola duo Molinariorum filij de familia S. Columbani, quos quia non congruit ad Episcoporum vel Cænobiorum regimen subleuari, tamen per merita, vt creditur, Magistri sui Alcuini, Præposituram Bobiensis Monasterij vnus post alterum strenuissimè gubernauerunt.*

Sic ergo affectus erat erga eos Carolus qui profecerant in litteris. At ex aduerso ignauos oderat & in fæce ac sordibus relinquebat vt indignos promoueri. Ecce quomodo ad adolescentes nobilitate quidem generis conspicuos sed inertes & negligentes apud eundem Authorem loquitur. *Vos nobiles, vos primorum filij, vos delicati & formosuli in natales vestros & possessiones consisi mandatum meum & glorificationem vestram postponentes litterarum studio neglectis, luxuriæ, ludo & inertiæ vel inanibus exercitijs indulsistis.... Per Regem Cælorum non ego magnipendo nobilitatem vestram, licet vos alij admirentur. Et hoc proculdubio scitote, quia nisi cito priorem negligentiam vigilanti studio recuperaueritis, apud Carolum nihil vnquam boni acquiretis.*

Ex hocce Caroli instituto quod postea vim legis habuit & sacræ constitutionis duo profluxisse videntur, quæ ab omni æuo in hacce Vniuersitate legimus obseruata, ius nempe nominandi ad Beneficia & examen Nominandorum. Nam cum ad ea Carolus dignos & bene meritos promoueret, indignos vero & inertes repelleret, necesse fuit examen instituere vt digni ab indignis secernerentur. De quo nos opportunius alio loco dicemus. Nunc vero quia ius illud ad Beneficia authenticum est, & ab ipso Fundatore nostro citra omnem dubitationem Academiæ concessum, operæ pretium esse videtur generatim hic exponere, quid in hanc rem actum fuerit, & veluti in tabella totam hanc historiam oculis subijcere.

Primo itaque sciendum est Reges nostros per plura secula, aut authoritate sua viros Academicos ad Beneficia promouisse, aut apud Clerum effecisse, vt promouerentur. Non disputo hic de iure Regum & Imperatorum: quod factum reperio, hic duntaxat commemorabo. Imprimis igitur Carolus Alcuinum, Magistrum suum & Academiæ suæ quondam Præfectum seu Rectorem donat tum aliis Beneficiis, tum maximè Abbatia S. Martini Turonensis, Theodulfum Episcopatu Aurelianensi, Angelramnum Metensi, Amalarium Fortunatum Treuirensi, Iesse Ambianensi, Agobardum Lugdunensi: prætereo reliquos.

Ludouicus Ebbonem Collactaneum & Condiscipulum suum Archiepiscopatu Remensi, Rabanum Abbatia Fuldensi, Claudium Taurinensi, Drogonem Metensi, Landrannum Turonensi. Caluus Ionam Episcopatu Aurelianensi, Æneam Episcopatu Parisiensi, Heliam Scotigenam Engolismensi, Hincmarum Remensi, Rabanum Moguntinensi, Wenilonem Senonensi, Lupum Abbatia Ferrariensi. Quid opus est cæteros commemorare? ex iisdem scholis prodierunt Abbo Antissiodorensis Heriboldi successor, Ansegisus Senonensis, Wala frater Ansegisi Antissiodorensis cui successit Humbaldus Ioannis Scoti auditor, Ratbodus Traiectensis, Mancio Catalaunensis, Fulco Remensis & alij innumeri.

In 2. seculo tanta fuit rerum omnium confusio, tantaque omnium scriptorum desidia, vt pauci admodum quæ gesta sunt, litteris mandare voluerint. At postquam Hugo Capetus sceptrum Regale tractauit, cœperunt reflorescere litteræ & earum professoribus honor exhiberi. Ab eo autem Gerbertus Aquitanicus insignis Galliarum Magister Roberti filij præceptor ad Archiepiscopatum Remensem promouetur.

In 3. Leothericus ex Archidiacono Senonensi fit Archiepiscopus, Gerberti quondam Discipulus, Fulbertus à Roberto Rege fit Carnotensis Episcopus;

Ingo Abbas San-Germano-pratensis, qui cum Roberto in iisdem scholis sub iisdem præceptoribus fuerat.

In 4. dici non potest, quàm multos Ludouicus Crassus, Ludouicus VII. & Philippus Augustus ad dignitates Ecclesiasticas aut promouerint, aut promoueri curarint, de quibus passim suo loco dicetur.

Sub hisce Regibus cœperunt Pontifices Romani excussâ seruitute Romanorum Imperatorum Franciæ studiosius incumbere, & Academiæ nostræ curam suscipere: vnde nonnulli ex Academicis ad Cardinalatum & Pontificatum maximum elati sunt. Præcipuè vero Alexander III. Petro S. Chrysogoni Cardinali Legato mandauit vt sibi nomina perscriberet virorum doctorum, quos ad Cardinalatum aliasque dignitates Ecclesiasticas prouehere posset. Innocentius III. omnibus prædecessoribus suis in ea re palmam præripuit, qui quod in hac Academia studuisset & Magisterium consecutus fuisset, omnes quos potuit ex Academicis, promouit. Testes sunt inter cæteros Petrus Corboliensis, quē ad Archiepiscopatum Senonensem: Stephanus de Langetona, quem ad Cantuariensem, Robertus Curtonius quem ad Cardinalatum prouexit. Vno verbo ab anno circiter 1100. Pontifices Rom. cum Regibus nostris ad amplificandam hanc Academiam, priuilegiis ornandam & decorandam certatim concurrisse videntur.

In 5. Similiter Academici tanto numero ad omnis generis Beneficia promoti sunt, vt nulla quantumuis accurata diligentia perscribi possint. Vnde cum an. circiter 1283. confugerunt Franciæ Prælati ad communem hanc matrem contra Mendicantium Priuilegia, hæc aurea verba æreis & marmoreis tabulis insculpenda per Ægidium Romanum tunc ex Academico professore Bituricensem Archiepiscopum ad eam habuerunt. *Venimus ad vos qui presentes sumus & habemus litteras de Ratihabitione omnium Episcoporum Regni Franciæ ad conquerendum vobis de tanta fratrum insolentia.* QVIA QVOD NOS SVMVS, VOS ERITIS. CREDO ENIM QVOD HODIE NON SIT PRÆLATVS INTER NOS QVI DE HAC VNIVERSITATE NON SIT ASSVMPTVS.

In 6. seculo & deinceps inualuit usus Reseruationis Beneficiorum, quam Bonifacius VIII. primus induxit. Hinc cœperunt Academici nostri ad summum Pontificem Magistrorum Catalogum seu vt olim dicebant, Rotulum Nominandorum mittere. Quo pacto Pontifices Romani magnam sibi potestatem & authoritatem non modo in Episcopos, sed in Vniuersitatem nostram sibi vindicarunt, vt in historia fusius exponemus: donec tandem sub Carolo VI. de Gratiis eiusmodi Expectatiuis, Mandatis de prouidēdo, Reseruationibus aliisque iuribus conquesta Vniuersitas in Synodis Gallicanis, deinde in concilio Constantiensi & Basiliensi, postremo tandem in Synodo Bituricensi sub Carolo VII. anno 1439. habita effecit, vt omnino abrogarentur. Tumque facta & condita Pragmatica Sanctio, & Nominationum alia ratio inuenta: quæ denique an. 1516. summo omnium litteratorum dolore & questu abolita est per Leonem X. & Franciscum I. Hincque Concordata, vt vocant, introducta: iuxta quæ deinceps ius dictum est in materia Beneficiorum.

Cum autem Carolus maximè liberalis fuerit erga pauperes cuiuscunque generis, iure suspicari possumus eum pauperes scholasticos liberalibus impensis in studio sustentasse, exemplumque dedisse posteris instituendi Collegia Pauperum Clericorum, certosque iis reditus ministrandi. Et haud scio an aliis quam primis nostris fundatoribus adscribenda sit Collegiorum in Luparæa regione sitorum SS. Thomæ & Nicolai de Lupara, quæ omnium antiquissima esse legimus passim in monumentis Vniuersitatis, institutio & fundatio, si non ex perpetuis reditibus, saltem ex temporaneis, & quandiu vixerunt. Et certè quis credat, postquam à Normanis tota illa regio deuastata est, coactæque sunt inde migrare Musæ in vrbem & ad hæc Vniuersitatis loca, redituras illuc fuisse vnde migrauerant, & rursum loca illa tam longè dissita & à cæteris scholis remota occupaturas, nisi domum ibi fundumque aliquem ante depopulationem eiusmodi habuissent?

Quod ergo Carolus M. id genus liberalitatis exercuerit, paucis docet Eginhartus. *Circa pauperes*, inquit, *sustentandos & gratuitam liberalitatem, quam Græci Eleemosynam vocant, deuotissimus: vt qui non in patria sua solum & in suo Regno eam facere curauerit: verum trans maria in Syriam & Ægyptum atque Africam, Hierosolymis, Alexandria atque Carthagini: vbi Christianos in paupertate viuere compererat, penuria illorum compatiens pecuniam mittere solebat.*

DISSERTATIO III.

DE PRATO CLERICORVM.

Idem quoque Princeps PRATVM, quod vulgo CLERICORVM dicitur, iuuentutis Academicæ recreationi addixit, æmulatus certè veteres Romanos, qui Campum Martium Romæ Campestribus exercitationibus ludísque Iuuenilibus & ambulationi reliquerant. Itaq; duplex erat locus prope vrbē Lutetiā exercitationibus Corporeis addictus. Vnus quidem ad radicem Montis-Martis, qui vulgo Mons-Martyrum appellatur; vbi ciues Parisini & Nobiles Equestribus certaminibus se exercebant sub Imperio Romanorum, hoc est quandiu illi Gallias tenuerunt. Ibidem quoque habebantur sub primis Regibus Francis Comitia Generalia, seu vt olim dicebant, Placita. Ideo autem locus ille à veteribus dictus est MONS MARTIS, quod in vertice Templum fuisset à Romanis Marti dedicatum, cuius etiamnum hodie dicuntur extare vestigia. In campo verò seu valle supposita Ludi exercebantur Equestres & alia ludicra certamina. ABBO SAN-GERMANO-PRATENSIS meminit huiusce montis lib. 2. de bello Parisiensi.

Armipotens Montis super Odo cacumina Martis
Emicuit.... &
Sic ternis Sequanam Martísque cacumina stratis
Sexcenti copulant ex millibus. Hinc remeantque... &
Sub Martis pedibus Montis speculámque secundum.

At Flodoardus ad an. 944. MONTEM MARTYRVM appellat à Passione scilicet Dionysij & Sociorum, vt vulgo creditur.

Alter locus trans Sequanam in Luparæa regione habitantibus fuit Scholasticæ recreationi destinatus. Cuius rei fidem facit antiquissima, quæ ibi fuit olim S. Martini de Ordeis Capella, in qua Scholastici mane die non legibili sacrum audiebant, antequam luderent. Quamobrem verò vocatus sit ille locus *Pratum*, præterquam quod locus ipse ad Sequanam situs euincere videtur, alia ratio afferri potest, quod scilicet Scholastici irent in pratum ad certamina ludicra cursus præsertim, follis, saltus & luctæ exercenda; nonnunquam etiam & seria pugnorum. Et hinc forte Phrasis Gallica profluxit, *Aller sur le Pré* cum loquimur de singularibus certaminibus seu Duellis: sicut & ista, *habere Campos* cum vacant Scholastici, sítque ludendi & spatiandi per campos copia. Meminit huiusce Prati Abbo in Carmine de Obsidione Vrbis Parisiensis, vt ad an. 886. retulimus. Exercitia verò Iuuenum præclaris versibus describit Boteræus in sua Lutetia.

Martius vt Campus disco, luctante Palæstra
Sphæra, Circo, armis & equorum præpete cursu
Romuleam pubem quondam exercebat, & isto
Pubem auo exagitant nostram, qua Prata virescunt
Littore Sequanio, possessa Scholaribus olim
Arua, Minerualis ludis concessa Iuuentæ.
Vomere & incuruo qua non sulcanda ligone
Decreuit toties inarata manere Senatus.
Ludorum varia species, spectacula mille.
Hic volucer pedibus præuertere nititur Euros,
Ille admirando saltu superare sodalem....
Ille lacertorum confisus robore saxum
Aëre suspensum vacuo contorquet, & vltra
Limitem agit: pars multa globum, seu flatibus vtrem

Vniuersitatis Parisiensis. 245

Distentum toties repetito percutit ictu.
Illa grauis vento, tereti illa volubilis orbe
Nescia stare loco, nunc hinc nunc motibus illinc
Errabunda salit tremulis: agitataque pugno
Nunc rursum alta petit, nunc & petit ima deorsum.

In regione autem Luparæa tum habitantes Scholastici transibant in Pratum per pontem, de quo certè mentio fit in Priuilegio Ludouici Pij an. 829. Monachis San Germano-pratensibus concesso, pro conseruatione, exemptione & augmento Monasterij. *Sed neque seruitia ex eis exactet*, inquit, *neque paraueredos aut expensas ad hospitum susceptiones recipiat, neque ullas ex aliqua re exactiones inde exigat absque ineuitabili necessitate, præter mensuras in Principali Ecclesia B. Germani & in Ponte Parisius longo à tempore dispositas.* Tunc erat Hilduinus S. Germani Abbas & sacri Palatij Archicapellanus, vt in eodem priuilegio habetur, quod extat apud Aimoinum l. 5. c. 10. sub finem.

Ibidem Alcuinus Scholam suam habuit quam describit Poëm. 222. ibi enim Carolo & liberis cæterisque qui in Palatio degebant: item Cellæ in qua solebat docere, æternum vale dicit, ægrè ferens alium in vsum fuisse conuersam. Videtur quoque indicare Pratum Clericorum, quod dum ibi doceret, habebat in conspectu: & vnus hic locus satis innuit Scholas Palatinas extra vrbem fuisse positas.

O mea Cella, mihi habitatio dulcis, amata,
Semper in æternum ô mea Cella vale.
Vndique te cingit ramis resonantibus arbos,
Siluula florigera semper onusta comis.
PRATA salutiferis florebant omnia & herbis
*Quas medici quærit dextra salutis * ore*
Flumina te cingunt florentibus vndique ripis,
Retia piscator qua sua tendit ouans.
Pomiferis redolent ramis tua claustra per hortos,
Lilia cum rosulis candida mixta rubris.
Omne genus volucrum matutinas personat odas,
Atque Creatorem laudat in ore Deum.
In te personuit quondam vox alma Magistri,
Quæ sacros sophiæ tradidit ore libros.
In te temporibus certis laus sancta Tonantis
Pacificis sonuit vocibus atque animis.
Te mea Cella modo lachrymosis plango Camœnis,
Atque gemens casus pectore plango tuos.
Tu subito quoniam fugisti carmina vatum,
Atque ignota manus te modò tota tenet.
*Te modò nec Flaccus, nec satis * Homerus habebit,*
Nec pueri Musas per tua tecta canent.
Vertitur omne decus sæcli: sic namque repente
Omnia mutantur Ordinibus variis.

At vero Monachi San-Germano-Pratenses negant Prati donationem esse Carolo M. adscribendã: sed alicui è tribus Abbatibus cõmendatariis & secularibus, Roberto Comiti Parisiensi, Hugoni Magno aut Hugoni Capeto, qui Abbatiam subsequenter & continuata serie tenuerũt: illudque tandẽ à Vvalone seu Gualone Abbate Regulari restitutum fuisse contendunt fulti authoritate Aimoini l. 5. c. 45. de illo sic scribentis. *Qui inter cætera quæ nostra Ecclesia contulit bona, Pratum sub ipso Monasterio situm à Dominatione S. Germani alienatum cupiditate prædictorum Ducum & Abbatum præfatæ Ecclesiæ restituit, & ab omni inquietudine tam Regum, quàm omnium mortalium immune reddidit.* Additque Brolius in antiquitatibus Parisi. l. 2. vbi de Monasterio S. Germani, Vniuersitatem non habita ratione redemptionis à Vvalone factæ & vindicati seu restituti Monasterio Prati, nihilominus possessionem eius contra fas iusque repetiisse. Sic ergo ille hanc historiam contexit

Robert Comte de Paris, Hugues le Grand & Hugues Capet, ayeul, pere & fils ont esté successiuement Abbez de Saint Germain pour le defendre contre les ennemis du Royaume, & non pas pour le destruire & aliener ses terres, comme ils ont fait *Tanquam ex Protectoribus Prædatores facti, & quasi Canes in lupos conuersi.* Et l'vn des trois susdits Robert Comte de Paris, Hugues le Grand & Hugues Capet, qui ont esté plus de cent ans apres Charlemagne fit la premiere alienation du Pré contigu à l'Abbaye, qui s'appelloit le Pré de Saint Germain. Aymon ou le Continuateur de son Histoire l. 5. c. 45. apres auoir dit que cette Abbaye estoit deuenuë si pauure par le mauuais Gouuernement des susdits hommes militaires, qu'il ne se trouuoit qui en voulust, & qu'aux instantes prieres du Roy Lothaire & Hugues Capet Duc de France Vvalo, Waldo ou Gualo auoit acquiescé à la prendre, il adiouste, *Qui inter cætera quæ nostra Ecclesia contulit bona Pratum sub ipso Monasterio situm à Dominatione S. Germani alienatum, &c. vt supra.* Et en la Charte de la Dedicace de l'Eglise dudit Saint Germain faite par le Pape Alexandre III. en l'an 1163. il est dit qu'il alla en procession solemnelle au Pré qui est ioignant les murs de l'Abbaye & qu'il y prescha. *D. Papa Alexander ad Pratum, quod est iuxta Monasterij muros cum solemni processione procedens ad populum sermonem fecit.* Mais il n'est pas nommé Pré aux Clercs, ce qu'il n'eust obmis, s'il eust esté de leurs appartenances. Le plus ancien titre que i'aye veu appellant ce pré le Pré aux Clercs, est de l'an 1267. duquel la premiere possession ne leur peut prouenir que de l'alienation faite par lesdits Abbez seculiers. Laquelle depuis ils ont repetée sans auoir égard au rachapt qu'en auoit fait ledit Waldo ou Walo Abbé Regulier, qui est vne grande iniustice.

Idem Brolius in Scholiis ad lib. 5. Aimoini c. 45. vbi de Vvaldone, sic scribit. *Hinc videre est quàm insulsè Scholastici Academiæ Parisiensis hoc Pratum sibi à Carolo M. donatum iactitant, cum prima eius alienatio ab aliquo trium Secularium Abbatum (neque enim plures antea habueramus) Roberto inquam Comite, Hugone Magno, vel Hugone Capeto processerit. Denique illud Gualo siue Vvalo aut Vvaldo Abbas, qui sub Lothario generis Caroli M. penultimo Rege fuit, sic vt dictum est, alienatum Monasterio restituerit. Non absurdum tamen est opinari Vniuersitatem prædictam ab hac prima alienatione Ius aliquod in ipso Prato vsurpasse, quod decursis multis annis non obstante Vvaldonis iustâ recuperatione tandem repetere voluit.* Hæc Brolius.

Ad huiusce autem Historiæ illustrationem imprimis notandum est quinque libros Historiæ Gallicanæ, qui vulgò sub Aimoini nomine eduntur, nullatenus adscribendos esse Aimoino San-Germano-Pratensi Monacho, qui viuebat adhuc an. 892. & cui Abbo eiusdem Monasterij Monachus libros suos de obsidione Vrbis Parisiacæ dedicauit: sed eorum quatuor Aimoino Floriacensi Abbonis Abbatis Discipulo: qui ambo sub Roberto Rege floruerunt, vt ex eius Epistola nuncupatoria patet, quæ est ad Abbonem Abbatem. Nullum autem temporibus Aimoini San-germano-Pratensis fuisse apud Pratense Cœnobium eius nominis Abbatem, ex Historia clarum est. Præterea Sigebertus Gemblacensis Monachus, qui obiit an 1113. c. 101. de Scriptoribus Ecclesiasticis disertè scribit Aimoinum Floriacensem Authorem esse Historiæ Francicæ. Sic enim ille. *Aumonius*, seu vt Miræus corrigit *Aimoinus, Monachus Floriacensis historiam miraculorum S. Benedicti ab Adreualdo initiatam perfecit, perducens eam à tempore Odonis Regis vsque ad tempus Roberti Regis Francorum. Scripsit etiam Historiam Francorum & situm Galliarum distinxit.*

In illa verò Historia plurima ad Cœnobium Pratense pertinentia, celeberrimorum huiusce ætatis nostræ Scriptorum iudicio, interpolata sunt à quodam Monacho Pratensi Anonymo. Item & multa in libro 5. qui cuiusdam est Continuatoris vsque ad an. 1165. vt sunt ea quæ Capitibus 43. 44. & 45. de Alberico, Morardo & Gualone leguntur. Quod ita est, concidit fides Continuatoris aut Interpolatoris, qui fortè verba illa de Gualone Abbate inseruit post litem Academiæ à Monachis intentatam, vt fidem possessioni nostræ & Carolinæ donationi derogaret, Pratumque sibi Monachi data occasione si possent, repeterent.

Dicet

Dicet aliquis prædictâ istâ authoritate Walonis vsos fuisse Monachos in Concilio Turonensi an. 1163. ab Alexandro III. habito contra Scholares Parisienses & obtinuisse quod petebant, de qua controuersia videtur loqui Hugo Pictauinus Monachus Vezeliacensis l. 4. hist. ad an. 1163. vbi de Concilio Turonensi. *Cum plurima huiusmodi Controuersia,* inquit, *hinc & inde in eodem Concilio proponerentur, sicut fuit* CAVSA PARISIENSIVM CLERICORVM *& Monachorum Cœnobij S. Germani de Pratis, qua plenius ventilata iniustis Clericorum vocibus æternum silentium imposuit.*

Verum an hinc euincitur Academicos causa cecidisse & Prati possessionem amisisse? nullatenus; sed id adsummum, apud Alexandrum iniuste de Monachis conquestos (forte quod sibi vim inferri viderent & paterentur in prato, aut ludos suos turbari & impediri) nec satis probasse: ac proinde à Pontifice fuisse illis silentium impositum. Certè, si causa eiusmodi agitata est in Concilio, eius tanquam rei nullius aut leuis momenti nulla ratio habita est, secus vero fuisset, si possessio in disceptationem venisset. Ad quod ita statuendum pluribus adducor argumentis.

1. Quia nihil eius rei legitur vsquam in actis Concilij, nec vllus Author coæuus meminit præter Hugonem: non ipse Continuator, qui cum ad an. vsque 1165. scripserit, non omisisset proculdubio rem istam historiæ suæ inserere, præsertim cum de cœnobio suo ageretur.

2. Quia si Alexander peremptorio decreto de possessione litem decidisset, censuræ Ecclesiasticæ pœnam proculdubio interminatus fuisset, interdixissetque scholasticis omni ambulatione & ludo in Prato: at neutrum horum factum legimus. Quinimo contrarium extat in Ep. 208. Stephani Tornacensis ad Octauianum Episcopum Ostiensem. Nam cum an. 1192. Scholastici de more luderent in Prato, quidam serui & clientes Abbatiæ in eos impetum fecerunt: quosdam eorum vulnerarunt, quosdam occiderunt: timuit Fulco tunc Pratensis Abbas, ne conqueretur Vniuersitas apud Cœlestinum Pontificem, illudque facinus iussu suo perpetratum fuisse putaretur. Itaque apud eundem Pontificem amicorum auxilium implorat, & præcipue Stephani tunc ex Abbate San-Genouefiano Tornacensis facti Episcopi. Et ille in timore & tremore commendatitias preces Octauiano porrigit pro Abbate, *vt sicut immunis erat à culpa, ita & alienus iudicaretur ab insania siue pœna.* Hæc insuper addit. *Innocentiam suam purgauit coram D. Remensi & multitudine Clericorum.* Et fugientibus illis qui cædem perpetrauerant, *accensus in vindictam, domos illorum diruit & vastauit. Occurrite & succurrite, si opus fuerit, Viro Innocenti, ne veritatem falsitas absorbeat, mendacium negotietur sibi fidem, amor inuidia Religionem corrumpat.*

Quid vero causæ erat, cur tantopere sibi Fulco timeret, si secundum Monachos in Concilio Turonensi ab Alexandro pronunciatum fuerat & iudicatum? Quamobrè si pratū istud Clericorum non erat, illuc se illi conferebant? præsertim cum tunc iam montem San-Genouefianum occupassent à Prato longe distantem. Quidni inter alias rationes hanc, quæ peremptoria fuisset, non producebat Fulco Abbas? quod Scholares contra interdictum Alexandri & sæpe alias moniti, nihilominus in Prato ludere non destitissent, eaque insolentia & temeritate atque proteruia clericorum exacerbati fuissent suorum hominum animi.

Quod nam autem secutum fuerit inde Iudicium, & an res illa in Foro Romano agitata & disceptata fuerit, nondum mihi innotuit. Certum vero est aut illic aut Parisiis de dominio Prati litem fuisse intentatam, illudque ex decreto Vniuersitati cessisse. Nam in reformatione an. 1215. iussu Innocentij III. qui Cœlestino successit, per Robertum Curthonium Cardinalem facta hæc verba leguntur. PRATVM S. GERMANI IN EO STATV, IN QVO EIS FVIT ADIVDICATVM, EIS PLANE CONFIRMAMVS. Hinc videtur posse colligi pratum istud certis limitibus fuisse descriptum & definitum, vt occasio rixandi omnis deinceps tolleretur.

3. Ergo cum pateat secundum Vniuersitatem fuisse iudicatum, non est credibile Monachos in contestatione litis vsos fuisse exceptione alienationis per prædictos Abbates factæ, & redemptionis atque restitutionis per Gualonem: aut si vsi sunt, clarum est non potuisse probare quod asserebant. Nam si paruisset Abbates illos alienasse fundum prædictum, alienationis vero illius quæ legitima

Gg

esse non poterat, pretium à Gualone fuisse Emptoribus seu possessoribus 'persolutum, quid iniquius, quàm illum addicere Vniuersitati possidenti quidem, sed vi aut precario possidenti?

Denique si donatio ista prati Carolo M. aut saltem Caluo derogetur, non video cuinam Regum aut Principum Francorum attribuenda sit : nam cum ex dictis constet possessionem quam sibi illius vindicat Vniuersitas, longæuam esse, & ante quingentos annos certissima illius argumenta extare; si replicemus Annales nostros ab an. circiter 1160. vsque ad incunabula & primæuæ originis tempora, situmque & habitationem locorum in quibus constitit, vix reperiemus quibusnam, si non illis prædictam donationem tribuere possimus.

Etenim à quocumque tandem facta sit, facta est proculdubio propter commoditatem scholæ pratiquæ vicinitatem. At initio collocata est Schola in Palatio, & locis Luparcæ regioni circumuicinis, ibique constitit centum circiter annos. Ac proinde à Prato, interlabente Sequana & ponte tantum intermedio distabat: postquam vero loca illa vastata & destructa sunt à Normanis, sedem mutare coacta est & ad interiores vrbis partes, præsertim vero ad Atrium Basilicæ Cathedralis & Montem San-Genouesianum vallemque subiectam se transferre, ad loca inquam iam procul à Prato distantia. Si quæ autem processu temporis in eadem regione Luparæa reparatæ sunt scholæ, certè paucæ admodum fuerunt, & minus celebres: vnde colligitur euidentissimè illis temporibus potius concessum fuisse pratum Vniuersitati, cum frequentissimæ erant scholæ in Luparæa regione, quàm cum raræ fuerunt: tum inquam concessum, cum Prato vicinæ erant, quàm cum remotiores fuerunt, ac proinde à Carolo M. aut Caluo, quibus imperantibus magis floruerunt, quàm à consecutis Regibus sub quibus plurimum defloruerunt.

Neque hoc omittendum olim propter rixas quæ frequentes accidebant inter Monachos & Vniuersitatem, Rectorem 4. Procuratoribus Nationum, 4. ipsarum Intrantibus, octo Apparitoribus seu Bedellis fasces præferentibus, & Scriba comitatum quotannis die ipso Paschæ, à quo Maiores nostri annum auspicabantur, vel postridie in Pratum se conferre solitum ad denotandum dominium possessionemque continuandam, eiusque rei Scribam confecisse instrumentum. Plurima passim occurrunt in Actis Vniuersitatis huiusce consuetudinis exempla. Vnum profero an. 1538. *Hodie lunæ in crastino festi Resurrectionis Domini nostri I. Christi Dominus Rector scilicet M. Claudius Berthot cum 4. Procuratoribus & 4. magnis Intrantibus Nationum Facultatis Artium & Bidellis eiusdem Facultatis cœnobium D. Germani de Pratis adiuerunt, Missamque ibidem more solito audiuerunt. Qua audita ad Pratum Clericorum accesserunt & illud pro more visitauerunt me Notario & Scriba dictæ Vniuersitatis in præmissis adstante.*

Quæ lustrandi Prati consuetudo ad nostra ferè tempora perducta est: sic enim legitur in commentariis Germanicæ Nationis ad an. 1614: scribente M. Petro Valens Procuratore. *Die 31. Martij pridie Kal. April. Ampliss. D. Rector vna cum Scriba & Procuratoribus Academiæ Pratum Clericorum rectèque more institutoque maiorum sibi vindicauit. Et nos postea ientaculo lautè excepit.* Et ad an. 1623. die 23. April. *solemniter per Rectorem ampl. & Procuratores firmata est Possessio Prati clericorum itione & profectione in rem præsentem.*

Tandem ab an. circiter 1630. mutata est natura Prati & in ædificia conuersa; quanquam ægrè id tulit Vniuersitas & nonnisi à Publicanis coacta mancipari & proscribi passa est, vt legitur in iisdem Commentariis. Nam cum eam in rem conuentum fuisset apud Rectorem 3. Non. Sextil. an. 1636. variique varias sententias ferrent, Procurator eiusdem Nationis dixit. *Ego miserum mihi videri dixi prædium istud antiquum quod Musis aberrantibus in secessum & voluptatem pateret, vænire. Quo nunc ituram Iuuentutem, quid porro fore iucundum oculis profunda lectione fessis erepta fluminis amœnitate? vicit tamen omnium dolorem auaritia Publicanorum, quorum opes & consilia ne nostris amplius cunctationibus inualescerent, Pratum maturè locandum censuimus.* Ab eo igitur tempore fundus ille censu & reditu annuo atque perpetuo oppigneratus est, qui ab omni æuo iuuenilibus oblectamentis addictus fuerat.

II. DE STATV VNIVERSITATIS.

Diximus de fortuna Vniuersitatis, qualis fuerit primo eiusdem seculo. De statu nunc dicendum qui in duobus consistit, loco & regimine. De loco fusè supra fol. 104. & sequentibus: nimirum toto fere primo seculo Musas in Luparæo suburbano locisque circumuicinis habitasse. Postquã vero inde migrare coactæ sunt, cum Episcopalibus & San-Genouefianis societatem iniisse & loca proxima occupasse, atque ita mutatâ tantum sede Academiam Parisiensem ex tribus scholis coaluisse; neque enim dubitandum, quin regnante Carolo M. & eius successoribus scholas suas etiam habuerit Episcopus ad instruendos in primoribus litteris minores clericos: suas quoque Canonici San-Genouefiani in suo monte & claustro: quippe cum Carolus publicam in palatio instituit, non modo non destruxit cæteras, quinimo in omnibus passim locis erigi & institui voluit, vt ex illis tanquam è seminariis ad publicam frequentiores accederent, Grammatices rudimentis iam imbuti.

Neque vero cum dicimus e Luparæo suburbano migrasse Musas, ita ea loca deseruisse credendum est, vt postquam paulò pacatior fuit Reipub. Gallicanæ status, non repararint ibi scholas suas aliquæ: quinimo S. Thomæ, & S. Nicolai de Lupara Bonorumque Puerorum Collegia certissima sunt veteris illius inhabitationis, seruatæque & reparatæ sedis argumenta. Quis enim sibi persuadeat, post illam migrationem, hoc est postquam scholæ multiplices in atrio Basilicæ Parisiensis & in monte San-Genouefiano locisque interiectis erectæ & institutæ fuerunt, alias in Luparæa regione tam longè distanti collocatas aut collocandas fuisse, si non ante iam collocatæ fuerant? vnde profectò non leue ducitur coniecturæ argumentum, fuisse primis etiam illis temporibus fundum aliquem Scholis illis tribus assignatum & attributum in gratiam Pauperum Scholarium: alioquin non videtur, quamobrem Magistri qui in illis docuerunt, loca tam longè à cæteris posita occuparint, aut occupare voluerint. Sed quacumque tandem de causa id acciderit, certum est Collegia illa, pro antiquissimis fuisse semper existimata. Hæc de loco sufficiant: nunc de regimine.

Circa Regimen verò duo nobis inuestiganda. 1. Quis fuerit Ordo primitus institutus inter Magistros, qualesque Leges & Legislatores, qualiaque Comitia habuerint. 2. Quis ordo inter disciplinas, & quarum Artium initio publicum fuerit exercitium. Nam cum hodie 4. præcipuæ facultates exerceantur, nimirum Artes quæ vulgo dicuntur Liberales, Medicina, Ius Canonicum, Theologia, meritò dubitari potest, an omnes illæ ab initio, an aliquæ tantùm earum exercitæ fuerint.

Regimen Vniuersitatis.

In Magistris tria consideranda, numerus, ordo, administratio. Numerus ordinem poscit: Ordo ex administratione pendet: Administratio ex legibus: ac proinde ex Legislatoribus & Præfectis. Certum est ex Annalibus nostris regnante Carolo M. regnantibus quoque successoribus plurimos Magistros & Discipulos diuersarum Nationum & Gentium ad Scholas Palatinas vndequaque confluxisse, Gallos, Aquitanos, Britannos, Belgas, Germanos, Saxones, Danos, Italos, Romanos, Hispanos, Græcos, Anglos, Scotos & Hibernos: ac proinde inter tam multos homines diuersorum morum, variarum linguarum, variarumque professionum simul habitantes necesse fuisse ordinem aliquem constituere, leges condere, & legum obseruationi electos viros præficere; cum nulla sit Ciuitas, nulla hominum societas, nulla Mercatorum, Artificum & Opificum: imò nulla tam vilis Sartorum & Cerdonum sodalitas, quæ sine ordine aliquo & administratione politica Syndicorum, seu vt vocant, Iuratorum coalescere & consistere possit.

Præclarè in hanc rem Petrus Abailardus respondens ad Quæsita Heloissæ suæ de Monasterio Sanctimonialium instituendo & gubernando Fp. 8. quæ est de Regula Sanctimonialium *Sicut in Castris seculi, ita & in Castris domini, id est congregationibus Monasticis constituendi sunt, qui præsint cæteris. Ibi quippe Imperator unus, ad cuius nutum omnia gerantur, præest omnibus. Qui etiam pro multitudine exercitus, vel diuersitate Officiorum sua nonnullis impertiens onera, quosdam sub se adhibet Magistratus, qui diuersis hominum Cateruis aut Officiis prouideant. Sic & in Monasteriis fieri necesse est, vt ibi vna omnibus præsit Matrona; ad cuius considerationem atque arbitrium omnes reliqua omnia opetentur, nec vllaei in aliquo præsumat obsistere, vel etiam ad aliquod eius præceptum murmurare. Nulla quippe hominum Congregatio, vel quantulacumque Domus vnius familia consistere potest incolumis, nisi vnitas in ea conseruetur; vt videlicet totum eius regimen in vnius personæ Magisterio consistat.* Refert deinde verba S. Hieronymi ad Rusticum Monachum de Institutione vitæ scribentis. *Nulla,* inquit, *Ars absque Magistro discitur. Etiam muta animalia & ferarum greges Ductores sequuntur suos. In Apibus vnam præcedentem reliquæ subsequuntur. Grues vnum sequuntur ordine litterato. Imperator vnus, Iudex vnus prouinciæ. Roma vt condita est, duos fratres simul habere reges non potuit & parricidio dedicatur. In Rebecca vtero Esau & Iacob bella gesserunt. Singuli Ecclesiarum Episcopi, singuli Archipresbyteri, singuli Archidiaconi & omnis Ordo Ecclesiasticus suis Rectoribus nititur. In naue vnus Gubernator. In Domo vnus Dominus. In quamuis grandi exercitu vnius signum spectatur.*

Hinc igitur liquet tam multos Magistros non potuisse simul habitare sine aliquo ordine, legibus & præfectis. Et quis credat Carolum M. tam prudentem, tam litteratum, tamque in Romanis Græcisque consuetudinibus versatum, administrationis politicæ & Ecclesiasticæ tam studiosum, Academiam instituisse sine ordine, sine legibus, sine Magistratibus seu Præpositis atque Rectoribus. Hæc ergo sufficiant ad obstruendum os iis qui existimant fuisse quidem Parisiis multos professores, quorum alij alias disciplinas, alij alio in loco docerent, sed sine vllo certo ordine, nullis certis legibus, singuli pro arbitrio suo, quid, quandiu & quantum vellent. Hæc inquam sufficiant ad obstruendum os ita sentientibus; qui non modò litteratorum hominum numero derogant, quod nulli hominum corpori derogari potest, sed ea dicunt quæ sensui communi repugnant.

DISSERTATIO I.

DE NATIONIBVS ET FACVLTATIBVS.

IAm verò si fuit ab initio in Vniuersitate constitutus aliquis Ordo, inuestigandum qualis ille fuerit. Neque id factu facile est. Nihil enim de eo scriptum extat quadringentorum annorum spatio. Si tamen accuratè rem examinare placet, ex ea quæ nunc est administratione, licebit coniicere quæ & qualis initio fuerit. Duo sunt hodie regiminis nostri politici genera: nempe per Nationes Nationumque Procuratores & Rectorem seorsim: & per easdem eosdemque Præfectos cum tribus Facultatibus earumque Decanis. Neque extat vllum aliud aliûs regiminis vestigium. Itaque difficultatis cardo in eo solo verti videtur, an Vniuersitas prius administrata fuerit per Nationes earumque Præfectos, quàm per Facultates simul & Nationes.

Et quia non Academicis tantùm scribimus, sed omnibus rei nostræ etiam ignaris, operæ pretium est exponere quid per Nationes, quid per Facultates intelligi soleat. Igitur Nationis nomine intelligimus Corpus seu Sodalitium aliquod Magistrorum omnes Artes indiscriminatim profitentium, in eadem matricula conscriptorum & sub iisdem legibus, institutis Præfectisque viuentium. Et quemadmodum olim Tribus Romanæ non modò ex Ciuibus Rom. & Romæ degentibus, sed etiam ex iis qui ruri degebant, qui in Municipiis Italicis, imò qui in Regnis Exteris, puta Gallis, Hispanis, Germanis, Græcis aliisque qui Ciuitate Romanâ donabantur, constabant: ita & Nationes Academicæ non

Vniuersitatis Parisiensis.

ex solis sæpe Magistris vnius Gentis constant, puta Gallicana ex solis Gallis, sed etiam ex multis aliis diuersarum Gentium & Regnorum, qui omnes vni Procuratori parent, easdemque & communes leges habent. Nam Gallicana non solos Gallos comprehendit, sed & Italos, Hispanos, Græcos, & totum Orientem. Similiter Anglicana seu Germanica, non solos Anglos & Germanos complectitur, sed & Scotos, Hibernos, Saxonas, Polonos, Danos, Suecos, Noruegos, denique totum Septentrionem.

Facultatis verò nomine, quod ad regimen & administrationem attinet, intelligimus Corpus & sodalitium plurimorum Magistrorum certæ alicui disciplinæ addictorum sine vlla distinctione Nationis. Puta Facultas Theologica comprehendit omnes & solos Magistros, qui Theologiam profitentur, aut qui in ea gradum Magisterij consecuti sunt, etiamsi diuersarum Nationum sint: nam Galli, Angli, Normani & Picardi, qui quatuor Nationes in hac Vniuersitate componunt, vnius esse possunt Facultatis, hoc est eandem Disciplinam, puta Theologiam, Ius Canonicum aut Medicinam exercere.

Nationum Antiquitas

His ista positis restat inquirendum, an in Vniuersitate prius facta fuerit Nationum, quàm Facultatum distinctio. Nec difficile erit iudicium ferre, si attendamus Naturam à facilioribus ad difficiliora semper progredi, intellectum quoque à magis notis magisque generalibus ad minus nota & singularia, quorum cognitio difficilior est. At longè facilius est homines diuidere per Nationes, quàm per Facultates: nam Nationum diuisio quæ numerum seu multitudinem supponit, pendet ex arbitrio & iudicio diuidentis, attendentisque Quinam ex variis Gentibus sub iisdem legibus melius viuere possint. Facultatum verò diuisio pendet ex peritia & perfectione, seu potius vtramque supponit. Prius autem est esse, quàm melius esse: & in re litteraria prius est discere, quàm peritum esse. Item Magistri de nouo venientes prius adscribi debent in matriculam Vniuersitatis, quàm ad docendum admittantur; sicut qui Romana Ciuitate donabantur, prius Tribu donari debebant, quàm munera capesserent. Et qui ad examen accedunt, prius nomen & patriam profitentur, quàm examen subeant. Vno verbo sine Nationum diuisione, non potest commodè stare Vniuersitas, potest commodè sine Facultatum accessione: illæ enim ad faciliorem & commodiorem regiminis rationem ita diuiduntur; istæ ad ornamentum & pompam accedunt, non ad necessitatem administrationis. vnde plurimæ Vniuersitates sine vlla Facultatum diuisione per 4. Nationes, quæ nihilominus ex omnium Artium disciplinarumque Professoribus constant, administrantur.

Hinc igitur colligitur euidentissimè, si quod fuit Vniuersitatis Parisiensis regimen antiquitus, illud penes solas Nationes fuisse Rectoremque & earum Procuratores, & tandiu fuisse, donec Facultates accessoriæ competentem Magistrorum numerum habuerunt & ad regiminis partem veluti sociæ à Nationibus admissæ sunt.

Ac ne quis putet Nationum distinctionem diuisionemque in re scholastica nouam esse, certum est ex Eunapio in Proæresio Atheniensem Academiam, vt variis Scholarium & Magistrorum atque ipsorum etiam ciuium factionibus medetur, omnes scholares è toto Imperio Romano aduenientes in 4. has Nationes diuisisse Atticam, Orientalem, Arabicam & Ponticam: singulisque suos Procuratores veluti Magistratus præposuisse; itaut omnes qui de nouo Athenas aduenirent, non ante possent ad scholas admitti, quàm Præfectum Nationis suæ adissent, & Professorem idoneum accepissent. Qua de re fusè egimus tit. de Regimine veterum Academiarum fol. 74. & 75.

Nec dubium quin ad id agendum inducta sit exemplo & instituto Constantini Magni, qui totum Imperium Rom. in 4. Præfecturas seu Prætoria diuiserat, singulisque suum Præfectum præposuerat, itaut sub Imperatore quatuor essent Præfecti Prætorio, qui suum singuli regerent & administrarent. Et quemadmodum singula Prætoria multas complectebantur Prouincias & Gentes, puta Prætorium Galliarum non modo Gallias, sed & Germanias, Hispanias & Angliam, Scotiam & Hiberniam; & similiter de Italico, Illyrico & Orientali: ita singulæ Nationes Academiæ Atheniensis multas complexæ sunt Gentes & Prouincias, puta Pontica Pontum, Bithyniam, Hellespontum, Lyciam, Pamphiliam & Ægyptum: idque videtur innuere Eunapius his verbis. *Mox in præstantiores sophistas diuisa ciuitas, nec ea modo, quin & cuncta nationes Romano nomini subditæ.*

Hanc quoque Nationum diuisionem Vniuersitas Romana sine dubio ab Atheniensi mutuata est. Anastasius Bibliothecarius, qui sub Ludouico Pio & Carolo Caluo floruit, Nationum illarum multis in locis meminisse videtur sub nomine Scholarum: in Adriani quidem vita, cum describit quanto honore & pompa Carolus M. Romæ exceptus fuisset. In Leone III. ad an. 795. cum exul à Carolo Romam reductus est. In Sergio II. ad an. 844. cum Ludouicus II. Romæ inauguratus est. *Et dum vrbi*, inquit, *pæne vnius milliarij spatio appropinquasset, vniuersas militiæ scholas cum Patronis direxit: dignas nobilissimo Regi laudes omnes canentes alioque militiæ doctissimos Græcos imperatorias laudes decantantes cum dulcissonis earundem laudum vocibus ipsum Regem gloriosè susceperunt. Et paulo post. tunc suo Vniuerso cum populo omnibus Romanis iudicibus & scholis antecedentibus ad B. Petrum studuit properare.* Et in Leone III. 4. Scholas peregrinorum numerat. *Cunctæ scholæ peregrinorum, videlicet Francorum, Frisonum, Saxonum atque Longobardorum simul omnes connexæ susceperunt.*

Hinc patet quod exemplum habuerit præ oculis Carolus ad imitandum. Cum enim Romæ Adrianum inuisit, quocum arctissimam contraxerat amicitiam: item cum Leonem Romam reduxit, indeque Magistros in Franciam euocauit, eum certè ordinem per eos instituit, qui Romæ obseruari consueuerat. Quodquidem ante nos animaduertit & speciatim obseruauit Goblinus Persona vir cui hac in re fides, si cui vnquam adhiberi debet, vt pote qui non cursim vt plures, sed 40. annis historiam conscripserit. Sic vero habet. *Carolus eruditus in Liberalibus Artibus studium transtulit de vrbe Roma ad Parisios, quod de Græcia Romam translatum fuerat à Romanis: non tamen sic transtulit vt ipsum studium vrbi Romæ auferret: sed & modum & solemnitatem quæ in vrbe seruabatur, translatis Parisios Doctoribus & Magistris instaurauit & Priuilegiis confirmauit.*

Procuratores Nationum.

Quemadmodum verò singula Imperij Prætoria multiplices complectebantur Prouincias vt dictum est, & singulæ Nationes tam Romæ quàm Athenis multas; ita & Parisiis singulæ Nationes varias Gentes continuerunt: puta Gallicana totam Galliam, Italiam, Hispaniam, Græciam & totum Orientem: Anglicana Angliam, Scotiam, Hiberniam, Germaniam, Poloniam & totum Septentrionem: quæ duæ Nationes, vt amplius dicetur alibi, primævæ sunt institutionis. Atque vt singulis Prætoriis suus præerat Præfectus: Athenis, singulis Nationibus suus Epistates seu præpositus; Romæ, singulis suus Patronus: ita Parisiis, singulis suus Procurator præpositus est. Quod munus, veluti Magistratus aliquis, καθάπερ τι γέρας vt ait Eunapius, & veluti præmium dabatur iis, qui de re litteraria deque Academia bene meriti fuissent.

Illi autem Magistratus Nationalium suorum Iudices erant: satiusque visum est eis tribuere Iurisdictionem eiusmodi, quàm in materia litis ad extraneos Iudices recurrere, vt notauit Hermannus Coringius Dissertat 5. de Antiq. Acad. *Illis moribus atque illo studiosorum numero*, inquit, *vt necessum fuit firmare certam Iurisdictionem, & momentaneam illam ex voto Reorum abolere: ita neque Doctores neque Episcopi iuri dicendo pares visi sunt. Habitum vtilissimum fuit ex ipso Studiosorum numero Iudices capere: ne quis haberet, quod de Iudice minus fauente posset conqueri. Hinc in certas tum Nationes, quas diximus, diuisa studiosorum multitudo; quarum singulis præesset vnus: qui porro communem aliquem Rectorem eligerent. Ex quo cum omnis Iurisdictio penes Præsides hos ac Rectorem esset, noua planè Iurisdictionis facies emersit.*

Nec malè etiam Patroni dicti sunt, teste Anastasio supra, & in vita Adriani, *Direxit Vniuersas Scholas militiæ vna cum Patronis, simulque & pueris, qui ad discendas litteras pergebant.* Quia Scholarium & Magistrorum Nationalium defensionem & patrocinium suscipere debent. Vnde & apud Nos Procuratores dicti, eorumque Munus, Procuratorium, quia Nationum suarum bonum, commodum, honorem, resque procurare debent. Et tales Magistratus initio nascentis Academiæ constituere maximè necessarium fuit, qui Nouicios peregrè venientes susciperent & tuerentur, scholasque & Magistros assignarent

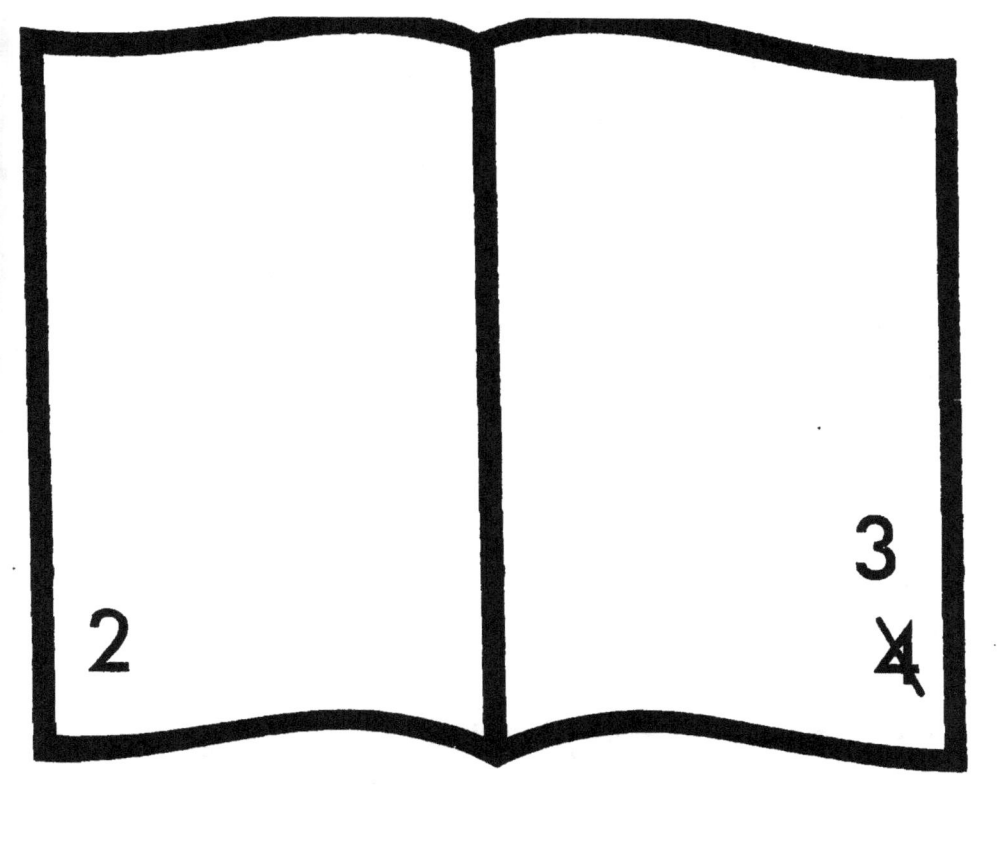

suæ Gentis, à quibus commodè doceri & quos facile intelligere possent. Vt & apud Athenas quoque videtur fuisse vsurpatum, sic enim Gell. l. 18. c. 2. *conueniebamus ad eandem cœnam complusculi qui Romani in Græciam veneramus, quique easdem auditiones eosdemque doctores colebamus.* Vnde quicumque litteris operam daturi veniebant Parisios, illos primum adibant, nomen & patriam edebant, inter Academicos recipi postulabant. Procuratores vicissim receptos tuebantur, si quid iniuriæ illis fieret, causam suscipiebant: Nuncios ad parentes expediebant; pecuniam & cætera quæ ad victum & habitum erant necessaria, dari & subministrari curabant.

Hæc omnia si quis attenderit, nullo negotio fatebitur tam Nationum in Academia Parisiensi diuisionem, quàm Procuratorum institutionem Carolo Magno adscribere oportere. Quod nisi facimus, haud scio cuinam Regum nostrorum id adscribere, aut quo tempore, si non hoc seculo, factum fuisse dicere possimus. Itaque non satis circumspectè Ioannes Filesacus in suo de veteribus Theologiæ statutis libello ait distinctionem illam Nationum factam fuisse 12. seculo propter multitudinem scholarium ad scholas Parisienses vndequaque confluentium, rixasque quæ inter eos de Nationum suarum dignitate oriebantur: quod probat testimonio Ioannis Vitriaci Cardinalis, Academici olim alumni sic aientis. *Non solum autem ratione diuersarum sectarum vel occasione disputationum sibi adinuicem aduersantes contradicebant, sed pro diuersitate Regionum mutuo dissidentes, inuidentes ac detrahentes multas contra se contumelias & opprobria impudenter proferebant...* Quibus subdit Filesacus. *Huic malo non aliter postea prospectum esse voluerunt, qui Academiæ Parisiensis curam gessere, quàm vt illas omnes & idiomate & imperio longè dissimiles & discrepantes Gentes in 4. Nationes distribuerent, Gallicanam, Picardicam, Normanicam & Germanicam, cuique harum assignatis scholis publicis, ad quas discendi gratia conueniebant, quibus peculiares Magistri præfecti erant. Iis interim 4. Nationibus adnumeratæ erant cæteræ omnes, quas Cardinalis ipse Vitriacus memorat. Sic enim Natio Gallicana Hispanos omnes atque Italos complectebatur, vt de cæteris sileam.*

Non satis inquam circunspectè, meo quidem iudicio, Filesacus: nam si ob rixas quæ tum erant inter scholares, facta est illa Nationum diuisio singulisque Nationibus sui præpositi sunt Procuratores, qui illas in officio continerent, minor ne futura erat inter ipsas Nationes sic diuisas, imo in ipsis Nationibus inter varias gentes rixa & contentio? potuissent ne Procuratores singuli tot gentes suis Nationibus inscriptas, moribus linguisque discrepantes, puta Gallos ab Hispanis, Italos à Græcis, Siculos ab Africanis semper dissidentes in officio continere?

Sed demus potuisse: iam inter Nationem Gallicanam & Germanicam seu Anglicanam æque latè patentem orta dissidia non facilius fuisset compescere, imo longè difficilius, vtraque enim iure de dignitate potuisset contendere dum Gallicana Regni nobilitatem, Anglicana Imperij sublimitatem, vnde Franci exciderant, ostentaret.

Deinde vnde tam iniqua facta est 4. Nationum diuisio, si tum facta est? Gallicana enim innumeras propè gentes continet: Anglicana seu Germanica totidem. At Normanica solos Normanos. Picardica Picardos & Flandros atque Batauos solummodo complectitur. Quod si quis dicat, tum Normanicam fuisse subditam Regi Angliæ, ac proinde non debuisse tam latè patere quàm Gallicanam; Iam ista ratio non valebit pro Picardica, quæ quia subdita erat Regi Francorum, sub Gallicana comprehendi debebat, nec tam iniquam partem sortiri. Adde quod non modò Normania, sed Pictauia, Aquitania, Vasconia, & aliæ eius plagæ Prouinciæ tunc similiter Angliæ parebant: quid ni ergo illæ omnes sub Normanica Natione comprehensæ fuerunt?

Præterea non est credibile Ludouicum VII. aut Philippum Augustum illis temporibus passuros fuisse diuisionem istam fieri, quibus scilicet bellum erat internecinum cum Regibus Anglis: aut si quæ pax fiebat, tam parum stabilis erat, vt à perpetuo bello nihil fere differret. Et cum tunc tanta esset in Academia Parisiensi Scholarium multitudo, vt ciuium Parisiensium numerû excederet, aut certè æquaret, vt docebimus cum ad illa tempora peruenerimus, quis sibi persuadeat passuros fuisse Reges istos, vt Rex Angliæ in Academia Parisiensi duas Nationes sibi vindicaret, quæ omnia flagrante inter Principes, imò inter ipsas bello miscere potuissent? Adde quod circa an. 1280. Nationes istæ duæ Picardica & Anglicana totum prope studium Parisi. conuulserunt, quod vtraque sibi primatum arrogaret. Anglicana quidem se primam in Vniuersitate fuisse dicebat. Adeò ne verò exciderat omnis memoria diuisionis illius si ante annos circiter centum facta fuerat? & quomodo sibi primum locum arrogare ausa fuit, si se vltimo loco tam paucis ab hinc annis positam fuisse meminerat?

Postremo si tum facta fuisset famosa illa diuisio, non est profectò credibile neminem id scriptis consignaturum fuisse, præsertim cum tam multi extiterint illo seculo Scriptores Academici, Historici, Poëtæ, Oratores, Commentatores, Medici, Theologi. Institutio enim Rectoris, Nationum, Procuratorum, res erat memoratu digna & posteritati tradenda ad laudem & gloriam Regum sempiternam; quibus regnantibus, annuentibus, aut iubentibus facta fuisset: maximè cum Rigordus & alij Diuinis eos laudibus afficiant ob singularem eorum erga litteras & litteratos amorem.

Itaque vt huic dissertationi finem tandem imponamus, sic videtur existimandum, bimembrem primum factam fuisse Vniuersitatem atque in duas Nationes à Carolo Magno diuisam, Gallicanam scilicet & Anglicanam. Vnde non absque fundamento forsan suspicari possumus duas illas Nationes denotari dialogo de Grammatica, quem instituit Alcuinus inter duos discipulos suos, quorum vnus erat Franco, alter Saxo, per hunc scilicet, Anglicanam; per alterum, Gallicanam. Dialogũ autem sic incipit. *Fuerunt in Schola Albini Magistri duo pueri vnus Franco, alter Saxo qui nuperrime spineta Grammaticæ densitatis irruperunt.* Quandonam verò additæ fuerint cæteræ duæ Nationes, Normanica & Picardica, ad secundum seculum dicemus. Ipsa enim diuisionis inæqualitas & limitum Nationalium definitio & circumscriptio satis indicat non fuisse omnium quatuor eodem tempore factam. Cæterum ista Studiosorum in Nationes diuisio ita visa est commoda, vt eam omnes ferè Vniuersitates acceperint & vsurparint teste Coringio dissert 5. de Antiq. Acad. *Hodie in omnibus ferè Galliæ Italiæque Scholis antiquioribus manet illa Studiosorum in Varias Nationes Nationumque Præsides seu Consiliarios, vt vocant distinctio, qui ipsi Rectorem quem ei rei idoneum credunt præficiunt.* Hinc Alfredus in sua Oxoniensi Academia duas Nationes instituit, suumque vrrique præfecit Procuratorem, vt ante dictum est. Viennensis Austriaca teste Lasio ex 4. Nationibus composita est: ex totidem Pragensis à Carolo IV. Imperatore adinstar Parisiensis instituta. Simili modo omnes Gallicanæ.

Neque in re Scholastica tantùm ea res visa est percommoda, sed in Conciliis quoque Generalibus vsurpata. Sic enim Constantiense diuisum est in has 4. Nationes, Germanicam, Italicam, Gallicanam & Anglicanam: quarum singulæ ex multis membris & suppositis constabant, aliæ ex pluribus, aliæ ex paucioribus; ita tamen vt singulæ non nisi vnum suffragium haberent: vt fatetur Ioannes Pontifex in Ep. ad Ducem Biturigum, *pacta ordinatione quod non essent nisi 4. Nationes & illæ haberent 4. voces, vnaque alteri æquiparetur, nulla habita ratione meriti ad meritum & numeri ad numerum procurata extitit vnio duarum Nationum, videlicet Germanicæ & Anglicanæ, quas suæ voluntati addixit Rex Rom.* ideo autem hanc factam fuisse diuisionem agnoscimus, *vt plus ordinis & compendij, quanto minor esset multitudinis confusio, seruaretur: vt legitur in Responsione ad articulos Papæ.* Nimirum prospexerant Proceres Constantienses fore vt Pontifex quàm plures posset Italos ad Concilium euocaret, qui si omnes singulariter deliberarent, cæteros peregre venientes numero & multitudine obruerent; diuiso verò toto Concilio in 4. Nationes, non plus suffragij habituram illam, quæ ex 200. suppositis constaret, quam quæ ex 20. *Dolet Papa*, inquiunt, *non prævaluisse multitudinem quorumdam titulatorum euocatorum sedulò & certatim concurrentium, qui quod multi essent numero & pauci grauitate vel merito, Nos ipsi prospeximus, & euanuerunt subitò tanquam nebulæ matutinæ.*

Talem profectò credibile est fuisse Carolo rationem, cur præter exempla quæ præ oculis habuit veterum Academiarum, Scholam suam in 2. Nationes diuideret: quippe prouidebat fore confusionem in ea maximam si in deliberando

Vniuerſitatis Parisienſis.

rando ſinguli numero non ordine ſuffragium ferrent. Et fortaſſis accidit initio, cum propter frequentes rixas quæ inter Magiſtros contingebant, Alcuinum reuocare voluit in Aulam, vt eorum animos placaret.

DISSERTATIO II.

DE RECTORE VNIVERSITATIS.

Iam inquirendum an præter Procuratores Nationum Vniuerſitatis regimini præfuerit aliquis ſupremus Moderator, qui vulgò Rector appellatur, & quandonam fuerit inſtitutus. Rector à regendo dicitur; eſtque in hacce materia ſcholaſtica duplex, priuatus ac publicus ſeu communis. Priuatus vocatur, quiſquis docet Scholamque regit. Hinc Petrus Abailardus *celeberrimarum Scholarum Rector* appellatur; & Mauricius Epiſcopus quondam Pariſienſis SCHOLÆ THEOLOGICÆ RECTOR dicitur apud Henricum Gandauenſem: quæ verba explicans Fileſacus. *Nequis*, inquit, *aliter quam par ſit Rectoris nomen exponat apud Henricum, nec eo nomine nuda quædam & ſolo honoris titulo inſignis adminiſtratio intelligenda, ſed Mauricium non ſecus ac Petrum Lombardum publicè Pariſiis Theologiam docuiſſe nimis quàm verum eſt. Eodem ſenſu apud illum ipſum Henricum Petrus Cantor Parisiensis, Ioannes Belet Schola Theologicæ Pariſ. dicitur* PRÆSIDENS. *Ita Stephanus Anglicus Pariſiis* LIBERALIVM ARTIVM SCHOLIS PRÆFVIT, *inde* THEOLOGICÆ SCHOLÆ PRÆSIDENS. *Quamquam Rectores & Præſidentes nominatos idcirco dixerim, quandoquidem cæteris huius temporis Doctoribus Theologis longè præſtantiores doctioreſque habiti ſunt.*

Rector publicus ſeu Communis eſt Caput Vniuerſitatis, vt Princeps ſeu Magiſtratus Rector & Caput eſt Reipub. Abbas Cœnobij, Epiſcopus ſuæ Diœceſeos. Itaque hic antonomaſticè & per excellentiam RECTOR abſolutè appellatur, vel RECTOR VNIVERSITATIS; cum alij priuati ſcholæ tantum ſuæ, puta Theologicæ, Philoſophicæ, Rhetoricæ Rectores dici poſſint. De Publico hic quæſtio eſt. Ac ne ſit quæſtio de nomine, quæritur an fuerit ab initio inſtitutus SHOLÆ PALATINÆ Præfectus, ſeu is Rector, ſeu Moderator, Præpoſitus, aut Gymnaſiarcha appellatus fuerit.

Certum eſt imprimis veteribus Scholis Publicis ſeu Academiis præfuiſſe aliquem ſupremum Rectorem, ſiue is de numero & ordine Profeſſorum & Magiſtrorum eſſet, ſiue quis alius; pura Athenis Archontes: Romæ quondam *Cenſores*, poſtea *Præfectum Vrbis*. Apud Hebræos verò Synagogæ præfectus de numero Doctorum ſumebatur, dicebaturque Archiereus vel *Archiſynogogus*, de quo habetur in Euangelio S. Lucæ, quod murmurauerit ob claudum à Chriſto e terra eleuatum: Iudæi quoque Pumbedithanæ & Soranæ Academiæ temporibus ipſis Caroli M. ſuos præficiebant Rectores quos Geonœos appellabant; & Hebraicè RAF, quod idem ſonat ac ACADEMIÆ CAPVT ſeu RECTOR: vt notat Hottingerus in Octauo Seculo. Ptolomæus Alexandrino Muſæo præfecit de Magiſtrorum genere Moderatorem, de quo Strabo. Ἱερεύς ὁ ἐπὶ τῷ Μυσείῳ πεταγμένος. Exempla ex Reliquis Academiis petita non refero; de quibus fuſè egimus fol. 69. ſequentibus.

Certum eſt deinde Scholis Epiſcopalibus & Cœnobialibus præfuiſſe aliquem è Canonicis vel Monachis, qui earum ſub Epiſcopo & Abbate Moderator eſſet. In Epiſcopalibus quidem vocabatur antiquitus Primicerius: deinde in quibuſdam *Scholaſter*, *Scholaſticus*: in nonnullis *Magiſter Scholæ*, vt in Attebatenſi Eccleſia ſub Lamberto Epiſcopo Achardus vocatur *Magiſter Scholarum*, qui cum eo ad Vrbanum II. profectus eſt an. 1093. in aliis *Capiſchola*, hoc eſt CAPVT SCHOLÆ à militia deducto vocabulo: in qua *Capita Scholarum* dicebantur Præfecti exercitationis militaris. In Cœnobialibus erant quoque Præfecti eiuſmodi vulgò ab hoc officio dicti SCHOLASTICI; teſte Trithemio in Chronico Hirſaug. ad an. 840. qui enumeratis quibuſdam maioribus Cœnobiis in quibus publicum

Hh

fiebat litterarum exercitium, subdit. *in his omnibus erant Monachi & multi valdè Studiosi: ex quorum Collegio in singulis Cænobiis vnus cæteris in scientia Scripturarum excellentior* SCHOLASTICVS *ponebatur*. De his Scholis, earumque administratione fusè egimus fol. 79. nec repetimus quæ ibi dicta sunt, ne actum agere videamur.

De Quæstione verò proposita quintuplex est opinio. 1. Negantium fuisse vllam à Carolo Magno institutam seu fundatam Vniuersitatem; ac proinde fuisse vllum Academiæ Rectorem ante Philippi Augusti ætatem, quem Parisiensis authorem faciunt. Verum istam opinionem argumento Chronologico supra fusissimè refutauimus, ex authoritate scilicet petito Scriptorum, qui nouem seculorum spatio de studio Parisiensi verba fecerunt.

2. Est fatentium quidem fuisse Lutetiæ à temporibus Caroli M. exercitium continuum perpetuumque litterarum, at non aliter quàm in cæteris Franciæ vrbibus: singularesque duntaxat Magistros in priuatis scholis docuisse absque vlla societate & Collegio; eo planè modo, quo qui hodie PARVAS vt aiunt SCHOLAS habent. Quia credibile non est Vniuersitatem in ipsis incunabulis Magistratus eos habuisse, quos hodie cernimus, aut administrationem initio tam perfectam: sed paulatim & processu temporis adoleuisse, & tandem Rectores & Procuratores instituisse. Quæ sententia videtur esse Belforestij, aut certè eius authoritate posse fulciri sic aientis in Cosmogr. Munsteri. *Or les Lettres de la fondation de l'Vniuersité n'estant tombées entre mes mains, si sçais-je, que la premiere institution vient de Charles le Grand, mais non pas auec cét ordre de Magistrats d'Eschole qu'on y void à present. Car ie nepense pas que cecy ait esté institué que du temps ou de Capet, ou de ses Successeurs. Qu'il soit vray,* PHILIPPES AVGVSTE *surnommé* DIEV-DONNE, *fait assez euidente preuue de cecy, & que long-temps auant luy cette Vniuersité auec ses Ordres, Estats & Offices auoit esté mise en honneur, lors qu'il confirme les Priuileges que son Pere Louys auoit donné en faueur des Escholiers. Lequel Louys en establissant cette loy fauorable aux Escholiers, montre aussi que la France ayant recouuert le repos des guerres auec les Allemans & des troubles auenus par les courses Normandes, ce fut lors qu'elle recouura sa gloire. Qui me fait croire que celuy qui le premier mit les Dignitez de Recteur & de Procureur en auant, fut Robert fils de Capet, qui estoit homme Debonnaire, de grandes lettres & singuliere erudition. Et ne pourris me persuader qu'il n'y ait eu des Lettres, Priuileges & Ordonnances pour le fait de l'Eschole de ce Roy cy aussi bien que des autres, lesquelles ne sont pas venuës à nostre connoissance, & que l'injure du temps a fait perdre, & le peu de soin des hommes en a égaré les Originaires.*

Verum cum certissimum sit etiam regnante & imperante Carolo multiplices disciplinas multiplicesque professores iis exercendis fuisse præpositos in Gymnasio Palatino, necesse quoque est inter eos fuisse aliquam societatem & ordinem, legesque habuisse & statuta, ac proinde Magistratus, quibus Parerent. Credibile quippe non est Carolum, qui domum suam tam prudenter gubernabat, quique Palatinis Ministris pro diuersis officiis diuersos tribuerat præfectos, Scholæ Litterariæ reique gymnasticæ nullum Præfectum Rectoremque præposuisse.

3. Opinio eorum est, qui fatentur fuisse Ordinem, leges, & statuta Scholæ Palatinæ ab initio fundationis, sed eorum curam pertinuisse ad duos Procuratores Nationum Gallicanæ & Anglicanæ, qui veluti duo Præfecti Prætorio, aut duo Consules Rempub. litterariam sub Imperatore gubernarent communi studio & opera; at cum processu temporis Nationes à se inuicem nonnunquam dissiderent, visum esse opportunius, vt communis Rector crearetur, qui Comitiorum diem indiceret, de Procuratorum consilio ad Nationes referret, atque ex earum deliberatione leges promulgaret. Quandonam verò mutatio ista aduenerit, & quandonam primum Rector creatus sit, id esse incertum.

At cum nullum extet indicium aut vestigium eiusmodi administrationis per Procuratores sine Rectore; imò quoties eo contingit Academiā carere, statim ad Ex-Rectorem recurratur, qui Rectoris vices obeat, Comitia indicat, & referat, ista opinio fidem facere non potest. Inter duos enim sæpè dissidium interuenit, & quod vnus probat, alter improbat. Vnde in exercitu vbi sunt multi Præfecti, Tribuni, centuriones, necesse est vnum esse Ducem: quo eficientè sæpe dissipatur exercitus ob multitudinem Rectorum. Hincque probat Abailardus Cœnobio Paracletensi necesse esse vnam Abbatissam præficere, eique adiutrices adiungere inæqualis potestatis. *Nulla hominum Congregatio,* inquit, *vel quantulacunque Domus vnius familia consistere potest incolumis, nisi vnitas in ea conseruetur, vt videlicet, totum eius Regnum in vnius persona Magisterio consistat. Vnde & arca typum Ecclesiæ gerens, cum multos tum in longo, quàm in lato cubitos haberet, in vno consummata est.* Et in Prouerbiis scriptum est PROPTER PECCATA TERRÆ MVLTI PRINCIPES EIVS. *Vnde etiam Alexandro mortuo multiplicatis Regibus mala quoque multiplicata sunt. Et Roma pluribus communicata Rectoribus concordiam tenere non potuit. .... Vt igitur in omnibus Concordia seruari possit, Vnum omnibus præesse conuenit, cui per omnia omnes obediant.* Ita n scripsisset Abailardus si suo tempore nullus fuisset Rector Vniuersitatis, aut s. per Procuratores Nationum illa fuisset sine Rectore administrata? neutiquam certè, præsertim ad Heloïssam, quæ legum Academicarum & Scholæ Parisiensis notitiam habebat maximam.

4. Opinio est Paschasij, Hemeræi & aliorum quorumdam existimantium fuisse quidem à temporibus Caroli M. SCHOLAA PVBLICAM PARISIIS, ei quoque regendæ & gubernandæ præfectum fuisse Gymnasiarcham aliquem, nempe Cancellarium Ecclesiæ Parisiensis: nullum verò alium RECTORIS nomine ante tempora Ludouici Crassi, Ludouici Iunioris aut Philippi Augusti fuisse creatum. Quod quidem quomodo acciderit, explicare nititur Hemeræus pluribus in locis, maximè verò c. 9. Libelli de Academia Pariensi, vbi sic habet. AB VNIVS CANCELLARII *sapientia olim, cum nulli adhuc in Academia Rectores essent, Scholæ moderatio atque ordinatio omnis pendebat. Nam vt Ego sentio, Cancellarij Rectoribus priores sunt, quod ante dictum est. Vbi verò Humanitatis Artium Professores Auditoresque numero in immensum aucti ab Insula Parisiorum in montem se Genouesianum receperunt, & in multiplicatas in eo Scholas molliores suas Disciplinas transtulerunt, imposueruntque sibi denique Rectorem ac velut Dictatorem, penes quem summum Imperium rei litterariæ resideret; tum & Cancellarij dignitas aliqua parte circumcisa, cum nempe duos Soles vna Schola, duos Principes vna Academia non sustineret. Cancellarij verò authoritatem à Clericis Cispontanis minoris fieri ineunte 12. seculo cœptum esse, cum & Vniuersitas in monte muris & valo circumsepta, & transfusis illuc Mercurialibus alius à Cancellario Moderator impositus est, qui in Philippica an. 1200.* CAPITALE PARISIVS SCHOLARIVM *nominatur; colligimus e verbis Roberti Curtoniensis, quæ reponemus ad an. 1215. cum de Reformatione agemus. Sic enim ille. Et cum legere disposuerit, examinetur quilibet secundum formam quæ continetur in Scripto D. Petri Parisiensis Episcopi, vbi continetur Pax confirmata inter Cancellarium & Scholares à Iudicibus delegatis à D. Papa.*

Agnoscit quidem Hemeræus Carolum Magnum fuisse Academiæ Parisiensis fundatorem & parentem: eoque imperante fatetur c. 1. illam statum illum accepisse, *quo & litterarum Vniuersitas dici & Quidam Generalis studiorum mercatus videri posset.* Fatetur quoque fuisse etiam primis illis temporibus Præfectum aliquem Academiæ, qui illam regeret & administraret: & vult id muneris obiisse Cancellarium, quod rectè ne affirmet an perpetam, speciali dissertatione infra disquiretur.

5. Denique opinio illorum est, qui aiunt Rectorem qualis est hodie, vel Academicæ ab ipsis incunabulis Vniuersitatis præpositum fuisse. Quibus Nos quoque accedimus. Atque vt hoc clarum fiat, imprimis præmittendum quod in confesso est apud omnes, ex docentium & discentium multitudine constare Vniuersitatem: indeque nasci Præfectorum creandorum necessitatem; cum necesse sit Magistrorum Scholariumque multitudinem certis legibus & statutis in officio Moderatorum authoritate contineri. Quorum quidem multitudinem cum præfati authores videant maximam fuisse Ludouici Crassi, Ludouici VII. & Philippi Augusti temporibus, tum Scholæ Præfectos natos esse putant. Verum quandonam maior eorum copia fuit, quàm primo seculo Vniuersitatis; & præsertim regnantibus Magno & Caluo? liquet ex Historia. Alcuinus Ep. 13. ad Carolum indicat quantâ ille sollicitudine sapientiæ Magistros ex diuersis mundi partibus ad docendum euocarit. *Vestram optimam sollicitudinem, Domine*

mi Dauid, semper amare & prædicare sapientiam agnoscebam, omnesque ad eam discendam exhortari; imo & præmiis honoribusque sollicitare, atque ex diuersis mundi partibus amatores illius, vestræ bonæ voluntatis adiutores conuocare studuisse: inter quos me etiam infimum eiusdem sanctæ sapientiæ vernaculum de vltimis Britanniæ finibus adsciscere curastis.

Similiter Eginhartus de peregrinis illis ex diuersis mundi partibus euocatis verba faciens, ait eorum multitudinem non modo Palatio, sed toti etiam Regno fuisse onerosam, at Carolum omnes præmiis & honoribus affecisse. *Amabat peregrinos, & eorum suscipiendorum magnam habebat curam: adeout eorum multitudo non solum Palatio verumetiam Regno non immerito videretur onerosa. Ipse tamen pro magnitudine animi eiusmodi pondere minime grauabatur, cum etiam ingentia incommoda laude liberalitatis ac bonæ famæ mercede compensaret.* Ex his ergo patet quanta esset regnante Carolo M. frequentia Magistrorum.

Regnante vero Caluo maior adhuc fuisse videtur. Nam ille scholas nonnihil dispendij passas ob bella ciuilia instaurauit & ad eas instaurandas plurimos viros doctos Aui sui exemplo vndique accersiuit. Testatur Erricus Antissiodorensis præclara & eleganti illa Epistola dedicatoria vitæ S. Germani, qua multiplex eiusdem Caroli erga quaslibet optimas artes & disciplinas studium curamque mirificè laudat & prædicat. *Ne nostra inertia de præceptorum inopia merito causaretur, id tibi singulare studium efecisti, vt sicubi terrarum Magistri florerent Artium quarum principalem operam Philosophi apollicetur,* HOS AD PVBLICAM ERVDITIONEM, vndecumque vestra Celsitudo coduceret, Comitas attraheret, Dapsilitas prouocaret. *Luget hæc Græcia nouis inuidiæ aculeis lacessita: quem si quondam Incolæ iam dudū cū Asianis opibus aspernantur, vestra potius magnanimitate delectati, studiis allecti, liberalitate confisi... Quid Hiberniam memorem contempto Pelagi discrimine ad littora nostra migrantem? quorum quisquis peritior est, vltro sibi indicit exilium, vt Salomoni sapientissimo famuletur ad votum? Itaque Cæsar inuictissime, pænè est, vt Vniuersus orbis nouas in te struat controuersias, nouis aduersum te delamationibus inuehatur: qui dum te tuosque ornamentis sapientiæ illustrare contendis, unctarum fere gentium scholas & studia sustulisti. Sublatis enim præceptoribus consine & consequens est facile omnium ingenia otio congelasse.*

Quis hæc cum legit, non sibi persuadeat tantam ad publicas illas scholas tum confluxisse Magistrorum & Scholarium multitudinem, quanta potest esse maxima? Et quis non inferat quoque tot viros & adolescentes ex diuersis Mundi partibus ad studium generale conuolantes non potuisse simul in eadem litterarum professione consistere sine certis legibus & statutis, aut regi sine aliquo primario duce & Rectore? alioquin Corpus composuissent sine capite, quod omnino monstrosum est, inquit Baldus Authentica Habita C. ne filius pro patre, Benius, Anchoranus in Proœmio l. 6. Decretal. & alij Doctores qui Vniuersitatem sine Rectore non plus subsistere posse contendunt, quàm Corpus sine Capite. Quibus accedit Rebuffus in Tractatu Nominationum q. 6. §. 11. vbi quærit an Facultates possint Nominationes ad beneficia conecdere, & respondet non posse sine Rectore, etiamsi omnes essent congregatæ. *Quia,* inquit, *Non videtur Vniuersitas, etsi omnes Facultates essent congregatæ ac omnes Consiliary Vniuersitatis, nisi Rector adsit. Nec tunc sine Rectore esset formosa, sed acephala, quia caput est principale membrum corporis.* Huius rei luculentum extat in Historia nostra exemplum. Cum enim an. 1535. die 12. Sept. omnes Facultates & Nationes ex Edicto Rectoris apud Mathurinenses conuenissent ad Supplicationem Rectoris, quæ singulis trimestribus fieri solet, nec interesset Rector quia apud Senatum de Lutherana hæresi improbè Reus factus fuerat, ob idque latebat, omnibus placuit non procedere, *quoniam vt legitur in Actis illius diei, absurdum videbatur & monstrosum, vt tot viri sine Capite per vrbem progrederentur.*

2. Longè magis monstrosum est plures simul esse Rectores aut Præfectos: quod accidisset, si vt opinantur aliqui, Procuratores suarum singuli Nationum ac proinde Vniuersitatis Rectores fuissent. Nam cum dignitate sint pares, quis eorum alteri cedere voluisset? & cuius illorum fuisset Comitia indicere? vndecum circa an. 1265. Nationes à se inuicem dissidentes duos Rectores elegissent, Gallicana scilicet vnum, tres reliquæ alterum, Simon Cardinalis S. Ceciliæ diuulsa ista membra coadunans, eis caput vnum vt antea constituit *Re-*

ctoribus, vt in Inftrumento publico legitur in eam rem confecto an. 1266. *quos sibi monstruosè præfecerant sine omni dilatione dimissis.* Et sub finem *eligetur autem Rector vnicus à 4. Procuratoribus Nationum, vel alijs 4. earum Magistris Iuratis.*

3. Quia non erat nouum illis temporibus rei literariæ Moderatorem aliquem præfici; vt supra veterum Scholarum Episcopalium & Cœnobialium, itemque Academiarum veterum exemplis demonstrauimus. Deinde id factum eodem seculo à Barda Imperatore Constantinopolitano & ab Alfredo Anglorum Rege. Bardas quidem Scholas instaurans Constantinopoli, singulis Magistris stipendia publica decreuit, omnibus verò Magnum & communem Moderatorem præfecit Leonem Philosophum circa an. Christi 858. Alfredus verò Oxoniensi Academiæ Grimbaldum præposuit: vt fusè in historia probauimus ad an. 890.

Neque certè dubitari etiam posse videtur, quin Alcuinus Parisiensi à Carolo præpositus fuerit: ad cuius regimen resumendum sæpe per litteras ab ipso inuitatus est, proptereà quod Magistri Academici contrariis affectibus studiisque distraherentur, nec à quouis Rectore facile regi possent: quorum cum nosset Alcuinus ingenium, eiusdem Academiæ habenas resumere detrectauit: sic enim ille Ep. 9. sub finem. *Supplex deprecor, vt liceat Flacco tuo ad hanc beatitudinem in terra pacis & lætitia peruenire, non in* terra dissensionis et belli. *Quid valet infirmitas Flacci inter arma? quid inter Apros lepusculus? quid inter Leones agniculus? in pace nutritus, educatus, neque in prælijs versatus. Dum præcepta Domini Dei habetis, timidus domi remaneat, ne faciat alios timere.* Et Ep. 27. ad Angilbertum Discipulum quondam suum, quem Homerum vocabat. *Miror cum Flaccinæ pigritiæ secordiam septiplicis sapientiæ Decus dulcissimus meus Dauid interrogare voluisset de Quæstionibus Palatinis, emeritæque nomen militiæ in Castra renocare pugnantia, vt* tvmvltvosas militvm mentes sedaret. Accedit authoritas Anonymi cuiusdam Scriptoris qui vitam S. Aldrici Senonensis Archiepiscopi & Ferrariensis quondam Abbatis, Alcuini discipuli edidit, de Alcuino verò sic scribit, *super quibus iocundatus est Imperator Augustus eum Præceptorem Palatinum instituit, vt vita Imperialis Aulæ & maiora negotia sua discretionis arbitrio desinirentur.* Hinc Posseuinus eum vocat Academiæ Parisiensis avthorem siue directorem; & Trithemius scholasticvm. Ioannes quoque Wasselburgus Gymnasiarcha olim Collegij Marchiani in Antiquitatibus Belgicis probat authoritate Ioannis de Colonia Alcuinum erexisse & extruxisse Scholas aptas exercitio litterarum, obtinuesseque à Carolo stipendia, libertates immunitates, & priuilegia rectoribvs & magistris.

Manno seu Nanno similiter sub Carolo Caluo & Ludouico Balbo eius filio Scholis Palatinis præfuisse dicitur. Sic enim de eo Surius ex veteribus manuscriptis in vita Ratbodi quem ait ad Aulam Caroli se contulisse, non quod Palatinos ambiret honores, *sed quod intra Regis Palatium* liberalivm disciplinarvm stvdia *præclarè colerentur.* Præerat autē collegio illi *Manno Philosophus.* Nicolaus Papa in Ep. ad Caluum de Ioanne Scoto Erigena scribens, cum vocat capital Parisiensis Studij. *Parisius in Studio cuius* capital *iam olim fuisse perhibetur, morari non sinatis.* Gerbertus Aquitanus qui Scholæ Remensi præerat circa an. 980. se in inscriptione Epistolarum non rarò Scholasticum vocat, & Scholarem Abbatem, id est Caput Scholæ, vt Hadrianus Valesius explicat in notis suis ad Carmen Adalberonis. Similiter Glaber Rodulphus de M. Heriberto Aurelianensi loquens l. 3. c. 8. *Ille*, inquit, *S. Petri Ecclesiæ cognomento puellaris* capitale scholæ *tenebat* dominivm. Et Philippus Augustus in priuilegio dato apud Bestisiacum an. 1200. *Adhæc in* capitale parisiensis stvdii scholarivm *pro nullo forefacto Iustitia nostra manum mittet.* Quibus verbis nemo est, qui non videat Rectorem designari, qui sæpe capvt stvdii & Caput Vniuersitatis appellatur: quomodo Scholastici seu Magistri Scholarum Episcopalium capischolæ dicebantur.

Videtur quoque San-Gallensis de Rectore loqui lib. 1. cap. 5. his verbis: *fuit consuetudo vt Magister scholæ designaret pridie singulis, quod Responsorium cantare deberent in nocte.* Nam illis temporibus & quandiu Musæ in Palatio habitarunt, Rector non erat tantum moderator scholæ & liberalium artium, sed etiam Chori Symphoniaci: idemque in palatio munus exercebat, quod in Episcopiis & Ecclesiis Cathedralibus SCHOLASTRI seu Scholastici. Isti autem antiquitus non tantum regebant Scholas Clericorum in Choro modulantium, præscribendo quomodo, quo tempore, quo loco & ordine deberent recitare, sed etiam Grammatices Artiumque aliarum Magistris præerant, eosque ad regendum admittebant. Itaque rectè Hospinianus de Collegiis Canonicorum verba faciens SCHOLASTICVM cum Rectore Academiæ componit hoc modo. *Erat* SCHOLASTICVS SCHOLÆ *Ecclesiasticæ inspector & moderator prima dignitatis, qualem in scholis publicis, quas Academias iam nucupant, dicere possumus* RECTOREM.

Sed dicet aliquis, nullibi nomen legitur Rectoris, neque in primo neque in sequentibus seculis. Vnde coniicitur aut nullum fuisse, aut non multùm illi honoris tributum. Quid refert quo nomine appellatus sit, an Præceptor Palatinus, an Magister scholæ, an Capital aut Capitale? Quanquam existimo nomen etiam cum re inualuisse ab illis temporibus, siquidem in similibus vsurpatum videmus. Eginhartus ad an. 821. sic scribit. *Adalardum quoque de Aquitania, vbi exulabat, euocatum Corbeiæ Monasterio, vbi prius fuerat, Abbatem ac Rectorem esse iussit.* In Chronico Centulensi l. 3. c. 10. *Verum si aliquis quærat cur nostras Rector Abbas & Comes simul extiterit, reddimus.* Et c. 22. *Fulcherius Monachus qui post Gerbertum Clericum Clericorumque Abbatem Centulensis Monasterij Rector erat.* Ita & apud Alcuinum *S. Dionysij Rector* dicitur.

Imo ille hoc præsertim nomine Carolum M. affectat appellare, vt in Ep. dedicatoria de S. Trinitate *Non quod Imperator inuicte & sapientissime ac refulgens Rector aliquid scientiæ vestræ Catholicæ fidei incognitum esse vel minus exploratum cogitarem.* Et in Epistolæ alterius epigraphe. D. DAVID RECTORI OPTIMO, VICTORI MAXIMO. Et in Ep. 8. ait Deo agendas esse gratias, *quod talem perdonauit Dominum* & RECTOREM. similiter in Carmine de Carolo.

Vt quoties RECTOR *præclara palatia lustret.*

Et in Epigrammate ad finem Commentarij in Ioannem.

Non ego parua tuis, RECTOR, *Munuscula gazis*
Infero, persona sit mea parua licet.
Munera sed Domini Cœlestibus inclyta Regnis
Porto tibi plenis optime REX *manibus.*

Hîc ergo non abs re suspicari possumus communicatum nomen *Rectoris* præfecto scholarum, qui etiam *Rex Musarum* & Vniuersitatis dicitur. *Vicarium Regis* Seruinus appellat. Author de Disciplina scholarium, quem credimus esse Ioannem Erigenam, Rectorem Scholarium vocat c. 6. *Pietatis verò ambitu* SCHOLARIVM RECTOR *delinitus discipulorum corda paupertate degentium studiosèque discentium mulcere tenetur.*

Quemadmodum autem nomen REGIS & RECTORIS; ita & insignia Regia PVRPVRAM & LILIA credibile est Carolum M. aut Caluum voluisse Præfecto Scholæ suæ communicari: à quibus enim aliis Regibus id factum sit, si non ab istis, non est facile dictu: cum huiusce instituti nullum initium, sed vsum tantummodo videamus: vnde coniecturæ locus est à primis temporibus esse repetendum. Vestis quidem purpurea violacei coloris cum palliolo seu cappa pellibus villosis munita Regum propria fuit cum inaugurabantur, eaque solennis & pomposa; quam sex Patriciis, seu Paribus Ecclesiasticis & Rectori Vniuersitatis Parisiensis communem esse voluerunt: vt ante nos notauit Andreas Fauinus in lib. 3. de Officiariis Coronæ Francicæ c 2. sic enim ille. *Quant aux Pairs d'Eglise se trouuans au Parlement, ils auoient par bien-seance & modestie leurs manteaux & chaperons d'escarlate violette fourrez aussi a' Ermines. Habillement donné par nos Roys aux Recteurs de l'Vniuersité de Paris.* Et hanc purpuram vocabant Græci ἁλυγιδα à marino colore & cœruleo: eamque Cornelius Nepos ait se iuuene viguisse. Hieronymus verò ad Rusticum de viuendi forma, Regiam ostendit fuisse. *Ostendam tibi variorum pulchritudinem florum, quid in se lilia habeant puritatis, quid rosa verecundiæ possideat, quid* VIOLÆ PVRPVRA *promittat in Regno.*

Alterum Purpuræ genus rubro colore splendens, quod veteres Tyrium & coccineum vocabant, quoque etiam vtebantur in vestibus vulgaribus Reges antiquitus, Procuratoribus Nationum communicasse videntur; quemadmodum olim

Vniuersitatis Parisiensis.

Imperatores Romani Præfectis Prætorio & Senatoribus, qui in Magistratibus essent, vt legitur apud Suetonium in Iulio. Vnde quoque Commodus ab Albinum sic habet apud Capitolinum. *Vt tibi insigne aliquod Imperialis Maiestatis accedat, habebis vtendi coccinei pallij facultatem me præsente & ad me & cum mecum fueris habiturus & purpuram, sed sine auro.*

Cum ergo hi colores omnino Regij semper fuerint; quis credat Rectorem Vniuersitatis violaceam seu cæruleam purpuram, Procuratores coccineam & rubram assumpturos fuisse absque licentia & authoritate Regia? Et cui ex Regibus id acceptum referendum est, nisi ipsimet institutori & fundatori? De forma nihil dico, quæ quanquam longæuam antiquitatem denotat, nonnihil tamen à primæua forte deflexit. Nam & Carolus Caluus Imperator creatus de Italia in Galliam rediens nouos & insolitos habitus assumpsisse perhibetur: diebusque festis talari Dalmatica indutus ad Ecclesiam procedebat, vt legitur in Antiquis Annalibus.

Quod ad Lilia spectat, quæ trina sunt in Sigillo Rectoris in triquetram sicut *Sigillum Rectorium.* & Regia in plano scuto disposita, clarum est ab ipso fundatore fuisse communicata. Et certè quis dubitabit, si attenderit, quin manus illa librum tenens è cœlo delapsa, qua sigillum in suprema parte adaugetur & oneratur, indicet Carolum M. arrepta occasione aduenarum Magistrorum scientiam vænalem clamitantium quasi à Cœlo data suam instituisse Academiam? vnde huic cœlesti muneri vt & liliis rectè aptari potest dimidiatus hic versiculus *Cœlo data munera Francis.*

Lilia verò antiquissima sunt procul dubio Regum Francorum insignia, seu fidei Christianæ puritatem indicent; vnde Reges nostri Christianissimi dicuntur, seu spicula liliata referant, quibus Galli veteres vtebantur: at nemo dixerit Rectorem ausurum fuisse ea sigillo suo insculpere, nisi à Rege concessum id fuisset; à quo porro nisi à primo illo fundatore aut saltem à proximis successoribus?

Quod quidem sigillum loco symboli Academici seu Tessellæ Scutariæ deinde fuit in Cyaneo laterculo, seu vt vt vulgus loquitur, in campo azureo: & in hoc nobilius, quam cætera nobiliũ sigilla & scuta liliis quoque micantia quia, implicitati & integritati Liliorum scuti Regij, veræque & Natiuæ nobilitati minus detrahit, quàm quæ aduenticio typo infractionem recipiunt. Cõstat enim scutariæ iconis coauctione non adeo minui primigeniam nobilitatem, quàm infractione.

Nec mouet 1. quod symbola Gentilitia dicantur originem habuisse tantum sub Ludouico Crasso circa an. 1110. nam vt vt sit, certè sigillorum vsus est antiquissimus. Postquam verò Scutariarum Tesseratum vsus magis inualuit, non alias assumpsit Academia (quanquam & alia habet sigilla) quam quæ erant in Sigillo antiquo Rectoris: sicut nec alia est Franciæ Tessera à Regia, licet plura sint sigilla minora, maiora, formaque & figura nonnihil discrepantia.

Nec mouet 2. quod nonnulli dicunt Carolum VI. Tesseræ Francicæ lilia incerto prius numero ad tria redegisse. Nam præter quam quod non satis id constat, verisimile est Rectoriam Tesseram accepisse eandem cum scuto Francico mutationem, quando verò id acciderit, incertum. Certè vetus Sigillum Rectorium multis Instrumentorum publicorum ceris impressum est & circa an. 1300. tale omnino quale nunc habemus, ternis liliis aureis eodem modo dispositis distinctum, seruatur. Vnde coniici potest Regium similiter scutum longe ante tempora Caroli VI. tribus liliis constitisse.

Nangius Monachus San-Dionysianus qui ante an. 1300. scribebat, de quadam Magistrorum Parisiensium secessione verba faciens quæ accidit an. 1229. ait Vniuersitatem vnum esse ex tribus floribus Lirinis qui Francicam tesseram componunt: qua discedente foret deformior. *Si de Regno Franciæ tolleretur, maneret vtique Liliatum Signum Regis Franciæ quod* Trini Floris Solio *depictum est, in vna parte sui mirabiliter deformatum.*

E tribus quippe illis floribus duos pari in statione positos contendit allegoricè significare Sapientiam seu Artes ac Vniuersitatem, & Militiam: tertium verò, Fidem. *Duplex,* inquit, *par Flos Lilij Sapientiam & militiam significat: quæ duo sequentes de Græcia in Galliam Dionysium Areopagitam cum* Fide, *quam ibidem Dei gratia seminauit,* Tertivm florem *Lilij facientem custodiunt & defendunt.*

Nec refert quod idem author paulo ante dicat confueuiffe *Reges in fuis armis & vexillis Florem lilij depictum tribus foliis comportare.* Quafi videatur innuere fuiffe in fcuto Francico vnicum tantum florem tribus foliis conftantem. Non enim ille hic de numero florum agit, fed de qualitate infignium feu armorum, vt fi diceremus Gallice. *Le Roy de France porte en fes armes la Fleur de Lys à trois feüilles.* Quæ verba nullatenus numerum florum, fed qualitatem tantummodo definiunt.

Sed & alia ratio terni iftius Lilij afferri poffe videtur, quæ mihi venit in mentem legenti notas Hadriani Valefij in Carmen Adalberonis: vnde quoque tempus côllicitur, quo Reges noftri terno illo numero vfi videntur ad denotanda tria Regna Franciæ, Burgundiæ & Aquitaniæ quæ fub vnius principis dominium redierunt, quæ Merouingiorum temporibus à tribus Regibus poffidebantur. Abbo San-Germano-Pratenfis ait Odonem Regem tria Regna fibi fubieciffe.

Sic uno TERNVM *congaudet onamine* REGNVM.

Et in confecratione Ludouici Transmarini, qui filius fuit Caroli Simplicis hanc ait Valefius Collectam fuiffe recitatam. *O.S. Deus fuper hunc famulum tuum quem fupplici denotione in Regnum pariter elegimus, benedictionum tuarum dona multiplica...Vt Regale folium videlicet Francorum, Burgundiorum, Aquitanorum fceptra non deferat. &c.* Similiter apud Flodoardum ad an. 954. *Lotharius puer Ludouici filius Rex confecratur fauente Hugone Principe cæterifque præfulibus ac proceribus Franciæ Burgundiæ atque Aquitaniæ.* De iifdem Regnis intelligendus Adalberto in Carmine ad Robertum.

Plurima fub pedibus tibi fortia Regna ingauit.

Item in veteri Chronico an. 1059. Philippus Henrici filius confecratur *adftantibus Franciæ, Burgundiæ & Aquitania Archiepifcopis & Epifcopis 22.* Sed de his plufquam fatis.

Iam ergo fi primo illo feculo, quo magiftrorum & fcholarum frequentia redundauit Vniuerfitas, Præfecto feu Rectore carere non potuit, omnino credibile eft fecutis feculis eundem Magiftratuum ordinem conferuaffe, eandemque rationem comitiorum & regiminis, & ad nos vfque tranfmififfe. Neque exiftimandum eft, & fi nihil horum legatur in fcriptis authorum, aut in monumentis, quæ reftant ipfius Vniuerfitatis, tum primum ifta omnia inftituta fuiffe, cum de iis in inftrumentis publicis incipit mentio fieri: nam cum omnia vetera monumenta, feu vt vocant Regiftra perierint iniuria temporum aut incuria maiorum; nulla vero corum quæ habemus, inftitutionem aut Rectoris aut Procuratorum, aut Nationû, aut Apparitorû feu Bedelloru, Nuncioru, Scriptorum Librariorum aliorumque ciufmodi Officiariorum, quibus Vniuerfitas carere non potuit, à quoquâ factam commemorent, fed factam ante fupponant, neceffe eft ad ipfa incunabula recurrere. Philippus Auguftus in priuilegio an. 1200. vetat Rectorê Vniuerfitatis prehendi aut carceribus mancipari. An ne tum primû inftitutus eft Rector? Nemo dixerit. Mathæus Parifienfis an. 1169. meminit *Scholarium diuerfarum Prouinciarum*, hoc eft *Nationum*: an tum primum cœpit fieri Nationum diuifio? neutiquam. Itaque cum illis temporibus certum fit fuiffe & Rectorem & Nationes nullufque fcriptor, nulla monumenta publica inftitutionem illorum tum factam commemorent, neceffe eft proculdubio ad anteriora tempora remeare. Porro fi fingula fecula reuoluimus non alio quàm hoc primo, ifta omnia inftituta fuiffe facile euincemus.

Et certè vnde habet Rector, vt e Magiftris 4. Nationum Facultatis Artium eligatur, nunquam vero è Facultatibus cæteris affumatur? nifi quia Nationes primigenia funt Vniuerfitatis Corpora & quodammodo homogenea; Facultates verò Theologiæ, Iuris Canonici & Medicinæ poft conftitutam Vniuerfitatem, veluti Heterogenea corpora acceferunt: ad quarum tamen regimen, quia in focietatem à Nationibus receptæ funt, authoritatem curafque fuafque extendit. Quod quidem ante nos multi obferuarunt, & præfertim Belforeftius his verbis.

„ L'Vniuerfité de Paris au commencement n'eftoit que pour les Arts, & les au-
„ tres fciences y font furuenues comme acceffoires: d'où eft venu que du feul corps
„ des Arts on choifit le Recteur & les Procureurs des Nations.. Et faut noter qu'en-

core

core qu'à Paris il y ait 4. Facultez parfaisant le Corps de l'Vniuersité, à sçauoir de Theologie, Decret, Medecine & des Arts, si est-ce que la premiere institution de l'Eschole ayant esté dressée pour les Arts, il n'est aussi loisible d'élire le Recteur que du corps de la Faculté des Arts, & lequel neantmoins a puissance en ce qui est de la police de l'Eschole & sur les Theologiens & sur les Decretistes & sur les Medecins.

Idem legitur in Antiquitatibus Parisiensibus La premiere Faculté & la principale dont le Corps de l'Vniuersité de Paris est composé, est celle des Arts (*qua Facultas 4. Nationes complectitur*) pource qu'elle a esté la premiere Institutrice de l'Eschole; en reconnoissance de quoy le chef de toute l'Vniuersité qui est appellé Recteur, est tousiours éleu de son corps & iamais de ceux des autres Facultez; bien qu'il ne laisse pas d'auoir pouuoir & egard sur elles en ce qui est de la police de l'Eschole.

Ex hac quoque institutione primigenia pendet Nominatio Rectoris perfecta à Nationibus, nec postquam ipsæ eius electionem probarunt, vlteriori indiget confirmatione, eumque cæteræ Facultates Rectorem agnoscere & pro Rectore habere tenentur, vt notauit Rebuffus in Tractatu Nominat. quæst. 1. n. 18. & 19. Ait enim esse quasdam Nominationes tribuentes quidem ius, sed non perfectum, si debent à Superiore confirmari, vt fit in electione Rectoris Monspessulani & Valentini: at Parisiis Nominationem ius dare perfectum. *Nominatio alia est*, inquit, *quæ tribuit ius perfectum sine confirmatione, vt in Rectoris nominatione, quæ in hac Vniuersitate Parisiensi sit, & alibi in Francia: vbi non eget confirmatione. Tunc nominatio facta à Facultate facit electionem & confirmationem. Sicut in Decreto Decurionum Bartol. in l. 1. §. solent. ff. quando appellandum sit. Feli. in C. eam te Col. 3. vers. 4. extende de Rescriptis.*

Ex eadem denique Institutione primæua pendet Iurisdictio illa antiqua Rectoris & Procuratorum in omnia Vniuersitatis supposita: à quorum iudicio non appellabatur antiquitus impunè. Pendet quoque Nunciorum tam Magnorum, quàm Paruorum seu Viatorum nominatio. Item Monumentorum Publicorum seu Archiuij custodia sub quinque clauibus, quarum vnam habet Rector, reliquas quatuor singuli Procuratores. Item Dominium Prati Clericorum, cuius possessionem quotannis Rector instaurabat 4. Procuratoribus comitatus, Quatuor-viris seu Electoribus, quos vulgo Intrantes vocamus, Apparitoribus seu Bedellis Nationum & Scriba Vniuersitatis. Ex eadem denique pendet Syndici, Scribæ, Quæstoris seu Receptoris de Facultate Artium, seu de 4. Nationibus assumptio: quippe nunquam è Facultatibus assumuntur; & nihilominus Officiarij sunt Generales totius Vniuersitatis, hoc est tam Facultatum quàm Nationum communi societatis vinculo coniunctarum.

DISSERTATIO III.

DE IVDICE ET CONSERVATORE PRIVILEGIORVM ACADEMICORVM.

PRæter autem Magistratus prædictos, Rectorem scilicet & Procuratores qui rei Scholasticæ & Academicæ curam habebant, quique cauebant, vt leges quæ vel à Principe vel communi Nationum consensu latæ fuissent, obseruarentur, videtur constitutus fuisse à Carolo M. Iudex aliquis extra corpus studiosorum, veluti Litium Cognitor & Conseruator Priuilegiorum, quem scilicet, si quæ lites orirentur, quas ipsi amicè componere non possent, adirent vice Principis, ne ille sæpe de rebus leuibus interpellaretur, neve illo absente delicta manerent impunita. Talis erat Apocrisiarius, cuius officium sic describit Hincmarus ex Adhalardi Senis Caroli M. propinqui, & Corbeiensis olim Abbatis libello de Ordine Palatij: vbi ille tres ordines Domus Palatinæ enumerat, & in secundo constituit Magistros & Discipulos his verbis. *Alter ordo per singula Ministeria Discipulos congregabat, qui Magistro suo singuli adhærentes & honorificabant & honorificabantur: locisque singuli suis, prout opportunitas occurrebat: vt à Domino videndo vel alloquendo consolarentur.*

Officium ergo Apocrisiarij tale erat. *Apocrisiarius, quem Nostrates Capellanum vel Palatij custodem appellant, omnem clerum Palatij sub cura & dispositione sua regebat: cui sociabatur summus Cancellarius, qui à secretis olim appellabatur: erantque illi subiecti prudentes & intelligentes ac fideles viri, qui praecepta Regia absque immoderatae cupiditatis vanalitate scriberent, & secreta illis fideliter custodirent.* En ergo forum seu tribunal Apocrisiarij, quem latinè vocat Hincmarus RESPONSALEM NEGOTIORVM ECCLESIASTICORVM: *cognoscebat* enim, *de omni Ecclesiastica Religione vel ordine, nec non etiam Canonica vel Monastica altercatione.*

Omnino autem Carolus duos toti Palatio & Regno constituerat iudices, Apocrisiarium & Comitem Palatij *vt nec Ecclesiastici nec seculares prius Dominum Regem absque eorum consultu inquietare necesse haberent, quae vsque illi prauiderent, si necessitas esset vt causa ante Regem meritò venire deberet.* Et alio loco de Apocrisiario specialius loquens, *Non solum*, inquit, *de his quae ad eum specialiter de omni ornamento, vel officio Ecclesiastico intra Palatium agendo pertinebat: verum quoque & omnem consolationem spiritalem siue consilium totius Palatij quicunque quaereret, apud eum, vt necesse erat, fideliter inueniret.* Non est igitur dubium, quin cum adirent Academici, quos inter ordines Palatij secundum obtinuisse supra ostendimus.

Sed & ille, quandiu Musae in Palatio Suburbano fuerunt, licentiam ibidem docendi impertiebatur, ne quis aut suspectae fidei, aut non satis exquisitae doctrinae ad docendum temere prosiliret, praeclarumque turbaret Ordinem, quem Carolus instituerat. Atque in istis postea muneribus obeundis Apocrisiario successerunt Episcopus Parisiensis & Abbas seu Decanus San-Genouefianus corúmue Cancellarij. Nam quod ad lites attinet, cum circa an. 1130. inter Gualonem Rectorem Scholaresque Academicos & Algrinum Cancellarium Iis orta fuisset, Stephanus tunc Episcopus pro suo iure Iudicium obtulit & ad suum Tribunal litigantes vocauit: vt legitur in eiusdem Epist. ad Henricum Senonensem Archiepiscopum; ad quem Academici confugerant, quia Episcopum Cancellario nimis addictum cognouerant. Et quia Episcopus Iurisdictioni suae detrahi nolebat in hac parte, maluit summi Pontificis Innocentij II. Tribunal inuitatus adire, quam Metropolitano litem ad se euocanti parere. Sic ergo ille ad Henricum. *Pro illius itaque* (Gualonis) *irrationabili & non Canonica inuitatione, quam nullius ponderis esse quando & vbi oportuerit, manifestissimè monstrabimus, ante vestram quam valde diligere & honorare volumus, praesentiam ad praesens ire visum fuit nobis non esse opus, cum per Nos tam sibi quam* SCHOLARIBVS SVIS PLENARIAM IVSTITIAM OBTVLERIMVS & *ad vltimum in praesentia D. Papae, ad quem huius causa finis maximè spectat, inuitati fuerimus.*

Coelestinus III. circa an. 1194. voluit causas etiam pecuniarias Scholarium Parisiensium decidi iure Canonico apud Episcopum Parisiensem & Abbatem San-Genouefianum: cuius Rescriptum legitur in 2. veterum Collectionum Epistolarum Decretalium. *Hac igitur ratione inducti per Apostolicam sedem mandamus si quas causas pecuniarias* CLERICI PARISIVS *commorantes habuerint contra aliquos, vel aliqui contra eos, ipsas iure Canonico decidatis.*

Verum quia Academici de iudiciis Episcopalibus saepe querebantur, praesertim cum agebatur de licentiis à Cancellario impetratis aut impetrandis ; seu quia Reges veriti sunt ne Pontifex maximus supremam sibi vindicaret in Academiam suam iurisdictionem & authoritatem, constituerunt ipsi suorum Priuilegiorum Conseruatorem Laïcum, nempe Praepositum Parisiensem: quam in rem extat Philippi Augusti Diploma datum Bestisiaci an. 1200. in quo ad multorum priuilegiorum quae ibi continentur, conseruationem vult Praepositum initio suae Praepositurae iuramento obstringi. *Vt autem haec cautius custodiantur, & stabili in perpetuum iure firmentur, statuimus vt Praepositus nunc noster & quicumque officium Praepositurae Parisiensis administrandum à nobis acceperit, inter ipsa Praepositurae sua initia, Dominica scilicet 1. vel 2. in vna Ecclesiarum Parisiensium postquam exinde submonitus fuerit, coram Scholaribus praedicta omnia se bona fide seruaturum publicè iuramento confirmet.*

Similiter Pontifices suorum quoque Priuilegiorum Iudices, Conseruatores & Executores constituerunt ex ordine Ecclesiastico, initio quidem ad libitum nec certos aut certi ordinis, sed modo hos, modo illos, Decanos & Praepositos Ecclesiarum, Abbates, Episcopos, saepe etiam illos quos Academia elegerat & petierat, donec tres Episcopi Meldensis, Bellouacensis & Siluanectensis ad id muneris ex delectu eiusdem Academiæ destinati sunt. Et qui delectus fuerat, suum habebat in Comitio seu Capitulo Mathurinensi tribunal, suosque Officiarios: vt suo loco docebimus. Hæc breuiter de Iudicibus litium Academicarum, deque Conseruatoribus priuilegiorum: de Licentiatoribus vero seu Licentiarum docendi Impertitoribus, infra dicetur. Hactenus enim fere Vniuersitatem Parisiensem eiusque regimen & administrationem considerauimus, qualis esse potuit primis illis temporibus quandiu Luparæam Regionem inhabitauit. Alia deinceps ratio erit.

Porro cum dicimus ista omnia à Carolo fuisse instituta, non existimandum est fuisse statim vndequaque perfecta statimque eo ordine aut statu disposita, quo postea fuerunt: nam rudibus inuentis facile est ornamentum addere. Non enim ea erat Comitiorum solemnitas quæ hodie est, non is ordo Supplicationum solemnium, quæ vulgo Processiones Rectoriæ appellantur, non ea pompa, non Officiariorum tanta distinctio: non ea Graduum Actuumque Academicorum tanta celebritas. Vnumquevel maximè splendori illi, quem extraneum vocamus, oberat crebra mutatio Rectorum & Procuratorum: nam cum nemo in Rectorem vel Procuratorem assumeretur, qui non actu regeret, plus laboris erat in illis muneribus quàm honoris & pompæ: itaque vt singuli participes essent oneris, neue diu pauci Academicis negotiis distinerentur & à studio distraherentur, singulis fere mensibus alios aliis substituebant.

Hinc factū existimo, vt multa quæ contingebant, scribere & posteritati mandare negligerent, quia parum erat diuturna prouincia, quam suscipiebant. Ita pariter, si quid negotij aut lis aliqua contingeret, aliquem ex suis Procuratorem seu Syndicum eligebant, qui finita lite nullus erat. Cum contribuendum in lites aut in alia negotia, Receptorem quoque temporaneum nominabant. At processu temporis crescente mole negotiorum Scribam, Syndicum, & Quæstorem seu Receptorem Ordinarios constituerunt.

DISSERTATIO IV.

DE EPISCOPO PARISIENSI.

IN hacce dissertatione res est nobis cum Hemeræo & quibusdam aliis opinantibus Cancellarium Parisiensem origine priorem esse Rectore, diuque antequam crearetur vllus Rector, Academiæ præfuisse. Hoc autem nituntur fundamento, vt legitur apud Hemeræum initio cap. 1. Academiam scilicet Parisiensem natam in frontisteriis Episcoporum paucisque suburbanis ad aliquod incrementum primò adoleuisse: tum insula relictâ commigrasse in montem Lecuritium & in eo ædificato robore vegetiorem & legibus ornatiorem in quouis optimarum artium genere eruditè solerterque tractando famam illustrem fuisse consecutam, parentemque factam & altricem aliarum quæ per orbem Christianum infinitæ postea emerserunt. Et postquam sex Capitibus longam probauit Hemeræus successionem Scholarum Episcopalium, hinc tandem euincit Cap. 7. SCHOLASTICVM seu Cancellarium sub Episcopis illarum regimini præfuisse, Magistros idoneos ad docendum aduocasse, Cathedris præfecisse & tandem eos Laurea Magistrali donasse. De Cancellariis speciali dissertatione agemus infra: de Episcopo nunc agendum.

Non negamus, quin Schola Episcopalis in frontisterio Basilicæ aut in Claustro Canonicorum constiterit, quinque eius curam, & regimen Cancellarius, seu quiuis alius sub Episcopi authoritate habuerit. Certum est enim in Episcopio Parisiensi, quemadmodum & in cæteris iuxta constitutiones STEPHANI, EVGENII & CAROLI M. fuisse scholas constitutas iis præsertim instituendis, qui Clericali militiæ destinabantur, vel ei iam nomen dederant: sed negamus scholam illam fuisse Vniuersitatis Parisiensis scholam ab anno saltem circiter 790. ad an. 900. Nam vt in Annalibus & alibi fusè demonstrauimus, CAROLVS SCHOLAM PVBLICAM in Palatio Regio constituit, eamque omnibus docere & discere volentibus patere voluit.

Hoc autem supposito negamus Episcopum aut Cancellarium Parisiensem illi Scholæ præfuisse. Cuius rei ratio est, quia Domus Regia ab omni Iurisdictione Episcopali libera semper fuit & immunis: itaque neque Capellani, neque Clerici vlli Episcopo subditi erant: hinceque vocabantur LIBERI CLERICI: cæteri enim Episcopis quidem parere tenebantur; at Regij minimè quia speciatim se sacramento Regiis ministeriis obstringebant. Vnde Carolus Caluus in synodo Tullensi an. 859. aduersus Wenilonem quem ad Archiepiscopatum Senonensem promouerat, in libello proclamationis hæc habet. *Vacabat tunc Pastore Metropolis Senonum, quam iuxta consuetudinem prædecessorum meorum Regum* Weniloni *tunc Clerico meo in Capella mea meis seruienti, qui more* LIBERI CLERICI *se mihi commendauerat, & fidelitatem sacramento promiserat, ad gubernandum commisi.* Igitur Scholæ Palatinæ regimen ad alium pertinere non potuit, quoad licentias impertiendas & alia munia Ecclesiastica, quàm ad eum, qui in Palatinis erat ministeriis & Officiis. Qualis erat Apocrisiarius, cui in spiritualibus, hoc est in Sacramentorum administratione, Magistri & Scholares subditi erant. Vnde *Antistes sacri Palatij* dicebatur. Quomodo Hilduinus ab Agobardo appellatur; nonnunquam Magister Episcoporum totius Regni, Archiepiscopus, & *Summæ sanctæ Palatinæ dignitatis Præsul*, vt fusè probat Guill. Peyratius l. 1. Antiq. Capellæ Regiæ. c. 62. Eundemque Schola prædicta, vt & omnes Clerici in iudiciorum exercitio Iudicem & Præsidem agnoscebant; vt ante probauimus.

Et hinc factum est vt Vniuersitas Parisiensis Iudicem Conseruatorem priuilegiorum à Rege habeat, Rector verò in rei litterariæ administratione neminem præter Regem superiorem agnoscat, Regemque agat in suo fundo, & omnes Prælatos in Actibus quibuscumque scholasticis præcedat. Regem quippe repræsentat, qui solus CAPVT est & fundator Vniuersitatis. Quam in rem præclarè Ludouicus Scruinus lib. 1. Causarum Forensium.

" Donc nos Rois sont Fondateurs & Patrons de l'Vniuersité, & comme tels
" nous les deuons reconnoistre premiers Chefs. Quant à Monsieur l'Euesque de
" Paris, il est bien nostre Pasteur en ce qui concerne le Spirituel, & le Pape qui
" est par dessus luy est nostre S. Pere, Souuerain de ce Pasteur & de nous en ce
" qui touche la spiritualité. Mais il n'est le Chef des Eschóles, & le gouuernement
" d'icelles ne depend pas de luy, mesmement au temporel, ains elles sont en la
" protection du Roy. Quant au Chancelier de l'Vniuersité, il n'est aussi le Chef
" d'icelle. La dignité du Chancelier est celle du Scholastique, qui est Chanoine
" de l'Eglise Cathedrale, sa Charge est telle qu'en plusieurs autres villes, esquel-
" les y auoit vn maistre d'Eschole entre les Chanoines de l'Eglise Cathedrale,
" comme Berengarius en celle d'Angers: & celuy qui est Scholastique, retient
" encore son premier nom, & d'auantage a cét honneur d'estre Chancelier de l'V-
" niuersité.
" Quant au Chancelier qui est en l'Eglise de Paris, il garde bien les sceaux de
" l'Vniuersité: mais pourtant il n'en est le Chef: ains le Recteur, qui est le pre-
" mier & seul en qualité auec l'Vniuersité és causes qui touchent les Escholes ou
" Estudes. Il est vray que le Recteur qui est Laïc, parce qu'il ne peut pas benir,
" apres que les Escholiers sont passez Maistres & admis au giron de l'Vniuersité, il
" les presente au Chancelier, qui est Ecclesiastique, à ce qu'il leur donne la bene-
" diction. Mais pourtant le Chancelier n'a pas la direction & conduite des Col-
" leges ny des Escholiers qui sont és Estudes publiques, ains elle appartient à l'Of-
" fice du Recteur, *ad quem spectat prouisio Magistrorum qui debent dici Scholares*,
" comme i'ay veu par vn Acte de l'an 1271. enregistré au liure de l'Vniuersité.
" *Similiter Belforestius in Cosmog.* Mais qu'est-ce à dire que la Majesté du Recteur
" soit si grande en l'Eschole, qu'és Actes publics de quelque Faculté que ce soit,
" il precede Euesques & Cardinaux, & fussent-ils Pairs de France: & ne souffri-
" roit-on que le Nonce du Pape ne Ambassadeur de Prince au monde eust cét
" auantage de le preceder. Quem forte locum præ oculis habuit Hermannus Co-

Vniuerſitatis Pariſienſis

ringius ſic ſcribens diſſert. 5. de Antiq. Acad.

Quid ad Academiæ authoritatem conciliandam ſplendidius poſſit conſtitui, quàm vt hoc vno exemplo vtar, quod Pariſiis Vniuerſitas primogenita Regis filia audiat, & in ſolemnibus Conuentibus Rectori primus locus præ ipſo Nuncio Apoſtolico concedatur? Vnde & iſta pars Dignitatis Rectoriæ inter Iuramenta quæ tenebantur olim præſtare quicumque incepturi erant in Artibus, continebatur his conceptis verbis. *Item iurabitis quod ſtatutum factum & ordinatum de* PRÆPOSITIONE RECTORIS IN ACTIBVS COMMVNIBVS VNIVERSITATIS *inuiolabiliter obſeruabitis ad quemcumque ſtatum deueneritis.* Extant huiuſce rei exempla plurima. Pauca referam. Cum an. 1381. die 13. Martij Vniuerſitas apud Carolum VI. Ciuibus gratiam deprecatura, Epiſcopus quoque cum Clero conueniſſet, ortâ inter vtrumque corpus de præminentia & præceſſione, diſcordia tandē à Rege & Ducibus tam Laïcis quàm Eccleſiaſticis pro Vniuerſitate iudicatum eſt, vt legitur in lib. Rectoris f. 144. verſo his verbis. *Non eſt ſub ſilentio prætereundum quod anno Domini præmiſſo menſis Martÿ die 13. Vniuerſitate vna cum Epiſcopo in præſentia D. Regis DD. Burgundiæ, de Valois, fratris Regis de Borbonio, de Conchy, Dalberet ac plurimorum aliorum Nobilium, & etiam ſex de Archiepiſcoporum vel Epiſcoporum exiſtentibus & ſupplicante veniam & gratiam pro populo Pariſienſi ſuper tunc forefactis, nonobſtantibus quibuſdam altercationibus præhabitis inter dictum Rectorem & Epiſcopum Pariſienſem in Pontificalibus exiſtentem ſuper præmenitate propoſitionis faciendæ coram D. Rege & de loco ſtationis, dictus Rector obtinuit locum dextrum & propoſitionem primam, quam fecit M. Ioannes Goyleyn Doctor in Theologia Ordinis B. Mariæ de monte Carmeli. Et tam in Reſponſionibus Regis quàm in faciendo Edictum per villam de pace & gratia dicto populo facta ad Inſtantiam Vniuerſitatis Epiſcopi & Cleri, ſemper prænominabatur Vniuerſitas Epiſcopo & Clero. Sic quod in omnibus Mater noſtra Vniuerſitas in comparatione ad Epiſcopum, Decanum & Capitulum & Clerum Pariſienſem tam coniunctim quam diuiſim obtinuit principatum.*

Anno 1448. M. Ioannes Normani Rector cum 4. Procuratoribus inuitatus eſt ad ſolenne Conuiuiũ à Guillelmo Quadrigario Epiſcopo Pariſienſi. Ad quod cũ inuitati quoque fuiſſent Epiſcopi plurimi, noluit ire Rector priuſquam certior factus fuiſſet de præſeſſione. Nemo quidem inficias ibat, quin Rectori deberetur in Actibus Scholaſticis: at ibi videbatur Epiſcopis poſſe concedi citra Rectoriæ dignitatis iniuriam. Re tamen in deliberationem adducta, Rectori præſeſſio adiudicata eſt. Qua de re ſic ſcribit Ioannes Beguin Procurator Nationis Gallicanæ ad diem 5. Aug.

In hac præſenti Procuratione accidit vnum quod multum facit ad ſoluendum quandam obiectionem ſæpe fieri ſolitam. Nulli ſiquidem formidant, quin D. Rector Vniuerſitatis debeat præferri Epiſcopis in Actibus Scholaſticis: quia à tam longinquis temporibus ita ſolitum eſt fieri, quod non eſt memoria de contrario. Et etiam quia omnes ferè Prælati huius Regni ſunt iurati de hac Vniuerſitate, modo vnuſquiſque iurat quando incorporatur Vniuerſitati, ferre honorem D. Rectori etiam ad quemcumque ſtatum peruenerit. Sed multi dubitant in Actibus Hierarchicis. Et fuit mota iſta Quæſtio in Deputatis. Iſtam autem dubitationem penitus reſoluit & annihilauit Reuerendus in Chriſto Pater & D. D. Guill. Chartier Epiſcopus Pariſienſis, qui dum intrare deberet in habitu Pontificali Ciuitatem ſuam, licet à multis pulſaretur, vt non inuitaret Rectorem ad ſuum ſolenne Prandium, quia graue eſſet DD. Epiſcopis quod D. Rector eos debeat præcedere, præfatum tamen Rectorem cum Procuratoribus 4. Nationum licet proprio ore inuitaſſet in quadam viſitatione per Rectorem facta, attamen denuo fecit inuitari, & ordinauit vt intuitu antiquæ Vniuerſitatis Pariſienſis, & etiam Scholaſticæ Profeſſionis D. Rector Vniuerſitatis omnibus Prælatis præponeretur: quod de facto executioni dedit eo modo quo prius ordinauerat.

In quibuſdam Vniuerſitatibus Extraneis idem obſeruatur exemplo Noſtratis quæ omnium Chriſtianarum parens eſt & nutrix. Adrianus Barlandus Rector Academiæ Louanienſis in ſuo de Inſignioribus Germaniæ Oppidis Libello, ait hanc eſſe dignitatem Rectoris, vt Conſules, Magiſtratus & Clariſſimi quique viri, denique omnium Dignitatum Gradus Academiæ Principi aſſurgant & decedant de via. At Iuſtus Lipſius in deſcriptione Louanij l. 2. ſic habet: *Rector à Senatu Academico creatur, idque ſingulis ſemeſtribus, vt nunc res ha-*

bet......*Dicam ne etiam, sed narrantium fide? Aiunt Carolum V. Imperatorem verè Augustum cum forte hic esset, loco cessisse. Magna humanitas, si non debuit: magna etiam, si debuit.* Idem notat Vernulæus in descriptione eiusdem Academiæ, Rectoremque indicat M. Iudocum Rauesteinium, cui latus texisse dicitur Carolus an. 1545. Idem notat ad an. 1464. Carolum Bellicosum, vulgo Audacem Brabantiæ Ducem conuocatis Antuerpiam suarum Prouinciarum Ordinibus præcepisse, vt Rector Academiæ Louaniensis coram se primum dicendi locum obtineret.

In Academia Coloniensi apud Vbios idem propè obseruari scribit Hermannus Coringius differt. 5. de Antiq. Academ. Subditque de Rectore Louaniensi hæc verba. *Louanij ne N uncio quidem cedit Rector, nisi is simul fuerit Legatus a latere, ceu vulgo appellamus. Sed & vbinis ferè locus proximus Principibus aut Patronis Rectori Academico solet ultro tribui. Prudentissimus Senatus Venetus Patauina scholæ suæ Rectori non purpuram tantum, sed & auream stolam induere se permittit, & Magistratu abeuntem cum Doctoris titulo exornat, tum torque aureo donatum Ordini Equitum S. Marci inserit.*

Similiter in Exequialibus Regum defunctorum Pompis RECTOR ET EPISCOPVS Parisiensis, seu quis alius, qui defuncti corpus efferat, e regione in vtroque latere oppositi procedunt iuxta Decretum senatus Parisiensis latum die 20. Nouemb. an. 1380. occasione funeris Caroli V. In funere Caroli VIII. an. 1497. dextrum latus tenuit Clericorum & Prælatorum Ordo, prostremique duo Cardinales: *Sinistrorsum,* inquit Gaguinus, *præter Scholasticos nemo incedebat. Eratque Rector è Regione Prælatorum suo ordine postremus.* Et quoniam in hanc materiam incidimus non erit omnino extra rem in hacce dissertatione referre ordinem, quem tenet Vniuersitas in eiusmodi Funeribus, prout legitur in ACTIS PRÆTORII VRBANI SEV CASTELLETI PARISIENSIS sub hoc titulo. SEQVITVR ORDO QVEM TENET VNIVERSITAS IN DELATIONE CORPORVM REGVM FRANCIÆ.

Ordo Vniuersitatis in Exequiis.

„ Die celebrationis vigiliarum pro remedio animæ Christianissimi defuncti talis Regis Franciæ congregari debet Vniuersitas in sancto Mathurino aut alio loco citra Pontes: & ibi conuenire debent omnes Magistri, Doctores, Scholares
„ tam iurati quam non iurati vocati per scedulas Rectoris, valuis Ecclesiarū affixas,
„ habituati Cappis Doctoralibus, housiis & aliis indumētis scholasticis ituri proces-
„ sionaliter obuiam corpori defuncti Regis. Qui quidem Rex si Vicennis deces-
„ sit, & corpus allatum fuerit ad Ecclesiam S. Antonij de Campis leuandum per
„ Ecclesiam Parisiensem & suos de Ecclesia Parisiensi, tunc Vniuersitas ibit obuiam
„ corpori vsque ad vnam crucem, quæ est quasi media inter dictam Ecclesiam S.
„ Antonij & Castrum quod Bastilia nuncupatur reuersura processionaliter in Ec-
„ clesia Parisiensi ad eandem Ecclesiam. Si autem Rex Parisius decesserit & in San-
„ cto Paulo, tunc Vniuersitas cum suis de Vniuersitate exspectat Defuncti cor-
„ pus, quod cum intrauerit vicum S. Antonij, Rector & sui tenentes vnum latus,
„ Episcopus Parisiensis, alij Prælati, Domini Ecclesiæ Parisiensis, & cæteri viri Religiosi per Episcopū vocati tenentes aliud latus progredi processionaliter incipient
„ ad Ecclesiam Parisiensem ducentes corpus quod erit quasi medium inter Episco-
„ pū Parisiensem & Rectore Vniuersitatis. Nec debent aliqui mediare inter Episco-
„ pū & ipsum Corpus in latere Episcopi & inter Rectorem & corpus ex alio latere,
„ nisi Præpositus Parisiensis qui cum virga in manu est ante corpus in medio vici. Et
„ debet Rector Vniuersitatis esse semper oppositus Episcopo Parisiēsi in suo Rengo.
„ Et similiter Episcopus Rectori. Et si contingeret multos Prælatos illic adesse Pō-
„ tificalibus indutos, ij omnes tenere debent latus Episcopi & esse oppositi Docto-
„ ribus in Theologia & nunquam Rectori. Qui quidem Prælati si abessent, habentes
„ in Ecclesia Parisiensi dignitates locum absentium Prælatorum tenent oppositum
„ Magistris in Theologia & nunquam Rectori. Episcopus autem Parisiensis, quia
„ ibi Ecclesiam repræsentat & suum exercet pastorale Officium, Corpus defuncti
„ leuat, & ipsius Ductor est principalis, latus dextrum habere prætendit.

„ Rector autem cum suis propter legitimas & rationabiles causas idem præten-
„ dentes ad euitandum discordias, scandala & lites sæpè latere contentatur sinistro,
„ honoris causa potius quàm iuris rigore deferentes Pontifici. Domini de Curia
„ Parlamenti dum Corpus per vicos defertur, ipsum corpus stipant. Domini de
„ sanguine Regis sequuntur Corpus: duo de Præsidentibus Parlamenti, Præpositus
„ Mercatorum & vnus Scabinorum Villæ tenent Pallium dum Corpus quiescit

in Ecclesia Parisiensi Canonicis Officium celebrantibus. Domini de sanguine Regis tenent sedes lateris dextri versus Nauim Ecclesiæ. D. Cancellarius Franciæ, DD. Præsidentes & alij Domini Officiarij Regis tenent sedes sinistri lateris oppositas sedibus Dominorum de Sanguine Regis. Episcopus autem Parisiensis tenet Cathedram suam, quæ est prima in latere dextro versus altare Episcopi, & qui eum associauerunt tenent illud latus contiguè ad ipsum.

Rector autem tenet primam Cathedram suam quæ est prima in latere dextro versus altare, quæ est sedes Cancellarij Ecclesiæ Parisiensis. Alias sequentes Cathedras vsque ad numerum 12. tenent Magistri in Theologia, Doctores in Decretis, Magistri in Medicina & 4. Procuratores, 4. Nationum, Franciæ scilicet, Picardiæ, Normaniæ & Angliæ: Canonici Ecclesiæ Parisiensis habentes dignitates in eadem tenent sedes seu Cathedras medias in vtroque latere.

Idem in ducendo corpus Regis per vicos & plateas faciunt in subleuamine Portitorum corporis Defuncti stationes plures. Quo sic stante Episcopus Parisiensis associatus quibusdam accedit ad Corpus, & ibi pias orationes & suffragia fundit ad Dominum pro remedio animæ Defuncti. Pendente horum Rector stare debet: &, dum Episcopus dictis orationibus redierit ad locum suum, progredi debent processionaliter vt prius. Corpore tandem extra portam S. Dionysij deuecto & vsque ad Leprosariam, potest Vniuersitas reuerti: si autem velit vltra progredi, scilicet vsque ad Capellam S. Dionysij aut vltra, potest & ad hoc est libera, neque ipsa arctatur, tenetur, seu obligatur conducere corpus vsque ad certam distantiam, vti Ecclesia Parisiensis, quæ ad hoc obligatur.

Ex his igitur manifestum est Episcopum Parisiensem SCHOLÆ PVBLICÆ PALATINÆ nunquam præfuisse. Credibile enim non est eum, si se aliquando supremum Academiæ Moderatorem fuisse meminisset, præcedi se passurum fuisse non modo in Actibus Scholasticis, sed & in Pompis publicis & solennibus aliisque eiusmodi spectaculis. Nec alia certè ratio afferri potest, quamobrem Rectori homini sæpe Laico Præcessionis Gradus attributus sit, nisi quia Vniuersitatis, quæ Filia Regum est primogenita, Caput est & Custos, Regemque Parentem & Fundatorem repræsentat. Vnde à multis REX quoque STVDIORVM, & à Seruino REGIS VICARIVS appellatur.

Vnde enim habet hanc dignitatem, nisi ab institutione & ab INSTITVTORE? nam si processu temporis eam sibi arrogauit, aut vi, aut clam, aut precariò arrogarit, necesse est. Clam? dici non potest, cum Rectoris authoritas latere non possit. Precariò? nihilo magis. Quis enim credat Episcopum cedere iuri suo, seque hominem Ecclesiasticum & primariæ dignitatis in Ecclesia Rectori viro sæpe Laico submittere voluisse etiam precanti? Ergo restat vt vi sibi arrogarit. At vnde illa vis? à Regibus? nihil tale asseritur: equidem Regum est opus suum tueri, dignitatemque illibatam conseruare quam dederunt ipsi & attribuerunt. Vnde non minus læsæ & imminutæ Maiestatis Regiæ reus est, qui Rectori iniuriam facit, quàm qui Magistratui à Rege instituto, Principi Senatus, aut Comiti Palatino aliisque qui in sacram Palatij Regij militiam adscripti sunt. Vnde ergo? à Pontificibus? nullum est in hanc rem diploma Pontificum, nulla sanctio Ecclesiastica: fidemque excedit, quod Pontifices Episcopalem dignitatem suæ vicinam & proximam, ita deprimere voluerint. A Scholarium multitudine, qui Episcopi aut Cancellarij regimini parere detractarint? id si ita est, mirum videri debet, cum tot olim lites inter Episcopum Cancellariumque & Rectorem intercesserint, totiesque disceptatæ & tandiu apud summos Pontifices, apud Reges & apud Senatum Parisiensem fuerint, nullum vnquam de ablata sibi per vim & extorta authoritate conquestum fuisse.

DISSERTATIO V.

DE CANCELLARIIS VNIVERSITATIS.

CErtum est antiquitus Episcopos ipsos curam habuisse Scholarum & instituendæ inuentutis, atque adeo præficiendorum huic muneri obeundo Magistrorum. At cum fides Christiana latius propagata est, cœperuntque in Ecclesiis Cathedralibus componi Capitula & Corpora Canonicorum, in singulis præpositus est litteratus Gymnasiarcha, qui sub authoritate Episcopi Scholarum regimini intenderet, quique licentiam docendi Magistris idoneis impertiretur. Id observatum procul dubio antequam vlla Vniuersitas institueretur, & necessariò: quippe si liberum fuisset vnicuique absque vllo examine aut non obtentâ potestate scholam aperire, Ecclesia Dei hæresibus & erroribus innumeris obnoxia fuisset.

Quod autem iste Præpositus qui Scholasticus, Capischola, Magister Scholæ Episcopalis dicebatur, docendi licentiam impertiretur etiam vbi nulla esset Vniuersitas instituta, si authoritate confirmare opus est, Stephanus Tornacensis exemplum suppeditat Ep. 133. ad Fulconem Scholasticum & Magistrum Scholarum Aurelianensium, qua eum rogat & monet vt iuxta mandatum Pontificium cuidam Magistro G. licentiam docendi indulgeat, sin minus Parisios se conferat ostensurus non esse idoneum nec peritum. *Sicut primo vos commonueram, ita & secunda commonitione vobis consulo, vt Magistrum G. secundum mandatum D. Papæ* LICITE LEGERE PERMITTATIS. *Quod si forte nolueritis, peremptorio velim nolim vobis edicto denuncio, vt prima instantis aduentus Dominici Parisius eundem G. ad tale regimen scholarum minus idoneum ostendatis.*

Quare Parisius? nimirum vt ego arbitror, quò palam fieret Academiæ malè illi M. G. concessum fuisse Magisterium, nec satis diligenter examinatum. Patet ergo Fulconem Scholasticum licentias docendi impertisse Aureliæ, vbi nondum erat Academia constituta.

In iis autem vrbibus vbi fuerunt erectæ Vniuersitates, eiusmodi Præpositi seu Scholastici & Magistri Scholarum Cancellarij nomen fere omnes assumpserunt munusque exercuerunt: vt scribit Innocentius Cironius Academiæ Tolosanæ Cancellarius in lib. 5. Decretal. tit. 5. de Magistris. *In aliis Ecclesiis*, inquit, in *locum Scholastici successit* CANCELLARIVS *Vniuersitatum sublato Scholastici nomine: vt in Ecclesia Tolosana, Bituricensi, Cadurcensi. In quibusdam Ecclesiis adhuc* SCHOLASTICI *nomen manet, vt in Ecclesia Aurelianensi, quo significatur Cancellarius.* Certè cum Paulus II. an. 1464. Vniuersitatem Bituricensem erigit, constituit, vt *Scholasticus qui ab antiquo consueuit disponere Scholas dictæ Ciuitatis, sit Cancellarius Vniuersitatis, dignisque licentiam docendi impertiat.* Similiter Papyrius Massonius de Berengario verba faciens qui obiit an. 1080. *Fuerat*, inquit, *Andegauensis Archidiaconus, Thesaurarius, Scholasticus: qui honores grauibus duntaxat, doctisque viris deferebantur. Et in maximis Ecclesiis* SCHOLASTICI *munus erat Clerum docere: quo munere Bruno Remis, Berengarius Andegauis, Honorius Augustoduni Heduorum defuncti sunt. Et* SCHOLASTICI *nomen in Ecclesia Andegauensi hodie retinetur, quem honorem quisquis habet,* ACADEMIÆ CANCELLARIVS EST.

Dubium autem non est quin Episcopi ipsi per se licentiam dare possent: & reuera in multis Vniuersitatibus Episcopi Cancellariorum munere funguntur. In Patauina id ab ipsa institutione obseruatum legimus in Bulla Vrbani IV. circa an. 1260. data ad Episcopum Patauinum. *Lecta coram nobis Fraternitatis tuæ petitio continebat, quod Rectores Vniuersitatis Magistrorum & Scholarium Paduæ deliberatione prouida statuerunt, vt Scholares ipsius Vniuersitatis qui debent in Magistros assumi, coram Episcopo Paduano præsentibus Doctoribus eiusdem Vniuersitatis examinari debeant diligenter, & idem Episcopus eis, si reperiantur idonei, debeat* DOCENDI LICENTIAM *concedere, & quod statutum eiusmodi est, vt affirmas inuiolabiliter obseruatum.*

uatum. Nos igitur tuis supplicationibus inclinati statutum ipsum sicut est prouide factum, ratum habentes & gratum authoritate Apostolica confirmamus, & præsentis scripti patrocinio communimus, decernentes vt qui secus ibidem sibi Magistri nomen assumpserit, pro Magistro nullatenus assumatur. Idem à Clemente VI. & ab Eugenio IV. confirmatum. Quorum Pontificum Bullæ extant apud Anton. Ricobonum lib. 1. Gymnasij Patauini. Idem sit Bononiæ, Basileæ, Lipsiæ, Monpessuli, Remis: ibi enim Archiepiscopus, seu eius Vicarius authoritate Apostolica licentias impertitur.

In Academia Louaniensi Præpositus Ecclesiæ Collegiatæ D. Petri perpetuus est Cancellarius, & in omnibus Comitiis & Conuentibus proximum à Rectore locum habet. Cuius Munus Martinus V. describit in Bulla erectionis illius Vniuersitatis. *Singuli*, inquit, *qui cursu feliciter consummato in ea Facultate in qua huiusmodi inhæsere studio brauium obtinere meruerint, sibique etiam pro aliorum erudimento docendi licentiam ac Doctoratus siue Magisterij honorem petierint elargiri, per ipsorum inibi Doctores siue Magistros Præposito, quem Cancellarium studij in Oppido huiusmodi esse perpetuò volumus, si illic præsens fuerit: alioquin Decano dictæ Ecclesiæ pro tempore existentibus, siue alijs ab eo deputandis, præsententur, vt ab illis si seruatis consuetudine & modis super talibus in dictis studiis generalibus obseruari solitis, ad hoc extiterint idonei sufficientesque reperti, licentiam & honorem sortiantur & reportent ante dictos. Et quidem præsentati quamprimum illos adepti fuerint, absque vlterioribus ab eis habendis examine & approbatione, in ipsa facultate in qua licentiam & honorem attigerint, in iisdem legere & docere liberè & licitè vbique possint & valeant.*

Ex his liquet quale sit præcipuum Cancellariorum munus. Liquet quoque tam Episcopos quàm Cancellarios potuisse licentias impertiri: quandonam verò in Vniuersitate Parisiensi impertiri cœperint, nunc inquirendum. Imprimis hoc esse videtur indubitatum, quandiu stetit Vniuersitas in Palatio, neminem admissum fuisse ad docendum, qui ab Apocrisiario, quem diximus fuisse sacri Palatij Antistitem, docendi licentiam non obtinuisset. Quippe secundus Ordo Palatij qui *Magistrorum erat & Scholarium* in rebus Ecclesiasticis & Scholasticis ab eius arbitrio & iudicio pendebat. Postquam verò Vniuersitas è Luparæa Regione migrare coacta est, seque transtulit partim ad Atrium & loca Basilicæ Episcopalis vicina, partim ad montem San-Genouefianum vallemque subiectam, tum ditionis esse cœpit Episcopalis & San-Genouefianæ: ac proinde ab Episcopo & Abbate, seu Decano Genouefiano licentias accipere, aut ab iis qui eorum nominibus Scholastico muneri erant præpositi.

Nec alia profectò, si bene attenditur, quærenda est huius instituti origo, & qui aliam fingunt, omnino fingunt. Migrantibus enim è Palatio Musis iam cessabat Apocrisiarij iurisdictio. Migrantibus verò ad ea loca quæ diximus, æquum erat vt Episcopus in atrio locisque aliis sibi subiectis & Decanus seu Abbas San-Genouefianus, qui in suo fundo Antistes erat, seu Vicarij ipsorum nominibus licentias impertirentur. Atque ita sicut Rector in Scholas Episcopales & San-Genouefianas quas institutas reperit, ius acquisiuit quoad regimen; sic vterque Antistes seu Cancellarius in Magistros & Scholares, qui in suum fundum migrauerant, licentiandi ius extendit quod habebant in suos vterque subditos: sicque è **tribus Scholis Palatina, Episcopali & San-Genouefiana** vna Publica coaluit Parisiensis Vniuersitas.

Porro licet vnicuique liberum fuerit vbi vellet, scholam habere & aperire, videtur tamen Theologi plus cæteris frequentasse scholas Episcopales: tum quia pauci erant longéque pauciores, quàm professores Artium: tum quia locus ille conuenientior erat Theologis ad docendum, cum schola Episcopalis propriè Theologica sit & esse debeat. Vnde sit, vt Schola quoque iuris Canonici, postquam eius professio inualescere cœpit, ibidem habita sit diu, donec in vtraque Facultate aucto Professorum numero arctior locus visus est, adeo vt in montem quoque migrare coacti sint.

Ex hac autem statione Theologica tria iura quasi peculiaria Cancellario Parisiensi seu Episcopo in Theologos accidere visa sunt: quoad locum, quoad licentiam & quoad Conuentus. Quoad locum quidem, quia Theologiæ Professionem ita Basilicanis scholis addictam esse contenderunt, vt alibi non posset exerceri. Vnde cum post Anselmum Laudunensem & Lombardum creuisset in immensum Theologorum numerus & in monte San-Genouefiano valleque subiecta Castra posuissent, eos ad docendum intra duos Pontes reuocare sub interminatione Censurarū moliti sunt, neminique Theologo licentiam impertiebantur, quem huic legi iuramento non adstringerent. Qua de re San-Genouefianos, quorum plurimum intererat, apud Gregorium IX. conquestos fuisse legimus, vt patet ex Bullis quas ipse Gregorius dedit ad Cancellarium Parisiensem & ad Curatores seu Commissarios quosdam, quibus in rei veritatem inquirendi negotium demandabat; quarum Bullarum plurimi mentionem faciunt, apographum verò pro sua humanitate mihi præbuit cum archetypo collatum Reuerendus P. Molinetus Canonicus San-Genouefianus à quo Historiam Regiæ istius Domus expectamus. Prior quæ est ad Cancellarium talis est.

GREGORIVS EPISCOPVS SERVVS SERVORVM DEI DILECTO FILIO CANCELLARIO PARISIENSI SAL. ET APOSTOL. BENED. Dilecti filij Abbas & Conuentus S. Genouefæ Parisiensis nobis insinuare curarunt, quod cum ad ius eorum pertineat vt Doctores Theologiæ & Decretorū ac liberaliū Artiū de ipsorum licentia liberè regere valeant in Parochia & terra eorum infra Parisiensium murorum ambitum constituta, tu Theologiæ Decretorumque Doctores ad regendum inter duos pontes adstringis vinculo iuramenti, propter quod & si Doctores Artium de licentia ipsorum regant in prædicta Parochia, Theologiæ tamen & Decretorum Doctores non audent regere in eadem. Vnde non solum honori sed etiam vtilitati Monasterij sui plurimum derogatur. Volentes igitur eiusdem Monasterij honores & iura illibata seruari discretioni tuæ per Apostolica scripta mandamus, quatenus si præmissis veritas suffragetur, illos qui prædictas scientias in parochia & terra ipsa docere voluerint, & ipsi ad id reputauerint esse idoneos, id facere sine contradictione permittas: alioquin dilectis filiis Abbati & Priori S. Ioannis in vineis & R. de Coudun Archidiacono Suessionensi nostris damus litteris in mandatis, vt partibus conuocatis audiant hinc inde proposita, & causam huiusmodi, si partes consenserint, debito fine decidant facientes quod decreuerint per Censuram Ecclesiasticam firmiter obseruari: alioquin eandem ad nos remittant sufficienter instructam præfigentes partibus terminum competentem, quo per procuratores idoneos propter hoc nostro se conspectui repræsentent. Datum Laterani 10. kal. Decemb. Pontific. nostri an. 1. *id. an.* 1227.

Ex quibus verbis apparet hanc fuisse inter vtrumque Cancellarium materiam litis, quod Parisiensis Theologiæ Decretorumque professionem loco adstringeret, nimirum intra duos pontes, minorem scilicet & maiorem, itaut extra hos limites licitè non posse exerceri contenderet, non item Artium professionem. San-Genouefianus verò omnium artium tam diuinarum, quàm humanarum exercitationem liberè vbilibet posse fieri contestaretur. Experientia autem demonstrat vicisse San-Genouefianum, scholasque omnes cuiuscunque professionis successu temporum fuisse in montem translatas.

Quo ad licentiam verò impertiendā, qu r erat altera pars litis, eadem experientia demonstrat vicisse Parisiensem, ipsumque vnum & solum Theologis, Decretistis & Medicis earum concedendarū sibi arrogasse potestatē: quoad Artistas verò, vtrique commune & æqualem fuisse attributam. Quando nam vero id acciderit, & quamobrem, non est facile dictu: Nam temporibus Gregorij an. 1227. & Alexandri IV. circa an. 1256. videtur San-Genouefianus adhuc habuisse generalē, tamque Theologis, Decretistis & Medicis, quàm Artistis licentiam impertisse.

Gregorij Bullam retulimus. Alexandri vero Bulla data Laterani 7. Kal. Decemb. an. 1. ad Cancellarium San-Genouefianum hæc habet. *Discretioni tuæ per Apostolica scripta firmiter præcipiendo mandamus, quatenus* REGENDI PARISIVS IN ALIQVA FACVLTATE NEMINI LICENTIAM *tribuas, qui dictam ordinationem noluerit obseruare.* Et in altera data Anagniæ 14. Kal. Iulij an. 5. Præsentium tibi authoritate præcipiendo mandamus, quatenus nullum de cætero LICENTIES PARISIVS IN ALIQVA FACVLTATE, *nisi prius iuret Ordinationes & statuta pro tranquillo statu Parisiensis studij dudum à nobis edita, & eaquæ continentur in ipsis se inuiola'iliter obseruaturum.* Ex quibus verbis liquet San-Genouefianum generalem tum habuisse li-

Vniuersitatis Parisiensis.

centiandi potestatem. Quandonam verò & vnde arctata sit eiusmodi potestas, & Artistarum finibus coercita; item an id honori & primæuæ fundationi, an iuris imminutioni tribuendum sit, controuersia est.

Aliqui existimant ob id dictum Cancellarium Facultatis Artium, quod cum Vniuersitas Parisiensis ob hanc Facultatem primùm instituta sit, eaque primæuæ putetur esse originis, cum cæteræ sint aduentitiæ, ipsa quoque suum habuerit initio Cancellarium origine & tempore priorem Cancellario Parisiensis Ecclesiæ, qui cæteris Facultatibus accessoriis licentias impertitur. Et huius sententiæ sunt non contemnendi Authores Belforestius, Andreas Duchesnius & Brolius in Antiquit. Parisi. Belforestius quidem sic habet. *On sçait qu'enuiron l'an 1304. seant à Rome Benedict XI. du nom, ce Pape donna faculté au Chancelier de Nostre-Dame de Paris de licentier & faire Docteurs en Theologie & en Decret. Or est-il qu'auant ce temps il y auoit Docteurs Theologiens à Paris & qu'il falloit qu'ils receussent les licences de la main de quelque Ecclesiastique. Il ne pouuoit estre autre que celuy de Sainte Geneuiefue, veu son ancien establissement, si le Pape n'y auoit hommes exprés pour le fait de ces licences. Et de cecy fait foy vne Bulle du Pape Gregoire IX. en datte de 1227. laquelle montre apertement que le susdit Chancelier de Sainte Geneuiefue vsoit & iouïssoit du Priuilege de licentier les Docteurs en Theologie & en Decret. Et si on met en auant qu'il n'est sans grande occasion appellé Chancelier des Arts, & que pour cette Faculté il a esté institué, il est aisé à y respondre. Et la responce sera l'establissement plus grand de l'authorité de ce Chancelier. Veu que chacun sçait que l'Vniuersité de Paris au commencement n'estoit que pour les Arts, & que les autres sciences y sont suruenuës comme Accessoires. D'où est auenu que du seul Corps des Arts on choisit le Recteur & Procureurs des Nations, ainsi que nous auons dit cy-dessus. Par ainsi le Chancelier de Sainte Geneuiefue estant celuy des Arts, s'ensuiuroit que seul il estoit iadis en cette Charge. Et celuy de N. Dame ayant receu le Priuilege de licentier les Estudians en Theologie & Decret long-temps apres que celuy de Sainte Geneuiefue en auoit pleine iouïssance, il me semble aussi que mal à propos luy donne-t'on le simple titre des Arts, puisque la generalité luy est deuë & octroyée. Si ce n'est que pour l'incapacité d'aucuns Chanceliers on y a pourueu: les Escoliers & les Nations presentant au Pape requeste pour se pouruoir ailleurs; qui a esté cause que les Religieux perdans ce droit, se sont contentez de la seule puissance de licentier les Artistes.* Ita Belforestius.

Brolius verò lib. 2. Antiquit. Parisiens. plurima quoque affert in hanc rem non indigna memoratu. Sic ergo ille. *Le Chancelier de S. Geneuiefue a esté seul iadis en cette Charge. Car nous trouuons que les premiers Colleges & plus habitez furent fondez en cette Montagne, esquels il semble que les Chanoines de S. Geneuiefue y commettoient des Regens & Precepteurs comme on le peut coniecturer des paroles suiuantes, qui se lisent en vne Epitaphe, qui est en l'Eglise de S. Iean l'Euangeliste de Liege, honorant la memoire de Notger iadis Euesque de ladite ville, lequel viuoit pendant le Regne de Robert fils de Capet.* Quid de Huboldo dicam? qui dum adolescentulus e Scholari disciplina aufugisset, Parisius veniens S. Genouefæ Canonicis adhæsit, in breui multarum Scholarum instructor fuit, vbi cum aliquandiu à D. Notgero ignoraretur, tandem Canonica Episcopalis sententiæ executione compulsus est redire, pluribus ibi relictis studiorum ac moralitatis insignibus. *Et de ce que le seul Chancelier de l'Vniuersité auoit esté pris de cette maison plustost que d'aucune autre; car ce ne fut qu'en l'an 1304. que le Pape Benoist XI. crea & donna la mesme puissance & faculté au Chancelier de N. Dame. Et par consequent le Chancelier de Sainte Geneuiefue estoit donc seul en cette Charge, puis qu'il appert qu'auant ce temps il y auoit des Theologiens & des Estudes en nostre ville, lesquels receuoient indubitablement les licences de la main de quelque Ecclesiastique, qui ne pouuoit estre autre que ce Chancelier de S. Geneuiefue, veu son ancien establissement. Que si on vouloit dire qu'il n'eust esté institué & establi pour la seule Faculté des Arts, comme le nom qu'on luy attribuë de Chancelier des Arts le fait presumer, ie respondrois & iustifierois par ma responce la seule authorité de ce Chancelier. Car puis que chacun sçait que l'Vniuersité de Paris n'estoit au commencement que pour les Arts, les autres Sciences y estans depuis admises par Accessoire, comme encore, pour reconnoissance on n'élit le Recteur ny les Procureurs des Nations que du seul Corps de cette Faculté, ainsi que nous dirons cy-apres, Il s'ensuit donc que le Chancelier de Sainte Geneuiefue estant pour la*

Faculté des Arts, *estoit tout seul en cette Charge. Outre que nous auons encore les Bulles des Papes Gregoire IX. & Alexandre IV. Qui montrent assez que non seulement le Chancelier de Sainte Geueuiefue auoit pouuoir de Licentier les Artistes de toute ancienneté, mais dauantage les Theologiens & Decretistes.*

Et postquam Bullas illas retulit, quibus constat Cancellarium prædictum in quacumque facultate licentias impertiri solitum, subdit. *Ce qui rend preuue assez soluable de l'ancienne authorité de ce Chancelier S. Geneuiefue & de la connoissance d'icelle de nostre temps, puis que ce Chancelier est declaré tant pour les Arts que pour les autres Facultez.*

Andræas Duchesnius in Notis ad Abaelardum eandem sententiam iisdem rationibus confirmat. Postquam enim retulit locum præallatum de Huboldo Leodiensi, subdit. *Quare & in illius rei memoriam ac velut honorificum testimonium Cancellarius Vniuersitatis Parisiensis ex sola Canonicorum S. Genouefæ Congregatione longo postea tempore delectus est, & vsque ad Pontificatum Benedicti XI. Papæ, qui primus authoritatem ac Facultatem parem Cancellario Ecclesiæ B. Mariæ Virginis concessit.*

Hæc Sententia, vt verè dicam multum habet probabilitatis, sed falso nititur fundamento. Probabile quidem est Musas post migrationem è Luparæa regione primùm inhabitasse montem San-Genouefianum, vt Huboldi exemplo rectè probatum est; quia hic locus commodior erat exercitio litterarum atque à strepitu vrbis remotior: Sicque suum ibi primitus habuisse Cancellarium, qui licentiam concederet: deinde verò nonnullas descendisse in Atrium, scholasque claustrales & alias vicinas occupasse: istas verò proprium quoque vt in alio fundo positas habuisse Cancellarium: atque ita vtrumque in sua quemque ditione licentias impertisse Magistris cuiuscunque Facultatis essent. Vt videntur significare Bullæ Gregorij & Alexandri. Quæstionem istam in medio positam relinquo, nec definio. Crediderim tamen Theologos prius inhabitasse Atrium, quàm montem: & secutis temporibus ex atrio in montem quoque migrasse.

Verum certum est Benedictum XI. an. 1304. non primùm dedisse Cancellario Parisiensi licentiandi potestatem in Theologia & in Decretis; sed ademptam tantummodo restituisse. Bonifacius enim VIII. ægrè ferens Doctores Theologos & Decretistas de controuersia quæ inter ipsum & Philippum Pulchrum intercedebat, consultos Philippo fauisse, non tantum Cancellario Parisiensi, sed aliis omnibus interdixerat omni potestate licentiandi in istis Facultatibus, vt patet ex eius Bulla data Anag. 18. Kal. Sept. an. 1303. Benedictus verò Bulla sua data Viterbij 14. Kal. Maij an. 1304. eandem restituit: vt ad illum an. referemus.

Quandonam verò Sangenouefiani potestas arctata sit & Facultatis Artium finibus coercita & quamobrem, non est facile dictu. Certe negari non potest quin communem & æqualem olim habuerit cum Parisiensi, vt constat ex Bullis Gregorij IX. & Alexandri IV. Itaque, aut incuriâ, aut lege & statuto aliquo eam amiserit necesse est: vt rectè scribit Brolius. *Il est aduenu soit que les Religieux de Sainte Geneuiefue ayent perdu ou égaré leurs vieilles Chartres, ou qu'il y ait en quelque nouuelle Ordonnance en faueur du Chancelier de Nostre-Dame, que maintenant les Facultez de Theologie, Decret & Medecine vont seulement à l'Euesché pour les Licences & le Bonnet, & pour les Arts sont departis à tous les deux Chanceliers.* Ita pleraque iura desuetudine pereunt, & amissa semel non facilè reuocantur, cum datus est vsurpationi locus: quemadmodum accidit in electione Cancellarij Parisiensis: nam cum nulli olim Facultati addictus esset, sed ex omnibus & singulis promiscuè & indiscriminatim sumi posset, quia tamen longo annorum decursu plurimi fuerant ex Ordine Theologorum assumpti, post mortem Dionysij Citharoedi contendentibus de Cancellariatu duobus circa an. 1482. quorum vnus erat M. Ioannes Huë Doctor Theologus, alter M. Ambrosius de Cameraco Decretorum Doctor, (cuius causæ accessit Vniuersitas) vix obtentum est, vt libertas antiqua remaneret. Ea de re Robertus Gaguinus ad Cardinalem Borbonium elegantem orationem habuit, ex qua paucula hæc decerpimus.

Cum duæ sint in schola nostra primariæ dignitates, Rectoratus & Cancellaria, quidam sibi alteram ita ambiunt & vsurpant, quasi memini nisi Theologo debeatur. Et isti quidem nostri turbatores id maximè nunc agunt, & per conuenticula & clandestinas conciones vt

Vniuersitatis Parisiensis. 277

totus ipse Theologorum cœtus id petere iure optimo videatur;cum reuera bona pars eius Facultatis ab hac ambitione longè dissentiat & istorum quidem non dicam temeritati sed audaciæ vt nostrum se opponeret studium, conuocatâ nudius tertius graui filiorum suorum Concione appellationis se clypeo contra communis honoris vsurpatores protexit. Adèo que fuit ad hanc rem vnus & concors omnium aduersum istam paucißimorum Theologorum nouitatem vanitatemque consensus, vt ad infringendos conatus eorum corpora sua imprimis & fortunas omnes impendere sint liberrimè polliciti. Et postquam multas rationes ad confirmationem rei propositæ retulit, sic tandem concludit.

Non desunt præterea ex Artium Liberalium studio graues Philosophi & variarum disciplinarum præceptores, qui hoc orant atque similiter comprecantur, ne præter suæ appellationis spectatißimam rationem aliquid per ius prætensæ deuolutionis vestra sapientia de nostri Cancellarij causa commutet. Ne in quo iure septingentos fere annos FELIX SCHOLA PARISIORVM *quietißimè mansit, in eo per paucos admodum Theologos dispendium accipiat, neue ab eo honore Cancellariatus* VLLA STVDII NOSTRI FACVLTAS *segregetur, quam ipsis quoque aduersariis bono animo sustinemus per vices esse communem.*

Lis ista anno circiter 1482. incepta, nondum erat an. 1489. decisa. Electus tamen à reliquis Facultatibus Ambrosius de Cameraco Cancellariatum gessit; eique successit Stephanus Poncherius, postea Episcopus Parisiensis. Ante Ambrosium verò idem munus gesserat Ioannes Guignecurtius Baccalaureus in Theologia an. 1387. in quo primum ait Hemeræus prætermissam fuisse legem antiquam Facultatis Theologicæ; Nulli vt Cancellaria nisi Magisterium in Diuinitate consecuto committeretur. Hæc de Cancellariorum Parisiensium institutione sufficiant. Nunc de muneribus & regimine Scholarum, quod illis tribuit Hemeræus, dicendum.

Munera Cancellarii Parisiensis hæc duntaxat fuisse legimus. Nomine Episcopali vel Apostolico censuris illigare, ab iisdem absoluere, licentiam docendi vtroque nomine impertiri, Magistrum aliquem in claustro præficere ad docendum, Bibliothecæ & sigilli capitularis curam habere. Extant in hanc rem statuta Odonis Episcopi an. 1207. Petri Cambii an. circiter 1215. in quibus cum de Cancellarij muneribus agatur, nihil quidquam de præfectura Academiæ Parisiensis habetur: quod verisimile non est præterituros fuisse, si ius illud habere credidissent. *De Regimine Cancellarii Parisiensis.*

Materia litium vna fere semper hæc fuit, exactio pecuniæ pro licentiarū cōcessione. contendebat Vniuersitas gratis debere concedi. Cancellarius laborem examinis obtendebat. Et hinc opinor orta est an. circiter 1130. aut 32. inter Walonem scholaresque Parisienses & Stephanum Episcopum Algrinumque Cancellarium controuersia. Conquerebantur scholares se contra leges & statuta à Cancellario grauari. Walo qui tum erat, vt credibile est, Vniuersitatis Rector, Scholarium causam suscipit, diem Algrino dicit, nec forte petulantium iuuenum iniurias prohibet. Episcopus interminatur censuras nisi ab iniuriis abstineant, & fulminat. Walo Innocentium Papam appellat, qui causam penes se retinet: interim Stephanus Algrinum authoritate & patrocinio suo munit, contra quem Walo apud Henricum Archiepiscopum Senonensem & Metropolitanum patrocinium inuenit. In tota ista lite, quæ magno animorum æstu agitata est, ne verbum quidem legitur de potestate Cancellarii in scholares, deque Scholarum Parisiensium Præfectura.

Alexander III. circa an. 1163. agnoscens frequentium rixarum & litium materiam esse eiusmodi exactionem, expresso cauit edicto, ne vllus Cancellarius pro licentiis dandis quidquam exigeret aut acciperet. Nonnihil tamen indulsit postea M. Petro Comestori Cancellario, sed ita, vt personam eius non excederet.

Anno 1208. Vniuersitas de Cancellariatu deiecit M. Ioannem de Candelis, propterea quod ab iis, quibus licentiam impertiebatur, pecuniam contra Academiæ statuta & sanctiones Ecclesiasticas exigebat, iuramentumque obedientiæ sibi præstari volebat à Theologis præsertim & Decretistis, vt non alibi quàm in Scholis Episcopalibus, aut intra pontes docerent. Et cum res ista præsentibus Petro Cambio Episcopo & Legatis Innocentii III. agitaretur, nihil quidquam

Kk iij

Prmium seculum

de Rectorij Magistratus creatione aut prælatione conquestus est, sed tantum quod sibi nihil pro licentia impertienda exigere liceret.

Eadem Vniuersitas similiter circa an. 1271. Ioannem de Allodiis vulgo de Aurelianis, qui Fernandum Aragonem nullo tentatum examine ad Magisterium promouerat, & de licentiis pecuniam exigebat, Cancellariatu cedere coegit. Lis hæc Romam delata ab an. 1271. ad an. 1328. durauit. Consecutis temporibus eadem quæstio & sola semper in disceptationem venit, multotiesque sopita reuixit an. 1375. tum Cancellario M. Ioanne de Caloribus: & an. 1381. Cancellario Ioanne Blanchard lis ad Pontificem delata: deinde in Senatu Parisiensi diu agitata est. Extant vtriusque Partis rationes & argumenta in actis Curiæ. Nihil ibi Rectoriæ dignitati aut antiquitati derogatur. De honorario tantum quæstio vertitur in licentiarum impertitione. Vnde colligitur euidentissimè Cancellarium Rectori fuisse semper & ab omni æuo subditum, quoad regimen Vniuersitatis.

His addamus Cancellarium à Rectore & Vniuersitate recipi, non Rectorem à Cancellario inque sui receptione iuramentum præstare, se licentiaturum dignos, indignos verò repulsurum, non clam, non solum, sed palam, præsentibus examinatoribus ab Vniuersitate datis aut confirmatis & approbatis.

Ex his ergo liquet Rectoratum & Cancellariatum semper fuisse distinctos Magistratus & veluti vicariatus duplicis supremæ potestatis, Regiæ & Pontificiæ. Nam cum duplex sit in Vniuersitate administrationis ratio, vna Ecclesiastica & spiritualis, altera politica & temporalis, vt vocant, Ecclesiasticæ semper præfectus fuit Episcopus aut Cancellarius, Politicæ Rector. Cancellarius repræsentat Episcopum aut summum Pontificem in iis quæ ad fidem, religionem & conscientiam spectant, dum licentias impertitur cauetque ne quis ignarus Christianorum dogmatum, aut Facultatis quam profiteri vult, imperitus, aut non orthodoxus ad regimen scholarum admittatur: item censuris illigat, ab iisdemq; & à casibus reseruatis absoluit. Hinc olim Pontifices vulgo ad Cancellarium tanquam ad suum vicarium scribebant, si quid vellent in Vniuersitate fieri. Rector institutionis est Regiæ, Comitia indicit, Comitiis præest, consilium habet Academicum, iurisdictionem exercet, purpuram gestat, edicta legesque fert de consilio ordinum, scholarum regimini præest, vno verbo in Vniuersitate Regis vices obit, seu Vicariam dignitatem gerit. Vnde cum Reges aliquid Vniuersitati mandant, ad Rectorem litteras suas dirigunt, tanquam ad eum cuius est vices suas agere. Hinc San-Victorini Canonici de præcessione cum Benedictinis contendentes *quis dubitet*, inquiunt *contendatque nobis idem ius locumque deberi in Academicis quàm in Regiis supplicationibus, cum in iis amplissimus Rector Regis sustineat personam?*

Denique Rectoris dignitas Regia semper fuit & Regiæ institutionis: Cancellariorum vero Authoritas non semper Apostolica, nec Pontificiæ institutionis. Quippe valde credibile est initio Episcopum ipsum in sua ditione; item Abbatem seu Decanum San-Genouefianum in sua & vtriusq; Cancellariũ eorum nomine licentias impertiisse: at quia sic non poterant generalem & vbique docendi licentiam impertiri, quippe vtriusque ditionis finibus illorum potestas circumscribebatur & concludebatur, necesse fuit ampliorem a summo Pontifice potestatem & authoritatem obtinere, secundùm quam ita solent licentiare. Ego N. AVTHORITATE APOSTOLICA QVA FVNGOR IN HAC PARTE DO TIBI POTESTATEM DOCENDI, REGENDI, INTERPRETANDI, OMNESQVE ACTVS SCHOLASTICOS EXERCENDI HIC ET VBIQVE TERRRARVM.

Sigillum Vniuersitatis.

Sunt præterea qui Sigilli Academici custodiam penes Cancellarium olim fuisse putant. Nimirum sic existimant, quod quemadmodum Rex per Cancellarium Franciæ gratias & beneficia sua expedit, sigilloque muniri curat: ita & Rector Academiæ per Cancellariũ licentias docendi & benedictionẽ Apostolicam quam ipse dare non poterat, impertiebatur, litterasq; sigillo cuius custodiã habebat, muniri curabat. Idq; videtur sensisse Ludouicus Seruinus l. 1. causarũ Forensiũ in causa Hamiltonis, his verbis. *Quant au Chancelier qui est en l'Eglise de Paris, il garde bien les sceaux de l'Vniuersité, mais il n'en est le Chef: ains le Recteur qui est le premier & seul en qualité auec l'Vniuersité és causes qui touchent les Escholes & les estudes. Il est vray que le Recteur qui est Laic, parce qu'il ne peut pas benir apres que les Escholiers sont pas-*

sez Maistres & admis au giron de l'Vniuersité, il les presente au Chancelier qui est Ec-clesiastic à ce qu'il leur donne la benediction. Mais pourtant il n'a pas la direction & conduite des Colleges ny des Escholiers qui sont és estudes publiques, ains elle appartient à l'Office du Recteur ad quem spectat prouisio Magistrorum qui debent dici scholares, *comme i'ay veu par vn acte de 1271. enregistré au liure de l'Vniuersité.* Quod hic ait Seruinus Cancellarium esse Custodem Sigilli Academici, si de suo tempore loquitur, alienum est à veritate & ab historia: si de priscis temporibus, id non absque fundamento est.

Hæc enim opinio potest fulciri authoritate Chronici Turonensis, cuius mentionem faciunt Sammarthani in Gallia Christiana sub Bartholomæo Parisiensi Episcopo an. 1223. aientis paulo ante hunc annum *Vniuersitatem Parisiensem cœpisse proprio vti sigillo in præiudicium Cathedralis Ecclesiæ.* Vnde infertur Vniuersitatem ante ea tempora aut non habuisse aliud sigillum quàm Capitulare, aut si proprium, illud penes Cancellarium fuisse. Duo igitur nunc sunt inuestiganda, an Vniuersitas proprium habuerit sigillum ante ea tempora, & penes quem fuerit.

Quod proprium habuerit, non videtur posse dubitari, si attendimus ipsam verum Corpus litteratorum hominum ab initio constituisse, vt supra demonstratum est: Corporis autem notas certissimas secundum Iureconsultos esse has 4. *Arcam communem, Res communes, Sigillum commune & Actorem seu Syndicum.* Deinde certum est ipsam centum annos in Palatio Suburbano seu in Luparæa regione constitisse extra dominium Ecclesiæ Cathedralis. Tunc ergo si Corpus fuit, Sigillum proprium habere potuit, quod si habuit, non videtur quamobrem eo vti desierit, postquam in Atrium & in montem San-Genouefanum se transtulit. Quanquam forte tum non alio quàm Rectorio vtebatur. Quando nam verò commune illud, quo nunc vtitur, habere cœperit, nemo credo dixerit. Certè antiquissimum esse constat vel ex iconibus insculptis quas præse fert, D. Virginis veluti in throno sedentis, & Diuorum Nicolai & Catharinæ qui ab omni æuo Patroni sunt communes Nationum, seu primigeniæ Vniuersitatis.

An verò Cancellarius Parisiensis eiusdem custodiam habebat? Nihil memini me legere. Scio quidem illum custodem fuisse sigilli Capitularis, & cum temporibus Petri Cambij Episcopi mota fuisset lis inter ipsum & Capitulum de emolumento Sigilli, tandem an. 1215. Pacem fuisse inter eos compositam hac lege vt in expediendis & sigillandis Chartis quæ ad Ecclesiam aut Ecclesias ipsi subiectas & Capitulum pertinerent, nihil emolumenti perciperet, in cæteris quæ ad alios, 4. denarios haberet. *Si verò extranea persona aliqua super rebus quæ ad aliquam personarum vel Ecclesiarum prædictarum pertineant, litteras seu Chartam vel aliud instrumentum petierit, quatuor tantummodo denarios inde habebit Cancellarius tam pro scriptura quàm pro cera vel sigillo.* At in eo instrumento nihil quidquam de Vniuersitate aut scholaribus, cum tamen tunc temporis ob licentias grauis esset inter Cancellarium & ipsam Vniuersitatem discordia. Imo neque in reformatione eiusdem an. per Robertum Curthonium Cardinalem Legatum facta, sicut nec in Scripto Petri Episcopi, quod ad rationem examinis potissimum spectabat, cuiusque fit mentio in eadem reformatione.

Neque etiam in reformationibus seu statutis ab Honorio III. & Gregorio IX. post Bartholomæum Episc. factis; in quibus multa habentur de Cancellario; Nihil verò de Sigillo, aut quod ipsi Cancellario ablatum fuisset, aut quod Vniuersitas sibi arrogasset. Verisimile autem non est, si in *præiudicium Cathedralis Ecclesiæ* factum fuisset, vt in illo Chronico Turon. dicitur contineri, silentio præterituros fuisse Episcopum, Cancellarium aut Capitulum, aut cum Vniuersitate iniuriarum non acturos. Itaque cum nihil ea de re expostulatum legamus, alterum è duobus videtur posse inferri, aut non esse verum quod ex illo Chronico refertur, aut si Cancellarius custos tum erat Sigilli Academici, non factam illi fuisse iniuriam, cum in Archiuo repositum est, ac proinde non habuisse vnde quereretur, quod Vniuersitas iure suo vteretur.

Restat 3.ius Episcopi & Cancellarij Parisiensis in Cœtus seu Conuentus Theologorum: legimus enim passim in historia eos sæpe coëgisse & Magistros in Theologia præsertim, ad res fidei & Religionis decidendas conuocasse, quod munus obeunt hodie Decanus & Syndicus eiusdem Facultatis. Ius autem eiusmodi non aliunde prouenire videtur, quâ aut ex eo quod in scholis Claustralibus & Atriensibus iurisdictioni Episcopali subiectis docebant: vel ex eo quod iuxta sanctiones Canonicas in singulis Cathedralibus Theologicæ Cathedræ curam & præfecturam habebant Episcopi.

Verum vna tantùm esse poterat, nec ea publica, sed ad instructionem tantummodo Canonicorum, aut ad summum Diœcesanorum Clericorū. Contra Academicæ omnibus omnium gentiũ patere debent, ac proinde alterius sunt generis, & ab alia iurisdictione pendent, puta ab ea quam Fundator instituerit. Itaque crediderim Episcoporum & Cancellarium Parisiensem potestatis & authoritatis suæ terminos prætergressos fuisse, cum omnes Theologos ad docendum intra duos pontes astringere voluerunt; quorum scilicet non erat aut esse poterat scholis publicis locum præscribere.

Ius igitur proprium Episcopi, & sub Episcopo, Cancellarij est Scholam in Episcopio habere Theologicam vel Canonicam, Magistrum præficere eiusque regimini intendere; nec aliud video sacris Canonibus contineri. Imo Petrus Cambius an. 1215. Pacem inter Cancellarium & Capitulum componens, non aliud assignat. Sic enim in instrumento legitur. *Libros in bono statu tenebitur conseruare & * TALEM INSTITVERE MAGISTRVM IN CLAVSTRO *qui sufficiens sit ad Scholarum regimen & ad Officium quod debet facere in Ecclesia, & ad litteras Capituli, si opus fuerit, faciendas.*

Talis autem Schola, publica non erat, nec Publicarum iuribus gaudere poterat, nec qui sub tali Magistro studuissent, ad Gradus Magistrales promouendi censebantur. Itaque cum an. 1384. Clemens VII. concessit Doctori Claustrali in Decretis eiusque Scholaribus frui iuribus Academicorum, reluctantibus ipsis Academicis, non id se ex iure, sed ex mera sua liberalitate & indulgentia concedere fassus est. Sic enim ait in Bulla data Auenioni 17. Kal. Sept. an. 6.
„ Nos cupientes Quæstioni huiusmodi finem imponere ipsamque Ecclesiam specialis in hac parte prærogatiua gratiæ decorare, motu proprio non ad ipsorum
„ Iacobi, Decani & Capituli vel alterius pro eis nobis super hoc oblatæ petitionis
„ instantiam, sed ex mera nostra liberalitate prædicto Iacobo, Decano & eius successoribus Decanis ipsius Ecclesiæ & præfatis Capitulo authoritate Apostolica
„ præsentium tenore concedimus, quod deinceps in perpetuum vnus Canonicus
„ prædictæ Ecclesiæ præbendam inibi obtinens, Decretorum & ipsorum Doctor
„ qui in eodem studio insigne susceperit, memorata iura Canonica in dictis Scholis (*Claustralibus*) ordinariè legere valeat....quodque Canonicus eiusdem Ecclesiæ iura prædicta in iisdem Scholis pro tempore, vt præmittitur, legens, verus Regens in iisdem Iuribus perinde reputetur, ac si iura prædicta ordinariè in
„ Vico legeret supradicto. Et quod scholares sui in iisdem scholis perinde tempus
„ ad lecturam Doctorum ipsorum per statuta & consuetudines dicti Studij definitum censeantur complere, ac si in Vico prædicto sub Doctoribus pro tempore
„ in eo regentibus eadem iura audirent. Et quod Canonicus sic legens, illis quibus Doctores Regentes pro tempore in dictis Iuribus in vico prædicto; Scholares
„ verò prædicti illis honoribus, priuilegiis, libertatibus, franchisiis & immunitatibus, quibus scholares sub Doctoribus in ipso vico pro tempore regentibus vti
„ & gaudere noscuntur, vti valeant & gaudere. Volumus autem quod in cæteris
„ Canonicus in dictis Scholis, vt præmittitur, legens & Scholares sub ipso in iisdem Scholis iura audientes, prædicta statuta & consuetudines Facultatis eiusdem seruare & Decano Facultatis & Collegio supradictis obedientiam in licitis & honestis, sicut cæteri Doctores Decretorum ipsorum & Scholares studentes in ipsis dicti Studij impendere teneantur.

Hinc igitur intelligitur Scholam illam Claustralem de iure non potuisse censeri inter Academicas & Publicas: quandoquidem Pontifex singulari priuilegio talem constituit, vbi etiam liquet multo minus posse Cancellarium alibi quàm in Claustro Scholas Publicas collocare. Itaque cum post secessionem Academicorum, de qua dicemus ad an. 1229. M. Philippus cognomento Cancellarius Dominicanos admisit ad docendum publicè, nondum ab Academia in consortium receptos, omnino in leges Vniuersitatis peccauit, potuitque læsæ maiestatis Regiæ conueniri, quod non modò suæ potestatis limites excedere,

dere, fed inftitutionem Regiam conuellere aufus fuiffet: cum ipfe licentias quidem impertiri poffit, fcholas publicas erigere non poffit, nifi iuxta leges Academicas à Rectore & Vniuerfitate probatæ fuerint, & ij quos ad docendum admiferit, ab eadem Vniuerfitate prius in Societatem recepti fint. Quæ caufa fuit tam multorum diffidiorum, quæ per 20. annos Academiam turbarunt, totumque eius ftatum conuulferunt.

Et hinc etiam intelligitur Cantorem Ecclefiæ Parifienfis poffe quidem in regionibus Vrbis minores, feu vt vulgò loquimur, PARVAS SCHOLAS conftituere & iis Magiftros præficere qui legere & fcribere doceant, & ad fummum primis litterarum elementis & rudimentis informent, non poffe verò, qui quod eft Vniuerfitatis, vltra doceant: vt pluribus ftatutis, legibus & Senatus-Confultis cautum eft.

DE GENERIBVS DISCIPLINARVM
Primi Seculi.

REftat vt alteram partem ftatus Academici, quæ eft de generibus Difciplinarum hocce primo feculo in Academia Parifienfi exercitarum difieramus. Imprimis autem certum eft ab initio feptem Artes Liberales in fcholis Palatinis traditas fuiffe, vt patet ex hiftoria Monachi San-Gallenfis, in qua legitur commiffos Clementi adolefcentes Imperatori reuerfo porrexiffe Epiftolas & Epigrámata, vnde eorum in Artibus profectum agnouit. Erricus Antiffiodorenfis ait fimiliter in Ep. dedicatoria Caluum vndequaque Magiftros Artium ad publicas Scholas euocaffe. *Id vobis fingulare ftudium effeciftis, vt ficubi terrarum* MAGISTRI *florerent* ARTIVM, *hos ad* PVBLICAM ERVDITIONEM *vndequaque veftra Celfitudo conduceret.* Et infra. *Ita namque fpretis cæteris in eam mundi partem, quam veftra poteftas complectitur,* VNIVERSA OPTIMARVM ARTIVM STVDIA *confluxerunt.*

Iis præfertim delectabatur Carolus, & ipfe nonnunquam aut folutâ aut ftrictâ oratione fcribebat. Hinc in eius gratiam edidit Alcuinus libellum feptem Artium, & fpecialem Dialogum de Rhetorica, in quo Carolum fecum difputantem inducit: ei verò hoc Epigramma præfixit.

Qui rogo Ciuiles cupiat cognofcere mores
Hæc præcepta legat quæ liber ifte tenet.
Scripferat hæc inter curas Rex CAROLVS AVLÆ
Albinique fimul: hic dedit, ille probat.
Vnum opus amborum, difperfi caufa duorum:
Ille Pater Mundi; hic habitator iners.
Neu temnas modico LECTOR *pro corpore Librum:*
Corpore præmodico mel tibi portat apis.

Et in Dialogo de Grammaticâ fic Difcipulus Magiftrum rogat. *Quos toties promififti feptenos Theorifticæ Difciplinæ Gradus, nobis oftende.* Et M. *Gradus, quos quæritis (& vtinam tam ardentes fitis femper ad difcendum quàm curiofi modo eftis ad videndum) Grammatica, Rhetorica, Dialectica, Arithmetica, Geometria, Mufica & Aftrologia. Per hos enim Philofophi fua continuerunt otia atque negotia: iis namque Confulibus clariores effecti; iis Regibus celebriores; iis videlicet æternâ memoriâ laudabiles; iis quoque fancti & Catholici noftræ fidei Doctores & defenfores omnibus Hæretarchis in contentionibus publicis femper fuperiores extiterunt. Per has verò, filij chariffimi, femitas veftra quotidie currat adolefcentia; donec perfectior ætas & animus fenfu robuftior ad culmina Sanctarum Scripturarum peruenias: quatenus hinc inde armati vera fidei defenfores & veritatis affertores omnimodis inuincibiles efficiamini.*

Porro vt erat Carolus vir Ordinis amator, fingulis Difciplinis Scholas & Profeffores affignauit, ne fibi inuicem obftreperent, vtque finguli vni duntaxat profeffioni intenti melius officium fuum exequerentur: imitatus proculdubio

Theodosium, qui in Auditorio Capitolino multiplices scholas disponi voluit à se inuicem muris discretas, ne Discipuli vel Magistri sibi obstreperent, *neue linguarum confusio permixta vel vocum aures quorundam aut mentes à studio litterarum auerteret.* Hunc autem ordinem cum instituisset Carolus, optauit ab Alcuino comprobari: & ille verò ne an ironicè, rescripsit vnum se non probare, quod sola Poësis e Regia exularet, forte quia Magistrum non habebat, vt reliquæ, singularem; cætera verò tam eleganter & accuratè esse disposita, vt nihil desiderari posse videretur. Sic ergo ille Poëmate 221. ad Carolum.

> *Hæc mihi cuncta placent, iste est laudabilis Ordo.*
> *Quid Maro versificus solus peccauit in Aula?*
> *Non fuit iste pater tam dignus habere Magistrum,*
> *Qui daret egregias pueris per tecta Camoenas?*
> *Quid faciet Beleel Hiliacis doctus in Odis?*
> *Cur rogo non tenuit Scholam cub nomine Patris?*
> *Quid faciet tardus canuto vertice Drances*
> *Consilio validus, gelida est cui dextera bello?*
> *Zacheus arborem conscendit paruus in altam,*
> *Vt videat turbam Scriptorum currere circum*
> *Literulis, Chartis mihi is solatia præstat.*
> *Non tangat, caueat puerorum sportula dextras.*
> *Iam tenet Ordo suum propriè nunc quisque Magistrum,*
> *Presbyter Egregius toto sub pectore plenus*
> *Iste Sacerdotes factis & voce gubernat*
> *Ante illos gradiens clarissima forma salutis.*
> *Ordo Ministrorum sequitur te Iesse Magistrum,*
> *Vox tibi forte sonat Christi taurina per Aulam:*
> *Vt decet ex alto populis pia verba legenti.*
> *Candida Sulpicius post se trahit agmina lector,*
> *Hos regat & doceat certis ne accentibus errent,*
> *Instituit Pueros Idithun modulamine sacro,*
> *Vtque sonos dulces decantent voce sonora.*
> *Quot pedibus, numeris, rithmo stat Musica, discant.*
> *Noctibus inspiciat Cæli mea filia stellas,*
> *Assuescatque Deum semper laudare potentem,*
> *Qui Cælum stellis ornauit, gramine terras,*
> *Omnia qui verbo mundi miracula fecit.*

Idem Poëm. 159. Corionem seu Coridonem amicum & Discipulum olim suum, quem in Palatio docentem reliquerat, arguit quod qui prius summâ nominis celebritate docuerat, & multa venuste & eleganter versibus mandarat, nunc obtorpescat, & Palatinis deliciis captus genio indulgeat.

> *Qui sophiæ libros primus lac ore sub annis*
>   *Suxisti & labris vbera sacratus.*
> *Dum tibi dum maior per tempora creuerat ætas,*
>   *Tunc solitus fueras sumere corde cibos.*
> *Fortia de gazis veterum & potare falerna,*
>   *Sensibus & fuerant peruia cuncta tuis.*
> *Quidquid ab antiquo inuenerunt tempore Patres,*
>   *Nobile cuncta tibi prodidit ingenium.*
> *Ac Diuina tuis patuit Scriptura loquelis,*
>   *Ædibus in sacris dum tua vox resonat.*
> *Quid tua nunc memorem Scholastica carmina vatis*
>   *Queis cunctos poteras tu superare senes!*
> *Viscera tota tibi cecinerunt atque capilli,*
>   *Nunc tua lingua tacet. Cur tua lingua tacet?*
> *Nec tua lingua valet forsan cantare Camoenas,*
>   *Atque reor dormit lingua tibi, Coryon..*

Dormit & ipse meus Corydon Scholasticus olim
Sopitus Baccho. Væ tibi Bacche Pater.
Tu quia tu quæris sensus subuertere sacros,
Atque meum Coryon ore tacere facis.
Ebrius in tectis Corydon Aulensibus errat
Nec memor Albini, nec memor ipse sui.

Suam quoque ibi habuit Alcuinus Scholam quam describit Carm. 222.
In te personuit quondam vox Alma Magistri
Quæ sacros sophiæ tradidit ore libros.

Porro ex supradictis etiam patet suas in Palatio fuisse Theologiæ Scholas. Vnde Alcuinus Athenen Gallicam longè anteponit Græcæ; propterea quod vt ipse ait in Ep. 10. ad Carolum, *Græca tantummodo Platonis erudita Disciplinis, septenis informata claruit Artibus*: nostra verò insuper septiformis S. Spiritus plenitudine ditata omnem secularis sapientiæ excellit dignitatem. Et in Dialogo de Grammatica, Discipulus de quodam Diogenis alumno, qui minis & metu baculi à præceptore diuelli non poterat, loquens subdit, *At si ille amore secularis sapientiæ flagrans, cœlestis verò quæ ad vitam ducit perpetuam, ignarus sic ardenter Magistrum sequi persistebat, quanto magis Nos tua, Magister, ingredientem vel egredientem vestigia sequi debemus, qui non solum Litterario nos* LIBERALIVM STVDIORVM *itinere ducere nosti, sed etiam meliore Sophia via, quæ ad vitam ducit æternam:* Similiter Ionas Aurelianensis de Caroli M. instituto loquens lib. 1. de Cultu Imaginum sic ait. *Eius memorabilis viri solertissimo studio & ferventissimo desiderio actum est vt Domino opem ferente in sibi commissis Ecclesiæ filiis &* LIBERALIVM ARTIVM *apprimè* DISCIPLINA & DIVINARVM SCRIPTVRARVM *perfecta polleret intelligentia.*
Certum est igitur in Palatio fuisse scholas diuinæ & humanæ litteraturæ: seu duplicis Facultatis, Theologiæ & Artium. Et vt sub Theologia continebatur Ius Canonicum, quod non nisi longo post tempore distinctam habuit professionem; ita Artes suo ambitu complectebantur Medicinam, cuius elementa verisimile est tradidisse Philosophos in rebus Physicis: donec tandem ipsa circa an. 1160. Scholam quoque propriam & professionem habere cœpit.

Decurso autem humaniorum litterarum & Philosophiæ stadio ad Theologicas Scholas vt hodie patebat aditus, teste eodem Alcuino Comment. in Ecclesiasten c. 1. *Nisi prius*, inquit, *relinquamus vitia & pompis seculi renunciantes expediti nos ad aduentum Christi præparauerimus, non possumus dicere* OSCVLETVR ME OSCVLO ORIS SVI. *Haud procul ab hoc ordine Doctrinarum & Philosophi sectatores suos erudiunt, vt primum Ethicam doceant, deinde Physicam interpretentur, & quem in his profecisse perspexerint,* AD THEOLOGIAM *vsque perducant.*

Hinc intelligimus Scholasticos qui in septenis Artibus, quarum Ordinem supra ex Dialogo de Grammatica retulimus, profecissent, & de iis interrogati atque examinati ad quæsita optimè respondissent, ad Theologiæ Sholam admitti solitos fuisse. Itaque primùm imbuebantur Grammatices rudimentis: deinde transibant ad Rhetoricam: postea ad Philosophiam, cuius tres erant partes, Physica, Ethica, Logica. Physica complectebatur Arithmeticam, Astronomiam, Astrologiam, Mechanicam, Medicinam, Geometriam, Musicam: vt legimus in Dialogo de Rhetorica editionis Duacensis. Atque hic locus nos admonet, vt quæ post decursum Liberalium Artium studium ratio fuerit promouendorum Magistrorum, inquiramus.

DISSERTATIO DE ANTIQVA PROMOTIONE ad Magisterium in Vniuersitate Parisiensi.

Magistri duplicis erant generis: alij aliunde veniebant ad hanc Academiam: alij confecto studiorum cursu in Academia ad Magisterium promouebantur. Non videtur dubitandum, quin illi qui peregrè veniebant, examen prius subirent, aut scriptinoe, vel alia ratione Doctrinæ suæ capacitatem probarent, quàm ad regendum admitterentur. Qui mos olim Athenienses & Lugdunenses scholas maximè commendauit. Nam teste Errico Antissiodorensi in vita S. Germani quisquis Artium Lugduni profitendarum studio afficiebatur, non ante Professorum Albo inscribi merebatur, quàm diligentiam suam aut profectum probasset, vno verbo quàm aliorum calculo admissus fuisset: vt in Academia Lugdunensi supra docuimus fol.

Et quoniam plurimum intererat Ecclesiæ & Regni, non tantum vt quis eam artem calleret quam professurus erat, sed etiam vt fidei orthodoxæ puritatem haberet, à viro Ecclesiastico docendi licentiam obtinebat: nempe ab Apocrisiario seu Archicapellano, quandiu Musæ in Palatio habitarunt; deinde ab Episcopo aut alio eius vices gerente, postquam inde migrarunt. Quam qui non fuerant consecuti, ex Academiæ statutis & legibus docere non sinebantur. Et hoc est quod Abailardus ait sibi sæpe obiectum fuisse à Magistris Parisiensibus, quod nempe nulla authoritate neque Apostolica neque Ecclesiastica seu Episcopali docere
„ præsumpsisset in Theologica Facultate, vt notauit etiam Hemeræus cuius verba
„ ad illustrationem Loci ex Ep. 1. Abailardi desumpti non pigebit referre. Istam
„ facultatem legendi in Theologiæ scholis Pontificia aliquando indulgentia muniri
„ oportuisse subindicat locus Abailardi scribentis sibi ab æmulis obiectum esse,
„ quod nulla eiusmodi gratia concessioneque vallatus ad legendum se tamen
„ addidisset, petijsseque eos, vt qua cum Abailardo multi adhuc peccarent,
„ temeritas reprimeretur, quod nulla aut Pontificia aut Ecclesiastica Cancellarij
„ Facultate commendati, publicæ tamen professionis nomen ac munus sibi assu-
„ rent. Verba sunt eius Ep. 1. c. 9. DICEBANT ad damnationem libelli satis hoc
„ esse debere, quod nec Rom. Pontificis, nec Ecclesiæ authoritate commendatus lege-
„ re publicè præsumpseram, atque ad transcribendum pluribus eum ipse præstitis-
„ sem.

Ita agebatur cum iis qui aliunde veniebant. Qui vero Academici erant alumni & qui post curriculum studiorum confectum ad Magisterium aspirabant, eos longè pluribus circunstantiis & gradationibus adstringebat, vt discimus ex libello de disciplina Scholariu, qui vulgo Boëtio sed malè adscribitur; cuius vero authorem nos putamus esse Ioannnem Scotum seu Erigenam: quanquam enim ille de Academiæ Atheniensis consuetudine loqui videatur, omnino tamen Parisiensem describit, qualis fuit primo seculo. Et de eo videtur loqui Anonymus nescio quis Author Tractatu de origine & diuisione Artium, qui legitur ad calcem Epistolarum Clemetis IV. in MS. San-Victorino, quique falsò tribuitur Richardo de S. Victore: quippe ait Ioannem Scotum suis temporibus emisisse libellum de decem Categoriis. Author verò de Disciplina Scholarium talem librum se emitisse innuit sic aiens c. 1. *visis autem leuita tum scientiis de Speculatione Porphyriana Vniuersalium quæ ab Aristotele monstra vocantur, attendendum est ad ipsius Categorias necessarias, quæ luce expositionis in commentariis nostris bis patefecimus.*

Sic autem habet in Tractatu de origine & de ordine seruando in legendis Artibus. *Prima omnium comparanda est Eloquentia. Et ideo incipienda est Logica deinde per Ethicam pacificandus oculus mentis, sic ad Rhetoricam transcundo.*

Ægyptus est Mater artium, de Ægypto venerunt in Græciam, de Græcia in Italiam... primus Theologus apud Græcos Linus fuit: Apud Latinos Narratio *fuit & nostris temporibus Ioannes Scotus de decem Categoriis.* Atqui author de Disciplina Scholarium agit etiam de Categoriis, earumque necessitatem ait esse maximam. Vnde crediderim libellum istum de Categoriis ab eodem editum.

Sed vt vtsit, ita vult Tironem seu Candidatum Magisterij sese exercitare ad faciliorem Gradus istius consecutionem. 1. Vt assuescat diserte & eloquenter exprimere concepta mentis : vt si quid proponatur quod illico soluendum sit, explicet facile, nec indigeat ad libros recurrere quemadmodum Lucretius quidam, qui cum sibi quæstio soluenda proponeretur, non ante respondere poterat, quàm libros & codicillos consuluisset.

2. Paranda erat illi copia librorum pro facultatibus suis, vt ad eos cum opus esset, recurreret non ita tamen illis fidens, vt nihil ipse inueniret. *Miserrimi enim est ingenij semper inuentis & non inueniendis vti*: qualis erat Iugius Montani Discipulus qui tam religiosè iurabat in verba Magistri, vt singula eius dicta non secus ac oracula quædam veneraretur, quæ diligenter in tabellis & codicillis describebat: nec aliud ipse factus Magister discipulis enarraret, quam quæ in commentariis suis continebantur. Vnde sæpè cum sibilo irrisus abibat.

3. Comparandi erant scholastici, quos priuatim doceret, librorumque intelligentia atque aliis rudimentis informaret, vt quæ ipse didicerat, peritè enunciare posset, ac expressione frequenti vsum tandem eleganter loquendi compararet. *Alios namque docere*, inquit, *est propria Facultati indulgere*. Porro eiusmodi homines hodie vulgo vocamus Repetitores, Veteres vero, Prodoctores, Subdoctores, Prodidascalos appellabant.

4. Eiusmodi Scholasticos vult Candidatum suum allicere conari comitate sua, beneuolentia, suauitate morum, vt cum opportunitas docendi aderit illorum saltem præsentia & iucundo beneuoloque aspectu recreetur, donec alios sibi auditores comparauerit.

5. Iubet eorum scholas frequentare, quorum calculo & suffragio Magisterij Gradum titulumque consecuturus erat. Lectionum explicationibus interesse, disputare, modò arguere, modò respondere, obiecta diluere, actibus interesse cæteraque munia Scholastica obire ad probandā peritiā & capacitatē. Ei vero qui secus faciebat, vel ignorantiæ, vel superbiæ imputabatur, nec is facile postea Magistrorum calculis admittebatur. Sic enim author loquitur. *Quinto vt quorum gratia coronandus est, fauore illorum Scholas semper peripateticè obambulet, curialiterque opponat, proteruientesque acriter remordeat, diligentiusque pro tempore respondeat, ne si mutata fuerit voluntas, ignorantiæ imputetur, cæcitati, vel arrogantiæ temeritati.*

Talis fuit Scholarum obambulatio ante Collegiorum institutionem. Nam Scholastici qui ad Gradum Magisterij aspirabant, Magistrorum Scholas frequentabant, disputabant, arguebant, interrogabant: vt patet vel vnico exemplo Petri Abailardi, qui Discipulos M. Guillelmi Campellensis, immò ipsummet Magistrum ita exercuit & exagitauit, vt antiquas sententias mutare coëgerit. Hodie etiamnum aliquid simile vsurpamus in disputationibus quotidianis, hebdomadariis & actibus solennibus: obseruantque etiam ferè Theologi toto licentiæ tempore.

6. Post eiusmodi exercitationes, die promotionis præsentibus Magistris & sociis, eorum suffragio admittebatur & insigne Magistrale accipiebat, seu vt loquitur Author c. 6. *Magistralia Paludamenta* contrahebat. Paludamenta inquam, nempe vt ego existimo, Capucium, *Capperonem* à Cappa vulgus vocat, quo caput operiebant, cuius loco pileum & biretum hodie accipiunt Candidati. Accipiebat autem à Magistro proprio cuius lectiones exceperat, & à quo ante diem promotionis ad ædes & scholas Comprofessorum deductus fuerat, vt ex historia patebit. Magistri autem testificatione seu tabulis testimonialibus ita eis opus erat, vt non aliter admitti possent, quemadmodum existimat Paschasius ex his Petri Abailardi verbis, cui obiiciebatur. *Quod sine Magistro ad Magisterium Diuinæ Lectionis accedere præsumpsisset.*

7. Assumpto habitu & insignibus Magisterij Nouus ille Magister e Cathedra seu suggestu breui oratione gratias agebat iis, quorum suffragio promotus fuerat, item & sociis, commendabatque illorum humanitatem cæterasque virtutes, quibus prælucebant. Testis idem author. *Cum autem dies summa promotionis af-*

fuerit, breui schemate compendiosoque affatu commendetur veneranda Sociorum collectio. Id. vt commentatur D. Thomas, seu vt aliqui putant, THOMAS ANGLICVS, Congregatio sociorum suorum ipsum præsentia sua honorantium *laudetur breui harenga & oratione compendiosa.* Quem morem huc vsque video apud nos obseruari: nam cum Candidatus in Actu solemni donatur Artium laurea & pileum accipit, solet e Cathedra Magistrali, Rectori si adsit, Cancellario, Examinatoribus, Magistro seu Professori suo, sociisque item suis gratias agere, acceptique beneficij & honoris tum erga eos, tum erga Academiam se pollicetur perpetuò memorem fore: tales quoque fere paranymphicæ celebritates in cæteris Facultatibus fieri consuetæ.

Denique promotio ista festiuo conuiuij apparatu terminabatur: vt ex eodem authore intelligimus: statim enim post verba proximè allata subiungit, *Sicque ad* HONORIS INITIALIS *incrementa intrepide procedendum est decenti ornatu, festiuo apparatu si facultas suppetit, cunctis, vel ad libitum eiusdem saltem professionis splendidè procurato* quibus verbis duo innuit, quæ in hac Academia diu obseruata legimus, nimirum vt Nouus Magister vestem haberet nouam, non consarcinatam; propriam, non mutuatitiam; & Magistros imò & condiscipulos selectos conuiu o exciperet. Quod fieri vetuit Robertus Curthonius Cardinalis Legatus Reformatione an. 1215. *In Principiis & Conuentibus Magistrorum, & in Responsionibus vel oppositionibus Puerorum vel Iuuenum nulla fiant Conuiuia. Possunt tamen vocare aliquos familiares vel socios, sed paucos.* Idem vetat donaria fieri vestium aut alia eiusmodi, præsertim à pauperibus quæ solebant antiquitus Magistris fieri. Item pro licentia Cancellario pecuniam dari, aut dandi fidem præstari.

Quæret aliquis quo ordine & quoto annorum spatio Cursus ille Artium compleretur. Video hunc fuisse Ordinem, vt post 4. ad minus annos in Grammaticâ consumptos, Logicam deinde Rhetoricam aggrederentur, vel contra postea verò ad cæteras Philosophiæ partes transirent. Video quoque Cursum sex annorum spatio fuisse legibus definitum. Vt in prædicta Reformatione habetur. Ex qua etiam, vt & ex libello de Disciplina Scholar. agnoscimus Nemini olim aditum patuisse ad Magisterium, qui non deinde regeret Parisius aut alibi, vel se recturum saltem per biennium iuramento non sponderet. Vnde tanti fiebat Magistri nomen, vt ipsi etiam Cardinales illud cæteris omnibus nominibus & appellationibus præponerent: vt ex historia patebit.

SECVNDVM SECVLVM
VNIVERSITATIS
PARISIENSIS,
AB ANNO 900. VSQVE AD AN. 1000.

HOC seculum vocatur ab omnibus Chronologistis *Infelicissimum*, eo quod raros viros insignes & doctrina celebres tulerit, qui aut ingenij sui specimen ederent posteritate dignum, aut hæreses confutare possent, nihilque fere memorabile contineat præter Bella Normanorum, qui toties repulsi, toties Galliæ spoliis ditati in ea tandem fixam stabilemque sedem posuerunt & Francici sceptri quod in manus imbelles inciderat, ad Capetianos transmissionem.

Antonius Sabellicus l. 1. Ennead. 9. deplorat huius seculi barbariem & feritatē reuera lugenda. Tum enim templa Deo consecrata impune profanabantur, bona Ecclesiastica rapiebantur, Episcopatus & cætera pinguiora Beneficia inuadebantur & possidebantur à Laicis & vxoratis: disciplinæ omnes contemptui erant, eloquentia nullius pretij, vno verbo nulla virtus inter homines, omnia vitiorum genera passim in toto orbe regnabant. Tanta autem tum fuit Scriptorum penuria aut incuria, vt quid actum sit hoc seculo, quid ve aliqua memoriâ dignum contigerit, fere ignoretur, aut si quid scriptum est, tam incuriose id factum & indiligenter, vt ex eo veritas vix agnosci possit.

De eadem rè queritur Glaber Rodulphus Monachus Antissiodorensis, deinde Cluniacensis, qui ad Odilonem Abbatem scripsit Historiarum libros 4. ab an. 900. ad an. 1037. ille igitur in Præfatione sic ait. *Iustissima Fratrum studiosorum querimonia interdumque propria sæpius permotus cur diebus nostri temporis non quispiam existeret, qui futuris post nos multiplicia hæc qua videntur fieri tam in Ecclesiis Dei quam in plebibus minime abdenda, qualicumque styli pernotatione mandaret.*

Infelicitatis autem huiusce causam hanc affert Genebrardus, quod per annos ferre 150. Pontifices numero 50. à Ioanne scilicet VIII. ad Leonem IX. qui primus post tot annos veluti alter Aaron antiquam Pontificum integritatem è cœlo in sedem Apostolicã reuocauit, à virtute Maiorum omino defexissent Apostatici Apostolici ve potius dicendi quàm Apostolici. Huius mali reos facit Germanicos Imperatores, qui sublatis electionibus Pontificũ Canonnicis pro libidine & arbitrio & sœpius pro pecunia in sede collocabant Pontifices, nec vllum sedere in Cathedra Petri patiebantur, quem non ipsi promouissent, aut promotum non confirmassent.

Hoc vno tamen idem Seculum felix esse putat idem Author, quod Septentrionales populi suis se mouentes sedibus & ad Christianas regiones migrantes dem susceperint: imo ad eos sacri Concionatores profecti Moscouitas, Sueuos, Polonos, Sclauos, Hungaros ad Christi fidem conuerterint : tumque illustres

Secundum seculum

Episcopatus fuerint constituti Magdeburgensis, Misnensis & alij: Reges quoque Sanctissimæ vitæ extiterint; Henrici duo, Othones 3. & Robertus Galliæ Rex. Plurima quoque Collegia, Templa, Monasteria, condita, instaurata, dotataque reperiantur.

In Gallia autem nostra in ipsamet ciuitate Parisiensi, ad quam superiore seculo commigrabant vndequaque viri omnium Doctrinarum Artiumque peritissimi, vix apparet vmbra vestigiumque litterariæ professionis. Non quod omnino defecisse putanda sit; ex sequentibus enim patebit perpetuum fuisse Parisiis studiorum liberalium exercitium, sed quod fere sine honore fuerit, & mercede præmioque caruerit propter inundationem Barbararum Gentium importunam, mutationem Regum & Pontificum Rom. frequentem, tumultus crebros, factiones multiplices, communem inopiam studiorumque raritatem & infrequentiam. Ita factum, vt quoniam deerant Mecenates, tenuioris fortunæ homines ad discendas litteras se conferre non possent, nobiles quasi parum profecturas negligerent, aut bellorum tumultibus implicati, iis animum applicare nequirent.

Musarum tamen Parisiensium dissipationem integram prohibuerunt Odo Rex & Anschericus Episcopus, vir strenuus & in Franciæ salutem, præsertim vero in Vrbis Parisiensis conscrutationem natus, qui ab an. 887. vsque ad an. 911. Episcopatum tenuit: donec tandem sub Capetianis caput altius attollere cœperunt, & asserta demum Regno tranquillitate ab extraneis frequentari: vt ex historia patebit.

900. Anno 900. Fulco ille Remorum Archiepiscopus Hincmari successor, vir apprimè litteratus & litteratorum liberalissimus Mecenas, Scholarum Remensium institutor, in Oxoniensibus componendis Alfredo Adiutor occiditur ab hominibus sceleratis, quos Balduinus Flandriæ Comes ad tale facinus submiserat: dum enim ille paucis comitatus ad Regem proficiscitur, obuium habet quendam Winemarum, à cuius Satellitibus impetitur, prosternitur ac perimitur. Eius miserabilem cædem Sigloardus Remensis Canonicus poëta non contemnendus hocce rythmo flebiliter cecinit.

O Fulco præsul optime
O Cunctis amantissime
Re Pontifex & nomine,
Homo sed maior homine
Vir nobili prosapia
Et talis sapientia
Qualis nullus est hodie.
Toto formosus corpore
Magnaque eloquentia.
In tuo flentes funere
Vix possumus reprimere.
Det tibi Christus requiem,
Atque coronam perpetem.
Nos autem te plorabimus
Diebus atque noctibus.
Nam amasti veraciter
Nos, & tractasti dulciter.
Adornasti Ecclesiam,
Gubernasti familiam,
Per summam Dei gratiam
Bene rexisti Patriam.
Sed Quidam Serpens lubricus,
Et non Pater sed Vitricus
Tibi tendens insidias,
Nostras auxit iniurias.
Maledictus à Domino
Puniatur in Barathro.
Cum gladio & fustibus

Et armatis militibus
Inuasit te Guinemarus
Nulli dulcis sed amarus;
Cui nihil abstuleras
In quem nihil peccaueras.
In die qua te tradidit
Et te & ipsum prodidit
Quum cito Clerus audiit.
Tantum malum infremuit
Et plebs & Ordo genuit.
Ruit illuc & rapuit
Corpus & secum detulit,
Multasque fudit lacrymas,
Dum celebrat exequias
Translatus in Ecclesia
Stans rectus ad altaria,
Abbates & Episcopi
Hunc sustentant reuestiti,
Induunt eum infula
Pallioque & tunica.
Stola collo imponitur,
Et Candela accenditur
Nec deest ibi baculus
Sed applicatur manibus.
Tunc Decanus Pontificum
Iubet & rogat populum
Vt orent omnes Dominum
Pro anima Pontificis,

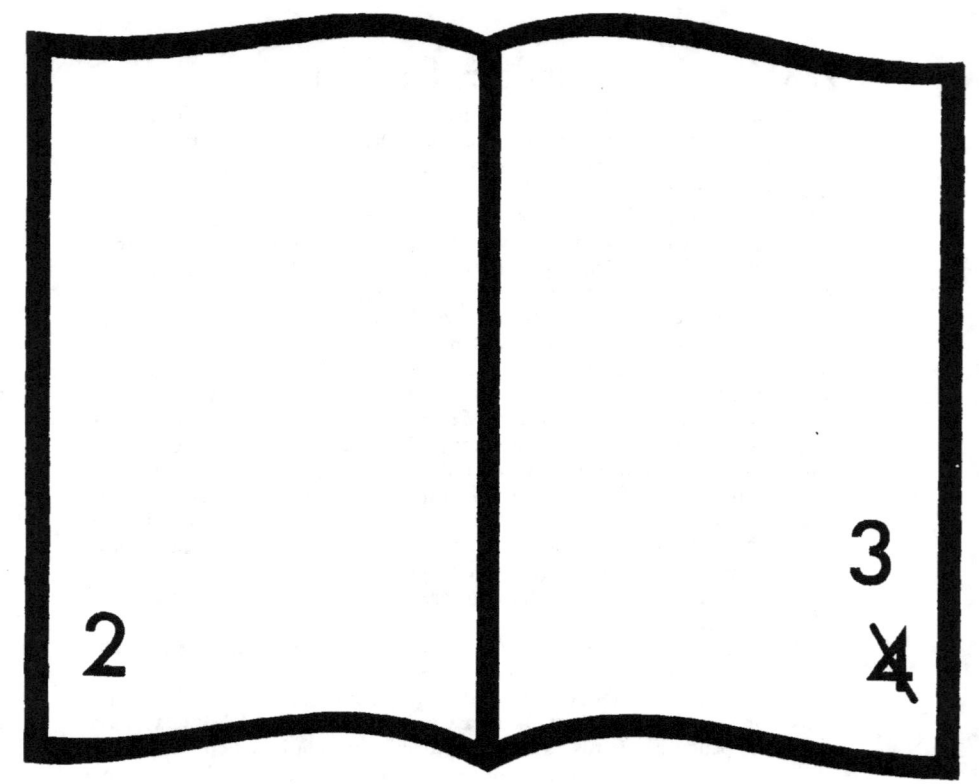

Ne mergatur in inferis.
Sed lætetur cum superis,
Et vt Deo dent hostiam
Quæ purget eius animam.
Tunc omnes Deo supplicant
Cum lachrymis & rogitant.
Tenent Candelam singuli
Pontifices, presbyteri,
Tyrannum excomunicant,
Et viuentem mortificant.

Omnemque cœtum militum
Qui dederunt auxilium.
Posthoc defunctum efferunt.
Et honeste sepeliunt,
Eiusque ante tumulum
Commendant Deo spiritum.
In requie sit anima
Nunc & per cuncta secula:
Amen Amen fiat ita,
Dicat omnis Ecclesia.

Fulconi succedit Heriuæus Hucbaldi Comitis ex Sorore nepos & Caroli Simplicis Cancellarius, vir quoque in Palatinis scholis educatus, & e Palatio ad sedem Remensem annitente Rege promotus: eius eximias laudes prædicat Flodoardus l. 4. c. 11. *Sequitur*, inquit, *in Pontificatu Remensi Dominus Heriuæus ex Aulâ quoque Regis ad Episcopatum assumptus, vir genere nobilis, nepos videlicet ex sorore Hucbaldi Comitis, qui iuuenis quidem ad hunc prouectus est honorem exequentibus & rite celebrantibus eius ordinationem Riculfo Suessionum Episcopo, Dodilone Siluanectensi, cæterisque Diœcesanis consensum præbentibus & Decretum huius ordinationis corroborantibus. Qui mox huic adeo gradui se se exhibere studuit habilem, bonis omnibus præbens amabilem, ipsis etiam senibus imitabilem, benignus amator existens pauperum, largus solator, multumque misericors recreator lugentium miserorum, Ecclesiasticis apprime contilenis eruditus ac psalmodia præcipuus, & huius exercitatione limatus, animo vultuque iucundus, suauis atque mitissimus omnique bonitate conspicuus, Pater cleri ac totius Populi pius Patronus, tardus ad irascendum & velox ad miserandum, amator Ecclesiarum Dei & fortissimus ouilis sibi commissi cum Dei virtute defensor.*

Statim autem postquam adeptus est ille Archiepiscopatum, interfectores Fulconis solenniter diris deuouet, & sacris arcet. Cuius deuotionis exemplar ex codice MS. Nicolai Camuzati Canonici Trecensis legitur in 2. Tomo Annal. Francorum. Estque eiusmodi.

Anno 900. Dominicæ incarnationis pridie non. Iul. Primo scilicet die quando ordinatus est Heriuæus in Archiepiscopatu Remensi Episcopus, lecta est excomunicatio hæc quæ sequitur in Ecclesia S. Mariæ Remis presentibus Episcopis infra scriptis. Hæriuæus nomine non merito Remorum Archiepiscopus, Riculfus Suessionum Episcopus, Heidolo Nouiomagensium Ep. Dodilo Cameracensium Ep. Hetimandus Morinensium Ep. Otgarius Ambianensium Episcopus, Honoratus Beluacensium Episcop. Mancio Catalaunensium Episc. Rodulfus Laudunensiū Ep. Offridus Siluanectensium Ep. Angelramnus Meldensium Ep. Notum sit omnibus vbique sanctæ Dei Ecclesiæ fidelibus tam Clericis quā Laicis, quod Nos & Commissa nobis omnis Ecclesia nimia perturbatur tristitia pro inaudita re post persecutionem temporis Apostolorum eorumque successorum de occisione nimirum Patris & Pastoris nostri Fulconis ab impiis impiè perpetrata, qui pro Regni vtilitate & totius S. Ecclesiæ statu pro viribus die noctuque desudans, ac seipsum in defensione omnium Ecclesiarum, in hoc Regno consistentium muro protectionis opponens. Res enim earum à Balduino Comite **filio Balduini ac Iudith contra omnem legem & diuinàm** & humanam peruadebantur. Ideo ab ipsius Balduini hominibus Winemaro, Euuetardo & Ratfrido cæterisque eorum complicibus interfectus crudelissimè occubuit. De eius morte totius Ecclesiæ ordo atq; professio meritò contristatur & lamenta compassionis ex intimis cordium suspiriis emittit. Quia igitur tale scelus nostris temporibus perpetrare non timuerunt, quod antea nisi forte à Paganis in Ecclesia non est actum, in nomine Domini & virtute sancti Spiritus, nec non authoritate Episcopis per B. Petrum Principem Apostolorum diuinitus conlata ipsos à S. Matris Ecclesiæ gremio segregamus, ac perpetuæ maledictionis anathemate eos condemnamus, vt eorum aliquando per hominem non fiat recuperatio, nec vlla inter Christianos conuersatio. Sintque maledicti in Ciuitate maledicti in agro. Maledictum horreum eorum & maledictæ Reliquiæ eorum. Maledictus fructus ventris eorum & fructus terræ illorum, armenta boum suorum & greges ouium suarum. Maledicti, sint ingredientes & egredientes, sintque in domo maledicti in agro profugi.

„ Intestina in secessum fundant sicut perfidus & infelix Arrius. Veniantque su-
„ per illos omnes illæ maledictiones, quas Dominus per Moysem in populum diui-
„ næ legis præuaricatorem se esse intentauit, sintque Anathema maranatha
„ & pereant in secundo aduentu Domini, insuper quidquid maledictionis sa-
„ cri Canones & Apostolicorum virorum Decreta decernunt super homicidis &
„ sacrilegis. Nam illos sacrilegorum nomine notamus, qui in hunc Christum Domi-
„ ni manum mittere ausi sunt. Omne super illos ac perpetuū interitum per iustissi-
„ mam diuinæ animaduersionis sententiam congeratur. Nullus ergo eis Christia-
„ nus vel Aue dicat. Nullus Presbyter Missas aliquando celebrare, nec si confirma-
„ ti fuerint confessiones eorum recipere vel sacro-sanctam communionem eis nisi
„ resipuerint, etiam in ipso fine vitæ suæ præsumat vnquam dare, sed sepultura asini
„ sepeliantur, & in sterquilinium super faciem terræ sint, vel sint in exemplum op-
„ probrij & maledictionis præsentibus generationibus & futuris. Et sicut hæ lu-
„ cernæ de nostris proiectæ manibus hodie extinguuntur, sic eorum lucerna in
„ æternum extinguatur.

Scola Turonensis. Post mortem Fulconis Remigius Antissiodorensis, quem è scholis Palatinis ad Scholarum Remensium institutionem ab eo euocatum fuisse diximus, Lutetiam regressus est, ibique vt ante Litterarum professionem resumpsit, vbi inter alios Discipulos habuit Odonem, dictum postea Cluniacensem Abbatem, annos natum circiter 20. qui cum in scholis Turonensibus Grammaticæ præceptis sufficienter imbutus fuisset, ad maiores se contulit, & in Philosophia Remigij auditor fuit. De eo sic habet Ioannes Monachus Cluniacensis Odonis discipulus. *Decimo nono ætatis suæ anno apud B. Martinum Turonis est tonsus, ibique Grammatica Laribus est instructus: deinde apud Parisium dialectica Musicaque à Remigio doctissimo viro est instructus. Et alio loco. His diebus Parisium adiit, ibique Dialecticam S. Augustini Deodato filio suo missam perlegit, Marcionem in liberalibus artibus frequenter lectitauit.* anno vero 911. ad Bernonem se contulit annos natus 30. cum quo per 15. annos conuersatus, anno tandem 926. factus est Abbas Cluniacensis.

Ex hoc autem loco intelligimus Scholas B. Martini Turonensis ab Alcuino institutas non omnino adhuc contabuisse hisce temporibus: in quibus ante fuerat quoque educatus Willebertus Turonensis, sacri Palatij presbyter factus sub Carolo Caluo, postea Catalaunensis Episcopus: nam interrogatus ab Hincmaro Remensi, à quo consecratus est an. 868. vnde oriundus esset, & vbi educatus, respondit se natione Turonum in Scholis Turonensibus fuisse institutum liberalibus disciplinis. Extat Instrumentum vetus ad calcem tom. 2. Conciliorum Sirmondi de promotione Willeberti, in quo hæc verba leguntur. *In præsentia veniens interrogatus est vnde esset. Isque respondit, pago Turonis oriundus. Iterum interrogatus, cuius conditionis esset. Et ille peccatis quidem obnoxius, sed Dei gratiâ natus liber. Item vbi didicisti? item ipse,* IN SCHOLA TVRONICA LIBERALIBVS DISCIPLINIS *erudiendus traditus sum. Item cuius es ordinis, vel cuius es ordinatus? Item ipse præsentis Patris mei Domini Herardi per singulos gradus vsque ad Diaconum sum ordinatus, postea autem ab eodem patre meo Herardo litteris ad Herpoinum datis Presbyterij onus suscepi.* Sed qualescunque tandem fuerint scholæ istæ, certum est ex iis sicut ex cæterarum Vrbium scholis tanquam e minoribus & priuatis, ad Parisienses vt ad maiores & celebriores conuenire solitos fuisse, quicunque altiores disciplinas haurire vellent.

Eodem anno 5. Kal. Nouemb. obiit Alfredus ille magnus Anglorum Rex, Oxoniensis Academiæ fundator, postquam regnauit an. 29. mensibus 6. Eodemque VVerefridus Anglus; cuius operâ præfatus Princeps in eiusdem Academiæ institutione vsus fuerat. Alfredo successit Edwardus I. eius filius & ipse litterarum quoque parens. Quippe initio huiusce seculi Cantabrigiensem Academiam instituisse dicitur, vel secundum nonnullos instaurasse: in cuius mentionem quoniam incidimus, non erit forsan ingratum lectoribus accipere, quod de huiusce Academiæ fundatione scribunt nonnulli Authores Angli: quorum aliqui eam Parisiensi & Oxoniensi longè vetustiorem faciunt.

Dissertatio de Acade- Sic igitur aliqui scribunt, Arthurum Britanniæ Regem in constitutionibus an. 581. meminisse Scholæ Cantabrigiensis, quasi iam ante institutæ, eamque voluisse conseruari: atque in hanc rem diploma Londini edidisse: At id alij vel ex hoc falsitatis arguunt, quod nec Arthurus vnquam Britanniæ Rex fuerit, nec si fuit, vnquam Londinum occuparit. Alij communiter scribunt prædictæ scholæ institutionem deberi Sigiberto seu Seberto Orientalium Anglorum Regi circa an. 630. idque probant ex Rescripto Honorij I. quem illic aliquando studuisse ferunt. Porro vtriusque opinionis fundamenta ex Rescriptis Regum & Bullis Pontificum desumuntur, quæ in Historiola quadam vetusta Cantabrigiensis Academiæ leguntur. Sic ergo edicit Arthurus.

mia Cantabrigiensis institutioni.

Arthurus Regali à Deo fultus dignitate Omnibus suis salutem. Quia Omnipotens Deus per misericordiam clementiæ absque vllo antecedente merito sceptra Regis mihi largitus est, libenter ei ex eo quod dedit, retribuo. Idcirco eius gratiâ eruditus pro amore cœlestis patriæ remediòque animarum Antecessorum meorum Britanniæ Regum, pro augmentatione insuper Reipub. Regni mei Britanniæ ac profectu spirituali Scholarium in lege Domini iugiter Cantabrigiæ studentium, consilio & assensu omnium & singulorum Pontificum & Principum istius Regni & licentia sedis Apostolicæ statui præsenti scripto & firmiter decerno, vt Ciuitas Scholarium prædicta, vbi hactenus splendorem scientiæ & lumen doctrinæ gratiâ fauente Conditoris mei prædecessores acceperunt, à publicis vectigalibus & operibus onerosis absoluatur, vt in quietudine Doctores inibi & scholares valeant Doctrinæ studio inhærere, sicut gloriosus Rex Britanniæ Lucius decreuit Christianitatem amplectens prædicatione Doctorum Cantabrigiæ. Quamobrem sint Scholares atque Doctores Cantabrigiæ manentes in tranquillitate perpetua tuti, priuilegiis muniti Regalibus cum suis rebus & familiaribus ab omnibus secularibus, nec non à Regalibus tributis maioribus seu minoribus. Datum anno ab incarnat. Dom. 531. 7. die Aprilis in Ciuitate Londinensi.

Refert ergo si diis placet, Arthurus originem & fundationem Scholæ Cantabrigiensis ad Lucium I. Angliæ Regem, quem aiunt omnium Regum primum Christianam fidem fuisse amplexum circa an. Christi 180. priuilegiaque illi Scholæ concessisse, quam iam ante supponit institutam, nondum verò Priuilegiis Regiis donatam. Quis tales ferat fabulas? sed quis risum tenat, cum videt Vniuersitatis, Graduum Doctoralium, Cancellarij & Rectoris in Bulla Honorij I. fieri mentionem, plurimorumque Antecessorum qui iam ante priuilegiis eam suis decorauerant? Bulla est eiusmodi.

Honorius Episcopus seruus seruorum Dei dilectis filiis Doctoribus & Scholaribus in Vniuersitate Cantabrigiæ studentibus salutem & Apostolicam benedictionem. Dilectissimi in Christo filij, non absque labore & plurima turbatione didicimus, quomodo multitudine nefanda Paganorum VNIVERSITAS VESTRA olim celeberrima vehementer affligitur, quorum prauitate nonnulli propriæ salutis immemores Luporum faucibus & vulpinâ facie libertates & priuilegia quæ vobis & prædecessoribus vestris in eadem Vniuersitate studentibus gratiosè indulsit sedes Apostolica, moliantur eneruare. Ita quod plures Ecclesiarum Præpositi absque rationis iure minus iustè in vos iurisdictionem indebitam & insolitam vsurpantes, quanquam non consueuerunt hactenus, ad VNIVERSITATEM VESTRAM accedunt, materias perturbationis & discordiæ seminantes, non correctionis, emendationis aut reformationis ibidem officia exercentes contra inhibitionem sedis Apostolicæ. Volentes igitur vt tenemur iustitia suadente paci & tranquillitati Vniuersitatis vestræ paterna sollicitudine prouidere: vbi clementiâ Saluatoris poculum doctrinæ salutaris scientiæ hausimus tunc agentes in minoribus Prædecessorum nostrorum Rom. Ecclesiæ Pontificum Eleutherij, Fabiani Simplicij, Felicis, & Bonifacij vestigiis debitè inhærentes authoritate omnipotentis Dei districtè inhibemus sub pœna excommunicationis quam veniens in contrarium ipso facto incurrat, nequis Archiepiscopus, Episcopus, Archidiaconus, aut eorum Officiales, seu Visitatores Generales aut speciales à sede Apostolica deputati, audeat in aliquem vestrum suspensionis, vel excommunicationis seu interdicti sententias inferre, aut vos seu familiares vestros molestare præsumat, sed Cancellarius cum Rectoribus de consilio Saniorum & Seniorum Vestræ Vniuersitatis secundũ statuta vestra corrigere & emendare studeat, Chari-

" tate semper media, secundum quod magis expedire videritis. Si quis vero subdi-
" torum nostrorum statutis vestris contraire præsumpserit aut contempserit, obser-
" uare eum Ecclesiastica sententia percellatis: quam scilicet sententiam rationabi-
" liter latam tam à Diœcesano Episcopo, quàm ab aliis inconcussam vsque ad con-
" dignam cum humilitate & pœnitentia satisfactionem præcipimus obseruari. De-
" creuimus etiam quod nulli omnino hominum liceat hanc paginam nostræ con-
" cessionis, voluntatis, exemptionis & libertatis infringere, vel ei aliquatenus con-
" traire. Si quis vero hoc attentare præsumpserit, indignationem omnipotentis Dei
" se nouerit incursurum. Scriptum Apud S. Petrum anno ab Incarnatione Verbi
" 424. 20. die mensis Feb.

" Referunt quoque Bullam Sergij Pontificis natione Syri, patria Antiocheni,
cuius tempore Rex Saxonum seu Anglorum post multa bella strenuissimè gesta ad fidem Christi conuersus Romam profectus fuisse legitur, atque à Sergio
baptizatus, appellatusque fuisse Petrus, & in albis vestibus quas in Baptismo susceperat, infirmitate præoccupatus ad cœlestia Regna migrasse.

" SERGIVS EPISCOPVS SERVVS SERVORVM DEI DILECTIS FILIIS DOCTORIBVS
" ET SCHOLARIBVS VNIVERSITATIS Cantabrigiæ in Anglia studentibus, salutem
" & Apostolicam benedictionem. Quoniam fama bonæ opinionis in doctrina fi-
" dei Orthodoxæ vestræ VNIVERSITATIS vbique terrarum diffunditur, & experi-
" ti sumus, vt vobis gratiam faciamus, inducimur iustitia suadente. Eapropter
" dilecti in Domino filij, vestris piis & honestis iustisque postulationibus an-
" nuentes, paci & tranquillitati Vniuersitatis vestræ almæ, vbi odor deuo-
" tionis cum labore sanctitatis adesse solebat, soliciti volentes prouidere, præsen-
" tium authoritate decreuimus, vt nulli Archiepiscopo seu Episcopo alijve Eccle-
" siasticæ personæ, vel seculari liceat Vniuersitatem vestram, aut aliquem vestrum
" suspendere seu excommunicare, vel quolibet sub interdicto ponere absque sum-
" mi Pontificis assensu, vel eius mandato speciali. Prohibemus insuper nequis pri-
" uilegia vobis à sede Apostolica gratiose concessa vel indulta ausu temerario
" infringere seu restringere præsumat, vel attentet. Nulli igitur hominum om-
" nino liceat hanc paginam nostræ concessionis & exemptionis infringere, vel ei
" quouis modo contraire. Si quis autem hoc attentare præsumpserit &c. Scripta
" Romæ in Ecclesia Lateranensi an. ab Incarnation. 689. 3. die mensis Maij.

Proferunt insuper Bullas Martini V. an. 1410 & Eugenij IV. an. 1433. datas,
in quibus prædictorum Pontificum Honorij, Sergij & aliorum, atque etiam priuilegiorum ab iis concessorum fit mentio. Insuper proferunt nescio quod diploma vetustum Cadwaldi Regi Britonum an. 685. in quo aiunt legi hæc verba
Notifico vobis me concessisse ALMERICO RECTORI SCHOLARIVM *Cantabrigiæ & singulis suis successoribus legitimè ordinatis libertates*, IVRA, *consuetudines & priuilegia
super omnes Scholares moram ibi facientes*. In eodem diplomate sæpe repetuntur
verba RECTORIS & SCHOLARIVM cuiuscumque Facultatis.

Licet autem hæc omnia supposititia esse constet, adeo tamen vetusta placent,
vt plurimi etiam celeberrimi Authores, vera esse cupientes quæ de illa Academia referuntur, eidem Antiquitati suffragentur. Polydorus Virgilius lib. 5. Historiæ Anglicanæ de eius institutione his verbis agit, postquam de Oxoniensi
Academia verba fecit. *Certat nominis celebritate cum hac Oxoniensi Gymnasio Academia, quæ Cantabrigia apprimè floret, quæ tametsi Discipulorum numero ac Cœnobiorum magnificentia minus vincit, bonarum tamen Artium vbertate nequaquam impar est.
Quid quod vt vera Integritatis mater glorietur se nunquam alumnos habuisse, qui de
Religione malè sensissent? At verò antiquitate longè præstat. Ab hac enim Academia
Cantabrigia posita vsque ad initium Gymnasij Oxoniensis interfuere anni 265. Nam hoc
Oxonij Aluredus post annum quam regnare cœperat circit. 123. qui fuit humanæ salutis 895. Illam verò Sigibertus Cantabrigiæ circiter annum salutis eiusdem 630. collocauit. Verum si Commentariis credimus Authoru incerti, antiquior est tam Oppidi quàm
Gymnasij origo. Ferunt enim positum fuisse olim oppidum nomine Chergrantium ad radices vicini Monticuli quem vocant* Wythyll: *eoque diruendi causa Rege Gurguntio Bel-
lini filio Bartholomæum quendam hominem Cantabrum peruenisse & illum deinde duxisse vxorem Chambridgiam Regis filiam, condidissèque oppidum ex vxoris nomine Can-*

tabrigiam dictum, atque in eo primum docuisse. Hæc Polydorus. Hunc verò Cantabrum illius Regionis Regem aliqui constituunt anno ante Christum natum 375.

Nec abnuit Ioannes Rossus Watuicensis, Academiæ Oxoniensis Magister & Alumnus, qui obiit an. 1491. is enim licet Academiæ Cantabrigiensis instauratorem agnoscat Eduardum I. Alfredi filium; fatetur tamen longe ante fuisse institutam. Sic ergo ille in lib. de Regibus ex Thoma Radburno apud Thwynum. *Eduardus dictus Senior circa annum Domini 900. Patri suo Aluredo hæreditariè in Regnum successit. Qui quamuis in litteratura erat Patri inæqualis, potentia tamen erat maior. Proficientes etiam in Scholis adamauit, & ad dignitates Ecclesiasticas secundum merita sua moribus & vita sublimauit. Præterea ad Clerimoniam augmentandam, sicut Pater suus Oxoniam, sic ipse ab antiquo cum cæteris* Studiis Generalibus *suspensam, desolatam & destructam Cantabrigiam iterum ad primam gloriam erexit, nec non ibi* Aulas Studentium, *& Doctorum magistrorumque Cathedras & sedilia, vt dilectissimus Cleri nutritor, amator & defensor suis sumptibus erigi & fabricari præcepit. Ab Oxonia namque Vniuersitate quam Pater suus Nobilis Rex erexerat,* Magistros Artium, *quas liberales vocamus, pariterque in sacra Theologia Doctores aduocauit, ibique ad legendum formaliter & docendum inuitauit.* Hæc Thomas Radburne in Chronica sua: *sed plenius hæc vidi Vvyntoniæ in Abbatia de Hyda in quadam antiqua tabula, cuius copiam inde habui & habeo. In dicta Abbatia Ambo Reges prædicti Aluredus & Eduardus sunt consepulti.*

Nicolaus Harspheldius eiusdem Academiæ Cantabrigiensis instaurationem eidem Eduardo Regi tribuit, & cum Rosso consentit. *Vt legibus,* inquit, *in hunc modum saluberrimè promulgandis prudentem sese Principem præstitit, ita & litterarum studiis fouendis promouendisque Reipub. Christianæ maximè profuit. Nam Cantabrigiensem Academiam à Dacis paulò ante vna cum oppido flammis absumptam, ad pristinam gloriam restituit.* Aulas *vt vocant* Studiorum *iterum erexit, Doctorum Magistrorumque Cathedras atque sedes reposuit, & nonnullos qui Liberales Artes ac Theologiam profitebantur Oxoniæ, vt refert Ioannes Rossæus, euocari curauit. Nec vetera solum Decessorum suorum priuilegia Academiæ Cantabrigensi sarta tecta conseruauit, sed & noua ipse concessit.*

Abrahamus Thwynus scriptor quoque Anglus prima huiusce Academiæ initia tribuit Ioffrido Normano circa annum Christi 1100. erectionem verò Ioanni XXI. Papæ. Pitsæus ex Remingrono ait non ante Christi an. 1277. sub Eduardo I. post conquæstum Angliæ ex schola Cantabrigiensi veteri factam fuisse sedis Apostolicæ authoritate Vniuersitatem ad imitationem Academiæ Oxoniensis. De qua etiam hæc cecinit Ioannes Lelandus hoc Epigrammate.

Olim Grania fuit titulis vrbs inclyta multis
  Vicino à fluuij nomine nomen habens.
Saxones hanc belli deturbauere procellis,
  Sed noua pro veteri non procul inde sita est.
Quam Felix Monachus Sigeberti iussa secutus
  Artibus illustrem reddidit atque scholis.
Hæc ego perquirens gentis monumenta Britannæ,
  Asseret in tandem Granta Diserta *tuum.*

Hæc de Cantabrigiensi Academia, quam licet non existimem ita veterem esse, vt prædicant, neque priuilegiis illis Regiis & Pontificiis decoratam quæ retulimus, quæque supposititia esse nemo non videt, propterea quod multa in iis continentur posterioris ætatis, credibile tamen est ibi scholas institutas olim fuisse, nec adeo infrequentes aut incelebres extitisse.

Eodem anno obit Ratisbonæ Arnulfus Imperator & in æde S. Emmerani Martyris à suis sepelitur. Epitaphium eius tumulo inscriptum indicat seu verè seu falsò Dionysij Reliquias Ratisbonam ab eo translatas; illudque extat in Choro Monasterij S. Emmerani.

Hac Arnulfus humo est Cæsar Romanus humatus:
  Quem Galli Regem, Boij habuere Ducem.
Hic ædem Emmerane tuam defendit & auxit:
  Prædia sunt testes, splendidus atque liber.

Ad nostram cineres Dionysi transtulit vrbem
Finibus è Gallis, quos pia furta tulit.
Postquam nongentos Titan compleuerat annos,
Cæsar persoluit debita iura necis.

Eius morte sæuissima tempestas armorum tranquillitatem Christianam conturbat. Italia ob dissensiones ciuiles direptionibus patet. Germanici Proceres filium eius Ludouicum vix septennem Regem nuncupant, eique Tutores dant Ottonem Saxoniæ Regulum & Hattonem Archiepiscopum Moguntinum.

901. Anno 901. Benedictus IV. Patria Romanus Pontificatum maximum obtinet. At eo sedente nihil videmus gestum quod sit memoria dignum. Eodem anno vel sequente obit Leo Philosophus Imperator Constantinopolitanus, cuius Suidas laudat illustre responsum ad quendam Eunuchum, qui Philosophorum honoraria tribui volebat militibus, quibus nempe plus egere dicebat Remp. quam litterarum professoribus, *Vtinam*, inquit Leo, *mei Imperij doctoribus contingat, vt quæ sunt militum potius in doctores & litterarum professores conferantur.* Ei successit filius Constantinus VII. Hæres paterni in litteras & viros doctos amoris: nam Philophiam, quæ poenè in obliuionem venerat, constitutis professoribus excitauit, teste Zonara. Obitum suæ coniugis rithmis & omnis generis versibus defleuit. Illo ergo regnante, in Academia Constantinopolitana, quâ Bardas instaurarat, vt dictû est, Simeon Bulgarorum Rex à puero non solum Demosthenis Rhetoricam, sed Aristotelis Dialecticam discit teste Luitprando. *Vno verbo Constantinus Artes liberales pœnè emortuas refocillauit, inuitatis ad eas excolendas, præmio qui ingeniis pollerent.*

903. Anno 903. Franco Leodiensis Episcopus, quem in Palatinis scholis regnante Ludouico Balbo institutum fuisse supra diximus, moritur; cui succedit Stephanus Salinensis Comitis filius, vir quoque litteratus & in iisdem scholis edoctus. De quo sic habet Sigebertus, *Francone Leodiensium Episcopo mortuo Stephanus Episcopus subrogatur, vir sanctitate & scientia clarus, qui vitam & passionem S. Lamberti Martyris apud Hermanum Archiepiscopum vrbanius edidit, cantum quoque nocturnum de eodem Martyre, de S. Trinitate & inuentione Stephani Protomartyris composuit.* Author Chronici Belgici Magni eum vocat Doctorem Sacrum & excellentem Poetam. Obiit an. 920. 14. Kal. Iunij.

904. Anno 904. ad supremum Ecclesiæ Pontificatum promouetur Leo VI. Ardeatinus, & post mensem Christophorus Patria Romanus sedis Apostolicæ inuasor, Leonisque à quo educatus fuerat, impius repulsor, sed ipse malè partum Pontificatum septimo mense amittit à Sergio III. deiectus & in Monasterium retrusus.

Quo tempore florebant adhuc Ratbodus Traiectensis Archiepiscopus, Mannonis Palatini Professoris quondam Discipulus, & Robertus Metensis Episcopus, vir quoque scientia præclarus: cui Stephanus Leodiensis Capitularem librum emendandum misit.

905. Ad annum 905. Rhegino insignis Historicus Abbas Prumiensis electus in Dioecesi Treuirensi Chronica sua perduxit, vir inquit Trithemius, in diuinis Scripturis eruditissimus & in secularibus litteris nobiliter doctus *inter Doctores Germaniæ & Galliæ suo tempore facile obtinuit principatum*, Ratbodo Treuirensi amicitia coniunctissimus fuit, eiusque iussu librum edidit seu tractatum de Disciplinis Ecclesiasticis & Religione Christiana in 900. fermè Capitula per rubricas luculenter distinctum, qui extare dicitur in membranis Viennæ in Bibliotheca Imperatoris. Notas quoque & commentariola edidisse dicitur in Martianum Capellam. Ab Abbatia per æmulos deiectus est, Richariumque successorem habuit, qui & Episcopus Leodiensis fuit.

906. Circa annum 906. obiit Manno Catalaunensis Episcopus. Surius Cabillonensem Episcopum ait fuisse, vocem Gallicam *Challons*, male forsan interpretatus, nam ab iis qui Episcoporum Cabillonensium Catalogum contexuerunt, omittitur, & inter Catalaunenses reponitur. Verum vt vt sit, Mannonis quondam Rectoris Academiæ Parisiensis & Philosophiæ professoris cum Ratbodo Traiectensi discipulus fuit. De quo amplius dicetur in Catalogo virorum illustrium.

Vniuersitatis Parisiensis. 295

Hisce temporibus Francia deplorandum in modum à Normanis diripiebatur, nec Carolus re & nomine Simplex iis obniti aut resistere satagebat: ita abiecti erat pectoris, vnde venit omnibus in contemptum adeo, vt Hungaris ex alia parte in Galliam irrumpentibus, ab eo omnes Regni Proceres prope defecerint, maluerintque pacem qualemcunque cum illis & cum Normanis pro se quisque pacisci, quàm certis discriminibus vitam ignauo Rege duce exponere. Vnus Heriuæus Archipræsul Remensis cum mille quingentis militibus ad Ecclesiæ defensionem accurrit teste Flodoardo l. 4. c. 14. *Hungaris quoque,* inquit, *Regnum Lothariense depradantibus dum Carolus Proceres Francorum in auxilium sibi contra gentem ipsam conuocaret, solus hic præsul ex omnibus Regni huius Primatibus cum suis tantum in defensionem Ecclesiæ Dei Regi occurrit habens armatos secum mille quingentos.*

His quoque temporibus deploranda erat bonorum Ecclesiasticorum dispensatio & deprædatio ab hominibus Laicis, quibus ea Reges plus æquo liberales attribuebant: imo ea quoque ipsi sibi retinebant, vt legitur in Annalibus Bertinianis. Anno 867. *Ludouicus Abbas Monasterij S. Dionysij & nepos Caroli Imperatoris ex filia maiore natu Rotrude 5. idus Ian. obit, & Carolus Rex Abbatiam ipsius monasterij sibi retinuit. Causas Monasterij & collaborationem per Præpositum & Decanum atque Thesaurarium; Militiæ quoque curam per Maiorem Domus suæ commendatione geri disponens.*

Nempe isti Abbates vxorati Monachis Decanos præficiebant, qui Monasterium regerent, dum interim ipsi bona reditusque possidebant. Idem scribit Continuator Aimoini. l. 5. c. 41. de Abbatibus San-Germano-Pratésibus *Defuncto Ebolo,* inquit, *Abbate, Robertus Princeps cupiditate magis ductus, quam cura animarum sollicitus Abbatiam S. Germani accepit seque Abbatem post supradictum Hugonem Abbatem vocitari fecit. Itaque defuncto Hucboldo qui post Ebolum in regimine successerat, idem Robertus Comes, vt dictum est, Abbatis nomen assumpsit; statuens Decanos qui curam haberent Monachorum. Quorum primus nomine Remigius extitit, quo obeunte Abbo successit, ipsoque decedente Gosmarus Archiclaui decaniam habuit.*

An. 907. Alarius Magnus Britanniæ minoris Dux, qui Normanos tandiu repulerat & debellarat, diem extremum obiit: cui successerunt Iudicael & Colledochus filij, à paterna virtute prorsus degeneres. Quamobrem Normani duce Rollone Britanniam validis defensoribus carentem inuadunt. Nanneticam præsertim Plagam deprædantur: & imbelles Duces trans mare in Angliam fugant. Nec contenti vastasse Britanniam, Andegauum, Cenomanumque aliasque Francici Regni vrbes interiores diripiunt, & Carnutum vsque perueniunt.

907.

Anno vero 908. cum Rollo Carnotensem vrbem obsideret, & ciues prope ad deditionem compulisset, ostensa e muris B. Virginis interula seu camisia, quam aiunt ibi seruari, subito quasi fulmine ictus ab obsidione recessit, manumque expertus diuini numinis de religione Christiana amplectenda iam serio cogitauit, nec se tam victum à Roberto Duce Odonis quondam Regis Fratre, quàm à B. Virgine Carnuti Dominâ prostratum existimauit. Vnde mitior deinceps factus à rapinis & cædibus abstinuit, & in locis quæ occupauerat, aliquandiu se continuit, donec tandem Ægidia Caroli Regis filia in vxorem ductâ Neustriam pro dote accepit. Ad cuius rei promotionem & executionem non parum contulit operæ & curæ Heriuæus Archipræsul Remensis teste Flodoardo l. 4. c. 14. *de Normanorum mitigatione atque conuersione valde laborauit, donec tandem post bellum, quod Robertus Comes contra eos Carnototenus gessit, fidem Christi suscipere receperunt, concessis sibi maritimis quibusdam pagis cum Rothomagensi quam pæne deleuerant, vrbe & aliis eidem subiectis.*

908.

Anno 910. Fundatum est à Wilielmo Aquitanorum duce Monasterium Cluniacense in Burgundia Diœcesis Matisconensis ad Graonam fluuium, quem locū hæreditario iure ab Anana Wuarini Comitis Coniuge obtinuerat. Primum autem ibi Abbatem & Rectorem Monachorum constituit Bernonem Balmæ & & Gigniaci Abbatem. Sic enim ille in litteris fundationis. *Præcipimus siquidem vt maximè illis (Monachis) sit hæc nostra donatio ad perpetuum refugium, qui pauperes de seculo egressi nihil secum præter bonam voluntatem attulerint; vt nostrum supplementum*

910.

sit abundantia illorum, sint ipsi Monachi cum omnibus præscriptis rebus sub potestate & dominatione Bernonis Abbatis, qui quandiu vixerit secundum suum scire & posse eis regulariter præsideat. Post discessum vero eius habeant iidem Monachi potestatem & licentiam quemcunque sui Ordinis secundum placitum Dei atque regulam S. Benedicti promulgatam eligere maluerint Abbatem atque Rectorem.

Circa eadē tēpora Odo S. Martini Turonensis Canonicus, Remigij Antissiodorensis in Scholis Parisiensibus quondam auditor ad Bernonem se contulit, & cum eo ad mortem vsque commoratus est : cui deinde successor electus in Abbatiæ Cluniacensis regimine an. 926. vt infra dicetur.

911. Anno 911. Ludouicus Imperator annos natus 22. fato communi defungitur, in eoque Caroli M. stirps mascula deficit, & ad Extraneos deinceps transit Imperium. Itaque à Proceribus Germaniæ Conradus Franconiæ Dux, Conradi ab Adalberto occisi filius Imperator designatur, reclamantibus frustra nonnullis & Carolum Nostrum ad Aquilas vocandum existimantibus, vt verum & legitimum hæredem. Imperat Conradus Septennium, non sine bello : quippe illi æmulum suscitant Henricum Saxoniæ Ducem, cui moriens Imperij transmisit insignia. Henricus iste Auceps dictus, quod dum auiculas captaret, ei oblatum est imperium. Tunc autem Berengarius Italiam obtinebat.

912. Anno 912. Pacem init Carolus cum Rollone Normanorū duce, ea lege vt fidem Christianā suscipiat: quæ vt firma sit & stabilis in posterum, Ægidiam seu Gislam filiam ei despōdet Neustriamque in dote assignat. Prius verò eum in mysteriis institui fidei curat per Vvittonem Archiepiscopū Rothomagensē, admittēte ad opus tam Sanctum Heriuæo Remensi teste Flod. l. 4. c. 14. qui *ad Petitionem Vvitonis*, inquit, *tunc Rothomagensis Episcopi collecta ex diuersis authoritatibus SS. Patrum 23. Capitula qualiter ipsi Normani tractari deberent, eidem Archiepiscopo delegauit.* Insuper etiam *Romanum Pontificem super eiusmodi negotio consulere studuit.* Non potuit tamen Vvito absoluere quod inceperat, quippe morte præuentus : sed eius successor Franco Rollonem aquis lustralibus Baptismi intinxit, fideique ab eo professionem suscepit, aut anno eodem, aut certe an. 913. Robertus vero Parisiorum Comes nomen ei suum indidit vt Patrinus. **Rem** sic narrat **Vvilielmus Brito l. VIII. Philippiados.**

Tempore quo Simplex in Sceptris Carlus agebat,
Normanos Patriam Noruegia misit in istam
Grandibus euectos duce sub Rollonione,
Qui paganus erat, vir prudens, strenuus armis
Christicolæ populi sitiens haurire cruorem.
Hic cum multorum saturasset cædibus enses,
Vicos inuicta vi depopulatus & vrbes
Pestiferum extendens in plurima Regna furorem,
Demum Carnoti cum mœnia frangere vellet,
Virgo Dei Genitrix, quæ se dignata vocare est
Carnoti Dominam, tulit illi luminis vsum,
Vincibilemque dedit populo qui diligit ipsam.
Vt sic vlterius aliquanto tempore cæcus
Luce mereretur Christum interiore videre,
Qui fugiens victus maiori parte suorum
Amissa factus humilis, tum denique Christo
Credidit & meruit vitali fonte renasci.
Proinde suæ gaudens illum Rex Carlus honorat
Coniugio Natæ, cum qua Normania pacis
Fœdere sub firmo datur illi nomine Dotis.
Iam tamen ipse suis illam acquisiuerat armis.
Inuida cui partus optatos Iuno negauit,
Exortem prolis faciens excedere vita.
Rollo tamen iungens aliam sub lege iugali,
Viribus inuictis patriam totaliter illam,
Et sua post illum tenuit successio tota.
Donec post annos virtus diuina trecentos
Illam restituit per prælia multa Philippo.

Quam tenet & tenuit longúmque tenebit in ævum.
Quæ prius antiquum cum Neustria nomen haberet,
Post à Normanis habuit Normania nomen,
Quo gaudent Patrÿ memores idiomatis esse,
In quo Nort Boreas. Homo Mansunat, inde vocatus
Normanus Prisca meminit Patriáque Tribúsque.

Ex quo autem fidem suscepère Normani, mirum dictu est, quàm sint deinde animis mutati, quámque præsertim Rollo tractabilis fuerit: qui vt qualicumque ratione Deo pro tot malis genti Christianæ illatis satisfaceret, per 7. dies quibus in albis fuit, variis muneribus Ecclesiam decorauit. Rem sic narrat Robertus de Monte in suis ad Sigibertum Accessionibus. *Anno*, inquit, *Dominicæ Incarnationis 912. benedicto fonte in nomine S. Trinitatis Rollo à Francone Archiepiscopo Rothomagensi baptizatus: quem Robertus Dux Francorum à fonte excipiens ei suum nomen imposuit. Rollo autem postquam baptizatus est, per 7. dies quibus in Albis mansit, Deum & S. Ecclesiam deuotè datis muneribus honorauit. Nam prima die dedit terram præmaximam S. Mariæ Rothomagi Ecclesiæ. 2. S. Mariæ Baiocensi Ecclesiæ. 3. S. Mariæ Ebroicensi Ecclesiæ. 4. S. Michaëlis Archangeli Ecclesia in periculo maris supra montem posita. 5. S. Petri & S. Audoeni in suburbio Rothomagi Ecclesia. 6. S. Petri & S. Richardi Gemmeticensis Ecclesiæ. 7. Brenneual cum omnibus appendiciis S. Dionysio dedit. Octauo die expiationis eius vestimentis ceremonialibus exuius vrbis cepit acquisitione terram metiri, Comitibúsque suis & cæteris fidelibus largiri. Videntes autem Pagani Ducem suum Christianum esse, relictis idolis Christi nomen suscipiunt, ac vnanimes ad baptismum conuolant, & exinde gens Normanorum Christo credens fidei subacta est.*

Idem author commemorat Monasteria 38. quæ isti ad fidem conuersi aut fundarunt aut instaurarunt, Gemmeticense, Fiscanum, S. Audoeni, S. Michaëlis in monte Tumba, S. Vvandregesili, Bernaium, S. Taurini, Villariense, Beccense, Cerasiense, S. Trinitatis & Sancti Stephani Cadomensis, Vticense, S. Trinitatis, siue S. Catharinæ & S. Amandi Rothomagensis, S. Leufredi, Conchense, Lirense, Cormeliense, Pratellense, S. Vigoris Baiocensis, Sagiense, Troarnense, Almeniscarum, S. Petri siue S. Mariæ Diuensis, S. Petri Lexouiensis, Vlterioris-portus. S. Victoris Caletensis, S. Saluatoris Ebroicensis, Grestennense, S. Seueri Constantiensis, Exaquiense, S. Saluatoris Constantiensis, Fontanetum, Monteburgense, Ebroicense, Lonleiense: quæ quidem omnia ab iisdem Normanis aut fundata aut instaurata sunt ab anno 912. vsque ad an. 1150. quo tempore florebat Robertus de Monte. Itaque Deo ita disponente nulla natio videtur fuisse magis addicta Religioni Christianæ, quàm illa quæ tam acriter eam tot annos vexarat & oppresserat.

Atque vt tota illa gens facilius ad Christum conuerteretur, dubium non est, quin liberos suos Lutetiam ad studia bonarum artium & ad puriorem Religionis fontem miserit ab ipso suæ inhabitationis Neustriacæ initio: præsertim verò Rothomagenses & alij viciniores. Idque non obscurè Chronologistes scribit Malleacensis, cum ait Normanos Latinum Sermonem discere cœpisse. Sic enim ille ad an. 937. *Tempore illo Rollo defuncto, filius eius Vvilielmus loco eius præfuit, à pueritia baptizatus. Omnísque multitudo quæ iuxta Franciam habitabat, fidem Christi suscepit & gentilem linguam omittens Latino Sermone assue facta est.*

Tunc autem credibile est factam fuisse in Vniuersitate Parisiensi Nationum diuisionem quadrimembrem. Nam vt in synopsi ad primum seculum diximus, Vniuersitas videtur fuisse primum diuisa in duas Nationes, Gallicanam scilicet & Anglicanam, quod quidem vel ex vnica finium & ditionis illarum dimensione coniicere licet. Quippe ditiones habent nullis finibus limitatas.

Nationes 42 in Vniuersitate Parisiensi.

Anglicana quidem totum Septentrionem quàm longè latéque patet, sibi subiectum habet. Gallicana cæteras mundi partes complectitur. At Normania & Picardia exiguis finibus continentur. Vnde porro tam iniqua illa diuisio facta fuisset, si simul & eodem tempore omnium facta fuisset? Præterea Oxoniensis Academia quæ ab Alfredo vt dictum est, erecta fuit & instituta circa an. Christi 890. ad instar Nostræ Parisiensis in duas similiter Nationes diuisa est, Borealem scilicet & Australem, & vtrique suus Procurator assignatus.

Igitur ita mihi videtur esse de hoc negotio statuendum, fuisse scilicet toto primo seculo duas tantum in Vniuersitate Nationes, Gallicanam & Anglicanam: post quam vero Normani Neustriam pacatè inhabitare coeperunt & Christianam fidem amplecti, cum nullibi legatur fuisse quondam in Neustria scholas, in quibus possent institui & litteris erudiri pueri, missos fuisse Luteriam ad studia litterarum: & ne iis probro esset atque iniuriæ, quod Gens illa Galliam, maximè vero Lutetiam sæpe depopulata esset, adeo vt inter Litanias cantari soleret A FVRORE NORMANORVM LIBERA NOS DOMINE, concessum fuisse ex eadem Gente Procuratorem, qui eorum custos & protector esset, Normanicamque Nationem Vniuersitati additam: quæ vt fieret Quadrimembris, Picardicam eodem quoque tempore adiectam: atque ita sine detrimento Nationis Anglicanæ, Gallicanam quæ antea partes illas suæ ditioni subiectas habebat, vltro duabus illis Nationibus adiectitiis concessisse.

Vnde & hic ordo inter illas talis tum institutus fuisse videtur, vt Gallicana, quia in fundo suo sita erat Vniuersitas, ordine si non dignitate, prior esset: quemadmodum in aliis Vniuersitatibus antiquis obseruatum est: Picardica, quia Regnicola & antiquæ Ditionis Francicæ, secundum locum obtineret. Normanica licet alienigenarum hominum, quia eidem Franciæ subiecta, tertium. postremum denique Anglicana, quia omnino erat extranea: ad quem quidem locum molestè tulit olim illa se fuisse reiectam, quia se scholæ primam fundatricem putabat: esto enim Gallicanæ cedere deberet, non tamen adiectitiis illis cedere debuisse. Verum ea demum præcessio æqua visa est citra damnum præiudiciumque dignitatis omnium quatuor, quæ sorores dictæ & pares omnes dignitate fuerunt iudicatæ.

Quod autem istis temporibus adiectæ sint Nationes istæ duæ, præter allatas rationes, hæc maximè conuincit, quod aut fuerint omnes 4. ab initio in Vniuersitate necesse sit: cui rei obstat iniqua finium diuisio: vt dictum est: aut isto certè tempore. Etenim cum per 300. annos Normani aut Angli è Normanis oriundi Normaniam tenuerint ad vsque scilicet extrema ferè Philippi Augusti tempora & toto illo tempore intermedio continua propè bella cum Francis gesserint, non videtur quandonam accessio ista fieri potuerit opportunius, quàm quo tempore ex duabus Gentibus, Francica & Normanica, vna quodammodo facta est, quoque ad fidei veritatem accipiendam opus erat lumine scientiarum: quod quidem in Neustria tunc neutiquam, sed Lutetiæ tantùm plenissimè & commodissimè collucebat; & vnde edocti nonnullas postea apud se Scholas instituerunt. Factam enim fuisse, quandiu Franci cum Normanis bella gesserunt, aut postquam Normani Angliam subiecerunt, quis credat? scilicet passuri fuissent Reges nostri in vrbe sua primaria institui duas Nationes numerosissimas & sæpe inimicissimas! Fuisse vero factam post annum 1215. quo Philippus Augustus Normaniam recuperauit, nemo qui Academiæ scrinia lustrauerit, contestabitur: cù certum sit ante ea tempora Vniuersitatem habuisse Rectorem & Procuratores Nationû, vt ex historia constabit. Adde quod si post an. 1215. fuisset accessio illa facta, non subest ratio, quamobrem soli Normani Nationem vnam constituissent, cum Gallicana tam multas gentes, Anglicana quoque tam multas complecterentur. Postremo quia cum plurimi etiam Academici viri floruerint & scripserint iis temporibus, nemo tamen illius nouæ accessionis meminit.

Aureliacensis Cænobii fundatio.

Anno 913. Anastasius III. Romanus Papatum obtinuit seditque duobus annis & duobus mensibus satis laudabiliter. Et hocce tempore fundatum est Cænobium Aureliacense Claromontensis, nunc San-Floracensis Diocesis à Geraldo magnæ sanctitatis & primariæ nobilitatis viro. Qui regnante Caluo natus nimirum an. 856. mundo cui diu militauerat, substraxit omnia bona sua & Monachis addixit an. 914. condito testamento quod tale est.

„ Mundi termino appropinquante, ruinis crescentibus iam certa signa manife-
„ stantur, quia his aduenientibus verè mundus argueretur. Et si aliquid de rebus no-
„ stris locis Sanctorum conferimus, Retributorem nobis esse omnium Deum con-
„ fidimus, qui dicit date Eleemosynam. Ob hoc igitur Ego Geraldus considerans
„ casum fragilitatis humanæ & pertimescens vltimum trementem diem iudicij,
„ proptereà cedo ad loca sanctorum & eorum seruitium & in substantia pauperum
„ & parentibus meis atque fidelibus, hoc est imprimis ad locum pro Deo & S.

Petri condonatum habeo qui vocatur Aurilhacus Monasterium, hoc est quod "
à die præsenti ipsi Monachi possident, & medietatem de ipsa Curte ipsum Ca- "
stellum cum Baccalaria Dominicaria & duos Mansos in Grandimonte & in Fa- "
bricas Manso. 1. Vbi stabilis visus fuit manere, Rainaldus teneat dum viuit, post "
obitum illius Ordini Aurilhaco remaneat. Mediam Curtem æqualiter diuidant "
Rainaldus, & Monachi, & post obitum illius omnia ad Aurilhacum succedant. "
Decatucerias curte medietatem, ad ipsum locum supra nominatum dono & me- "
dietatem Rainaldo nepoti meo dono dum viuit, postea ad Aurilhacum rema- "
neat. Villam meam ad illos Ermos Monachi habeant. Curtogillo Rainaldus "
habeat dum viuit: postea ad Aurilhacum remaneat. Glaurgo Ecclesiam Mona- "
chi possideant. Curtem meam Roncina Rainaldus dum viuit teneat, post obitum "
illius ad Aurilhacum remaneat. De hoc quod in Goliaco visus sum habere, Mo- "
nachi medietatem, Rainaldus medietatem dum viuit, post obitum illius ad Au- "
rilhiacum remaneat. Boresia dono Amalfredo filio Galamon dum viuit, post "
obitum illius ad Aurilhiacum remaneat. Quantum namque ad ipsas causas su- "
pra nominatas aspicit aut aspicere videtur, quæsitum vel ad inquirendum cum "
ipsis mancipiis ibide manentibus & eorum consanguineis de foris his causis iam "
dictis degentibus, & cum omnibus pertinentijs & appendicijs & adiacentijs eo- "
rum, & ad integrum dono & S. Petri & S. Clementis & eorum seruientibus dono "
ad iure proprium habendi, tenendi & vsufructuarium recipiendi, ea ratione vt "
dum viuo possideam, & post obitum nostrum Rainaldus nepos meus habeat "
potestatem de hoc supra nominato Monasterio ad Abbates mittendi, tollendi "
sicut causas Monachorum inquirendi ante Reges & Comites & eorum vicarios "
siue in diuersis plagis Monachorum & eorum familiis tuitione tenendi. Et acces- "
sio ista à me facta omnique tempore firma ac stabilis permaneat cum omni fir- "
mitate & manibus hominum roborata, stipulatione quoque annexa. Facta cessio- "
ne ista in mense Septembrio sub die Iouis an. 17. quod Carolus Rex sumpsit Im- "
perium. Et signatum Geraldus qui donatione ista scribere vel affirmare rogauit. "
Sig. Fataldi, Sig. Vigoni. Sig. Vicarni. S. Bladino. S. Tugiranni. "

Huicce Cœnobio primus Abbas præfectus est Aldegarius, Adelgarius seu Adalbertus antea Monachus Vabrensis, Geraldi Fundatoris consanguineus, qui ad Carolum Simplicem pro obtinenda prædictæ fundationis confirmatione missus facile obtinuit. Hunc excepit Ioannes 1. nobilis quoque prosapia & Geraldi affinis, atque Ioanni X. Papæ charissimus, à quo priuilegia habuit. Isti successit Odo Cluniacensis: Odoni Arnulfus: Arnulfo Adiardus, quo Abbate Gerbertus Aquitanus Cœnobio Aureliacensi nomen dedisse videtur.

Cæterum hæc Domus fuit ab initio litterarum professione commendabilis: ibique magna nominis fama docuisse perhibentur Arnulfus successor Odonis, Adiardus, Gerardus de S. Sere, qui & Abbas fuit, Gerberti Magister, Raimundus de Lauaur ipsius Gerberti Magister præcipuus, ad quem extat eiusdem Epistola 91. Eiusdem scholæ meminit Ioannes Sarisberiensis Ep. 60. vbi Luxouiensium quoque Monachorum meminit, qui cum Auriliacensibus de litterarum laude decertabant. *Domini siquidem Luxouienses Patres*, inquit, *non modo eloquentium, sed eloquentiæ quodammodo sunt, nam cum Aureliacensibus, qui multarum rerum peritiam & vsum habent, æquentur in plurimis, in eo facillimè antecedunt, quod hîc nascuntur & fiunt eloquentes.* Itaque temporibus Ioannis Sarisberiensis nempe circa an. 1160. florebat adhuc schola Aureliacensis: non tamen in ea extraneos crediderim institutos fuisse, sed eos tantum qui sacræ militiæ sese addixissent.

Anno 914. aut 915. Anastasio Pontifici Romano suffectus est post biduum Landus Sabinensis nulla re in Pontificatu gesta commendabilis: quo post sex menses e viuis sublato, non Cleri nec populi suffragiis, sed Alberti Marchionis & Theodoræ socrus opibus & authoritate substituitur Ioannes decimus dictus, Rauenatum Archiepiscopus: filius is erat Sergij olim Pontificis, vt scribunt nonnulli. 13. annos sedit, meliusque gessit quàm perperit Pontificatum. Saracenos Italiam vastantes expulit, Normanisque ad fidem conuertendis cum Heriueo Remensi studiosè incubuit. Demum à Guidonis Comitis militibus strangulatus est.

Anno 917. obiit Ratbodus Frisius Traiectensis Archiepiscopus, Mannonis olim in schola Palatina Luteciana regnantibus Caluo & Balbo Discipulus. Ille ex Re-

917. gio sanguine oriundus Atauum maternum habuit Ratbodum Regem Frisiæ, auunculum Guntherum Archiepiscopum Coloniensem: apud quem primoribus litteris institutus est: at eo de sede sua deiecto missus Lutetiam sub Mannone Philosopho plurimum profecit: demum reuersus in Patriam Arnulfo Imperatore volente & quodammodo iubente factus est Episcopus Traiectensis. Obiit autem apud Trentam, seu vt alij scribunt, apud Dauentriam, vbi frequentius habitabat, 3. Kal. Decemb. an. 917. Sibique tale Epitaphium condidit.

Esuries te Christe Deus, sitis atque videndi
Iam modo carnales me vetat esse dapes.
Da mihi te vesci, te potum haurire salutis,
Vnicus ignotæ tu cibus esto viæ.
Et quem longa fames errantem ambesit in orbe,
Hunc satia vultu, Patris imago, tuo.

Item B. Martini inuocatione peccatorum remissionem à Deo precatur.

Sis pius oro mihi Martine habitator olympi,
Solamen misero, sis pius oro mihi.
Porrige quæso manum ne me trahat ecce profundum
Portus naufragium, porrige quæso manum.
Imminet vmbra necis, nunc nunc mihi proximus adsis:
Res nimium tristis imminet vmbra necis.
Eripe me tenebris & diris subtrahe flammis
Dilector lucis eripe me tenebris.
Me quoque redde Polo, Regnum quo permanet Agno,
Qui frueris cœlo me quoque redde Polo.

Extat & aliud Epitaphium in MS. quo ita Deum alloquitur.

O Deus omnipotens, cuius pietate redemptus
Subsistit mundus, qua generatus homo,
Respice me miserum peccati mole grauatum,
Et nimio pressum pondere, Christe, leua.
Ereptumque gregis dira de sorte Ministri
Iudicis inter oues tempore siste tuas.

De eo vero sic insuper Trithemius in lib. de Viris Illustribus ac Scriptoribus Ecclesiasticis. *Radbodus 14. Episcopus Traiectensis natione Teutonicus, virin Diuinis Scripturis valde eruditus & sæcularium litterarum non ignarus, ingenio subtilis, eloquio clarus, vita & conuersatione sanctissimus, multis & viuus & mortuus miraculis coruscauit. Hunc in omnibus litteris humanitatis Nanno Philosophus doctissimus instruxerat, qui aduocatus in Palatio Regis Caroli Grossi fuit, & postea monasterium ingressus, tandem Episcopus consecratus Ecclesiam Traiectensem in graui persecutione Danorum 17. annis strenuè gubernauit. Scripsit autem nonnulla præclara opuscula de quibus ista feruntur. Laudes S. Martini lib. 1. Laudes S. Bonifacij Episcopi lib. 1. De S. Amelberga lib. 1. Homiliarum & Sermonum lib. 1. de S. Willibrodo Flores. Integrum quoque de S. Martini Translatione Officium & varios cantus in honorem Sanctorum. Obiit sub Ludouico filio Arnulphi Imper. an. 917. Indict. 5. 3. Kal. Decemb. Episcopatus sui an. 18. sepultus apud Dauentriam vbi residere antea consueuerat.* Errat Trithemius cum ait obiisse sub Ludouico filio Arnulphi: nam Ludouicus iam ante obierat, nim. an. 911. vt ante dictum est.

919. Anno 919. Normani, seu ij qui Duce Rollone Neustriam occupauerant, seu alij de nouo aduenientes Aremoricam regionem omnino depopulantur nemine repugnante aut eis resistente: tam calamitosa erat rerum Francicarum facies illis temporibus, tantaque abiectio animorum. Huius rei meminit Flodoardus in Chronico. *Normani*, inquit, *omnem Britanniam in Cornu Gallia, in ora scilicet maritima sitam depopulantur, proterunt atque delent abductis, venditis caterisque cunctis eiectis Britonibus.* Biennio verò post Robertus Comes illis hanc quoque partem, quam vastauerant cum Nannetico pago illis habitandam concedit, dum fidem Christianam amplectantur, teste eodem Flodoardo. *Robertus Comes Normanos qui Ligerim fluuium occupauerant, per quinque menses obsedit, acce-*

ptisque ab eis obsidibus Britanniam ipsis quam vastauerant, cum Nannetico pago concessit, quique fidem Christi cœperant suscipere. Tunc quoque Hungari Italiam partemque Franciæ, quæ Lotharingia dicebatur, deprædabantur; vnde eos ægrè Carolus repulit.

Verum ecce grauius malum: bellum Ciuile quocunque extraneo peius & vehementius exardet. Plurimi Proceres indignati, quod Rex nimis pusillanimis hostibus infensissimis Neustriam ad habitandum concessisset: neque hoc modò, sed Aborigines ex auitis fundis expelli permisisset, Haganonem Ministrum Regni primarium & talium forte suasorem ex Aula & à Regni administratione arceri postulant. Rex à subditis negat se posse cogi: nec Haganonem dimittit. Ergo illi palam ab eo deficiunt & Robertum Parisiensem Comitem Odonis quondam Regis fratrem rei Francicæ præficiunt. Vnum Rex habet perfugium ad Heriuæum Remensem Archiepiscopum, cuius opibus diu sustentatur, donec tandem placantur animi Procerum & pax restituitur. Quâ de re sic Flodoardus in Chronico. *Anno 920. pæne omnes Franciæ Comites Regem suum Carolum ad vrbem Suessionem, quia Haganonem Consiliarium suum, quem de mediocribus potentem fecerat, dimittere nolebat, reliquerunt. Heriuæus autem Remorum Archiepiscopus accipiens Regem, cum omnes eum deseruissent, duxit eum ad hospitia sua in villa quæ dicitur Garcasiria. In crastinum verò venerunt Crusniacum Remensis Episcopi villam, ibique manserunt donec Remis venirent: sicque deduxit eum per 7. ferè menses, vsquequo illi suos Principes eumque suo restitueret Regno* Idem scribit lib. 4. historiæ Remensis c. 15. Pontificemque istum ab eximia laudat pietate, fortitudine & fidelitate.

920.

At pax illa diu non stetit: etenim biennio post, nempe an. 922 iidem Magnates ab eo omnino defecerunt. Prætextus defectionis fuit, adempta Abbatia Cellensis Rothildi auunculæ socrûs Hugonis filij Roberti, Præfecti Palatio & Ducis Franciæ per Regem Odonem fratrem suum facti. Ergo Robertus cum filio Hugone Magno, Rodulpho Genero, qui postea Rex coronatus est, Bosone superioris Burgundiæ Rege & Heriberto Genero Veromanduorum Comite odio Haganonis coniurat aduersus Simplicem cogitque Lauduno fugere trans Mosam. Coniurati Robertum in Regem inungunt per Heriuæum Remensem vltima die Iunij. Rem sic narrat Flodoardus l. 4. Histor. Rem. c. 17. *Excrescente denique discordia inter Regem Carolum & Robertum cum pæne cuncti Regni proceres ad constituendum Regem Robertum apud S. Remigium congregati essent; idem Archiepiscopus languore depressus vitâ decessit, tertia die scilicet postquam Robertus Rex factus fuerat; quarto verò die antequam vigesimum secundum sui Episcopatus expleret annum. Contigit autem vt ipsa die sui decessus plures qui aduenerant Episcopi Remensem ingrederentur vrbem, quique funus ipsius dignis exequiis celebrantes cum maximo suorum, sed & exterorum luctu decenti tradidere sepulturæ.*

922.

Hæriuæo substituitur Seulfus tunc eiusdem Ecclesiæ Archidiaconus, Remigij Antissiodorensis olim Discipulus, quem Robertus vt ante sæpe, sic deinde fidelem sibi temporè partibusque suis addictissimum expertus est. De eo sic quoque Flodoardus c. 18. *Successit huic Præsuli Seulfus, qui tunc vrbis huius ministerio fungebatur Archidiaconatus, vir tam Ecclesiasticis quam secularibus disciplinis sufficienter instructus; quique apud Remigium Antissiodorensem Magistrum in liberalibus Studium dederat Artibus. Quo per consensum & iussionem Roberti Regis ab Abbone Suessionico cæterisque Remensis prouinciæ Præsulibus ordinato Episcopo delati sunt Odo frater quondam Heriuæi Archiepiscopi, & Heriuæus nepos ipsius apud eundem Præsulem, quod fidelitatem quam ei promiserant, minimè seruarent. Qua de re quia noluerunt ad reddendam venire rationem coram eodem Pontifice, vel singulari certamine cum accusatoribus decernere, sublatis sibi Ecclesiæ possessionibus, quas plures ex hoc retinebant Episcopo, per Heribertum Comitem deducti sunt ad Robertum Regem & sub custodia vsque ad mortem Regis Roberti, Odo quidem penes eundem Heribertum; Heriuæus verò Parisiis detenti sunt.*

Interim Carolus comparatis auxiliis Flandrorum, Lotharingorum & Germanorum redit in Franciam & Robertum insperato aduentu sub vrbe Suessionica tunc morantem adoritur an. sequenti nim. 923. die Dominica post horam sextam. Ibi pugnatum, vt de Regno par erat: Altera pars sub Simplice quasi du-

923.

ce carens, sibi quisque Dux adhortator est, nec alterius imperium expectat. Altera sub Roberto recentem Regiam maiestatem à se illi collatam, Franciæ decus & fortitudinem contra Germanos quibus iura dedisset, præ oculis habet. Sed hic tandem euentus pugnæ fuit. Robertus dum ante signa pugnat plus memor Regij nominis recenter parti quàm vitæ, circumuentus & multis lanceis perfossus occidit, victoriamque nihilominus moriens suis relinquit. Carolus florentissimâ exercitus sui amissâ parte ad Mosam refugit, & Normanorum auxilia, qui maximam Galliæ partem inuadentes deuastarant, improbo desperatoque consilio, inquit Tillius, prouocat: quo facto subditorum animos vehementer exacerbat. Vnde nec Heribertum Comitem, nec Sculfum Archiepiscopum aliósve Regni Primates, quos multis Legationibus precatur vt ad se reuertantur, permouere potest. Imo Sculfus coacto Episcoporum Concilio eos qui in acie Suessionensi contra Robertum pugnauerant, ad publicam pœnitentiam adigit: vt legitur in Capitulis veteris membranæ S. Remigij Remensis.

924.   Heribertus verò Comes Simplicem spe rerum componendarum illectat & reuocat in Franciam; reuersum, apud Peronam in custodia retinet an. 924. coactoque Procerum Regni Consilio cogit sceptro cedere. Hinc ergo Rodulphus Burgundiæ Rex, Roberti Gener, à Simplice in Baptismo susceptus in Regem inungitur apud Sam-Medardum Suessionensem: & paulò post Emma Coniux, Roberti filia à Sculfo Remis in Reginam consecratur. Superstes quoque fuit Roberto Patri Hugo filius, dictus ob res præclarè gestas, Magnus, Franciæ Dux, Parisiorum Comes, Hugonis Capeti Pater, de quo infra.

925.   Anno 925. Sculfus Remensis moritur non sine suspicione propinati veneni: eique substituitur Hugo filius Heriberti Veromanduorum Comitis, puer quinquennis, ex consilio Episcoporum. Rem sic narrat Flodoardus l. 4. histor. Remens. c. 20. vbi notat quoque se, quia electioni eiusmodi non interfuisset, nec
,, deinde præbuisset assensum, beneficio suo ab Heriberto fuisse spoliatum. Nec
,, mota, *inquit*, post obitum ipsius Heribertus Comes Remis venit aduocans Ab-
,, bonem Episcopum Suessionicum & Bouonem Catalaunicum. Quibus sibi iun-
,, ctis tractans super electione Rectoris huius Remensis Ecclesiæ tam Clericos
,, quàm Laicos ad voluntatem suam intendere fecit. Sequentes igitur eius con-
,, silium, ne forte per extraneas personas Episcopatus diuideretur, eligunt filium
,, ipsius nomine Hugonem admodum paruulum, qui nec adhuc quinquennij
,, tempus explesset. Qua re patrata ad Regem properant eius authoritatis impe-
,, trandæ gratia. Rodulphus igitur Rex hac electione comperta præfatorum
,, Episcoporum consilio Remensem Episcopatum committit Heriberto æqui-
,, tatis censurâ disponendum atque regendum ab ipso, qui etiam Legatos Ec-
,, clesiæ cum Abbone præsule Romam mittere satagit, huius electionis decre-
,, tum suum ferentes & assensum Papæ super ea petentes. Ioannes itaque Pa-
,, pa interueniente Abbone præsule petitioni eorum consensum præbens, Epis-
,, copium Remense Abboni Episcopo delegat, quæ sunt Episcopalis Ministerj
,, ab ipso in eodem Episcopio tractanda ac finienda decernens. Heribertus ita-
,, que Comes potestate potitus Remensis Episcopij iniustè priuauit tam me quòd
,, non interfueram præmissæ electioni suæ, quàm nonnullos alios & Clericos &
,, **Laicos beneficiis possessionum Ecclesiasticarum**, quibus à præcedentibus Epis-
,, copis muneratis videbamur obsecundantis gratiâ.

926.   Annus 926. bellis Normanicis & Hungaricis variisque tumultibus & dissidiis turbatur, Carolo apud Castrum Theodorici sub arcta custodia retento & Rodulpho regnante. Eodem anno obit Berno primus Abbas Cluniacensis & Odonem ex nobili Francorum prosapia oriundum, S. Martini Turonensis olim Canonicum & Remigij Antissiodorensis in schola Parisiensi Discipulum successorem designat: de quo Odone sic habet Glaber Rodulfus l. 3. *Post Bernonem suscepit regiminis curam sapientissimus Abbas Odo, vir per omnia religiosissimus qui fuerat S. Martini Turonis Ecclesiæ Præpositus, moribus & conuersatione Sanctitatis valdè ornatus. Hic enim in tantum huius instituti propagator extitit, vt à Beneuentana Prouincia, quæ habebantur in Italia & in Galliis vsque ad Oceanum mare potiora Monasteria, illius ditioni gratularentur esse subiecta.*

De Odone Cluniacensi.

Vniuersitatis Parisiensis.

Hic vir admirabilis collapsam Monasticam Disciplinam incredibili labore & cura instaurauit. Cuius laudes in hac parte nemo melius dicendo complectitur quam Chronologistes Antissiodorensis. Hic Beatus Odo, *inquit*, miræ sanctitatis extitit & incomparabilis in Monastica vita feruoris ac pœne suo seculo singularis. Valde enim hoc tempore Monasticæ Religionis feruor in plerisque Galliarum locis tepuerat & rarus in aliquo Monastico habitu induto Mundi contemptus inueniebatur. Abbatiæ si quidem antiquiores, quæ in vrbibus Franciæ seu castris nobilioribus fuerant editæ à Religiosioris propositi tramite adeo exorbitauerant, vt pœne omnes qui in eis diuinis videbantur mancipati obsequiis, curis carnis ac suæ voluntatis studio & intentioni addicti essent. Vnde non immerito rariores hoc tempore spiritales viri fuerunt, vt vix vel vnus magnæ famæ aut sanctitatis immensæ his diebus extitisse, referatur qui poni posset in lucem Gentium, vt salus esset his qui in extremis vitiorum finibus morabantur. Nam præter domnum Odonem religiosissimum Abbatem, qui hoc tempore floruit, cuiusque sanctitas & religio non mediocris fuisse certissimè comprobatur, vix aliquis enituit, qui fraternæ correptionis ardore repleretur. Hic igitur B. vir ob suæ sanctitatis cumulum non solum Cluniacensis, sed & multorum in Regno Hesperiarum cœnobiorum effectus est Abbas egregius & disciplinæ regularis sagacissimus propagator. Ipsius enim industria & feruore Monachorum tepor versus est in ardorem & in fidei & religionis deuotionem venerandam. Valde quippe per eum & sub eo refloruit exsiccata Monachorum deuotio & S. Benedicti institutio laudabilis viguit plurimum in Cœnobiis & conualuit reparata. Cluniacensis denique Ecclesia tanta religione sub hoc sanctissimo Patre Odone in initio ac longè post floruit, vt merito fonti aquæ viuæ comparari potuisset, quæ veræ Religionis puritate ad se venientes & inibi Deo deseruientes plenissimè abluebat.

Huiusce viri pietatem maxima commendabat eruditio, vt testantur plurima eius opera. Extat in Bibliotheca Floriacensi, quam Abbatiam iussu Leonis Pontificis reformandam susceperat, sermo quem habuit in festo Translationis S. Benedicti ad Floriacenses Cœnobitas, cuius hoc initium est *Festiua Beatissimi Benedicti Solennitas*.

Anno 927. obiit Rollo Dux Normanorum, vt multi scribunt, iacetque in Capella S. Romani apud Basilicam Rothomagensem cum hoc Epitaphio.

927.

Dux Normanorum, cunctorum norma bonorum,
Rollo ferus, fortis, quem Gens Normanica mortis
Innocat articulo, hoc iacet in tumulo.
Ipsi prouideat tua sic clementia Christe,
Vt semper videat cum Cœtibus Angelicis Te.

Fuit autem ille tam omnis Iustitiæ tenax, vt nemini ius reddere denegaret: itaque ad Rollonem protinus si quid iniuriæ inferretur, concurrebatur. Hinc fluxit Clamor ille Normanicus A Rov vel Haro. id. Ad Rollonem. Georgius Coluenerius in notis ad Chronicum Cameracense. *Rollo vel Rol præcipuus Nordmanorum Ductor, qui tandem ad fidem Christi est conuersus & baptisatus an. 912. vt scribit Math. Westmonast. & Baronius tom. 10. qui deinceps ad finem vsque vitæ tantus fuit amator Iustitiæ, vt recordatione ipsius etiamnum hodie Normani dum eis infertur iniuria, exclamare soleant HA ROL vel HA ROV quasi suspirantes & innocantes eum ad faciendam eis iustitiam.* Vide Menagium in Originibus ad vocem Haro.

Anno 928. rursus res Franciæ turbantur ob simultatem, quæ inter Rodulfum Regem & Comitem Veromanduorum intercedebat, quæque tandem in apertum bellum erupit. Causa hæc fuit. Heribertus satis bene se de Rodulfo meritum putans, cui Regnum capto Carolo contulerat, ægre tulit sibi denegatum ab eo Comitatum Laudunensem, filioque suo Odoni cui illum petierat prælatum Rotgarium. Itaque liberiori primum cœpit Carolum habere in custodia, deinde cum eo colloqui, postremò eidem amicitias comparare, imprimisque Willielmum cognomine Longa-Spatam Rollonis filium Normanorum Ducem certo fœdere cum eo coniungere, teste Flodoardo. *Karolus*, inquit, *cum Heriberto colloquium petit Normanorum ad Castellum quod Auga vocatur, ibique se filius Rob-*

928.

Secundum seculum

lonis Karolo committit & amicitiam firmat cum Heriberto.

His auditis Rodulfus cum ingentibus copiis è Burgundia in Franciam irrumpit, omnia vastans & diripiens. Heribertus infensissimus Normanorum vires opponit. Stat medius & sequester Hugo Magnus Parisiorum Comes Roberti in Suessionensi prælio occisi filius, dissidentesque conciliat. Heribertus Carolum Remos deducit, indeque ad Pontificem legatos mittit affirmans eum iam plena libertate frui, quò fulmina euitet a Pontifice intentata.

929. Anno 929. obiit Ioannes Papa, eique substituitur Leo VI. Patria Romanus: quo post 7. menses diesque 15. defuncto succedit Stephanus VIII. Imperante Henrico in Occidente. Eodem anno Deroldus insignis Medicus Ambianensem Episcopatum adipiscitur post mortem Otgarij, qui plenus dierum decesserat, nempe Centenarius. Admittitur quoque ab Heriberto Veromanduorum Comite Odalricus Aquensis Episcopus à Sarracenis expulsus ad Ministerium Archiepiscopale obeundum in Ecclesia & Diœcesi Remensi vice Hugonis filii adhuc impuberis: concessa ei præbenda & Abbatia S. Timothei, teste Flodoardo l. 4. c. 22. Vbi etiam ait Hugonem Parisiorum Comitem & Heribertum ad colloquium Henrici Imperatoris profectos, indeque ad Rodulfum, pacem inter eum & Carolum restituisse. *Hugo & Heribertus Comites ad colloquium proficiscuntur Henrici. Vnde reuersi pergunt obuiam Rodulfo Regi rursusque Heribertus committit se illi redacto iterum sub custodia Carolo. At Rodulfus Rex Remis veniens vbi Carolus custodiebatur, pacem fecit cum illo, humilians se ante ipsius præsentiam & reddens illi Attiniacum fiscum, muneribus quoque quibusdam Regiis eundem honorat.*

930. Anno 930. Rodulfus Rex Normanos Ligerianæ oræ Incolas, qui Aquitaniam deprædationibus suis infestabant, in agro Lemouicensi vno prælio omnes pœne deleuit, Aquitaniamque sibi subiecit. Hugonem Roberti filium & Heribertum hactenus amicissimos, cum vero animis disiunctos propter Clientes seu Vassallos quosdam Hugonis ab Heriberto receptos reconciliauit. Carolus Simplex Peronæ obit. Sicque Rodulfus æmulo carens liberius res Francicas quàm ante administrat.

936. Anno 936. Rodulfus obit Antissiodori sine prole mascula, eiusque Corpus Senonis in Ecclesia S. Columbæ tumulatur. Ludouicus vltra-Marinus dictus Simplicis filius, qui à patre ad Alstanum Angliæ Regem cum Ogina Matre missus fuerat, vt vidit Procerum Francorum à se defectionem, ab Hugone Magno ad Paternam hereditatem ex Anglia reuocatur. Rem sic narrat Flodoardus *Hist. Rem.* l. 4. c. 26 & in Chron. *Hugo Comes trans mittit pro accersendo ad apicem Regni suscipiendum Ludouico Caroli filio, quem Rex Alstanus auunculus ipsius accepto prius iureiurando à Francorum legatis in Franciam cum quibusdam Episcopis & aliis fidelibus suis dirigit. Cui Hugo & cæteri Francorum Proceres obuiam profecti mox nauem egresso in ipsis littoreis arenis apud Bononiam se se committunt, vt erat vtrimque depactum. Indeque ab ipsis Laudunum deductus ac Regali benedictione ditatus vngitur atque coronatur à domno Artoldo Archiepiscopo præsentibus Regni Principibus cum Episcopis 20. & amplius.* Princeps huiusce Legationis fuisse dicitur Willielmus Senonensis Archiepiscopus teste Chronico Antissiodorensi.

Eodem anno Henricus Imperator fato fungitur: ortoque inter filios de successore dissidio, tandem **Othoni I.** natu maiori **Imperium delatum est** & ille ab Hildeberto Archiepiscopo Moguntino Imperialia Paludamenta accipit & consecratur. Eodem quoque Britones à Normanis olim fugati, Alstani Regis Anglorum opibus adiuti reuertuntur, terras suas repetunt, & non sine plurimis cædibus victores tandem de inuasoribus euadunt.

937. An. 937. Ludouicus Rex Aulicorum nonnullorum & præsertim Artoldi Remensis Archiepiscopi insusurrationibus adductus Hugonem Magnum à quo reuocatus fuerat & in integrum restitutus, à se abalienat, Regemque agit ab eius *se procuratione separans,* inquit Flodoardus.

Vnde sibi cladem intentari suspicatus Hugo redit in amicitiam cum Heriberto Veromanduorum Comite, qui ambo iunctis copiis Castellum quoddam nomine Causostim super Maternam fluuium ab Artoldo præsule constructum prodente quodam Vvieperto capiunt: & Regenbertum Artoldi partes tuentem compre-

comprehendunt. Hinc Ciuile bellum exardet, fitque nimis diuturnum, dum Rex externas copias ad deprædandum Regnum conducit, Hungarorum auxilio vsus; de quorum immanitate Hugo Abbas Flauiniacensis verba faciens ad hunc annum duo insignia miracula commemorat. Eo anno, inquit, cœli pars ardere visa & ab eadem parte Hungarorum persequutio insequuta est, qua villæ & agri depopulati, Domus Basilicæque conflagratæ, captiuorum abducta multitudo. Nonnullas tamen Ecclesias ignibus applicitis succendere nequierunt. In Ecclesia S. Basoli cum quidam Hungarorum ascendere nitens arcum manu applicuisset, manus eius adhæsit lapidi, nec omnino quiuit auelli, donec cæteris saxum circa manum ipsam incidentibus partem ipsam lapidis in omnium admiratione perferre cogeretur Ethnicus. Quidam Presbyter captus ab eis & vinculis alligatus reuelatione Diuina est liberatus. Qui postquam Patriam domumque repetiit, retulit in eadem captiuitate fuisse Monachum quendam Hucbaldum nomine Orbacensis Cœnobij, quem multoties Ethnici trucidare voluerunt. Nudum ergo eum in medio positum sagittis appetiere, nec saltem cutem valuerunt rumpere. Resiliebant ab eius corpore sagittæ, quasi adamante repulsæ, nec signum apparebat in cute. Gladio eum cum omni conanisi sunt percutere & nihilominus caro intemerata permansit. Hanc Historiam ex Flodoardo sumpsit Hugo, quam ille refert in Chronico ad hunc annum & in Historia Remensi l. 2. c. 10. vbi ait Captiuos reuersos id testatos fuisse de Hucbaldo, & etiamnum suo tempore testari: Tunc enim illic florebat & in Ecclesia Remensi Canonicus erat.

Porro Artholdus Heribertum præsente Rege Sacris arcet. Causostim arcem recipit, & à Rege ius monetæ cudendæ, omnemque Comitatum Remensem obtinet an. 940. sed paulo post à Comitibus Hugone & Heriberto capta vrbe fugatur.

Is erat annus 940. Hugo post annum à prima electione is. reuocatur tunc Diaconus, paulo post à Guidone Episcopo Suessione ordinatus presbyter, litteris sufficienter instructus à Guidone Antissiodorensi, apud quem pueritiæ annos trl.egerat, teste Flodoardo. Vt autem iffi sedes Archiepiscopalis assereretur & confirmaretur, habita est Synodus 27. Martij an. 941. apud Suessionas, in qua depositio Artholdi iusta, consecratio vero Hugonis legitima iudicata est. Huic Synodo Flodoardus iam à quinque mensibus in custodia libera ab Hugone detentus interesse cogitur, eique quia parum æquus esse putabatur, reconciliatur, vt narrat lib. 4. Histor Rem. c. 28. *Contigit autem mihi* inquit, *Domina mea B. Genitrice intercedente vt ipsa die Conceptionis & Passionis Domini nostri I. C. absoluerer à custodia & die 3. scilicet 6. Kal. Aprilis, qua Dominus à mortuis resurrexit, egressus ipse cum Præfato Electo nostro ad vrbem Suessionicam profectus sum. Vbi conuenientes Episcopi Diœceseos cum Principibus Hugone ac Heriberto tractarunt quid eis agendum esset super Episcopali huius Hugonis ordinatione, sicque decreuerunt petentibus quibusdam filiis Ecclesiæ Remensis tam Clericis quam Laicis cum ordinandum, asserentibus fautoribus ipsius, quòd Artholdus nequaquam electus, sed per violentiam fuerit intromissus, seseq; Episcopali abdicauerit ditione. Ibi ergo Hugo Princeps tunc me per manu accipiens huic Hugoni nepoti suo ad benefaciendam commisit; quique mihi Ecclesiam S. Mariæ dedit in Colrido sitam, terramque quam Pater suus mihi abstulerat, reddidit & aliam in prædicta villa superadiecit.* Hoc facto Episcopi qui synodo interfuerant, Remos adeunt & Hugonem in Ecclesia S. Remigij dignitate sublimant Archiepiscopali, inquit idem Author c. 29. Eodemque anno cum e conflictu vix euasisset Rex Ludouicus amissa victoria, suaque omnia amisisset Artholdus, ipse lubens Coniuratis & victoribus se submisit præstito sacramento, pactaque pace ad S. Basolum illic deinceps securè habitaturus se contulit. id factum an. 941.

Rebus ita compositis Coniurati Legatos Romam mittunt ad Stephanum IX. ab eoque Pallium Archiepiscopale Hugoni impetrant. At cum Legatis veniens an. 942. Damasus à Pontifice litteras tradit Principibus; vt Ludouicum Regem recipiant cumque eo pacem redintegrent sub interminatione censurarum Ecclesiasticarum, ni faciant. Actum est igitur de pace serio, quam non parum promouit Odo Cluniacensis, tunc Floriacensis Abbatiæ reformationi incumbens: quem hoc anno obiisse ferunt, sepultumque Turonis apud S. Martinum,

943. Anno 943. Artholdus relicto cœnobio ad Ludouicum venit, & ab eo non obstante pace & fœdere nuper inito copias impetrat ad recuperandum Archiepiscopatum, quem bono animo dimisisse videbatur: anceps fuit & varia armorum fortuna ; sed tandem inter vtrumque Præsulem hisce legibus transigitur, vt Hugo Præsulatum, Artholdus Abbatias quas ad Regem profectus dimiserat, retineret, atque ad alium Episcopatum promoueretur; fratribus quoque & propinquis honores quos ex Episcopatu Remensi habuerant, redderentur. Id ita factum procurante Hugone Comite , qui & eo anno filiam Regis ex sancto lauacro suscepit, & à Rege Ducatum Franciæ totamque Burgundiam obtinuit. Eodem procurante Rex Arnulpho Flandriæ Comiti reconciliatur, qui Willielmum Normanorum Ducem ad Colloquium euocatum dolosè & impiè perimi iusserat: & ipse Richardus Willielmi filio licet de Concubina Britanna nato, vt ait Flodoardus, Ditionem Normaniæ asseruit & confirmauit. Eodem anno Heribertus Veromanduorum Comes obit, & apud S. Quintinum tumulatur.

944. Anno 944. iterum orta est inter Regem & Heriberti filios discordia propter quasdam vrbes Ditionis Veromanduæ à Proditoribus Regi deditas & ab eo retentas. Varioque euentu, sed certis deprædationibus hinc & inde pugnatum est. Notat vero Flodoardus ad hunc annum vehementem in agro Parisiensi ortam tempestatem Ædificia quædam in Monte Martyrum sita deiecisse. *Tempestas nimia facta est*, inquit, *in pago Parisiaco & turbo vehementissimus, quo parietes cuiusdam Domus antiquissimæ, qui validissimo constructi cœmento in monte qui dicitur Martyrum diu perstiterant immoti, funditus sunt euersi. Feruntur autem Dæmones tunc ibi sub Equitum specie visi, qui Ecclesiam quandam, quæ proxima stabat, destruentes, eius trabes parietibus memoratis incusserunt, ac sic eos submuerunt. Vineas quoque ipsius montis auulserunt & omnia sata vastauerunt.*

945. Item an. 945. Rex accito Normanorum exercitu Veromanduensem agrum vastat, Remos obsidet: at à Hugone Præsule acceptis obsidibus ab obsidione discedit. Hinc Rothomagum pergit euocatus à nonnullis quos sibi fideles esse putabat: Verum captus & detentus Hugoni Franciæ Duci toties rebelli traditur, ab eoque apud Theobaldum Carnotensium Comitem per annum sub custodia detinetur, donec Gerberga Regina Othonis Imperatoris soror Laudunum pro libertate Regis fratri tradidit, qui misso per Conradum Cisalpinæ Galliæ Regem validissimo exercitu Rebelles terruit quidem, non tamen ab inceptis statim auocare potuit.

Plaga ignis. Ad hunc annum notat Flodoardus in Chronico Ignis plagam Parisiis & in locis vicinis accidisse, quâ plures correpti conflagrarunt. *In pago*, inquit, *Parisiensi, nec non etiam per diuisos circumquaque pagos hominum diuersa membra ignis plagâ peruaduntur : quæque sensim exusta consumebantur, donec mors tandem finiret supplicia. Quorum quidam nonnulla sanctorum loca petentes euasere tormenta. Plures tamen Parisius in Ecclesia S. Dei Genitricis Mariæ sanati sunt, adeout quotquot illò peruenire potuerint, asserantur ab hac parte saluati. Quos Hugo quoque Dux stipendiis aluit quotidianis. Horum dum Quidam vellent ad propria redire, extincto efferuescunt incendio, regressique ad Ecclesiam liberantur.*

946. Anno 946 Otho & Conradus cum pugnacissimis copiis Ludouico suppetias ferunt, Remensem agrum depopulantur, Ciuitatem ipsam obsident: & Hugo Archipræsul post tertium obsidionis diem cernens se sustinendæ obsidioni & repugnando imparem esse, cum iis quos habebat, militibus ex vrbe egreditur. Reges verò Artholdum restituunt. Erat illa sedes lapis offensionis; nec vnquam pro vlla re tantum, quantum pro Archiepiscopatu isto certatum est. Placuit tandem dissidium istud authoritate Ecclesiastica dirimere. Itaque Otho & Ludouicus vtriusque Præsulis rationes in Conuentu celebri audire & examinare constituerunt.

947. Placuit verò medium Nouembris an. 947. celebrandæ synodo indicere ; & habita est Virduni præsidente Roberto Treuirensi Archiepiscopo. Ad eam vocatus Hugo venire recusauit: Interim synodus, dum alia frequentior celebratur, Episcopium Remense Artholdo regendum decernit: & ad Idus Ianuarias alium Conuentum indicit. Adfuit Hugo & Agapiti Papæ litteras exhibere contentus Synodum ingredi noluit. At Synodus nulla litterarum Papæ habita ratione, quia per æmulum Artholdi exhibebantur, Artholdo præsulatum confirmat & proclamationis litteras ad Papam mittit. Papa Marinum ad Othonem legat, mandatque & iubet frequentem haberi Synodum, & litem definiri.

Igitur an. 948. 7. idus Iunii in Palatio Regio Engulenheim dicto apud Ecclesiam B. Remigii celebratur Synodus frequentissima: cui intersunt Reges Otho & Ludouicus, Episcopi plurimi, Germanici & Gallicani. Ludouicus ibi primum exponit, quo pacto à Transmarinis regionibus per Legatos Hugonis Comitis cæterorumque Franciæ procerum ad recipiendum paternæ hæreditatis Regnum applaudentibus omnibus reuocatus fuisset; postea vero quoties ab eodem Hugone dolis appetitus, quoties bello fatigatus: postremo ne quid ab eo facinoris omitteretur, in custodia per annum detentus fuisset. Cæterum *de his omnibus malis quæ post Regni susceptionem passus fuerat, si quis obiiceret, quod sui facinoris causa eidem fuissent illata, inde se iuxta Synodale iudicium & Regis Othonis præceptionem purgare, vel certamine singulari defendere paratum se esse dixit.* Hæc Flodoardus. Deinde surgens Artholdus protulit litis quæ inter ipsum & Hugonem intercedebat, originem, tenorem seriemque retexuit: & hanc Epistolam Marino legato porrexit, quæ legitur apud Flodoardum lib. 4. Histor. Remens. c. 35. quam ideo lubens hic e Annalibus attexo, quia ex ea tota rei valde memorabilis historia intelligitur. Talis ergo est.

948.

Sanctæ Romanæ & Apostolicæ sedis vicario domno Marino, Vniuersæque sanctæ Synodo apud Engulenheim congregatæ, Artoldus, diuina propitiante clementia, Remorum Episcopus. Domnus Agapitus Papa litteras nobis & cæteris coepiscopis nostræ diœcesios direxit, in quibus præcepit, vt ad hoc vestræ sanctitatis Concilium conuenire studeremus, ita instructi de omnibus, vt rei veritas miseriarum nostræ sedis, quas patimur, coram sanctitate vestra manifesta fieri posset. Quocirca propalare prudentiæ vestræ commodum duximus, qualiter res exordium cæperit litis huius, quæ adhuc inter me & Hugonem miserrimè ventilatur. Defuncto siquidem Heriuæo Archiepiscopo, Seulfum, qui Archidiaconatus vrbis nostræ tunc officio fungebatur, ad præsulatum eiusdem sedis elegimus. Qui Pontifex ordinatus, assumens zelum contra proximos prædecessoris sui cum eos per semet à loco depellere non valeret, consilio inito cum quibusdam laicis, scilicet consiliariis suis amicitiam quæsiuit Heriberti Comitis, quam dato iureiurando per eosdem consiliarios obtinuit eo tenore, vt post obitum ipsius ad electionem Pontificis milites Ecclesiæ nullatenus aspirarent sine consilio ipsius Heriberti: idem vero Comes fratrem Heriuæi, præsulis & nepotes ipsius à participatione rerum Remensis Episcopij separaret. Quibus patratis, insimulati sunt iidem propinqui Heriuæi præsulis à consiliariis Seulfi Episcopi de infidelitate ipsius senioris sui, accersitoque Heriberto Comite cum pluribus suis iubentur ad rationem reddendam coram ipsis venire. Et quia côtra eos à quibus accusati fuerant singulari congredi certamine noluerût, sublatis ab eis rebus, quas ex Episcopio possidebant, comprehensi sunt atque deducti per Heribertû Comitem ad Rotbertum regem, à quo etiâ sub custodia sunt detenti vsque ad mortê ipsius Rotberti. Tertio demum sui Episcopatus anno Seulfus Episcopus (vt plures asserunt) ab Heriberti familiaribus veneno potatus defungitur. Mox itaque Comes Heribertus vrbem Remensem adiit, & Ecclesiæ milites, clericorum quoque quosdam de Rectoris electione ad suum consilium (ceu iuratum fuerat) intendere fecit. Cum quibus ad Rodulfum regem pergens in Burgundiam, obtinuit ab eo, vt sibi committeretur idem Episcopium, eo tenore, vt tam clericis, quàm laicis debitum honorem concederet & conseruaret, nec iniustitiam alicui faceret: sed ipsum Episcopium æquo iure gubernaret, donec talem clericum eidem Regi præsentaret, qui ad Episcopale ministerium exequendum rite ordinari valeret. Qui Comes ad eamdem vrbem regressus res Episcopii (prout sibi placuit) fautoribus suis diuisit, cæteris abstulit, & absque vllo iudicio vel lege, quos voluit rebus expoliauit, vel ab vrbe propulit. Odalricum denique Aquensem Episcopum in eadem vrbe suscipiens, Episcopale inibi Ministerium celebrare præcepit. Sicque per annos sex, & eo

" amplius idem Episcopium suo Dominio vendicauit, pro libitu proprio illud tra-
" ctans, & in sede Præsulis residens tam ipse, quàm coniux sua, donec septimo tan-
" dem anno, ortis inter ipsum & regem Rodulfum atque Hugonem Comitem qui-
" busdam simultatibus, Rodulfus rex cum Hugone & Bosone fratre suo, cæteris-
" que pluribus tam Episcopis, quàm Comitibus Remorum obsidet vrbem, succe-
" dentibus sibi Episcopis, & conquerentibus aduersus eum, quòd tā diuturno tēpore,
" contra diuinæ legis authoritates, hanc vrbem permiserit vacare pastore. Quorum
" querimoniis permotus rex, admonet clerum & populum de pastoris electio-
" ne, dans eis id agendi facultatem ad Dei honorem & sui fidelitatem. Sicque con-
" cordantibus cunctis, tam clericis, quàm laicis, qui extra obsidionem erant, plu-
" ribus etiam eorum qui clausi tenebantur in idipsum fauentibus, eligitur humi-
" litatis nostræ persona in hoc magis onere, quàm honore subeundo. Aperienti-
" bus tandem tam militibus, quàm ciuibus portas vrbis regi Rodulfo, & Episco-
" palem benedictionem mihi tradentibus Episcopis qui aderant decem & octo,
" & suscipientibus nostram humilitatem tam clero vniuerso, quàm reliquis ciui-
" bus, inibi inthronizatus ab Episcopis nostræ diœceseos, impositum mihi, prout
" Deus concessit, ministerium per annos ferme nouem tractaui, ordinans per diœ-
" cesim Episcopos octo, & in Episcopio multos, prout competens videbatur, cle-
" ricos, quousque nono postmodum anno, postquam Ludouicum regem, fa-
" uente Hugone cunctisque regni principibus, Gerbergam quoque reginam be-
" nedixeram, & sacro perfuderam chrismate, instigatus Hugo Comes iracundia,
" quòd ei consentire vel coniungi noluerim ad ipsius regis infidelitatem, adhibi-
" tis secum Heriberto Comite, & Willelmo Nordmannorum principe, Re-
" mensem obsidet vrbem. Nec longùm, sexta scilicet obsidionis die, deseror ab
" omni pœnè cœtu laicalis militiæ. Sicque derelictus ab his, ad Hugonem & He-
" ribertum compellor exire, à quibus coarctatus & conterritus cogor memet
" Episcopali procuratione abdicare, & ita me propellentes, in cœnobio Sancti Baso-
" li habitare constituunt: Hugonem verò filium Heriberti, qui Antisiodori diaco-
" nus ordinatus fuerat, in vrbem introducunt, & ciuitate potiuntur. Ludouicus
" autem rex à Burgundia rediens, me apud sanctum Basolum reperit, & assumens
" secum, simul cum propinquis meis, quorum res Heribertus Comes abstulerat,
" Laudunum deducit, quod castrum tunc obsidebant Heribertus & Hugo: soluta-
" que obsidione oppidum ingredimur, nobisque metatus degendi disponitur.
" Interim clerici nostri loci, sed & Laïci quidam pessimè ab Heriberto tractantur
" & quidam clericorum in custodiis retruduntur res eorum auferuntur atque
" diripiuntur, rapinæ per totam vrbem licitè perpetrantur. Interea conuocantur
" Episcopi nostrædiœceseos ab Hugone & Heriberto, satagentibus & quæren-
" tibus ab eis de ordinatione Hugonis filij Heriberti. Qui Suessionis con-
" gregati, mittunt ad me Laudunum Hildegarium Episcopum cum aliis quibus-
" dam legatis, mandantes vt ad eos venirem, ad consentiendum scilicet huius
" ordinationis peruersitati. Quibus remandaui, quòd non esset mihi competens ad
" eos illò proficisci, vbi aduersarij & inimici mei cum ipsis erant aggregari.
" Quòd si loqui mecum vellent, ad talem locum deuenirent, vbi sine periculo ad
" eos accedere possem. Quibus aduenientibus in locum ab eisdem delectum,
" profectus sum ad eos, veniensque prosternor coram ipsis, obsecrans vt propter
" amorem & honorem Dei, tam mihi, quàm sibi competens consilium dare stude-
" rent. Qui me de ordinatione prædicti Hugonis interpellare cœperunt, & hoc
" omnimodis suadere, vt eis in hac ordinatione consensum præberem, promitten-
" tes res nonnullas Episcopij mihi se impetraturos. At ego postquam responsum
" diu distuleram, videns eos cunctos in proposito quod cœperant perseuerantes,
" surgens interdixi palam cunctis audientibus, excommunicans auctoritate Dei
" Patris omnipotentis, & Filij, & Spiritus sancti, vt nullus eorum ad eamdem ordi-
" nationem accederet, nec alicui in Episcopali honore, me viuente, manus impo-
" neret: sed nec vllus eandem benedictionem suscipere præsumeret. Quòd si for-
" tè fieret, ad sedem Apostolicam eos prouocabam. Illis inde furentibus, vt possem
" exire de medio eorum, & Laudunum reuerti, temperaui responsum, dicens vt
" mitterent mecum, qui eis renunciaret quid consilij reperire valerem super hac re
" in domina mea Regina, & fidelibus eius, quia Rex non aderat. Ad hoc illi mit-

tunt Deroldum Episcopum, putantes me esse mutaturum consilium. Quo veniente, & coram domina regina & fidelibus eius inde me interpellante, iterum exurgens præfatæ modum excommunicationis in eosdem Episcopos iaculatus sum: vocationem quoque ad sedem Apostolicam iterare curaui excommunicans ipsum hunc Deroldum, id vt eis omnino non taceret, sed cunctis manifeste proferret. His ita gestis, paruipendentes illi nostram excomunicationem, Remis accedunt, & quidam eorum ordinationi huic manus applicuerunt, quidam vero se subduxisse sciuntur. Ego vero cum rege manens, quas ille scitur angustias pertulisse, secum pertuli: & quando eum bello aggressi sunt Hugo & Heribertus, cum ipso eram, & vix mortis euasi periculum. Prolapsus itaque, auxilio & protectione Dei, de medio inimicorum, profugus & vagabundus loca inuia quæque, siluasque perlustro, non ausus certo consistere loco. Comites autem Hugo & Heribertus affati quosdam nostros amicos sibi subditos, suadent vt me requirentes, ad ipsos deducant, pollicentes se mihi benefacturos, & rebus quas ipsi petiissent dituros. Requirentes ergo me amici, reperiunt per diuersa vagantem, & ita perducor à fratribus meis & amicis ad præfatos Comites. Qui postquam me in potestate sua conspiciunt, quærere cœperunt, vt eis pallium à sede Romana mihi collatum traderem, & sacerdotali me ministerio penitus abiurarem. Quod ego nullatenus me facturum, neque pro amore huius vitæ præsentis attestor. Districtus igitur & coangustiatus ab eis, Episcopij tandem rebus abrenunciare compellor: sicque rursus ad S. Basolum, quasi vacans, habitaturus deducor. Mansi denique paucis diebus in ipso cœnobio, quoadusque competens per certos ex familiaribus Heriberti Comitis nuncios, quod ab eo male de mea tractabatur perditione, iterum iterumque nunciis huiusmodi pauefactus & impulsus, locum deserui, & abdita lustra siluarum vagabundus repetij, horisque silentibus, & itinere deuio Laudunum reuertor, ibique susceptus à Rege, secum manere constituor. Mansi verò ibidem cum ipso vel fidelibus eius, expectans & deprecans misericordiam Dei, donec ipse dignatus est in cor domni Regis Othonis mittere, vt ad subuentionem senioris mei Regis, & nostram, properaret in Franciam. Denique postquam domina nostra Regina Laudunum, propter absolutionem Domni Regis, reliquerat, egressus inde ad domnum Regem Othonem cum seniore meo deueni Rege, simulque Remos accessimus. Cingitur itaque vrbs exercitibus, & Episcopi qui aderant, me sedi nostræ restitui censent. Mandatur ergo Hugoni à domno Rege Othone, vt egrediatur & peruasam deserat vrbem. At ille nutans aliquandiu & pro posse, vbi vidit ad resistendum penitus sufficere se nequaquam valere, nec amicorum sibi præsidia subuenire, decernit exeundum: quærens vt liber cum suis dimittatur abscedere. Permittitur itaque sanus exire, cum omnibus qui secum voluere comitari, & quæcunque secum voluit ferre, nullo contradicente, asportauit. Sicque cum Regibus introgressus vrbem, præcipior loco nostro & honori restitui. Susceptus igitur à domnis Archiepiscopis Roberto Treuirensi, & Frederico Magontiacensi comitantibus cæteris & congratulantibus, tam clericis Ecclesiæ nostræ, quàm reliquis ciuibus, ab ipsis restituor cathedræ Episcopali. Hugo verò Remis egressus Mosomum castrum cum suis occupat, & muniens contra fideles regis senioris nostri detinet. Habito denique colloquij placito inter reges, seniorem meum videlicet ac domnum Othonem, super Charam fluuium, conuenimus ad illud tam ego, quàm ipse Hugo cum ordinatoribus suis. Ibique res litis huius ab Episcopis auditur: protulitque litteras ad sedem Romanam, quasi ex nostra persona datas, excusationis meæ, ac si vacationem petentes administrationis Episcopij nostri: quas me nunquam dictasse, neque vel subscribendo aliquatenus corroborasse protestatus sum, atque protestor. Et quia tunc synodus conuocata non fuerat (id opponentibus fautoribus ipsius Hugonis) altercatio nostra determinari non potuit. Synodus autem circa medium mensis Nouembris habenda Virduni vtriusque partis Episcopis annuentibus denunciatur. Interim verò sedes Remensis mihi regenda decernitur: idem verò Hugo Mosomi commorari permittitur. Nec longum, instante scilicet vindemiæ tempore, hic noster æmulus Hugo, assumens secum Theobaldum regis inimicum, & regni nostri, cum aliis pluribus malefactoribus, in villas Re-

" mensis Episcopij contiguas vbi deuenit , & omne poene vinum ex his colligens
" in diuersos pagos abduci fecit. Tum multa mala inibi perpetrata , & Ecclesiæ
" nostræ homines captiui abducti, & ad redemptionem variis sunt adacti tormen-
" tis. Synodus autem circa medium mensis denunciata, Virduni celebratur, Præsi-
" dente Rotberto Præsule Treuirensi , præcepto domni Papæ Romani præsente
" quoque domno Brunone, cum Episcopis & Abbatibus nonnullis. Ad quam præfa-
" tus Hugo euocatus, missis etiam ad eum deducendum Episcopis , Adalberone
" & Gozlino, venire contempsit. Vniuersa vero synodus mihi Remense regen-
" dum decernit Episcopium. Indiciturque iterum synodus habenda die Iduum
" mensis Iannuarij , quæ & aggregatur, vt denunciatum fuerat, in Ecclesia sancti
" Petri ante prospectum castri Mosomi, à domno Rotberto, conuenientibus cæ-
" teris quoque Treuirensis diœceseos Episcopis, & aliquibus Remensis. Veniens
" autem illuc æmulus noster Hugo, & locutus cum domno Rotberto synodum no-
" luit ingredi : litteras verò quasi ex nomine domni Papæ direxit ad Episcopos per
" clericum suum qui eas Roma detulisse ferebatur , nihil auctoritatis canonicæ
" continentes, sed hoc tantum præcipientes, vt Hugoni Remense redderetur Epis-
" copium. Quibus recitatis ineuntes Episcopi consilium cum Abbatibus, respon-
" derunt non esse dignum vel congruum, vt mandatum legationis Apostolicæ,
" quam dudum Rotbertus Archiepiscopus, deferente Frederico Præsule Magon-
" tiacensi, coram regibus & Episcopis tam Galliæ quam Germaniæ susceperat
" & partem iam præceptionis ipsius exegerat , propter illas litteras intermitteret
" quas insidiator noster exhibebat, immo quod regulariter cœptum fuerat, vt ca-
" nonicè pertractaretur, vnanimiter censent : præcipiturque recitari capitulum
" Carthaginensis Concilij nonum decimum De accusato & accusatore. Quo reci-
" tato , iudicatum est iuxta definitionem ipsius capituli, vt communionem & pa-
" rochiam Remensem me retinente, Hugo qui ad duas iam synodos euocatus in-
" teresse contempserat , à communione & regimine Remensis Episcopij ab-
" stineret, donec ad Vniuersalem synodum, quæ indicebatur, se se purgaturus vel
" rationem redditurus præsentaret. Ipsumque capitulum mox in charta Episcopi
" coram se describi fecerunt , subnectentes hanc etiam definitionem suam , & ei-
" dem Hugoni miserunt. Qui post alteram diem chartam eamdem Rotberto
" præsuli remisit , hoc verbis remandans, quod ipsorum iudicio nequaquam obe-
" diturus esset. Sicque absoluto Concilio ipse Mosomum contra mandata regum
" & Episcoporum retinet, & ego Remos regressus reclamationis meæ querelas ad
" sedem Romanam per legatos domni regis Othonis destinaui , præstolans man-
" data ipsius sanctæ sedis, eius decretis & Vniuersalis huius sancti concilij vestri iu-
" diciis parere paratus.

Lecto & audito eiusmodi scripto lectæ quoque litteræ Pontificiæ ad Hugonem , quas Sigebaldus Quidam Hugonis Clericus Roma detulerat , à Marino
vicario Apostolico, qui Synodo illi præerat, sibi datas: quibus Pontifex restitui
iubebat Hugoni Episcopium. Ipse quoque Marinus litteras Episcoporum Diœceseos Remensis ad Pontificem missas recitari iubet: sed illæ commentitiæ esse
visæ sunt & suppositiriæ, quippe nonnullorum Episcoporū nominibus subscriptæ
qui neque litteras illas se vidisse vnquam, aut vlli legationi assensum præbuisse
palam contestati sunt. Itaque calumniæ pœna in authorem recidit. Sigebaldus in
exilium mittitur & Diaconatus ministerio priuatur. Artholdo Episcopium Remense adiudicatur. Hugo sacris arcetur vt inuasor, donec satisfaciat. In aliis seq.
sionibus intentantur coniuratis proceribus minæ exsecrationis, ni ad Regem redeant pacemque cum eo bona fide resarciant.

949.   Decreta ista Agapitus Papa confirmat an. 949. & Hugo Franciæ Dux Regi reconciliatur.

Schola Cœ-
nobiales.   Hactenus nonnisi bella variosq; motus & agitationas animorum vidimus. Quibus tamen temporibus, quanquam litterario exercitio & musarum quieti contrariis non omnino conticescebant ipsæ in scholis Cœnobialibus & Parisiensibus.
Sex præsertim Cœnobia in hacce Artium professione hoc seculo floruisse video,
Hirsaugiense, Fuldense, San-Gallense, Lobiense, Aureliacense & Floriacense.

Hirsau-
giensis.   Linthelmus Haderado Abbbate Hirsaugiensi vir omni scientiarum genere cu-

mulatissimus, natione Sueuus scholæ Monasticæ diu præfectus fuit, multosque eruditione præstantes viros effecit ab an. 890. inter alios Sigismundum qui postea factus est Episcopus Halberstadiensis: Guntzigonem, Herdericum Poetam tunc temporis insignem, qui plurimos Cantus in B. Mariæ & Sanctorum honorem composuit; Ambrosium seu Ansbertum, Adalberonem, qui Scholasticus quoque seu præfectus scholæ factus est in Monasterio S. Albani prope Monguntiam, & postea Abbas S. Ferrucij an. 921. quo anno obiit Linthelmus Magister cæterorum. Linthelmo successit in illa præfectura Diethardus vir quoque in omni litteratura tam Diuina quam humana versatissimus: quo tempore florebat Gildeticus ex Abbate S. Germani factus Episcopus Æduensis & Rutgerus Treuerensis Archiepiscopus post Ratbodum. Diethardo successit an. 943. Meginhardus Monachus Linthelmi quoque olim auditor.

San-Gallensi scholæ post Notgerum præfuit Hartmundus pluribus annis. Ei *San Gallensis.* successit in hac præfectura Adelardus, Adelardo Hilpericus Adelardi & Diethmari discipulus, qui dicendi officium in eodem Monasterio nactus multos præclaros Discipulos in omni doctrina eruditos post se reliquit, inquit Trithemius.

In Fuldensi post Rabanum multi floruerunt litterarum laude insignes, qui- *Fuldensis* bus enumerandis non immoror: qui volet accuratius eorum nomina perscri- *& Lobien-* pta videre, adeat Trithemium. In Lobiensi quoque hisce præsertim temporibus *sis.* commendabiles fuerunt Scaminus, Theoduinus & Ratherius, vt refert Fulcuinus lib de Gestis Abbatum Lobiensium c. 19. & c. 20. Nonnulla Ratherij opera commemorat, Agonisticon seu Meditationes Cordis, quem librum ad relegendum siue ad probandum eruditissimis quos nouerat misit, Sobboni & Vuidoni Archiepiscopis, Godescalco & Aurelio præsulibus, *Brunoni & Rotberto Galliarum Archiepiscopis & in Philosophicis studiis eruditissimis; ad extremum Frodoardo Remensi, missis vnicuique Epistolis* inquit, Fulcuinus. Libellum quoque vitæ S. Vrsmari emendauit Et cum in Prouincia, filium cuiusdam viri ditissimi Roestangum nomine litteris imbuendum suscepisset, ad eum de arte Grammatica librum conscripsit, quem pro titulo inscripsit Serua-Dorsum *Pro eo quod qui Scholis assuesceret puerulus, dorsum à flagris seruare posset.*

Idem Ratherius Brunonis præceptor: & iste Bruno Henrici 1. Aucupis dicti Imperatoris filius, Othonis 1. & Haduidis Hugonis Magni coniugis frater fuit. Is autem multæ litteraturæ vir, Græcè Latinéque doctus ad Coloniensem Archiepiscopatú ab Othone fratre promouetur post Vuicfridum an. 953. de quo & de Ratherio hæc habet Fulcuinus c. 22. *Otho tunc potentissimus Rex Austrasiis & subactæ Italiæ tunc imperitabat: cuius frater Bruno vnicum & singulare in Christi Ecclesia decus futurum, velut pretiosissimus lapis multiplicibus Philosophorum poliebatur argumentis. Aduocatur Ratherius, & habetur inter Palatinos Philosophos primus. Quid multa? non destitit donec Regiam illam mirificam Indolem in omnibus Disciplinis perspicacissimam redderet & perfectam. Quod cernens Regum suo tempore maximus (Otho) eum (Brunonem) à Scholis cum tanto honore vt par erat, euocauit, & in suggestum Coloniensis Ecclesiæ post* Wigfridum *qui nuper decesserat, (* nempe 7. Iulij an. 953.) *omnibus acclamantibus & gaudentibus inthronizauit.*

Et cum eodem tempore decessu Farberti Leodiensis vacasset Episcopatus, ad eum Bruno curauit Ratherium promoueri: sed cum ille nimis acriter in vitia Magnatum inueheretur, à Leodiensibus eiectus est & in eius locum suffectus Baldricus vir e Magnatum terræ illius prosapia oriundus. Post biennium vero idem Bruno Veronensem Ecclesiam cui iam ante Ratherius præfuerat, ei restituit & tum ille ad Baldricum scripsit librum, quem Phrenesim appellauit, eo quod quasi Phreneticus nimis austerè & vltra modum in Inuasorem suum inueheretur. Scripsit & duos alios in eundem, quorum vnum Perpendiculum, alterum *Sirmam* vocauit. Item contra Anthropomorphitas qui Deum per membrorum lineamenta depingebant, *Synodica* ad Diœcesanos & Presbyteros, *Conjecturam* vitæ suæ, *Itinerarium Romanum.* Item Sermones plurimos de Pascha, de Cœna Domini, de Ascensione, de die Pentecostes & festis B. Mariæ.

In Aureliacensi Cœnobio circa eadem hæc tempora litteris operam dabat Ger- *Aureliacensis.* bertus Aquitanus, de quo deinceps multa nobis dicenda veniunt, primùm sub

Secundum seculum

Geraldo de S. Sere deinde sub Raimundo de Lauaur, qui ambo, eiusdem Cœnobij Abbates fuerunt: ad quos extant aliquot eiusdem Gerberti Epistolæ.

Floriacensis.
In Schola quoque Floriacensi ad Ligerim hisce temporibus sub Wlfado Abbate (qui an. 962. ad Episcopatum Carnotensem promotus est) litteris operam dabat Abbo Aurelianensis Ciuis filius, Floriaci postea Abbas. Quantopere autem hæc schola floreret, docet Ioannes de Bosco Cœlestinus Lugdunensis Cœnobij in sua Bibliotheca Floriacensi: ait enim *in ea plus quinque millibus Scholares recensitos, qui Didascalis suis muneris honorarij gratia pro Candelis Editis (ue (se lendit) in Parisiensi Academia nostra ætate Classium Moderatoribus exhiberi consuetis, bina manuscripta, eo quod necdum typographica ars emerserat, offerebant volumina: quorum numerositas locupletissimam constarat Bibliothecam Floriacensem, quam annis Domini 1561 & 62. diritas Caluinitica inæstimabili litteraria rei iacturá diripuit, dissipauit, lacerauit.* Hæc Ioannes scribebat circa an. 1605.

Extant adhuc hodie vestigia quædam Scholarum Floriacensium Exteriorum & diuersorum Conclauium atque Cubiculorum, in quibus excipiebantur Externi Conuictores: nam ibi, vt & in aliis quoque famosioribus Cœnobiis duplices Scholæ exercebantur, Interiores & Exteriores. In Interioribus soli Monachi: in Exterioribus omnes passim instituebantur. Ad has missus Abbo à parentibus, vt scribit Aimoïnus Monachus Floriacensis in eius vita c. 1. vbi de origine & vita illius agens, *Venerabilis igitur Abbo*, inquit, *Aurelianensi ortus est in pago* (Boscus ad Marginem scribit eum fuisse Ciuem Aurelianensem) *cuius Patris vocabulum Lætus, matris Ermengardis extitit. Quos quidem non vana tumens nobilitate superbus alebat sanguis, sed tamen anis atauisque deriuata eos honestabat libertas. Quodque omnibus superextat causis, timor Domini moribus adornabat honestis. Talibus ergo Abbo ortus parentibus in Floriacensi Monasterio. Scholæ Clericorum Ecclesiæ S. Petri obsequentium traditur litteris imbuendus. Diuiná pro certo, vt credimus, id præordinante prouidentiá, vt inde primordia sumeret litterarum, vbi postmodum plenissimè fluenta doctrinæ mentibus erat propinaturus sapientiam sitientium, redderetque illis sui eorum posteris duplicatum suscepti fænoris fructum, à quibus simplicia tantùm acceperat rudimenta Elementorum. Erant in eodem Cœnobio duo præcellentes viri, quos Carnis affinitas Matri eius propinquos effecerat; vnus dicebatur Gumboldus, qui relictis huius seculi nugis ob Dei timorem habitum Monastici susceperat ordinis: alter vocatus est Christianus, qui sub Clericali veste Christo studebat deseruire.* Hinc patet in illo cœnobio etiam alios, quàm Monachos habitare solitos ad disciplinas hauriendas.

Narrat deinde, quomodo virorum illorum admonitione Benedictinum habitum à Vvlfado tunc Abbate sumpserit: tum c. 2. *Traditus itaque Scholis nulli sodalium videbatur grauis. Inerat ei columbina simplicitas, serpentina copulata astutia, vt & per mansuetudinem leniret beniuolos, & per prouidæ mentis acumen deuitaret subdolos. Iam verò litterariæ Artis profunda tantá adhuc puerulus rimabatur instantiá, vt à Didascalis semel audita firmiter intra cordis conderet arcana.* Hæc Abbonis initia.

Refert idem Author c. 3. eum ibidem factum fuisse postea Magistrum Scholarum. *Cum verò iam ad tantæ profecisset fastigium scientiæ, vt aliis quoque percepti talenti valeret donatiuum erogare, imbuendis præficitur scholasticis. Quos ille per aliquot annorum curricula lectione simul & cantilena cum tanta erudiuit cura, vt palam se gaudere monstraret, quod pecunia sibi credita lucra augmentare valeret.*

Tanta autem erat huiusce scholæ fama, vt ex ea euocarentur Magistri, qui alibi professuri essent: narrat enim idem author c. 4. missos ab Anglis Legatos ad Floriacense Monasterium petiisse aliquem mitti è Magistris in Angliam ad docendum, missum eumque fuisse ab Oiolbodo tum Abbate circa an. 990. Abbonem: illum verò perbiennium docuisse in Ramesiensi Cœnobio per Oswaldum Archiepiscopum, olim quoque Floriacensem Monachum fundato, cui tum præerat Germanus Abbas ex eodem Floriaco assumptus. Porro Abbonem in Anglia moratum per duos annos, & Dunstani Archiepiscopi Cantuariensis familiaritate & Oswaldi Eboracensis suaui consortio fruitum ab Abbate suo reuocatum fuisse in Galliam Oiolbodo verò paulo post è viuis sublato Abbatem electum Hugonis Regis temporibus, qui huic electioni consensum præbere non distulit.

Ad eandem

Vniuersitatis Parisiensis. 313

Ad eandem Scholam vndique mittebantur imbuendi præsertim Monachi, ex Anglia verò & Normania plurimi, vt legere est apud Balæum & Pitsæum Scriptores Anglos. In eadem etiam docuisse fertur Gerbertus ille Aquitanus Aureliacensis Cœnobij Monachus ex Hispania reuersus: vnde Parisius & in Aulam Hugonis Capeti ascitus fuisse scribitur. Ibi inter alios Comprofessorem habuit Constantinum, qui deinde Scholæ Rector seu Præfectus fuit. Extatque ad eum Gilberti Ep. 87. sub hac inscriptione CONSTANTINO SCHOLASTICO FLORIACENSI. Mandat verò vt ad se veniat, non sine libris quos petit. *Comitentur iter tuum Tulliana opuscula, & de Repub. & in Verrem: & quæ pro defensione multorum plurima Romanæ Eloquentiæ parens conscripsit.* Et Epist. 161. *Vis amicitiæ pæne impossibilia redigit ad possibilia. Nam quomodo rationes numerorum Abaci explicare contenderemus, nisi te adhortante,* O MI DVLCE SOLAMEN LABORVM CONSTANTINE ! *Itaque cum aliquot lustra iam transierint, ex quo nec librum, nec exercitium harum rerum habuerimus, quædam repetita memoria eisdem verbis proferimus, quædam eisdem sententiis. Nec putet Philosophus sine litteris hæc alicui Arti, vel sibi esse contraria.* Hæc de Scholis Cœnobialibus.

Quanticumque autem nominis illæ fuerint, si cum Parisiensibus nostris conferantur, longè profectò inferiores esse videbuntur. Neque enim putandum est illas omninò post Carolum Caluum contabuisse, licet magnam reuera passæ sint iacturam ex continuis Normanorum bellis & deprædationibus. Quippe post initam cum illis pacem Vrbs Parisiensis libertior esse cœpit, & sub Regibus ignauis Robertus Odonis Regis frater qui in prælio Suessionico cecidit, & Hugo Magnus eius filius Comites Parisienses, ab ea ominem belli fragorem, quàm longissimè potuerunt, amouerunt. Itaque Musæ e sepulchro quodammodo redeuntes spiritum & vires paulatim resumpserunt; adeout ad eas sub medium & finem huius infelicis seculi ex omnibus aliis Scholis tanquam ad splendidius Generalitusque Emporium Iuuentus Altioribus disciplinis imbuenda conflueret. Cuius rei testis mihi sufficiat vel vnus Abbo Floriacensis, qui cum in scholis Floriacensibus institutus fuisset, imo ibidem deinde docuisset, non existimauit tamen se satis ad id muneris idoneum esse, nisi impetratâ exeundi licentiâ scholas nostras vt longè celebriores excellentioresque lustraret & frequentaret. Sic enim de eo Aimoinus Abbonis Discipulus. l. 3.

Schola Parisiensis.

„ Cum verò iam ad tantæ profecisset fastigium scientiæ, vt aliis quoque percepti talenti valerec donatiuum erogare, imbuendis præficitur Scholasticis. Quos
„ ille per aliquot annorum curricula lectione simul & cantilena cum tantâ eru-
„ diuit curâ, vt palam se gaudere monstraret, quod pecuniæ sibi creditæ lucra
„ augmentare valeret. Verum ipse adhuc MAIORA gliscens SCIENTIÆ SCRV-
„ TARI ARCANA, diuersorum adiit SAPIENTIÆ OFFICINAS LOCORVM; vt quia Gram-
„ maticæ, Arithmeticæ, nec non Dialecticæ iam ad plenum indaginem attigerat,
„ cæteras ingenio suo pergeret superaddiscere Artes. Quapropter PARISIOS ATQVE
„ REMOS ad eos qui PHILOSOPHIAM profitebantur, profectus aliquantulum qui-
„ dem in Astronomia, sed non quantum cupierat apud eos profecit. Inde Aure-
„ lianos regressus Musicæ Artis dulcedinem quamuis occultè propter inuidos à
„ quodam Clerico non paucis redemit Nummis. Itaque quinque ex his quas LI-
„ BERALES vocant, plenissimè imbutus Artibus, sapientiæ magnitudine cunctos
„ anteibat coætaneos. Supererat Rhetoricæ nec non Geometriæ, quarum pleniu-
„ dinem etsi non vt voluit, attigit, nequaquam tamen ieiunus ab eis funditus re-
„ mansit. Nam & de Rhetoricæ vberrate facundiæ Victorinum, quem Diuinæ In-
„ terpres legis Hieronymus Præceptorem se habuisse gloriatur, legit: & Geome-
„ tricorum multiplicitatem numerorum non mediocriter agnouit. Sic demum vi-
„ uacis mentis ingenio hæc vniuersa strenuè assecuto facilis erat eorum operatio.
„ Denique quosdam Dialecticorum modos syllogismorum enucleatissimè eno-
„ dauit, computique varias & delectabiles secularium in morem tabularum
„ texuit calculationes. De solis quoque ac lunæ seu planetarum cursu à se editas
„ disputationes scripto posterorum mandauit notitiæ.

Hæc de Abbone Aimoinus. Vnde luce meridiana clarius est SCHOLAS PARI-
SIENSES cæteris splendore, dignitate, Artium multiplicitate & exercitio tum
præcelluisse: quandoquidem Abbo maiores altioresque Disciplinas, quàm quæ

Pp

erant apud Floriacum, hausturus venit Parisios, tanquam ad Officinam publicam omnium Artium & Disciplinarum. Nec refert quod similiter Scholas Remenses & Aurelianenses lustrauerit, quæ tamen non dicuntur fuisse Academiæ aut Vniuersitates: nam cum non omnes qui se docendo habiles putabant, Lutetiæ docere possent, alij alio se conferebant ad docendum, & nonnunquam in aliqua arte excellentes adibantur ab Extraneis. Ita Gerbertus Remis, Fulbertus Carnuti plurimos auditores collegerunt: sed iis Magistris sublatis scholæ illæ vulgo contabescebant, quia vnius tantummodo viri fama sæpe sustentabantur. Quod de Parisiensibus similiter dici nequit, in quibus plurimi præcellentes viri docebant in multiplici disciplinarum genere, & in eodem etiam plurimi.

Quæret forte Curiosus aliquis quonam circiter tempore Abbo in Scholis Parisiensibus versaretur? Certum est ex Aimoino eum sub Vvlfado Abbate Cœnobio Floriacensi adscriptum fuisse, qui anno 962. electus est in Episcopum Carnotensem. Certum quoque vel sub Vvlfado aut sub Richardo Abbate qui Vvlfado successit, Lutetiam venisse, cum valde adhuc Iuuenem, & imberbem, si quidem ipse adolescentulum se prædicat in Apologetico ad Hugonem & Robertum Reges Lutetiæ tum fuisse, cum de fine mundi proximo nonnulli Concionatores populum terrebant. Sic enim ait. *De fine mundi coram populo sermonem in* ECCLESIA PARISIORVM *adolescentulus audiui, quod statim finito mille annorum numero Antichristus adueniret, & non longo post tempore vniuersale iudicium succederet. Cui prædicationi ex Euangelio & Apocalypsi & libro Danielis qua potui virtute restiti. Denique & errorem qui de fine mundi inoleuit, Abbas meus B. memoria Richardus sagaci animo propulit, postquam litteras à Lotharingis accepit, quibus me respondere iussit. Nam fama per totum mundum impleuerat, quod quando Annunciatio Dominica in Parasceue contigisset, absque vllo scrupulo finis mundi esset.* Richardus autem ab an. circiter 962. ad annum 981. Abbatiam Floriacensem rexit. Itaque si diligenter ad ea quæ ipse scribit, attendamus, cum prope Sexagenarius obierit an. 1004. & adolescentulus Lutetiam venerit, sub Vvlfado Abbate Lutetiam venerit necesse est, & proinde circa an. 960. quo tempore Parisiis erat latissima & amplissima litterarum Officina.

Iisdem circiter temporibus Gerbertus relicto Cœnobio Aureliacensi, vbi à puero educatus fuerat & in Grammaticis sufficienter instructus, Lutetiam se contulit amore Philosophiæ aliarumque Liberalium Artium comparandarum desiderio: deinde in Hispaniam ad condiscendas Mathematicas Disciplinas: qua de re breuiter Ademarus Engolismensis Gerberto suppar. *Gerbertus* inquit, *natione Aquitanus ex infimo genere procreatus, Monachus à pueritia in S. Geraldi Aureliacensi cœnobio causa sophiæ primò Franciam, dein Cordubam lustrans cognitus à Rege Hugone Remis Archiepiscopatu donatus est.* Idem fere habet Author Chronici S. Maxentij ad annum 996. *Gilbertus natione Aquitanus, Monachus Aureliacensis sancti Gerardi Ecclesiæ causa philosophiæ primò Franciam, deinde Cordubam lustrans cognitus ab Imperatore Archiepiscopatu Rauennæ donatus est.* Primò inquiunt Authores isti, Franciam lustrauit Gerbertus. Quis autem dubitet, quin Parisienses Scholas lustrauerit; ad quas maiorum Disciplinarum discendarum ergo communiter alij confluebant? At insuper ille vt Astrologiam & Mathematicas Disciplinas combiberet, Cordubam profectus est & Hispaniam lustrauit, vbi florebant insignes **Astrologi. Willem.** Malmesburiensis de eodem sic habet. *Ex Gallia natus Monachus à puero apud Floriacum adoleuit, moxque cum Pythagoricum Biuium attigisset seu tædio Monachatus, seu gloriæ cupiditate captus nocte profugit Hispaniam animo præcipuè intendens, vt Astrologiam & cæteras id genus artes à Sarracenis addisceret.* De eius ex Hispania reditu infra dicemus.

Earumdem scholarum celebritate excitatus Huboldus Leodiensis studiorum causa Lutetiam venit, & ad Canonicos San-Genouefianos, quorum in claustro & monte professio litterarum florebat, se contulit. Et ipse postmodum Magistrali Laurea donatus, multarum scholarum erector multorumque scholarium Doctor & instructor fuit. Sic de eo Anselmus Canonicus Leodiensis Cœtaneus aut certe suppar, in vita D. Notgeri seu Notkeri Episcopi Leodiensis. *Quid de Huboldo dicam, qui dum adolescentulus è scholari Disciplina aufugisset, Parisius veniens S. Genouefæ Canonicis adhæsit & in breui multarum scholarum institutor fuit? Vbi cum aliquan-*

Vniuersitatis Parisiensis.

diu à D. Notgero ignoraretur, tandem Canonicâ Episcopalis sententiæ executione compulsus est redire, pluribus ibi relictis studiorum ac moralitatis insignibus. Hæc eadem verba leguntur in veteri inscriptione posita in Ecclesia S. Ioannis Euangelistæ Leodiensis, vbi humatus est Nótgerus an. 1007.

Atque ex his patet quàm non rectè & conformiter veritati scribat Malmesburiensis de Gerberto, *Quadriuium ita ebibisse* in Hispania, *vt illas Artes in Galliam renocaret iam dudum obsoletas*. Nec audiendus pariter Guido in Chronico Belgico Magno, cum ait Gerbertum in Hispaniam profectum fuisse, vt Astrologiam à Sarracenis disceret, *quam vnà cum liberalibus Artibus ita ebibit, vt eas industria magna renocaret in Galliam, vbi pridem omnino perierant*. Non est, inquam, audiendus: nam licet aliquandiu propter bella externa & ciuilia, Pontificum ignauiam crebramque mutationem, Regumque Francorum incerta sceptra quasi in latebris deliteurint, aliquid tamen splendoris Regij & natiui semper retinuerunt, quem sub Hugone Magno, & deinde sub Capetianis longè illustrarunt & amplificarunt.

Hinc quoque eximendus Carolo Sigonio scrupulus, qui de hisce temporibus scribens ait non posse certò affirmari an sub Othone I. fuerint Scholæ Publicæ præter Cœnobiales. *Litterarum* inquit, *ea atate studia firma nulla nisi Philosophia ac Theologia. Nam Ius Ciuile Romanum vsque ad Lotharium Imperatorem, qui Henricum est insecutus, propè Italiæ fuit incognitum: & Medicorum vsus semper fuit maior quàm dignitas. Poëtæ & Oratores, si qui hoc nomine digni erant, sibi potius quàm populo canebant. Qui verò cæteris antecedere eloquentia laude, ac vnica litterarum doctrina putabantur, ij plerique Monachi erant. Scholæ quidem PVBLICÆ, qua nunc passim ad excolenda Iuuenum peregrinorum ingenia celebrantur, de quibus affirmari possit, nulla tum fuisse produntur. Ecclesiasticorum bonorum amplitudo maxima erat, præsertim verò Episcoporum, quorum & reuerentia summa & ius in Ciuitatibus semper fuit amplissimum.*

Certè cum Academia nostra Parisiensis eiusmodi fuerit etiam hisce barbaris temporibus, vt relictis aliis Scholis aliarum vrbium, immo Publicis Cœnobialibus ad eam conuolaretur tanquam ad maiorem litterarum & sapientiæ Officinam, vt supra probatum est, negari non potest, quin Schola Publica fuerit, quin splendorem, dignitatem & amplitudinem habuerit maximam. Vnde coniicere licet paucos fuisse viros doctos hoc seculo in Gallia, qui Parisiensem scholam non frequentassent.

Floruit quoque hisce temporibus Schola Leodiensis sub Baldrico 1. Episcopo qui Doctor laudabilis dicebatur: sub Evvrardo, vel vt alij scribunt, Heraclio, & postea sub Notgero, omnium sui temporis doctissimo & celebratissimo. Euardus quidem antea Bonnensis Præpositus ex claro Saxonum genere oriundus Coloniæ litteris liberalibus imbutus, vt bene de Ciuitate Leodiensi mereretur, neue peregrè proficisci tenerentur quicumque litterarum amore & desiderio capiebantur, Leodij Scholas instituit, plurimosque Magistros aduocauit & præmiis ad docendum pellexit. Qua de re sic habet author Chronici Belgici Magni ad an. 960. quo successit Baldrico. *Scholas igitur*, inquit, *per Claustra stabiliuit & totam Prouinciam ad studium coaptauit, Magistris sua ope liberaliter prouidit, scholas ipse vicissim frequenter ingredi Scholaribusque lectiones tradere, & benignè quæ non intelligebant interpretari & enodare non indignum se indicauit: & dum aliquando longius procederet, sæpe ab Italia vel Calabria dulcibus Epistolis Magistros ad studium prouocauit. Vnde multos ex rudibus præclaros in scientiis reddidit. Idem de Scripturis in via tractabat cum aliis. Vnde charus valde fuit Brunoni Coloniensi Archiepiscopo & Imperatori Othoni & Consiliarius eorum. Morbo Heraclius, qui Lupus dicitur in natibus tam durè laborauit, vt carnes eius corroderentur. Dilatio verò mortis erat per hoc quod duo pulli Gallinarum mane duoque vesperi consumendi Lupinæ rabiei opponebantur, morbo Gallinas consumente.*

Heraclium vocat iste Author, quem alij Eurardum, Fulcuinus Euracrum virum ingenuarum artium litteratum appellat, à quo ait Lobiensi Monasterio præpositum fuisse an. 960. in Abbatem D. Aletrannum vndecumque doctissimum in lege Dei exercitatum ac eloquentem: & eo defuncto post quinquennium se ipsum ætate adhuc iuuenem ab eodem electum, & Lobiensibus præfectum. Eurardo

Schola Leodiensis.

autem in sede Leodiensi successit circa an. 972. Notgerus non minus litteratus & litteratorum studiosus: quo sedente Huboldus relictis scholis Leodiensibus ad Parisienses venit, vt ante retulimus.

Shola Sorana Iudæorum.

Conqueruntur vero Iudæi hoc seculo suas Academias Pumbedithanam & Soranam, hanc vero maximè a pristino splendore desciuisse, propterea quod munera Synagogica & Scholastica vel indignis conferebantur, vel licitationi & venditioni exponebantur. Vnde simultates primum inter Doctores exortæ, deinde aperta odia: tandemque in alias mundi plagas studia litterarum è Sora expulsa migrarunt. Traditque Rabbi Abraham in lib. Iuchas pag. 119. quod post Raf Ioseph Raf Saodiæ Collegam in Sorano Rectoratu cessauerit Academia, & quod deinceps annos centum Geonæi Pumbedithanæ præfuerint. Hæc notat Hottingerus ad hoc seculum.

Antiquissima vero erat Academia ista Sorana, orta nempe circa annum Christi 200. plurimasque prærogatiuas habebat, quas persequitur Rabbi Abraham apud Hottingerum his verbis.

Hi sunt Gradus quibus Sorana Academia Pumbedithana antecedit. Tempore Raf quæ finis fuit Tannæorum & initium Amorræorum, nulla in Babylonia Iudæorum fuit Academia, sed Nessim, (id. Principes) è semine Dauid orti imperitabant. Post mortem vero Raf, Academiam in Babylonia instituerunt exemplo Israelitarum, Soranam videlicet, cui Raf Huna præfuit 40. annos. Sub finem autem illius temporis excitauit Rabbah Bar Nachmoni Academiam Pumbedithanam, quæ deinceps suũ etiã habuit Rectorem: atque ita prior est Academia Sorana Pumbedithanã. Huc accedit quod nullum habuerit Pumbedithana Gaon seu Excellentem, nisi ad præstitutum Rectoris Soranæ Academiæ. Sunt qui dicant quod cum duo illi Rectores Babylonis Ecmalotarcham conuenissent, Rector Soranus cum Discipulis suis legerint & sederint ad dextram, Æcmalotarcha cum Pumbedithano ad sinistram. Eadem ratio obtinuit in accubitu conuiuali. Soranus etiam primò frangit: Pumbedithanus vero vsitata formula cibum consecrat. Idem valet in introitu & exitu. Primas semper tenet Soranus. Sic cum mutuis se compellant litteris, Pumbedithanus Rector Soranum Gaon appellat, sed non vicissim. Ita si Æcmalotarcha aliquid legit in Pentateucho, idipsum Soranus explicat tacente interim Pumbedithano. Quod si contingat Æcmalotharcham mori, omnes eius Facultates traduntur Rectori Sorano & nihil cedit Pumbedithano. Hæc illi de suis Academiis. Nos ad nostram historiam reuertamur.

954.

Anno 954. Dum Ludouicus Rex vrbem Remensem, velut ibi moraturus tepetit, incidit in lupum seu lupi spectrum quasi præcedentis, quem admisso insequutus equo prolabitur grauiterque attritus Remos defertur, & protracto languore decumbens Elephantiasis peste perfunditur, inquit Flodoardus: quo morbo confectus diem claudit extremum sepeliturque apud S. Remigium. Paulò vero antequam moreretur, Fulcherium quendam Kentij Archimagiri sui filium professione Monachum & Decanũ Monasterij Sammedardi Suessionensis in sedem Nouiomensem intruserat excluso Flodoardo à Clero in Pontificem electo: at ille malis artibus Pontificatum adeptus paulo post obiit morbo pediculari, vt scribit ex Meyero Demochares in tabulis Episcoporum Tornacensium *Fulcharius siue Fulcherius Monachus S. Medardi sepultus in templo S. Eligij extra muros Ciuitatis Nouiomensis: de quo scribit Meyerus an. 955. Fulcherius homo spurius filius existimatus principis coquorum Ludouici Regis Nouiomagensem malis artibus adeptus Episcopatum omnia fecit deteriora, administrauitqne menses omnino 18. morbo absumptus pediculari & Phthiriasi; Magnum exemplum puniti ambitus & Simoniæ, si nos posteri timeremus Deum.*

Dici autem non potest quam ægrè tulerit Flodoardus præreptum sibi fuisse præsulatum, nam licet eiurato Canonicatu, quem in Ecclesia Remensi obtinuerat, solitudinis desiderio secularibus diuitiis renunciasse videretur, infulæ tamen fulgore adeo captum se sensit, vt illius spe frustratus vix vllam consolationem admittere potuerit. Qua de re eum arguit vehementer Adelagus, seu Adalgagus Archiepiscopus Bremensis, Apostolicæ sedis legatus his verbis.

Adelagus miseratione diuina Bremensis Ecclesiæ seruus Frodoardo Patri Remensi verbum pacis. Qui dudum deposuisti Beneficium, vt tecum mundanæ gloriæ contemptorem animum in solitudine & Monasterij latebram deferres, ex voto non ante finem discessurus, quid iam doles tibi inde non licere egredi ad Episcopium ascendendo, quod surripuit Fulcherius? stas & non stas? Deo promisisti de stabilitate, vt si aliquando aliter feceris ab eo te damnandum scires quem irriseris, & iam tamen vacillas? esto firmus in via Dei, & a matutina vsque ad noctem quæ sunt honoris & dignitatis obliuiscere. Orasti: Suscipe me Domine secundum eloquium tuum & viuam. Eloquium Dei est. Omnis ex vobis qui non renunciat omnibus quæ possidet, non potest meus esse Discipulus. Saluabuntur qui fugerint ab eis, & erunt in montibus sicut Columbæ Conuallium. Vidit Deus boni operis in te affectum, exercendi præstitit facultatem, exaudiuit preces, ne dubita consummandi afferet auxilium. Sed dicis: Negotiari volenti commodat Deus talentum, lucrantes beat. An nescis quanto quis altius erectus est, tanto propius esse ne cadat? Ignoras honoris gradum superbiæ esse irritamentum, esse inanis gloriæ materiam? Caue ne tibi blandiaris, ne iustitiam tuam facere desideres coram hominibus, vt videaris ab eis. Fac te aptum Regno Dei, negotiare, lucrare super destinato brauio tuæ vocationis in Christo Iesu. Qui te aptum dicunt Dignitati maiori, ipsi te, Frater, decipiunt, & viam gressuum tuorum consultore Diabolo conantur dissipare. Fateor enim qui prodesse non præesse, qui contradictiones non honores, qui labores non delicias, qui opus non opes Episcopus desiderat, bonum opus desiderare: sed in omnibus interiorem discute animum & disce Christum semetipsum clarificasse vt Pontifex fieret.

Officium quidem Episcopale suscepimus: sed opus Officij non implemus. In affectata præeminentia latet periculum. Horreo notare quod dixit Sanctus, rescripsit Sanctus. NVNC ESSEM DE NVMERO DAMNATORVM, SI FVISSEM DE NVMERO EPISCOPORVM Hæc accipe ab eo qui tuus est, & iacta tuum in Domino cogitatum: patientia tua non peribit in in finem. Fient in desolationem, subitò deficient, peribunt propter iniquitates suas qui te oderunt. Cognoscetur Dominus iudicia faciens: & in operibus manuum suarum comprehendetur Peccator. Ora pro me: scriptum pridie Kal. Octob. an. 955. corrigendum & reponendum an. 955.

Cæterum defuncto Ludouico Gerberga Regina Hugonem Magnum Parisiorum Comitem sibi filioque suo Lothario adhuc impuberi conciliat, eiusque ope consecrari curat ab Artoldo Remensi Archipræsule, annitentibus Brunone Archiepiscopo Coloniensi Othonis Imperatoris Fratre cæterisque Præsulibus ac Proceribus Franciæ, Burgundiæ & Aquitaniæ. Et quia totum id ope perfectum fuerat Hugonis, Lotharius illi Burgundiam & Aquitaniam dedit, hæreditario iure possidendas. Hugo vero Gerbergam & Lotharium Parisiis honorificè excipit ad ferias Paschales, secumque plures dies retinet hilari vultu & sincero affectu. Rarum id iis temporibus, Regem videre Parisiis. Nam post Odonem Robertus & Hugo qui Comitatum obtinuerunt Parisiensem, perpetua ferè bella cum legitimis Regibus gesserant, nec ad vrbem accedere passi fuerant.

Eodem anno defuncto Agapito substituitur Ioannes XII. Octauianus antè dictus, natione Lombardus, venationibus, vt aiunt magis deditus quàm precibus, imo vix bene Catholicus. Anno sequente obit Hugo Magnus multique alij Proceres tam Ecclesiastici quàm Laici. Quo anno teste Meyero Arnulfus Flandriæ Comes multa Cœnobiis detraxit, quæ Magnatibus suis & militibus diuisit. Hoc scilicet malum erat illorum temporum, quod Reges & Imperatores tam Orientis quàm Occidentis licentiam sibi sumerent conferendorum Beneficiorum Ecclesiasticorum. Vnde clades litterarum deploranda contigit, cum indigni sæpe & indocti Litteratis & bene meritis præferrentur.

Regni Francici administratio deinceps tota penes Brunonem Archiepiscopum Coloniensem fuit, Gerbergæ Reginæ & Othonis Imperatoris fratrem. Ille enim veluti Regni supremus minister & Rector milites colligebat, exercitus ducebat, vrbes diruebat, in omnibus denique Lothario nepoti suo & Reginæ Matri consilio & ope aderat. Et ne quid ipsis turbarum à Regni Potentioribus contingeret, eis conciliauit Odonem & Capetum Hugonis Magni filios, Regijsque Imperiis & obsequiis addixit.

Anno 960. Richardus I. Vuilielmi Normanorum Ducis filius Hugonis Magni filiam in Coniugem accipit. Anno sequenti Artoldus Remensis pridie Kal.

Secundum seculum

Octob. diem extremum claudit. Eoque mortuo nihil non moliuntur Veromandui Comites, vt Hugoni fratri eiecto restituatur præsulatus. Regina consulto Brunone fratre rem remittit ad consilium Regis. Rex ad Synodum Episcoporum, qui in Pago Meldensi super Matronam numero 13. præsidente Archembaldo Archimysta Senonensi conueniunt circa idus mensis April. an 961. & re in medium proposita post multas altercationes tandem constituunt consulendum esse super ea re Rom. Pontificem eiusque iudicio standum. Papa, quod Hugo à Romana Synodo fuisset Censuris illigatus, indignum ea sede pronunciat. Itaque substituitur fauente Lothario Rege & Brunone Coloniensi Odalricus illustris Clericus Hugonis cuiusdam Comitis filius, vt legitur apud Flodoardum.

962. Anno 962. Otho I. nondum Imperiali Diademate donatus Romam contendit à ciuibus aduocatus contra vim & crimina Ioannis Papæ, quæ Trithemius refert, quæque hic referre propter horrorem non ausim. Ille deposito Leone VIII. in solio Pontificio collocat, conuocata prius Synodo 40. Episcoporum aliorumque Procerum Ecclesiasticorum: atque ab eo vicissim Imperiali diademate redimitur. At Romani immemores fidei præstitæ, Ioanni pecuniâ corrupti eum inuadere conantur impio & temerario conatu atque ipsis funestissimo: omnes enim quotquot capti sunt, aut occidit aut membris truncauit. Eo nihilominus in Germaniam reuerso Ioannes Romam reuertitur, sed paulo post moritur. Quo mortuo Romani Benedictum intrudunt. Otho Leonem restituit, Benedictum Saxoniam relegat, vbi fato defungitur. Talis fuit hisce temporibus Romanæ sedis status.

963. Anno 963. Flodoardus Chronici & Historiæ Remensis scriptor Septuagenarius Pastor Ecclesiæ de Cormicy presbyter & Canonicus Remensis Beneficia sua Flodoardo Nepoti suo resignat apud Odalricum præsulem: sic enim ille scribit. *Ego vero fractus state & attritus infirmitate ministerio me abdicaui prælatura coram eodem præsule. Quique me hoc absoluens iugo imposuit illud per electionem fratrum meorum nepoti meo Flodoardo septuagesimo ætatis meæ anno.* Hinc aiunt aliqui eum se ad Cœnobium S. Remigij contulisse, ibique habitum sumpsisse Benedictinum.

965. Anno 965. obit 5. id. Octob. Bruno Coloniensis Archidux dictus, eo quod vt legitur in Chronico Belgico, Lotharingiæ Ducatum in temporalibus cum Archiepiscopatu admnistrabat. Albericus in Chronico ait eum in Franciam venisset *ad Pacificandos nepotes suos Lotharium Regem & filios Hugonis*, Compendij correptum febre Remis obiisse, & quidquid iure mancipij habuit, testamento sanctorum Ecclesiis legasse. Testis autem est Rogerus eius vitæ scriptor eum litteras Græcas Latinasque optimè calluisse, & ex ipsa Græcia Magistros euocasse.

966. Anno 966. Lotharius Rex Emam ducit vxorem, Lotharij quondam Italiæ Regis & Adelaidis filiam. Notant quoque ad hunc annum Sigebertus & Krantius Heraldum Regem Danorum cum vxore & Sueuone filio Baptismi aquis lustrari voluisse, eo quod Poponem Clericum conspicatus fuisset gestantem manibus ferrum insigniter candens magnique ponderis citra noxam in fidei argumentum & probationem; edictoque publico idololatriam e Regno expulisse, proposito ad adorandum vno Deo; cum antea Dani Christum simul & Idola colerent. Eodem anno obiit Flodoardus Remensis Canonicus vir litteratissimus & scriptis notissimus.

967. Anno 967. Otho II. volente Patre Cæsar appellatus & consecratus est Imperator. Anno sequente obit Odolricus Remensis Archipræsul: cui substituitur ope Lotharij Regis Adalbero Ardennensis, Godefridi Ardennensis Comitis filius & frater Godefridi, Ducum inferioris Lotharingiæ Progenitoris, Franciæ tunc Cancellarius, vir teste Alberico in rebus Ecclesiasticis strenuus, carne nobilis, genere potens, consilio prudens, magnanimitate singularis, fidei virtute inuincibilis. Virorum litteratorum Mecenas liberalissimus, sub quo Gerbertus Scholam diu rexit, vt infra dicetur: varias vero fortunæ vices pro variis Regni tempestatibus & motibus expertus Ecclesiam Remensem rexit vsque ad annum 989.

970. Anno 970. Arnulfus vir insignis quoque virtutis sit Aurelianensis Episcopus, qui Robertum Capeti filium in Regem inaugurauit an. 988. vt suo loco dicetur.

Eodem anno obit Eurardus Leodiensis Episcopus; eique post biennium substituitur Notgerus seu Notkerus natione Sueuus, genere nobilis, scientia & moribus illustris, qui à bonis ad meliora, à melioribus ad optima ascendens, de scholis ad palatium promotus: inde votis & petitione Cleri ac populi, Principisque fauore ad Episcopatum Leodiensem prouehitur, eique præest 36. annis. Hic cum in via esset, vt legitur in Chronico Belgico, *Scholares adolescentes secum ducebat, libris simul & aliis scholarium vtensilibus secum deuectis.* Sub eo multi in litteris & moribus profecerunt, multique ex iis Episcopi & Rectores Ecclesiarum facti sunt. Ille Huboldum qui Parisiis scholas iamdiu regebat, ad scholam Leodiensem sub censuræ interminatione reuocauit, existimás æquius esse & conuenientius, vt ille sapiētiæ thesauros suis, quàm alienis dispertiretur. Extant multæ ad eum Gerberti Aquitani Epistolæ, ex quibus quantus vir fuerit, intelligitur.

Anno 973. Otho I. moritur coepitque solus regnare filius eius Otho II. cui Gerbertus innotuit, cum circa hæc tempora Romam profectus fuisset ex Hispania: vt indicat Hugo Abbas Flauiniacensis in Chronico Virdunensi: de Gerberto enim verba faciens, subdit, *Hic in Cœnobio S. Geraldi apud Aureliacum nutritus fuit, Grāmaticáq; est eruditus: & ab Abbate loci Borello citerioris Hispaniæ Duci cōmissus, vt in Artibus erudiretur: & ab eo Haittoni cuidam Episcopo traditus est instituendus: apud quem plurimum in mathesi studuit. Verum prædicto Duce cum Episcopo Romam eunte idem cum eis profectus & propter actus notissimus & ab eo Othoni Regi est intimatus, & cum Adalberone Archiepiscopo Remensi Remis venit, quo tempore Olricus (seu Otricus) apud Saxones insignis habebatur. post annum Remensis Adalbero Romam cum Gerberto petebat & Ticini Otricum cum Augusto reperit, à quo magnificè susceptus est, ductúsque per Padum classe Rauennam.* Cum autem in Aula versaretur Imperatoris, incidit in disputationem cum Otrico de rebus mathematicis: nam & Otricus doctissimus quoque eo tempore habebatur. Adeo verò incaluit ea disputatio, vt ad materiam disceptandam Otho Iudices constituerit Archiepiscopum Rauennatem & Scholasticos viros: & cum diem disputando consumpsissent, tandem Otho contentioni finem imposuit, & Gerbertum præmiis donatum remisit in Franciam. Ea de re sic habet idem Author. *Et quia anno superiore Otricus Gerberti se reprehensorem in quadam figura cum multiplici diuersarum rerum distributione monstrauerat, iussu Augusti omnes Palatij Sapientes intra Palatium collecti sunt. Archiepiscopus quoque cum Adsone Abbate Deruensi & SCHOLASTICORVM numerus non paruus. Et cæpta disputatione cum iam totum pæne diem consumpsissent, Augusti nutu finis impositus est. Ibi verò ab Augusto egregiè donatus Remis cum Archiepiscopo reuersus est.*

Adeo autem placuit Imperatori Gerbertus, vt iam tum ei tradere decreuerit Othonem filium in disciplinam: imo sunt, qui tum tradidisse putent, verum nondum eâ ætate videtur fuisse Otho filius vt litteras discere posset: nam licet Sigonius scribat fuisse duodeuiginti annos natum cum adeptus est Imperium nempe an. 984. cæteri tamen scriptores duodennem tantùm faciunt: quod si ita est, vix esse potuit Gerberti Discipulus ante an. 980.

Reuersus in Franciam Gerbertus Scholas Publicas aperuit primùm Floriaci, vt aliqui putant, deinde Lutetiæ vbi Capeto innotuit, postremò Remis. Comprofessores habuit Constantinum, qui fuit postea S. Maximini in agro Aurelianensi Abbas, & Ethelwaldum postea Wittembergensem Episcopum; teste Malmesburiensi. *Gerbertus*, inquit, *Galliam repatrians Publicas Scholas professus Artem Magistery attigit. Habebat Comphilosophos & Studiorum socios Constantinum Abbatem Monastery S. Maximini, quod est iuxta Aurelianis, ad quem dixerit regulas de Abaco; Ethelbaldum Episcopum, vt dicunt,* Witenburgensem, *qui & ipse debet monumenta in Epistola, quam facit ad Gerbertum de Quæstione Diametri super Macrobium & in nonnullis aliis. Habuit Discipulos prædicandæ indolis & prosapiæ nobilis, Robertum filium Hugonis cognomento Capet, Othonem filium Othonis Imperatoris.* His addit Balæus Theophilactum, Laurentium Malsitanum, Brazutum, Ioannem Gratianum, Sacerdotes, inquit, Romanos & alios multos: quibus adiungendi Fulbertus Carnotensis Episcopus, Ioannes Antissiodorensis, Ingo San-Germano-Pratensis Abbas, Leothericus Archiepiscopus Senonensis.

Credibile est inquā eū dum Parisiis doceret, innotuisse Hugoni Capeto Franciæ Duci & Comiti Parisiensi, ab eoque postea euocatum in Aulam, vt præceptor esset Roberti filij. Sic enim de eo Ditmarus author æqualis. *Natus de occiduis regionibus à puero liberali arte enutritus in Philosophia & Astrologia tantum profecit, vt suos quoque Coætaneos variâ artis notitiâ superauerit. Ingressus vitam Monasticam factus est præceptor Roberti Regis filij Hugonis in Regia aula aliquandiu versatus, ad Remensem, deinde ad Rauennatem Archiepiscopatum sibi aditum præparauit.*

Tandem Remos concessit Adalberonis Archiepiscopi præmiis inuitatus, ibiq; inter alios Discipulos habuit Robertum Hugonis Capeti & Othonem Othonis II. Imperatoris filios circa an. 980. idque constanter asserunt authores æquales & suppares. Helgaldus Monachus Floriacensis in vita Roberti. *Fuit idem Rex sapientissimus litterarum: cuius prudentissimo cordi erant insita à Deo data perfectæ scientia dona. Nam à piissima matre Schola Remensi traditus Domino Gerberto ad erudiendum est datus, qui eum sufficienter liberalibus institueret Disciplinis, vt in omnibus Deo omnipotenti complaceret virtutibus almis.*

Hinc ait Gabriel Naudæus in suis ad historiam Ludouici IX. Additionibus Robertum relictis Collegiis seu Scholis Parisiensibus Remos profectum fuisse ad audiendum Gerbertum. Huius viri, quem omnes viri docti nostri temporis norunt fuisse Scrutatorem antiquitatis studiosissimum & curiosissimum, non erit extra rem proferre testimonium: quoniam ad illustrandas huius seculi Musas non parum confert. Ille ergo c. 8. & vltimo sic habet. " Entre les Rois de la troisiesme lignée Robert fut le premier qui caressa les bonnes lettres. Il eut pour precepteur " ce tant renommé Gerbert ou Siluestre II. que nous auons ailleurs defendu du " crime de Magie, lequel enseignant auec grand honneur & reputation en la ville " de Rheims merita comme dit Helgaudus, d'auoir vn tel Disciple: combien qu'il " soit constant par ce passage de la vie de Notger Euesque du Liege qui se trouue es" crite sur vne grande peau de Parchemin en l'Eglise de Saint Iean l'Euangeliste " de ladite ville, que du temps de Robert il y auoit exercicé és Colleges de la Mon" tagne Sainte Geneuiefue en cette Vniuersité. *Quid de Huboldo dicam? qui dum adolescentulus è scholari disciplina aufugisset, Parisius veniens S. Genouefæ Canonicis adhæsit in breui multarum scholarum instructor fuit, vbi cum aliquandiu à D. Notgero ignoraretur, tandem Ganonica Episcopalis sententia executione compulsus est redire pluribus ibi relictis studiorum ac moralitatis insignibus.* Et pour ce ie croirois volontiers que " la seule renommée de Gerbert auroit fait quitter à son Disciple les Colleges de " Paris pour frequenter celuy de Rheims. Hæc ille.

Certè cum talis esset tunc temporis Academia Parisiensis, vt relictis aliarum vrbium scholis ad eam vndique migraretur, credibile non est Robertum primoribus annis alibi fuisse institutum; præsertim cum pater eius Comes esset Parisiorum, eamque ditionem & possessionem auitam haberet. Et id clarè Ludouicus Seruinus Causarum Forensium l. 1. in Causa Hamiltonis scribit. Postquam enim manifestissimis exemplis demonstrauit a Carolo M. vsque ad Capeti tempora Vniuersitatem Parisiensem continuata serie floruisse, hæc subiungit de Capeto " & Roberto. Venons au temps de Hugues Capet voyons quel a esté Robert son " successeur le plus sçauant de tous les Rois. Qui l'auoit rendu tel? l'Vniuersité " Fille de son Pere. Vray est que cettuy-cy a fait florir l'Eschole de Reims, à cause " de l'authorité de Gerbert, mais cela n'a diminué la grandeur de l'Vniuersité de Paris. Hæc de Gerberto, qui quando Remis docere inceperit non comperitur, at certum est ibi circa an. 980. Scholas publicas habuisse & in eis Othonem & Robertum vix adhuc puberes edocuisse: vnde Otho euocatus an. 983. in Imperatorem electus est octodecim circiter annos natus, vt vult Sigonius, vel vt alij scribunt duodecim aut quatuor decim tantum.

975. Anno circiter 975. Hugo Capetus Parisiorum Comes sub Lothario exulantia SS. Samsonis, Maglorij & Macuti corpora, quæ a Saluatore Maclouiensi Episcopo Normanorum furori substracta fuerant & Lutetiam allata excipit, & in æde San-Bartholomæa prope Palatium vrbanum sita collocat, Cœnobiumque fundat sub nomine SS. Bartholomæi & Maglorij Britanniæ Aremoricæ Archipræsulis. Quæ fundatio à Rege eiusque filio Ludouico approbata fuit & confirmata his verbis.

" In Nomine Domini Dei & Saluatoris Nostri I. C. Hlotarius & Hludouicus " Diuina ordinante Prouidentia Reges Augusti. Dum petitionibus Hugonis Franciæ

ciæ Ducis rationabilibus & iustis Diuini cultus amore fauemus, superna nos gratia muniri non dubitamus. Proinde nouerit omnium fidelium nostrorum præsentium scilicet & futurorum solertia, quia vir prætextatus honorabilis nostram petiit clementiam præceptum firmitatis à nobis fieri ex rebus, quas idem piè Monasterio SS. Bartholomæi Apostoli & Maglorij Archipræsulis Britanniæ vrbis scilicet Dolensis contulit, quod fundauit in vrbe Parisiaca ad Sanctorum corpora, quæ vt peregrina hospitabantur per aliorum rura., &c.

Eiusdem fundationis per Hugonem Capetum factæ meminit Henricus 1. Roberti filius & Hugonis nepos in Priuilegio quod iisdem Maglorianis concedit. *Quidam*, inquit, *venerabilis Abbas Cœnoby SS. Bartholomæi Apostoli atque Maglorij Archipræsulis iuxta Aulam nostri Palatij siti Reginaldus nomine rogans, & obnixè postulans nostræ serenitatis adiit præsentiam, quatenus prædicto loco, quem piæ memoriæ Hugo auus noster fundauerat & suis terris ditauerat, quandam Ecclesiam illius villæ quæ Bruxaria vocatur, donare dignaremur.*

At Helgaldus fundationem istam Cœnobij Magloriani tribuit Hugoni magno & Capetofilio his verbis in Epitome vitæ Roberti. *Huius igitur inclyti Regis auus Hugo pro pietate, bonitate, fortitudine Magnus dictus, Monasterium S. Maglorij Confessoris Christi in Ciuitate Parisius simul cum filio construens nobiliter Monachos sub Regula Patris Benedicti viuere paratos ibi collocat.* Hæc de ea fundatione.

Cæterum Bartholomæi ædes antequam Magloriani eam occuparent, Capella erat Regia Palatij vrbani, illique ministrabant in officiis diuinis Canonici Regulares, qui translati sunt inde ad Sacellum, quod nunc S. Michaelis dicitur intra ambitum Palatij. Item antequam Magloriani aduenirent, in æde Bartholomæa erant 4. Cellæ Regiæ, Capellas vulgo appellamus 1. SS. Fiacrij atque Mathurini. 2. S. Stephani, nunc S. Brioci de Vallibus. 3. S. Annæ 4. Sanctæ Catharinæ.

Anno 976. Carolus Lotharingiæ Dux Lotharij Regis frater prælium committit cum Godefrido & Arnulfo Comitibus Lotharientibus. Eodem anno Rorico Episcopus Laudunensis vir doctissimus & eloquentissimus diem claudit extremū. Erat autem ille filius spurius Caroli Simplicis consecratus ab Artholdo an. 949. Monasticum Ordinem in Cœnobio S. Vincentii reparauit euocatis e Floriacensi Monachis diplomate dato Lauduni an. 961. Eius meminit Asso Monachus Ep. ad Gerbergam Reginam, cui Tractatum de Antichristo mittit. *Igitur*, inquit, *quia pium studium habetis scripturas audire & frequenter loqui de nostro Redemptore, siue etiam scire de impietate Antichristi & persecutione nec non & potestate eius & generatione, sicut mihi seruo vestro dignata estis percipere, volui aliquando vobis scribere & de Antichristo ex parte certam reddere. Quamuis non indigeatis à me hæc audire quæ apud vos habetis prudentissimum Pastorem Domnum Roriconem, clarissimum speculum totius sapientiæ atque eloquentiæ hac valde nostra ætate.*

Anno 977. Adalbero iuuenis Lotharingus Roriconi in Ecclesia Laudunensi substituitur, Ascelinus alio nomine dictus, cuius electionem describit Continuator historiæ Flodoardi. Consecratus est ab Adalberone Remenfi Archiepiscopo die sancto Palmarum qui tunc erat dies 1. Aprilis. Vir satis in omnibus felix, si Regem suum non prodidisset, vt infra dicetur.

Eodem anno Godefridus & Arnulfus Comites Lotharingiæ à Carolo Regis fratre & Hugone Capeto expulsi ad Othonem Imperatorem confugiunt & conantur in suas partes adducere contra Lotharium. At Otho Carolo Lotharingiæ Ducatum asseruit, dum à se haberet, acceptumque sibi referret.

Verum ann. 978. Lotharius collecto ingenti exercitu Lotharingiam totam sibi subiicit. Inde Othonem nihil tale cogitantem Aquisgrano fugat. Iste resumptis armis & viribus Lotharingiam subit, Franciam diripit & vastat. *Remensem, Laudunensem Suessionensemque Prouincias omnia denastando pertransiens*, inquit Nangius, *vsque Parisius venit & suburbium Ciuitatis incendit.* Rursus Lotharius Hugonis Capeti & fratris eius Henrici Burgundiæ ducis opibus & copiis adiutus Othonem fugere compellit, eumque ad Suessionensem ciuitatem insecutus, plurimos ferro consumit, multo plures aquis Axonæ submergit, & cum triumpho reuertitur in Franciam. Ita Nangius.

Anno 980. Otho & Lotharius Remis pacem componunt æquis conditionibus.

Lotharius Othoni Lotharingiam restituit, & ille Godefrido partem eius cum Virdunensi comitatu. Ducatum vero Carolo Regis fratri, vt Imperij Prouinciam; & iis legibus quibus tenebantur, qui beneficio Imperatorum Prouincias obtinebant. Qua pace inita Otho filium suum Othonem deinde III. dictum Gerberto tradidit in Disciplinam. Hugo Capetus suum Roberto, qui ambo aetate pares affectu quoque pares fuerunt & aemulatione litterarum.

984. Anno 984. Othone Romae defuncto magna suboritur de Successore contentio. Germani Othonem III. filium eius Romae Caesarem designat. Itali Crescentium Nomentanum. Alij Henricum Bauarum Regem deposcunt seu Tutorem Pupilli. Iste Othonem eiusque Sororem Adelheidem Theophaniae Imperatrici subtrahit, seque pro Imperatore gerit. Illa enim audito de morte Mariti nuncio filium è schola Gerberti ad se reuocauerat, vbi cum Roberto Hugonis filio educabatur. Et in hoc valde peccasse scribit Gerbertus Ep. 48. *Lotharius Rex Franciae praelatus est solo nomine, Hugo vero non nomine sed actu & opere. Eius amicitiam si in commune expetiisetis filiumque ipsius Roberti cum filio Caesaris colligassetis, iam dudum Reges Francorum hostes non haberetis.*

Non ferunt Saxones eripi sibi magnae spei adolescentem, & Henrico Patrueli extorquent matrique reddunt. Causa praecipua dissidij aut praetextus saltem, superbia Matris Theophaniae, Graecae mulieris, cui nolebant plurimi Proceres committi Othonis educationem, inter quos precipuas partes agebant aut agere videbantur Ecgbertus Archiepiscopus Treuirensis & Willegisus Moguntinus: apud quos nihil non egit litteris & Legationibus Adalbero Remensis, vt eos ab Henrico ad Othonem conuerteret. Ad Ecbertum quidem scribit apud Gerbertum Ep. 26,

Labefactari Rempub. vestram quorundam ignauia cum perhorrescimus, tum erubescimus & priuilegio amoris nostri circa vos & communi Patriae cognatione. Pauci-ne creati sunt Reges, qui nonum filio Domini vestri praeponere vultis? forte quia Graecus est vt dicitis, more Graecorum conregnantem instituere vultis? quo recessit sanctissima fides? exciderunt ne animo Beneficia Othonum vobis conlata? Magnam intelligentiam vestram reuocate, generositatem perpendite, ne perpetuo dedecori generi vestro esse velitis. Si vires eos destituere acclamatis, meliora sentientes perquirite: nos fautores, coadiutores in talibus negotiis fore confidite. In perturbatione & confusione omnium rerum quis alterius leuabit onus? postremo si salua dignitate vestri nominis vrbem Treuirorum tutari non valetis, Remorum vtrique nostrum sit satis: ditioresque erimus, quàm Eucharius quondam & Sixtus. Id vobis ratum ignominiam auferet, irritum nos liberos efficiet.

Ad Vuillegisum vero Moguntinum eiusdem nomine scribit Gerbertus item & proprio Ep. 34. in qua vehementer inuehitur in Henricum inuasorem. *O mi Pater, moerens simili de causa maerentem quibus affabor verbis? Caesare destituti praeda hostium sumus. Caesarem in filio superesse putauimus. O quis prodidit? quis nobis alteram lucem eripuit? Agnum Matri non Lupo committi oportuit. Me quidem doloris immunitas mihi consulere non patitur. Nunc fertur animus praeceps in hostes Italos, qui mea funditus eripiant, nunc quasi meliora deliberans terrarum longinqua petit. Sed dum redit Otho dumque haerent infixi pectore vultus, dum Socraticae disputationes ipsius frequentes occurrunt, refringitur impetus & peregrinationis meae taedium apud Gallos vtrumque releuatur. Consule Pater, & si erga Maiestatem vestram nulla mea sunt merita, tamen nec defuit, nec effectus aberit, si fortuna vt quondam riserit.*

Caeterum initio fauit Lotharius Othonianis partibus, vt intelligimus ex Ep. 22. eiusdem Gerberti ad D. Imizam in Palatio Imperatoris inter Matronas Theophaniae vnam. *Dominam meam Theophaniam Imperatricem nomine meo conuenite. Reges Francorum filio suo fauete dicite nihilque aliud eos conari, nisi tyrannidem Henrici Regem se facere volentis sub nomine Aduocationis velle destruere.* At postea occasione accepta praedarum & rapinarum quas Lothatingi Godefrido Vidunensi & Sigigrido patruo Othonianae partis Ducibus exercebant, Lotharingiam cum exercitu numerosissimo inuadit cum fratre Carolo, Virdunum ad deditionem cogit, ipsius Comites Godefridum & Sigifridum capit, cum Henrico Banaro societatem mutuamque amicitiam contrahit. Adeo verò grauiter tulit & iniquo animo Diedericus Episcopus Metensis Carolum contra fidem Othoni praestitam, Henrico se coniunxisse, vt acriter in eum inuectus sit, vt patet & Ep. 31. apud Gerbertum, quae talis est.

Vniuersitatis Parisiensis.

DIEDERICVS seruus seruorum Domini, Imperatorum amator, prolisque tutissimus Tutor, Carolo sanguine nepoti, sed fidei impudentissimo violatori. Fidem à nemine vnquam bonorum violatam, vt nosti, praesente venerando Notegario Episcopo (Leodiensi) teque licet non nobilioribus, tamen veritate excellentioribus praesentibus ante B. Ioannis aram in sacra verba datam, leuissime transfuga, nec in hanc nec in illam partem fidem habens, caecus te amor regnandi debilitatum negligere coëgit. Et quid mirum si in nepotem (Othonem) pestem tui sordidissimi cordis euomis, qui cruenta manu & ad omne scelus semper promptissima cum latronum grege & furum manipulo, dum fratri tuo nobili Francorum Regi Laudunum Ciuitatem suam, inquam suam, nunquam vtique tuam, dolo malo surriperes, cumque Regno fraudares & Imperatoriam sororem Regemque sui consortem infamares, tuisque mendaciis commaculares? Nihil vnquam pensi habuistis, dilatate, incrassate, impinguate, qui non secutus patrum tuorum vestigia dereliquisti Dominum factorem tuum. Recordare os tuum impudens, quoties digito compescuerim, dum turpia in Remensem Archiepiscopum, turpiora in Reginam dementiendo serpentino sibilo effudisti. Quid in Laudunensem Episcopum feceris, ipse nosti melius, breui tu Lothariensium Regni angulo latitans vanissimoque supercilio toti te praeesse iactitans. Quid neptis vtriusque nostrum foemina, te te viro melior cum nobilis indolis filio? quid Apostolorum Vicarij Ecclesiae S. Ouilis Pastores, quos tu canino dente nocte & interdiu rodere conaris? quid alij praeterea Principes, qui nihil tuo iuri debent, eiusdem habeant Dominoque authore possideant, reminiscere: & ita tandem inania excutiens omnia frontemque falsissimo poculo debriatam expurgans poteris metiri nihil esse quod agis, ad nil diuino nutu deueniendum quod moliris. Quorum ergo haud pro merito adscriptus numero ligandi soluendique dignatus honore mihi indigno pastorali virga commissam defensurus Ecclesiam dico, non aliam quam summi Pastoris sanguine redemptam, quam tu diuinum ius contemnens cum tuis Complicibus lacerare atque dilaniare pro posse tuo contendis, horribilem spernens illam Dominicam vocem qua tonatur Qui vos tangit, tangit pupillam oculi mei, &c.

Ad haec respondit Carolus acrius Ep. 32. apud eundem Gerbertum his verbis.

CAROLVS sola Dei gratia si quid est, hypocritarum ideae, Imperatorum infidissimo Prolisque Parricidae, ac in Commune hosti Reipub. Grauitatis siquidem meae fuerat maledicta tua taciturnitate premere, nec pensi haberi quod petulantiae magis tyranni quam iudicium protulit sacerdotis. Sed ne silentium tuis coniuratis videatur facere confessionem, summum tuorum scelerum paucis attingam, & de maximis minima referam, Consilij quoque mei nonnulla praetermittam, vt qui velut inanis vter spiritu intumuisti, meo vt tu desipis incrassati, impinguati, dilatati pressus pondere detumescas. Cur Dominam Ducem Beatricem cum filio Regnique Primatibus à nobis praetendis delusam? te miser non sentis, nec quemquam poene fore tuae coniurationis participem. Nec solus nec in angulo fidem integerrimam filio nostri Caesaris astruo, vt tu nocturno mero eructas. Adsunt mecum Galliae Principes, Reges Francorum, velis nolis praeclarissimi Lotharienses fide deuoti. His est curae filius Caesaris. Hi nec quaerunt Regnum eripere, vt tu, nec contregnantem instituere. Tu Diuina & humana confudisti iura deque legibus oscitans vt Limax in suo Conclaui, Cornupeta tibi videris. Cur Pastorali officio minus intendis? quasi vero tu Pastor & non lupus rapax & potius alter Iudas, si Iudas Apostolus qui Dominum suum 30. prodidit argenteis,& tu Episcopus qui Dominum tuum Regem haeredem Regni Regno priuasti spe famosissimi quaestus Paruum tibi hoc. Poenas de eo quantum ad te sine carentes velut de hoste sumpsisti. Siccine Othonum promeruerunt beneficia? denique nunquam ad eos finem habuisse non solius filij causa conuinceris. An cum Lotharium Regem Francorum, quem gloriosum vocas cum maximè oderis, hunc inquam cum Regno pellebas, meque regnare cogebas, fidem ne ei & mihi promissam seruabas? Mihi promissam dico ante Aram, quam impudenter nominas. Profecto intelligis quid feceris. Contra fratrem meum ac sororem Domini tui me arma parare impellebas, vt omne Genus nostrum Regium mutuis vulneribus confoderes, Tyrannos nomine Regum substitueres, cum quibus contempto sacerdotio vacuis aulis incubare posses.

Hæc inter Adalbero Remensis & Gerbertus Cæsari fidelis ad Proceres Othonis amicos plurimas expediunt litteras & legationes, vt ab hac coniuratorum societate eos dimoueant. Extat in hanc rem Gerberti ad Theophaniam Imperatricem Epistola 52.

„ Cupienti mihi vos adire secundum Imperium vestrum non frustra renisa est
„ Diuinitas. Nam XI. Cal. April. captos Comites allocutus Godefridum Patruum-
„ que eius Sigifridum inter hostium Cuneos solus repertus sum vestrarum
„ partium cui fidenter de statu Imperij vestri suas sententias concrederent. Scripsi
„ itaque exhortatorias Epistolas secundum intellectum eorum Coniugibus, libe-
„ ris, amicis vt in fide vestra perstent, nullo hostium incursu terreantur, eorumque
„ exemplo si fortuna tulerit, exilium potius eligant pro fide vobis seruanda, quam
„ patriæ solum cum perfidia. Hos ego viros imprimis charissimos habeo, quibus
„ grauius est, quod vestra negotia non valeant exequi, quam quod captiuitati ho-
„ stium videntur addicti. Sed quia Principum dissensio interitus Regnorum est,
„ Principum vestrorum concordia remedium tantorum malorum nobis fore vide-
„ tur. Funiculus quippe triplex difficile rumpitur. Noueritis etiam Reges Fran-
„ corum Nos non æquis oculis intueri, eo quod de vestra fidelitate sis contraria
„ sentiamus, simulque quod multa familiaritate fruamur Adalberonis Ar-
„ chiepiscopi Remorum, quem simili de causa infectantes infidissimum sibi
„ putant. In his omnibus quid nos velitis facere, & si inter hostes via patue-
„ rit vlla, quando vestram præsentiam possimus adire, certius significate Nobis
„ paratis per omnia vobis obtemperare. Res eo processit, vt iam non de sua ex-
„ pulsione agatur quod malum tolerabile esset, sed de vita & sanguine certet.
„ Hoc mihi secum commune est, quasi se contra conatus Regios incitanti. Mo-
„ les denique oppressionis tanta est, vestrique nominis tanta inuidia, vt suas mise-
„ rias nullis audeat vobis significare rescriptis. Sed hæc tyrannis si inualuerit locus
„ que ad vos profugiendi patuerit sibi, non frustra de vobis meliora senserit, spem
„ certam habuerit qui vobis ac filio vestro, in quo valuit, suffragium medita-
„ tus est.

Hinc intelligitur quis fuerit Adalberonis animus erga Imperatorem, quantaque ipsius causa pateretur. Vnde Lothario non immerito suspectus fuit, qui vt eius in se fidem experiretur, mandauit vt munimenta atque propugnacula Monasterij S. Pauli dirueret, ne hostes eo occupato aduersum se vti possent; quod ille facturum se negauit propositis aliorum exemplis, qui Castella similiter haberent & munirent.

Accessit altera odij causa, quod nempe Adalberonem nepotem suum Godofredi Lotharingi filium obsidem Diaconum, Sacerdotem & Episcopum ordinasset, eique Virdunensem Episcopatum apud Othonem procurasset, non apud Lotharium, qui Lotharingiam in proprium ius reuocauerat : vt legitur apud Gerbertum Ep. 57. & 58. Contra ipsum Conuentum habere statuit Lotharius & infidelitatis damnare, nisi obsidem redderet, mandauitque præterea vt aut in sua verba iuraret, aut regno excederet : **qua de re sic Adalbero ad Theophaniam Imperatricem.** *6. Kal. Aprilis*, inquit, *Conuentus Francorum indictus est ibique crimine infidelitatis pulsabimur, quod Episcopum Virdunensem licentia donauerimus quodque in Presbyterij honorem promouerimus & vt res siat impossibilis, à nobis idem repetendus.*

Pratum Clericorum. Ad hæc circiter tempora referunt Monachi San-Germano-Pratenses redemptionem Prati Clericorum ab Vniuersitate Parisiensi per Abbatem suum Regularem Waldonem seu Gualonem : cui Hugo Capetus Dux Franciæ & Parisiorum Comes vltro Abbatiam regendam tradiderat, dimissa omnino eiusdem fiduciariâ Commendâ. Sic enim de eo habet Aimoini Continuator l. 5. c. 44. *Hugo Dux ad maiora animum applicans nutu diuino dimissa S. Germani Abbatia, quia iam pæne ad nihil (dum non esset qui curam eius tam exterius quam interius ageret) redacta fuerat, summu precibus tam Regis Lotharÿ, quam prædicti Hugonis Francorum Regis constituit venerabilem Gualonem Abbatem. Decessit porro tempore Lotharÿ Regis.*

Verum de Redemptione illa fictitia fusè egimus ad calcem 1. seculi, vbi de Prato Clericorum fol. 244.

Cum isto autem Gualone litem habuit Gislebertus, seu Engelbertus Episcopus Parisiensis, ad quam dirimendam vsus est Hugo Capetus nondum adhuc Rex operâ Airardi Abbatis Aureliacensis, vt testatur Gerbertus Ep. 61. *Cæterum Dux Hugo nactâ occasione ex dissensione Episcopi Parisiensis & Abbatis Gualonis Abbatem nostrum Airardum inter cæteros ad se venire orat.* Quæ fuerit causa dissensionis istius, non inueni.

Eodem anno Adalbero Magni Adalberonis Fratruelis, Beatricis, quæ Magni Hugonis filia fuit & Soror Capeti & Friderici Lotharingiæ Ducis filius, Scholaribus Disciplinis apud Gurgitenses castissimè detritus & institutus vt legitur in eius vita, ad præsulatum Metensem Diederici obitu vacantem procurante Beatrice Matre & Adelhaide Augusta Othonis III. Auia promouetur 17. Kal. Nouembris Vvormaciæ, quo Gallicani Germaniqʒ exercitus concurrerant, alij vt Othoni fauerent, alij vt eidem aduersarentur.

Anno 985. de pace actum est inter Imperatorem & Principes hac lege vt Henricus tutelam Othonis à se abdicaret, & in Lotharium transferret, vt pote auunculum. Huiusce pacis author fuisse videtur Notgerus Leodiensis Episcopus, Dissuasor verò tū Adalbero Remensis qui sic eum cōpellat Ep. 39. apud Gerbertum. *Vigilasne P P. famosissimæ quondam fidei pro castris Cæsaris, an cæca premente fortuna & temporis ignorantiâ diuina & humana iura pessundari simul non cernis ? Ecce palam destituitur cui ob paterna merita fidem deuouisti, deuotam seruare debuisti. Germanum Brisacâ Rhenani littoris Francorum Reges clam nunc adeunt. Henricus Reipub. hostis dictus Kal. Februarij occurrit. Consule mi pater, modis omnibus resistendum, ne conueniant aduersus Domnum & aduersus Christum tuum.*

985.

Quanti autem esset momenti Hugonem Capetum in suis habere partibus innuit Gerbertus Ep. 48. Innominato sic aiens, vt ante retulimus. *Lotharius Rex Franciæ prælatus est solo nomine, Hugo verò non nomine sed actu & opere. Eius amicitiam si in commune expetissetis, filiumque ipsius Robertum, cum filio Cæsaris colligassetis, iam dudum Reges Francorum hostes non sentiretis.* Reges Francorum appellat, Lotharium nempe Franciæ & Carolum Lotharingiæ. Carolus enim qui ante Othoni fidem spoponderat, Lothario fratri se adiunxit.

Interim verò Barones Theutonici Othonem, quem Henricus retinebat, liberant pacemque cum Lothario faciunt sequestro Adalberone Remensi, his conditionibus, vt Otho sub Lotharij tutela remaneat; Lotharius Virdunum reddat, & Godefridum Comitem carceribus eximat. At nondum firmatâ pace obiit Remis Lotharius 6. non. Martias an. 986. Regni 32. moriens Ludouicum filium quem ex Emma coniuge susceperat, Hugoni Capeto commendauit. Sepultus est in Ecclesia S. Remigij: & Exequiis Gerbertus interfuit, vt ipse scribit Ep. 72, ad Stephanum Diaconum: quâ etiam innuit omnes Captiuos Lotharienses aufugisse è carceribus præter vnum Godefridum Virdunensem Comitem. *Exequiis D. Lotharij Regis occupati multa tibi quærenti pauca rescripsimus. Lotharienses dudum capti omnes elapsi sunt, præter Comitem Godefridum, de quo in breui meliora sperantur.* Eundem Regem vocat Adalbero Francorum clarissimum Sidus Ep. ad Ecbertum Episcopum: & Gerbertus hoc in eius honorem condidit Epithaphium.

986.

Cuius ad obsequium coière Duces, bonus omnis
Quem coluit. Sate Cæsaribus, monimenta doloris
Cæsar Lothari prætendis luce secundâ
Terrifici Martis quod eras conspectus in Astro.

Ludouicus ergo in Regem inungitur, eique & Emmæ Reginæ Proceres fidem suam obligant: qua de re illa Gerberti manu vsa certiorem facit Adelaïdem Imperatricem Dotariam Matrem suam. *Elapsa sunt tempora mearum deliciarum, tempora decoris mei, ô mi Domina, & ô dulcis mater, dum is quo florente florebam, quo regnante regnabam, coniugem in perpetuam viduam fecit. O amara dies 6. non. Mart. quæ mihi virum deripuit! quæ me in has miserias præcipitauit! Intelligat Pia Mater gemitum & angustias filiæ doloribus plenas. Non esse me penitus præoptarem, nisi Diuinitas solatio reliquisset mihi matrem. O quando videbo, quando alloquar!*

Secundum seculum

Noueritis interim Francorum Principes mihi ac filio simul fidem sacramento firmasse. In hoc & in reliquis quæ sequenda, quæ vitanda sunt, vestro iudicio vtemur, vt non solum Emmæ Reginæ sed omnium dicamini mater Regnorum. Recordamini præterea verborum vestrorum, quod virum meum præ me dilexeritis, quodque ipse præ me vos amauerit. Prosint animæ eius hi dulces affectus, & quod temporaliter exhibere non valetis, spiritualiter recompensetis per sanctos Patres, id. Episcopos, Abbates, Monachos ac per seruos Domini quasque religiosissimos.

Illustris illa Regina nihil non molita est, vt pacem inceptam conficeret, ad quam promouendam non parum quoque contulit Beatrix Ducissa Capeti Soror, Adelaïs Imperatrix, Carolus Lotharingiæ seu Dux seu Rex, Henricus Hugonis Capeti frater, Dux Burgundiæ, & Egbertus Archiepiscopus Treuirensis: ad eamque facilius consequendam Godefridus Virdunensis Comes e custodia eductus est, quanquam duris conditionibus, vt nempe villas quasdam Episcopatus Virdunensis cum Adalberone filio Episcopo traderet. Quam rem acerbissimè tulit Adalbero Remensis Godefridi frater, verum tandem hoc euicit vt Virdunensis Ciuitas Imperio vt erat ante subiecta, restitueretur. Idque innuit Gerbertus Ep. 100. ad Egbertum Treuirensem.

Pace parta Emma Regina à Carolo Lotharingo & ab aliis quibusdam apud filium rea fit adulterii cum Ascelino seu Adalberone Episcopo Laudunensi, cuius ipsa etiam viuente Lothario insimulata fuerat. Vnde illa omnino se à filio malè tractari scribit ad Adelaïdem matre vtiturq; opera Gerberti. *Aggrauatus est dolor meus O mi Domina, ò dulce Matris nomen, dum Coningẽ perdidi: spes in filio fuit, Is hostis factus est. A me recesserunt dulcissimi quondam mei amici ad ignominiam meam ac totius generis mei. Nefandissima in Laudunensem confinxerunt Episcopum: persequuntur eum propalãque contendunt spoliare honore, vt inuratur mihi ingominia sempiterna, quasi sit quasi iustiss̃ma causa amittendi honoris mei. Adesto pia Mater filiæ doloribus plena. Gloriantur hostes mei non superesse mihi fratrem, propinquum, amicum qui auxilium ferre possit.* Hæc & plura habet Ep. 97. Ep. vero 119. ad Theophaniam Othonis matrem *Pietas*, inquit, *vestri nominis subueniat afflictæ & à prædonibus captiuatæ. Et mihi quondam a fuit genus & dignitas ac Regium nomen. Nunc quasi sine genere, sine dignitate, omnibus afficior contumeliis, ancilla captiua crudelissimorum hostium facta. Et quomodo ille impius Carolus vocem meam audiret, qui vestram audire contempsit?*

Eam ob rem Adalbero seu Ascelinus Laudunensis e sede sua expellitur, vt intelligimus ex Ep. 98. quam scribit ad Coëpiscopos apud Gerbertum, ne Chrisma in Ecclesia sua conficere aut sacra facere præsumant. Quoniam, inquit, Regia potestate per quorundam hominum factionem à propria sede sum ad præsens exclusus, Episcopali tamen Officio sum minimè priuatus: nec damnant crimina falsa illata, quem innocens in hac parte non remordet conscientia. Sentiat ergo Grex pastoris absentiam, sentiam ego vos meam dolere vicem. Itaque moneo, rogo, obsecro, ac pro nomine terribilis semper viuentis Domini obtestor, ne Ecclesiæ meæ quolibet modo pro quamlibet personam sanctum Chrisma tribuatis, nec Episcopalem benedictionem & Missarum solennia in mea Parochia peragatis. Quia scriptum est, QVOD TIBI FIBRI NON VIS, ALTERI NE FECERIS. At si Diuina & humana contemnitis iura, nec nostris monitis acquiescitis, quanquam diuina vltione sitis feriendi, tamen ad maiorem audientiam Ecclesiasticæ legis prouocatum iri pernoscatis.

987. Vix autem menses quindecim Regnum tenuerat Ludouicus, cum ecce moritur improlis 22. Iunij an. 987. & Pipinæ gentis vltimus quo apud ædem S. Cornelij Compediensis sepulto Franciæ Proceres Carolum Lotharingum absentem, Ludouici Patruum ad capessendas Regni habenas aduocant. Sed dum ille moras nectit, & Consilium Primatum Regni sui exquirit, Hugo Capetus Franciæ Dux, Parisiorum Comes, Hugonis Magni filius, Odonis Roberti quondam Regum nepos in thronum ab aliis rapitur, Regisque nomine Nouioduni proclamatur & Remis ab Adalberone inauguratur. Inaugurationi ad fuit inter cæteros Regni Proceres & fautores Richardus Dux Normanorum. Ad eos verò qui non adfuerant scribit protinus Hugo, vtiturque Gerberto Secretario in plurimis conscribendis Epistolis, quarum hæc vna est ad Sequinum Senonensem Archiepiscopum aduersæ partis fauto-- m.

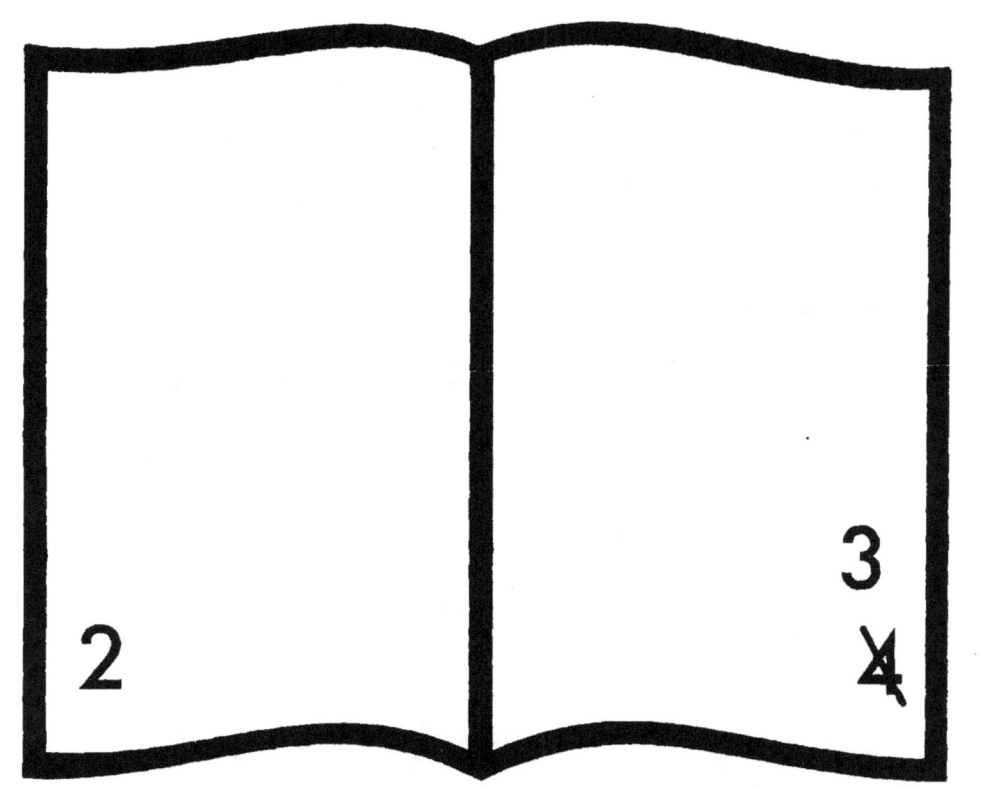

Vniuersitatis Parisiensis.

Regali potentia in nullo abuti valentes omnia negotia Reipub. in consultatione & sententia Fidelium nostrorum disponimus, vosque eorum participes fore dignissimos iudicauimus. Itaque honestè ac benigno affectu vos monemus, vti ante Kalendas Nouembris eam fidem quam cæteri nobis firmauerunt confirmetis ob pacem & concordiam sanctæ Ecclesiæ totiusque populi Christiani; ne si forte quod non optamus, persuasione quorundam prauorum diligenter vobis exequenda minus audiatis, sententiam D. Papæ & Comprouincialium Episcoporum duriorem perferatis, nostraque omnibus nota mansuetudo iustissimum correctionis assumat zelum regali potentia.

Sic Hugo verbis minas regaliter addens multos Proceres ad suas partes adduxit atque vt Regnum suum firmius stabiliret, eodem anno Robertum filium, iuuenem robustum & agilem, pro ætate vero prudentem & liberalibus artibus instructum Successorem designauit, Regiaque corona Kalendis Ianuarij Aureliæ per Arnulfum Episcopum insigniri curauit. Qua de re sic habet Glaber Rodulphus l. 2. c. 1. *Suscepto igitur Hugo regimine Regni Francorum non multo post plerosque suorum, quos etiā prius in Vniuersis habuerat subditos persensit contumaces. Tamen vt erat corpore & mente viuidus cunctos sibi rebellantes paulatim compescuit. Habebat enim filium admodum prudentem nomine Robertum Artium etiam Liberalium studiis plurimum eruditum. Cumque se cognouisset iam aliquantulum viribus defici, congregatis in Aureliana vrbe Regia quibusque Francorum ac Burgundiorum Regni primoribus eundem Robertum filium videlicet suum anno scilicet decimo tertio ante millesimum incarnati Saluatoris adhuc se superstite Regem constituit.* Hoc scribit Glaber Author Synchronus, aut certè suppar: cui proinde longè magis fides adhibenda est, quam Nicolao Gillio & quibusdam aliis recentioribus aientibus Robertum anno tantum 890. fuisse Regem designatum.

Inter hæc Carolus, legitimus fratris successor frustra damnatā morā, quam in consultando & deliberando posuerat, vndequaque sibi parare conabatur amicos, & Proceres Regni ab Hugonis partibus dimouere: quam in rem vti voluit opera Adalberonis Remensis: at ille offensus Carolo, quod Reginam comprehendisset, Adalberonem Laudunensem carceri mancipasset, Episcoporum anathema neglexisset, Othonem & Godefridum oppressisset, Fidem ipsi obligare recusauit. Extant tamen plurimæ ad eum Epistolæ ex quibus apparet vacillasse, & optima interdum Carolo consilia subministrasse: vt sunt ista Ep. 115. *Interim fideliter ammoneo, vt Reginam ac Episcopum secundum dignitatem vestram lenissimè tractetis, & ne vos concludi inter mænia vlla tenus patiamini.* Et Ep. 139. ad amicum. *Erudito homini atque puram fidem quæ hodie paucorum est, constanter tenenti duo verba Christi & nostrum consilium aperiemus, ac propositæ Quæstioni satisfaciemus.* REDDITE QVÆ SVNT CÆSARIS CÆSARI ET QVÆ SVNT DEI DEO. *Sine mortuos sepelire mortuos.* Et in fine. *Cum patientia expectemus illud Prophetæ.* VIDI IMPIVM SVPEREXALTATVM ET ELEVATVM SVPER CEDROS LIBANI: TRANSIVI, ET ECCE NON ERAT. QVÆSIVI EVM, ET NON EST INVENTVS LOCVS EIVS. Extat quoque eiusdem Adalberonis ad Carolum Epistola inter Gerbertinas ordine 122. his verbis.

Adalbero Archiepiscopus Remensis Carolo Duci. Quomodo à me consilium quæritis, qui me inter infidissimos hostes deputatis? quomodo Patrem nominatis, cui vitam extorquere vultis? denique non sic promerui, sed proditorum hominum dolosa consilia semper fugi ac fugio, non de vobis dico. Recordamini, quia dicitis, vt recorder quid vobiscum contulerim de vestra salute, cum primum nos adistis, quid consilij dederim super adeundis Regni Primatibus. Nam quis eram, vt solus Regem imponerem Francis? Publica sunt hæc negotia, non priuata. Odisse me putatis Regium genus. Testor Redemptorem meum, quia non odi. Quid potissimum vobis sit faciendum quæritis. Hoc cum difficile dictu sit, nec satis scio, nec si sciam, dicere ausim. Amicitiam meam exposcitis. Vtinam adsit ea dies, qua honestè liceat vestris interesse obsequiis, quamuis enim sanctuarium Domini peruaseritis, Reginam qui quæ nobis iurastis comprehenderitis, Episcopum Laudunensem carceri mancipaueritis, Episcoporum anathema neglexeritis, taceo de seniore meo (Godefrido fratre) contra quem vltra vires negotium suscepistis, tamen beneficij quo erga me vsi estis, cum telis hostium quæ subduxistis, immemor esse non possum. Plura dicerem & quod vestri fautores imprimis sint deceptores, ac suorum negotiorum per vos, vt experiemini, Effectores. Sed non est huius temporis. Nam metus est hæc eadem dixisse, ac prioribus scriptis vestris non respondisse. Idem est in causa, quoniam cautè tenemus scriptum, NVSQVAM TVTA FIDES: Rationes harum rerum tractare, conferre, communicare, quolibet modo liceret, si R. K. I. G. H. T. Z. V. datis obsidibus ad nos vsque peruenire posset; cui talia credere fas est, sine quo nihil talium agere possumus nec debemus.

988.

Porro Carolus, ne animum despondere videretur, ingentem collegit exercitum, multisque Franciæ Proceribus ad suas partes reuocatis Hugonem acerbissimo bello perurget, Laudunum capit, fortissimisque propugnaculis communit an. 988. & Ciuibus Episcopum suum reposcentibus reddit, nec reddit modò, sed eum inter præcipuos consiliarios adlegit. Aduolat Hugo protinus vrbemque arctissimâ obsidione cingit: at post duos menses ab Oppidanis fugatur; castra eius incenduntur; plurimi interficiuntur, vixque ipse Hugo saluus euadit. Quanta tum Capetianæ partis consternatio fuerit, quanta Carolinæ superbia & elatio, satis intelligitur. Carolus Lauduni sedem Regni constituit, indeque Franciam populatur, vrbes capit, munitissima oppida expugnat, Suessionem, Montem-Acutum aliasque vrbes & arces occupat; plurimos captiuos Laudunum abducit, & inter alios Adalberonem Remensem, forte non inuitum: vt scribunt aliqui: qui Lauduni paulo post, nempe 5. Ian. an. 989. obiit.

In Appendice tamen ad Flodoardum nihil de eius captiuitate legitur, sed Remis obiisse & in Ecclesia maiori sub altari S. Crucis repositum fuisse: sic enim habetur. *Cum igitur præmemoratus Adalbero Rimensem Diœcesim per decem & nouem annos viriliter gubernasset, & honestæ conuersationis eius bona opinio circumquaque diffunderetur, ad vltimum confectus senio, sine bono diem vltimum clausit, corpusque eius in Ecclesia maiori sub altari, quod in honore S. Crucis consecratum est, sepulturæ traditum fuit. Cuius Epitaphium in Tabula ærea litteris aureis descriptum tale adhuc permanet.*

Contulerat natura Parens, quæ summa putauit
Ad meriti cumulum, tibi præsul Adalbero, cum te
Præstantem cunctis mortalibus abstulit orbi
Quanta dies fundentis aquas cum pondere tecum.

Nec prætereundum reor quod omni anno dies defunctionis eius venerabiliter recolitur, & eleemosina panis & vini copiosa Pauperibus distribuitur: quæ etiam eleemosyna Mandatum Adalberonis nuncupatur.

Morti propinquus Gerbertum nullo adhuc Beneficio remuneratum sibi successorem, si Regi ita placeret, designauit, vt ipse Gerbertus indicat Ep. 152. ad Remigium Monachum his verbis. *Id momentum*, inquit *ac ea vis erat Domini mei & Patris mei Adalberonis in casis pendentibus ex æterno, vt eo in rerum principia resoluto in primordiale chaos putaretur mundus relabi. In tanta igitur perturbatione, & vt ita dicam, confusione mortalium, officiorum immemor quid optares, quid peteres, incautius perspexisti. Num in eiusmodi discrimine Repub. derelictâ demigrandum fuit ad Philosophorum comenta interdum non necessaria? Taceo de me, cui mille mortes intendebantur: & quod Pater Adalbero me successorem sibi designauerat cum totius Cleri & omnium Episcoporum ac quorundam Militum fauore, & quod omnium rerum quæ displicerent, me authorem fuisse contenderent.*

989.

Idem Ep. 150. innuit quanta ambitione postularetur à pluribus iste Archiepiscopatus. Verum anno tandem 989. Arnulfus Lotharij quondam Francorum Regis filius spurius & Caroli Lotharingi nepos promouetur ita volente & annitente Capeto, quò eum sibi demereretur & à Carolo auerteret. Eiusdem electionem celebrat Gerbertus hac Ep.

„ Sanctæ ac Vniuersali Ecclesiæ Catholicæ salutem dicunt filij Remorum Me-
„ tropolis. Diuæ memoriæ Patre nostro Adalberone sensus corporeos relinquente
„ clarum lumen Pastoris amisimus, præda hostium facti sumus. Itaque dum
„ molimur, conamur tanti viri resarcire ruinas. Elapsa sunt Canonica tempora,
„ violatæ leges, quibus cauetur nullam sedem amplius 30. dierum spatio vacare li-
„ cere. Nuncque tandem pulsantibus diuina lux se aperuit, & quo sequeremur
„ ostendit, depulso Antichristo, Simoniaca hæresi damnata. Nos inquam qui di-
„ cimur Episcopi Diœceseos Remorum Metropolis cum omni Clero diuersi ordinis,

nis, populo acclamante, Orthodoxis Regibus nostris consentientibus eligimus nobis in præsulem virum pietate præstantem, fide insignem, constantia mirabilem, in consiliis prouidum, rebus gerendis aptum, in quo hæ virtutes, quæ sic clarè relucết, indicio sunt cæteras abesse non posse, Arnulfum dicimus Regis Lotharij filium, quem etsi altus sanguis vitio temporis sub anathemate positus aliquo infecit contagio, sed tamen hunc mater Ecclesia purificans mysticis absoluit sacramentis. Hunc inquam dicimus Laudunensis Ecclesiæ filium, & vt verius fateamur, Remensis. Ea quippe Ciuitas Remense territorium, Remensis Parochia est, nec sic à B. Remigio diuisa, vt fieret aliena. Nimirum ille vir Deo plenus, virtutem appetens non scissionem affectans sic scidit vt cohæreret velut pars in toto. Et quis & quantus futurus esset, intelligens, natale solum beauit sacerdotij dignitate. Eligimus ergo hunc Arnulfum hinc ortum, hic educatum, Simoniacæ hæresis expertem, à factione tyrannica remotum, sua cuique debita iura reddentem, sanctuarium Dei non dissipante. Sint procul ab electione nostra dolus & fraus, nec putent eam ad se pertinere filij Belial, filij pacis & concordiæ stabilem & solidam in perpetuum faciant confirmando, corroborando, subscribendo.

His actis Arnulfus sacramento fidelitatis se Hugoni & Roberto Regibus obstringit: & tale præstat; vt legitur apud eundem Gerbertum.

Ego Arnulfus Gratia Dei præueniente Remorum Archiepiscopus promitto Regibus Francorum Hugoni & Roberto me fidem purissimam seruaturum, consilium & auxilium secundum meum scire & nosse in omnibus negotiis præbiturum: inimicos eorum nec consilio nec auxilio ad eorum infidelitatem scienter adiuturum. Hæc in conspectu Diuinæ Maiestatis & BB. Spirituum & totius Ecclesiæ assistens promitto pro bene seruatis laturus præmia æternæ benedictionis. Si vero quod nolo, & quod absit, ab his deuiauero, omnis benedictio mea conuertatur in maledictionem. Et fiant dies mei pauci & Episcopatum meum accipiat alter. Recedant à me amici mei sintque perpetuò inimici. Huic ego Chirographo à me edito in testimonium benedictionis vel maledictionis meæ subscribo, fratresque & filios meos, vt subscribant rogo. EGO ARNVLFVS ARCHIEPISCOPVS SVBSCRIPSI.

Vix autem sex menses rexerat Archiepiscopatum Arnulfus, cum ecce Carolus Lotharingus Lauduni tunc sedens expugnatis, & captis plurimis vrbibus & oppidis, Ciuitate quoque Remensi potitur proditione Adelgarij presbyteri, & Arnulfus Laudunum captiuus abducitur. Quanta tum in vrbe consternatio fuerit animorum, facile est intelligere, semper enim illa Capeti partes sustinuerat. Gerbertus quo se verteret ignarus hæsit diu, mutaret ne solum an Dominum: qua de re Ep. 14. ad Egbertum Archiep. Treuirensem, & Ep. ad Remigium Monachum Treuirensem. Item Ep. ad Raimundum Aureliacensem significat quam valde semper suspectus fuerit Carolo, vt qui Reges deponere Regesque ordinare putaretur, atque idcirco omnino sibi ab eo esse metuendum.

Videtur tamen Gerbertus à Carolo inuitatus, ad eius partes transisse & in iis fuisse: imo Apologeticum quendam libellum Arnulfi nomine scripsit qui proditionis Reus apud omnes habebatur. Deinde vero vt agnouit sibi patrocinandum esse mendacio contra veritatem, Libellum repudij Arnulfo misit seque aliò contulisse videtur ex Ep. 18. quæ est inter addiditias ad Egbertum Treuirensem Archiepiscopum. *Ille ego*, inquit, *qui sub imperio B. memoriæ Patris mei Adalberonis militaueram in schola omnium virtutum, nunc ego Regiam incolo Aulam, cum Sacerdotibus Dei verba vitæ conferens. Nec ob amorem Caroli vel Arnulfi passus sum diutius fieri organum Diaboli pro mendacio contra veritatem declamando.* Sub exitum verò suum ex vrbe scripsit ad Arnulfum, significans se, cum non posset ferre miserrimum vrbis statum, permutare solum solo, Dominium Dominio, acceptaque illi Beneficia relinquere.

Porro Hugo Rex & Remensis Diœceseos Suffraganei ad Ioannem Papam contra Arnulfum legatos mittunt, eumque infidelitatis & insignis proditionis reum faciunt & postulant licere ei Archiepiscopatum abrogare: non tantùm quia Carolo vrbem tradiderat contra fidei sacramentum, sed etiam quod contra ius gentium & captiuitatis, in qua ipse videri volebat detineri, sub signis Caroli milites collegisset, castra contra Hugonem cui fidem suam addixerat, communisset, vocatus ab Episcopis venire contempsisset, vt ex litteris ipsius Regis & Episcoporum ad Papam intelligitur, quæ sunt eiusmodi.

„ Beatissimo Papæ Ioanni Hugo gratia Dei Francorum Rex. Nouis atque inusi-
„ tatis rebus permoti summo studio summaque cura vestra Consilia expetenda
„ decreuimus: Quippe cum sciamus vos omne tempus in humanis ac diuinis stu-
„ diis peregisse. Considerate ergo quæ facta sunt & facienda præscribite, vt & sa-
„ cris legibus suus honos reddatur & Regalis potestas non annulletur. Arnulfus
„ Regis Lotharij, vt dicunt filius, post graues inimicitias & scelera, quæ in nos Re-
„ gnumque nostrum exercuit, loco parentis adoptatus est à nobis ac Metropoli
„ Remorum gratis donatus iusiurandum præbuit, quod contra præterita & futura
„ valeret sacramenta. Libellum fidelitatis sub nomine Chirographi conscripsit,
„ recitauit, corroborauit, corroborarique fecit. Milites ac omnes ciues iurare coëgit,
„ vt in nostra persisterent fide, si ipse aliquando in potestatem hostium deueni-
„ ret. Contra hæc omnia vt certissimi testes sunt, ipse portas hostibus patefecit,
„ Clerum ac populum suæ fidei creditum captiuitati & prædæ distribuit. Sed esto
„ eum esse addictum alienæ potestati, vt ipse videri vult. Cur Ciues & milites
„ peierare coëgit? Cur arma contra nos comparat? Cur vrbem ac Castra contra
„ nos munit? si captus est, cur non patitur liberari? si vi hostium oppressus, quare
„ non vult sibi subueniri? Et si liberatus est, cur ad nos non redit? vocatur ad Pala-
„ tium, & venire contemnit. Inuitatur ab Archiepiscopis & Coëpiscopis, nihil se
„ eis debere respondet. Ergo qui vices Apostolorum tenetis, statuite quod de
„ altero Iuda fieri debeat, ne nomen Dei per Nos blasphemetur: & ne forte
„ iusto dolore permoti hac vestra taciturnitate vrbis excidium totiusque Prouin-
„ ciæ moliamur incendium. Nec Iudici Deo excusationem prætendetis, si nobis
„ quærenti busatque ignorantibus, forum iudicij dare nolueritis.

„ Epistola vero Episcoporum est eiusmodi.

„ Domino & Reuerendissimo Papæ Ioanni Episcopi Remorum Diœceseos. Non
„ sumus nescij, Beatissime Pater, iamdudum oportuisse nos expetere consulta S.
„ Romanæ Ecclesiæ pro ruina atque occasu sacerdotalis ordinis. Sed multitudine
„ Tyrannorum pressi, longitudine terrarum semoti, desideria nostra hactenus im-
„ plere nequiuimus. Nunc itaque vestro examini non sine magno dolore perferi-
„ mus nouum atque inuisitatum crimen Arnulfi Remorum Archiepiscopi, qui fa-
„ mosus apostata factus locum Iudæ Traditoris olim in Ecclesia tenet: qui filius
„ quondam Ecclesiæ Laudunensis cum Episcopum suum dolo & fraude ceperit,
„ Ecclesiam eius peruaserit, ad cumulum suæ damnationis Remensem sibi credi-
„ tam cum clero & populo captiuauit. Nec mouet eum nostra vocatio, vel po-
„ tius saluberrima exhortatio: non Archiepiscoporum & Comprouincialium mul-
„ toties repetita admonitio: non Canonicè facta coram Deo & Angelis eius pro-
„ fessio, non Chirographi in conspectu Ecclesiæ recitata descriptio, non nume-
„ rosa sacramenta mitis excogitata consiliis. Stant suo vitio quam plures Ec-
„ clesiæ pastoribus viduatæ, pereunt innumerabiles populi sine sacerdotali
„ benedictione & confirmatione. Ipse factione tyrannica Diuina humanaque iu-
„ ra contemnens tyrannidem exercet. Regibus nostris à quibus tantam glo-
„ riam gratis consecutus est, interitum meditatur: ergo tandem ad monstra
„ perditissimi hominis expergefacti iuimus in sententiam Domini dicentis.
„ Si peccauerit in te frater tuus, vade & corripe eum inter te & ipsum solum. Si
„ te audierit, lucratus eris fratrem tuum: si te non audierit, adhibe tecum adhuc
„ vnum vel duos, vt in ore testium duorum vel trium stet omne verbum. Quod si
„ non audierit eos, dic Ecclesiæ. Si autem & Ecclesiam non audierit, sit tibi sicut
„ Ethnicus & publicanus. Adesto Pater ruenti Ecclesiæ & sententiam ex sacris Ca-
„ nonibus promulgatam, vel potius ab ipsa veritate prolatam profer in medium.
„ Sentiamus in vobis alterum Petrum defensorem, & Corroboratorem Christia-
„ næ fidei. Ferat S. Romana Ecclesia sententiam damnationis in Reum, quem
„ Vniuersalis damnat Ecclesia. Suffragetur nobis vestra authoritas & in huius
„ Apostatæ deiectione, & in eius qui Domui Dei præesse possit, Archiepiscopi
„ noua ordinatione, simulque inuocatis Episcopis nostris fratribus necessaria pro-
„ motione. Vt sciamus & intelligamus, cur inter cæteros Apostolatum vestrum
„ præferre debeamus.

Hæc illi. Paulo vero ante Episcopi Synodum Siluanecti habuerant, Adalgerum presbyterum proditorè citauerant, atque in eum & in alios proditionis Reos Anathema dixerant, simulque in peruasores Remensis & Laudunensis Diœcesis. Ad eam quoque videtur, fuisse citatus Arnulfus: sed seu quia captiuum se dicebat, seu quia iudicium Episcoporum reformidabat, Conuentui non adfuit.

Dum hæc agebantur, Hugo Rex collecto ingenti exercitu Laudunum obsidet an. 990. & Carolum vxoremque Herberti Comitis Trecarum filiam, ipsum que Arnulfum arctè inclusos tenet: interque obsidionis moras proditionem proditione vlciscitur. Adalberonem Episcopum Laudunensem sibi alias amicissimum, & Carolo à quo detentus fuerat & frequentis cum Emma Regina adulterij insimulatus, infestissimum, tunc vero receptum in gratiam interiorisque consilij participem demeretur, eóque rem promouet, vt Episcopus die Iouis in cœnâ Domini de nocte portas vrbis aperuerit. Sic captus cum vxore Carolus & Aureliæ in carcerem detrusus. Vbi paulo post vxor grauida gemellos peperit Ludouicum & Carolum, qui postea ad Othonem Imperatorem confugerunt: & eorum alter primogenitus Othonem genuit qui Patri in Lotharingiæ Ducatu successit. 990.

Anno 991. frequentissimam Episcoporum Synodum in Cœnobio S. Basoli Remis habuerunt Hugo & Robertus Reges ad depositionem Arnulfi Remensis à sede Archiepiscopali, quod ab eo vrbs Carolo prodita fuisset & tradita. Synodo præfuit Seguinus, seu Seuinus Senonensis, quem ætas & vitæ meritum ac scientia commendabant, vt legitur in historia depositionis Arnulfi. Multa ei crimina obiecta: sed omnium grauissimum fuit proditio vrbis, post acceptum ab Hugone beneficium præstitumque fidelitatis sacramentum. Causa diu ventilata. Arnulfus Episcopus Aurelianensis vir eloquentissimus & clarissimus in Oratorem Synodi electus fuit, primusque sententiam dixit hoc modo. 991.

Ego cum inter varios tumultus bellorum pro pace Ecclesiæ, cui authore Deo deseruio, totis viribus elaborarem, noui nuncij fama inauditi sceleris rumore sic subito turbatus sum, vt etiam in vilibus rebus lingua balbutiret, intellectus hebesceret. Ferebatur quippe illa nobilis vrbs Remorum dolo, proditionibus hostibus patuisse, prædæ ac direptioni cessisse, sancta sanctorum armata militum acie polluta fuisse. Horum omnium malorum incentor, author, quod sine magno dolore animi referre nequeo, is qui tutari debuerat, Arnulfus Episcopus nunciabatur. Sacerdotalis dignitas huius causa impetebatur, vixque erat qui nostro ordini non insultaret. Nunc quia Religionis amore & studio serenissimi Regis nostri Domini Hugonis congregati sumus, quærendum est, quomodo tanta infamia carere possimus, & si frater & Coëpiscopus noster Arnulfus illata crimina diluere queat, vel crimen Regiæ Maiestatis propulsare. Scitis enim omnes nos insimulari probro infidelitatis & perfidiæ causa vnius. Si, inquiunt, iustis Episcopi vtuntur legibus, fidissimique suis Regibus sunt, cur hominem impurissimũ suis legibus non puniunt? Nimirum aliorum flagitia ideo moliuntur celare, vt impune liceat eis peccare. Absit hoc à vestro sanctissimo cœtu, absit vt contra diuinas & humanas leges quemquam moliamur defendere vel damnare. Dicant tantùm qui nouerunt seriem gestorum: iique suos exponant casus, qui graues vt ipsi asserunt, iniurias pertulerunt. Tum si qua contradictio fuerit oborta, discussis partibus ex authoritate Canonum iudicium promulgetur.

Cæteri suo ordine sententias rogati dixerunt ad depositionem; Daïbertus, Bruno Lingonensis acerrimè, Godesmannus Ambianensis, Ratbodus Nouiomensis, Odo Siluanectensis. Adducitur in medium Adelgarus presbyter qui iussu Arnulfi se portas vrbis aperuisse fassus est. Adducitur ipse Arnulfus, qui seu conuictus seu coactus in depositionem consensit his verbis iuxta exemplar abdicationis Ebbonis quondam etiam sub Ludouico pio Archiepiscopi Remensis, qui in ipsum cum filiis coniurarat.

Ego Arnvlphvs quondam Remorum Archiepiscopus recognoscens fragilitatem meam & pondera peccatorum meorum, testes Confessores meos So-

„ quinum Archiepiscopum, Daibertum Archiepiscopum, Arnulphum Episco-
„ pum, Gotesmannum Episcopum, Heruæum Episcopum, Milonem Episcopum,
„ Heribertum Episcopum constitui mihi Iudices Delictorum meorum, & puram
„ ipsis confessionem dedi, quærens remedium pœnitendi & salutem animæ meæ
„ vt recederem ab officio & ministerio Pontificali, quo me recognosco esse in-
„ dignum & alienum me reddens pro reatibus meis, in quibus me pec-
„ casse ipsis secreto confessus sum, & de quibus publicè arguebar, eo scilicet mo-
„ do, vt sint illi testes alij succedendi & consecrandi in loco meo, qui dignè præ-
„ esse & prodesse possit Ecclesiæ, cui hactenus indignus præfui. Et vt inde vltra
„ nullam repetitionem aut interpellationem authoritate Canonum facere valeam,
„ manu propria mea subscribens firmaui. Quo scripto perlecto ita subscripsit.
EGO ARNVLPHVS QVONDAM ARCHIEPISCOPVS SVBSCRIPSI.

Actum est deinde de electione successoris frustra renitente & reclamante Seguino Senonensi, qui neque depositioni Arnulfi, nec successoris electioni subscribere vllatenus voluit: existimauitque rem esse ad summi Pontificis Tribunal deferendam. Interim liberum esse voluit omnibus defendere Arnulphum,
& ad ea respondere quæ contra dicebantur. Surrexerunt igitur tres acerrimi
defensores scientia & eloquentia insignes, Ioannes Antissiodorensis Scholasticus, Romulphus Abbas Senonensis in diœcesi Tullensi, ad quem extant quædam Gerberti Epistolæ, Abbo Monachus & postea Abbas Floriacensis: quorum authoritate & argumentis aliquandiu retardata est, & dilata sententia damnationis: nec forte lata fuisset, nisi Hugo Synodum ingressus addictos suis partibus Episcopos ad accusandum excitasset & animasset, Arnulfi verò defensores
terruisset. Nec dubitauit Seguinus eum acriter arguere; vnde vehemens quoque eius in se odium concitauit. Multi verò, qui Synodo non adfuerant, hanc
agendi rationem criminabantur, & Arnulphum iniuriâ depulsum clamitabant.
Itaque Hugo Rex ad Ioannem Papam per T. Archidiaconum Remensis Ecclesiæ dedit litteras, ipsiusque Arnulfi rationes perscribi voluit, & in omnibus
illius se iudicio submisit. Gerbertus quoque ad varios scripsit in eamdem rem.
Extat fragmentum Epistolæ ad Wilderodum Argentinæ Ciuitatis Episcopum,
quæ continet apologiam Synodi Remensis. sic ergo ille.

„ Arnulfus Regis Hlotharij, vt fama est, filius postquam suum Episcopum do-
„ lo & fraude circumuentum cum propria vrbe captiuauit, post multum cruorem
„ humani sanguinis à se effusi, post prædas & incendia in Conuentu Episcopo-
„ rum totius Galliæ damnatus est. At deinde post obitum B. memoriæ Adalberonis
„ à solo Adalberone Episcopo Laudunensi reconciliatus spe obtinendæ pacis Me-
„ tropoli Remorum donatus est, acceptis ab eo terribilibus sacramentis & libellari
„ professione pro fide suis Regibus conseruanda: quam & viuâ voce in conuentu
„ Ecclesiæ recitauit & propria manu subscribendo corroborauit. Necdum à sua
„ ordinatione sextus mensis elapsus erat, & ecce quasi tempestas vrbem ab eo
„ proditam hostis inuasit, Sanctuarium Dei polluit, spolia diripuit, Clerum &
„ populum captiuauit. Posthæc verò Arnulfus suos prædones sub anathemate
„ posuit, atque vt idem facerent, Galliarum Episcopis imperauit. Prædia Eccle-
„ siæ quæ per sacramentum suis militibus dederat, abstulit, hostibus contulit.
„ Coniuratorum manum contra suum Regem, eiusque exercitum in aciem
„ sub signis Caroli produxit. Interea legatis & litteris synodicis Romanus Ponti-
„ fex vt Ecclesiæ turbatæ subueniat, ammonetur. Sed neque legatis neque litte-
„ ris consulentibus ascult. Itaque grauium Episcoporum facto consultu legatis
„ & litteris synodicis ac miti ammonitione Arnulfus decem & octo continuis
„ mensibus, vt à cœpto furore desisteret, seque à scelere proditionis & rebellio-
„ nis, quo impetebatur, regulariter purgaret, noluit. Sed cum à se fautores maxi-
„ mos nequitiæ suæ discedere sensit, territus Regem adiit nouisque sacramentis
„ ac nouis rerum conditionibus Regiæ mensæ particeps factus est. Atque ita irâ
„ Regis sedatâ omni crimine se exutum credidit. Indeque mox rediens fidem Sa-
„ cramentorum rupit conditionibus non seruatis. At ij quorum intererat, totiens
„ se decipi, totiens bonis suis priuari non ferentes Lauduni arcem occupant. Ar-
„ nulfus inter hostes Regis inuenitur, synodo repræsentatur, pro tot tantisque
„ flagitiis rationem reddere deposcitur. Qui diu secum atque cum suis familia-

ribus multùm deliberans sua sponte in confessionem peccatorum suorum erupit, suisque confessoribus alios testes adhibuit, crimina sua in libellum retulit, eique à se viuâ voce coram Ecclesia recitato subscripsit, insignia sacerdotij deposuit, eoque se abdicauit, confessoribus suis ac testibus attestantibus & respondentibus: SECVNDVM PROFESSIONEM ET SVBSCRIPTIONEM TVAM CESSA AB OFFICIO.

His factis, vt habetur in historia depositionis, idem Arnulfus Clerum & populum suum à sacramentorum nexu absoluit, vt omnibus libera facultas in alterius transmeandi iura pateret. His etiam intellectis Defensores Arnulfi petierunt se excusatos haberi, quod ob gestarum rerum ignorantiam pro eo multa dixissent, eiusque damnationi moram iniecissent.

Tandem lata est an. 991. in Arnulfum sententia & Episcopatus abdicatio promulgata. Successorem vero illi substitui Gerbertum postulauit Hugo Rex, propterea quod eius opera sæpe multis in rebus vtiliter vsus fuerat Robertique filij præceptorem habuerat, quo maximè instigante promotionem eiusmodi fieri procurauit. Rarum hoc seculo exemplum, homines infimæ sortis ad dignitates Ecclesiasticas prouehi, ad quas solis ferè nobilibus patebat aditus. At Robertus non neglectis quidem nobilibus viros promoueri curauit litteris conspicuos, etsi genere non spectabiles: imo etiam nonnunquam minus litteratos, dum Ecclesiæ vtiles esse possent. Quam ob rem eum iudicat Rodulfus laude supra prædecessores suos maximè dignum. l. 3. c. 2. *Hic*, inquit, *Rex vt sapientissimus Dei cultor semper fuit humilium amator superborumque vt valuit osor. Si quæ enim Pontificalis sedes in suo Regno proprio viduaretur Præsule, cura erat ei maxima, vt vtilis Pastor licet genere infimus restitueretur Ecclesiæ, potius quam nobilis eligeretur persona secularis pompæ. Qua de causa etiam primates Regni sensit plurimum contumaces, qui despectis humilibus sui similes eligebant superbos.*

991. Electio Gerberti in Archiepis. Remensem.

Igitur Gerbertum eligunt Suffraganei & Clerus Remensis, causasque electionis edunt ad Coëpiscopos, quod vir esset ætate maturus, in rebus agendis sapiens, prouidus, in diuinis & humanis litteris versatus. Quæ quidem electio & proclamatio legitur inter ipsius Gerberti Epistolas hoc mo.lo.

Semper quidem Dilectissimi fratres, iudicia Dei iusta sunt, sed interdum occulta. Ecce enim post dissolutionem B. memoriæ Patris Adalberonis quendam ex Regio sanguine prodeuntem nobis Ecclesiæque Remensi præfecimus & clamore multitudinis impulsi Scriptura dicente VOX POPVLI VOX DEI & sanctorum Canonum institutis desiderium ac vota Cleri ac populi in electione Episcopi perquirentium caligauit acies mentis nostræ litteram incautè sequendo, concordem sententiam diuinarum scripturarum parum inuestigando. Non erat quippe vox Dei vox populi clamantis CRVCIFIGE CRVCIFIGE. Ergo non omnis vox populi voxDei est: nec omnis cleri & populi vota & desideria in electione Episcopi perquirenda sunt. Sed tantum simplicis & incorrupti id. spe quæstus minimè electi. Sententiæ Patrum exponendæ, *Non liceat*, inquit, *Turbis electionem facere, eorum qui ad sacerdotium prouocantur, sed iudicium sit Episcoporum, vt eum ipsi qui ordinatus est, probent, si in sermone & in fide & in Episcopali vita edoctus est.* Nos igitur Episcopi Remorum Diœceseos secundum has constitutiones Patrum fauore & conniuentia vtriusque Principis nostri Domni Hugonis Augusti & excellentissimi Regis Roberti, assensu quoque eorum qui Dei sunt in clero & populo eligimus nobis Archiepiscopum Abbatem Gerbertum ætate maturum, natura prudentem, docibilem, affabilem, misericordem nec præferimus illi vagam adolescentiam, ambitionem se extollentem, omnia temerè ministrantem: imo nec talibus subiugari patienter auditu perferimus quorum sapientia &consilio Ecclesiastica ac Ciuilia iura a1miniſtrari non posse scimus. Cumque in vnoquoque Episcopo sit hoc speculandum, maximè tamen in eo qui cæteris præest, Metropolitano. Eligimus itaque hunc Gerbertum qui... fuit. Huius vitam ac mores à puero nouimus, studium in Diuinis ac humanis rebus experti sumus. Huius Consiliis ac magisterio informari quærimus. Electionem subscribendo confirmamus, stabilimus, corroboramus communi omnium bonorum consultu.

Sequitur professio fidei quam præstitit Gerbertus, quamque haud scio an solerent Episcopi & alij clerici electores à cæteris exigere: at ab eo fortassis exegerunt propterea quod à nonnullis ob mathematicarum, disciplinarum studium fuerat insimulatus magiæ, vnde in carmine Adalberonis vocatur Neptanebus seu Nectanabus Magister, quia vt alter Nectanabus Ægyptiorum Rex Astrologiæ & Mathematicæ disciplina clarus fuit. Vt autem omnem ille à se cuiuscunque hæreseos aut prauæ doctrinæ suspicionem amoueret, seu volens seu iussus hanc edidit fidei professionem, antequam in Archiepiscopum inauguraretur.

Professio fidei.

„ Ego Gerbertus Gratia Dei præueniente mox futurus Archiepiscopus Remo-
„ rum ante omnia fidei documenta verbis simplicibus assero, id est Patrem & Fi-
„ lium & Spiritum S. vnum Deum esse confirmo, totamque in Trinitate deitatem
„ coessentialem & consubstantialem & coæternalem & omnipotentem prædico:
„ singulam quamque in Trinitate personam verum Deum & totas tres personas
„ vnum Deum profiteor. Incarnationem Diuinam non in Patre neque in spiritu S.
„ sed in filio tantum credo: vt qui erat in diuinitate Dei Patris filius, ipse fuerit in
„ homine Matris filius, Deus ex Patre, homo verus ex Matre. Carnē ex Matris vis-
„ ceribus habentem & animā humanā rationalem simul in eo vtriusque naturæ id.
„ hominem & Deum, vnam personam, vnum filium, vnum Christum, vnum Do-
„ minum, Creaturarum omnium quæ sunt & authorem & Dominum & Recto-
„ rem cum Patre & spiritu S. confiteor. Passum esse vera carnis passione, mortuum
„ vera corporis sui morte, resurrexisse vera carnis suæ resurrectione & vera animæ
„ resurrectione, in qua veniet iudicare viuos & mortuos assero. Noui & veteris te-
„ stamenti vnum eundemque authorem credo: authorem, & Dominum & Deum
„ diabolum non per conditionem, sed per arbitrium factū esse malum. Credo huius
„ quam gestamus & non alterius Carnis resurrectionē. Credo iudicium futurum,
„ & recepturos singulos pro his quæ gesserunt, vel pœnas vel præmia. Nuptias non
„ prohibeo. Secunda Matrimonia non damno. Carnium præceptionem non cul-
„ po. Pœnitentibus reconciliatis communicari debere confiteor. In baptismo om-
„ nia peccata id. tam illud originale contractum, quàm ea quæ voluntariè admis-
„ sa sunt, dimitti credo. Et extra Ecclesiam Catholicam nullum saluari confiteor.
„ Sanctas Synodos 4. quas Vniuersalis Mater Ecclesia confirmat, confirmo.

His ita actis Gerbertus inauguratus est in Archiepiscopum Remensem reclamante Seguino Senonensi. Quomodo autem se in eo munere gesserit, quandiu illud tenuit, patet tum ex eius Epistolis, tum ex Historia Helgaldi Floriacensis Monachi scriptoris coæui, qui de Roberto rege verba faciens. *A piissima Matre,* inquit, *Scholæ Remensi traditus Gerberto ad erudiendum datus, qui eum sufficienter liberalibus instrueret Disciplinis.* Is quippe Gerbertus pro maximo sua sapientia merito quo toto radiabat in mundo, donatiuo Regis Hugonis munere Pontificium adeptus est Remense, *non multis annis illud adornauit splendidè in his quæ forent necessaria Ecclesiæ.* Imprimis verò bonorum Ecclesiasticorum peruasores collectâ suffraganeorum Synodo fulminibus Ecclesiasticis terruit & ad satis-faciendum Ecclesiæ compulit. Fulconem quoque Ambianensem Episcopum admonuit, admonitum nec resipiscentem, seuerè castigauit, quod res Ecclesiæ diriperet.

Neque à docendo etiam factus Archiepiscopus destitisse videtur, si non publicè saltem priuatim, **& quos nouerat præstantes ingenio adolescentes**, hos ad se alliciebat, vt patet ex Ep. 41. ad Heruæum Bellouacorum Episcopum. *Quo tempore,* inquit, *dilectum nobis D. retinuimus non maleuolentiæ causâ, sed summæ vtilitatis vestræ, vt vobis honestum & vtile parere possit. Et nunc quidem illum Patriam parentesque, sed & omne amicorum genus nostrum ob amorem derelinquentem vestræ Charitati, vt petitis, dirigimus. Quem velut Thesaurum inastimabilem è sinu nostro in vestri iura transfundimus. Suscipite ergo illum in disciplinis liberalibus eruditum, in Opificum Magisterio edoctum, à multis multa mercede expetitum, sed à nobis obtentum. Quem sic tractari & custodiri volumus, vt dolorem ei partum ex nostra absentia vestra subleuet indulgentia. Eaque munificentia & liberalitate illum habetote, quæ deceat Gerbertum Remorum Archiepiscopum dantem & Bellouacorum Episcopum accipientem.*

Quos verò præsens docere non poterat, litteris suis docere satagebat, imprimis verò Othonem III. Imperatorem discipulum olim suum, à quo nonnunquam de certis Quæstionibus consulebatur. Extant ipsius ad eum litteræ sub hoc titulo. GERBERTO PHILOSOPHORVM PERITISSIMO ATQVE TRIBVS PHILOSOPHIÆ PARTIBVS LAVREATO OTHO QVOD SIBI.

Amantissimæ vestræ Dilectionis omnibus venerandam nobis adiungi volumus excellentiam & tanti Patroni sempiternam nobiscum stabilitatem adoptamus, quia vestræ doctrinæ disciplinata proceritas nostræ simplicitati semper fuit haud fastidiens authoritas. Attamen vt omni ambage dimota ad vos nudæ veritatis fruamur loquela, iudicauimus & firmū disposuimus, vt vobis manifestet hoc nostræ voluntatis Epistola, quod in hac re summa nostræ adoptionis & singularitas est petitionis, quatenus nobis indoctis & malè disciplinatis vestra solers prouidentia in scriptis nec non & dictis non præter solitum adhibeat studium correctionis & in Repub. consilium summæ fidelitatis. Huius ergo nostræ voluntatis in non neganda insinuatione volumus vos Saxonicam rusticitatem abhorrere, sed Græciscam nostram subtilitatem ad id studij magis vos prouocare: quoniam si est qui suscitet illam, apud nos inuenietur Græcorum industriæ aliqua scintilla. Cuius rei gratia huic nostro igniculo vestræ scientiæ flamma abundanter apposita humili prece deposcimus, vt Græcorum viuax ingenium Deo adiutore suscitetis, & nos Arithmeticæ librum edoceatis, vt pleniter eius instructi documentis aliquid priorum intelligamus subtilitatis. Quid autem hac de re vobis agendum placeat, quidue displiceat, vestra Paternitas litteris nobis nunciare non differat. Valete, Versus nunquam composui, nec in studio habui: dum in vsu habuero & in eis viguero, quot habet viros Gallia, tot vobis mittam carmina.

Ad Othonem verò sic rescribit Gerbertus. DOMNO ET GLORIOSO OTHONI CÆSARI semper Augusto GERBERTVS GRATIA DEI REMORVM EPISCOPVS QVIDQVID TANTO IMPERATORE DIGNVM. Supereminenti beneuolentiæ vestræ, quâ in sempiternum digni vestro iudicamur obsequio, fortasse votis, sed respondere non valemus meritis. Si quo enim tenui scientiæ igniculo accendimur, totum hoc gloria vestra peperit: Patris virtus aluit, aui magnificentia comparauit. Quid ergò? Thesauris vestris non inferimus proprios, sed resignamus acceptos, quos partim assecutos, partim vos quam proximè assecuturos indicio est, honestas & vtilitas ac maiestate digna petitio. Nisi enim firmum teneretis ac fixum vim numerorum vel in se omnium rerum continere primordia, vel ex se profundere, non eorum plenam perfectamque notitiam tanto festinaretis studio; & nisi moralis Philosophiæ gauitatem amplecteremini, non ita verbis vestris custos omnium virtutum impressisset humilitas. Non tamen animi sibi bene conscij tacita est subtilitas, cum eius vt ita dicam, oratoriam facultatem & à se & à Græcorum fonte profluentem oratoriè docuistis. Vbi nescio quid diuinum exprimitur, cum homo Genere Græcus, Imperio Romanus quasi hæreditario iure thesauros sibi Græcæ ac Romanæ repetit sapientiæ. Paremus ergo Cæsar, Imperialibus Edictis, tum in hoc, tum in omnibus quæcumque diuina Maiestas vestra decreuerit. Non enim deesse possumus obsequio, qui nihil inter humanas res dulcius aspicimus vestro Imperio.

Circa an. 993. Ioannes 16. aliis 17. à Crescentio Nomentano qui Romam occupauerat & vsurpata consulari & tribunitia potestate supremam Dominationem exercebat, expulsus in Hetruriam, Othonem inuitauit in Italiam: cuius ille aduentum pertimescens & memor eorum quæ Othones egissent Romæ, vltro Pontificem reuocat, pedesque venerabundus osculatur. Ad eum autem postquam restitutus est, Seguinus Archiepiscopus Senonensis, qui iam ante de iis quæ circa Arnulfi depositionem contigerant, eum edocuerat, insignem legationem misit, cuius Princeps & Orator erat Abbo Floriacensis, contra Gerbertum tanquam contra sacros Canones, sedis Remensis inuasorem. Obiectum quoque quod multa in Romanam sedem iniuriosè protulisset & proferre soleret: nec id dubium, nam ille Ep. 40. ad Stephanum Ecclesiæ Rom. Diaconum sic scribit. *Tota Italia mihi Roma visa est, Romanorum mores mundus perhorrescit. In quo nunc statu Roma est? qui Pontifices & Domni rerum sunt?*

Itaque non difficile fuit Ioannis animum aduersus Gerbertum concitare: verum eum damnare & e sede expellere, res erat maioris momenti & difficilioris executionis. Quippe Ioannes Othoni suam debebat restitutionem, & eidem sciebat Gerbertum esse gratissimum & charissimum: sciebat quoque Hugoni &

993.

Roberto Regibus acceptissimum, quorum nempe beneficio & opera promotus fuerat. Igitur Pontifex, vt Othonem à Gerberto dimoueat, Leonem Abbatem ad eum mittit & edocet quo pacto ille contra fas & Ecclesiæ leges se se intruserit, quantoque crimine se ipse implicaret, si factum tueri vellet. Hoc intellecto Gerbertus ad Ioannem scribit breuiter hoc modo.

Sanctissimo vestro Apostolatui potuisse subripi me cuiuspiam peruasionis reum videri, dolore vehementi afficior & totis visceribus ingemisco. Eo quippe animo in Ecclesia Dei hactenus versatus sum, vt multis profuerim, neminem laserim. Non ego Arnulfi peccata prodidi, sed publicè peccantem reliqui: non spe, vt mei æmuli dicunt, capessendi eius honoris, testis est Deus & qui me nouerunt, sed ne communicarem alienis peccatu.

Idem ad Othonem, cuius amicitiæ plurimum confidebat, scribit in eandem rem videturque non multum sollicitus fuisse de legatione illa quam obibat apud ipsum Leo Abbas sibi aliunde amicus.

Hocce tempore Rainaldus seu Reginaldus Franciæ Cancellarius & Episcopus Parisiensis, vir magnæ authoritatis apud Reges, litteraru litteratorumque fautor egregius, litem exercebat cum Abbate S. Dionysij Roberto seu Alberto de iurisdictione Episcopali vt videtur, consuluitque super ea inter cæteros Gerbertum cuius amicitiâ & familiaritate vtebatur. Gerbertus vero rescripsit in hunc modum Ep. 145. *Et si omnis Ecclesia Catholica vna atque eadem est, singulis tamen sacerdotibus modus quidam præscriptus est, quo se extendere, vbi terminos debeant collocare. Itaque in Causa Roberti Abbatis (forte Alberti) ob eam quam seruamus ac semper vobis seruare volumus fidem, hæc tria consultando proponimus. Primum non esse nostri iuris falcem in aliena messe ponere: in quo multiplices rependimus grates etiam indebito dignari nos honore. Secundum S. Dionysij Cænobium eius esse reuerentiæ ac dignitatis, vt nullus ibi Magistratus debeat deponi aut imponi sine Comprouincialium quorum intersit, consensu ac fauore solemni. Tertium proponimus, si rem in dilatione ponitis, vestræ mansuetudini suggerendam, quidquid honestius & vtilius cum religiosissimis & amplissimis viris inueniemus.*

At Monachos damnasse cum Arnulfo Aurelianensi Episcopo sibi etiam coniunctissimo legitur in Ep. 32. Edititiarum à Sirmondo. Et ex ea intelligimus Reges ei fuisse ob eam rem infestos. Sic ergo scribit ad Arnulfum. " Procul esto omnis fraus & dolus. Pax & fraternitas hic adesto, vt qui alterum lædit, vtrumque læserit. Me Christi potentia protegente non vis tyrannica ab hoc deterrebit incepto, non minæ Regum quas in hoc paschali festo pertulimus graues. Accusabamur quippe Monachos S. Dionysij iniustè damnasse. Vrgebamur coram damnatis Diuina obsequia celebrare, nec priuilegiis Rom. Ecclesiæ Monasterio B. Dionysij factis contraire debere. Ad hoc opponebatur nobis Priuilegiis authoritate Canonum promulgatis nos non assensum præbituros: Nec si quid contra leges Ecclesiasticas decretum sit, pro lege recepturos. Sed cum in me specialiter pondus causæ retorqueretur, mei iuris illum non esse aiebam, nec me in meo, um Dominorum prosilire iniuriam, vt insimulabar, ipsorum interesse, cuius culpâ eadem profetant videre.

994. Anno 994. Odilo ad Cluniacensis Abbatiæ regimen accessit. Et Ioannes ex Magistro Scholarum Antissiodorensium factus est eiusdem Ecclesiæ post Heribertum Episcopus. Ille, vt legitur in Historia Episcoporum **Antissiodor.** filius erat Ansaldi & Raingardæ, ex parentibus quidem mediocribus editus, sed secundum proprij nominis sui præsagium diuina gratia largiente, mentis nobilitate quæ carnis nobilitate pretiosior est, excellenter viguit, litterarum studiis à primæuâ indole operam dedit, quibus luculentissimè institutus claruit ac postmodum inter Scholasticos illius Gerberti viri vtcumque doctissimi, tunc Remorum Archipræsulis qui dehinc Rauennæ, ad vltimum Romanæ sedis Cathedram indeptus Pontificale petasum meruit. Hæc ibi: & præterea habentur quæ sequuntur. *Culmen scientiæ Artium liberalium Ioannes perorando roborauit: dehinc efficacissimus puerorum Didascalus primitus, posthac Pædagogus clarus refulsit, & ad honorem perlectus est Archidiaconatus: decedente namque ab hac luce supradicto Præsule Heriberto nonnulli Clericorum, quos altitudo seculi ad hoc illiciens impulit qualiter in Episcopalem Cathedram tam fastu parentelæ, quàm promulgatione pecuniæ inueherentur, cumque Regi Roberto de quibusdam ac præcipuè de quodam Guidone seculariffimo*

er

per Henricum Ducem suasum fuisset vt consecraretur Episcopus , & Rex quem admodum eum hortabatur assensum præberet ac iam Metropolitanus Senonum Pontifex videlicet Seuuinus vocatus esset , vt de more perficeret, cessari contigit. Refert deinde quomodo Clerici Guidonem illum respuerint, Ioannemque communi voto optarint. Quod vt Rex audiuit qui eius scientiam nouerat & pietatem, vltro annuit, eumque ab eodem Seuuino consecrari voluit.

Interim æmuli quos habebat Gerbertus in Francia, Hugonis & Roberti Regum animos conabantur aduersus eum accendere , & quos amicos habebat, inimicos reddere , aut falsa supponendo , aut vera in prauum sensum detorquendo , aut bene cogitata & facta maliciosè interpretando & peruertendo. Leo Abbas Romanus ad Seguinum Senonensem Archiepiscopum & ad Reges missus à Pontifice, libertatem Arnulfi & restitutionem in integrum impetrat, proindeque Gerberti depulsionem. Durum id erat Regi, qui & Arnulfum oderat & Gerbertum quem amabat, promouerat. Verum Regni recens parti consideratio, instantia Pontificis quotidiana, amicorum frequens sollicitatio eius animum emouerunt:& ne status sui nondum satis firmati & stabiliti initiis aduersam sibi faceret sedem Romanam, Leoni concessit an. 994. quæ postulabat, vicissimque postulauit à Pontifice vt Roberti filij recens cum Bertha propinqua coniugium approbaret & confirmaret , & non Arnulfum restitui, sed Gibuinum Catalaunensem Episcopum expulso Gerberto substitui pateretur.

Quandiu vero Regis voluntas incerta fuit & suspensa, Gerbertus inter spem metumque positus Archipræsulis obiit munera. At simul atque patuit, tum & Cleri & populi mutatis animis, his Gibuino, aliis Arnulfo fauentibus multas iniurias passus est, adeo vt sedem relinquere coactus sit: qua de re ab Adelaide Imperatrice vehementer increpitus est: uiusque mens erat vt quandiu res erat integra, sedem repeteret. At ille quam difficile illud esset hac ad eam & ad Suffraganeos, qui idem similiter suadebant, data Epistola demonstrat.

Dominæ & Gloriosæ Adelaidi Reginæ semper Augustæ Gerbertus Gratia Domini Remorum Episcopus & omnibus suis Confratribus & Coëpiscopis Remorum Diœceseos bene valere in Christo. Epistola vestri nominis læta principia pertulit, monita salubria habuit, sed tristi fine conclusa est. Suauem quippe animi vestri affectum circa me ostendit, ad propriam sedem reditum maturare admonet. Sed quid sibi voluit tam acerba Conclusio? ita enim se habet. Cognoscite quia si modo huiusce monita paruipenderitis, vtemur nostrorum & rebus & consiliis absque crimine vestri. Me vrbi Remorum præsidente quando non licuit , licet vel licebit vobis vti consiliis & rebus mihi commissis ? An melius licuit Arnulfo eam obtinente ? sed ille eam vobis dolore & fraude abstulit, Ego contra multorum dolos & fraudes vobis eam multis vigiliis multoque labore conseruaui. Mirum nunc est vestrorum hostium vos non sentire insidias. Qui enim Arnulfum ad vestri Regni confusionem suæ sedi restituere quærunt, non sibi hoc tutum fore putant, nisi me prius qualibet occasione perdant Quod multum verisimile esse duplici capimus argumento: quia me Remis nuper posito cum absoluere decreuistis. Et quia Leo Romanus Abbas vt absoluatur, obtinuit ob confirmandum Senioris mei Regis Roberti nouum coniugium, vt mihi à Remensibus per litteras significatum est. Accedit ad hoc discrimen fides à præsentibus Corte Calmiciaca à Gibuino Gibuini nepote peruasa. Infinitus, credo erat villarum numerus, nec ad possidendum sufficere poterant Remenses, nisi ad colonias obtinendas inuitarentur Catalaunenses. Quid ergo, si Arnulfus absoluendus est, vel si Gibuinus vel alius quilibet in sede mea inthronizandus est, reditum meum sine capitis mei periculo intelligere non est? Quod ita esse, sed vos minus animaduertere, dubitare non debeo, noui enim studia vestra omnibus mortalibus prædicanda, noui animi vestri dulcissimos affectus circa me. Quibus si respondere nequeo meritis, respondebo votis. Quo circa vt mea vobis minimè ingeram deque me omnino taceam; quem diuina gratia à periculorum immensitate liberat , & in quantum ad me Solum attinet, in omni felicitate disponit & conseruat, per terribile nomen Omnipotentis Dei oro & deprecor , vt Remensi Ecclesiæ desolatæ & attritæ , si quolibet modo valetis, subueniatis.

" Quæ quoniam Regni Francorum caput est, si deperierit, vt membra sequan-
" tur necesse est. At quomodo non deperit, quæ sub nomine duorum quasi inter
" malleum & incudem disposita, dum eorum neutrum Rectorm approbat velut
" inter vndas maris sine Remigio fluctuat? quid porro fieri putatis, si tertius sine
" iudicio Ecclesiæ ad numerum accesserit? Neque vero hæc loquor tanquam Au-
" gur aut Diuinus. Memini & iam meos conspirasse non solum Milites, sed & cle-
" ricos, vt nemo mecum comederet, nemo sacris interesset. Taceo de vilitate &
" contemptu, nihil dico de grauissimis iniuriis sæpe mihi à pluribus illatis. Ad hæc
" vt redeam prouocatis, & vt grauiora patiat, minas superaddit Epistola. Quid est ô
" diuina Maiestas! adeo-ne me infatuatum, vel à te abalienatum putant, vt vel gla-
" dios imminentes non videam & vel Ecclesiam tuam schismate confundam?
" Ego vero improborum versutias acutè conspicio, & contra omnia schismata vni-
" tatem Ecclesiæ, si sic decretum est, morte mea defendo. Peto ergo ô Domina
" mea Augusta, item à fratribus meis Coepiscopis, qui pro causa Traditoris Ar-
" nulfi siue iustè siue iniustè sub anathemate positi sunt, vt me iudicium Ec-
" clesiæ exspectantem patienter ferant. Neque enim Ecclesiam quam Episcopo-
" rum iudicio regendam accepi, sine Episcoporum iudicio relinquere volo. Nec
" rursus contra Episcoporum iudicium, vbi maior authoritas adsit, eam quasi per
" vim retinere dispono. Quæ iudicia dum exspecto, exilium quod à multis felix
" putatur, non sine multo dolore tolero.

Tum ergo Gerbertus Episcoporum iudicium exspectabat: duplex autem in eam rem habita est Synodus, Mosomensis, & Rementis, nam Ioannes Pontifex per Leonem Abbatem mandauerat Seguino Senonensi, vt liti isti finem imponeret. Prior itaque habita est Mosomi 4. Non. Iun. an. 995. altera paulò post Remis in qua inchoatum absolutus est Arnulfus, restitutus in integrum & Gerbertus depositus, qui noctu fugiens ad Othonem iuit. Huius Synodi acta leguntur in 3. Tom. Concil. & apud Baronium ad an. 990. 992. & 995. Non tamen Arnulfus tam citò è custodia eductus est, nec nisi post mortem Hugonis Regis, vt dicetur ad an. 998.

Inter hæc eodem anno obiit Adelaïs Auia Imperatoris, *Mater Regnorum* vulgo appellata, propterea quod dissidentes Regum animos mirâ suauitate & peritiâ conciliabat. Obiit quoque Ioannes huius nominis XVI. eique substituitur Gregorius II. Natione Saxo Imperatoris consanguineus, statimque Othonem Imperatoriâ coronâ insignitum non modò vult ab omnibus vt Augustum coli, quinimo congregatâ frequente synodo, consentientibus Romanis & omni Clero ad tollenda dissidia quæ frequenter Italiam turbabant, propterea quod alij Italum Imperatorem, alij Germanum & extraneum optabant, statuit vt Imperium Romanum perpetuis futuris temporibus à Principe Germano regeretur, vtque eius eligendi potestatem haberent Electores VI. quorum tres essent Laici, tres verò Ecclesiastici: qui si concordes forsan esse non possent, septimum aduocarent Regem Bohemorum. Tres quidem Ecclesiastici Cancellariorum nominibus insigniti, Moguntinensis, Cancellarius Germaniæ; Treuirensis, Galliæ; Coloniensis, Italiæ. Tres Laici sic distincti. Marchio Brandeburgensis, qui Camerarius est. Marchio Palatinus, Dapifer: Dux Saxoniæ, Ensifer. Rex Bohemiæ, Pincerna, quam in rem confecti sunt hi versus.

Moguntinensis, Treuerensis, Coloniensis:
Quilibet Imperij sit Cancellarius horum.
Vt Palatinus Dapifer, Dux Portitor ensis.
Marchio Præpositus Cameræ, Pincerna Bohemus.
Hi statuunt Dominum cunctis per secula summum.

Vt obiter tamen moneam, non omnes de huiusmodi Electorum institutore conueniunt. Apud authores enim huius & consequentis temporis ea de re altum silentium est. Malè verò Onuphrius in lib. de Comitiis Imperatoriis institutionem hanc refert ad Gregorium X. vt legitur apud Genebrardû: nam in Concilio Lugdunensi habito contra Imperatorem Fridericû sub Innocentio IV. an. 1245. hæc habentur verba, *Illi autem ad quos in eodem Imperio Imperatoris spectat Electio, eligant liberè successorem* & apud Mathæum Parisiensem ad an. 1257. *Hi sunt maximi in*

Alemania ad quorum nutum pendet Electio ipsius Regni quod est quasi ara Imperij Romanorum, Archiepiscopus Colonia cuius titulus est, Sacri Imperij Proto-Cancellarius post honorem Archiprasulatus, qui coronare tenetur Regem Alemania apud Aquisgranum ab antiqua & approbata consuetudine. Si tum erat antiqua consuetudo, non potest ea institutio tribui Gregorio X. qui an. 1271. sedere cœpit: neque Gregorio IX. qui obiit an. 1241.

Aliqui vetustiorem longè faciunt & ad ipsum Carolum M. referunt, idque scribebat circa an. 1275. Iordanus in suo de translatione Imperij Libello. Sic enim ille. *Sciendum est igitur quod S. Carolus M. Imperator de consensu & mandato Rom. Pontificis ordinatione sibi diuinitus inspirata instituit & præcepit ut Imperium Romanorum apud electionem Principum Germanorum in perpetuum permaneret.* Verum communis sententia & meo iudicio verior hanc institutionem ad Gregorium hunc Saxonem refert, qui ante promotionem Bruno vocabatur, eratque filius Othonis Ducis filij Landulfi Othonis Imperatoris Patrui, suæque promotionis beneficium Othoni debebat.

Certè cum Principes Germanici apud Innocentium III. conquererentur, quod Legatus Pontificis Othonem approbasset in Augustum reiecto Philippo, quem ipsi elegerant, Electorísque sumpsisset personam, & sic falce iniecta in messem alienam Principum Electorum dignitati derogasset, Pontifex Ep. ad Bertholdum Zaringiæ Ducem respondit, *se ius Principum sibi vindicare nolle, sed illis Principibus potestatem eligendi Regem Romanum saluam relinquere, ad quos ea iure & antiqua consuetudine pertineat.* Negauitque Legatum suum vel *Electoris suscepisse partes, vel Electioni se ingessisse.* Faciunt in hanc rem Ligurini versus qui quidem sub Henrico IV. scripsit, sed Radewicum expressit Federici I. Historiographum. Sic autem habet l. 3. c. 16.

——Ad Proceres electio pertinet, in qua
Præcipuam vocem præsul de iure vetusto
Moguntinus habet. Pastori prima recentis
Agrippina tuo conceditur vnctio Regis.

Hoc exemplum videntur habuisse præ oculis Hugó Capetus & Robertus Reges Francorum, cum Parium Curiam instituerunt ex Proceribus partim Ecclesiasticis, partim Laicis: de quibus dicemus ad an. 1030. Nescio verò quo fato contigit vt ex eadem Saxonum gente, imo ex vno eodemque Witikindi Saxonum olim Ducis vno eodemque tempore Otho Imperium, Hugo Capetus Regnum Francicum gubernarent. Sic enim factum, vt sicut ex eadem Caroli M. Gente qui Witixindum debellarat, prodierunt Imperatores Romanorum Regésque Francorum, ita vicissim Witikindi gens vtrique Regno Rectores dederit. Hæc per transennam dicta sint.

Ipso autem die Pentecostes quæ erat 5. id. Maias an. 996. Otho Imperatoriam coronam cum Maria coniuge à Gregorio accipit: & dum rebus ordinatis in Lombardiam redit, Ioanni Rauennati Archiepiscopo mortuo Gerbertum, quem exulem susceperat, substituit. Extat ipsius Gerberti ad Robertum Regem Epistola, quâ ipsum de suo statu certiorem facit in Aula Imperatoris, mandatque quanto studio & desiderio cuperet Otho dulcibus eius frui alloquiis, cœæul scilicet sui & condiscipuli. Sic ergo Gerbertus ad Robertum.

Occurrit mihi senioris mei Regis Roberti clara facies, latus aspectus, optata colloquia sermonesque vestri sapientia & grauitate plenissimi Principum & Episcoporum grata affabilitas : qua mihi dum eripitur, ipsa quodammodo vita onerosa est : sola mihi solatio est Clari Cæsaris Othonis pietas, beniuolentia, liberalitas, qui tanto amore vos vestráque diligit, vt dies noctésque mecum sermonem conferat, vbi & quando vos familiariter videre possit. Coæuum sibi & studijs consimilem Seniorem meum Regem Robertum alloqui & complexari. Si ergo Romanum iter, quod causa Synodi plurimum me detinet hoc tempore dilatum fuerit, circa Nouembris Kalendas me expectabitis, & harum rerum interpretem fidissimum & per omnia vobis obedientem.

Dum autem ibi & in agro Mutinensi moratur Imperator, res accidit digna memoria: quam, licet ab historia nostra abludat, præterire non possum. Maria Imperatrix Arragonum Regis filia corruptam se sensit insuperabili amore Comitis Mutinensis, sed eum libidini suæ reluctantem experta, perdere destinauit

Sf ij

ab illo se de stupro tentatam apud Imperatorem mentitur. Agnouit Comes sibi crimen imponi, mauult tamen supplicium subire, quàm dedecus Imperatoris palam facere. Rem vero Coniugi suæ mulieri prudentissimæ patefacit rogatque, vt pari constantia & mortem suam ferat & mortui innocentiam apud Augustum purget. Nec multo post Comes creduli Imperatoris iudicio capite truncatur. Paucis post diebus apud Roncalias conuentu habito, vbi ius viduis dicebatur, mulier procedit & ex lege Imperatorem ipsum, quod maritum suum iniustè necasset, ad supplicium postulat. Hac voce stupefactus Otho, quo, inquit, argumento viri tui probabis innocentiam? At illa, Candenti laminâ: moxque ferrum ignitum iussu Imperatoris allatum manibus illæsa prehendit & tractat. Tum Otho, pœna dignus equidem sum, sed ad eam subeundam tempus postulo. Et post trina vadimonia, quam à me tandem, inquit, pœnam exigis? supplicio Reginæ, inquit illa, contenta sum, falsum crimen commentitæ. Otho muliere collaudata Reginam prehensam & fatentem igne cremat, Viduamque 4. in Hetruria castris ob dilata sibi vadimonia donat. Id à Gothefrido refertur, & à Krantzio l. 4. c. 26. fastor. Saxon.

Eodem anno habetur apud San-Dionysium Synodus Episcoporum, cui Abbo Floriacensis interfuit. In ea autem cum de morum reformatione & integritate fidei agere debuisset, præcipuum momentum in Decimis & iure Decimarum posuerunt, vt eas Laicis & Monachis auferrent, si fides est Aimoino Monacho Floriacensi in vita Abbonis, quem ait fortiter aduersatum fuisse Episcopis, eoque rem deduxisse vt populus vulgò Decimarum inimicus in eos irruerit & fugere compulerit. *Orta seditione*, inquit, *tantus in Episcopos timor irruit, vt publica statione relicta passim quisque diffugeret. Inter quos Seguinus Senonum Archiepiscopus Primatum Galliæ in Synodo sibi vsurpans, Primatum quoque fugæ arripuit & inter fugiendum securi inter scapulas ictus lutoque à popularibus oblitus ægrè euasit. Vni quoque Episcoporum timor fugienti tam veloces addidit alas, vt affluentissimo prandij apparatu quem sibi extruxerat, relicto, vicina vrbis Parisiorum mœnia fugitabundus expeteret.*

Huius autem seditionis author creditus est Abbo, eoque nomine apud Reges Hugonem & Robertum insimulatus & accusatus à Seguino Senonensi, Arnulfo Aurelianensi & aliis Principibus, quia Monachorum iura nimis amplificare, Episcopalia nimis deprimere atque imminuere conabatur. Itaque in hanc rem Apologiam pro se scripsit quam Regibus dedicauit. Præcipuè vero Robertum qui viros doctos impensè amabat, & Monachis impensius addictus erat, vnde & Pater Monachorum dicebatur, sibi demereri enisus est: qua de re sic habet Aimoinus. *Ad vltimum sua non ignorans multis displicere scripta, Regibus sese commendat, præcipuè Domno Roberto, quem scientem litterarum, ac idcirco diligentem fore nouerat studiosorum scribens in hæc verba. Præterea Dominos meos cum familiariter alloquens bona suadeo, multorum animos scio, contra me concito iuxta illud Comici. Obsequium amicos, veritas odium parit. De quorum animositate non multum moueor, Dulce Decus meum Roberte, quem ataui Regibus editum diuina pietas produxit ad Regni fastigium, si post Dominum & sanctos eius vestro specialiter sustentor auxilio, cuius mentionem in quotidianis rationibus meis nunquam prætereo.*

Hæc autem de Decimis Quæstio in Synodo agitata ansam dedit cuidam Leutardo homini plebeio Pagi Catalaunici spargendæ fatuæ cuiusdam hæreseos, aiendo superfluum esse dare decimas Sacerdotibus, idque sibi supernè reuelatu: quo pacto plurimos è plebe dementatos sibi adiunxit: latiusque & longius processisset virus; nisi Gebuinus Episcopus Catalaunensis deceptum populum melius informasset, atque ab insano homine tanquam ab Hæretico secedere compulisset. Quamobrem ille se vulgi ambitione destitutum videns, puteo se moriturus immersit, vt narrat Glaber Rodulphus l. 2. c. 11.

997. Anno 997. Hugo Capetus Rex moritur sepeliturque in Basilica San-Dionysiana cum aliis Regibus primæ & secundæ stirpis, quanquam diadema Regium nunquam gestasse dicitur. Hunc omnino à Carlouingiorum Gente alienum fuisse nonnulli scribunt: Alij contra, vt Nangius ab ipsa stirpe Caroli M. deducunt. Filius erat Hugonis Magni Præfecti Palatio. Hugo filius Roberti Regis qui in prælio Suessionensi fortiter dimicans occubuit. Iste Robertus à Fratre Odone quondam etiam Rege fuerat factus Præfectus Palatio. Odo vero filius

erat Roberti Fortis Ducis Saxonum, qui cum Raimundo Aquitaniæ Duce in prælio Normanico occisus fuerat. Quatuor autem isti Odo, Robertus, Hugo Magnus, vulgo Abba-Comes dictus & Hugo Capetus per centum circiter annos Vrbe & Comitatu Parisiensi potiti sunt; & quia aut bella, aut perpetuas simultates cum Regibus legitimis exercebant, eos Parisiis habitare toto isto fere tempore non tulerunt. Itaque Vrbs Regia esse desierat, donec tandem illi & Regem & sedem restituit Capetus.

Tum ergo defuncto patre Robertus cœpit habenas Regni tractare solus, Princeps omnibus suis subditis dilectissimus, iuuentutis flore conspicuus, annos scilicet natus 28. ore pulcher, forma speciosus; eloquentiâ & dicendi vbertate copiosus: quem mater Adhelaïs proprio lacte nutrisse dicitur: nec omisit commemorare Adalbero Laudunensis Antistes in Carmine Heroïco, sic eum compellans.

Lac tibi sugenti dat nutrix INDVPERATRIX.
Mundus adhuc puero Dominum metatur, & omnis
Congaudet, plaudit manibus, lætatur & optat
In Regem sibi, mox concordi voce coronat.
Præstolatur in hoc veniant vt tempora pacis.
Lubrica tunc Adolescentis transiuit & ætas;
Flore inuentutis tua iam resplendet imago.
Forma super cunctos nobis speciosa videtur,
Debilis in nulla membrorum parte videris.
Quamuis mole grauis, tamen es cum robore lenis.
Lætatur vulgus, gaudent etiam Sapientes.
Plurima sub pedibus tibi fortia Regna iugauit.

Initio sui regiminis Arnulphum e carcere educit & in integrum restituit: quippe cum Gregorius Pontifex interminatus fuisset se Regnum Franciæ interdicto suppositurum, nisi illi restitueretur, Robertus Abbonem Floriacensem Abbatem ad eum in Italiam proficisci iubet, intellectaque voluntate Papæ protinus Arnulpho libertatem & dignitatem pristinam reddit, vt narrat Aimoïnus in vita Abbonis his verbis. *Regressus itaque honorabilis Abbo ad Regem Robertum, à quo missus fuerat, cuncta pro quibus ierat, perfecta nunciat. Arnulphum Remensem custodia exemptum Pontificatui restituit: Pallium illi à D. Papa directum reddit. Posthac per Internuncios ipsi venerabili Apostolico Domno Gregorio amicabiles plenasque reuerentia dirigit litteras. In quibus innotescit se cuncta vti iusserat, perfecisse. quarum istud est exordium.*

DOMINO *semper in Christo Venerabili S. Romanæ & Apostolicæ sedis Præsuli ac ideo Vniuersalis Ecclesiæ Doctori suus illius Abbo Floriacensium Rector in Christo Salutem. Sæpius contingit vt puritas integræ veritatis vacillet sententiâ malefidi Interpretis. Quod Ego Venerabilis Pater, cauens vestri animi sensa fideliter simpliciterque vt præcepistis depromsi; nec animositatem Regis perhorrui, dum fidem quam vobis promiseram, ex asse seruaui. Quandoquidem nihil addidi, nihil minui, nihil reliqui. Horum omnium ipse Arnulfus e custodia liberatus & absolutus testis est: cui vestrum pallium coopertum obtuli, quomodo illud acceperam ex sanctis manibus vestris.*

Anno 998. Kalendis Nouembribus Gerbertus Gregorio substituitur, & in Pontificia sede ab Othone Imperatore Discipulo quondam suo collocatur. Hinc de eo editus iste versus, qui legitur apud Helgaldum. SCANDIT AB R. GERBERTVS AD R. POST PAPA FIT IN R.

998.

Hoc est Gerbertus à Remensi Cathedra ad Rauennatem, à Rauennate ad Romanam sublimatur. Quæ Beneficia à suis Discipulis Othone & Roberto habuit. Malmesburiensis ad an. 997. *Robertus*, inquit, *postea Rex Franciæ Magistro vitam reddidit & Archiepiscopum Remensem fecit.... Otho post patrem Imperator Italiæ Gerbertum Archiepiscopum Rauennatem & mox Papam Romanum fecit.*

Carolus Sigonius l. 7. Historiæ de Regno Italiæ ait Gregorium 12. Kal. Martias an. 998. e vita migrasse, & Gerbertum, quem malè vocat Floriacensem Monachum, Kalendis Nouembribus Romanis ipsis approbantibus Pontificem datum, Leonemque, Abbatem certè illum Romanum de quo ante diximus,

Rauennati Ecclesiæ præfectum fuisse. Rem sic narrat. Prioribus annis gerentem Remis Archiepiscopatum Arnulfum Hugo Rex Franciæ Concilio Episcoporum Remis aduocato exauctorauerat, atque in eius locum Gerbertum Monachum Floriacensem Roberti filij præceptorem substituerat. Qua re comperta Benedictus VII. qui tum Pontificatum gerebat, omnes Episcopos qui Arnulfum damnauerant, à sacris amouerat, & nouo Concilio habito Gerbertum Arnulfo restituto depulerat. Hac de causa Gerbertus ad Othonem profectus Ecclesiæ fuerat Rauennati præpositus. Erat enim vir Philosophiæ, Astronomiæ, ac reliquarum Liberalium Artium studiis insigniter eruditus ea præsertim ætate, qua nullæ aut raræ admodum eiusmodi fuere litteræ. In hunc igitur post Gregorij propinqui sui mortem oculos Otho conuertit cum Doctrinæ laude præstantem, tum de se optimè meritum, quippe suum in his ipsis quibus ipse excelluit, disciplinis Magistrum. Itaque Comitiis habitis eum Kalendis Nouembris Pontificem Romanis ipsis approbantibus dedit, & Siluestrum secundum vocauit. hæc Sigonius.

Statim verò post promotionem Pontificia authoritate, & solenni decreto Arnulfum à Gregorio restitutum pallio, baculo & anulo Archiepiscopali redonauit: vt ex hac habemus ad ipsum Epistola quæ ex Codice M. S. Remigij Remensis in lucem edita est.

„ Siluester Episcopus seruus seruorum Dei Dilecto in Christo filio Arnulfo S.
„ Remensis Ecclesiæ Archiepiscopo. Apostolici culminis est non solum peccantibus cōsulere, verum etiam lapsos erigere, & proprijs priuatos gradibus reparatæ
„ dignitatis insignibus informare: vt & Petro soluēdi libera sit potestas, & Romanæ
„ gloriæ vbique fulgeat dignitas. Quapropter tibi Arnulfo Remensi Archiepisco-
„ po quibusdam excessibus Pontificali honore priuato subuenire dignum duxi-
„ mus, vt quia tua indicatio Romano assensu caruit, Romanæ pietatis munere
„ credaris posse reparari. Est enim Petro ea summa facultas, ad quam nulla morta-
„ lium æquari valeat felicitas. Concedimus ergo per huius priuilegij nostri sta-
„ tuta tibi baculo & anulo redditis Archiepiscopali officio fungi, & omnibus in-
„ signibus quæcumque ad sanctæ Metropolim Remensis Ecclesiæ pertinent, solito
„ more perfrui. Pallio solemnitatibus statutis vtaris, benedictionem Regum Fran-
„ corum & tibi subiectorum Episcoporum obtineas, & omne Magisterium, quod
„ tui Antecessores habuisse visi sunt, nostra authoritate Apostolica geras. Præci-
„ pimus etiam, vt nullus mortalium in synodo, aut in quacumque parte abdi-
„ cationis tuæ crimen tibi quoquomodo opponere præsumat, vel hac occasione
„ in improperij contra te verba exardescat, sed nostra te vbique authoritas
„ muniat, etiam si conscientiæ reatus occurrat. Confirmamus insuper tibi &
„ concedimus Archiepiscopatum Remensem in integrum cum omnibus Epis-
„ copatibus sibi subiectis, seu cum omnibus Monasteriis, plebibus, titulis, &
„ capellis atque cortibus, Castellis, villis, Casalibus & cum omnibus rebus ad
„ Ecclesiam Remensem pertinentibus saluo & inuiolabili testamento B. Re-
„ migij Francorum Apostoli. Statuentes Apostolica censura sub diuini iudicij
„ attestatione & anathematis interdictione, vt nulli vnquam nostrorum succeso-
„ rum Pontificum, vel aliæ quælibet magnæ paruæue personæ hoc nostrum pri-
„ uilegium infringere liceat. Si quis verò quod absit, hoc Romanum decretum
„ violare tentauerit, anathema sit.

Sic ergo Gerbertus, qui tam ægrè Remensem Archiepiscopatum dimiserat, ignarus futuræ sortis, ad sublimem sedem promotus Competitori suo suaque causa depulso dignitatem cum honore restituit. Idem verò Pontifex Ascelinum seu Adalberonem Laudunensem Episcopum Caroli Lotharingi proditorem, Arnulfi quoque insidiatorem seuerissimè redarguit & tantum non à sacris arcuit acceptis à Roberto Rege litteris & querelis, quod ille nouam molitus fuisset aduersum se proditionem. At quæ illa fuerit non memini me legere. Talis autem est Bulla.

„ Siluester Episcopus seruus seruorum Dei Ascelino Episcopo Laudunensi. Su-
„ per salute & Apostolica benedictione nihil est quod admirari possis, quoniam
„ sub Pontificali nomine homo etiam moribus esse desiisti. Si fides mortalem Deo
„ sociat, perfidia nihilominus rationabilem brutis animantibus æquat. Cum hoc

Vniuersitatis Parisiensis. 343

totum te sapere constet, vehementer admirabamur natiuam te conditionem reliquisse, & noua & inaudita scelera inhumaniùs perpetrasse. Epistola Regis Roberti & suorum Pontificum Apostolicis & Imperialibus oblata est manibus, quæ te coram Vniuerso clero ac populo his publicis accusat criminibus. Ad synodum habitam Compendio cum à Remensi & Turonensi Archiepiscopis cæterisque confratribus inuitatus fueris, acceptis à quibusdam eorum & aliorum sacramentis, pro vitæ & membrorum atque captionis securitate tandem venisse diceris.

Synodalem seueritatem cum tibimet ipsi conscius meritò perhorresceres, ad misericordiæ preces eadem Epistola teste venisti. Legibus te non posse obiectis respondere manifestasti. Dominum tuum Regem offendisse te non negasti. Indulgentiam tantummodo postulans per vniuersam synodum Regis gratiam innouatis periuriis obtinuisti. Datis obsidibus Archidiacono scilicet tuo & altero milite turres Lauduni te redditurum promisisti. Magistrum tuum Remensem Archiepiscopum pro accipiendis turribus sub Iudæ specie tecum ducens capere voluisti. Carcer quippe cæterorum fraudis in eum conceptæ detegit dolum. O Iuda Magistri proditionem innouans & Pontificalem gloriam nostris temporibus deturpans! Cum Magistrum Archiepiscopum tradere velis, Domino Regi non parceres si posses. In carcere tenes traditos milites & fefellisse non vereris Regem. Ex orationum Epistolis quoties te monuimus & ab his periculis eruere desudauimus. Sed quoniam irruentibus peccatorum cumulis te coërcere nequiuimus in hac proxima Paschali hebdomada Romæ te adesse præcipimus, & generaliter ibi habendæ synodo repræsentare te monemus. Huius ergo inuitationis nostræ nulla occasione sis transgressor vel suspensor, quoniam nisi adfueris, synodicæ authoritati in eodem Concilio subiacebis & de absentia nihil lucraberis. Viarum excusatio nulla te premat, quoniam in Lothariensi Regno nullæ te manent insidiæ, Italia vero nullam prætendit formidinem. Nisi corporis molestia occupatus fueris, aliter excusatio nulla esse poterit. Sed testes mittendi sunt qui & tuum languorem confirment & accusatoribus tuis respondeant & legibus te expurgent.

Anno 999. obiit insignis ille Archiepiscopus Senonensis Seguinus, magnumque sui desiderium omnibus bonis reliquit, cuius viri elogium sic contexit Odorannus. *Anno 999. obiit Seninus Archiepiscopus, qui iacturam Monasterij S. Petri quam Anastasius antecessor eius releuare cœperat, in pristinum restituit statum, ibique sub districtione regulari ordinauit Abbatem Rainardum cuius etiam Corpus in eodem Monasterio est sepultum. Hic ab vrbe Roma per manum Ioannis Papæ Archiepiscopale Pallium quo antecessores eius infulati sunt & Primatum Galliæ suscepit. Hic etiam Monasterium S. Petri Mildunensis ab imo releuauit, & Monachos in illo mittens Abbatem Walterium eis præfecit. Hic Matrem Ecclesiam S. Stephani quæ igne cremata fuerat, ab epistyliis erigens, & ex integro perficiens, signis & ornamentis Ecclesiasticis decorauit, & adiunctis sibi Milone Episcopo Tricassensium, Rocleno quoque Niuernensium cum maximo honore dedicauit: tabulam quoque ex auro & argento ante altare S. Stephani construxit de qua postmodum ante Monasterium facta est turris.* Ei successit Leothericus Gerberti Discipulus, de quo dicemus ad 3. seculum.

Hoc quoque anno signa quædam quæ in coelo & terris visa sunt, famam extremæ cladis mundique ruinæ iam pridem sparsam confirmarunt: quæ Sigebertus sic commemorat. *Multa prodigia visa sunt. Terræ motus factus est permaximus. Comœtes apparuit Calendis Ianuarij circa horam 9. Aperto Cœlo, quasi facula ardens cum longo tractu fulguris instar illabitur terris tanto splendore, vt non modo qui in agris erant sed etiam in terris irrupto lumine ferirentur. Qua cœli scissura statim euanescente interim visa est figura quasi serpentis capite quidem crescere cum cœruleis oculis.*

Ad finem huiusce seculi Chronologistæ Antissiodorenses quosdam viros pietate & litterarum peritia illustres commemorant. Gislebertum Meldensem Episcopum virum eximiæ virtutis & gloria miraculorum insignem, cuius vita stylo clarissimo edita multarum exempla virtutum viuentibus & victuris per secula administrat. Hunc malè aiunt Sammarthani consecratum fuisse à Leotherico Senonensi Archiepiscopo: nam cum anno 1009. obierit & viginti annis sedem Episcopalem tenuerit, non potuit à Lootherico consecrari, qui anno tantum 1000.

electus aut certè confirmatus fuit Archiepiscopus Senonensis. Adraldum Tricassinæ vrbis Archidiaconum pia memoria dignum & digno honore memorandum, cuius *vita lux, seculi gloria, honor Ecclesiæ & verissimum documentum Christianorum fuit.* Is scholam Trecensem regebat, cumque Olbertus Gemmeticensis audiuit, vt infra dicetur. Abbonem Floriacensem scientia litterarum florentem, qui super calculum Victorij commentatus est: & Fulbertum Gerberti quoque Discipulum ex Magistro scholarum factum Episcopum Carnotensem: de quo alibi plura.

SYNOPSIS 2. SECVLI DE FORTVNA ET STATV Vniuersitatis Parisiensis.

Hocce infelici seculo quis fuerit Ecclesiæ status, vix intelligitur. Nulla Concilia commemorantur alicuius celebritatis, nulli fere viri supra cæteros præcellentes, rarus honor litteris & litteratis habitus: sed hoc saltem commodum fuit Ecclesiæ, quod nullæ hæreses illam turbarint. Tam miseris ergo temporibus Academiam Parisiensem splendorem & famam, quam superiore seculo comparauerat, amplificasse nemo expectet. Imprimis enim ipsa Ciuitas Parisiensis Regia sedes esse destitit: & licet ab eximiis & spectatissimis Comitibus gubernaretur, neque vt ante vlla obsidione aut bellorum tumultibus conquassata & conterrita fuerit; quia tamen cum legitimis Regibus aut bella, aut perpetuas simultates per annos centum exercuerunt, rari fuerunt qui ad Scholas Parif. accedere vellent, ne Reges offenderent, neve a Comitibus obsides haberentur.

Hinc ergo quoque necesse est friguisse Musas, cum non esset qui inter eas æmulationem aleret, nullus earum professores ad dignitates aut Ecclesiasticas aut Publicas, seu vt vocant seculares promoueret. Quos scilicet Reges, vt inimicos habebant, quippe in Ciuitate sibi inimica commorantes, atque idcirco promouere negligebant; Comites verò non poterant, etsi eos diligerent: Aut si poterant, non audebant ne ab iis reprehenderentur, quod legitimos Reges continuis bellis lacesserent. Ignari plerumque præsules promouebantur: & sic crimina vigebant, Ecclesiæ Disciplina languebat, peccandique libertas erat maxima. Qua de re Adalbero Laudunensis Robertum Regem sub initia Regni increpat: quasi ipse non satis incumberet in promotionem virorum Doctorum.

*Præsulis & si forte vacet locus, intronizentur
Pastores ouium Nautæ quicunque sit ille.
Sit tamen hoc præsubtili ratione cauendum, vt
Nullus Episcopium Diuinâ lege peritus
Tentet, sed sacris scripturis euacuatus
Et studiis, quem non constrinxerit vna dierum:
Alphabetum sapiat digito tantum numerare.
Hi proceres. Præceptores hos mundus adoret:
Et iuuet, & celebres nec Reges excipiantur,
Præcipiant coram, sed clam cum fraude susurrent.*

Admonet deinde Robertum fore, vt si malo isti non occurrat, totius Ecclesiæ status subitò contabescat, futurumque Regnum omnis generis vitiorum.

*Regula si stabili diuum permanserit ista,
Disciplina, vigor, virtus mox & decor, omnis
Ecclesiæ fulgor pauco sub tempore, verget.
Publica res, quæ si planè sic ducitur, æquè
Legibus extinctis in pace sepulta quiescet.
Luxus & incestus, furtum tunc, cætera surgent.
Libertas delinquendi, tunc crimina stabunt.
Excludantur & hi quos sola scientia comit,
Christi Conseruos & quos sapientia nutrit,*

Et

Et quibus apparent introductoria sana
Doctrina, quæ depromit post terga cicatrix:
Sacra si magnus fidei surrexerit error,
Omnis Censurâ conuentus sint alieni.
Consultu Regis hi præcidantur ab omni.

Quibus versibus, vt optimè notat Hadrianus Valesius, Adalbero Indicat viros litteratos, bonos & sapientes, Catholicæque & sanæ Doctrinæ ab Episcopatibus, à conuentibus vel synodis, si forte ad hæreses impugnandas cogantur, atque à Consilio Regis procul amoueri solitos.

Hæc inquam scribebat Adalbero sub initia Regni Roberti, vt eum admoneret, qua in re peccatum esset ante, neue ita deinceps exemplo malo peccaret. Non est tamen existimandum adeo torpuisse Musas, vt nihil splendoris retinuerint. Siquidem vt ad an. 950. retulimus ad eas etiam extranei conuolabant, tanquam ad maiorem litterarum officinam, & ad Emporium plurimarum Artium: ob idque Huboldus relictis scholis Leodiensibus, Abbo Floriacensis dimissis quoque Floriacensibus, Gerbertus & alij ad eas se contulerunt, plures scilicet Professores, pluriumque Artium professionem Parisiis quàm apud se haberent, reperturi: etsi tunc non ignobiles essent scholæ Floriacenses, Lobienses, Leodienses & Aureliacenses.

Neque putandum est ob aliam causam Olbertum, qui postea fuit Lobiensis Abbas, relictis scholis Cœnobialibus sub finem huius seculi Parisios se contulisse; & multos alios quorum nomina dolendum est nobis inuidisse historiam illorum temporum. Porro Olbertus ille obtentâ ab Herigero Abbate suo licentiâ plures lustrauit scholas, sed tres præsertim Trecensem, Parisiensem & Carnotensem. In Trecensi magna fama tum docebat Aldradus Archidiaconus, cuius supra meminimus. In Carnotensi Fulbertus. Parisiis multò plures, quanquam in libello de Gestis Abbatum Gemblacensium dicatur apud S. Germanum studio operam dedisse: sic enim de eo legitur.

In Cœnobio Lobiensi à puero in disciplina Monastica regulariter nutritus, & in studiis scripturarum apprime eruditus ex prouectu suæ indolis monstrabat qualis esset futurus. Hic vbi ex ore Herigeri Lobiensis Abbatis viri suo tempore disertissimi aliquid de septem sapore artium bibit, sitim studij sui extinguere non potuit: ideo vbi aliquem in scientia Artium egregiè præ cæteris valere audiebat, statim illuc volabat; & quantò amplius sitiebat, tantò auidius de singulorum pectore aliquid delectabile hauriebat. Nam & Parisius aliquandiu apud S. Germani operam dedit & studio & sanctæ quæ ibi feruebat Religioni. Apud vrbem Tricassinam triennio studuit, vbi grata vitæ & multa ab aliis didicit & prudenter alios docuit. Sed nec Fulberti Carnotensis Episcopi eum subterfugit audientia, quem peritiâ Liberalium Artium tota Francia prædicabat. At postquam vt apis prudentissima per florea rura exercitus liquido doctrinæ nectare est distentus, ad aluearium Cœnobij sui est regressus, ibique viuebat religiosè.

Nec video quò pertineant versus Dudonis Decani San Quintiniani in adlocutione ad librum, quem de Gestis Normanorum dedicauit Adalberoni Laudunensi, nisi ad Academiam Parisiensem & ad scholas Nationis Normanicæ quæ Parisiis erant. Sic enim habet.

Themate pertenuis quoniam digestus haberis
Rhetorici ratione carens dulcaminis omni
Liber, interno cum te perscrutor ocello,
Ægrè fert animus, quo à vulgo dicere gestis
Quæ digesta stylo nec quicquam schemate nostro
Et subsanneris tumido vafroque tumultu.
Si te conferuent studiisque sigilla pudicis
Pestiferum intentant secreti radia nobis
Aut pergas NORTMANICA nunc GYMNASIA præceps,
Aut SCHOLIS clausus FRANCISCIS nunc moruleris,
Ridiculam vereor nobis sat surgere sannam,
Si impatiens refutes clauem nunc obice rupto.

At vbi illa Gymnasia Nortmanica, vbi latinitas doceretur & intelligeretur, nisi

Parisiensis? vbi quoque scholæ Francicæ? nam in ipsa Normania ne vllum quidem fuisse Magistrum Publicum ante annum circiter 1040. quo se illuc Lanfrancus docendi gratia contulit, teste Ordericus Vitalis ad an. 1069. *Hoc Magistro*, inquit, *primitus Normani litteratoriam artem perscrutati sunt, & de schola Beccensi eloquentes in diuinis & seculatibus Sophistæ processerunt. Nam antea sub tempore sex Ducum Neustriæ vix vllus Normanorum liberalibus studiis adhæsit* (nempe in Neustria) *nec Doctor inueniebatur, donec prouisor omnium Deus Normanicis oris Lanfrancum appellit*.

Quid quod idem Dudo in Elegia quam præmisit descriptioni obsidionis Parisiensis an. 866. comparat Normanos cum Dædalo & Cumas cum Parisiis? nimirum quemadmodum Dædalus insula Cretensi relicta aptatis sibi pennis Cumas attigit, vbi nobile delubrum Phœbo dedicauit ibique constitit, ita & Normanos ait è finibus Danicis duce Rollone Lutetiam aduolasse, vbi pariter nobile delubrum Phœbi repererunt terramque cerealem inhabitandam obtinuerunt: hoc ergo solum super esse vt artes liberales combibant & Rhetorico nectare pectus fœcundent. Postquam igitur Normanicæ peregrinationi Dædali fabulam aptauit Cumis,

> *Nobile delubrum Phœbo statuitque, dicauit,*
> *Exuit hic pennas moxque salutiferas,*

Rollonem alloquitur his versibus.

> *Propositum Cordis Domino committe Tonanti,*
> *Ludicra disperdat, Fulgura discutiat,*
> *Munitum sensim pontum te prouehit vltra*
> *Fluminis Almifluo alite septiflui.*
> *Atque solo temet sistat pingui & Cereali*
> *Euulso nemore fruticis & silicis,*
> *Rhetoricoque tuum fœcundet nectare sensum*
> *Armorico pariter debriet & modulo,*
> *Acquisita aliis plectro cum fidibus ita*
> *Hymnisante Melos psallere voce queas.*

Quod ad statum verò Vniuersitatis attinet & quoad locum & regimen, nihil fere videtur in ea re mutationis accepisse. Nam 1. certum est toto hoc seculo partim in monte San-Genouefiano, partim in Atrio Basilicæ locisque vicinis consedisse. 2. Non est quoque dubium, quin à Rectore & à 4. Procuratoribus Nationum gubernata sit. dico 4. Procuratoribus. Nam vt dictum est ad an. 913. toto primo sæculo videtur Vniuersitas ex duabus tantummodo Nationibus constitisse, Gallicana & Anglicana. At postquam Normanis certa stabilisque sedes assignata est, vt facilius ad fidem conuerteretur, ferinosque mores suauiori disciplinarum cultu edomarent, operæ pretium fuit eorum pueros ad scholas Parisienses Publicas admittere, quibus ne damno esset & iniuriæ, quod tot mala Regno & præsertim Ciuitati Parisiensi importassent, visum est percommodum & vtile propriam Tribum Nationemque illis concedere, ac proinde Procuratorem Patronumque præficere, qui ab iis iniurias molestiasque propulsaret, si quæ forsan inferrentur. Tum quoque Picardica Natio videtur instituta, vt in Quadratura ista Nationum totum litteratorum corpus subsisteret & contineretur. Hincque Gallicana Natio quæ ante additionem illam omnes istas regiones late complectebatur, duabus istis partibus mutilata est.

De Generibus verò Disciplinarum propter quas frequentata fuerit hæc Academia, sic videtur sentiendum, raram fuisse hoc seculo Theologiæ professionem paucosque Theologos, vt exiis quæ supra ex Adalberone retulimus, satis intelligitur. Philosophiæ verò & aliarum Artium liberalium exercitationem fuisse non incelebrem, quando quidem ad eas omni parte addiscendas Abbo Floriacensis, Huboldus, Olbertus, Gerbertus quoque Aquitanus Parisios conuenisse videntur. Abbo quidem, vt legitur in eius vita per Aimoinum Discipulum conscripta, maiora desiderans scientiæ scrutari arcana, quàm quæ reperiebantur in scholis Floriacensibus, inter cæteras sapientiæ officinas Parisios adiit *ad eos qui Philosophiam profitebantur*, indeque & ex Remensi quoque schola tam plenè artibus imbutus rediit, vt sapientiæ magnitudine omnes anteiret Coætaneos.

TERTIVM SECVLVM
VNIVERSITATIS
PARISIENSIS.

Ab anno 1000. ad annum 1100.

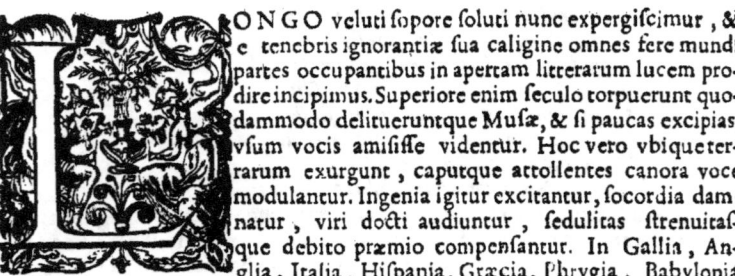ONGO veluti sopore soluti nunc expergiscimur, & e tenebris ignorantiæ sua caligine omnes fere mundi partes occupantibus in apertam litterarum lucem prodire incipimus. Superiore enim seculo torpuerunt quodammodo delituerúntque Musæ, & si paucas excipias, vsum vocis amisisse videntur. Hoc vero vbique terrarum exurgunt, caputque attollentes canora voce modulantur. Ingenia igitur excitantur, socordia damnatur, viri docti audiuntur, sedulitas strenuitásque debito præmio compensantur. In Gallia, Anglia, Italia, Hispania, Græcia, Phrygia, Babylonia complures egregij viri student, docent & scribunt.

Apud Arabes in Hispania & præsertim Hispali seu Seuillæ litteræ Hebraicæ florere incipiunt. R. Ioseph Ben-Isaac R. Mosis primi Scholæ Cordubensis Rector Vniuersum Talmud in linguam Arabicam vertit ad Alhachin Sarracenorum Regem. Ibi Magia publicè docetur & summo in honore habetur.

Apud Babylonios R. Haïgaon Talmudicorum Iureconsultorum excellentissimus, postremus, vt aiunt, de domo Dauid & e Regio Ieconiæ sanguine 40. annis Scholam Iudaïcam administrat. Ibi floret Academia Sarracenorum in hisce Disciplinis, Medicinâ & Astrologiâ Chaldaïcâ, Arabumque, Persarum, Ægyptiorum & Iudæorum Magiâ, vt habetur in Chronico Cassinensi l. 3. c. 34.

Similiter apud Anglos, Italos, Græcos reflorescere incipiunt Artes & disciplinæ omnis generis exerceri. Apud Nos in multis Galliarum Vrbibus Scholæ passim instituuntur, aut iam institutæ splendorem resumunt, Remis, Aureliæ, Carnuti, Andegaui, Lauduni. Ad Parisienses verò ex omni mundi parte concurritur, & e minoribus locis ac veluti mercatibus infrequentibus ad celebres Nundinas frequentissimúmque & locupletissimum omnium bonarum Artium Emporium discendi gratia conuolatur: adeout Vrbs Regni primaria tot aduenas capere non possit, nimísque sit angusta, quàm vt multis suas merces explicare volentibus loca commoda assignare queat. Itaque alij aliò se conferre coguntur. Et vt ad Oceanum omnes aquæ confluunt, ex eoque omnes refluunt: sic ad Academiam Parisiensem ex omnibus locis conueniunt Discipuli, qui deinde scientias consecuti in aliis vrbibus & oppidis litterarum professionem aggrediuntur. Hinc docet Fulbertus Carnuti, Anselmus Lauduni, Marbodus Andegaui, Berengarius Turonis, Lanfrancus & Anselmus ex Italia profecti ad Beccense Cœnobium se conferunt; Manigaudus de Lutenbach Teutonicus Parifuis omnibus d.sciplinis imbutus in patriam regreditur, & quod didicit, popularibus exponit.

Antequam verò ad Ordinem Chronologicum aggrediamur, tria sunt præsertim quæ in hoc seculo nata Vniuersitatis Parisiensis famam propagarunt, Theologia scholastica circa initiũ; Nominaliũ secta circa medium, & Cartusiani ordinis institutio sub finem. Ex Theologia Scholastica nati sunt deinde Gradus Academici Baccalaureorũ, Licentiatorum & Doctorũ, de quibus dicetur ad 4. seculũ. Eius verò initia altius repetenda videntur, quippe cuius origine aliqui repetunt à Græcis, alij à D. Augustino, Baronius & alij ab Agapito Pontifice Romano sub an. Christi 535. Nonnulli à Ioanne Damasceno circa an. 740. Certè Gregorius Nazianzenus argutias quibus Theologia Scholastica plena est, Philosopho Christiano indignas esse scribit. Baronius ideo huicce nouo generi tradendæ Disciplinæ Scholam ab Agapito erectam censet, ne Apostolica sedes Apostolicis tantum innixa traditionibus repulisse scientia & examina discussionesque refugisse videretur, itaque quasi verita ne non satis constarent quæ simpliciter seruanda proponeret, eadem ipsa postea quæ docuisset, in scholis differenda & quæstionibus ventilanda proposuit, vti de auro obrizo fieri solet, quod lydio probandum lapide vnicuique, vbique & semper libenter offertur, occasione præsertim hæreticorum clamantium quæ pura sunt ac sincera, esse adulterina.

Cassiodorus vbi de origine Theologiæ in vrbe Roma disserit in Præf. de institutione Diuinæ lectionis, ait quidem se cum Agapito talis scholæ instituendæ consilium concepisse, at non perfecisse propter bellorum terrores & calamitates. *Cum studia secularium litterarum*, inquit, *magno desiderio feruere cognoscerem, ita vt magna pars hominum ipsa per se mundi prudentiam crederet adipisci, grauissimo sum fateor dolore permotus, quod scripturis Diuinis Magistri publici deessent. Cum mundani authores celeberrimi proculdubio traditione pollerent. Nisus sum cum Beatissimo Agapito vrbis Romæ: vt sicut apud Alexandriam multo tempore fuisse traditur constitutum, nunc etiam in Nisibili ciuitate Syrorum Hebrais sedulo fertur exponi, collocatis expensis in vrbe Roma Professos Doctores scholæ potius acciperent Christianæ, vnde anima susciperet æternam salutem, & casto atque purissimo eloquio fidelium lingua comeretur. Sed cum propter bella feruentia & turbulenta nimis in Italico Regno certamina desiderium meum nullatenus valuisset impleri, quoniam non habet locum res pacis temporibus inquietis, ad hoc diuina claritate probor esse compulsus, vt ad vicem magistri introductorios vobis libros istos Domino præstante confecerim.*

Post Agapitum Damascenus scripsit præcepta Grammatices an. Christi 700. vnde ortam aiunt Disciplinam illam quæ Scholastica nuncupatur, quamque comparant cum famosa illa Scylla veterum ad speciem quidem pulchra, sed latrantibus monstris succincta, vt pote refertam mille quæstionibus & distinctionibus inutilibus. In quo genere cum Ioannes Erigena sub Carolo Caluo famam comparasset apud Curiosos & vanarum subtilitatum studiosos, ab aliis Theologis despectus fuit & contemptus, veluti Theologiæ Christianæ ignarus.

At in hoc seculo adoleuit viresque acquisiuit eundo. Eius autem tres quodammodo ætates assignant, Primam, mediam & vltimam. Primæ initia ducit Danæus in suis ad lib. 1. Sententiarum Prolegomenis à Lanfranco, eamque temporibus Alberti magni terminat, nimirũ ab an. circiter 1020. vt putat, ad an. 1220. aut circiter. Cui instituendæ occasionẽ ait dedisse disputationes de mysterio Eucharistiæ & transsubstantiatione, Berengarii superbiam & Lanfranci acrimoniam. Quæ ætas habuit Lanfrancum, Berengarium, Guitmundum, Anselmum, Abaelardum, Hugonem de S. Victore, Gratianum, Petrum Lombardum, Comestorem, Petrum Clericum, Rupertum Tuitiensem, Leonem Tuscum, Wilielmum Antissiodorensem, Alanum de Insulis, Alanum de Ripatorio & alios innumerabiles.

Media ætas ab Alberto Magno ad Durandum de S. Portiano centum circiter annos complectitur, eaque Aristotelis scripta sic vsurpauit, vt in probandis diuinis mysteriis Philosophi illius authoritate niterentur, criminique verterent ab illius dogmatis recedere. Tum ridiculas quæstiones inualuisse ait Danæus, melius silentio premendas, quàm calamo exarandas. Tum Quodlibetarias Quæstiones introductas; quibus quia in vtramque partem probabiliter disputabatur, ita dubius & anceps vacillabat animus, vt quid tenendum, quid reprobandum esset, non facile agnosceret.

Vltima denique ætas à Durando de S. Porciano qui florebat circa an. 1280. ad nostra vsque tempora producitur, eamque omnium pessimam esse putat Danæus: & cum eo omnes fere Hæretici scriptores. Neque illi tantùm, sed plurimi quoque Catholici hocce genus Theologiæ omnino improbant. Trithemius ait ab. an. circiter 1000. Philosophiam secularem suâ curiositate Inutili sacram Theologiam fœdare cœpisse. In libro quoque de Hussij Doctrina & rebus gestis c. 4. sic legitur.

Ab anno Christi 1000. Sana Apostolica Euangelij doctrina traditionibus humanis, quibus Deus frustra colitur, deprauari cœpit vsque ad an. 1150. quo Petrus Lombardus cognomento Magister sententiarum, id quod antecessores sui Lanfrancus an. 1071. Anselmus 1094. Hugo 1127. & Gratianus ex humanis Pontificum traditionibus corraserant, in vnam sarcinam constrinxit, & pro sana Christiana Biblicaque Doctrina venditauit: idque postmodum tanta authoritatis fuit, vt in omnibus disputationibus ipsius saltem scriptorum ratio habenda, ipsiq; vsitata loquendi forma vsurpanda omnino fuerit, donec res eo deuenit vt sacrosancta Diuina scriptura neglecta in id saltem respiceretur, quod Sedi Romanæ vel Magistro sententiarum probaretur. Huius vestigiis institerunt Albertus Sueuus ordinis Prædicatorum & Episcopus Ratisponensis, Thomas Aquinas Italus an. 1223. Parisiis eruditus & an. Christi 1274. vita functus, Ioannes Duns Scotus & alij plures qui in dies veritatem immisso falso cultu obscurarunt.

Georgius Hornius lib. 6. de Historia Philosophica c. 2. & seq. tres easdem Theologiæ scholasticæ ætates ponit, sed primam arcessit à Ioanne Damasceno, qui in oriente viuebat circa an. 740. at in occidentali plaga primum gradum ad eam vult struxisse Lanfrancum Papiensem omnium sui temporis in Dialectica doctissimum habitum teste Trithemio: in cæteris consentit cum Danæo. Huiusce autem Theologiæ generis fatentur omnes causam fuisse nimis curiosam Aristotelicæ doctrinæ lectionem, quæ olim e scholis præsertim Theologicis omnino exulabat, teste Beda in Cap. 7. Leuitici. *Humana*, inquit, *doctrina, Grammatica, aut Rhetorica aut Dialectica, ex quibus in his quæ de fide sentienda sunt, nihil accipiendum.* Imò nec in scholis Liberalium Artium admittebatur; cuius loco Lutetiæ olim S. Augustini Dialecticâ prælectam videmus, vt Odonis Cluniacensis exemplo clarum sit, qui circa an. 900. apud Remigium Antissiodorensem, qui tunc e Remensi Schola Parisios reuersus docebat, *Dialecticam S. Augustini Deodato filio suo missam perlegit,* vt legitur in eius vita. At hoc seculo occasione præsertim Berengarianarum disputationum cœperunt curiosi, & maximè illi qui ei fauebant aut fauere videbantur, Aristotelis Dialecticam in scholas inducere. Vnde etiam factum, vt qui primi nouitate vocum & scholasticis argutiis inter exercitationes Scholasticas vsi sunt, pro hæreticis habiti sint, Roscelinus, Abaelardus, Lombardus, Gilbertus Porretanus, Petrus Pictauinus & alij: vt legitur in prologo librorum 4. quos Gualterus Prior San-Victorinus contra 4. illos postremos composuit. *Quisquis hoc legerit*, inquit, *non dubitabit 4. labyrinthos Franciæ,* (id est Abaelardum, Lombardum, Petrum Pictauinum & Gilbertum Porretanum) *vno spiritu Aristotelico afflatos dum ineffabilia Trinitatis & Incarnationis Scholasticâ leuitate tractarent, multas hæreses olim vomuisse & adhuc errores pullulare.* Hæc generatim de doctrina huius sæculi.

Mores quoque initio fuisse corruptissimos testis est Glaber Rodulphus in fine lib. 3. cuius corruptionis causam ait fuisse fæcem Aquitanicam cum Constantia Regina Roberti vxore in Franciam & Burgundiæ partes profectam, homines nempe, vt ait, omni leuitate vanissimos, moribus & veste distortos, armis & equorum phaleris incompositos, à medio capitis nudatos, histrionum more barbis rasos, caligis & ocreis turpissimos: fidei & pacis fœdere omnino vacuos huc migrasse, Galliamque infecisse. Quam morum corruptionem quisquis ex Francis carpere & reprehendere audebat, sibilo statim excipiebatur, tanta erat eorum impunitas. Vnus tanti mali radices amputare aggressus est Willielmus Abbas S. Benigni Diuionensis, qui quod gratiâ & authoritate valeret plurimum, apud Regem & Reginam effecit, vt in tota Gallia reformatio fieret omnis status hominum, vtque à Monachis & Ecclesiasticis secularibus initium sumeretur. Inuehitur in eiusmodi corruptionem Rodulfus versibus, quos in eam rem composuit, omniumque malorum istorum causam coniicere videtur in Reginam

Constantiam, quæ ex vitio Patriæ hoc habebat, vt vanissima esset, quæque Regnum sub marito nimis vxorio ad libitum gubernabat. Sic ergo ille.

Anno post Dominum terris de virgine natum
Milleno, grauibus homines erroribus acti,
Dum cupimus rerum species intendere plures
Præteritisque placet studiis componere mores,
Obiectat se se nouitas incauta periclis.
Ecce priora sibi rident & tempora nostri
Ludicra quæque probris sociant tamque vsibus aptant,
Turpia nec horrent, animis & seria calcant.
Qua iustos rexere viros, honesta refutant.
Corpore peruerso creat hac nunc vita tyrannos,
Truncâ veste viros, sine fœdere pacis ineptos.
Consilio muliebre gemit Respublica laxa
Fraus, raptus, quodcumque nefas dominantur in Orbe.
Nullus honor sanctis, nulla est reuerentia sacris.
Hinc gladius, pestisque fames, populantur vbique
Nec tamen impietas, hominum correcta pepercit.
Ac nisi magna Dei pietas protenderet iram,
Infernus hos terricrepo consumeret ore,
HOC HABET INFELIX PECCANDI CONSVETVDO,
QVOD PLVS QVIS PECCAT, MINVS HIC PECCARE PAVESCAT.
QVIQVE MINVS PECCAT, MAGIS HIC PECCARE TIMESCAT.

Nec probiorem fere vitam agebant Monachi, vt legitur in vita Burchardi Comitis ab Odone Fossatensi conscripta. Illi enim magis erant dediti venationi, quàm officio Diuino; plusque illecebris mundi, quàm precibus, plus studiis seculi, quàm Liberalium artium & Theologiæ disciplinis. Vt probat idem author exemplo Magenardi Abbatis Monachorum Fossatensium. Similiter Adalbero Episcopus Laudunensis in carmine ad Robertum ridiculum exponit Oidilonis Abbatis Cluniacensis comitatum Monachalem, & profectionem ad summum Pontificem; comitatum, inquam, Monachorum ingenti numero galeis, loricis, gladiis cinctorum: itaut videretur acies armatorum potius, quàm Monachorum comitatus. Fingit autem Oidilonem virum reuera bonum, sed nimis facilem petentibus Monachis, quo apparatu placeret Romam proficisci, ita mandare & imperare.

Lunaris pendere prius debet tua pelta:
Insuper apponat tibi loricamque trilicem.
Lubrica sustineant galeam cinctoria lumbi:
Corrigiis caput adstrictum mucrone coronæ.
Spicula post tergum teneas, tum dentibus ensem.
Et cogit iuuenes lentos adscendere currus,
Atque senum præcepit equos conscendere turbam.
Ascendunt asinum bini, denique camelum:
Si non sufficiunt, bubalum conscendite terni.
Millia mille viri procedunt ante Quirites.

Huiusce autem corruptionis tolerantiam Regi exprobrat, nec satis esse innuit vacare ipsum litteris & pietati, at insuper debere subditos coercere, cum laxiori vitæ se permittunt. Paulo post verò virorum illustrium tàm Laïcorum, quàm nonnullorum Religiosorum operâ factum est, vt Monachi vitam moresque reformarent, turpe reputantes à Roberto Rege aliisque laïcis Principibus vinci pietate & amore litterarum. Non parum quoque contulit ad reformationem Burchardus Comes Melidunensis Reginaldi Episcopi Parisiensis pater, qui Fossatense Monasterium ad regulam reduxit. Et inter Monasticæ vitæ professores Maiolus Abbas Cluniacensis, cuius opera idem Burchardus vsus est. Verum in eâ rem nemo studiosius feliciusque incubuit, quam Willielmus S. Benigni Diuionensis Abbas e Monasterio Lauceio Cluniacum à Maiolo adductus & postea ab Episcopo Lingonensi Brunone an. 990. factus Abbas: ille enim, vt habetur in Chronico Benigniano, *regularis vitæ Disciplina, quæ iam pænè deciderat per vete-*

rum negligentiam pro vt B. Benedictus eam compoſuit, in priſtinum ſtatum corrigendo reſtaurauit, ac per diuerſas mundi partes per plura Monaſteria à regulari tramite deuia tam per ſe, quàm per ſuos quos Abbates ordinauerat, Monaſtico ordini ſubdidit.

Sub huiuſce viri diſciplinam plurimi præſtantes ingenio & doctrinâ iuuenes concurrerunt, & inter alios Hunaldus, Rodulphus cognomento Albus, Thedericus ciuis Diuionenſis filius poſtea Fiſcanenſis Abbas, Lidbaldus, Benedictus Metenſis Clericus, Arnulfus Tullenſis *litteris apprimè eruditus omniſq; mundana ſapientia doctus,* vt legitur in eodem Chronico. Imò & Epiſcopi nonnulli & Abbates illius ſe regimini ſubmiſerunt relictis Epiſcopiis: Albingatenſis, quæ ciuitas eſt ſupra Gennuam, Barnabas natione Græcus, Benignus quoque Epiſcopus, Ioannes Capuanus Abbas, Ioannes Rauennas Abbas S. Apollinaris, Benedictus Abbas S. Seueri, Anaſtaſius, Marcus & alij plures. Inter cæteros verò duos habuit inſignes Magiſtros ſibi quoque ſubditos; Ioannem & Paulum litteris eruditos, quorum ſapientia ad ſalutem multarum profecit animarum.

Huius quoque eximij viri opera vſus eſt Richardus Normanorum Dux ad reformationem Cœnobij Fiſcanenſis, ad quem multi ſtatim conuenerunt nobiles viri tam Clerici, quam laïci, eius doctrina cupientes inſtitui: inter quos commemorantur Oſmundus Epiſcopus, Locelinus & Beringarius Clerici liberalibus artibus apprime eruditi, Roberti Regis aulam deſerentes: & ex Anglia Clemens vir nobilis & regali proſapia clarus. Tandem relicto Fiſcanenſi Cœnobio quod per 30. annos rexit, præfecit eidem Ioannem eiuſdem loci Priorem patria Rauennatem, reformatiſque aliis Cænobiis Gemmeticenſi, Sancti Michaëlis de Monte, S. Germano-Pratenſi, ad quod à Roberto Rege euocatus fuerat, S. Faronis Meldenſis, Fructuarienſem locum ſibi in reliquum vitæ tempus delegit ad habitandum, deſiderans in Patrio ſolo quieſcere. Hæc ex Chronico S. Benigni, cuius Author ſub Roberto & Henrico eius filio floruit. Vnum addit quod non videtur ſilentio prætereundum, cum commemorat beneficia à Willielmo Diuionenſi Cœnobio collata, ſcilicet vſum fuiſſe Girberto quodam Monacho ſuo in ſcribendis libris ad augendam Bibliothecam. *ſuper cætera,* inquit, *quæ geſſit, hanc Eccleſiam S. Benigni, librorum ornamento decorauit ipſe impenſas tribuendo: & Domnus Girbertus ſcribendo: fuit autem Girbertus ex priris quos nutriuit Domnus Abbas Willielmus & ab officio ſcriptor eſt appellatus.* Caue autem hunc confundas cum Gerberto Aureliacenſi Monacho, de quo ad ſuperius ſeculum multa diximus.

Hinc ergo excitata eſt inter viros doctos honeſta quædam æmulatio, creuitque laudabilis ſtudiorum ardor exemplo Regis, qui & eos amicè côplectebatur, & litteris ipſe vacabat. Itaque multi ad profeſſionem litterarum tam intra, quàm extra cœnobia ſe contulerunt: intra quidem willielmi prædicti inſtituto & operâ: extra verò Roberti exemplo excitati, qui quod nimis addictus eſſet litteris à nonnullis *Muſarum ſacerdos* ſeu *Muſardus* dicebatur: vox enim iſta noſtra Gallo-Romana *Muſer* qua otium ſignificamus, proculdubio à Muſis deducta eſt, qui enim ſe Muſis applicant, otium & ſeceſſum quærunt, neque negotiis ſe implicant: itaque ille innuens difficile eſſe omnibus placere, reſpondet Adalberoni in carmine, quod ſiquis Muſas amplectatur, ſtatim ab ineptis & indoctis *Muſardus* vocetur.

Si Muſas celebres, clament Muſardè ſacerdos.

Sed Chronologiam noſtram aggrediamur.

Anno ergo 1000. poſt mortem Seguini ſeu Seuini Archiepiſcopi Senonenſis magna contentione de ſucceſſore deligendo orta, tandem Leothericus Gerberti quondam apud Remos diſcipulus maioris partis conſenſu electus, ab eodem Gerberto tum Papa confirmatur: qua de re ſic legitur in Chronico S. Petri Viui Senonenſis. *Anno milleſimo acclamante Clero & populo electus eſt in Epiſcopatu Domnus Leothericus ipſius Eccleſiæ Archidiaconus, cui reſiſtebant plurimi Clericorum cupientes Epiſcopium: qua de re Romam adiis Gerbertum Papam qui & Silueſter dictus eſt, cuiuſque Diſcipulus in Remenſium vrbe fuerat Iuuenis. Quem ille gratanter recepit, cum benedictione Apoſtolica remittit & totius Gallia primatum dedit. Vnde rediens Senones cû pace ſuſceptus eſt à Clero & populo honorificè. Volentibus autem eum inthronizare, prohibuit Frotmundus Comes natus ex mala progenie: habebat enim filium Clericum no-*

1000.

mine Brunonem quem volebat Episcopum facere. Quare Domnus Leothericus iterum Papam adiit, qui mittens litteras suas ad suffraganeos Ecclesiæ Senonensis iussit, vt congregati in vnum Apostolica authoritate cum ordinarent; qui iussa complentes ordinauerunt eum apud S. Faræ Monasterium.

Sub finem huius anni homo quidam plebeius Leuthardus nomine apud Vicum Virtutis in Pago Catalaunico nimio ex labore agriculturæ correptus somno sibi videre visus est examen apum per secreta naturæ ingredi in corpus & per os erumpere admonereque crebrò pungendo, vt quæ hominibus erant impossibilia, tentaret. Ille itaque fanatico quodam spiritu agitatus dimissâ vxore veluti ex præcepto Euangelico Ecclesiam ingressus Crucem accipit & Saluatoris imaginem conterit. Mirantibus autem Rusticis & insanum reputantibus, id se dixit facere certo Dei ductu & monitu; & protinus Doctor apparuit, contrariaque sanæ Doctrinæ, sed Rusticorum mentibus commoda, grata & conuenientia effutire cœpit. Nam vt ait Rodulphus l. 2. c. 11. *decimas dare dicebat esse omnimodis superfluum & inane. Et sicut hæreses cætera, vt cautius decipiant, scripturis se Diuinis quibus etiam contrariæ sunt, palliant; ita & ipse dicebat Prophetas ex parte narrasse vtilia, ex parte non credenda. Cuius etiam fama quasi alicuius mente sani ac religiosi in breni ad se traxit partem non modicam vulgi. Quod comperiens vir eruditissimus Gebuinus Senex Episcopus, in cuius scilicet erat Diœcesi, accersiri illum ad se iussit. Quem cum interrogasset de vniuersis, quæ dixisse vel fecisse compererat, cœpit venenum suæ nequitiæ occultare, cupiensque quod non didicerat de Scripturis sacris testimonia sibi assumere. Audiens verò sagacissimus Episcopus non esse conuenientia, imò non magis turpia quàm damnabilia ostendensque hominem insanientem hæreticum factum, reuocauit ab insania populum ex parte deceptum, Catholicaque plenius restituit fidei. At ille cernens se deuictum atque ambitione vulgi destitutum semet puteo periturus immersit.*

Eodem tempore in Italia apud Rauennam Quidam Magister Scholarum nomine Wilgardus Grammaticæ professor ita suis Authoribus profanis addictus erat, vt pro Sacris Scripturis eos haberet, plusque illis deferendum esse diceret, quàm vlli Ecclesiæ Doctori: sed accersitus, interrogatus, correctus & damnatus à Petro vrbis Pontifice blasphemiam abiurauit: qua de re sic habet idem author. l. 2. c. 12. *Ipso quoque tempore non impar apud Rauennam exortum est malum. Quidam igitur Vvilgardus dictus studio Artis Grammaticæ magis assiduus quàm frequens, sicut Italis mos semper fuit, artes negligere cæteras, illam sectari. Is enim cum ex scientia suæ artis cœpisset inflatus superbia stultior apparere, quadam nocte assumpsêre dæmones Poëtarum species; Virgilii & Horatij atque Iuuenalis, apparentesque illi fallaces retulerunt grates, quoniam suorum dictis voluminum charius amplectens exerceret, seque illorum posteritatis felicem esse præconem. Promiserunt ei insuper suæ gloriæ postmodum fore participem. Hisque dæmonum fallaciis deprauatus cœpit multa turgidè docere fidei sacræ contraria dictaque Poëtarum per omnia credenda esse asserebat, ad vltimum verò hæreticus est repertus atque à Pontifice ipsius vrbis Petro est damnatus.*

Idem author commemorat eodem loco nonnullos alios hæreticos surrexisse in Italia & Sardinia, partemque Hispaniæ corrupisse, at à Catholicis tandem fuisse expulsos. Quod præsagium aut congruere prophetiæ Ioannis aientis Sathanam expletis mille annis soluendum. Et reuera frequentiores esse cæperunt deinceps hæreses, plusque fere ingenij viribus & argutiis homines tribuerunt, quam fidei documentis.

De Carolo M.

Eodem anno Otho Imperator teste Sigonio 5. id. Maias apud Aquisgranum Caroli M. Ossa, quæ tum populo erant incognita è tenebris eruit, eaque honorificentiore tumulo collocauit. Qua de re sic scribit Ademarus Engolismensis. *Quibus diebus Otho Imperator per somnium monitus est vt leuaret Corpus Caroli M. Imperatoris, qui Aquis humatus erat, sed vetustate obliterante ignorabatur locus certus vbi quiescebat, & peracto triduano ieiunio inuentus est eo loco, quem per visum cognouerat Imperator, sedens in aurea Cathedra intra arcuatam speluncam infra Basilicam B. Mariæ coronatus ex auro & gemmis tenens sceptrum & ensem ex auro purissimo, & ipsius corpus incorruptum inuentum est, quod leuatum populis demonstratum est.* Quidam

Quidam verò Canonicorum eiusdem loci Adalbertus cum enormi & procero corpore esset, coronam Caroli, quasi pro mensura capiti suo circumponens inuentus est strictiori vertice, coronâ amplitudine suâ vincente circulum capitis: Crus proprium verò ad Crucis mensuram Regis dimetiens inuentus est breuior, & ipsum eius Crus protinus diuina virtute confractum est, qui superuiuens annis 40. semper debilis permansit. Corpus verò Caroli conditum in dextro membro Basilicæ ipsius retroaltare S. Ioannis Baptistæ & crypta aurea super illud mirificè est fabricata, multisque signis & miraculis clarescere cœpit. Non tamen solemnitas de ipso agitur, nisi communi more Anniuersarium defunctorum. Solium eius aureum Imperator Otho direxit Regi Borislauo pro reliquiis Adalberti Martyris.

Obiter hìc notandum aut esse mendum in numero annorum, quibus Adalbertus post ractum Caroli M. corpus superuixisse dicitur; aut ante hunc annum fuisse Corpus eius e tumulo vetusto eductum: aut denique Ademarum non an. 1028. obiisse, vt vulgo fertur: nisi dicamus, hæc quæ de Othone refert, fuisse ab aliquo interpolatore inserta.

Anno 1001. obiit Henricus Burgundiæ Dux Roberti Regis Patruus sine prole masculâ, atque ita Burgundia sub iugum Francicum rediit: non tamen sine bello. Eodem anno more Gallicano nempe 12. Cal. Feb. vel an. 1002. more romano moritur Otho III. Imperator Gerberti quondam Discipulus, qui cum profectus fuisset Romam, vt iura Regni & Ecclesiæ ad statum antiquum reduceret, obsessus fuit à Romanis coactusque cum Siluestro certis conditionibus ex vrbe discedere, & paulo post accepto chirothecarum venenato munere à Crescentii vxore, cuius amoribus correptus fuerat, interiit apud Paternum in Lombardia. Hac morte intellectâ duo statim Regnum occupare contendunt, Harduinus Italiam, Hermanus Germaniam: sed tandem post annum Henricus Bauariæ Dux vir strenuus, cuius auus frater fuerat Othonis, Electorum suffragiis Imperator proclamatus est, atque à Willigiso Moguntio Archiepiscopo inunctus. Et iste vt aiunt, omnium primus à septem Electoribus designatus & ad solium euectus est iuxta legem ab Othone latam, de qua ad superius seculum diximus. Crediderim tamen Electorum numerum, si tunc fuerunt Electores, nondum fuisse septenarium.

Anno 1003. 4. id. Maias obit Siluester II. ante promotionem Gerbertus dictus: de quo satis multa superiore seculo. Hic eius Epitaphium tantummodo à Sergio qui paulo post ad Pontificatum Maximum peruenit, conscriptum apponemus, vt constet quàm falsò aliqui Itali scriptores ei magiæ crimen affingant. Fuit autem tumulatus in Ecclesia Lateranensi.

Iste locus mundi Siluestri membra sepulti
 Venturo Domino conferet ad sonitum.
Quem dederat mundo celebrem doctissima virgo,
 Atque Caput mundi culmina Romulea.
Primum Gerbertus meruit Francigena sede
 Remensis populi Metropol in Patriæ.
Inde Rauennatis meruit conscendere summum
 Ecclesiæ regimen nobile sicque potens.
Post annum Romam mutato nomine sumpsit,
 Vt toto Pastor fieret orbe nouus.
Cui nimium placuit sociali mente fideli
 Obtulit hoc Cæsar tertius Otho sibi.
Tempus vterque comit clara virtute sophiæ,
 Gaudet & omne seclum frangitur omne reum.
Clauigeri instar erat Cælorum sede potitus
 Ternâ suffectus cui vice pastor erat.
Iste vicem Petri postquam suscepit, abegit
 Lustrali spatio secula morte sui.
Obriguit mundus discussa pace, triumphus
 Ecclesiæ nutans dedidicit requiem.
Sergius hunc loculum miti pietate sacerdos

Succeſſorque ſuus compſit amore ſui.
Quisquis ad hunc tumulum deuexa lumina vertis
Omnipotens Domine, dic miſerere ſui.

Siluestro succeſſit Ioannes 18. ſeditque menſibus 5. diebus 25. & vacauit ſedes diebus 19. Huius tempore aiunt Regem Hungrorum ad fidem fuiſſe conuerſum, nomenque Stephani in Baptiſmo accepiſſe, & ei Henricū Imperatorem dediſſe ſororem in coniugem. Tunc autem temporis peregrini Hieroſolymitani, Itali & Galli relicto maris itinere per Hungariam proficiſci cœperunt excipiente illos benigniſſimè Rege Stephano & muneribus proſequente, vt refert Rodulphus l. 3. c. 1. *Cuius gratia*, inquit, *prouocata innumerabilis multitudo tam nobilium quàm vulgi populi Hieroſolymam abiuerunt.* Cœperunt quoque iiſdem temporibus in toto Orbe Chriſtiano, præſertim verò in Italia & Gallia Baſilicæ Deo dicatæ inſtaurari & decentiore ornatu decorari: taut mundus reiectâ vetuſtate renouari videretur.

Tunc quoque Heriuæus Turonenſis Archiclauus & Theſaurarius S. Martini Turon. Monaſterium reædificauit magnis ſumptibus. Cuius eximij & incomparabilis viri virtutes deſcribit Rodulphus eodem lib. c. 4. *Duxit*, inquit, *ex nobilibus Francorum, mente nobilior ipſe, proſapiam; & vt lilium vel roſa de ſpinis, de ferocioribus ſecundum ſanguinem patriæ fuit. Qui vt generoſioribus mos eſt nobiliter educatus, dehinc verò* SCHOLIS LIBERALIVM ARTIVM *applicatus. Sed intelligens ex his pleroſque plus fore contumaces, quàm Diuinæ obedientiæ ſubditos, ſufficere ſibi credidit, ſi exinde ſalutem animæ reportaret. Relictis autem Pompaticæ ſcientiæ ſtudiis ad quoddam Monaſterium clam ingrediens Monachum ſe fieri ſatis deuotè poſtulauit.*

Eodem anno Abbo Floriacenſis Abbas in Vaſconiam ad reformandum Regulæ Cœnobium profectus, orto inter Vaſconas & Francos Comites diſſidio ab impiis Monachis perimitur: cuius vitam moreſque Aimoïnus Monachus quoque Floriacenſis, teſtis eius mortis oculatus anno 1004. deſcripſit & Heriuæo prædicto dedicauit, ſic eum in fine alloquens. *Hæc de vita, moribus & actibus, nec non martyrio ſanctiſſimi Patris noſtri Abbonis partim à fidelibus viris audita, partim à nobis viſa, ad te Reuerendiſſime Clericorum Heriuæe, vt tua Sanctitas petiit, veraci pro poſſe relatu ſcripſimus. Nunc tuam expoſcimus benignitatem, quatenus pro nobis Domini implores clementiam, vt ſi quid forte eum in noſtra offendimus narratione, ipſe ſua piiſſima indulgere dignetur miſeratione.*

Eodem anno Ioannes XIX. patria Romanus Pontificatum aſſumit ſedetque annis 4. menſibus 4. quo tempore inquit Laziardus Cœleſtinus in Epitome ſuæ Hiſtoriæ Vniuerſalis *in diſputationibus Robertus Rex Franciæ nulli ſecundus habitus eſt Regulorum huius temporis, vehementer incuſans qui libidini tantum obnoxij piaculum exiſtimant litteras diſcere. Robertus verò aliter ſentiens, etiam horas Canonicas, vbi licebat, cum Clericis decantabat.*

1004.
Origo Hærefeos de myſterio Euchariſtiæ.

Ad an. 1004. refert Baronius Leuthericum Senonenſem Archiepiſcopum, olim Gerberti Diſcipulum & ab eo Papa facto contra multorum ſententiam benedictione palliòque Archiepiſcopali cum Primatia donatum, de veritate Corporis & Sanguinis Domini in Euchariſtia dubitantem à Roberto Rege Pio & Docto fuiſſe acriter increpitum: hincque increbreſcere cœpiſſe rumorem illius blaſphemiæ, **quam poſtea Berengarius Turonenſis apertè profeſſus eſt. Hac de** re ſic habet Helgaldus in vita Roberti. *Præſuli cuidam de Domino non bene ſentienti & quærenti pro quibuſdam cauſis probationem in corpore Domini noſtri I. C. indignè tulit Rex amator bonitatis & ſcripſit ei in his verbis. Cum ſit tibi nomen ſcientiæ & non luceat in te lumen ſapientiæ, miror quâ ratione quæſieris pro tuis iniquiſſimis imperiis & pro infeſtato odio quod erga Dei ſeruos habes, examinationem in Corpore & Sanguine Domini ; & cum hoc ſit quod à dante ſacerdote dicitur,* Corpus Domini noſtri Ieſu Chriſti ſit ſibi ſalus animæ & Corporis*, cur tu temerario ore & polluto dicas, Si dignus es, accipe ; cum ſit nullus qui habeatur dignus ? cur diuinitati attribuis ærumnas corporis & infirmum doloris humani Diuinæ connectis naturæ ? iurans Domini fidem, Princeps Dei, priuaberis*, inquit, *honore Pontificis niſi ab his reſipueris, & damnaberis cum his qui dixerunt Domino* Recede à Nobis, *& non communicabis his quibus dicitur,* appropinquate Deo *&* appropinquabit vobis. *His verbis præſul bene* *correctus à Rege pio & bono sapienter instructus: quieuit obmutuit, & siluit à dogmate peruerso, quod erat contrarium omni bono & iam crescebat in seculo.* Item in vita Ioannis 19. leguntur hæc verba. *Huius tempore Leuthericus Senon. Archiep. Hæresis Berengarianæ primordia & semina sparsit.* Verum licet suspicio sit dubitasse Leuthericum de veritate Corporis Christi, id tamen ex verbis Helgaldi euinci clarè non potest, sed hoc tantum, quod dignos putaret accipere Corpus Christi, non indignos. Vt vt sit.

Hinc Hæreseos de Euchariſtiæ mysterio sumi potest exordium. Nam postquam Leothericus, qui ab omnibus vir doctissimus habebatur, quæstionem illam mouere cœpit, licet eo increpito tacere iusso non destiterunt tamen curiosi nouitatis eandem in scholis agitare. Tumque Fulbertus qui Scholas Carnotenses habebat, à discipulis rogatus, vt quid sentiret, quidque sentiendum foret, explanaret, eandem in scriptis tradidit & veram orthodoxamque sententiam propugnauit. Admonuit autem Leothericum, vt cautè circumspiceret quid rei moliretur. *Proreta nanis Regiæ,* inquit, *cautus & circumspectus esto. Terreni spiritus insolenter assibilant. Fluctus huius seculi intumescunt: promontoria mundanæ potestatis pericula minantur & mortes more Pyratarum insidiantur hypocritæ.*

Fulbertus autem iste Gerberti quoque Discipulus ex Magistro scholarum factus Cancellarius Ecclesiæ Carnotensis, omnium sui temporis doctorum doctissimus habitus est, paulò post Carnotensis Præſul factus ab omnibus pro ingentibus meritis suspiciebatur & expetebatur. Rodulphus l. 4. c. 4. eum vocat *Preſulem incomparabilem & verum sapientissimum.* Willielmus Aquitaniæ Dux Thesaurariam S. Hilarij Pictauiensis ei obtulit, vt legitur in Historia Aquitanica his verbis, *Fulberto quoque sapientia valde ornato Epiſcopo Carnotensi pro reuerentia Philosophiæ eius à Francisco euocato Theſaurariam S. Hilarij gratis tribuit & summo honore eum excoluit.* Abboni Floriacensi Cornphilosopho familiarissimus & amicissimus fuit, vt vel ex ea ad ipsum Ep. 21 patet.

« Pleno virtutis et gratiæ circumfuso charissimo Patri Abboni Fulbertus suus. Quam vere resalutatione digner, ô sacer Abba! ô magne Philosophe, quod rependa munerisanctæ amicitiæ quam promiserunt signa gemmatæ facundiæ, vix æstimare sufficio. Nam cum illa quæ dicuntur esse, victor animo teneas, cum illa quæ non esse, forsitan vilipendas, quid Ego conferre possim, quod tu aut non habeas, aut non habere contemnas? Sed quoniam Philosophicis essentiis magnum quiddam superest, atque ex his quæ non esse dicantur, quædam perpetua fiant, ideoque sapientibus aliquando grata sunt, recipe quæso quod ab vtroque lectum tibi offero. Denique vt participando super essentiam Deitatis Dominus fias, sic te resaluto ac perennem fidelitatis habitum amicitiæ tuæ rependo, hac scilicet differentia tuam beneuolentiam meamque distinguens, vt illa pro maiestate personæ gratia vocetur, vt Domini, ista fidelitas, vt alumni. Præceptis itaque tuis modestissimè deseruire cupiens Mediolano Discipulo, quod precatus es facio, quæque sibi scribenda petisti, ea omnia ferè iuxta fidem exarata transmitto. »

Tunc Fulbertus nondum erat Episcopus, sed priuatus Monachus S. Petri in valle Carnotensi sub Episcopo Rodulpho, vt indicat quæ habet in eadem Epistola de intrusione cuiusdam Magenardi Monachi in Abbatem: qui nempe videns Abbatem suum periculosè decumbere, ad Theobaldum Comitem qui tunc Blesis morabatur, Abbatiæ petendæ gratia properarat & obtinuerat eo etiam adhuc viuente, cumque mandato reuersus fuerat ad Commonachos, vt se in Abbatem reciperent. *Respondimus,* inquit Fulbertus, *longè nobis aliter videri, nec enim legitimè fieri Abbatem nec debere recipi, qui Abbatiam alterius ipso viuente per ambitionem petit, qui à fratribus non eligitur & super illos nititur dominari.* Redequitat Magenardus ad Comitem: interim Abbas moritur, & Monachi quosdam e suis cum Rodulpho Episcopo mittunt ad eundem, petituros licentiam alterius subrogandi. At Viuianus & Durandus duo alij ex eodem Cœnobio Monachi, quorum, inquit, alter *illiteratus* erat, alter litterarum *male-sanus interpres* clam egressi ad Comitem pergunt, referuntque contra rei veritatem Magenardum communi consensu fuisse petitum & electum. Quà re audita fratres libellum reprobationis promulgant hoc modo. Sciat omnis Ecclesia qvia Ma-

Tertium seculum

GENARDVM MONACHVM NOSTRVM ABBATEM FIERI NON ELIGIMVS, NON LAVDAMVS, NON VOLVMVS, NON CONSENTIMVS, S; D·REPROBAMVS, REFVTAMVS ET OMNINO CONTRADICIMVS. Nihilominus tamen Magenardus Abbas remansit, vt liquet ex Catalogo Abbatum S. Petri Carnotensis.

1005. Ad annum 1005. notat Chronicum breue San Dionysianum obiisse Robertum Abbatem, quem in Catalogo per Sammarthanos confecto non reperio. Is tamen esse videtur de quo loquitur Gerbertus in Ep. ad Episcopum Parisiensem, qui cum eo litem exercebat: & quo Abbate habita est Synodus Episcoporum cui interfuit Abbo Floriacensis, & de cuius funesta & indigna dissolutione diximus supra ex Aimoino. Roberto suffectus est Viuianus, sed anno tantum 1008. ordinatus & inauguratus est.

1007. Anno 1007. Fulbertus fit Episcopus Carnotensis, vt communiter scribunt Historici præter Annalistam Abbatiæ S. Petri Carnotensis, qui eiusdem Fulberti ordinationem reiicere videtur ad annum vsque 1017. sic aiens. *Huius tempore an. 1020. in nocte Natiuitatis B. Mariæ Episcopatus sui anno 4. fuit Ciuitas Carnotensis & tota Ecclesia B. Mariæ ambusta.* In Chronico Malleacensi dicitur post Leobinum ad Episcopatum Carnotensem promotus: nec tamen Leobinum illum inter Episcopos reperio. Forte defuncto Rodulfo Leobinus electus est, sed eius electio irrita fuit. Ab Archiepiscopo autem Senonensi Leotherico consecratus fuit vt ipse indicat Ep. 23. his verbis. *Multum amoris atque fidelitatis tibi, Pater, me debere censeo, per cuius manum à Deo benedictionem & sacram vnctionem accepi: vnde animus meus ita pendet abs te, vt quidquid te iusta ratione aut contristat, me hilarat, idem me si resciscam, simili modo afficiat.* In eadem Ep. mentionem facit cuiusdam Simoniaci Presbyteri, quem suadet e Diœcesi Senonensi expelli, aut ab officio suspendi, *ne Ecclesiæ Senonensis candor immundæ hæresis contagione sordescat.*

De Schola Carnotensi. Porro neque factus Episcopus à docendo destitit, scholamque habuit Discipulorum vndequaque confluentium frequentia pernobilem: quamobrem Adelmannus eam vocat Epist. ad Berengarium *Academiam*. Huiusce viri complures præclari insignesque tum Monachi tum Clerici Discipuli fuisse perhibentur: imprimis Olbertus in Lobiensi Cœnobio educatus, deinde Trecis, Parisiis & postremo Carnuti litteris imbutus, quem Burchardi Episcopi Vormaciensis Magistrum legimus fuisse. Angelranus Picardus Centulensis Monasterii Monachus de quo sic habetur in Chronico Centulensi l. 4. c. 1. *quia in discendo multum gliscebat receptâ à patre loci nomine Ingelardo non minima reuerentia digno licentiâ longe seposita scrutatus est Scholarum Magisteria, more scilicet prudentissimæ apis quæ circuit diuersorum florum arbusta, vt mellis dulcore sua repleat receptacula, denique multorum experientia probatum: & liberalibus studiis ornatissimum Ciuitatis Carnotenæ venerabilem Episcopum ac multo honore vocitandum Fulbertum præceptorem adeptus est, atque didascalum: hic ei monitor, hic tam morum quàm litterarum fuit institutor. Gaudebat Venerabilis præsul de tanti discipuli solatio, releuabatur tam idonei auditoris industria atque ingenio. Tandem igitur Grammatica, Musica atque Dialectica optimè instructum Centulum remittit tyronem amicissimum iam tunc sacerdotio ornatum, quæ velut grandem thesaurum recipit pia congregatio Centulensium.* Eundem Fulbertum sub extrema Episcopatus sui tempora audierunt Adelmannus Clericus Leodiensis & Berengarius Turonensis, multique alii percelebres: adeo vt quandiu Fulbertus vixit, nulla in Francia schola celebrior fuisse videatur, quàm Carnotensis.

Quia autem illis temporibus mota fuerat quæstio de corpore Christi in Eucharistia, ipseque Leothericus Archiepiscopus ob quasdam causas, argumenta probationesque eam in rem exegerat, qui tamen à Roberto Rege increpitus à prauo dogmate statim destitit, eam sibi Fulbertus in schola scriptisque tractandam suscepit eamque etiam tractatam & validis rationibus munitam publicauit, vt patet ex Ep.1. ad Adeodatum, quâ tria docet esse necessaria ad salutem, nempe mysterium Trinitatis, Baptismi rationem & causam, veritatem denique Corporis & sanguinis Christi in Eucharistia. *In his tribus*, inquit, *multi nimis carnaliter intuentes, dum plus carnalem sensum, quàm fidei arcana mysteria contemplantur in abruptum perniciosi erroris precipitium deuoluti nec rerum veritatem nec sacramentorum virtutem percipiunt, & ideo ab vnitate Ecclesiæ diuisi dum fieri nolunt Discipuli veritatis, ma-*

Vniuersitatis Parisiensis.

gistri siunt erroris. Praetermissa itaque luce veritatis, tenebrosas proponunt calumnias & sacras scripturas verbis sacrilegis nituntur adulterare aut furtiuis erasionibus recidere.
Ad quaestionem verò de mysterio Eucharistiae propositam sic descendit.

De mysterio Eucharistiae.

Iam nunc ad illud Dominici Corporis, & sanguinis transeamus venerabile sacramentum, quod quidem tantum formidabile est ad loquendum, quantum non terrenum sed caeleste est mysterium, non humanae aestimationi comparabile sed admirabile, non disputandum sed metuendum, de quo silere potius aestimaueram quàm temeraria disputatione indignè aliquid definire: quia coelestis altitudo mysterij planè non valet officio linguae corruptibilis exponi. Est enim mysteriū fide non specie aestimandū, non visu corporeo sed spiritu intuendum. Cui quidem ad vsum profuit non supersticiosa mortalium cura sed coelestis disciplinae Magistra authoritas, non doctrina humana sed institutio diuina. Cuius potentis Mysterij secretum, quando quidē ratio rerum mole victa comprehendere non valet, hoc tantum fides teneat, quia quidquid inter homines Deus egit aut pertulit, causa seruandi humani generis vel reparandi gratia fuit: in quo beneficio sua quae ab initio dederat, sic semper dilexit, vt nostris malis licet offensus pronior semper ad indulgentiam foret, quàm ad vindictam. Inde est quod damnationis nostrae proscriptionem quam primi parentis transgressio miserabiliter in posteros transfuderat, euacuare disponens, carnis nostrae morticinium suscepit, per quam immortalis moriendo captiuitatis nostrae causam soluisset. Inde est quod reparatam humanae originis dignitatem sciens semper diabolū inuidere & nequitiae suae arte quaerere, qualiter hominem à sui voluntate conditoris auerteret, & antiquae perditioni si fas esset, obnoxium redderet, defectum nostrae fragilitatis miseratus aduersus quotidianas nostrae prolapsionis offensas sacrificii placabilis nobis prouidit expiamenta, vt quia corpus suum quod semel pro nobis offerebat in pretium, paulo post à nostris visibus sublaturus fuerat in coelum, ne sublati corporis fraudaremur praesenti munimine, Corporis nihilominus & sanguinis sui pignus salutare nobis reliquit, non inanis mysterij symbolum sed compaginante spiritu S. Corpus Christi verū, quod quotidiana veneratione sub visibili creaturae forma inuisibiliter virtus secreta in sacris solennibus operatur. De quo sub hora passionis suae ipse familiaribus suis ait *Hoc est Corpus meum*, & paulo post *Hic est sanguis meus noui testamenti qui pro vobis fundetur.* Et alibi *qui manducat meam Carnem & bibit meū sanguinem in me manet & ego in eo.* Quâ veri Magistri authoritate animati dum Corpori & sanguini eius communicamus audenter fatemur nos in corpus illius transfundi & ipsum in nobis manere: in nobis ipsum manere dico, non solum per concordiam voluntatis: sed etiam per naturae vnitae veritatem. Si enim *Verbum Caro factum est*, & nos verè verbum Carnem cibo Dominico sumimus, quomodo non naturaliter Christus in nobis manere existimandus est, Qui naturam Carnis nostrae iam inseparabilem sibi homo natus assumpsit & naturam Carnis suae ad naturam aeternitatis sub sacramento nobis communicandae carnis admiscuit? ita ergo in Deo sumus, quia & in Christo pater est, & Christus in nobis est.

Cum verò in re omni sint erga nos inaestimabiles Diuitiae Dei adeo vt Maiestate abscondita corruptibile pro nobis Corpus induerit, contumeliis & passionibus subdiderit, quo opem ferret assumpto homini, quid indignum Deo iudicari potest, qui vterum Virginis subiit, si virginibus creaturis infunditur? quae licet simplicis naturae paulo ante proferant imaginem, postmodum coelestis verbi sanctificatione inspirata Maiestas vera diffunditur & quae substantia panis & vini apparebat exterius, iam Corpus Christi & sanguis sit interius. Gusta igitur & vide quàm suauis cibus & pergusta quid sapit. Sapit, ni fallor cibum illum Angelicum habentem intra se mystici saporis delectamentum, non quod ore discernas, sed quod affectu interiori degustes. Exere palatum fidei, dilata fauces spei, viscera Charitatis extende, & sume panem vitae interioris hominis alimentum, non arte Pistoria fermentatum, sed incarnatae deitatis vitale pulmentum. Sume nihilominus vinum non sordido cultore calcatum, sed de torculari crucis expressum. Gusta inquam coelestis ferculi suauitatem, sed ne nausees terreni germinis saporem: de fide etenim interioris hominis procedit diuini gustus saporis, dum certè per salutaris Eucharistiae infusionem influit Christus in viscera animae sumentis, quem Diua mens castis penetralibus in ea videlicet forma

Vu iij

„ suscipit, quâ sub ipsa recordatione mysterij reuelante sibi præsentem intuetur,
„ infantem videlicet materno in gremio aut cunis puerilibus iacentem, aut ara
„ crucis immolatum, aut sepulchro quiescentem, aut certè calcata morte resur-
„ gentem, siue supra cœlos euectum in gloria Patris sublimem. Iuxta quas spe-
„ cies Christus gratum communicantis intrans habitaculum, tot, vt ita dicam, sua-
„ uitatis odoribus mentem reficit, quot formis intimæ reuelationis oculus medi-
„ tantis eum meruerit intueri.

„ Nec vanum tibi videatur, quod iuxta animæ desiderantis intuitum dicimus
„ Christum formari intra Præcordia communicantis, cum non nescias Patres no-
„ stros veteris eremi solitudinem peragrantes Angelicis pastibus refectos, quibus
„ imber fœcundus cibum vnicolorem sed diuersi saporis intulit, & iuxta singulo-
„ rum appetitum infundebat saporis varii oblectamenta, vt quidquid auiditas con-
„ cupisceret, occulta Largitoris dispensatio subinferret. Quibus præbebat gustus
„ quod ignorabat aspectus, quia aliud erat quod videbatur, & aliud quod sumeba-
„ tur. Desiste igitur mirari, quod legis Manna sub vmbra signabat, hoc Dominici
„ Corporis pandit veritas patefacta, in quo deifica Maiestas miseranter nostræ in-
„ firmitati condescendit, vt quo alimenti genere corpora aluntur humana, idem in
„ corpore sensualiter sapiat, sed Deus in pectore proficiat, sicut ipse ait. *Qui man-*
„ *ducat me, ipse viuit propter me, Hic est Panis qui de Cœlo descendit. Non sicut mandu-*
„ *cauerunt Patres vestri Manna in deserto & mortui sunt, qui manducat hunc panem, vi-*
„ *net in æternum. Et panis quem Ego dabo, Caro mea est pro mundi vita.*

„ Iam iam procul remouendus est lubricæ scrupulus dubietatis, cum is qui est
„ author muneris, testis & veritatis. Dubitari etenim nefas est ad cuius nutum
„ cuncta subito ex nihilo substiterunt, si pari potentia in spiritualibus sacramentis
„ terrena materies & generis sui meritum transcendens in Christi substantiam com-
„ mutetur, cum ipse dicat *Hoc est Corpus meum*, & paulo post. *Hic est sanguis meus.*
„ Sed hanc Dei possibilitatem æstimatio humana non capit nisi te ipsum quicumq;
„ es discutias qualiter de massa perditionis factus es in populum acquisitionis, & de
„ vase iræ prodisti vas misericordiæ, vt qui paulo ante fueras alienus à vita, pere-
„ grinus à venia, subito initiatus Christi legibus secularibus mysteriis innouatus in
„ Corpus Ecclesiæ non naturæ priuilegio, sed fidei pretio transisti, nullo malis cor-
„ poreæ additamento, te ipso maior factus es inuisibilis quantitatis augmento.
„ In exterioribus idem, in interioribus longè aliter es, sicque de seruo filius effe-
„ ctus præterita vilitate deposita nouam subito induisti dignitatem, vt non solum
„ hæres sed Corpus Christi factus Deum in corpore tuo portares. Quæ res tan-
„ tæ nouitatis, tantæ dignitatis tam subitæ mutationis pretium? vide in omnibus
„ misericordiæ cœlestis artificium, vide regenerantis gratiæ mirabile sacramen-
„ tum, & aduerte in istis imperiosum verbi operantis opificium, cuius nutu rerum
„ elementa de nihilo in hanc mundi formam mirabili ordine compaginata inex-
„ plicabilem eius potentiam ipsa suæ pulchritudinis specie testantur. Si ergo
„ Deum omnia posse credis, ex hoc consequitur, vt credas, nec humanis dispu-
„ tationibus discernere curiosus insistes. Si creaturas quas de nihilo potuit creare
„ has ipsas multo magis valeat in excellentioris naturæ dignitatè conuertere & in
„ sui Corporis substantiam trans-fundere Multo magis dico non quod infirmioris
„ potentiæ in rebus creandis quam immutandis fuisset. Sed humanæ opinioni
„ vsuale, non diuinæ rationi comparabile. Ideo fides præ omnibus bonis sum-
„ mum meritum est: hæc te inducat ad credendum, te consecrantis potentia robo-
„ ret ad sumendum: promittit dignè sumentibus beatæ spem immortalitatis: Iu-
„ dicium minatur indignis, vt est istud Apostoli. Q<small>VI</small> <small>MANDVCAT ET BIBIT</small>
„ <small>INDIGNE, IVDICIVM SIBI MANDNCAT ET BIBIT.</small> Quo multi scelerum suorum
„ conscientiam perhorrentes attentius, se longè faciunt à sacramento vitæ, non
„ attendentes quàm terribiliter Dominus comminatur dicens. N<small>ISI MANDVCA-</small>
„ <small>VERITIS CARNEM FILII HOMINIS ET BIBERITIS EIVS SANGVINEM, NON HA-</small>
„ <small>BEBITIS VITAM IN VOBIS.</small> Quod alternantium causarum iudicium intuenti-
„ bus summa vigilantia est adhibenda, vt emendatis actibus nec indignè su-
„ mant, nec perniciosè refugiant.

Eodem anno 4. id. April. in cœna Dom. obit Notgerus Episcopus Leodensis
vir omnium scientiarum genere cumulatissimus & Doctorum virorum amantissi-

mus scholarum Leodiensium instaurator & Ecclesiasticæ disciplinæ reparator. Ei successit Baldricus de Los vir quoque de litteris meritissimus. Obiit quoque eodem anno pridie Kal. Nou. Herigerus Abbas Lobiensis vitâ scientiâ & claruc, Notgero carissimus & familiarissimus, cuius nempe opera non solum in Domesticis vel Ecclesiasticis rebus, sed in Palatinis quoque negotiis, quorum tunc temporis præcipuus erat executor, vt legitur in chronico Lobiensi, vsus semper fuerit. Scripsit ille Gesta Pontificum Leodiensium; item metrico stylo vitam S. Vrsmari: scripsit & ad Hugonem Epistolam de quibusdam quæstionibus & alia multa, quæ in vulgus non emisit. Scripsit etiam sub sua & Adelboldi clerici Leodiensis, deinde Vltraiectensis Episcopi persona Dialogum de dissonantia Ecclesiæ, de Aduentu Domini: præterea in eodem Chronico Lobiensi ita legitur. *Congessit etiam contra Ratbertum multa Catholicorum Patrum scripta de corpore Domini.* Is est Ratbertus Paschasius Corbeiensis, de quo ad 1. seculum: contra quem si Herigerus scripsit, alteruter in fide errarit necesse est.

1008.

Ad annum 1008. legitur in libello de gestis Abbatum Gemblacensium Burchardum Wormatiensem Episcopum, virum cum Episcopali honore non indignum, tum pro iuuenilis ætatis feruore litterarum studiis opportunè intentum, Baldrico iuniori Leodiensium Episcopo cuius contubernalis & amicus in Palatio Othonis III. fuerat, mandasse, vt sibi virum aliquem *litterali scientia præditum dirigeret*, cuius ope & doctrina ipse in Scripturarum diuinarum eruditione proficere valeret. Missum vero à Baldrico Olbertum Monachum Lobiensem Parisiensis olim Academiæ, postea Carnotensis scholæ alumnum, quo adiutore Burchardus veteres Ecclesiæ Canones in vnum volumen congessit viginti libris distinctum. Qua de re sic habetur in prædicto Chronico. *Quantum autem vir tantæ authoritatis* (Burchardus) *ex Olberti doctrina profecerit, ex actibus eius æstimandum erit, de quo satis constabit, quod illa ætate in scripturarum eruditione vnicè claruerit;quod vel in hoc satis probari poterit, quod opus S. Ecclesiæ nimis vtile elaborauit,dum Olberto dictante & Magistrante Magnum illud Canonum volumen centonizauit, & quasi collectis floribus omnifigenis de Prato scripturarum coronam pretiosiorem auro & topasio in edito Ecclesiæ collocauit.* Eiusdem operis quod Burchardicum appellatum,est meminit Sigebertus ad hunc annum.Hinc aliqui ducunt post Carolum M. Disciplinæ iuris Canonici primordia quam deinde Gratianus circa an. 1150. in scholas inuexit,redactis in Epitomen canonibus, quos Burchardus & Iuo Carnotensis Magnis voluminibus collegerant: sed eos non parum corrupisse à Doctis arguitur.

Nec omittendum videtur hocce tempore, quo Sergius IV. Pontifex Ro. sedem Romanam tenebat, tenere autem cœpit an. 1007 & sedit annis 2. & mensibus 6. Normanos duce VVillielmo Siciliam occupasse, Sarracenos ex Italia expulisse, Græcos ex Apulia & Hierosolymam vsque penetrasse. Cuius tamen expeditionis in.tium sumit Glaber Rodulphus à Rodulpho quodam Normanorum Duce, qui cum Richardo Principi suo displicuisset, e patria discedere coactus Romam ad Benedictum qui anno 1009. sedere cœpit, profectus fuerat.

1009.

Anno igitur 1009. Benedictus VII. aliis VIII. fit Pontifex Maximus seditque ann. vndecim. Et ad hunc annum notat Rodulphus rem memorabilem. Nimirum cum Christiani hisce temporibus loca Sancta Hierosolymitana magno concursu frequentarent,Iudæos Aurelianenses cæteris tumidiores & audaciores Robertum quendam Mellerensis cœnobii Fugitiuum ad Principem Babyloniorum misisse cum litteris Hebraico charactere exaratis & *pictaciolis ferri baculo insertis*, monentes vt sibi cauerent a Christianis illis peregrinis, quibus in animo esset illum de statu suo deiicere. Ergo ille protinus aditus omnes occupat,templumque Hierosolymitanum diruit, vt cætero peregrinandi occasionem desideriumque tolleretur. Tam subita persecutio terruit animos:at vbi compertum est id fraude Iudæorum factum,communi quasi consensu à toto orbe Christiano fugantur præter eos qui baptizati Christianam Religionem si non sincerè saltem publicè amplexi sunt. Robertus vero ille paulo post Aureliæ captus reique veritatem confessus iussu Regis igni traditus est extra ciuitatem & combustus. Hanc historiam fusè describit Ademarus.

1010.

Ad an. 1010. notat idem Ademarus Alduinum Episcopum Lemouicensem

Iudæos ad baptismum compulisse lege lata, vt aut Christianam fidem profiterentur, aut ab vrbe discederent, & per vnum mensem Doctores diuinos iussisse cum Iudæis disputare, vt eos ex suis libris reuincerent : at tres tantùm aut 4. Christianos factos: cæteros cum vxoribus & liberis diffugisse, quosdam maluisse se ipsos ferro iugulare, quàm baptismum suscipere.

Legitur quoque in Chronico S. Maxentij vulgo Malleacensi, cœnobium Malleacense construi cœptum hoc anno impensis Vvilielmi Aquitanorum Ducis, magnisque reditibus & possessionibus ditatum: & ei regendo præfectum Abbatem Theodelinum.

1012. Schola Rhemensis.

Circa annum 1012. Richardus natione Francus in schola Remensi enutritus & imbutus in cœnobio Vintoniensi apud Virdunum, Gall. *de Saint Venne*, scholas celebres instituit. Quo tempore Haymo Notgeri Leodiensis Episcopi discipulus sedem tenebat Episcopalem. In huius Richardi vita multa scribit Hugo Abbas Flauiniacensis ad laudem scholæ Remensis, quæ mihi non videntur prætereunda. Sic ergo habet.

„ Extitit Richardus nobilissima Francorum stirpe progenitus Patre... matre...
„ & ab ipsis infantiæ rudimentis litteris liberalibus in Ecclesia S. Mariæ Re-
„ mensis institutus. Quæ Ecclesia tanto tunc vernabat religionis decore, tot per-
„ sonarum nobilium & Religiosarum, quas ipsa in se educauerat, sibi applaude-
„ bat honesta numerositate & decenti honestate, vt religione ipsa præmineret
„ omnibus Ecclesiis Belgicæ, formaque esse omnibus honestate viuendi recteque
„ conuersandi in castitate, in scientia, in disciplina, in correptione morum, in ex-
„ hibitione bonorum operu. Probat hoc Domni & verè sancti Constantij Canonici
„ eiusdem pia constans & fidelis constantia, itemque alterius Constantij imitanda
„ & recolenda in pauperes laudabilis rerum suarum profusio & totius patrimonij
„ dispersio. Quorum alterum ipsa sua commendat religio & opera misericordiæ:
„ alterũ adeò pauperum prædicat miseratio, vt ipsi soli inuenti sint, qui tanti viri dũ
„ deflent obitum, prædicant meritum, & dum funus illius grata sedulitate officiosi
„ procurant, dũ ad Missæ solemnia quæ possunt pro requie eius munuscula offerũt,
„ dum omnes insimul circa corpus aggregati suam deflent desolationem, & suam
„ in tanti Eleemosynarij ingeminantes conqueruntur destitutionem, cius nimirum
„ vitam miris laudibus extollunt & si quid humanæ naturæ vitio in eo corruptum
„ est, id suis lachrymis tegunt & operiunt. Ideo autem horum constantiam ad
„ exemplum fidelium hic inserimus, vt agnoscat qui legerit tot & tales viros in
„ Palæstra S. Remensis Ecclesiæ, nec sine Magistris desudasse, nec sic solos euasis-
„ se carneæ molis carcerem, vt non reliquerint aliquos sui propositi testes & coo-
„ peratores, qui eorum & vestigia imitati & fidei virtutem sint amplexati.

„ In hac ergo Ecclesia Religiosæ indolis puer Richardus litteris traditur imbuen-
„ dus, breui singula percurrit, quæ Magistrorum solertia percurrenda signauit.
„ Cæpit iam altiora meditari, & quæ à Magistris non didicerat, viuacitate, & per-
„ spicacia docilis ingenij attentè rimari, vt agnosceretur ab omnibus magni cum
„ futurum esse præconij, quem sic comendabat acumen intellectus, secretorum &
„ mysteriorũ capax cooperante & præcedente gratia Dei. Transiuit itaq; in eadem
„ vrbe proficiens vsque ad perfectam incrementorum ætatem, & qui erat acer in-
„ genio statuit sibimet ipsi normam viuendi, recidens in se noxia quæ in aliis solerti
„ vigilantia reprehendebat. Probat hoc religiosa eius vitæ conuersatio, & conti-
„ nuata malorum redargutio, qua tantum abundabat animi eius directa simplici-
„ tas, vt pro zelo Dei & æmulatione iustitiæ Præcentoris & Archidiaconi ei offi-
„ cium committeretur & Magisterio eius dispositio Remensis Ecclesiæ traderetur:
„ cui officio quam strenuè quam prudenter quam solerter inuigilauerit, ne nimij
„ fortasse laudando inueniamur, silere decreuimus. Maximè cum & silentium
„ ipsum laus eius sit.....hoc nos Rodomi positi à viris Religiosis audiuimus qui &
„ ipsi se fatebantur audisse ab Hugone cognomento Grammatico viro strenuo &
„ Religioso Rothomagensis Ecclesiæ Archidiacono, qui Remis in Ecclesia S. Ma-
„ riæ præsens ad fuit, quando hæc gesta sunt.

Richardus iste paulò post Monasticum habitum sumpsit apud S. Vitonum tum Abbate Fringenio, absque licentia & permissu Archiepiscopi Remensis scilicet Arnulfi, Lotharij Regis, qui à Carolo Caluo quintus, fuit filij, de quo ad
superius

superius seculum satis multa retulimus. Post Fingenium autem anno 1004. ad Abbatiæ regimen assumptus est: paulo post verò tam longè lateque fama eius propagata est, vt ex omni Neustria, Austrasia, Francia & Burgundia ad eum concursus fieret atque ad eius scholas omnis Doctrinæ & virtutis frugibus refertas. Qua de re sic habet idem author.

Fiebat ad eum grandis vndecunque concursus, alij eius se subdebant Magisterio, postposito mundi fallentis lenocinio. Alij filios suos ei offerebant erudiendos, vt videretur iam Monasterium eius Monasteriis Nitriæ vel Ægypti conferendum pro numerositate fidelium illò confluentium, qui velut apes ad alvearia vndique aduolabant, diuersis virtutum speciebus onusti mentes, vt illæ mellis & ceræ indiscretas cruribus & pedibus subuehunt qualitates. O quales & quanti viri eius claruerunt Magisterio! quàm pretiosa & deuota Deo ei congregatio Doctrinis eius irradiata & exercitio arctioris propositi ad vnguem informata! Probant hoc Galliæ & Germaniæ Pontifices, Duces & Comites amore Christi feruentes, qui ex Monasterio & discipulatu eius Monasteriis quos habebant aut Patres præficiebant, sub tuitione tamen eius & disciplina, aut si patres inde habere nequirent, quos de suis patres facere deligebant, Virduni primo probandos, instituendos, & morigerandos dirigebant. Ex quibus nos licet iuniores & moderni, plures religiosos & in omni Theoria probatissimos vidimus viros Angelica facie & habitu reuerendos. Vt ex institutione Discipulorum patesceret, quantæ religionis, grauitatis & perfectionis eorum Magister fuisset, cuius eruditionis decus in Discipulorum clarebat moribus.

Vno verbo huiusce viri fama tantopere inclaruit, vt à multis Magnatibus & Proceribus Ecclesiasticis aduocatus sit ad regenda & reformanda cœnobia, quæ à pristina virtute & regula defluxerant. Baldricus Episcopus Leodiensis Cœnobium Lobiense; Rogerius Catalaunensis Monasterium S. Petri; Robertus Rex Francorum Abbatiam Corbeiensem, Balduinus Comes Flandrensis quàm plures Abbatias ei commisit regendas & reformandas, S. Petri Gandensis, S. Amandi, S. Bertini, S. Richarij, S. Iudoci: Gerardus denique Atrebatensis Cœnobium S. Vedasti.

Sed vt ad scholam Remensem redeamus, in ea Geruinus Abbas deinde Centulensis educatus fuit, in eaque studiis vacabat an. 1030. & de eo sic habet Chronicon Centulense l. 4. c. 13. *à primæuo æuo litterarum studiis imbuendus in Ecclesia S. Mariæ nostratis Galliæ Hierarcha, vbi eo tempore famulabatur Domino Clerus vereclarus, traditus est.* Et c. 14. dicitur fuisse Remensis Ecclesiæ Canonicus, qui postea abiecto Canonicatu se conuertit ad B. Richarium, ibique Monachus, deinde Abbas factus est.

Anno 1013. Henricus iam ante à Germanis Imperator nominatus & creatus, à Benedicto consecratur & confirmatur. Huiusce viri laudes prædicat Hugo Abbas Flauiniacensis. Eum enim ait verè fuisse Catholicum & religionis amatorem præcipuum, eiusque sub Imperio salutem mundi & gloriam: inter cæteros eum habuisse præcipuos amicos Odilonem Cluniacensem Abbatem, Wilielmum S. Benigni Diuionensis, & Richardum Viutoniensem.

Anno 1014. obiit Morardus San-Germano-Pratensis, qui vt habet Continuator Aimoini Ecclesiam B. Germani à Paganis ter incensam euertens à fundamentis nouam reædificauit, turrim quoque cum signo aliaque multa construxit. Illi successit Ingo Regiæ vir prosapiæ, Roberti quondam in schola Gerberti condiscipulus, vt notat Helgaldus, Abbas prius S. Martini Masciacensis & biennio post S. Petri Viui apud Senonas. Qua de re sic legitur in Chronico S. Petri ad an. 1015. *In eodem anno mortuo Rainardo Abbate S. Petri Viui successit ei Domnus Ingo Abbas S. Martini Masciacensis & S. Germani Parisiensis consanguineus Regis.* Obiit verò ille an. 1021. Vt habetur in eodem Chronico. Porro Rainardus ille Abbas multa quoque bona Cœnobio suo contulerat: nam vt scribit Monachus Antissiodorensis in Chronico, illud ab imo renouauerat, & claustra Monasterij cum domibus ad illud pertinentibus ex toto reædificarat, scholam in Cœnobio instruendis Monachis instituerat. *Monachos,* inquit, *regulari tramite instruens liberalibus Disciplinis edocuit: ex quibus fuit quidam Odorannus Monachus ingenio subtilis cuius arte & industria eidem loco plurima bona prouenerunt. Ille est Odoran-*

nus, cuius extat breue Chronicum de rebus Francicis sui temporis. In eadem schola sub Rainardo Consanguineo educatus fuit Theodericus, quem Rex Robertus inde in Aulam euocauit & post mortem Fulconis Episcopi Aurelianensis, substitui curauit.

1015. Anno 1015. Leothericus Archiepiscopus Senonensis omnibus iniuriis à Rainaldo Comite Frotmundi filio affectus contumeliisque vexatus ciuitatem Senonensem occupat de consilio præsertim Reginaldi Episcopi Parisiensis & Roberto Regi tradit 10. Kal. Maias. Adeo autem res ista latenter & prudenter perfecta, vt Rainaldus de nocte nudus euadere coactus sit. Hanc historiam sic legimus conscriptam in Chronico S. Petri Viui. Mortuo Frotmundo Senonum Comite & sepulto in capitulo S. Eraclij successit ei Rainaldus filius eius nequissimus qui persecutionem intulit Ecclesiis Christi & Leotherico Archiepiscopo, in tantum vt etiam, quod dicere & audire horribile est, quando ille diuinum officium celebrans vultumque dans populo salutabat, ille vultum auertens in posterioribus suis ei pacem offerebat. Nonnunquam in faciem eius spuebat, homines eius interficiebat, cumque modis omnibus iniuriabat. Ea propter consilio Rom. Pontificis, Benedicti, & Abbatis Ecclesiæ Cluniacensis Oidilonis, nec non suffraganeorum Episcoporum & optimorum Procerum præcipuéque Rainaldi Parisiensis Episcopi anno ab incarnatione Christi 1015. 10. Kal. Maij ciuitatem Regi Roberto tradidit. Ipse vero Comes fugiens nudus euasit. Frater eius Frotmundus & quidam milites vrbis turrim defenderunt multis diebus. Quos tandem Rex cepit, & victus pietate viuos abire sinit. Frotmundum autem Aurelianis in carcere transfit, vbi obiit.

Res hæc plurimis flagitia Comitis ignorantibus visa est admodum tyrannica & crudelis, multosque Franciæ Proceres aduersus Regem excitauit & commouit, & præsertim aduersus Episcopos, qui consilium eiusmodi Regi & Leotherico suggesserant, in quibus etiam compertus est fuisse Fulbertus, nec ipse dissimulauit sic scribens ad Gualerannum & Gualterium Comites. Sciatis Fratres,
" quia Rex Robertus bene facit, cum Christianos adiuuat & Hæreticos dam-
" nat. Et ad hoc debent cum adiuuare & confortare mecum omnes sui fideles:
" quia hoc ministerium eius est, per quod saluus esse debet. Sciatis iterum
" quod Archiepiscopus Senonensis requisiuit à me consilium quid deberet facere
" de Reginaldo Hæretico qui persequebatur Ecclesiam Dei. Et ego ei dedi tale
" consilium, quale ad suum ordinem pertinebat. Et ecce ego mitto vobis vtrumque scriptum & complanctum suum & cõsilium meum, quod dedi ei secundum
" ordinem suum. Si quis autem falsarius dicat, quod ego alterum ei consilium
" deinceps vel scripserim vel dixerim, vel mandauerim, rogo vt me sicut pa-
" trem vestrum spiritualem defendatis, quia fiducialiter hoc facere po-
" testis.

1016. Ad an. 1016. legitur in Chronico breui S. Dionysij edito in lucem per Lucam Dacherium obiisse Reginaldum Parisiensem Episcopum. At in tabulis antiquis Vindocinensibus eius obitus notatur ad an. 1020. 8. id. Ian. fuisseque Lutetiæ sepultum. Is erat Burchardi Melidunensis & Corboliensis Comitis filius, qui Fossatensem Abbatiam instaurauit, dotauit & per Maiolum Cluniacensem Abbatem reformauit, vt ante diximus. Antequam autem Reginaldus ad Episcopatum promoueretur, Franciæ Cancellariatum gerebat, eique in hoc munere successit Fraco postmodum etiam futurus Parisiensis Episcopus. Reginaldo successit Albertus, qui & Ascelinus dictus, Canonicus eiusdem Ecclesiæ, sed parum vt videtur, Episcopali munere dignus: vnde ægritudine ductus illud abdicauit sibique successorem à Rege substitui postulauit: postmodum abdicasse pœnitens, vt Franconem delectum vidit, repetere voluit, sed incassum. Extat Fulberti ad ipsum Epistola qua se purgat infidelitatis crimine sibi ab eo obiecto, quod nimirum abdicationis consilium, cuius eum conscium fecerat, detexisset & propalasset cum Leotherico Archipræsule Senonensi: talis autem est ad eum Epistola.
" Venerabili Fratri & Domino Consacerdoti suo A. Fulbertus. Absit Frater,
" vt credatur verum esse quod scripsisti, meum Archipræsulem & me tuam con-
" fessionem publicasse: non est enim verum, tuque dum talia scribis, bene me-

ritis de te ingratus es & iniustè contumeliam satis. Si qua enim honesta tua noùimus aut sperauimus, fideliter ea publicauimus ad testimonium tuæ probitatis contra illos maximè qui discessionem tuam ab Episcopatu auaritiæ vel ignauiæ vel turpitudini adscribere nitebantur. Siquæ verò occulta, quæ pœniteda forent, nostræ fidei credidisti, cautè celata sunt. At si talia confessus es quæ & prius & postmodò ore vulgi ventilata sunt, ea nos occultare nequiuimus. Comperi autem ex litteris tuis tibi molestum esse, quod te Monasticæ vitæ diximus amatorem. Quod quia nocere non intelligo, molestum esse demiror, Amor namque religionis Episcopali gradu quem repetis, dignum te potius quàm indignum efficeret, si nihil aliud impediret. Verum autem sit, vel quidquid sit quod impediat, sagacitatem tuam non arbitror ignorare, si quædam grauis causa quam dissimulas, non obstaret. Ea est huiusmodi. Si de repetendo Episcopio querimoniam incipere velis, non satis apparet cui eam iure intendere possis. Nullus enim te expulit. Nullus Cathedram tuam te renitente peruasit. Sed tu temet vltro causa ægritudinis, vt aiebas curam Episcopalem simul & Cathedram reliquisti, vt perhibent : & siue Franconem tunc Decanum Parisiensis Ecclesiæ, siue quemlibet alium subrogari tibi verbis & scriptis à Rege petisti. Quod si ita est, & sic tibi consequenter substitutus est Franco eligente clero, suffragante populo, dono Regis, approbatione Rom. Pontificis per manum Metropolitani Senonensis, fulcitur vtique substitutio & consecratio eius, fauore quoque & authoritate B. Gregorij Papæ, qui scriptis suis sicut nulli Pontificum non petenti pro qualibet ægritudine succedendum fore docuit, ita voluntariè renuncianti sedi suæ successorem nullo modo denegauit. Si quid aliud est, quare te Episcopatu carere oporteat, tute noueris. Sin autem, tanti nobis hoc esse videtur, vt te facere valeat recuperationis exortem. Quapropter desine curiosos instigatores audire : desine Reges & Principes inefficacis querimoniæ tædiosis scriptirationibus fatigare, & Ecclesiæ Parisiensi te importunè obtrudere velle, quæ vt fatetur nec Patronum te habuisse gauisa est, nec doluit amisisse. Quippe cum neque ex præsentia tua Doctrinæ profectum, neque ex absentia senserit detrimentum. Viue memor nostri.

Eodem anno obiit Bruno de Rociaco ex Clerico Remensis Ecclesiæ factus Episcopus Lingonensis, vir omnium Historicorum illius temporis scriptis celebratissimus, præsertim vero Chronico Benigniano, vbi dicitur in eleemosynis largus, in vigiliis sedulus, in oratione deuotus, in Charitate perfectus, in humanitate profusus, in sermone paratus, in conuersatione sanctissimus : irreuerentibus terribilis aspectu, metuendus seueritate, reuerendus incessu, venerandus benignitate. Multa Monasteria reparauit, disciplinis & litterarum exercitio instaurauit, Guillelmo Abbati S. Benigni Diuionensis in omnibus adiutor fuit. Illi in Episcopatu successit Lambertus Patria Lingonicus & Lingonicæ vrbis Præpositus, vir nobilissimus & eloquentissimus, cæterarumque artium ornamentis conspicuus, Gerberti in ciuitate Remensi olim Discipulus.

Eodem anno Robertus Rex veritus ne forte morte præuentus non posset sibi successorem designare, atque ideo ne Regnum in dissidia, aut in alienam manum relaberetur, cogitauit de assumendo Hugone maiore natu filio in consortem Regni : quam mentem cum aperuisset Regni Proceribus, non habuit eum assensum quem sperabat, ob tenellam nimis Hugonis ætatem, quæ vix decennis erat. Verum Constantiæ Reginæ precibus inductus eum Compendij in Regem coronari fecit.

Hisce temporibus non modo Academia Parisiensis viris doctis abundabat, sed & celebris quoque erat schola Aurelianensis, & studiorum tam diuinorum quàm humaniorum exercitiis florebat, quia Rex frequenter Aureliam inhabitabat, in qua natus & sacro lauacro perfusus fuerat, ibique Palatium magnificum extruxerat. Professores tam in Theologia quam in Artibus tum ibi percelebres erant quatuor inter cæteros : Theodatus, Stephanus, Lisoïus & Heribertus : quorum iste Præfectus erat ac Rector, seu vt tum vocabant, CAPITAL Scholæ S. Petri cognomento PVELLARIS. Contigit autem nescio quo malo seculi Genio, vt illi in diuersas hæreses abierint, tam circa mysterium Eucharistiæ, quæ quæstio, vt supradictum est, iam in scholis agitari cœperat : quàm circa Baptismum, remissionem Peccatorum, Iudicium extremum, & alia eiusmodi. Originem mali refert Glaber Rodulphus l. 3. c. 8. ad mulierem quandam Italam, quæ cum per aliquod temporis spatium Aureliæ demorata fuisset, cœpit insanias suas in vulgus spargere de mundi administratione & Prouidentia diuina, de Iudicio Generali, & aliis quæstionibus Theologicis. Hinc eius fama volat: atque etiam inter viros Doctos de eius assertionibus oriuntur contentiones & concertationes: aliis quidem vera aut probabilia, aliis falsa & delira eam docere asserentibus. Ita dum ingenio se quisque socium vincere putat, deliramentis mulierculæ turpiter infatuantur, primùm quidem occultè radices agente hæresi, deinde in perditionis segetem malè pullulante.

Capita autem huiusce hæreseos hæc præcipua fuisse commemorantur. Deliramenta esse quidquid in veteri & nouo Testamento certis signis ac prodigiis veteribusque testibus de Trina vnaque Deitate beata confirmat authoritas. Cœlum & terram extitisse ab æterno absque authore originis. Peccatorum nullam esse vindictam nec pœnam. Opera pietatis & iustitiæ laborem esse superfluum, præmioque caritura. Præterea Christum non esse de Virgine natum. Non pro hominibus passum. Non in sepulchro positum, nec ex mortuis resurrexisse. In baptismo nullam esse scelerum ablutionem: neque Corpus & sanguinem Christi sumi in Eucharistia.

Talis autem hæreseos turpissimâ labe infecti sunt decem Canonici S. Crucis Aurelianensis: sed eorum præsertim antesignani duo Lisoïus & Heribertus: *quorum vnus,* inquit Rodulphus, *Lisoïus in Monasterio S. Crucis Clericorum clarissimus habebatur: alter idem Heribertus S. Petri Ecclesiæ cognomento Puellaris* CAPITALE SCHOLÆ TENEBAT DOMINIVM. Qui, quandiu res latuit, tam apud Regem quam apud Palatinos Proceres, summam obtinuerant amicitiam, inquit idem Author. Non erat autem facile eorum errorem detegere, quia ipsi venenum suum cautè prudenterque propinabant, sanæ doctrinæ immiscendo. At postquam nonnullos è suis auditoribus, quos sagaciores & ingeniosiores reputabant, eiusmodi nouitatibus delectari agnouerunt, tum apertius mentem explicarunt multosque ita infecerunt, donec tandem opera Herberti cuiusdam Normani Clerici, qui ad illorum scholas venerat, & Arefasti Nobilis quoque Normani sollicitudine detecta est eorum hæresis, vt legitur in Gestis Synodi Aurelianensis à Roberto Rege in eam rem habitæ an. 1017. extatque in 2. tomo Spicilegij D. Lucæ Dacherij Monachi & Bibliothecarii San-Germano-Pratensis pag. 670. vnde historiam sequentem depromimus.

„ Rursum quoque duxi dignum memoriæ tradendum de præfato viro, scilicet
„ Arefasto, quomodo in Aureliana vrbe diuina ope suique ingenij salubri acumi-
„ ne hæreticam prauitatem latenter pullulantem iam iamque per Galliarum Pro-
„ uincias nefandi erroris venena exitialia propinantem non solum deprehenderit,
„ sed etiam omninò compresserit. Erat enim de genere Comitum Normanorum
„ eloquio nitidus, consilio prouidus, bonis moribus comptus ac idcirco legatio-
„ nis officio tam apud Francorum Regem, quàm apud Proceres notissimus extitit.
„ Hic in domo sua quendam Clericum habuisse dicitur, nomine Herbertum qui
„ lectionis gratia Aurelianam vrbem adire decreuerat. Verum dum veritatis Au-
„ thores quærere satageret, cœco itinere in totius hæresis barathro dilabitur. Nam
„ ea tempestate in eadem ciuitate duo Clerici Stephanus & Lisoïus apud omnes
„ sapientia clari, sanctitate seu religione magnifici, eleemosynis largi, opinione
„ habebantur vulgi. Eosdem memoratus expetiit Clericus, & paruo temporis
„ interstitio docilis Discipulus cum Diuini verbi dulcedine ab eis debriatur mor-
„ tifero nequitiæ haustu, qui dementia errore Diabolico irretitus totius diuini-
„ tatis expers sapientiæ arcem conscendisse se credidit. Qui Patriam repedans Do-
„ minum suum, quem singulari affectu diligebat, subtilitate verborum in erroris
„ viam seorsim admonendo secum attrahere cupiebat; testificans Aurelianam vr-
„ bem præ cæteris vrbibus coruscare luce sapientiæ atque sanctitatis lampade. In
„ cuius verbis Dominus eius intellectuali auditu ipsum animaduertit à via iustitiæ
„ deuium, & citò Comiti Richardo causam innotuit atque rogauit, vt Roberto
„ Regi litteris pestem in Regno eius adhuc latitantem, antequam propagaretur,
„ patefacere, & vt Rex eidem Arefasto ad expellendum eum opportunum auxi-

lium non denegaret. Itaque Rex insperata re attonitus mandauit vt idem vir cum clerico suo ad Aurelianam vrbem citò gressum dirigeret, pollicens omnimodis in hac re suum auxilium.

Cumque iubente Rege iter ageret, Carnotis deuenit Fulbertum venerabilem antistitem super hac re consulturus qui forte tunc aberat: nam Romam gratia orationis abierat. Tunc causa itineris cuidam sapienti clerico Ebrardo nomine Carnotensis Ecclesiæ Sacricinio innotuit flagitans sui consilij opem qualiter stare deberet in acie, & quibus armis se muniret contra multimodas artes diabolicæ fraudis. Qui sapienti vsus consilio, eum prædocuit, vt quotidie primo mane Omnipotentis opem quæsiturus Ecclesiam deuotus adiret, orationi incumberet, atque sacrosancta communione corporis & sanguinis Christi se muniret deinde fidenter ad audiendum hæreticam prauitatem signaculo S. Crucis protectus pergeret, nihil horum quæ ab eis audiret, contradiceret, sed simulato Discipuli vultu omnia tacitus, in domicilio pectoris conferret.

Igitur Aurelianis deueniens vbi edoctus fuerat, quotidie sacra communione ac supplici oratione munitus ad eorum doctrinam veniens adinstar rudis Discipuli vltimus intra domum Erroneorum assidebat. Cumque primum diuinorum voluminum exemplis eum & quibusdam rerum similitudinibus informarent, atque more perfecti Discipuli subdita aure intentum viderent, inter alias similitudines siluestris arboris similitudinem ei proferunt. Tractandus es à nobis, inquiūt, vt arbor siluestris quæ translata in viridario tandiu perfunditur, donec humo radicetur. Dehinc spinis & rebus superfluis emundatur, vt postmodum terræ tenus truncata surculo meliori inseratur ramusculo, quæ postmodū fertilis sit mellifluo pomo. Itaque tu simili modo translatus de iniquo seculo in nostro sancto Collegio aquis perfunderis sapientiæ, donec informeris & gladio verbi Dei vitiorum spinis carere valeas ac insulsa doctrina tui pectoris ab antro exclusa nostram doctrinam à S. Spiritu traditam mentis puritate possis excipere. At ille de omni verbo quod proferebant, Deo semper gratias referebat. Vnde rati sunt eum conuersum esse in eum errorem, iam iamque suæ nequitiæ sentinam verbis diuinorum librorum antea coopertam securi aperiunt dicentes *Christum de Virgine Maria non esse natum. Neque pro hominibus passum. Nec vero in sepulchro positum, nec à mortuis resurrexisse: addentes in Baptismo nullam esse scelerum ablutionem. Neque sacramentum Corporis & Sanguinis Christi in consecratione sacerdotis. Sanctos Martyres atque Confessores implorare pro nihilo ducebant.*

Cumque hæc & alia execranda perditi & miserrimi homines à fœtido pectore euomerent, Arefastus sic ad eos dixisse fertur. Si in his quæ enumerastis, salus hominum quæ speratur, nulla vt dicitis, esse potest, à vobis obnixè rogo mihi aperire in quibus sperari poterit, ne meus animus in dubio positus citò cadat in desperationis ruinam. Procul dubio Frater, inquiunt, in Charybdi falsæ opinionis hactenus cum indoctis iacuisti, nunc verò erectus in culmine totius veritatis integræ mentis oculos ad lumen veræ fidei aperire cœpisti. Pandemus tibi salutis ostium, quo ingressus es per impositionem videlicet manuum nostrarum ab omni peccati labe mundaberis, atque S. Spiritus dono repleberis, qui videlicet scripturarum omnium profunditatem ac veram dignitatem absque scrupulo te docebit. Deinde cœlesti cibo pastus, interna satietate recreatus videbis persæpe nobiscum visiones Angelicas, quarum solatio fultus cum eis quo vis locorum sine mora vel difficultate cum volueris ire, poteris, nihilque tibi deerit in quo sapientiæ thesauri atque diuitiarum consistunt.

Interea Rex & Constantia Regina sicut vir memoratus mandauerat, ad vrbem Aurelianam cum Episcoporum Collegio venientes, die sequenti illo ipso suggerente omnis illa nequissima Congregatio simul per Officiales Regios de Domo vbi erant congregati, abstracti & in Ecclesiam Sanctæ Crucis ante Regem atque Episcoporum ac Clericorum cœtum adducti. Sed antequam ad conflictum veniamus, de cibo illo qui cœlestis ab illis dicebatur, quali arte conficiebatur, nescientibus demonstrare curabo. Congregabantur siquidem certis noctibus in Domo denominata singuli lucernas tenentes in manibus adinstar Letaniæ Dæmonum nomina declamabant donec subitò Dæmonem in similitudine cuiuslibet bestiolæ inter eos viderent descendere. Qui

„ statim vt visibilis illa videbatur visio, omnibus extinctis luminaribus quam
„ primam quisque poterat mulierem quæ ad manum sibi veniebat ad abuten-
„ dum arripiebat sine peccati respectu, & vtrum mater aut soror, aut Mona-
„ cha haberetur, pro sanctitate & religione illius concubitus ab illis æstimabatur.
„ Ex quo spurcissimo concubitu infans generatus octaua die in medio eorum co-
„ pioso igne accenso probabatur per ignem more antiquorum Paganorum, & sic in
„ igne cremabatur. Cuius cinis tanta veneratione colligebatur atque custodiebatur,
„ vt Christiana Religiositas Corpus Christi custodire solet ægris dandum de hoc
„ seculo exituris ad Viaticum. Inerat enim tanta vis Diabolicæ fraudis in ipso
„ cinere, vt quicunque de præfata hæresi imbutus fuisset & de eodem cinere
„ quamuis sumendo parum prælibauisset, vix vnquam postea de eadem hæresi
„ gressum mentis ad viam veritatis dirigere valeret. De qua re parum di-
„ xisse sufficiat, vt Christicolæ caueant se ab hoc nefario opere, non vt studeant se-
„ ctando imitari. Verum quia digressionem fecisse videor, ad eadem modo quæ
„ dimisi vertatur oratio, ac succincto cursu infidelium crudelitas transcurrendo
„ peragatur, ne prolixior controuersiæ sermocinatio fastidium generet delicato
„ lectori.

„ Igitur vt dictum est, illis introductis ante Regem & Episcoporum conuentum
„ prior Arefastus Regem allocutus est dicens: Domine mi Rex vinctus miles sum
„ Richardi tui fidelissimi Comitis Normaniæ & immeritus teneor & catenatus ante
„ te. Cui Rex ita respōdit. Causam tui aduentus cito nobis indicas, vt ea cognita aut
„ reus in vinculis tenearis, aut innoxius à vinculis dimittaris. Ad hæc ille respōdit.
„ Audita sapientia & religione horū qui vincti adstant mecū ante te ad hanc Vrbē
„ venire volui, vt exemplo bonorum operum atque doctrina eorum melioratus
„ redirem. Hæc quidem causa est pro qua de Patria mea exire volui, & hanc vrbem
„ petij. Quod si reatu aliquo pro hoc opere teneor, Præsules tibi assistentes videant
„ & iudicent. Tunc Præsules dixerunt. Si sapientiæ ac Religionis modum quem
„ ab his didicisti, nobis proferas, nostro iudicio facile dignoscetur. At ille ait,
„ Regia Maiestas & vestra authoritas eis iubeat, vt quæ me docuerunt ipsi,
„ ea coram vobis dicant quatenus audita à vobis aut digna laude habeantur,
„ aut obliuioni tradantur. Quibus Rex atque Antistites cum iuberent, vt suæ
„ fidei normam referendo patefacerent, totius veritatis inimici alia pro aliis di-
„ centes intra suæ hæresis fœditatem nulla adyta introire volebant, sed vt serpens
„ quanto plus in manibus stringitur, tanto amplius elabitur, ita & isti quo am-
„ plius concludebantur veritatis sermone, tanto magis labiliores videbantur ef-
„ fugisse. Tunc Arefastus videns quod redimerent tempus & sermonum clypeo
„ festinarent obnubilare suæ fidei errorem, ad eos est conuersus dicens.

„ Veritatis Magistros non erroris habere putaui, dum constanter illam mihi
„ Doctrinam quam salutiferam Euangelizabatis viderem vos docere, atque pol-
„ licebamini pro pœnis inferendis & etiam pro morte toleranda numquam
„ eam esse à vobis denegandam, nunc verò oblita fide quam promisistis vt vi-
„ deo, timore mortis ab illa doctrina longè vultis fieri meque adhuc rudem Disci-
„ pulum in periculo mortis dimittere paruipenditis. Vnde Regiæ iussioni paren-
„ dum est & obedire tantorum Præsulum authoritati oportet, vt in his quæ à vobis
„ didici, si quæ sunt Religioni Christianæ contraria, istorum iudicio cognita
„ quæ sequenda sunt & quæ respuenda agnoscant. Docuistis equidem me nul-
„ lam in baptismo promereri veniam peccatorum, neque Christum de virgine esse
„ natum, neque pro hominibus passum, neque verè sepultum, neque à mortuis re-
„ surrexisse neque panem & vinum quod super altare manibus sacerdotum S.
„ Spiritus operatione effici videtur, sacramentum conuerti posse in corpore &
„ sanguine Christi.

„ Cumque Arefastus vna voce perorasset, Guarinus Beluacensis Præsul interro-
„ gauit Stephanum & Lisoïum, qui huius erroris videbantur esse Magistri, si
„ ita sentirent & crederent quæ ab Arefasto erant memorata. At illi cum Dia-
„ bolo in inferno iam mansionem paratam habentes vera esse memorata & ita se
„ sentire ac credere constanter asserunt. Quibus cum Præsul diceret voluisse
„ Christum nasci de Virgine quia potuit, & pro nostra salute pati in humanitate
„ vt tertia die deuictâ morte resurgeret in sua deitate, nosque doceret esse resur-

recturos in reformatione, viperino ore responderunt dicentes, Nos neque interfuimus, neque hæc vera esse credere possumus. Adhæc Præsul eos inquit interrogans. Carnales parentes habuisse creditis, an non? cumque se credere assererent, Præsul respondit. Si ex parentibus vos esse procreatos creditis cum non eratis, ante secula Deum de Deo genitum sine Matre in fine temporis S. Spiritus obumbratione de Virgine natum eum credere respuitis? At illi dixerunt, quod natura denegat, semper à creatione discrepat. Quibus præsul respondit dicens. Antequam quidquam fieret per naturam non creditis per filium Deum Patrem fecisse omnia ex nihilo? cui alienati à fide dixerunt.

Ista illis narrare potes qui terrena sapiunt atque credunt figmenta Carnalium hominum scripta in membranis animalium. Nobis autem qui legem scriptam habemus in interiori homine à Spiritu S. & nihil aliud sapimus, nisi quod à Deo omnium conditore didicimus, incassum superflua & à diuinitate deuia profers. Idcirco verbis finem impone & de nobis quidquid velis facito: iam Regem nostrum in cœlis regnantem videmus, qui ad immortales triumphos dextera sua nos subleuat dans superna gaudia.

Cumque ab hora diei prima vsque ad horam nonam multifariam elaborarent omnes, vt illos à suo errore reuocarent, & ipsi ferro duriores minimè resipiscerent, iussi sunt singuli sacris vestibus indui in suo ordine, statimque ab Antistitibus à proprio honore sunt depositi, & Rege iubente, Constantia Regina ante valuas Basilicæ stetit, ne populus eos intra Ecclesiam interficeret, & sic de gremio S. Ecclesiæ eiecti sunt: deinde extra ciuitatis eductis muros in quodam tuguriolo copioso igne accenso præter vnum Clericum atque vnam Monacham cum nefario puluere, de quo supra diximus, cremati sunt. Clericus enim & Monacha diuino nutu resipuerunt.

Talis fuit finis insanorum illorum Doctorum, qui nec precibus amicorum, nec minis Regis, non exhibitione tormentorum terreri & commoueri atque ad saniorem mentem adduci potuerunt. Quippe Robertus cum esset omnium Principum clementissimus, ac Litteratorum virorum amantissimus, experiri primum voluit exhibita specie tormenti, num eos posset à detestanda & nefaria hæresi abducere, ob idque iussit accendi rogum extra vrbem in eorum conspectu, at illi nihil inde territi cum ducerentur, hilari vultu & intrepide properarunt acientes se illa sos inde exituros, immanitatemque tormentorum sanctitate vitæ superaturos. Itaque veritus Princeps ne ficta eorum constantia multorum animos deluderet & moueret ad miserationem, serio sententiam executioni demandari iussit, eosque ad rogum rapi in quem coniecti sunt eorum tredecim & flammis absumpti. *Qui eam iam cœpissent acrius aduri*, inquit Glaber Rodulphus loco citato, *cœperunt voce qua poterant ex eodem igne clamare se pessimè deceptos arte Diabolica nuper de Vniuersorum Deo ac Domino male sensisse & ob hanc ab eisdem illatam ei blasphemiam illos temporali atque æterna vltione torqueri. His vero plures e circunstantibus auditis humanitatis pietate permoti accedentes, vt vel femininos ab igne eriperent minimè valuerunt, quoniam vindice flamma consumente illos, continuo in puluerem sunt redacti. Si qui vero postmodum huius peruersitatis sectatores fuerunt reperti, simili vltionis vindictæ vbique fuerunt puniti.* Hæc Glaber Rodulphus.

De iisdem quoque breuiter Helgaldus Author Synchronus. *Eodem tempore*, inquit, *decem ex Canonicis S. Crucis Aurelianensis probati sunt esse Manichæi. Quos Rex Robertus cum nollent ad Catholicam conuerti fidem, igne cremari iussit. Simili modo apud Tolosam inuenti sunt Manichæi, & ipsi igne cremati sunt. Et per diuersas Occidentis partes Manichæi exorti per latibula sese occultare cœperunt, decipientes quoscumque poterant.*

Huic autem Concilio Aurelianensi præsedit Leothericus Senonensis Archiepiscopus, vt habetur in Chronico S. Petri Viui his verbis. *Sub ipso tempore exorta est magna hæresis noua & enaudita in vrbe Aurelianensi: Qua propter accersiens Rex Archiepiscopum iussit congregari in eadem vrbe Synodum. Erant autem ipsi Hæretici ex melioribus ipsius ciuitatis Clerici. Communi vero consensu & voluntate omnium conuicti omnes perpessi sunt ignis incendium.*

Tunc erat Episcopus Aurelianensis Theodoricus, qui huiusce praui dogmatis in vrbe sua sparsi tædio affectus & tot Clericorum, qui ante probi habebantur, morte infami motus Episcopatum reliquit & Romam ad Apostolorum limina contendit, sed in itinere apud Castrum Tornodorense obiit, vt habetur in eodem Chronico. Ei substituitur Odolricus de Brecis vir nobilissimus & Roberto Regi acceptissimus, quem Fulbertus Carnotensis Presbyterum consecrauit vt ipse scribit Ep. ad Leothericum Senonensem Præsulem.

Sub hoc Episcopo Ademarus Engolismensis scriptor eorumdem temporum videtur innuere fuisse prædictam synodum habitam contra hæreticos Aurelianenses, de illa enim hæresi verba faciens deque Odolrico sic habet. *Eo tempore decem ex Canonicis S. Crucis Aurelianensis qui videbantur aliis religiosiores, probati sunt esse Manichæi, quos Rex Robertus, cum nollent aliquatenus ad fidem reuerti, primo à Gradu sacerdotij, deinde ab Ecclesia eliminari & demum igne cremari iussit. Et paulo post. Quidam etiam S. Crucis Aurelianensis Canonicus Cantor nomine Theodatus mortuus erat ante triennium in illa hæresi, ut perhibebant viri Religiosi & Hæretici ipsi, cuius corpus postquam probatum est, de cœmeterio est eiectum iubente Episcopo Odolrico & proiectum in inuium. Qui autem flammis iudicati sunt supradicti decem cum Lisoio, quem Rex valde dilexerat propter sanctitatem quam eum habere credebat, quasi securi nihil ignem timebant & flammis se intactos exire promittebant etiam ridentes in medio ignis ligati sunt & sine mora penitus in cinerem redacti sunt, vt nec de ossibus residuum inueniretur eorum.*

Et si non irrepsit mendum in numerum annorum Carthæ cuiusdã seu Priuilegij à Roberto Rege concessi A berto Miciacensi Abbati, sententia in hæreticos illos prolata fuisse dicitur anno 1022. tunc præsule Odolrico. Sic enim in fine priuilegij legitur. *Aurelianis publicè an. 10. 2. Regni Roberti Regis 28. Indict. 5. Quando Stephanus Hæresiarches & complices eius damnati & arsi sunt Aurelianis.* Quare cum non conueniant authores eorumdem temporum, qui spectaculi testes esse potuerunt oculati, videntur ita conciliandi, vt anno quidem 1017. fuerit hæresis illa detecta, quo tempore Theodoricus præsul erat Aurelianensis, at non nisi an. 1022. hæretici puniti sub Odolrico Theodorici successore. Non est vero audiēdus Chronologistes Antisiodorensis eam aiens hæresim ortam sub Henrico I. Roberti successore his verbis. *Post Robertum regnauit in Francia filius eius Henricus annis 31. Sub ipso tempore hæresis inaudita apud urbem Aurelianis exorta est. Erant autem ipsi hæretici ex melioribus ipsius Ciuitatis Clericis. Quamobrem Concilio ibidem collecto, communi omnium iudicio decernente præfati hæretici iussi sunt incendio concremari.* Hactenus de hæresi Aurelianensi.

1018. Anno 1018. Robertus Rex Senonis confirmat instaurationem & reformationem Cœnobij Latiniacensis factam ab Herberto II. Comite Campaniæ cognomento Vetulo, vbi ipse sepultus fuerat an. 989. vt scribit Albericus. In quo cœnobio M. Heribertus qui cum Fulberto Gerberti Discipulus fuerat & postea Carnuti docuerat, Monachum induit, & paulo post Gerardus eiusdem in Schola Carnotensi Discipulus, mox futurus Abbas Fortanellensis. In Charta autem Roberti Baldainus sub-Cancellarius subscripsit vice Arnulfi Archiepiscopi Remensis *primi Cancellarij.* Vnde errant qui scribunt Arnulfum obijsse an. 1009. siquidem & legitur subscripsisse in noua fundationi Ecclesiæ Collegiatæ S. Laurentij de Rozeio ab Hilgaudo eiusdem loci Dynasta facta.

1019. Anno 1019. Franco Decanus Ecclesiæ Parisiensis & Franciæ olim Cancellarius ad Episcopatum Parisiensem promouetur, vir litteratus, & litteratis viris charus, præsertim Roberto Regi & Fulberto Carnotensi: cuius ad eum extant quædam Epistolæ. De electione sic scribit ad Regem Ep. 88. *Ex parte Celsitudinis vestræ dictum est nobis quod Domnum Franconem Parisiensi Ecclesiæ dare vultis Episcopum, & ad hoc peragendum nostræ humilitatis habere fauorem, nobis autem videtur quia si Episcopatui de quo agitur aptus est, Clericus est optimè litteratus & ad sermonem faciendum agilis, in qua re minus aptos Episcopos decet esse non minus quam in operatione potentes atque diser. tos: vnde si hoc fieri posse canonicè Domni Archiepiscopi Senonensis & Coepiscoporum nostrorum probauit sagacitas, nostrum etiam qui de hac discussione appellati non fuimus, habeatis assensum: in nullo enim quod bonum sit, coram Deo vestræ voluntati nitimur contraire.*

Difficultas, credo, istius Electionis in eo erat posita, quod Azelinus, de quo supra locuti sumus, parum se videns aptum & idoneum Episcopali muneri exercendo,

exercendo, libens quidem cesserat: at in ea tamen cessione nonnihil desiderabatur secundum Canones; vnde non videbatur legitimè posse fieri alterius electio & substitutio: Accessit, quod ipsum Azelinum pœnituerit abdicasse Episcopatum; illumque repetere voluerit. Verum serius sapuit quam oportuisset. Franco enim Roberti Regis ope & auxilio fretus, Fulberti quoque consilio & authoritate qua apud omnes valebat, munitus sedem retinuit. Retulimus supra prædicti Fulberti ad Franconem Epistolam, quæ est ordine 96. in qua hæc quoque continentur verba. *Superfluum duxi longam fabulam Nostri Senis (Azelini) transcribere & mittere tibi: cum totam rationem eius, si qua est, ex mea breui responsione facile percipere possis: fuitque eiusmodi. Fratri in Domino & consacerdoti suo Fulberto. Absit frater, vt credatur verum esse quod scripsisti, meum Archipræsulem & me tuam confessionem publicasse.* Obiit autem Azelinus seu Ascelinus an. 1020. 3. Kal. Septemb.

Anno 1020 (alij dicunt 1023.) Ioannes 20. aliis 21. quibusdam 19. Patria Tusculanus, seu vt alij scribunt, Romanus ad Pontificatum Rom. promouetur post Benedictum VIII. fratrem, vir strenuus & virtutum plurimarum insignibus decoratus; atque idcirco tam bonis amabilis & gratiosus quàm malis inuisus. Primus post multos ignauos Pontifices spem dedit restituendæ in pristinam libertatem Ecclesiæ, quæ tunc temporis à multis tyrannulis opprimebatur. In hanc rem ad eum scribit Fulbertus Epist. 22. *Gratias omnipotenti Deo, qui more benignitatis suæ tuam, Pater, humilitatem respexit, & summo vt decebat dignitatis apice sublimauit. Proinde totus mundus ad te conuertit oculos, teque vnum omnes beatissimum prædicant, contemplantur altitudinem tuam sancti viri, & gaudent, quod eis similitudine omnium virtutum alludis. Respiciunt persecutores Ecclesiæ districtionis tuæ baculum formidantes. Suspiciunt ij qui flagellantur ab impiis & respirant sperantes adhuc restare sibi consolationis remedium. Ex quorum numero sum Ego Magnæ & præclaræ Ecclesiæ pusillus Episcopus, qui tibi, Pater, de angustiis meis querimoniam scribens auxilium tuæ Pietatis imploro. Est enim quidam Comes malefactor nomine Rodulfus, nimium vicinus nobis, qui Res Ecclesiæ nostræ per iniustam occasionem inuasit, vnum de Clericis nostris suis manibus interfecit, duos alios captos sacramentis illigauit. Et de his omnibus appellatus in Curia Regis, & coram plena Ecclesia sæpe vocatus, non propter hominem nec propter Deum ad Iustitiam venire dignatus, à nobis tandem excommunicatus est. Nunc verò ad limina Petri contendit, tanquam ibi possit accipere de peccatis absolutionem, vnde venire non vult ad emendationem. Vnde rogamus te, Dilectissime Pater, cui totius Ecclesiæ cura commissa est, vt eum de sanguine atque iniuria filiorum tuorum ita arguere & castigare memineris, sicut meritum esse tua prouidentia nouit. Nec tua sanctitas iniustè in communionem recipiat, quem diuina authoritas sicut Ethnicum alienat. Vale bone Pastor & vigila super nos, ne per incuriam tuam Grex Domini detrimentum sustineat.*

Huiusce Pontificis temporibus Guido Aretinus Monachus Benedictinus in Italia primus excogitauit nouam Cantandi methodum, quam solmificationem vocant, seu vt vulgò loquimur Gammam cum notis VT, RE, MI, FA, SOL, LA: cuius arte pueri & puellæ in manu sua cantandi peritiam facilius discere cœperunt, quàm voce Magistri, aut vllius vsu instrumenti, inquit Trithemius: Qui Guidonem illum inter authores Ecclesiasticos commemorans, ait fuisse virum in Diuinis Scripturis exercitatum atque in secularibus Disciplinis eruditissimum, prætereaque Dialecticum & Musicum insignem.

Noster quoque Rex Robertus Diuinis humanisque litteris peræquè imbutus hisce temporibus inter Regni curas multa componebat opuscula, complures hymnos & prosas, quarum aliquas etiamnum decantat Ecclesia, vt sunt istæ. SANCTI SPIRITVS ADSIT NOBIS GRATIA in honorem S. Spiritus. O IVDÆA ET HIERVSALEM in honorem Natiuitatis Domini. CORNELIVS CENTVRIO, quæ est S. Petri. O CONSTANTIA MARTYRVM LAVDABILIS. in honorem S. Dionysij & sociorum eius, vt referunt Robertus Antissiodorensis, Nangius, Trithemius, Genebrardus & alij: quam quidem Prosam vltimam videri voluit composuisse in gratiam Constantiæ Reginæ: fœminâ sic delusâ, quæ inter sacra mariti opera habere locum affectabat.

Memorabile est quoque, quod prædicti Ioannis Pontificis temporibus Eustrasius Antistes Constantinopolitanus conatus est obtinere, vt Ecclesia Constantinopolitana, sicut & Romana, diceretur CATHOLICA seu VNIVERSALIS. Iamque Pontificem & Romanos qui Curiæ præerant, prope flexerat donis & permouerat, cum id intelligens Italia ob hoc vehementissimè commota est. *Sed & Galliarum Episcopi & Abbates*, inquit Hugo Abbas Flauiniacensis, *his obuiare conati sunt, Quidam in persona sua, Quidam verò litteris missis sedem Apostolicam visitantes, & tantum opprobrium & dedecus authoritatibus ad medium prolatis, quibus contradicere fas non esset, à Romana Ecclesia propulsantes.* Præcipuam verò in ea re laudat operam Richardi Abbatis Flauiniacensis & Guillelmi Abbatis Diuionensis, cuius hanc refert ad Ioannem Papam Epistolam.

Gratia Dei & Reuerentia Beati Petri sedi & in orbe terrarum excellentissimæ indeptæ Papæ Ioanni Willielmus Crucis Christi seruus, sedem Iudicij cum Apostolis & coronam Regni. Magistri Gentium dictis instruimur seniorem non increpandum. Idem tamen alias dicit: factus sum insipiens, vos me coegistis. *Idcirco igitur filiationis diligentia hortamur communem vestram paternitatem, vt in vno imitemini cogitationes hominum peruidentem Dominum saluatorem, vt dicatis ad aliquem vobis vnanimem, quemadmodum & ipse Petro.* Quid dicunt homines de me? *si verò responsum eius ex fide fuerit, animaduertite qualiter sonuerit. Si clarè, custodite ne obfuscetur. Si verò obscurè, lux mundi oranda est, qualiter ita fulgeatis vt Vniuersis in gremio Ecclesiæ constitutis ad viam mandatorum Dei gradiendam lumen præbeatis. Sed est fama rei, quæ nempe apud vos accidit, de qua quis audiens si non scandalizatur, nouerit se longè ab amore superno disparari. Quoniam licet potestas Rom. Imperij, quæ olim in Orbe terrarum penes Monarchas viguit, nunc per diuersa terrarum loca innumeris regatur sceptris, ligandi soluendique in cœlo & in terra potestas incumbit Magisterio Petri. Atque idcirco ista diximus vt animaduertatis non aliter Græcos, quàm Cenodoxia hoc quod audiuimus apud vos requirere, impetrauisse. De cætero quoque optamus, vti Vniuersalem decet Antistitem, vos acrius in conceptione & disciplina sanctæ & Apostolicæ Ecclesiæ vigere, æternéque & feliciter in Christo valere.*

Incendium Carnotense. Eodem anno Basilica Carnotensis & tota pœnè Ciuitas deplorando incendio conflagrauit: quam ruinam Fulbertus quâ potuit celeritate & diligentia reparare contendit, missis ad plurimos Principes & Magnates litteris & impetratâ ab iis pecuniâ, trabibus, cæmentis aliisque rebus ad Basilicæ instaurationem necessariis. Testis Will. Malmesburiensis Cnutonem Anglorum Regem ad tanti operis perfectionem vltro contribuisse. Sic enim ille lib. 2. de Gestis Anglorum. *Rex Cnuto*, inquit, *ad transmarinas Ecclesias pecunias mittens, maximè Carnotum dotauit. Vbi tunc florebat Fulbertus Episcopus in sanctitate & Philosophia nominatissimus. Qui inter cætera industriæ suæ documenta Ecclesiæ Dominæ nostræ S. Mariæ, cuius fundamenta iecerat, summam manum mirifico effectu imposuit: quam etiam pro posse honorificare studens, musicis modulationibus crebrò extulit. Quanto enim amore in honorem Virginis anhelauerit, poterit coniicere qui audierit cantus cœlestia vota sonantes. Extat inter cætera opuscula eius Epistolarum volumen, in quarum vna gratias agit Cnutoni Magnificentissimo Regi, quod largitatis suæ viscera in expensas Ecclesiæ Carnotensis effuderit.*

Extat ad hunc Regem Fulberti Ep. 97. qua gratias ei agit ob munera quæ
,, transmiserat. Quando munus tuum nobis oblatum vidimus, sagacitatem tuam
,, pariter & Religionem admirati sumus; sagacitatem quidem: quod homo nostræ
,, linguæ ignarus, longoque terræ marisque interuallo à nobis diuisus non solum
,, ea quæ circa te sunt, strenuè capessas, sed etiam tu quæ circa nos diligenter in-
,, quiras, Religionem verò, cum te quem Paganorum Principem audieramus, non
,, modò Christianum: verum etiam erga Ecclesias atque Dei seruos benignissi-
,, mum agnoscimus. Vnde gratias agentes Regi Regum, ex cuius dispositione
,, talia descendunt, rogamus, vt ipse Regnum tuum in vobis prosperare faciat,
,, & animam tuam à peccatis absoluat per æternum consubstantialem sibi vni-
,, genitum Christum Dominum nostrum in vnitate Spiritus Sancti.

Ad eiusdem Basilicæ instaurationem de suis quoque bonis contribuerunt Richardus Normanorum Dux, Willelmus Aquitanorum: at iste præsertim, qui Fulberti amicissimus erat, pietatis amantissimus, litteratorum Mæcenas liberalissimus. Patet ex Epistolis Fulberti quanta inter eos necessitudo, quantumque intercederet commercium litterarum.

Neque verò Guillelmus de opibus tantùm suis largitus est in restauratio-nem Templi Carnotensis ; sed & Fulberto Thesaurariam B. Hilarij Pictauien-sis obtulit: quam videtur initio quidem accepisse Fulbertus , paulò verò post ei reddidisse. De ea re sic legitur in fragmento Historiæ Aquitanicæ vbi de Guil-lelmo. *Fulberto quoque sapientia valde ornato Episcopo Carnotensi pro reuerentia Philosophiæ eius à Francia ad se euocato Thesaurariam S. Hilarij gratis tribuit & summo honore eum excoluit.* Ipse verò Fulbertus sic ad eum rescribit. Ep. 16.

Piissimo Duci Aquitanorum Guillelmo Fulbertus humilis Episcopus fideli-tatem ex corde. Non est mirum, Serenissime Princeps, si quid moueris animo contra me de hoc quod sapientissimo & sanctissimo Patri nostro Hilario tibi-que debita seruitia non rependo. Magnam enim honorificentiam exibuisti mihi, largosque dedisti munificentiæ fructus, pro quibus nihil præsentis emo-lumenti recepisse videris. Sed est quod te reconfortare plurimum potest, hoc videlicet quod tuas gazas in Ecclesiæ B. Mariæ restaurationem expensas non solum integras, verum etiam multiplicatas ab ea recipis. Ex parte verò mea quamuis perexilis portio mercedis æstimari possit, tamen quidquid sum & pos-sum, tuum est. Si autem de malitia seculi ortæ difficultates iter meum impe-diunt, vt te frequentare non possim & dilationes meas exspectare tædet, fac benignissime atque dilectissime Princeps de illa dignitate, quam mihi commi-seras, quidquid animæ tuæ beneplacitum fuerit : certò sciens quod ea causa beneuolentiam meam erga te nunquam senties imminutam.

At Ep. 103. illi suum omninò munus remittit. Doleo vir optime, quod nu-per in Conuentu Regio atque nostro loquendi tecum opportunitatem non ha-bui, non de seculari negotio, sed de loco S. Patris Hilarij, cuius Rectores nos esse bonitas tua voluit, sed huius temporis malitia non permittit. Mando itaque tibi & precor absens id quod præsens tunc intimare volebam, videlicet vt secundum beneplacitum cordis tui constituas tibi alium Thesaurarium & Capiciarium de bonis Clericis, qui sunt in tua vicinia, quos via longa & peri-culosa non disturbet ab officio, sicut me & meos hactenus disturbauit.

Porro D. Virgini tam deuotus fuisse scribitur Fulbertus, tamque seruidus in eius cultu promouendo, tam sedulus in eius templo restaurando, vt ea ægrotan-ti sacra vbera sugenda præbuisse dicatur, eique vires & sanitatem restituisse : vt refert Albericus in Chronico ad an. 1022. *Fulbertus,* inquit *Episcopus sanctitate & Philosophia nominatissimus, qui fundamenta sanctæ Ecclesiæ Dei Genitricis iecit & eadem perfecit miro lapideo tabulatu : qui etiam ab eadem Dei Genitrice in infir-mitate sua visitatus esse dicitur & de eius lacte sanctissimo recreatus. Hic enim mul-to amore & felicissimo in honorem B. Mariæ Virginis Dei Genitricis exarsit. Quod ostendunt cantus quos de ea ille edidit cælestia vota sancientes.*

Anno 1021. Durandus Norgeri Leodiensis & Gerberti olim in Schola Remensi Discipulus ex humili loco ad Cancellariatus dignitatem ab Henrico propter emi-nentem doctrinam promotus, ab eodem post mortem Woldonis seu Wolpodo-nis Leodiensis Episcopi in eadem sede ipsius successor designatur. Accidit autem res digna memoria. Nam dum Imperator Durandum Episcopatu donat, Capi-tulum Leodiense Gothescalcum eligit, fundatorem S. Bartholomæi, filium Castellani de Morlemeiz ipsiusque Durandi Dominum : cum autem ipsi sibi in-uicem in via occurrissent, Gothescalcus ad Imperatorem Leodio proficiscens, Durandus ab Imperatore Leodium veniens : re communicata, vt accide-rat, Gothescalcus vltro Durandum patitur esse Episcopum, iurique suo lu-bens cedit. Vt scribit Albericus in Chronico ad hunc annum his verbis. *Duran-dus Imperatoris Cancellarius fit Leodiensium Episcopus: quod quia fabula in Theatro mun-di fuit, quia vir ex humillimo & pauperrimo seruilis conditionis genere Dominis suis do-minatur, Carnalibus maximè, supradicto Godescalco fundatori S. Bartholomæi, qui fuit filius Castellani de Morlemiz, electus fuerat à Capitulo in Episcopum. Qui cum ad Im-peratorem pro Regalibus suis festinaret, obuium habet dictum Durandum iam Episcopatu donatum. Cumque Durandus vidisset Dominum suum Godescalcum prædictum, voluit ei donum quod ab Imperatore receperat, resignare, sed per eundem Godescalcum firmius ad Episcopatum promotus est. Erat enim vterque Religiosus, sed Durandus in vtraque litte-rarum scientia longè satis expeditus. Sic nobilitas scientiæ cessit, & purpura elo-quentiæ.*

1021.

Hic vero animaduertere opus est vehementer errare Sammarthanos in Gallia Christiana aientes Durandum hunc authorem esse Epistolæ cuiusdam contra Brunonem Episcopum Andegauensem & Berengarium Turonensem Archidiaconum : item & cuiusdam Manuscripti de Sacramento altaris. Nam ex fide Historicorum certum est Durandum hoc anno factum ex Cancellario Henrici Imperatoris Episcopum obiisse 10. Kal. Septemb. an. 1025. Tunc autem Berengarius vix excesserat e Schola Fulberti, nec dum Bruno Episcopatum Andegauensem obtinuerat, qui vix tum adhuc in scholis erat. Rectius ergo Epistola prædicta tribuitur Durando Troarnensi Abbati primo, viro in humanis & diuinis litteris versatissimo, vt alibi dicemus.

1023. Anno 1023. Teste Alberico obit Arnulphus ille Remensis, de quo tam multa ad superius seculum diximus, iacetque in Choro S. Remigij sub hoc Epitaphio.

Hic iacet Arnulphus Regali stemmate fusus,
Remorum Præsul nulli pietate secundus.
Spes inopum, spes debilium, Pastor Monachorum,
Assertor veri, rigidi seruator honesti,
Quem fera mors rapuit, quæ nulli parcere nouit.
Flete Patrem Monachi lachrymarum fonte perenni.

In vulgatis Catalogis Archipræsulum Remensium legitur obiisse an. 1009. eique post annum successisse Ebulonem. Verum Albericus & Chronicon Cameracense l. 3. c. 22. Arnulphum hoc anno obiisse commemorant, eique Ebulonem virum nobilem, Roberti Regis ex Sorore nepotem, hominemque Laicum successisse.

De eo sic legitur in Chronico. *Defuncto Arnulfo Remorum Archiepiscopo Aselinus Laudunensis quendam Laicum Ebulonem nomine antea suum Secretarium & suæ calliditatis conscium acclamauit, & vt Rex concederet, suis adulationibus impetrauit. Virum sanè nullius disciplinæ, nihil etiam præter pauca syllogismorum argumenta scientem, quibus idiotas ac simplices quoque ludificari solebat. Sub specie verò litterarum ad tanti honoris fastigium multo ante tenderat, spemque suam multa pecunia cumulabat, quam vsuris turpiter aceruabat. Hoc quoque Aselinus multo ante quæsiuit & nunc maximè insudabat quatenus per eum suas calliditates liberius exerceret.*

Nimis hæc forsan Satyricè : certiorem enim habemus Ebulinæ probitatis & capacitatis testem Fulbertum Carnotensem, qui Ep. 38. ad Guidonem Siluanectinum Episcopum respondet non esse multum ipsi metuendum, quod Laicum homin̄e ordinasset : id enim factum sæpe antiquitus, præsertim cū tales ordinabantur viri, qui Religioni Christianæ & Ecclesiæ profuturi crederentur. Talem verò esse Ebulonē, hominem quippe Christianum, probum, litteratum & in Scripturis sacris versatum. Sic ergo ille. *Ab ordinatione Ebuli Remensis Archiepiscopi non valde tibi metuendum puto esse, si est vt dicitur, ab infantia Christianus, sano sensu, sacris litteris eruditus, sobrius, castus, amator pacis & dilectionis, nullo crimine, nulla infamiæ nota turbatus, tandemque à Clero & populo suæ Ciuitatis electus. Magni etenim viri, vt optimè nosti, Ambrosius Mediolanensis & Germanus Antisiodorensis aliique nonnulli, quia tales in Laico habitu extiterunt, subitò nobis sancti præsules exierunt. Domnus vero Papa cuius animaduersionem te reuereri significasti, non est quod tibi merito debeat succensere, si te grauiter collapsæ S. Remensis Ecclesiæ aliquam spem resurrectionis audierit prouidisse.* Extant aliquot eiusdem Fulberti Epistolæ ad Ebulum & de Ebulo nimirum, 38. 53. & 54.

Quæstio de S. Martialis Apostolatu.

Circa hæc tempora magna contentio inter Doctos orta est de re leui, an scilicet Martialis primus Lemouicensium Episcopus deberet in Litaniis communibus inter Apostolos, an verò inter Confessores connumerari, ac proinde an Apostolus, an Confessor appellari. Hæc Quæstio apud Lemouicas nata est inter seculares vt vocant, & Regulares. Iordanus de Loron Episcopus Lemouicensis vetuit inter Apostolos recenseri : Hugo Abbas S. Martialis contendit debere Apostolum vocari, & Hebionitas appellabat quicunque Episcopo suffragabantur : qui nempe Hebionitæ non alios quam 12. vocandos esse Apostolos contestabantur.

Ad dirimendam hanc litem Willielmus Dux Aquitanorum vir litteratus & literatorum studiosus Synodum Pictaui congregauit : in qua quidem productus est liber à Rege Anglorum missus, continens Martialem in Anglia haberi Apostolum. Qua de re sic Odolricus Abbas S. Martialis in Concilio Lemouicensi *Illud quoque mihi commemorandum est, quod ante hos septem annos Rex Anglorum Duci Aquitaniæ regalia muneranzisit, simulque Codicem litteris aureis scriptum, in quo nomina Sanctorum distincta cum imaginibus continebantur: quod volumen iam in concilio Pictauiensi dum hac eadem de re Quæstio esset, illud Dux Guillelmus litteris edoctus in testimonium antiquitatis Pontificibus ostendit: erat enim ibi Martialis in aliorum Apostolorum Catalogo positus, qui peritissimus princeps dicebat Archiepiscopo Burdegalensi & aliis qui ibidem aderant Episcopis, coniicere, inquiens, possumus quàm egregiæ authoritatis sit B. Aquitanorum Patronus, de quo Gregorius in illa sui Laboris gente hanc legem tradidit obseruandam: nimium imperitorum est dubitare de quo S. Papa Gregorius non dubitauit. Videtis ecce ô Episcopi in hoc Codice qui apud Anglos scriptus est, prætermissum esse Timotheum & Cleopham & Silam & alios, quorum nomina in Euangeliis & Actibus Apostolicis siue in Epistolis Pauli leguntur, quos Apostolos dicitis præter duodecim esse: non tamen prætermissum esse illum nostrum Patronum, qui primus Galliarum fuit Episcopus, cuius nomen in Euangeliis reticetur.*

Verum in illa synodo nihil certi definiri potuit. Itaque an. 1024. alia habita est Parisiis, vbi frequentior erat Doctorum numerus tam in humanis quàm in sacris litteris versatissimorum. Cui synodo interfuerunt Robertus Rex, Gauzlenus Archiepiscopus Bituricensis & multi Episcopi, Hugo S. Martialis, Odolricus eius successor & alii multi cum Magistris Parisiensibus. Ibique Lemouicenses contenderunt Martialem vocandum esse Primum Confessorem non Apostolum, Parisienses vero etiam Apostoli nomine præter cæteros 12. posse appellari: & tandem pro Parisiensibus à Roberto conclusum est, & sententia synodi Romam ad Ioannem transmissa, vt eam ipse sua authoritate confirmaret. Huiusce quoque synodi Parisiensis meminit Odolricus in eodem Concilio Lemouicensi. Audiant me Pontifices & seniores, inquit, qui coram adstant, quod Martialis semper ab antiquitate in pluribus doctissimorum Patrum locis pronunciatus sit Apostolus, mihi necesse non est testificari, ne forte adulatorius iudicer testis pro eius Ecclesiæ regimine. Adsunt ab externis locis, qui ex hoc verum dent coram vobis testimonium: non tamen est mihi tacendum, quod quando iam longo tépore olim apud Monasterium S. Benedicti per plures annos Artibus imbuerer liberalibus, annosam Monasterij legem reperi Martialé in Litaniis cum aliis pronunciari Apostolis. Pater illius loci Abbo florentissimus, quem multi vestrum nouerunt, & omni Diuina & seculari authoritate totius Franciæ Magister famosissimus, & postmodum gladio persecutoris martyrio coronatus apud Vasconiam, quid de Martiale scripserit, quod de eo testimonium perhibuerit, huius vrbis Clero notum est. Extitit post eum ipsius Monasterij Pater tum grandæuitate, tum genere, cum eloquentia & disciplinis liberalibus clarus ac demum leuatus Bituricæ sedi Archiepiscopus Gauzlenus. Quod testimonium sancto Dei perhibuerit ille, multi ex nostris nouerunt. *Adhuc enim viuente Rege Roberto cum Antecessor meus Hugo in Palatio ei apud Parisios adsisteret: tum multitudne Nobilium & Doctorum Altercatio inter Francos & Lemouicenses de re huiusmodi coram Rege fieri cœpit, & ego ibi tunc præsens interfui.* Dicebant isti, Lemouicenses, non rectè facitis, quod Martialem cum Apostolis pronunciatis. Nos rectè agimus, quia eum inter Confessores recitamus. Vos vltimum Apostolorum dicitis: Nos Primum Confessorum in Litaniis dicimus. Quorum litigium Archiepiscopus supradictus Gauzlenus compescuit dicens. Ambæ huius rei partes nisi vniformes fuerint, altera pars altera parte iustior est, & necesse est vt semper iustior & rationabilior præualeat pars.

Nam omnes qui Martialem inter Confessores pronunciant, non bene iustè, non iustè perspicaciter agere videntur: ille enim magis est sortis Apostolicæ vnus quàm sortis Confessorum. Idcirco non bene rectè agunt, qui nomen eius auferunt de eo in quo Deus eum posuit gradu & ponunt vbi Deus non posuit. Potius est de Agmine Apostolico quàm de Confessorum, qui post Martyres sunt serie. Vtique si Regis qui adest nomen non inter Regum, sed Comitum subiectorum vocabula diceret quis, aut rusticus diceretur, aut maleuolus Regis contemptor:

Y y iij

" & si simplicitate rustica id fieret, nihil moueretur Rex animo, sed rusticitati faci-
" le ignosceret. Si vero non simpliciter, sed contemptiuè diceretur, non dubium quin
" Regis animus ad iracundiam pro contemptu suo accenderetur. Quodsi in tali
" intentione contemptor persisteret, sententiam contra se pro maleuolo contem-
" ptu sentiret. Nec tantum Rex quantum subditi Comites eius & Principes &
" amici in contemptorem irati fierent. Reuera scit omnis hæc Regio, quod ille
" Prædicator Aquitaniæ de Gradu non Confessorum qui post Martyres sunt, sed
" Apostolorum qui ante Martyres sunt, existit. Ego autem si nomen eius de Apo-
" stolico ordine auferrem, timerem vt Apostoli Petri & aliorum indignationem
" hac in re incurrerem, qui olim in mundo & nunc in Cœlo Collegam & soda-
" lem suum Martialem præclarum consocia per sedilia Apostolica habent. Et si
" nomen eius permutarem in eum Catalogum, quo Sanctum Benedictum & Hila-
" rium & Martinum pronuncio, metuerem, quid ni? iram S. Benedicti & Hilarij
" & Martini & aliorum incurrere, qui eum in cœlo gaudent ordine Apostolico ra-
" diare. Illic nulla inuidia, nullum litigium inter Sanctos esse potest: quia re-
" gnat in omnibus Charitas, & quod singuli per se non habent, per Charitatem
" in omnibus habent, vbi est Deus omnia in omnibus. Nimirum si alij Apo-
" stoli sunt exceptis 12. sicut & absque dubio sunt, ille vtique Apostolus est
" qui omne donum gratiarum à Domino cum aliis 12. accepit Apostolis. Certè
" Martialis non est nunc nec erit alius, quam olim quis fuit. Et qui fuit ipse est nunc
" & ipse semper erit. Amicus Dei fuit amicus Dei erat. Apostolatum habet: nam
" signaculum Apostolatus eius Gallia est. Apostoli honorem in cœlo in æternum
" habebit. Apostolus officio fuit, Apostolus erit renumeratione, Apostolus erit in
" æternum gloria & honore. Est carnaliter de genere Abrahæ. Est à Petro bapti-
" zatus Christo iubente. Est eidem Petro Regni Clauicularío, & Protomartyri Ste-
" phano consanguinitate carnis iunctus. Est à Domino missus. Est per insufflatio-
" nem Domini Spiritu Sancto consecratus & potestate ligandi & soluendi subli-
" matus est à Domino in die Ascensionis suæ, benedictione Episcopali sanctifi-
" catus est in Sion: in die Pentecostes Spiritu S. repletus omnium Gentium loque-
" las nouit, Gentibus istis occiduis testimonium Dei viui attulit primus. Ideo-
" que ipsum Crucifixum & resurrectionem in resuscitandis extinctis semper te-
" stem barbaris proferebat dicens. In nomine Domini quem Iudæi crucifixerunt
" & tertia die resurrexit à mortuis, resurgite qui mortui iacetis. Ipsam testifica-
" tionem Dei eius nomen resonare videtur. Martialis quippe interpretatur Græ-
" co nomine *testimonium* siue *testis vitæ*, vel sicut alij volunt *immortalis*: quia Dis-
" cipulum virtute resurrectione de morte post sex dies Petri bacterio tactum re-
" surgere fecit, siue *virtus immortalitatis*, hoc est prædicator vel testis illius, qui
" Rex seculorum immortalis solus habet immortalitatem. ideoque testificator re-
" surrectionis Christi extitit inuincibilis. Planè si Apostolus nullus est exceptis
" 12. sicut Hebionitæ hæretici prædicant & nefas est cogitare, ipsi enim nullum
" Apostolum recipiunt præter duodecim & Paulum repudiant, quia non est de
" duodecim, sicut Beda in Commento super Marcum dicit; Ergo Paulus &
" Barnabas non sunt Apostoli; quod putare dementia est. Nos FRANCI morem
" quem Patres nostri, qui primi Monasterium S. Benedicti suo Magisterio in-
" normarunt, plena nobis ratione subnixum tradiderunt, de hac re ratum con-
" seruamus. Quisquis nos in hac re imitari voluerit, ratam veritatis lineam tene-
" bit. Quo Perorato Archiepiscopus tacuit, & Rex cum omni dignitate Cleri-
" corum & Principum, qui sibi adsistebant, dicta Archiepiscopi collaudauit.

Eiusdem synodi meminit Ademarus Chabanensis Monachus in Catalogo
seu Commemoratione Abbatum Lemouicensium Basilicæ S. Martialis Apostoli: subque Hugone Abbate decimo tertio habitam esse his verbis commemorat.
13. Abbas Hugo præfuit annis sex. *Hic in Francia collationem fecit cum Rege Roberto & Archiepiscopo Bituricensi Gauzleno & cum multis Episcopis & SAPIENTIBVS VIRIS FRANCIÆ de Apostolatu S. Martialis; cur alij in Apostolorum, alij in Confessorum numero eum tenere videbantur. Qui in numero Confessorum eum tenebant, ideo hoc agebant, quia non putabant aliquos esse Apostolos præter duodecim. Alij verò hoc agebant, quia nomen eius in 4. Euangelistis non reperiebant. Qui verò saniori consilio intellecta sapiebant, affirmabant eum esse Apostolum vnum præcipuum post 12.*

quia cum 12. conuersatus est, & eamdem gratiam Apostolatus, quam & ille à Domino accipere meruit. In quo Concilio ab omnibus definitum est non eum numerari nisi in catalogo Apostolorum, sicut Ioannes Euangelista, qui in pace migrauit, debere. Nam plurima testimonia reperta sunt antiquitus eum in Litaniis & in aliis scriptis Apostolum fateri per Galliam & Britanniam, Italiam & Hispaniam, & illos esse Hebionitas haereticos qui non credunt praeter 12. Apostolos. Nam gesta eius Canonica semper ab Ecclesia recepta satis declarant priuilegium Apostolatus eius; & quia sine dubitatione vnus est de 72. Apostolis, quos Dominus misit velut Agnos inter lupos: quos 72. non solum Graeci, verum etiam Lucas Euangelista & Paulus Apostolus in Ep. ad Corinthios I. vocat Apostolos. Nam & apud Graecos sapientiores Martialis Apostolus notissimus est. Hic (Hugo Abbas) à Francia rediens mox sicut veritatem comperit in Concilio, Martialem scripsit in Litaniis inter Apostolos, non confidens disputationi propriae, sed antiquis testimoniis; & exinde ex toto non ex parte Martialis acclamatus est Apostolus ab omnibus Catholicis & confusi sunt Hebionitae. Huius sexto anno obyt Rogerius frater Adalberti Decani, vir clarissimus & meus Magister & Patruus 6. Kal. May. Post eum 32. die mortuus est idem Abbas Hugo 6. Kal. Iunij; quorum animas commendo tibi Domine Iesu.

Ex his intelligitur 1. quanti momenti esse putauerit Hugo habere suae sententiae suffragantes Magistros Parisienses & Robertum Regem, ipsum et litteratum; vt statim reuersus in patriam absque vlteriori deliberatione Martialem inter Apostolos conscripserit. 2. Errare eos qui putant hanc synodum Parisiensem habitam fuisse an. 1028. Nam ex Historicorum fide ea tum est Hugonem huic synodo interfuisse, at ex iisdem certum est ipsum obiisse an 1025. 6 Kal. Iunij. 3. Errat quoque Ioannes Cordesius scribens à Rege Roberto, Guillelmo Aquitano & Episcopis scriptam Epistolam Benedicto Papae VII. qui anno 1024. obiit. Nam constat Ioannem XX. successisse Benedicto an. 1020. aut 1023. & sedem vsque ad an. 1031. tenuisse.

Reuersus ergo Lemouicum Hugo in Litaniis primus omnium inter Apostolos Martialem scribit. Iordanus Lemouicensis Episcopus eum increpat & nouitatis arguit. Vultque seruari morem antiquum, iuxta quem Confessoribus non Apostolis annumerabatur. Et ne ciuitas turbaretur, scribit ad Ioannem Pontificem in eam rem aiens contra id quod supra ab Odolrico & Ademaro relatum est, Robertum Regem & omnes Archiepiscopos & Episcopos improbare, quod Martialis loco in Litaniis consueto seruari, moueatur. Videturque illa Epistola nomine Regis, Guillelmi Ducis Aquitaniae & Episcoporum scripta: de qua haec Cordesius ex scribit.

Sanctus Aurelianus successor, Ebulus, Atticus, Ermogenianus, alijque eius successores vsque ad 36. Ego vero septimus, qui vocor Iordanus omnium infimus. Hi omnes pro sanctissimo Confessore eum habuerunt: similiter omnes Abbates in eius Monasterio habitantes vsque in hodiernam diem. Iste Abbas qui nunc est, nouitate deceptus, superbia elatus, venit ad me qui sum vilior meis Antecessoribus, deprecans vt in Concilio meo & in synodo sanctissimum Confessorem in numero ponerem Apostolorum, quod facere nolui. Ille persecutans dictis fidem quam habuit, cum duodecim Monachis illius Monasterij mihi promisit, vt cum authoritate in omni Concilio me defenderet. Hoc facere non potuit in Concilio Guillelmi Ducis Aquitanorum audiente Archiepiscopo Bituricensi, Isamberto Pictauiensi caeterisque cum Suffraganeis. Omnes Episcopi Francorum, Aruernorum, Vasconum, Aquitanorum cum quibus ego fui locutus comprobant & affirmant sanctissimum Confessorem Martialem non debere tolli de illo loco, vbi SS. Patres nostri antecessores eum posuerunt, & non esse Apostolatum nisi authoritate comprobatum. Tibi vero Ego Iordanus has litteras mitto de parte istorum praedictorum, Regis scilicet Roberti, Guillelmi Ducis Aquitanorum, Archiepiscoporum omnium, videlicet Catholicorum qui mihi contradicunt, ne sanctum Martialem in numero ponam Apostolorum. Tu autem si ausus es hoc facere, quod non fecerunt sancti tui Antecessores, Gregorius, Clemens, Bonifacius, multique alij vt ponerent Confessores inter Apostolos si peccatum est, tuum sit. Ego vero liber à culpa, neque iniquitas, neque peccatum meum. Voluntatem omnium

„ Aquitanorum tibi monstrabo, quia ille Abbas Seductor nulla alia causa hoc fe-
„ cit, nisi quia vult destruere sedem primi Martyris & Apostolatum S. Petri anni-
„ hilare.

Vtri iam parti credendum est? Odolricus Monachus Synodos Pictauiensem & Parisiensem Martialis Apostolatum comprobasse scribit. Iordanus Episcopus contrarium Ioanni Papæ significat. Et postrema quidem verba eius Epistolæ indicant Ioannem Monachorum sententiæ subscripsisse: qua de re ad an. 1031. amplius dicetur.

Eodem anno Hugo Roberti filius, qui ad an. 1016. vt dictum est, in Regem fuerat consecratus, acerbâ & nimis immaturâ morte præuenitur vix 18. annos natus, magnæ spei adolescens & quem propter eximias quæ in eo elucebant virtutes, Itali in Regem solemni Legatione depoposcerant, quique vt Titus olim Amor Romanorum dictus est, ita iste Francorum Amor appellabatur, iamque vt auus Hugonis Magni nomen obtinuerat. Musæ illius temporis lessum cecinerunt, eiusque obitum latè deplorandum flebili carmine prosecutæ sunt. Egregias eius dotes, comitatem, affabilitatem liberalitatem & cæteras quibus omnium in se amorem conuerterat, describit Glaber Rodulphus l. 3. c. 9. *Quam humilis, quam dulcis eloquio! Patri ac matri seruis obedientior, Pauperum largus dator, Monachorum & Clericorum consolator, nec non apud Patrem cunctorum rogantum fidelissimus interuentor, quàm afluenter in cunctis optimis melior, quis valet exequi Relator! Huiusmodi enim fama vbique Prouinciarum percitus peroptabatur à multis, præcipuè ab Italicis, vt sibi imperaret, in Imperium sublimari. Nam & ex cognomento Proaui Magnus Hugo dicebatur à cunctis. Dum igitur incomparabili mentis simul ac corporis decore floreret, exigentibus Maiorum flagitiis, repente illum mors inuida mundo subripuit. Sed quale iustitium contigit vniuersis, nullo sermone valet exprimi.* Idem de eiusdem funere hos versus edidit.

> Plasmator parce mæstis Mundialibus:
> Succurre fletus intimis doloribus
> Pascat mærentes singultuum gemitus,
> Humanum decus dum rapit interitus.
> Annis florebat mundo iuuenilibus
> Bis denis minus excreuerat duobus
> Regnorum lumen Hugo Regum Maximus,
> Quem nox funesta inuidit hominibus.
> Non alter nostro talis emicat suo,
> Regnis spectatus, adscitus Imperio.
> Bellorum tanto decoretur triumpho,
> Vigore pari valeat corporeo,
> Quo gens Francorum vigebat lætabunda,
> Fideique pace tota simul Gallia.
> Omnis quem prona poscebat Italia,
> Cæsar vt iura promeret Regalia.
> Sed te non nostra Iuuenum pulcherrime,
> Heu! proh dolor! tempora metuere;
> Quibus inundant malorum miseriæ,
> Vires bonorum corrumpunt assiduè.
> Tu dolor Matris, Calamitasque Patris,
> Crudele nimis monimentum Germanis
> Mæror communis cunctis in Palatijs,
> Iustitiumque populorum vltimis!
> Leone presso virgo solem ceperat,
> Tua cum dirus membra pallor occupat.
> Denis diebus forte fit lux septima.
> Te Patri fama perdidisse nunciat.
> Iam seculorum æterne Rector optime
> Gentem Francorum, qui regat tutissimè
> Hostemque sauum valeat repellere,
> Pactum quietis illi da perpetua.

Sepultus

Vniuersitatis Parisiensis. 377

Sepultus est Compendij in æde S. Cornelij Martyris, in qua coronam Regiam ante sumpserat. Eius Epitaphium composuit M. Girardus Aurelianensis inter Poëtas istius temporis insignis habitus, Rhetor non contemnendus, Ioannis Sophistæ Magister suo tempore Nominalium Principis, isque Aureliæ & Parisiis excelluit.

> *Sublatum iuuenem viduæ tibi Francia luge*
> *Quæ caput extuleras, damna tui lugeas.*
> *Exue quidquid habes, festina scindere vestes,*
> *Dilacerans crines da capiti cineres.*
> *Indomitos dociles qui redderet arduus hostes,*
> *Hugo decus Patrium, flos cecidit Iuuenum.*
> *Indolis extremæ miro dilectus amore,*
> *Nunc etiam luctus & dolor immodicus.*
> *Celtiberi lachrymant. Te Regem Roma petebat,*
> *O miserande puer, sed tumulatus hic es.*
> *Aspectu pulcher, victis pius, hostibus acer,*
> *Si fore vir posses, te Babylon tremeret.*
> *Parthus & in pharetra propter te conderet arma,*
> *Apparensque minor cederet orbis honor.*
> *Pax igitur tibi sit, quæ claudi limite nescit.*
> *Lector ad hoc pronus quod repetat, petimus.*

Eodem anno Henricus Imperator fato fungitur, eique succedit Cono seu Conradus.

Anno 1025. obit Ingo S. Germani - Pratensis Abbas, Roberti Regis in scholis condiscipulus: eoque mortuo Guillelmus S. Benigni Diuionensis Abbas à Rege aduocatur ad regendam reformandamque S. Germani Abbatiam. Is erat patria Italus, origine Sueuus, in Monasterio Luciaco educatus, Grandiusculus vero factus ad Vercellenses & Ticinenses Scholas missus. Vnde litteris plenè instructus rediit. De eo supra pluribus egimus. Hic Roberti & Constantiæ inconsolabilem de morte filij Hugonis mœrorem & tristitiam Christianâ libertate loquendi mitigauit: cum enim illi se infelicissimos propterea prædicarent, contra ille felices reputabat, quod talem genuissent, qui omnium oculos & amorem in se iam conuertisset.

1025.

Non audistis, inquit, Sacer Canon quomodo refert vix tres de triginta Regibus bonos extitisse? idcirco cessate quæso hunc iuuenem flere mortuum : sed potius congratulamini ei sicuti requiei datum & à malis liberatum. His dictis ita consolans illos placabiles fecit, vt viderentur habere quod plangerent & Deum dicerent visitasse illos per sanctum virum. Hæc ex vita Guillelmi per Rodulphum Cluniacensem composita.

Amisso autem Hugone filio Parentum affectus de successore designando varius fuit, variaque Regis & Reginæ studia. Rex enim Henricum è superstitibus natu maiorem de consilio Fulberti Carnotensis, quem sæpe in agendis rebus consulebat, vt pote quem in omnibus sibi Regnoque fidelem expertus fuerat, successorem designabat: Regina Roberto minori nomen moresque Patris referenti fauebat: & quia illa Aquitanici spiritus Imperiosa valde mulier erat, resque plurimas Regni conniuente & ferente marito ad nutum administrabat, magnam Procerum partem, imo & Episcopos fere omnes ad sua studia adduxerat:quamobrem Fulberto qui Regis animum in contrariis affectibus retinebat, infensissimam se præstitit, sæpiusque minata est vlturam se iniuriam, quam sibi putabat ab eo inferri. Qua de re eum admonuit H. ex amicis vnus, eique indicauit, quid à Berardo Suessionensi Episcopo audiuisset. Cuius Epistola legitur inter Fulbertinas ordine 106.

" Dilectissimo Domino suo Fulberto Episcopo H. eius fidelis iuxta Domini " præceptum serpentinam prudentiam columbinâ simplicitate præditam. Quod " tuo, Beatissime Pater, aliorumque multorum relatu perceperam, idipsum nu- " per domno Berardo Suessionensi Episcopo referente cognoui : scilicet incurrisse " te grauissimum Reginæ odium, fauentem potius marito suo de constituendo " Rege maiore filio, quem dicunt Simulatorem esse, segnem, mollem, in negli- " gendo iure patrissaturum, fratri suo iuniori attribuentis his contraria. Te quo-

Zz

» que plurimi Cœpiscoporum mordent clanculum, vel ab eis ac cæteris quasi
» quintum malleum à 4. Pythagoricis hac pro causa dissonantem. Vnde quantum
» ex verbis supradicti Præsulis aduerti sententiam Coëpiscoporum tuorum Franci-
» genarum super hoc agendum negotium intimare tibi non me piguit, vt si forte
» sanior est, ei ne refrageris & à periculo tibi caueas. Est autem hæc eorum ad com-
» ponendam vtrimque litem Sententia, Patre viuente nullum Regem sibi creari.
» Quod si acrius institerint in vita Patris hoc fieri, quem meliorem senserit, ad
» Regem debere sublimari. Videas Pater prudentissime ne sis plus æquo iustus
» nec à sanctis Consacerdotibus tuis perperam dissideas.

Insani nomen sanus feret, æquus iniqui,
Vltra quàm satis est virtutem si petat ipsam.
Inuidiam nimio cultu vitare memento.
Quæ si non lædit, tamen hanc sufferre molestum est.

Verum vicit tandem affectus Patris & ratio Regni, quippe præterito aut expulso Maiore Henrico periculum erat, ne graue sequeretur dissidium, sceptrum-
que Francicum in alienam manum, aut in Caroli Lotharingi stirpem quæ illud
amiserat, relapsurum esset. Vnctus igitur est Remis Henricus in Regem ab Ebulo seu Ebulone Archiepiscopo an. 1026. Cui inaugurationi cum non potuisset interesse Fulbertus ob infirmam valetudinem, se per litteras excusauit, eaque de
re ad G. Episcopum scripsit. His verbis. *Ad benedictionem Henrici Regis prolis voto*
quidem rapior, sed aduersa me corporis valitudo retardat. Tentarem tamen vtcumque mo-
deratis equitationibus eo peruenire, si non absterreret sæuitia Matris eius, cui satis credi-
tur, cum mala promittis, fidem facientibus multis & memorabilibus factis eius. Quæ
difficultate prohibitus rogo vestram Charitatem dilectissime, vt vice mea suadeatis Domino
Archiepiscopo Remensi cæterisque Primoribus, ne qua occasione differant benedictionem
iuuenis supradicti, spero enim illum Deo & bonis omnibus placiturum.

Hanc Regis Henrici inaugurationem Chronicon breue San-Dionysianum
refert ad an. 1028. factam à Guidone Archiepiscopo Remensi. Sed in hac re duplex error manifestus est, nam ex Epistola supra allata Fulberti constat diem fuisse dictum eiusmodi inaugurationi ab Ebulone seu Ebalo celebrandæ: obiit
autem Fulbertus an. 1027, vt infra dicemus. Deinde Guido Castilionæus successit tantum an. 1034. in sede Remensi teste Alberico: quo tempore Robertus Rex
iamdiu obierat

Eodem anno obit Richardus II. Dux Normanorum, succedit Richardus III.
quo intra annum mortuo, Robertus Frater substituitur qui statim suspectum habens Robertum Archipræsulem Rothomagensem, eum intra Ebroicensem vrbē
obsedit: vnde ille pacta concordia egressus in Franciam ad Robertum Regem se
contulit, Normaniamque anathemate percussit: at Robertus Dux agnoscens se
inconsulto egisse, quod egerat, eum reuocauit in sedem, eiusq; deinceps consiliis
summo suo bono vsus est. Extat Fulberti ad hunc Præsulem Ep. qua ei compa-
titur in aduersis. *Compatior tibi sancte Pater inquit, super aduersis quæ indignè passus*
es præsertim ab eo qui & se & sua tuæ fidelitati debuerat: super illo quoque debeo vehe-
menter fratre & Coëpiscopo nostro dum staret, in tanta nunc flagitiorum atque facinorum
precipitia lapso. Habes ex Dei gratia Charitatem, quâ ipsum errantem reuoces, frænum
Canonicæ districtionis quo detrectantem coërceas, virgam qua ferias, his vtere compe-
tenter.

1027. Ad an 1027. Chronologistes S. Petri Viui Senonensis scribit obiisse Fulbertum
Carnotensem Episcopum virum sapientissimum & bonæ vitæ. Alij anno tantum 1028. 10. April. Imo nonnulli vitam eius extendunt ad annum vsque 1029.
Chronicon Andegauense sic habet. *Anno 1028. Domnus Fulbertus Episcopus Carno-*
tensis Ecclesiæ mirabilis modernorum temporum doctor obiit in Domino 4. id. April. Post
cuius mortem graue fuit schisma in Ecclesia Carnotensi. Nam Canonici vnum
è suis nempe A. Decanum substituerunt. Rex vero Robertus Theodericum Ca-
picerium Ecclesiæ inaugurari curauit per Leothericum Senonensem Archiepiscopum. Obiiciebant autem Canonici Theoderico inter cætera, quod illiteratus esset: & in eam rem scripserunt ad Episcopos, quorum suffragiis eligendus &
consecrandus dicebatur, vt habetur inter litteras Fulbertinas.

Sanctis præsulibus G. Beluacensi, O. Aurelianensi, A. Turonensi, Clerici S. Mariæ Carnotensis famuli eorum & fratres in Domino salutem. Conquerimur apud vos, Patres, de Archiepiscopo nostro & Rege qui nobis innuitis Episcopum donare volunt quendam idiotam, vt scitis & eiusmodi officio indignum. Precantes auxilium vestrum, vt vigiletis sicut boni Ecclesiæ pastores ad portas eius, ne introeat in eam ille talis, qui non quæsiuerit intrare per ostium, sed aliunde ascendere sicut fur *& latro. Vobis tribus portas custodientibus sciatis pro certo quartum custodem addi Odonem Carnotensem & nunquam recepturum illum in ciuitatem suam, nisi prius vestro iudicio examinatum vtrum recipi debeat an non. Vigilate ergo attentius & diligenter inquirite causam cum vestris sapientibus Clericis & nobis famulis vestris si dignemini vel propter Regis reuerentiam hoc agere pigritemini, quasi hoc pertineat ad fidelitatem eius. Vere etenim etsi fideliores eritis, si quæ sunt corrigenda in Regno eius, correxeritis, & animum eius ad eandem correctionem compuleritis. Volumus autem scire vos A. Decanum quem el egeramus, factum esse Monachum: nihilominus tamen nos eum optare nobis fieri Episcopum, cum reprobatus fuerit ille Lupus, quem probare potestis indignum.* Quod vos inuicem cautè & diligenter & secretè deliberare petimus, vtrum fieri possit an non & nobis seruis vestris & fratribus deliberationis vestræ finem innotescere siue litteris, siue legato fideli. Hæc autem nostra verba videte interim ne publicentur. Valete.

Similiter ad Odilonem Abbatem Cluniacensem in eandem rem scribunt quem intellexerant rogatum à Rege, vt cum Odone Carnotensium Comite ageret de recipiendo humanissimè Theodorico. *Obsecramus vos in nomine S. Trinitatis, ne faueatis contra ius & fas partibus Theodorici simulati Episcopi, neque suadeatis Odoni Comiti facere cum eo concordiam contra sanctorum Cononum authoritatem. Clarissimum speculum posuit vos Deus in mundo, videte ne qualibet nigredine obscuremini, qua obfuscentur alij; sed semper vero lumine resplendeatis, quo alij possint illustrari.*

Ad Leothericum vero Archipræsulem Senonensem durioribus verbis vtuntur, quoniam contra sacrorum Canonum authoritatem intrusioni eiusmodi conniuere videbatur. *Multum miramur, venerande Pater, quod bonis initiis tam malos exitus habuisti:* videlicet quod nobis pastore carentibus in altero substituendo primum bene fauisti & postremo sententiam tuam deprauasti, alium quàm nos elegeramus, ordinando.

Ne autem dicas ignorasse te electionem nostram, mandauimus tibi per Diaconos nostros Odelerium & Frotmundum elegisse nos A. Decanum cum litteris nostris idipsum continentibus, qui talis nobis videbatur, qualem Episcopum ordinari debere dicit Concilium Carthaginense V. Quod si post hæc alium tibi obtulerunt vel Rex vel aliquis ex nostris minus sapientibus, oportuisset te causam diligenter attendere, & inter nos ipsos diiudicare quorum sanior haberetur electio, sicut in Decretis Leonis Papæ significari optimè nosti his verbis. Ille omnibus præponetur, quem Cleri plebisque consensus concorditer postularint: ita vt si in aliam forte personam partium se vota diuiserint, Metropolitani iudicio is saltem alteri præponatur qui maioribus & studiis iuuatur & meritis. Volumus autem scire te, quod electionem nostram mandauimus Domno Regi per suos Monachos Hernaldum Priorem & Restaldum Præpositum S. Dionysij. Quibus etiam obiicientibus nobis de Theodorico ordinando Regiam voluntatem, iniunximus vt dicerent Regi, ne id temere fieri iuberet. Vocaret autem nos antea si sibi placeret ad curiam suam vel suæ voluntati consensuros, vel cur dissentiremus, ostensuros. His vero dictis nostris ipse Domnus Rex contemptis qualem sibi libuit personam absque nostra petitione ordinari violentus accelerauit, immemor fortassè illius dicti Constantini Christianissimi Imperatoris de violentia Principum contra se & contra alios principes ita se habentis. Quæcumque inquit contra leges fuerint à principibus obtenta, non valeant. Sed vt ad præsens de ipso taceamus, quis sanè viderit vtrum omnia rectè agat, nec post factum pœniteat. Ad te Pater querimoniæ nostræ flectimus articulum, Ecclesiæ nostræ curam neglexisse, imo authoritati suæ derogare vehementer dolemus posthabito supradicto Leonis Papæ decreto. Quod si obseruasses, rationabiliter vtique egisses, & bene nobis vt filiis Pater consuluisses. At ipso violato quam multa alia sancto-

„ rum Patrum violaueris tute considera. Nos tamen pauca tibi de multis scribimus.
„ Legitur in Decretis Cœlestini Papæ. *Nullus inuitis detur Episcopus, Cleri, plebis*
„ *& Ordinis consensus & desiderium requiratur*, Et post pauca. *Sit facultas Clericis*
„ *resistendi, si se viderint pragrauari, & quos sibi ingeri ex transuerso nouerint, non ti-*
„ *meant refutare: quod si non debitum primum est, vel liberum de eo, qui eos recturus*
„ *est, debent habere iudicium.* Item ex Concilio Carthag. 3. *Et illud est statuendum,*
„ *vt quando ad eligendum Episcopum conuenerimus, si qua contradictio fuerit oborta,*
„ *quia talia facta sunt apud Nos, non præsumant ad purgandum eum qui ordinandus est,*
„ *sed postulentur ad numerum supradictorum duo vel tres, & in eadem plebe, qui ordi-*
„ *nandus est, discutiantur primò personæ contradicentium. Postremò illa etiam quæ obii-*
„ *ciuntur, pertractentur, & cum purgatus fuerit, sub conspectu publico ita demum ordinetur.*
„ Ecce quomodo Patrum sententiæ violentur. Nobis enim inuitis obtrudere
„ vultis Episcopum, nec conceditur liberum de eo nobis, qui nos recturus sit,
„ habere iudicium, & cum huic qui ordinandus erat, contradiceretur, minime
„ purgata sunt quæ obiiciebantur, nec personæ vel rationes contradicentium
„ discussæ. Quæ cum ita sint, cum legem Canonicam in hoc negotio multis mo-
„ dis solueris, monemus te non increpando, neque diiudicando, sed affectu filiorum
„ obsecrando, ipsi legi quam offenderis reconciliatum iri pœnitendo aut culpam
„ confitendo. Nec pudeat te dicere necessariis suis secretò Dominum timentibus
„ & in lege ipsius bene eruditis iam tandem te animaduertisse quæ fiunt contra
„ statuta Canonum, non debere stare, sed & facientes pœnitere oportere. Quod
„ si forte Rex authoritate tua deinceps corroborari voluerit, quod sine solutio-
„ ne Canonum stare non possit, videris Pater, nec adiicias peccatum super pec-
„ catum, sed aut quantum poteris, id corroborare dissimula, aut manifestè sal-
„ uâ legum authoritate id te exequi non valere proclama. Postremò suppliciter
„ oramus hæc scripta nostra minimè publicari, quæ apud tui chari pectoris se-
„ cretum promere audemus. Rescribe verò nobis si quid tibi videtur contra hæc
„ rationabiliter opponendum. Augeat tibi Deus spiritum consilij & fortitudinis
„ sapientiæ & intellectus.

Verum non obstante Canonicorum intercessione nihilominus iussu Regis consecratur Theodoricus eiusdem Ecclesiæ antea Capicerius, nominaturque in dedicatione S. Aniani Aurelianensis an. 1029. & vltra an. 1041. sedem tenuit laudabiliter, vt testatur eius Elogium in Aganonis libro. *Huius Ambrosiæ opes velut torrens affluentes præclarum opus almæ Matris Domini complentes sacro dignum præconio efficiunt.*

Scribit autem Malmesburiensis l. 3. de Gestis Anglorum, Fulbertum morti proximum inter circumstantes forte conspicatum Berengarium, qua potuit voce iussisse expelli, sibi enim videri immanem Draconem qui multos pestifero anhelitu corrumperet. *Berengarius planè quamuis ipse sententiam correxerit, omnes quos ex totis terris deprauauerat, conuertere nequiuit: adeo pessimum est exemplo vel verbo à bono infirmare, quia fortassis peccatum te grauabit alienum, cum deletum fuerit tuum. Quod Episcopum Carnotensem Fulbertum* (quem Domini Mater olim ægrotum lacte mamillarum suarum visa fuit seruare) *prædixisse aiunt. Nam cum in extremis positum multi visitarent, & ædium capacitas vix confluentibus sufficeret, ille inter oppositas cateruas oculo rimatus Berengarium, nisu quo valuit, expellendum censuit, protestatus immanem Draconem prope eum consistere, multosque ad eum sequendum blandiente manu & illice anhelitu corrumpere.*

1028. Anno 1028. vel vt alij scribunt, 1029. obit Gauzlenus Archiepiscopus Bituricensis idemque Abbas Floriacensis Abbonis quondam Discipulus & successor, Hugonis Capeti Nothus, seu vt tum dicebant, Manzer, atque idcirco toto quinquennio reclamante Clero à sede Bituricensi repulsus est, vt testatur Ademarus in Chronico sic scribens de eius promotione in Abbatem post mortem Abbonis. *Rex Robertus pro defuncto ordinauit Abbatem Gauzlinum, licet repugnarent Monachi nolentes sibi præesse filium Scorti. Erat enim ipse nobilissimi Francorum Principis filius Manser, à puero in monasterio S. Benedicti nutritus; quem etiam Rex supra scriptus Archiepiscopum Bituricensibus fecit postea defuncto Dacberto Archiepiscopo sed & ipsi quinquennio seditionem agentes noluerunt eum intra vrbem recipere, clamantes vna voce,* Non decet dominari Ecclesiæ filium Scorti. *Postmodum sequestro*

Odilone Abbate Regis voluntas præualuit & Dei nutu in sedem susceptus est.

Memorabile verò est, quod cum eo forte propter eam rationem contempto, cui Lemouicensis Ecclesia subiecta erat, Iordanus de Loron ab Archiepiscopo Bituricensi, Islone Xantonensi & aliis Episcopis consecratus fuisset Episcopus Lemouicensis, causam contemptûs prætextens Simoniæ consuetudinem (iuxta quam Gauzlenus ab eo propter promotionem, pecuniam exigere dicebatur) postea ipsi & toti Ecclesiæ nudis pedibus & discalceatus satisfecerit: vt referunt Sammarthani in Gallia Christ. ex Codice M. S. de Gestis Pontificum, Authore Bernardo Guidonis episcopo Lodeuensi. *Postea verò satisfaciens nudis pedibus sedem Bituricensem adiit cum 100. Clericis, omnibus Monachis discalceatis: cui Archiepiscopus cum Clero obuiam venit, & quos prius ligauerat, honorificè adducens absoluit.*

Ad annum 1028. aut 29. Ademarus Chabanensis S. Eparchij Engolismensis Monachus Chronicon suum perduxit: & ad an. 829. primarios enumerat Professores Academiæ Parisiensis qui ab anno circiter 800. vsque ad an. 900. floruerunt: sic enim habet. *Imperatori ipsi, Ludouico Pio, porrexit librum valdè mirabilem de Theologia S. Crucis Rabanus Magnentius Monachus doctissimus, Magister Alcuini, Beda enim docuit Simplicium & Simplicius Rabanum, qui à transmarinis oris à Domino Imperatore Carolo susceptus est & Pontifex in Francia factus Alcuinum docuit, & Alcuinus Smaragdum imbuit: Smaragdus autem docuit Theodulphum Aurelianensem: Theodulphus verò Eliam Scotigenam, Engolismensem Episcopum. Elias autem Herricum. Herricus Remigium & Vebaldum Caluum Monachos hæredes Philosophiæ reliquit.*

Errat Ademarus in ordine & serie Professorum; vt dictum est pag. 109. sed ex eius testimonio hoc saltem elicimus, constantem fuisse ipsius temporibus de Vniuersitatis Parisiensis institutione sententiam, eandemque quæ posterioribus seculis fuit, quæque ad nostra vsque tempora inualuit. Vnde porro Ademarus id didicit, nisi ab iis qui Remigium & Vebaldum in scholis docentes audire potuerant, & forsan audiuerant.

Eodem anno 1029. obiit Burchardus de Burgundia Archiepiscopus Lugdunensis: post cuius obitum acriter certatum est de successore inter multos, donec à Clero omnibus votis expetitus Odilo Cluniacensis *vir dicendi reuerentiâ venerabilis*, vt legitur in M.S. Translationis Reliquiarum S. Euspicij primi Abbatis Micianensis Monasterij, & à Ioanne Papa postulatus: sed ille Archiepiscopatum renuit: qua de re sic scribit Glaber Rodulfus lib. 5. c. 4. *Fuit dissensio maximè post mortem Burchardi Archipræsulis Lugdunensis de Præsulatu ipsius sedis, quem plures non iniustis appetebant meritis sed instinctu superbæ elationis...... Quæ omnia dum perlata fuissent Romano Pontifici, suggestum est ei à viris fidelibus, vt suâ authoritate Patrem Odilonem Cluniacensis Monastery Abbatem ibidem eligeret consecrari Pontificem. Sic enim totius Cleri ac plebis optans acclamabat deuotio. Qui protinus mittens eidem Patri pallium simul & annulum, imperauit eundem prædictæ Ciuitati fore Archiepiscopum. Sed vir religiosus suæ humilitatis attendens propositum omnimodis renuit fieri, pallium & annulum suscipiens, illi qui Deo dignus existeret, reseruauit futuro Pontifici eiusdem sedis.* Molestè tulit hanc repulsam Pontifex, hanceque ad eum Bullam edidit, quam D. Lucas Dacherius 2. tomo sui **spicilegij** inseruit.

1029.

Ioannes Ep. seruus seruorum Dei Odiloni Abbati salutem charissimam cum benedictione Apostolica. Docente Beatissimo Gregorio multa videntur bona & non sunt, Verumtamen cum dicatur, si rogas, audies quia omnia tua quæ videbantur bona, bona non est sentimus. Quid enim in Monacho obedientia sanctius? quid in Christiano acceptabilius? nonne melior est obedientia sacrificio secundum Propheticum Iudicium? & voce Dominica dicitur, OBEDIENTIAM VOLO ET NON SACRIFICIVM. Quantum verò B. Benedictus eam suis præconiis extollat, non est dignum hic inserere, cum te non lateat. Percepimus igitur iniuriam S. Lugdunensis Ecclesiæ petentis te in coniugium, quia competebat; cui etiam salinam in facie iecisti. Obmittimus iniuriam sanctæ plebis, cui regimen parcendo soli vitæ tuæ refugisti & refugis. Tacemus quod authoritatem tantorum Præsulum monentium & rogantium ad Episcopalem di-

„ gnitatem accedere pofthabuifti: quod S. Romanæ Ecclefiæ & nobis inobedien-
„ tem te reddidifti, & inultum relinquere nec debemus nec poſſumus. Niſi forte
„ obedientia diluat, quod inobedientia maculauit, ſatisfactione purgetur quod
„ tranſgreſſione inquinatum eſt. Idem niſi expetitur regimen iam dictæ Ecclefiæ,
„ quod inobedientia hactenus vſque ſpreuiſti, obedienter ſuſceperis, quid ama-
„ ritudinis vel ſeueritatis erga meritos ſciat Rom. Eccleſia iniicere, ſenties. Nam
„ hoc ſacrum regimen ſicut à nullo eſt temere vſurpandum, ita petente Eccle-
„ ſia à nullo tuo ſimili eſt vitandum. Quoniam tantorum perditionis reus eris,
„ quantorum ſaluti exemplo & doctrina prodeſſe potuiſſes. Nota loquimur &
„ quæ te ſcire pleniter confidimus. Ideoque taceat iam Cartha & lingua loqua-
„ tur verum Epiſcopi Gaudfridi, cui luce clarius voluntatem meam referandam
„ tam tibi quàm confratribus tuis & omni Eccleſiæ commiſimus. Vale.

Verum inter moras obit Ioannes Papa, eique ſuccedit Benedictus VIII.
1030. ſeu IX. an. 1030. quo ſedente, cum Odilo nullatenus adduci potuiſſet ad honorem illum aſſumendum, Odolricus Archidiaconus Lingonenſis, ætate prouectus, litteris apprime eruditus, quem & ſapientia vbertas & ſenectutis commendabat dignitas, vt habetur in Chronico Benigniano, tunc in Palatio regali
degens ſuadente Halinardo Abbate S. Benigni Diuionenſis, ſubſtituitur poſt
quinque circiter annorum vacationem. Eodem Pontifice ſedente cœpit initium Ordo Monachorum Vallis-vmbroſæ per Ioannem Gualbertum. Cauſa
fuit ſoluta nimis Monachorum Diſciplina, cum quibus Gualberto viuendum
erat, teſte Sigonio.

Eodem anno 8. Kal. Aug. communi fato functus eſt Franco Epiſcopus Pariſienſis : Eique ſucceſſit Humbertus vel Imbertus de Vergiaco alias Enzelinus dictus, Valonis Domini de Vergeio & Iudithæ de Fonuens filius. Primùm Canonicus, deinde Archidiaconus Ecclefiæ Lingonenſis, à Roberto Rege ob eximiis animi dotes Epiſcopatu Pariſienſi donatus.

Mors Ro-
berti Regis
Eodem anno die Martis 13. Kal. Aug. obiit Meliduni optimus Princeps Robertus Francorum Rex: eiuſque corpus Pariſios delatum, & inde ad ædem San-
Dionyſianam, vbi iuxta patrem ad altare S. Trinitatis tumulatum eſt, deducente inter alios innumerabili Scholarium multitudine, vt infra dicemus. Scribunt quidem aliqui obiiſſe tantum an. 1032. ſed malè: nam an. 1031. cum habitum eſt Concilium Lemouicenſe, iam obierat. Et Humbertus vel Imbertus de
Vergiaco Epiſcopus Pariſienſis in Inſtrumento publico confecto Auguſtoduni
an. 1032. ait *Regnante Henrico Francorum Rege anno 2.* actum id eſſe. Dici non poteſt, quanto cum ſplendore ſub hoc Principe litteræ paſſim in Gallia floruerint,
quarum amatores & profeſſores ſuo ipſe inuitabat exemplo: qui ſi quid à Reip.
regimine ſupererat temporis, id ſtudiis impendebat; & plus etiam quàm Aulici
& Politici voluiſſent. Et quemadmodum ipſe in iis ſingulari cura patris Hugonis inſtitutus fuerat, ita & ipſe filios Hugonem, Henricum, Robertum & Odo-
p. 402. nem inſtitui voluit Pariſiis in Scholis Clauſtralibus, vt infra de Henrico confir-
mabimus. Denique, vt ait Ademarus in Chronico, vir fuit claræ honeſtatis,
magnæ pietatis, *Ornamentum Clericorum, Nutritor Monachorum, Pater pauperum, aſ-*
ſiduus verbi Dei cultor, in humilitate ſimilis Dauid Regi, Rex non tantùm populo-
rum, ſed etiam morum ſuorum. Eo regnante reſurrexit Vniuerſitas Pariſienſis,
adeo vt nonnulli Hiſtorici eum vocent alterum Carolum Magnum, alterumque
ipſius parentem. Cuius nobile ſtudium æmulatus eſt eodem fere tépore Willielmus Aquitanorum Dux, omnium quoque litteratorum Mœcenas: de quo hæc
habet idem Ademarus. *Fuit Dux iſte à pueritia doctus litteris & ſatis notitiam ſcri-*
pturarum habuit. Librorum copiam in Palatio ſuo ſeruauit : & ſi forte à frequentia
cauſarum & tumultu vacaret, lectioni per ſeipſum operam dabat, longioribus noctibus
elucubrans in libris donec ſomno vinceretur.

Vniuersitatis Parisiensis.

DE ACADEMIA PARISIENSI.

AB hoc anno Claudius Hemeræus in suo de Academia Parisiensi libello nomenclaturam contexit & ducit Cancellariorum Ecclesiæ Parisiensis, primumque nominat Durandum sub præsule Imberto, quanquam Cancellarij nomen ante ea tempora in Ecclesia Parisiensi fuisse notum non dubitet. Qualis autem esset Scholarum Parisiensium status simul indicat & pollicetur se speciali commentario amplius declaraturum, quod morte præuentus non edidit. Sic ergo ait. *Durandus, nondum enim reperimus alium eo vetustiorem, quanquam appellatio Cancellarij in Ecclesia Parisiensi diu ante hunc audiretur, vixit sub Imberto Episcopo, & sub ea tempora, quibus (quæ perterritæ furore Septentrionalium hirsutorum aliquandiu conticuerant) litteras Capeuingij Francorum Dynastiam assecuti in publica theatra reuocabant. Quibus etiam annis Schola S. Genouefæ in monte Scholæ Episcopalis æmula sub Decanis adhuc suis florebat litterarum studiis, & ingenti eruditionis laude refulgebat. De qua nos commentario particulari. Subscripsit autem Durandus Chartæ Donationis, qua idem Præsul largitur Ecclesiæ Parisiensi altare S. Germani Antissiodorensis in villa Petrosa Lisierno Decano.*

Fatetur ergo Hemeræus Scholam San-Genouefianam ante Cancellarij Parisiensis institutionem sub Decanis suis floruisse, hoc est sub Procuratoribus Nationum: qui nempe eorum præfecti sunt & Duces, vt Decani suarum quique Facultatum. Quod si ita est, fateatur necesse est contra quam asserit, Cancellarium Parisiensem non fuisse primum Academiæ præfectum, sed prius, quam aut vllus talis Cancellarius crearetur, aut saltem quam eius curam susciperet, in monte San-Genouefiano à Procuratoribus suis & proinde à Rectore fuisse gubernatam. Qua de re nos fusè egimus in synopsi primi seculi.

Non possumus tamen hoc loco præterire ea quæ de tota hac Vniuersitate scribit fusissimè Belforestius in Cosmographiam Munsteri. Refert enim ille ad Hugonem Capetum aut ad Robertum Rectoris Procuratorumque institutiones Vniuersitatisque in Nationes, & Nationum in varias tribus & Prouincias diuisionem. Et quanquam multa misceat, quæ aut antiquiora aut recentiora sunt, non videntur tamen prætereunda: quia nemo è Nostratibus totam istam historiam accuratius descripsit. Sic ergo ille.

Reste à venir au point & à l'origine de l'Vniuersité de Paris. Charles le Grand donc asseuré en son Regne & agrandy par l'Empire adiousté à sa couronne, desireux d'oster aux Grecs aussi bien la gloire des bonnes lettres, que la Monarchie, qu'il leur auoit échantillonée, fut le premier qui donna source à la magnificence de cette Vniuersité & qui monstra le chemin à ses successeurs de faire le semblable, ou de les surpasser en vne intention si saincte & plus que necessaire: & en cecy, comme le recitent les Annales Françoises, induit par vn excellent personnage nommé Alcuin, lequel fut le premier, qui ouurit à Paris l'escole; par son exhortation le Roy fit ce bien aux Gaules & à l'Italie, d'où les Goths & les Lombards auoient banni tout sçauoir & exercice des bonnes lettres. Bien vous diray que cette fondation ne fut celle qui auança cette Vniuersité à telle gloire que nous la voyons maintenant, d'autant qu'il ne fit que simplement la mettre en besogne, laissant à ses Successeurs l'honneur de parfaire, ce à quoy il auoit donné si beau commencement. Luy mort, Louys le Debonaire n'eut guere grand moyen d'augmenter cecy, y obstant les troubles suscitez par les seditieux, qui feirent reuolter les enfans contre le pere: & de la en auant tout alla en empirant, tant pour les guerres ciuiles suscitées apres la mort du Debonaire, que pour la venuë des Normans en Gaule, lesquels donnerent vn grand eschec aux bonnes lettres, de sorte qu'il fallut que la race Gauloise des Capets fust celle qui remist sus en Gaule aussi bien les lettres que la gloire des armes & la magnificence de l'Empire des fleurs de lys. Non qu'il faille penser que la Gaule fust sans exercice des lettres, veu ce que nous auons desia allegué

„ des Bardes, Saronides, & Druides, auant que le Christianisme fust receu
„ és Gaules aussi bien que les lettres, & ce qu'auons dit de tant debons peres
„ & excellents Euesques instruits és Gaules & par les Monasteres, Eglises de
„ cette Monarchie. Ioint que nous auons dit que Marseille estoit l'Vniuersité la
„ plus fameuse, qui fust deça la mer apres Athenes, & où les Romains enuoyoient
„ leurs enfans y apprendre les lettres. Or les Lettres de la fondation de l'Vniuersité
„ n'estant tombées entre mes mains, si sçay-ie que la premiere institution vient de
„ Charles le Grand, mais non pas auec cet ordre de Magistrats d'Escole qu'on
„ y voit à present. Car ie pense que cecy ait esté institué du temps, ou de Ca-
„ pet ou de ses successeurs : qu'il soit vray Philippe Auguste surnommé Dieu-
„ donné fait assez euidente preuue de cecy, & que long-temps auant luy cette
„ Vniuersité auec ses ordres, estats & offices auoit esté mise en honneur lors qu'il
„ confirme les priuileges que son Pere Louys auoit donné en faueur des Esco-
„ liers : lequel Louys establissant cette Loy fauorable aux Escholiers monstre
„ aussi que la France ayant recouuert repos des guerres auec les Allemands &
„ des troubles auenues par les Courses Normandes, ce fust lors qu'elle recou-
„ ura sa gloire. Qui me fait croire que celuy qui le premier mit les dignitez du
„ Recteur & Procureur en auant fut Robert fils de Capet, qui estoit homme
„ debonnaire, de grandes lettres & singuliere erudition : & ne pourrois me per-
„ suader, qu'il n'y ait eu des lettres, priuileges, & ordonnances pour le fait de
„ l'escole, de ce Roy icy aussi bien que des autres, lesquelles ne sont venues à
„ nostre connoissance & que l'iniure du temps a fait perdre & le peu de soing
„ des hommes en a égaré les originaires. Mais ne nous arrestants point tant à
„ vne si longue antiquité, comme qui voudroit esplucher les matieres iusques
„ au fond & tout ainsi comme si on reuoquoit en doute, que l'Vniuersité de
„ Paris ne soit la plus ancienne & comme la mere nourice de toute la Chre-
„ stienté, passerons oultre à la recherche de ce qui est le plus prochain de no-
„ stre memoire, ayant toutes fois dict ce petit mot en passant : que tout ainsi com-
„ me iadis les Empereurs de la maison de Sueue, à sçauoir les Frederics, Henris,
„ & Conrads ayant discord auec les Papes & le sainct Siege de Rome se
„ sont soubmis au iugement du Parlement de France, si bonne opinion ils
„ auoient de ce conseil Gaulois, les Eglises Chrestiennes aussi durant les schif-
„ mes & y ayant quelque controuerse en ce qui est de la foy, s'en sont tou-
„ siours rapportées à la sainte escole & tres-Chrestienne Vniuersité de Paris & en
„ ont receu pour iuge la non deuoyante Faculté de Theologie Parisienne. Lais-
„ sant donc, comme dit est, les fondations anciennes, donnations, licences, liber-
„ tez, priuileges, & immunitez données tant par les Papes, que les Rois à l'ex-
„ cellente Vniuersité de Paris, comme Generale Mere & guide de toutes les
„ autres nous nous contenterons de toucher la creation du Recteur selon qu'el-
„ le est portée, limitée & ordonnée par le Cardinal du titre de Saincte Cecile
„ Legat en France soubs le Pape Nicolas troisiesme du nom l'an de nostre sa-
„ lut 1275. & regnant en France Philippe Fils du Roy Sainct Louys : car ce fut
„ lors que fut faite la premiere reformation de cette Vniuersité du saint Siege,
„ ce qui monstre qu'icelle estant de longue main instituee, il y auoit eu de
„ l'alteration en la vie & mœurs des escholiers, laquelle il falloit corriger. Ce
„ Cardinal donc fit les ordonnances qui s'ensuiuent & que nous auons recueil-
„ lies du liure de l'Vniuersité & en premier lieu sur la creation du Chef de tous
„ les escholiers. Le Recteur (dit-il) sera par cy apres éleu en cette maniere. Les
Creatio Rectoris.
„ quatre Procureurs des Nations à sçauoir, France, Picardie, Normandie, & Alle-
„ magne, iureront solemnellement deuant les Nations d'eslire vn autre Recteur qu'ice-
„ luy qui sera pour lors de leur assemblée, & tel qu'en saine conscience ils estimeront
„ en estre digne, suffisant & profitable tant à la charge, que pour le Corps de l'Vniuersité,
„ & protesteront que ny faueur, amitié, haine, ou autre passion les transportera à choisir
„ & nommer plustost vn qu'autre, ains les prendront tel que dict est, pour l'égard du public
„ & non selon le iugement de leur affection particuliere. Or celuy qui par l'accord de ces
„ quatre sera éleu, ou les trois y consentants d'vne voix, sera Recteur sans aucune
„ controuerse & sans qu'il soit loisible d'y resister ou contredire. Mais ces quatre ou trois
„ ne s'accordans à l'élection, le Recteur ancien sera appellé pour recueillir les voix

lesquelles

Vniuersitatis Parisiensis.

lesquelles ne pouuans s'accorder, on nommera quatre Electeurs de chacune Nation selon l'election desquels & la plus grande voix l'emportant, le Recteur seul nommé, sera iouïssant de sa dignité durant le trimestre, qui est le temps prefix à ce Magistrat, d'autant que l'election d'iceluy se fait tous les trois mois & à iours limités aux festes, c'est à sçauoir de Nostre-Dame de Mars, de la saint Iean Baptiste, de Saint Denys, & de la Natiuité de nostre Seigneur Iesus-Christ. Voicy l'ordre gardé en l'election de ce Chef de l'Eschole Parisienne. On enferme les electeurs dans vn certain lieu, d'où ne leur est loisible de sortir sans nommer celuy qui doit auoir surintendence sur tout le Corps de l'Vniuersité : & faut que cette election se parface, & se vuide durant le temps que demeure vne chandelle de poids certain, & qu'on a de coustume de porter pour cette affaire, n'estant permis a Bedeaux ny autres, soit Officier de l'Vniuersité, ou simple Escholier, d'aller vers les Electeurs, pour leur recommander homme que ce soit qui aspire à l'office : voire y est par cette ordonnance estroitement defendu, que les Electeurs ne mangent, ny boiuent aucunement au lieu où se fait l'election. Sur laquelle ne pouuant iceux s'accorder, c'est aux Maistres és Arts d'en y enuoyer d'autres & de faire sortir ces premiers, ausquels ne soit plus loisible d'entrer en l'election. Mais on à veu de nostre temps de grandes folies auenir pour cecy & le Recteur estre esleu a coups d'espées, & tout ainsi par force comme iadis l'Empire estoit emporté par ceux qui estoient les plus forts.

I'ay dit icy que c'est aux Maistres és Arts d'y enuoyer d'autres Electeurs, ou les premiers ne pourront s'accorder : surquoy il faut noter qu'encores qu'à Paris il y ait quatre Facultez parfaisant le Corps de l'Vniuersité, à sçauoir de Theologie, Decrets, Medecine & des Arts, si est-ce que la premiere institution de l'eschole ayant esté dressée pour les Arts. *Il n'est aussi loisible d'elire le Recteur que du corps de la Faculté des Arts, & lequel neantmoins a puissance en ce qui est de la Police de l'Eschole, & sur les Theologiens, & sur les Decretistes & sur les Medecins.* Ainsi que nous en auons veu faire l'experience durant les troubles & lors que le Recteur fist faire ioug aux Medecins, & autres qui faisans banqueroute à l'Eglise, vouloient aussi s'emanciper de l'obeissance de l'Vniuersité, & n'estre point suiets aux loix, & ordonnances d'icelle. Ayant en ce corps d'escholiers si grande puissance d'autrefois, que d'auoir fait teste au Papes & Princes du sang, qui abusoient des benefices de France.

Affin donc qu'on voye auec qu'elle Maiesté cette Republique est maniée, faut entendre que de tout temps il y a deux Chanceliers pour les Bacheliers & Maistres és Arts, l'vn estant appellé Chancelier de Nostre-Dame & l'autre de sainte Geneuiefue : le premier ayant droit sur les Theologiens, Decretistes & Medecins, en ce qui est des lieux de leurs licences & pour les benir à la façon ancienne ; le second ayant la preeminence de l'examen des Maistres és Arts à cause de l'antiquité de la maison Royale de Sainte Geneuiefue de laquelle nous parlerons cy apres : & toutes fois celuy de Nostre-Dame a aussi empieté sur les Maistrises és Arts & examen de ceux qui y pretendent, & faut que *ce Chancelier soit creé deuant l'Euesque* au Chapitre Episcopal, où il doit iurer de ne point licentier aucun Theologien, Decretiste, Medecin ou Artien, s'il n'est digne de tel honneur & capable pour sa doctrine ayant fait le deuoir en l'estude **& suiuy l'Eschole le temps limité, par les ordonnances de l'Vniuersité.** Surquoy ils doiuent s'enquerir des Maistres & Docteurs des Facultez, lesquels leur doiuent respondre la verité, & en saine conscience. I'ay pris cecy d'vne Bulle conferée par le Pape Gregoire XI. en laquelle il souscrit & approuue tout ce qu'auoient fait ses predecesseurs Papes, Vrbain cinquiesme, & Innocent VI. touchant les priuilèges donnez à l'Eschole generale de Paris : & entre autres choses que i'ay recueillies de cette Bulle, i'en ay tiré les parolles qui s'ensuiuent, où il fait mention du tort & iniure qu'on pourroit faire aux Escholiers.

S'il aduient qu'on iniurie, ou emprisone à tort quelques vns des vostres, si on ne desiste de telle iniure, apres que vous les aurez admonestez ; Il vous sera loisible, si ainsi le trouuez bon, de cesser vos leçons. Mais s'il eschoit que l'Escholier face chose ou crime digne punition, voulons que la connoissance en soit reseruée seulement à l'Euesque de-

» fendants que deformais on n'emprisonne aucun escholier pour debte quelconque, veu que
» cela est deffendu par les constitutions des saints Canons & droits legitimes de nos pre-
» decesseurs. En cette bulle est encor defendu aux Escoliers d'alleravec armes
» par la ville & defendu à l'Vniuersité & chefs d'icelle de prendre en sorte que
» ce soit la cause ou defense en main de ceux qui troublent le repos public avec
» leurs ports d'armes & Ribleries.
» Voyons si l'authorité de la visitation des liures, est d'hier ou aujourd'huy octro-
» yée aux Docteurs de la Faculté de Theologie : & sçaurons que le mesme Pape
» confirmant la volonté de ses Predecesseurs en cette bulle que dessus, ordon-
» ne que nul liure ne sera leu en l'Eschole ny College de Paris, lequel n'ayt esté
» visité premierement par les Docteurs, & approuué par les Conciles, d'autant
» que nous sçauons que les mauuais propos alterent les bonnes mœurs des hom-
» mes, & que les liures pestilents & suspects sont ceux qui gastent autant ou
» plus que pourroit faire la parole d'vn Prescheur semant fausse & peruerse do-
» ctrine. Aussi cette sainte Eschole & Vniuersité de Paris a esté de tout temps tant
» amoureuse de simplicité, qu'elle ne s'est point souciée des disputes curieuses, si
» ce n'est de celles, qui seruent à l'éclarcissement des Escritures diuines. C'est
» pourquoy de toute ancienneté, il y a eu ordonāce de l'Vniuersité de Paris, laquel-
» le veut que les Maistres & escholiers estudians en la sainte Theologie, ne s'affe-
» ctionnent pas trop à paroistre grands Philosophes, pour l'impieté liée à celle
» Philosophie, qui a plus la raison humaine & naturelle pour guide que la puis-
» sance diuine. Par celle ordonnance est defendu à iceux Maistres d'vser en dis-
» putant ou lisant, de la langue vulgaire du peuple, ny de profaner les choses sain-
» tes deuant le peuple auec leurs questiōs, ains disputer simplemēt en l'Eschole
» matieres propres à la vacation de laquelle il se meslent. Ie laisse au bon iugement
» des Chefs de cette Faculté, ce qui se peut ou doit recueillir de l'ordonnance, me
» tenant pour asseuré que tant de bonnes testes ne souffrent chose, laquelle ne
» puisse estre defenduë raisonablement. Ie souhaite de voir à Paris le renouuelle-
» ment de la constitution ancienne obseruée en cette Vniuersité, qui est, qu'il n'e-
» stoit loisible à aucun de lire, s'il n'auoit atteint l'an 21. de son aage & n'auoit
» ouy à Paris par l'espace de 6. ans & lisoit 2. ans entiers apres son audition, ioint
» que celuy qui voudroit lire ne fust autre que fort bien renommé & sans aucune
» note d'infamie: ce qui fut ordonné par le Legat du Pape l'an de grace 1214. Re-
» gnant en France Philippe Auguste, & seant à Rome Innocent III. Car si cet-
» te ordinance auoit eu lieu, on ne verroit tant d'estrangers sans aueu & peut estre
» sans doctrine ny vertu s'auancer de lire & causer la corruption de la ieunesse,
» que nous y voyons à present, n'y ayant si petit Magister ou esuanté Charlatan,
» qui ne s'enhardisse sans l'authorité de ceux à qui l'honneur appartient de prester
» la chaire, de monter sur le pulpitre & d'y enseigner à tort & à trauers la ieunesse.
» En ce temps que ie dis, estoit deffendu de lire en l'Vniuersité de Paris les liures
» de Physique d'Aristote ; & cecy pour bonnes raisons lors necessaires, & les-
» quelles à present ne seroient que superfluës : ainsi que le contient le commande-
» ment fait à lors par le Legat Estienne Cardinal au mont Celie. Et pour refor-
» mer toute espece d'abus introduit sous couleur de la grandeur de cette Vniuer-
» sité, estoit defendu de banqueter aux assemblées ny responses ou actes des Mai-
» stres, si ce n'est en particulier que l'vn amy pouuoit appeller l'autre : ainsi vous
» voyez de quel temps la coustume de passer Maistres és Arts, est receuë & si
» la solemnité des actes est de memoire trop fresche.
» Que sçauriez vous demander de plus solemnel que ce qui se fait en la Fa-
» culté des Arts aux sophismes, determinances, examens, figures & actes, où les
» Maistres prennent les bonnets de leur licence, ou que celles magnificences des
» Cardinales, & Quodlibetaires disputations des Medecins auec la gloire de leurs
» licences & le triomphe qu'il ont en prenant leurs bonnets? Mais quoy de plus ex-
» cellent que cette bataille diuine de la Theologie és Tentatiues, petits ou grands
» ordinaires & en ce conflit effroyable que le paoure respondant souffre és grandes
» Sorbonnes ou dés 5. heures du matin iusques au soir il faut tenir teste à tous ses
» compagnons luy arguans à l'encontre? quel plus grand contentement aussi peu-
»

uent auoir ces luicteurs hardis soit de la Medecine, soit de la Theologie, que de se voir deuant tout vn Senat & à la face bien souuent des plus grands Princes & Prelats de tout le Royaume, louër par vn docte & bien disant Orateur, & toutes fois vous sçauez que côme iadis on loüoit les luicteurs aux chaps Elides, on a ordonné & institué à Paris les Paranymphes auant que les lieux de licence soient distribuez tant aux Medecins qu'aux Bacheliers de Theologie : ce qui me fait croire, que tout ainsi que le droit d'herauldie fut inuenté pour encourager la noblesse à bien faire la guerre pour le seruice de la patrie; qu'aussi ces paranymphes ont esté inuentez pour le prix des estudians aux bonnes lettres. Rien ne seruiroit icy de vous amener les donations faites par les Roys à leur fille l'Vniuersité de Paris tant du pré aux Clercs que d'autres places octroyées pour le passetemps des Escholiers apres les heures de leurs estudes. Ie n'iray deduire les Cures & Paroisses qui sont de la collation des Facultez, chacune en son rang, ny ne m'arresteray sur les Eglises suiettes à l'Vniuersité, & qui sont de la fondation d'icelle, car bien que les Iacobins ayent esté bâtis de la liberalité de Saint Louis; si est ce que la place de leur Eglise appartenoit à l'Vniuersité, & d'icelle ils l'ont euë. Les Mathurins aussi sont des Tenanciers de ce Corps; d'où est aduenu que les Congregations du Recteur, Procureurs & Doyens se font audit lieu & Monastere des Mathurins, comme aussi les processions du Recteur tant ordinaires qu'extraordinaires, faut que sortent de l'Eglise des susdits freres de la Trinité, que vulgairement on appelle Mathurins : & ne veux deduire les confirmations des Priuileges faits par les Papes & Roys durant qu'on l'empeschoit en la iouïssance d'iceux : comme aussi ne pretends m'arrester sur vne infinité de statuts, tant pour les Facultez, que pour l'égard des simples escholiers & lesquels sont grandement profitables à toute l'Vniuersité & non de peu de consequence pour le repos de la ville, car ce seroit par trop amuser le lecteur sur choses qui seruans aux vns, ne sont de guere grand effet aux autres.

A cette cause ie proposeray seulement & simplement le serment & forme de iurer qu'obseruent & gardent ceux qui veulent auoir entrée en la Congregation generale. Ils iurent donc & protestent de garder les priuileges, statuts, immunitez, libertez & droits de l'Vniuersité leur mere : ce qu'on fait à cause de ceux qui en sortent & lesquels ont eu des premieres dignitez. De ce corps de Repub. plusieurs montent aux degrez plus excellents d'honneur & sont faits ou Conseillers ou Presidents, & bien souuent sont appellez à l'administration des affaires plus importantes de la Couronne. Faut aussi que iurent d'vser de bonne & loyale foy en l'election du Recteur à cause que comme auons dit c'est aux seuls Maistres és arts que l'election du Recteur est loisible & desquels on choisit les Doyens & les Procureurs des Nations. Quant à ceux qui veulent venir aux cours & entrer en l'examen, on leur fait faire serment, qu'ils n'ont rien donné, promis ny fait donner ou promettre au Chancelier ny à son Commis pour l'audiance, examen ou autre deuoir quel que ce soit appartenant à cette poursuitte : iurent aussi & protestent que iaçoit qu'ils soient appellez à quelque grande dignité, ainsi que les bonnes lettres conduisent les vertueux aux grands honneurs, si ne sera-il iamais qu'ils ne respectent, honorent & reuerent le Recteur & tout le corps de l'Vniuersité. Ie laisse à penser si celuy qui est Recteur, oublie d'obliger sa foy & parole pour la conseruation d'icelle, de laquelle il s'est veu le Chef & Defenseur, & pour la defense de laquelle estant en office son deuoir luy commandoit de hazarder sa propre vie.

Quant aux Procureurs de Nation, c'est chose asseurée qu'ils s'obligent de deuëment exercer l'office à eux donné pour la Nation de laquelle ils sont poursuiuans, contre ceux qui porteront nuisance à ceux de leurs corps sans y oublier chose possible seruant à leur charge : & puis que nous sommes sur les Procureurs de Nation, il y en a quatre ayans voix en l'Election des estats de cette Republique, à sçauoir les Picards, pour la seule Picardie; comme aussi les Normans pour la seule Normandie; car les deux autres Nations sont de fort grande estenduë, comme celle d'Alemagne, qui comprend toute la Germanie au lez & au long, la Polongne, Hongrie, Sarmates, Danois, Sueues, Noruegiens & Moscouites, s'il en venoit à Paris pour estudier, &

» en somme toutes les Isles Septentrionales telles que sont l'Angleterre, Escosse,
» Hirlande, les Orcades, les Hebrides & autres voisines sont de cette contribution.
» Mais la Natió de Fráce partie en 3. belles Prouinces telles que sont Paris, Rheims
» & Bourge embrasse aussi tout ce qui reste des Gaules, outre la Normandie & Pi-
» cardie, si bien que tous les Celtes, & Aquitaniques sont de ce Corps François: les
» Gaules Narbonnoise, Allobrogique, Prouençale, & Lyonnoise en dependent.
» Ce n'est rien si encor les Espagnes & Portugal, si les Isles de la Mer Mediteranée
» & toute l'Italie, Grece, & païs Leuantin n'estoit de cette Prouince & procura-
» tion Françoise, tellement que les noms des Messagers de Hierusalem, Betleem
» & autres lieux du pays Idumeen sont demeurez en estre iusqu'à nostre temps,
» afin qu'on voye encor la figure & idée de cette Republique de l'Vniuersité, la-
» quelle faisoit reluire l'Empire François comme le chef de toute la Monarchie
» du monde.
» Ie me suis aresté en cecy tout pour bon respect, sçachants que les gens de bien
» auront pour agreable la memoire de chose qu'ils voudroient qui fust en nature,
» & laquelle semble promettre ie ne sçay quelle grandeur à ce Sang de France,
» qui a sceu entretenir en son pays par tant de siecles, ce qu'Athenes n'a sceu rete-
» nir que peu de temps pour sa gloire. Mais passons outre: chacune Nation a des
» Receueurs des deniers qui se perçoiuent des emolumens & biens du corps de la
» Nation, lesquels sont tenus de faire sermét de se monstrer loyaux en leur Charge.
» Mais ne veux m'arester trop long-temps sur le Conseruateur des Priuileges de
» l'Vniuersité lequel tient sa Iustice aux Mathurins, comme aussi ne pretends m'ar-
» rester sur l'institution des Scribes & Bedeaux de l Vniuersité, les vns ayant le
» droit de Greffiers en vn Palais, ou vn Chastellet, & les autres seruant d'Ar-
» chers ou d'Huissiers, tant au Recteur marchant par la ville, qu'aux Ba-
» cheliers de quelque faculté que ce soit faisans & passans leurs actes: chacune
» des Facultez ayant des Bedeaux, qui luy sont affectez, comme aussi en ce qui est
» des Arts, vne chacune des Nations en a vn pour son seruice.
» Regardons encor le bon menagement de cette Rep. où vous voyez les 4. grans
» Libraires Iurez & 20. autres iouïssans de fort beaux priuileges pour cet égard &
» n'estans suiects qu'au Recteur, duquel ils tiennent leurs offices. La charge de ceux-
» cy fut de iadis transcrire les liures pour l'escole & d'en faire diuerses copies afin
» que les Escoliers n'en eussent pas faute: neantmoins ne leur estoit loisible de les
» mettre en lumiere, que la Faculté de Theologie n'y eust passé pour voir, s'il
» y auroit quelque chose à reprendre. Outre ces Supposts tant necessaires, sont
» encor les Relieurs iurez, les Parcheminiers & Enlumineurs. Car d'Imprimeurs
» Iurez il n'y en a point à cause que du téps que fut faite l'institution de ces offices
» pour le seruice de l'Vniuersité, l'Art d'Imprimerie n'estoit point encor en vsage: à
» ceux-cy sont adioustés les Messagers qui sont obligez de moyenner que les Es-
» coliers des pays desquels ils ont les messageries ne souffrét disette par faute de sol-
» liciter leurs parents, qu'ils ayent à leur fournir les choses qui sont necessaires pour
» leur vie & entretenement. Ie ne veux vous deduire quelle forme de serment sui-
» uent ou ceux qu'on employe à examiner és determinances, ou reciproquement
» ceux qui sont examiner, dependant cela d'vn mesme iurement fait par le Chan-
» celier & les Maistres par les Bacheliers des Facultez de Theologie & Medecine:
» ne discouray aussi ce que les Maistres és Arts iurent deuant le Recteur, auant que
» d'auoir les lettres de leurs Maistrises, ny aussi à quoy s'obligent par promesse les
» Messagers voulants faire quelque depesche en Cour de Rome.

Supplicatio Rectoria.

» Quelle Maiesté est celle d'vne procession de Recteur, où faut qu'assistent
» tous les supposts de l'Vniuersité, chacun en leur rang & auec l'ordre tel qu'il sem-
» ble que ce soit vn Senat Venitien, accompagnant son Duc à la ceremonie des
» espousailles de Mer? car vous voyez le Recteur suiuy des Docteurs & Bacheliers
» de Theologie & Medecine tous en chappe, les vns de Rouge & les autres de
» Noir: on y contemple les Maistres és Arts & des Religieux de presque tous les
» ordres qui sont à Paris, au moins de ceux ausquels est permis de prendre vn degré
» dans l'Vniuersité, comme aussi on y voit tous les Officiers d'icelle, lesquels ho-
» norent le Chef en ces saintes Assemblées, esquelles vn Doyen de la Faculté Theo-
» logienne celebre la sainte Messe. N'est ce rien que lors que les Rois font leurs

entrées, c'est le Recteur qui des premiers luy va audeuant, luy iure obeissance au
nom de l'Vniuersité, & tire de sa Maiesté le serment pour la confirmation des
priuileges?

Quand aussi le Legat du Pape Apostolique vient à Paris, le Recteur aussi (non
pas qu'il sorte de la ville pour le bié viegner, car il ne doit cét hôneur qu'à sō Roy
& aux Papes en personnes) se presente à luy & le fait iurer qu'il n'alterera en sorte
que ce soit les Priuileges donnez par les Papes à l'Vniuersité. Mais qu'est-ce à
dire que la maiesté du Recteur soit si grande en l'escole qu'és actes publics de
quelque Faculté que ce soit, il précede Euesques & Cardinaux, & fussent ils Pairs
de France; & ne souffriroit-on que le Nonce du Pape, ne Ambassadeur de Prince
du monde eust cét aduantage de le preceder? Es Mariages des Roys le Recteur
auec ses supposts est introduit auec égal honneur que la Cour du Parlement,
& à son Siege & rang comme celuy qui represente la fille bien aymée des Roys
de France. Au Sacre des Rois à cause qu'il se fait hors de Paris, le Recteur n'assi-
ste point, entant que hors cette ville ses droits sont sans force quelconque, puis
que son authorité s'estend simplement sur le lieu où est l'Escole. Ors les Rois
estant decedez & durant que pour la ceremonie & appareil des funerailles & en-
terrement du corps du deffunt on s'achemine de l'Eglise nostre Dame de Paris
pour porter le corps à saint Denys, on voit l'Euesque de Paris d'vn costé de la
ruë & le Recteur de l'autre a dextre, tenant le corps, lequel est entre ces deux Magistrats Spirituels, ayant voulu les Rois anciens de tant auancer le Chef de leur Eschole que de l'égaler aux plus grans de leur Royaume : mais pourquoy ne se-
ront les Rois soigneux de ce Corps public de l'Vniuersité, puis que c'est de luy
que se prennent ceux qui ont Charge en la Republique de France, & qui ma-
nient les affaires de plus grande consequence?

C'est pourquoy les Roys de toute ancienneté preuoyant qu'il pourroit aduenir
que les lettres fussent en peu de prix parmy les François, ont voulu que
l'Vniuersité eust pour Conseruateur, Patron & Defenseur, vn des Pairs Ecclesiastiques de ce Royaume, à sçauoir l'Euesque de Beauuais par precipu; quoy
que cét honneur se soit communiqué à d'autres Prelats par les anciens priuileges donnez à leurs Sieges.

Au reste pour recompenser ceux qui ont bien fait leur deuoir en l'estude, ont
esté choisis deux Apostoliques, c'est à dire hommes Ecclesiastiques de l'authorité du Saint Siege vniuersel de Rome, lesquels sous le nom & tiltre de Chanceliers ont la charge d'examiner les Estudians, qui veulent estre promeus à la
licence des Arts. Le premier est celuy de l'Eglise Cathedrale de Nostre-Dame
de Paris, lequel est comme le general sur toutes les Facultez, & lequel tous
les ans le lendemain de la Chandeleur ou Purification Nostre-Dame, choisit
quatre Maistres és Arts pour l'examen auec son Sous-Chancelier, afin d'éprou-
uer ceux qui veulent passer, & le Registre desquels il presente au susdit Chancelier; & en somme tant les Canonistes & Theologiens, que les Medecins faut
qu'ils soient par leurs Docteurs & Regens presentez à ce Chancelier, afin qu'il
les reçoiue & benisse auant que le Docteur leur pose le bonnet Doctoral sur la
teste, dautant que l'institution du Doctorat ayant la source du Saint Siege,
faut aussi qu'elle soit conseruée & ratifiée par ceux qui y sont commis par le
Pape. C'est aussi à ce Cancelier à chasser & retrancher du Corps de l'Vniuersité ces Escholiers qui sont malviuans & incorrigibles; & de rechef les y receuoir,
se chastians & faisans penitence, comme aussi il les absout, si par cas ils ont commis quelque irregularité, mettans furieusement les mains les vns sur les autres. Et de la est souuent la contention aduenuë entre les Iuges & les
Ecclesiastiques, les vns prennans connoissance sur les crimes des Escholiers
Matriculez dans cette Vniuersité, & les autres deffendans la cause du Saint
Siege & priuileges du Chancelier, receus & confirmez par les Roys, & depuis par Arrest de la Cour Souueraine du Parlement. Or celuy de Nostre-Dame
estant, comme dit est, General sur toutes les Facultez; Le second est establi
à Sainte Geneuiefue, & faut que ce soit vn des Chanoines Claustrals de l'Abbaye dediée à la susdite Vierge Patrone des Parisiens, pour l'amour de laquelle les Papes, & les Roys (Comme nous dirons cy-apres) ont tant donné de

De Cancellariis Vniuersitatis.

" Priuilege au Monastere, Eglise & Religieux seruans dans icelle. La puissan-
" ce donc du Chancelier Claustral est par aucuns limitée : mais nous monstrerons
" combien elle s'estend, quoy qu'on die qu'elle ne s'estend que simplement
" sur la Faculté des Arts,& pour ce il est nommé Chancelier des Arts. Lequel faut
" que venant à sa dignité, iure deuant la Faculté qu'il obseruera les Statuts d'i-
" celle, & donnera les Licences sans nulle faueur, selon le merite des personnes
" & suiuant la deposition des Maistres qui auront esté commis pour examiner
" les Maistres futurs.

Benedict XI. " On sçait qu'enuiron l'an 1304. seant à Rome Benedict XI. du nom, ce Pape
" donna Faculté au Chancelier de Nostre Dame de Paris, de licentier & faire
" Docteurs en Theologie & en Decret. Or est-il qu'auant ce temps il y auoit Do-
" cteurs Theologiens à Paris, & qu'il falloit qu'ils receussent les Licences de la
" main de quelque Ecclesiastique. Il ne pouuoit estre autre que celuy de Sainte
" Geneuiefue veu son ancien establissement, si le Pape n'y auoit homme exprès,
Greg. IX 1227. " pour le fait de ces Licences : & de cecy fait foy vne Bulle du Pape Gregoire IX.
" en date de 1227. laquelle monstre apertement que le susdit Chancelier de sainte
" Geneuiefue, vsoit & iouissoit du priuilege de Licentier les Docteurs en Theo-
" logie & en Decret. Et si on met en auant qu'il est non sans grande occasion ap-
" pellé Chancelier des Arts, & que pour cette Faculté il a esté institué & esta-
" bly, il est aisé d'y répondre, & la response sera l'establissement plus grand de
" l'authorité de ce Chancelier : veu que chacun sçait que l'Vniuersité de Paris au
" commencement n'estoit que pour les Arts, & que les autres sciences y sont surue-
" nuës comme accessoires : d'où est aduenu que du seul Corps des Arts on choi-
" sit le Recteur & Procureurs des Nations, ainsi que nous auons dit cy-dessus ; par
" ainsi le Chancelier de Sainte Geneuiefue estant celuy des Arts, s'ensuiuroit que
" seul il estoit iadis en cette Charge : & celuy de Nostre-Dame ayant receu le
" priuilege de Licencier les Estudians en Theologie & Decret, long-temps apres
" que celuy de Sainte Geneuiefue en auoit pleine iouïssance, il me semble aussi
" que mal à propos luy donne-on le simple titre des Arts, puis que la Generalité
" luy est deue & octroyée ; si ce n'est que pour l'incapacité d'aucuns Chanceliers
" on y a pourueu, les Escholiers & les Nations presentans au Pape requeste pour
" se pouruoir ailleurs, qui a esté cause que les Religieux perdans ce droit, se
" sont contentez de la seule puissance de Licentier les Arts, ainsi qu'on peut ti-
" rer d'vne Patente de Charles VI. datée du 12. Iuillet 1381. donnée à Paris sur le
" different meu entre le Conuent Sainte Geneuiefue & les Escholiers de la Na-
" tion de France. Quoy qu'il en soit, l'Abbé & Religieux de cette maison eurent
" iadis le pouuoir de Licentier Theologiens & Decretistes suiuant les Bulles de
" Greg. IX. & Alex. IV. *Bullas illas supra retulimus p. 274. & alibi adhuc referemus.*
" Comme le temps prescrit tout, il est auenu, ne sçay comment, soit que les
" Religieux ayent égaré leurs vieux papiers, ou qu'il y ait eu quelque nouuelle
" Ordonnance en faueur du Chancelier de Nostre-Dame, ou que les Facultez
" ayent refusé de passer sous ceuy cy, voyans de iour à autre les diuisions & que-
" relles d'entre les deux Chanceliers ; si est ce que maintenant les Facultez de
" Theologie, Decrets & Medecine, vont seulement à Nostre-Dame & en la
" sale de l'Euesque pour les Licences de la Theologie & pour le Bonnet : là ou les
" **Arts sont departis à tous ces deux Chanceliers, sans qu'iceux puissent rendre**
" raison de telle occurence, laquelle ie pense estre fondée sur bonne cause tant
" d'vne part que d'autre ; mais les plus habiles l'emportent. Au reste cecy mon-
" tre bien que cette Abbaye a tousiours esté grandement respectée, puis qu'en-
" tre toutes les Communautez de Paris, elle a esté choisie pour iuger du merite
" des Escholiers voulans estre promeus aux Licences.

Hæc Belforestius fusissime, cuius sententiam multis placere video, quoad Institutionem Magistrorum seu Præfectorum Vniuersitatis : quorum aliqui addunt Hugonis Capeti temporibus tatam confluxisse ad Scholas Parisienses adolescentum multitudinem, vt propter rixas quæ frequenter inter eos accidebant, necesse fuerit eos in 4. Nationes diuidere, singulisque Præfectos suos, quos vulgo Procuratores appellamus, præficere qui singularum Patroni essent, & Rectori in regenda Academia consilium auxiliumque præstarent. Quod eniuinnumerabilis fuerit Scholarium numerus illis temporibus, Helgaldus testis est locupletissimus, aiens Roberti Regis funeribus adfuisse innumerabilem Clericorum, hoc est Scholarium multitudinem. Facit & coniectura ex Orderico Vitali & ex historia petita; certum enim est tum Normanis etiam fere omnibus & vbique insedisse animo mirabile scientiarum consequendarum desiderium, Cœnobiorumque pariter extruendorum: adeo vt pauci Diuites & Nobiles essent, qui Sophistas, hoc est viros doctos secum non haberent, aut in suo fundo Cœnobia non instituerent. Vnde coniicitur eos longè feruentius studiosiúsque quàm antea, coluisse Scholas Parisienses & frequentasse.

Verum quanquam hæc opinio probabilitate non careat, vix tamen est vt fieri potuerit Hugonis Capeti aut Roberti temporibus eiusmodi Nationum diuisio: qua de re fusè egimus in synopsi primi seculi pag. 197. credibile verò est regnante Roberto, qui litterarum amantissimus erat, nouam aliquam dignitatem, honoris gradum & ornamentum Vniuersitati accessisse. Existimant enim aliqui tum primum Rectorem cœpisse ad consilia secretiora admitti & vocari, aut saltem ad publica, iusque habuisse cuiuslibet rei referendæ, quæ ad rectam Regni administrationem pertineret. Quod quidem exemplis Abbonis Floriacensis & Fulberti Carnotensis aliorumque virorum Litteratorum confirmari posset, qui huic Principi charitissimi fuerunt, quique ab eo in consilium rerum gerendarum sæpe adsciti sunt. Denique huiusce Regis beneficio, fauore, ac patrocinio Vniuersitatis authoritatem adeo inualuisse commemorant, vt ei iniuratæ crederetur, licet à cæteris Regni ordinibus iurisiurandi religio exigeretur.

Ad Pompam Vniuersitatis facit etiam habitus ille Academicus, quem gestant Rector & Procuratores in Conuentibus solemnibus, quem licet non existimem institutum fuisse ab hoc Rege, neque ab Ecclesia Rom. exemplo purpuræ Cardinalium, vt aliqui putant, sed vel ab ipso Carolo M. vel à Caluo, vt in synopsi primi seculi dictum est; non sine fundamento tamen suspicari possumus sub hoc Principe eiusque exemplo cœpisse Magistratus Academicos vti pellibus seu pellitis textis (veteres Foderaturas & Furraturas dicebant, vtiturque hoc vocabulo Cæsarius Heisterbachensis l.8. Miraculorum c.59. Gallicè *fourures*.) Nã Robertus, eo operimeto vti consueuerat. Testis Helgaldus in eius vita. *Aliquando* inquit, *proficiscente eo ad Ecclesiam & prostratoria oratione coram Deo, quiddam verecundiæ in* ORNAMENTIS PELLIVM *à sancto collo dependentium, sustinuit Rex mitis & corde humilis.* Et alio loco. *Horum fragilitati condolens,* ORNAMENTVM PELLIVM, *quod erat pretiosissimum, tulit à collo & super peccatores proiecit corde benigno.*

De ornamento Pellium.

Non tamen ex hoc credendum est Robertum omnium Regum primum eiusmodi pellibus vsum fuisse. Vetus is fuit habitus Regum Francorum è Germania seu Franconia profectorum: vetus quoque Gothorum & Scytharum, vnde & *Principes pelliti* dicebantur. Hieronymus in Epitaphio Nepotiani, *Pellitorum turba populorum*, id. Gothorum. Sidonius Appollinaris l.1. Ep. 2. describens Theodorici formam, *circunsistit sellam comes armiger, pellitorum turba satellitum ne absit, admittitur.* Vestes eiusmodi vocabant *Mastrucas* siue *Mastrigas* id. *vestes pelliceas,* Romani *Penulas gausapinas* seu *Gausapa.* Martialis.

Is mihi candor inest, villorum gratia tanta est,
Vt me vel media sumere messe velis.

Gausapinæ autem vestes villosæ erant. Græci Καυναχα vocabant. Hesychius. Καυναχα φωματα ἢ ὑπόβλημα ἑτερομαλλα id. Gaunaca, *Stragula sunt siue operimenta altera parte villosa.* Eiusmodi Gaunaca hodie gestant Poloni, vocantque vernaculè *Koc* seu *Kotz.* Hinc vox Gallica *Cotte,* vt putat Cluuerius, & Anglica *Coate*, quæ vestem longam sonat. Galli quoque veteres Sagis & Rhenonibus villosis vtebantur. Testis Varro l.4. de Ling. Lat. *Quidquid insternebant, à sternendo stragulum appellabant. Quibus operiebantur, operimenta, opercula & pallia dixerunt. In his multa peregrina: vt Sagum & Rheno, Gallica. Gaunacum, mains sagum & amphimallon, Græca.* Rhenones verò sic describit Isidorus l. 19. c. 23. *Rhenones sunt velamina humerorum & pectoris vsque ad vmbilicum, atque intortu villis adeo hispida, vt imbres respuant.*

Ex his igitur conſtat vnde Reges noſtri Cappam pellitam in ſolemnibus pompis geſtare ſoleant. Claudius Falcetusde veſtibus Regiis verba faciens, ait Pallia Regum fuiſſe ſemper oblonga eaque pretioſo texto pellito munita in argumentum Patriæ originis & frigoris Germanici. Vnde ait veteres Reges ex Germania aut Scythia profectos vulgo Pellitos fuiſſe dictos. Crediderim quidem initio ſimplicibus animalium pellibus abſque arte vſos fuiſſe, deinde purpuræ ſuæ pretioſas pelles ad ornamentum adſuiſſe.

Quandonam verò muris Pontici pelle vſi ſint, non eſt facile dictu. Certè veſtimentum eiuſmodi Scythis etiam familiare fuit teſte Seneca l. 4. Ep. *Num hodieque magna Scytharum pars tergis vulpium induitur, ac murium quæ tactu mollia & impenetrabilia ventis ſunt.* Sunt qui putent tum vti cœpiſſe pellibus iſtis, cum Britanniam Aremoricam ſibi ſubiecerunt circa an. 1500. verum quàm iſti hallucinentur, patet ex iis quæ narrat Monſtreletius accidiſſe. an. 1422. poſt mortem Caroli VI. nempe Carolum VII. eius filium audito nuncio prima die violaceam induiſſe purpuram, poſtridie vero interfuiſſe ſacro veſte indutum talari cum Palliolo rubri coloris Pontici muris pelle munito. *Il fuſt reueſtu d'vne longue robe & Mantel d'eſcarlatte rouge fourré a Ermines ainſi que les Conſeillers de la Cour.* Similiter Alanus Quadrigarius in Chronico de Caroli VII. in vrbem Rothomagenſem ingreſſu ſic ait. *Deuant le Roy eſtoit Meſſire Guillaume Iouuenel des Vrſins Seigneur de Treignel & Chancelier de France veſtu en* HABIT ROYAL DE ROBBE ET CHAPERON FOVRREZ ET VN MANTEL D'ESCARLATTE. De eodem ingreſſu Mathæus de Coucy ſic habet. *Puis entra M. Guill. Iouuenel des Vrſins Chancelier de France lequel eſtoit monté ſur vne haquenée blanche & eſtoit veſtu de robbe, manteau & chaperon d'eſcarlatte fourré ſelon l'eſtat Royal deuant lequel vn homme de pied menoit vn hauby d'Irlande ſellé d'vne ſelle à Dame, qui auoit vne couuerte de fleurs de Lys d'or, & ſur icelle il y auoit vn coffret bandé d'or d'vn pied de long ou enuiron, dedans lequel eſtoient les Sceaux du Roy: à cette entrée fut fait Cheualier vn ieune enfant fils du Seigneur de Preſſigny âgé de 12. à 13. ans par la main dudit Seneſchal de Poitou. Apres le Chancelier entra Iean de Fontenil Eſcuyer d'Eſcuyerie & Capitaine de Laon qui portoit en eſcharpe* VN MANTEAV D'ESCARLATE POVRPRE FOVRRE D'ERMINES, QVI ESTOIT LE MANTEAV DV ROY.

Porro Pallium iſtud Regium villoſa muris Pontici pelle ornatum, quemadmodum & veterum Regum Perſarum veſtimentum μεσολευκον rectè dici poteſt, cum hoc tamen diſcrimine quod Perſicum erat Album maculis rubeis diſtinctū: Francicum vero Album quoque, ſed notis nigris variegatum. Mus enim Ponticus toto corpore pellem geſtat albiſſimam, & caudam in extremitate nigram, vt admoneantur Reges, inquit Ludouicus Aurelius, nihil eſſe tam proſperum, vt non habeat aliquid aduerſi.

Iam verò quemadmodum Cancellario, Paribus Franciæ laicis & Præſidibus infulatis illa veſtimenta & ornamenta geſtare ab Inſtitutoribus Regibus conceſſum eſt, ita Rectori & Procuratoribus purpureas veſtes & Rhenones pelliros atque Collaria ſimili modo pellibus ornata geſtare proculdubio à Regibus conceſſum eſt; nemo negauerit. Nam eiuſmodi ornamenta, quæ prorſus Regia ſunt, abſque licentia Regis aſſumere extremæ fuiſſet audaciæ & temeritatis. Adde quod Inſtitutoris eſt non modo ſtatum dare, ſeu in ſtatu collocare, ſed ea quoque quæ ad ſtatus dignitatem pertinent, concedere & Inſignia quædam honorifica ad diſcrimen cæterorum aſſignare, vt in omni paſſim Regno & Republica obſeruare facile eſt. Sed ad Robertum redeamus.

Burſariorū Inſtitutio.

Certè ſi non inſtituit Collegia puerorum alimentariorum quos, vulgo *Burſarios* appellamus, eorum ſaltem inſtituendorum poſteris exemplum & occaſionem præbuiſſe videtur: nam quandiu vixit, certum eorum numerum ſumptibus ſuis ſuſtentauit: imo & cauit ne poſt mortem iis alimenta deeſſent. Audiamus Helgaldum Floriacenſem Monachum, ipſi notum & chariſſimum. Sic in Epitome vitæ ipſius habet. *Item centum* CLERICIS PAVPERIBVS *Præbendam panis piſcis & vini concedebat, duodecim vnumquemque eorum honorans denariis, corde & ore Dauidicos ſemper decantans Pſalmos. Poſt menſam vero præparans ſe ad Dei ſeruitium Rex humilis ponebat veſtimenta ſua indutus ad carnem cilicio, adiunctoque* CLERICORVM COLLEGIO *centum ſexaginta & eo amplius numero ad exemplum Domini eorum pedes lauans*

lauans Capillis capitis sui tergebat, & ad mandatum Domini singulos eorum duobus solidis remunerans Clero præsente & Diacono adstante qui lectionem legeret secundum Ioannem in cœna Domini dictam & factam.

Collegium vocat *Clericorum Pauperum*, vt intelligamus fuisse eos ab hoc Principe certo loco certoque numero Regiis sumptibus alitos & sustentatos, quorum tamen ipse numerum augebat aut minuebat prout expedire videbat. Cui quidem Collegio legimus apud eundem authorem à Principe fuisse adscriptum Oggerium quendam Clericum Lotharingium. *Eum*, inquit, *nimia bonitate suscipiens suo Sanctorum Collegio sociauit Clericorum*.

Ac ne minueretur numerus quem instituerat, cauit vt vno moriente alius in locum defuncti substitueretur, & ex ærario annonam acciperet. Quo pertinent hæc eiusdē authoris verba. *Morituris his fortis erat prouisio, ne quis minueretur de numero, eratque eis viuorum successio & apud Deum tanti Regis oblatio.* Quod ipsius institutū in gratiā pauperū Scholarium tam gratum fuit, vt cum eius corpus Meliduno in Basilicam B. Mariæ & inde ad D. Dionysij tumulum elatum est, innumerabilis eorum confluxerit numerus ad funus eius prosequendum teste eodem authore. *Parisius deportatus apud S. Dionysium iuxta Patrem suum sepelitur ante altare sanctæ Trinitatis. Fuerat ibi ingens luctus, intolerabilis dolor dum Monachorum ingemiscens turba pro absentia tanti patris,* CLERICORVM INNVMERABILIS MVLTITVDO *ærumnas suas ab ipso sancto Patre piè releuatas dolens: viduarum & orphanorum infinitus numerus beneficia ab eo percepta deplorans dabat voces ad cœlum immensas.*

Et hinc forte sumenda est origo consuetudinis quæ adhæc nostra tempora seruatur in Vniuersitate, funus scilicet Regum cum cæteris vrbis ordinibus prosequendi. Non crediderim quidem initio scholares certo ordine processisse, postea verò, ne confusio in deductione accideret, institutum fuisse vt Vniuersitas certam stationem, certumque in procedendo ordinem teneret. Qua de re diximus in synopsi primi seculi. Addamus hic quæ scribit Tillius lib. 2. de reb. Gall. vbi de obitu, exequiis, sepulturaque Regum & Reginarum Galliæ fusè agit. *In decreto Parlamenti*, inquit, *relato in acta die 20. Nouemb. an. 1380. narratur in funere Caroli V. Regis tumultum fuisse à studiosis excitatum, eo quod Rector Academiæ eodem ordine cum Episcopo Capituli, m suum deducente voluerit procedere: sed hæc rixa composita est, nam Rector ad dextram è regione illius incedit, & Decanus Ecclesiæ Parisiensis ad sinistram. Summus Eleemosynarius & Magister Oratorij, nisi sint Antistites, in eleemosynariis procedunt vltimi: quod si Episcopi sunt, in Episcoporum ordine: si Abbates, inter Abbates debent procedere.*

Denique boni huiusce Principis pia facta hoc epigrammate complectitur Versificator illorum temporum non inelegans.

Maior cura boni est fratrum releuare labores,
    Et fieri optatum tristibus auxilium.
Pascere ieiunos, nudos vestire, ligatos
    Soluere, discordes conciliare sibi.
Et quæcunque homines miseri solatia quærunt,
    Hæc vt possibile est promere corde pio.
Vt recti verè cupidus veréque benignus
    Quæ mala sunt fugiat, quæ bona sunt faciat.

Verum contra id quod de Alimentariorum Collegio diximus, existimant aliqui Helgaldum non de Clericis *Scholaribus*, sed de Clericis Sacræ Capellæ loqui, quorum consortio certum est Robertum fuisse maximè delectatum. Fatemur quidem nomen *Clerici* tam Regiæ Capellæ Ministris, quàm scholaribus & aliis Clericali militiæ adscriptis tum conuenisse. Fatemur quoque Robertum sæpe cum Capellanis Clericis Capellæ suæ Horas diurnas nocturnasque cantare solitum. At nihil vetat quominus selectos Scholares ad id quoque muneris adhiberet, & quin isti simul Capellæ Ministri essent & scholas frequentarent: vt & hodie frequentare possunt, idque infra patebit exemplo Ludouici IX. qui Alimentarios eiusmodi de Collegio Bonorum Puerorū ad sacrum officium peragendum aduocabat. At quæ sequuntur, cuincunt Helgaldum loqui de Scholaribus.

1. Enim nomen ipsum *Clerici* fauet, nam licet cōmune sit & Capellanis & Ecclesiasticis, tunc tamen Antonomasticè tribuebatur Scholaribus, vt vel hoc

vnico exemplo patet Rodulphi, qui vt ait Ordericus Vitalis ad an. 1050. *Clericus cognominatus est, quia peritia litterarum aliarumque Artium apprimè imbutus fuerat.*

2. Clericos illos indicat magno fuisse numero: at nemo, in historia versatus dixerit sacræ Capellæ Clericos tam multos tum fuisse, cum vix in tota vrbe Parisiensi tot est nt Clerici Ecclesiastici, quot in eo Collegio contentos fuisse scribit. Itaque cum idem ait *innumerabilem Clericorum multitudinem* Roberti funus deduxisse, id certè neque de Clericis sacræ Capellæ, neque de Clericis Ecclesiasticis intelligi potest, sed de Scholaribus.

3. Idem indicat Robertū instituisse *Collegium Pauperum Clericorum*. At id Regiæ Cappellæ Ministris nullatenus couenit, qui vulgo nobiles erant: Alimētariis verò seu Bursariis rectè, qui vulgo Pauperes Clerici pauperesque scholares appellatur.

4. Innuit Robertum cauisse de reditibus pauperum illorum sustentationi applicandis, prouidisseque vt certus eorum numerus retineretur. At sub consecutis Regibus nihil tale de Collegio Ministrorū Cappellæ legimus: de Alimentariis verò nullatenus dubitari potest: siquidem Ludouicus IX. cognomine Sanctus teste Gaufrido de Bello-loco eius Confessario, *Conuocabat pluries in anno Clericos electos & gratiosè cantantes, & maximè* DE BONIS PVERIS, QVI IN SANCTA CONGREGATIONE PARISIVS *morabantur: quibus in recessu denarios erogabat, illisque magna ex parte anni* IN STVDIO *sustentabantur.* Quæ verba Gaufridi ita consonant cum iis quæ ex Helgado de Clericis à Roberto sustentatis retulimus, vt idem planè Collegium Pauperum scholarium, eademque Congregatio à Roberto ad Ludouicum vsque perseuerasse videatur, quæ liberalitate Boni Principis magna ex parte anni *in studio* sustentabatur: nisi quod forte non vno in loco, sed in pluribus collocata est: vnde Ludouicus nonnullos electos, quos gratiosè cantare nouerat, euocabat.

At quo in loco, quæret aliquis, Collegium istud Robertus collocauit? difficile dictu est: si quid tamen in tam remota antiquitate augurari licet & suspicari, illud in Luparæa regione ad D. Nicolai & D. Honorati sacras ædes constituisse credibile est: forte etiam prope Atrium Basilicæ Parisiensis. Certè duo illa Collegia, *Bonorum.* sc. licet *puerorum* S. Honorati & S. Nicolai de Lupara omnium Parisiensium antiquissima esse reputantur.

Bonorum quidem puerorum S. Honorati meminit Gaufridus loco supra citato. Et præterea in testamento Ludouici IX. ante an. 1270. condito. *Item pauperibus Scholaribus S. Honorati Parisius 10. libras.* De quo Collegio Iacobus Maserius Procurator nationis Gallicanæ scribens ad non. Iunias an. 1516. ait illud fuisse primitus fundatum Parisiis. *Non minus territi aut allecti fauore, moti ve extremo odio Iacobum Maserium Parisiensem actu iuuenes in celebratissimo Bonorum puerorum Musæo Parisius primitus fundato à multis iam annis edocentem elegerunt Procuratorem.*

Similiter Collegium S. Nicolai de Lupara antiquissimum esse constat. In libro Rectoris legitur inter Acta an. 1345. hic titulus *de Lupara optimè restituta.* Et ex iisdem Actis intelligimus Præpositum Parisiensem cum 4. satellitibus satisfacere coactum fuisse Rectori ob malè tractatos scholares Luparenses, Regemque ipsum mille libras emendis prædiis tribuisse, centum præterea libellas ad resarcienda damna Collegio illata. Natio Gallicana an. 1420. per suum Procuratorem M. Petrum de Credulio fortiter contestata est, *quod Collegium S. Nicolai de Lupara erat Collegium antiquius fundatum Parisius,* & ad se pertinere sustinuit ei Gymnasiarcham præficere Bursatiosque substituere. Vnde Petrus de Villaribus Procurator eiusdem Nationis in actis diei 5. Feb. an. 1421. sic scribit. *Supplicaui quod Natio vellet me recommendare D. Episcopo Parisiensi & quod in casu quod in Collegio S. Nicolai de Lupara prouideretur de alio Administratore, quàm de illo qui pronunc est, quod natio vellet supplicare D. Episcopo Parisiensi, quod de Magisterio dictæ Domus D. Episcopus vellet mihi prouidere: quæ supplicatio in forma fuit concessa.*

His adstipulatur Brolius Monachus San-Germano-Pratensis l. 3. Antiq. Parisiens. de antiquitate huiusce Collegij ita scribens. ,, En l'Eglise & ceinture de ,, S. Nicolas du Louure il y auoit anciennement exercice de Lettres, & des Es- ,, choliers rentez, que nous appellons Boursiers, lesquels Iean du Bellay 104. Euesque de Paris erigea en Chanoines, & doiuent estre neuf auec vn Preuost pour ,, Chef: nous n'auons pû sçauoir la fondation de cette Eglise, tant pour sa grande antiquité, qu'aussi par la negligence de ceux qui en ont l'administration & gouuernement, bien que i'en aye fait par mes amys beaucoup de diligence.

An non ea est S. Nicolai quam construxit Robertus in Palatio, de qua sic habet Helgaldus in eius vita? *In ciuitate Parisius Ecclesiam in honore S. Nicolai pontificis in Palatio ædificauit & Monasterium S. Germani Antissiodorensis.* At quo in Palatio? in eo certè quod ipse construi iusserat, seu potius ræedificari, quodque hodie Luparam dicimus, & de quo loqui videtur Helgaldus alio loco. *Palatium insigne, quod est Parisius suo construxerant iussu Officiales eius.* Neque enim loquitur de Palatio in Insula sito, quæ sedes fuit Regum vetustissima, longè ante Robertum condito, cui contigui erant horti Palatini eo loco qui hodie Forum seu *Platea Delphinica* vocatur: sed de alio quod die sancto Paschæ dedicauit, sumpto primum in eo prandio Regio, vt docet Helgaldus. Neque vero Ecclesiam S. Nicolai in Palatio veteri à Roberto ædificatam fuisse verisimile est, cum Ludouicus Crassus, qui post centum ab eo circiter annos regnauit, vnam huius nominis in eo ædificarit: quod certè non fecisset, si iam à Roberto constructa fuisset.

Nec refert quod scribit Helgaldus Ecclesiam illam S. Nicolai ædificatam fuisse in ciuitate Parisiensi: nam sæpe suburbana ædificia vrbis appellatione comprehenduntur, sicut qui in suburbio habitat, Parisiis habitare censetur & dicitur. Adde quod idem Author subiungit similiter in eadem ciuitate constructum fuisse Monasterium S. Germani Antissiodorensis, quod tamen certum est tunc extra vrbem fuisse. Tota autem illa Regio Luparæa propter Regiam suburbanam vocabatur Palatium, & quæ ibi erant alæ Domus, in Palatio sitæ dicebantur, licet propriè in Palatio non continerentur: ita S. Nicolai Ecclesia in Palatio ædificata dicitur, quæ forte intra ambitus Domus Regiæ non continebatur; Imo neque forte Domus illa Regia Roberti temporibus cincta erat vllo murorum ambitu: siquidem legimus Ludouicum Crassum post centum circiter ab eo annos, illam muro circumclusisse ad excipienda Nobilium Clientum sacramenta professionemq; fundorum, quos Regiæ Domui iure clientelæ obstrictos tenebat.

INSTITVTIO PARIVM FRANCIÆ.

ADmonet nos hic de fundis Clientelaribus sermo, vt de institutione Parium Franciæ hoc loco agamus: quam non communior quidem, sed sanior authorũ sententia Roberto attribuit. Non cõmunior inquam, tota enim fere Scriptorum cohors eam Carolo M. adscribit, aiens Carolum M. & 12. Pares ab ipso institutos in Ronceuallensi Campo à perfido Ganelone fuisse proditos. Vincentius Lupatus c. de Franciæ Paribus sic habet. *Carolus ille qui ob rerum à se gestarum gloriam Magni cognomen habuit, delectissimorum prudentiss. morumque 12. Franciæ Procerum sodalitium instituit, qui proximi secundum Regem, ac velut pari, vnde nomen habent, dignitate essent.* Aliqui Ludouico Iuniori tribuunt institutionem eiusmodi, quia de Paribus in eius inauguratione mentio fit. Alij eam à Longobardis repetunt, apud quos Pares Curtis seu Cu-iæ reperiuntur. Paschasius l. 3. Inquisitionum c. 4. triplicem commemorat eodem fere tempore à diuersis Principibus institutum fuisse ordinem: nimirum Electorum Imperij, 12. Parium Franciæ, & Cardinalium Ecclesiæ Romanæ. De Electoribus ab Othone III. institutis diximus supra: de Cardinalibus infra dicemus: nunc de Paribus quos ille l. 2. c. 10. à Hugone Capeto vult fuisse institutos. De quibus quoque fusè agit Tillius l. 2. Comment. & Claudius Falcetus, Hotomanus & Andreas Fauinus, qui Robertum Capeti filium dignitatis eiusmodi authorem faciunt. Quod vt pateat, res paulò altius repetenda.

Antiquitus Reges primæ & secundæ stirpis Ducibus & Comitibus suis Prouincias regendas dabat ad certum tempus; aliis in quinquennium; aliis ad vitam. Primus hanc consuetudinem magno Reipub. Gallicanæ damno infregit Ludouicus Pius Caroli M. Filius, qui perpetuas fecit & hæreditarias. Vnde eum malè gestæ rei arguit Theganus. *Lhudouicus*, inquit, *in tantum largus fuit, vt antea nec in antiquis libris nec in modernis temporibus auditum est, vt villas Regias quæ erant sui, & Aui & Tritaui fidelibus suis tradidit eas in possessiones sempiternas &*

præcepta construxit & anuli sui impressione cum subscriptione manu propria roborauit: Carolus Caluus paternum secutus exemplum, vt sibi Nobilium opes & auxilia deuinciret aduersus fratres, easdem prouincias, vrbes & oppida Clientelario hæreditatis titulo possidenda reliquit. Secuta deinde Normanorum irruptio, Regum crebra mutatio & ignauia securos fecit possessores, & ita securos, vt processu temporis id beneficij à Regibus se olim accepisse obliti fuerint. Itaque cum Hugo & Robertus mandassent Adalberto Petracoricensi Comiti Bosonis Vetuli filio, vt ab obsidione Turonensis vrbis desisteret, interrogando per litteras vnde & per quem factus fuisset Comes, non est veritus insolenter respondere, se ab eo factum à quo ipsi Reges facti fuissent, vt legitur in Chronico Ademari. *Cum eam vrbem obsideret, nequaquam Rex Francorum ausus est eum prouocare ad certamen, sed hoc ei mandauit.* QVIS TE COMITEM CONSTITVIT? *& Adelbertus remandauit ei.* QVIS TE REGEM CONSTITVIT?

Ita Reges nomine potius quàm re Reges erant, videbanturque potius Regnum precario tenere quàm iure. Totam Aquitaniam hæreditario iure possidebant Duces ab an. 844. Burgundiam eodem Posteri Roberti Fortis, quem à Normanis occisum fuisse diximus. Neustriam seu Normaniam proprio quoque iure Duces Normanorum. Flandriæ Comitatum à temporibus Calui Balduinus cognomento Bracchio-Ferreus, eiusque posteri tenebant. Tolosanum similiter & Campanum Comites hæreditarij. Ad reducendas paulatim partes istas ad Regni Corpus, vnde diuulsæ fuerant, Robertus amore potius quam vi vtendum sibi esse existimauit. Consilium enim Sacratius & Secretius composuisse dicitur ex 12. viris quos in eo paris authoritatis esse voluit, indeque nomen Parium inualuit: quorum sex fuerunt Laici, nempe 3. Duces, Burgundus, Aquitanus, Normanus. 3. Comites, Flander, Campanus & Tolosanus. Sex alij Ecclesiastici, quorum similiter tres vocati sunt Duces, Remensis, Laudunensis & Lingonensis: tres alij Comites, Bellouacensis, Catalaunensis & Nouiomensis. De quibus extant hi duo versus.

No. Cata. Belua. Tolo. Campania, Flandria sunt Co.
Lingo. Remi. Laudu. Nor. Aqui. Burgundia sunt Du.

Id est *Nouiomagum, Catalaunum, Beluacum. Tolosa, Campania & Flandria sunt Comitatus. Lingtnum verò, Remi, Laudunum, Normania, Aquitania & Burgundia sunt Ducatus.*

Huiusce institutionis duæ præcipuæ causæ referuntur. Vna iudiciorum publicorum exercitatio, altera Regum inauguratio. Antiquitus teste Tillio sub Regibus primæ & secundæ stirpis Parlamenta Regia ex Clericis & Laicis officiis constabant, sequebanturque vestigia principum, vnde & Ambulatoria dicta. Nec erat certus eorum numerus, omnes enim Galliæ Antistites aut comitantes Regem aut accersiti, ad Parlamentum pertinebant, inquit Tillius, & cum primùm illi confirmabantur, à Rege diploma accipiebant, vt ipsi essent à Consiliis: hinc hodie etiamnum Consiliarij Regis appellantur. Quotannis vero mittebantur bini in prouincias; vnus Antistes, alter Dux aut Comes: vt minores causas illic iudicarent: quibus adiungebatur Vicarius Comitis Palatij. Parlamenti vero Regij Rex ipse Caput erat, & secundum Regem Comes Palatij.

Comitem istum Palatij Hugo Capetus sustulisse dicitur, Parlamentumque Regium ex Antistibus, Baronibus, Libellorumque Supplicum Magistris composuisse, quod in Comitatum Regis summam iurisdictionem habuit vsque ad Philippum Valesium, qui Parlamentum voluit in Regio oppido Lutetiæ consistere comprehensis 12. Paribus Franciæ & octo Libellorum supplicum Magistris. Hæc Tillius.

Andreas vero Fauinus distinctè primos Pares à Roberto creatos & institutos enumerat: ait enim primum omnium hoc nomine donatum fuisse Henricum filium Maiorem Burgundiæ Ducem. Hincque accidisse, vt Burgundiæ Duces se Parium Decanos iactitarent. 2. Richardum II. Normaniæ. 3. Guillelmum III. cognomento *Teste d'estouppe* Aquitaniæ Duces. 4. Guillelmum III. Tolosæ. 5. Balduinum IV. Flandriæ. 6. Hebertum Campaniæ Comites: qui omnes è præcipua & primaria Nobilitate orti Robertum consanguinitate attingebant.

Idē scribit Richardi II. Normanorū Ducis Causam de Castello Druidensi contra Odonem Campaniæ Comitem primam fuisse ab istiusmodi Parium consessu iudicatam. Extat apud Fulbertum Epistola Odonis ad Robertum Regem, qua indicat sibi fuisse diem dictam à Richardo apud Conuentum Parium, & multa continet notatu digna. Sic ergo scribit. *Comes Richardus tuus Fidelis monuit me venire ad iustitiam, aut ad concordiam de querelis quas habebat contra me. Ego vero misi causam hanc totam in manu ipsius. Tum ille ex consensu tuo constituit mihi placitum quando & vbi hoc perfici posset. Sed instante termino, cum ad hoc peragendum paratus essem, mandauit mihi ne me fatigarem ad condictum Placitum veniendo: quia non erat tibi cordi aliam iustificationem siue concordiam recipere, nisi hoc tantum vt faceres mihi defendere, quod non essem dignus vllum beneficium tenere de te. Nec sibi competere dicebat vt me ad tale iudicium exhiberet,* Sine Conventv Parivm svorvm. *Hæc causa est, cur tibi ad Placitum non occurri. Sed de te Domine mi, valde miror, qui me tam præproperè causâ indiscussâ à tuo beneficio iudicabas indignum. Nam si respiciatur ad conditionem generis, claret Dei gratia quod hæreditabilis sim. Si ad qualitatem beneficij quod mihi dedisti, constat quia non est de tuo Fisco, sed de his quæ mihi per tuam gratiam habui, quomodo tibi seruierim domi & militiæ & peregrè. At postquam tuam gratiam auertisti à me, & honorem quem dederas, mihi tollere nisus es, si me & honorem meum defendendo aliqua tibi ingrata commisi, feci hoc lacessitus iniuriis & necessitate coactus. Vnde suppliciter exoro Clementiam illam quæ tibi naturaliter adest, si maligno consilio non tollatur, vt iam tandem à persecutione mea desistas, meque tibi siue per Domesticos tuos, seu per manus Principum reconciliari permittas.*

Regum exemplum secuti Comites quoque & Duces in suis Ditionibus eiusmodi Pares instituerunt, alij plures, alij pauciores ad diiudicandas Clientum suorum seu vassallorum lites. Et illi dicebantur Pares Curiæ V. G. Flandricæ, Burgundicæ, &c. Similiter Otho Frinsinghensis l. 1. de Gestis Friderici, c. 31. ait Principem iuxta consuetudinem Gentis consuluisse plures è suis Paribus, qui Germanicè teste Falceto vocantur *Heulent*, & Latine Pares Curiæ.

Altera causa instituendorum Parium fuit, vt Regum solemni sacro & inaugurationi adessent, officiumque ibi singuli, quod sibi præscriptum erat, obirent: & ea in re omnibus aliis Antistitibus Baronibusque anteponerentur; quemadmodum in Curia Parium, puta in Parlamento cum agitur de iudicio exercendo aut de consilio publico Regi dando, aut in supplicationibus à Parlamento factis præcunt omnibus aliis cuiuscumque dignitatis sint: vt decreto an. 1516. 16. April. latum est, quo iudicatum est Lingonensem Episcopum Franciæ Parem Archiepiscopo Lugdunensi aliisque Antistitibus qui Pares non erant, præiturum, vt refert Tillius libro citato.

Quandonam verò primum Pares illi Sacris Regum inaugurationibus interesse cœperint, non constat. Fulbertus Carnotensis Ep. 59. ad G. Coëpiscopum videtur innuere vocatos fuisse ad consecrationem Henrici filij Roberti, de quo supra. Sic enim scribit. *Rogo vestram Charitatem dilectissimè, vt vice mea suadeatis domno Archiepiscopo Remensi cæterisque Primoribus, ne qua occasione differant benedictionem iuuenis supradicti.* At Tillius euincit Consecrationi Philippi 1. an. 1058. non interfuisse Episcopum Bellouacensem, nec Ducem Normaniæ, nec Campaniæ Tolosæque Comites: cæteros vero *Paris* nomine insignitos, non vt Pares habitos, sed vt Antistites & Barones.

Itaque sic sentit, Philippi Augusti consecrationi an. 1179. tum primum interfuisse, cum Ludouicus Pater attribuit Ecclesiæ Remensi prærogatiuam sacrandi & coronandi Reges antea controuersam, instituitque Pares 12. tum ad ea sacra & coronationes, tum ad iudicandum cum Rege in Parlamento de causis maximis: quod Parlamentum, inquit, quia Pares ex priuilegio alibi non possunt iudicare, honoris ergo dicitur Cvria Parivm, et ipsi pares Cvriæ Gallicæ. Qui plura volet de Paribus, adeat Paschasium & Tillium locis citatis. Non possum tamen hoc loco præterire ea, quæ habet in hanc rem Hotmannus in sua Franco-Gallia c. 14.

Supereſt, inquit, vt de iis Magiſtratibus diſſeramus, qui vulgo Pares Franciæ nominantur, quanquam Nobis quidem non ſtudium, ſed monimentorum Facultas deeſt. Nam ex tanto librorum numero qui Franco-Galliæ Annales & Chronica dicuntur, ne vnus quidem extat, in quo probabilis aliqua illius inſtituti ratio proferatur. Quod enim Gaguinus & Paulus Æmilius non tam Regum Gallorum quam Paparum Hiſtoricus & alij peruulgati ſcribunt, Magiſtratus illos vel à Pipino vel à Carolo M. inſtitutos fuiſſe, id planè abſurdum eſſe vel hinc licet intelligatur, quod ex tam multis Germanis Hiſtoricis, qui Regum illorum ætate, aut paulo infra eorum ætatem Hiſtorias ſcripſerunt, nullus planè Magiſtratuum illorum mentionem vel tenuiſſimam interponit. Quin etiam Aimoini de Francorum inſtitutis & rebus geſtis Hiſtoria vſque ad Ludouici Iunioris Regis 37. ætatem perducta nuſquam horũ Parium mentionẽ facit. Quare tantiſper dum certius aliquid afferatur, inſtitutum ad Hugonis Capeti Regnum referẽdũ arbitrabor: qui cũ remoto hærede legitimo regnũ occupaſſet, Proceres aliquot nouo aliquo honore ac beneficio ſibi deuinciendos putauit, nam eiuſmodi aliquid ab illo factum omnes conſentiunt. Eius autem inſtituti exemplum facilè intelligitur ex Feudali iure ſumptum fuiſſe, quo iure Vaſſalli, qui ab eodem Seniore ac Patrono feuda receperunt, Pares inter ſe, hoc eſt quaſi ὁμότιμοι appellantur: quorum triplex hæc poteſtas eſt. 1. vt qui in Vaſſallorum ordinem cooptantur, pro eorum Collegio cooptentur. lib. Feud. 2. tit. 2. tum vt rogati teſtimonium de Inueſtitura dicant l. 2 tit. 19. poſtremò vt ſi qua vel inter ipſos vel inter Seniorem & ipſos controuerſia exoriatur, ipſi iudicium & Ciuile & Criminale exerceant. l. 2. & tit 52. & tit. 55. Et profectò ita eſt. Vt Pares Franciæ hoc iure ſint: primum vt neque inaugurari niſi pro Collegio, neque abdicari niſi cauſa in Conſilio cognita, neque ad aliud vllum niſi ad Collegarum iudicium vocari poſſint: quanquam Pariſienſis Senatus hanc ſibi authoritatẽ aſciuit, vt Pares cauſam apud ſe dicere iubeat. Ac Budæus quidem vir longè doctiſſimus Pares illos Patritiorum nomine appellat: ſcribitque videri ſibi ab vno aliquo Rege inſtitutos ex eorum numero, qui Germanicum Imperium obtinuerunt: propterea quod Iuſtinianus Patres eos ab Imperatore delectos eſſe ait; quaſi Reip. Patronos Tutoreſque. Ego vero doctiſſimi viri ſententiam non aſpernor, præſertim à Parium dignitate non alienam. Fuit enim Rom. Imperatorum poſteriorum ætate Patriciatus dignitas ab illa Parium non admodum diſſimilis: partim quod Reipub. quodammodo Patres erant, vt Suidas teſtatur, & de ſummis quibuſque rebus ab Imperatore conſulebantur; inſignibuſque iiſdem quibus Conſules, vtebantur: ac maiorem quidem Præfecto Prætorio, minorem autem Conſule honorem atque authoritatem habebant. Quod ex Iuſtiniani Nouellis & Sidonio Apollinari & Claudiano & Caſſiodoro præſertim cognoſci poteſt. Sed tranſlato in Germanos Imperij nomine vſurpatum hunc honorem non arbitror: neque veriſimile eſt vllos eiuſmodi Patricios ab aliquo Germanico Imperatore, qui idem Franco-Galliæ Rex eſſet, inſtitutos fuiſſe, vt non aliquis ex Germanicis Hiſtoricis eius mentionem feciſſet. Denique idem Budæus eodem loco hæſitans commemorat eiuſmodi Parium dignitatem apud cæteras quoque vicinas Gentes fuiſſe: atque in Regiis Commentariis ſcriptum eſſe an. 1224. Ioannem quendam Nigellanum Flandrum, cui controuerſia in Flandria illata eſſet, à Comitiſſa Flandriæ Pares Franciæ appellaſſe: quod ſe æquo iudicio apud Pares Flandriæ certare non poſſe iuraſſet. Cumque à Comitiſſa ad Parium Flandriæ iudicium reuocaretur, tandem certis de cauſis decretum, vt ea controuerſia ad Pares Franciæ introduceretur. Cauſa autem tranſlatii udicij cuiuſmodi fuerit, neque Budæus exponit, & qui in iure feudali verſatus eſſet, nunquam prætermiſiſſet.

Verum vt iam huius Magiſtratus inſtitutum paulò planius ac certius exponamus, primum omnium vt iam ante dixi, conſtare inter omnes arbitror nullam Pariũ nominis neque apud Germanos, neque apud Gallos Hiſtoricos ante Capeuingiorum Regum mentione inueniri. Sed quoniam eruta quædam nuper vetuſtatis monimenta video, atque in lucem edita, in quibus illorum Parium iura non minima ex parte deſignantur, operæ pretium eſſe arbitror, quæ ex illis Commentariis obſeruauimus, breuiter exponere: idque eo lubentius quod ab eo ipſe à

Vniuersitatis Parisiensis.

quo illi Comentarij nuper euulgati sunt, in aliam partem ac veritas & ratio postulat, cõtorquentur. Ergo eorum quidem instituendorum causam duplicem video fuisse. 1. vt Regis inaugurationi, atque vt tũ loquebantur inuestituræ præssent, hoc est vt Regem Imperij sui Insignibus atque Infulis solemniter in Principum atque Optimatum Conuentu exornarent. Deinde vt si quis è Potentium & Principum Franciæ numero fraudis Capitalis reus fieret, iudicium illud exercerent. Nam cum antiquitus ea iudicia in publico Gentis Concilio exercerentur, atque is mos Maiorũ paulatim Capeuingiorum instituto ad Iuridiciale Parlamentum de quo posterius dicemus, traduci cœpisset; neque Principes Regni facilè illi Parlamento suas fortunas cõmittendas putarent, Regibus illis ad suas rationes commodissimum fore visum est præter illius Parlamenti Curiam, suum hunc Parium Consessum instituere, quæ Patrum Curia vocitata est: quorum tamen Ordo ac numerus aliquandiu varius fuit. Neque enim 12. viri semper fuerunt, vt eos ipsos à quibus hæc monumenta prolata sunt, ariolari video: sed interdum & pauciores erant, prout Regi à quo in summi honoris ac beneficij loco Magistratus ille deferebatur, commodum videbatur.

His insignibus vetustatis testimoniis accedat etiam illud quod ex Commentariis an. 1360. prolatum est: vnde intelligi potest primum quod iam aliquoties diximus, certum quidem ac definitum Parium numerum non fuisse, sed eius arbitrium summum penes Regiam potestatem fuisse: deinde honorem illum non Patriciatus, vt Budæus & Budæum secuti crediderunt, sed Pariatus nomine appellatum fuisse. Quanquam posterioribus seculis Paritatis quoque & ex Gallicæ linguæ consuetudine Pariæ nomen illi tributum est. Verba autem illius Commentarij hæc sunt. *Etenim huiusmodi Ducatus dignitatis nomine honorem superaddentes honori, Parem Franciæ ipsum fecimus: statuentes authoritate prædicta, vt ipse quandiu vixerit in humanis & dicti eius hæredes masculi de matrimonio legitimo procreati post eius obitum Duces Bituricenses & Auerniæ ac Pares Franciæ nominentur, omnique Ducatus & Pariatus honore cum nomine, iure, & quacunque aliâ præogatiuâ lætentur.*

Eiusmodi ferè illud diploma est Ioannis sub an. 1363. vbi honos ille non Patriciatus sed Pariatus appellatur. *Ducatum Burgundiæ in Pariatu & quicquid iuris & proprietatis habemus in eodem nec non Comitatu Burgund.* ex successione Philippi vltimi Ducis consanguinei nostri Charissimo Philippo filio nostro concessimus tenenda & possidenda per eum & hæredes suos in legitimo matrimonio ex proprio corpore procreandos, perpetuò, hæreditariè, pacificè & quietè. Sed posterioribus temporibus Paritatis & Pariæ verbum, vt superius diximus, ex popularis linguæ consuetudine vsurpari cœpit, vt ex Commentariis an. 1414. cognosci potest, in quibus ita scriptum est. *Eundem Ioannem consanguineum nostrum* ampliori volentes fulgere dignitate & Comitis titulum supradictum in maiorem excelsioremque mutantes, dictum Ioannem consanguineum nostrum in Ducem tenore præsentium sublimamus: dictumque Comitatum Alenconij originis in Ducatum, volentes vt prædictus Ducatus *in Perria seu Paritate* à nobis teneatur, sub forma tamen & modis quibus antea idem Ioannes sæpe dictum tenebat Comitatum.

Atque hæc quidem ex Commentariis Gallicis, vt dixi prolata sunt: in quibus illud quoque notatione dignum est, quod dici & commemorari, video sed tamen sine teste. Cum Dux Aremoricus læsæ Maiestatis reus factus esset, magnopere quæsitum à quibus iudicium illud exerceretur. Ac tandem cum Philippus Audax Burgundus idem ex Rege quæsisset, Regem de Consilij sententia pronunciasse. *Parem non nisi in iudicium Parium adduci posse 6. non. Mart. an. 1336.* Ac rursus Regi Carolo VII. quærenti à Senatu Parisiensi apud quos Pares rei Capitalis Rei fieri possent, idem responsum 12. Kal. Maij an. 1458. quod, vt superius dictum est, iuri Feudali consentaneum est. Hæc Hotomanus.

Restat vt de ornamentis ipsorum & Insignibus à Regibus concessis agamus. Primum quidem est vestis purpurea, eaque duplex, rubri coloris & cærulei seu violacei: & vtraque Regum est, sub duplici nomine & titulo; quatenus enim Reges sunt & exercitibus præsunt, rubri coloris purpura eos magis decet; quæ fuit etiam Imperatorum Romanorum; nec vlli eam geſtare licebat, niſi cui ipſius geſtandæ ius conceſſiſſent:eamque vocabantPurpuramTyriam,coccineam & conchyliatā veſtem. Commodus ad Albinum his verbis vtitur apud Capitolinum. *Vt tibi inſigne aliquod Imperialis Maieſtatis accedat, habebis vtendi coccinei Pallij facultatem.* Monſtreletius ad an. 1422. vbi de funere Caroli VI. ait filium eius Carolum VII. induiſſe veſtem Talarem & pallium Coccineum pellibus murium Ponticorum munitum, quemadmodum Curiæ Senatores induere ſolent, *Il fut reueſtu d'vne longue robbe & Mantel d'Eſcarlatte rouge fourrée d'Ermines, ainſi que les Conſeillers de la Cour.* Et Alanus Quadrigarius in Chronico eiuſdem Caroli VII. deſcribens eiuſdem ingreſſum in vrbem Rothomagenſem & Guillelmi Iuuenalis de Vrſinis Cancellarij Franciæ habitum, ait eum fuiſſe veſtitum veſte Regia, nempe veſte longa, Capucio Pellito & Pallio Coccineo. Talem quoque veſtem geſtant Pares Laici ſeu Militares, Præſides inſulati, ipſique etiam antiquitus Senatores Curiæ Pariſienſis: vt ex tabellis veteribus euincit Andreas Fauinus in lib. de Officiariis Coronæ Franciæ.

Alterum Purpuræ genus, quod eſt cærulei ſeu violacei coloris, Regum quoque proprium eſt, quatenus ſunt ſacerdotes. Talis enim color proprius fuit olim Epiſcoporum & Sacerdotum Secularium, vt niger Monachorum teſte S. Hieronymo in Epitaphio S. Marcellæ, & in Ep. 22. ad eandem, & contra Iouinianum: nec alius adhuc videtur fuiſſe temporibus Orderici Vitalis qui ſequente ſeculo floruit: ſic enim ſcribit l. 8. hiſtor Eccl. *Nigredo in pleriſque locis ſanctæ Scripturæ humilitatem deſignat, quem idcirco colorem Religioſorum feruor hactenus gratanter geſtat.* De Sacerdotali vero colore cæruleo ſeu violaceo atque etiam caſtaneo fuſe agunt Baronius tom. 4 Annal. Eccleſ. ad an. 393. & Ioan. Fileſacus in Commentar. ad Vincentij Lirinenſis Commonitorium.

Cum ergo Reges nonnunquam Sacerdotes vocentur (Dauid enim Rex erat & ſacerdos, & Alcuinus Carolum M. vocat Dauidem; Fortunatus Childebertum, Melchiſedech, Regem atque ſacerdotem, & Gloriam Pontificum) & more Pontificum vngantur chriſmate in capite; ſint & dicantur primogeniti Eccleſiæ geſtentque ſub PallioRegio Dalmaticam in ſua inauguratione, quæ propria Diaconorum eſt, ſintque quoque in plurimis Eccleſiis Canonici, vt Pictaui apud S. Hilarium, Turonis apud S. Martinum, Andegaui & Cenomani, primique Comites Eccleſiæ Lugdunenſis, non eſt dubium quin violacea veſtis hoc nomine propria illorum ſit. Vnde & illam in ſolemni ſua inauguratione aſſumunt, quia ibi præſertim Deo & Eccleſiæ fidem obligant.

Hinc ergo Pares Eccleſiaſtici geſtarunt Pallium ciuſmodi, Capucium ſeu Epomidem honorariam violacei coloris, pellibus quoque murinis munitam: quod ornamentum Rectori Vniuerſitatis conceſſum fuerat à Regibus: vt ſcribit Andreas Pauinus. *Quant aux Pairs d'Egliſe, ſe trouuans au Parlement, ils auoient par bienſeance & modeſtie leurs Manteaux & Chapperons d'Eſcarlatte Violette fourrez auſſi d'Ermines, habillement donné par nos Roys, aux Recteurs de l'Vniuerſité de Paris.*

Reſtat vt de Cardinalibus Eccleſiæ Rom. pauca dicamus, quorum inſtitutionem ad hæc quoque tempora referunt Volaterranus & alij. Verum Volfangus Lazius l. 2. Commentar. Repub. Ro. c. 2. longè antiquiorem facit. Vult enim **Cardinales presbyteros dictos Parochos Eccleſiarum vrbis Romæ** in 14. Regionibus ſitarum, exiſtimatque id ita accidiſſe. Olim nempe regimen vrbis pertinuiſſe ad Præfectum, eúque in 14. eiuſdem Regionibus conſtituiſſe ſubiectos ſibi minores 14. Præfectos, qui CuratoresRegionum dicebantur. Poſtquam vero Roma iuriſdictioni Eccleſiaſticæ ſubiacuit, tum à ſummis Pontificibus collocatos in ſingulis regionibus Parochos, qui ſacra facerent plebemque ſibi ſubiectam regerent, & illos nomen aſſumpſiſſe Præſidum Aſiæ qui *Cardinarij*, ſiue *Cardinales* vocabantur. Nec alios fuiſſe illos quàm Parochos Eccleſiarum; quarum titulos & nomina aſſumebāt, cùm Synodis ad quas à ſummis Pontificibus vocabantur, ſubſcribebant: illoſque etiam habuiſſe ſibi ſubiectos Diaconos in talibus Eccleſiis; & illos ſimiliter antiquitus ad Synodos & Concilia vocari ſolitos: vt multis exemplis confirmat iam inde ab. an. 390. quam in rem videndus quoque Paſchaſius l. 3 Inquiſition. c. 5.

Verum Cardinales eiusmodi Presbyteri & Diaconi non eam dignitatem & honoris Gradum tunc habebant, quem nunc habent. Cœperunt autem his maximè temporibus foris innotescere, cuius rei extat exemplum apud Glabrum Rodulphum: ait enim Legatum Cardinalem missum à Pontifice ad dedicandum Ecclesiam quam Fulco Comes Andegauensis construxerat. *Misit cum eodem Fulcone ad prædictam Basilicam sacrandam vnum ex illis, quos in B. Petri Apostolorum Principis Ecclesia Cardinales vocant.* Deinceps ergo Cardinales eiusmodi Sacratius Pontificis Consilium composuerunt: & de his in posterum fiet sermo, quorum nulla hactenus mentio facta est. Sed ad historiam nostram redeamus.

Successit igitur Patri, prædicto anno 1030. Henricus 1. iam ante Rex creatus contra Matris voluntatem, quæ Roberto Iuniori magis fauebat. Vnde illa plurimum valens apud Maritum ita Henricum filium etiam Regem inauguratum depressit, vt à priuato nihil fere distaret. Cuius statum breuiter describit Fulbertus Ep. 4. & queritur apud Robertum, quod eum tam indignè tractari pateretur. *Cæterum serenissimam pietatem vestram appellamus pro eodem Rege filio vestro, qui satis superque desolatus incedit. Neque enim in domo vestra cum securitate vel charitate licet ei manere, neque foris est ei vnde viuat cum honore Regi competente: vnde vos oportet aliquid boni consilij reperire & illi impendere, ne deum ille quasi peregrinus & profugus agit, paterni animi fama vobis depereat.* Ergo statim post obitum Patris habuit cum Imperiosa Matre dimicandum: sed cum esset in re militari exercitatissimus, manu promptus, consilio prouidus, inconstantem Constantiam sua constantia superauit, inquit author historiæ à Roberto ad mortem Philippi.

Eodem regnante an. 1031. 14. Kal. Dec. habitum est Concilium Lemouicense de Apostolatu S. Martialis, cui præsedit Aymo Bituricensis Archiepiscopus Gauzleni successor, qui Kalendis Nouembribus eiusdem anni Bituricensem quoque in eandem rem habuerat synodum, & in ea decreuerat parendum esse litteris & mandato Ioannis Papæ quod ibi lectum est, Martialem Apostoli nomine donantis. Quam rem extat hoc publicum ab eo editum instrumentum.

1031. De Apostolatu S. Martialis.

In Nomine Domini. Ego Aymo Archiepiscopus anno incarnationis Dominicæ 1031. indictione 14. in Concilio Bituricensi quod actum est Kalendis Nouembris cum consensu Coëpiscoporum seu Abbatum & reliquorum fidelium qui præsentes affuerunt, decreui & authoritate propria firmaui, vt Priuilegium Domni Ioannis Romanæ sedis Papæ, quod iisdem Domnus instituit & Episcopis, Abbatibus & reliquis fidelibus totius Galliæ misit, inconuulsum & inlibatum permaneat, scilicet vt Beatissimus Martialis in numero Apostolorum tam in Litaniis quam in omnibus Diuinis officiis computaretur & esset nec immerito. Est quippe dignum, sicut in gestis eius reperimus insertum, illum videlicet tam in cœna Domini, quam in passione nec non in resurrectione, ascensione quoque præsentem adfuisse, & cum cæteris Apostolis Spiritum S. accepisse. Quia etsi reliquarum Gentium Apostolus non est, totius tamen Galliæ ad Christum conuertendi princeps & Apostolus est. Hoc autem nostrum edictum Episcopis, Abbatibus & reliquis fidelibus totius Aquitaniæ direximus, obsecrantes vt sicut Priuilegium à sede Apostolica delatum inuiolabiliter custodiatur, & qui huic priuilegio Apostolico & nostro edicto contrarius extiterit, contraire se nouerit præceptis Apostolicis & iram ipsius incurrere nostri Redemptoris, cuius ipse de quo loquimur, Apostolus Martialis inuincibilis extitit testis. Hæc sunt nomina Episcoporum qui interfuerunt. Aymo Archiepiscopus Bituricensis, Iordanus Lemouicensis, Stephanus Vallacensis, Renco Aruernensis, Amelius Albigensis, Deus dedit Cadurcensis, Regnamundus Mimatensis.

Post 15. dies habitus est frequens Episcoporum conuentus apud Lemouices, dedicataq; est Basilica Lemouicensis: & ibi Aymo exposuit, quid actum fuisset in Concilio Bituricensi, vbi cum pluribus Episcopis multa doctorum turba interfuerat, qui hanc de Apostolatu Martialis *disceptationem sub magna discretione* examinantes inuenerant sanum esse, quod Ioannes Papa instituerat, neminem enim denegare quin fuisset vnus de 72. quibus Dominus dixit, *Ecce ego mitto vos, sicut agnos inter lupos.* Hunc autem Protoducem Galliæ semper plures antiquorum non cum Confessoribus, sed cum Apostolis pronunciare visos fuisse. Itaque inquit, *Plurimo Doctorum Choro persuadente coram omni populo in maiori Ecclesia Bituricensi testimoniis perhibemus B. Martiali quia Apostolus veritatis est, curauimus enim ne Rom. Apostolicæ sedis decreto & imperio repugnaremus.*

Talis ergo fuit etiam sententia Concilij: & quia nonnulli de Clero deque Canonicorum ordine parere recusarunt, in eos, nisi Iordanus Episcopus obstitisset, Aymo Archiepiscopus Bituricensis fulmina Ecclesiastica vibrare paratus fuit. Porro tota hæc Quæstio pro fundamento factum supponebat, fuisse scilicet Martialem vnum e 72. Discipulis: atque eo supposito concludebant verè, non minus dicendum Apostolum quàm Paulum & Lucam qui de 12. Apostolis non fuerunt. At alij emunctæ naris aiebant sententiam istam esse nouam & ab Hugone Abbate, Odolrico aliisque Monachis inuentam. Nostris quoque temporibus Ioannis Launoius insignis Doctor Theologus, Antiquitatis scrutator diligentissimus non ante annum à Christo 900. prodijsse scribit: & ad ea vsque tempora veterem inualuisse, qua Martialis imperante Decio in Gallias venisse asserebatur ex Gregorio Turonensi pluribus in locis, & veteribus Martyrologiis, atque idcirco nullatenus e 72. discipulis fuisse.

1032. Anno 1032. obiit Leothericus Senonensis Archiepiscopus Gerberti Aquitani in Remensi schola olim Discipulus; cuius morte turbata est vehementer Ecclesia Senonensis. Nam Henricus Rex Gelduinum successorem designauit & Parisiis 15. Kal. Nouemb. consecrari curauit: populus verò clerusque Senonensis Mainardum clericum eiusdem Ecclesiæ Thesaurarium elegit. Talis sæpe illis temporibus inter Reges & Capitula Ecclesiarum Cathedralium contentio erat. Et hinc etiam sæpe bella oriebantur, vt accidit huius electionis occasione inter Henricum Regem & Odonem Campaniæ Comitem Mainardo consanguineo suo fauentem. Sed anno tandem 1034 Gelduinus ope Regis in sede sua constituitur Ecclesiamque sibi commissam regit 18. annos, & donec in Concilio Senonensi an. 1051. Simoniacæ labis insimulatus & conuictus de Pontificatu deiicitur à Leone Papa, consentiente etiam Rege, gaudentibus clericis & plaudente populo. vt legitur in Chronico S. Petri Viui: eique Mainardus Trecensis Episcopus substituitur.

Eodem anno Henricus Rex indulsit & concessit sacro Canonicorum Basilicæ Parisiensis sodalitio Ecclesias S. Stephani, S. Iuliani Martyris, vulgò *pauperis dicti*, & SS. Seuerini & Bachij tunc adhuc suburbanas, quarum aliquæ fuerant antiquitus Abbatiolæ, seu vt habetur in Charta Henrici, *Quarum quædam olim Abbatiarum dignitate sublimatæ, & ideo receptaculum & stationem Congregationi Canonicorum præbentes S. Mariæ, sed propter Regni perturbationem rebus concessis spoliatæ solitudini vacantes paruum aut nullum antiquæ possessionis retinebant statum.* Easque ait se concessisse ad instantissimam Imberti Episcopi supplicationem, quem virum quanti faceret, ibidem innuit. *Sed quia apud nos pro suis meritis prædictus Episcopus erat magnus, eius voluntati nolentes aliquid derogare, concessimus eius petitioni prædicta loca regali præcepto & liberalitate, eo pacto & conditione, vt quandiu Giraldus Clericus earum possessor vixerit, sine inquietudine per assensum Canonicorum totius Congregationis teneat: & ibi pro remedio animæ meæ vel parentum meorum Canonici aggregentur, qui pro statu & incolumitate Regni nostri exorantes ad vtrumq; sufficiant, scilicet & adstationem more solito reddendam Ecclesiæ, & ad seruiendū Canonicè valeant communiter agere.*

Hinc forte Ecclesia S. Iuliani Pauperis dicta est *filia Basilicæ Parisiensis*, vetustissima proculdubio Abbatiola: de qua Gregorius Turonensis l. 9. c. 7. hæc habet. *His diebus Parisius aduenerā & ad Basilicam B. Iuliani Martyris metatum habebam.* Eadem Comitiis Vniuersitatis ab omni æuo destinata fuit, quippe commodissima conuentui Magistrorum tam in monte San-Genouefiano, quàm in atrio Basilicæ locisque circumuicinis habitantium.

Idem Princeps eidem Ecclesiæ Parisiensi concessit Abbatiolam S. Germani in Laya, eodem flagitante Episcopo. Videtur in Charta concessionis mentionem facere suæ in scholis claustralibus primæuæ educationis & institutionis: sic enim ille de Ecclesia Parisiensi loquitur. *Sanctæ Matris supradictæ fœliciter à cunabulis educatus vberibus innotescere decreui, vt Abbatiolam quandam in silua qua Lea dicitur Patris mei Roberti clementia in honore S. Germani fabricatam S. Parisiacensi Ecclesiæ concederem.*

1033. Ad annum 1033. notant Historici tantam famem vbique fuisse, vt nulla vnquam vllibi terrarum maior extiterit: cuius mali causam naturalem Rodulphus hanc affert, *assiduis enim imbribus ita completa erat vniuersa tellus, vt in spatio 3. an-* *Fames in-* *norum nulli reperirentur sulci vtiles seminibus* Hugo Flauiniacensis in Chronico *audita.* Virdunensi initium huiusce cladis sumit ab an. 1028. post destructionem templi Hierosolymitani & ad an. 1033. ait cœpisse cœlum benigniori & sereniori aspectu terras fœcundare. Tunc autem, inquit, in plerisque locis fuit modii pretium 60. solidorum. Tunc humanæ carnes ab hominibus deuoratæ & publicè venundatæ : aliæ humo traditæ & effossæ comestæ sunt. In partibus verò Matisconensis Diœceseos tantam ait fuisse famem, vt quidam albam terram argillæ similem effossam farinâ vel cantabro, pane inde facto comederunt. Hoc Dei flagello ita territi sunt omnes Christiani, vt depositis armorum & odiorum affectibus omnes ad pacem conspirarint, seque totos ad Dei cultum conuerterint, leges Ecclesiasticas condiderint aut instaurarint, omnesque vnanimi consensu sextâ quaque feriâ, vino, septimâ, carnibus abstinendum esse duxerint teste eodem Rodulpho l. 4. c. 5. Quam morum reformationem ait secutum esse pium peregrinandi desiderium, & loca sacra Hierosolymitana inuisendi. Hocque votum primò concepisse infimæ sortis homines; deinde mediocris postremò ipsos quoque Præsules, Comites, Duces & Reges. Odolricus Episcopus Aurelianensis Hierosolymam proficiscens in ipso itinere obiit : vt & Robertus Normanorum Dux, qui antequam proficisceretur, designarat Hæredem Willielmum puerum sibi ex concubina natum : vnde vulgò Nothus Gall. *Manzer* dictus est & corruptâ latinitate Bastardus.

Ille est Robertus Richardi III. filius qui Iuuenum consilio nimis credulus immania scelera perpetrauit, at post pœnitudine ductus Hierosolymam adiit, & in reditu apud Nicæam vrbem interiit verè pœnitens & animo contritus : de quo hæc habet Author Chronici Fontanellensis, qui tunc temporis viuebat. *Hic Robertus acer animo & prudens, inquit, priores suos virtute quidem & potentia exæquauit, sed prauorum consiliis, vt pote in primæuo Iuuentutis flore constitutus, æquo amplius attendens, Regnum quod florens susceperat, in multis debilitauit. Verum non multò post cœlesti respectûs gratiâ, & bonâ quæ inerat illi naturâ & consilio intus respexit, & eos quorum prauitate a recto deuiarat, à suo consilio atque familiaritate sequestrauit, suaque iugo potentiæ versâ vice fortiter oppressit, ac sic in libertatem, quæ se decebat, vindicauit : atque ita propter præteritam ignorantiam profectus Hierosolymam profanè pœnituit : sed in redeundo malignorum, perpessus insidias, qui eius æquum quod iam experti erant, verebantur imperium, veneficio, vt didicimus, apud Vrbem Nicæam occubuit : ibique intra sanctam Ciuitatis illius Basilicam, quod nulli alii mortalium concessum est, honorificâ donari sepulturâ promeruit. Verum vir tantus non prauorum tantam malignitate quam Diuino, vt credi fas est, Iudicio decessit, qui iam vnus eorum effectus erat, quibus vt Apostolus conqueritur, dignus non erat Mundus.* Obiit Robertus an. 1035. vt legitur in Chronico Rothomagensi.

Mala autem omnia quæ Normaniæ Robertus intulit, Ermenoldi cuiusdam Britonis suasu & impulsu intulisse dicitur : de quo multa habet Hugo Flauiniacensis in Chronico Virdunensi, hominemque ait fuisse mentis peruersæ, detestandæ famæ, totamque vitam suam diabolo dicasse, omnibusque horis & momentis cum eo loqui solitum. Illum verò suasore diabolo apud Robertum omnes Optimates accusasse, **excitasse dissidia, iurgia, intestinum bellum,** omnia sus deque vertisse; donec tandem ipse miserrimè periit. 1034.

Anno 1034. Ebalo seu Eubulone Archiepiscopo Remensi satis functo successit Guido de Castellione vir nobilis prosapiæ, vt pote Geruasij Vice-Domini Remensis & Milonis de Castellione frater, eximiæ quoque litteraturæ. Eodem anno Mathildis Conradi Imperatoris & Giselæ filia Henrico Regi desponsata obiit apud Vangionum Vrbem, ibique sepulta est. Huius ergo affinitatis spe frustratus Henricus Annam Russorum Regis filiam vxorem duxit : quæ tres ei peperit filios, Philippum, Robertum & Hugonem, quorum Robertus adhuc puerulus decessit, Hugo Comitatum Veromanduensem adeptus est, Philippus Patri successit. 1035.

Ad annum 1035. Baronius, Valerius Andræas in Bibliotheca Belgica, & Quidam alij referunt hæresim de Corpore & Sanguine Domini in Eucharistiæ sacramento, quæ à Rege Roberto compressa fuerat, cum primum eam sub initia huius seculi Leothericus Archiepiscopus Senonensis spargere voluit, audacius cœpisse disseminari à Berengario Turonensi, annitente Brunone Andegauensi Episcopo, cuius Ecclesiæ erat Archidiaconus: ad quam profligandam Henricus paternæ pietatis & religionis hæres Concilium Episcoporum, Abbatum & Doctorum virorum indixerit, vt Quæstio illa Parisijs à viris in Theologia peritis agitaretur, & nascenti malo occurreretur. Verum illi plus decennio hallucinantur. Neque enim tum, hoc est an. prædicto 1035. Berengarius errorem sparsit, nec tum Bruno Episcopus erat Andegauensis; nec tum ab Henrico Concilium Parisiense indictum est, sed anno tantum 1051. vt suo loco dicetur.

Errat quoque Robertus de Monte, si verum est quod de eo D. Lucas Dacherius refert è Chronico nondum edito, aiens ad annum 1032. quod *Lanfrancus Papiensis Garnerius socius eius repertis apud Bononiam Legibus Romanis, quas Iustinianus Imperator Romanorum ab Incarnatione Domini 530. abbreuiatas emendauerat, his inquam repertis operam dederunt legere & aliis exponere: sed Garnerius in hoc perseuerauit, Lanfrancus vero Disciplinas liberales & Litteras Diuinas in Galliis multos edocens tandem Beccum venit, & ibi Monachus effectus est.* Hæc refert Dacherius in vita Lanfranci. Verum cum Lanfrancus in Galliam venit, nondum natus erat Warnerus seu Garnerius, imo nec cum obiit Lanfrancus: & opus illud Legum Romanarum non fere ante an. 1150. edidit: vt docebimus, cum ad illa tempora peruenerimus.

Hisce quidem temporibus, vt veri simile est, Berengarius Turonensis relictis scholis Carnotensibus post obitum Magistri Fulberti Lutetiæ Dialecticam profitebatur, vbi cum eo Lanfrancus paulo post in schola præsentibus Discipulis militauit. In eadem professione florebat Albertus Pexiacensis seu Pisciacensis, & in Grammatica Bernardus Cenomanensis, Willielmus, Bregaudus Teutonicus ad paruum pontem, Arnaldus Abrincensis, Gislebertus Parisiensis. Haymo quoque Anglus relictâ Angliâ bellis turbatâ, vt quietius litteris vacaret, Lutetiam se contulit totumque se sacrarum Scripturarum lectioni tradens Theologiam summo cum applausu docuit, vt refert Pitsæus, idemque apud S. Dionysium Monachum induit. Ioannes quoque de Garlandia ob eandem causam Lutetiam profectus ad dicendum & docendum, in artis Poëticæ professione excelluit, ibique *Morale scholarium edidit.* Tum quoque Franco Leodiensium scholarum Magister sub Richardo Episcopo florebat scientia & morum probitate clarus, qui author fuit libri de Quadratura Circuli.

1037. Anno 1037. obiit Robertus de Normania Eburonicum Comes, Richardi 1. Ducis Normaniæ & Gunnoris filius fraterque Richardi II. Archipræsul Rothomagensis vxoratus & publicè cum vxore cohabitans, ex qua tres filios suscepit, & quibus 3. sui Comitatus partes distribuit. De eo hæc habet Ordericus Vitalis. *Hic Richardi senioris Ducis ex Gunnoride filius 48. annis Archiepiscopatum Rothomagensem & Comitatum Ebroicensem rexit, mundanis operam affatim abundauit, secularibus negotiis opido intentus extitit, & carnalibus illecebris non vt Pontificem decuisset, abstinuit. Nam coniugem Herleuam vt Comes habuit, ex qua tres filios, Richardum, Radulphum & Guillelmum genuit. Quibus Ebroicensem Comitatum & alios honores amplissimos secundum ius seculi distribuit. In senectute tandem errorum memor suorum pænituit & pro reatibus multis magnisque multum fleuit. Magnas igitur & multas Eleemosynas Pauperibus errogauit, Ecclesiam Metropolitanam in vrbe Rothomagensi S. Dei Genitricis à fundamentis incohauit, quam magna ex parte consummauit.* Extat Fulberti Carnotensis ad hunc Pontificem Ep. 51. qua respondet ad quæstionem de nouis nuptiis Galerani ab eo propositam, petentis nimirum sibi licere alteram vxorem ducere, priori etiam viuente, quia neuter alterius consortium ferre posset. Porro Roberto successit Malgerius de Normania Richardi II. filius, & Roberti Ducis frater, rexitque Rothomagensem Ecclesiam 18. annos: seu potius malo suo exemplo & regimine deprauauit.

1038. Anno circiter 1038. Lanfrancus e Lombardia in Galliam profectus Lutetiam aduenisse creditur, ibique Berengarium, qui tum inter Magistros, Dialecticæ professores excellebat, docentem inuenisse, & cum eo eiusque Discipulis multas habuisse disputationes non infelici successu, imo tam felici, vt ipsum scholas dimittere, adeo in contemptum venit, Turonasque repetere coëgerit. Intelligimus vero ex Henrico de Knyghton Canonico Leicestrensi lib. 2. de euentibus Angliæ c. 5. Berengarium iam tum vt Lanfranco nimis acriter vrgenti resisteret, famamque quam ipse sibi docendo comparauerat, tueretur, vsurpasse authoritates sacræ Scripturæ contra fidem. Vnde Lanfrancus ad ipsum, *quando in scholis militauimus*, inquit, *semper contra fidem Catholicam authoritates collegisti.*

Hinc ergo nata inter vtrumque contentio, quæ magno fidei periculo creuit sequentibus annis, postquam Lanfrancus apud Beccense Monasterium scholas publicas aperuit. Nam ille seu quia ex legibus Academicis homo extraneus non potuit statim Lutetiæ docere, seu quia plurimos Professores excellere videbat, & inter tot lumina maiora posse se splendescere desperabat, seu forte quia cæteros disputationibus exagitando sibi offensos fecerat, relicta Lutetia in Normaniam contendit circa an. 1040. scholisq; apertis multos Discipulos allexit, *ex schola Parisiensi ad Beccense Monasterium profectus eruditionis fama multos ad se allexit* : inquit Mathias Flaccus Illyricus l. 12. Catalogi testium veritatis. Non tamen statim & recta Beccum se contulit, sed primum Abrincas ad extrema Normaniæ partes, vbi nulli erant liberalium Artium Magistri, qui barbariem depellerent.

Idque legitur in Chronico Beccensi. *Ille sciens certo relatu illic* hoc est in agro Abrincensi Normaniæ quo se primum post Lutetiam contulit *multum collapsum studium litterarum Barbaricæ gentis & intelligens prouidentissima inspiratione inde se posse adipisci maiorem gloriam & plurimum quæstum, venit illuc cum paucis.* Nempe credidit se plus gloriæ & lucri comparaturum in remotioribus istis locis, vbi solus esset, quam Parisiis vbi magnus erat professorum numerus & quæstus minor. Verum post biennium, cum forte in itinere suo omni peculio quod docendo lucratus fuerat, à latronibus spoliatus fuisset, vitæ eiusmodi pertæsus tam multis sollicitudinibus & periculis obnoxiæ, digitoque Dei tactus ad Beccense Cænobium tum vix adhuc bene natum & constructum se contulit, ibique magno nominis splendore liberalium Artium professionem aggressus, deinde Theologiam docens celeberrimum Litterarum Gymnasium effecit. Berengarius similiter ægrè ferens se in ea arte victum, in quâ præ cæteris excellere putabatur, relictis Parisiensibus scholis, Turonis vbi Magistri scholæ fungebatur officio, docere non destitit, donec Andegauum profectus Theologicas Disciplinas & sublimia mysteria tractare cœpit, vt ista professione se Lanfranco superiorem efficeret, qui in Dialectica inferior visus fuerat. Qua in professione quid acciderit commemorat Nicolaus Harspheldius Archidiaconus Cantuariensis in 11. secul. c. 12. his verbis.

Professus est Berengarius adhuc Adolescens Dialecticam & alias in Gallia Liberales Artes. In quibus tamen tradendis pro arroganti ingenij sui leuitate, non Maiorum, sed propria sua interpretatione sensuque temere nitebatur. Sed hanc eius arrogantiam confregit Lanfrancus, & in quadam Dialectices velitaria pugna cum eo commissus adeo vanitatis inscitiæque hominem arguit, & palam conuicit, vt Discipuli ipsius deinde eum destituerint. At ille nominis & vanæ gloriæ vehementi æstu præceps abreptus non tam ad grauiora se studia, quàm ad errores conuertit, Theologusque factus Theologiam omnem infirmare & infringere perniciosis contra nuptias & paruulorum baptismum dogmatibus conatus est. Sed cum eorum veritas, firmiora & solidiora firmamenta haberet, quàm vt quicquam sacris scriptis vel in speciem plausibile in contrarium asserere potuisset, neque huic quisquam doctrinæ aures daret, sed ab ea omnium aures & animi abhorrerent, Magistro Diabolo suggerente nouam contra Eucharistiæ veritatem & doctrinam, vbi & facile noua se posse disseminare errorum portenta, & facilem promptumque à populo imperitisque plausum sibi propter summam recondit i mysterij dignitatem & à sensu longe remoti pollicebatur, commentus est. Nec fefellit sua hominem opinio. Circumuenit itaque scholasticos quosdam non tam sensu censu, ingenio & fide exili, quibus ipse sumptus ad studia subministrare solitus erat, & per eos longè latèque errorem ad alios transfudit. Cuius rei fama cum ad Lanfrancum peruenisset, insidiabantur enim sibi alter alteri, cœpit ipse contraria dicere. Hinc inter eos animorum studiorumque contentio recruduit.

Verum satius est audire à Magistris Cœtaneis, quis fuerit Berengarius. Cuius quidem vitam & mores non alij melius quàm qui vel in iisdem scholis fuerant, aut eodem tempore vixerunt, nosse possunt: quatuor, autem præcipui sunt, iique omnes Galli, aut in Gallia enutriti, Hugo Gilduini Britoliensis Comitis in agro Beluacensi filius, ex Clerico Carnotensi Lingonensis Episcopus factus: Adelmanus Clericus Leodiensis, Fulberti auditor & Berengarij condiscipulus, factus deinde Episcopus Brixiensis: Durandus Normanus Abbas Troarnensis; Et Guitmundus ex Monacho Cœnobii de Cruce S. Leufredi in Normannia, factus Archiepiscopus Auersanus. Hugo aduersus sententiam Berengarij Tractatum edidit, eique inscripsit. Durandus contra eundem scripsit. Cuius infra referemus Epistolam ad Henricum Regem. Adelmanus eum ab errore quem sparserat, præclarâ Epistolâ & suaui sermone retrahere conatus est. Guitmundus denique incredibili eloquentiæ vi & rationum pondere eius errorem confutauit. Ille autem de Berengario sic scribit.

Is enim iuueniles adhuc in scholis ageret annos, vt aiunt, qui cum tunc nouerant, elatus ingenij leuitate, ipsius Magistri sensum non adeo curabat, Libros insuper Artium contemnebat, sed cum per se attingere Philosophiæ altioris secreta non posset: neque enim homo ita acutus erat, sed vt tunc temporis LIBERALES ARTES *intra Gallias penè obsolcuerant, nouis saltem verborum interpretationibus, quibus etiamnunc nimium gaudet, singularis scientiæ sibi laudem arrogare & cuiusdam excellentiæ gloriam venari qualitercumque poterat, affectabat. Faciumque est, vt pompatico incessu, sublimi præ cæteris suggestu Dignitatem Magistri potius simulans quàm rebus ostendens, profunda quoque inclusione intra Cucullum ac simulatione longæ meditationis, & vix tandem satis desideratus diu vocis lentissimo quodam quasi plangore incautos decipiens* DOCTOREM SE ARTIVM *penè insius profiteretur. Sed postquam à D. Lanfranco in Dialectica de re satis parua turpiter est confusus, eumque per ipsum D. Lanfrancum virum æquè doctissimum* LIBERALES ARTES *Deus recaluisse atque optimè reuiuiscere fecisset, deprehens si à Discipulis ille deleri, ad eructanda impudenter Diuinarum Scripturarum Sacramenta, vbi ille adhuc adolescens & alijs eatenus detentus studiis nondum adeo intenderat, si se conuertit. Sed & ibi insipiens. Quippe in maleuolam animam non introibit sapientia, vt ea quarum nouitate omnium corda permoueret atque ad se omnium oculos traheret, studiosè perquirens maluit esse sub aliqua admiratione hominum hæreticus, quàm sub oculis Dei priuatè verè Catholicus..... Aucupatis ergo nonnullis ratiunculis (neque enim vlla vnquam hæresis sine aliqua verisimilitudine rationis inualescere potuit) adhibitisque quoque paucis malè intellectis à se Capitulis Scripturæ Sacræ, quæ multis errantibus laqueus est mortis, per egenos Scholasticos iam per alimoniam quâ sustentabat eos & per suos dulces sermones corruptos, quaqua versum potuit, clanculo huius tanti mali nefandissimum virus effudit.*

Hæc Guitmundus de Berengario l. 1. de veritate Eucharistiæ, paulò infra rei veritati, contraque famam Berengarii, quem certum est ex aliorum minus inuidorum fide fuisse virum magni ingenii, facundum ac eloquentem multingitque Doctrinæ: vt vel ex his Baldrici Aurelianensis scriptoris supparis versibus apparet.

Tota Latinorum facundia marcida floret,
Dum Berengario Turoni viguere Magistro.
Porro Latinorum Facundia florida marcet,
Inuida sors Turonis vbi tantum lumen ademit.

Fatentur tamen omnes eum fuisse nouitatis amatorem, nouasque subtilitates & voces in rebus Dialecticis & Theologicis excogitasse, quarum ope omnes eludebat difficultates: & hoc est quod ait Guitmundus cum *nouis verborum interpretationibus singularis scientiæ sibi laudem arrogasse.* Hinc forsan ab Inuidis & maleuolis Necromantiæ & Magiæ insimulatus est: in qua arte membranulæ Lauriacensis Abbatiæ apud Andes, quæ referuntur in vetustissimo codice manuscripto Ecclesiæ S. Martini Turonensis, aiunt fuisse peritissimum: at fabulatur Nangius Monachus San-Dionysianus cum ait eum quod Necromantius esset *sub angusta hora vnius noctis Romam iuisse, & Turonis lectionem vnam legisse.* Similiter Albericus Monachus apud Chronicum Belgicum ad an. 1047. qui de ea re sic habet. *De isto Berengario vulgò narratur eum fuisse in adolescentia Nicro-*

manticum. 1. *Quia Turonis Romam vsque eum Diabolus vna nocte detulisset.* 2. *Quia puer Clericus nobilis genere ei commendatus Magistro absente dum libros Necromanticos legeret, à Diabolo occisus est.* 3. *Quia idem Diabolus coactus à Berengario corpus pueri mortui intrans per aliquod tempus huc & illuc deambulare puerum, & cum cæteris cantare & in choro stare fecisset, donec ab alio Nigromantico falsitate deprehensa, puer vt erat, mortuus esse videretur. Vnde idem Berengarius morti adiudicatus fugiens ad Ecclesiam, hymnum* IVSTE IVDEX, *ibi fecit, & cum lamentatione decantauit, & ita liberatus fuit.*

Quis ferat eiusmodi calumnias insanorum hominum? scilicet homo ob magiæ crimen accusatus & damnatus obiisset Turonis munera Scholastici, Camerarij & Thesaurarij; & Andegaui Archidiaconatus officio functus fuisset? sed id familiare est imperitis, magiæ insimulare quos vident ingenio & Artium peritia excellere. Ita Gerbertus ille Aquitanus, quod Astrologiam & Mathematicas Disciplinas optimè calleret, suaque virtute & ingenio ex infima sorte ad Archiepiscopatum Remensem & Rauennatem, postremò ad Papatum peruenisset, Magiæ accusatus est.

At hic obiter notandum scholas Turonenses ab Alcuino celebres factas, nondum hisce temporibus defloruisse, imò Berengarij famâ fuisse nobiliter sustentatas, quamdiu in iis docuit: neque enim dum eas regebat, prolapsus fuerat in hæresim, si credimus Francisco de Roya; secus, non fuisset ad dignitates illas Ecclesiasticas Camerarii & Thesaurarii admissus, quas adeptus est. Imo nec postquam Andegauum deinde profectus est, & Archidiaconatus Officium suscepit Scholasticamque dignitatem, statim visus est ab Ecclesia dissentire: Nam teste Vincentio Bellouaco tam fuit initio clarus doctrina quàm honestate morum. At postquam ingentem audiuit Lanfranci famam, à quo victum se meminerat, totum se Theologicis quæstionibus & Ioannis Scoti lectioni tradidit; cuius peruersis dogmatis excœcatus in errorem incidit, seque nefariæ sectæ Authorem præstitit. Vt infra dicemus.

Ad annum 1039. notat Hugo Flauiacensis obiisse Conradum Imperatorem, eique successisse Henricum II. cognomento Nigrum, virum Ecclesiasticæ disciplinæ studiosissimum, & Simoniacæ pestis, quæ ipsam etiam sedem pontificiam inuaserat, hostem infensissimum, vt in Synodo frequentissima omnium Episcoporum declarauit his ad eos verbis vsus, quæ leguntur etiam apud Glabrum Rodulphum l. 5. c. 5. 1039.

Lugens vobis incipio loqui, qui vice Christi in eius Ecclesia constituti estis, quam sibi desponsauit & sanguine redemit. Sicut enim gratuita bonitate de sinu Patris per Virginem ad nos redimendos venire dignatus est, ita suis præcepit & dixit mittens eos: *Gratis accepistis, gratis date.* Vos autem auaritia & cupiditate corrupti, qui benedictionem conferre debetis, hac in transgressione dando & accipiendo maledicti estis. Nam & Pater meus, de cuius animæ periculo valdè pertimesco, eandem damnabilem auaritiam in vita sua nimis exercuit. Itaque quicunque vestrum hac se macula pollutum agnouerit, oportet vt à sacro ministerio arceatur. Propter hanc enim offensam venit super filios hominum fames, mortalitas, & gladius. Omnes enim Gradus Ecclesiastici à maximo Pontifice ad Ostiarium opprimuntur per **vestræ damnationis præmium & in cunctos spirituale** grassatur latrocinium.

Ad hanc vocem Imperatoris stupefacti Pontifices, inquit Hugo, misericordiæ operam implorabant: at Princeps misericordia motus & pro anima Patris sui orare eos monens, proposuit edictum, *Vt nullus gradus vel ministerium Ecclesiasticum pretio acquireretur, & si quis attentaret, omni honore multaretur, sicut, inquiens, Deus coronam Imperij gratis mihi dedit: Ita ego quod ad Religionem pertinet, gratis impendo. Volo vt & vos similiter faciatis.* Hoc exemplo incitatus Leo IX. an 1049. in concilio Remensi contra eiusmodi Simoniacos, quorum in Gallia præsertim & Germania ingens erat numerus, Edictum promulgauit, vt infra dicemus.

Circa an. 1040. Normani à Græcis contra Sarracenos qui Siciliam occupauerant, aduocantur: Romamque deinde capiunt & cum Romanis in pratis S. Petri confligunt. Istis quoque temporibus inuentum fuisse dicunt Romæ Corpus Pallantis filii Euandri, à Turno olim bello Italico occisi, omninò incorruptum, & Giganteæ magnitudinis, nam altitudinem muri vrbis æquabat, si historicis fides est, 1040.

vulneris quod à Turno acceperat, hiatus 4. pedum erat cum semisse. Tale quoque inuentum epitaphium.

Filius Euandri Pallas, quem lancea Turni
Militis occidit, more suo iacet hic.

Inuenta quoque Lucerna ardens ad caput ipsius, quæ nec flatu extingui poterat, nec infuso liquore. Tentatis vero frustra multis extinguendi modis facto tandem subter flammam foramine, & aëre admisso statim extincta est. Ita narrat Martinus Polonus.

1041. Ad an. 1041. notant Historici inducias quasdam bellorum, *Treuam Dei* dictas vbique factas incumbentibus in eam rem Henrico Imperatore, Odilone Cluniacensi & Richardo S. Witoni Virdunensis Abbatibus; quorum iste cum in Neustriam se contulisset, vt tam sanctum opus quod à Deo non ab homine processerat, promoueret, nec voluissent Normani parere, plaga ignis interni, quæ tum temporis frequens erat, correptos plurimos interiisse, multos vero qui Richardi apud Deum auxilium implorassent, fuisse sanatos.

Notant quoque hoc anno totum fere orbem ob raritatem vini & tritici, penuriam maximam passum fuisse: indeque secutas mortes an. 1042. tanto numero vt vix superessent, qui morientes sepelire & tumulare possent.

1042. Hocce tempore Lanfrancus qui relictis scholis Parisiensibus Abrincas se contulerat ad docendum expellendamque barbariem, quæ in illis Neustriæ finibus adhuc regnabat, incidit in Latrones & ab iis toto peculiolo quod docendo luctatus fuerat, spoliatus est. Itaque ignarus quid consilij caperet, totum se Deo permisit & audita Herluini fama, qui relictis terrestribus bonis vitam solitariam & monasticam amplexus Beccense cœnobium fundauerat, ad eum se contulit sumptoque Monachali habitu ibi paulo post litterarum Ludum aperire cœpit, quem breui celeberrimum reddidit. Qua de re sic legitur in Chronico Beccensi *Audiens Lanfrancus famam regionis Normaniæ quæ prius Neustria dicebatur, in qua Ducatum tenebat hæreditario iure Guillielmus ille qui postea subiugauit sibi totam Angliam armis: sciens certo relatu illic multum collapsum studium litteraturæ Barbaricæ gentis, & intelligens prouidentissima inspiratione inde se posse adipisci maiorem gloriam & plurimum quæstum, venit illuc cum paucis: sed antequam peruenisset ad notitiam multorum, attraxit illum ad se qui Paulum vocauit de cœlo, hoc modo. cum iter ageret solus cum vno scholari incidit in Latrones qui & auferentes omnia quæ habebat, sinunt abire tantum relinquentes vetustam chlamydem, cætera omnia secum retinentes. Et infra. Anno Dom. 1042. Lanfrancus de Senatorum Papiæ nobili genere natus in 7. Artibus Liberalibus mirabiliter eruditus Deo omnium bonorum authore disponente apud Beccense Cœnobium magnis tunc temporis facultatibus inornatum secundum S. Herluini ibidem Abbatis desiderium Monachalem suscepit habitum.*

1044. Anno 1044. Benedictus Papa ab Episcopo Sabinensi de Papatu deiicitur, sibiq; ille Siluestri III. nomen assumit: at eo paucos post dies eiecto Benedictus restituitur. Quo rursus eiecto per quendam Ioanne(qui cum eo tamen 20. circiter menses sedet & schisma fouet) Gregorius VI. Patria Romanus Pontificalem Cathedram occupat: qui cum esset rudis & ignarus litterarum, alium adsciuit obeundis muneribus Ecclesiasticis. Talis erat tum Ecclesiæ status, vt qui plus largitione & ambitione quàm sanctitate vitæ & doctrina valeret, inquit Platina, is eum dignitatis gradum bonis oppressis & reiectis obtineret. Quibus portentis motus Imperator Henricus, quem Rodulphus ait virum fuisse bonum, affabilitate gratissimum, liberalitate conspicuum atque humilitatis gratia præditum, vidensque Romanos abuti licentia nominandi Pontificis, deponendi & restituendi, eam sibi futurisque Imperatoribus reseruasse dicitur. Quod alij scribunt factum à Clemente II. quem Onuphrius ait iurare coegisse Romanos, nullum se deinceps Pontificem vel electuros vel consecraturos, nisi quem Imperator dedisset. Vt infra dicetur.

1045. Circa annum 1045. cœpit Lanfrancus in professione litterarum cæteris professoribus inuidiam excitare: siquidé tanta Discipulorum ad eum confluebat copia, vt cæterorum scholæ pœne desertæ remanerent. Id scilicet familiare est Gallis & insitum à natura, vt nouitatem ament & curiositate ducantur. Et cum istis temporibus

poribus omnes fere ad Dialecticā afpirarent in ea quæ vim ingenii exercerent, vbi cunque in illa professione Magistri aliqui cæteris præcellere putabantur, ad eos statim fiebat concursus experiendarum virių causa. Id vnico exemplo Erfasti probare sufficiat. De quo ad Lanfrancum profecto hæc habet Willielm. Malmesburiensis. *Sedente* Lanfranco *apud* Beccum *Monacho cum* VBIQVE SCHOLARES INFLATI BVCCIS DIALECTICAM RVCTARENT, *Herfastus iam* Willielmi *Comitis, postea Regis Cappellanus, ad famosum Gymnasium magna sociorum equorumq; pompa peruenit. Tum Lanfrancus ex prima collocutione intelligens quàm prope nihil sciret, Abecedarium ipsi expediendum apposuit, ferociam hominis Italicā facetiā illudens. Quo is iratus Comitem pereffecit, vt Lanfrancus Becco Normaniáque omni summoueretur. Sed intercedente Dei gratia animus* Willielmi *pacatus est, alterque retentus satagente maximè* Vuilielmo *filio Osberni.* Et l. de Gestis Anglorum Pontific. *Factus ibi Monachus homo qui nesciret agresti opere victum quærere,* PVBLICAS SCHOLAS *de Dialectica professus est, vt egestatem Monasterij Scholarium liberalitate temperaret. Exiuit fama eius remotissimas Latinitatis plagas: eratque* Beccum *magnum & famosum litteraturæ Gymnasium. Gloria laudis comparauit apud improbos viros inuidiam, Capellanus, qui infra eius scientiam se viderent, animum Comitis* Vuillelmi *in ipsum turbantibus, quod vnum eorum palam de inscitia litterarum irrisisset.* Hunc Herfastum seu Arfastum Godwinus lib. de Præsulibus Angliæ falsò asserit primum Becci litteras didicisse, primumque fuisse Monachum, vt patet ex iis quæ supra ex Malmesburiensi retulimus: ex quo pariter accipimus fuisse illum modicæ scientiæ & mentis non valdè sublimis, qui cum ad Episcopatum Hermahensem à Vuillelmo Conquæstore promotus fuisset, ne nihil in Episcopatu fecisse videretur, sedem aliò transtulit. *Et ne nihil* inquit, *fecisse videretur, vt sunt Normani famæ in futurum studiosissimi, Episcopatum de Hermahan transtulit ad Thetfordum, parcæ, vt aiunt, mentis homo, & nonnulla ex parte litteris eruditus.* Extant aliquot ad ipsum Lanfranci Epistolæ. an. 1075. Concilio Londinensi interfuit, & in Anglia obiit. Extat quoque Guitmundi Monachi postea Episcopi Auersani ad ipsum Epistola, qua respondet Quæstionibus de substantia atque vnitate Trinitatis deque mysterio Eucharistiæ ab eo propositis, quam Epistolam edidit D. Lucas Dacherius in 2. tomo Spicilegij ex MS. S. Ebrulfi.

Porro de fama Lanfranci & celebritate scholæ Beccensis hæc habet insuper præclarè Vuillelmus Gemmeticensis l. 6. Histor. Norman. *Per 3. annos vixit solitarius, infrequentiā hominum gaudens, quò ibi nesciebatur, præter paucissimos quibus aliquando loquebatur, omnibus ignotus: Rumor, vt hoc factum prodiit, longè latèque protulit, & fama viri præclarissima* Beccum *& Abbatem Herluinum breui per orbem terrarum extulit. Accurrunt Clerici, Ducum filij nominatissimi, Scholarum Latinitatis Magistri, Laici potentes, alta nobilitate viri multi pro ipsius amore multas eidem Ecclesiæ terras contulere. Ditatur illico Beccensis locus ornamentis, possessionibus, personis nobilibus & honestis.* Similiter Ordericus Vitalis, qui hoc & sequente seculo floruit an. 1069. *Fama,* inquit, *peritiæ illius in tota vberim innotuit Europa. Vnde ad Magisterium eius multi conuenerunt de Francia, de Vasconia, de Britannia, necnon de Flandria. Admirandum cognoscerent ingenium sibi studiumque Lanfranci Herodianus in Grammatica, Aristoteles in Dialectica, Tullius in Rhetorica, Augustinus & Hieronymus aliique legis & gratiæ expositores in sacra pagina. Athenæ quando incolumes florebant & excellentissimæ ad præcipiendum sedebant, Lanfranco in omni genere Eloquentiæ ac disciplinarum assurgerent & perceptis ab eo commodis allegationibus instrui cuperent.*

Anno 1046. die 14. Iunij obiit Richardus ille celeberrimus Abbas S. Vitoni Virdunensis anno regiminis 42. qui relicto Canonicatu Remensi totum se Deo mancipat. Eodem anno Halinardus Lingonensis Abbas S. Benigni Diuionensis consecratur ab Hugone Bizontino Archiepiscopus Lugdunensis, à quo cum Henricus Imperator exigeret fidelitatis sacramentum, negauit se qui Monachus esset, iurare debere, & eius religione contentus fuit Henricus, vt docet Albericus in Chronico. *Abbas Halinardus S. Benigni Diuionensis factus est Archiepiscopus Lugdunensis. Et quia Ciuitas tunc erat sub Imperatore, D. Halinardus Curiam Imperatorū adiit pro Regalibus suis accipiendis. Imperator iam erat in protinctu Romani itineris, & voluit vt Archiepiscopus secundum morem iuraret illi fidelitatem:*

le dixit se esse Monachum, nec debere facere iuramentum: dictum est, vt ad minus se offerret ad iuramentum; respondit non se debere simulationem facere; tandem mediantibus Episcopis Theodorico, antequam moreretur, Metensi, Brunone Tullensi, Richardo Virdunensi Imperator pro sua religione iuramentum ei quittauit: deinde Romam abiit. Quamobrem Romam? intelligimus ex Chronico Virdunensi, ad sedandum schisma Pontificum. Eodem enim anno Concilio ibi habito peruasores Romanæ Ecclesiæ Ioannem, Benedictum & Siluestrum de Pontificatu deiecit, Clementemq; substituit, à quo & ipse coronam Imperij accepit. Idem Chronicon refert Clementem eodem anno obiisse & successisse Damaso. At alij Historici volunt Clementem sedisse 9. menses, sedemque vacasse totidem & Damasum non ante an. 1048. substitutum; eoque post 23. dies sublato creatum Leonem IX.

1047.
De Berengario & Lanfranco.

Anno tandem 1047. Exorta est inter Lanfrancum & Berengarium de Quæstionibus Theologicis, præsertim verò de augustissimo Eucharistiæ sacramento controuersia, vt habetur in fragmento historiæ Franciæ à Roberto ad mortem Philippi I. tomo 4. histor. Franc. vel saltem circa an. 1048. vt habet Chronicon Belgicum Magnum. Hactenus enim fere intra Philosophicarum Quæstionum Cancellos steterant disputationes; & licet non sit diffitendum, quin Theologia tunc Parisiis & alibi traderetur, quicumque tamen peregre veniebant, maxime ad Liberales Artes hauriendas conuolabant, vt patet exemplis Odonis Cluniacensis, qui ad Remigium venit insignem Dialecticum, Abbonis Floriacensis, Huboldi Leodiensis & aliorum, qui ad Magistros in Artibus erudiendi venerunt. Hocce tempore & deinceps Theologicæ Scholæ amplius celebrari & frequentari cœperunt occasione contentionis, quæ inter prædictos Athletas orta fuit hac de causa. Lanfrancus intelligens Berengarium in schola sua opinionem Ioannis Scoti suscepisse propugnandam, Paschasiumque Ratbertum inscitiæ & erroris arguere, contra ipse Paschasium defendere aggressus audacter euulgauit Ioannem Scotum fuisse hæreticum, eiusque opinionem de Sacramento altaris sanæ doctrinæ & veritati repugnare. Hinc, vt fit inter æmulos, statim spargitur rumor & vtriusque fautores ad apertum bellum excitant vtrumque. Initio tamen id fit satis ciuiliter per litteras: & prior Berengarius scripsit in hunc modum FRATRI LANFRANCO.

Peruenit ad me, Frater Lanfrance, quiddam auditum ab Ingelranno Carnotensi: in quo dissimulare non debui ammonere dilectionem tuam. Id autem est displicere tibi, imò hæreticas habuisse sententias Ioannis Scoti de Sacramento Altaris, in quibus dissentit à suscepto tuo Paschasio. Hac ergo in re si ita est, Frater, indignum fecisti ingenio quod tibi Deus non aspernabile contulit præpropriam sequendo sententiam. Nondum enim ideo fategisti in diuina Scriptura cum tuis diligentioribus. Et nunc ergo Frater, quantumlibet rudis in illa scriptura, vellem tantum audire de eo si opportunum mihi fieret, adhibitis quibus velles vel Iudicibus congruis vel Auditoribus: quod quandiu non sit, non aspernanter aspicias quod dico, si hæreticum habeas Ioannem, cuius sententias de Eucharistia probamus, habendus tibi est hæreticus Ambrosius, Hieronymus, Augustinus, vt de cæteris taceam.

An tunc hanc acceperit Epistolam Lanfrancus, dubito, & si accepit, quid responderit: sed certum habeo iam tum incalescere animos cœpisse: hincque & inde fautores plurimos surrexisse. Aiunt Nuncium harumce latorem litterarum in Normaniam missum non inuenisse Lanfrancum; at eas quibusdam Clericis tradidisse, qui curiositate ducti illas legerint, & legendas alijs tradiderint: adeovt nonnulli suspicati sint Lanfrancum adhærere Berengario, licet litteræ contradicere viderentur: Alij verò Berengarium vt hæreticum & hæreticorum fautorem esse non dubitarint. Hinc ad aures omnium fama volat: & primus contra Berengarium scribere aggreditur Hugo Lingonensis Episcopus, aut hoc aut sequente anno. Ille Gilduini Comitis Britolij in agro Beluacensi filius Fulberto traditus fuerat in disciplinam & sub eo cum Berengario & Adelmanno Leodiensi Theologicis rebus vacauerat: deinde in Ecclesia Carnotensi Clericus, postea Cluniacum se contulerat; indeque à Roberto Rege ad Lingonensem sedem promotus fuerat circa an. 1030. vnde post 18. annos sui regiminis scilicet an. 1048. à Lingonensibus eiectus est propter simoniam; & an. sequenti nempe 1049. in Concilio Remenſi conuictus & depoſitus eſt, demumque anno 1051. obiiſſe dicitur: ſunt tamen qui Romam cum contendiſſe ſcribunt & abſolutum rediſſe ad Monaſterium S. Vitoni Virdunenſis atque ſub Valerano fratre Abbate, qui Richardo ſucceſſerat, Monachum factum obiiſſe. Ille igitur Tractatum edidit de Corpore & Sanguine Chriſti contra Berengarium de quo hæc pauca deſumpſimus.

Dicis in huiuſmodi ſacramento Corpus Chriſti ſic eſſe, vt panis & vini natura & eſſentia non mutetur, corpuſque quod dixeras Crucifixum, intellectuale conſtituis. Qua in re Vniuerſalem Eccleſiam ſcandalizas. Nam ſi panis & vini natura & eſſentia reali principalitate poſt conſecrationem perſiſtunt, tranſlatum nihil poteſt intelligi, & ſi quod adiunctum eſt, ſola ſit intellectus potentiæ: reuera non capitur, quomodo vel vnde vel idem ſit, quod adhuc non ſubſiſtit. Eſt enim intellectus eſſentiarum diſcuſſor non opifex, iudex non inſtitutor: & quamuis rerum vel monſtret vel figuret imagines, nullum Corpus materiali producit exordio. Qua propter neceſſe eſt, vt aut Panē omnino à ſua natura deiicias, aut ipſum Chriſti Corpus dicere non præſumas. Sicut non capis, quomodo Verbum caro factum ſit, ſic non potes capere quomodo panis iſte mutetur in carnem & vinum in ſanguinem transformetur, niſi te docuerit omnipotentiæ fides. Alioquin luctaris cum Deo, ſed non in brachiis Patriarchæ, ſed neque cum aurora. Immo etiam tota tua hæc luctatio nocturna eſt, magiſque videtur eſſe inſidioſè luctantis, quàm amabiliter amplexantis. Quæ nimirum luctatio non ſolum non meretur, ſed perdit. Propter quod Philoſophiæ tuæ ſuadeo tenere quod ſcriptum eſt. Deſine impugnare cœleſte myſterium. Perpende quod Dei voluntas & verbū omni naturæ ſupereminet. Dei enim velle pro facto eſt. Ad hoc ſalutare conuiuium cum deſiderio currendū eſt, quia Chriſtus hoc ipſum cum deſiderio celebrauit, ſicut ipſe in Euangelio ad diſcipuloſſuos dixit. Ad hanc menſā Iudæos Auguſtinus inuitans ſic dicit, Sæuiſtis ô Iudæi, occidiſtis, ſanguinē Chriſti fudiſtis, quid facere nunc habetis, niſi vt credentes baptizemini & bibatis ſanguinem quem effudiſtis? non eſt quod horreatis, fuſus eſt ſanguis Medici & factum eſt medicamentum Phrenetici. Sicut autem verbum Dei in carne inuiſibile fuit, quod tamen factum erat, ſic iſta ipſa caro, quia iam in verbo conſiſtit, quodammodo inuiſibilis facta quodam interim neceſſario pioque conſilio ad guſtus ſuffragium panis & vini quibuſdam qualitatibus occultatur, ſed ſpiritualibus oculis ipſa Carnis veritas non negatur.

Hugi Lingonēſis contra Berengarium.

Sub eadem initia ſchiſmatis Adelmanus Leodienſis ſub Vazone & ſub Theoduino Epiſcopis Scholarum Magiſter, deinde Brixienſis Epiſcopus an. 1048 factus, in ſchola Fulberti olim Berengarij condiſcipulus, & conuiua, eum amicâ & omni comitate plenâ Epiſtolâ rogauit vt ad ſe rediret, erroreſque ſuoſque reuocaret, impriimis vero reducit in memoriam quàm ſæpe bonus ille Epiſcopus Fulbertus cum admonuerit, ne ingenio ſuo nimis ſideret.

Dilecto in Chriſto Fratri *Conſcholaſtico* Berengario Adelmanus ſalutem in Domino. *Collectaneum* te meum vocaui, propter dulciſſimum illud contubernium, quod cum te adoleſcentulo ipſe ego maiuſculus in *Academia Carnotenſi* ſub noſtro illo venerabili Socrate iucundiſſimè duxi: cuius de conuictu gloriari nobis dignius licet, quàm gloriabatur Plato gratias agens naturæ, eo quod in diebus Socratis ſui hominem ſe & non pecudem pepeciſſet: nos enim ſanctiorem vitā ſalubrioremque Doctrinam Catholici & Chriſtianiſſimi hominis experti ſumus, & nunc eius apud Deum precibus adiuuari ſperare debemus. Neque enim putandus eſt memoriam in qua nos tanquam in ſinu materno ſemper ferebat, amiſiſſe. Haud verò Charitas Chriſti qua ſicut filios amplectebatur, in eo extincta eſt: ſed abſque dubio memor noſtri diligens plenius, quam cum in corpore mortis huius peregrinaretur, inuitat ad ſe votis & taciis precibus obteſtans per ſecreta illa & veſpertina colloquia, quæ nobiſcum in hortulo iuxta Capellam de ciuitate illa, quam Deo volente Senator nunc poſſidet, ſæpius habebat, & obſecrans per lachrymas quas interdum in medio ſermone prorumpens exundante S. ardoris impetu emanabat, vt illuc omni ſtudio properemus viam Regiam directum gradientes SS. Patrum veſtigiis obſeruantiſſimè inhærentes, vt nullum prorſus in diuerticulum, nullam in nouam & fallacem ſemitam deſiliamus, ne forte in laqueos & ſcandala incidamus. Quia ſicut ait Pſalmiſta, iuxta

Ddd ij

„ iter scandalum posuerunt mihi. Auertat Dominus à te, sancte Frater, semitas
„ tales & conuertat pedes tuos in testimonia sua, & mendaces ostendat qui famam
„ tuam tam foeda labe maculare nituntur, spargentes vsquequaque, vt non solum
„ Latinas verum etiam Teutonicas aures inter quas diu peregrinor, pepulerint, qua-
„ si te ab vnitate S. Matris Ecclesiæ diuulseris, & de corpore & sanguine Domi-
„ ni quod quotidie in vniuersa terra super sanctum altare immolatur, aliter quam
„ fides Catholica teneat, sentire videaris. Hoc est, vt illorum de te dictis vtar, non
„ esse verum Corpus Christi, neque verum sanguinem, sed figuram quandam &
„ similitudinem. Hæc ante hoc biennium cum audissem, fraternitatem tuam per
„ Epistolam conuenire idque ex te ipso certius sciscitandum esse decreui. Sciens
„ porro familiarem tuum D. Paulinum Metensem Primicerium tibi propiorem
„ tibique aliquanto viciniorem esse, & in ea petitione & sua solicitatione delega-
„ ui sibi huius negotij executionem. At ille, non enim in hac re laudare eum pos-
„ sum, negligens siue alterutrum, siue vtrumque nostrum vsque adhuc reli-
„ quit me suspensum. Sed Diuina gratia nos nunquam negligens inopinato mihi
„ melius obtulit quam optabam. Optabam autem inuenire hominem peregrinan-
„ di vsu exercitatum, regionis & linguæ Francorum non ignarum : & ecce stetit
„ mihi è latere G. ex tuo nomine me salutans..... Obsecrans per misericordiam Dei
„ per suauissimam memoriam Fulberti, vt pacem Catholicam diligas, neque con-
„ turbes Rempub. Christianæ Ciuitatis bene compositam à maioribus nostris,
„ per quam tot millia Martyrum contra Idololatriam & Regnum Diaboli fortiter
„ certantes triumpharunt, subindeque SS. Doctores bella Ciuilia ab hæreticis com-
„ mota salutaris eloquentiæ fluminibus restinxerunt, atque eam circumquaque
„ munierunt, vt iam nouus hostis nullus oboriri queat, qui aduersus eam aliquid
„ nitens non continuò mille iaculis desuper ruentibus obruatur : Ideo confusi sunt
„ omnes & defecerunt. Vbi enim sunt Manichæi? vbi Ariani? quonam tota illa
„ factio perditissimorum Ciuium euasit? computruit etiam memoria eorum. At
„ vero Ambrosius, Augustinus, Hieronymus & alij plures bestiarum talium op-
„ pressores cum laudibus viuunt, quotidieque splendidius efflorescunt. Bonum
„ est, frater, nobis patrulis sub istorum ducum titulis delitescere, quorum tam va-
„ lida tamque probabilis est apud Ecclesiasticas aures authoritas, sanctarum vir-
„ tutum fulgore coelestis sapientiæ luce præpollens, vt extremæ iam sit demen-
„ tiæ vel de ratione fidei, vel de ordine rectè viuendi eis in aliquo refragari......
„ *Ipse igitur*, Christus cum hominibus manens semper & homines baptizat per
„ homines, & consecrat quidquid per homines consecratur, vtrumque enim in
„ Euangelio habemus & quod Iesus baptizaret, & quod ipse non baptizaret sed
„ Discipuli eius. Baptizat nimirum, quia quando Corpus sub quibusdam verbis so-
„ lemnibus in aqua mersatur, ipse animam mortuam peccata remittendo viuificat,
„ sicut in Euangelio loquitur, *venit hora & nunc est quando mortui audient vocem filij*
„ *Dei, & qui audierint, viuent.* Quod non nisi de resurrectione animarum accipi po-
„ test. Baptizat & homo, per cuius manus & linguam opus illud administratur, sed
„ maximè & principaliter ille baptizat qui vim & efficientiam totam præstat. Pro-
„ pter quod dictum est Ioanni Baptistæ, *super quem videris spiritum descendentem &*
„ *manentem super eum, ille est qui baptizat.* Alioquin baptismus vnus non esset, sed prout
„ meritum se haberet baptizantis, alius dignior, alius indignior fieret, & quem ho-
„ mo sanctior baptizaret, ille melius baptizatus esset. Sed absit, quia quicunque
„ baptizat in nomine Patris & Filij & Spiritus Sancti, baptizat dignus aut indignus,
„ sanctus aut peccator, Catholicus aut hæreticus : nihil interest ; quoniam mini-
„ sterium illorum tantummodo est, nec ab eis, sed per eos, si rectè loqui volumus,
„ baptizatur. Christus igitur per manum & os sacerdotis baptizat ; Christus per
„ manum & os sacerdotis Corpus & sanguinem suum creat. *An experimentum quæ-*
„ *ritis eius qui in me loquitur Christus?* Dicebat quidem hoc Apostolus non arrogan-
„ ter se efferendo sed veraciter docendo Christum in ministris suis & loqui, quod
„ ipsi loqui audiuntur, & operari quod ipsi facere videntur; propter quod sacerdos
„ est in æternum, quia ipse est qui baptizat & qui immolat. Nam quod semel fecit
„ passibiliter per semetipsum, id quotidie agit impassibiliter per eos quibus dedit
„ potestatem filios Dei fieri. Nec aliter melius posse intelligi puto quod Aposto-
„ lus de illo ait. *Qui est ad dexteram Patris, qui etiam interpellat pro nobis*, quàm vt

interpellatio ista fiat, non verba proferendo, sed obedientiam atque humanitatem suam per commemorationem passionis Deo Patri commendando. Hoc quoque in eiusdem sacramenti institutione cum iam sub articulo ipsius passionis agonizaret, & ad dolores carnis mox futuros præscio spiritu pauitaret, hoc inquam certissimum pignus sui dilectis Discipulis relinquens, *Hoc facite*, inquit, *in meam commemorationem*, commemorationem inquam charitatis erga vos, pro quibus animam meam pono, & obedientiæ apud Patrem, quia *sicut mandatum dedit mihi Pater, sic facio*. Quod si quos mouet cur hoc sacramentum non visibiliter transmutetur in speciem carnis & sanguinis, attendant quod Apostolus ait, *per fidem ambulamus & non per speciem. Est autem fides sicut ipse definiuit, sperandarum substantia rerum, argumentum non apparentium*. Si enim id quod intus sunt, foris sacramenta ostenderent, *fides ex qua iustus viuit*, non solum otiosa, verum etiam nulla omnino esset. Quod enim videt quis, qui sperat? vt ergo fides exerceatur credendo quod non apparet, vitale sacramentum sub specie corporea vtiliter latet, vt anima in corpore. Denique in baptismi aqua quilibet oculis intuentium videtur, & homo baptizatus quid aliud quam quod erat antea apparet? non enim ex nigro albus, aut ex illiterato Grammaticus per lauacrum regenerationis efficitur. *O animalis homo* qui non percipis ea quæ Dei sunt! O Caro carnalibus phantasiis magis quam vino ebria! quousque ab his tam infeliciter ludificaberis? non enim similis est hic error denegationi salutis animarum aut illusionibus somniorum, aut de aquis & speculis resultantium imaginationum: quia ibi sine periculo fallitur, hic cum detrimento irrecuperabili, nisi resipiscatur, erratur. Expergiscere ergo & clama. *Infelix ego homo quis me liberabit de corpore mortis huius?* & respondebit tibi Apostolica consolatio, *Gratia Dei per I. C. Dominum nostrum*. Quod & si credimus verum esse, non liberari hominem solum à molestia spiritualis pugnæ, quam hoc in loco mortem appellat, sed nec à miseria errorum, nisi Gratia Dei per I. C. D. N. melius tamen id intelligimus si humanæ naturæ concretionem & vim, quæ nimirum in sensu corporis & animi intellectu tota constat, diligenter inspicimus: & quid per vtrumque quidue per alterutrum valeat, breuiter perstringemus: sunt namque multa quæ solo sensu corporis agimus, sicut audire & videre, pleraque, sicut legere & scribere, quæ communiter sensus cum intellectu administrat. Plurima vero ad quæ sensui nullus prorsus accessus est, sicut ad rationem numerorum, ad proportiones sonorum & omnino ad notiones rerum incorporearum, quæ omnia quilibet intellectus sed purus atque etiam vsu limatus percipere meretur.

Anno 1048. Kalendis Ian. obiit Odilo Abbas Cluniacensis, vir sanctitate vitæ & merito præcipuus, vt & primariæ inter Aruernos nobilitatis. Erat enim Beraldi 1. cognomento Magni, Domini de Mercorio filius, Fulberti Carnotensis nescio an Discipulus, certè amicissimus, vt testatur Ep. 68. qua se ad Episcopatum Carnotensem prouectum scribit nullo suo merito, rogatq; vt pro se preces ad Deum fundat. *Decet Pater, vt tu quoque vicissim me tuum seruulum, de te pendentem, teque non sine magna fiducia respectantem sacris intercessionibus adiuues. Sum enim valde miserabilis homo, qui cum ad propriam non sufficerem, ad publicam curam nescio qua seu ratione seu temeritate perductus sum*. Scribit quoque Siluiniaci Monachus Fulbertum censuisse Odilonem vocandum esse Archangelum Monachorum. *Hoc nomine censebat eum appellandum in suis Sermonibus & Epistolis Fulbertus ille sibi præcordialis amicus Carnotensis Episcopus, in sanctitate laudabilis, in sapientia mirabilis, in cuius morte studium Philosophiæ in Francia periit & gloria sacerdotum penè cecidit*. Obiit autem anno ætatis 76. vt legitur in Chronico Mallecacensi: quorum quinquaginta & vnum in cœnobio consumpserat. At alij centenarium obiisse scribunt, & Virginem. Electus fuit Abbas volente Maiolo an. 988. quam in rem extat instrumentum à D. Luca Dacherio editum, ex quo sexaginta totos annos Abbatiam rexisse comperietur. Et quemadmodum Maiolus ipsum, sic ipse sibi successorem designauit Hugonem de Semur vitæ meritis non dissimilem, virum pernobilem ex genere Æduæ, spectatæ sanctitatis ac virtutum gloria celebrem: Et vt ait Platina, gente, pietate, religione, clementia & doctrina insignem.

Eodem anno obiit Clemens II. ab Henrico Imperatore Papa constitutus, quem vt ei vices rependeret, Romanos iuramento obstrinxisse cõmemorant

1408.

nullum se deinceps electuros vel consecraturos Pontificem, nisi quem Imperator dedisset aut probasset. Quæ causa deinde fuit plurimorum in Ecclesia Catholica schismatum & bellorum. Qua tamen constitutione non obstante Damasus II. Bauarus nullo Cleri populique consensu Pontificatum per vim occupat; sed eo post 23. dies sublato, ab Imperatore substituitur Bruno Alsatius Episcopus Tullensis vir ex clarissimis, nobilissimis & religiosissimis parentibus ortus, Hugonis Comitis de Dasporch filius. Legitur in Chronico S. Benigni Romanos Damaso mortuo per legatos ab Imperatore postulasse Halinardum Lugdunensem Archipræsulem in Pontificem, sed eo moras trahente & dubitante, delectum fuisse ab Henrico Imper. Hugonem virum tam eximia virtute quàm Regij sanguinis claritate conspicuum, collecto in eam rem magno Episcoporum & Procerum Conuentu apud Moguntiam, vel vt alij scribunt apud Vvormaciam. Ille autem Leonis IX. nomen assumpsit: qui licet vir esset ex omnium Historicorum fide sanctissimus, in hoc tamen peccasse creditur, quod nondum consecratus, nondum adita successione S. Petri, solâ fretus Imperatoris electione Bizuntij, cum Romam iret, altaria consecrarit, Indulgentias concesserit, septem Canonicos Cardinales 5. non. Octob. an. 1048. in Ecclesia Bizuntina instituerit, qui 12. tantum Feb. an. 1409. à Clero Romano consecratus fuisse legitur. Refert vero Otho Frinsinghensis cum ab Hildebrando Cluniacensi Priore ea de re grauiter increpitum, vt erat ab omni fastu alienissimus, depositâ purpurâ Pontificiâ, sumptoque peregrini habitu Romam contendisse, nec nisi à legitimis Electoribus in sede Romana constitutum, Papam egisse.

Hinc, ne deinceps in ea re peccaretur, abrogato Clementis Decreto, quo eligendi Pontificis ius Imperatoribus attribuerat, Ecclesiæ Rom. restituit: & ne deinceps Pontificum Rom. electio in incerto foret, Cardinalium Collegium instituisse dicitur, veluti sacrum Consilium, atque eis eligendi munus attribuisse. Primusque omnium ab eo creatus recensetur Humbertus Candidæ siluæ, Gallus, Monachus Tullensis & Mediani Cœnobij Abbas, vir doctissimus ac clari ingenij, qui cum eo Romam profectus fuerat: quique etiam ab eo Siciliæ Archipræsul ordinatus est. Cæterum Leo in Pontificatu tanta fuit pietate, innocentiâ, benignitate, gratiâ & hospitalitate insignis teste Platina, vt eius domus peregrinis & pauperibus semper patuerit; sed tantus vir breui terris ereptus est: sedit enim annos tantùm quinque, menses duos & dies sex: & tamen tam breui spatio octo Concilia celebrauit, Romanum, Papiense, Remense, Moguntinum, Romanum alterum, Vercellense contra Berengarium, Romanum tertium & Wormaciense.

Eodem an. 16. Iulij obiit Olbertus Abbas Gemblacensis, quem ante annum millesimum scholas Trecenses, Parisienses & Carnotenses frequentasse commemorauimus. Ei successit Misac Mascelinus dictus, amicus consanguineus, Virduni primum sub Richardo Abbate in Gymnasio Monastico educatus. Fratrem habuit nomine Fulcuinum, qui vt legitur in libello de Gestis Abbatum Gemblacensium, exercitio litteralis scientiæ dotatus Popponi Abbati Stabulensi ad regendas Puerorum scholas directus est, & ab eo postea ad Abbatiam S. Vincentij Metensis promotus. Quo Abbate floruit Sigebertus Scholasticus, qui deinde in Gemblacensi Cœnobio multos erudiuit, vt infra dicemus.

1049. Anno 1049. venit in Franciam Leo rogatu Hermeri Abbatis S. Remigij, & apud Remos Monasterium illudmagnis sumptibus ab eodem Abbate constructum consecrauit, ibidemque Concilium habuit Episcoporum & Abbatum, in quo, inquit author Historiæ à Roberto ad mortem Philippi I. *Simoniacam hæresim quæ fere totam resperserat Galliam, anathematis suggillauit gladio, multos humilians quos ea pestis extulerat, & SS. Patrum statuta quæ propemodum apud Gallos abolita fuerant, reformans.* Inter cæteros vero Hugonem Lingonensem & Gilduinum Senonensem aliosque passim in Francia Episcopali honore priuauit, qui sacras illas dignitates conuicti fuerant pecuniâ comparasse. In eodem Concilio Presbyteris vxores habere & arma ferre prohibuit. Tunc enim temporis, imò & iam antea cœperant sacerdotes & Episcopi ducere vxores non secus ac laici, filijsque suis sacerdotia ac præbendas assignare: quæ praua consuetudo non statim nec facilè abrogari potuit: cum enim ea de re agi cœpit, multæ in vtramque partem à Doctis rationes propositæ sunt. Hinc orta hæresis Neophytorum, à quâ non immunes fuerunt Quidam Canonici Basilicæ Parisiensis, qui ipsi vxores quas habebant, ægre dimiserunt. Huiusce autem Hæreseos originem sic describit Ordericus Vitalis lib. 5. Histor. Ecclef. *Tunc quippe in Neustria,* inquit, *post aduentum Normanorum in tantum dissoluta erat castitas Clericorum, vt non solum presbyteri, sed etiam Præsules liberè vterentur toris concubinarum & palam superbirent multiplici propagine filiorum ac filiarum. Huiusmodi mos inoleuit tempore Neophytorum, qui cum Rollone baptizati sunt,& desolatam regionem non litteris, sed armis instructi violenter inuaserunt. Deinde Presbyteri de stirpe Dacorum litteris tenuiter edocti Parochias tenebant,& arma ferentes Laicalem feudum militari famulatu defendebant. Tandem Bruno Lotharingius Tullensis Episcopus Romam adscitus est, Deoque dispensante Leo Papa factus est.... In Gallias anno Dominicæ Incarnationis 1049. venit, Ecclesiam S. Remigij Remorum Archiepiscopi* Kalendis Octobris dedicauit..... *Tunc idem Generale Concilium tenuit & inter reliqua Ecclesiæ commoda quæ instituit, Presbyteris arma ferre & Coniuges habere prohibuit. Exinde consuetudo lethalis paulatim exinaniri cœpit. Arma quidem ferre Presbyteri iam gratanter desiere, sed à pellicibus adhuc nolunt abstinere.*

In eandem rem extant multæ Iuonis Carnotensis Epistolæ, qui sub finem huius seculi floruit. Ep. 149. congratulatur Willelmo Rhotomagensi Archiepiscopo quod matrimonia eiusmodi, illicita & sacrilegia prohiberet. *Quorum consilio & auxilio,* inquit, *eliminata est de prædicta Ecclesia* (scilicet Lexouiensi) *spurcitia puerorum, noua & inaudita Neophytorum hæresi Cathedram Episcopalem in eadem Ecclesia vsurpantium. Quod quamuis ad tempus aliquâ rationabili consideratione vel aliquâ pusillanimitate sit à vobis toleratum ; nunc tamen est in quantum Nobis videtur,in melius commutatum. Cum & ipsos flammigeros pueros de prædicta Ecclesia eijci feceritis, & virum strenuum & honestum D. videlicet Guillelmum Ebroicensem Archidiaconum in Pastorem prædictæ Ecclesiæ elegeritis.*

Idem author queritur apud Daimbertum Archiepiscopum Senonensem Ep. 200. quod Cantor illius Metropoleos sedem sibi indebitam temerariâ ambitione occupasset, maximè verò quod Quidam de Prælatis Ecclesiæ *publicè sibi duo scorta copulasset, & tertiam pellicem,cui matrimoniales tabulas faciat,iam sibi præparasset.* Et ad Gualonem Episcopum Parisiensem sic scribit de Canonico Ecclesiæ Parisi. Ep. 218. *De Canonico Ecclesiæ vestræ, qui contra prohibitionem vestram matrimoniales tabulas sibi composuit, nullam sententiam ad manum habeo, quam Dilectio vestra ignoret, si scripto apud se reposita diligenter exploret. Verumtamen consilium quod mihi ipsi darem, si aliquem de commissis mihi fratribus vxoriâ compede adstrictum deprehenderem, tutum esse intelligo; videlicet vt sacramentum Coniugij maneat, Clericus verò qui posthabita Clericali continentia de superiori Ordine ad inferiorem descendit, stipendia militiæ Clericalis amittat.*

Hinc intelligitur in Ecclesia Gallicana difficile fuisse continentiam Clericis persuadere:& multos presbyteros diu mansisse vxoratos contra Sanctiones Ecclesiasticas:adeo vt Episcopi, qui eiusmodi Clericos excludere ab Ecclesia aut Ecclesiasticis muneribus vellent, sæpe in vitæ discrimine verfarentur : vt ait Nicolaus Monachus lib. 2. c. 8. de vita S. Godefridi Ep. Ambianensis, ad quem extant **Iuonis Carnotensis Epistolæ,** *Sanctitatis & pudicitia custos adeo præclarus & studiosus vbique extitit, vt infames Clericos vel impuro matrimonio copulatos non solum à suo consortio, sed etiam à Chori ingressu constanter arceret. Eam ob rem multis ab illis proscindebatur, multis appetebatur insidiis.*

In eodem Concilio instituta est à Leone Pontifice solemnitas Remigialiorum ; quam in rem extat eius Bulla ad omnes Galliæ Prælatos his verbis.

Leo Episcopus seruus seruorum Dei, Dilectis fratribus & filiis Catholicis per Vniuersum Regnum Francorum constitutis salutem & Apostol. Benedict. Compertum Charitati vestræ credimus, quod post consecrationem nostram, illam videlicet qua benignitas Dei humilitatem nostram S. Romanæ Ecclesiæ præesse voluit, Germaniam Galliamque visitauimus ac Remorū vrbem adeuntes maximo voto & summa deuotione Ecclesiam B. Remigij, vt longè ante desiderauimus, Deo annuente & eiusdem sanctissimi viri patrocinantibus meritis cum ma-

„ gna gloria dedicauimus: atque post consecrationem Ecclesiæ in eadem synodum
„ celebrantes plurima ad vtilitatem Religionis necessaria consilio Coëpiscoporum
„ nostrorum, assensu etiam & laude cleri & populi, quorum innumera multitudo ad
„ tantæ deuotionis celebritatem confluxerat, statuendo confirmauimus. Quæ om-
„ nia Capitulis digesta inter Canones haberi præcepimus, & postea in omnibus sy-
„ nodis quæ habuimus, idipsum confirmare curauimus. *Et quoniam Beatissimum Re-*
„ *migium Francorum Prædicatorem & Apostolum scimus, venerari & honorare illum*
„ *quem Dominus in terris & in cælo mirificauit, prout possumus, debemus,* præsertim cum
„ semper in nostro pectore inde ipsius amor feruentius ardescit, quod pretiosis-
„ simum Corpus ipsius sanctissimi viri propriis manibus transferentes in locum sibi
„ præparatum miraque pulchritudine exquisiti operis decoratum reposuimus. Vn-
„ de vestram admonere volumus dilectionem, vt sicut Nos in eius obsequiis per-
„ penditis gratulari, ita & vos causa nostri amoris maximéque ex debito paterni
„ honoris *solemnitatem eius quæ est Kalendis octobris, celebrem habeatis: quia & si aliis*
„ *non est Apostolus, tamen vobis est. Nam primitiæ Apostolatus eius vos estis in Domino.*
„ Hunc itaque honorem Patri & Apostolo vestro exhibete, vt iuxta promissum
„ Domini longæui super terram viuere, & eiusdem Patris precibus æternæ bea-
„ titudinis felicitatem mereamini possidere.

In eodem Concilio, cui adfuisse dicitur Lanfrancus, existimant nonnulli lectam fuisse Epistolam Berengarij ad ipsum, ibique primum eius reprobatam fuisse publicè Doctrinam, ac iussum ire Romam ad purgandam fidem: Romæ deinde cum comparuisset Lanfrancus, nec Berengarius adesset, indictâ quidem causâ damnatum; at plenius frequentiusque Concilium indictum Vercellis ad annum 1051. ad quod ipse citatus fuerit, vt doctrinæ suæ rationem redderet. Verumtamen cum in actis concilij Remensis nulla videatur facta fuisse mentio Berengarij, credibile est tum nondum planè doctrinam illam extra scholas prodijsse, aut si quid de ea relatum est, Leonem noluisse agitari, ne si corruptissimis Ecclesiasticorum temporibus illa Quæstio publicè moueretur, plurimos inueniret fautores præsertim in Francia, vbi Disciplina plurimum elanguerat.

1050. Anno 1050. aiunt Monachi San-Dionysiani planè decisam fuisse litê de corpore S. Dionysij Areopagitæ, quod Monachi Ratis-Ponenses sibi vindicabant ob rationes, quas in fine primi seculi retulimus. Legitur autem in quodam Codice M.S. Bibliothecæ Thuanæ, fuisse hisce temporibus inuentum Ratis-Ponæ Corpus cuiusdam mortui, & statim famam percrebuisse, Corpus esse S. Dionysij Areopagitæ: itaque rogatum Imperatorem Henricum, rogatum & Leonem IX. Papam vt inquisitioni interesse vellent, magnoque Ecclesiasticorum & Laicorum conuentu habito, multis rationibus & argumentis ad speciê probabilibus fidê eius rei factam, quod cum viderent Nuncij Henrici Regis Francorum qui ab eo & ob has causas ad Imperatorem missi fuerant, rogauisse, ne communem istam Conuentus Ratisbonensis sententiam pro vera euulgaret, donec in Francia certioribus indicijs eiusdem Sancti Corpus in Cœnobio San-Dionysiano Paris. residere comprobaretur: hæc autem verba ad eum habuisse. *Hunc Populum qui congregatur hic sub edicto per diuersa loca inuitatus, huius rei gratia conuenisse accepimus, vt pro B. Dionysio Areopagita, nescimus cuius defuncti hominis defossa eleuentur ossa, cum aliorum pignoribus sanctorum sub veneratione amodo colenda. Quod quàm absurdum sit credere aut agere facile valet perpendi: cui probabilis ingenij perspicacisque sensus alto acumine, si competenter rei seriem velit indagando coniectare. Nam sicut didicimus plurimorum authenticâ sententiâ quos in Litterarum atque Liberalium Disciplinis studiorum maioris vtilitatis ac pretij aiunt esse in nostra Patria, in Regis Dagoberti euidentissimè reperitur gestis descriptum, quemadmodum memoratum Sanctum cum duobus socijs honorificè posuerit in scrinijs argenteis artificiosarum serarum atque obicum mirificâ atque subtili diligentiâ, vt adhuc hodie videri potest, munitis.* Reuersi in Franciam Nuncij, quæ viderant Regi Henrico renunciarunt: at ille solemniter conuocata multitudine Episcoporû & Primatum scrinia thecasque iussit aperiri, vbi reperta aiunt fuisse ossa B. Dionysij & sociorum. Huic inquisitioni præsentes adfuerunt Wido Remensium Archiepiscopus, Robertus Cantuariensis, Imbertus Parisiensis.

„ Rigordus rem sic narrat. Henricus Rex auditis rumoribus, quod in Alemania,
„ in ciuitate Ratisbona, in Abbatia S. Hermerentiani Martyris inuentû fuit corpus
quod

quod dicebant esse Dionysij Areopagitæ, misit nuncios suos ad Henricum Imperatorem cum litteris suis vt diem eleuationis illius corporis protelaret, quo vsque per certos nuncios vtrum corpus Hiero-Martyris Dionysij Athenarum Archiepiscopi Discipuli Apostoli Pauli in Francia, in Ecclesia quam Dagobertus fundauerat, esset vel non, plenissimè certificarentur. Quo audito Imperator misit magnos viros & sapientes in Franciam, vt plenè rei veritatem agnoscerent. Visis nunciis Imperatoris Henricus Rex conuocauit Archiepiscopos, Episcopos & Barones totius Regni & cum Odone carissimo fratre suo ad Ecclesiam Beatissimi Martyris Dionysij totum corpus ipsius cum capite inuentum est exceptis duobus Ossibus de collo quæ sunt in Ecclesia Vergiacensi, & os quoddam de Brachio quod Stephanus Papa 3. secum ad Romanam portauit Ecclesiam & posuit in Ecclesia quæ hodie Schola Græcorum vocatur. Hæc videntes vniuersi populi lacrymis & suspiriis puras mentes eleuantes ad Dominum Deo & B. Mariæ Virgini & SS. Martyribus se commendantes cum gaudio recesserunt. Tunc Nuncij qui missi fuerant ad Imperatorem citissimè reuertentes super his quæ viderant & audierant, Imperatorem plenissimè certificauerunt. Hoc fuit factum tempore Leonis Papæ IX. an. D. 1050.

Contra Monachi Ratisbonenses Leonis IX. pro se diploma publicarunt, qui Conuentui Ratisbonensi & inquisitioni interfuerat. Est autem eiusmodi ad Henricum nostrum.

Leo Episcopus seruus seruorum Dei Carissimo filio inclyto Regi Fracorum ac venerabilibus fratribus Archiepiscopis, Episcopis & Dilectis in Christo filiis Abbatibus, Prioribus, Præpositis & Decanis, vniuersisque tam subditis, quam prælatis eiusdem Regni Sal. & Apost. Bened. & paulo post initium cum per instantiâ Serenissimi Imperatoris Henrici ad partes Germaniæ visitadas ac præcpuè ad vrbê quæ dicitur Ratisbona vel Regensspurg euocati essemus ad venerabile Corpus B. wolfangi eiusdê vrbis Episc. transferendû, Hoc ea qua decuit reuerentia & deuotione peracto, tui Francorû Rex in Christo fili Carissime, Nos legati tuorumque omniû vice solliciti rogarunt, quatenus lite quæ inter vos & vrbem prædictâ super sacrosanctis ossibus Beatissimi Dionysij Areopagitæ diutissimè ventilata veritate discussa est, dirimere curaremus, vobis quidem eadem apud vos esse dicentibus, ciuibus autem atque incolis vrbis præfatæ astruentibus è conuerso ea per inuictissimum Arnulphum quondam Imperatorem ad Ecclesiam B. Martyris Emmerani esse translata, ibidemque deinceps contineri. Quæ quidem Ecclesia inibi sita est, atque ab omni aliorum subiectione ac iurisdictione libera & excepta ad ius & proprietatem B. Petri Apostolicæ sedis immediate pertinere dignoscitur, oblatione videlicet excellentissimi Romanorum Imperatoris Caroli M. ac posterorum ipsius, qui eidem hactenus successerunt seu in Imperio seu in Regno. Id ipsum nihilominus venerabilis Abbas Reginwardus ac fratres eiusdem Ecclesiæ cum Vniuersitate Ratispona instantissima instantia petierunt fieri. Nos ergo vtriusque partis precibus inclinati, nec volentes vlterius corda fidelium huius dubij ambiguo caligare, in fratrum nostrorum ac plurium Episcoporum ac Prælatorum præsentia & conspectu scripta Arnulphi Augusti ordinemque rei diligentissimè perlegentes, nec eo contenti, capsas, thecas, & scrinia, in quibus sacræ reliquiæ condita dicebantur, ac titulos ac epigrammata eorundem oculo tenus solerti examine discutiendo, nihilque omittendo quod ad indagationê certitudinis pertinet, tam Imperialibus quam Papalibus antecessorum nostrorum litteris sufficienter instructi, picturis quoque parietum multiplicibus & sculpturis vetustissimis exprimentibus indicia veritatis & notas, indubitata fide comperimus dicti Doctoris & martyris ossa venerabilia excepta particula vnica simul & minima manus dextræ apud memoratum B. Emmeramni cœnobium integraliter contineri. Etenim ne testimonia hominum quæ iam diximus, non sufficerent, diuina quoque non defuere prodigia & portenta, quæ dubium omne penitus abegerunt, quæ nos quoque conscribi iussimus diligenter vohisque transmitti per vestros Nuncios ac Legatos, nec non apud Ecclesiam prædictam perpetuè conseruari, vt & ad posteros gestæ rei notitia deducatur & vlterius litigandi materia penitus conquiescat. Insuper & districtè præcipimus statuentes vt translationis illius veneranda solemnitas tum à fratribus eiusdem

„ Ecclesiæ, quam ab Vniuersis vrbis iam dictæ annis singulis cum omni iu-
„ cunditate & gaudio celebretur, totaque tripudiet Regio Germanorum
„ tanti Patris atque Patroni aduentui non ingrata. Vos autem in Christo
„ dilectissimi fili Rex Francorum tuique fideles quamuis inuidendi Teuto-
„ nicæ Genti videamini iustam quidem habere materiam, ita vt putatis, me-
„ rito de Alemannorum vocis lætitia sit dolendum, considerantes tamen & Dei
„ omnipotentis & inuicti Martyris sui voluntatem quem ablatum plagitis, conso-
„ lationis tandem admittite placamentum, pensantes attentius quod nec vobis ab-
„ latus est, quippe qui carissimos prædicationis suæ & passionis consortes Ru-
„ sticum & Eleutherium in dilectionis adhuc & tutelæ pignus & certitudinem de-
„ reliquit: nec dolete si Germanos iam visitare dignatus est, vel defunctus adhuc
„ viuens prædicauit & apud vos bonum certamen certando, cursum consummando,
„ do, fidem seruando triumphum peregit victoriosissimæ Passionis Apostolatus sui
„ super vos signa tam in vita perficiens quam in morte. Quin igitur in Alemaniam
„ ipsius ossa fouere non permittatis in solatium & tutelam, quem vobis Athenæ vt
„ Christum lucrifaceret, vos viuum recipere, audire & cœlo transmittere per-
„ miserunt? Accedit nihilominus consolationis & alia ratio, auctoritas scilicet &
„ excellentia substructoris. Pretiosum quidem Thesaurum vos perdidisse fatemur,
„ sed ablatoris attendite dignitatem, simulque Patris & Apostoli vestri gloriæ
„ congaudete, qui cum vos meritorum atque doctrinæ suæ gaza ditauerit, & re-
„ liquiarum saltem suarum.... ac apothecas tam deuotum furem sui corporis habet
„ quam insignem auro vtique & topazio meliorem, qui sui valore ad ossa sua san-
„ ctissima subtrahenda Cæsareum etiā verticem inclinauit. Nec Maiestas Impe-
„ rialis nec Regia Celtitudo Pij furis hic notam aut nomen erubuit in Arnulpho,
„ dummodo beati corporis opibus vel doli vel furti, vel sacrilegij modo sacrari at-
„ que ditescere mereretur, qui fures atque sacrilegos erat solitus condemnare,
„ dummodo Macharij Dionysij pretioso corpore sineretur, fur ipse tunc fieri & sa-
„ crilegus non contempsit Et post pauca. Præsentibus igitur dilectionem vestram
„ monemus attentius & hortamur in Domino districtè præcipientes quatenus Ru-
„ stico & Eleutherio piè contenti non fallentes vos metipsos & alios beatissimi
„ Dionysij ossa in urbe Ratisponensium apud Ecclesiam Beati Emmeram nimartyris
„ & noscatis & fateamini coruscare. Datum & actum Ratisponæ per manum Fri-
„ derici Diaconi Bibliothecarij & Cancellarij S. Romanæ Ecclesiæ Catholicæ &
„ Apostolicæ an. D. 1052. anno pontificatus D. Leonis IX. Papæ 4. Indict. 5. Non.
Octob. Launoyus diploma istud falsissimum esse & confictum multis argumentis demonstrat in suo de Areopag. iudicio, hoc præsertim Achillico argumento, quod nullus scriptor Arnulpho Imperatori, Henrico Regi & Leoni æqualis
aut suppar illius rei meminerit.

   Eodem anno regressus Romam Pontifex post Pascha in Laterano conuentum
habuit, ibique lectæ sunt Berengarij ad Lanfrancum litteræ, quas Remensis quidam Clericus attulerat. Aderat Lanfrancus, incertum quamobrem illuc profectus, nec caruit primò suspicione prauæ Doctrinæ communicatæque cum Berengario rei. Verum postquam scrupulum omnem ex animis amouit, de Doctrina in
litteris illis contenta, dictis sententijs impositum est Berengario silentium, indi-
ctaque frequentior synodus ad proximum Septembrem Vercellis, ad quam vocatus est Berengarius. Hac de re sic Lanfrancus in lib. de Euchar. Sacram. *Tempo-*
re S. Leonis Papæ delata est hæresis tua ad Apostolicam sedem, qui cum Synodo præsideret
ac resideret secum non parua multitudo Episcoporum, Abbatum diuersique ordinis à diuer-
sis regionibus religiosarum personarum, iussum est in omnium audientia recitari, quas mi-
hi de Corpore & sanguine Domini litteras transmisisti. Portitor quippe earum Legatus tuus
me in Normania non reperto tradidit eas quibusdam Clericis, quas cum legissent & con-
tra vsitatissimam Ecclesiæ fidem scriptas animaduertissent, zelo Dei accensi quibusdam
ad legendum eas porrexerunt, plurimis earum sententias verbis exposuerunt. Itaque fa-
ctum est vt non deterior de te quam de me fuerit orta suspicio, ad quem videlicet tales
destinasti, putantibus multis me fauere ac fouere quæ à te dicerentur, vel gratia qua te di-
ligerem, vel fide qua reuera ita esse indubitanter tenerem. Igitur cum à quodam Remen-
si Clerico Romam perlatas recitator legeret, intellecto quod Ioannem Scotum extolleres,
Paschasium damnares, communi de Eucharistia fidei aduersa sentires, promulgata est in

te damnationis sententia priuans te communione S. Ecclesiæ, quam tu priuare sanctâ eius communione satagebas. Post hæc præcepit Papa vt ego surgerem, praui rumoris à me maculam abstergerem, fidem meam exponerem, expositam plus sacris authoritatibus quam argumentis probarem: itaque surrexi, quod sensi dixi, quod dixi probaui, omnibus placuit, nulli displicuit.

Vt vero resciuit Berengarius damnatum se fuisse in Synodo Romana, & ad Vercellensem vocari, fugit in Normaniam ad Guillelmum Ducem, ac per amicos agit apud Henricum Francorum Regem, vt sibi fauentem habeat, in eamque rem vtitur opera Frollanti Episcopi Siluanectensis, cuius Responsales ad ipsum litteras infra referemus. Verum neutrum Principem in suas partes adducere potest. Guillelmus enim statim conuentum habet Episcoporum & doctorum virorum suæ ditionis in Castello Brionensi, in cuius valle situm est Beccense Cœnobium, Berengariumque cum quodam Clericoquem secum adduxerat, damnat tanquam malè de fide sentientem.

Ita expulsus Carnotum petit, vbi iam pridem erroris istius noui fama sparsa fuerat, & cum à quibusdam interrogaretur, quid de sacramento altaris sentiret, diu quasi elinguis mansit, ruptoq; tandè silentio dixit se tempore & loco responsurum. Extat tota huiusce rei narratio in tractatu quem edidit contra Berengarium Durandus primus Abbas Troarnensis de corpore & Sanguine Domini. Narrat enim parte 9. quomodo ipse in Normania se pro hæretico agnoscendum dederit, & in Conuentu Brionensi damnatus sit, eodem anno more Gallicano mense scilicet Martio die Annnnciationis: item in Parisiensi Synodo habita idibus Octobris an. 1051. quæ omnia acta fuisse indicat ante Concilium Vercellense. Ipsum audiamus.

Verum, inquit, quia multa etsi imperito dicendi genere, saluâ tamen sensuum veritate & fidei integritate dicta sunt de Dominici Sacramenti veritate, licet paucis conscientiam nostram excusatum iri, neque simplicibus & quibus sensus profunditas vel librorum non suppetit copia, simpliciter dictasse, fideliter intimasse quod non ego solus videor præsumpsisse. Alij namque idem nacti, occasionem venia dignam inueniuntur egisse, diuino vtique zelo impellente aduersusque hostes perfidos Ecclesiæ multa conscripsisse, quorum maxima multitudo nostra tempestate Francorum occupauerat Prouincias, & veneno suæ perfidiæ circumpositas inficere moliebatur regiones & loca. Porro erroris huius author videbatur & caput quidam Berengarius, cui plures Francorum, nonnulli quoque Normanorum, quos aut ipse docuerat, aut in discendi studio aliquantisper iuuerat, plurimum fauoris dependebant.

Is autem Dominicæ incarnationis an. 1053. Normanorum finibus irrepsit, & ad Cœnobium quod Pratellis appellatur appulit, Catholicoque viro, qui idem strenuè regebat Cœnobium, à quo & honestè satis exceptus fuerat, multa Blasphemus impiè delattauit. Quod ipse quoque eodem Abbate Ansfredo (seu Anfrido) nomine referente cum apud me super tanta impietate valde quereretur, non multo post agnoui. In multis itaque subtiliter ab eodem Abbate pertetatus, in multis perinde reprehēsibilis & perfidus est repertus. Qui inde digressus Normanorū Principem festinus adiit, quem sua quoque irretire perfidia subtiliter attentauit. Verum ille licet ætate adolescentiæ nec dum excederet annos, tamen illum, quia Catholicæ fidei merito præditus erat & gratia, callidè suspendit, secumque quoad Regni sui ad Mediterraneā deueniret sedē, Brionā vocabulo, detinuit. Vbi vndique coactis Catholicis ac sapientibus viris super eadem re disponebat conflictum haberi. Eo ergo ventum est, & res sequenti die ventilanda proposita. Tumque multi ex tota Normania sapientes, qui plurimi & clari habebantur, præfatum Hæresiarcham Berengarium cum alio quodam, quem secum adduxerat, clerico, in cuius eloquentia victoriæ spem sibi posuerat, ita coram omnibus confutauerunt, atque euidenti ratione superauerūt, quatenus silentium illis imponerent, verborumque quibus fidem Catholicam tuebātur, assensum ab eis extorquerent. Berengarius autem tandem non sine pudore euadens Carnotum petiit; vbi positus de eadem quęstione se consulentibus (audita quippe iam longè lateque res acta fuerat,) clericis eiusdem vrbis nulla respondit. Cum verò sibi opportunitas daretur, se responsurum promisit; vnde non multo post litteras

Conciliū Brionense in Normania contra Berengarium.

„ quas ipse legi dictauit: in quibus multa absurda fideiq; Catholicæ aliena anhe-
„ lus declamauit. Inter quæ Romanā Ecclesiā caput videlicet totius Christianita-
„ tis multa temeritate hæretico vocabulo denotauit: cum qua Rectorem eius Do-
„ minum scilicet Papam Leonem , cuius fides Catholica, spectabilis sapientia, lau-
„ dabilis habebatur industria , quem non excepit, pariter infamauit , seque ad
„ vtrumque conuincendum dum respondere differret , interrogantibus intendis-
„ se retulit. Tunc quippe instabat constituta dies Concilij postmodum Vercellis
„ habiti.
„ Has igitur puritatis , vt sibi videbatur , plenas , sed reuera multa vanitate re-
„ fertas Carnotensibus, qui sibi quæstionem intentauerant, destinauit. Cum au-
Concilia Parisiin-se contra Berengarium. „ tem tanti mali fama crebresceret & omnium corda fidelium vehementius per-
„ celleret , perque multos huiusmodi virus latenter & apertè iam serperet, conti-
„ git vt ad aurem etiam Regis Francorum Henrici perueniret , qui consulto sui
„ Regni Pontificum Procerumque Concilium Parisius cogi 17. Kal. Nouemb.
„ præcepit , ac præfatum Berengarium, vt aut sua dicta Patrum authoritate firma-
„ ret multis sibi obnitentibus , aut si ea defendere nequiret, in Catholicam, cui
„ obuiare non posset , fidem prudenter transiret, Interesse tantorum cœtui Pa-
„ trum imperauit.
„ Interea condicta venerat dies, frequensque conuentus Præsulum ac reliquo-
„ rum sancti ordinis Clericorum , nec non nobilium Laicorum Parisius factus est.
„ Sed iam dictus Berengarius malæ conscientiæ perculsus terrore, vt iustus erat eo
„ venire, distulit, seque cum Brunone suo videlicet Episcopo Andegauensi, sub quo
„ Archidiaconi fungebatur honore, pro eo maximè continuit , quia eodem errore,
„ vt pote tanti viri credulus & ipse noscebatur inuolui.
„ Interea Præsul Aurelianus (Isambardus) quosdam apices in scheda haud par-
„ ua digestos in conspectu omnium & Regis (intererat enim) protulit. Et præci-
„ piat, inquit, vestra Sanctitas has litteras à Berengario editas, si libet recitari, quas
„ ego quidem ab ipso nequaquam accepi, sed cum eas cuidam suo familiari nomi-
„ ne Paulo per Veredarium dirigeret, violenter rapui. Quibus susceptis & ad reci-
„ tandum traditis omniū aures eriguntur, ora in silentium componuntur, corda ad
„ intelligendum quæ continebantur in eis, præparantur. Sed inter legendum mul-
„ tum repente fit murmur , & per singula absurdi sensus verba grauis instrepit fre-
„ mitus. Infremit itaque omnibus talis lectio, & quoniam nequissima sordebat
„ hæresi, vehementer displicuit. Damnato proinde communi sententia talium
„ authore, damnatis eius complicibus cum Codice Ioannis Scoti, ex quo ea
„ quæ dānabantur, sumpta videbantur,Concilio soluto discessum est,ea conditio-
„ ne vt nisi resipisceret eiusmodi peruersitatis author cum sequacibus suis, ab
„ omni exercitu Francorum præeuntibus Clericis cum Ecclesiastico apparatu in-
„ stanter quæsiti vbicunq; conuenissent eo vsque obsiderentur, donec aut consen-
„ tirent Catholicæ fidei, aut mortis pœnas luituri caperentur.Quamobrem territi
„ non multo post in Concilio super fidei statu Conuenti, ita se, sicut Ecclesia tenet
„ Catholica, credere fideliter & sapere publicè professi sunt, delatis sanctorum pi-
„ gnoribus vt omnibus satisfacerent, atque de veritate fidei quam professi fuerant,
„ eos qui aderant, certos facerent, sacramentum dederunt. Sed omissa de talibus
„ relatione, quos post hæc ad Apostasiam & priorem vomitum audiuimus rediis-
„ se, libelli huius tenorem, in quo fidei nostræ sinceritatem iuxta Antiquorum Pa-
„ trum authoritatem multis eorum exemplis adhibitis, vt potuimus, fideliter osten-
„ dimus, claudamus. Dominum omnipotentem totis præcordiis glorifican-
„ tes , cuius est donum & gratia , vt fideliter credamus & benè agamus, qui viuit
„ & regnat in Trinitate vnica & vnitate perfecta per omnia secula seculorum
„ Amen.

Hunc ergo ponit ordinem Durandus inter Concilia, quæ contra Berengarium
habita sunt, vt Brionense Normanorum Prælatorum præcesserit. Patisiense totius Franciæ consecutum sit. Vltimum vero Ecclesiæ Romanæ & vniuersale
Vercellense à Pontifice habitum sit. At irrepsisse videtur error in numerum annorum, cum ait celebrata fuisse duo illa priora Concilia an. 1053. deinde Vercellense: quippe ex omnium pœnè Historicorum fide certum est Vercellense anno
saltem 1052. fuisse celebratum.

Ergo Henricus Rex ne minus generosus fidei defensor videretur, quam Willielmus, veritus ne malum ingrauesceret, nisi nascenti occurreretur, cum iam Eusebius Bruno Andegauensis Episcopus Berengario faueret, synodum Parisiis habere decernit ad idus Octob. an. 1051. Prius tamen quam eam haberet, à nonnullis còuentus est, aut per litteras monitus ne faceret, inter cœteros à Theodwino Leodiensi & Frollanto Siluanectensi Episcopis. Ille omnino dissuasit, quia cum Bruno Andegauensis se Berengarij fautorem præstaret, nec posset vt aiebat Episcopus absque authoritate summi Pontificis damnari, inutile fore Concilium eiusmodi contestabatur. Iste verò Henricum Berengario conciliare conatus est. Extant vtriusque in hanc rem litteræ. Priores quidem Theoduini ad Henricum sunt eiusmodi.

Gloriosissimo & inuictissimo Regi Francorum Henrico Theoduinus Leodiensis Antistes temporalis Regni gubernationem moderari, vt æternum cum Sanctis ab omnipotenti Deo meritò debeat coronari. Fama supremos Galliæ fines prætergressa totam Germaniam peruasit, iamque omnium nostrùm repleuit aures, qualiter Bruno Andegauensis Episcopus, item Berengarius Turonensis antiquas hæreses modernis temporibus introducendo astruant Corpus Domini non tam Corpus esse, quam vmbram & figuram Corporis Domini, legitima coniugia destruant, & quantum in ipsis est, baptismum paruulorum euertant. Quos ad reuinciendum & publicè confutandum eo zelo eoque feruore, quo erga sanctam Ecclesiam diuina inspiratione plurimum semper ardetis, aiunt vos Concilium aduocasse, vbi tandem illud totius nobilissimi Regni vestri heu nimis turpe opprobrium de medio auferatis, & in æternum si fieri potest, ab ipsa omnium memoria deleatis. O pia voluntas & verè Rege dignissima, quæ vtinam effectum habere possit, vt in tanto sacrilegio conuictos, quod certè facillimum est, absque vlla dilatione debita vltio consequeretur. Sed desperamus id fieri posse, cum Bruno existat Episcopus. Episcopum autem non oportet damnationis subire sententiam præter Apostolicam authoritatem. Igitur omnes quicumque sumus filii S. Matris Ecclesiæ, in maximo dolore positi sumus. Nam plurimum veremur, si illis miserrimis & perditissimis viris audientia S. Concilij, sicut ipsis de pœna securi postulant, permittatur, cum de tanta præsumptione reuinctos puniri minimè concedatur, grauissima scandala in omnium fidelium populo generari. Certè quod videbunt impunitos, & nequaquam à sui gradus honore deiectos, eosdem putabunt ab omni Concilio aut vinci non potuisse, aut iustificatos esse: eruntque, vt ita dicam, nouissima peiora prioribus. Ergo maiestatem tuam omnes exoratam vellemus, vt interim illorum impiam sacrilegam & nefariam assertionem audire contemneretis, donec acceptâ Romanæ sedis audientiâ damnandi potestatem haberetis. Quamquam eiusmodi homines nequaquam oporteat audiri, neque tam est pro illis Concilium aduocandum, quàm de illorum supplicio exquirendum. Tunc quippe Hæretici necessariò audiendi fuerunt, quando hæreses ipsæ & huiusmodi quæstiones, vt pote quæ nondum ad vnguem discussæ fuissent, in dubium venire potuerunt, vt per congressum certaminis patesceret, vtra pars staret pro defensione veritatis. Quod idem nunc profectò fieri non oportet, quia creberrimis sanctorum Patrum Conciliis, tum etiam venerabilium Doctorum clarissimis sententiis ita sunt omnia eliquata, vt ne minimum quidem resederit de omni fæce dubitationis... Quamobrem Brunonem & Berengarium iam anathematizatos arbitramur. Quod si ita est, verè illis audientia Concilij deneganda est, & cum vestris cumque nostris Episcopis, si ita vobis videtur, cum amico vestro Imperatore, cum ipso Papa, quæ vindicta in eos statuatur, deliberandum. Est enim iustum, vt quorum manus sunt contra omnes, omnium manus, etiam contra ipsos excitentur.

Similiter Frollantus seu Frollandus Episcopus Siluanectensis, cuius colloquium petierat Berengarius, excusans non obitum vadimonium, quia morbo detentus fuerat, rescribit se illi Regem planè conciliasse: & ex illius litteris intelligitur quanta inter eos necessitudo intercederet.

Epistola Frolandi ad Berengarium.

Domino & Fratri Berengario Frollantus Siluanectensium Episcopus suus. Quantum sapit fidelis gaudia futuræ felicitatis. Detentus vtraque infirmitate

„ non possum prout disposueram & tibi mandaueram huc ad te venire. Sed quæso
„ ora pro me & attentius, vt ea liberer quæ animam meam necat, ægritudine, &
„ nescio si in hoc præsenti seculo amplius te, Charissime Domine, videre potero:
„ sed satage vt in alio cum tranquillitate merear te videre. Et tamen si tandiu
„ Deus mihi vitam cum sospitate seruarit, vt opportunitas ad te mihi venien-
„ di esset, nunquam dimitterem, quin diu conceptum desiderium tui ad te
„ accedendo adimplerem, quia illud non auderem dicere, vt tu ad nostras partes
„ vel in hac Quadragesima orandi gratia dignareris aduenire. Quodsi tanta circun-
„ septus fuero infirmitate, quod neque tu ad me valeas venire; & si præoccupatus
„ morte fuero, animam meam tibi committo, mitte pro ea ad cœlestem curiam
„ obsecrationes nuncias, roga Archangelorum & Apostolorum Principes, & cæ-
„ teros illius aulæ centuriones, qui tanto Regi adsistunt familiares, vt illi dignen-
„ tur suggerere, quatenus peccatricem meam animam liberari præcipiat de mortis
„ carcere: immo tu ipse fultus orationis munere interdum & sæpius piissimum Re-
„ gem, vt pro aliis soles pro me aggredere, & per te fiducialiter obsecra, vt digne-
„ tur mihi parcere. Domnum R. Abbatem & cæteros Dominos & fratres, quos
„ mihi tua Dilectio acquisiuit, sub meo nomine saluta, & in orationibus suis,
„ mei meminerint, obsecra. Quidquid tibi placuerit, mihi remanda. Illud volo
„ fraternitas tua nouerit, quod multum firmiter aquisiui tibi gratiam Domni
„ mei Regis. Vale & quamuis monitore non egeas, vt mei memineris, attende.

Veruntamen Rex veritus ne hisce Doctrinis & quæstionibus tam Regnum quam Ecclesia turbaretur, synodum habuit Parisiis frequētissimam Episcoporum & Magistrorum, vt supra dictum est: ad eamque iussus est venire Berengarius author schismatis. Sed ille metuens carcerem, venire recusauit: scripsit vero ad amicum quendam eique arcana mentis credidit. Porro ipsius litteræ in synodo cui Rex aderat, exhibitæ sunt *quarum lectio*, inquit Durandus, *quoniam nequissima sordebant hæresi, vehementer displicuit: damnato proinde communi sententia taliumautho-re: damnatis etiam eius Cūplicibus cum Codice Ioannis Scoti, ex quo ea quæ damnabantur, sumpta videbantur*. Addit Durandus. *Concilio soluto discessum est, ea conditione, vt nisi resipisceret eiusmodi peruersitatis author cum sequacibus suis, ab omni exercitu Francorum præeuntibus Clericis Ecclesiastico apparatu quæsiti vbicumque conuenissent, eo vsque obsiderentur, donec aut consentirent Catholicæ fidei, aut mortis pœnas luituri caperentur*.

Ex his intelligitur iam tum fuisse magnum hæreseos istius fautorum numerum, vt bello persequendi essent, nisi ad saniorem mentem doctrinamque redirent; istique malo celeriter occurrere oportuisse, ne in dies impunitatis spe numerus accresceret, neve Francia Principum factionibus, quæ eiusmodi schismata subse qui solent, turbaretur. Decretum vero istius Synodi adeo terruit Berengarium, vt ad Concilium Vercellense quod eodem anno, vel vt alij scribunt, anno 1052. habitum est, ire non ausus fuerit etiamsi nominatim vocatus & citatus fuisset.

Misit vero tantum illuc duos clericos, quos Franciscus de Roye in eius vita suspicatur fuisse Freualdum & Waldonē erroris adstipulatores qui Magistri absentiam excusarent, ipsiusq; nomine agerent: adfuit autem ibi Lanfrancus, quem Papa penes se retinuerat, iussusque dogma quod asserebat, explanare, orthodoxū esse probauit, contrariumque omnino hæreticum: vt scribit idem Lanfrancus his verbis ad Berengarium. *De hinc declarata est synodus Vercellensis, quæ tunc proximo septembri eodem præsidente pontifice est celebrata Vercellis, ad quam vocatus non venisti. Ego vero præcepto ac precibus præfati Pontificis vsque ad ipsam synodum secum remansi. In qua in audientia omnium qui de diuersis huius mundi partibus illuc conuenerant, Ioannis Scoti liber de Eucharistia lectus est ac damnata, sententia tua exposita ac damnata, fides S. Ecclesiæ quam ego teneo, ac tenendam adstruo, audita, & concordi omnium assensu confirmata. Duo Clerici qui legatos tuos se esse dixerunt, volentes te defendere, in primo statim aditu defecerunt & capti sunt. Ab hac sententia nunquam discessit S. Leo, in omnibus conciliis fuit, seu quibus ipse præsentiam suam exhibuit, seu quæ per legatos suos in diuersis Prouinciis congregari instituit. Quæ sententia non effugit successorem quoque suum felicis memoriæ Papam Victorem, sed quidquid de hac re seu cæteris ipse statuit, statuiue præcepit, hoc etiam iste sua atque Conciliorum suorum authoritate firmauit*.

Willelmus Malmesburiensis l. 2. de gestis Reg. Angl. scribit Berengarium tunc

Vniuersitatis Parisiensis. 423

primo errorem suum reuocasse: sed cum teste Lanfranco præsens non interfuerit, sed tantum per legatos, si quid tunc reuocatum est, per eos constat fuisse reuocatum. Cui reuocationi non modo non acquieuit Lanfrancus, quinimo cōquestus est se indicta causa fuisse damnatum, auditis tantummodo clericis seu scholaribus, qui mentem suam non satis fuerant assecuti. Vnde contumacior factus, acrius quam ante errorem suum defendit. Igitur Henricus Rex consulere volens saluti & quieti publicæ, ipsum licet alias sibi amicum & familiarem obmutescere iubet, imo beneficiis spoliat: qua de re queritur Berengarius apud amicum quendam suum Richardum: nec minus tamen sententiam suam deffendere pergit, & Ioannem Scotum laudat vt orthodoxum, Paschasium Corbeiensem damnat vt insanum & ineptum. Eius ad Richardum Epistola talis est.

Dilecto Fratri Richardo Berengarius salutem & sospitatem. Quia facile vobis factum esse cum Rege loqui non nescio, vellem si videretur & vobis illi verbum aliquod pro me faceretis, si forte humanitatis, liberalitatis, dignitatisque Regiæ atque Christianitatis reputatio aliqua munificentia compensaret damnum, quod in Clerico Ecclesiæ suæ iniustissimè ac Regia Maiestate indignissimè tantum intulit. Quod si facit ab immodica culpa, si modica expensa non modicum exoluit : si autem non facit, me tamen præsto nihilominus habet in eo vno seruire Regiæ Maiestati, vt satisfaciam secundū scripturas illi & quibus velit. Iniustissimè damnatum Ioannem Scotum, iniustissimè nihilominus assertum Paschasium in Concilio Vercellensi, peruerse & Regio auditu indignissimè exposuisse illi Clericos Carnotenses, si ita res acta est, quomodo ad me peruenit sententia de Eucharistia, quam in scriptura habet gloriosæ memoriæ Fulberti Episcopi. Quam Quidam Episcopi ipsius putant fuisse ntentiam: sed est B. Augustini: *Væ autem Prophetis qui Prophetant de corde suo, qui dicunt hæc dicit Dominus, cum Dominus non sit locutus*, Propter Ascelinum dico, quòd B. Augustini verba ad prauitatem sui erroris detorquere non timuit; sicut quidam Compatriota illius, qui apud Pictauum inter discutientes eandem B. Augustini sententiam, hanc Coniecturam non est confusus inferre. Propheta dicit transitorium sacramentum quod per fauces transiret in ventrem. Quod autem hoc minus fidelitatis meæ seruitium refugiat, nouerit quæ scribit Ioannes Scotus, monitu illum scripsisse præcarioque Karoli Magni (id. *Calui, qui suis temporibus Magnus quoque appellatus est*.) Antecessoris sui, qui quantum circa res quærendas perstrenuus, tantū circa Religionem deuotus, ne incrustorum Cardinaliumque illius temporis præualeret ineptia. Erudito verò Ioanni illi imposuit colligere de Scripturis, quæ ineptiā illam conuerterent, Vnde ferat oportet defuncto patrocinium contra calumnias nunc viuentium, ni se mauult exhibere indignum successione & sede illius magnifici Antecessoris sui, qui etiam circa negotium intelligendarum Scripturarum sollicitus ab erudito viro non ad tenebrandum veritatis lumen tale exegit obsequium. Sacramentum quidem transitorium est, veritas verò quæ per ipsum operatur, & gratia qua insinuatur æterna participatio sacramenti, multorum est, paucorum communio Charitatis. Qui Dominum purè diligit, bene ad sacramentum accedit Mandatum nouum Charitas. Testamentum nouum promissio Regni Cœlorum, pignus hæreditatis, id est sacramentum Communionis.

Inter hæc obit 13. Kal. Maij. an. 1054. Leo Pontifex omnibus bonis flebilis, eique succedit Victor II. natione Sueuus, qui decessoris sui vestigiis inhærens, vt omnem tergiuersationis & absentiæ prætextum Berengario auferret, ita postulante Henrico Francorum Rege Concilium Turonis haberi voluit per Hildebrandum Romanæ Ecclesiæ Archidiaconum & Legatum suum. Is est Hildebrandus, qui postea ipse Pontifex factus Gregorij VII. nomen accepit. *1054.*

Berengarius audita Leonis morte, verbis & scriptis, clam & palam lacerat eius memoriam, nec eorum famæ parcit qui Concilio Vercellensi interfuerant. Ait infatuatione Lanfranci infatuatum Leonem Concilium vanitatis adunasse, neq; ipsum Pontificem, sed Pontpificem & Pulpificem appellat, teste Guimundo, maledictaque in eum congerit, quæ potest homo furore amens. Sed post aduentum Hildebrandi in Galliam linguam compressit aliquandiu, donec ea quæ acturus venerat, peracta fuissent.

Ergo ille anno 1055. Turonis frequentem habet Episcoporum aliorumque Præ- *1055.*

latorum & Doctorum seu Magistrorum in Theologia synodum: ad eamque Berengarium citat. Tunc erat Ecclesiæ Turonensis Archimysta Bartholomæus frater Ioannis Domini de Cainone, in cuius Episcopio prædictus Legatus hospitatus est. Condicta die dedit Berengario præsenti optionem defendendæ causæ suæ, aut subscribendi Decreto synodi Vercellensis: at ille abiecta causæ defensione confessus coram omnibus communem Ecclesiæ fidem, pollicetur se nunquam ab ea discessurum dato propriæ manus sacramento, inquit Guitmundus l.1. hac de re sic ad eum scribit Lanfrancus. *Denique in Concilio Turonensi, cui ipsius, (nempe Victoris) interfuere ac præfuere Legati, data est tibi optio defendendi partem tuam: quam cùm defendendam suscipere non auderes, confessus coram omnibus communem Ecclesiæ fidem, iurasti te ab illa hora ita crediturum, sicut in Romano Concilio te iurasse est superius comprehensum.*

Vtriusque Concilij, Vercellensis scilicet & Turonensis meminit Willielmus Malmesburiensis l. 3. de Gestis Anglorum. *Fuit*, inquit, *hoc tempore Berengarius Turonensis Hæresiarcha, qui panem & vinum in altari apposita post consecrationem sacerdotis verè & substantialiter Corpus Domini, sicut S. Ecclesia prædicat, esse denegabat. Vnde sodalitati Catholicæ timēs sanctissimæ memoriæ Leo Papa Vercellis contra cum instituto Concilio tenebras nebulosi erroris Euangelicorum testimoniorum fulgore depulit: sed cùm post obitum eius virus hæreseos in finibus quorundam nebulonum diu confotum iterum erumperet, Hildebrandus, cum Archidiaconus esset, Turonis, mox Papa Romæ adunatis Conciliis conuictum ad dogmatis sui anathema compulit. Berengarius planè quamvis ipse sententiam correxerit, omnes quos ex totis terris deprauauerat, conuertere nequiuit. Quod Episcopum Carnotensem prædixisse aiunt.*

Hildebrandus igitur conuictum videns Berengarium, cumque ratus verè pœnitētem hæresi suæ omnino renunciasse, humaniter eum monuit, ne vnquam recederet ab Ecclesia Catholica, ac propriæ manus sacramento satisfacientem clementer suscepit, teste Guitmundo. Quod sacramentum exigi solebat pro recta fide à sacerdotibus. Et tale exegit postea Ludouicus VII. ab Algrino Aurelianensi Archidiacono, cui Rex permisit vt se solà manu purgaret.

1056. Anno 1056. 3. non. Octob. obit Henricus II. Imperator Romanorum, & Spiræ sepultus est: qui ne pestis illa Berengariana Germaniam inficeret, solerter & diligēter prouiderat. Ei succedit Henricus III. impubes, & sub Agnetis Matris & Annonis Coloniēsis Archiepiscopi tutela Imperium administrat, donec ipse per ætatem, (erat enim quinquennis tantummodo) solus gubernare potest: sed eius regnum seditiosum valdè fuit & turbulentum, vt ex dicendis constabit. Ipso autem Victore Papa præsente Germaniæ regnum capessit, qui iám triennio ante præcipuo Patris beneficio Rex fuerat consecratus.

Porro idem Pontifex omnino cupiens extingui Berengarianam hæresim, quam Leo in Italia, ipse in Prouincia Turonensi, Guillelmus Princeps in Normania, Henricus Rex in vrbe & Academia Parisiensi confixerant, iubet etiam in Remensi Prouincia profligari; atque in eam rem mandat Geruasio Barbet Castroledensi, viro, vt habetur in Fragmento Floriacensi, *linguâ facundo, iustitiâ insigni, nobili genere, virtute nobiliori*, è sede Cenomanensi ad Remensem translato, vt synodum conuocet: Quam ille quidem indixit ad an. 1057. sed Victore interim è viuis sublato, cui successit Stephanus, effectum non habuit. Stephanus iste, antea Fridericus dictus, Abbas Cassinensis sedit tantum 4. menses: nec causæ Ecclesiæ indormiuit: quippe cum Geruasius ab eo petiisset rescribi sibi, an ad corroborandam synodi Remensis authoritatē accedere necesse esset consensum Henrici Regis, Romæ ipse Concilium indixit, cui & Geruasium interesse præcepit. At eo morte præuento nihil agi potuit. Obit autem 4. April. an. 1058. dum Normanos, qui duce Guiscardo Siciliam occupauerant, & Ecclesiæ fines afflictabant, propellere curat, Ecclesiamque ipsam Simoniaca peste & sacerdotum coniugiis purgare: quam in rem vtebatur opera Petri Damiani, qui tunc temporis florebat sanctitate, doctrina, atque gerendarum rerum peritia.

Ne verò interdicerentur sacerdotum coniugia, obstitit Guido Mediolanensis Præsul Nobilium fauore subnixus, contra Papam & Ciues, qui infames illas nuptias detestabantur. Eóque res processit, vt coniugati sacerdotes non amplius publicè

Vniuerſitatis Parisienſis.

publicè ſacrum facere Mediolani auderent, ſed in loco quodam qui *Pataria* dicebatur facere cogerentur. Vnde à pueris *Patarini* dicti ſunt: & hinc fluxit *Patarinorum* hæreſis. Nam Guido in ſua ſententia obſtinatus apud Fontanetum in agro Nouarienſi ex conſenſu & mente ſuorum Coëpiſcoporum Clericis vxores habere permiſit, ſicque omnium bonorum odium in ſe concitauit.

Anno igitur 1058. Florentiæ vbi deceſſerat, habitis Comitiis Tuſculani Comites Primoribus Cleri pecuniâ corruptis cum armatorum manu irrumpentes, propinquum ſuum Ioannem Epiſcopum Veliternum plurimis Epiſcopis & Cardinalibus aduerſantibus & e Conuentu clam dilapſis, per quendam Eccleſiæ Oſtienſis Presbyterum hominem ignarum, ad Apoſtolatus apicem prouehunt & Petrum Damiani Oſtienſem Epiſcopum eum adorare cogunt, item & cæteros qui remanſerant: is pſeudo-Pontifex Benedicti X. nomen accepit. Reuerſo verò ex Germania Hildebrando, quò eum ad Henricum Imperatorem miſerat Stephanus, cæteri qui in eiuſmodi electionem non conſenſerant, legitimum Pontificem adulterino opponendum eſſe decernunt. Quod ſentiens Benedictus ſeque malè promotum agnoſcens, poſt nouem menſes & dies 20. Papatu cedit, & Gerardus Burgundio ſeu Allobrox Epiſcopus Florentinus creatur, qui Nicolai II. nomen aſſumpſit 3. non. Ian.

1058.

In iſta autem Romanarum rerum mutatione & confuſione Berengarius poſt damnatam in Concilio Turonenſi hæreſim, velut canis ad vomitum redit, opportunam ratus occaſionem inſtaurandi ſchiſmatis: non audet tamen publicè reuocare quod iurauerat, metu carceris, ſed clam & in priuatis Conuentibus, ſummiſſiſque Diſcipulis pecuniâ corruptis: vt docent veteres quædam Tabulæ San-Victorinæ, quas refert Ioannes Picardus S. Victoris Canonicus in notis ad Ep. 1. S. Anſelmi Cantuarienſ. & quæ tales ſunt. *Verum ſeductiſſimus homo, Berengarius, atque peruicaciſſimus ad ſubuertendum, in ſalubri propoſito fideliter non ſtetit, ſchiſmatis crimen iurisjurandi violatione cumulans: & quia timor pœnæ retinebat, ne publicè prædicaret quod publicè damnauerat, idem ſecretis diſputationibus domi inſuſurrabat, atque per Diſcipulos pecuniâ corruptos pariter ac fallacia peregrè transſlegerat.* Idem ferè habet Malmeſburien. l. 3. de Regibus Angl. Et Mathæus Pariſienſis in Vvillielmo II. *Si quidem per egenos Scholares, quos quotidianis ſtipendiis ſuſtentabat, eandem paſſim hæreſim diuulgabat.* Ipſe quoque libellos quoſdam in vulgus emittit erroris ſeminatrices, donec Nicolaus hominem conſtringendum ratus, Concilium Generale indicit Romæ, quò ex omnibus orbis Chriſtiani partibus Prælatos conuenire iubet, nominatimque Berengarium; & 4. proponit capita futuræ deliberationis, Collationem ſeu inueſtituras, vt aiunt, Eccleſiarum, coniugia Clericorum, deprædationem Normanorum & quæſtionem Euchariſtiæ.

Ergo Anno 1059. vel vt vult Bertholdus anno 1060. menſe Aprili habitum eſt Concilium Romanum ſeu Lateranenſe 113. vel 118. Epiſcoporum, vbi capita præallata propoſita & examinata ſunt, quæ, quanquam paulò ab Hiſtoriâ noſtrâ diſcedimus, non erit tamen inutile hiſce annalibus inſerere. Igitur quoad inueſtituras Eccleſiarum & creationem ſummi Pontificis quam voluit Nicolaus deinceps pendere à Cardinalibus, ſic ſtatuit, vt legitur in Chronico Virdunenſi.

1059.

Nouit Beatitudo veſtra, Dilectiſſimi fratres & Coëpiſcopi, inferiora quoque membra non latuit defuncto piâ memoriâ Domino Stephano deceſſori noſtro, hac Apoſtolica ſedes, cui Deo authore deſeruio, quot aduerſa pertulerit, quot denique per ſimoniaca hæreſis trapezitas, malleis & crebris tunſionibus ſubiacuerit. Adeo vt columna Dei viuentis iam iam penè videretur nutare & ſagena ſummi piſcatoris procellis intumeſcentibus in naufragij profunda ſubmergi. Vnde ſi placet fraternitati veſtræ, debemus auxiliante Deo futuris caſibus prudenter occurrere, & Eccleſiaſtico ſtatui, ne rediuiua, quod abſit, mala præualeant, in poſterum præuidere. Quapropter inſtructi Prædeceſſorum noſtrorum aliorumque SS. Patrum authoritate decernimus, atque conſtituimus, Vt obeunte huius Rom. Vniuerſalis Eccleſiæ Pontifice imprimis Cardinales Epiſcopi diligentiſſimâ ſimul conſideratione tractantes, mox ſibi Clericos Cardinales adhibeant, vt nimirum ne vanalitatis morbus qualibet occaſione ſubrepat, religioſi viri præduces ſint in promouendâ Pontificis electione, reliqui autem ſequaces. Et certè rectius atque legitimus hic Electionis Ordo perpenditur, ſi perſpectis diuerſorum Patrum regulis ſeu geſtis, etiam illa B. Leonis sententia recolatur. Nulla, *inquit*, ratio finit, vt inter Episcopos habeantur, qui nec à Clericis sunt electi nec à pluribus expetiti, nec à comprouincialibus Metropolitani iudicio consecrati. *Quia verò sedes Apostolica cunctis in Orbe terrarum præfertur Ecclesiis, atque ideo super se Metropolitanum habere non potest, Cardinales Episcopi proculdubio Metropolitani vice funguntur, qui electum Antistitem ad Apostolici culminis apicem prouehunt. Eligant autem de ipsius Ecclesiæ gremio si repertus fuerit idoneus, & si de ipsa non inuenitur, ex alio assumatur saluo debito honore & reuerentia dilecti filij nostri Henrici, qui impræsentiarum Rex habetur & futurus Imperator Deo concedente speratur, sicut iam sibi concessimus, & successorum illius qui ab hac Apostolica sede personaliter hoc ius impetrauerint. Quod si prauorum atque iniquorum hominum ita peruersitas inualuerit, vt pura, sincera, atque gratuita electio fieri in vrbe non possit, Cardinales Episcopi cum Religiosis Clericis Catholicis & Laicis licet paucis ius potestatis obtineant eligere Apostolicæ sedis Antistitem, vbi congruentius indicauerint. Planè postquam Electio fuerit facta, si bellica tempestas vel qualiscumque hominum conatus malignitatis studio restiterit, vt is qui electus est in Apostolica sede iuxta consuetudinem inthronizari non valeat, electus tamen sicut Papa authoritatem obtineat regendi sanctam Rom. Ecclesiam & disponendi omnes Facultates illius, quod B. Gregorius ante electionem suam fecisse regnoscimus. Quod si quis contra hoc Decretum nostrum synodali sententia promulgatum per seditionem vel præsumptionem aut quodlibet ingenium electus seu inthronizatus fuerit, authoritate Diuina & SS. Apostolorum Petri & Pauli perpetuo anathemate cum suis authoribus, fautoribus, sequacibus, à liminibus S. Dei Ecclesiæ separatus subiiciatur sicut Antichristus & inuasor atque destructor totius Christianitatis. Nec aliqua super hoc audientia aliquando ei reseruetur, sed ab omni Ecclesiastico gradu in quocumque prius fuerat, sine retractatione deponatur. Cui quisquis adhæserit, vel qualemcumque tanquam Pontifici reuerentiam exhibuerit, vel in aliquo eum defendere præsumpserit, pari sententiâ sit mancipatus. Quisquis autem huius nostri Decreti vel sententiæ temerator extiterit, & Rom. Ecclesiam suâ præsumptione confundere & perturbare contra hoc statutum tentauerit, perpetuo anathemate atque excommunicatione damnetur, & cum impiis quando resurgent in iudicio, reputetur. Omnipotentis scilicet Patris & Filij & Spiritus S. contra se iram sentiat, & SS. Apostolorum Petri & Pauli, quorum præsumit confundere Ecclesiam, in hac vita & in futura furorem reperiat, fiat habitatio eius deserta, & in tabernaculis eius non sit qui inhabitet, & fiant filij eius orphani & vxores eius viduæ. Commotus amoueatur ipse & filij eius & mendicent & eijciantur de habitationibus suis. Scrutetur fœnerator omnem substantiam eius & deleant alieni labores eius. Orbis terrarum pugnet contra illum & cuncta elementa sint ei contraria & omnium Sanctorum quiescentium merita illum confundant & in hac vita super eum apertam vindictam ostendant. Obseruatores autem huius nostri Decreti Dei omnipotentis gratia protegat, & authoritate BB. Apostolorum Petri & Pauli ab omnibus vinculis absoluat. Nicolaus Episcopus S. & Apostol. Rom. Ecclesiæ huic Decreto à nobis promulgato subscripsi: Bonifacius Alban. subscripsi. Humbertus S. Ecclesiæ siluæ Candidæ subscripsi. Petrus Ostiensis Ep. subscripsi, &c. cæteri Episcopi numero 76. cum Presbyteris & Diaconis subscripserunt.*

Ex hoc tempore Cardinalium S. R. E. Dignitas longè maiori in pretio esse cœpit: vt notant historici. De 2. autem capite nempe de coniugio Sacerdotum, sic in eodem Concilio statutum est.

Nicolaus Episcopus S. S. D. Omnibus Archiepiscopis, Episcopis, Abbatibus, Clericis & Laicis fidelibus tam maioribus quàm minoribus pr omnes Gallias commorantibus, imò Aquitanicis, Vasconibus Sal. & Apost. bened. Quicumque sacerdos Diaconus & Subdiaconus post institutum B. memoriæ prædecessoris nostri Leonis Papæ de Castitate Clericorum Concubinam palam duxerit, vel ductam non reliquerit, ex parte Dei omnipot. authoritate BB. Apostolorum Petri & Pauli præcipimus & omnino contradicimus, vt Missam non cantet, neque Euangelium aut Epistolam ad Missam legat, neque in Presbyterio ad Diuina officia cum his qui præfatæ Constitutioni obedientes fuerint, maneat, neque partem ab Ecclesia recipiat: quousque à nobis sententia super huiusmodi Deo concedente procedat. Et præcipientes Statuimus, vt hi prædictorum Ordinum qui eidem prædecessori nostro obedientes eius institutum seruauerint, iuxta Ecclesias quibus ordinati sunt, sicut oportet religiosos Clericos, simul manducent & dormiant, & quidquid ab Ecclesiis competit, communiter habeant.

De Re Normanorum, quæ tertium caput erat, quia eis abſentibus transfigi non poterat, inquit Sigonius, placuit conuentum transferre Melfim in Apuliam. Reliquum eſt 4. caput quod ad Berengarium pertinebat. Iuſſus autem eſt Berengarius qui ibi aderat, ſententiam exponere, & expoſuit pluribus verbis ſacrificium Miſſæ figuram eſſe tantummodo Corporis & ſanguinis Chriſti, eoque confidentius, quod antequam haberetur Concilium, in priuatis colloquiis penè Nicolaum ipſum infecerat & corruperat. Contra eum producti ſunt duo validiſſimi Pugiles Lanfrancus & Albericus Caſſinenſis: de priore ſic ſcribit Henricus de Knygton lib. 2. de Euentib. Angl. c. 5. vbi poſtquam dixit Nicolaum ferè à Berengario fuiſſe corruptum, ſubdit de Lanfranco. *Surgens vero Lanfrancus rationes Berengary improbauit & errorem eius manifeſtauit. Reſpondit Berengarius aut tu es Lanfrancus, aut tu es Diabolus: Reſpondit Lanfrancus. verè Lanfrancus ſum, ſed tu es hæreticus.* ET QVANDO IN SCHOLIS MILITAVIMVS, SEMPER CONTRA FIDEM CATHOLICAM AVTHORITATES COLLEGISTI.

De poſteriore Leo Oſtienſis ſic habet. *Eique* (Berengario) *cum nullus valeret obſiſtere, Albericus Caſſinenſis Diaconus euocatur ad ſynodum. Quo cum veniſſet, poſt multos verborum conflictus cum neuter cederet, Albericus vnius hebdomadæ acceptis induciis librum aduerſus eundem Diaconum Berengarium edidit de Corpore Domini SS. Patrum teſtimoniis roboratum: in quo omnes aſſertiones eius deſtruxit æternaque obliuione deleuit.*

Ita confuſus Berengarius petiit edi ſibi fidei formulam, cui ſubſcribere ſe dixit paratiſſimum. Id vero onetis iniungitur Humberto de Silua Candida Cardinali Burgundioni, vt eam ſcribat, retractationemque Berengario dictet fidei conſonam. Ille vero editam Concilio profert, quæ lecta & approbata fuit, eique ipſe Berengarius ſubſcripſit: neque ſubſcripſit modò, ſed libros etiam, quos contra receptam ſententiam compoſuerat, in ignem coniecit. Formula autem talis eſt.

Ego Berengarius indignus S. Mauricij Andegauenſis Eccleſiæ Diaconus cognoſcens veram Catholicam & Apoſtolicam fidem, anathematizo omnem hæreſim præſertim eam, de qua hactenus infamatus ſum quæ adſtruere conatur panem & vinum quæ in altari ponuntur, poſt conſecrationem ſolummodo ſacramentum & non verum Corpus & ſanguinem Domini noſtri I. C. eſſe, nec poſſe ſenſualiter niſi in ſolo ſacramento manibus ſacerdotum tractari vel frangi aut fidelium dentibus atteri. Conſentio autem Romanæ & Apoſtolicæ ſedi, & ore & corde confiteor de Sacramentis Dominicæ menſæ eandem fidem me tenere quam Dominus & venerabilis Papa Nicolaus & hæc ſancta Synodus authoritate Euangelica & Apoſtolica tenendam tradidit: mihique firmauit, ſcilicet panem & vinum quæ in altari ponuntur, poſt conſecrationem non ſolum ſacramentum ſed etiam verum Corpus & ſanguinem Domini noſtri I. C. eſſe & ſenſualiter non ſolum ſacramento, ſed in veritate manibus ſacerdotum tractari, frangi & fidelium dentibus atteri. Iurans per ſanctam & homouſion Trinitatem & per hæc ſacroſancta Chriſti Euangelia. Eos vero qui contra hanc fidem venerint cum dogmatibus & ſectatoribus ſuis, æterno anathemate dignos eſſe pronuncio. Quod ſi ipſe aliquando contra hæc aliquid ſentire aut prædicare præſumpſero, ſubiaceam Canonum ſeueritati. Lecto & perlecto ſponte ſubſcripſi.

Hæc formula legitur apud Lanfrancum, Guitmundum, Algerum eamque Iuo Carnotenſis in ſuo Decreto & Gratianus in ſuo inſeruerunt. Addit vero Lanfrancus. *Cum ergo veniſſes Romam, non auſus es defenſare quod antea ſenſeras: poſtulaſti Nicolaum Pontificem eiuſque Concilium quatenus fidem quam tenere oporteret, verbis tibi traderet, ſcripturâ firmaret. Iniuncta eſt huius rei cura Humberto Epiſcopo. Itaque verba fidei ſuperius comprehenſa ſcripſit, recitauit, adſenſu omnium ad legendum & conſtendum tibi tradidit, Tu vero acquieſcens accepiſti, legiſti, confeſſus es, te ita credere in reiurando confirmaſti & tandem manu propriâ ſubſcripſiſti. Nicolaus Papa gaudens de conuerſione tua, iuſiurandum tuum ſcriptum miſit per vrbes Italiæ, Galliæ Germaniæ, & ad quæcumque loca fama tuæ prauitatis antea potuit peruenire, vt ſicut Eccleſiæ ſcandalizatæ prius dolebant de te auerſo atque aduerſo, ita poſtea gauderent gratiaſque Deo agerent de reuerſo atque conuerſo.*

Cum ergo Berengarius in ea verba iuraſſet, librum Ioannis Scoti & ſuos proprijs manibus in ignem coniecit teſte Guitmundo lib. 3. in fine, & Lanfranco. *Tu quoque inclinato Corpore, ſed non humiliato corde ignem accendi libroſque peruerſi* dogmatis in medio sancti Concilij in ignem coniecisti. Iurans per id quod rebus omnibus incomparabiliter maius est, fidem à Patribus qui præsentes erant, traditam, inuiolabiliter te seruaturum, veteremque Doctrinam tuam de Corpore & sanguine Domini ab illa die aliis non prædicaturum.

Dum hæc ita Romæ geruntur mense Maio eiusdem anni Henricus sentiens se morti propinquum, Philippum filium suum vix septennem Remis per Geruasium Archiepiscopum consecrari iubet, qui antequam Epistola Missæ legeretur, vertens se ad Philippum exposuit ei Catholicam fidem, petiitque an eam tueri paratus esset. Quo annuente & se paratum dicente, delata est professio fidei his verbis conscripta quam ipse Philippus legit.

„ Ego Philippus Deo propiciante mox futurus Rex Francorum in die ordinatio-
„ nis meæ promitto coram Deo & sanctis eius, quod vnicuique de vobis commis-
„ sis Canonicum Priuilegium & debitam legem atque iustitiam conseruabo, &
„ defensionem quantum potero, non inde exhibebo, sicut Rex in suo Regno vni-
„ cuique Episcopo & Ecclesiæ sibi commissæ per rectum exhibere debet, populo
„ quoque nobis credito me dispensationem legum in iure consistentem *nostra au-
thoritate concessurum*. Huicce inaugurationi interfuerunt 3. Archiepiscopi, 18. Episcopi 26. Abbates & Legati sedis Apostolicæ, quam non ante Geruasius absoluit quàm obtinuit à Rege summum Franciæ Cancellariatum more Maiorum & Antecessorum suorum. Quà de re sic legitur in Manuscripto Codice Monasterij S. Theodorici.

His & cæteris adstantibus Gernasius verbum habuit coram Rege quia esse deberet sicut sui Antecessores fuerant, summus Regis Cancellarius. Quod eodem Rege gratissimè annuente & cæteris conniuentibus, prædictus Pontifex sibi & Ecclesiæ suæ obtinuit. Scilicet quia verum sit quod ab antiquo ita fuerit, legitur in præceptione præcepti quod Karolus Rex de rebus S. Walburgis fecerat hoc modo. Goslenus Cancellarius scripsit & subscripsit ad vicem Heriuæi Archiepiscopi summique Cancellarij. Geruasius vero octauus fuit Archiepiscopus post Heriuæum. Itaque cum legimus Reginaldum Episcopum Parisiensem & postea Franconem aliosque fuisse Cancellarios, id non est ita intelligendum, vt Archicancellarij fuerint, quæ dignitas Archiepiscoporum erat Remensium, sed Procancellarij tantummodo & vice illorum: quemadmodum Goslenus vice Heriuæi, Arnulphus vice Adalberonis, vt legitur in quibusdam Chartis & sic de aliis. Petiit quoque idem Archiepiscopus confirmari sibi primatum & præminentiam consecrandorum Regum. Sed quanquam id tunc concessum est, contrarius vsus postea abrogauit.

1060. Eodem anno, aut vt nonnulli scribunt, an. 1060. obiit Henricus Pater Vitriaci effectu potionis inconsultò impedito, qua de re sic legitur in Fragmento Historiæ Henrici 1. ex Bibliotheca Petauiana. *Præthaxatus vero Rex Henricus postquam Regnum Francorum ferè per 30. annos rexit, causâ corporeæ salutis à Ioanne Medicorum peritissimo potionem accepit. Sed veneno nimiam sitim inserente iussum Archiatri spreuit & à Cubiculario potum accipiens dum Medicus abesset, ante purgationem bibit. Vnde nimis infirmatus eodem die post perceptionem sacræ Eucharistiæ obiit. Philippum vero filium sub tutela Balduini Flandrensis Comitis constituit, qui eum nobiliter educauit & Regnum eius strenuè rexit.* Quantus autem tum fuerit in Francia rerum nouarum, metus indicat his verbis Geruasius Remensis ad Nicolaum Papam. *Multo grauior angit me tristitia de obitu Regis: quod etiam vestram non latet prudentiam: scitis enim quantum effrenes & indomiti sunt Nostrates, quorum diuisionem timeo Regni nostri fore desolationem.* Nihilomnus tamen Balduinus tam prudenter tamq; æquis legibus Regnum administrauit donec adolesceret atque ipse per se regere posset, vt nulla fuerit de eius gestione causa conquerendi.

Sub hoc Tutore, seu vt vulgo loquimur, Regente Berengarius qui Henricum sibi infensissimum expertus fuerat, liberius & audacius Palinodiam canens errorem resumpsit abiuratum, nouum Librum de Eucharistia scribit ad Lanfrancum & ad Richardum, quem Labbeus in noua Bibliotheca manuscriptorum pag. 290. ait extare manuscriptum in Bibliotheca Regia; Nouum inquam, quia Romæ alium pridem editum idem in ignem coniecerat. Qua de re in membranis Cantuarien. Sic habetur. *Pœnituit blasphemum & sacrilegum amisisse libellos peruersi dogmatis Romæ suis manibus in ignem coniectos, ne ipse cremaretur. Proinde scri-*

Vniuersitatis Parisiensis.

ptum condidit recens vt approbatius fulciretur vetus error & perdurabilior in annos futuros porrigeretur. Eadem fere verba leguntur apud Oldericum Vitalem l. 4. *Blasphemus Haresiarcha quia mæstus erubuit quod periculosi dogmatis Romæ suis, ne ipse cremaretur, manibus in ignem coniecerit, Discipulis pecunia pariter ac fallacia corruptis recens scriptum domi condidit & per eosdem peregrè transmisit, vt vetus error approbatius fulciretur & in futuros perdurabilior annos porrigeretur.* Ad quod destruendum Lanfrancus dilucidè edidit venustoque stylo libellum sacris authoritatibus ponderosum & indissolubiliter constantem consequentiis rationum verè intelligentia astructione de Eucharistia copiosum, facundo sermone luculentum, nec prolixitate tædiosum.

Tum ergo varijs scriptis hinc & inde pugnatum est, quorum hodie pauca extant Berengariana, extant verò plurima Catholica. Aiebat autem in scripto suo Berengarius fidei formulam in Concilio Romano editam, suam non fuisse sed Humberti Cardinalis, à se verò metu & per vim extortam; Humbertum hominem esse ignarum, væsania vulgi, Paschasij & Lanfranci deceptum, eumque contemptoriè Burgundum vocabat ineptissimum: denique sedem Apostolicam opprobrijs & conuicijs onerabat. At Lanfrancus *Cur magis*, inquit, *scriptum hoc adscribis Humberto Episcopo quàm tibi? quam Nicolao Pontifici? quam eius Concilio? quam denique omnibus Ecclesijs quæ id cum debita reuerentia susceperunt & pro conuersione tua Deo gratias retulerunt?*

Cum autem Berengarius quasi de victoria certus quæreret cum quibus concurreret, duo fortissimi pugiles denunciatæ prouocationis libellum vltro acceperunt Guilielmus Beccensis Monachus, vir nobilitate & doctrina conspicuus, factus deinde Abbas Cormelinensis, & Ascelinus Vticensis Coenobij seu S. Ebrulfi Monachus. E pugna verò discessit Berengarius offensissimus Guilielmo, à quo ad insitas propè redactus fuerat; vnde aduersarij sparserunt in vulgus coactum fuisse Ioannis Scoti sententiam eiurare, quam tam acriter contumaciterque defendendam & propugnandam susceperat: quæ aduersa fama Berengario stomachum mouit vehementer, vnde non amplius dissimulandum ratus, clarè & apertè se Ioannem Scotum pro Catholico, Pascasium pro hæretico habere scripsit ad Ascelinum hoc pacto.

Longè aliter vobis scribendum fuerat, si mihi liberum vis diuina fecisset. *Ep. Berengarij ad Ascelinum.* quod quia non facit, scribendum vobis vtcumque putaui. Per vos igitur transiens disposueram omninò nihil agere cum quibuscunque de Eucharistia, priusquam satisfacerem in eo Epistolis ad quos contendebam secundum Euangelicam & Apostolicam scripturam. Inde factum est vt nihil pœnè vobis apposuerim, nihilque consenserim in colloquio illo ad quod quàm indignè tunc conueneras, vt omittam cæteros, si rem consideres, non latebit. Inde factum est vt etiam tacuerim, ac damnabilem & sacrilegam illam Vvillelmi sententiam quam pronunciauit OMNEM HOMINEM AD MENSAM DOMINICAM DEBERE IN PASCHA ACCEDERE. Vt ergo ad rem veniam, audiui nunc iactitare Vvillelmum quod negare nequiueram hæreticum esse IOANNEM SCOTUM; quod falsum esse testis es mihi: & si satis meministi verborum meorum, quamuis hæreticum habeas tu quoque Ioannem Scotum, quàm inconsideratè, quàm impiè, quàm indignè sacerdotio tuo non diutius te nescire permittat ille de quo Apostolus fidelibus promittit. Sed etsi quid aliter sapitis & hoc vobis Deus reuelauit: sapis enim contra omnes naturæ rationes, contra Euangelicam & Apostolicam sententiam, si cum Paschasio sapis in eo quod solus sibi confingit Sacramento Dominici Corporis decedere panis omnino substantiam. Verba autem mea de Ioanne hæc fuerant. *Non peruidisse omnia illius, sicut etiam nunc verum est; quæ autem vidissem ad eam rem pertinentia, recitare me posse ex scriptis illorum, quos præfixeram habendos esse hæreticos in Ep. ad Lanfrancum, si Ioannes ille hæreticus haberetur. Cæterum si quid in illo viderem non satis delimatum, facilè me improbaturum esse.* Hæc & verò dicebam & in nullam excussionem ex transitu venire contendebam propter causam superius dictam. Duo tantum protulit ille sicut nosti vir optimus, quæ à me audita ad illum peruenerant, *conuincere ipsa verba in consecrationem panis instituta non decedere sacramento panis materiam, & non esse Virgam Episcopalem animarum curam.* Horum prius ergo sicut meminisse potes, confirmaui; & ita planum est, vt suffi-

» ciat hoc sentire & conuincere etiam puerulus in schola constitutus, qui
» vim iuncturæ verborum non instrenuè callet. De 2. imò dixi & confirmaui
» & confirmo virgam illam esse animarum curam, vt facile aduertere posset qui
» vellet quid sentirem & nunc, quod apud Episcopos agere susceperam, vellem
» si mihi tutum fieret, saltem apud vos agere in audientia quorumcunque: sed
» quandiu non possum, obsecro nomen Domini ne falsum testem te facias, quod
» Ioannem illum Ego damnauerim, moneoque vt caueas & ab Euangelio illo *Væ*
» *vt qui tenetis clauem scientiæ, ipsi non introitis & introeuntes introire non sini-*
» *tis?* Memineris etiam illius propheticæ ad populum tuum detestationis, vbi ait,
« populus enim ad iracundiam prouocans est & filij mendaces qui dicunt videnti-
« bus, Nolite videre, & aspicientibus, nolite aspicere nobis ea quæ recta sunt: sicut
« ad me dixit in audientia tua Arnulphus vester, vt permitterem vos sicut institu-
« ti essetis, tenere, quanquam totus in eo sum, ne quis transgrediatur terminos
« Patrum, Euangelistæ Apostoli, Ambrosij, Augustini, Hieronymi quod ita se ha-
« bere, si mihi fiat copia tecum agere, quantum de tua vigilantia certissimus præ-
sumo, luce clarius peruidebis. Scripsi hæc vtcumque. Interim opportunitatem
à Domino colloquendi tibi expectans. Vale.

His acceptis litteris Ascelinus, Ascelini veteris Pictauiensis nepos existimans
Berengarium de corrigendo errore suo cogitaturum post tot colloquia, concertationes & synodos, nullatenus tamen correxisse, imo redire ad vomitum semper, rescripsit in hunc modum præmissa hac Epigraphe. D. BERENGARIO FRA-
TER ASCELINVS.

» *Litteras tuas nuper lætus suscepi sperans festinum nobis tuæ correctionis significari*
» *gaudium: quibus perlectis lætitia mea versa est in mærorem, cum pristinum adhuc affir-*
» *mare non destiteris errorem.* O Deus vbi est illa viuacitas, illa subtilitas, illa pru-
» dentia, quibus affatim pollere solebas? cum etiam illa quæ in colloquio nostro di-
» cta sunt, vt maiora taceam, si non dissimulas, oblitus sis illam sententiam, williel-
» mi dico quam pronuncians dixisti Omnem hominem in Pascha debere ad men-
» sam Dominicam accedere, quam si sic proferret, sacrilega vtique iudicari debe-
» ret. Sed hanc aliter fuisse prolatam, testes sunt qui interfuerunt. Tunc enim di-
» ctum fuit, quod & nunc testificamur, omne Christianū debere in Pascha de men-
» sa Dominica communicare, nisi pro aliquo crimine à se perpetrato à tam salubri
» sequestretur Conuiuio: hoc autem nullomodo fiat nisi solo præcepto Confessoris
» sui, alioquin claues Ecclesiæ annullantur. Sed vt ad me redam, omni re consi-
» derata, non indignè me ad prædictum Colloquium conuenisse credo: attuli enim
» mecum quod quandiu vixero, adiuuante diuina virtute, certum, indubitabile
» nullisque euentibus violabile in sacrario cordis retinebo. *Panem scilicet & vinum*
» *in altari Spiritus Sancti virtute per sacerdotis Ministerium verum Corpus verumque san-*
» *guinem Christi effici.* Quod scriptura attestate satis euidenter probatur, si non sini-
» stra interpretatione teneretur: Ioannem vero Scotum nec inconsideratè, nec
» impie, nec indignè sacerdotio meo habeo, quem toto nisu totaque intentione
» ad hoc solum tendere video, vt mihi persuadeat hoc videlicet, quod in altari
» consecratur, neque verè Christi Sanguinem esse. Hoc autem astruere nititur ex
» SS. Patrum Opusculis quæ prauè exponit, quorum illam S. Gregorij orationem
» hic annotari sufficiat *Perficiant in nobis tua Domine quæsumus, Sacramenta quod conti-*
» *nent, vt quæ nunc specie gerimus, rerum veritate capiamus.* Quam exponendo prædi-
» ctus Ioannes inter cætera fidei nostræ contraria, *specie* inquit, *geruntur ista non*
» *veritate.* Quod non Catholicè dictum, si bene tuam vigilantiam noui, non igno-
» ras, præsertim quod in sæpe dicto colloquio non negaueris, quando eandem ora-
» tionem cum expositione sua ex Ioannis libro recitaui. Verum tunc quod & nunc
» obiecisti nobis te libellum illius nondum ad finem vsque perlegisse. Vnde satis
» mirari nequimus te tantæ scilicet prudentiæ virum tantopere laudare quod igno-
» ras: neque enim si noueris, te laudauisse crediderim. Nouit namque prudentia
» tua sic cauenda esse verba hæreticorum, ceu pocula veneficorum, quæ prius dul-
» cia, vt postmodum lethaliter necent. Cæterum cum Paschasio aliis-
» que Catholicis non solum sapio, sed etiam veneror & amplector verum Corpus
» verumque sanguinem Christi à fidelibus in altari sumi sub specie panis & vini.

Sed neque hoc vt dicis, contra naturæ rationem ago. Neque enim & aliud naturam dixerim, quam Dei voluntatem. Quis enim sanè sapiens causam rerum naturam vocet, aut non potius omnium naturarum & ex natura sui generis nascentium voluntatem Dei esse fateatur? Porro voluntas Dei tam efficax est & omnipotens, vt eius velle solum, fieri sit. At per hoc voluisse illum aliquid, sit fecisse. Omnia enim quæcumque voluit Dominus, fecit. Voluit autem panem & vinum quod in altari S. Spiritus consecratione per ministeriū sacerdotis conficitur, verè carnem suam & sanguinem potentialiter creari, creando verò quotidie mysticè immolari. Quod & ipse patenter insinuat in huius sacramenti exordio Discipulis suis dicens ACCIPITE ET COMEDITE HOC EST ENIM CORPVS MEVM. Ac ne leuiter acciperent vel qualecunque Corpus putarent; membra enim Christi dicuntur fideles quique ac per hoc Corpus, adiecit claritudinem & ait QVOD PRO VOBIS TRADETVR. Similiter & de Calice. QVI PRO VOBIS EFFVNDETVR. Ecce quomodo nos instruit Redemptor noster. Ecce quomodo aperit & exprimit, quod Corpus, quem sanguinem nobis commendet. Panem & vinum Discipuli carnalibus intuebantur oculis & audiebant à veritate HOC EST CORPVS MEVM QVOD PRO VOBIS TRADETVR, & HIC EST SANGVIS MEVS QVI PRO MVLTIS FVNDETVR. Quid apertius? quid clarius?. quid dulcius? ô quàm sanum adstruere, quàm periculosum niti refellere, quod veritas asseuerat! Hoc Euangelistæ testantur, Apostoli concionantur, tanti Doctores tractant, si recto intellectu percipiantur. Quisquis autem illorum bene dicta prauè interpretatus fuerit, quid de eis mereatur, ipse viderit. Neque verò mirari vel diffidere debemus Deum facere posse, vt hoc quod in altari consecratur virtute Spiritus S. & ministerio sacerdotis, vniatur Corpori illi quod ex Maria Virgine Redemptor noster assumpsit. Quippe vtrumque substantia corporea, vtrumque visibile, si reminiscimur, nos ipsos ex corporea & incorporea, ex mortali & immortali substantia esse compactos, si denique firmiter credimus Diuinam humanamque naturā in vnam conuenisse personam. Edisserat mihi Cinis & puluis secundi vel tertij rationem, & tunc se sufficere credat ad primi expeditionem. Quis enim cognouit sensum Domini, aut quis Consiliarius eius fuit?

Hæc tibi breuiter responderem ostendens me cum Paschasio neque contra Naturæ rationes, neque contra Euangelicam & Apostolicam sapere sententiam. Deniqueper nomen Domini me obsecras, nefaciam me falsum testem, quod Ioannem nobiscum damnaueris. Quod libenter obseruabo: verum de hoc testis sum verus, quod supradictam illius expositionem in oratione Gregoriana ipsa veritate constrictus nobiscum improbasti. Ad vltimum timeo ne illud Væ Euangelicum, vnde me cauere mones, in caput tuum quod absit., retorqueatur. Clauem enim scientiæ voluens ipse non introire videris, quoniam Vniuersali Ecclesiæ dissentis, & quibus persuades quod sentis, nimirum introeundi aditum claudis. Quod vero Domnus Arnulfus Cantor subiecit, videlicet vt permittas nos sicut instituti essemus sentire, bene & sapienter protulit, tuæque saluti si velles compendiosè consuluit: deterruisset enim te si posset, ne per te solum, vel si qui sunt, per tuos socios viam mutare niteretis, quam Doctores nostri tam sancti, tam sapientes, tam Catholici, adeo rectam, adeo delimatam, adeo protritam nobis ostenderunt, vt nullus qui eam tenuerit, exorbitet, nullus qui non tenuerit, non exorbitare nequeat. Sed hæc hactenus. Nunc te familiariter exoratum velim: vt ab hac peruersa intentione desistas, neve nobis inauditas vanasq; credulitates ingeras, neue tibi tam liberè cōmittas, Euangelicæ illius Gallinæ alis nutriendum te humiliter submittere non detrectes, ne præclarum illud ingeniū quod tibi Deus concessit, infatuetur, & ideo foras eiiciatur, & ab omnibus conculcetur. Pudeat te patrocinari librum, quem Vercellis in plenaria synodo damnatum, teque propter eum hæresis maculā notatum audiuimus. Redi ergo precor ad Catholicam & Apostolicam, traditionem vt & inde compleatur illud Apostolicum, quod mihi direxisti: *sed si quid aliter sapitis & hoc vobis Deus reuelabit?*

Ex his litteris intelligimus Arnulphum Cantorem Ecclesiæ Carnotensis contra Berengarium etiam scripsisse, vnde Berengarius in Ep. ad Ascelinum de eo sic scribit: *dixit in Audientia tua Arnulphus vester, vt permitterem vos sicuti instituti essetis, tenere.* Is quoque fuerat Fulberti Discipulus, & post eum scholam Carnotenfem habuit, ediditque quædam opufcula de B. Maria: vt legitur apud Ordericum Vitalem ad an. 1063. vbi poftquam de Vvitmundi Monachi Vticenfis feu S. Ebrulfi doctrina & nonnullis eius operibus verba fecit, fubiungit. *Ipfam nimirum hiftoriam Arnulphus Cantor Carnotenfis, Fulberti Epifcopi Difcipulus fecundum vfum Clericorum hortatu Roberti Abbatis (Vticenfis) iam ediderat, & duobus Iuuenibus Monachis Huberto & Rodulfo à prædicto Patre Carnotum miſſis primitus cantauerat.*

Nefcio an ille fit Arnulphus, an alius huius nominis Monachus S. Luciani Beluacenfis Lanfranci Difcipulus apud Beccum, factus deinde Roffenfis Epifcopus, cuius extat quædam Epiftola refponfiua ad Quæftiones de Euchariftia à Lamberto quodam viro docto propofitas: quemque legimus apud Mathæum Parifienfem obiiſſe an. 1124. Porro quis fuerit etiam ille Lambertus, non aufim afferere. Multi fuerūt hoc feculo huiufce nominis; initio quidē Lambertus Lingonenfis Epifcopus, qui an. 1030. fato communi functus eſt. Fuit & alius Schafnaburgenfis Monachus Cœnobij Hirsfeldenfis, qui fcribebat adhuc an. 1077. memoratur & Lambertus Leodienfis Monachus: Item & alius Lambertus ex Archidiacono Teroanenfi & Canonico Infulano factus Atrebatenfis Epifcopus an 1093. & in Concilio Claromontano an. 1095. confirmatus.

Non erit autem forte fuperuacaneum Quæftiones Lamberti folutionefque Arnulphi feu Ernulfi circa idem myfterium hifce Annalibus inferere; vt difcat pofteritas, quàm conftans fuerit illis temporibus fides de veritate corporis & fanguinis Chrifti. Sic igitur fcribit Arnulfus in 2. tomo fpicilegij Dacheriani.

Arnulfi ad Lambertum de Quæftionibus Euchariſticis.

Venerabili ac gremio charitatis venerabiliter confouendo Lamberto frater Ernulfus in Sanctorum felicitate confortium felicitatis æternæ. Faciem veftram in carne nunquam vidi, quam vt viderem, terrarum intercapedo non conceſſit. Per ea verò quæ de moribus veftris, de humilitate, benignitate, affabilitate cæterifque animæ veftræ ornamentis latore litterarum veftrarum referente cognoui, notitiam veftri certius in animo meo teneo impreſſam, quàm fi præfens præfentem his incognitis afpiciam. Ita fit, vt animi veftri egregiæ compofitioni ea nectar dilectionis qualitate, quæ nefcit amico rectè petita denegare, largitur propria, vindicat aliena. Cuius rei dilectione veftra condigna poſtulante, experientia veftra meam poſſibilitatem feruata ordinis integritate inueniet efficacem. Ante biennium, ni fallor, quandam Schedulam, quam ad me veftra beatitudo direxerat, fufcepi præferentem confcriptas Quæftiones quinque, nonnullas habentes pauca verba, fed tegentes myfteria immenfa. Cuius portitor fe obfequio veftro aiebat poftulare, quatenus ad interrogata refponderem, & quod ibi tenebrofum claudebatur, nonnullorum tarditatem fallens aliquo fpendore veftirem, per idem tempus graui ægritudine correptus diutiſſimè lecto decubui, ea languoris vehementia fatigatus, vt præ doloris impatientia pene omnibus membris extiterim diſſolutus. Hæc idcirco pofuerim, ne petitioni dignationis veftræ videar parere noluiſſe; dum tanto tempore fit dilatum, quod ante tantum temporis fuerat poftulatum. Proinde fedato aliqua ex parte languore diuturno, de veftris Inquifitionibus quam petieratis fententiam fero, ponens mea, fuperogans aliena.

1. Quæſtio.

Prima ergo pofita eſt percunctatio de Sacramento altaris, ita propofita vt quæratur, cur hodierna Eccleſiæ confuetudo alio & pene contrario ritu cenfeat porrigi Corpus Dominicum, quàm à Domino in Cœna difcipulis fuis fuerit diftributum. Id enim quotidianus Eccleſiæ prætendit vfus, vt tribuatur hoftia fanguine intincta, cum à Domino potius corpus, deinde fanguis porrectus fuiſſe memoretur. Quem etiam morem Eccleſiæ ex decretis Iulij Papæ nitimini improbare, quibus idem Papa Dominicum commendat Ordinem & Apoftolica confidentia Eccleſiaſticam arguit difpofitionem, & adiiciens intinctam panis buccellam Dominum proditori fuo contuliſſe, & ex ea mentis eius impuritatem prodidiſſe. De cuius dubietatis antiquitate quod intelligimus, quod à noftris Doctoribus accepimus, edicere parati fumus.

Redemptor nofter veniens in mundum, quia propter hominum falutem inter homines apparuit, quæque reparationi infirmitati humanæ commoda feu neceſſaria fore præuidit, ficut oportere vidit in fapientia fua, ita ab hominibus

bus fieri & esse voluit in Ecclesia sua. Haec eis cum quibus conuersari dignatus est, verbo vel exemplo insinuauit, quae facienda erant, modum praefigere omittens. Hinc esse videtur quod ait *hoc facite in meam commemorationem.* Non ait. *Hoc modo facite, & ite baptizate omnes gentes in nomine Patris & Filij & Spiritus Sancti.* Non ait hoc modo baptizate, non ait semel mergite aut tertio mergite. Non ait scrutinium facite, chrisma sacrate. Qua in re insinuasse videtur quae praecepta sunt non fieri non licere, pro ratione vero necessitatis vel honestatis alio & alio modo fieri licere. Vnde nonnulla Christianae religionis instituta cum Ecclesiae nascentis initio suae modum originis accepere; quem in progressu eiusdem crescentis propter quasdam rationabiles causas non diu tenuere. Id B. Augustini responsiones ad Ianuarium euidenter ostendunt, de eo ipso de quo agitur sacramento haec dicentis *Sacramentum Corporis & Sanguinis Domini* apparet Discipulos non accepisse ieiunos. Ex hoc placuit S. Spiritui, vt in honorem tanti sacramenti in os Christiani prius Dominicum Corpus intraret, quam caeteri cibi. Nam ideo per Vniuersum orbem mos iste seruatur. Idipsum ex S. Hieronymi scriptis potest approbari in expositione Epistolae Pauli ad Titum ita loquentis. *Antequam Diaboli instinctu studia in Religione fierent & diceretur in populis Ego sum Pauli, ego Apollo, ego autem Cephae, communi consilio Presbyterorum Ecclesiae gubernabantur. Postquam vero vnusquisque eos, quos baptizauerat, suos esse putabat non Christi, toto orbe decretum est, vt vnus de Presbyteris electus superponeretur caeteris, ad quem omnis cura Ecclesiae pertineret, vt schismatum semina tollerentur.* Quibus documentis manifestum redditur aliquos Ecclesiae ritus alio modo coepisse & alio modo per eius incrementa cucurisse.

Vbi patet attestantibus scripturis sacramenta altaris, quaemodo ieiuni accipimus, Discipulos Domini coenatos accepisse. Patet etiam quod sumimus de mensa lapidea ac sacrata, illos sumpsisse de mensa lignea, non secundum morem Ecclesiae sacrata aut fortasse nulla. Ibi panes quotidianos comederunt, de genimine vitis biberunt. Nos in forma nummi panem accipimus, vinum aqua mixtum potamus. Neminem ergo dubitare licet tanti ritum sacramenti multis ac longè diuersis modis in praesentis Ecclesiae temporis celebrari, quos in primordio non accepit.

Qui ergo quaerit cur non accipiantur exemplo Dominico singulatim, quae de altari sumuntur noua consuetudine simul mixta, simili ratione quaerere potest cur non sumantur in simili loco aut de simili mensa, vel in simili forma: aut cur etiam aliud sumatur videlicet aqua, quae à Domino non legitur in coena esse porrecta. Si vero ea necessariis causis intelligit rationabiliter esse parta ac reperta, nouerit & ea de quibus quaeritur & cur aliter fiant quam à Domino facta sunt, inquiritur, ratione inferiori non esse comparata. Porro cur miratur quispiam quod sacramenta porriguntur simul mixta, nonne indesinenter in Dominici Corporis & sanguinis consecratione diuiso Corpore in 3. partes, vna à sacerdote, videlicet quae ab ipso sumenda est, in Calice reseruatur, sanguini admiscetur, sanguini infunditur, cum sanguine sumitur? Quis sacerdotem peccare dicat, dum in quotidiano tanti mysterij officio carnem cum sanguinis suscipit admixtione? Si ergo bonum est sumere hostiam sanguine infusam, malum erit porrigere hostiam sanguine intinctam? quod qui malum non esse agnouerit, desinet mirari, cum ratione factu esse cognouerit. Arguitur iste mos ex eo, quod buccellae intinctae à Domino traditori suo porrectae similitudinem videtur habere, id si diligenter inspiciatur, nihil dignum reprehensione continere videbitur. Si enim exteriora pensentur, nemo dicet iustum hominem edere non debere panem intinctum in sua coena, quia id proditor manducauit Iudas Dominica in coena. Aut nemo ideo non dabit osculum pacis, quia Iudas osculo dedit signum proditionis. Simili modo quid nobis obstat accipere Corpus Dominico sanguine intinctum, licet Iudas accepit buccellam de manu Domini Dominico vino intinctam? Si autem interiora cogitemus, propter aliud ille, propter aliud nos. Ille in suae nequitiae signum, in signum doli & proditionis quam mente gerebat, de manu Domini buccellam intinctus fraude suscepit. Nos Carnem Domini intingimus in Sanguine Domini, non vt designemus malitiam esse in cordibus nostris, sed ne accipientes siue porrigentes peccemus non habita forte competenti cau-

„ tela in labiis & in manibus nostris. Euenit enim frequenter vt barbati & prolixos
„ habentes granos (id. *pilos sparsos*) dum poculum inter epulas sumunt, prius li-
„ quor pilos inficiant quàm ori liquorem infundant. Ij si accesserint ad altare li-
„ quorem sanctum bibituri, quomodo periculum deuitare poterunt inter accipien-
„ dum, quomodo vterque accipiens videlicet & porrigens effugient grande pec-
„ catum? præterea si impuberes & sine granis, aut mulieres ad sumendam commu-
„ nionem sanctam conueniunt, quis sacerdotum poterit tam prouidè ministrare,
„ tam cautè calicem Domini distribuere, vt multis eum singulatim diuidat, diui-
„ dens sic in ora eorum fundat, vt infundens nihil effundat? sœpe enim dum soli
„ sibi calicem infundere disponit, negligentia aut imprudentia faciente effusionis
„ periculum incurrit: quanto facilius in multitudine posito sacerdoti multis diuer-
„ sarum formarum ministranti contingere potest, vnde grauiter offendat, vnde
„ cum asperam pœnitentiam agere oporteat?

„ Ne ergo polluamus sanguinem nostræ redemptionis, ne tanquam impietatis
„ manibus effundamus poculum humanæ salutis, à Religiosis viris prouidè actum
„ est, vt Dominici portiuncula Corporis non sicca sicut Dominum egisse no-
„ uimus, porrigatur, Sed Domini infusa Sanguine fidelibus tribuatur. Quo pacto
„ euenit vt secundum Saluatoris præceptum eius carnem edat, sanguinem bibat,
„ periculum euadat, quem in tanta re offendere oppido formidat. Id enim solidum
„ edimus, id liquidum edimus: id liquidum bibimus, quod simul separatimue ore
„ sumptum per guttur traiicimus, in qua distributione nemo vt dictum est, for-
„ midare debet, quod buccella panis intincta Proditori Domini à Domino similiter
„ est porrecta. Non enim ea operatio congruam habet similitudinem, quæ causæ
„ habet dissimilitudinem. Vnde Iulij Papæ Decreta, quanquam rationabiliter da-
„ ta fuere, apud aliquos modernos hac in parte quieuêre; Ecclesiæ præualuit
„ consuetudo, quæ in podere rationis antecellit eminentiore. Nec mirum rationabi-
„ lem vsum tantis actum necessariis causis Iulij Decretis anteponi, cum legamus
„ & ipsis quotidianis actionibus frequentari videamus, cæterorum instituta Ponti-
„ ficum propter similes aut inferioris vt videtur generis causas discretiore pruden-
„ tia esse mutata. Thelesphorus Papa in Decretis suis Missarum officia qua hora ce-
› lebranda sint, his verbis absoluit, *Nocte Sancta Natiuitatis Domini Missas celebrent*
„ *vt reliquis temporibus Missarum celebrationes ante horam diei tertiam minimè sunt cele-*
„ *branda: qua eadem hora & Dominus omnipotens & super Apostolos spiritus S. descendis-*
„ *se legitur*. Quod cuius Decretum quam pauci seruauêre, quam multi abiecêre, te-
„ statur Ecclesiastici frequentia seruitij, testatur ipsa pro fidelibus viuis ac defunctis
„ sacerdotalis oratio & Dominici Corporis & sanguinis quotidiana immolatio: te-
„ statur nec non prose ac suis siue id fieri petens, seu præsentiam suam exhibens po-
„ pularis multitudo. Intellexerunt enim satius esse multis horis multas fieri obla-
› tiones quam vsque ad horam tertiam pluribus omissis paucarum oblationum fie-
„ ri dilationes. Similiter Victor Papa in Decretis suis docet baptismum faciendum
„ esse in Pascha sic dicens, eodem tempore id Phasche baptismus est celebrandus
„ Catholicis: si tamen mortis periculum ingruerit, Gentiles ad fidem venientes
„ quocumque loco vel tempore baptizentur. Quod etiam Papa Syricius Decre-
„ tali assertione corroborat sic dicens, Baptismi Priuilegium apud nos & apud om-
„ nes Ecclesias Dominicum specialiter cum Pentecoste Pascha defendit. Quibus
„ tamen in qualibet necessitate opus fuerit, omni volumus celeritate succurri, vt
„ ipso suæ passionis mysterio per prædicta Martyrij genera ad vitam migrandum es-
„ se insinuaret, signans etiam per certamen legitimum neminem posse coronari,
„ qui non vno horum studuerit corporaliter seu spiritualiter crucifigi.

2. Quæstio. 2. Quæstione percunctatum est, cur quarta pars hostiæ in Calice ponitur. De
„ qua ita respondemus. Non est nostræ consuetudinis, vt quarta pars hostiæ dimitti
„ debeat in Calice, sed tertia. Alicui fortassis quarta idcirco mitti videtur, quod ho-
„ stia per medium secta medietatis quasi medietas in Calice ponitur, quæ quia
„ ad totius hostiæ quantitatem seu quadrans est, quarta ideo esse videtur Sed no-
„ uerit Dilectio vestra, quod non attendimus quanta quæque pars sit in toto, sed
„ quota sit de toto. Sufficit enim in diuisione hostiæ ternarium numerum con-
„ summare, non quæ partium maior, quæue minor sit, attendere. Vnde nonnul-
„ læ Ecclesiæ illum habent vsum, vt hostiam non per medium diuidant, sed eam

trium æqualitate partium comminuant. Cur autem in tres determinatè diuidatur, ex Decretis Anacleti Papæ probabiliter coniicitur. In eisdem namque legitur, quia Episcopus sacrificaturus Deo, in solemnioribus diebus septem aut quinque aut tres Diaconos & subdiaconos & reliquos ministros secum habeat. *Et paulo post.* Peracta consecratione omnes communicent, qui noluerint Ecclesiasticis carere liminibus. Inde Ecclesiastica inoleuit consuetudo, vt Episcopo aut Presbytero sacrificante, & Diacono ac subdiacono cooperante eiusdem obsequij nemo aut raro quispiam à sanctæ communionis excipiatur participatione. Quia ergo ipsis tribus Dominici altaris seruitoribus commissa sunt Dominica sacramenta, quibus scriptura communicare iubet, statutum est, vt arcanæ recordationis hostia in 3. partes diuidatur, quæ diuisa à singulis seruitoribus singulæ suscipiantur; quarum vnam sacerdos in calice securius sibi reseruat, cæteras in patena ministris, si præsentes fuerint, porrigendas custodit. Eis absentibus, sicut agit quod erant acturi, ita accipit, quod erant accepturi. Nec tamen vacat à mysterio, quod numero Trinitatis illa solet fieri diuisio. Corpus enim Domini quod in altari conficitur, sacramentum est eius Corporis quod est Ecclesia: quæ quia in tribus Electorum Ordinibus consummatur, Præpositis, Continentibus & Coniugatis, rectè Corpus Domini tripertitò diuiditur, quod Electis omnibus signum est vnitatis, signum concordiæ & pacis & causa æternæ salutis. Hi sunt illi Ordines in quorum figura Ezechiel propheta se tres liberatos viros cogitur audisse, Noë scilicet, Danielem, & Iob. Noë quippe qui Rector Arcæ extitit inter vndas, Præpositorum Ordinem signat. Daniel pro sua excellenti abstinentia à mundanis delectationibus Continentum vitam figurat. Sanctus Iob figuram gerit sanctorum Coniugum de acceptis bonis Deo ministrantium in operibus bonis.

Dicunt non improbandæ authoritatis viri idcirco trifariam tanti fieri sacramenti diuisionem, vt ipso numero præsentia Trinitatis æternæ adesse cognoscatur, cuius de modica creatura tantam fieri operationem credimus & veneramur. Videtur etiam nonnullis summæ peritiæ viris hanc idcirco inter sacra Missarum solemnia Dominici corporis triformiter fieri diuisionem, quatenus illo partium numero solemniter recolatur, qualiter ipsa eadem Carnis substantia in figura humani corporis à verbo Dei assumpta sub trina veritate hominibus propter homines fuerit exhibita. Mortalibus enim oculis mortalis apparuit, in sepulchro mortuus iacuit, immortalis surrexit. Quibus contractæ infirmitatis quasi medelis, clementiæ placuit Diuinæ desperantes animos soliditatis humanæ ad fidem erudire, ad amorem accendere, ad venturæ spem resurrectionis attollere.

3. Loco 3. sequitur Quæstio. hæc ita proponitur. In perceptione Eucharistiæ sumitur Corpus Domini aut ex toto aut ex parte. Si verò ex toto sumitur ore fidelium, & integer Christus in partes non scinditur, quemadmodum certum tenemus, quomodo tunc vel quare separatim sanguis sine corpore sumitur? Duas in vna proponitis Quæstiones. Videlicet quare & quomodo separatim sanguis sumitur; hæc verò quare sumitur, nulla responsione indigere videtur. Puto enim à me sufficienter absolutum esse, quare sumitur Corpus Domini sine sanguinis admixtione, puto absolutionis perspicuitatem diligenter attendenti sufficere debere. Quia ergo in manifestæ rei vestigatione ineptum est superfluè laborare, omittimus de vlteriùs loqui, factores Dominici Ordinis nequaquam arguentes, Ecclesiasticæ verò Disciplinæ cautelam minus prouidis commodantes. Altera verò Quæstio quæ dicit, Quomodo sumitur sanguis separatim sine corpore, non magna discussione videtur egere. Si enim eam paulò attentiùs aspiciatis, facili explicatione se ipsam præbet vobis. Quia enim omnem Corpoream substantiam constat corpus esse, sanguinem Domini Corpus esse manifestum est remotâ omni ambiguitate. Sed cum Dominus passionis suæ sacramenta commendaret dicens. Hoc est Corpvs mevm, Hic est Calix Sangvinis mei, corpus à sanguine distinxit, corpus propriè intelligens quod solidum erat, quod Cruci affigendum erat. Per sanguinem assignans, quod erat liquidum, quod erat effundendum, in vtroque passionis suæ qualitatem præfigurans. Et nos

3. Quæstio.

„ quoties de corpore & sanguine Domini loquimur, in eadem significatione
„ nomina ipsa memoramus. Domini ergo Corpus quanquam in sacramentorum
„ velamine sumatur ex toto, sicut videmini asseuerare, separatim tamen & san-
„ guis sine corpore & corpus percipitur sine sanguine ; dum & liquor sine soli-
„ ditate & soliditas consumitur sine liquore. Nec repugnare videtur, si totus san-
„ guis separatim sumatur sine corpore, quem totum credimus sumi cum corpore,
„ cum & totum ab vno, totum à multis corpus Dominicum percipi certissimè
„ teneatis. Quomodo autem totum ab isto, totum ab illo sumitur, separatim verò
„ sumitur ab isto & ab illo, ita cum totum Corpus accipitur per se & totus Sanguis
„ per se separatim & sanguis sine corpore & corpus sumitur sine sanguine? De quæ-
„ stione verò tanti sacramenti modestius vt opinor, esset colloquendo dicere, quod
„ dici opus habet, quàm discutiendo scribere, quod periculosum Iudicium ha-
„ bet: ne forte quod perspicuum est, vt inutiliter exponatur, aut quod obscurum,
„ incautè relinquatur, seu ambiguo verbo dum scriptor non aduertit, auditor
„ offendatur. Familiari enim colloquio commodius ostendetur & quantum dici
„ debet, & quantum credi oportet, & quod dici siue credi Catholica fides ab-
„ horret.

4. *Quæstio.* In 4. Quæstione sic quæritur. Si integer Christus sumitur, vtrum solum
„ Corpus sine anima, an etiam anima cum corpore sumitur? cuius generis percun-
„ ctationes ab his frequenter proponi solent, qui appetunt sapientes videri, quos
„ magis delectat Philosophicis disputationibus clatè inseruire, quàm Ecclesiasti-
„ cis disciplinis & sacris authoritatibus humiliter ac fideliter obedire. Hi timen-
„ tibus Deum & fide potius quam ratione probantibus Corpus Christi san-
„ guinemque esse quod sumitur de altari, decipulas huiusmodi obtendere solent.
„ Corpus Christi quod sumitur de altari aut est animatum, aut est inanimatum. Si
„ est animatum, cur non ex se mouetur, si vero inanimatum, quomodo est illud
„ quod surrexit à mortuis & viuit in secula seculorum? itemque sic aiunt. Corpus
„ Domini aut est corruptibile, aut est incorruptibile. Si est incorruptibile,
„ quomodo frangitur, minuitur, inueteratur? si autem est corruptibile, qua-
„ liter verum est veram resurrectionem illud accepisse, veræ incorrupte-
„ læ particeps esse? Has, vt dictum est, nodosas disputationes illi obiicere mo-
„ liuntur, quos amor humanæ laudis, quos fauor fatigat popularis, qui gaudent
„ imperitis scrupulosam parare laqueos quæstionum, quibus sacrarum non suf-
„ ficit robur & authoritas scripturarum, quibus cordi est potius sequi rationes sa-
„ pientiæ secularis, quæ stulta facta est à sapientia Dei, quàm fidei veritatem, quæ
„ inscrutabilia penetrat, & rationis impotentiam pertransiens ascendit vsque ad
„ ipsum nutum Dei. At iustus ex fide viuens, humiliter sapiens non sensum suum
„ præferendo, sed Domini sui mandata reuerenter amplectendo omnia credit,
„ quæ Spiritus S. credenda esse præcepit, non quærens quomodo hoc vel illud
„ esse possit, sed ad omnia diuinitus imperata quæ legit vel audit, vt pote mitis
„ & humilis corde humillimè adquiescit. Hæc idcirco dixerim, vt quæ fide sola
„ intuenda sunt, in quæstionem non abducatis, quia non est vtile animæ Christia-
„ næ insolitis disputationibus discutere mysteria redemptionis nostræ. *Quoniam*
„ *de sua salute dubitare videtur, qui de mysteriis salutis quæstiones facere dignoscitur:*
„ *scriptum quippe est, qui dubitat, non credit.*

„ Cæterum quo argumento quáue subtilitate disputandi queat quis approbare
„ panem & vinum Corpus sanguinemque fieri Christi per verba Christi? tamen
„ quia omnipotens veritas locuta est, ita dicens Hoc est enim Corpus meum, Et
„ Hic est Sanguis meus, neminem dubitare licet ita verum esse, vt scriptura
„ docet, tum quia veritas mentiri non potest, tum quia omnipotens non facere
„ hoc non potest. Porro si rationis acumine comprehendi non potest, vtrum
„ panis & vinum per consecrationem fiant Corpus & sanguis, nemo disputandi arte
„ fretus vestigare debet, quomodo sit sanguis vel qualis sanguis. Cum enim se-
„ creta cælestia nequeat quis ratione scrutari, ineptus sit, si quamuis quod de ipsis
„ legitur, fide teneat, quod non legitur, videlicet quam pulchra aut quomodo
„ sint disposita, ratione inquirere seu discutere præsumat. Qui enim de quacun-
„ que re an sit ignorat, de ea frustra qualis sit & aut quomodo se habeat, interro-
„ gat. Ita huiusmodi sacramenta, cum quid sint, nemo ratione apprehédere queat,

qualia sint, superflua curiositate indagare curat. Id sanè mysterij genus idcirco mysterium fidei vocatur, quia eius secreta sola capit fides, quæ ratio assequi non potest. De quo nimirum ita scriptum est, si quid residuum fuerit, igni comburetur. Eius profectò secreta absondita sunt in thesauris sapientiæ cœlestis, quæ inde sacrilegum est furari, præsertim sic prohibente Spiritu Dei. *Altiora te ne quæsieris*, & illud, *ne transgrediaris terminos Patrum tuorum*, Vnde id Sacrilegij perpetrare cauendo, quod fidei solius arcano custoditur, disputationis acumine discutere deuito. Nihil enim ipse pro arbitrio meæ intelligentiæ ponere volo, sed id solum, quod ex scripturis authenticis vel probatorum sententia Doctorum collectum est, proferre intendo. Aut certè si dicendum sit, quid aliud, vel quare aliud, debet de Carne nostræ redemptionis quàm quod omnipotens veritas allegauit? quæ vbi inter cœnandum Carnem suam Discipulis edendam protulit dicens *Hoc est Corpus meum*, de qualitatibus tacuit substantiæ, mutationem factam esse insinuauit.

Quid ergo? nonne sicut dixit facere potuit? nonne potuit mutare panem in substantiam Carnis sine assumptione qualitatum ipsius Carnis? quid omnipotens facere non potuit? credimus & certum tenemus substantiam panis verborum virtute esse mutatam in substantiam Dominicæ carnis. Certissimè tamen scimus & sensibus corporis comprobamus qualitates panis immobiliter permanere, cuius substantiam, quia sacrosancta est, credimus non manere. Visu enim candorem, tactu contrectamus panis saporem, cæterasque eisdem cæterisue sensibus qualitates panis ita iudicamus, vt panis cuius substantia deest, quantitatem nullam deesse videamus, carnis substantia adest, qualitatem nullam adesse sentiamus. Cum ergo manentibus qualitatibus non miremur panis abesse substantiam, sed integritate fidei in substantiam carnis credamus eam adesse non mutatis eius qualitatibus, permutatam, quid mirum si præsente Carnis substantia qualitates carnis, sicut non videntur adesse, ita dicantur abesse? Quo pacto quod sacratur, quamuis concedatur esse Christi Caro, non tamen rectè quæritur immortalis, mortua siue immortalis existat; sicut non rectè fideles à fidelibus quærimus an hostiâ sacratâ, cum qualitates panis aspicimus, panis existat. Sicut enim, vt dictum est translatâ panis substantiâ qualitates eius videntur non esse translatæ, ita admissa carnis substantia qualitates eius non sentiuntur esse admissæ. Sed ad me redeo, mei excessus præsumptionem castigo, malens cum simplicibus simpliciter credere, quam simpli citati columbæ amarus existere.

5. Loco vestra venerabilis diligentia versiculum de propheta Ioel sumptum digerit, percunctans videlicet quid intelligere voluit propheta cum dicit, *Quis scit si conuertatur & ignoscat Deus & relinquat post se benedictionem?* huius lucubratiunculam de B. Hieronymi Commentariolo super 12. prophetarum expositionem composito decerpere potuistis, si forte librum apud vos habuistis. Quod quia liber idem nobiscum est, & ego possem nisi breuitatem eius sufficere vobis non posse dubitarem, dicam itaque quod sentio. Iudicet qui vult: capiat qui potest. Propheta suos Authores Domini contemptores hortatur ad pœnitentiam dicens. *Conuertimini ad Dominum Deum vestrum*. Et quasi quis quæreret, qua spe conuertemur? id. Vnde possumus sperare nos veniam consecuturos? sub, ungit dicens, *quia benignus & misericors est, patiens & multum misericors, præstabilis super malitiam*. Quo posito æquipolleter interrogatiuam pro enunciatiua oratione subinfert sic dicens. *Quis scit si conuertatur?* hoc est, forsitan conuertetur. Ac si diceret, quia Deus misericors est, si conuertiminia prauis operibus, forsitan & ipse couuertetur ab ea sententia, quam merentur peccata vestra, scriptum est enim, *Mutat Deus sententiam, consilium nunquam*. Quomodo autem conuertatur mutetque sententiam, exponit cum dicit. *Et ignoscat & relinquat post se benedictionem*, id est & peccata remittat & remissis peccatis gratiam tribuat. Quod verò dicit, relinquat post se, id est sequentibus se, iis scilicet, qui volunt facere voluntatem Dei, non quærunt vt Deus faciat voluntatem suam. Quamuis & eundem versiculum sed apertius positum in prophetia Ionæ valeamus inuenire sic. *Quis scit si conuertatur & ignoscat Deus & reuertatur à furore iræ suæ & non peribimus?*

Extat in eodem Tomo Spicilegij Dacheriani tractatus Guitmundi Monachi

Cœnobij de Cruce Heltonis seu S. Leufredi, in quo respondet ad quæstiones de substantia atque vnitate Trinitatis deque mysterio Euchariſtiæ ab Arefaſto sibi propositas. Vltimum tamen Tractatus seu Epiſtolæ folium in quo quæstionem de sacramento altaris tractauit, excisum se repetisse ait Dacherius. Priorem vero de Trinitate fusè prosecutus est, licet nec ibidem cernere sit absolutam.

1061. Anno 1061. vel vt alij ſcribunt, 1062. obiit Nicolaus Papa, ortumque est ſchiſma in electione succeſſoris. A Cardinalibus enim Romanis omnium voce abſens electus est Anſelmus Lucenſis Epiſcopus Patriâ Mediolanenſis. A Ciſalpinis verò ſeu Longobardis Cadolus Parmenſis Episcopus, qui Honorij nomen accepit. Anſelmi, qui Alexander II. dictus est, partes ſuſtinuit Gallia, & cæteræ tandem Gentes. Vir iſte doctrina non vulgari præditus ſtatuit, nequis Eccleſiaſtica beneficia ab vllo laico acciperet, Monachos continuit clauſtris, & à prædicatione abſtinere voluit, vt habetur Can. iuxta. 16. q. 1. Extat eius Epiſtola ad Geruaſium Remenſem Archiepiſcopum, quâ quantum Simoniacam peſtem deteſtaretur, quæ in Francia tunc temporis vbique vigebat, ſatis apertè declarat. *Peſtem Simoniacam*, inquit, *quæ hactenus veſtris in partibus quaſi timida ſerpere solebat, nunc caput accepimus extuliſſe, & gregi Dominico tam timore quàm pudore remoto grauiſſimam iacturam inſtantiſſimè inferre. Vnde non mediocri mærore afficimur: quippe qui nobis creditos & Chriſti ſanguine redemptos quorumdam peruerſitate perire videamus. Quod totum ſanè Archiepiſcopis imputamus. Nemo enim Simoniacus emptionem iniret, ſi ſe conſecrandum fore deſperaret. Sed quia Archiepiſcopi ſine diſcretione conſecrant, multi indiſcreti ad Epiſcopatus adſpirant. Verum cum tempus acceperimus, adiutore Deo & de Conſecratis & de Conſecratoribus Iuſtitias iudicabimus, Et quanquam ammonitione non videaris egere, te tamen ammonemus atque præcipimus, vt Ioſcelinum Sueſſionenſi Eccleſiæ non conſecres Epiſcopum, qui Archidiaconatum Simoniacè obtinuiſſe non contentus, epiſcopari etiam pecuniâ contendit.*

Synodus Aulegauenſis contra Berengarium. Eodem anno dicitur ab aliquibus Lanfrancus ex Priore ſeu Præpoſito Beccenſi factus Abbas S. Stephani Cadomenſis: ſed male. Conſtat enim anno tantum 1066. Abbatem factum fuiſſe. Eodem anno menſe Aprili Hugo Biſontinenſis Archiepiſcopus conſecrauit Andegaui Monaſterium nouum in honorem S. Saluatoris: cui conſecrationi interfuerunt Euſebius Bruno Epiſcopus Andegauenſis, wlgrinus Cenomanenſis & Verecus Nannetenſis. Ibi Berengarius quoque adfuit & plurimi viri Docti, inter cæteros verò Arnaldus Magiſter ſcholarum Cenomanenſium & wlgrini in Epiſcopatu ſucceſſor: atque in Capella Fulconis Comitis Andium hæreſis Berengariana toties confutata & eiurata ipſius Hugonis & eruditorum virorum authoritate calcata eſt. Nec tamen deſiit postea colloquia petere, congreſſus & concertationes, Brunonemque Epiſcopum importunâ efflagitatione fatigare: quamobrem ille pertæſus Epiſtolâ ad ipſum ſcriptâ ſignificauit ſe nullatenus ei iudices, teſtes aut auditores procuraturum, increpauitque quod Eccleſiaſticis definitionibus nunquam acquieſceret toties conuictus & damnatus. Epiſtola autem talis eſt. Ad Beringerium Magiſtrum, quam ex veteri Manuſcripto edidit olim vir clariſſimus Claudius Menardus in Notis ad libros S. Auguſtini contra ſecundam Iuliani responſionem pag. 499.

Epiſtola Brunonis ad Bereng. Fratri & ſinceræ dilectionis cultu amplectendo Conſacerdoti Berengario B. E. Salutē. Scripſiſtis ad vos peruenisse relatu credibilium teſtium Gaufridum Martini „ ſumma ope & præconio publico ineptiæ atque inſaniæ Lanfranci ſuffragari, & „ quibuſdam interpoſitis obteſtari eſtis, vt vos & ipſum ſub iudice audiri faciam, in „ libro B. Ambroſij de Sacramentis. Super quo quid responſi, quidve Conſilij „ mihi vobis, quæ (ſi dignaremini) habeam, patienter æquanimiterque aduer- „ tite. Veritatis aſſerendæ an famæ quærendæ gratia, neſcio, Deus ſcit, hæc orta „ motaque quæſtio, poſtquam Romani orbis maximam pene partem peragrauit, „ ad vltimum nos cum infami longinquorum & vicinorum redargutione acerri- „ mè pulſauit. Contra quod quamuis humili hebetique meo, ſed & doctorum & „ me meliorum conſilio tale responſionis elegi temperamentum, quod à veritatis „ tramite nullo errotis diuerticulo deuiaret, & Vniuerſalis Eccleſiæ ſublimioribus „ & dignitate & eruditione perſonis, ſuper hac re commotis offenſionis ſcandalum „ iure incutere minime deberet, quod & ſimpliciores fide attingere ineuitabiliter „ oporteret, & eruditiores quoſque faſtu aliquo tranſcendere non liceret. Quod

Vniuersitatis Parisiensis. 439

quidem relictis turbulentis disputationum riuulis de ipso veritatis fonte sincerissima abundantia profluenti, & singulari singularitate salubri,& nobis ipsis necessarium ducimus haurire,& omnibus quibus placeret nobiscum proponere. Quod est, Dominus Iesus pridie quam pateretur, accipiens panem in sanctas ac venerabiles manus suas, eleuatis oculis in cœlum, benedixit, fregit, dedit Discipulis dicens, accipite & manducate ex hoc omnes, hoc est enim Corpus meum. Simili modo accipiens præclarum Calicem, item gratias agens benedixit, deditque Discipulis suis dicens, accipite & bibite ex eo omnes, Hic est enim Calix Sanguinis mei, noui & æterni testamenti, mysterium fidei, quod pro vobis & pro multis effundetur in remissionem peccatorum. Hæc quotiescumque feceritis, in mei memoriam facietis. Huius verbi, per quod omnia facta sunt, virtute & effectu panem post consecrantis in hæc verba Sacerdotis sacrationem, verum Corpus Christi, & vinum eodem modo, verum Sanguinem esse credimus & confitemur. Quod si quis hoc qualiter fieri possit inquirat, non ei secundum naturæ ordinem, sed secundum Dei omnipotentiam respondemus : & hoc & omnia quæcumque voluit fecit Deus in cœlo & in terra, in mari & in omnibus abyssis. Neque enim secundum naturæ ordinem, verbum Deus, in principio apud Deum de Spiritu sancto & Virgine concipi,& quomodo post resurrectionem verum Corpus Domini Iesu ad Discipulos clausis ianuis intromitti & palpari potuit,quælibet verborum affluentia disserere potest,& secundum Dei omnipotentiam in veritate facta esse firmissimè credi necessarium est. Si vero aliquis,quid de hac re patres doctoresque nostri senserint,quidve scriptum reliquerint,à nobis si requisierit,ad eorum libros,si ad hoc idoneus est, eum mittimus, vt quod ibi inuenerit, diligenter legat, purè intelligat, & quod accommodatius Euangelicæ veritati senserit, cum gratiarum actione & studio fraternæ concordiæ sibi eligat. Porro nos non Patrum scripta contemnentes, sed nec illa qua Euangelium legentes (neque enim ipsi viuentes & scribentes hoc voluerunt & in suis opusculis ne id fieret voluerunt) eorum sententiis, salua quæ eis debetur reuerentia in tantæ rei disceptatione abstinemus, ne si Patrum sensa aut aliquo euentu deprauata, aut à nobis non bene intellecta, aut non plenè inquisita inconuenienter protulerimus, scandalum illud, quod tantopere fugimus, incurramus ; & cum vnus de pusillis Christi scandalizato r mole asinaria ad collum suspendio in profundum maris præcipitio iudicetur dignus, non totius Ecclesiæ scandalum iure meritoque exhorrescimus, nec timere ab hoc nos frustra periclitari dissimulamus, cum salubriter & cum quiete pacis Christianæ contenti viuere possimus Sacrosanctorum illorum verborum Christi, quæ superius posita sunt,simplici compendio & sufficienti sanctæ fidei firmitate, quantum nos sentimus & multos nobis satis superiores viros sentire cognoscimus. Hoc consilio querimonia quæ in præsentia Domini Geraldi tunc legati apud Turonum emersit, sedata est. Hoc consilio eodem tumultus qui in audientia Domini Eldebranni in eadem ciuitate efferbuit,sopitus est: hac veridica confessione exactioni principis huius nostri, in capellula cuius in vestra Epistola mentionem fecistis, satisfactum est, & rediuiua pestis, quæ nescio quorum improbitate exagitata caput extulerat, Domini Bisonticensis Archiepiscopi & eruditorum qui adfuerant authoritate calcata est. Ac nullam aliam de hac re disputationem vel controuersiam, nec accusatores, nec defensores, nec testes, nec iudices, nec causidicos, nec auditores, me quærere, procurare, congregare aliquando sciatis. Omnibus vero pro hac re, me volente, quod si parum est quamuis paruipendatur, contradicente conuentum publicum aggregare volentibus consensum non tribuam, confluentibus humilitatis meæ personam subtraham, confligentibus audientiam, perseuerantibus communionem : est enim causa ter Prouinciæ nostræ iudicio terminata, quarto sedis Apostolicæ Synodi sententia extincta. Valete E.

Quis sit autem ille Gerardus, qui tumultum Turonensem sedauit, non facile dictu est. Nam errant, qui Geraldum Engolismensem Legatum Pontificium notari putant: ille enim factus est tantum an. 1101. Episcopus Engolismensis, & obiit an.1135. quæ tempora cum Alexandri Papæ II. temporibus non concordant. Forte à nonnullis vox Geraldi reposita est loco litteræ G. quæ in manuscriptoerat. Vel intelligendus Giraldus Ostiensis Episcopus successor Petri Damiani ab Alexandro Legatus in Franciam & Burgundiam missus: sed anno tantum 1073. missum volunt aliqui, quo anno obiit Alexander. At in prædicta epistola Brunonis ille G. sedator Turonici tumultus ante Hildebrandum venisse in Gallias videtur, hoc est ante an. 1055. quo habita est Turonensis synodus.

Quod ad Gaufridum Martini attinet, de quo scripserat Berengarius ad Brunonem, videtur esse Gaufridus seu Goffridus Turonensis, S. Martini Cantor Lanfrancianæ partis fautor, qui deinde Brunoni in Episcopali sede successit an. 1081. 8. id. Augusti, vt legitur in Chronico Vindocinensi, de quo infra dicetur.

1063. Anno 1063. vehemens orta est in Normania inter Ducem & Proceres dissensio, imo inter ipsosmet Magnates. Litem quoque exercebat Gaufridus de Bolonia Episcopus Parisiensis, cum Monachis San-Dionysianis & Abbate Rainerio, qui se certorum priuilegiorum munimine tutantes ab Episcopali Iurisdictione videri volebant esse immunes. Nec his ista stetit intra Cancellos fori Parisiensis, ad Papam ipsum delata est, qui post habitam de ea in Conuentu Prælatorum disceptationem, ad Geruasium Remensem tandem rescripsit. *Denotioni tuæ notum esse volumus, quod Abbas Monasterij S. Dionysij Martyris apud nostram audientiam super Episcopo Parisiensi semel & secundò fuerit questus. Videlicet quod ipse contra ius priuilegiorum à Sanctis & Apostolicis viris salubriter eidem Monasterio multotiens concessum, contraque Francorum Regum & Episcoporum ipsius patriæ Constitutiones, subripere sibique vindicare iamdicti Monasterij potestatem attentauerit, ad quæ nimirum dirimenda ad sedem Apostolicam vtrumque venire inuitauimus. Vt ili congregatis Ecclesiarum Iudicibus huius causam litigij canonicè determinaremus. His igitur in sancto Concilio repræsentatis, post longam discussionem, post varias vtriusque partis oppositiones claruit iustitiam præfato Monasterio fauere. Nec tot aut tantorum Pontificum authoritati absque horrendo anathemate aliquem posse obuiare. Vnde consilio totius sancti Conuentus, quæ à sanctis prædecessoribus nostris sanctè sunt instituta, firmauimus atque corroborauimus. Rogando itaque fraternitatem tuam ammonemus, quatinus si inuitatus fueris ab Abbate vel fratribus eiusdem Monasterij, chrisma & oleum & cætera quæ eis ex Episcopali officio viderentur necessaria tribuas, ac tuos Suffraganeos tribuere præcipias.*

Similis intercedebat inter Guidonem Ambianensem Episcopum & Fulconem Corbeiensem Abbatem controuersia. Episcopus enim vir doctissimus & metro prosaque peritus priuilegia & immunitates contra sacros Canones Monachis concessas tolerare nolens, eos suæ Iurisdictioni adstringebat, & peruicaces anathemate feriit, nec nisi multis precibus Alexandri Pontificis & Geruasij Remensis absoluit.

1065. Anno 1065. habitum est Concilium Mantuanum præsente Henrico Imp. & Alexandro Pontifice de tribus præsertim capitibus: quorum vnum fuit de Berengariana hæresi, quem victum rationibus compulerunt quarto ad Palinodiam, inquit ex Lanfranco Genebrardus. Anno verò 1066. obiit Eduardus Anglorum Rex sine prole mascula, cuius temporibus, regnauit autem annis 22. & 9. mensibus, aucta est Oxoniensis Academia ædificijs & Collegiis. Imprimis aiunt fundatum fuisse ab ipso Rege Collegium Regium vulgo ORIAL dictum. Deinde Exoniense à Villielmo Stapledone Episcopo Exoniensi. Item Aulam Ceruinam. Villielmus verò Normaniæ Dux, ad quem legitimè pertinebat successio Regni Anglicani, habitis frequentissimis Magnatum suorum Comitiis, ex eorum consensu pugnacissimum conflat exercitum, & adiutus etiam Francorum opibus transfretat in Angliam adeundæ hæreditatis ergo. Prius verò quàm tantæ expeditioni se accingat, mittit legatos ad Heroldum Regiæ Domus Maiorem, qui Regis nomen & insignia assumpserat, experiundi causa num posset rem amicè cum eo componere. At reportant Heroldo esse in animo partum tueri Regnum. Willielmus iura iuribus accumulare cupiens, ad Alexandrum Papam Nuncios destinat, rogatque negotium, si probauerit, authoritate Apostolica firmare. Ille verò audita vtriusque contendentis causa vexillum in omen Regni Willielmo transmittit. Igitur apud Lislebonam Conuentu habito mense Augusto è portu S. Vallerici soluentes cursu rapido Hastingas appellunt, nec multo post, nempe pridie idus Octobris commisso prælio, victo occisoque eisque Haraldo Vvillelmus Londinum adit, magnifique ab omni Clero & populo acclamationibus recipitur, & ab Aldredo Eboracensi Archiepiscopo Regni diademate recingitur, atque intra breue tempus contra omnem spem tota Anglia incruentè potitur, vltro se illi submittétibus plerisque Proceribus, aliis ne quid turbarum oriretur, fuga dilapsis.

Ex hoc tempore longè plures Angli, facili facto ex Anglia in Franciam traiectu, Academiam Parisiensem frequentarunt: nam ante quidem nonnulli sciendi auidi è puris nostris fontibus scientias & artes hausturi veniebant: at pauci, propter difficultatem itinerum bellorumve tumultus: postquam vero Normanis subditi fuerunt, tanto numero se Lutetiam effuderunt, vt non modò cæteros aduenas sed ipso simét etiam Francos multitudine superare viderentur. Multum autem cótulit ad amorē litterarum excitandum Lanfranci, Anselmi, Guitmundi, aliorumque litteratissimorum virorum quibus tunc Normania redundabat, celebritas: multo verò magis ipsius Principis wuillelmi singularis erga literatos à natura insita inclinatio: quæ tata legitur fuisse, vt cæteri Magnates exemplo ipsius non modo Virosdoctos secum haberent, sed in suis quisque ditionibus aut Clericorum Collegia, aut Monachorum Cœnobia erigere & fundare voluerint.

Huius autem inuicti & fortunatissimi Principis virtutes & gesta describere tres præcipui scriptores aggressi sunt, Vvillelmus Gemmeticensis Monachus scriptis satis notus, Vvillielmus Normanus Patriâ Pratellensis Diœcesis Lexouiensis, dictus Pictauinus, quod Pictaui fonte Philosophico imbutus ad suos deinde reuersus omnibus suis vicinis & consodalibus doctior enituerit, vt refert idem author; & Guido Præsul Ambianensis qui Metricū carmen edidit, quo Maronem & Papinium gesta heroum pangentes imitatus, Bellum Anglicanum descripsit, Haraldum vituperans, Guillielmum vero collaudans & magnificans.

Anno 1066. Hugo de Bar, vulgò Rainardus dictus vir eloquentissimus & in Theologia quoque versatus ad Lingonensem Episcopatum promotus est, qui sácto pioque peregrinandi & loca Terræ sanctæ inuisendi desiderio motus, è Capella Imperatoris Constantinopolitani S. Mammetis seu Mamantis Martyris brachium Lingonas attulit, & eius nomine Basilicam Cathedralem, quæ in honorem S. Ioannis Euangelistæ consecrata fuerat, appellari voluit. Huiusque Sancti vitam, acta, passionem prosa versibusque Heroicis Latinis ex Græcis Commentariis descripsit. De eo sic legitur in libro de trauslationibus Reliquiarum S. Mamantis Martyris in Bibliotheca Floriacensi, cuius author viuebat circa an. 1200. *Procedente tempore assumptus est ad regimen vrbis Lingonicæ Rainaldus Episcopus piæ recordationis qui decimus sedit ante venerabilem Guilielmum, qui est electus noster. Vir ille spectabilis quidem genere fuit, sed nobilitatem generis honestas morum & multiplex litterarum scientia illustrabat. Non solum enim liberalibus studiis eruditus fuit, sed vtriusque testamenti paginis sufficienter instructus: ipsa enim eius opera testimonium perhibent veritati.*

Sed ante hunc authorem Hugo Flauiniacensis qui Rainardum nosse potuit, vt pote contemporaneus scriptor, in Chronico Virdunensi ad an. 1077. de eodem sic scribit. *Lingonensem Ecclesiam Rainardus cognomento Hugo regebat, vir adprimè Rhetoricis imbutus studiis, clarus ingenio, sermone facundus, scientia præditus, affabilis alloquio & prudens consilio.* Huic aliqui tribuunt hymnum qui cantatur in Dominica Ramis-Palmarum, GLORIA LAVS, eumque composuisse in arce ciuitatis Nouiomensis vbi à Philippo captiuus detinebatur, scribit prædictus author libri de Translat. Reliq. S. Mamantis. *Cum ipse, inquit, teneret Comitatum Tornodorensem & Comitatum Barri super Sequanam pro suis nepotibus qui adhuc erant paruuli, propter quasdam discordias, sicut dicitur, Rex Francorum (Philippus) qui tunc erat, ipsum tenuit in Nouiomensi ciuitate in turri iuxta portam: vbi non fractus aduersitate, sed gaudens, quia intelligebat quod filium quem diligit, flagellat Deus, fecit hymnum & modulatis vocibus cantauit cum pueris in Ramis palmarum, scilicet* GLORIA LAVS. Verum hic hymnus veriustribuitur Theodulpho Aurelianensi in carcere Andegauensi detento à Ludouico Pio, vt suo loco retulimus.

Sed quorsum tam multa de hoc viro: certè licet non legatur studuisse in schola Parisiensi, vix est tamen, vt alteri studio tantum alumnum adscribere possimus. Siquidem filius erat Rainaldi Comitis Barri & Tornodorensis, qui in Curia

Regis inter primos versabatur. Nobilium autem filii raro alibi quàm in schola Parisiensi educabantur: ij vero præsertim qui Clericali militiæ destinabantur, vt Regibus innotescerent aulamque frequentare assuescerent, inde ad Beneficia Ecclesiastica promouendi. De eo rursum dicetur ad an. 1077. quo anno in Chronico Diuionensi legitur obiisse. At alii scribunt adhuc interfuisse an. 1080. Synodo. Xantonensi.

1067.   Anno 1067. Obit Maurilius Archiepiscopus Rothomagensis, Patria Moguntinus, vt nonnullis placet, professione Haluerticensis Scholasticus: aliis vero Patria Remensis, & in schola Leodiensi educatus: idque testatur eius Epitaphium à Richardo Helluini filio eiusdem Ecclesiæ Canonico compositum. Quod apud Ordericum legitur.

Humani Ciues lachrymam nolite negare
Vestro Pontifici Maurilio Monacho.
Hunc Remis genuit, studiorum Legia nutrix
Potauit trifido fonte Philosophico.
Vobis hanc ædem cœptam perduxit ad vnguem,
Lætitiâ magnâ fecit & encenia.
Cum tibi Laurenti vigilat plebs sobria Christi,
Transit, & in cœlis laurea festa colit.

Malmesburiensis ait eum mortuum reuixisse & suos allocutum iterum obiisse: idque etiam testantur Albericus in Chronico, Vincentius l. 5. c. 40. Huic successit Ioannes Baiocensis Abrincensium episcopus, vir quoque virtutibus & litterarum peritiâ conspicuus, atque à sede Abrincensi ad Rothomagensem, ita permittente Alexandro Pontifice, transfertur, ad quem à Willielmo Rege missus fuerat Lanfrancus tunc Abbas Cadomensis, qui Rothomagensis Præsulatus dignitatem ad quam electus fuerat, abdicarat. Abrincensi vero sedi præpositus est Michael natione Italus litterarum etiam eruditione clarus.

Porro neque hoc omittendum quod observat Preuotius in suis ad librum de officiis Ecclesiasticis, extare in antiquis codicibus eburneis Ecclesiæ Metropolitanæ formulâ professionis fidei de veritate Carnis & sanguinis Christi in Eucharistia contra Berengarium latam in Concilio Prouinciali *præsidente huic sanctæ sedi* (Rothomag.) *venerabilis memoriæ Maurilio*. Et hocce tempore Guitmundus Monachus S. Leufridi sub Abbate Odilone tractatum edidit aduersus Berengarium, in quo magnam tam in Artibus liberalibus, quàm in Theologicis peritiam demonstrat. Pauca hæc seligo ex l. 3. circa medium.

    " In quodam Missali Hispano quod dicunt Sanctum dictasse Isidorum, in hebdomada ante Pascha in quadam Missa sic inueni. *Totum Pater, de cœlo est, demutatum in*
" *naturam filii tui & Corpus & sanguis est.* Non iam figura sed veritas, non creatura
" mortalis sed natura cœlestis, edentibus vitam æternam Regnumque perpetuum
" collatura potantibus. *Hos Impanatores suos* ipse Dominus Iesus verbo oris sui in-
" terficit, cum accipiens panem gratiasque agens ac benedicens ait. *Hoc est Corpus*
" *meum.* Non ait, *in hoc latet Corpus meum*, nec dixit, *in hoc vino est Sanguis*
" *meus*; sed dixit, *Hic est Sanguis meus*. Vnde & Ecclesia Dei consequenter à se eos-
" dem separat, cum in ipso Canone Missæ ex Apostolica traditione ita orat, *Quam*
" *oblationem tu Deus, in omnibus quæsumus benedictam, ascriptam, ratam, ratio-*
" *nabilem acceptabilemque facere digneris*, vt nobis Corpus & sanguis fiat *dilectissi-*
" *mi filii tui Domini nostri I. C.* & Non hic oratur, vt in ea *Corpus & Sanguis la-*
" *teat*, aut in eam Corpus & sanguis adueniat, sed vt ipsa oblatio & Corpus & San-
" guis fiat. In hac oratione Cyprianus, Hilarius, Ambrosius, Augustinus, Hieronymus,
" Gregorius & cæteri omnes Ecclesiastici authores istos vno ore percutiunt & qui-
" cumque Missas celebrantes ipsi orationi tota deuotione consentiunt. Nam con-
" tra diuinas authoritates humana ratione incedere id quidem insanum; sine ratio-
" ne autem, id longè insanius. At vero & sine ratione & contra rationem aduersus
" Deû semper latrare, id prorsus supra quà dici possit, insanissimû. Isti enim nequio-
" res nequissimis *fratres suos vmbraticos* præ se iustificauerunt. Illi quippe iudicium
" sensuû transcendere non valétes, tanquâ ex infirmitate errasse videri possunt. Hi
" vero neq; ex sensibus neq; ex vlla ratione, neq; scriptura aliqua causam erroris sui
" mutuantes, solâ penitus superbiâ vesanire videntur, dum reclamante natura quâ

tantopere defensitare solent (quomodo enim in solido corpore panis, alterum
Corpus latere possit, videri non potest) reclamante inquam natura, reclamantibus scripturis sacris, nullo SS. Patrum testimonio, nullo Diuino oraculo, nullo
miraculo fulti munitam vndique Catholicam pietatem, bestialiter obstinati ob
hoc tantum oppugnare videntur, ne ab ea victi esse videantur. O infelices quos
pietas non vincit! O infelicissimos qui dum subiici pietati renuunt, impietatis
serui esse non erubescunt!

Occasione vero harumce disputationum & altercationum Berengarianarum *Origo No-*
ortæ sunt in Academia Parisiensi duæ sectæ Philosophorū, atque etiam Theolo- *minalium*
gorum. Nam cum in tanto Monachorum cum Berengario dissidio non possent de *& Realis.*
quæstionibus illis controuersis omnino silere Professores, varij varias explicandæ & conciliandæ vtriusque opinionis artes viasque quærere cœperunt, & nonnulli quoque qui amatores nouitatis initio Berengario adhæserant, vt cum sæpe
damnatum viderunt semperque contumacem remanere, ne doctrinam omnino
eiurarent quam initio arripuerant, varia effugia & subtiles disputandi methodos excogitarunt, vt ad speciem saltem vera dicere putarentur. Hinc ergo in duas
quodammodo partes secti sunt Philosopi, quorum alij nominibus, alij rebus vim
imponebant. Vnde *Nominales & Reales* appellati.

Nominalium Princeps & Antesignanus fuit Ioannes quidam cognomento Sophista. de quo sic Author historiæ à Roberto Rege ad mortem Philippi I. *In
Dialectica hi potentes extiterunt Sophistæ : Ioannes qui eandem Artem Sophisticam vocalem esse disseruit, Robertus Parisiacensis, Rocelinus Compendiensis, Arnulphus Laudunensis. Hi Ioannis fuerunt Sectatores, qui etiam quamplures habuerunt
Auditores.* Quis fuerit ille Ioannes, aut vnde, non habeo vetustiorem Authorem nec recentiorem qui indicet. Eum tamen esse suspicor Ioannem illum, qui
fuit Henrici I. Archiatrus & Medicorum omnium sui temporis peritissimus, vt
legitur in fragmento historiæ Henrici. Is erat Patria Carnotensis, & ex euentu
cognominatus est Surdus, vt ait Ordericus Vitalis. Et quia vir iste magnum sibi nomen adinuentis in Dialectica subtilitatibus comparauit, effecit, vt quicumque cæteris doctiores esse putarentur, *Sophistæ* appellarentur : quales
multi leguntur apud Ordericum. Hinc Lanfrancus & Anselmus *profundi Sophistæ*
dicti. Item Robertus Parisiensis, Galo Episcopus Leonensis, Pontius Abbas
Cluniacensis eodem nomine appellati. Fulbertus Maurilij Rothomagensis
Consiliarius & *Sophista* dicitur ad an. 1056. quo anno Maurilius & Fulbertus & Hugo Lexouiensis Episcopus & Ausfridus Pratellensis Abbas atque Lanfrancus Beccensis Præpositus & alij plures profundæ sagacitatis viri
Vticense cœnobium lustrarunt. Item idem Ordericus ad an. 987. multos Gerberti Discipulos commemorat, quos ait fuisse *Fulgentes in Choro Sophistarum.*

Robertus quidem Parisiensis Vrbano Pontifici acceptissimus fuit & postea Paschali, cui adhæsisse videtur contra Henricum Imperatorem, vt suo loco dicemus.
Omnium vero Ioannis Discipulorum optime scientiam illam vocum concepit
& docuit Rocelinus natione Brito seu Armoricus, Compendiensis vero Canonicus : in qua tantopere excelluit, vt pro Authore & Institutore **Nominalium**
vulgò habeatur. Cum enim sententiam illam Magistri sui, qui in vocibus seu
nominibus omnia reponebat, summa animi contentione defenderet, reluctantibus plerisque, alijs verò vt rei nouæ studiosis eidem fauentibus, occasionem
dedit schismati in Philosophia & Theologia : quod diu & per multa secula in
Academia Parisiensi viguit.

Porro materia communis totius disputationis erat Vniuersale Logicum, in quo
scilicet consisteret. Nam cum eorum quæ existunt in rerum natura nihil sit nisi
singulare : non detur autem scientia singularium, quia incerta sunt & mutabilia,
scientia autem est cognitio certa rei necessariæ, non contingentis, non mutabilis
ac proinde habere debet obiectum Vniuersale, quæstio mota est, quodnam esset illud obiectum Vniuersale. Vetus opinio naturam ipsam realem esse tenebat
Vniuersalem : Noua contendebat nullam dari naturam Vniuersalem, sed quidquid est, esse singulare, solasque voces seu nomina Vniuersalia dici posse. Hincque alij Nominales dicti, alij Reales.

Huiusce Duplicis sectæ meminit Ioannes Saresberiensis lib. 2. Metalog. c. 1. vir eximiæ eruditionis & doctrinæ, qui diu in Academia Parisiensi versatus sequente seculo floruit, magnumque nomen in litteris adeptus est. *Alius ergo*, inquit, *consistit in vocibus, licet hæc opinio cum Rocelino suo fere omnino iam euanuerit. Alius sermones intuetur & ad illos detorquet quidquid alicubi de Vniuersalibus meminit scriptum.* Scilicet inde moueri cœpit Quæstio illa celebris de Vniuersalibus, an dentur à parte rei, an per intellectum vt vocant: an in conceptu consistant & voce, an in re.

Rocelini autem Discipulum fuisse Petrum Abaelardum vult Otho Frinsinghensis l. 1. de gestis Frederici 1. c. 47. vbi de Abaelardo eiusque hæresi verba faciens, *habuit*, inquit, *primo Præceptorem Rocelinum quendam, qui primus nostris temporibus in Logica sententiam vocum instituit*. Adstipulatur Othoni Auentinus lib. 6. Annal. Boiorum, vbi totam hanc materiam de Nominalibus & Realibus fusè describit.

„ Hisce quoque temporibus, *inquit*, fuisse reperio Rucelinum Britannum Magistrum Petri Abaelardi noui Lycæi conditorem, qui primus scientiam vocum si-
„ ue dictionum instituit, nouam Philosophandi viam inuenit. Eo namque au-
„ thore duo Aristotelicorum Peripateticorum genera esse cœperunt; vnum illud
„ vetus, locuples in rebus procreandis, quod scientiam rerum sibi vindicat, quam-
„ obrè *Reales* vocantur: alterum nouum, quod eam distrahit, *Nominales* ideo nun-
„ cupati, quod auari rerum, prodigi nominum atque notionum, verborum viden-
„ tur esse assertores. In hisce duobus generibus dissidium & bellum ciuile est. Il-
„ lius Thomas Aquinas Italus & Ioannes Duns Scotus, huius VVillielmus Ocha-
„ mensis Anglus (cuius sepulchrum marmoreum apud nos in Boiaria Monachij in
„ templo Franciscanorum monstratur) Marsilius Heidelbergensis Academiæ,
„ Ioannes Buridanus Viennensis Gymnasij institutor, Gregorius Ariminensis Vien-
„ næ humatus Antesignani sunt. *Intellige, suis quoque temporibus*, nam Ioannes & Rocelinus primi Nominalium parentes duobus tribusue seculis istos omnes præcesserunt. Pergit Auentinus, declaratque quo pacto istæ duæ sectæ rursus in varias opiniones abierint.

„ Ab his subinde aliæ opiniones, alia placita sunt: ita fit vt nulli duo concinant.
„ Acutissimus censetur, qui maximè ab aliis discrepat: eruditionem discordia
„ metiuntur: se inuicem iugulant: seipsos iniuriis conficiunt atque consumunt,
„ nunquam concordes, nisi cum conspirarint. Sunt qui armati aduersus omnes om-
„ nium reprehensiones inter se colligitant, eamque pestem Grammaticæ Theolo-
„ giæque inuexere, nimirum scholasticæ atque vmbraticæ. Nihil potest sine suo in-
„ teritu sibi esse contrarium: illa interiit: hæc nunc in se victas conuertit manus. Sin-
„ gulæ sectæ iudicio multarum sectarum stultitiæ conuincuntur. Veterani scien-
„ tiam vtpote æmulam naturæ de rebus siue in rebus existere (nempe notatio naturæ &
„ sensus animaduersio peperit artem) ea quæ confusa sunt, notione, mente, cogita-
„ tione duntaxat distinguuntur. Diuersa quoque esse contendunt sicuti est numerus,
„ & res quæ numeratæ sunt, magnitudo, & res magna; cœcus & cœcitas atque hu-
„ iuscemodi alia. Tironum Caterua hæc quæ solù intelligentia & cogitatione sepa-
„ rantur, idé esse censent. Nec enim aliud numerù, quàm res numeratas, cœcitaté
„ quàm cœcum esse ipsis placet. Hi scientia quoque potissimum de dictionibus, &
„ nusquam nisi in animi notionibus esse docent. Eam enim comparari, vbi verborum
„ explicatio, definitiones communes animi sententiæ, postulata, ratiocinationes
„ adhibentur præceptis, & ad omnia de quibus disceptatur, vbi proloquiis, pro-
„ nunciatis, argumentis, quasi rerum notis, ducibus ad probandum & conclu den-
„ dum vtimur. Hæc vniuersa haud dubiè orationes ratione conclusæ sunt, quæ ex
„ verbis & nominibus componuntur.

Pergit de Idæis narrare quid varij existiment *De Ideis quoque, quas Cicero formas atque species;* vulgus philosophorum Vniuersalia, naturas communes com-
„ municabilesue nuncupant: sicuti & antiquissimi Philosophi digladiantur. So-
„ crates Sophronisci, Plato Aristonis filius Athenienses ideas seiunctas à ma-
„ teria & corpore, æternas in sensis visi'que Dei id. mentis esse existimant....
„ Aristoteles filius Nicomachi Stagirites primus huiuscemodi species labefactauit.
„ Theophrastus Lesbius eius Discipulus atque in schola successor vehe-

mentius eam fregit. Stoïci qui à Zenone originem duxêre, nullam talem «
Idæam in natura rerum, sed notiones in animo esse dixerunt, hoc est confirma- «
tionem insignitam & impressam intelligentiæ. Antiqui Aristotelis opinionem, «
Recentiores Stoicorum sectantur. Isthæc noua Aristotelicorum secta à veteri- «
bus pene explosa & exsibilata à Willielmo Occamensi rursus excitata, aucta, at- «
que de integro instaurata est. Hanc ob causam à suis *Venerabilis* ille *Inceptor* «
vocari solet. Vicitque manus Vvilielmi, adeo vt celeberrima Galliarum Lutetia, «
Germaniæ magnæ Erfordia, Noricorum Vienna in illius verba iurarint. Extat in «
Rucelinum superiorem Epigramma Decastichon, quod non nitoris cultusue, sed «
testimonij gratia subscribo. «

Quas Ruceline doces, non vult Dialectica voces.
Iamque dolens de se non vult in vocibus esse.
Res amat, in Rebus cunctis vult esse diebus.
Voce retractetur. Res sit, quod voce docetur.
Plorat Aristoteles nugas dicendo seniles.
Res sibi substractas per voces intitulatas,
Porphyriusque gemit, quia Res sibi lector ademit.
Qui Res abrodit, Ruceline, Boëtius odit.
Non argumentis nulloque sophismate sentis
Res existentes in vocibus esse manentes?

Neque vero successu tantum temporis variæ opiniones ex duabus illis sectis natæ sunt, sed in ipsis etiam initiis vtraque diuisa est in varias scholas dissidentesque familias. Nam vt ait Ioannes Saresberiensis l. 2. Metal. c. 18. *de Magistris aut nullus aut rarus, fuit, qui Doctoris sui vellent inhærere vestigiis;* & vt sibi quisque faceret nomen, proprium cudit errorem. Vnde factum est vt dum se Doctorem corrigere promittebat, seipsum corrigendum aut reprehendendum tam Discipulis quàm posteris præberet. Igitur cum tota ratio veteris Disciplinæ immutata est: & tamen omnes pro se stare dicebant Aristotelem : quanquam Nominales Platoni magis, quàm Aristoteli adhærere videbantur.

Inter Reales Gualterus de Mauritania, qui sequente seculo floruit & e Scholis assumptus est ad Episcopatum Laudunensem, nouam quandam viam iniuit: cui & alij complures institerunt: quamquam tempore Saresberiensis circa an. 1160. nullus eam aut pauci tenebant. Bernardus Carnotensis Ideas posuit, Platonem æmulatus, & tam ipse quam eius Sectatores conati sunt Platoni Aristotelem cóciliare: *Sed eos tarde venisse arbitror,* inquit Saresberiensis, *& laborasse in vanum vt reconciliarent mortuos, qui quandiu in vita licuit, dissenserunt.* Fuit & nouæ opinionis author Gilbertus Porretanus: suæ quoque princeps Gauzlenus seu Iossenus, Episcopus deinde Suessionensis, celeberrimus hoc & sequentis seculi initio Scholæ Parisiensis Magister.

Idem altercandi studium Theologiæ quoq; sacraria inuasit. Tum enim Philosophi eadem arte & methodo Theologiam tractare aggressi sunt, Theologiamque altercatricem, seu vt vocant Scholasticam longè corroborarunt, cui infirmas & debiles duntaxat vires Berengarius dederat, non contentus solidis Magistri sui Fulberti argumentis. Hanc ergo methodum amplexi sunt Robertus Parisiensis, Robertus Arbricellensis, Anselmus Laudunensis, Guillelmus Campellensis eius discipulus, **Petrus Abaelardus, & Gilbertus Porretanus** Guillelmi Auditores: Robertus Foliothus Abaelardi apud Melidunum auditor, Mauricius de Soliaco, Guill. de Melitona, Robertus Pullus, Simon Pisciacensis, Guillelmus S. Theodorici, Ioannes Belethus & alij innumeri qui hoc & sequente seculo floruerunt : omnium verò optimè & felicissimè Petrus Lombardus Abaelardi vt aiunt discipulus, hocce Theologiæ genus stabiliuit & confirmauit, vt alio loco fusius ostendemus.

Porro vt in Philosophia multi hisce temporibus insignes viri florebant, ita & in Theologia complures claruerunt ; quorum Antesignani commemorantur in fragmento historiæ citatæ à Roberto ad mortem Philippi, vbi sic legitur. *Hoc tempore tam in Diuina quàm in humana Philosophia floruerunt Lanfrancus Cantuariorum Episcopus* (an. 1070.) *Guido Longobardus, Manigaudus Teutonicus, Bruno Remensis, qui postea vitam duxit Eremiticam.* circa an. 1082. Verum isti antiquum

Tertium seculum

Theologiæ genus, paulo seuerius retinuisse videntur, vt ex eorum scriptis intelligitur. Quanti autem clamores in scholis audiri cœperint, quantæ altercationes hinc ortæ, quantaque subtilitatum inuentio emerserit, commodius dicetur ad calcem huius seculi.

1068. ANNO 1068. Alexander II. ad nouum Angliæ Conquæstorem VVillielmum legatos misit congratulatum de tam felici rerum successu, simulque petiit Denarium S. Petri pro laudabili consuetudine solui solitum, quem Ina seu Offa quondam Anglorum Rex Scholæ Anglorum seu Saxonum Romæ in studio commorantium addixerat. *Nouit*, inquit, *prudentia tua Anglorum Regnum ex quo nomen Christi ibi clarificatum est, sub Apostolorum Principis manu & tutela extitisse. Nam vt bene nosti donec Angli fideles erant, piæ deuotionis respectu ad cognitionem Religionis annuam pensionem Apostolicæ sedi exhibebant, ex qua pars Romano Pontifici, pars Ecclesiæ S. Mariæ quæ vocatur* Schola Anglorum *in vsum Fratrum deferebatur.* Extat hoc fragmentum in Bibliotheca Vaticana, continetúrque in libro Censuum Ecclesiæ Romanæ. Et ex eo intelligitur tum fuisse mutatum vsum Denarij S. Petri, quem diximus initio fuisse Scholarium Anglo-Saxonum sustentationi destinatum.

Rex autem VVilielmus 4. Regni sui anno censum habuit legesque Anglicanas edi sibi postulauit, vt quas iudicaret esse retinendas, retineret, quas abrogandas, induceret & aboleret. Inter cætera autem sic statuit de Denario illo S. Petri, vt legitur apud Henricum de Knygthon Canonicum Leycestrensem l. 2. de euentib. Angliæ c. 4. *Item omnes qui habent 30. denarios viuæ pecuniæ in domo sua de suo proprio, Anglorum lege dabunt denarium S. Petri, & lege Danorum dimidiam marcatam. Iste vero denarius debet summoniri in solennitate Apostolorum Petri & Pauli, & colligi ante festiuitatem quæ dicitur ad Vincula, ita vt vltra illum diem non teneatur. Si quisquam detinuerit, ad iustitiam Regis clamor deferatur, quoniam Denarius hic Eleemosyna Regis est, iustitia eius faciat Denarium reddere & forisfactum Episcopi & Regis. Quod si quis plures domos habuerit, de illa vero vbi residens fuit in festo Apostolorum Petri & Pauli denarium reddat.*

Inter leges Saxonicas Regis Eadgari hæc 5. loco legitur. *Et omnis* HEORD-PENNY *reddat* (ita vocabant Denarium illum) *ad festum S. Petri; & qui non persoluerit ad terminum illum, deferat eum Romæ & etiam 30. d. & afferat inde significationem, quòd tantum ibi reddidit; & cum redierit Domi, emendet 120. S. Et si iterum reddere nolit, deferat eum Romæ & emendationem eandem, & cum redierit, emendet 200. S. Regi. Ad tertiam vicem si adhuc non reddiderit, perdat totum quod habebit.*

Similiter inter leges Saxonicas Kanuti, qui tempore Fulberti Carnotensis e Dania in Angliam venit, Sax. 9. *Et* ROM FETH *id. Romæ Census, quem B. Petro singulis annis reddendum ad laudem & gloriam Dei Regis nostra larga benignitas semper instituit, in festo S. Petri reddatur; qui supra tenuerit, reddas Episcopo denarium illum & 30. d. narios addat, & Regi det 30.* S. vocabatur ergo hic Denarius Anglicè Rome-Scot vel Romscot. Saxonicè Heord-peny & Harrth-peny & Rom-Feth; item Peter-pence. id. nummus domesticatim Romæ pendendus.

Eodem anno natus est in Anglia VVillielmo Conquæstori tertius filius nomine Henricus: sed secundum nomine Robertum, cui Northumbriæ Comitatum attribuerat, amisit ab incolis illius regionis cum 900. hominibus de ipsius familia interemptum.

1069. Accessit & alia clades an. 1069. à Danis & Eadgaro Ethelingo Edvuardi nuper Regis spurio, qui cum 300. nauibus in Angliam appulsi multa mala intulerunt, multos magnates excruciarunt aut spoliarunt, sed hieme tandem transacta VVilielmus commisso cum iis prælio victoriam adeptus est, aduersariis penitus profligatis. Accesserunt & multæ proditiones, quarum magna ex parte authores erant Prælati indignantes ferre iugum Normanicæ dominationis. In iis repertus fuit Agelricus Episcopus Dunelmensis & frater eius Egelwinus, etiam Episcopus eiusdem sedis, quorū ille captus apud VVestmonasterium carceribus mancipatus est: iste verò in exilium amandatus. Stigandus Cantuariensis Archipræsul & Alexander Lincolniensis, qui sibi metuentes ad Scotos diffugerunt. Vnus omnium constantissimus Egelwinus Dunelmensis Episcopus exul & proscriptus zelum Dei habens excommunicauit vniuersos Ecclesiæ inuasores & rerum Ecclesiasticarum raptores, vt habet Matthæus Parisiensis.

Anno ergo 1070. videns Vvillelmus complures è Prælatis diuersarum partium Antesignanos se præstare, eos partim suis Episcopatibus & Beneficiis spoliat, aut milites iis imperat, quos vnusquisque belli tempore alere & stipendiis sustentare tenerentur; alios in exilium amandat, & inter eos Stigandum Cantuariensem Schismaticum & Simoniacum, qui nempe numerata pecunia Episcopatum Helmhamensem, deinde Wintoniensem, postremo Cantuariensem emerat, iamque Apostolica ob id authoritate damnatus fuerat. Eum igitur Episcopatu spoliat & Lanfrancum ex Monacho & Priore Beccensi factum an. 1066. Abbatem Cadomensem, de consensu Alexandri Pontificis ad sedem Cantuariensem promouet, de qua promotione sic ipse Lanfrancus ad Alexandrum.

1070.

Summo S. Ecclesiæ Pastori Alexandro Papæ Lanfrancus indignus Antistes Canonicam obedientiam. Nescio cui aptius calamitates meas explicem quàm tibi, Pater, qui ipsarum mihi calamitatum causa existis. Nam cum de Beccensi congregatione in qua habitum Religionis assumpsi, à principe Normanorum Vvillielmo abstractus Cadomensi præessem cœnobio, imparque existerem paucorum regimini Monachorum, incertum habeo quo iudicio Omnipotentis Dei factus sum te cogente speculator multorum numeroque carentium populorum. Quod cum præfatus Princeps iam Rex Anglorum factus multis variisque modis laboraret efficere, cassis tamen laboribus suis à me nullomodo potuit impetrare, quo ad vsque Legati tui Hermenfredus videlicet Sedunensis Episcopus atque Humbertus S. Rom. Ecclesiæ Cardinalis in Normaniam venerunt, qui Episcopos, Abbates & eiusdemque Patriæ Nobiles conuenire fecerunt, atque in eorum præsentia, vt Cantuariensem Ecclesiam regendam susciperem, ex Apostolicæ sedis authoritate præceperunt. Aduersus hoc imbecillitas mearum virium morumque indignitas prolata in medium nihil profuit, excusatio incognitæ linguæ gentiumque barbararum nullum apud eos locum inuenire præualuit. Quid plura? assensum præbui, veni, suscepi: in quo tot molestias, tot tædia, tantumque ab omni fere bono defectum mentis quotidie sustineo, tot aliorum in diuersis prouinciis perturbationes, tribulationes, damna, obdurationes, cupiditates, spurcitias, tantumque S. Ecclesiæ casum incessanter audio, video, sentio; vt tædeat me vitæ meæ, doleamque plurimum me vsque ad hæc tempora peruenisse. Mala siquidem sunt quæ in præsenti cernuntur, multò vero deteriora ex istorum consideratione in futuro coniiciuntur. Et ne diu Celsitudinem vestram multis magnisque negotiis occupatam prolixo orationis ambitu protraham, rogo quatenus propter Deum & animam vestram sicut vestra, cui contradici fas non fuit, me authoritate alligastis, sic quoque alligatum abrupto per eandem authoritatem filium necessitatis vinculo absoluatis. Vitam Cœnobialem quam præ omnibus rebus diligo, repetendi licentiam concedatis. Nec in huius rei sperni petitione debeo, quam tam piè, tam necessariè, tam iustis de causis concedi mihi à vobis deposco. Meminisse siquidem debetis nec tradi obliuioni oportere, quà benignè vestros Consanguineos aliosque à Roma scripta deferentes in præfatis adhuc Cœnobiis constitutus sæpe recepi, quàm studiosè eos pro captu meo ingeniisque ipsorum tam in sacris quàm in secularibus litteris erudiui, vt taceam multa alia in quibus vobis vestrisque Antecessoribus pro rerù ac temporum qualitate nonnunquam seruiui. Nec hoc iactando aut improperando teste conscientia dico, nec fauorem gratiæ vestræ, quasi prolatis obedientiæ meæ obsequiis solito maiorem captare nequeo. Hoc tantum studeo, harumque litterarum is solum meus finis est, vt congruam rationem iustamque causam possim obtrudere, quà id quod peto, à vestra munificentia Christo adspirante valeam obtinere.

Hinc intelligitur quantas initio passus fuerit difficultates & molestias Lanfrancus. Nam cum & in Normania & deinde in Anglia ipsius consilio Vvillielmus in omnibus vteretur, cum Angli Regem pro Tyranno haberent, non poterant non odisse summum eiusdem Ministrum, qui vt legitur in vitis 23. S. Albani Abbatum *quasi secundus Rex habebatur*. Itaque vt se parte leuaret oneris, consuluit Willelmo, vt Guitmundum è Cœnobio S. Leufredi accerseret, eique Ecclesiastici regiminis curam demandaret: sed eodem anno accersitus, honorem istum onusque à se ablegauit: qua de re sic Ordericus ad an. 1070. *Regio iussu accersitus*

Pontum transfretauit & oblatum sibi à Rege & proceribus Regni onus Ecclesiastici regiminis omnino repudiauit. Erat enim *æuo maturus & religiosus, ac scientia litterarum eruditissimus. Cuius ingenii præclarum specimen euidenter patet in lib.* de Corpore & sanguine Domini contra Berengarium, *& in aliis opusculis ipsius.* Eodem anno Vvaltero Herefordiensi Episcopo defucto substituitur Robertus genere Lotharingus, omnium artium liberalium peritus, ac præcipuè lunarem compotum & cursum Astrorum rimatus. Ille Mariani Scoti libros in compendium contraxit, quem ita splendidè desflorauit, inquit Ionnes Brompton, vt iam magis arrideat desfloratio, quàm ingentis voluminis diffusio.

1071. Anno 1071. Orta de primatu Angliæ contentione, Lanfrancus Cantuariensis & Thomas Eboracensis qui anno quoque superiore 1070. Aldredo postremo Archipræsuli Angligenæ sucesserat, Ambo contendentes Romam profecti sunt ad Alexandrum, qui auditis vtriusque rationibus, respondit non posse litem commodè definiri nisi in Anglia, vbi Episcoporum & Abbatum testimonia facilius esset excipere & secundum ea iudicare. Id vero honoris Lanfranco Romæ accidit, vt Pontifex illi venienti assurrexerit eumque osculo exceperit. Rem sic narrat Malmesburiensis. *Honoris maximum indicium fuit, cum Romam venienti sequestrato illo Romani supercilii fastu dignanter assurgeret* Alexander, *professus hanc venerationem non se illius Archiepiscopatui, sed* Magisterio litterarum *deferre? quapropter se fecisse quod esset honoris, illum debere facere quod esset iustitiæ, vt pro more omnium Archiepiscoporum* S. Petri vicarii *pedibus aduolueretur. Reddidit debitum tanti amoris expertus insignia, vt quæcunque petenda putasset, haud dubio impetraret.*

Erat quoque Thomas ille plurimum eruditus, Normanigena & Patria Baiocensis, qui dicendi amore Galliam, Germaniam & Hispaniam lustrarat, demumque reuersus in patriam Baiocensis Thesaurarius, postea Willelmi Regis Conquæstoris Capellanus factus, indeque ad Archiepiscopatum Eboracensem assumptus anno 1070. in quo 30. annis vixit, vt scribit Thomas Stobæus ex Hugone Scriptore contemporaneo. 25.ᵃᵗ inquit, *Eboracensem Ecclesiam suscepit regendam primus de Normanigenis Thomas senior, qui Baiocis oriundus, in Galliis eruditus ardore discendi in Germaniam profectus, omnem Saxonum & Theutonum Scholam est perscrutatus: inde per Franciam reuersus Normaniam perrexit ad Hispanias ibique multa alia quæ alibi non potuit, addiscens, pectus suum Hispanicarum fecit armarium scientiarum. Tandem ad Natale solum reuersus magnifici viri Odonis Baiocensis Episcopi familiaritatem nactus tam propter multimodam scientiam Baiocensis Ecclesiæ ab eodem Episcopo assecutus est Thesaurariam, nec multo post cum eodem Episcopo veniens in Angliam Regis Vuillelmi senioris consecutus est Cappellaniam. Recepit Thomas senior Episcopatum an. 1070. & vixit in Episcopatu an. 30.*

Idem ex eodem authore refert ad ea vsque tempora nullam vnquam inter Angligenas Archipræsules intercessisse de primatu Ecclesiæ anglicanę litem, sed potestate, dignitate & officio imo & Suffraganeorum numero pares à Sancto Gregorio constitutos semper in pace vixisse, hos verò primos discordias excitasse & labores multiplicasse: vt scribit Hugo Eboracensis Ecclesiæ Cantor, qui sub 4 aut 5. Pontificibus, Thoma seniore, Gerardo, Thoma Iuniore & Turstino vixit, eorumque Consiliarius & comes indiuiduus ad mortem vsque fuit. Primum ergo Lanfrancum exegisse professionem ab Eboracensi, suisque successoribus exigendi exemplum dedisse sub hoc prætextu; quod nisi Eboracensis Cantuariensi subiiceretur, vnusque fieret Angliæ Primas, fieri posset vt de exteris Gentibus quæ Regnum infestare solebant, aliquis ab Eboracensi Rex inauguraretur, sicque regnum turbatum scinderetur: & id credulo Regi Vuillemo inculcasse.

Impetrauit autem ab eodem Alexandro Pontifice Lanfrancus, vt Monachi in Cathedralibus Ecclesiis, in quibus erant, remanerent: in quorum locum ab Episcopis Clerici seculares substituebantur passim. Diu certè in Cantuariensi Metropoli id vsurpatum & obseruatum, vt Monachi Canonici essent, è quorum suffragio pendebat Archiepiscopi electio, nec alii præter eos in Ecclesia Metropolitana ministrabant. Impetrauit quoque Paulo Commonacho suo & Consanguineo, quem è Normania secum ad solatium & leuamen laborum adduxerat, S. Albani Abbatiam post mortem Fretherici Anglicanæ factionis aduersus

Vniuersitatis Parisiensis. 449

uersus Guillelmum Antesignani. Erat quoque Paulus iste litteratissimus & in obseruantia regulari ordinis rigidus & prudens ; sub cuius regimine facta est Ecclesia S. Albani quasi *Schola Religionis*, vt legitur in Vitis 23. Abbatum. Vterque verò, hoc est tam Paulus quàm Lanfrancus Alexandro Pontifici erat acceptissimus, sed maximè Lanfrancus, qui non tantum Consanguineorum eius in Normania, sed & ipsius etiam Alexandri magister fuerat in Francia, vt verisimile est. Videtur id satis clarè innuere author, quisquis ille sit, praedictarum Vitarum in vita Fritherci 13. Albatis S. Abbani. *Illinc Archiepiscopus transalpinans & ducens secum Commonachum suum ac propinquum Consanguineum suum Paulum, vt sibi pallium adquireret à Papa Alexandro: qui quandoque ipsius Lanfranci Discipulus extiterat & in Scholis auditor diligens magnificè ab omnibus honorabatur. Vnde intranti Papale Palatium D. Papa reuerenter assurrexit suscipiens eum in osculo & salutatione primitina dicens* ASSVRGO TIBI TANQVAM MAGISTRO *& deosculor tanquam Paedagogum & non tanquam Archipraesulem. Quo audito Archiepiscopus incuruans se humiliter, pedes Papales deosculatur dicens. Et Ego te Patrem humiliatum sicut Ananias Paulum, Sixtus Laurentium meritò veneror & honoro.*

Anno 1072. reuerso in Angliam Lanfranco ex praecepto Papae & Rege willelmo annuente causa illa primatiae Anglicanae agitata est apud windleshorum praesente Humberto Apostolicae sedis legato, quae tandem Cantuariensi Ecclesiae adiudicata est. Eodem anno habita est Rothomagi synodus Episcoporum, in qua multa capita sancita sunt, quae ad Ecclesiae regimen pertinebant: nihil vero propositum fuisse videtur de Haeresi Berengariana. Extant apud Ordericum huiusce synodi Capitula, quam Chronicon Rothomagense notat ad an. 1074. eique ait praesedisse willielmum Angliae Rege & Ioannem Archiepiscopum cum suis suffraganeis, Odone Baiocensi, Hugone Lexouiensi, Michaele Abrincensi, Gilberto Eboracensi, Roberto Sagiensi. In ea autem Ioannes pene lapidibus obrutus interiit, quod Concubinas presbyteris abstulisset.

1072.

Eodem anno obiit apud Rauennam insignis ille tum multiplici litterarum cognitione, tum moribus clarus, & tot legationibus in Franciam ad Henricum & Philippum perfunctus, tot denique Pontificibus & Regibus & viris Doctis charus Petrus Damiani Cardinalis Episcopus Ostiensis, litteratorum sui seculi Patronus & praesidium ac decus, de quo extat praeclarum Alexandri Pontificis ad Geruasium Remensem elogium his verbis. *Quoniam igitur pluribus Ecclesia um negotiis occupati ad vos ipsi venire non possumus, talem vobis virum destinare curauimus, quo nimirum post nos in Rom. Ecclesia maior authoritas non habetur, Petrum videlicet Damianum Ostiensem Episcopum, qui nimirum & noster oculus est & Apostolicae sedis immobile firmamentum. Huic itaque vicem nostram pleno iure commisimus, vt quidquid in aliis partibus Deo auxiliante statuerit, ita rectum teneatur & firmum, ac si speciali nostri examinis sententia fuerit promulgatum. Quapropter venerabilem sanctitatem vestram fraterna charitate monemus, & insuper Apostolica vobis authoritate praecipimus, vt talem & tantum virum tanquam nostram personam digna studeatis deuotione suscipere, eiusque sententiis atque iudiciis propter B. Petri Apostolorum Principis reuerentiam humiliter obedire. Quisquis enim fastu superbiae, quod absit, inflatus illius iudicio contradictor vel aduersator extiterit, vsque ad dignam satisfactionem, nostram vel Romanae Ecclesiae gratiam non habebit.* Obiit autem an. aetatis 66. secundum Baronium, ex aliis vero an. 84. & suum sibi Epitaphium quod est eiusmodi, composuit.

Quod nunc es, fuimus, & quod sumus ipse futurus.
　His sit nulla fides quae peritura vides.
Friuola sinceris praecurrunt somnia veris,
　Succedunt breuibus secula temporibus.
Viue memor mortis, quo semper viuere possis,
　Quidquid adest transit : quod manet, ecce venit.
Quam bene prouidit, qui te male munde reliquit,
　Mente prius carni, quàm tibi carne mori.
Caelica terrenis praefer mansura caducis,
　Mens repetat proprium libera principium.
Spiritus alta petat quo prodit fonte recurrat

Iii

Tertium feculum

Sub se despiciat quidquid in ima grauat.
Sis memor, oro, mei, cineres prius aspice Petri
Cum prece cum gemitu, dic sibi parce Deus.

1073. Anno 1073. obiit Alexander II. Lanfranci olim Discipulus. Cui succedit Hildebrandus natione Etruscus, Patria Saonensis, Bonicij filius quondam Prior Cluniacensis, tunc vero Romanus Archidiaconus & Gregorij VII. nomen accipit, vir fortis & intrepidus. Cuius elogia in ipsius electionis formula leguntur apud Platinam. *Nos S. Rom. Ecclesiæ Cardinales, Clerici, Acolythi, Subdiaconi, Presbyteri, præsentibus Episcopis, Abbatibus, multisque tum Ecclesiastici tum Laici ordinis eligimus hodie 10. Kal. Maij in Basilica Sancti Petri ad vincula anno salutis 1073. in verum Christi vicarium Hildebrandum, Archidiaconum, virum multa doctrina, magna pietatis, prudentia, iustitia, constantia, religionis, modestum, sobrium, continentem, domum suam gubernantem, pauperibus hospitalem, in gremio Sanctæ Matris Ecclesiæ libere à teneris annis vsque ad hanc ætatem educatum, doctum, quem quidem cum ea potestate Ecclesiæ Dei præesse volumus, qua Petrus Dei mandato quondam præfuit.* Is est Hildebrandus qui an. 1055. Concilio Turonensi sub Victore II. præsedit aduersus Berengarium. Nostros Academicos aliosque viros doctos singulari amore complectebatur, illorumque ad Beneficia Ecclesiastica promouendorum apud Pontificem, Episcopos, Reges semper suasor & author erat, Simoniacæ pestis acerrimus insectator, Ecclesiasticæ vero dignitatis promotor & amplificator. Philippum Regem iuuenem adhuc & proteruum litteris admonuit, mitibus verbis Pontificales addens minas, ne turbaret Ecclesiam intrusionibus ad Episcopatus, vtque recordaretur non alia ratione Maiores suos quam bene merendo de Ecclesia Gallicanum Imperium extulisse. Sic enim eum compellat Ep. 5.

"Gregorius S. S. D. Philippo Regi Francorum Sal. & Apost. Bened. Significasti nobis per litteras & legatos tuos te B. Petro Apostolorum Principi deuotè ac decenter velle obedire, & nostra in his quæ ad Ecclesiasticam Religionem pertinent, monita desideranter audire atque perficere. Quod si ita cordi tuo, diuino intuitu affixum est, multum gaudere nos conuenit, quod Eminentia tua ad diuinam prona reuerentiam, quæ Regiæ administrationis sunt cogitat atque cognocit. Vnde Nobilitatem tuam ex parte B. Petri admonemus, & omni Charitatis affectu rogamus, quatenus Deum tibi placare studeas, & inter cætera quæ tuum est corrigere, per te illata Beluacensi Ecclesiæ detrimenta, pro magnitudine tui nominis & honoris aliquatenus emendare non prætermittas. Attendere enim te nobiscum & considerare diligenter volumus, in quanta dilectione sedis Apostolicæ, quantaque gloria & laudibus ferè per orbem terrarum antecessores tui Reges clarissimi & famosissimi habiti sunt, dum illorum Regia Maiestas in amplificandis & defendendis Ecclesiis pia ac deuota constitit, in tenenda iustitia libera ac districta permansit. Postquam vero Diuina & humana iura subuertendo tanta virtus in posterioribus cœpit hebescere, & totius Regni gloria, decus, honor & potentia cum peruersis moribus immutata sunt, & nobilissima fama status Regni è culmine suæ claritatis inclinata sunt. Hæc quidem & alia talia frequenter & si oportet, aspero etiam sermone tibi inculcare suscepti nos officij cura compellit."

Eodem anno apud S. Maxentium in Pictonibus habita est Synodus Episcoporum Aquitanicæ Prouinciæ præsidente Goscelino Archiepiscopo Burdegalensi contra Berengarium, in qua ipse præsens damnatus est. Huiusce synodi meminit Theuetus lib. 15. Cosmog. c. 6. & Gabriel Lurbeus Iureconsultus, Procurator & Syndicus Burdegalensis in Chronico Burdegal. sic scribens ad hunc annum. *Gosselenus Archiepiscopus eo anno sub finem mensis Iunij Synodum Prouinciæ Burdigalensis apud Fanum D. Maxentij in Pictonibus cogit aduersus Berengarianæ hæresis fautores.* Sammarthani fratres in Gosselino scribunt eum in Pontificatu suo tres habuisse synodos, primam *an.* 1073. 7. *Kal. Iulias in D. Maxentij cœnobio, cui præfuit, ac coram eo Berengarium fidei suæ rationem* exposuisse, idque probant ex Chronico Mallacensi. Verum in Chronico illo non notatur an. 1073. sed potius an. 1075. sic enim habetur. *an. 1075. Pictauis fuit Concilium quod tenuit Giraudus legatus de Corpore & sanguine Domini, in quo Berengarius ferme interemptus est.* Fuerat

Vniuersitatis Parisiensis.

que aliud Concilium apud S. Maxentium 6. Kal. Iulij in quo erat maior Goscelinus Archiepiscopus Burdegalensis, qui Archimbaudo successit, Vuillielmus Petragoricus & alij multi. Istud primum fuit 7. Kal. Iulij, & aliud idibus Ianuarij.

Anno 1074. Gregorius Pontifex Concilium generale habuit Romæ in Laterano contra Simoniacos & vxoratos Presbyteros ; in coque ademit sacerdotibus vxores, vxoratis diuina celebrare interdixit, & Laicis vlla ab iis sacramenta accipere sub excommunicationis interminatione. At Henricus III. Imperator malè consultus vxoratos Episcopos designauit. Hinc inter eos acre bellum, quod funestos habuit exitus, vt ex historia patebit.

1074.

In prædicto verò Cōcilio Romano solenne præsertim Decretum promulgatum est contra Laicorum Principum Collationes seu Inuestituras occasione Anselmi Lucensis electi, qui cum Romam ad Gregorium profectus fuisset, diemque consecrationis præstolaretur, accessu Nunciorum Henrici Imperatoris inhibitus est, datis ad Papam litteris ne contra morem prædecessorum suorum eum consecrare vellet, *qui, vt scribit.* Hugo Flauiniacensis, *Episcopatus electionem solam, non autem donum per Regiam accepisset inuestituram.* Papa conuocatis Cardinalibus rogatisque quid fieri, quid responderi oporteret, ex eorum consilio Consecrationem prædicti Anselmi distulit, *donec inuestituram Episcopus ex Regio dono accepisset.* At quia vidit hoc SS. Patrum aduersari Decretis, vt in Canonica Episcopi Electione donum præualeret Regum aut Imperatorum, qui sæpe electionem ipsam immutabant vel irritam faciebant, conuocato 50. Episcoporum Concilio & considente Presbyterorum & Abbatum multitudine, iuxta Decreta Pontificalia & Sanctiones Canonicas, ne hoc à quoquam amplius præsumeretur, prohibuit sub interminatione anathematis, & Decretum fecit in hæc verba.

Si quis deinceps Episcopatum vel Abbatiam de manu alicuius Laicæ personæ susceperit, nullatenus inter Episcopos vel Abbates habeatur, nec vlla ei vt Episcopo vel Abbati audientia concedatur. Insuper ei gratiam B. Petri & introitum Ecclesiæ interdicimus, quoad vsque locum quem sub crimine tam ambitionis quàm inobedientiæ quod est scelus Idololatriæ, cœpit, deseruerit. Similiter etiam de Inferioribus Ecclesiasticis dignitatibus constituimus. Item si qui Imperatorum, Ducum, Marchionum, Comitum vel quilibet secularium potestatum aut personarum inuestituram Episcopatus vel alicuius Ecclesiasticæ dignitatis dare præsumpserit, eiusdem sententiæ vinculo se astrictum sciat.

His subiungit Hugo Flauiniacensis secutum fuisse Gregorium Patrum exempla, licet iam per multa annorum curricula damnabilis hæc consuetudo inoleuisset. In 7. enim Vniuersali synodo à 5. Patriarchis & 350. Patribus sub Adriano Papa habita cap. 3. sic haberi. *Omnis electio Episcopi, Presbyteri vel Diaconi à Principibus facta, irrita maneat secundum regulam quæ dicit, Si quis Episcopus secularibus potestatibus vsus Ecclesiam per ipsos obtinuerit, deponatur & segregetur, omnesque qui illi communicant.* Item in 8. Vniuersali synodo habita à 5. Patriarchis sub Nicolao I. Pontifice cap.... *Promotiones vel consecrationes Episcoporum concordans prioribus Conciliis hæc sancta & Vniuersalis synodus electione & decreto Episcoporum fieri constituit & statuit atque promulgauit, neminem Laicorum Principum & Potentum semet inserere electioni vel promotioni Patriarchæ vel Metropolitæ aut cuiuslibet Episcopi, ne inordinata hinc & incongrua fiat confusio vel contentio, præsertim cum nullam in talibus potestatem quemquam Potestatinorum laicorum habere conueniat, sed potius silere & attendere sibi vsquequo regulariter à Collegio Ecclesiæ suscipiat finem electio futuri Pontificis. Si quis verò Laicorum ad concertandum & cooptandum inuitetur ab Ecclesia, licet huiusmodi cum reuerentia obtemperare ascicentibus. Quisquis autem secularium Principum & Potentum, vel alterius Dignitatis Laicus aduersus communem & consonantem atque canonicam electionem Ecclesiastici Ordinis agere tentauerit, anathema sit donec obediat & consentiat.* Item ex Concilio Niceno c. 6. *Per omnia manifestum est, quia si quis præter voluntatem & conscientiam Metropolitani fuerit ordinatus, hunc sanctum & magnum Concilium statuit non debere esse Episcopum.* Item ex Concilio Antiocheno Cap...... *Si quis Presbyter vel Diaconus per secularem Dignitatem Ecclesiam Dei obtinuerit, deiiciatur, & ipse & Ordinator eius à communione modis omnibus abscindatur, & sint sub anathemate sicut Simon Magus à Petro.*

Hæc opere pretium fuit hisce Annalibus inserere, vt intelligant Academici qui de hisce rebus frequenter in scholis & in Actibus disputant, vnde & qua occasione ortum sit in Ecclesia Dei schisma, quod eam ducentos prope annos magno religionis damno turbauit. Contentus fuerat Nicolaus II. in Synodo Romana summi Pontificis Electionem Cardinalibus attribuere. Gregorius omnium Prælaturarum collationes seu Inuestituras Principibus Laicis ademit, quas longo vsu & inueteratâ consuetudine possidebant. Hinc orta bella & contentiones inter Imperium & Sacerdotium.

In Gallia quoque Simoniacos Episcopos vehementer exagitauit idem Pontifex, habitisque Conciliis per Hugonem Diensem Legatum suum, virum meritorum numero conspicuum, de sedibus quas pecuniarum largitionibus occupauerant eiecit, quorum tamen multos reaccuratius cognitâ & pœnitentes restituit Vnum præsertim Manassem Archiepiscopum Remensem qui Geruasio arte mala successerat, infectatus est, quem tandem sæpe monitum, etiam post restitutionem ingratum & sæpe relapsum perpetuæ depositionis pœnâ mulctauit.

Contumaciæ causa videtur fuisse protectio Philippi Regis, quem, quia malis consultoribus sollicitatus vexabat Ecclesiam, idem Pontifex suauiter & fortiter admonuit, vt eiusmodi consiliis adhærere desisteret, secus se authoritate sua vsurû. *In hoc, inquit, te tuæ securitatis amicum sollicitumque esse demonstras, si Apostolicam beneuolentiam sicut Christianum Regem decet, assequi & obtinere desideras. Quam quidem hoc pacto adipisci multò faciliùs ac digniùs poteris, si te in Ecclesiasticis negotys diligentem deuotumque reuerenter exhibueris. Quâ in re proculdubio minus vigilanter, multumque negligentius, quàm sanum fuerit olim, habuisse te cerneris. Sed nos adolescentiæ tuæ præterita delicta spe correctionis tuæ portantes, vt deinceps castigatis moribus ad ea quæ oportet inuigiles, ex debito Officij nostri monemus. Igitur inter cætera virtutum studia Regiæ excellentiæ conuenientia, quæ tibi inesse optamus, cum te Iustitiæ amatorem misericordiæque custodem existere, Ecclesias defendere, pupillos viduasque protegere sit necessarium, ad æternæ salutis custodiam tibi esse prauorum consilia spernenda, maximeque Excommunicatorum familiaritates detestandas arbitramur atque asserimus. Vnde sublimitati tuæ ex parte B. Petri præcipimus ac ex nostra rogamus vt Manassæ Remensi Archiepiscopo dicto, sed propter suas iniquitates quæ non prætereunt scientiam tuam, irrecuperabiliter deposito nullum vlterius fauoris tui solatium præbeas, sed eum ita ab amicitia tua rescindas atque à conspectu præsentiæ tuæ contemptum repellas, vt pateat inimicos S. Ecclesiæ, videlicet excommunicatione induratos respuendo, Deum diligere, Apostolicisque mandatis morem gerendo gratiam B. Petri veraciter desiderare.*

1075. Anno 1075. habita est Pictaui apud S. Hilarium Synodus frequens præside Gerardo Legato Apostolico, de sacramento Eucharistico contra Berengarium & Berengarianos; qui post mortem Nicolai II. à quo damnati fuerant in Concilio Vercellensi an. 1059. & Henrici I. Franciæ Regis, qui Hæreticos acriter & vehementer insectabatur, sub pueritia & adolescentia Philippi, & Regentia Balduini Flandriæ Comitis, occupato quoque in bellis Anglicis & Normanicis Vuilelmo Duce Normaniæ tunc Anglorum Rege; caput altius attollebant, suumque errorem audacius per quindecim circiter annos sparserant. Ad exterminandam igitur pestem illam & e fundo eradicandam vbi originem sumpserat, iussus est Berengarius se sistere, & interfuit Discipulorum, quos per plures annos impiâ suâ doctrinâ imbuerat, **præsidio fultus: verum cum errorem suum tueri aggressus fuisset, ferme interemptus est, vt habetur in chronico Malleacensi**, cuius verba supra retulimus ad an. 1073. eaque exscripsit Ioannes Besly inter probationes Comitum Pictauiensium, & Philippus Labbeus Iesuita in Synopsi Historica Conciliorum Galliæ. Quid autem contra Berengarium statutum fuerit, iam non extat. Fallitur autem hic Franciscus de Roye in vita Berengarij, aiens Gerardum illum Præsidem Synodi Pictauiensis fuisse Episcopum Engolismensem: tunc enim nullus erat huiusce nominis Episcopus Engolismæ Legatus Pontificis, nec fuit ante annum 1101. Quis verò is fuerit, intelligimus ex Hugone Flauiniacensi in Chronico Virdunensi, vbi ait Alexandrum II. destinasse in Gallias Giraldum Ostiensem Episcopum, qui Petro Damiani successerat, vicesque ei suas per Franciam & Burgundiam committisse: cum ex præscripto Papæ Concilium habuisse Cabillone Episcopatum tunc habente Rocleno litteris apprimè erudito, & in lectione diuinorum voluminum studiosissimo. Et ad an. 1074. ait Giraldum Ostiensem *Episcopum Romanæ sedis Legatum in Gallijs Concilio Cabilloni habito* cum Romam rediret & apud Diensem vrbem hospitaretur, conquererenturque apud ipsum Clerus & Ciues de Lancelino Episcopo suo simoniaco, eo expulso Hugonem Camerarium Lugdunensem illac forte tum transeuntem ad Papam, in Episcopum substituisse. Inter hæc verò Alexandro Papa defuncto Gregorioque substituto, ipsum paulo post reuersum nunciasse Gregorio, quid de Hugone statuisset, eumque Papæ commendasse. Porro Papam ei mense Decembri duos sacros Ordines contulisse, sequente verò Quadragesima, eum Sabbato in presbyterum, Dominica in Episcopum Diensem consecrasse. Cum autem ex historia Ecclesiastica pateat Giraldum illum Apostolicæ sedis Legatum præsedisse Synodo Pictauiensi an. 1075. habitæ, signum est redisse in Galliam, vbi verisimile est obisse legationis munus, donec ei substitutus est Hugo ille Diensis, quem sequentibus annis legimus Legatum apostolicum in Gallia fuisse.

Eodem anno Robertus cognomento Diabolus Vvillelmi Anglorum Regis Conquæstoris Filius pessimis vsus Consiliariis Normaniam hostiliter inuadit Franciæ opibus & militibus adiutus, quam quidem pater ei ante expeditionem Anglicanam assignarat, nondum tamen proprio iure possidendam tradiderat. Dici non potest quanta ei damna intulerit, quantas prædas egerit, cædesque perpetrarit. Ausus est etiam cum patre manus conserere apud Gerboraïum, quo in prælio pater victus, Vvillelmus alter filius vulneratus est, & multi de familia Regis vulneribus plagisque confixi. Quamobrem ei pater maledixit: quam maledictionem, antequam obiret, grauem esse sensit, vt refert Mathæus Parisiensis, & exitus probauit.

Anno 1076. inchoatur Ordo Grandi-montensis per Stephanum de Mureto virum inter Aruernos nobilissimæ prosapiæ. Prima sedes Ordinis apud Muretum fuit ab vrbe Lemouicensi 4. leucis distans. Stephano verò mortuo Fratres ad altum montem se contulerunt. Hincque Grandi-montenses appellati. 1076.

Anno 1077, Kal. Septemb. obiit Herlwinus seu Helluinus Beccensis Cœnobij Institutor & primus Abbas anno ætatis 84. cuius tale legitur Epitaphium apud Gemmeticensem l. 6. c. 9. 1077.

Hac tegitur Petra, qui quas circunspicis ædes,
  Cunctas ediderat, Monachus ex laico.
Ter post vndenos ac tres ac quatuor annos
  Grammata nesciebat postque peritus obit.
Quatuor vndecies transegit Cœnobialis
  Annos; rite suos dimidiando dies.
Cum Phœbus nonum sub Virgine protulit ortum,
  Commigrando diem clausit & hebdomadam.
Herluninus erat, si quis de nomine quærat,
  Cui cum Sanctis det quidquid eis Deus est.

Hellewino successit vnanimi fratrum consensu Anselmus ex Priore: de quo non videntur prætereunda quæ habet idem Gemmeticensis eod. lib. & cap. *Ex generosis parentibus*, inquit, *in ciuitate Augusta quæ est contigua Burgundiæ & Italiæ per diuersa loca studiis litterarum operam dando peruenit Normaniam, & in Monasterio Becci, vbi tunc temporis magnus ille Lanfrancus Prioris fungebatur officio, cum aliis conscholasticis ab eodem tam diuinis quàm secularibus litteris instructus, ipsius hortatu & consilio factus est Monachus Becci anno ætatis 27. vbi vixit Claustralis sine prælatione 3. annis. Abbas extitit post piæ recordationis Herluinum: inde assumptus est ad Archiepiscopatum post Lanfrancum. 17. autem Archiepiscopatus anno, Monachatus 49. ætatis 76. transiuit è mundo 11. Kal. Maij feria 4. ante Cœnam Domini.*

Eodem anno Paulus S. Stephani Cadomensis Abbas Lanfranci Consanguineus & Discipulus 4. Kal. Iulij Ecclesiam S. Albani in Anglia eiusdem ope Lanfranci regendam suscipit: primusque fit eius Ecclesiæ Abbas, ex quo Normanis Anglia subdita est. Eius viri litteratissimi & eloquentissimi opera floruit schola San-Albanensis: multos enim è Normania & Gallia præstantes ingenio viros ad scisfcit, libros quoque complures comparat. Vnde vt legitur in vitis 23. S. Albani Abbatum. *Bono odore famæ hac Ecclesia totam repleuit regionem, & facta est quasi aliarum Scholarum Magistra.*

Eodem anno habita est Synodus Æduensis præside Hugone Diensi, ad quam conuenerunt ex Francia & Burgundia multi illustres viri, Episcopi & Clerici, Abbates & Monachi quam pluresvt refert Hugo Flauiniacensis, tum Duce Burgundiæ Hugone Iusto & Ecclesiæ Lingonensis Episcopo Rainardo cognomento Hugone, qui vt idem scribit, vir erat apprimè *Rhethoricis imbutus studiis, clarus ingenio, sermone, scientiâ præditus*, affabili eloquio, & prudens consilio. Ad hanc synodum vocatus Manasses Remensis & à Clericis & Canonicis suis accusatus, quia vt se purgaret non venit, ab officio suspensus est. Ille vero accusatorum suorum domos euertit, præbendas vendidit & bona diripuit. Hanc ob rem à Papa Romam citatus iuit. Tunc erat Ecclesiæ Remensis Scholasticus seu Scholæ præfectus Bruno Coloniensis, Chartusianorum postea Patriarcha, vt infra dicetur: Cuius commemorantur nonnulli Discipuli illustres, præsertim Robertus de Burgundia e Regia Burgundionum Ducum stirpe satus, ex Archidiacono Lingonensi factus post Rainardum Episcopus an. circiter 1080. *qui Magistrum suum charissimum Brunonem* Carthusianorum authorem appellat, rogatque omnes suæ Diœceseos Deo seruientes, vt pro defuncti anima orent, eiusque memoriam in Ecclesiis obseruent. Item Lambertus Abbas Pultariensis eiusdem Magistri se Discipulum profitetur.

Legimus quoque in quadam Charta an. 1076. qua Manasses Archiepiscopus Remensis confert S. Baioli duo altaria Alteio & Caprillo Brunonem fuisse eiusdem Ecclesiæ Cancellariû. Sic enim habetur. *Actum anno 1076. præsentibus Henrico S. Remigij, Ioscelino Altum villaris, Germano Mosomi, Raimbaldo S. Theodorici Abbatibus, & Brunone Remensis Ecclesiæ Cancellario.* Verum cum Archiepiscopi sui scelera vitæque genus Clerico indignum ferre non posset, maluit dignitates istas amittere, quam aut conscius aut testis esse ipsius criminum, Remisque Parisios vt communis fert opinio, concessit, vbi Eremiticæ vitæ conceptum desiderium ad effectum perducere constituit.

Hisce temporibus florebant è Teuthonicis in Academia Parisiensi Willeramus deinde Abbas Merseburgensis, & Wetzilo ex Canonico Moguntinensi factus post Sigfridum seu post Exembaldum Archiepiscopus. De priori Trithemius in lib. de scriptoribus Ecclef. & post eum Pantaleo, *Villeramus*, inquit, *optimo ingenio & magna animi industria præditus fuit. Itaque litterarum amore Patriam relinquens Parisios se se contulit. Ibi enim omnes humaniores litteræ maximè florebant. Hinc factum vt breui in sacris & profanis studiis magnum nomen aquisierit. Cum autem in Patriam litterariis artibus ornatus rediisset, Bambergensis Ecclesiæ Scholasticus factus est.* Ait deinde eum in Monasterio Fuldensi Monachum induisse, vbi tanquam in celebri Academia omnes litteræ maximo ardore docebantur. Postremo factus est Abbas Merseburgensis. De Vetzilone verò dicetur ad an. 1085.

Primatus Lugdunensis. In eadem Synodo Æduensi Humbertus Simoniacus e sede Lugdunensi expulsus est, eique substitutus Gebuinus Archidiaconus Lingonensis, vir morum probitate venustus. Cui Gregorius anno sequenti 1078. Primatum attribuit in 4. Lugdunenses: quæ res multorum dissidiorum semen fuit. Bulla legitur l. 6. Ep. 34. estque talis.

„ Gregorius Episcopus Seruus seruorum Dei Gebuino Lugdunensi Archiepi-
„ scopo antiqua SS. Patrû, quibus licet indigni & longè meritis impares in admini-
„ stratione huius sedis succedimus, vestigia in quantum diuina dignatio permittit,
„ imitari desiderantes, ius quod vnicuique Ecclesiarum pro merito & dignitate sui
„ ipsi contulerunt, nos ex eorum successionis consideratione decet illæsum & im-
„ mutabile conseruare ac munimine Decretorum nostrorum ad perpetuam stabi-
„ litatem corroborare. Qua propter, quia dilectissime in Christo Frater Gebuine
„ postulasti à nobis, quatenus dignitatê ab Antecessoribus nostris concessam Eccle-
„ siæ cui Deo authore prodesse dignosceris, confirmaremus, & quæque sua ab in-
„ festatione Apostolicæ sedis defensione tueremur, inclinati precibus tuis côfirma-
„ mus, Primatû super 4. Prouincias Lugdunensis Ecclesiæ tuæ & per eam tibi suc-
„ cessoribusque tuis, his tantum qui nullo interueniente munere electi vel promoti

fuerint, videlicet à manu, ab obsequiis & à lingua. A manu, vt nihil inde seruitij faciat, sicut Quidam intentione Ecclesiæ prælationis potentibus personis solent deferre. A lingua, vt neque per se neque persubmissam personam preces effundat. Sed neque his qui per secularem potestatem ad hanc dignitatem peruenerint, scilicet dono vel confirmatione alicuius personæ, quæ sanctæ religioni videatur obuiare: & contra puram authenticamque sanctorum Patrum authoritatem venire. Sed his nimirum hanc dignitatem concedendam esse sentimus, qui purâ & sincerâ electione sibi successerint, & ita per ostium intrauerint sicut Fraternitatem tuam cognouimns intrasse. His vero qui aliter intrauerint, videlicet qui iuxta Dominicam sententiam non per ostium sed aliunde vt fures & Latrones ascenderint, non solum Primatum huius dignitatis non concedimus, verum etiam omni honore Ecclesiastici regiminis indignos & alienos fore adiudicamus. Prouincias autem illas quas confirmamus, dicimus Lugdunensem, Rothomagensem, Turonensem & Senonensem, vt hæ videlicet Prouinciæ condignam obedientiam Lugdunensi Ecclesiæ exhibeant & honorem quem Romani Pontifices reddendum esse scriptis propriis præfixerunt, humiliter & deuotè persoluant saluâ in omnibus Apostolicæ sedis reuerentiâ &, præsenti authoritatis nostræ decreto indulgemus, concedimus atque firmamus. Statuentes nullum Regnum, &c. Dat. Romæ 12. Kal. Maij. indict. 2.

Ac ne Senonensis Præsul & alij constitutioni eiusmodi vnquam refragarentur, iusque suum violari contestarentur, ad eos scribit idem Pontifex, eiusque bulla legitur lib. 6. Ep. 35. in qua hæc habentur inter cætera. Ecclesia Spiritu S. edocta per diuersas prouincias & Regna Præsules, Archiepiscopos & Primates ordinauit, cuius constitutione & authoritate Lugdunensis Ecclesia primatum super 4. Prouincias per annorum longa curricula obtinuit. Vnde Patrum exempla sequens Lugduni primatum quem ipsi decretis suis constituerunt, studet confirmare: ideo enim diuersos gradus cōstituit Dei prouisio, vt concordia ex obedientia nasceretur & sic imitaretur Ecclesia ordines Angelorũ & hinc pax & charitas mutua se vice complecterentur. Quia igitur vnumquodque tunc salubriter cōpletur officium, cum fuerit vnus ad quem recurri possit Præpositus, Prouinciæ autem multo ante Christum diuisæ sunt, & postea ab Apostolis & Clemente diuisio renouata est, & in Capite Prouinciarum, vbi dudum Primates legis erant seculi ac prima iudiciaria potestas: ad quos confugiebant pro oppressionibus qui ad Reges confugere non poterant, ipsis quoque locis celebrioribus Patriarchas vel Primates, qui vnam formam tenent, leges diuinæ & Ecclesiasticæ poni & esse iusserunt, ad quos Episcopi confugerent & ipsi nomine Primatum fruerentur & nō alij: reliquæ vero Metropolitanæ ciuitates licet maiorũ Comitũ essent, haberēt tamen Metropolitanos suos qui obedirent Primatibus, vt in legibus seculi olim ordinatum erat qui non Primatum, sed aut Metropolitanorum aut Archiepiscoporum nomine fruerentur: & licet singulæ Metropoles suas Prouincias habeant & Episcopos, Primates tamen tunc & nunc habere iussæ sunt, ad quos post sedem Apostolicã sũma negotia conueniant, et ibidẽ quibus necesse, releuentur & iustè restituantur, & qui iniustè opprimuntur, iustè reformentur & fulciantur, Episcoporumque causæ & summorum negotiorum iudicia salua Apostolicæ sedis authotitate iustissimè terminentur. Quapropter præcipimus, vt Lugdunensi Ecclesiæ honorem à maioribus nostris & Ecclesiis vestris præfixum exhibere humiliter procuretis. Dat. Romæ 12. Kal. Maij.

Huic decreto Pontificio paret Archipræsul Turonensis, Richetius Senonensis contra, ius antiquum violari conqueritur: Ansegiso Senonensi primatiam Galliarum Germaniæ à Ioanne VIII. attributam probat: Seguino à Ioanne XV. confirmatam, vnde in synodo Remens an. 992. primus sedit; & Leotherico à Gerberto Aquitannico seu Siluestro II. assertam an. 1000. verum in Concilio tantũ Claromontensi habito an. 1095. Vrbanus II. Lugdunensi Primatiam attribuit, & Suffraganeorum obedientiam Metropolitano Senonensi hac in re interdixit.

Porro quam ægrè Gibuinum Archidiaconum suum dimiserit Rainaldus Lingonensis, scribit Hugo Flauiniacensis in Chronico Virdunensi ad hunc annum his verbis. *A Latere Domini Lingomensis electus est Gebuinus Archidiaconus, vir merum probitate venustus vt præficeretur Lugdunensi Ecclesiæ: hoc totius Concilij (Ædu-*

nenſis) *acclamauit aſſenſus; hoc etiam Lugdunenſis Eccleſiæ Clericorum & Laicorum qui aderant, expetiit bonæ voluntatis affectus. Raptus igitur ab altari, quò confugerat, diligentius ſeruatur, vt in die Dominico more ſolenni benediceretur. Doluit ſuper hoc Lingonenſis Epiſcopus, Cleruſque qui aderat Lingonicus: quia amiſiſſe videbantur virum in Eccleſiaſticis & ſecularibus negotiis perneceſſarium, cui plurimum innitebantur. Sed præualuit concors ſententia Concilij, quia ſic erat præfinitum & placitum in oculis Domini. Sexta iam ſeſſionis die aſſurgit Lingonenſis idem e medio circumſedentium, & vir Nobilis & vrbana eloquentia ratione compoſita attentos Auditores ſibi reddens & beneuolos replicuit aliqua pro damno Eccleſiæ ſibi commiſſæ illato, quod quaſi eruiſſent ei oculum, cui ſuum tuliſſent Archidiaconum, in quo ſpes omnis, in quo refrigerium, in cuius ſibi erat charitate ſolatium.*

Verum coactus eſt cedere Concilio, & Gebuinus ab ipſo Legato Apoſtolico conſecratus eſt in Archiepiſcopum Lugdunenſem die Dominica 15. Kal. Octobr.

Habuit quoque idem Hugo Dienſis Synodum Pictaui, vbi miror nihil inter acta referri de Berengariana hæreſi, quæ paucis ante annis ibidem damnata fuerat. Noluit forte Hugo Quæſtionem illam agitari, eamque Gregorio Papæ definiendam reſeruauit. Reuera, cum Berengarius toties in Conciliis Generalibus & Prouincialibus damnatus, errores ſuos nihilominus publicaret, eum Pontifex in ſolemniori damnandum eſſe iudicauit. Itaque anno 1078. vt nonnulli volunt, Romæ Concilium habet Gregorius 10. Kal. Decemb. cui iubet ſe ſiſtere Berengarium: eumque ibi præſentem damnatum fuiſſe ſcribit Author Anonymus, quem non ita pridem luce publica donauit P. Chiffletius in libello, quem *de Berengarij multiplici damnatione inſcripſit.*

De hoc Concilio hæc habet non contemnenda Hugo Abbas Flauiniacenſis in Chronico Virdunenſi. *Anno,* inquit, *ab incarnatione Domini 1078. mnſe Feb. indictione 9. Pontificatus D. Papæ Gregorij VII. an. 6. conuocatum eſt Concilium ex diuerſis partibus Orbis, & omnibus in Eccleſia Seruatoris Romæ Congregatis habitus eſt ſermo de Corpore & Sanguine Domini. Maxima ſiquidem pars panem & vinum per ſacræ orationis verba & ſacerdotis conſecrationem Spiritu S. inuiſibiliter operante conuerti ſubſtantialiter in Corpus Dominicum, quod in Cruce pependit & in ſanguinem qui de eius latere fluxit, aſſerebat. Quidam verò cæcitate nimia perculſi figuram tantum eſſe aſtruebant. Verum vbi res cœpit agi, priuſquam tertia die ventum foret in Synodum, deſtitit contra veritatem niti pars altera. Denique Berengarius huius erroris Magiſter poſt longo tempore dogmatizatam impietatem erraſſe ſe coram Concilio confeſſus, veniam poſtulatam ex Apoſtolica clementia meruit, iurauitque ſic.*

„ Ego Berengarius corde credo, & ore confiteor panem, & vinum quæ in altari po-
„ nuntur, per myſterium ſacræ orationis & verba noſtri Redemptoris ſubſtantiali-
„ ter conuerti in veram & propriam ac viuificatricem carnem & ſanguinem Do-
„ mini Noſtri I. C. & poſt conſecrationem eſſe verum corpus Chriſti, quod na-
„ tum eſt de Virgine & pro ſalute mundi oblatum in Cruce pependit, & quod ſe-
„ det ad dexteram Patris; & verum ſanguinem Chriſti, qui de eius latere fuſus
„ eſt, & non tantum per ſignum & virtutem ſacramenti, ſed in proprietate naturæ
„ & vnitate ſubſtantiæ; ſicut in hoc Breui continetur, & Ego legi, & vos intelli-
„ gitis, ſic credo. Nec contra hanc fidem vlterius docebo. Sic me Deus adiuuet,
„ & hæc ſacroſancta Euangelia. *Tunc D. Papa præcepit Berengario authoritate Apoſto-*
„ *lica, vt de corpore & ſanguine Domini nunquam vlterius cum aliquo diſputare vel docere*
„ *præſumeret, excepta cauſa reducendi ad fidem eos, qui per eius doctrinam ab ea receſſe-*
„ *rant.* Hæc Hugo.

Alij verò communiter ſcribunt non comparuiſſe tunc Berengarium, ſed ei datas fuiſſe inducias vſque ad futuram Synodum, quam indixit Pontifex ad an. 1079. & menſem Febr. Verum non duas, ſed vnicam tantum habitam fuiſſe crediderim: omnes enim de menſe Februario conueniunt; quoad annum verò, difficultas facile tollitur habita ratione computationis Romanæ & Gallicanæ. Nam Romani annu auſpicabantur à kalendis Ianuariis: Galli verò à Feſtis Paſchalibus. Itaque more Gallicano annus erit 1078. Romano verò 1079. Huic ergo Synodo certum eſt adfuiſſe Berengarium, & plures eius ſententiam impugnaſſe, ſed maximè duos ſanctiſſimos viros, S. Brunonem, qui deinde fuit Signinus
Epiſcopus

Vniuersitatis Parisiensis.

Episcopus in prouincia Romana, & S. Vvolphemum Abbatem Brunnilerensem, qui ex voto ad Apostolorum limina profectus huic Concilio interfuit, ac postmodum contra illam hæresim Epistolam misit ad Meginhardum Abbatem, quam exscribit Conardus Monachus in eius vita apud Surium die 22. April. Cuius quoque Epistolæ meminit Trithemius in Chronico Hirsaug. & quæ talis est.

Dei gratia Vuolphemus Abbas Coabbati Meginhardo, Salutem. Lac doctrinæ spiritualis, quod à me rogasti de Cœlo tibi fide & humilitate largius accumulasti, fide, quoniam quod in me non est, credis in me posse Deum omnipotentem operari; humilitate verò, quia deficientibus meritis & sapientiâ canitiem & ordinis dignitatem non abhorres in me venerari. O quam consequens est vt dum nocet, quod inebriat, pro remedio desideres quod debriat: nocet autem quædam ebrietas *hæresis Berengarij*: Cuius ebrietatis periculum declinemus, & ad vbera vino meliora appropiemus, & mox vt eam assertionem iuuante Christo possimus destruere, quæ clausis ianuis eum ad Discipulos post resurrectionem non intrasse nititur adstruere, ex matris Ecclesiæ manans mammis lactet nos Euangelium Ioannis. *Cum esset*, inquiens, *serò die illo vna sabbathorum & fores essent clausæ, vbi erant Discipuli congregati, stetit Iesus in medio.* Et paulo inferius, *Post dies octo iterum erant Discipuli eius intus & Thomas cum eis; & venit Iesus ianuis clausis & stetit in medio.* Ecce inter Berengarium quod venerit Dominus januis clausis, & inter Ioannem quod intrauerit cum sit controuersia, superat ille cui scimus inquienti, *quia verum est testimonium eius*, omnis applaudit ecclesia, nam si gentilitas dum libros claudit, his quos recipi iudicat, applaudit, multo veriús huic euangelio perhibet ecclesia testimonium, pro quo prius quam scriberetur, præmisit orationes & ieiunium. Norit igitur Berengarius hæc sibi sufficere, quibus cum à Deo sint, non possit homo contradicere. Itaque deinceps ad id quoque domino iuuante veniam, quod in Eucharistiæ sacramento loquitur blasphemiam: sed quia scriptura docet, stulto iuxta stultitiam suam non esse respondendum, repressis interim ipsis blasphemiæ verbis ad fontem eius præcurrendum. Vt si dominus dederit nos eum obstruere, desinat inde sanies huius blasphemiæ ad nos defluere. Est autem vena huius scaturiginis, quod non rectè sentit de sacramento Dominici Corporis & Sanguinis, & dum ad aspiciendum in eis panem & vinum oculos corporis habet, ad perspiciendum in eisdem carnem & sanguinem oculos mentis non adhibet. Nos autem vt visum acuamus & acuendo proficiamus, quo hæc intuemur ad obtinendam semel acceptam huius veritatis traditionem, nosmet hoc modo cohortemur, *Si is qui dixit & facta sunt, & mandauit & creata sunt omnia,* Si is inquam dixit de hoc pane, hoc est corpus meum, & de vino hic est sanguis meus, necesse est omnino sic esse: nam hæc sola mysteria non ab aliis sunt separata, quæ dicente Deo facta sunt, vel mandante creata. Est autê vnus atque idem Deus primo mundum formans, deinde hoc sacramento suam imaginem reformans. Si enim alius faceret hominem & alius redimeret, redimens plus honoris sibi assumeret: atque ita & Deus per se redempturus erat & homo non nisi per se redimi poterat: quia videlicet nihil homini iure redimendo proficeret, quidquid aliud quàm hominem intuendo Deus perficeret, vt ex hoc liquido constet quod vnus atque idem Deus, & homo redemptor homini extet, igitur omnino sic esse est, quod dicente Deo vel mandante non esse non potest. Ecce noui & veteris Testamenti nos ex authoritate probamus, quibus Berengarius tertium addit, quod non minus quàm tertium de cœlo cecidisse Catonem reprobamus. En ergo post duo testamenta tertium hoc, & ideo tertium quia ab eis alienatur veritas ipsius authoris ita loquetis *Si mures consecratum corpus Christi comederint, num ideo Christus in eis, & ipsi in Christo manebunt, nec vitam æternam habebunt?* O si nunc apud inferos tortor Horatij desideat, dum hostem Ecclesiæ hunc verbis his derideat.

Parturient montes, nascetur ridiculus mus.

Putauimus hunc inter montes exaltatum magnum quid parturire; tam ex se plures in adiutorium eius conspicimus eum de cauernis accire. Iam autem mediam hanc ironiam abrumpentes contra Berengarium & pro nobis nosmet cohortemur, ita dicentes. *Si corpus hoc vnde agitur ab Apostolis & ab omnibus electis comestum, qui soli sic illud comedant, vt Christus in eis maneat & ipsi in Christo, &*

Kkk

" *non Iudas & omnes reprobi*, ad quos post buccellam panis Satanas intrat & sit lon-
" gè alia conglutinatio intrantis Satanæ, & reproborum, quàm ea quæ est Christi
" & electorum. Nusquam enim Angelos apprehendit, sed semen Abrahæ appre-
" hendit. Si inquam hoc corpus ait ab electis comestum & eis conglutinatum, illis
" quoque conglutinatis eidem se sanum & incolume, viuum & integrum recipit ad
" Patrem, multò magis à Iuda & reprobis omnibus plus etiam à muribus & ab
" aliis mundi spurcitiis recolligitur in regnum suum, sine sui diminutione vel
" contaminatione. Nam & sol hic inuisibilis creatus & non omnipotens radios
" suos in cloacas & alias mundi sordes emissos rursus retrahit ad se sine aliqua pol-
" lutione. Hoc autem corpus post expletam more Catholico communionem, sa-
" num & incolume, viuum & integrum se recipit ad Patrem. Sic etenim testatur
" ecclesia Achaiæ Beatum Andræam Apostolum dicere, *Postquam omnis populus
" credentium agni carnes comederit & sanguinem biberit, agnus qui sacrificatus est integer
" perseuerat & viuus, &c.* Cum verè sacrificatus sit & verè carnes eius comostæ sint
" à populo & verè sanguis eius sit bibitus, tamen vt dixi & integer permanet, &
" immaculatus & viuus, &c. Igitur corpus hoc ab his quibus ille participibus par-
" ticeps est, se viuum & integrum & incolume recipiens multo magis ab his colli-
" git in regna sua. Hoc interim charitati tuæ puto sufficere, dum videamus si opus
" sit huic aliquid adiicere. Veruntamen & quod dixi & si quid dicturus sum tuis
" orationibus & omnium piè de me sentientium commendo, quoniam & si mor-
" tui sunt obtrectatores Hieronymi, authorem obtrectationis huiusmodi viuere
" perpendo.

Victus autem in illa disputatione Berengarius, coram frequenti Concilio se errasse bono animo confessus veniam meruit; & fidei professionem publicè edidit, quam supra ex Hugone retulimus, quamque etiam refert Bertholdus Constantiensis in Alemannia presbyter, scriptor illius temporis, qui historiam suam vsque ad an. 1100. perduxit.

His actis Pontifex, qui eum iam Turonis damnauerat, cum esset Hildebrandus Legatus, eum amplexatus, semper amicè & honorificè habuit, atque apud se aliquandiu detinuit; seu quia diuturniori conuersatione fidem hominis firmare voluit; seu quia Berengarius non statim in Galliam redire ausus est, propterea quod tam sæpe relapsus multarum turbarum author extiterat, verebaturque aduersantium odia, præsertim verò Fulconis Richini Comitis Andegauensis, à quo Romam ad Concilium ire compulsus fuerat. Post aliquantum vero temporis, vt redire voluit, Gregorius redeunti litteras Apostolicæ protectionis dedit ad Rodulphum II. Archiepiscopum Turonensem & ad Eusebium Brunonem tunc adhuc Episcopum Andegauensem; quarum exemplar extat in veteri MS. S. Albini Andegauensis, talesque sunt.

Gregorius Episcopus Seruus Seruorum Dei *Venerabilibus Fratribus Rodulpho Turonorum Archiepiscopo & Eusebio Andegauorum Pontifici Sal. & Apostol. Bened.* Audiuimus Fulconem Comitem Andegauensem quorundam instinctu, qui filio nostro charissimo Berengario Sacerdoti inimicantur, in eiusdem odium exarsisse: quapropter fraternitati vestræ mandamus, quatenus ipsi Comiti nostra vice præcipiatis, vt non vlterius supradictum virum inquietare præsumat: nec solum, sed & contra omnes inimicos & perturbatores rerum ipsius vicem nostram ad ferenda illi auxilia suscipiatis, præcipiendo præcipimus ex authoritate Apostolorum Petri & Pauli. Valete, & nulla ratione quæ præcipio contemnite.

Dedit quoque idem pontifex alias litteras ad vniuersos Christi fideles, quibus vetuit nequis eum hæreticum appellaret, néve quis ei aut possessionibus ipsius damnum inferret, quæ quidem extant in alio eius Monasterij S. Albini MS. quod habet Commentarium Aimonis Monachi in epistolas. D. Pauli, & D. Lucas Dacherius publici iuris fecit in 2. tomo Spicilegij.

Gregorius Seruus Seruorum Dei Omnibus B. Petro Fidelibus Sal. & Apostol. Bened. *Notum vobis omnibus facimus Nos anathema fecisse ex authoritate Dei Omnipotentis* Patris & Filij & Spiritus S. & Beatorum Apostolorum Petri & Pauli omnibus qui iniuria aliquam facere præsumpserint Beringario Romanæ ecclesiæ filio, vel in eius persona vel in omni possessione sua, vel qui eum vocabunt

Vniuersitatis Parisiensis.

hæreticum, quem post multas quas apud Nos quantas voluimus, fecit moras, domum suam remittimus, & cum eo fidum nostrum Fulconem nomine.

De hac autem Berengarij conuersione non modo his temporibus quibus scribimus, sed & tunc etiam dubitatū fuisse video. Imo Bertholdus presbyter Continuator Hermanni Contracti an. 1054. defuncti, ad an. 1083. referens eius mortem, ait eum hæreticum obiisse. Berengarius, inquit, nouæ hæresis de corpore Domini author eo tempore deficiens abiit in locum suum, qui licet eandem hæresim sœpissimè in Synodo abiurauit, ad vomitum tamen suum canino more non expauit redire. Nam & in Romana Synodo Canonicè conuictus, hæresim suam in libro à se descriptam cōbussit & abiuratam anathematizauit: nec tamen postea dimisit. Bertholdo succenturiantur Hæretici Blondellus, Faucherus, & alij plerique.

Verum de vera sinceraque eius conuersione consentiunt omnes Catholici, nec vsquam præterquam apud Bertholdum legitur, hæresim non dimisisse. Postquam enim Româ rediit, relicto Andegauensi Archidiaconatu Turonas concessit, se que in solitudinem abdidit, & omni deinceps altercationi rennuntiauit. Quidam tamen eius Discipuli non statim obmutuerunt, & inter cæteros Hildebertus Cenomanensis, qui Magistri sui sententiæ forsitan fauens, aut personæ amicitia ductus, huncce Pontificem hæreseos insimulare non est veritus, quod contra sentires, sicut & alios qui Lanfranci sententiam tuebantur. Quanquam forte non de Gregorio, sed de aliis Pontificibus Romanis, qui eum & Alexandrum II. præcesserunt, loquitur; quorū plurimi intrusi, pecunia & largitione promoti, & plurimi vitiis dediti: seu potius Antipaparum qui deinde se intruserunt, prauos mores carpit: vt vt sit statum vrbis Romæ, his versibus depingit.

Par tibi Roma nihil, cum sis prope tota ruina,
 Quam magni fueris integra, fracta doces.
Longa tuos fastus ætas destruxit, & arces
 Cæsaris & superūm templa palude iacent.
Ille labor, labor ille ruit, quem dirus Araxes,
 Et stantem tremuit, ac cecidisse dolet.
Quem gladij Regum, quem prouida iura Senatus,
 Quem superi rerum constituēre caput.
Quem magis optauit cum crimine solus habere
 Cæsar, quàm socius & pius esse socer.
Qui crescens studiis tribus, hostes, crimen, amicos
 Vi docuit, secuit legibus, emit ope.
In quem dum fieret, vigilauit cura priorum,
 Iuuit opus pietas, hospitis vnda locum.
Materiam, fabros, expensas, axis vterque
 Sensit, se muris obtulit ipse locus.
Expendère Duces Thesauros, fata fauorem,
 Artifices studium, totus & Orbis opes,
Vrbs cecidit, de qua si quicquam dicere dignum
 Moliar, hoc potero dicere, ROMA FVIT.
Non tamen annorum series, non flamma, nec ensis,
 Ad plenum potuit hoc abolere decus.
Cura hominum potuit tantam componere Romam,
 Quantam non potuit soluere cura Deûm.
Confer opes marmorque nouum superumque fauorem,
 Artificum vigiles in noua facta manus.
Non tamen aut fieri par stanti machina muro
 Aut restaurari sola ruina potest.
Hic Superum formas Superi mirantur & ipsi,
 Et cupiunt fictis vultibus esse pares.
Non potuit Natura Deos hoc ore creare,
 Quo miranda Deûm signa creauit homo.
Vultus adest his Numinibus, potiusque coluntur
 Artificum studio, quàm deitate sua.

Vrbs felix, si vel Dominis vrbs illa careret,
Vel Dominis esset turpe carere fide.

Hæc sarcasticè Hildebertus & paulo nimis Magistro suo addictus: quæ tum scripsisse videtur, cum nondum Berengarius vltimò errorem abiurasset.

Eodem anno ortum est schisma in Ecclesia, inuadente sedem Apostolicam Guiberto sub Clementis III. nomine pseudopontifice. Id hac occasione accidit. Gregorius ægre ferens Henricum Imperatorem Schismaticorũ & Vxoratorũ presbyterorũ fautorem se & protectorem præstare, sibique præterea contra Decreta Rom. Ecclesiæ Prælaturarum administrationem & Prælatorum nominationes arrogare, sœpius monitum nec meliori frugi redditum tandem sacris arcuit. Imperator collecto apud Vvormaciam 24. Episcoporum & multorum Procerum Concilio Gregorij facta decretaque irrita pronunciat. Papa Henrico Imperium abrogat, & Rodolphum Burgundiæ Ducem in Regni possessionem inducit, missa ei corona, cui erat inscriptum,

Petra dedit Petro, Petrus diadema Rodolpho.

Henricus Gregorio similiter Papatũ abrogat & die ipso Pentecostes apud Brixiã habito Concilio Guibertum Rauennatem Episcopum ad Pontificatum promouet, ab eoque coronam Imperij suscipit, & anno sequenti commisso cum Saxonibus & Rodolpho graui prælio, opima spolia reportat. Qua victoria elatus Gregorium deinceps & Gregorianos miris modis prosequitur. Quanquam autem historia ista ad Vniuersitatem propriè non pertineat, quia tamen de iure quod Gregorius sibi tum arrogauit deponendorum Regum, & eximendorum à præstiti sacramenti obligatione subditorum sæpe in scholis disputatum est, non erit omnino extra rem nostram ad eorum quæ tum ab vtraque parte gesta sunt, historiam digredi & diuertere. Horum autem initium à Concilii Romani anno 1077. habiti Canonibus repetendum est, quorum tres primi præsertim contra Imperatores & Principes, qui Episcopatus & cæteras Ecclesiæ Dignitates simoniacè distribuebant, conditi fuerunt.

„ 1. Quicunque militum, vel cuiuscunque ordinis vel professionis persona, præ-
„ dia Ecclesiastica à quocunque Rege, siue seculari Principe, ab Episcopis inuitis
„ seu Abbatibus, aut ab aliquibus Ecclesiarum Rectoribus suscepit vel susceperit,
„ vel inuasit, vel etiam eorundem Rectorum vitioso & deprauato consensu tenue-
„ rit, nisi eadem prædia ecclesiis restituerit, excommunicationi subiaceat.

„ 2. Quoniam inuestituras Ecclesiarum contra statuta canonum, multis in locis
„ cognouimus à laicis fieri, & ex eo plurimas perturbationes in Ecclesia oriri, ex qui-
„ bus Christiana Religio perturbatur, decernimus vt nullus Episcoporum inue-
„ stituras Episcopatus vel Abbatiæ vel Ecclesiæ de manu Imperatoris vel Regis
„ vel alicuius Laicæ personæ, viri vel fœminæ suscipiat.

„ 3. Si quis præbendas, Archidiaconatus, præpositura, vel aliqua Ecclesiastica
„ officia vendiderit, vel aliter quàm statuta SS. Patrum præcipiunt, ordinauerit,
„ ab officio suspendatur. Dignum est enim, vt sicut gratis Episcopatum accepit,
„ ita membra eius gratis distribuat.

Cum verò Papa reluctantem Imperatorem anathemate feriisset, subditosque à præstiti sacramenti vinculis exoluisset, & nonnulli iam Rodulphum creassent Principem, Henricus ad ipsum Papam confugit & colloquium petiit. Conuentus itaque ad ipso indictus, cui vterque Princeps interfuturus esset ad causam dicendam Papa iudice & arbitro. Henricus iugi grauitatem sibi veritus imponi, Conuentum turbauit, nec adfuit. Itaque in eum ita constituit Gregorius, vt legitur in Chronico Virdunensi.

„ Beate Petre Princeps Apostolorum & tu B. Paule Doctor gentium dignamini
„ quæso aures vestras ad me inclinare, meque clementer exaudire. Quia veritatis
„ estis Apostoli & amatores, adiuuate vt veritatẽ dicam vobis omni remota falsi-
„ tate quam omnino detestamini, vt fratres mei mihi melius acquiescant & sciant
„ & intelligant quia ex vestra fiducia post Deum & matrem eius semper virginem
„ Mariam prauis & iniquis resisto, vestris autem fidelibus auxilium præsto.
„ Vos autem scitis, quia non libenter ad sacrum ordinem accessi & inuitus vltra
„ montes cum Domino meo Papa Gregorio abij, sed magis inuitus cum Do-
„ mino meo Papa Leone ad vestram specialem Ecclesiam redij in, qua

vtcumque vobis deseruiui. Deinde valde inuitus cum multo dolore & gemitu & planctu in throno vestro valde indignus sum collocatus. Nec ideo dico, quia nonego vos, sed*/*vos elegistis me & grauissimum pondus Ecclesiæ vestræ super me posuistis & quia super montem excelsum me iussistis ascendere & clamare & annunciare populo Dei scelera eorum & filiis Ecclesiæ peccata eorum, membra Diaboli contra me cœperunt insurgere & vsque ad sanguinem præsumpserunt in me manus iniicere. Adstiterunt Reges terræ & principes seculares & Ecclesiastici, aulici etiam & vulgares conuenerunt in vnum aduersus Dominum & aduersus vos Christos eius dicentes *Disrumpamus Vincula eorum & proiiciamus à nobis iugum ipsorum*. Et vt me omnino morte vel exilio confunderent, multis modis in me conati sunt insurgere. Inter quos specialiter Henricus, quem dicunt Regem, Henrici Imperatoris filius contra vestrum calcaneum erexit Ecclesiam, facta cum multis Episcopis Vltramontanis & Italicis conspiratione, adnitens me deiiciendo eum sibi subiugare. Cuius superbiæ vestra restitit authoritas, eumque vestra destruxit potestas. Qui confusus & humiliatus ad me in Longobardiam venit, absolutionem ab excomunicatione quæsiuit. Quem ego videns humiliatum multis ab eo promissionibus acceptis de vitæ suæ melioratione, solum ei communionem reddidi, non tamen eum in Regno, à quo in Romana Synodo deposueram, restauraui: nec fidelitatem omnium qui ei iurauerant vel iuraturi erant, à qua omnes in eadem synodo absolui, vt sibi seruaretur, præcepi. Et ideo hæc detinui, vt inter eum & Principes Vltramontanos qui ei causa iussionis Ecclesiæ vestræ restiterant, iustitiam facerem, vel pacem componerem, sicut & ipse Henricus iuramento per duos Episcopos mihi promisit. Prædicti autem Episcopi & Principes Vltramontani audientes illum non seruare quod promiserat, quasi desperati de eo vobis testibus elegerunt sibi Rodulphum Ducem in Regem. Qui Rex Rodulphus festinanter ad me misso nuncio indicauit se coactum Regni gubernacula suscepisse, tamen se paratum mihi modis omnibus obedire. Et ex eo tempore eundem mihi semper misit sermonem adiiciens etiam filio suo dato obside & fidelis sui ducis Bertholdi quod promittebat, sacramento firmare. Interea H. cœpit me precari vt illum contra prædictum R. adiuuarem. Cui respondi me libenter facere audita vtriusque partis ratione vt scirem cui iustitia magis faueret. Ille vero putans cum suis viribus posse deuincere, meam contempsit responsionem. Postquam autem persensit se non posse sicut sperauit agere, duo Episcopi ex consentaneis suis, Virdunensis scilicet Theodericus & Obseburgensis Romam venerunt, & in synodo ex parte Henrici me vt iustitiam facerem rogauerunt, quod & Nuncij Rodulphi fieri laudauerunt. Tandem adspirante Deo sicut credo statui in eadem synodo in partibus Vltramontanis fieri colloquium, vt illic aut pax statueretur, aut cui iustitia faueret amplius, cognosceretur. Et quia putabam, quod iniustior pars colloquium nollet fieri, vbi iustitia locum suum seruaret, excommunicaui & anathemate obligaui omnes personas siue Regis siue Ducis siue Episcopi aut alicuius hominis, qui colloquium aliquo ingenio impediret, ne fieret. Prædictus autem Henricus cum suis fautoribus non timens periculum inobedientiæ, quod est scelus idololatriæ, colloquium impediendo excommunicationem incurrit, & seipsum Anathematis vinculo obligauit, **magnamque multitudinem Christianorum morti tradi & Ecclesias fecit** dissipari, & pœne totum Teutonicorum Regnum desolationi dedit. Quapropter iudicio & misericordia Dei eiusque piissimæ Matris semper Virginis Mariæ vestra fultus authoritate sæpe nominatum Henricum, quem dicunt Regem omnesque fautores eius excomunicationi subiicio, & iterum Regum Teutonicorum & Italiæ ex omnipotentis Dei parte & vestra interdicens ei omnem potestatem & dignitatem Regiam illi tollo, & vt nullus Christianus ei sicut Regi obediat, interdico. Ipse autem Henricus cum suis fautoribus in omni congressione belli nullas vires nullamque in vita sua victoriam obtineat. Vt autem Rodulphus Regnum Teutonicorum regat & defendat, quem Teutonici elegerunt sibi in Regem ad vestram fidelitatem, ex parte vestra dono, largior & concedo omnibusque sibi fideliter adhærentibus absolutionem omnium peccatorum, vestramque benedictionem in hac vita & in futura vestra fretus fiducia largior. Sicut enim Henricus pro sua superbia & inobedientia & falsitate à Regni dignitate iustè abiicitur, ita Rodulpho pro sua humilitate, obedientia & veritate potestas & dignitas Regni conceditur. *Agite nunc quæso Patres & Principes Sanctissimi, vt omnis mundus intelligat & cognoscat, quia si potestis in cœlo ligare & soluere potestis in terra Regna, Principatus, Ducatus, Marchiatus, Comitatus & omniū hominum, professiones pro meritis tollere & concedere. Vos Patriarchatus, Archiepiscopatus, Primatus, Episcopatus frequenter tulistis prauis & indignis, & Religiosis viris dedistis. Si enim spiritualia iudicatis, quid de secularibus potestis? Et si Angelos dominantes omnibus superbis Principibus, quid de illorum seruis facere potestis? Addiscant nunc Reges terræ & omnes seculi Principes, quanti vos estis, quid potestis, & timeant paruipendere iussionem Ecclesiæ vestræ, & in prædicto Henrico tam cito iudicium vestrum exercete, vt omnes sciant quia non fortuito, sed vestra potestate cadet & confundetur, vtinam ad pœnitentiam, vt spiritus saluus sit in die Domini.* Data Romæ non. Martij.

Hæc tam insolita Pontificis agendi ratio multorum Principum tam Ecclesiasticorum quam Laicorum à se animos abalienauit; illorū quidem existimantium Regem Imperatoris filium, à Deo electum, populo regendo præpositum, sacramque illam Regiæ Maiestatis dignitatem authoritate Pontificia non posse deprimi & deponi ; nec subditos sacramenti nexu solui: istorum verò præuidentium, si sineretur Pontifex gladio isto Petri abuti, nullum Principem deinceps securum sui sceptri suæque dignitatis fore: id nimirum nihil aliud esse, quam arma rebellibus subditis ministrare, eosque contra legitimos Principes propositâ spe impunitatis ad furorem excitare. Itaque Imperator intellecto hoc animorum motu, congregat ipse synodum vltraiectinam, & expositâ atque exaggeratâ anathematis Pontificij iniquitate facilè propellit ad Pontificem ipsum anathemate percellendum: vt supradictum est.

Eodem anno Philippus Rex seculares Clericos Ecclesiæ S. Martini de Campis, quam Henricus pater construxerat, quod essent solutioris vitę, inde eiicit, ibidemque Monachos Cluniacensis ordinis collocat, teste Nangio. Petrus Eremita Ambianensis modum orandi per calculos, quos vulgo *Patenostros* vocamus, docet; fitque postmodum Dux Christianorum bello Turcico.

1080. Anno 1080. ne Berengarius in hæresim relaberetur, & imparatos aut incautos deciperet, aliamque in Francia fidei professionem ederet, quàm in Concilio Rom. ediderat, vtque omnibus notum fieret, quod ille sincerè suum errorem abiurasset, idem Pontifex Gregorius per Hugonem Diensem Legatum suum, Gibuino Lugdunensi defuncto factum Archiepiscopum, Ecclesiæ Gallicanæ Synodum frequentissimam Burdigalæ celebrat, vt omnes Aquitani, quos præcipuè ea peste infecerat, intelligerent quæ fides esset ipsius, quæque tenenda doctrina. Ad hanc autem citatus Berengarius vltro comparuit, eandemque in Concilio Romano professionem edidit, Hæc breuiter Chronicon Malleacense. *Fuit Concilium Burdegalæ, in quo Berengarius fidei suæ reddidit rationem, & Hugo Abbas S. Leodegarij fuit depositus.* Hinc cœpit hæresis ista vires amittere, inquisitumque in eos qui eam propugnabant, & Anastasius quidam Monachus SS. Sergii & Bacchii Andegauensis coactus fuit edere fidei suæ professionem, quippe suspectus, apud Geraldum S. Albini Andegauensis Abbatem, quam refert Dacherius ad vitam Lanfranci. Estque eiusmodi ex MS. Cœnobii Sergiani.

" Domino Geraldo Abbati olim filio nunc Deo propitio venerabili Patri Frater
" Anastasius Domini, qui est quod habet. De Corpore & Sanguine Domini iussi-
" sti, Venerande Pater, vt quidquid paruitas mea sentit, imò quod credit, sancti-
" tati vestræ patefaciat, hoc breuiter pro modulo meo salua fidei puritate accipiet.
" Credo sacrosanctum Corpus Dominicum, quod in altari quotidie ex sacer-
" dotis officio consecratur, omni execrata dubitatione veram eius carnem esse, quæ
" passa est in Cruce, & verum eius sanguinem qui manauit ex latere, vt veritas ip-
" sa testatur. *Caro mea, inquiens, verè est cibus, & sanguis meus verè est potus. Et qui*
" *manducat carnem meam & bibit meum Sanguinem, in me manet, & Ego in eo.* Ad Dis-
" cipulos cum panem porrigeret. *Hoc est Corpus meum quod pro vobis tradetur.* His
" igitur & huiusmodi verbis Dominicis fidem præbens, sicut nullum Corpus aliud
" pro nostra salute traditum præter suum scio, ita vt præfatus sum, nullam eius
" aliam carnem, quàm quæ nata est de Maria Virgine, & resurrexit de sepulchro,

manducari in remissionem peccatorū credo, neque alium sanguinem bibi, quàm qui profluxit de eius latere, non dubito. Qui verò autumant illud post consecrationem panem esse materialiter & Corpus Christi figuraliter tantum & non veraciter, Carnales carnaliter sapientes non parum contra fidem desipiunt, eo quod magis suis corporalibus oculis quàm veritatis attestationibus credunt. Quod autem Panis & Caro, Sacramentum vel figura tanta consecratio dicitur non solum non reprobo, verum etiam fidei rationes colligens Catholicè amplector & approbo. Panem namque orthodoxè dici nemo qui probè sapit, dubitat, cum eadem veritas dicat, *Ego sum Panis viuus qui de cœlo descendi, & Panis quem Ego dabo, caro mea est, pro mundi vita.* Sacramentum verò, quia sub eorum specie visibili quæ videntur, secretius virtute Diuina Caro consecratur, quatenus hoc sit interius in veritate quod creditur fidei virtute. Figura autem, dum aliud intelligitur, quàm quod visu corporali & gustu sentitur. Quippe cum Agnus Dei Christus qui in Patris dextera gloriatur, quique iam non moritur, & mors illi vltra non dominabitur, ob suæ passionis memoriam in mysterio tantæ immolationis immolatur. Ergo post tanti mysterij consecrationem sic veram Dominici Corporis Eucharistiam me credo sumere, vt tamen nullo modo negem in figura vel sacramento esse. Alioquin si absque sacramento vel figura Dei Agnum dentibus vorari crederem, in magnum vt ait Pater Augustinus, facinus incurrerem. Atqui eo vberius veritate fruor, quo plenius figuram vel sacramentum inesse illustrante spiritu S. intueor. Hæc itaque, Beatissime Pater, quæ dico quampluribus SS. Patrum dictis deuotissimè fulcirem, ni, fateor, huius Epistolæ prolixitatem formidarem. Tria solummodo eximiorum Doctorum testimonia inseram, quatenus vobis satisfaciam me vel optimè credere, vel solerti vigilantia & sagaci perquisitione hæc indagasse, tantaque illa intelligentiæ luce pensasse. Beatissimus namque Cyprianus ad Populum in eo opere vbi de hoc sapido gaudio loquitur. *Hoc accipite*, inquit, *in pane quod pependit in ligno. Et hoc accipite in Calice quod manauit ex latere.* Hæc eadem verba & sensa egregius Doctor Augustinus in sermonibus ad Neophytos locutus est. S. verò Ambrosius in eo libro quem de sacramentis edidit, ait *Quia ipsa est Caro Christi in sacramento & Sanguis qui in Cruce pependit & fluxit e latere: & quæ ex Virgine Maria sumpta, & non alia*, inquit *sed ipsa.*

Ecce Pater Gerarde, habes veracissima testimonia. Si autem te scire delectat quomodo alij Patres nostri hæc eadem sentientes, concordent, quære quæ B. Hilarius in 8. lib. de Trinit. commendat: quæ Os aureum B. Gregorius in dialogorum lib. 4. confirmat: quæ sanctissimus Cyrillus 150. qui in Epheso sunt congregati, prædicat: quæ magnus Leo Papa in sermone 7. Mensis disputat: quæ Diuinæ legis interpres Hieronymus in expositione Exodi pronunciat: quæ venerabilis Beda in sermone suo ventilat: quæ Paschasius vir Catholicus de eodem sacramento clarificat. Quæ in libro de verbis Domini; quæ in expositione Ioannis Euangelistæ serm. 26. quæ in Natale Innocentum: quæ in Epist. ad Bonifacium Episcopum: quæ in lib. 4. de Doctrina Christiana, & quæ in 33. Psalmi titulo prædictus Pater Augustinus examinando disputat disputandoque examinat. Si diligenter quæsieris, inuenies proculdubio, vt dixi, omnes concordare & nullatenus discordare. Reuera quia ab vbertate Domini inebriantur, nihil mirum si eadem sanctè, purè, mellito gutture eructare gloriantur. Cæterum super his quæ te Pater iubente pro mea quantulacunque facultate pectore pleno fiduciæ dixi, humiliter obsecro non mireris, si garrula Aristotelicorum vel Chrysippæorum argumenta trutinare, vel ex flumine Tullianæ eloquentiæ riuulum ducere non perpendis: sed memento quia simpliciter fructus carpimus in Diuinæ Paginæ hortulo, quorum radices gloriosè fixæ sunt cœlo. Valete.

Hocce tempore Robertus de Arbrisello Aremoricus Diœcesis Redonensis lustratis minoribus Scholis in Prouinciis, Parisios venit ad maiorem Officinā vbi Magister in Theologia factus, post aliquantū tempus in studiis & in professione impensum ab Episcopo suo Siluestro reuocatus est, vt in Diœcesos regimine eius opera vteretur: vt fusè narrat in eius vita Baldricus Abbas Burguliensis, deinde Archiepiscopus Dolensis. *Perambulabat*, inquit *Regiones & Prouincias irrequietus, & in litterarum studiis non poterat non esse sollicitus. Et quoniam Francia tum florebat in scho-*

laribus emolumentis copiosior, fines paternos tanquam exul & fugitiuus exiuit, Franciam adiit & vrbem quæ Parisius dicitur, intranit, Litterarum Disciplinam quam vnicè sibi postulauerat pro voto commodam reperit, ibique assiduus Lector insidere cœpit. Illis exercitiis totus desudabat, nec ob id conuersationis approbatæ obseruantiam prætermittebat, inter Conscholares quandam modificatæ seueritatis Maiestatem prætendebat, & quod de se futurum erat, id quibusdam indiciis euidenter significabat. Tunc temporis Rex Philippus Henrici filius Francorum colonias regebat, & Gregorius VII. vrbis Romæ Papatum tenebat. Hæc idcirco diximus, vt quibus temporibus Rabertus excreuerit & studuerit, patenter insinuauerimus. Reddebat enim Scholasticis quod Scholasticorum erat, nec propterea se Dei seruitio minus coaptabat. auspicabantur de eo iam aliquid qui eum nouerant: quoniam intuebantur in eo magnum quoddam. Ex iis patet Robertum tum docuisse Parisiis. Quomodo vero fuerit inde euocatus Redonas, dicemus ad annum 1090.

Ad eundem annum refert Onuphrius restitutionem Canonicorum Regularium in Franciam per Iuonem dictum Carnotensem Episcopum. Quem imitatus M. Robertus de Arbricellis, eorum Collegium instituit in quodam nemore prope Credonium in finibus Diœcesis Andegauensis circa an. 1093. fundante Reginaldo Credonensi Toparcha Roberti Burgundi filio: cuius Abbatiæ, quæ B. Mariæ de Rota dicta est, primus Abbas fuit ipse M. Robertus. Extat quædam Charta fundationis eiusmodi facta Andegaui in crastino dedicationis Basilicæ B. Nicolai: cui subscripserunt inter alios Hugo Lugdunensis Archiepiscopus, Reginaldus Credonensis, Gaufridus Andegauensis, Iuo Carnotensis, Hoellus Cœnomanensis Episcopi: eademque confirmata est Turonis an. 1096. Vrbano II. Missam celebrante 12. Kal. April. Extat & Charta alia de Bremio in Chartulario 47. Abbatiæ prædictæ in qua dicitur. *D. Robertus de Arbrisel primus Pater Congregationis de Rota.*

Eodem anno Henricus Imperator Brixiæ Concilium habuit 30. Episcoporum, cui etiam interfuerunt legati aliorum 19. litteris muniti Procuratoriis: item Optimates & Duces exercituum Italiæ & Germaniæ & ex eorum sententia Gregorius Pontifex Gradu Pontificio indignus esse iudicatus est, quod antiquus esset Berengarij Discipulus eiusque prauæ doctrinæ consensisset: cuius rei fidem sumpserunt ex litteris quas ad Archiepiscopum Turonensem & ad omnes Christi fideles dederat, quibus vetabat Berengarium vocari hæreticum: & præterea, quia quandiu Romæ fuerat, eum semper inter amicos & familiares habuerat. Huiusce Pseudo-Synodi decretum tale refert Conradus Abbas Vspergensis in Chronico ad hunc annum. *Nos contra eundem Hildebrandum procacissimum, sacrilegia & incendia prædicant.m, periuria & homicidia defendentem, Catholicam & Apostolicam fidem de Corpore & sanguine Domini in Quæstionem ponentem, hæretici Berengarij antiquum Discipulum, Diuinationum ac somniorum cultorem, manifestum Necromanticum, Pythonico spiritu laborantem, & idcirco à vera fide exorbitantem, iudicamus Canonicè deponendum & expellendum.*

Ita Schismatici loquuntur de legitimo Pontifice, à quo plerique eorum, vt simoniaci & impij depositi fuerant.

Similiter Benno Archipresbyter Cardinalis in iisdem partibus Henricianis & Guibertinis in historia seu potius Satyra, quam de vita Gregorij VII. consarcinauit, de eodem sic impiè & apostaticè loquitur causas proferens, quibus pseudo-synodus Brixiensis mota eum damnasse videbatur. 1. *Quod ieiunium indixit Cardinalibus, vt Deus ostenderet quis rectius sentiret de Corpore Domini, Romana Ecclesia, an Berengarius? per hoc manifestè probatus infidelis, cum in Niceno Consilio scriptum sit, quia dubius in fide infidelis sit.* 2. *Et de Corpore Domini signum quæsiuit, quod petente B. Gregorio ad firmandam mulieris fidem contigit, quando panis formam Christi accepit digiti & misit duos Cardinales Attonem & Cunonem ad S. Anastasiam, vt cum Suppone eiusdem Ecclesiæ Archipresbytero triduanum ieiunium peragerent; & illis 3. diebus singuli per dies singulos psalterium & missas decantarent, vt supradictum signum eis Christus ostenderet, quod minimè contigit.* 3. *Quod Ioannes Portuensis Episcopus, qui intimus fuerat & a secretis Hildebrandi ascendit Ambonem B. Petri & inter multa audiente clero & populo ait. Tale quid fecit Hildebrandus & nos vnde deberemus igni incendi, significans de sacramento Corporis Domini; quod Hildebrandus Responsa Dini-*

Vniuersitatis Parisiensis.

quærens contra Imperatorem fertur inieciſſe igni contradicentibus Cardinalibus qui aſſiſtebant ei.

Verum contra hæc commenta & mendacia Schiſmatici Cardinalis & Schiſmaticorum acerrimi defenſoris pugnant Hiſtoricorum coæuorum & ſupparium teſtimonia, qui Gregorium ſcribunt fuiſſe virum non minus ſanctitate vitæ, quam doctrinæ puritate conſpicuum,& in vita & poſt mortem multis miraculis clarum: quorum e numero ſunt inter alios Lambertus Scafnaburgenſis ad an. 1073. & 1077. Marianus Scotus ad an. 1081. qui obiit an. 1086. Otho Friſinghenſis Henrici Imp. nepos l. 6. 34 *Forma Gregis factus,* inquit, *quod verbo docuit, exemplo demonſtrauit, ac fortis per omnia athleta murum ſe pro Domo Domini ponere non timuit: denique quod ſummum eſt, in album Sanctorum relatus, anniuerſaria memoria in Eccleſia nomine celebri perſeuerat.* Hugo Flauiniacenſis Abbas, qui ſcripſit vſque ad an. 1102. de intruſione Guiberti ad an. 1079. ſic habet in Chronico Virdunenſi. Sequenti anno Wibertus ſedem inuaſit Apoſtolicam, à damnatis & excommunicatis ſuique ſimilibus in Apoſtaticum non Apoſtolicum electus. Quæ conſpiratio primùm facta eſt apud Brixiam, vbi congregati aliqui Epiſcoporum de Synagoga Sathanæ, traditi in reprobum ſenſum & contra fidem, quæ eſt confeſſio Petri, & ſanctam Sedem eius Rom. Eccleſiam turpia & nefanda iacientes, ad plenitudinem damnationis ſuæ elegerunt Wibertum Hæreſiarcham de ſui ſimilibus, & deſperata ſuperbia Apoſtolicum eum vocantes, Apoſtatam non Apoſtolicum effecerunt. Qui idcirco omnium fidelium odio dignior eſt, quia cum à Principibus Heinrico ſcilicet Rege depoſito & cæteris huius perditionis miniſtris quæſitum eſſet, quis ad impugnandum ſanctum virum, Papam videlicet Gregorium, falſitatis vexillū ſuſciperet, nemo omnium tam audax, tam præſumptor, tam deſperatus & perditus inuentus eſt, qui naufragium fidei ſubire deligeret præter eum ſolum. Qui idcirco, credimus, Antichriſti negotium ſuſcepit, vt ruinam Archiepiſcopatus Rauennenſis, quem pro ſuis criminibus eodem Greg. præſidente Synodali iudicio perdiderat, ſuſceptione oblati periculi compenſaret. Aderat in Conuentu illo malignantium multus numerus damnatorum, quos ad perſequendum amatorem Iuſtitiæ communicatio criminum & amor Principis illexerat, eum ſolum inuenit Diabolus promptiorem, cui maliciæ ſuæ omnem Principatum committeret. Suſcepit itaque ſedem Sathanæ & in Cathedra peſtilentiæ ſublimatus, Impiorum mentes ad expugnandum nomen Domini exercebat, factus omnibus fouea peccandi.

Multas idem Author eiuſdem Pontificis Bullas refert, ex qubus quantæ conſtantiæ, virtutis, fidei & fortitudinis fuerit, intelligitur. Legitur apud eundem authorem Epiſtola Gebehardi Salzeburgenſis Epiſcopi ad H. Metenſem Epiſcopum de hac Wiberti electione his verbis. *G. Salzeburgenſis Epiſcopus H. Metenſi Epiſcopo Salutem.* Wibertus quondam Rauennas Archiepiſcopus cum obedientiam quam Apoſtolicæ ſedi iuramento promiſerat, non attendere, ſed contra ipſam omnimodis ſuperbire ſtuduiſſet, in Romana ſynodo irrecuperabiliter depoſitus & anathematizatus eſt ab Apoſtolica ſede & ab Epiſcopis totius Eccleſiæ; nec hoc ſemel in vna ſynodo, ſed in omnibus ſynodis quotquot iam ſeptennio Romæ celebratæ ſunt. Hic igitur ita in periuriis inueteratus & pro eiſdem irrecuperabiliter depoſitus & anathematizatus ſedem Romani Pontificis, cui obedientiam iurauit, per manus anathematizatorum vt pote ſui ſimilium inuaſit legitimo Paſtore adhuc eidem ſedi præſidente. Ipſorum autem excommunicatorum nullus eum conſecrare vel potius execrare præſumpſit præter Mutinenſem & Aretinum Exepiſcopos, qui ambo pro ſuis criminibus iam annis tribus Officio & communione caruerunt. Sed hi etiamſi officium & communionem haberent, & Romana ſedes paſtore vacaret, nullum tamen eidem ſedi Pontificem ordinare poſſent. Huius enim ordinationis priuilegium ſolis Cardinalibus Epiſcopis Albanenſi, Hoſtienſi, Portuenſi, à SS. Patribus eſt conceſſum. Ergo Mutinenſis & Aretinus Epiſcopi iuxta teſtimonium ſanctiſſimi Papæ Innocentij non benedictionem, ſed damnationem quam habuerunt, ſuo Rauennati imponere potuerunt; nec illum in Romanum Patriarcham, ſed in perditiſſimum Hæreſiarcham promouerunt. Caueat igitur omnis Chriſtianus caput Antichriſto inclinare, ſtatuam quam Nabuchodonoſor erexit, adorare: ſicque se ipsius Hæresiarchæ perniciosissimo anathemati innodare. Nam quicumque illi obedierit, qui dixit, *ponam sedem meam ad Aquilonem & ero similis altissimo, certissimè in æternam damnationem ibit cum ipsis amen.* Sed vt ad Berengarium redeamus, quis credat Gregorium ei adhæsisse, quem & cum Legatus esset Turonis damnauit, & Romæ ad solennem fidei professionem compulit? Et quis credat Berengarium toties rebellem, obstinatum & relapsum, si Pontificem habuisset sibi fauentem, in synodo Burdigalensi, postquam è synodo Romana reuersus est, professionem fidei Ecclesiæ Catholicæ consonam editurum fuisse, quam edidit, & pœnitentiam acturum fuisse, quam egisse fatentur omnes scriptores coætanei & suppares excepto vno Bertholdo, vt ante diximus & patebit amplius ad an. 1088. quo obiit Berengarius?

1081. Anno 1081. vt legitur in Appendice ad Chronica Andegauensia, obiit Eusebius cognomento Bruno, Andegauorum præsul 6. Kal. Septemb. qui initio visus fuerat Berengario fauere, non tam ob doctrinam quam ille tenebat, quàm quia virum eximium ægre ferebat tantis molestiis agitari: postremò verò vt vidit eum toties in hæresim relapsum, deseruit. Ei successit Gaufridus Berengarianæ doctrinæ impugnator, de quo ante diximus. Vtrique hoc cecinit Epitaphium Marbodus scholæ Andegauensis tum Magister, deinde Redonensis Episcopus.

Bruno Pater, iocunde senex, mitißime præsul,
 Cuius cor pietas, lingua mel & lac erat.
Si tibi culpa fuit, quod nullum lædere velles,
 Quale tuum meritum cum bona culpa fuit?
Quid tibi, Chare Pater, Clerus populique precemur!
 Vt quod tu nobis, id tibi sit Dominus.
Hic iacet Andegauæ Gaufridus Episcopus vrbis,
 Si caro Pontificis mortua nomen habet.
At si spiritui magis hoc aptare velimus,
 Non iacet hic præsul, sed super astra sedet.
Quod si corporeis tantum situs est tribuendus,
 Nec stat nec recubat, nec super astra sedet.
Gloria carnalis pernicibus euolat alis,
 Quæ nondum paret gloria, flore caret.
Cantor Gaufridus, Cantorum nobile sidus,
 Diues agris, domibus, seruitiis, opibus.
Prudens, famosus, probus, impiger, ingeniosus
 Transiit vt fumus, hac in humo sit humus.
Actio causarum, Ciuilis dictio Iuris,
 In quibus ingenium fixerat & studium.

Eodem quoque anno defunctus est, vt habetur in eadem appendice, dulcis memoriæ Arnaldus Cenomanorum Episcopus 3. Kal. Decemb. Feria 2. Is ante promotionem fuerat *Magister Scholarum*, seu *Scholasticus Cenomanensis*, vir impensè doctus, qui quanquam filius esset sacerdotis, ob ingentia tamen merita licet multis reluctantibus, annitente verò Alexandro II. Pontifice factus est post Wlgrini decessum Episcopus.

Eodem anno natus est Philippo Franciæ Regi ex Berthrada coniuge Ludouicus filius cognomento Grossus, Rex ipse post patrem futurus, orationibus & frequentibus precibus ac meritis B. Arnulfi Abbatis Sam-Medardi, deinde Episcopi Suessionensis à Deo impetratus, quem Reginæ prolem masculam maximè cupienti prædixisse ferunt eam concepisse filium, idque illi per Ostemarum Monachum Parisiis significasse, legitur in fragmento diuersorum Scriptorum de Gestis Philippi I. à Duchesnio collectorum.

Eodem anno Martyrium subit Kanuthus Daniæ Rex, qui in Historia nostra ob hoc mihi dignus videtur habere locum, quòd Clericos & viros litteratos in Regno suo à vulgari foro exemptos esse voluit. Sic enim de eo scribit Saxo Gramaticus l. 4. c. 11. *Nec solum Pontificibus dignitatis incrementa donauit, sed etiam priuatorum Clericorum Ordinem benignißimis decretis adornare studebat. Nam quò cumulatiorem eis honorem redderet* LITTERATORVM CONTROVERSIAS VVLGARIS FORI

Vniuersitatis Parisiensis.

CONDITIONE EXEMPTAS AD EIVSDEM PROFESSIONIS IVDICIVM RELEGABAT. *ijsdem Religionis Reos obiecta repellere nequeuntes pecuniariâ multâ puniendos permittit. Quibus etiam in omnia, quæ aduersum diuina committerentur, animaduersionis arbitrium tradidit cunctísque huius generis actiones sacerdotali iudicio destinatas, à Publico foro secreuit, ne honore impares conditio æquaret.*

Anno 1082. Hugo Diensis defuncto Gebuino Lugdunensi fit Archiepiscopus, vir multiplici legatione Apostolica crebrísque synodis, quas ad Ecclesiasticæ Disciplinæ reformationem habuit in Gallia, celeberrimus. Ad hunc quoque annum narrat Hugo Flauiniacensis tum adhuc Gregorium Romæ sedisse, sed inualescente in dies factione Guibertina multas iniurias perpessum fuisse. Quipe Henricum Imp. concepto Romæ aggrediendæ consilio, vt legitimum Papam cum iniuria & dedecore à sede propelleret, cum innumerabili exercitu Italiam peragrando omnes ad adorandam statuam compulisse, meminemque ad osculum admisisse, qui non ante *Paparelli* illius pedem osculatus fuisset, cuius tamen in litteris & disciplinis Ecclesiasticis magnam indicat fuisse peritiam. *Quæ maior esse potest insania,* inquit, *quam virum litteris apprimè eruditum, Disciplinis Ecclesiasticis imbutum, Sanctitatis Ecclesiasticæ non ignarum, tenentem in Ecclesia magna dignitatis & prælationis locum ad tantam mentis deuenire hebetudinem, vt contra Deum superbire incipiat, & locum celsitudinis noua in Ecclesia, sed extra Ecclesiam & supra Ecclesiam contra ius & fas appetens illi assimilari omnino studeat, qui dixit,* ponam sedem meam ad Aquilonem, sedebo in monte testamenti, in lateribus Aquilonis, ascendam super altitudinem nubium, similis ero altissimo.

Ad hunc annum maxima Scriptorum pars refert Conuersionem Brunonis Carthusiensium Antistitis, sed de causa Conuersionis non vna est omnium sententia: de qua scilicet nostris temporibus nata est ingens controuersia inter Carthusianos eorumque fautores & M. Ioannem Launoyium Doctorem Theologum e Regia Societate Nauarrica. In hoc quidem conueniunt omnes, Illustre Carthusianorum Institutum Brunoni Coloniensi, Scholastico quondam Remensi deberi. Sed illi contendunt Conuersionis & consequenter Instituti istius causam & occasionem sumptam ex Magistro quodam & Comprofessore Parisiensi Canonico rediuiuo, qui è tumulo surgens, cum cantarentur vigiliæ defunctorum, ter dixerat altâ, & intelligibili voce *se iudicatum à Deo & damnatum esse* propter ea quod nimis de se propriísque meritis suis præsumpsisset. Launoyius verò & cum eo plurimi viri doctissimi & Antiquitatis periti negant historiam illam esse veram: imò contendunt Brunonem nunquam docuisse Parisiis.

Origo Ordinis Chartusiani.

Vtraque Pars magnis authoritatibus sententiam suam tuetur. Non is autem sum, qui tantæ litis nodum dissoluere possim, fundamenta quibus vtraque nititur referre satis erit, ne sano Lectori præiudicium ponere videar. Vnum dicam tantummodo, non videri posse negari quin Bruno Lutetiæ olim studuerit, & quin ibidem etiam docuerit paulo ante hæcce tempora, & ab anno circiter 1077. quod triplici coniectura ex veterum authorum locis petita confirmare licet.

1. Est ex Chronici Malleacensis Manuscripto Codice qui seruari dicitur Parisiis in Bibliotheca Puteana, quique ab authore conscriptus est circa an. 1140. & in lucem editus à Philippo Labbeo. In eo autem leguntur hæc verba ad an. 996. *Gerbertus docuit Fulbertum Carnotensem Episcopum. Hic iterum Fulbertus docuit Berengarium Canonicum S. Martini. Qui item Brunonem Remensem & alios multos hæredes Philosophiæ reliquit. Bruno quidem perfectus Philosophus & Eremita apud Calabriam multorum Monachorum Pater obiit in Christo.* At vbi Berengarius eum hæredem Philosophiæ reliquit? certè vbi ipse docebat, at non legitur docuisse Remis sed Turonis & præsumitur docuisse Parisiis postmortem Fulberti Carnotensis præceptoris sui. Itaque verisimile est Brunonem eum Lutetiæ audiuisse; & ibidem postea docuisse.

2. Coniectura petitur ex authore Anonymo, qui Historiam à Roberto ad mortem vsque Philippi 1. perduxit, quique Brunonem nouit aut nosse potuit. Ille autem iis eum accenset quos prope certum est studuisse & docuisse Parisiis. *Hoc tempore,* inquit, *nempe circa an. 1060. tam in Diuina quam in humana Philosophia floruerunt Lanfrancus Cantuariensis Episcopus, Guido Longobardus, Manigaudus Teutonicus, Bruno Remensis, qui postea vitam duxit Eremiticam.* Nemo autem dixerit viros illos docuisse Remis.

3. Petitur ex Chronico S. Remigij Remensis & ex authoritate Guiberti Abbatis Nouigenti supparis scriptoris, aientis Brunonem Canonicum & Scholasticum Ecclesiæ Remensis offensum criminibus Archiepiscopi sui Manassis paulo antequam ab Hugone Diensi Legato Apostolico in Lugdunensi synodo quæ an. 1077. habita est, damnaretur, vrbem Remensem cum aliquot nobilibus Clericis reliquisse. Sic enim habet. *Huius ergo (Archiepiscopi) mores prorsus improbos & stupidissimos habitus cum omnis honestas horreret, Bruno in Ecclesiis tunc Galliæ opinatissimus cum aliis quibusdam Remensium Clericorum nobilibus, infamis illius odio excessit ab vrbe, quem postmodum Proceres, Clerus atque Burgenses cum ab Hugone qui Diensis cognominabatur, Archiepiscopo Lugdunensi Apostolicæ sedis legato , viro in tenore iustitiæ clarissimo, celeberrimo anathemate feriretur & ille manu militari thesauros Ecclesiæ dilapidans niteretur, à sede quam male obsederat, pepulerunt.*

Ex hoc loco constat Brunonem relictis Remis cum nobilibus quibusdam aliis Clericis Ecclesiæ Remensis aliò commigrasse, quos quidem socios licet non nominet Guibertus , ex Epistola tamen ipsius Brunonis ad Radulphum Viridem Præpositum Remensem intelligimus hos tres amicos simul demigrasse Brunonem , Radulphum & Fulcium Monoculum. Sic enim , ille. *Reminiscetur quippe dilectio tua , quod cum ego & tu & Fulcius Monoculus quadam die simul fuissemus in hortulo adiacente domui Adæ vbi tunc hospitabar , de falsis oblectationibus tractaremus.* Ergo tunc Bruno hospitabatur apud Adam ; non vtique Remis: cum enim Canonicus esset Ecclesiæ Remensis & Scholasticus, verisimile non est eum alieno in hospitio mansurum fuisse. Vnde coniicio Brunonem cum amicis istis duobus Lutetiam venisse, ipsumque apud Adam hospitem domum elegisse : tumque docendi professionem resumpsisse. Ille forsitan est Adam Canonicus Parisiensis, qui post Gualeramum Cantor eiusdem Ecclesiæ fuit circa an. 1100. & id muneris obiit vltra an. 1123.

Adstipulatur supra laudatus Guibertus, qui de eius conuersione scribens sic ait. *Fuit non longè ab his diebus Bruno quidam in vrbe Remensi vir* & liberalibus instructus Artibus & MAGNORVM STVDIORVM RECTOR *qui conuersationis initia subiecta occasione nactus dignoscitur.* Quibus verbis denotare videtur Brunonem Parisiensis & Remensis studij fuisse Rectorem , quæ ab Aimoino Floriacensi Monacho in vita Abbonis dicuntur *Maiores sapientiæ, seu studiorum Officinæ.*

Verum his quæ de recessu ab vrbe Remensi ad Parisiensem dicta sunt, obstare videtur locus Guiberti de Nouigento sic scribentis. *Bruno vrbe (Remensi) deserta seculo abrenunciare proposuit, qui suorum notitias horrens ad Gratianopolitanum processit territorium.* Vnde colligitur cum ex vrbe Remensi egressum rectà & sine mora Gratianopolim profectum fuisse. At si bene expenditur iste locus , consilium quidem proponit quod executioni postea demandatum est. Sensus enim est Brunonem vrbe Remensi desertâ consilium deserti animo concepisse, non sequitur tamen quod statim executus sit. Et reuera constat ex iis quæ supra dicta sunt, Brunonem vrbe excessisse, antequam Manasses in Concilio Lugdunensi damnaretur: Concilium autem istud ab Hugone Diensi post Augustodunense & Pictauiense anno 1077. celebratum est , vt legitur in Chronico Virdunensi.

Porro Bruno cum cæteris Canonicis Remensibus Manassem Archiepiscopum suum asperioribus verbis increpauerat , eumque in consilio Augustodunensi accusarat vt invasorem Ecclesiæ Remensis & Simoniacum, & ab officio , quod iussus se sistere noluisset , suspendi curarat. Quod ille acerbè ferens , omnibus quibus potuit modis eos vexauit. Qua de re sic legitur in prædicto Chronico. *Accusatus est in eodem Concilio (August.) Remensis Ecclesiæ inuasor Simoniacus Manasses à Clericis Remensibus : & suspensus ab Officio , quia vocatus ad Concilium vt se purgaret , non venit. Qui cum Canonicis Remensis Ecclesiæ accusatoribus suis à Concilio redeuntibus plurimas parasset insidias, demum domos eorum fregit, præbendas eorum vendidit, & bona eorum diripuit.* Hæc acta sunt inter Concilium Augustodunense & Lugdunense ; & hæc est vera causa recessus Brunonis ex vrbe Remensi: quo tempore vix conceperat deserti propositum. Recessit vero cum Radulpho Viridi & Fulcio Monoculo nobilibus Clericis ; & recessit ad eum locum, vnde postea Fulcius Romam profectus est relictis Radulfo & Brunone. Inter recessum verò illum & profectionem ad Eremum intercesserunt plures anni: siquidem anno 1077. recesserunt, & anno tantum secundum plures 1086. vel secundum alios an. 1082. ad Carthusiam profecti sunt, tempore vero illo intermedio Lutetiæ commoratos fuisse & docuisse credibile est, dum præstolabantur Archiepiscopi sui aut pœnam aut mentem saniorem.

Si enim postquam excessit ex vrbe Remensi, rectà Gratianopolim concessit, ergo cum Radulpho & Fulcio profectus est, qui tamen nec illius itineris, nec professionis Eremiticæ socij fuisse leguntur. De Fulcio quidem certum est fuisse Romam: Radulphus vero Ecclesiæ Præpositus fuit vsque ad an. 1108. quo factus est eiusdem sedis Archiepiscopus, eamque ad an. vsque 1124. rexit & gubernauit. Socij autem & viæ & instituti hi fuisse perhibentur, M. Landuinus natione Tuscus ex vrbe Luca litteris diuinis & humanis decennio eruditus, vt habetur in Codice Remensi; duo Stephani, Bingensis & Diensis; & Hugo Presbyter, quem Capellanum suu appellabant: at, nemo istoru dicitur fuisse e Nobilibus Ecclesiæ Remensis Clericis. Igitur isti alij sunt ab iis quibuscum Bruno ex vrbe Remensi discessit: alio proinde è loco profectus est ad Eremum, quàm ex vrbe Remensi, & eo è loco vbi tum Landuinus & duo Stephani & Hugo Presbyter litteris operam dabant, seu studendo seu docendo & quem ad locum conuolabant externi & alienigenæ. At quæ alia vrbs in Gallia præter Parisiensem, externis eiusmodi abundabat?

His ita suppositis iam vtriusque partis defensores placet in aciem producere. Primo ergo Carthusienses communi fama nituntur, quæ pro fundamento historiæ seu rei gestæ veritatem conseruasse videtur. Illa autē fert Brunonem Commagistri seu Comprofessoris alicuius quocum amicitiam Lutetiæ contraxerat, anastasi & damnatione territum, in eremum cum sex Collegis confugisse & Ordinem suum instituisse.

2. In Antiquioribus Carthusiensium Statutis, deinde in folio editis, de hac Institutione sic habetur. Cum Parisiis circa annum Dominicæ Incarnationis 1082. solenne studium floreret, *quidam Doctor vita, fama & scientia inter omnes præcipuus præuentus infirmitate diem clausit extremum.* Cumque ad tanti viri funeralis Officij sepulturam tota Vniuersitas Parisiensis & Doctorum & Scholarium conuenisset, subito cunctis spectantibus, qui mortuus erat, eleuato capite resedit in feretro & omnibus audientibus alta & terribili voce clamabat Ivsto Dei Ivdicio Accvsatvs svm. Erat inter alios ibidem Venerabilis Bruno natione Teutonicus, in Ciuitate Coloniensi non obscuris parentibus natus, *Ecclesiæ Remensis Canonicus, sacræ Theologiæ Doctor eximius* cum M. Landuino, duobus Stephanis, Bingensi & Diensi S. Rufi Canonicis. Coniunxerat & illis se Hugo quidam, quem Cappellanum nominabant, eo quod solus inter eos sacerdotis fungeretur Officio, & Laïci duo Andreas & Guarinus, qui omnes tremefacti & salubriter compuncti à quodam S. Eremita interrogantes qualiter tam horrendum euadere possent diuinum Iudicium, audierunt illud Psalmi 54. Ecce elongavi fvgiens et mansi in solitvdine. Vnanimi igitur amore solitudinis accensi adierunt S. Hugonem Gratianopolitanæ Ecclesiæ Antistitē, precantes vt in eius Diœcesi, quæ multis desertis montibus abundabat, congruum sibi ad propositum, locum concederet.

3. In Breuiario Romano apud Surium Carthusianum & alios Collectores in Brunonis vita sic legitur. *Is à parentibus genere ac virtute claris* Lutetiam Parisiorum missus tantum ibi in Philosophiæ & Theologiæ studiis profecit, vt Doctoris ac Magistri munus in vtraque Facultate sit adeptus: nec multo post ob egregias eius virtutes Ecclesiæ Remensis Canonicatu potitus, anno Domini supra millesimum octogesimum secundum memorabili spectaculo apud Parisios interfuit. Cum enim ad celeberrimi cuiusdam Magistri funus triduo celebrandum tota fere Ciuitas conuenisset, accidit vt ad illa verba psallentium Responde mihi, prima die se accusatum, 2, iudicatum, 3, condemnatum ore proprio defunctus exclamauerit. Rei nouitate ac certæ damnationis sententia perculsus inter alios Bruno cum sex aliis familiaribus Mundo renuncians S. Hugonem Episcopum Gratianopolitanum adijt.

4. Eandem Historiam confirmant authoritate Cæsarij Heirsterbacxensis, qui

licet locum non indicet, in quo tam memorabile factum accidit, in Francia tamen accidisse commemorat lib. 11.c.49. his verbis. *Fuit in Regno Francorum Clericus Quidam nobilis & diues: qua duo sæpe hominem extollunt, multisque vitijs subijciunt, qui cum mortuus esset, & in feretro positus, multitudine populi circumsedente tame Clericis quàm ex Laicis, ipse se erexit cunctis audientibus in hac verba prorumpens* Iustus iudex iudicauit, condemnauit, condemnatum tradidit in manus impiorum. *Quibus dictis se reclinans iterum non obdormiuit, sed de requie transiuit ad laborem, de delicijs ad miseriam.*

En inquiunt ipsissimam historiam ab Authore antiquo, qui scholas Parisienses frequentabat ante annum 1200. sed nihil de Brunone. quid tum. inquiunt, potuit nescire Cæsarius hanc fuisse causam cur Bruno se conferret ad Eremum. Res quidem publica erat & omnibus nota: at secretum conuersionis soli Brunoni & socijs cognitum. Quod etiam potuerunt ignorare Guibertus de Nouigento & Petrus Cluniacensis Brunoni ætate suppares , qui non crediderunt hanc Historiam ad Carthusianos pertinere. Deinde non statim forte Bruno dimisit scholas, sed aliquanto post tempore, itaut credi posset non ea re fuisse tactum. Addunt solere eiusmodi conuersionum consilia seruari secreta, & non nisi paucis intimisque aperiri & communicari. Quamobrem non alij quàm Bruno eiusque socij causam discessionis scire potuerunt. Et quis sciuisset, quæ causa, quæue occasio fuerit Ignatio Loyolæ instituendæ suæ Societatis, nisi ipse aut socij prodidissent?

Cum verò illis obiicitur, quamobrem ergo Cæsarius non indicat clarè locum, si Lutetiæ hoc accidisse sciuit, qui post vnum à re acta seculum Lutetiæ studuit? respondent satis indicare cum ait, *In Regno Francorum* accidisse , cuius Lutetia Metropolis est Sedesque Regni primaria. Deinde tempore Cæsarij non iam forte constabat de loco, aliique alibi rem accidisse dicebant: ille verò ne alterutri opinioni præiudicium facere videretur, scripsit generatim, id in Regno Francorum accidisse, quod omnes fatebantur. Postremo noluit forte locum indicaui, ne Gentem illustrem Canonici offenderet.

At ipsemet Cæsarius lib. 2. cap. 15. quasi rem aliam enarrans, Canonicum Parisiensem cuidam amico suo apparuisse disertò scribit. locus talis est. *Parisius in Ecclesia S. Dei Genitricis Mariæ Canonicus obijt nuper, qui multa habens stipendia delicatißimè vixerat: & quia ex delicijs, maximè his quæ ad gulam pertinent, libido nascitur, nata nutritur & quotidianis eius incitamentis augmentatur, idem Iuuenis valde tunicam carnis suæ maculauit, & tam illo quàm alijs suis peccatis iram Dei in se prouocauit, tandem per infirmitatem tactus timore mortis confessionem fecit, peccata defleuit, & emendationem promisit, viaticum accepit, inunctus est, hominem deposuit. Cuius corpus vt pote vir nobilis diuesque cum magna pompa secularis gloriæ tumulatum est, & erat in illa die tanta serenitas, vt ipse aer eius obsequijs famulari videretur, dixeruntque homines ad inuicem. Multa bona præstitit Deus homini isti, nihil ei defuit horum, quæ homo Christianus habere debuit, Dominicis Sacramentis munitus est, aer in eius morbo serenatus est, cum magna gloria sepultus est. Sed homo videt in facie, Deus autẽ intuetur cor. Post paucos dies cuidam sibi valde familiari apparens dicebat se esse damnatum, dumque miraretur ille & expauesceret, pœnitentiam eius & confessionem, sacram etiam communionem & inunctionem commemorans, respondit defunctus. Vnum bonum mihi defuit, sine quo nihil horum quæ enumerata sunt mihi prodesse potuit. Quid est illud? inquit: respondit mortuus, Vera contritio.*

Addunt tertium exemplum huiusmodi Anastaseos seu visionis, quod refert Mathæus Parisiensis accidisse circa an. 1072. id. circa Brunoniana tempora, duorum nempe Clericorum Nannetensium, quorum tam arcta erat necessitudo & amicitia, vt alter alteri promisisset, si prior moreretur, socium se reuisurum admoniturumque de statu in quo esset: alterum ergo eorum post paucos dies mortuum, dum alter exspectaret promissi fidem, post 30. dies viuenti apparuisse, seque statumque animæ agnoscendum dedisse his verbis. *Prolata contra me à Deo sententiâ deputatus sum miser suplicijs sempiternis: eoque spectro fuisse adeo territum superstitem, vt bonis omnibus suis distributis apud S. Melanium, Monachum induerit*

5. Probant authoritate M. Ioannis Carlerij, vulgo Gersonis Ecclesiæ & Vni-

Vniuersitatis Parisiensis. 471

uersitatis Parisiensis Cancellarij, qui ante an. 1380. Lutetiæ studebat. Ille autem constantem suo tempore huiusce anastaseos veritatem ex communi fama indicat fuisse Notula 23 in tractatu de simplificatione Cordis. *De timore Domini*, inquit, *constituamus ante meditationis nostræ oculos exemplum illud celebre, à quo cæpisse dicitur Ordo Carthusianorum. Mortuus est Quidam magnæ reputationis Magister apud Scholasticos. Parantur Exequiæ in templo. Venit vox.* Iusto Dei Iudicio accusatus sum. *Dilata est sepultura in alterum diem. Tunc audita est vox* Iusto Dei Iudicio iudicatus sum. *3. Die in quam dilatio sepulturæ iterum facta extitit, insonuit vox* Iusto Dei Iudicio condemnatus sum. *Ecce in his est positum coram Meditantis oculis Iudicij tremendi, accusationis, iudicationis & condemnationis spectaculum.*

6. Probant authoritate B. Antonini Florentinorum Archiepiscopi eandem historiam referentis in 2. parte histor. c. 22. his verbis. *Ann. Dom. 1086. secundum Vincentium in speculo Histor. l. 25. c. 82. qui hoc refert ex Historia Sigeberti, habuit initium Carthusiensium Ordo. Dicit enim. Bruno natione Teutonicus ex Vrbe Colonia litteris à primaua ætate eruditus, Remensis Ecclesiæ Canonicus & Scholarum Magister relicto seculo Eremum Carthusiæ fundat, propositumque Monasticæ Conuersationis satis arduum instituit. Huius sacri propositi cooperator existens B. memoriæ Hugo Gratianopolitanus Episcopus ab eodem Brunone habitum Monasticum sumpsit, cunctisque ibi habitantibus insigne exemplum præbuit......* habuit autem principium talis Religio ex hoc stupendo euentu. Cum in ciuitate " Parisius floreret studium abundás tam multitudine scholarium ex variis regionibus, quàm copiosa cateruâ Doctorum solennium in omni Facultate, inter cæteros vnus erat singularis, qui eminentia scientiæ & probitate vitæ & maximæ " famæ pollebat. Huic autem vita functo solennes exequiæ paratæ sunt in Ecclesia, vbi sepulturæ erat tradendus: ad quem honorandum conuenerat Magistorum & studentium Vniuersitas Parisiensis & alij plurimi. Cum ergo cadauer in " feretro in Ecclesia secundum morem esset delatum & Officium celebraretur, " surrexit qui iacebat mortuus, & in loculo residens voce magnâ audientibus cunctis clamauit. IVSTO DEI IVDICIO ACCVSATVS SVM. Quo dicto, vt prius, iacuit. " Ex qua voce omnes territi obstupuerunt, decreueruntque pro illa die non tradere illud sepulturæ: sed sequenti die iterum omnes conuenêre. Cumque istud " per ciuitatem diuulgatum esset, die sequenti multò plures conuenerunt ad " spectaculum illud. Officium autem peragentibus circa feretrum illius, iterum " defunctus resedit in lectulo clamans IVSTO DEI IVDICIO IVDICATVS SVM. Ex " qua re consternati sunt omnes qui aderant audientes: & vt exitum eius noscent, ordinauerunt, vt ad sequentem diem differretur sepultura eius. Die ergo " tertia tota pœne Ciuitas profluit, & in prosecutione Officij pro anima illius surrexit, & iam tertiò Doctor ille defunctus clamauit dicens. IVSTO DEI IVDICIO " DAMNATVS SVM. Quod omnes præ admiratione quasi exanimes reddidit, " sicque patefacta omnibus sua damnationis indignus iudicatus sepulturâ Ecclesiasticâ, sepulturâ Asini sepultus est. Aderat ad hoc spectaculum Bruno, de quo " in principio Capituli dictum est: Magister solennis scholarium, qui his visis ait " ad socios & discipulos. Ecce Charissimi tantus Doctor & Sanctus ab omnibus reputatus periit, nunquid & nos perire volumus & non potius saluari? Non est nobis locus salutis, nisi mundum fugiamus. Si in viridi ligno hoc factum est, in arido quid fiet? & multa alia eiusmodi. **Sicque compuncti, vt dictum est, seculum** " dimiserunt. "

Hæc scribebat Antoninus circa an. 1450. Non addimus verò posteriorum Authorum testimonia vsque ad hanc ætatem: siquidem omnes verba pene omnia Antonini aut Gersonis exscribunt, nec vetustiorem authorem citant, qui historiam illam scriptis mandarit. Præterimus quoq; argumenta, quæ ducuntur ex tabellis, picturis & imaginibus, quarum quippe nescitur ætas, aut quæ à ducentis circiter annis propositæ sunt. Item Chartas quasdam Chartusienses & Grandimontenses, quia aut nihil habent eorum quæ de rediuiuo Doctore dicuntur, aut recentiore manu exaratæ sunt, quàm vt iis fides adhiberi possit. Nunc ergo aduersæ partis rationes & fundamenta proponamus.

Launoyius & qui cum eo sentiunt, de tempore quidem Conuersionis Brunonianæ Institutique Chartusiani omnino conueniunt: de causa verò & occasione dis- *Rationes Launoyi.*

sentiunt, quam à veterum authorum scriptis planè alienam esse contestantur, in quibus nihil quidquam de famosa illa rediuiui Canonici anastasi legitur. 1. Igitur proferunt ipsiusmet Brunonis Epistolam ad Radulphum Viridem virum celeberrimum, Magistrum doctissimum, Ecclesiæ Remensis Præpositum, qua rationem declarat sui è seculo recessus, eumque ad idem faciendum, prout ante promiserat, hortatur. *Quanquam*, inquit, *longo terrarum tractu & prolixiore temporis spatio corpora ab inuicem seiuncta sunt, animus tamen beneuolentia tua ab amico auelli non potuit......In finibus autem Calabriæ cum fratribus Religiosis & aliquot bene eruditis eremum incolo, ab hominum habitatione satis vndique remotam....Quam* contemplationem, *tu frater charissime vtinam vnicè diligeres, vt eius amplexibus fotus diuino caleres amore... Fuge ergo, frater mi, fuge has molestias & miserias omnes, & transfer te à tempestate huius mundi in tutam & quietam portus stationem. Quapropter operæ pretium est diligenti examinatione prudentiam tuam ista perpendere: quod si amor Dei te non inuitat, tantorum præmiorum vtilitas te non prouocat, saltem necessitas & timor pœnarum ad hoc compellere debet. Scis namque qua sponsione obligatus es, & quàm omnipotens ac terribilis sit, cui temetipsum munus gratum & omnino acceptabile denouisti; cui nec mentiri licet nec expedit. Nec enim patitur se iniustè rideri. Reminiscitur quippe dilectio tua: quod cum ego & tu & Fulcius Monoculus quadam die simul fuissemus in hortulo adiacenti domui Adæ ubi tunc hospitabar, de falsis oblectationibus & perituris huius mundi diuitiis, nec non de perennis gloriæ gaudiis aliquandiu, vt opinor, tractaremus vnde diuino amore feruentes promisimus ac vouimus spiritui sancto in proximo fugitiua seculi relinquere & æterna captare, nec non Monachicum habitum recipere, quod & in vicino peractum esset, nisi tunc Fulcius Romam abisset, ad huius reditum peragenda distulimus: quo moram faciente, aliisque interuenientibus causis diuinus amor elanguit, refriguit animus, feruorque euanuit. Quid ergo superest, Charissime, nisi à tanti debiti nexibus te citius expedire, ne pro tam graui tamque diuturno mendacij crimine iram incurras potentissimi, & propter hoc cruciatus immanes?*

Ex hisce Brunonis verbis duo euidenter colligi posse videntur. Vnum, veram hìc conuersionis & Carthusiani Instituti causam & occasionem proferri, nempe collationem de rebus mundi caducis, quam habuerunt inter se: vnde habitus Monastici propositum animo conceperunt. Alterum est, quod ne verbulum quidem proferat, aut suspicandum relinquat de rediuiui illius Doctoris anastasi & terribili voce. Cuius certè spectaculi mentionem facere non omisisset, si tale fuisset.

2. Sigibertus Gemblacensis Monachus qui obiit an. 1113. hæc scribit ad an. 1084. *Bruno natione Teutonicus ex vrbe Colonia litteris apprimè eruditus, Remensis Ecclesiæ Canonicus & Scholarum Magister, relicto seculo Eremum Carthusiæ fundabat, propositumque monasticæ Conuersationis satis arduum instituit. Huius sancti propositi cooperator & æmulator B. memoriæ Hugo Gratianopolitanus Episcopus ab eodem Brunone habitum Monasticum sumpsit, cunctisque ibi habitantibus insigne præbuit exemplum.*

3. Producunt authoritatem Guigonis quinti Carthusiæ Prioris, in vita Hugonis Gratianopolitani Episcopi, vbi Societatis & instituti sui initia describit. Guigo autem Carthusiam regebat an. 1130. & è suis nonnullos misit ad inhabitandum montem Dei in Remensi agro: quo tempore Rainaldus II. cognomento de Martigniaco Ecclesiam Remensem & Odo B. Remigij Cœnobium regebat. Sic ergo ille. *In his agebat, & ecce tribus necdum in Episcopatu post Monasterij reditum completis annis adest M. Bruno vir religione scientiaque famosus, honestatis & granitatis ac totius maturitatis quasi quoddam simulachrum. Habebat autem socios M. Landuinum, qui post eum Carthusiæ Prior extitit, duos Stephanos Burgensem & Diensem. Hi S. Rufi Canonici fuerant, sed desiderio vitæ solitariæ, ei Abbate fauente sese coniunxerant. Hugonem etiam, quem cognominabant Capellanum, ex eo quod solus ex eis sacerdotis fungeretur Officio; duos* LAICOS, *quos appellamus* CONVERSOS, *Andream & Guarinum. Quærebant autem locum Eremiticæ vitæ congruum, necdum repererant. Hac ergo spe & suaui sanctæ conuersationis eius odore trahente ad virum sanctum venerunt, quos ille non solum granter, sed & reuerenter suscepit, tractauit & voti compotes fecit. Ipso namque consulente, iuuante, comitante Carthusiæ solitudinem intrauerunt atque extruxerunt.*

4. Probat Launoyius authoritate & testimonio Guiberti Abbatis de Nouigento super Couciacum Diœcesis Laudunensis, authoris coæui: is enim ex Monacho

cho S. Germani Flauiacensis factus est Abbas Nouigentinus an. 1104. & obiisse videtur circa an. 1124. Ille autem tractatum de vita sua composuit, & multa ad Carthusianorum Religionem pertinentia inseruit curiosissima & posteritate dignissima, haec autē inter caetera. At quia conueniebat, vt Litteratorum Quispiam sacri gregem Ordinis sub eodem affectum post se contraheret, fuit non longè ab his diebus Bruno Quidam in vrbe Remensi vir & liberalibus instructus artibus & Magnorvm Stvdiorvm Rector, qui conuersionis initia ex subiecta nactus occasione dignoscitur. Manasses quidam post Geruasij famosissimi Archiepiscopi decessum praedictae vrbis regimini simoniacè se intrusit, vir quidem nobilis sed nihil prorsus serenitatis quae prima ingenuitatem decet, habens. Tantos enim fastus ex illa nouitate conceperat, vt Regias peregrinarum gentium Maiestates, imo Maiestatum ferocitates imitari videretur..... Is igitur cum milites affectaret summoperè & clerum negligeret dixisse aliquando refertur. Bonvs esset Remensis Archiepiscopatvs *si non Missae inde cantari oporteret*. Huius ergo mores prorsus improbos & stupidissimos habitus cùm omnis honestus horreret, Bruno tunc in Ecclesiis Galliae opinatissimus cum aliis quibusdam Remensium Clericorū nobilibus infamis illius odio excessit ab vrbe: quem postmodum Proceres, Clerus atque Burgenses cum ab Hugone qui Diensis agnominabatur, Archiepiscopo Lugdunensi Apostolicae sedis legato, viro in tenore iustitiae clarissimo, creberrimo anathemate feriretur & ille manu militari thesauros Ecclesiae dilapidare niteretur, à se de quam malè obsederat, pepulerunt : & exsilio relegatus aeterno, cum se ad excommunicatum tunc temporis Henricum Imperatorem ipse etiam excommunicatus contulisset, hac illacque oberrans sine communione postremo defungitur. At Bruno vrbe deserta, seculo etiam abrenunciare proposuit, qui suorum notitias horrens ad Gratianopolitanum processit territorium. Ibi in arduo admodum & terribili promontorio, ad quod difficillimum & valde insolens iter intenditur, sub eo enim praeruptissimae vallis vorago dehiscit, habitare deligens, eiusmodi mores instituit, & sequaces eius hodie sic viuunt.

5. Plurimum quoque valet testimonium ipsorummet Carthusianorum statutorum & consuetudinum Ordinis in veteri Manuscripto contentarum, vbi vita Brunonis & 4. consequentium Carthusiae Priorum summatim exaratur; de Brunone autem haec verba habentur. *Bruno natione Teutonicus* ex praeclara vrbe Colonia parentibus non obscuris natus, litteris tam secularibus quam diuinis valde munitus, Ecclesiae Remensis quae nulli inter Gallicanas secunda est, Canonicus *& Scholarum Magister* relicto seculo Eremum Carthusiae fundauit & rexit sex annis, qui cogente Vrbano, cuius quondam Praeceptor fuerat, Romanam pertrexit ad curiam, eundem Papam solatio & consilio in Ecclesiasticis negotiis iuuaturus. Sed cum tumultus & mores curiae ferre non posset, relictae solitudinis & quietis amore flagrans, relicta curia, contempto etiam Archiepiscopatu Remensis Ecclesiae ad quem ipse Papa volente electus fuerat, in Calabriae eremum, cui *turris* nomen est, secessit: ibique Laicis & Clericis quam plurimis adunatis solitariae vitae propositum, quandiu vixit, exercuit, ibique defunctus humatus est post egressum Carthusiae.

Ex hocce loco multa colliguntur ad intelligentiam historiae necessaria. 1. **Brunonem euocatum fuisse ab Vrbano è Carthusia post annos sex regiminis: igitur** non euocatus est ante an. 1089. quia Vrbanus anno tantum 1088. electus est ac proinde Bruno non instituit Ordinem suum ante an. 1082. 2. In curia Rom. mansit vsque ad an. 1095. quo in Calabriam amore solitudinis secessit, nec inde reuocari potuit oblato Archiepiscopatu Remensi, qui anno 1096. 19. Kal. Feb. vacauit obeunte Rainaldo de Bellaio, qui Manassi successerat. 3. In Eremo Calabriae mansit ad mortem vsque, quae accidit 6. Kal. Octob. an. 1101.

6. Producunt grauissimam Petri Venerabilis Cluniacensis Abbatis, qui sequenti seculo ab an. 1140. floruit, authoritatem. Non enim ille ignorare potuit Canonici rediuiui historiam, aut non mandare litteris, si vera fuit, si tam publica, si in ciuitate Parisiensi tamque in frequenti conuentu : cum ex professo Miraculorum libros conscripserit. lib. autem 2. c. 28. fusissimè & clarissimè agit de hocce Carthusiensium Instituto : de illius vero rediuiui apparitione, ne gry quidem.

„ *Seruatur*, inquit, *in Burgundiæ finibus inter omnes Europæ nostræ Monastici*
„ *Ordinis professiones, professio quædam multis aliis eiusdem Monastici proposi-*
„ *ti sanctior & cautior, instituta nostro tempore à quibusdam Patribus magnis, do-*
„ *ctis & sanctis M. Brunone Coloniensi, M. Landuino Italico, ac quibusdam aliis*
„ *& verè magnis, vt dixi, & Deum timentibus viris, qui quorundam antiquorum*
„ *Monachorum tepiditate, negligentia ac desidia præfecti, seculo abrenunciare*
„ *volentes cautiùs sibi suisque in via Dei sectatoribus consuluerunt, & vigilanti*
„ *oculo Ordinem contra omnes penè sathanæ insidias circunseptum instituerunt.*

Vt autem manifestò constet ipsius tempore nihildum auditum de Canonico illo rediuiuo, ait se nullo seruato ordine, nulla habita ratione generis, quæcumque discere potuit, miracula mandasse litteris. Quoniam ad roborandam fidem &
„ *mores instituendos miracula nostro tempore vel circa nostra tempora gesta, quo-*
„ *rum cognitio indubia datur*, scribere proposui. Postea quæ præmissa sunt, alia
„ *quoque legentibus vel audientibus non minus, vt credo, vtilia adiungenda*
„ *sunt*. In quibus vt supra iam dixi, nullum temporis ordinem seruo, nullius gene-
„ *ris miracula vito*, sed sicut ea vel olim didici, vel quotidie à diuersis & fidei di-
„ *gnis discere possum*, scripturæ commendo. Est ne autem verisimile curiosum istum Miraculorum Indagatorem & perscrutatorem præteriturum fuisse prodigiosam illam anastasim, si paulo ante sua tempora contigisset?

7. Neque Gaufredus Prior Vosiensis, qui centum circiter à Brunone annis scribebat, eius causæ meminit. Sic enim tantum habet. *Ordo Carthusiensium sanctissimus incepit hoc tempore, scilicet anno 1086. per Brunonem virum sanctum, natione Allemanum de Colonia Agrippina, Magistrum in Theologia cum sex aliis venerabilibus viris in Diœcesi Gratianopolitensi.*

Denique referunt varia testimonia cæterorum Authorum suppariûm; item & consequentium seculorum, Roberti de Monte, qui Chronicon Sigeberti continuauit; Chronologistæ Malleacensis, Monachi Antissiodorensis, Adami in Floribus manuscriptis Historiarum, quos Gregorio IX. dedicauit, Vincentij Bellouaci, Chronici S. Martini Turonensis, Hugonis Cardinalis, aliorumque vsque ad tempora Gersonis, quorum nullus famosæ illius anastaseos meminit: & quam nemo dixerit eos prætermissuros fuisse, si aut legissent aut audiuissent accidisse. Ex his fateri necesse est Launoyij sententiam apud doctos hodiè præualere, præualituramque adhuc posthac magis, cum temporis diuturnitas inueteratam in animis vulgi opinionem anastaseos sensim obliterabit; nisi forsan eadem certiora proferat aliquando aduersæ parti testimonia, quæ litem illam dirimant.

1083. Ad annum 1083. Bertholdus Presbyter Constantiensis refert obitum Berengarij: quem sequitur Author Chronici S. Petri Viui sic scribens an. 1083. *Berengarius Turonensis Magister & ammirabilis Philosophus, amator pauperum effloruit. Hic composuit Orationem illam, quæ sic incipit* IVSTE IVDEX IESV CHRISTE. *Posthæc fidelis & verè Catholicus vitam finiuit.* Verum eius obitus communiter ab aliis refertur ad annum 1088. vt infra dicemus.

1084. Anno 1084. Henricus Imperator Romam capit, Gregorium in turre Crescentis muro claudit, Guibertum Antipapam in sede Petri constituit. Tum schismatici cornua attollunt, conuersaque est omnino facies Ecclesiæ, cuius miserabilem statum describit Hugo Flauiniacensis his verbis. *Non sufficiebat sacerdotibus solos peccare: facti erant laqueus iuuenum omnes, vt etiam absque synagogis facerent eos, qui non communicabant operibus eorum in communicando cum excommunicatis, in abiectione Gregory, in assertione Wiberti. Iam vero si quis esset qui Gregorio communicaret, hic publicè conuicijs appetebatur, hic hæreticus, destructor Regni, assertor mali, qui nec vita dignus esset, qui publicæ indignationis offensam contraheret, periurus, & quodam aduentitio nomine Paterinus dicebatur. Aduenerant tempora periculosa, obnubilata erat facies Ecclesiæ, non agnoscebat quos genuerat filios, quia patiebatur infestos, nec ipsi Matrem agnoscebant quam cum multis & miris modis affligerent & insectarentur, vicem eius dolere non nouerant.*

Interim Gregorius conceptiuum suum Iarentonem Abbatem S. Benigni Diuionensis virum doctissimum Hugonis Ducis Burgundiæ olim præceptorem, amicum & familiarissimum suum cum quibusdam Cardinalibus mittit ad Robertum Apuliæ Du___, qui tunc forte Classe instructa mare transibat, rogatque vt Ecclesiæ & sibi suppetias afferat. Ille non segniter iussa executus fidelem se præstat, aduolat cum Normanis suis, Regem & Guibertum fugat, Gregorium in integrum restituit. Verum ob perpetratas à militibus cœdes innumeras, stupra, latrocinia non audens Pontifex fidere Romanis, Salernum se recipit cum Cardinalibus: indeque per Petrum Igneum & Gisulfum Principem Salernitanum, quos Cluniacum misit, dedit litteras ad omnes Christi fideles, quibus & calamitatem suam & calamitatis causas significauit.

In ista rerum perturbatione Teutonici Guiberto adhæserunt, eidemque Lotharingia & Longobardia. Virduni Theodoricus cognomento Magnus in Cœnobitas qui à Gregorio stabant, omnem quem potuit, furorem exercuit. *Totus illi sermo* inquit Hugo Flauiniacensis, *de Imperio Henrici, de Clementis Papatu erat:* itavt publicè in Ecclesiis nomen illius Hæresiarchæ nefandi in Canone recitari præciperet. Quod etiam faciebant reliqui Episcopi Lotharingiæ & Longobardiæ, exceptis paucis, qui magisterium Gregorij agnoscebant. Manasses Remensis ad easdem partes se contulerat, vnde ita Clero & populo exosus fuit, vt eum ex vrbe expulerint.

Anno 1085. habita est à Henricianis Pseudosynodus Moguntina, cui præsedit Vvetzilo Archiepiscopus Moguntinus, in eaque Gregorio abrogatus est Pontificatus & Clemens pro vero Papa agnitus. Gregorius Vvetzilonem anathemate percutit; at ille nihilominus Archiepiscopale munus exequitur: aiunt tamen postea agnito errore cum Papa reconciliatum fuisse & pœnitentem obijsse an. 1089. Ille in Academia Parisiensi Magisterium in Theologia fuerat olim consecutus. De quo sic scribit Pantaleo. *Vvetzilo à pueritia litteris destinatus fuit. Erat enim egregia indole & felicissimo ingenio præditus. Itaque litterarum amore Lutetiam profectus, ibidem S. Theologiæ Doctor creatus est. Is enim cum insigni eruditione etiam pietatem atque morum innocentiam coniunxerat. Cum ergo in Patriam reuersus esset, Canonicus Moguntinensis electus est. Itaque in ea Ecclesia suis virtutibus longè alios superauit, atque subinde concordia studens cum omnibus pacem habuit: multoties etiam ad populum sermonem habuit & singulari facundia homines ad pietatem perduxit.* Demum anno 1085. successit Exkenbaldo in Archiepiscopatu & sui muneris primitias schismatis patrocinio consecrauit.

Verum tandem innumeris calamitatibus fractus elanguit Gregorius & apud Salernum morbo correptus, sentiens se morti propinquum conuocatis Cardinalibus & rogantibus quem vellet sibi in successorem subrogari, designat vnum è tribus, Anselmum Lucensem, Odonem Episcopum Ostiensem, aut Hugonem Lugdunensem, & paulo post obiit, eique substituitur Desiderius Cassinensis Abbas sub Victoris III. nomine de cuius electione extat apud Hugonem Flauiniacensem Epistola Hugonis Lugdunensis Archiepiscopi ad Mathildem Comitissam, quà scribit eam non fuisse Canonicam, quippe de homine à Gregorio excommunicato factam Henricianisque partibus addicto. *Electionem,* inquit, *Cassinensis Abbatis antequam Ego Romam venerim, factam sufficienter audistis, cui tam Ego quam & cæteri fratres mei S. Rom. Ecclesiæ filij diligentes magis gloriam hominum, quàm Dei pro temporis infirmitate assensum præbuimus. Postquam autem ad montem Cassinum, quò ipse iam præcesserat, Romæ aliquandiu morati ipsius ducatu peruenimus, ex eiusdem familiaribus nobiscum colloquiis, dum videlicet nefandissimos actus suos in auribus Episcoporum & Cardinalium iactanter recitare non erubesceret, copiosius necessario deprehendimus, quàm intolerabiliter Deum in ipsius Electione offenderimus.* Hinc effectum, vt nonnulli cum ipso, ne consecraretur Desiderius, intercesserint. Verùm post aliquanti temporis moras ab ipso Odone Ostiensi Episcopo Cardinale, qui cum Hugone conspirauerat, consecratus est agnita ambitione Hugonis, qui quod esset è tribus à Gregorio designatis vnus, Pontificatum ambiebat. Itaque cum à Victoris communione defecisset, nec tamen ad schismaticos transisset, ab eo anathemate percussus est an. 1087. omnique legationis munere priuatus: Odo verò Ecclesiasticæ pacis studiosus patefecit, quàm dignus esset Pontificatu. Vnde ex hoc Baldricus Burguliensis occasionem accepit ad eum scribendi & vaticinandi futurum eum aliquando Pontificem. Maximè verò eum commendat ab amore erga litteratos, atque imprimis erga Poëtas, ac proinde elegos scribit, quibus audiuerat eum maxime delectari. Extat inter Baldrici Carmina Historica vnum hoc de Odone Ostiensi Episcopo.

 Odas, ô vtinam, cui mittuntur, placituras!
  Odoni magno, dirigo paruus ego.
 Odo Pontificum decus & specialis honestas,
  Consilium Papæ, regula Iustitiæ.
 Ecclesiæ robur, non concutienda columna,
  Mittit quod placeat Burgulianus aue.
 Burgulianus aue Magno dicit Patriarchæ,
  Quod mihi notitiam præsulis obtineat.
 Odo, Wido meâ mihi te celebrauit in aure,
  Pluribus indiciis te mihi significans.
 Guido tuum nomen nostrum deuexit in Orbem,
  Vtque viri tanti præco vir ille mihi.
 Te mihi procêrum staturâ significauit,
  Quæ non excedat effigiata modum.
 Mores iocundos Wido tibi dixit inesse,
  Et quod conueniat moribus alloquium.
 Vtque mihi dixit, ditat te littera diues,
  Et vatum Musas deliciosus amas.
 Si cantare velis, cantas modulamine dulci,
  His superest vultus & facies hilaris.
 Affatu suauis, communis & omnibus omnis,
  Exhilaras moestos & stolidos reprimis.
 Os oratorum modo viuis Tullius alter,
  Callidus in verbis viuis Aristoteles.
 Temporaqua modò sunt, quæ sunt sine remige nauis,
  Rectorem statui te voluere sibi.
 Qui te fecerunt, Odo velut Ostia Romæ,
  In modico Roma te facient Dominum.
 Hic iam cœperunt ordiri prouida fata.
  Hinc intelligimus, iamque fauemus eis.
 Odoni factus hæres in Pontificatum,
  Mox in Papatum substituendus eris.
 Hoc locus, hoc nomen, hoc signat copia linguæ,
  Hoc alti sensus præcinit integritas.
 Innuit hoc habitus tunicatæ Religionis,
  Vos ambos idem Cluniacus genuit.
 Ambos vos fouit, vos Ostia sustulit ambos,
  Alter Papa fuit, nec minus alter erit.
 O si tunc merear florere superstite vita
  Vt nunc te toto pallidus ore canam!
 Tunc Orpheus nostram nequeat superare Camœnam,
  Si pleno flatu buccina nostra sonet.
 Velis furtiuis vehitur modò nostra Carina:
  Namque Piratarum perstrepit omne genus.
 Insontem lacerant me dentibus obloquiorum
  Meque reum mortis clamitat inuidia.
 Obiiciunt quod ego tabulas post tempora tango,
  Quod non demisso vado supercilio,
 Ipse susurro tamen, mecum quoque rumino psalmos,
  Atque obliquatis vultibus intueor.
 Vt fur inuidia probitati est sæpe Nouerca,
  Quocirca tepeo sæpius à studio.
 Quod si me vellet defensio vestra tueri,
  Vt mea duntaxat Carmina diligeres.

Repentes hedera mox surgent vberiores,
  Si quando audaci fretus ero gladio.
Audaci si quando lyras moderamine tangam,
  Si Musas pleno pectore discutiam.
Si quando impauidus vates audebo vocari,
  Si calamos teneam non trepidante manu.
Si verbo, nostris signisue quibuslibet Odis
  Illudas, Odo, fulmina non timeo.
Fulmina qua timeat, quem maxima Roma tuetur,
  Quid timeat tua quem protegat Odo manus?
Me sub amore tuo digneris, maxime Pastor,
  Tutior vt Romam si sit opus videam.
Tutior vt Duce te Romana Palatia cernam,
  Quem mea rusticitas terreat absque Duce.
Iam nunc de vestro tanquam securus amore,
  Vobis commendo quod penitus cupio.
Me præsumentem de te confundere noli,
  Debita posco quidem: da mihi, namque potes.
Si quotcumque modis aures obstruxerit aspis,
  Vt nolis nostras insinuare preces.
Si quasita neges possisque negata referre,
  Si tua claudantur corda meis precibus.
Vt dare tu nolis sine damno quod dare possis,
  Non es quem spero, quem tuus ipse cano,
O quam sperabam viuis procul & procul alter,
  Quod Deus auertat, vt mihi tu facias.
Vnicus est, Odo, mihi filius, immo Coabbas,
  Pro quo denotus adsto tuis pedibus.
Namque manum super hunc nimis aggrauat ille Remensis,
  Iram qui Papæ funditus emeruit.
Imposuit siquidem Regi diadema Philippo:
  Nunc & in hoc Papa negligit Imperium.
Propterea fundo mea viscera funditus Odo,
  Vt mihi perficias hanc tibi rem facilem.
Abbatis partem sustentes ordine recto,
  Vt restauretur filius ille meus.
Quod confirmauit in eo Romana potestas,
  Inconuulsum sit permaneatque ratum.
Et potes & debes, nisi me contempseris, Odo,
  Abbatem sancto reddere Remigio.
Non ingratus ero, superaddam gratificandus
  Munera Carminibus, carmina muneribus.
Ecce fatigatus nimium remeare nequiuit,
  Sed si mandabis vt veniat, veniet.
Iam securus erit, redeat si scripseris illi,
  Nouerimus quoniam restituendus erit.
Si mandare velis, quod penses vtile nobis,
  Guidonem nostro noueris esse loco.
Guido mihi viuit, magnus, bonus atque fidelis
  Magni momenti, nominis haud modici.
Hunc venerare modo quo nos veneremur eodem
  Namque bona morum simplicitate viget,
Odam dilatat occasio multa precandi
  Sed modo sine breui sis memor, Odo, mei.

Videtur ei hisce versibus commendare Abbatem S. Remigij Remensis, cuius nomen non reperio, sed quem Manasses Archiepiscopus Remensis sicut & alios multos vexauerat, ob idque Pontifici exosus erat. Guido verò de quo hîc loquitur, vt de homine ipsi Odoni notissimo, is esse videtur Guido Turonensis qui Remis in Professione litterarum obiit, vbi & Odo studuerat, forte sub ipsomet Guidone, certè sub Brunone Carthusianorum Institutore. Eidem libellum nescio quem dedicauit, & ille similiter eodem metri genere Baldrico sic rescripsit, & iocosè nugando vt sit inter amicos, dolere se significauit, quod nomen suum Poëmati non inseruisset.

Hanc Baldrice tibi mittit tuus Odo salutem,
  A te rescribi quam cupit ipse sibi.
Nuper amice tuum tenui legique libellum,
  Credere vix potui temporis huius opus.
Tantum pondus erat verbis, facundia tanta,
  Posset vt hæc credi composuisse Maro.
Inter amicorum scribi mea nomina sperans,
  Deuolui librum terque quaterque tuum.
Vel leuis ulla mei non est tibi mentio facta,
  Commouit mentem res nimis ista meam.
Scilicet indignum me vir facunde putasti,
  Carmine quem velles perpetuare tuo.
Attamen vrna, lepus, coruus quoque, Cancer, Aselli,
  In cælo stellæ te quoque teste nitent.
Et post tantorum tot nomina clara virorum
  Viles bestiolæ cælica regna tenent.
Me quoque multorum post nomina clara virorum
  Fac tua cælestis pagina suscipiat.
Hæreat in libri rogo margine distichon vnum,
  Inscriptus valeat, quo tuus Odo legi.
Si meritis precibusque meis quæsita negabis,
  Extorquebo tamen improbitate mea.
Hæc mea sæpe tibi triuialia carmina mittam,
  Sic indignanti quod precor excutiam.

Ex his versibus, vt ex vngue leo, discitur quantus vir fuerit Odo, quantæque facundiæ.

Eodem anno obiit Robertus ille Guischardus Dux Normanorum Transalpinorum Gregorij liberator, eiusq; corpus Venusina in vrbe Apuliæ conditum est. Hisce quoque temporibus Alexius Comnenus Imperator Constantinopolitanus litterarum officinam reparari curat, & *Grammaticorum Scholam aperuit in gratiam pauperum Scholarium, eorumque Magistris & Pædagogis stipendia de publico constituit:* omnibus vero, hoc est tam docentibus, quàm discentibus victum competentem prouidit & ordinauit teste Zonara tom. 3.

Iisdem etiam temporibus Constantinus Afer Patria Carthaginiensis Chaldaïcè, Arabicè, Persicè, Ægyptiacè & Indicè doctus in Academia Babylonica litteris à puero institutus post 39. peregrinationis annos reuersus in patriam, demum in Italiam traiiciens Monachico habitu sumpto apud Cassinum Salerni docet, multaque opera Medica è diuersis Gentium linguis transfert in Latinum, vt legitur in Chronico Cassinensi lib. 3. cap. 34. eaque Desiderio Abbati suo Papæ facto dedicauit. Hinc Scholę Salernitanæ fama celebrari cœpit, quæ Eduardo Anglorum Regi libellum de conseruanda valetudine versibus conscriptum transmiserat ante an. 1066.

Anglorum Regi scribit SCHOLA TOTA SALERNI,
Si vis incolumem, si vis te reddere sanum,
Curas tolle graues, irasci crede profanum.
Parce mero, cænato parum, non sit tibi vanum
Surgere post epulas, somnum fuge meridianum.
Non mictum retine, non comprime fortiter anum,
Hæc bene si serues, tum longo tempore viues.

Ad hanc Scholam moris fuit hoc & sequente seculo mittere studiosos Artis Medicæ, vt eam illic ad vnguem addiscerent: At si vera scribit Ioannes Saresberiensis, multum suo iam tempore nempe circa an. 1160. de famâ & celebritate pristinâ & antiquâ deperdiderat. Dico *antiqua*; non est enim credendum naum fuisse Scholam illam Constantini prædicti temporibus. Siquidem iam an. 984. celebris erat, vt indicat Hugo Fauiniacensis sic scribens de Adalberone Episcopo Virdunensi. *In Salernum eodem anno benedictionis suæ, curationis gratiâ profectus reuersus in Italia obiit 14. Kal. Maij, & relatum corpus eius Verduni sepultum est vixit in Episcopatu 3. annis, & successit Heymo an. 988.* Similiter Ordericus Vitalis ad an. 1059. de Rodulfo Clerico verba faciens, quem in omni scientiarum genere versatissimum fuisse ait, subiungit. *Physicæ quoque scientiam tam copiosè habuit, vt in vrbe Salernitana, vbi maxima Medicorum scholæ ab antiquo tempore habentur, neminem in Medicinali arte præter quandam sapientem Matronam, sibi parem inuenerit.*

Anno 1086. obiit Anselmus Lucensis vir omni virtutum & scientiarum genere decoratus, Henricianæ & Guibertinæ factionis insectator acerrimus, vnioni Ecclesiasticæ & Gregorio VII. addictissimus, à quo vnus è tribus ad Pontificatum Maximum promouendis designatus fuerat, vt legitur in quadam Epistola Vrbani II. sic ajentis apud Hugonem Flauiniacensem. *Domnus noster Papa Gregorius beatæ ac dignæ memoriæ cum apud Salernum graui teneretur infirmitate, vnde ipse postea obiit, conuenerunt ad eum Episcopi & Cardinales Romani, qui ibidem aderant, rogantes eum & postulantes, vt quem sibi vellet subrogari successorem in Pontificatu, iis ostenderet. At ille secum aliquantulum cogitans, hæc illis verba dedit. Quemcunque horum trium, Lucensem scilicet Episcopum, Ostiensem, aut Archiepiscopum Lugdunensem habere poteritis, in Pontificem eligite.* Obiit autem Mantuæ 18. Martii, eratque Mathildis Comitissæ à Confessionibus. Multa eius extant opera: Imprimis Collectio Canonum per Capita, qua ratione Gratianus postea Decretum suum compilauit. Tractatus in Psalmos, in Ieremiæ Lamentationes, Apologeticum Gregorii Papæ contra Guibertum Antipapam, & alia multa.

1086.

Anno 1087. obiit Rothomagi 5. id. Septemb. Vuillielmus Conquæstor Anglorum Rex & Normanorum Dux, qui licet à tenera ætate in bellis enutritus fuisset, non in litteris versatus, litteratorum tamen præcipuam curam habuit, eorumque quamplurimos ad Dignitates Ecclesiasticas, cum potuit, promouit: sic enim ille apud Authorem, qui eius morti interfuit, vt refert Baronius, ad Sacerdotes, qui tum aderant. *Thesauros meos iubeo dari Ecclesiæ & pauperibus, vt quæ congesta sunt ex facinoribus, dispergantur in Sanctis Sanctorum vsibus. Debetis enim recolere quàm dulciter vos amaui, & quàm fortiter contra omnes æmulos defensaui Ecclesiam, Dei Matrem scilicet natura nunquam violaui, sed vbique vt ratio exegit, desideranter honoraui. Ecclesiasticas dignitates non venundedi, simoniam detestatus semper refutaui. In Electione personarum vitæ meritum & sapientiæ doctrinam inuestigaui, & quantum in me fuit, omnium dignissimo Ecclesiæ regimen commendaui. Hoc nimium probari potest veraciter in Lanfranco Cantuariensium Archiepræsule, hoc in Anselmo Beccensium Abbate, hoc in Gilberto Fontanellensi & Durando Troarnensi & in alijs multis Regni mei Doctoribus, quorum celebris laus personat in vltimis, vt credo terræ finibus. Tales socios ad colloquium elegi, in horum contubernio veritatem & sapientiam inueni, ideoque semper gaudens optabam eorum consilijs perfrui.*

1087.

Reuera tanti viri erga litteratos amor ita studiosorum animos accendit ad studia litterarum, vt nullo vnquam tempore tot reperiantur Normani in eas incubuisse, & tam feliciter in earum professione excelluisse, quàm ætate Guillielmi. Præter cæteros enim, quos fama obscura recondit, floruerunt Lanfrancus, Anselmus, Paulus Lanfranci consanguineus, Abbas Cadomensis, deinde San-Albanensis, Guitmundus S. Leufridi Monachus, deinde Episcopus Auersanus & Cardinalis, Mauricius Rothomagensis, Ioannes Abrincensis, Michaël natione quidem Italicus, sed Abrincensis Episcopus doctissimus, Rodulfus Clericus cognomento Mala-corona, de quo in Viris Illustribus, Goislebertus Medicus Carnotensis, sed in Normania conspicuus, Gislebertus Maminotus, Guillielmi Archiater, & innumeri alii, quos passim commemorat Ordericus Vitalis in Historia.

Idem Princeps anno 4. Regni Anglorum leges ciuiles & consuetudines approbatas recognoscens, atque à legibus Ecclesiasticis exordium sumens, primum caput conscripsit *de Clericis & possessionibus eorum*, ab omniq; tributo immunes esse voluit, vt & Scholarium possessiones, vbicunque sitæ essent. Sic enim habet. OMNIS CLERICVS ET ETIAM SCHOLARIS, OMNES EORVM RES ET POSSESSIONES VBICVNQVE FVERINT, PACEM DEI ET ECCLESIÆ HABEANT. Quæ verba leguntur apud Henricum de Knygthon lib. 2. de Euentibus Angliæ.

"Ioannes verò Bromptonius Abbas Iornalensis, qui circa an. 1310. scribebat, eius
" dotes sic perscribit. Erat sapiens sed astutus, locuples sed cupidus, gloriosus
" sed famæ deditus, affabilis quidem & humilis seruientibus, sed durus & seuerus
" sibi & resistentibus. Principes namque & Consules in carcerem posuerat, Epi-
" scopos & Abbates possessionibus suis priuauerat, Fratri proprio non pepercerat,
" nec qui resisteret, erat. De Gestis verò sic loquitur. Regi præfato Normania
" iure hæreditario prouenerat. Cenomaniam armis acquisierat, Britanniam sibi
" accliuem fecerat, super totam Angliam solus regnauerat: ita quod nec ibi vna
" sola hida terræ inerat (id. terra vnius aratri culturæ sufficiens) de qua nesciret
" cuius esset, & quid per annum valeret. Scotiam quoque sibi subiugauerat:
" Vvalliam rebellantem in suam acceperat ditionem. Et quamuis eius tempore
" multæ iniuriæ fiebant, adeo tamen auctor erat & amator pacis, *quod puella auro*
" *onusta posset impune Regnum Angliæ pertransire. Nam si quis aliquem quacunque de*
" *causa peremisset, capite plectebatur. Si mulierem aliquam vi oppressisset, membris genita-*
" *libus priuabatur.* Idem Author refert eiusdem Principis leges circa Iudicia, quas
" in Synopsi huius seculi referemus.

Sepultus est igitur in cœnobio S. Stephani Cadomensis, cui olim Lanfrancum præfecerat, deinde Anselmum, translato prædicto Lanfranco ad sedem Cantuariensem. Ei autem Baldricus Abbas Burguliensis hoc cecinit Epitaphium.

Indice qui Cælo, qui præsagante Comæte
Anglos innumeris stragibus obtinuit:
Qui Dux Normanis, qui Cæsar præfuit Anglis,
Qui quasi mananti fonte profudit opes,
Imperio pollens Vvillielmus, Coniuge, Natis
Occidit, & simul hæc omnia deseruit.

Post eius mortem Anglia Vvillielmo II. cognomine Rufo Lanfranci Discipulo, Normania Roberto cessit in partem hæreditatis & successionis Paternæ.

Ad hunc annum Sigebertus & alii Scriptores referunt translationem Corporis S. Nicolai ex vrbe Myra Lyciæ Metropoli in Apuliam, vbi apud Barrium requiescit. Narrant verò illud à Mercatoribus Anglis inuentum in mari fluctuans, eiectum scilicet aut à Turcis, qui Myram ceperant, aut à Christianis, vt sacrū corpus ab hostium immanitate seruarent: idque contigit anno 775. postquam Myræ tumulatum fuerat: Et ex eo cœpit eius nomen esse celebrius apud Occidentales, maiorique veneratione coli: quanquam tamen non ignoraretur in Francia; siquidem Robertus Rex ædem in Palatio eius nomini ante an. 1030. dedicarat, vt suo loco docuimus. Ille autem ab omni æuo Scholarium Patronus habitus, & præsertim Iuniorum, qui humaniorum litterarum rudimentis & Grammaticæ operam dant, vt S. Catharina Philosophorum.

1088.
Anno 1088. obiit Victor III. eique subrogatur Odo de Castillione Episcopus Ostiensis & Cardinalis, vnus è tribus, qui à Gregorio VII. designati fuerant, & Vrbani II. nomen accipit. Carthusianorum Patriarchæ olim Discipulus: quem proinde statim atque ad Pontificatum promotus est, ad se in Curiam euocauit ex solitudine, vbi cū M. Landuino & aliis sociis Deo militabat, vt in regenda Ecclesia eius consilio vteretur. Sic enim habetur in Statutis Antiquioribus Carthusiani Ordinis. *Cogente Vrbano, cuius quondam Præceptor fuerat, Romanam perrexit ad Curiam, eundem Papam solatio & consilio in Ecclesiasticis negotijs iuuaturus.* Hic Pontifex valde strenuus fuit, & in Diuinis Scripturis plurimum eruditus, natione Gallus, & in Cluniacensi Cœnobio Monachus factus. Sedit annis 12. mensibus 4. diebus 19. & Magistrorum Parisiensium operâ & consilio in multis vsus est, imprimis verò Anselmi Laudunensis, Roberti Parisiensis præclari Sophistæ & Nominalis, Baldrici Burguliensis, & aliorum.

Eodem anno obiit Berengarius Turonensis toto orbe famosissimus post multas in hæresim relapsiones tandem verè conuersus & pœnitens: nam vt habetur in veteribus membranis Lauriacensibus, *ille Roma discedens, Turones venit: ibique in insula quæ S. Cosmæ dicitur, seculi pompis abrenuncians fere per 28. annos assiduè Domi-*
no

Vniuersitatis Parisiensis.

no militauit aliique plures Canonici B. Martini, S. spiritu, nec non salutari eius admonitione instructi mutatis vestibus sese ad insulam contulerunt. Hîc error irrepsit in annorum numerum. Nam Concilium Romanum sub Gregorio VII. habitum est an. 1079. aliquandiu mansit Romæ Berengarius: tum in Franciam reuersus adfuit Concilio Burdigalensi an. 1080. demum anno 1088. moritur, itaque octo tantum circiter annos in ea insula deliruit. Hanc autem eius pœnitentiam agnoscit Mathæus Parisiensis in Willielmo II. *Licet primum iuuentutis calorem aliquarum hæresum defensione infamauerit, ætate tamen maturiore ita resipuit, vt citra controuersiam à quibusdam sanctus habeatur in multis operibus bonis, & maximâ humilitate & eleemosynarum largitionibus approbatus.* Et Vincentius Bellouacus. *Berengarius in fine ita resipuit, vt sine retractatione à quibusdam Sanctus habeatur, eleemosynis & humilitate, magnarum possessionum Dominus dispertiendo, non famulus abscondendo & adorando, nullam fœminam conspectui suo patiebatur admitti.*

Nec prætereundum quod de illius morte habetur in Fragmento Bibliothecæ Floriacensis. *Ipse Berengarius postea resipiscens & pœnitentiam agens cum die Epiphaniorum moreretur, recordatus quot miseros quondam adolescens primo sui erroris calore secta sua infecisset, producto gemitu, Hodie inquit, die apparitionis meæ apparebit mihi Dominus Iesus-Christus propter pœnitentiam vt spero ad gloriam, vel propter alios à me corruptos, vt timeo, ad pœnam.* Nam vt addit Malmesburiensis l. 3. de Gestis Anglorum. *Quamuis ipse sententiam correxerit, omnes quos ex totis terris deprauauerat, conuertere nequiuit. Adeo pessimum est alios exêplo vel verbo à bono infirmare, quia fortassis peccatum te grauabit alienum, cum deletum fuerit tuum* Obiit autem die 6. Ian. prope nonagenarius; vnde liquet eum circa annum Christi 1000. aut an. 998. natum, Ad illius tumulum quotannis feria 3. Paschæ Canonici S. Martini Turonensis preces fundunt pro animæ pœnali solutione. Eius Corpus iacet in insula S. Cosmæ: quanquam in Chronico Turonensi legatur sepultum in Claustro B. Martini: sed fortassis illuc translatum est. Eiusque tumulo hoc inscriptum est Epitaphium ab Hildeberto Cenomanensi compositum.

Quem modo miratur, semper mirabitur orbis,
 Ille Berengarius non obiturus obit.
Quem rectæ fidei vestigia summa tenentem
 Iani prima dies abstulit, illa nefas.
Illa dies damnosa dies & perfida mundo,
 Qua decus & rerum forma ruina ruit.
Qua status & virtus, qua spes & gloria cleri,
 Qua cultor iuris iure ruente ruit.
Quidquid Philosophi, quidquid cecinêre Poetæ,
 Ingenio cessit eloquioque suo.
Cui vestis textura rudis, cui nox fuit vnquam
 Ante sitim potus, nec cibus ante famem.
Quem natura parens cum mundo contulit, inquit
 Degenerant alij, nascitur ille mihi.
Quæque vagabatur & pæne reliquerat orbem,
 Inclusit sacro pectore iustitiam.
Sanctior & maior sapientia maior adorta
 Impleuit sacrum pectus & ora Deo.
Pectus eam voluit, vox protulit, actio promsit:
 Singula factori sic studuere suo.
Vir sacer & sapiens, cui nomen crescit in horas:
 Quo minor est quisquis maximus est hominum.
Qui census peperit, partos seruauit honores;
 Cui potior pauper diuite, iusque lucro.
Cui nec desidiam, nec luxum res dedit ampla,
 Nec tumidum fecit multus & altus honor.
Qui nec ad argentum nec ad aurum lumina flexit,
 Sed doluit quoties cui daret hac, oberant.
Qui non cessauit inopum fulcire ruinas,
 Donec inops dando pauper & ipse fuit.

Cuius cura sequi naturam, legibus vti
Et mentem vitiis, ora negare dolis.
Virtutes opibus, verum præponere falsò;
Nil vacuum sensu dicere, nil facere.
Lædere nec quemquam, cunctis prodesse, fauorem
Et populare lucrum pellere mente, manu.
Quem pudor hospitium statuit sibi, quamque libido
Incestos superat, tam superauit eam.
Vir sacer à puero, qui quantum præminet orbi
Famâ, tam fama præminet ipse suæ.
Fama minor meritis, cum totum peruolat orbem
Cum semper crescat, non erit æqua tamen.
Vir pius atque grauis, vir sic in vtroque modestus,
Liuor vt in neutro rodere possit eum.
Liuor enim deflet, quem carpserat antea, nec tam
Carpsit & odit eum, quam modo laudat, amat.
Quam prius ex vita, tam nunc ex morte gemiscit,
Et queritur celeres huius abisse dies.
Vir, verè sapiens & parte beatus ab omni,
Qui cælos anima, corpore ditas humum.
Post obitum vinam secum, secum requiescam
Nec fiat melior sors mea sorte sua.

Videas, inquit Willielmus Malmesburiensis, *in his versibus quod laudis excessit modum Episcopus*.

1089. Post elapsos ab obitu Berengarij menses paucos, nimirum 24. Maij an. 1089. obit Lanfrancus Cantuariensis Archiepiscopus ita permittente Deo, vt qui in hoc mundo concordes esse non potuerant, æternam in altero pacem inituri simul demigrarent. Eius mores & præclara facta in Ecclesiæ regimine paucis describit Mathæus Parisiensis. Vt quod Basilicam Cantuariensem instaurarit, Officinas Monachorum fabricarit, Dignitates Ecclesiæ, quæ suorum Antecessorum incuria interciderant, restituerit, terras seu agros multos qui vsurpati fuerant & ablati, reuocarit, 25. Maneria eidem Monasterio Cantuariensi reuindicarit, Xenodochia duo extra ciuitatem construxerit; quibus de suo sufficientes reditus annuatim assignauit, Ecclesiam Roffensem instaurarit & in ea Hernostum Becci Monachum Episcopum ordinarit, & decedente Hernosto Guadulphum Beccensem etiam Monachum. Abbatiam S. Albani Anglorum Protomartyris in pristinum statum reduxerit, Angliam Rege absente custodierit: lectioni assiduè vacarit, libros veteris & noui Testamenti scriptorum vitio corruptos corrigere studuerit: cuius emendationis luce tam Anglorum quam Gallorum Ecclesia se gaudet illustrari. Eo verò defuncto Willelmus II. Rex Ecclesias & Monasteria totius ferè Angliæ Pastoribus vacantia in manu sua retinuit, graui omnia depopulatione vastans, *& instar firmarum*, inquit Mathæus, *Laicis commendabat*. Itaque non nisi quarto post eius obitum anno Cantuariensi Ecclesiæ Præsulem constituit Anselmum Beccensem Abbatem.

Eodem anno Anselmus Laudunensis Decanus Ecclesiæ factus scholam Parisiensem Guillelmo Campellensi reliquit: & ipse Lauduni celeberrimam in Dialectica & Theologia scholam instituit, Comprofessoremque adsciuit Arnulphum fratrem, virum quoque magnæ litteraturæ, & inter Nominales famosissimum. Tunc quoque Parisiis in Grammaticæ professione supra cæteros excellebat Bernardus Carnotensis, de cuius Consuetudine in Synopsi huius seculi infra dicetur: quo tempore Wlgrinus Ecclesiæ Parisiensis Cancellarius erat, & Roscelinus Compendiensis à multis Comprofessoribus ob nouitatem doctrinæ & Nominalis sectæ odium exagitabatur

1090. Annus 1090. pestilentissimus in Francia fuit; vbi multi sacro igne interiora consumente computrescentes exesis membris Carbonum instar nigrescentibus aut miserabiliter moriebantur, aut manibus & pedibus putrefactis truncati miserabiliori vitæ reseruabantur, vt legitur apud Chronicon Belgicum Magnum.

Hocce circiter tempore Robertus de Arbrisello, de quo diximus ad an. 1080. à Siluestro de Guerchia Episcopo Redonensi in partem oneris assumptus est & ab eo Archipresbyter factus in Diœcesis regimine : ut in eius vita scribit Baldricus Burguliensis. *Vrbs interea Redonis suo destituta Patrono ad Deum reconuersâ præmissis precibus Siluestrum quendam elegit in Episcopum*, quem & morum sinceritas suaque commendabat nobilitas: qui prout erat sanguine generosus, generosior erat & meritis, & licet non multum litteratus, litteratos tamen inhianter complexabatur. Spiritualis siquidem in eo erat Disciplina: vt quod ei sanguis & caro non inspirauerant, diuina ei luculenter distillaret doctrina. Cŏuocabat igitur aliunde si quos poterat litteratos, quod hominum genus Britannia tunc habebat rarissimum. Relatum est siscitanti de Roberto & de eius seueritate & studio & dixerunt : De quo loquimur, Robertus nomine, tuus naturalis est, nam & Redonensis est. Tuisque institutionibus satis accommodus : *liberalibus siquidem Disciplinis apprimè eruditus est*, corpore vegetus & morum honestate compositus. Euectione præparata venerandus Pontifex *dirigit Parisius* & accersitum taliter alloquitur. Vides, inquit, frater Charissime, quomodo sancta Redonensis Ecclesia mater tua sine regimine vacillat hoc præsertim tempore, cum me pœne laïcum ei contigerit præesse.

Esto igitur quæso, in Responsis Ecclesiasticis noster interpres: audiam te & loqueris in me. Poteris proculdubio Dei populo prodesse, si zelum Dei habens volueris nobiscum aliquantulum militare. Annuit Robertus loquentis obsecrationibus & iam sollicitè occupabatur Ecclesiasticis occupationibus & necessitatibus: in omnibus agendis Deum ante oculos habebat, in nullo desidiosus erat, turpis lucri à se cupiditatem extricabat, & in singulis legaliter sibimet imperabat, Episcopo suo per omnia fideliter patrocinabatur: nam & eius patrocinium Episcopus licet Patronus non dedignabatur. Quatuor igitur annis apud Episcopum ita demoratus Archipresbyter pacem inter discordes reformando, Ecclesias ab infami Laicorum ancillatu liberando, incestas sacerdotum & Laïcorum copulationes dirimendo Simoniã penitus abhorrebat, omnibusq; vitiis viriliter resistebat.

Eodem anno Iuo dictus Carnotensis, vt scribit Radulphus de Diceto scriptor Anglus, Regularum exceptiones Ecclesiasticarum in vnum Corpus adunauit huc vsque.

Anno 1091. Bernardus post futurus Abbas Clare-vallensis nascitur in Burgundia apud Castellum Fontanense iuxta Diuionem, Patre Tecellino Castillionæo, Matre Aletha Monbarrensi. Eodem anno habita est synodus Episcoporũ Parisiis, in qua confirmata sunt à Rege Philippo priuilegia, quæ à prædecessoribus suis Ecclesiæ Regiæ Compediensi fuerant concessa. Quam in rem extat instrumentum 2. Tomo Spicilegij Dacheriani, cui Gaufridus Episcopus Parisiensis subscripsit, vt Archicancellarius. Et in alio instrumento confecto an. 1085. in synodo Compendiensi idem Philippus signum apponit suscribente Gaufrido his verbis. *Actum Compendy Palatio... Goffrido Parisiorum Episcopo Archicancellario nostro*. Vnde patet tum Remensem Archiepiscopum Iure Archicancellariatus, quod suæ sedi addictum putabat, excidisse.

1091.

Anno 1092. vt habetur in Chronico S. Petri Viui, Philippus Rex Franciæ dimisit vxorem suam nobilissimam nomine Bertham, ex qua Ludouicum filium susceperat: & Bertradam Fulconis Andegauensium Comitis vxorem inuito marito accepit, quam ad annum vsque circiter 1106. retinuit. Quæ res multorum in Francia dissidiorum causa fuit. Hoc vt intellexit Vrbanus, seuerissimè per litteras obiurgauit Rainoldum Archiepiscopum Remensem & Suffraganeos, quod tale diuortium Ecclesiæ authoritate non prohibuissent.

1092.

Si sacerdotale quod geritis officium, consideratione debita pensaretis, tanti facinoris infamia ad aures nostras saltem impunita non peruenisset. Cum enim Domini Israel speculatores à Deo dati impiis impietates suas annũciare, & pro domo Israel murum opponere deberetis, qualibet ratione vos pati potuisse miramur, vt tam inclyti Regni Rex humani pudoris oblitus, diuini temporis immemor, contra ius, contra fas, contra legum & Canonum sanctiones, contra totius Catholicæ Ecclesiæ consuetudines & suam vxorem inordinatè relinqueret, & propinqui sui coniugem amore sibi nefario copularet. Quod factum vtique & Regni totius confusionem

" & Ecclesiarum vestrarum dissipationem portendit, & ad animam vestram redun-
" dat infamia. Peccanti enim cùm possis non contradicere, consentire est. Te autem
" Charissime Confrater Rainolde, noxa hæc maximè imperit, pro eo quod Siluane-
" ctensis tibi subiectus Episcopus hoc publici adulterij crimen suo, vt audiuimus,
" firmauit assensu, cùm mœchis illis benedictionis sacerdotalis manum imposuit.
" Quod & si licitè nuberent, bigamis tamen impendi secundum Canones non lice-
" ret. Nunc igitur vobis authoritate Apostolica præcipimus, vt his visis apicibus,
" quod etiam non iubentibus nobis iam dudum fecisse vestram prudentiam de-
" cuisset, maturè conuenite curetis Regem & ex Dei & nostra pariter & vestra
" parte instanter commoneatis, arguatis, obsecretis, increpetis & à tanto tamque
" horrendo facinore desistere compellatis.
" Quod si contempserit, & nobis & vobis necessitas imminebit, vt ad vl-
" ciscendas Diuinæ legis iniurias pro nostri officij debito accingamur, & Phinees
" gladio Madianitas adulteros perforemus. Eandē quoque instantiam pro ereptio-
" ne confratris nostri Carnotensis Episcopi adhibete. Quòd si monitis vestris qui
" eum cœpit, obtemperare contempserit, vos & ipsum excommunicationi subij-
" cite, & castellis in quibuscumque eum retinuerit, & terræ eius diuinum Officium
" interdicite, ne similia deinceps in viris huius ordinis præsumantur. Vt ordinem
" vestrum diligitis, ita hoc accelerare omnibus modis satagetis. Valete. Data 6.
" Kal. Nouemb. an. videlicet Dei Christi 1092.

Eodem anno Iuo decus & ornamentum Galliarum, Bellouaci natus, apud Canonicos Regulares S. Quintini Bellouacensis Liberalibus Disciplinis apprimè
institutus, eiusdem deinde Cœnobii Præpositus & Abbas ad Carnotensem
sedem promouetur, & consecratur Capuæ 23. Nouemb. ab Vrbano Pontifice,
vltro cedente Gaufredo, qui simoniacæ prauitatis reus factus sub Gregorio, deinde
sub Vrbano crimen fassus est, seque indignum reputans Episcopatum eiura-
uit. Qua de re sic Vrbanus ad Clerum Carnotensem.

Vrbanus Episcopus seruus seruorum Dei dilectis in Christo filiis Clero & Po-
" pulo Carnotensi sal. & Apost. bened. *Nos quidem tum B. Mariæ semper Virginis de-*
" *uotione & reuerentia, tum pro nostri Officij debito Ecclesiæ vestræ dilectionem, protectio-*
" *nem & curam specialius intendentes*, eiusque labores diuturnos quos à Gaufredo
" quondam Episcopo passa est, propensiore animo perpendentes, rei veritate di-
" tius atque diligentius pertractata, largiente Domino iustitiæ satisfecimus. Bonam
" itaque animi vestri voluntatem præuenientes, ac subsequentes venerabilem vi-
" rum Iuonem Presbyterum, quem Gaufredo per nos deposito Catholicè at-
" que Canonicè secundum nostra monita elegistis, ne quod vlterius hac in re de-
" trimentum vestra Ecclesia pateretur, sine moræ longioris obstaculo consecrauí-
" mus. Nunc cum ad vos remittentes tanquam B. Petri manibus consecratum, B.
" Petri vice vos rogamus atque obsecramus, quatenus eū benignè suscipientes, de-
" bita vt veri Pastoris mēbrū obedientia honoretis, debita sollicitudine, quæ vobis
" annunciauerit obseruetis, & vt ipse Deo placere & eum pro vestris valeat excessi-
" bus dignè intercedendo placare, vos quoque placere Deo totis conaminibus,
" procurate. Si enim placere Deo studueritis, Pastorem procul dubio Deo placen-
" tem habebitis. Nos quoque in vestris opportunitatibus ad exaudiendum paratos
" inuenietis. Porro de Gaufredo, qui sine conditione omni nostris manibus Episco-
" patum reddidit, indignum se patenter agnoscens, præcepimus & præcipimus
" ne quis ei vllo modo ad Episcopatum reinuadendum vel inuestiendum assensum
" accommodare præsumat, aliàs & ipsum & ipsius fautores excommunicationi
" subijcere censemus. Obedientes verò monitis nostris gratia Dei custodiri. Da-
" tum Capuæ 8. Kal. Decemb.

Idem Pontifex eodem argumento dat litteras ad Richerium Archiepiscopum
Senonensem: quibus insinuat se in consecratione Iuonis nihil velle ipsius iuribus
derogatum, mandatque vt eum pro Episcopo Carnotensi agnoscat: at ille nullatenus eum se recepturum remandat, eo quod inuasisset Gaufredi sedem adhuc
viuentis, & quod inobediens & superbus esset. Iuo crimina ista diluit Ep. 8. ad Richerium: sed frustra. Richerius contra ipsum Stampis habet synodum, damnat-
que tanquam intrusum & Regiæ Maiestatis reum: quodque spreto Metro-

politano Romæ confecrationem obtinuiffet. Ad hæc, eadem, quæ Ep. 8. refpondet Iuo, nec Epifcopatum ambiuiffe, nec Epifcopalem benedictionem aut ab ipfo aut à quoquam petiiffe; fed fe Clericorum Carnotenfium primò ingenio, poftea violentia Regi præfentatum, indeque cum virga paftorali à Rege fibi intrufa ad Ecclefiam Carnotenfem adductum, cum ipfe Richerius Clericis iifdem petentibus & pulfantibus nullum diem confecrationi præfigere voluiffe, non tamen eorum electioni affenfum præbuiffe, donec certior fieret de Gaufridi depofitione & fummi Pontificis voluntate; cum itaque conueniffe, & iuxta petitionem Cleri Carnotenfis in Epifcopum fe ab eo fuiffe confecratum.

Porro Iuo à decreto Stampenfi Pontificem appellat, mandatque quæ in Synodo facta fuiffent. *De catero*, inquit, *notum facio Beatitudini veftræ, quod Senonenfis Archiepifcopus confilio Parifienfis Epifcopi (Goffridi) infatuatus, adhibito fibi eodem Parifienfi Epifcopo & duobus aliis non diffimilis vecordia, Meldenfi & Tricaffino, hoc anno Stampis de Ordinatione quam à vobis acceperam, me inordinate fatis accufauit dicens me in Maieftatem Regiam offendere, quia à fede Apoftolica confecrationem præfumpferam accepiffe. Cum conaretur Gaufridum depofitum contra Decretum veftrum in ftatum priftinum reformare, & in me depofitionis fententiam proferre, fedem Apoftolicam appellani.* Sed acquieuit tandem Richerius, & Iuo Epifcopus remanfit.

Anno 1093. habita eft Synodus Suefsionenfis à Rainaldo Archiepifcopo Remenfi contra M. Rofcelinum Nominalium Antiftitem, Compendienfis Ecclefiæ Canonicum, qui argutiis & fubtilitatibus ingenij nimis fidens, plurimos errores docendo fparfiffe ferebatur. Imprimis enim affirmabat Tres perfonas facræ Triados rectè dici poffe Tres res diftinctas & feparatas, ficut tres Angeli, tresve homines rectè dicuntur; cum hoc tamen difcrimine, quod Perfonarum Diuinarum vna effet voluntas, vna eademque poteftas: fecus non poffe explicari dicebat, quamobrem, fi Tres perfonæ fint vna res, filius dicatur potius incarnatus, quàm Pater aut Spiritus Sanctus. Atque hanc quoque Lanfranci fuiffe & Anfelmi Beccenfis mentem effe affirmabat. Præterea negabat Sacerdotum filios ad facros ordines poffe promoueri. Et quia periculum erat, ne doctrina illa inualefceret, Rainaldus Archipræful Remenfis Synodum habuit Sueffione, tunc loci Epifcopo Hugone de Petra-fonte: cui adfuit inter cæteros Fulco Beluacenfis Epifcopus, ad quem Anfelmus tunc adhuc Abbas Beccenfis fcripfit rogans, vti fe apud fynodum purgaret, mentemque fuam de S. Triade omnibus Prælatis aperiret: verebatur enim ne Rofcelinus publicè affereret, quod in fcriptis & in priuatis Conuentibus dictitare folebat, Lanfrancum & Anfelmum idem fecum fentire. Sic ergo ille ad Fulconem. Ep. 41. l. 2.

1093. Synodus Sueffion. contra Rofcelinum.

Domino & amico Chariffimo, Reuerendo Epifcopo Beluacenfi Fulconi Frater Anfelmus dictus Abbas Becci falutem. Audio, quod tamen abfque dubitate credere non poffum, quia Rofcelinus Clericus dicit in Deo tres perfonas effe tres res ab inuicem feparatas, ficut funt tres Angeli, ita tamen vt vna fit voluntas & poteftas, aut Patrem & Spiritum fanctum effe incarnatum, & tres Deos verè dici poffe, fi vfus admitteret. In qua fententia afferit venerabilis memoriæ Archiepifcopum Lanfrancum fuiffe & me effe. Quapropter dictum eft Concilium à venerabili Remenfi Archiepifcopo Rainaldo colligendum effe in proximo. **Quoniam Ego puto Reuerentiam veftram ibi præfentem futuram**, volo vt inftructa fit, quid pro me refpondere debeat, fi ratio exegerit. Archiepifcopum quidem Lanfrancum vita eius multis ex fapientibus viris nota, quia de eo nunquam aliquid tale fonuit ab hoc crimine fatis & abfentia & mors eius omnem de eo noua accufationem recufat. De autem hanc veram omnes homines habere volo fententiam. Sic teneo ea quæ continentur in Symbolo, cum dicimus *Credo in Deum Patrem omnipotentem Creatorem Coeli & terræ. Credo in vnum Deum Patrem omnipotentem. Et quicumque vult faluus effe, ante omnia opus eft vt teneat Catholicam fidem. Et ea quæ fequuntur.* Hæc tria Chriftianæ Religionis Principia, quæ hîc propofui, fic inquam hæc & corde credo & ore confiteor, vt certus fim quia quicumque horum aliquid negare voluerit, & nominatim quicumque blafphemiam quam fupra pofui me audiffe à Rofcelino dici pro veritate afferuerit, fiue homo, fiue Angelus, anathema fit. Et confirmando dicam, quandiu in hac perftiterit pertinacia, anathemafit: omnino enim Chriftianus non eft, nifi refipuerit. Infi-

„ pientissimum enim & infinitum est propter vnumquemque non intelligentem
„ quod supra firmam petram sollidissimé fundatum est, in quæstionum reuocare
„ dubitatem. Fides enim contra impios ratione defendēda est, non contra eos qui
„ se Christiani nominis honore gaudere fatentur. Ab his enim iustè exigendum
„ est, vt cautionem in baptismate factam inconcussè teneant. Illis vero rationabi-
„ liter ostendendum est, quàm irrationabiliter nos contemnant. Nam Christianus
„ per fidem debet ad intellectum prospicere, non per intellectum ad fidem accede-
„ re: aut si intelligere non valet, à fide recedere, sed cum ad intellectum valet per-
„ tingere, delectatur. Cum vero nequit, quod capere non potest veneratur. Has
„ autem nostras litteras ad prædictum Concilium à vestra sanctitate portari, aut si
„ forté non iueritis, per aliquem de vestris Litteratum mitti deposco. Quæ, si ratio
„ nominis id exegerit, in totius Conuentus audientia legantur, sin autem, non erit
„ opus vt legantur. Valete.

Habitum est autem Concilium, & in eo Roscelinus interrogatus mentem explicauit erroremque fassus abiurauit. Verum paulo post solutum Concilium,
hæreticorum more dixit se non ob aliam rationem sententiam suam damnasse,
quàm quia timebat ab ignaro populo interfici & lapidibus obrui, seque semper
in eadem quam coactus abiurarat, sententia permanere. Quamobrem Anselmus
vt fidem purgaret, hominemque confunderet, Tractatum edidit de Incarnatione, quem Vrbano Pontifici dedicauit, statimque initio Roscelinum tanquam
hæreticum & praua sentientem condemnat, si que scribit tum Archiepiscopus
Cantuariensis factus.

„ Cum adhuc in Becci Monasterio essem Abbas, præsumpta est à quodam Clerico in Francia
„ talis assertio. Si in Deo 3. personæ sunt vna tantùm res, & non sunt tres res, vnaquæque per
„ se separatim, sicut 3. Angeli aut 3. animæ, ita tamen vt potentia & voluntate omninò sit idē,
„ ergo Pater cum Spiritu S. & Filio est incarnatus. Quod cum ad me perlatū esset, ince-
„ pi contra hunc errorem scribere quandam epistolā, quā par te quadā edita perfi-
„ cere contempsi, credens non ea opus esse, quoniam & ille contra quem fiebat, in
„ Concilio à venerabili Remensi Archiepiscopo Rainaldo collecto errorē abiura-
„ uerat & nullus videbatur, qui eum errare ignoraret, partem tamen illam quam
„ perfeceram, quidā fratres me nesciente transcripserunt atque aliis legendam tra-
„ diderunt. Quod idcirco dico, vt si in alicuius manus pars illa venerit, quanquam
„ ibi nihil falsum sit, tamen tanquam imperfecta & non exquisita relinquatur. Post-
„ quam autem in Anglia ad Episcopatum nescio quā Dei dispositione captus &
„ retentus sum, audiui præfatæ nouitatis authorem in sua perseuerantem sententia
„ dicere se non ob aliud abiurasse quod dicebat, nisi quia à populo interfici ti-
„ mebat. Hac igitur causa quidam fratres precibus suis me coegerunt, vt soluerem
„ Quæstionem, qua ipse sic irretitus, vt nullo modo se ab ea expediri posse crede-
„ ret, nisi aut incarnatione Dei Patris & Spiritus S. aut Deorum multitudine se
„ impediret. Quod rogo ne quis putet præsumpsisse me, quasi fortitudinem fidei
„ Christianæ meæ existimem indigere defensionis auxilio. Si quid ergo de firmita-
„ te fidei nostræ in Ep. disputauero, non est ad confirmandam illam, sed ad fratrum
„ hoc exigentium precibus satisfaciendum. Sed si ille qui præfatam protulit sen-
„ tentiam, Deo corrigente ad veritatem rediit, nullatenus putet me in hac Ep. con-
„ trà se loqui, quia iam non est quod fuit. Si enim *fuit aliquando tenebra, nunc autem*
„ *lux in Domino*, non sunt arguendæ tenebræ quæ iam non sunt, sed lux approban-
„ da quæ lucet. Verumtamen siue adhuc ad lucē redierit, siue non, quoniam sentio
„ laborare plures in ead. Quæstione, etiam si fides in illis superet rationem, quæ illis
„ fidei videtur repugnare, non mihi videtur superfluum repugnantiam istam dis-
„ soluere.

Porro synodi Suessionensis decreto prædictus Roscelinus in exilium amandatus est, quamobrem ille in Angliam traiecit; vbi cum Oxoniensibus Magistris &
aliis Doctis frequentes disputationes exercuit, Anselmum Cantuariensem exagitauit & plurimas turbas in Anglia excitauit adeo vt à VVillielmo Rege cum infamia eiectus sit, vt infra patebit.

Eodem ergo anno Anselmus Abbas Beccensis à VVillielmo II. Anglorum Rege ad Cantuariensem Archiepiscopatum assumitur, quarto post Lanfranci obitum anno, cui assumptioni & electioni ægrè consensit, quia nouerat, Regem

bona Ecclesiastica ad profanos vsus iamdiu conuertere consueuisse, seque id non passurum fieri, si Præsul fieret, præuidebat. Itaque non nisi pridie non. Decemb. an. 1094. consecratus est à Thoma Eboracensi Archiepiscopo. Extat inter eius Epistolas vna ad Gaufridum Episcopum Parisiensem, qua eum rogat vt mitius agat cum Vvaleramo Cantore Parisiensi, quem authoritate Episcopali cogebat è cœnobio S. Martini Campensis, cui nomen dederat, resumere dignitatem & munus Cantoris: quam quidem Epistolam ait se nullo sigillo muniuisse; non Abbatis, quia non amplius Abbas erat, non Archiepiscopi, quia nondum consecratus. Extat quoque eiusdem ad ipsum Vvaleramum Epistola 13. his verbis: *Domino & amico Charissimo Vvaleramo olim Cantori Paris. Ecclesiæ Anselmus Episc. Audiui, amice Charissime, quia propositum S. conuersationis relinquens Monasterium S. Martini sub Charissimo amico meo D. Priore Vrsone ingressus fueras, & valde de tanto bono lætatus sum, sed postea didici quia D.* noster Episcopus tuus te inde retraxerit, & tristis factus sum. Eodem anno Paulus Abbas San-Albanensis, decedit 3. id. Nouemb. eique post quinque annos successit Richardus Normanus.

Eodem anno Manigaudus Lutembachius Academiæ Parisiensis alumnus & Magister Marbacense Collegium instituit, seque Canonicis, quos ibi collocauit, adiunxit: sic enim Bertholdus Constantiensis presbyter in Appendice ad Hermanni Historiam : *Hoc tempore M. Manegoldus de Lutembach.* Monasterium Canonicorum apud Marbach instituere cœpit, seque vnum eorundem Canonicorum communiter & regulariter viuentium esse voluit. *Et paulo post,* In Alsatia M. *Manegoldus de Lutembach*, mirabiliter Ecclesiasticam Religionem iamdudum in illis partibus extinctam Deo miserante reaccendit. Nam inolescente apud illos diuturna mortalitate omnes penè Maiores & Militares illius Prouinciæ ad ipsum cateruatim conuenere & ab excomunicatione per potestatem ipsi à D. Papa concessam absoluti, & de eorum peccatis reliquis accepta pœnitentia per eum absolui non cessauerunt. Hi omnes D. Papæ Vrbano deinceps fideliter obedire decreuerunt. Vnde & Officia Simoniacorum & Incontinentium Presbyterorum penitus recipere noluerunt. Huius autem obedientiæ D. Manegoldus maxima causa fuit. Vnde & magnam inuidiam sibi apud perfidos excitauit, quam tamen pro minimo reputauit, quia pro Deo contemni etiam gloriosissimum esse non dubitauit. Scribit idem Author ad an. 1097, fuisse ab Henrico Imperatore incarceratum, quod Vrbani partes tueretur. Et ad an. 1100. fuisse à Monacho suo mirabiliter trucidatum.

Verum crudelis Imperator omnis pietatis oblitus Deo ita permittente plagam domesticam sensit; cum enim concepto in Adeleidem coniugem immortali odio, eam omni genere contumeliarum affectam, carcerum fœtore propè enecatam, demum Nicolaitarum more multis eam stuprandam prostrauisset, etiamque proprio filio Conrado, quem Germaniæ Regem destinarat, Conradus flagitiu Patremque detestatus ab eo desciscit, seque ad Mathildem Comitissam verè Heroinam confert & ad Vrbanum, cuius authoritate Regnum in Lombardia suscepit, & summa cum omnium gratia per 9. annos administrauit, patremque, quem tamen semper Regem Dominumque suum appellauit, ex Italia discedere coëgit. Hinc Vrbani partes meliorem nactæ sunt fortunam : vnde ille deinceps totum se ad reformationem Ecclesiæ contulit, & ad Hierosolymam, quæ iamdiu à Sarracenis tenebatur recuperandam. Quod eius desiderium auxit Petrus Eremita Natione Gallus, patria Ambianensis, tum forte ex Oriente reuersus cum litteris Simonis patriarchæ Hierosolymitani, quibus auxilium postulabat contra Sarracenorum impietatem. Interim Philippus Rex instantissimè postulabat ab Episcopis Gallicanis suum cum Berthrada Comitis Andegauensis vxore coniugium approbari, simulque diuortium, quod à Bertha fecerat, ob consanguinitatem, vt prætexebat, ex qua tamen filium Ludouicum susceperat : iamque multi fœdè adulantes & crimini conniuentes assentire videbantur. Sed quia inter Gallicanos proceres splendore doctrinæ & meritis maximè effulgebat Iuo Carnotensis, eius præsertim postulatus est assensus, instigantibus plerisque, quo suam obtegerêt ignauiam turpemque adulationem. Itaque à Rege cum aliis ad Colloquium inuitatus est. At ille negauit se nuptiarum celebrationi subscripturum vllatenus donec aut Summus pontifex, aut saltem ecclesiæ Gallicanæ Synodus libero decreto eas approbasset. Et in hanc rem extat eius ad Rainaldum Archpræsulem Remensem epistola.

" Rainaldo Reuerendo remorum Archiepiscopo, Iuo humilis Carnotensium episcopus Consolationis visceribus abundare. Expertus quantum sit periculum Prælatorum iuxta quod in psalmo legitur: *Qui descendunt mare in nauibus facientes operationem in aquis multis:* ipsi viderunt mirabilia in profundo, ascenderunt ad cælos & descendunt vsque ad abyssos. Anima eorum in malis tabescebat, & moti sunt sicut ebrius, & omnis sapientia eorum deuorata est. In quo per me minus sapio, vestro cæterorumque consilio prudentium informari, vel confirmari desidero. Nuper enim cum à Domino nostro Rege fuissem inuitatus ad colloquium, quorundam maliuolorum meorum suggestione obnixe me rogauit, vt essem ei adiutor in celebrandis nuptiis, quas facere disponebat cum Berthrada dicta Coniuge Comitis Andegauensis. Ad quod cum respondissem non ita oportere fieri, quoniam nondum esset causa definita inter ipsum & vxorem eius, testatus est pleniter definitam esse Apostolica authoritate in vestra vestrorumque Coepiscoporum laudatione. Quo audito respondi me hoc ignorare, nec huiusmodi Nuptiis velle interesse, nisi vos earum essetis consecrator & author, & Coepiscopi vestri Assertores & Cooperatores: quoniam id competit Iuri ecclesiæ vestræ ex Apostolica authoritate & antiqua consuetudine. Quoniam igitur confido de Religione vestra, nihil vos de re tam periculosa & famæ vestræ & honestati totius Regni tam perniciosa facturum dicturumve, quod non authoritate vel ratione nitatur, studiosissimè & deuotissimè obsecro Charitatem vestram, vt mihi fluctuantem veritatem huius rei, quam scitis, aperiatis, & sanum consilium licet arduum & asperum super hoc præbeatis. *Malo enim perpetuo Officio & nomine Episcopi carere, quàm pusillum gregem Domini mei legis præuaricatione scandalizare.* Sunt etiam latentes causæ quas interim tacere me conuenit, propter quas hoc matrimonium laudare non possum. Valete.

Hæc epistola scripta est ante annum 1096, quo Rainaldus obiit, imò ante annum 1094. quo Bertha legitima Regis vxor defuncta est. Quid autem rescripserit Rainaldus, non habemus. At Rex nihilominus Nuptiarum celebrationi diem dixit, ad easque & Iuonem & alios complures episcopos inuitauit. Iuo per epistolam Regi causas significauit, ob quas interesse non posset, eiusque exemplar ad cæteros inuitatos transmisit. Talis est ad Regem epistola.

" Domino suo Philippo Magnifico Francorum Regi, Iuo humilis Carnotensium episcopus. Sic militare in Regno terreno, vt non priuetur æterno. Sicut Serenitati vestræ dixi præsens ante iuramentum vestrum, ita nunc scribo absens, quia huic Nuptiarum solemnitati, ad quam me vocatis interesse non volo, nec valeo, nisi prius Generalis Concilii definitione decretum esse cognoscam inter vos & vxorem vestram legitimum interuenisse diuortium, & cum ista quam ducere vultis, legitimum inire posse matrimonium. *Si autem inuitatus fuissem ad huius rei discussionem in eo loco, in quo cum Episcopis Canonicas securè possem conferre sententias, vbi temerariam non timerem multitudinem, libentissimèque ad hoc venirem, quod lex & iustitia dictaret, cum audientibus audirem, cu dicentibus dicere, cum facientibus facerem.* Nunc verò quia absolutè vocor, vt Parisius cum vxore vestra, veniam, de qua nescio vtrum possit esse vxor, propter conscientiam meam, quam coram Deo conseruare debeo, & propter famam quam Christi sacerdotem bonam habere oportet apud eos qui foris sunt, malo cum mola asinaria in profundum mergi, quàm per me mentibus infirmorum tanquam cæco offendiculum poni. Nec ista contra fidelitatem vestram, sed pro summa fidelitate dicere me arbitror: cum hoc & animæ vestræ magnum credam fore detrimentum, & coronæ Regni vestri summum periculum. Mementote quia primum parentem, quem Dominus vniuersæ visibili creaturæ præfecerat, mulier in paradiso seduxit, & ita vterque à paradiso exulauit. Samson quoque fortissimus per mulierem seductus fortitudine amissa, qua hostes superare solebat, ab hostibus est superatus. Salomon sapientissimus propter mulierum concupiscentiam à Deo apostatauit, & ita sapientiam qua præcellebat, amisit. Caueat ergo Sublimitas vestra, ne in horum incidatis exemplum, & ita cum diminutione terreni Regnum amittatis æternum.

Consulite

Vniuersitatis Parisiensis. 489

Consulite ergo Angelum magni consilij, vt accepto ab eo spiritu Consilij inhonesta & inutilia vitare, honesta & vtilia in omnibus negociis vestris valeatis perficere. Valete.

Similiter ad Archiepiscopos & Episcopos inuitatos sic breuiter scripsit Ep. 14. *Archiepiscopis & Episcopis ad Regales nuptias inuitatis.* Iuo humilis Carnotensis Ecclesiæ Minister cū spiritu consilij spiritum habere fortitudinis. Exemplar litterarum quas misi Domino nostro Regi, Charitati vestræ transmitto, vt eandem causam me habere sciatis, quam & vos habetis, cur nuptiis ad quas vocati estis, subtrahere vos debetis. *Vos igitur qui conuenistis nolite fieri canes muti latrare non valentes, sed sicut boni speculatores, Videntes gladium venientem super terram, Buccina intimate:* vt cum feceritis quod debetis, vestras animas & eorum qui ad vocem buccinæ se vobiscum obseruauerint, vobiscum liberetis.

Rex ægre ferens ita se repulsam passum (nam cæteri Episcopi exceptis paucis cum nonnullis Theologis nuptias illas approbare recusarunt), iniuriam sibi factam vlciscitur, & vnum pro multis Iuonem quasi authorem peruicaciæ vexat, bonis Ecclesiasticis spoliat, aut diripienda permittit, contumacem appellans, infidelem & in sententia nimis obstinatum, quandoquidem complures etiam docti viri nihil in ea re mali esse profitebantur. Denique mandat vt coram veniat peruicaciæ rationem redditurus. At ille se hac Epistola sic excusat.

Philippo Piissimo Francorum Regi Domino suo Iuo humilis Carnotensium Episcopus *sic gubernare temporale Regnum vt non amittat æternum.* Quoniam præcedente Diuina gratia de stercore pauper vsque ad solium Principum per manum vestram eleuatus sum, fateor me post Deum proposse meo cuncta vobis debere quæ vestro congruūt honori & saluti. Sed quia exasperatus propter salubres monitus quos Serenitati vestræ ex summa fidelitate & charitate direxi, me diffiduciastis ac bona Episcopalis domus diripienda aduersariis nostris exposuistis, grauia & grandia inde perpessus incommoda, Regali curiæ ad præsens nec securè possum interesse nec honestè. Supplico itaque Maiestati vestræ, vt Regia interim me mansuetudine supportetis, donec possim aliquantulum respirare, & damna quæ mihi vsque ad penuriam panis inflicta sunt, aliqua ex parte reparare. Expecto etiam per misericordiam Dei cito futurum, vt verum esse cognoscatis illud prouerbium Salomonis: *Meliora sunt vulnera diligentis, quàm fraudulenta oscula blandientis.* De cœtero calumniatoribus meis, quibus me respondere iubetis, cum insinuatum fuerit, qui sint & quid expostulant, respondere non subterfugiam, vel in Ecclesia, si Ecclesiastica sunt negotia, vel in curia, si sunt Curialia. Bened. Valete.

Anno 1094. habitum est Augustoduni Æduorum Concilium 32. Episcoporum Præside Hugone Lugdunensi legato Apostolico, cui etiam interfuerunt Abbates quamplurimi & viri Religiosi, vt legitur in Chronico Virdunensi: ibique tum primum decreta est expeditio Hierosolymitana ad subsidium Christianorum, qui in Oriente à Barbaris & infidelibus opprimebantur. 1094.

Eodem anno cum Roscelinus exularet in Anglia, quæstionem mouit de Presbyterorum filiis, contendens ad sacros ordines nullatenus debere promoueri. Theobaldus Stampensis qui tunc Oxoniæ scholam Theologicam exercebat, contrariam sententiam propugnauit, in camque rem Epistolam scripsit ad Roscelinum, quæ legitur in 3. tomo Spicilegij Dacheriani cum hac inscriptione. *Ad Roscelinum Compendiensem Clericum.* Epistola autem est eiusmodi. *De Presbyterorum Filiis.*

Roscelino Compendiensi Magistro Theobaldus Stampensis Magister Oxonefordiæ non plus sapere quàm oportet, sed sapere ad sobrietatem. Quoniam sacerdotum filios & alios ex lapsu carnis generatos non satis prouida ratione calumniaris, & calumniando illos exleges esse nimis impudenter adstruere conaris, quæ super iis à Patribus sanctis rationabiliter audiuimus, non quasi præsumendo, sed diligenter subseruiendo, ad memoriam reuocare curauimus. In Decretis namque Callixti Papæ legendo inuenimus, inueniendo legimus, *Siquis prædicat sacerdotem post lapsum Carnis per pœnitentiam ad sacerdotalem dignitatem redire non posse, fallitur, nec Catholicè sentit.* Si verò sacerdotibus post lapsum carnis licet ad sacros ordines reuerti, multo magis innocentiores illos, qui ex lapsu Carnis orti sunt, sacris licet ordinibus insigniri. Errat enim, errat, & os impudens in blasphemiâ acuit & armauit, qui eos appellat & iudicat exleges, quos à seruitute legis in libertatem gloriæ filiorum Dei gratia liberauit: quia non est in feliciter natus qui ad vitam æternam feliciter est renatus. Inde Paulus ait de renatis. *Vnum Corpus sumus in Christo*, & alibi *hæredes quidem Dei, cohæredes autẽ Christi*. Inde etiam Petrus, *in veritate comperi quod non est personarum acceptor Deus, sed in omni gente qui timet Deum & facit iustitiam eius, acceptus est illi*. Et alibi de Renatis. *Genus electum Regale sacerdotium, gens sancta, populus acquisitionis*. Inde Hieronymus. Cum baptizatus quilibet de fonte ascenderit, sacro chrismate vngitur in vertice, vt cognoscat se promotum esse in Regium genus & sacerdotale, id est à Christi consortio Christianus vocetur & æterni Regni cohæres fieri comprobetur. Tegitur etiam post sacram vnctionem caput eius sacro velamine, vt intelligat se exornari diademate, & sacerdotali sicut iam dictum est, dignitate. Et alibi. Quicunque baptizati estis, Christum induistis, sic ergo. Cuiuscunque generis sit ille nouus homo, in vtero generatur, Ecclesiæ generatus vnitati Corporis Christi indubitanter aggregatur. Ioannes quoque in Apocalypsi *Qui lauit nos in sanguine suo, & fecit nos Deo Regnum & sacerdotes*. Qua igitur fronte quidam homunciones non palam, sed è latibulis loquentes & totam Campaniam libidinosa peregrinatione polluentes, indignos sacerdotio iudicant, quos Petrus & Ioannes Regali sacerdotio dignos esse confirmant? Christus quoque in Euangelio docens orare Discipulos, primum inquit *Pater noster*: vnde constat omnes renatos esse fratres. Et alibi, *Nolite vobis vocare Patrem super terram: vnus est enim Pater vester qui in cœlis est*, si ergo ex eodem Patre, ex eodem S. Matris Ecclesiæ vtero sumus omnes, nihil est quo alter alteri calumniam imponat, nihil ergo alter aduersus alterum superbire debeat. Et alibi. Dominus inquit; viuo equidem, non maneat *amplius hoc prouerbium in Israël, quia filius non portabit iniquitatem Patris. Vt enim anima Patris & ita anima filij mea est*. Ideoque Deus nasci voluit de progenie peccatricis, vt dicerent homines peccata parentum non obesse sibi. Vnde in Genealogia Christi nulla sanctarum nominatur, sed Thamar & aliæ tres, quas diuina Pagina reprehendit, apponuntur, vt qui pro peccatoribus veniebat, de peccatoribus nasci dignaretur. Inde agnus in Pascha immolandus iussus est assumi ex capreis & ouibus, quia ex iustis & peccatoribus verus erat agnus generandus. Plus itaque prodest bene vixisse, quam de iustis parentibus originem duxisse. Deus enim vitam hominis, non natiuitatem attendit.

Quod autem ipsi obijciunt quia exleges legitimæ Ecclesiæ præferendi non sunt, bona est quidem sententia & certa, sed indecenter assignata. Assignant etenim illam renatis illis quos Mater Ecclesia in curia Christi recepit, receptos lacte proprio nutriuit, nutritos pane suo solidauit, qui plane aduersantur Hieronymo dicenti: *Absit Domine, vt in tabernaculo tuo sint diuites præ pauperibus, & nobiles præ ignobilibus*. Vnde Basilius contra Iudæum quendam de lege sibi data gloriantem. *Vera Charitas in Christi corpore non præfert indigenam alienigenæ, non nobilem ignobili, non pauperem diuiti, sed potius omnes per adoptionem spiritus facit filios per eundem spiritum clamantes, Pater noster dimitte nobis debita nostra*. Sic quoque in Christi Corpore, ille solus habetur sublimior, qui fuerit in Dei amore potentior. Vnde Quidam sapiens contra quendam de nobilitate sua præsumentem loquitur dicens, si longè repetas longeque renoluas, nomen ab infami ducis asylo.

Rursus quid illi opponunt? quod quando homo baptizatur, non conditio mutatur, sed peccata abluuntur.

Verum est, sed nullus ambigit hoc esse dictum de mundanis conditionibus. Quod si quis seruus baptizatur, seruitus illa non mutatur. Vnde Apostolus, si seruus es, magis vtere, quia seruitus illa non est contraria coronæ. Vnde alibi.

  Seruus sis, generosus eris si mens bona fiat:
    Sis liber, turpis mens tua, seruus eris.

Amplius. quod prohibetur ne filij sacerdotum ad ordines promoueantur, sic est intelligendum secundum Augustinum, eos qui hanc prohibitionem audiunt ab huiusmodi concupiscentijs abstinere debere. Si enim filius sacerdotis honestè viuit, ordinandus est: si vero filius militis inhonestè viuit, repudiandus est: quia magis placet Deo vitæ perfectio & contra peccatum affectio, quàm superba de parẽtibus gloriatio, filij namque sacerdotum non ideo quod sint exleges, refutantur, sicut imperiti homines arbitrantur, sed vt sacerdotes à concupiscentiis carnis refrænentur. Quia nimirum quemlibet sacro fonte renatum vel plenariè diuina mundat gratia, vel sacri mundatio lauacri non est sufficiens nec plenaria, quod contradicit fidei Catholicæ. Non enim sunt exleges iudicandi ; quorum Deus ipse est Pater, & quos peperit Christi gratia omnium regeneratorum piissima mater, nec debemus illis delictum Patris, siue thorum matris improperare, sed potius perfectionem diligenter attendere: quoniam Patris siue Matris perpetratum crimen non potest filiis paradisi claudere limen. Vnde quidam sapiens: *Quid meruere pati quocunque thoro generati?*

Quod autem filij sacerdotum ab ordinibus reprobentur, ex rigore Iustitiæ factum est; sed nullomodo iustum est testante Augustino, quia non iustè pœnā portant qui culpam non commiserunt. Sic itaque illi prolatores nouitatis noua præcepta dantes & quodammodo virtutem baptismatis euacuantes , qui rationibus supradictis oblatrant, dum de huiuscemodi scrupulosè & contentiosè disputant, quasi clauso ostio ad parietem pulsant. Vt autem maior honor & gloria filiis sacerdotum accedat, Ioannes Baptista quo nullus maior inter natos mulierum surrexit , filius fuit Zachariæ sacerdotis. Maria etenim Mater Domini & de sacerdotali progenie descendit, cum dicatur cognata Elizabeth quæ de Aaron originem duxit. Si autem vellem enumerare omnes de lapsu carnis procedentes , qui principatum in sancta Ecclesia tenuerunt, prius deficeret vita quàm exempla. Inde etiam Iacob omnes quos de liberis & ancillis genuit filios æquali honore hæredes constituit; nec apud illum præsertim qui secundùm carnem, nobilior videbatur, Quicunque fidem Domini promeretur, nullis maculis carnalis natiuitatis obfuscatur. Hoc autem Iacob fecisse legitur, vt ostenderet quod non est discretio, Iudæus an Græcus, Barbarus an Scytha, seruus an liber sit, quia per omnia in omnibus Christus est. Propterea enim Saluator noster & Dominus humanam figuram induit & pro libero & seruo seruiuit, vt omnibus in se credentibus pari honore & gloria cœlesti præmia largiretur. Salomon etiam qui feliciter, sapienter, subtiliter regnauit, docuit, prophetauit, etsi de lapsu carnis ortus sit, Deus ipsi tamen templum suum ædificare concessit ; Quod Dauid Patri suo legitimo Iesse ne construeret, prohibuit. In quo nobis Deus patenter innuit, quod magis approbat vitæ sanctitatem, & morum honestatem, quàm legitimæ natiuitatis generositatem. Non igitur sibi applaudat diues & nobilis, nec diffidat pauper & humilis, quia excelsus Dominus humilia respicit & alta à longè cognoscit, humiles respicit vt attollat, altos id superbos longè cognoscit vt deiiciat. Sicut enim Apostolus ait *Non coronabitur nisi qui legitimè certauerit.* Cum dicit *Nemo*, nullus excluditur, in quo superba huius mundi stultitia confutatur quæ eum exlegem appellat & iudicat in terris, quem Deus ad dexteram suam collocat & coronat in cœlis.

Hanc controuersiam diremit Vrbanus Pontifex in Concilio Claromontano anno sequenti, vetás equidem sacerdotum filios ad sacros ordines promoueri absque dispensatione Ecclesiastica, aut nisi cænobiis nomen dederint, eos tamen cum dispensatione S. sedis admisit. Verba Concilij & Vrbani refert Antoninus Parte 2. tit. 16. c. 1. *Presbyterorum filios à sacris ministeriis remouemus, nisi aut in Cænobiis, aut in Canonicis* scilicet Regularibus *fuerint religiosè conuersati.* Similiter Pontifex scribens Archiepiscopo Turonensi. *Cenomanensem electum*, inquit, *eo quod filius sacerdotis dicitur, si cætera virtutes in eo conueniunt, non reiicimus, sed suffragantibus meritis eum patienter suscipimus; non tamen vt præ regula in posterum hoc assumatur: sed ad tempus Ecclesiæ periculo consulitur.*

His postremis verbis innuit tunc temporis, cum vix paterentur Presbyteri suas sibi auferri vxores, Ecclesiæ visum fuisse non prudenter factum iri, si eorum filij omnino à sacris officiis & ordinibus arcerentur, vt volebat Roscelinus: sed eatenus tantum reiiciendos, donec cum iis ab Ecclesia dispensatum fuisset. Itaque mirum non est, si Roscelinus in Anglia tam malè audiuit (vbi plurimi erant concubinarii & vxorati sacerdotes,) vel iussu Vvillielmi Regis cū infamia eiectus fuerit. Verum neque regressus in Franciam, modestior fuit, sed modò hos , modò illos aut mordacibus scriptis , aut verbis atrocioribus carpens , cæteris Magistris importunus & intolerabilis erat. Extat Epistola cuiusdam M. Petri Theologiæ

Professoris conquerentis apud Goisfridum seu Gaufridum Episcopum Parisiensem, quod Roscelinus plurimas contumelias & opprobria euomuisset in Opusculum quoddam de S. Trinitate, aduersus ipsius hæresim in synodo Suessionensi damnatam à se compositum, eaque videtur scripta circa an. 1095. post ipsius Roscelini ex Anglia fugam. Talis autem est.

„ Gaufrido D. G. Parisiacæ sedis Episcopo vnaque venerabili eiusdem Eccle„siæ Clero Petrus debitæ reuerentiæ subiectionem sempiternam. *Relatum est no*„*bis à quibusdam Discipulorum nostrorum superuenientibus, quod erectus ille & semper*
„*inflatus Catholicæ fidei hostis antiquus, cuius hæresis detestabilis tres Deos confiteri,*
„*imò & prædicare Suessionensi Concilio à Patribus conuicta est, atque insuper exilio pu-*
„*nita, multas in me contumelias & minas euomuerit viso opusculo quodam nostro de fide*
„*S. Trinitatis maximè aduersus hæresim præfatam, quâ ipse infamis est, conscripto.*
„ Nunciatum insuper nobis est, à quodam Discipulo nostro, cui ille locutus est,
„ quod vos tunc absentem exspectaret, vt vobis in illo Opusculo quasdam hære„ses me inseruisse monstraret, & vos quoque contra me, sicut & omnes quos niti„ tur, commoueret. Quod si ita est, vt in hoc quoque nunc ille persistat, precamur
„ vos Athletas Domini & fidei sacræ defensores, vt statuto loco, tempore con„ uenienti me & illum conuocetis, & coram Catholicis & discretis viris,
„ quos vobiscum prouideatis, quid ille aduersùm me absentem mussitet,
„ audiatur & debitæ correctioni subiaceat, vel ille de tanti criminis impositione,
„ vel ego de tantâ scribendi præsumptione. Interea autem Deo gratias refero,
„ quod summum Dei inimicum & fidei labefactorem in fide contrarium si perfero,
„ & pro fide quâ stamus, dimicare compellor, & quod de numero bonorum ho„ minum iam esse videor ex eius infestatione, quem solis bonis constat semper es„ se infestum: Cuius tam vita quàm Disciplina omnibus est manifesta. Hic con„ tra egregium illum præconem Christi Robertum Arbroscello contumacem au„ sus est Epistolam confingere, & contra magnificum illum Ecclesiæ Doctorem
„ Anselmum Cantuariensem Archiepiscopum adeò per contumelias exarsit, vt ad
„ Regis Anglici imperium ab Anglia turpiter impudens eius contumacia sit eie„ cta, & vix tum cum vita euaserit. Vult eum infamiæ habere participem, vt per
„ infamiam bonorum suam consoletur infamiam. Nec nisi bonum odit, qui bo„ nus esse non sustinet, qui ob intemperantiam arrogantiæ suæ ab vtroque Re„ gno in quo conuersatus est, tam Anglorum scilicet quàm Francorum, cum sum„ mo dedecore expulsus est, & in ipsâ, cuius pudore Canonicus dicitur, B. Mar„ tini Ecclesia, nunquam, vt aiunt, à Canonicis verberatus morem solitum serua„ uerit. Nomine designare quis iste sit, superuacaneum duxi, quem singularis in„ famia infidelitatis & vitæ eius singulariter notabilem fecit. Hic sicut Pseudo„ dialecticus, ita & Pseudo-Christianus; *cum in Dialectica sua nullas rem partes habe-*
„*re æstimat; ita & Diuinam paginam impudenter peruertit, vt eo loco, quo dicitur Domi-*
„*nus partem piscis assi comedisse, partem huius vocis, quæ est piscis assi, non partem rei*
„*intelligere cogitur.* Nequid igitur mireris mihi, si is qui in Cœlum os ponere
„ consueuit, in terris insaniat, & qui Dominum persequitur, membris eius dero„ get, & nemini parcat qui nec sibi parcere potest. Valete.

„ Epistola ista ab Andrea Duchesnio & quibusdam aliis, Petro Abaelardo malè tribuitur, cuius scilicet tempora cum Gaufridi Parisiensis Episcopi temporibus non conueniunt. Gaufridus enim cognomento de Bolonia, Cathedram Parisiensem tenuit ab an. 1060. ad annum circiter 1095. quo nondum Abaelardus Parisios venerat, vixque quatuordenis erat. Deinde in eadem Ep. loquitur de tractatu S. Trinitatis quem in Roscelinum conscripserat, & quo in lucem edito aut Discipulis in scriptis tradito Roscelinus exarserat, multaque dicebat se in eo notasse hæresim sapientia. At quo tempore Abaelardus tractatum suum de Trinitate edidit, iam Roscelinus & Robertus Arbricellensis & Anselmus Cantuariensis obierant. Crediderim itaque huiusce Epistolæ authorem esse quendam Petrum Theologiæ iis temporibus professorem, qui aduersus hæresim Roscelini in concilio Suessionensi damnatam scripserat, eamque ab eo editam circa hunc an. 1095. paulo antè quàm Gaufridus moreretur, & quàm Anselmus ex Anglia à Willielmo Rege propelleretur.

Verum vt vt sit, constat Roscelinum propter inquietum, contumax & mordax ingenium fuisse plurimorum Magistrorum telis impetitum. Cum ergo se videret omnium calamis perstringi, dentibus commorderi & tanquam hæreticum vndequaque expelli, ignarus quid faceret, confugit ad Iuonem Carnotensem, rogat vt in tanto rerum suarum discrimine sibi opem ferat, asseritque se toto animo errores suos detestari. Ad hæc responsum extat Iuonis epistola 7. quæ talis est.

Iuo Dei gratia Carnotensium humilis Episcopus Roscelino non plus sapere, quàm oportet sapere, sed sapere ad sobrietatem. *Si esses Ouis centesima in deserto perdita, sed gregi iam reddita, sicut exarserat in te zelus meus, quandiu intellexi te auersum & aduersum, sic requiesceret in te spiritus meus, si te cognoscerem ad doctrinam sanam conuersum & reuersum: sed quia scio te Concilium Suessionense in auribus quorundam quos mecum bene nosti, pristinam sententiam tuam clandestinis disputationibus studiosissimè defendisse, & eandem quam abiuraueras, & alias non minus insanas persuadere voluisse, non potest intrare in Cor meum, quod adhuc fidem tuam correxeris, quod mores in melius commutaueris. Si ergo ex hac occasione te afflixit & rebus tuis te nudauit quorundam violentorum rapax auaritia, non hoc ex se fecit iniusta eorum violentia, sed iusta & correctioni tuæ competens Dei sapientia*, faciens etiam per malos quamuis nescientes, bona sua, cuius vestem scindere conabaris rationibus humanis armatâ, sed tamen infœcundâ facundiâ. Cum vero multis exemplis Ethici Tractatoris veram constet esse sententiam,

*Quo semel est imbuta recens, seruabit odorem
Testa diu.*

Non tamen propter me, timerem vel horterem præsentiam tuam de te sperans meliora & saluti viciniora. Sed quidam Ciues nostri ad cognoscendam vitam alienam curiosi, quamuis ad corrigendam suam desidiosi, te quidem odibilem, me verò propter te suspectum haberent, & audito nomine tuo & pristina conuersatione tua more suo subitò ad lapides conuolarent & lapidum aggere obrutum perforarent. Interim igitur consulo tibi, vt assumpta patientia B. Iob quamuis longè impar, cum eo tamen dicas, *Sustinebo iram Dei, quoniam merui, donec iustificet causam meam*. Testificor enim tibi si conuersus ingemueris & in simplicitate fidei degere volens à vanitate carnalis sensus tui detumueris, non deerunt sibi vbera diuinæ consolationis; & mater Ecclesia quæ deuium exasperauit paterna seueritate, correctum assumet materna pietate. Restat igitur vt palinodiam scribas & recantatis opprobriis vestem Domini tui, quam publicè scindebas, publicè resarcias; quatenus sicut multis erroris exemplum fuisti, sic de cætero fias exemplum correctionis, sic enim bono odore præcedente & pristinum fœtorem consumente & à nobis & ab aliis diligi & colligi & beneficiis poteris ampliari.

His malis Roscelinus serio se tandem ad Deum conuertisse videtur, & in Aquitania quò se contulerat, cum nec Parisiis nec alibi in Francia securus consistere posset, sanctam vitam egisse. Sic enim de eo habet Chronicon S. Maxentij ad an. 1105. *Eodem tempore florebat vita & conuersatione sancta Roscelinus & Vitalis duo sancti viri: vnus in Aquitania, qui conuiuia magna pauperibus tribuebat, alius in Normania & terra Anglorum, tertius quoque Monachus in Britanniæ & Turoniæ finibus florebat Rainaldus*. Tunc quoque temporis alia Quæstio versabatur in Scholis & inter Doctos agitabatur de Baptismo paruulorum: an scilicet eo priuati damnarentur, an Misericordia diuina saluarentur, quasi nihil meriti pœnæ nullo admisso crimine. Pharitius Abbas Abindoniensis non posse saluari contendebat, & Theobaldum Stampensem quasi contra sentientem criminabatur. Itaque ille data ad eum Epistola fidem explicat, & asserit pueros sacramento Baptismi non regeneratos æternam beatitudinem assequi non posse. Tunc enim Theobaldo Oxoniensis Academiæ Magistro, quia Gallus erat, Angli recenter Normanicæ dominationi subditi inuidebant, Normanosque omnes & Gallos lethaliter oderant. Quia verò huiusce temporis Historiam illustrant huiusmodi contentiones, non pigebit his Annalibus attexere epistolam Theobaldi quæ legitur in 3. tomo Spicilegij Dacheriani.

Pharitio venerando Habindonensis Ecclesiæ Prælato Domino suo & indubitanter amico Theobaldus Magister Oxenefordiæ sic suorum curam subditorum gerere, ne mors in olla dicatur esse. Quod mihi morum vestrorum honestatem & filiorum non fictam Charitatem prædicanti calumniam de saluatione puerorum non baptizatoru, ita ex abrupto, ita etiam digito discretionis remoto sicut plures aiunt, nudius tertius imposuistis, vehementer admiror, cum prius vt homo discretus debuissetis esse cognitor, quâ vt ita dicã salua reuerentia vestra, fictæ criminationis accusator, & cum omnis Ecclesia sic de corundem perditione potius definiat, quod aliquem Catholicè sentientem in ambiguum non relinquat. Omnes enim qui Catholicè sentiunt, indubitanter asserunt & asserendo non temerè definiunt aliquem hoc tempore minimè membra Christi fieri posse, nisi ex aqua visibili & spiritu inuisibili regeneratum, vel quod alio tempore contingere potuit, aliquo alio genere Baptismatis purificatum. Vnde ab Cypriano inter martyres reputantur, qui sæuiente persecutione causa Christi sanguine suo baptizantur. Inde Augustinus de natura & origine animæ ad Victorem scribens ait, *Noli dicere, noli credere, noli docere sacrificium Christianorum pro eis qui non* baptizati de corpore exierint, offerendum, sicut sacrificiũ Iudæorum pro eis qni non circoncisi de corpore exierint legimus nullatenus, esse oblatum. Inde Hieronymu scõtra Iouinianum, pueri si statim post baptisma moriantur, per sacramentum pœnitentiæ & fidei saluari dicuntur. Sacramentũ enim pœnitentiæ notatur vbi dicitur, ABRENVNTIO, Sacramentum vero fidei innuitur, vbi dicitur CREDO. Manifestum est, igitur quod consequens est pueros hoc tẽpore non baptizatos proculdubio damnari: baptizatos vero si statim hominẽ exuant, indubitanter saluari. Si quis autem veritatis inimicus, contra hanc sententiam Catholicam, vel et delatrare, paratus essem eum sacrilegum & canem improbum scripto & viua voce confutare. De natiuitate vero sententiarum hoc solum vobis respondeo, quia multo magis gratulor imitari non errabunda priorum Doctorum vigilantium vestigia, quàm modernorum dormitantium sequi falsas opiniones & somnia. Quod enim veteres Doctores vix pertingere potuerunt vigilando, hoc quoque Iuniores docere præsumunt dormitando. Vigilantes autem Doctores dicuntur, qui sanè referunt quod à sanctis Patribus rationabiliter audierunt. Doctores vero dormitantes appellantur, qui ex parte sua semper aliquid nouitatis afferre laborant. Vnde Hilarius Pictauiensis ait in libro quem de Trinitate composuit, Optimus quidem Lector est qui refert. Sciatis igitur me non de differentibus, sed de referentibus esse; & quandiu vita comes fuerit, in hoc diligenter perseuerare. Hanc autem excusationẽ nolite iudicare inuectionem. Non enim iudicanda est Inuectio, sed rationabilis potius excusatio & facta bono zelo. Nolo enim facere mihi inimicum, quem vestra bona moralitas nuper peperit amicum; nec mihi, nec vobis describitur illud Prouerbium, *Occasiones quærit qui vult recedere ab amico*. Valete, vestrum venerabilem Conuentum vice nostra salutate, principaliter autem vestrum bonum Priorem amicum nostrum interiorem.

Circa hæc tempora orto inter Vvillielmum Angliæ Regem & Anselmum Cantuariensem dissidio, propterea quod Rex sibi petierat numerari & dari mille libras argenti, aiens se promotioni eius gratis annuisse, Anselmus vero nihil interesse dicebat an ante an post promotionem, pecuniam daret, vtrobique enim simoniæ crimen incurri, eo tandem res deuenit, vt Anselmus iram Regis veritus ex Anglia discedere Romamque ad Vrbanum Pontificem coactus fuerit. Sed demum exilium sibi delegit in Gallia Lugdunensi apud Hugonem Archiepiscopum, vbi ad mortem vsque Vvillielmi fere semper resedit. Ibi autem ille, vt scribit Edinerus, librum de Conceptu Virginali & peccato Originali composuit, in quo hæc habet præter cætera cap. 18. *Decens erat, vt ea puritate quâ maior sub Deo nequit intelligi, virgo illa niteret*. Quo deinceps argumento veluti sacro oraculo & axiomate vsi sunt & nixi quicunque immaculatæ B. Virginis Conceptioni fuerunt patrocinati. Itaque Anselmus primus Author fuit Ecclesiæ Lugdunensi instituendi Festi de Conceptione Virginis; quod quia fecit absque authoritate sedis Apostolicæ, à D. Bernardo vehementer increpita & reprehensa est, vt ad sequens seculum referemus.

Eodem anno Vrbanus minas potentiamque Imperatoris reformidans, ex Appulia more prædecessorum suorum ad Franciæ Præsidium confugit, & apud Clarummontem in Aruernia Concilium habet 310 Episcoporum, Abbatum 90.

pluriumque Magistrorum quos vndecunque acciuit. De cuius Concilii celebritate plurimi scripserunt : at inter alios Guibertus Abbas Nouigentinus ad Lisiardum Suessionensem Praesulem haec habet. *Annus Incarnati Verbi 1095. properabat euolui, cum Papa valde frequens accelerauit euocare Concilium : cui tandem in vrbe Aruernica Scholastici ssimo omnium Praesulum Sidonio gloriosa dedit locum, cui tamen immutato Claromonti constat esse vocabnlum. Quod fuit tanto alias celebrius, quanto excellentis & vsitata persona oracernere, verba audire erat desiderabilius. Illic praeter Episcoporum & Abbatum examina, quos circiter 400. per praeminentes ferulas fuisse aliqui numerant, totius Franciae, & Appendicium Comitatuum litteratura confluxit.* Ex his verbis manifestè intelligitur Magistros seu Professores celeberrimos ad Concilium illud fuisse vocatos. In eo autem 4. praecipua Capita memorabilia videntur. Primum ad reformationem Disciplinae Ecclesiasticae pertinuit : tunc enim flagitiorum omnium consuetudo inualuerat, latrocinia exercebantur impune, simonia vigebat, Sacerdotes publicè vxores ducebant, nemo ad Ecclesiam, imo nec ad sacros Ordines nisi numeratâ pecuniâ accedebat, & in hanc rem conditi sunt 22. Canones, quos breui verborum ambitu complectitur Mathaeus Parisiensis. Secundum fuit de coniugio Philippi Regis, quod cum Berthrada Comitis Andini vxore cōtraxerat, & in eum lata est sententia priuationis à Sacris, nisi quantocius eam dimitteret. 3. de Cruciada, seu Expeditione Hierosolymitana ad educendos è captiuitate Turcica Christianos. 4. de Episcopatu Atrebatensi, qui iampridem propter vrbis ruinam vnitus fuerat Cameracensi, nunc vero restitutus est, eique Lambertus vir doctus & egregius Praepositus, atque à Pontifice consecratus ; quod quidem restitutionis priuilegium iam an. 1093. Lambertus Romam cum Achardo Scholarum Atrebatensium Magistro profectus obtinuerat : at hoc anno in praedicto Concilio confirmatum 4. Kal. Decemb. In eodem Concilio agitata est Quaestio de Primatu Galliarum; & tandem vniuersâ consentiente Synodo Hugoni Archiepiscopo Lugdunensi & successoribus ipsius adiudicatus est: quam in rem extat haec Vrbani ad Hugonem Epistola.

Vrbanus Episcopus Seruus Seruorum Dei. Venerabili Fratri Hugoni Lugdunensi Archiepiscopo eiusque successoribus Canonicè promouendis in perpetuum. Ex Apostolicae Sedis debito & sanctorum Canonum authoritate impellimur in omnibus vbique terrarum Ecclesiis prauè acta corrigere, rectè statuta firmare. Vnde cum Nos in Galliarum partes venire supernae dispositionis dignatio concessisset, curae nobis fuit apud Claruāmontem Aruerniae Generale Concilium conuocare. Ibi inter alia quae ad Synodalem audientiam discutienda prolata sunt, Fraternitas tua de Primatu Sanctae Lugdunensis Ecclesiae querelam exposuit, multis iam ante Prouincialibus Conciliis agitatam. Lecta sunt in eodem consessu eundem Primatum astruentia Romanae & Apostolicae authoritatis priuilegia. Cum igitur Richerius Senonensis Archiepiscopus procausa hac die altero respondere praeceptus esset, nullamque excusationis rationem legitimam reddidisset, placuit tamen Nobis ex Apostolicae mansuetudinis abundantia ad deliberandum de subiectione hac in diem tertium inducias indulgere. Tertio itaque die cum se ille partim pro negotij grauamine, partim pro aegritudinis occasione, synodali Conuentui subtraxisset, per legatos requisitus & obedire renuens adhuc deliberandi inducias flagitabat. Definitionis etiam iam imminente sententia rursum ab Senonensis Ecclesiae Suffraganeis in diem alterum, vt eum familiarius conuenirent, induciae impetratae sunt ; ea nimirum pollicitatione praemissâ, vt etiam ille tunc pertinaciter reniteretur, ipsi tamen definitioni Concilij obedirent. Porro die iam sexto Concilij euoluto cum ille adhuc inducias expectando resisteret, ex totius synodi fauore & iudicio sancitum est, Senonensem Archiepiscopum Lugdunensi tanquam Primati subiectionem obedientiamque debere, quia & Carologorum authoritas & sedis Apostolicae idipsum contestabatur authoritas. Cui profectò sententiae se humiliter obediturus Senonensis Ecclesiae Suffraganei propriâ quisque voce professus est. Idipsum etiam de Rothomagensi Ecclesia confirmatum est: de Turonensi enim, quia iam à retroactis temporibus sine refragatione obedierat, nulla iam Quaestio mouebatur. Die verò Concilij octauo tua iterum fraternitas questa est Senonensem Archiepiscopum à legatis tuis, Aganone scilicet Aeduensi & Lamberto Atrebatensi Episcopis admonitum, nullam adhuc Lugdunensi Ec-

De Primatu Lugdunensi.

" clesiæ pro primatu reuerentiam profiteri. Ea propter nos toto consentiente Con-
" cilio Pallij, vsum & Suffraganeorum obedientiam, donec ipse obediret, Senonen-
" si Archiepiscopo interdiximus. In Rothomagensem quoque qui aberat, eandem
" sententiam promulgamus, nisi intra tres menses post sententiam cognitam, si qui-
" dem viuâ voce non posset, subiectionem debitam scripto polliceretur. Ipsius ita-
" que Suffraganeis qui præsentes aderant sententiam nostram debitâ humilitate sus-
" cipientibus ac obedientiam promittentibus, sic tandem Lugdunensis Ecclesiæ
" querela diuturna annuente Domino terminata est. Per præsentis igitur Priuile-
" gij Paginam Lugdunensi Ecclesiæ tuæ Primatum super 4. Prouincias confirma-
" mus, & per eam tibi tuisque successoribus, his tantum qui ordine eoque te-
" nore electi vel promoti fuerint, qui per sanctæ memoriæ Gregorij VII. Priuile-
" gium prædecessori tuo Guibuino præfixus & præscriptus est. Prouincias autem
" illas quas vobis confirmamus, dicimus Lugdunensem, Rothomagensem, Turo-
" nensem & Senonensem, vt hæ videlicet Prouinciæ condignam Lugdunensi Ec-
" clesiæ obedientiam soluant & honorem, quem Romani Pontifices reddendum
" esse scriptis propriis præfixerunt, deuotè humiliterque saluâ in omnibus sedis
" Apostolicæ reuerentiâ & authoritate. Si qua sanè in crastinum Ecclesiastica secu-
" larisue Persona huius priuilegij paginam sciens contra eam venire tentauerit,
" &c. Interfuerunt autem definitioni huic Archiepiscopi diuersarum Prouincia-
" rum numero 12. cum Episcopis 80. Abbatibus 90. & eo amplius. Datum apud
" Clarum-montem Aruerniæ per manum Ioannis S. Romæ Ecclesiæ Diaconi
" Cardinalis Kalend. Decemb. Indict. 3. an. Dominicæ Incarnat. 1095. Pontificatus
" autem Vrbani Papæ II. an. 8.

 Eodem quoque anno in synodo Placentina editus est Canon aduersus Berengarium teste Bertholdo Constantiensi. *Hæresis*, inquit, *Berengariana iterum damnata est, & sententia Catholicæ fidei contra eandem firmata.* Item Bruno Treuirensis Archiepiscopus Berengarianos è sua Prouincia eiecit circa an. 1106. quomodo verò erga eos se præstiterit, scribit Augustinus Thuanus Ep. ad Henricum IV. his verbis. *Cum anno 1060.* (corrige & lege 1006. *Quidam ex Berengarij Archidiaconi sectatoribus illius doctrinam in Eburonibus, Aduaticis & aliis Belgij populis disseminarent, Bruno Treuirorum Archiepiscopus eos è Diœcesi sua expellere satis habuit, cæterum cruore abstinuit.* Eam historiam fusius describit Author Anonymus lib. de Gestis Brunonis Treuirensis Archiep. qui testatur se adfuisse Berengarianorum Examini.

1098. Anno 1098. obit Richerius Senonensis: eique substituitur Daimbertus, sed vetante Hugone Lugdunensi non potuit consecrari donec Romam adiit, & præsentibus Legatis ipsius Hugonis subiectionem illi promisit tanquam Primati, sicque ab ipso Papa Vrbano consecratus est. Extat in hanc rem Bulla data an. 1099. estque talis.

" Vrbanus Epis. Seruus Seruorum Dei venerabili fratri & Coëpiscopo Hugoni
" Lugdunensi Primati salutem & Apostolicam benedictionem. Pro querela quam
" aduersus Senonensem Ecclesiam & prædecessorum tuorum & tua hactenus
" fraternitas vehementer exercuit, quantis clamoribus & nostro & Antecessorum
" nostrorum tempore sedes Apostolica interpellata sit, non est necessarium me-
" morare: quoniam & Antecessorum nostrorum scripta indicant, & Conciliorum
" quæ nos authore Deo in Gallia celebrauimus, communis memoria protestatur.
" Ea siquidem causa in plenario Aruernensi Concilio tractata & definita est. Et
" cum Richerius Senonensis Archiepiscopus Synodali definitioni minimè acquie-
" uisset, in Turonensi pariter ac Nemausensi Concilio per tuam est industriam re-
" petita, & supradictus quidem Richerius pro sua pertinacia interdictus obiit, suf-
" fraganeis eius tibi tanquam Primati ex synodali iudicio obedientiam iam profes-
" sis. Frater autem noster Daimbertus, qui eidem nunc Ecclesiæ disponente Do-
" mino præsidet, sicut tibi nostris significatum est litteris, sub ea querela per mini-
" sterium meum gratiam consecrationis accepit. Nuper cum ad Apostolorum li-
" mina tam pro eiusdem causæ actione, quàm pro communi synodica vocatione
" rediisset præsentibus legatis tuis, Ismeone Diensi Episcopo, Girino Decano, &
" item Girino Capellano sedis Apostolicæ cogente iudicio omni demum tergiuer-
" sacione cassatâ in manu nostra professus est, se & Lugdunensis Ecclesiæ super Senonensem

Vniuersitatis Parisiensis. 497

honensem Primatum agnoscere & de cætero tibi tuisque legitimis successoribus tanquã Primatibus obedire. Similiter etiam pollicitus est statuto à nobis tẽpore id. vsque ad proximam B. Dionysij solennitatem se ad vos venturum, & in cõspectu Lugdunẽsis Ecclesiæ idipsum ore proprio professurum, nisi Canonicum impedimentum euenerit, quo transacto infra 30. dies idipsum implere curabit. Sic enim Vicariis vestris, & per eos tibi ac Lugdunensi Ecclesiæ in manu assignauimus præsentibus fratribus nostris quorũ infra scripta sunt nomina; Anselmo videlicet Cantuariensi, Leodegario Bituricensi, Amato Burdigalensi Archiepiscopis, Gualterio Albanensi, Odone Ostiensi, Guntardo Fundano, Leutaldo Siluanectensi Episcopis, Numerio de titulo S. Clementis, Teuzone de titulo SS. Ioannis & Pauli, Ioanne de titulo sanctæ Anastasiæ nostræ sedis Apostolicæ Presbyteris Cardinalibus. Petro Leonis Ioanne Fraiepane Romanis Proceribus. Tua ergo fraternitas quid Apostolicæ sedi debeat propensiorè deinceps & amoris, & obsequij exhibitionẽ perpendat. Romæ apud B. Petrum per manum Ioannis S. Rom. Ecclesiæ Diaconi Cardinalis indict. 7. 8. Kal. Maij anno Dom. incarnationis 1099. Pontificatus Dom. Vrbani II. Papæ XII.

Eodem anno idem Pontifex apud Nemausum Concilium Prælatorum habuit, in quo nonnulla quæ in Aruernensi Claromontano proposita fuerant nec definita, decreta fuerunt, præsertim circa munus potestatemque Monachorum in Ecclesiasticis negotiis. Quæ quidem Decreta leguntur in 4. tomo spicilegij Dacheriani & videntur hisce annalibus inserenda.

In Aruernensi Concilio questum est de Episcopis, qui Altaria Monasteriis data *Concilium* frequenter redimi pecuniâ compellebant, qui quidem simoniacæ prauitatis *Nemausen-* ramus in Galliarum partibus iam diutius inualuit, vt Ecclesiæ vel decimæ, quæ *se.* vulgari vocabulo apud eos Altaria nuncupantur, Monasteriis datæ sepius ab " Episcopis sub palliata auaritia venundentur, mortuis nimirum Clericis, quos " personas vocant. Nos authore Deo venalitatem omnem tam ex rebus, quam ex " mysteriis Ecclesiasticis propellentes, hoc vlterius fieri Apostolica authoritate " prohibemus, sicut & præbendas omnes venundandas interdicimus. Porro quæ- " cumque altaria, vel decimas ab annis xxx. & supra, sub huiusmodi redemptio- " ne Monasteria possedisse noscuntur, quietè deinceps, & sine molestia qualibet " eis possidenda firmamus, saluo vtique censu annuo quem ex eisdem Altaribus " habere soliti sunt. "

Sanè quia Monachorum quidam Episcopis ius suum auferre contendunt, statuimus ne in Parochialibus Ecclesiis quas tenent absque Episcoporum consilio, " Presbyteros collocent, sed Episcopi Parochiæ curam cum Abbatum consensu " Sacerdoti committant; vt huiusmodi sacerdotes de plebis quidem cura Episcopo rationem reddant, Abbati verò pro rebus temporalibus ad Monasterium pertinentibus debitam subiectionem exhibeant, & sic cuique sua iura seruentur. "

Sunt nonnulli stulti dogmatis, magis zelo amaritudinis, quam dilectionis inflammati, asserentes Monachos qui mundo sunt mortui, & Deo viuunt, Sacerdotali Officio indignos, neque pænitentiam, neque Christianitatem seu absolutionem largiri mundo posse per Sacerdotalis Officij iniunctam gratiam; sed omnino falluntur. Nam si ex hac causa veteres æmuli vera prædicarent, Apostolicæ sedis compar B. Gregorius Monachico habitu pollens ad summum apicem nullatenus conscenderet, cui soluendi, ligandi que potestas concessa est. Augustinus quoque, eiusdem Sanctissimi Gregorij discipulus, Anglorum Prædicator egregius; & Panoniensis Martinus aliique quam plurimi viri sanctissimi pretiosorum Monachorum habitu fulgentes, nequaquam annulo Pontificali subarrarentur: neque enim Benedictus Monachorum Præceptor Sanctissimus huius rei aliquo modo interdictor fuit, sed eos secularium negotiorum dixit expertes esse debere: quod quidem Apostolicis documentis, & Sanctorum institutis, non solum Monachis, sed etiam nec dum Canonicis summopere imperatur; vtrisque enim perspicacibus Sanctorum Patrum exemplis vt mortui mundo sint, præcipitur. "

Credimus igitur à Sacerdotibus Monachis ligandi, soluendique gratiam dignè administrari, si tamen contigerit dignè eos hoc ministerio sublimari: quod euidenter affirmat quisquis statum Monachorum & habitum considerat. Angelus enim Græcè, Latinè nuncius dicitur. Sacerdotes igitur Monachi atque Canonici, qui Dei præcepta annunciant, Angeli vocantur, sed vnusquisque Angelicus ordo, quo vicinius Deum contemplatur, tanto sublimius dignitate firmatur. Nunquid num enim vt Cherubim Monachi, sex alis velantur; duæ in capitio quo caput tegitur, veris demonstrantur assertionibus, illud vero quod brachiis extenditur, alas duas esse dicimus; & illud quo corpus tegitur alas duas: sic sex alarum numerus certissimè conficitur? Decertantes ergo contra Monachos in hac re Sacerdotalis potentiæ officio præcipimus arceri, vt ab huiuscemodi infandis ausibus in posterum reprimantur: quod quanto quisque excelsior, tanto & illis erit potentior.

Oportet eos qui sæculum reliquerunt maiorem sollicitudinem habere pro peccatis hominum orare; & plus valere eorum peccata soluere, quàm Presbyteros sæculares, quoniam illi secundum Regulam Apostolorum viuunt, & eorum sequentes vestigia communem vitam ducunt, iuxta quod in Actibus eorum scriptum est, erat illis cor vnum & anima vna, & erant illis omnia communia, ideóque videtur nobis, vt iis qui sua relinquunt pro Deo, dignius liceat baptizare, dare communionem, Pœnitentias imponere, nec non peccata soluere. Vnde considerare nos oportet quantæ virtutis apud Deum sint, qui sæculum relinquentes Domini obediunt præcepto, dicentis: *Relinque omnia quæ habes, & veni sequere me.* Vnde censemus eos qui Apostolorum figuram tenent, prædicare, baptizare communionem dare, suscipere pœnitentes, peccata soluere.

Quicunque Episcopum, Abbatem vel Archidiaconum, vel Presbyterum capere præsumpserit, publica primum dedecoratus infamia honoris sui periculum incurrat, & tandiu excommunicetur, & terra sua interdicatur, quandiu Ecclesiæ satisfacere distulerit. De cæteris vero Clericis, Canonica teneatur sententia.

Quoties alicuius Ecclesiæ Antistes ex hac vita emigrauerit, duæ de melioribus personæ eligantur eiusdem Ecclesiæ, qui res Episcopi defuncti, sicut ipse disposuerat, tractent fideliter, & quæ ad Episcopatum pertinent, successuro Pastori conseruent. Quod si aliquis Tyrannus res Episcopi interim inuaserit, aut violauerit, excommunicationi subiaceat, & Ecclesia illa à diurno cesset officio, & minores Ecclesiæ tanquam matri compatiantur, quousque digna satisfactio subsequatur.

Laicus qui oblationem Ecclesiæ, sepulturam, decimam, aut terram sanctuarij tenuerit, ab omni Fidelium communione separetur.

Quicumque Ecclesias, vel earum bona hæreditaria successione possident, tandiu Ecclesiastico careant beneficio, donec quas tenent Ecclesias; dimittant.

Clericus vel Monachus, qui Ecclesiasticum de manu laici susceperit beneficium, quia non intrauit per ostium, sed ascendit aliunde sicut fur & latro, ab eodem separetur officio.

Sacerdotes quando regendis præficiuntur Ecclesiis, de manu Episcopi curam animarum suscipiant, vbi & in tota vita sua Deo deseruiant, nisi Canonico degradentur iudicio. Quod si ambitionis vel cupiditatis causâ ad aliam ditiorem migrauerint Ecclesiam, vtramque amittant.

Qui publicè consanguineas, vel adulteras ducunt, quandiu eas tenuerint, excommunicentur.

Raptores qui in rapiendo mortui fuerint absque Canonica pœnitentia, non sepeliantur, nec pro eis Missa dicatur.

Presbyteri publicè fornicarij degradentur.

Puellulæ vsque ad duodecim annos non nubant.

Nullus habeat licentiam retrahere beneficium ad se, vel ab antecessoribus suis, Ecclesiis collatum, & nec Clericos, vel Monachos in Curiam suam ad seculare iudicium cogat venire, quoniam hoc rapina esset & sacrilegium.

Nullus Episcopus alterius recipiat excommunicatum.

Monachi nullomodo recipiant ad sepulturam, aut ad quodlibet officium diuinum excommunicatos, vel raptores, aut interdictos.

Vniuersitatis Parisiensis. 499

Annus autem 1096. in apparatu ad expeditionē Hierosolymitanam pene totus consumptus est: tam feruens enim omnibus insedit desiderium proficiscendi, terramque sanctam quam Dominus sacris suis pedibus calcauit, à captiuitate Turcica liberandi, vt spretis rebus cæteris huic vni se omnino applicauerint. Imprimis verò plurimi proceres tam Ecclesiastici, quàm Laïci Sermone Pontificis excitati se suaque omnia in ipso Concilio omnibus qui aderant testibus, sacræ militiæ consecrarunt & addixerunt, quorum primus fuit Aimerus Podiensis Episcopus, qui signaculo Crucis de Papæ manibus accepto Vvillielmum Autasiensem Præsulem illico sectatorem habuit, & alios deinde innumeros. E Proceribus verò Laïcis, Hugo Magnus Philippi Francorum Regis Frater, inquit Mathæus Parisiensis, Godefridus Dux Lotharingiæ, Raimundus Comes Tolosanus, Robertus Dux Normanorum, Robertus Comes Flandrensis, Stephanus Comes Carnotensis, Godefridi fratres Balduinus & Eustachius, aliique plurimi signaculum Crucis susceperunt. Signum autem illud erat Crux è purpureo panno confecta, super scapulam dextram vestibus assuta, quam primus è Pontificibus Vrbanus in signum salutaris expiationis indulsit.

Hanc expeditionem è sacris suggestibus, vehementi feruore suaserunt inter cæteros Robertus de Arbriscellis Magister in Theologia, Vitalis & Robertus Parisiensis, quorum virorum consilio & opera in multis Vrbanus vtebatur. Imprimis verò M. Robertum Arbriscellensem magni tum nominis in Andegauensi ditione (quò post mortē Siluestri Redonensis Episcopi se contulerat) e Conuentu B. M. de Rota, quem instituere incipiebat, euocauit, iussitque in solenni Ecclesiæ S. Nicolai Andegau. dedicatione 4. id. Feb. an. 1095. sacram concionem habere: & quia vehementer omnibus placuit, iniunxit ei prædicationis ministerium, & vt habet Baldricus in eius vita, *Secundum à se eum statuit Dei seminiverbium*. Hinc tam felicem successum habuit expeditio sacra, vt certatim omnes ad eam concurrerent aut subituri militiæ labores, aut è suis opibus contributuri. Eam verò descripserunt Fulcherius Carnotensis Canonicus Comitis Flandrensis Capellanus, & Petrus Tudebodus Picto, ambo testes oculati, quorum historia legitur in tomo 4. histor. Gall. de Cruce-signatorum apparatu sic habet Fulcherius. *O quàm dignum erat & amænum Nobis omnibus Cruces illas cernentibus vel sericas, vel auro textas, aut quolibet genere pallij decoras, quas in Clamydibus suis aut byrrijs siue tunicis peregrini iussu Papæ prædicti post votum eundi super humeros suos consuebant, sanè pugnatores Dei merito victoriæ signo insigniri & muniri debebant, qui ob honorem eius ad præliandum se præparabant.* Eandem describit Guibertus Abbas Nouigentinus eamque Lisiardo Episcopo Suessionensi qui an. 1127. obiit, dedicauit. Eandem versibus descripserunt Fulco libris 3. & Gilo Parisiensis Poëtæ, Fulco initia, Gilo progressum & variæ discrimina sortis. Fulco quidem postquam retulit verba Pontificis Vrbani ad Conuentum Claromontanum, subiungit quo ardore cuncti ad iter se se accinxerint.

His ducibus freta diuinitus agmina sacra
Insumunt contra cuncta aspera, pectora digna,
Non vrbes, castra retinent, non prædia larga,
Non thalami, nati, non sollicitudo paterna,
Quin pro laude Dei concorditer arma capessant,
Iuratisque animis in cuncta pericula currant.
Ergo parant se se fidei ferrique nitore,
Stipantur passim pedites equitumque caterua,
Quas Liger atque Elaber, Matrona & Sequana mittit.
Quas Arar & Rhodanus, Durentia & Isara promit.
Axona & Esia quos agit magnusque Garumna,
Quas Scaldus, Mosa, Rhenus, pariterque Mosella,
Quas Athesis pulcher præterfluit, Eridanusque,
Quas Tiberis, Macra, Vulturnus, Crustumiumque.
Concurrunt Itali, Galli pariterque Alemanni,
Noricij, Sueui, tum Saxones atque Boëmi.
Pisani ac Veneti propulsant æquora remis.
Oceanus flauis distendit vela Britannis.

Dum feruet opus eiusmodi, Prælati quibus à Pontifice demandatum erat, vt coniugium Regis cum Berthrada dissoluerent, aut vtrumque censuris illigarent, sancti propositi occasionem arripientes, Regem quibus possunt rationibus permouere conantur, vt eam à se dimittat, ne mali, si quod forte contigerit, causa esse arguatur. Vnus inter omnes Iuo Carnotensis, vt coniugium illud ante improbauerat, ita se Papæ mandatum executurum minatus est, nisi Rex ad sanius consilium rediret. Qua de re sic scribit ad Guidonem Dapiferum.

Iuo Dei gratia humilis Carnotensium Episcopus widoni D. Regis Dapifero Salutem. Carissime, quia scis te velle laborare de componenda pace inter me & Dominum meum Regem, multas gratias tibi reddo, sed quia hæc pax non posset esse stabilis, quandiu voluerit in incepto suo durare, consilium meum est adhuc expectare, si forte Deus daret ei mentem bonam, vt vellet consilium suum in melius commutare. Quod si facere vellet, scias omnia esse parata quæ necessaria sunt ad faciendum diuortium inter eum & nouam coniugem suam. Vidi enim litteras quas misit D. Vrbanus Apostolicus ad omnes Archiepiscopos & Episcopos Regni sui, vt eum ad rationem mittant : & nisi resipuerit, Ecclesiastica eum disciplina ad emendationem venire constringant. Hæ quidem litteræ iam publicatæ essent, sed pro amore eius feci eas adhuc detineri, quia nolo Regnum eius quantum in me est, aduersus eum aliqua ratione commoueri. Hæc omnia volo, vt dicas Domino nostro Regi, & secundum hoc quod apud eum inueneris, mihi facias remandari. Vale.

Similiter ad Regem ipsum rescribit respondens ad litteras, quas ab ipso acceperat, vt adesset apud pontisaram vel Caluum-montem Colloquio quod habiturus erat cum Rege Anglorum VVillielmo & Roberto Duce Normanorum, cupitque se excusatum, propterea quod absque offensa summi Pontificis communicare cum ipso non poterat, donec à Berthrada diuortisset.

Philippo D. G. Magnifico Francorum Regi Iuo humilis sublimitatis suæ Clericus sic se regere, vt Regi Regum valeat complacere. Excellentiæ vestræ litteras nuper accepimus, quibus submonebat vt apud Pontoesiam vel Caluum montê cum manu militum vobis die quam statueratis, occurrerem iturus vobiscum ad placitum quod futurum est inter Regem Anglorum & Comitem Normanorum : quod facere ad præsens magnæ & multæ causæ me prohibent. Prima quod Domnus Papa Vrbanus interdicit vobis authoritate Apostolica thorum mulieris quam pro vxore habetis, quia sacramentum de securitate Concilij quod vobis mandauerat, fieri vetuistis. A cuius commixtione si amodo non cessatis, separat vos eadem authoritas à participatione Corporis & sanguinis Dominici. Interdicit etiam omnibus Episcopis, ne capiti illius mulieris coronam imponant, quam vt vbique pene terrarum dicitur, lateri vestro illicitè copulastis. Parens igitur Maiestati vestræ dissimulo vestram adire præsentiam, ne sedis Apostolicæ iussione compulsus, cui vice Christi parere me oportet, quod nunc dico in aure, cogar in vestris & multorum auribus publicare. Ego autem nolo vos scandalisate, vel Regiam Maiestatem minuere, quandiu possum aliqua honesta ratione dissimulare. Præterea Casati Ecclesiæ & reliqui Milites pene omnes vel absunt, vel pro pace violata excommunicati sunt, quos sine satisfactione reconciliare non valeo, & excommunicatos in hostem mittere non debeo. Postremo nouit vestra serenitas, quia non est mihi in curia vestra plena securitas; in qua ille sexus mihi est suspectus & infestus, qui etiam amicis aliquando non est satis fidus. Exspecto igitur vt aliquando cor vestrum illustrante Diuina clementia contra sibilum serpentis auditum obturetis, & monitis salutis aures cordis aperiatis. Hoc desidero. Hinc ante Deum quotidie preces effundo. Valete.

Verum omnium Fidelium monitis, consiliis & precibus surdum se præbens Philippus anathemate feritur. Vnde in furorem versus iugum authoritatis Apostolicæ se comminatur excussurum, atque ab obedientia Vrbani se Regnumque suum substracturum & Guiberto seu Clementi adhæsurum. Quam in rem Legatos ad Vrbanum mittit doctos & eloquentes viros, Conuentumque Procerum Ecclesiasticorum indicit interim Trecis. Iuo re cognita Vrbanum admonet, vt firmus sit in proposito, neve minis vllis terreatur, aut promissis flecti se patiatur, si Disciplinam Ecclesiasticam saluam esse velit.

Vniuersitatis Parisiensis.

Vrbano summo Pontifici Iuo sanctitatis sua filius fidelium orationum munus. Venturi sunt ad vos in proximo Nuncij ex parte Regis Francorum per quorum os locuturus est spiritus mendax, qui infatuati adeptione vel promissione honorum Ecclesiasticorum infatuare moliuntur sedem Iustitiæ. Contra quorum calliditatem à paruitate mea vigilantiam vestram volo esse præmonitam & præmunitam, quatenus rigorem vestrum promissiones corum non amolliant, comminatione non exterreant. Quidquid enim dicunt, iam securis ad radicem arboris posita est, nisi aut arcum remittatis aut gladium suspendatis. Qui ergo venturi sunt, confidentes in calliditate ingenioli sui & venustate linguæ suæ prædictis de causis impunitatem flagitij se impetraturos Regi à sede Apostolica promiserunt, hac ratione ex parte vsuri, Regem cum Regno ab obedientia vestra discessurum, nisi coronam restituatis, nisi Regem ab anathemate absoluatis. Si autem impœnitenti venia concedatur, quanta spes impune peccantibus de cætero relinquetur, non est meum instruere vestram prudentiam, cuius potissimum interest delinquentium errata non fouere, sed ferire. Si autem aliqui subdoli euidenter ab vnitate Matris suæ discedunt, qui iampridem mente discesserunt, consoletur sanctitatem vestram diuinum responsum, Reliqui mihi septem illud virorum & illud Apostoli. Oportet hæreses esse, vt si qui probati sunt, manifesti fiant. De cætero volo sciat vigilantia vestra, quia ex præcepto Regis Remensis & Senonensis & Turcnensis Archiepiscopi inuitauerunt Suffraganeos Episcopos, vt post Responsa apud Trecas prima Dominica post festiuitatem omnium Sanctorum an. 1096. conueniant. Quo inuitatus ire dissimulo, nisi vestro consilio munitus, timens ne qua contra iustitiam & sedem Apostolicam moliatur ille Conuentus. De his itaque & de his quæ circa vos sunt, quæ libuerit, rescribat mihi vestra paternitas vt in aduersis compati & in lætis valeam congratulari. Valete.

Cæterum Rex eo tandem adductus est, vt polliceretur vxorem illam, seu verius pellicem se dimissurum, si modo liceret adhuc sibi aliquandiu cum ea conuersari & habitare. Multi Principis infirmitati indulgendum putauerunt: Iuo huicce quoque pollicitationi aduersatus est, vt scribit ad Guidonem Dapiferum asserens neminem posse à peccatis absolui, nisi qui peccatum dimiserit. Atque ita per plures annos Rex anathemati subiectus remansit, donec tandem pellice dimissâ à Paschale Pontifice an. 1104. absolutus est, vt suo loco docebimus.

Eodem anno Hildebertus Lauardensis insignis scholarum Magister apud Cenomanenses, Berengarij vt aiunt, olim discipulus post mortem Hoëli factus est, & quodammodo raptus à Clero & populo Antistes Cenomanensis: quam promotionem nonnulli ægrè ferentes, propterea quod ex humili genere oriundus erat, sinistram de ipso famam euulgarunt, quod nempe muliercularum contubernio vteretur, qua de re Iuo, qui doctrinam eius nouerat & meritorum multitudinem, eum per litteras admonuit, & quantæ castitatis eum esse oporteret, qui pastorale munus gereret. Sic ergo ille Ep. 277. *Dicunt quidam de Maioribus Cenomanensis Ecclesiæ, qui anteactam vitam tuam se nosse testantur, quod vltra modum laxaueris frena pudicitiæ in tantum, vt post acceptum Archidiaconatum accubante lateribus tuis plebe muliercularum, multam genueris plebem puerorum & puellarum. Tu autem nosti quod probate debeat esse castitatis, qui sublimatur ad fastigium curæ pastoralis.*

Extant huius viri nonnulla Opuscula & Epistolæ, quæ olim in Schola pueris prælegebantur, præsertim verò Carmina ipsis etiam Magistris Romanis admiranda videbantur. De eo sic scribit Ordericus Vitalis ad an. 1098. *Hic mansuetus fuit ac religiosus, & tam Diuinarum quàm secularium eruditione literarum studiosus, temporibus nostris incomparabilis versificator floruit, & multa Carmina priscis poematibus æqualia vel eminentia condidit, quæ feruidus calor Philosophorum subtiliter rimari appetit, ac super aurum ac topazion sibi consiscere diligenter satagit. Eleganter enim & sapienter loquitur de Christo, de Ecclesia, de Corpore & anima, de Gestis Sanctorum & virtutibus eorum, de laude virtutum & vituperatione vitiorum. A Romanis Cardinalibus qui frequenter Galliarum plagas adeunt, quia mansuetos illic & obedientes se reperiunt, plurima Hildeberti Carmina Romam transferuntur, quæ Dicaium scholis & Didascalis Quiritum admiranda censentur. Hic sacer Heros ferè 35. annis præsulatus officium exercuit, studiisque bonis in docendo specialiter institit.*

Eodem anno 27. Decemb. obiit Richerius Senonensis Archiepiscopus peractis in Archiepiscopatu annis ferè 35. successit Daimbertus ipsius Ecclesiæ Vicedominus. Tunc autem Parisiensis præsul erat Guillielmus de Montfort frater Berthradæ, electus an. 1094. ille an. 1097. Canonicis & Capitulo Parisiensi ædem B. Christophori in insula Parisiorum sitam concessit: cuius donationis Charta extat in magno pastorali, cui subscripserunt ipse Willielmus, Fulco Decanus, Gualeranus Præcentor, Vulgrinus Archidiaconus, Stephanus & Rainaldus Archidiaconi, Robertus sacerdos & Amelinus Cancellarius eiusdem chartæ conscriptor. Pone illam ædem S. Christophori e regione Nosocomij extructum est Collegium Octodecimanum, de quo infra dicetur.

Ad hunc annum notant Historici mirabilem exercituum Christianorum in terra sancta progressum, expugnatas vrbes, Solymanum captum. Eodem anno Hugo Flauiniacensis author Chronici Virdunensis quod Labbei opera prodiit in lucem, fit Abbas Flauiniacensis, anno à decessu Rainaldi vltimi Abbatis septimo, ætatis 32. missusque est ab Hugone Lugdunensi Archiepiscopo legato Apostolico ad Haganonem Æduensem Episcopum consecrandus, cum hisce litteris, ex quibus quantus vir fuerit, intelligimus.

" Venerabili in Christo Fratri Haganoni Æduensi Episcopo Hugo Lugdunen-
" sis Ecclesiæ Seruus salutem. Quoties humilitatem nostram dilectio vestra adierit,
" quotiens nos pro restauratione Flauiniacensis Ecclesiæ rogarit, benignitas ve-
" stra satis recolit. Quæsistis à nobis multa sedulitate & instantia charissimum fra-
" trem nostrum Diuionensis Ecclesiæ Monachum Hugonem quem nobis as-
" sumpseramus, cuius nos sedulitati credebamus, imo cuius lingua vox nostra erat,
" & quod quæsistis, ab inuito & nolente quasi extorsistis. Electionem igitur eius à
" nobis factam Apostolica authoritate confirmantes, consecrationem ipsius pro de-
" bito vestro vobis imponimus. Certu habentes, quia etsi corpore absentes sumus,
" spiritu præsentes ad honorem Dei per Christum in spiritu S. consecrationi eidem
" intererimus & fideles vobis cooperatores erimus. Nunc igitur prædictum fratrem
" &filium nostrum, quem tanto subiicimus oneri, vestræ specialiter tuitioni contra-
" dentes committimus eum fidei vestræ. Quem quidem semper penes nos volue-
" ramus retinere, sed cessimus instantiæ vestræ. Nostis quo cum teneamus affe-
" ctu, hoc ipso vobiscum committimus. Ei autem consilium & auxilium nostrum
" non deerit, qui non solum Flauiniacensi Ecclesiæ, verum quotquot sunt in Diœ-
" cesi vestra pro eius amore parati sumus pro debito subuenire. Ita ergo agite, vt
" idem frater pro adiutorio & consolatione sibi impensa, gratias, nobis habeat re-
" ferre, vnde habeatis gratiam super gratiam.

1098.
Cisterciensis Ordo.

Ad annum 1098. referuntur vulgò primordia Cisterciensis Ordinis eiusque institutio & fundatio per Robertum Molismensem Abbatem: quam in rem extat hoc distichon.

Anno centeno milleno bis minus vno
Sub Patre Roberto creuit Cistercius Ordo.

Huicce fundationi dotationem tribuit Odo I. Burgundionum Dux, consensum & approbationem Hugo Lugdunensis Archipræsul & legatus Apostolicus. Gualterus verò Cabillonensis Robertum Cœnobiarcham consecrauit. De huius Ordinis primordiis sic scribit Cæsarius Heisterbacensis lib. 1. Miracul. c. 1. *In Episcopatu Lingonensi situm est Cœnobium nomine Molismus, fama celeberrimum, religione perspicuum, viris Illustribus nobilitatum, possessionibus amplum, virtutibus clarum. Et quia Diuitiis virtutibusque diuturna non potest esse societas, viri nimirum sapientes & virtutum amatores altius intelligentes licet honestè in præfato Cœnobio viuerent, minus tamen ipsam quam professi fuerant Regulam, qualiter obseruarent, considerantes, habito inter se communi consilio, viginti & vnus Monachi vnà cum Patre suo Roberto vnanimi assensu, eodem spiritu venerunt in locum horroris & vastæ solitudinis nomine Cistercium, ibi viuere cupientes de opere manuum suarum secundum Regulæ præceptum. Anno igitur Dominicæ Incarnationis 1098. Venerabilis Hugonis Lugdunensis Ecclesiæ Episcopi & tunc sedis Apostolicæ legati atque Religiosi viri Walteri Cabillonensis Antistitis, nec non & clarissimi Principis Odonis Ducis Burgundiæ consilio & authoritate roborati in prædicto loco Abbatiam construere cœperunt. Et quia Cœnobium de quo exierunt, constructum fuerat in honore B. Dei Genitricis Mariæ, tam ipsi quàm eorum successores de eodem nouo Monasterio propagati omnes suas Ecclesias in honore eiusdem gloriosæ Virginis censuerunt esse dedicandas.* Ad hunc Ordinem complures e nostris academicis omni tempore tanquam ad portum salutis confugerunt: quem Radulphus de Diceto scriptor Anglus institutum ait an. 1099. eumque vocat *principium Ordinis dealbati*.

At Ordericus Vitalis ad an. 1094. mutationem istam vestium Religiosarum quæ solebant olim esse nigræ, describit aiens crescentibus ex vna parte vitiis, creuisse quoque ex alia virtutes, & plurimos Doctores Apostolicos vitam religiosam fuisse amplexos. *Verè diuina pietas*, inquit, *Ecclesiā suā crebro visitat & inuisibili actu dulcedinis sua consolatur ne inuia deficiat, quotidieque missis ad eā fortibus Agonothetis ad luctā corroborat. Hinc ait propheta, pro Patribus tuis nati sunt tibi filij, Apostolis enim astra transuolantibus Apostolici Doctores successerunt, qui verbis & operibus in atriis Hierusalem stantes fulserunt, Deoque suorum fructus laborum huc vsque acceptabiles offerunt. Ex abundante iniquitate in mundo vberius crescit fidelium in religione deuotio, & multiplicata seges in agro surgit Dominico. In saltibus & campestribus passim construuntur Cœnobia, nouisque ritibus, variisque schematibus trabeata peragrant orbem Cucullatorum agmina. Albedine in habitu suo præcipuè vtuntur, quā singulares ab aliis nobilesque videantur. Nigredo in plerisque locis S. Scriptura humilitatem designat: quem idcirco colorem Religiosorum feruor hactenus guarenter gestat. Nunc autem nigredinem quā prisci Patres tam Regulares Clerici in cappā, quam Monachi in cucullis ob humilitatis specimen vsi sunt. Moderni tanquam ob maioris Iustitiæ ostentationem, abiiciunt. Insimulata quoque pannorum sectione suorum ab aliis discrepare appetunt.* 1099.

Anno 1099. capta & expugnata est Ciuitas Hierosolymitana à Godefrido & aliis Ducibus Christianorum, omniumque consensu Regimen ipsi Godefrido delatum est. Patriarcha creatus Arnulphus quidam Sacerdotis vt aiunt, filius: quo statim mortuo Daibertus vir valdè eruditus & in rebus Ecclesiasticis à puero enutritus suffectus fuit. Huicce expugnationi e nostris interfuerunt Tudebodus & Fulcherius Carnotensis, quorum iste hos versus in hanc em edidit.

> *Iulius efferuens ter quinā luce calebat,*
> *Vndecies centum numero si dempseris vnum,*
> *Dicebant annos Domini tunc esse peractos,*
> *Cum nos Hierusalem Gens Gallia, capimus vrbem.*
> *Terquinā Iulius splendebat luce micanti,*
> *Vrbem cum Franci capiunt virtute potenti.*
> *Anno milleno centeno quominus vno*
> *Virginis à partu, genuit qua cuncta regentem.*

Historiam istam Baldricus Burguliensis Abbas & alij luculento ac veraci sensu descripserunt, ait Gaufridus Prior Vosiensis, & his addit Gregorium cognomento Bechadam de Castro de Turribus, professione militem, subtilissimi ingenij virum, aliquantulū imbutum litteris, qui ad horum gesta præliorum maternā linguā, & rythmo vulgari, vt populus pleniter intelligeret, ingens volumen decenter composuit, & vt vera & facta verba proferret, 12. annorum spatio super hoc opus operam dedit. Ne verò vilescant propter verbum vulgare, non sine præcepto Episcopi Eustorgij, & consilio Gauberti Normani hoc opus aggressus est. Hæc ille.

Rebus ita feliciter gestis multi e nostris in Franciam redierunt, cum quibus Tudebodus, neque enim vltra id tempus illic remansisse videtur, cum historiam suam vrbis expugnatione terminet. Godefridus autem stabiliendo Regno deinceps animum adiecit, legesque Franciæ linguā edidit, quarum exemplar Renatus Choppinus refert lib. 2. de Sacra Politia: quarumque fragmentum Nos quoque huicce Historiæ non pigebit ad commendationem venerandæ antiquitatis attexere. *Deux Chiefs Seigners y a ou Reyaume de Hierusalem li Spirituel, Patriarche, li temporel, Roy. Li Patriarche a cinq Archeuesques suffragans. L'Archeuesque de Sur, l'Archeuesque de Cesaire, l'Archeuesque de Bethlem, qui est dit de Nazaret, l'Archeuesque de Bethseret; l'Archeuesque dou Babet qu'on appelle Philadelphe, qui au temps le Roy Amaury fut translaté en Croc, est appellé Archeuesque de la Pierre dou desert, a trois Euesques Suffragans.*

Ad hocce tempus rectè referre possumus Collegij Octodecimani vulgo Des Dix-huict fundationem aut certè dotationem, pone D. Christophori ædem siti & è regione Nosocomij seu Domus-Dei, in vsum scilicet 18. Pauperum Scholarium

Collegium Octodecimanum.

quibus alendis 25. libras annui reditus addixerunt duo Nobiles Flandrenses salui & incolumes ex illa Expeditione Hierosolymitana reuersi. Qua de re sic legitur in Antiquitatibus Parisiensibus.

Deuant la Porte de l'Hostel-Dieu de Paris proche le Paruis Nostre-Dame il y a vne grande maison, où souloient estre logez, nourris, entretenus & instruits aux Lettres Dix-huict Pauures Escholiers, qui pour cela est encore appellée la MAISON DES DIX-HVIT, & si a laissé le mesme nom à la Ruelle proche qui tend de la grand Ruë neuue à S. Christophle. Iceux pauures iennes Enfans quand ils sortoient de l'Eschole auoient de coustume d'aller ietter de l'eau benite, & dire quelque bresue oraison sur les corps des Trespassez qui se presentoient à la porte de l'Hostel-Dieu. Ce qu'vne fois voyans deux Flamans recentement venus de Ierusalem meus de compassion ils donnerent ausdits pauures Escholiers vingt-cinq liures de rente, qu'ils ont sur le Domaine du Roy. Depuis lesdits Escholiers ont esté translatez au dessus de la ruë de Sorbonne deuant le College de Cluny d'vn costé, & de l'autre, deuant le College de Calny, au lieu nommé le College des DIX-HVIT DE NOSTRE-DAME.

Ex his intelligimus ætate Ægidii Corrozeti, à quo quæ supra relata sunt, Brolius accepit, Collegium illud vetus vocari adhuc consueuisse DOMVM OCTODECIM, viculumque per quem tenditur ad D. Christophori, idem nomen habuisse. Quamobrem verò ibi Collegium fundatum fuerit in gratiam, vsum & habitationem pauperum Scholarium, ratio in promptu est, quia nempe tunc temporis in scholis Atriensibus & Claustralibus vigebat exercitium literarum; ibique tum magnâ nominis famâ & celebritate docebat M. Guillelmus de Campellis: quanquam & in Monte quoque San-Genouefiano cum splendore & dignitate eadem Artium & omnis generis disciplinarum professio floreret.

Eodem anno 4. Kal. Augusti mortem oppetiit Vrbanus Papa, & post quindecim circiter dies Rainerius Monachus Presbyter Cardinalis inuitus substituitur, nomenque Paschalis II. assumit. Eodem quoque Vvillelmus Rufus Rex Anglorum sinistro quodam fato interficitur à Vvaltero Tirello milite, dum sagittam in ceruum intendit. Regnum Frater eius Henricus natu minimus occupat, absente Roberto Normaniæ Comite, & in Bello sacro iam quinque annos detento. Tirellum tamen ab hac calumnia vindicat Sugerius his verbis. *Imponebatur à quibusdam cuidam Nobilissimo viro Galterio Tirello, quod eum (Regem) sagittâ perfoderat. Quem cum nec timeret, nec speraret, iureiurando sæpius audiuimus & quasi sacrosanctum asserere, quod ea die nec in eam partem siluæ, in qua Rex venabatur venerit, nec eum in silua omnino viderit.* Nobilissimum vocat virum, nempe filium Fulconis Decani Ebroicensis, & fratrem Fulconis de Guarlemvilla. Fulco verò Decanus, vt refert Ordericus, ex paterna hæreditate Feudum militis possidebat. Is Fulberti Discipulus fuerat, & pro more illius temporis vxorem duxerat nobilem virginem Orieldem, ex qua octo filios genuerat, & filias duas: hos quidem filios, Guarinum, Christianum, Radulphum, Guillielmum, Fulconem, Frotmundum, Hubertum & Galterium cognomento Tirellum: filias verò Alwisam & Adelidem. *Tunc quippe*, inquit, *in Neustria post aduentum Normanorum in tantum dissoluta erat castitas Clericorum, vt non solum Presbyteri, sed etiam Præsules liberè vterentur thoris Concubinarum, & palam superbirent multiplici propagine filiorum & filiarum.*

Sed vt ad Vvillielmum redeamus, communis tunc opinio fuit, occisum à Comite loco Cerui incautè & inopinato. Testantur eius Elogia, quæ leguntur inter Carmina historica Baldrici Burguliensis loco Epitaphij: & talia sunt.

> Nobilitas, Regnum, prudentia, copia rerum
>   Tollere Vvillielmo non potuere mori.
> Belligerando Pater Normanos vicit & Anglos,
>   Ambos pacificè filius obtinuit.
> Heu fortuna grauis, dum ceruos insequeretur,
>   Intercepit eum iacta sagita feris.
>   Aliud de eodem.
> Qui Regum magnus fuit admirabilis orbi,
>   Qui probitate sua Rexque Comesque fuit.

Vniuersitatis Parisiensis.

Consul Normanis, Rex Anglis, filius eius
  Anglos Normano milite qui domuit.
Dum Ceruos agitat, socij stridente sagitta
  Willielmus cecidit, Rex fuit, ecce cinis.
    Aliud.
Qui legis hunc titulum, subtus agnosce sepultum
  Anglorum Regem, nunc modicum cinerem.
Hic Vuillielme iaces Vuillielmi filius, Anglos
  Qui ferus ense fero belliger edomuit.
Dum sequeris cernos, alter quoque destinat ictum.
  Ceruo directam passus es ipse necem.
    Aliud.
Sub cuius nutu tremuit Normanus & Anglus,
  Qui locuplete manu sæpe pluebat opes,
A patre Vuillielmo neque re neque nomine distans,
  Qui Consul, qui Rex inclytus extiterat.
Morte noua Ceruis intensum pertulit arcum.
  Hac quoque magnus homo subcineratur humo.

In eadem Silua Richardus filius Roberti Comitis Normanorum, dum venabatur, similiter paulo ante à Milite sagitta percussus occubuerat. Idque singulari Dei vltione contigisse creditum est, quia Willielmus Conquestor fugatis habitatoribus, destructis domibus & ædificiis, dirutis quoque templis Deo sacratis, in quibus boni Edwardi temporibus sacra fiebant, locum illum feris repleuerat & siluam nouam vocarat.

SYNOPSIS TERTII SECVLI
DE FORTVNA ET STATV
VNIVERSITATIS PARISIENSIS.

Ortunam Vniuersitatis in 3. ponimus, in subsidio Ecclesiæ ab ea præstito, in fauore Principum & Priuilegiis. Imprimis non videtur posse dubitari, quin Reges Franciæ Academicis suis vsi sint in hæresibus suo tempore & in suo Regno ortis confutandis. Prima autem fuit Aurelianensis; neque enim Leutherici Senonensis Dubia & Quæstiones de Eucharistia Hæreseon numero accensere decet, qui & nihil affirmando contra fidem docuit, & à Rege increpitus statim quærere & dubitare destitit. Inde tamen Manichæi Aurelianenses non dubitando, sed asserendo videntur docuisse sacramentum altaris nihil esse; nec prodesse ad salutem.

Hos Robertus collecta synodo Episcoporum & virorum Doctorum auditos & erroris conuictos, at obstinatos & impœnitentes flammis damnauit. Quorum Discipuli iam magno numero sparsi variis in locis pari supplicio affecti sunt. Porro ex huiusce hæreseos, de qua ad annum 1017. diximus, infaustis cineribus surrexerunt sequente seculo Petrobrusiani, Henriciani, Valdenses & Albigenses, vt suo loco referemus.

2. Hæresis, Catachristicus tamen & abusiuè hæresis dicenda est, de S. Martialis Apostolatu fuit. Nam Monachi S. Martialis Lemouicensis contra veterem consuetudinem in Litaniis communibus Sanctorum Martialem Confessorem loco & ordine mouentes Apostolis accensuerunt authore Hugone abbate; cæterosque qui maiorum vestigiis & receptæ consuetudini insisti volebant, Hebionitas appellabant, quasi hoc duntaxat nixi fuissent fundamento, quod nullus sanctorum Apostolis accessendus esset qui non esset de numero duodecim. In hâc rem quinque synodi habitæ fuerunt, Pictauiensis, Parisiensis an. 1024. Bituricensis & duplex Lemouicensis. Ad Parisiensem verò præter Episcopos paret ex historia aduocatos fuisse à Roberto Magistros seu Doctores in rerum istarum historia peritos. Quæ quidem Quæstio octauo circiter anno postquam moueri cœpit, authoritate Ioannis Papæ definita est, vt ad an 1031. dictum est. Vnde Isambertus Pictauiensis Episcopus sententiam de quæstione proposita rogatus dixit non esse vltra quærendum nec dubitandum postquam Papa Martialem fecisset Apostolum. *Multa, inquit, Charissimi, inter hos annos hac de re facta est inquisitio, quo vsque hæc altercatio ad aures Apostolicæ S. Romanæ sedis perueniret. Super quo D. Ioannes Papa exemplar Epistolæ nobis est dignatus destinare, magnopere testificans Apostolatus eius gloriam & redarguens omnes qui eum contradicunt esse Apostolum: quæ Epistola sacra conseruata in promptu habetur, in qua facile claret testimonium verum Romanæ sedis.*

Similiter Aymo Bituricensis Archiepiscopus subiungens dixit. *Textum Epistola Ioannis omnibus Galliarum Episcopis directa ante hos 15. dies in Concilio Bituricensi, vbi plures Episcopi disceptationem sub magna discretione examinantes inuenerunt sanum esse, quod Ioannes Papa in Romana sede & nos in hac quæ prima omnium Ecclesiarum Gallia est, Spiritu S. afflante de hac iustißima re instituistis.*

3. Hæresis fuit Berengariana, ad quam extinguendam multiplices habitæ sunt synodi. In Normania quidem Brionensis an. 1051. cui complures viri docti Normani, quibus tum Prouincia illa abundabat, interfuerunt, de quorum sententia à Vvillielmo Duce silentium Berengario impositum est. Secuta est Parisiensis, eo anno, quam habuit Henricus paternæ virtutis, vt & odij hæres & successor in hæreticos. Cui quidem Synodo nemo sanus dubitauerit, quin interfuerint cum Episcopis Magistri Parisienses. De cæteris Synodis, satis superque dictum est in historia.

Cæterum hæc hæresis, omnium quotquot olim fuerunt, funestissima & diuturnissima (quippe quæ viget adhuc nostris temporibus & Ecclesiam Christi impiissimè lacerat) Patriarcham habuit Ioannem Erigenam, vt fatetur Berengarius, cui, quod esse crederetur ingenij acutissimi & in Philosophicis altercationibus versatissimi, mandatum fuerat à Carolo Caluo & iniunctum de duobus altissimis mysteriis scribere, de prædestinatione scilicet & de mysterio Eucharistiæ. Quanquam alij existimant Ioannem de prædestinatione solummodo scripsisse, Ratramnum vero seu Bertramum Presbyterum ab eodem Carolo similiter iussum, de sacramento altaris tractasse. Aduersus Ioannem scripserunt Ecclesia Lugdunensis, Florus eiusdem Ecclesiæ Diaconus, & Prudentius Episcopus Trecensis. 19. eius capitula refutauit, quæ Synodus Valentina damnauerat his verbis.

Sed & alia nouemdecim syllogismis ineptißimè conclusa, & licet iactetur, nulla secu-lari litteratura nitentia, in quibus commentum Diaboli potius quàm argumentum aliquod fidei deprehenditur, à pio auditu fidelium penitus explodimus....... Ineptas autem quæstiunculas & aniles planè fabulas, Scotorumque pultes puritati fidei nauseam inferentes, quæ periculosißimis & grauißimis temporibus ad cumulum laborum nostrorum, vsque ad scißionem Charitatis miserabiliter & lachrymabiliter succreuerunt, ne mentes Christianæ inde corrumpantur & excidant à simplicitate fidei quæ est in Christo Iesu, penitus respuimus, & vt fraterna charitas cauendo à talibus auditum castiget, Christi amore monemus.

Ille autem excogitandis terminorum Philosophicorum subtilitatibus ita animum addixerat, vt iactitaret se quamcunque quæstionem, etiam Theologicam soluere posse Philosophiæ theorematis & Principiis. Vnde primo capiti sui operis præfixerat hunc titulum *Quadrinio Regularum totius Philosophiæ quatuor omnem quæstionem solui posse.* Hoc est quaternis Philosophiæ regulis, quarum hanc primam adstruebat, *Philosophiam & Religionem vnum & idem esse,* & 4. his Philosophiæ partibus diuisiua, definitiua demonstratiua & resolutiua, Prædestinationis mysteriũ rectè posse inueniri. Idem ex 4. elementis Paradisum & Inferos componebat, aiebatque Dæmones ante peccatum in aere constitutos: itaque domicilium sedemque Beatorum esse sphæram ignis, damnatorum vero, sphæram, aeris. Beatos resurgentes assumpturos Corpus ignis, vt in igne in æternum viuere possint, damnatos Corpus aëreum, vt ab igne torqueantur. Hæc & alia multa somniabat Aristotelicæ lectioni nimis addictus. Vnde multos habuit suo tempore aduersarios viros graues doctosque Theologos.

Quod ad librum de Eucharistia attinet, non alium eius agnouit Berengarius authorem, quàm prædictum Ioannem: ex quo patet nondum adhuc eius tempore editum opus de sacramento altaris sub nomine Bertrami seu Ratramni, alioquin profectò eius meminissent aut ipse Berengarius, aut Lanfrancus eorumve sectatores. Vnde existimat Marcanus Archiepiscopus Tolosanus huius operis verum germanũq; authorem esse Ioannem Scotũ. Alij Bertramũ à Scoto distinguunt, eiusque opus in tenebris latuisse putant, nec adhuc visum Berengarianis tempori-bus. Vix autẽ quisquã dicere potest, quæ fuerit Bertrami ea de re sententia, adeo Catholica cum hæreticis miscet, & quæ fidei sunt cum, iis quæ ratione excogitantur. Sic tamen nonnulli qui doctrinam eius accuratius examinarunt existimant, Authorem istum partim Ecclesiæ sensa, partim sua exprimere: in illis orthodoxè loqui, in his errare, dum nempe altitudinem mysterij ad humanos sensus deprimere conatur.

Id similiter accidit Berengarianis rationem ducem sequentibus non fidem; vnde factû est, vt in exponendo isto mysterio alij alia via processerint. De quibus sic habet Guitmundus l. 1. de veritate Euchar. *Non omnes qui de istis sacramentis errant, vna incedunt via erroris. Nam Berengariani omnes quidem in hoc conueniunt, quia panis & vinum essentialiter non mutantur, sed vt extorquere à quibusdam potui, multum in hoc differunt, quod alij nihil omnino de Corpore & Sanguine Domini sacramentis istis in esse, sed tantummodo vmbras hæc & figuras esse dicunt. Alij vero rectiùs Ecclesiæ rationibus cedentes, nec tamen à stultitia recedêtes, vt quasi aliquo modo nobiscum esse videantur, dicunt ibi Corpus & sanguinem Domini reuera sed latenter contineri, & vt sumi possint quodammodo, vt ita dixerim, impanari. Et hanc ipsius Berengarij subtiliorem esse sententiam aiunt. Alij vero non quidem iam Berengariani, sed acerriuè Berengario repugnantes argumentis tamen eius & quibusdam verbis Domini paulisper offensi, quod suo loco dicemus vberius, solebant olim putare, quod panis & vinum ex parte mutentur, & ex parte remaneant. Aliû vero irrationabilem istorum sensum longè horrentibus eadem verba Domini quibus isti mouentur, non satis aptè intelligentibus videbatur panem & vinum ex toto quidem mutari, sed cum indigni accedant ad communicandam carnem Domini & sanguinem, iterum in panem & vinum reuerti.* Sed de his satis.

4. hæresis fuit Roscelini & nonnullorum aliorum Nominalium aientium tres personas Diuinas rectè dici posse tres res distinctas & separatas; & illa quidem in synodo Suessionensi an. 1093. habita compressa est. Habuit nonnullos sectatores Roscelinus contra quos scripsit Petrus Abaelardus, vt legere, est in l. 2. introduct. ad Theolog. c. 5. & seq. vbi tres præsertim Magistros erroris circa Diuinas personas suppresso nomine refert, quorum vnus docebat, seu vt ait, Cathedram pestilentiæ tenebat in Francia, alter in Burgundia, tertius in pago Andegauensi. Hæc scribebat Abaelardus circa an. 1116. vnde non crediderim, licet aliqui secus existiment, vllo pacto loqui de Roscelino: siquidem iste in Aquitaniam secesserat, vbi vita & conuersatione sancta florebat an. 1003. vt refert Chronicon Malleacense.

Imperium ipsum. Hoc autem potissimum seculo cœperunt Pontifices Romani in promotionem Academicorum Parisiensium & Gallorum nostrorum studiosius & accuratius intendere. Nam à temporibus Caroli Magni & Calui rarum fuit inter eos & litteratos commercium. Gerbertus Aquitanus factus Siluester II. Gallus ipse Gallis addictissimus fuit, & quos potuit, libenter & gratiosè promouit. Verum postquam secuti Pontifices iugum excusserunt Imperatoriæ seruitutis ad Francorum Reges & ad viros doctos longè magis animum conuerterunt, vt & præsidium in armis haberent aduersus Cæsaris Germanici vires, & opem in peritia scripturarum & canonum contra Pseudo-Pontifices. Hinc illi Cardinalium ordinem instituerunt, tum vt ab iis electio deinceps penderet summorum Pontificum, tum vt haberent homines sibi addictos proposito huiusce dignitatis præmio, atque in sacrum Consilium adlegerent. Id Leoni IX. institutum vulgò refertur.

Secuti Pontifices Alexander II. & Gregorius VII. ad tollendam Beneficiorum nundinationem & Simoniam quam Principes publicè & impune exercebant, indictis censurarum Ecclesiasticarum pœnis vetuerunt ne vllus ab vllo Laico cuiuscunque dignitatis esset, Beneficium Ecclesiasticum accipere auderet. Hinc in Imperatorem Henricum III. parere recusantem lata anathematis sententia. Et tandem pluribus gradibus eo ascendit Gregorius, vt Imperium Augusto abrogarit, subditosque ipsius sacramenti religione absoluerit. Augustus quo se à fulminibus Vaticanis tueretur, Pseudo-Pontificem creauit. Vnde detestandum schisma in Ecclesiam Dei inuectum, ipsam plures annos miserrimè dilacerauit. Vrbanus II. Paschalis & alij decessorum suorum vestigiis insistentes excusso iugo, quod priores sub Imperatoribus passi fuerant, ipsorum Imperatorum sese Dominos præstiterunt, legibusque suis eos submiserunt: ne enim ipsi Cæsarianis viribus succumberent, neue repugnando impares essent, alios Principes & Monarchas variis modis ad se traduxerunt. Viros verò Doctos

& præsertim Academicos Parisienses, vt contra Antipapas adiutores haberent, propositis dignitatibus Ecclesiasticis, quarum deinceps se dispensatores effecerunt, sibi addixerunt, de quibus ante, cum præmia non haberent quæ impertiri possent, non cogitabant.

Ex hac igitur origine prodierunt postea reseruationes beneficiorum, Gratiæ exspectatiuæ, nominationes, indulta & alia eiusmodi, quæ Romanam curiam antea raro adiri solitam frequentari & celebrari fecerunt. Prodierunt & promotiones ad Cardinalatu, ad Episcopatus & Abbatias, quæ munera & præmia Pontifices ante non nisi raro impertiebantur, & nisi forte ad eos prouocatum fuisset. Leo igitur IX. Cardinalitij ordinis institutor Humbertu Siluæ candidæ Gallum Tullensem, seu Burgundum, virum eximiæ doctrinæ & facundiæ, cuius opera in confutando Berengario vsus est, vnum è primis Cardinilibus creat: item & Fridericum Gozelonem Lotharingum, qui postea Stephanus IX. dictus est. Alexander II. Petrum Guillielmum. Gregorius VII. Guitmundum Normanum Vticensis Cœnobij Monachum, virum eloquentissimum & in rebus Theologicis peritissimum ad Archiepiscopatum Auersanum promouet: Othonem Castillionæum Remensem ad Cardinalatum. Ipse Otho Papa creatus sub Vrbani II. nomine ad plurimas synodos quas in Gallia habuit, plurimos viros doctos aduocat, plurimosque ad varias dignitates prouehit: Roberti Arbricellensis insignis in Theologia Magistri opera vtitur in Cruciadæ negotio, Brunonem Coloniensem Magistrum quoque in Theologia Carthusiensium Patriarcham ad curiam accersit, eiusque consiliis vtitur.

Ad annum 1085. retulimus quanta inter eum & Baldricum Burguliensem necessitudo intercederet, quantumque commercium litterarum & versuum. Iuuat hic eiusdem Baldrici elegos ad eum datos referre, ex quibus intelligitur quanto amore doctos viros prosequeretur doctus ipse, facundus & eloquens.

Odonem saluere meum sine fine peropto
 Odo mi salue, Papa futurus aue.
Quod te dico meum, præsumptio dicere cogit.
 Tantum tantillus Pontificem Monachus.
Quem nunquam vidi, quem solis auribus hausi,
 Dicere præ nimio cogor amore meum.
Visceribus totum te nostris insinuauit,
 Te siquidem noui carmina diligere.
Et laudas vates, & præmia vatibus offers,
 Iocundus, prudens, felle columba carens.
Compatiens miseris, peregrinis auxiliator,
 Morum præ cunctis asperitate cares.
Maximus Orator, Vatum specialis amator,
 Inuitas nostros ad studium calamos.
Talem te cupio, mihi te desidero talem,
 Qualis es & qualem te volo, promereor.
Quæso mihi debe, quod debet amicus amico,
 Quos indiscussus consolidauit amor.
Inter quos vnquam non est alterna voluntas,
 Qui sapiunt, vivunt & moriuntur idem.
Ecce tibi talem, me si dignare, paciscor,
 O vtinam votis faueris Odo meis!
Si mihi te dederis, si te dignabere nostrum,
 Inter cantores Orpheus alter ero.
Iam quoque de vestro nimium confisus amore,
 Audeo pro charis insinuare meis.
Burchardum commendo meum, quem diligo multum,
 Tutelæque tuæ consilioque tuo.
Vrit Guidonij penuria multa penates,
 Odo, roriferas cui plue diuitias.

Paschalis II. inter præcipuos quoque consiliarios M. Robertum Parisiensem habuit, Galonem Episcopum Leonensem, Giraldum Engolismensem, & alios doctos viros, quorum nomina historia passim suppeditabit.

Quod ad fauorem Regum attinet & ad priuilegia ab iis Academiæ Parisiensi concessa, quicumque de re nostra accuratius scripserunt, fatentur omnes Robertum impensissimè fuisse viris doctis addictum, vt erat ipse litteris addictissimus. Vnde Belforestius & Seruinus nullatenus dubitant, quin scholæ Regiæ priuilegia indulserit, etsi qualia fuerint, nemo hodie dicere possit, iniuriâ quippe temporum etiam beneficiorum memoriam obliterante. Accedit Peyratius lib. 1. Antiquitatum Capellæ Regiæ c. 68. aiens sicut institutio Vniuersitatis Carolo M. debetur, ita eiusdem authoritatem, dignitatem & amplificationem honoris Roberto deberi. Cuius Principis nobile studium imitati Henricus filius & Philippus nepos effecerunt, vt ex omnibus scholis ad Parisiensem tanquam ad omnium Artium Officinam aduolarent innumeri Discipuli & Magistri: quod vt liqueat, de statu illius nunc agendum.

Status Vniuersitatis.

Imprimis qualis fuerit eius celebritas, vel vnus satis significat Abaelardus Armoricus Nannetensis, qui peragratis pluribus Prouinciis lustratisque Magistrorū Prouincialium scholis, tandem sub finem huius seculi, vel certe sub initium sequentis ad Parisienses venit, quæ Philosophiæ præsertim laude iamdiu commendabantur: sic enim habet initio Ep. 1. calamitatum suarum vbi exponit, quo pacto dimissis bellorum studiis ad litterarum exercitium totum se contulerit. *Ego quanto amplius & facilius in studio litterarum profeci, tanto ardentius in eis inhæsi & in tanto earum amore illectus sum, vt militaris gloriæ pompam cum hæreditate & prærogatiua primogenitorum meorum fratribus derelinquens Martis Curiæ penitus abdicarem, vt Mineruæ gremio educarer. Et quoniam Dialecticarum rationum armaturam omnibus Philosophiæ documentis prætuli, his armis alia commutaui & trophæis bellorum conflictus prætuli disputationum. Proinde diuersas disputando perambulans Prouincias vbicumque huius artis vigere studium audieram, Peripateticorum æmulator al. ambulator, factus sum. Perueni tandem Parisius, vbi iam maximè Disciplina hæc florere consueuerat, ad Guillelmum scilicet Campellensem præceptorem meum in hoc tunc Magisterio re & famâ præcipuum.*

Ecce indicat Abaelardus euidenter Academiæ Parisiensis celebritatem famamque fuisse magnam, non eo tantum tempore quo ad eam venit, sed & iamdiu consueuisse esse magnam. Præsertim verò propter Dialecticas concertationes, quibus ille maximè delectabatur. Facessant igitur hinc, qui dicunt eam à Philippo Augusto fuisse institutam, qui anno tantum circiter 1180. regnare cœpit. Nam quæ scribit Abaelardus, omnino consentiunt cum iis quæ scribit Baldricus Aurelianensis de M. Roberto Arbricellensi qui *vrbem Parisius* aduenit, ibique *litterarum disciplinam quàm vnicè sibi postulauerat pro voto commodam reperit, illisque assiduus Lector insidere cœpit.* Consentiunt cum historia Helgaldi de Roberto Rege, aientis scilicet *innumerabilem Clericorum* id. Scholarium *multitudinem* illius exequias fuisse prosecutam. Consentiunt & cum iis quæ scribunt Ademarus Engolismensis & Odolricus Abbas S. Martialis Lemouicensis *multos Doctores & Sapientes* Parisiensi Synodo an. 1024. de Apostolatu S. Martialis habitæ interfuisse. Consentiunt quoque cum iis quæ de Huboldo Leodiensi, qui in San-Genouefano monte Scholas erexit ante annum 1000. suo loco retulimus: item cum iis quæ de Abbone Floriacensi scribit Aimoinus eius Discipulus, eum scilicet relictis Scholis Floriacensibus, quæ tum celebres erant, ad Parisiensem tanquam ad Maius & Nobilius studium circa an. 1060. venisse: vt nihil dicamus de Gerberto Aquitanico, Olberto & aliis qui similiter lustratis prouincialibus scholis & aliis minoribus, ad Parisiensem tanquam ad supremū scientiarum tribunal conuolarunt. Consentiunt denique cum iis, quæ scripsit Vniuersitas ipsa in litteris Encyclicis seu Circularibus an. 1253. contra Mendicantes, aiens Gymnasium Parisiense olim & à multis retroactis temporibus à Magistris animo quidem Religiosis, habitu verò secularibus fuisse gubernatum, Mendicantibus verò, qui an. 1218. Parisiis sedem habere cœperant, nouissimè & diebus suis venisse. *Qui Magistri processu temporis, crescente numero Auditorum ampliati, vt liberius & tranquillius vacare possent studio litterali, si quodam es-*

sent iuris specialis vinculo colligati & sociati, CORPVS COLLEGII SIVE VNIVERSITA-TIS *cum multis priuilegijs & indultis ab vtroque Principe fuerant adepti.* Ex quibus verbis intelligitur multiplicandorū Magistrorum, ineundæSocietatis & Vniuersitatis componendæ causam fuisse Scholarium multitudinem & frequentiam; vnde prouênit Scholæ Parisiensis celebritas: proindeque recurrendum esse necessariò ad initia celebritatis & frequentiæ eiusmodi: regressu autem facto ab his temporibus ad vsque Carolina, patet manifestissimè ex authoribus synchronis semper fuisse celebrem Vniuersitatem Parisiensem; atque idcirco non potuisse ita florere & tantæ famæ esse sine legibus & statutis, sine Scholæ Rectoribus & Disciplinæ Moderatoribus. Quod enim, proh Deum immortalem! certius esse potest perpetui studii Parisiensis argumentum, quàm non aliud assignari posse eius initium, quàm quod ab ipso fundatore & institutore Carolo M. accepit? Et quod certius est fidei nostræ & Apostolicæ traditionis fundamentum, quàm a postremis temporibus ad antiqua & prima replicando, perpetuis seculis eandem semper inuenire ad vsque Apostolos & Christum institutorem? Et quæ denique clarior est, euidentior & manifestior argumentatio contra Hæreticos ineffabile Transsubstantiationis mysterium negantes, quàm in omnibus seculis ad prima vsque recurrendo demonstrare talem semper fuisse Ecclesiæ fidem?

Esto igitur Academia nostra celebrior fuerit Philippi Augusti æuo, an idcirco fatendum erit fuisse ab eo institutam? celebris quoque fuit sub eius parente Ludouico VII. celebris pariter sub Ludouico VI. qui Crassus seu Grossus cognominatus est. Celebris & sub Philippo I. vt scribit Abaelardus. Celebis sub Henrico, Roberto & Hugone Capeto, vt exemplis probatum est. Constat verò fuisse celebrem sub Carolo Caluo; nec certius potest ipsius celebritatis afferri testimonium quàm Henrici Antissiodorensis Epistola dedicatoria, quâ docet eum omnes pœne aliarum Gentium scholas, vt suam amplificaret & nobilitaret, sustulisse. Neque denique dubitari potest, quin Regnante Carolo M. Palatinæ scholæ floruerint, non solum Regnicolarum studiis, sed & ex omni parte, Regno & natione Magistrorum aduentu. Et audiet iam aliquis dicere Academiam Parisiensem fuisse à Philippo Augusto institutam!

Neque Vniuersitas celebris tantum fuit hoc seculo tertio, Philosophiæ cæterarumque Artium professione, sed & Theologiæ quoque exercitio. Cætera verò duo Disciplinarum genera, Iuris scilicet Canonici & Medicinæ, aut nondum exercebantur Parisiis, aut distinctas non habebant, vt nunc habent, à Theologia & à Philosophia scholas. Licet enim Burchardus Vvormaciensis, deinde Alexander Lucensis, & postea Iuo Carnotensis Canonum volumina digessissent & edidissent, non tamen suos habuit hæc disciplina professores hoc seculo, sed tantum sequenti. Neque Medicinæ professio legitur tum fuisse Parisiis: sed quicumque in ea arte excellere aut eam exercere cupiebant, Salernum aut Montem-pessulanum se conferebant, vt infra docebitur. Hinc Rodulfus Normanus cognomento Mala-corona *Physicæ scientiam tam copiosè habuit*, inquit, Ordericus Vitalis ad an. 1059. *vt in vrbe Salernitana vbi maxima Medicorum schola ab antiquo tempore habebantur, neminem in Medicinali arte præter quandam sapientem Matronam sibi parem inuenerit.*

METHODVS DOCENDI.

Porro ex altercationibus Berengarianis & Nominalium Realiumque disputationibus praua quædam in scholas Artium & Theologiæ auditoria irrepsit docendi ratio & consuetudo, à veteri tramite omnino deflectens. In iis enim tunc nihil nisi clamores audiebantur, altercationes, nouarum subtilitatum inuentiones: isque cæteris præminere & præcellere putabatur, qui aliquid ingeniosius & subtilius, etiam cum veritatis dispendio comminiscebatur. Quem morem valde improbat Ioannes Saresberiensis, qui sequente seculo floruit. *Sufficiebat*, inquit lib. 1. Metal. c. 3. *ad victoriam verbosus clamor, & qui vndecumque aliquid inferebat, ad propositi veniebat metam.* Poëtæ, Historiographi habebantur infames: & si quis incumbebat laboribus antiquorum, notabatur. Et non modo Asello Arcadico tradior, sed obtusior plumbo omnibus erat in risum : suis enim aut Magistri sui quisque incumbebat inuentis. Vnde discimus obmutescere coactas fuisse liberales artes, quibus non licebat audiri tot inter altercantium strepitus & clamores. Adde quod Philosophi illi palam & publicè prædicabant non esse studendum præceptis eloquentiæ, vt pote vanis & inutilibus, sed statim vel leuiter imbutis Grammaticâ accedendum esse ad Dialecticam.

Itaque hæc agendi ratio, hæc subtilitatum & distinctionum fabricatio tantæ laudi dari cœpit, vt præ ea cætera negligerentur. Nihil enim putabãt posse quenquam de ingenio præsumere, qui difficultatum propositarum nodos non enodaret, qui non subtiliter & acutè disputaret, nouos terminos, nouas distinctionum formulas non excogitaret, quique se omnibus quæstionibus & interrogatis responsurum non promitteret. Itaque quotquot ex pruritu laborabant, Luretiã veniebant interrogaturi aut responsuri. Vnde Petrus Blesensis qui florebat circa an. 1160. Lutetiam cum Abela comparat. *Qui interrogant*, inquit, *interrogent in Abela: qui interrogant, interrogent Parisius, vbi difficilium quæstionum nodi intricatissimi resoluuntur.* Itaque iam ante Blesensem consuetudo inualuerat quidlibet commentandi, imo sæpe vanas & ridiculas quæstiones proponendi nullius vsus, & ingeniis hominum prorsus indignas. *Insolubilis in illa*, inquit Saresberiensis lib. 1. Met. c. 3. *Philosophantium scholâ tunc temporis habebatur quæstio, an porcus qui ad vænalitium agitur, ab homine, an à funiculo teneatur. Item an Capucium emerit, qui cappam integram comparauit.* Videant Hodierni Philosophi, inquit aliquis, an non iis verbis iugulentur, habeantque præ oculis illud CVI BONO CASSIANVM, dum multas tractant in Logica futiles friuolasque quæstiones illius doctrinæ. Demum audiant quid de similibus dicat Magnus Verulanus Angliæ Cancellarius homines eiusmodi cum arachnis comparans. *Quia non ex magno materiæ stamine, sed maximâ spiritus quasi radij agitatione operosissimas illas telas quæ in libris eorum extant, confecerunt. Etenim mens humana si agat in materiam, naturam rerum & opera contemplando pro modo materiæ operatur, atque ab eadem determinatur : sin ipsa in se vertatur tanquam aranea texens telam, tum demum interminata est, & parit certè telas quasdam doctrinæ tenuitate fili operisque admirabilis, sed quoad vsum friuolas & inanes.*

Ex hac methodo seu potius peruersitate docendi prodiit in Academiam barbaries quædam Latinitatis, inscitiaque Grammaticæ & Eloquentiæ. Nã cum omnes ad Dialecticam & Theologiam illam altercatricem statim se conferrent, vt ingenij subtilitatem proderent, quæ minus patebat in professione cæterarum artium, elegantiores artes in quibus seueriori meditatione opus est, negligebant & quasi inutiles reiiciebant. Donec tandem sequente seculo Bernardus Carnotensis Theodoricus, Vuillielmus de Conchis & alij insignes viri præclaras artes quasi postliminio reuocarunt, summumque eis splendorem & gloriam restituerunt: quanquam nec desierunt Philosophi illi nugatores litterarum rudes & imperiti barbariem suam præferre & litteratis viris insultare : vt pote qui malè edocti malè quoque Discipulos edocerent : quos inter Cornificium quendam exagitat Saresberiensis, quem delirum & insulsum senem appellat; quippe qui nihil scire suos doceret, vt nihil ipse scire didicerat.

Præterea cum præcepta tradebant Grammaticæ, non regulas, non litteras, sed sensum aliquem mysticum & allegoricum quærebant: puta cum dicitur Hylas ab Hercule adamatus, illi interpretabantur *validum argumentum à forti & robusto argumentatore prolatum.* Quinque Vocalium potestatem aiebant quinque esse Iura Regnorum: *& in hunc modum* inquit Saresberiensis, *docere omnia studium illius ætatis erat*. Pergit lib. 1. Metalog. c. 3. scribebat autem circa an. 1158. & Cornificium " qui ab eiusmodi Magistris huius seculi institutus fuerat, vituperat.

Inutiles Quæstiones & barbaries in scholâ Viduata

" Insolubilis in illa philosophantium schola tunc temporis Quæstio habebatur " an porcus qui ad Vænalitium agitur, ab homine à funiculo teneatur. Item an " Capucium emerit, qui cappam integram comparauit. Inconueniens prorsus " erat oratio, in qua hæc verba CONVENIENS ET INCONVENIENS argumentum

Vniuersitatis Parisiensis.

gumentum & ratio non perstrepebat multiplicatis particulis negatiuis & traiectis per esse & non esse; ita vt calculo opus esset quoties fuerat disputandum, alioquin vis affirmationis & negationis erat incognita. Nam plerunque affirmationis vim habet geminata negatio: itemque vis negatoria ab impare numero conualescit. Siquidem negatio plerunque iterata scissam perimit & contradictioni sicut regulariter prædictum est, coæquatur. Vt ergo pari loco an impari versetur, deprehendi queat, ad disceptationes collectam Fabam & Pisam deferre quæ conueniebatur, consilio prudenti consueuerat: ita quidem si intellectui rerum quæ videbantur in quæstione versari, operam dabat, sufficiebat ad victoriam verbosus clamor; & qui vndecunque aliquid inferebat, ad oppositi perueniebat metam. Poetæ, Historiographi habebantur infames, & si quis incumbebat laboribus antiquorum, notabatur, & non modo Asello Arcadiæ tardior, sed obtusior plumbo vel lapide omnibus erat in risum. Suis enim aut Magistri sui incumbebat inuentis. Nec hoc tamen diu licitum, cum ipsi auditores in breui coertantium impetu vrgerentur, vt & ipsi spretis his quæ à Doctoribus suis audierant, crederent & conderent nouas sectas. Fiebant ergo summi repente Philosophi: nam qui illiteratus accesserat, ferè non morabatur vlterius in scholis, quàm eo curriculo temporis quo auium pulli plumescunt. Itaque recentes Magistri è scholis & pulli volucrum e nidis sicut pati tempore morabantur, sic pariter auolabant. Sed quid docebant noui Doctores, & qui plus somniorum quàm vigiliarum in scrutinio Philosophiæ consumpserant, & facilius instituti quàm illi iuxta narrationes fabulosas, qui somniantes in Parnasso repente vates egrediebantur, aut citius quàm ij qui de Castalio fonte Musarum munus hauriebant Poëticum, aut quàm illi qui viso Phœbo Musarum nedum Musicorum meruerunt adscribi consortio? nunquid rude aliquid aut incultum, nunquid aliquid vetustũ aut obsoletum? Ecce noua fiebant omnia, innouabatur Grammatica, immutabatur Dialectica, contemnebatur Rhetorica & nouas totius Quadriuij vias euacuatis Priorum regulis, de ipsis Philosophiæ adytis proferebant: solam conuenientiam sine ratione loquebantur: argumentum sonabat in ore omnium & asinum nominare vel hominem aut aliquid operũ naturæ instar criminis erat, aut ineptum nimis aut rude & à Philosopho alienum. Impossibile credebatur conuenienter ad rationis normam quicquam dicere aut facere, nisi Conuenientis & Rationis mentio expressim esset inserta. Sed nec argumentum fieri licitum, nisi præmisso nomine argumenti. Ex arte & de arte agere idem erat. Docebunt hi forte quod Poëta versificè nihil dicit, nisi cognominet versum, quod faber Lignarius scamnum facere nequeat, nisi scamnum aut lignum voluat in ore. Inde ergo hæc sartago loquendi, in quâ senex insulsus (Cornificius) exultat, insultans eis qui Artium venerantur Authores, eo quod nihil vtilitatis in eis reperit, cum se eis dare operam simularet.

Quid vero post contemptas hoc modo optimas artes secutum sit, idem Author docet cap. sequenti. Nimirum vbi tandem agnouerunt horumce hominum Discipuli se nihil didicisse & totam illam docendi & discendi rationem prorsus vanam & inanem esse, ne suum pudorem & dedecus manifestare cogerentur, quatuor quodammodo emersisse Professorum genera: alios enim præ confusione se se ad Monasticam vitam aut Sacerdotalem contulisse, alios ad Medicinæ exercitationem, quosdam ad Regum & Principum Curias specie lucri confugisse: reliquos in puluere remansisse & in exercitio artis quam didicerant. Totum istud caput, quia multa complectitur scitu digna, non pigebit attexere.

Cæterum, inquit, huius sectæ post damnum temporis rerumque iacturam & *Monach* spes deceptas & propositi sui solatio destitutas multiplex vsus emersit. Alij namque Monachorum aut Clericorum Claustrum ingressi sunt, & plerique suum correxerunt errorem, deprehendentes in se & aliis, quia quidquid didicerant, vanitas vanitatum & super omnia vanitas. Plerique inquam, eo quod Quidam in sua perdurantes insaniâ tumidi vetusta peruersitate malebant desipere & ab humilibus quibus Deus dat gratiam fideliter erudiri: erubescebant enim formam Discipuli, qui Magisterij præsumpserant fastum. Si mihi non credis, claustra ingredere, scrutare mores fratrum, & inuenies ibi superbiam Moab, & eam intensam valde, vt arrogantia absorbeat fortitudinem eius. Miratur Benedictus & queritur

„ quod se quodammodo authore latet lupus in pellibus agninis. Vtique tonsu-
„ ram & pullam vestem à supercilio distare causatur. Et vt rectius dixerim, super-
„ cilium arguit, eo quod tonsuræ vestibusque non consonat. Ritus obseruatio-
„ num contemnitur, & sub imagine philosophantis spiritus fallacis elationis obre-
„ pit. Nota sunt hæc in omni veste ac professione vulgata.

„ Alij autem suum in Philosophia intuentes defectum, Salernum vel ad Mon-
„ tem Pessulanum profecti facti sunt Clientuli Medicorum, & repente quales
„ fuerant Philosophi, tales in momento Medici eruperunt. Fallacibus enim referti
„ experimentis in breui redeunt, sedulo exercentes quod didicerunt. Hippocra-
„ tem ostentant aut Galenum, verba proferunt inaudita, ad omnia suos loquun-
„ tur aphorismos & mentes humanas velut afflatas tonitruis, sic percellunt nomi-
„ nibus inauditis, & creduntur omnia posse quia omnia iactitant, omnia pollicen-
„ tur. Duo tamen deprehendi eos fideliori tenuisse memoria & frequentius in eo-
„ rum operatione versari. Alterum quidē Hippocratis est, sed ibi vergit ad alium
„ intellectum. Vbi, inquit, *indigentia non oportet laborare*: & reuera inoppor-
„ tunum & inofficiosum opinantes dant operam Indigentibus, & eis qui nolunt
„ aut nequeunt vel solis verbis, eorum plenè gratiam referre mercedis. Alterum
„ profecto est, non quod meminerim, Hippocratis, sed diligentium adiectio Medi-
„ corum, DVM DOLES, ACCIPE: occasio siquidem exigendi maximè opportuna
„ est cum dolor cruciat ægrotantem, sibique cooperantur languentis exulceratio
„ & auaritia medentis. Si conualescit æger, operam danti Medico adscribatur. Si
„ deficit, eius inualescat authoritas, qui hoc ante suis familiaribus reuelauit. Si-
„ quidem impossibile est non euenire, quod de industria præuaricatus est, cum
„ huic sospitatem, isti sinistrum exitum pronuntiauit ægrotantis. Si euasurus est
„ æger, curatur facile; nisi quatenus incolumitatem eius Medicus præpedit impe-
„ ritus. Sin autem non, vt Sollius Sidonius ait, *occiditur officiosissimè*. Quidni?
„ nunquid enim naturæ secretos latentesque cuniculos deprehendit homo totius
„ Philosophiæ ignarus? Et qui nec rectè loqui nouit, nec rectè intelligere, quæ
„ scripta sunt, aut quæ dicuntur, cùm fere quot disciplinæ sint, tot sint linguæ, &
„ in ipsis plerumque authoribus non sit maior in corporali compositione diuersitas
„ facierū quàm in vsu varietas linguarum? Homo enim homini assimilatur, sed nec
„ Gemelli inuicem se vsquequaque exprimunt. Vox voci conformatur interdum:
„ sed nec sonorum, & si vis nec Musarum eadem etiam vocis agilitas. Consonant
„ enim voces, sed dispares, ipsaque disparitas suis exæquata proportionibus est
„ apta concentui, & quodammodo gratior quàm si identitatem pateret similitu-
„ do. Habent itaque linguæ Idiomata sua & singuli suū loquendi modum, quem
„ qui ignorat, tum non magis commodè philosophabitur quàm si picam humana
„ conantem verba velit homini coæquare.

Aulici. „ Alij profectò similes mei seNugis Curialibus mancipauerunt, vt magnorum
„ virorum patrocinio freti possent ad diuitias aspirare, quibus se videbant & iu-
„ dicio conscientiæ quidquid linguæ dissimulet, fatebantur indignos, &c.

Professores „ Alii autem Cornificio similes ad vulgi professiones easque profanas relapsi
Philosophi. „ sunt: parum curantes quid Philosophia doceat, quid appetendum fugiendum-
„ ue denunciet, dummodo rem faciant si possunt rectè, si non, quocunque modo.
„ Exercent fœnebrem pecuniam alternis vicibus inæqualia rotundantes & adie-
„ ctione multiplici quod rotundauerint, abæquantes. Nihil enim sordidum
„ putant, nihil stultum nisi paupertatis angustias, & solas opes ducunt esse fructum
„ sapientiæ. Siquidem celebre est in Corde eorum quod ait Ethicus, etsi hoc eum
„ quia contemnitur, dixisse non nouerim.
„ 　　*Et genus & formam Regina Pecunia donat;*
„ 　　*Et bene nummatum decorat Suadela Genusque.*

„ Hoc autem quasi Quadriuio sibi vtique necessario euadebant illi repentini Phi-
„ losophi & cum Cornificio non modo Triuii nostri, sed totius Quadriuii contem-
„ ptores. Nam vt dictum est, aut sub prætextu Religionis mergebantur in Clau-
„ stris; aut sub imagine philosophandi & vtilitatis publicæ confugiebant ad Phy-
„ sicam, aut sub honestatis velamine quo splenderent & sublimarentur, se præcla-
„ ris domibus ingerebant, aut sub obtentu necessitatis exercendique officii, dum
„ lucrum sitiebant, multiplicis auaritiæ voragine absorbebantur: adeo quidem

vt sic proficientium Philosophorum, aut vt verius dixerim deficientium collatione, quiuis in turba profanæ multitudinis rudis ad flagitia videretur.

Commendat vero idem Saresberiensis M. Bernardum Carnotensem exundantissimum fontem literarum in Gallia, illustremque Grammaticum, quod vsum legendi & prælegendi quem docet Quintilianus, imitatus in authorum lectione quid simplex esset & ad imaginem regulæ positum, ostendere soleret, figuras Grammaticæ, colores Rhetoricos, cauillationes sophismatum, aliaque eiusmodi pro auditorum capacitate explanaret. De eo ergo sic scribit l.1. Metal. c. 24. post hunc titulum, *De vsu legendi & prælegendi, & consuetudine Bernardi Carnotensis & sequacium eius.* *De probata Methodo docendi.*

Qui ad Philosophiam adspirat, apprehendat lectionem, doctrinam & meditationem cum exercitio boni operis, ne quando irascatur Dominus & quod videbatur habere, auferatur ab eo. Sed quia legendi verbum æquiuocum est, tam ad docentis & discentis exercitium, quàm ad occupationem per se scrutantis scripturas, alterum id est quod inter Doctorem & Discipulum communicatur, vt verbo vtamur Quintiliani, dicatur *Prolectio*, alterum quod ad scrutinium meditantis accedit, *lectio* simpliciter appelletur. Ergo ab authoritate eiusdem Quintiliani, in prælegendo Grammaticus & illa quidem minora præstare debebit, vt partes orationis reddi sibi soluto versu desideret, & pedum proprietates quæ debent in carminibus notæ esse, deprehendat quæ barbara, quæ impropria, aut alias contra legem loquendi sunt posita. Non tamen vt Poetas improbet, quibus ob metri necessitatem adeo ignoscitur, vt vitia ipsa in carmine virtutum nomine censeantur. *Laudem enim virtutis plerunque occupat necessitatis improbitas, cui sine dispendio negari non potest assensus* Metaplasmum, schematismumque & oratorios tropos, multiplicitatem dictionum cum affuerint, & diuersas sic vel sic dicendi methodos ostendat & crebris, commonitionibus agat in memoriam auditorum. Authores excutiat & sine intuentium risu eos plumis spoliet, quas ad modum Corniculæ ex variis Disciplinis, vt color sit aptior, suis operibus indiderunt.

Quantum pluribus Disciplinis & abundantius quisque imbutus fuerit, tanto elegantiam Authorum plenius intuebitur, planiusque docebit. Illi enim per *Diacrisin*, quam nos *Illustrationem* siue *Picturationem* possumus appellare, cum rudem materiam historiæ aut argumenti aut fabulæ, aliamve quamlibet suscepissent, eam tantà Disciplinarum copià & tantà compositionis & condimenti gratià excolebant, vt opus consummatum omnium artium quodammodo videretur imago: siquidem Grammatica, Poëticaque se totas infundunt, & eiusquod exponitur, totam superficiem occupant. Huic vt dici solet, campo LOGICA probandi colores offerente suas immittit rationes in fulgore auri. Et Rhetorica in locis persuasionum & nitore eloquij candorem argenteum æmulatur. MATHEMATICA Quadriuij sui rotis vertitur, aliarumque vestigiis insistens colores & venustates suas multiplici varietate contexit. PHYSICA exploratis naturæ consiliis de promptuario suo affert multiplicem colorum venustatem. Illa autem quæ cæteris Philosophiæ partibus præeminet, ETHICAM dico, sine qua nec Philosophi subsistit nomen, collati decoris gratia omnes alias antecedit. Excute Virgilium aut Lucanum, & ibi cuiuscunque Philosophiæ professor sis, eiusdem inuenies condituram. Ergo pro capacitate docentis aut discentis industria & diligentia constat fructus prælectionis authorum.

Sequebatur hunc morem Bernardus Carnotensis *exundantissimus modernis temporibus fons litterarum* in Gallia: & in Authorum lectione quid simplex esset & ad imaginem regulæ positum, ostendebat. Figuras Grammaticæ, colores Rhetoricos, cauillationes sophismatum & quà parte sui propositæ lectionis articulus respiciebat, alias Disciplinas proponebat in medio; ita tamen vt non in singulis vniuersa edoceret, sed pro capacitate audientium dispensaret eis in tempore doctrinæ mensuram. Et quia splendor orationis aut à proprietate est, id est cum adiectiuum aut verbum substantiuo eleganter adiungitur, aut à translatione, idest vbi sermo ex causa probabili ad alienam traducitur significationem, Hæc sumpta occasione inculcabat mentibus auditorum.

Et quoniam memoria exercitio firmatur ingeniumque acuitur, ad imitandum ea quæ audiebant, alios admonitionibus, alios flagellis & pœnis vrgebat. Coge-

Rrr ij

bantur ex soluete singuli die sequenti aliquid rerum, quæ præcedenti audierant:
alij plus, alij minus. *Erat enim apud eos præcedentis Discipulus semper diei, Vespertinum exercitium quod Declinatio dicebatur*, tanta copiositate Grammaticæ refertum erat, vt si quis in eo per annum integrum versaretur, rationem loquendi & scribendi, si non esset hebetior haberet ad manum, & significationem sermonum, qui in communi vsu versantur, ignorare non posset. Sed quia nec scholam, nec diem aliquem decet esse religionis expertem, ea proponebatur materia quæ fidem ædificaret & mores, & vnde qui conuenerant quasi collatione quadam animarentur ad bonum. Nouissimus autem huius *Declinationis* imò *Philosophicæ collationis* articulus pietatis vestigia præferebat, & animas defunctorum commendabat deuota oblatione Psalmi, qui in pœnitentialibus sextus est, & in oratione Dominica, Redemptori suo.

Quibus autem indicebantur *Præexercitamina* puerorũ, in prosis aut poëmatibus imitandis Poëtas aut Oratores proponebat & eorum iubebat vestigia imitari ostẽdens iuncturas dictionum & elegantes sermonum clausulas. Si quis autem ad splendorem sui operis alienum pannum assuerat, deprehensum redarguebat furtum, sed pœnam sæpissime non infligebat. Sic vero redargutum, si hoc tamen meruerat inepta positio ad exprimendam authorum imaginem modesta indulgentia conscendere iubebat, faciebatque vt qui maiores imitabatur, fieret posteris imitandus. Id quoque inter prima rudimenta docebat & infigebat animis, quæ in œconomia virtus, quæ in decore rerum, quæ in verbis laudanda sunt, vbi tenuitas & quasi macies sermonis, vbi copia probabilis, vbi excedens, vbi omnium modus. Historias, poëmata percurrenda monebat diligenter quidem, & qui velut nullis calcaribus vrgebatur ad fugam, & ex singulis aliquid reconditum in memoria diurnum debitum diligenti instantia exigebat. Superflua tamen fugienda dicebat, & ea sufficere quæ à claris authoribus scripta sunt. *Siquidem persequi quid quis vnquam contemptissimorum hominum dixerit aut nimiæ miseriæ, aut inanis iactantiæ est, & detinet atque obruit ingenia melius aliis vacatura.* Quod autem melius tollit eo vsque non prodest, quod nec boni censetur nomine. Communes enim schedas excutere & voluere scripturas etiam lectione indignas non magis ad rem pertinet, quàm anilibus fabulis operam dare. Vt enim ait Augustinus in lib. de ordine. *Quis ferat imperitum videri hominem qui volasse Dædalum non audierit? Vnde inter virtutes Grammatici merito reputatum est ab antiquis aliqua ignorare.*

Et quia in toto præexercitamine erudiendorum nihil vtilius est, quàm ei quod fieri ex arte oportet, assuescere, prosas & poëmata quotidie scriptitabant, & se mutuis exercebant collationibus: quo quidem exercitio nihil vtilius ad eloquentiam, nihil expeditius ad scientiam & plurimum confert ad vitam. Si tamen hanc sedulitatem regit Charitas, si in profectu litterarum seruetur humilitas: *non est enim eiusdem hominis litteris & carnalibus vitiis inseruire.*

Ad huius Magistri formam Præceptores mei in Grammatica Guillelmus de Conchis & Richardus cognomento Episcopus, officio nunc Archidiaconus Constantiensis vita & conuersatione vir bonus suos Discipulos aliquandiu informauerunt. Sed postmodum ex quo opinio veritati præiudicium fecit, & homines videri quam esse Philosophi maluerunt, Professoresque artium se totam Philosophiam breuius quam triennio aut biennio transfusuros auditoribus pollicebantur, impetu multitudinis imperitæ victi cesserunt. *Exinde autem minus temporis & diligentiæ in Grammaticæ studio impensum est.*

En igitur qualis fuit methodus & ratio tradendæ Disciplinæ in Vniuersitate Parisiensi hoc & sequentis seculi initio. Dubitari enim non potest, quin Bernardus Carnotensis sub finem huius seculi scholam habuerit: quem deinde in methodo imitati sunt Guillielmus de Conchis & Richardus Episcopus, quos Ioannes Saresberiensis audiuit in Grammaticis ante annum 1140. vt suo loco dicetur. Verum illi torrente abrepti compendiosam viam & alij Magistri, viam sequi coacti sunt: quo pacto plurimum retardatus est profectus discipulorum.

Quæret Curiosus quispiam quomodo Regulæ traderentur, soluta ne an stricta oratione, & qui Authores prælegerentur? vt non controuersa à controuersis secernamus, consentiunt in hoc omnes cõpendiosius & melius tradi regulas pueris edifcendas metricè quàm profaicè: facilius euim verfus edifcimus quàm profam, penitiufque memoriæ infident, vt quotidiana experientia demonftrat. Quare, cum de memoria difputat Quintilianus, vult poëtica prius illi committi quàm oratoria, quoniam ea faciliora funt. An vero veteres metro Regulas Grammatices complexi fint, & pueris edifcendas præfcripferint, non fatis patet. Exiftimo tamen non vfos metro: nam ex illis quotquot vidi, omnes vno excepto Terentiano Mauro, profa nõ metro tradunt, vt videre eft apud Caffiodorum lib. de Orthograph. is enim Grammaticam compofuit & orthographiam ex nobiliffimorum quorumque Grammaticorum commentariis & regulis, quorum nulla verfibus comprehenditur: funt autem hi, quos in præfatione commemorat, Cn. Cornutus, Velius Longus, Curtius Valerianus, Papyrianus, Adamantius Martyrius, Eutices, Cæfanius, L. Cæcilius Vindex, Prifcianus & Donatus, quorum duos poftremos cæteris anteponit, maximè vero Donatum, *quòd pueris fpecialiter*, inquit, *aptus effet & tironibus probaretur accommodus*. Eorum autem virorum præcepta, quæ ad Grammaticam pertinent, omnia foluta traduntur oratione.

Primus, quod fciam, Terentianus Maurus, olim Niliacæ Syenes Præfes, cuius meminit Martialis lib. 1. Epig. 87. Seruius in Georg. Prifcianus fæpe, D. Auguftinus lib. 6. de Ciuitate Dei & alii, fcripfit de litteris, fyllabis, pedibus, & metris, omniaque verfibus complexus eft, non quidem, quod is effet tum mos in Scholis, aut vt Magiftris Regulas illas traderet, fed vt in otio animum eo pacto relaxaret, vt ipfe fcribit in libello de Litteris.

Vnde igitur mos inualuit in Scholis metricarum Regularum & quando inualefcere cœpit? Vtrumque dubium. Non exiftimo tamen factum id vno eodemque tempore, fed primùm redactas in ordinem fuiffe regulas; deinde contractam earum immenfitatem, poftremo verfibus fuiffe confcriptas. Teftatur apud Caffiodorum Phocas quidam Grammaticus in præfatione fuæ Grammaticæ contractas faltem à fe fuiffe regulas. Sic enim ad Artem fuam loquitur.

Ars mea multorum es, quos fecula prifca tulerunt:
 Sed noua te breuitas afferit effe meam.
Omnia cum veterum fint explorata libellis,
 Multa loqui breuiter fit nouitatis opus.
Te telegat Iuuenis, quem garrula regula terret,
 Aut fi quem paucis feria noffe iuuat.
Te longinqua petens comitem fibi ferre viator
 Ne dubitet, paruo pondere multa vehens.

An autem illam artem verfibus fcripferit, non inuenio. Certè in Academia Parifienfi plurimum olim vfus fuit Prifciani, vt apparet ex Bulla Cardinalis S. Stephani an. 1215. in qua continentur hæc verba inter cætera. *Et quidem libros Ariftotelis de Dialectica tam vetere, quàm noua in Scholis ordinariè, & duos Prifcianos, vel vnum ad minus legant.* Quæ verba clarius poftea in Comitiis à Magiftris Artium explicata funt an. 1254. cum, qui Authores prælegendi effent, præfcripferunt. *Statuimus & ordinamus quod omnes & finguli Magiftri noftræ Facultatis in pofterum libros quos in Fefto S. Remigij incipient temporibus inferius annotatis, veterem Logicam, videlicet librum Porphyrij, Prædicamentorum, Periermenias, Demonftrationum & Topicorum Boëty, Prifciani maiorem & minorem, Topica & Elenchos, Priora & Pofteriora. Ethicorum libros quatuor, tres paruos libros, videlicet principia Barbarifmi, Prifciani de Accentibus, qui fimul legantur, Philofophica Ariftotelis.* Ex quibus intelligimus non alium in Scholis Minoribus legi folitum quàm Prifcianum ex ftatuto Academico, minorem quidem in infimis, maiorem in altioribus. Nam Prifcianus opus fuum de Grammatica in duo volumina diftinxit: quorum Minus vocabatur Alphabetum, quia continebat prima rudimenta: Maius verò Declinationes, Conjugationes, Syntaxim, Quantitates fyllabarum, &c.

Credibile eft igitur nondum ad ea vfque fere tempora in vfu fuiffe Regulas metro confcriptas, nifi forte alicubi nugas cuiufdam Maximiani verfificatoris Grammatici inualuiffe putamus. Veruntamen circa an. 1240. cœpit in Scholis minoribus vigere Doctrinale Alexandri de Villa Dei, Patria Dolenfis & Ordinis Minorum, vt aliqui volunt.

Ioannes Dispauterius, de quo infra, Epistola præliminari Artis versificatoriæ ait eum vixisse an. 1200. ac proinde antequam vllus adhuc Minorita prodisset in mundum. Is autem primus, quantum ego auguror, genera, declinationes, heteroclita, verborum coniugationes, syntaxim & quantitates figurasque versibus complexus est, & in scholis legi cœpit, authore Trithemio, qui ait eum floruisse sub Friderico II. circa an. 1240. Sic verò suum Doctrinale orditur.

Scribere Clericulis paro Doctrinale nouellis,
Pluraque Doctorum sociabo scripta meorum:
Iamque legent Pueri pro nugis Maximiani,
Quæ veteres sociis nolebant pandere charis.

Postquam verò fecit operis diuisionem, docet quandonam legi pueris debeat, nimirum post Priscianum minorem, quem Alphabetum vocat, & simul cum maiore, ex quo tamen opus suum desumpsit. Vnde certè patet non alium ante ipsum tale opus aggressum fuisse.

Post Alphabetum minus hac Doctrina legetur,
Inde leget maius mea qui documenta sequetur,
Iste fere totus liber est extractus ab illo.

De hoc opere sic sentit Trithemius. *Volumen metro Leonino scriptum de Grammatica, cuius hodie in scholis Puerorum vsus est assiduus, nescio si tam vtilis propter imbecillioris ætatis defectum & ignauiam Præceptorum.* Et Robertus Gouletus suum de authoribus Grammatices prælegendis puerili ætati Iudicium ferens, sic scribit. *Sum inter docendum expertus pro Grammatica verè tenenda nihil esse vtilius Donati principiorum, declinationum, nominum, coniugationum, verborum, paruarumque interrogationum cognitione: & quidquid Præceptores Neoterici, hoc est recentiores dixerint, Alexandri Doctrinale emendatum semel prælegi posset, cum carmen sit satis facile & ordinatim documenta tradat. Poterit tamen videri Perottus, Augustinus datus, Sulpicius qui pro adultis censetur esse optimus.*

Extant in prædictum Doctrinale Alexandri Commentaria Ioannis Sinthemij veteris Grammatici & Ascensii typis Andreæ Bocardi excusa an. 1500. Ipse autem Ascensius suam quoque Grammaticam immiscuit, versibus item descriptam. Vno verbo Alexander ille 300. circiter annos viguit in Academia Parisiensi, donec tandem Ioannes Despauterius opus de rudimentis Grammatices dedit emendatius, sumpta tamen ex Alexandro methodo, vt vel ex hac Primæ Declinationis Regula constat, quæ est Alexandri.

Rectis AS, ES, A dat declinatio prima.
Atque per AM propria quædam potiuntur Hebræa,
Dans Æ Diphtongum Genitiuis atque Datiuis
AM seruat Quartus, tamen AN aut En reperimus.

Igitur Despauterium Alexandri loco Patres in synodo Mechliniensi an. 1514. pueris prælegi præceperunt, & hodie etiamnum eius regulæ metro comprehensæ edißcuntur & retinentur in scholis publicis, licet priuatarum nonnullæ eas ablegarint. At quomodo sensim Alexander vt minus commodus, è Scholis Academiæ & aliis aliarum Nationum exularit, docet ipse Despauterius initio suæ Grammaticæ. *Post linguæ Latinæ,* inquit, *à Gottis reliquisque Barbaris miserabiliter laniatæ ac propemodum extinctæ per Neotericos instaurationem à Diuino Numine præstitâ, Alexandri Doctrinale visum est doctissimo cuique Puerorum lectione indignum, vt potenimis tenebrosum, citra vtilitatem prælongum, plerunque etiam barbarum in sufficiens & falsum. Quo circa vt Alexander vndique exularet, cœperunt plerique Grammaticam Latiniorem veterioremque scribere. In Italia quidem Nicolaus Perotus, Ioannes Sulpicius, Anton. Mancinelus, Aldus Manutius. In Gallia Guill. Tardiuus, Robertus Gaguinus, Iodocus Badius. In Hispania doctissimus Hispanorum Antoninus Nebrissensis: in Germania Henricus Babelius.*

Hæc de regulis Grammatices: at quinam authores prælegebantur? Duplicis generis, Veteres & Recentiores. Veteres, iidem fere qui hodie, pro captu nempe Discipulorum, alij aliis in scholis, Ouidius, Virgilius, Horatius, Tibullus, Propertius, M. Tullius in omnibus humaniorum Disciplinarum Classibus: in Rhetorica varij eiusdem Tractatus, Quintilianus, Victorinus & cæteri probati authores quorum exemplaria magno pretio conquirebantur. Gerbertus Ep. 130. ad Rainaudum Monachum. *Nosti quanto studio librorum exemplaria vndique conquiram, nosti quot scriptores in vrbibus aut in agris Italiæ passim habeantur. Age ergo & te solo conscio ex tuis sumptibus, fac vt mihi scribantur M. Manilius de Astrologia, Victorinus de Rhetorica, Demosthenes Ophtalmicus.* Item Ep. 87. ad Constantinum Scholasticum Floriacensem. *Comitentur iter tuum Tulliana opuscula & de Rep. & in Verrem, & quæ pro defensione multorum plurima Romanæ Eloquentiæ parens conscripsit.*

Video quoque Marcianum in Artibus Liberalibus & S. Augustini Dialecticam lectitari consueuisse: quam in rem extat locus in vita Odonis Cluniacensis Abbatis, *Odo vir Beatissimus ex Francorum prosapia extitit oriundus, sed intra domum Willielmi Robustissimi Ducis Aquitaniæ est alitus. 19. ætatis suæ anno apud B. Martinum Turonis est tonsus, ibique Grammaticæ laribus est educatus, Deinde apud Parisium Dialectica, Musicaque à Remigio doctissimo viro est instructus....Odo his diebus adiit Parisium, ibique Dialecticam S. Augustini Deodato filio suo missam perlegit, & Marcianum in liberalibus artibus frequenter lectitauit. Praceptorem quippe in his omnibus habuit Remigium.*

Igitur iis temporibus Augustini Dialectica potius tradebatur, quam Peripatetica: quanquam paulo ante Ioannes Erigena Aristotelis lectioni impensè addictus omnem quæstionem eius fundamentis & theorematis enodare se posse iactitasset, & Discipulos suos iis informasset. Sed quia in rebus fidei errare compertus est, sequenti seculo videtur minus lectitatus fuisse Aristoteles. Berengarius eum in scholas reuocauit, Nominales & Reales eundem ciuitate Parisiensi donarunt: adeo vt supremum tandem sibi tribunal vindicarit. At an. 1215. Robertus Cardinalis Legatus eius quidem Dialecticam legi permisit, Metaphysicam vero & Physicam prohibuit. *Legent libros Aristotelis de Dialectica tam de veteri quam de noua in scholis ordinarie & ad cursum. Non legantur libri Aristotelis de Metaphysica & de naturali Philosophia, nec summæ de iisdem.*

Neque veteres modò authores, sed & recentiores quoque, qui opus aliquod edidissent eximium, in scholis prælegebantur. Imprimis id certum de Rhetoribus, qui vt & hodie ad maiorem explanationem artis, compositos ingenio & marte suo de illa arte tractatus tradebant. Id de se fatetur Gerbertus Ep. 92. ad Bernardum Monachum. *Interdum nobilissimis Scholasticis disciplinarum liberalium suaues fructus ad vescendum offero: quorum ob amorem & iam exacto Autumno quandam figuram edidi artis Rhethoricæ depositam in sex & viginti membranis sibi inuicem connexis & concatenatis: opus sanè expertibus mirabile, studiosis vtile, ad res Rhetorum fugaces & caliginosissimas comprehendendas atque in animo collocandas.*

Hildeberti Cenomanensis Epistolæ & Poemata ita placuerunt, vt non in Gallia modo, sed in ipso quoque Gymnasio Romano prælegi meruerint. Alexandreis M. Gualteri de Insulis & Aurora M. Petri de Riga de quibus circa finem seculi sequentis, in scholis similiter viguerunt. Vnde iste in fine operis Magistros Parisienses & Aurelianenses rogat, vti suam Auroram scholaribus suis prælegant.

Quæ tibi dat Tellus metra Vindocinensis alumna,
Prælege Parisius, Aurelianis habe.

Quantum ad Theologos attinet, ante Petrum Lombardum qui ab anno circiter 1145. ad annum vsque 1164. in Academia Parisiensi floruit, non video certos fuisse authores, qui scholaribus prælegerentur. Vnusquisque enim Magister tractatum seligebat puta de Trinitate, de Sacramentis, aut aliam Theologi operis partem, dictabatque Discipulis & Patrum authoritate diuinisque scripturis roborabat: quemadmodum cernimus fecisse Abaelardum, Hugonem de S. Victore, & alios Theologos primorum temporum, quorum extant nonnulli tractatus & opuscula. At Petrus Lombardus imitatus Iuonem Carnotensem & Gratianum aliosque Iuris Canonici Compilatores, Sententias Patrum in Summam redegit, quæ omnibus Theologis tam commoda visa est, vt eandem methodum deinceps secuti fuerint, multiplicesque commentarios in eam ediderint, vt ex historia constabit.

DE SCHOLIS PROVINCIALIBVS.

Prouincialium scholarum nomine intelligimus Cœnobiticas, Episcopales, & Oppidanas seu Vicanas, quæ scilicet in Cœnobiis, Episcopiis & Oppidis vicisque extra Lutetiam habebantur. Earum aliquæ splendoris habuerunt nonnihil hoc seculo, prout nactæ sunt viros industrios, laboriosos & in aliqua arte excellentes; Episcopales quidem plus cæteris, Cœnobiticæ paulò minus, Oppidanæ omnium infimæ fuerunt, in quibus scilicet raro reperiebantur Magistri alicuius nominis. De his prius agendum.

Oppidanas. Certum quidem est fuisse in Oppidis & Vicis scholas priuatas & singulares, Abecedarias & primorum rudimentorum Grammatices. Nam Philosophos & Rhetoras in iis docuisse non legitur: imo nonnisi fere Gregarij & Triuiales Grammatici illic consistebant, quorum sæpe tam tenuis erat scientia, vt ipsos plus doceri quàm docere oportuisset. Queritur hac de re Guibertus Abbas Nouigentinus c. 4. de vita sua. *Erat*, inquit, *paulo ante id temporis & adhuc partim sub meo tempore tanta Grammaticorum caritas* (credo legendum *raritas*) *vt in oppidis pene nullus, in vrbibus vix aliquis reperiri potuisset, & quos inueniri contigerat, eorum scientia tenuis erat. nec etiam moderni temporis Clericulis vagantibus comparari poterat. Is itaque, cui mei operam mater mandare decreuerat, addiscere Grammaticam grandæuus inceperat, tantoque circa eandem artem magis rudis extitit, quanto eam à tenero minus ebiberat: tantæ vero modestiæ fuerat, vt quod deficiebat in litteris, suppleret honesto.*

Duo distinguit tempora Guibertus, illud nempe quo natus est aut circiter, & illud quo scribebat. Natus est vero cica an. 1050. & anno 1104. factus est Abbas Nouigentinus in Diœcesi Laudunensi assumpto Gaudefrido Abbate ad Episcopatum Ambianensem, & ab eo tempore ad an. vsque 1124. quo obiit, scripsisse videtur, quo tempore etiam minimi Clericuli vagantes & Circunforanei doctiores erant Oppidanis Magistris pueritiæ suæ. Nec sine fundamento id scribit Guibertus: nam vt ex dictis constat, ab an. circiter 1050. longè magis cœperunt coli Musæ, quàm antea cultæ fuissent.

Cœnobiticæ. Cœnobiticæ scholæ duplicis generis distingui possunt. Aliæ solis Monachis instruendis addictæ erant, aliæ etiam externis Auditoribus patuerunt. Priores in omnibus passim Cœnobiis erant, aliæ aliis celebriores: vt fuerunt istæ, Gemblacensis, Lobiensis, Gemmeticensis, Vticensis: posteriores, raræ fuerunt; & haud scio an præter Beccensem vlla alia possit recenseri. Floriacensis quidem, quæ superiore seculo tantopere floruerat, sublato Abbone & Gauzleno Abbatibus emarcuit, nec post an. circiter 1020. de ea auditum est quidquam. Sola Beccensis famam publicam habuit ab anno circiter 1045. ad an. 1094. sub Abbatibus & Magistris Lanfranco & Anselmo, externisque etiam patuit, vt multorum exemplis confirmare facile est qui eam frequentarunt. Anselmus quidem adhuc laïcus Lanfrancum adiit eumque audiuit. Ille vt narrat Radulfus de Diceto, erat genere Longobardus, Augustæ ciuitatis indigena, Patrem Gundulfum, Matrem habuit Hermerbergam, Alpiumque iuga transcendens inuigilauit per triennium liberalibus Disciplinis in Gallia: deinde in Normaniam transiens Lanfranco adhæsit Priori Beccensi, *Scholas Publicas Abbatis Herlewini permissu vel iussu regenti tunc temporis.*

Sed nemo melius scholæ Beccensis famam prædicat, quàm Vvillielmus Gemmeticensis lib. 6. histor Norm. *Fama*, inquit, *viri Lanfranci præclarissima Beccum & absentem Herluinum breui per orbem terrarum extulit. Accurrunt Clerici, Ducum filij*

filij, nominatißimi Scholarum Latinitatis Magistri, Laici potentes, alta nobilitate viri. Cæterum hæc schola post Lanfrancum & Anselmum conticuit: adeo dissimiles illis fuerunt qui eis successerunt.

Ad Episcopales veniamus, quarum hæ plus nominis cæteris habuisse mihi videntur, Remensis, Leodiensis, Aurelianensis, Turonensis, Andegauensis, Engolismensis, Carnotensis, Laudunensis.

Remensis quidē ex quo fuit à Fulcone circa an. 890. seu instituta seu instaurata ad annum circiter 1100. floruit, & præstantissimos habuit Magistros & Discipulos, Remigiū Antissiodorensem & Hucbaldum Caluum primos reparatores, Gerbertum Aquitanum, Richardum, Constantium, Arnulfum Viridem, Brunonem Coloniensem Ordinis Carthusiani deinde institutorem, Bartholomæum Laudunensem Manassis primi Archiepiscopi Remensis nepotem. Itaque hæc schola quemadmodum Parisiensis inter maiores scientiarum Officinas maiora sapientiæ arcana continentes meritò reponitur ab Aimoino Monacho Floriacensi in vita Abbonis: quanquam à Stephano Tornacensi qui sequente seculo floruit, Ecclesia Remensis ob id præsertim laudatur, quia Disciplinæ Ecclesiasticæ retinentissima semper fuit & tenacissima, vt Parisiensis semper scientiarum multiplicitate abundantissima.

Leodiensis inter illustresquoque iure recenseri debet: ex ea quippe innumeri viri Docti & celebres prodierunt, vt ex historia clarum est. Franco temporibus Caroli Calui, Stephanus Salinensis, vir teste Sigeberto *sanctitate & scientia clarus* circa an. 900. Notgerus Episcopus, de quo diximus ad an. 970. Huboldus ille quem è scholis Parisiensibus ad Leodiensem reuocauit Notgerus: Durandus Henrici primi Cancellarius, Franco Scholasticus seu Magister scholæ sub Richardo circa an. 1036. Vaso etiam Magister Scholæ S. Lamberti, qui & Episcopus factus fuit, Anselmus Canonicus qui vitas Episcoporum Leodientium conscripsit circa an. 1040. Sed sub finem huiusce seculi rara legitur huiusce scholæ mentio.

Aurelianensis à temporibus ipsis Caroli M. ad hæc vsque floruit. Theodulfus quidem singularem eius curam habuit, vt ad 1. seculum retulimus. Regnante Roberto Rege plurimum habebat famæ & celebritatis, vt ex iis patet, quæ ad an. 1017. de Arefasto commemorauimus: & quamuis nonnulli eius Magistri in hæresim lapsi sint & flammis damnati, non tamen illa schola omnino contabuit: quinimo perpetuum seruauit litterarum exercitium. Ex ea prodiit Odelirius Pater Orderici Vitalis, vir ingenio & facundia, litterarumque eruditione præpollens, Goisfredus Aurelianensis deinde Croilandensis Abbas in Anglia, qui scholas ibi instituens, eas secundum formam Aurelianensis studij disposuit, vt dicemus ad an. 1109. Baldricus Abbas Burguliensis & Archiepiscopus Dolensis, qui sub Philippo & Ludouico Crasso eius filio floruit. Geraldus Aurelianensis quem vocat Baldricus *egregium Doctorem magnumque Sophistam*. Hubertus ipsius Baldrici Magister & Compatriota, nempe Magduni ad Ligerim natus, quem idem vocat *Doctorum speculum*. Prætereo cæteros.

Turonensis ab Alcuino ad Berengarium & ad huius vsque finem seculi perpetuo saltem Grammatices exercitio prædicabilis extitit. Ibi plurimos habuit Alcuinus auditores in multiplici Artium genere, omnia quodammodo omnibus factus, vt ipse dicit Ep. ad Carolum Regem. *Ego Flaccus vester secundum exhortationem & bonam voluntatem vestram aliis per tecta S. Martini sanctarum mella scripturarum ministrare satago. Alios vetere Antiquarum Disciplinarum mero inebriare studeo. Alios Grammaticæ subtilitatis enutrire pomis incipio. Quosdam stellarum ordine, ceu picto cuiuslibet magnæ domus culmine, illuminare gestio, plurima plurimis factus, vt plurimos ad profectum S. Dei Ecclesiæ & ad decorem Imperialis Regni vestri erudiam. Ne sit vana Dei omnipotentis in me gratia, nec vestræ bonitatis largitio inanis. Sed ex parte desunt mihi seruulo vestro exquisitiores eruditionis Scholasticæ libelli, quos habui in Patria per bonam & deuotißimam Magistri mei industriam, vel etiam mei ipsius qualemcunque sudorem. Ideo hæc vestræ Excellentiæ dico, vt vestro forte placeat totius sapientiæ desiderantissimo Consilio, vt aliquos ex pueris nostris remittam, qui excipiant inde nobis necessariaquæque & reuehant in FRANCIAM flores Britanniæ, vt non sit tantummodo in Eborica hortus conclusus, sed in Turonica emissiones Paradisi cum pomorum fru-*

ctibus, vt veniens Auster perflare hortos Ligerifluminis & fluant aromata illius, &c
Idem Ep. 7. ad eundem Carolum. Sed & de hoc quod mihi improperare voluistis *me fumo sordentia Turonorum tecta auratis Romanorum arcibus præponere*, scio vestram legisse prudentiam Salomonicum illud Elogium, *melius* inquit, *sedere in angulo domûs, quàm cum muliere litigiosa in domo communi*. Et vt cum pace dicam, magis ferrum nocet oculis quàm fumus. Turonis enim fumosis tectis contenta Deo donante per vestræ bonitatis prouidentiam in pace permanet; Roma verò quæ fraternâ discordiâ initiata est, insitum dissensionis venenum huc vsque tenere non cessat; vestræque dignitatis potentiam ad huius pestis compescendam perniciem *è dulcibus Germaniæ sedibus festinare compellit*. Idem Ep. 6. comparat Iuuentutem Turonicam quàm instruere conabatur, cum ea quam in Palatinis scholis curabat Carolus erudiri. *Ego licet parum proficiens cum Turonica quotidie pugno rusticitate. Vestra verò authoritas Palatinos erudiat pueros, vt elegantissimè proferant quidquid vestri sensus lucidissima dictauerit eloquentia; vt vbique regulis nominis charta decurrens regalis sapientiæ nobilissimum spendat.*

In eadem schola Odo nobilis & Regiæ prosapiæ adolescens, postea Cluniacensis Abbas educatus fuit & in Grammaticis institutus, vnde ad Remigium Antissiodorensem, qui in Dialecticæ professione apud Parisios excellebat, se contulit circa an. 900. In eadem ante eum institutus fuerat Willebertus seu Guilbertus Regiorum stipendiorum olim Descriptor & Præpositus Vedastinus, Catalaunensis demum Episcopus factus anno 868. qui antequam ordinaretur, interrogatus vbinam studuisset, respondit *In schola Turonica liberalibus disciplinis erudiendus traditus sum*. In eadem schola Berengarius primoribus disciplinis institutus est antequam ad Fulbertum Carnotensem se conferret, postea eiusdem præposituram obtinuit, *sancti enim Martini Turonensis Scholasteriam tenuit, ac statim nomen eius celeberrimum esse cœpit vel etiam inter Diuinæ Philosophiæ sectatores*. Verba sunt veteris cuiusdam fragmenti quod refert Duchesnius tom. 4. Histor. Franc. p. 87.

Andegauensem quoque scholam idem Berengarius celebrem reddidit hoc seculo, sub Eusebio Brunone Episcopo, & post eum Marbodus eiusdem Ecclesiæ primò Canonicus, deinde Scholasticus, tum Archidiaconus, & ex Archidiacono an. 1096. factus Redonensis Episcopus, vir facundissimus & Oratorum sui temporis Coriphæus, vt legitur in veteri Chartulario S. Albini Andegauensis, his verbis. *Denunciamus vobis obitum Domini Marbodi venerabilis Episcopi, semper cum laude memorandi, linguâ facundi, religione præcipui, morum honestate præclari, litterarum eruditione doctissimi: cuius sermo semper sale conditus erat, & ex ore illius melle dulcior fluebat oratio: & quamuis eodem tempore variis studiis tota Gallia resonaret, ipse tamen* ORATORVM REX GALLICANÆ ELOQVENTIÆ ARCEM OBTINEBAT. Idem habetur in Epitaphio quod ei conscripsit Vigerius in Scholastico munere successor.

Omnes facundos sibi vidimus esse secundos,
Nullus par ingenio, nullus in eloquio.
Cessit ei Cicero, cessit Maro iunctus Homero,
Vt dicam breuiter, vicit eos pariter.

In eadem schola docuit Robertus Arbricellensis post mortem Siluestri Episcopi Redonensis, quò se contulerat, vt inuidiæ cederet malignantium, quorum Simoniam abhorrebat, quorumq; vitiis viriliter sistebat. De eo sic scribit Baldricus Aurelanensis, Abbas Burguliensis in agro Andegauensi. *Venit igitur Andegauum ibique Scholaribus incubuit Studiis, nec propterea tepebat à religione: siquidem Diuinæ post lectionem assistebat Philosophiæ; vitabat otiosus esse, nunc orationi, nunc verò lectioni deditus.*

De Engolismensis Scholæ institutione nihil habeo quod asseram. Huius sedis Episcopus fuit olim Helias Scotigena Academiæ Parisiensis Magister: nec dubito quin ibi scholam aut instituerit, si non erat, aut exerceri curarit: vt vt sit, hoc seculo videtur non fuisse inter infimas: siquidem ex synodo Lemouicensi habita an. 1031. intelligitur in ea & litteratos & eruditos fuisse Clericos. Vnus enim eorum qui cum Rohone Episcopo suo ad Concilium venerat, narrauit quomodo Græcum hominem qui Engolismam venerat, interrogasset de Martiale,

& quid ab eo didiciſſet. In actis Concilij ita legitur. *Ex Clericis Engoliſmen-*
ſibus, qui tamen minus eruditus erat, Quidam ſe oppoſuit dicens, *Si nomen Martialis inueniretur in Actibus Apoſtolorum, nobis ſufficeret.* Cui mox quidam eruditus ex ipſis Engoliſmenſibus Clericis, qui tunc ab Engoliſma cum Epiſcopo Rohone ad Concilium venerat, obuiauit reſpondens...... Ego quendam Græcum peritum interrogans didici ab eo Mathiam Armeniæ minori prædicaſſe & ibi in pace migraſſe. Sed libenter me audiat ſacer Patrum Conuentus. Ante hos annos plures quidam ex fratribus de monte Sinai in hanc partem aduenerunt occiduam, Dei diſponente nutu moribus graues, Doctrinâ Catholicæ fidei profluentes, vita per omnia honeſti, vtriuſque linguæ periti. Qui cum diu nobiſcum Engoliſmæ fuiſſent exſpectantes Principem ciuitatis, & litteris Græcis ac Latinis eos videremus ad vnguem imbutos, ſuper hac re interrogare curauimus eos. Eo tempore hæc regula de Apoſtoli memoria in hac vrbe frequentabatur, recuperata potius quàm primò inchoata viuentibus Rege Roberto & Gauzleno Bituricenſi Archiepiſcopo. Ego autem Engoliſmæ poſitus, vbi etiam ab ineunte ætate educatus ſum, dū inter alios quaſi ſciolus viderer, ante omnes & ſuper omnes huic ſanæ regulæ repugnabam putans eſſe vanū & falſum, ſiue ex elatione deſcendiſſe, quia Martialem audiebam in hac vrbe Lemouicenſi prædicari eſſe Apoſtolum, & incautus Ruſticorum opinioni meam accomodabam intelligentiam putans neminem eſſe Apoſtolum præter 12. Itaque illos conueni Græcos ſciſcitans vtrum Orientales Martialem noſſent. Qui alter Simeon, alter nomine Coſmasconſono ore reſponderunt dicentes, vtique Martialem nouimus Apoſtolum, vnum de ſeptuaginta duobus. &c.

Sed vt ad propiora tempora veniamus, eiuſdem ſcholæ Magiſter fuit Girardus Baiocenſis, inde factus Epiſcopus Engoliſmenſis: de quo ſic legitur in hiſtoria Pontificum Engoliſmenſium. *Cum in Ciuitate Engoliſmæ & Petragorico & in quibuſdam Caſtellis circumadiacentibus regimina ſcholarum habuiſſet defuncto Ademaro Engoliſmenſi Epiſcopo ob inſignem ipſius ſcientiam & honeſtam vitam in Engoliſmenſem Epiſcopum promotus eſt petitione populi, electione Cleri, honoratorum conſenſu.* Eius in Gallia fuit Diſcipulus Fridericus Colonienſis Archiepiſcopus, à quo cum ad Imperatorem Henricū legatus Pontificius eſſet, honorificè exceptus eſt, vt habetur loco citato. *Colonienſis Archiepiſcopus qui eum ſolemniter in hoſpitio ſuo ſuſceperat: in Galliis namque Diſcipulus Giraldi fuerat, de vita illius dubitans dixit, Magiſter maximum ſcandalum generaſti in curia noſtra.*

Carnotenſis ſchola plurimum quoque famæ & celebritatis habuit ſub Fulberto ab an. circiter 990. ad annum vſque 1028. quo ex humanis exceſſit: nec dubium quin ab extraneis quoque & alienigenis frequentata fuerit. Sed poſt eius mortem quanquam non caruit viris doctis & Epiſcopis quoque litteratis, concidit tamen, ſiue ob propinquitatem ſtudij Pariſienſis, quod omnes Alienigenas attrahebat, ſeu quia non habuit viros qui cæteris aliarum vrbium Magiſtris præcellerent.

Laudunenſis ſimiliter longè latéque famam ſuam ſparſit, quandiu eam Anſelmus & Radulphus fratres rexerunt, iis vero de vita ſublatis contabuit. Ita plures quoque aliorum nonnulloru̅ virorum exiſtimatione fultæ aliquandiu floruerunt, vt Auguſtodunenſis ſub Honorio ſcholaſtico, Antiſſiodorenſis ſub Ioanne & Leutherico, Pictauienſis ſub Anſelmo vetere, item ſub Willielmo Scholarum Magiſtro, & poſtea Gilleberto Porretano, qui muneris neceſſitate Eccleſiis illis adſtringebantur: ſed quia rarò præter eos quibus ex officio ſcholas illas regere incumbebat, reperiebantur Magiſtri præſtantes qui in Prouinciis docere vellent, (vnde fit vt teſte Guiberto caritas eorum eſſet maxima) raro quoque ab extraneis frequentabantur.

Vna Pariſienſis erat huiuſmodi, vt omnes omnium Gentium alumnos exciperet, eorumque deſiderio & multiplicitate artium & numero Profeſſorum in ſingulis excellentium abundè ſatisfaceret, ſemper & quocumque tempore, quia eorum multitudine & frequentia ſemper abundabat. Vnde fiebat, vt quibuſcunque nobilis ille ſciendi impetus animo inſideret, ſæpe peracto humaniorum litterarū in Prouincialibus ſcholis curriculo, Pariſios ad Philoſophiā, Theologiā aliaſque ſublimiores & recondiciores diſciplinas conuolarent; aut illis luſtratis ad

Parisienses tanquam ad perfectionis in re litteratoria cumulum venirent: seque tum demum eum assecutos putarent, cum Magisterii Gradum obtinuissent: quod nomen tanti faciebant, vt illud omnibus aliis etiam Magistratuum Ecclesiasticorum & Cardinalatus nominibus præponerent: vt in quarto seculo planius constabit.

Et certè quæ alia Schola tandiu, tam constanter, tam vnanimiter emouit è suis sedibus, Regnis & Gentibus alienigenas, quàm Parisiensis? Sub initia suæ fundationis, vt nihil dicam de Francigenis, complexa est Anglos, Scotos, Hibernos, Germanos, Saxonas, Italos, Hispanos etiam & Græcos. Odo Nobilis Aquitanus relictâ Aquitaniâ, relictâ etiam Turonensi Scholâ ad Remigium Antissiodorensem insignem Philosophiæ professorem, Hubaldus è Leodiensi, Abbo è Floriacensi, Otbertus è Cœnobiali, Gerbertus post lustratam Hispaniam, Lutetiam quoque ad nobilius litterarum emporium venit. Et quæ alia Schola Lanfrancum & Anselmum ex Italia, Haimonem ex Anglia, Brunonem ex vrbe Coloniensi, Manigaudum Lutenbacchium, Vuillerammum, Vuetzilonem e Germania, Robertum Arbricellensem è Britannia, Bernardum e Pontiuensi agro, Abaelardum e Nannetensi, Goswinum e Flandria excitauit? Esto enim alias quoque singulares nimirum & priuatas in variis prouinciis adierint, Francica tamen Academia seu Parisiensis, scopus erat quò tendebant: quem si assequerentur & plus famæ lucisque habituros, & plus lucri comparaturosse putabant. Testis de Roberto Arbricellensi, vt cæteros omittam, Baldricus in eius vita sic scribens. *Fugientes litteras per orbem persequi videbatur, quoniam ab annis infantilibus litterarum studijs, quas assequi non poterat, deputatus. Perambulabat regiones & prouincias irrequietus, & in litterarum studijs non potera nonesse sollicitus. Et quoniam Francia tum florebat* IN SCHOLARIBVS EMOLVMENTIS COPIOSIOR, *fines paternos tanquam exul & fugitiuus exiuit, Franciam adijt, & vrbem quæ Parisius dicitur, intrauit, litterarum disciplinam, quam vnicè sibi postulauerat, pro voto commodam reperit, ibique assiduus Lector insidere cœpit.* Hinc intelligitur quamobrem in prouinciis magna esset Magistrorum alicuius nominis & pretii raritas, Parisiensis verò Academia iis abundaret, quia nempe copiosior & abundantior erat Parisiis, laboris seu Regentiæ merces, quàm in prouinciis.

DE MERCEDE SEV HONORARIO
Regentium.

ADMONET Nos hic locus inquirere de Mercede seu Honorario Magistrorum, quos vulgò Regentes appellamus: qua de re licet nos iam egerimus fol. 72. & 73. non erit tamen frustraneum & inutile hanc materiam hîc ex professo retractare. Atque ne actum agere videamur, duplex hic nobis agitanda est Quæstio. 1. an Professores Academici mercede docerent: altera, quæ fuerit in ea re veterum consuetudo. De prima sic statuendum imprimis videtur, necesse esse mercedem dare Doctoribus, vt habeant vnde viuant, & duri exercitij labores intolerabiles mitigent & solentur: quis enim, vt ait Iuuenalis, *Virtutem amplectitur, ipsam præmia si tollas?* Itaque licet honorabile sit, nec ad quæstum institutum alios docere quod didicimus, non potest tamen turpe reputari inde victum vestitumque comparare, vbi laborem impendimus, ipsa attestante sacra Scriptura, *nolite claudere os boui trituranti.* Et *qui altari seruit, de altari viuat*: quod de omnibus passim operibus & honestis exercitiis dicere licet: vbi enim labor, inde merces qualiscunque sit, proueniat necesse est. Neque omnes gratis docere possunt; imo non expedit, sicut nec Oratoribus & Patronis causarum olim turpe aut indecorum visum Honorarium à Clientibus accipere.

Quam in rem extat locus Taciti lib. 11. Annal. ab hoc negotio non abludens: agitata enim est in Senatu hæc Quæstio, an Causidicis esset inhibendum, ex eo tempore quod in agendis causis ponerent, aliquid mercedis percipere, an per-

Vniuersitatis Parisiensis.

mittendum. C. Silius Consul designatus antiquam legem Cinciam flagitabat, quâ cauebatur antiquitus, ne quis ob causam orandam pecuniam donumue acciperet, veterumque Oratorum exempla retulit, *Qui famam in posteros præmia Eloquentiæ cogitassent pulcherrima: alioquin & bonarum Artium principem sordidis ministeriis fœdari: nec fidem integram manere, vbi magnitudo quæstuum spectetur: quod si in nullius mercedem negotia tueantur, pauciora fore: nunc inimicitias, accusationes, odia & iniurias foueri, vt quomodo vis morborum pretia medentibus, sic fori tabes pecuniam Aduocatis ferat. Meminissent Patres T. Galba, C. Asinij, & Messala ac recentiorum Arruntij & Esernini ad summa prouectorum incorrupta vita & facundia.*

Hæc dicebantur aduersus Suillium & Cossutianum aliosque Causidicos; iamque parabatur sententia, qua lege repetundarum tenerentur: cum illi à Claudio Imperatore postulant se audiri & licere causam suam agere; quo annuente incipiunt, *Quem illum tanta superbia esse vt æternitatem famæ spe præsumat? vsui & rebus subsidium præparari, ne quis inopia Aduocatorum potentioribus obnoxius sit: neque tamen eloquentiam gratuito contingere, omitti curas familiares, vt quis se alienis negotiis intendat. Multos militia, quosdam exercendo agros tolerare vitam. Nihil à quoquam expeti, nisi cuius fructus ante prouiderit. Facile Asinium & Messalam inter Antonium & Augustum bellorum præmijs refertos, aut ditium familiarum hæredes Æsersinos & Arruntios magnum animum induisse: prompta sibi exempla quantis mercedibus P. Clodius aut C. Curio concionari soliti sint: se modicos Senatores, qui à Repub, nulla nisi pacis emolumenta peterent: cogitare plebem qua toga enitesceret:* SVBLATIS STVDIORVM PRETIIS ETIAM STVDIA PERITVRA VT MINVS DECORA. Exitus tandem hic fuit. Princeps capiendis pecuniis posuit modum vsque ad dena sestertia, quæ egressi repetundarum tenerentur.

Eandem quæstionem agitat ex professo Quintilianus lib. 12. Institut. Orator. cap. 7. *Gratísne Patrono semper agendum sit, tractari potest, quod ex prima statim fronte dijudicare imprudentium est. Nam quis ignorat quin id longè sit honestissimum & liberalibus Disciplinis, & illo quem exegimus animo dignissimum, non vendere operam, nec eleuare facti beneficij authoritatem?* cum pleraque hoc ipso possint videri vilia, quod pretium habent. Coecis hoc vt aiunt satis clarum est: nec quisquam qui sufficientia sibi (modica autem hæc sunt) possidebit, hunc quæstum sine crimine sordium fecerit. Atsi res familiaris amplius aliquid ad vsus necessarios exiget, secundum omnes sapientium leges patietur sibi gratiam referri: cum & Socrati collatum sit ad victum; & Zeno, Cleanthes, Chrysippus mercedes à Discipulis acceptauerint. *Neque enim video quæ iustior acquirendi ratio, quàm ex honestissimo labore & ab iis de quibus optimè meruerint, quique si nihil inuicem præstent, indigni fuerint defensione. Quod quidem non iustum modò, sed necessarium etiam est, cum hæc ipsa opera, tempusque omne alienis negotijs datum facultatem aliter acquirendi recidant.*

Sed vt ad rem nostram atque ad consuetudinem Vniuersitatis Parisiensis veniamus, cum duplex sit genus Mercedis seu Honorarij, vnum fortuitum & incertum, quod ex liberalitate Scholasticorum & parentum pendet; alterum certum quod à Principe seu fundatore & assignatore stipendij, primi Doctores seu Magistri Parisienses Caroli M. Academiæ institutoris liberalitate & beneficentia contenti fuisse videntur. Ex historia enim intelligitur illum ex iis qui vænalem scientiam clamitabant quæsisse, quid pro ea peterent, respondentibus verò se loca tantum petere opportuna ad docendum, ingeniosos adolescentes quorum ingenia excolere possent, & victum vestitumque sine quibus humana mortalitas consistere nequit, hæc omnia fideliter & æquo animo compleuisse. *Qui cum inquisisset ab illis, quid pro ipsa scientia peterent inquit, San. Gallensis, responderunt loca tantum opportuna & animas ingeniosas, & sine quibus ista peregrinatio transigi non potest, alimenta & quibus tegamur...at prout necessarium habuerunt victualia ministrari præcepit habitaculis opportunis ad habitandum deputatis.*

Atque id initio ita statuere maximè consentaneum fuit: tum ad commendandam longè latèque liberalis & magnifici Principis famam: tum ne Parentes impensis & solutione mercedis grauarentur. Nec dubium, quin mediocres & infimæ sortis pueros, quos Carolus Clemeti commendauit, eadem de causa proprijs sumptibus in studio sustentarit. Nec dubium quoque videtur esse, quin Ludouicus pius quantum licuit, & Carolus Caluus alter Academiæ fundator idem præstiterint, quorum in ea re liberalitas ab historicis coætaneis prædicatur.

At expulsis quodammodo ex vrbe sua PrimariaRegibus & sublatis quæ præbebantur ex fisco stipendiis, necesse fuit ad perpetuitatem studij vt Magistri ex liberalitate parentum mercedem perciperent: neque seculares modo nostri Academici Magistri, sed ipsi quoque Monachi, qui in cœnobiis suis scholas publicas & exteriores habuerunt, honoraria eiusmodi accepisse comperiuntur. Nam vt nihil dicamus de Floriacensibus, quibus Scholastici loco mercedis bina librorum exemplaria concinnè scripta & compacta offerebant, Lanfrancus in Beccensi Monasterio Scholis apertis ex mecede discipulorum Cœnobij paupertatem temperauit: vt legitur in Chronico Beccensi & apud I. Brompton Abbatē Iornalensem sic ea de re scribentem in historia Willielmi 1. *Iste Lanfrancus liberalibus studiis iuuentutem attriuerat, Sacris scripturis auum maturauerat, quibus edoctus mundanos animos & ampullata gentilium eloquia paruipendere cœpit. Hic tamen ex omnibus Monasteriis Normaniæ Beccum prælegit paupertate & religione loci captus, vbi ipsum Herlwinum Abbatem loci primum ad coquendos panes succinctum & manus fimo conspicatus est. Piger esset Monachatus homo qui nesciret agresti opere victum quærere,* PVBLICAS SCHOLAS DE DIALECTICA *professus est, vt sic egestatem loci* SCHOLARVM LIBERALITATE *temperaret. Vnde gloria laudis eius apud improbos viros per inuidiam tantum consiauit, vt à vicinis Cappellanis Comes Normaniæ* Willielmus *turbatus diceret Lanfrancum pro sua importunitate de Normania repellendum.*

Similiter in libello de Gestis Abbatum Gemblacensium de Sigeberto Chronographo Cœnobij Gemblacensis, qui diu professionem litterarum exercuerat, sic legitur. *Post multum temporis vix impetrata licentia rediens ad Cœnobium Gemblacense contulit ad vsum & ornamentum Ecclesiæ, quæ acquisierat voluntaria eorum quos instruxerat liberalitate.* Sed nullus vnquam tantum in isto professionis genere lucratus est, quantum Abaelardus Monachus factus: ex mercedibus enim Scholasticis condidit, fundauit & ditauit Cœnobium Paracletense, vt ipse de se testatur Ep. 1. *Ad scholarum regimen intolerabilis me compulit paupertas, cum fodere non valerem & mendicare erubescerem. Ad artem itaque quam noueram recurrens, pro labore manuū ad officium linguæ compulsus sum. Scholares autem vltro mihi qualibet necessaria præparabant tam in victu scilicet quàm in vestitu vel cultura agrorum, seu in expensis ædificiorum, vt nulla me scilicet à studio cura domestica retardaret.* Ipsa quoque Heloissa Paracleti Abbatissa Ep. 2. ad Petrum Abaëlardum *Clerici siue scholares huc certatim ad disciplinam tuam confluentes omnia ministrabant necessaria, qui de beneficiis viuebant Ecclesiasticis, nec oblationes facere nouerant sed suscipere, & qui manus ad suscipiendum non ad dandum habuerant; hi in oblationibus faciendis prodigi atque importuni fiebant.*

Hoc Monachi: quanto vero plura seculares Magistri? Planum est ex vita M. Roberti Arbricellensis longè maiorem quæstum ex professione literaria Parisiis percipi solitū, quàm in Prouinciis: siquidem ille peragratis multis Prouinciis venit tandē Parisios, vbi maior erat & copiosior emolumentorū copia, ibique aliquandiu docuit. Sic enim de eo scribit Baldricus. *Et quoniam Francia tum florebat in Scholaribus emolumentis copiosior, fines paternes tanquam exul & fugitiuus exiuit, Franciam adit, & vrbem quæ Parisius dicitur, intrauit, litterarum Disciplinam quam vnicè sibi postulauerat, pro voto commodum reperit, ibique assiduus Lector insidere cœpit.* Nec refert quod Lanfrancus spe maioris quæstus Lutetia relicta ad vltimos Normaniæ fines penetrasse dicatur: ideo enim id ab eo factum, quia forte non potuit habere locum commodè Parisiis vbi docere posset, vel quia ob multitudinem professorum, paucos singuli tunc habebant Discipulos, vnde sperauit se plus facturum lucri, si solus esset alicubi qui litteras profiteretur, quàm in loco celebri, vbi multi eximiæ famæ & magni nominis ad se omnes discipulos alliciebant.

Idque exemplo Petri Abaelardi confirmare licet, qui post suum è Laudunensi schola reditum, vbi Parisiis aggressus est Dialecticam docere & Theologiam, pænè Scholas vacuas fecit, earumque ad se Scholasticos transtulit: imo ante etiam, Magistrum suum Guillelmum Campellensem quem mutare coegerat sententiam de Vniuersalibus, in tantum contemptum adduxerat, *vt ad dialecticā lectionem vix admitteretur.*

Quantum autem istę breui tempore docendo lucratus sit, ex liberalitate Discipulorum suorum, satis indicat Ep. 1. ad amicum, sic scribens. *Vtriusque lectionis studio scholæ nostræ vehementer multiplicatæ, quanta mihi de pecunia lucra, quantam gloriam compárarent, ex fama teǫ quoque latere non potuit.*

Talis ergo consuetudo ab antiquis temporibus ad hæc vsque, quibus scribimus in Academia Parisiensi obseruatur.

Sed quanta merces, inquiet aliquis, dabatur Magistris? varia pro varietate Professionum quas exercebant: nam id semper & apud veteres & apud nos obseruatum, vt superiorum Artium Magistris puta Rhetoribus, Philosophis, Theologis plus daretur quàm Grammaticis: neque existimauerim ea de re conditam vllam legem ante vltimam reformationem an. 1598. qua sublatis Candelis, Indicto & aliis eiusmodi variorum nominum solutionibus certa summa Magistris est deputata & assignata: id enim antiquitus, hoc est pretij quantitas pependisse videtur ex liberalitate parentum & ex consuetudine, non ex lege scripta.

Apud veteres Græcos & Romanos eadem prope ratio mercedis pro varietate Professionum, cuius quantitas pendebat vel ex stipulatione Parentum, vel ex consuetudine Magistrorum plus minúsve lucrantium. Qui plurimum famæ & existimationis in docendo sibi comparauerant, aut se comparaturos putabant, nonnisi grandi pretio docebant. Testis Augustin. l. 4. de Doctr. Christ. c. 7. *Hæc omnia quando à Magistris docentur, pro magno habentur, magno pretio emuntur magna iactatione venduntur.* Testis quoque Ausonius Burdigalensis de Exuperio Tolosano Rhetore sic loquens.

—— *Pueros grandi mercede docendi*
Formasti Rhetor.

Atque vt hodie vulgo fit, Patricij & opulentiores plus dabant, mediocres & pauperiores, minus: vt videtur docere Philostratus in Polo Agrigentino, quem ait à Gorgia magna vi pecuniæ institutum in declamatione. Et in Scopeliano, *Declamationes*, inquit, *quæstu agitauit: alius autem aliam mercedem pro cuiusque familiæ ratione dependit.* ὁ δὲ μισθὸς ἦν ἄλλος ἄλλῳ, καὶ ὡς ἕκαστος οἴκου εἶχε. Addo maiorem mercedem à singulis petere solitos, quo plura docerent. Erant enim qui declamare tantùm docebant, dicebanturque propriè Sophistæ. Erant & qui simul eloquentiæ præcepta docebant. Hi autem plus quàm illi lucrabantur: vt in Sophista Lolliano patet.

Quia igitur pendebat quantitas summæ vel ex stipulatione, vel ex liberalitate Parentum aut Discipulorum, vel ex fama & existimatione Magistrorum, incerta omnino fuit. Video Minerual amplissimum fuisse decem mille drachmarum, seu centum Minarum Atticarum: qua summâ Quintilianus ait Euathlum Artem didicisse à Protagora. Et de eodem Laertius ait, πρῶτος μισθὸν ἐξεπράξατο μνᾶς ἑκατόν. Eandem summam petebat Gorgias à Discipulis teste Diodoro: eandemque Pythodorus & Callias Zenoni Præceptori suo dedisse dicuntur.

Imminutum postea Mineruzl eiusmodi ad decimam partem. Nam Isocratem ait Plutarchus decem minarum Atticarum mercede, seu mille drachmis docuisse: idque communes fuisse docentium pretium ex eodem patet in vita Lycurgi Oratoris, quem cum argueret quispiam quod mercedem Sophistis penderet, respondit se non mille drachmas tantùm, sed dimidiam bonorum partem daturum ei, qui filios meliores redderet. Aliqui vt plures lucrarentur & captarent Discipulos, minori pretio se docturos pollicebantur, vt ait Isocrates contra Sophistas, scilicet 4. aut 5. minas pro mercede τέτταρας ἢ πέντε μνᾶς ὑπὲρ τούτων αὑτοὺς. Alij vna mina, seu drachmis 100. contenti erant, vt Proclus Naucratites Philostrati præceptor, cui si quis 100. drachmas semel soluisset, semper audire poterat, teste ipsomet Philostrato l. 2. de Sophist.

Apud Latinos certum est quoque non omnes professores æquam tulisse mercedem; sed maiorem Rhetoras, quàm Grammaticos, hos verò quàm Litteratores & Calculatores. De Rhetoribus & Grammaticis liquet ex Iuuenal. Satyr. 7.

Quis gremio Enceladi doctique Palæmonis offert,
Quantum Grammaticus meruit labor? & tamen ex hoc
Quodcumque est, minus est autem quàm Rhetoris æra,

Tertium seculum

Discipuli Custos pramordet Acænitus ipse,
Et qui dispensat, frangit sibi.

De minoribus verò Professoribus puta Calculatoribus vetus interpres ait dari tantum solere pro mecede octo æris nummos. De iisdem Iuuenalis Saty. 11.

Eloquium ac famam Demosthenis aut Ciceronis
Incipit optare, & totis Quinquatribus optat
Quisquis adhuc vno partam colit asse Mineruam.

Id. qui minimâ adhuc mercede prima Elementa discit.

Neque omittendum non fuisse mercedis loco numeratas Calendarias strenas, & Saturnalitias sportulas, itemque munera Minerualia, quæ supra honorarium consuetum & legitimum solebant offerre & dare præceptoribus Discipuli. Testis Hieronymus in Ep. ad Ephesios. *Pecuniam in Calendariam strenam & Saturnalitiam sportulam & Mineruale munus Grammaticus & Orator accipit.* De Calendariis strenis, quæ scilicet Calendis Ianuarij dabantur sic Libanius in Calendarum descriptione, *Funditur aliis aurum vndequaque ; quando hi quidem patronos imitantur : alij verò simul & semel larginuntur : e quorum etiam numero sunt, qui sapientiæ studio dant operam : siquidem statuunt tunc temporis mercedem huiusmodi in festi gratiam.*

Quo verò tempore minerual pendebatur? Litteratoribus & Calculatoribus videtur pendi solitum singulis mensibus ; vt ex hoc versu Horatij euincitur.

Ibant Octonis referentes idibus ara.

Id. pueri pro mercedulâ menstruâ singulis mensibus pensitabant suis præceptoribus præsertim Calculatoribus, vt ab iis Artem numerandi discerent, octo asses. Sicque vocat Horatius octonas Idus per hypallagen, pro *octo ara* singulis Idibus.

Cæteris Professoribus annua fere pendebatur, seu sub finem anni scholastici: idque videtur innuere Iuuenalis explicans eorum miseriam, qui postquam totum suum tempus in formandis puerorum ingeniis consumpserant, minimam à parentibus mercedem finito anno accipiebant.

——— Cum se verterit annus,
Accipe victori populus quod postulat aurum.

Quæ verba omnes interpretes accipiunt de fine anni scholastici. Sed quo tempore finiebatur? antiquitus mense Martio. Docet Macrobius l. 1. Saturnal. c. 12. de illo sic loquens. *Hoc mense mercedes exsoluebantur Magistris, quas completus annus deberi fecit.* Postea id mutatum, postquam scilicet initia lectionum ab Idibus Octobris duci cœperunt ; mense enim Iulio propter immodicos calores terminabantur. Vnde Martialis lib. 10. Epig. 62.

Alba leone flammeo calent luces
Totamque feruens Iulius coquit messem ;
Senticaque lotis horridis Scythæ pellis,
Qua vapulauit Marsyas Celenæus,
Ferulæque tristes sceptra Pædagogorum
Cessent, & Idus dormiant in Octobres.
Æstate pueri si valent, satis discunt.

Apud Græcos discedentes à Præceptore Scholastici soluto Mineruali orationem Eucharisticam habere tenebantur. Quò videtur alludere Plato in Cratylo his verbis. *Ab his qui sciunt, hæc perquire, oblatis pecuniis & Gratiis insuper actis. Hi verò Sophistæ sunt, quibus frater tuus Callias multis erogatis pecuniis sapiens euasisse videtur.* Gratiarum actiones eiusmodi vocabant ἐξιτηρίους λόγους, προπομπικούς, sermones dimissorios. Item ἀνακλήσεις οἰμωγαί. Tales habuit Basilius Magnus teste Gregorio Nazianzeno. Item Gregorius Neocæsareæ antistes cum Origeni vale dixit,

dixit, elegantem habuit orationem in qua inter cætera maximas Deo gratias egit quod tam excellentem nactus fuisset præceptorem.

Porro in prædictæ mercedis solutione sæpe peccabatur turpiter & à Parentibus atque Discipulis & à Magistris. A parentibus quidem, qui vt se à soluendo eximerent, aliud & aliud causabantur, vt si nihil didicissent filij, si non declamassent sæpe, si stupidi redirent, &c. quod malum in præceptoris incuriam, non in filiorum nequitiam aut stupiditatem reiiciebant. Qua de re Iuuenalis Satyr. 7.

Scire volunt omnes, mercedem soluere nemo.
Mercedem appellas! quid enim scio ? Culpa docentis
Scilicet arguitur, quod laua in parte mamilla
Nil salit Arcadico iuueni.

Itaque sæpe ob denegatam mercedem, miserrimis Magistris in foro cum Parentibus decertandum erat. Testis Augustinus l. 1. Confess. c. 16. *Magna res agitur publicè in foro in conspectu legum super mercedem Salaria decernentium.* Et Iuuenalis ibidem.

Rara quidem merces, quæ cognitione Tribuni
Non egeat.

Hæc iniquitas parentum. Ecce aliam à Custodibus seu Pædagogis & Oeconomis seu Dispensatoribus, qui de summa quam parentes dabant, decerpebant sibi adeo vt minimula pars ad miserrimos præceptores perueniret: cumque iis veluti cum aliquo institore & propola lodicis aut culcitræ, de imminutione pretij paciscebantur: vt describit Iuuenalis ibidem.

——— Et tamen ex hoc
Quocunque est, minus est autem quam Rhetoru æra,
Discipuli custos præmordet Acœnitus ipse,
Et qui dispensat frangit sibi. Cede Palæmon,
Et patere inde aliquid decrescere: non aliter quam
Institor hybernæ tegetis niueique cadruci,
Dummodo ne pereat media quod noctis ab horâ
Sedisti, quâ nemo faber, quâ nemo sedebat,
Qui docet obliquo lanam deducere ferro.
Dummodo non pereat totidem olfecisse lucernas,
Quot stabant pueri, cum totus decolor esset
Flaccus, & hæreret nigro fuligo Maroni.

Aliud malum à Scholasticis ipsis ingratis describit August. l. 5. Conf. c. 12. qui transeuntes à Magistris ad Magistros conspirabant inter se, ne quid illis darent, sicque singulos deludebant. Id sibi contigisse ait: nam cū Carthaginensem scholam reliquisset ob proteruitatem scholasticorum, Romamque concessisset vbi audiuerat tractabiliora esse eorum ingenia, aliud in illis vitium deprehendit, scilicet conspirationem illam & mutationem frequentem Magistrorum, vt eos defraudarent. *Sedulo ergo*, inquit, *agere cœperam propter quod veneram vt docerem Romæ artem Rhetoricam & prius domi congregare aliquos, quibus & per quos innotescere cœperam; & ecce cognosco alia Romæ fieri quæ non patiebar in Africa. Nam reuera illas euersiones à perditis adolescentibus ibi non fieri manifestatum est mihi, sed subitò ne mercedem Magistro reddant, conspirant multi adolescentes, & transferunt se ad alium, desertores fidei, & quibus præ pecunia charitate Iustitia vilis est.*

Verum à Magistris in hac Mineruali exactione multa quoque committebantur indignissimè præsertim à Græcis. 1. quia non contenti cum parentibus pacisci, syngraphas conficiebant in cautionem, ne mercedulâ defraudarétur. 2. Si qui soluendo non essent, aut pactam mercedem soluere detrectarēt, eos rapiebant in ius, verberabant & pugnis concidebant. Testis Lucianus in Hermot. vbi de Philosopho agens qui Dionem Discipulum suum indignissimè habuerat, ἐπὶ τὸυς μισθοὺς μηνὶ ἱσταμένου χρὴ ἀγορὰν, quia non reddiderat illi mercedem in tempore, ad

Prætorem paulò ante rapuit miserum, pallio eius collo iniecto vociferans& excandescens admodum: & nisi è familiaribus Quidam e manibus furiosi adolescentem eripuissent, periculum erat, ne nares misero mordicus auellisset senex, adeò impotenter debacchabatur incensus iracundia. Et in Conuiuio Cleodemus ita cum Antisophista contendit. *Neque drachmis quaternis fænero, neque præstrictâ gulâ Discipulos meos præfoco nisi ia tempore mercedem soluerint* οὐδ᾽ ἄγχω τοὺς μαθητὰς ἤν μὴ κατὰ καιρὸν ὑπὸ δώσιτοὺς μισθοὺς. Themistius eosdem Magistros longè truculentiores facit, qui nempe solerent pueros ob non solutam pecuniam μειράκια ὑποτυμπανίζειν *quasi in equuleo extendere.* Item & palis alligare παιδάρια δυστυχῆ προσπατταλίουν ὑπὸ πενίας καὶ ὀρφανίας ἐξαπορούμενα τοῦ μισθοῦ. qui ob inopiam & orbitatem soluere nequibant mercedem. Adde rigorem in ponderandis nummis: quâ in re quoque turpiter se præstabant difficiles, sæpius vertendo stateres & explorando essent ne nummi adulterini aut iniusti ponderis, vt narrat idem Themistius in Orat. 1.

Id quia indignum tandem & infame visum est, in remedium paupertatis & ingratitudinis aut auaritiæ parentum constituerunt Principes & Legislatores stipendiorum genus certum ex fisco seu ærario publico, ne pueri institutione carerent, aut Magistri debita mercede fraudarentur, néue de victu solliciti esse cogerentur, qui se totos vtilitati publicæ consecrarent. Apud Persas Archimagus Præfectus seu Rector Collegij Magorum in singulos menses libras auri 4. ex ærario percipiebat, vt authoritatem dignitatemque suam grauius & splendidius sustineret: cæteris verò Magistris annui reditus largè prouidebantur, vt & iis quos e Græcia euocare conabantur. Vt testatur Artaxerxes Magnus hac Ep. apud Volaterranum lib. 16. Antropol. de Hippocrate.

Rex Regum Artaxerxes Hystano Hellesponti Præfecto S. Hippocratis Medici Æsculapio prognati Artis fama ad me peruenit. Da igitur operam, vt aurum illi tribuas quantum vult, aliaque quorum indiget, & eum ad me mitte. Erit enim par honore summis in Persia viris. Et si quis in Europa fuerit vir clarus, hunc amicum Domui nostræ redde, minimè parcentes pecuniæ. Viri enim quanquam potentes haud facile inueniunt, quod honestè cupiunt. Vale.

Ptolomæus Ægyptiorum Rex instituit Alexandriæ Musæum, in quo Sacerdotes Artium seu Professores publicis sumptibus ali voluit: vt alibi dictum est. Apud Thurios & vniuersam ferè Græciam præficiebantur Adolescentibus impensâ publicâ Magistri docti ætate & vsu teste Diodoro l. 12. vbi de legibus Charondæ Legislatoris Thuriorum. Tulit præterea legem, *inquit, longe superiore potiorem, quæ à prioribus quoque legum latoribus fuerat omissa, Liberos Ciuium in ipso ludo & primis litterarum rudimentis instituendos tradi conductis ad id mercede & ære publico Præceptoribus lege iussit. Prospexerat nempe multis iam exemplis admonitus plerosque vel optimo natos ingenio fore, qui rei familiaris angustiâ pressi dum priuatæ mercedis præceptoribus tribuendæ inopiâ desisterent, ob eam singulari & tam opportunâ priuarentur institutione.*

Certa quoque stipendia Romani Professoribus Liberalium Artium attribuerunt, ita tamen vt, quod ex liberalitate Parentes erogare vellent, non sustulerint; at ne ab iis penderent Magistri, de fisco quotannis gemina pensione certa summa soluebatur. Quam in rem præter multa alia authorum veterum testimonia, retulimus pag. 72. locum ex Epistola Athalarici *Italiæ Regis ad Senatum*, desumptum. Hìc placet integram eius Epistolam ad commendationem Artium liberalium & Professorum compositam reponere; vt legitur apud Cassiodorum l. 9. Ep. 21. sub hoc Lemmate.

SENATVI VRBIS ROMÆ ATHALARICVS REX.

Filiorum causas iure ad Patrum cognoscimus remisisse personas, vt ipsi de illorum prouectu debeant cogitare, quorum interest studia Romana proficere. Neque enim credendum est vos inde posse minus esse sollicitos, vnde & generi vestro crescit ornatus & Cœtui prouenit assiduâ lectione Consilium: Nuper siquidem, vt est de vobis cura nostra sollicita, *quorumdam susurratione cognouimus Doctores Eloquentiæ Romanæ laboris sui constituta præmia non habere, & aliquorum nundinatione fieri, vt scholarum Magistris deputata summa videatur imminui. Quapropter* CVM MANIFESTVM *sit præmium artes nutrire,* NEFAS IVDICAVIMVS DOCTORIBVS ADOLESCENTVM ALIQVID SVBTRAHI, QVI SVNT POTIVS AD GLORIOSA STVDIA PER COMMODORVM AVGMENTA PROVOCANDI. *Prima enim Grammaticorum schola est fundamentum pulcherrimum litterarum, mater gloriosa facundiæ,* quæ cogitare nouit ad laudem loqui sine vitio, hoc in cursu orationis sic errorem cognoscit absonum, quemadmodum boni mores crimen detestantur externum. Nam sicut Musicus consonantibus choris efficit dulcissimum melos, ita dispositis congruenter accentibus metrum nouit decantare Grammaticus. *Est Grammatica Magistra verborum, ornatrix humani generis,* quæ per exercitationem pulcherrimæ lectionis Antiquorum nos cognoscitur iuuare consiliis. Hac non vtuntur Barbari Reges, apud Legales Dominos manere cognoscitur singularis. Arma enim & reliquæ gentes habent, sola reperitur Eloquentia quæ Romanorum Dominis obsecundat. Hinc Oratorū pugna Ciuilis Iuris classicum canit. Hinc cunctos roceres nobilissima disertitudo commendat, & vt reliqua taceamus, hoc quod loquimur, inde est. Qua de re P. C. hanc nobis curam, hanc authoritatē propitia diuinitate largimur, vt successor scholæ liberalium litterarum tam Grammaticus quam Orator, necnon & Iuris expositor commoda sui decessoris ab eis quorum interest, sine aliqua imminutione percipiat & semel Primi Ordinis vestri ac reliqui Senatus amplissimi authoritate firmatus, donec suscepti operis idoneus reperitur, neque de transferendis, neque de imminuendis annonis à quolibet patiatur improbam quæstionem, sed vobis ordinantibus atque custodientibus emolumentorum suorum securitate potiatur. Præfecto vrbis nihilominus constituta seruante. *Et ne aliquid pro voluntate præbentium relinquatur incertum, mox vt sex menses exempti fuerint, statutæ summæ consequantur prædicti Magistri mediam portionem. Residua vero anni tempora cum annonarum debita redhibitione claudantur, ne cogantur de alieno pendere fastidio, cui piaculum est vel horarum aliquot vacasse momento.* In tantum enim quæ sunt decreta, volumus firmissimè custodiri, vt si quis cuius interest, differendam putauerit hanc quasi debitam functionem procurato more vsurarum dispendia ipse patiatur, quia iusta commoda laudabiliter laborantibus plectenda cupiditate substraxit. *Nam si opes nostras scenicis pro populi oblectatione largimur, quanto magis illis sine dilatione præbenda sunt, per quos & honesti mores proueniunt, & Palatio nostro facunda nutriuntur ingenia. Hæc autem præsentibus litterarum Magistris venerando Cœtui vestro præcipimus intimari. Vt sicut nos agnoscunt de suis commodis esse sollicitos, ita à se prouectus adolescentum enixius nouerint per nos exigendos.* Cesset nunc illa Satyris Doctoribus querulis vsurpata sententia, quia duabus curis ingenium non debet occupari. Ecce iam habere tolerabile probantur hospitium. Vnde nunc merito vni sollicitudini iugiter inhærentes, toto vigore animi ad Liberalium artium studia transferantur.

Sic veteres litterariæ professionis perpetuitati consultum voluerunt, ne professores spe præmij & honorarij legitimi per auaritiam parentum frustrati, animum in docendo curasque remitterent. Quod institutum habuerunt certè præ oculis Principes nostri Academiæ Parisiensis fundatores: vt & habuit immortalis memoriæ Ludouicus XIII. qui an. 1641. perpetuo edicto sanciuit, vt qui prouentus & reditus ex omni Nunciatuum Academicorum genere perciperentur, ij omnes **absque vlla deminutione, alienatione & auocatione in eorum, qui in Gymnasiis** Liberalium artium **militant, professorum stipendia cederent.** Qui si tandem aliquando ex Harpyarum gutturibus & de sacrilego Negotiatorum commercio eripi possint, iis ex parte sustentandis abunde sufficient, nec cogentur illi amplius de alieno pendere fastidio, aut apud Iudicem cum parentibus agere de mercede, sed quod ab iis deinceps accipient, liberalitatis pignus erit, non Iustitiæ. Quod optandum maximè vt cito eueniat: duplici enim præmio & vtroque honorabili excitati professores excitabunt ipsi omnes animi corporisque vires ad officium ritè exequendum, cum sè certi stipendij securos meminerint & à liberalibus parentibus nihilominus honorariū aliquod percepturos sperabūt, non quantum necesse erit, sed quantum volent erogare, prout ipsi plus operæ & diligentiæ ad liberorum educationem instructionemque contulerint. Duplex præmium dico, neque enim operæ pretium esse existimarem ita locuples amplumque Professoribus assignare stipendium, vt nihil à parentibus acciperent: experientia enim constat eorum plerosque, quibus pingues Cathedræ bonisque reditibus fundatæ obtigerunt, remissiores esse in exequendo munere (quippe securos stipendij siue de mane siue de multo die studeant, seu serius seu ocius, frequentius aut infrequentius scholam suam subeant) quàm qui à Parentibus & Discipulis honorarium sperant & quoddam præmij incrementum. Pinguioris enim paulo sortis spe illecti laborem suscipiunt libentius magisque assiduâ operâ solent in commissorum sibi Discipulorum institutionem & profectum incumbere.

DE MORIBVS HVIVS SECVLI.

Quales fuerint initio huius seculi mores, docuimus ex Glabro Rodulpho: quales uero sub finem, exponit his verbis Ordericus Vitalis ad an. 1089. vbi de Comite Andegauensi verba facit.

„ Hic, *inquit*, in multis reprehensibilis & infamis erat, multisque vitiorum pe-
„ stibus obsecundabat. Ipse nimirum quia pedes habebat deformes, instituit sibi
„ fieri longos & in summitate acutissimos subtolares: ita vt operiret pedes, &
„ eorum celaret tubera quæ vulgo vocantur vniones. Insolitus inde mos in occi-
„ duum orbem processit, leuibusque & nouitatum amatoribus vehementer pla-
„ cuit; vnde sutores in calceamentis quasi caudas scorpionum, quas vulgò Pi-
„ gacias appellant, faciunt. Idque genus calceamenti penè cuncti diuites, & egeni
„ nimium expetunt. Nam antea omni tempore rotundi subtolares ad formam pe-
„ dum agebantur, eisque summi, & mediocres, Clerici & Laici competenter vte-
„ bantur: at modo seculares peruersis moribus competens schema superbè cupiunt
„ & quod olim honorabiles viri turpissimum iudicarunt & omnino quasi stercus
„ refutauerunt, hoc moderni quasi mel dulce æstimant, & veluti speciale decus
„ amplectentes gestant.

„ Robertus quidem nebulo in Curia Ruffi Regis prolixas Pigacias primus cœpit
„ implere stupis, & hinc inde contorquere instar arietis cornu; ob hoc ipse Cornar-
„ dus cognominatus est; cuius friuolam adinuentionem magna pars nobilium,
„ ceu quoddam insigne probitatis & virtutis opus mox sequuta est. Tunc effœmi-
„ nati passim in orbe dominabantur, indisciplinati debacchabantur; Sodomitici
„ eisque spurcitiis fœdi catamitæ flammis vrendi turpiter abutebatur. Ritus heroum
„ abiiciebant, hortamenta Sacerdotum deridebant, Barbaricum morem in habitu,
„ & vita tenebant: nam capillos à vertice in frontem discriminabant, longos cri-
„ nes veluti mulieres nutriebant, & summopere curabant, prolixisque nimium
„ strictis camisiis indui tunicisque gaudebant: omne tempus quidam vsurpabant &
„ contra legem Dei moremque patrum pro libitu suo ducebant: nocte commes-
„ sationibus, & potationibus, vanisque confabulationibus, aleis & tesseris aliis-
„ que ludicris vacabant, die vero dormiebant. Sic post obitum Gregorij Papæ, Guil-
„ lelmi Nothi aliorumque Principum Religiosorum, in occiduis partibus pene
„ totus abolitus est honestus Patrum mos antiquorum: illi enim modestis vestie-
„ bantur indumentis, optimèque coaptatis ad sui mensuram corporis, & erant ha-
„ biles ad equitandum & currendum, ad omne opus quod ratio suggerebat agen-
„ dum; est in diebus istis veterum ritus pene totus nouis adinuentionibus com-
„ mutatus est, fœmineam mollitiem petulans iuuentus amplectitur, fœminisque
„ viri curiales in omni lasciuia summopere adulantur: pedum articulis vbi finis est
„ corporis colubrinarum similitudinem caudarum imponunt, quas velut Scorpio-
„ nes præ oculis suis prospiciunt, humum quoque puluerulentam, interularum &
„ palliorum superfluo scirmate verrunt: longis latisque manicis ad omnia facienda
„ manus operiunt, & his superfluitatibus onusti celeriter ambulare, vel ali-
„ quid vtiliter operari vix possunt. Sincipite scalciati sunt vt fures, occipite au-
„ tem prolixas nutriunt comas, vt meretrices. Olim pœnitentes & capti, & pe-
„ regrini vsualiter intonsi erant longasque barbas gestabant iudicioque tali pœni-

tentiam, seu captionem vel peregrinationem spectantibus pretendebant: Nunc verò pene vniuersi populares ceriti sunt & barbatuli palam manifestantes specimine tali quod sordibus libidinis gaudent vt foetentes hirci, crispant crines calamistro, caput velant vita sine pilleo: vix aliquis militarium procedit in publicum capite discoperto legitimeque secundum Apostoli praeceptum tonso. Exterius itaque habitu gestuque monstrant quales interius conscientias habeant, & qualiter perarctum cultum ad Deum percurrant.

Altissimus igitur iudex, & sublimi residens solio, quod nimium flagitiis inhæret humana intentio, populum ineruditum plebemque indisciplinatam multiplici percussit flagello: morbis enim macerari, & bellis inquietari terrigenas permittit. Hypocriticisque Præsidibus subiicit quos sibi contrarios suæque legis spontaneos præuaricatores perspicit. Eiecti autem qui zelo Phinees inflammantur inter reprobos crebro transeunt, vt ad Dominum cum propheta conquerantur. *Vidi præuaricantes, & tabescebam quia eloquia tua non custodierunt.* Vnde à bonis Doctoribus arguuntur, obsecrantur, increpantur in omni patientia & doctrina. Sed his omnibus pertinaciter obstat maliuoli cordis obduratio nefaria, quæ solet omnium fouere ac defendere scelerum contagia. Si Persius ac Plautus aliique mordaces Satyrici nunc adessent, & curiosè indagarent qualiter nostrates clam palamque libitus suos perpetrent, immensam reprehendendi materiam, & substannandi in propatulo reperirent. (*Quibusdam interiectis.*) Quo tempore cis Alpes cœpit ineptia pigaciarum, & superflua prolixitas capillorum atque vestium terræ sordes frustra scopantium.

Huiusce vitæ lasciuioris & dissolutioris causam coniicit in Guillielmi II. seu Rufi Anglorum Regis mores omnino perditos: indeque in Neustriam & in Franciam eadem peruersitas influxit, vt sunt mores Gallorum mutabiles, & nouitatis amantes. Qualis autem fuerit ille Rufus breuiter describit Ioannes Brompton Abbas Iornalensis ad an. 1100. vbi de eius morte inopinata loquens. *Quarto non. Aug.* inquit, feria 5. venatum iuit, vbi quidam Miles Francus Walterus cognomine Tyrel sagittam ceruo incautè dirigens, Regem casu infortuito non voluntarie ad mortem percussit, qui corruens nullum edidit inde verbum & sic inuisus ille Rex, nequissimus & in omnibus viis suis inconstans, Deo indeuotus, Ecclesiæ & populo suo grauis, nuptiarum consortia spernens & passim lasciuiens, opes Regni sitiens & fortunas subditorum corrodens immanissimæ superbiæ turgidus & doctrinæ Euangelicæ quasi derisor effectus, qui Gentem Anglorum nullo contradicente tributis & exactionibus pessimis vexabat, Episcopatus & Abbatias aut vendebat, aut in manu sua retinens ad firmam tradebat vitam crudelem fine miserrimo terminauit. Hæc & plura de Willielmo Ioannes Brompton.

Ex aduerso, hoc idem tempus protulit plurimos viros pietate & religione illustres: imprimis verò æterna laude prædicabilis est Vniuersitas Parisiensis, quod quatuor aut quinque viros Ordinum Religiosorum Authores sub finem huius seculi e sinu suo profuderit. Nam vt nihil dicam de Roberto Abbate Molismensi Cisterciensium Patriarcha, de quo minus certum est, an fuerit alumnus Parisiensis, Bruno Coloniensis de quo ad an. 1082. diximus, Carthusienses instituit, Robertus Arbricellensis Canonicorum S. Mariæ de Rota in agro Andegauensi, deinde Fontebraldensis Ordinis Author fuit & primus Magister, Bernardus Pontiuensis vulgò de Abbatisvilla Tironense Monasterium in Agro Carnotensi fundauit. Radulphus de Fusteia Roberti Socius Sanctimoniales S. Sulpicii in agro Redonensi, & Vitalis Sauiniacum Cœnobium in agro Abrincensi: de quibus 4. viris Religiosarum Congregationum Authoribus extat apud Claudium Menardum Andegauensem ex veteri monimento hic locus lib. 3. cap. 18. *His tribus igitur Religiosissimis viris & excellentissimis tunc temporis & super cæteros Eremitas Principibus & Magistris Roberto de Arbrexello, Vitali qui Capellanus fuerat Comitis Moritonij, Radulpho de Fustaya hunc quartum Bernardum videlicet Deus apposuit, vt fieret firma quadratura multos ad Religionem informandos (quasi deo fabricanda ædificia) corporaliter & spiritualiter portatura & diuersi generis hominibus viris ac mulieribus profutura, postea namque fuerunt singulorum singuli fundatores Monasteriorum, Robertus & Radulphus Sanctarum Fæminarum, Bernardus & Vitalis Religiosorum & Monachorum.*

„ De eisdem quatuor multa leguntur non contemnenda in Manuscripto
„ Andreæ Quercetani. *Manebat non longè* à Monasterio S. Sauini (in agro Picta-
„ uiensi) vir quidam venerabilis ac Religiosus Eremita Petrus cognomine de Stel-
„ lis, qui illius postea Monasterii fundator extitit, quod Font-Gumbaudi dicitur,
„ ad quem Bernardus diuertit fugiens à Monachis S. Sauini, qui cum in Abbatem
„ suum volebant eligere, exæstuans desiderio seuerioris disciplinæ, paupertatis &
„ solitudinis, & cum rogauit, vt latenter remotiùs subduceret: atque ad ignotas
„ remotissimæ regionis solitudines perduceret. Petrus itaque factus ductor itine-
„ ris, quod postulabat compleuit . . . . Erant autem in confinio Cenomanicæ
„ Britannicæque regionis vastæ solitudines, quæ tunc temporis quasi alta Ægy-
„ ptus, florebant multitudine Eremitarum per diuersas Cellulas habitantium, vi-
„ rorum Sanctorum atque propter excellentiam Religionis famosorum: inter
„ quos erant Principes & Magistri Robertus de Arbresello atque Vitalis de Mau-
„ ritonio, Radulfus quoque de Fusteia: qui postea fundatores extiterunt multa-
„ rum atque magnarum Congregationum: quibus diuina dispositio per Petrum,
„ qui eos antea nouerat, hunc quartum adiungere curauit: vt illis tribus quarto ad-
„ iuncto firma fieret quadratura, quæ postmodum magna atque lata ædificia erat
„ positura. Petrus verò de Stellis multorum dierum itinere confecto peruenit ad
„ D. Vitalem vnum ex supradictis quos Principes & Magistros Eremitarum fuisse
„ iam diximus. Qui & Bernardum commendabilem laudabilemque prius suffi-
„ cienter facundæ orationis adminiculo faciens, rogat vt secum habitare permitte-
„ ret nomen illius & transacti prioratus officium penitus retinens, non Bernardum
„ cum nominans, sed Guillelmum. Petrus itaque illo commendato ad Aquita-
„ niam remeat. Dominus autem Vitalis Anachoretas Concilii more conuocat in
„ vnum, Guillelmique desiderium profert in medium. Eremitæ verò hominis
„ comperto voto ex affectu charitatis assentiunt, consortio applaudunt, cellulas
„ suas certatim offerunt.

Idem Coenobiticæ vitæ desiderium incessit animos Normanorum: mirumque
dictu est quàm fuerit Gens ista hoc seculo dedita Religioni, quæ tot annos Religionem oppresserat & bellis importunis vexauerat. Ordericus Vitalis Scriptor Normanus qui hoc & sequente seculo vixit & floruit, plurimorũ Illustrium
Doctorumque virorum exempla passim cõmemorat, qui relictis scholis & mundi deliciis ad coenobia se contulerunt, præter eos qui in fundo suo Monasteria
extruxerunt, seu instaurarunt à Roberti I. Ducis Normaniæ temporibus. *Cuius regiminis tempore*, inquit, *Lanfrancus & Anselmus alyque profundi Sophistæ illuc ad
Scholas Christi perrexerunt; ibique Vuilielmus Geroy filius & Hugo Comes Mellenti
alyque præclari Milites Militiam Christi assumpserunt*.

Ad annum 1050. de Theodorico Gemmeticensi Abbate Vticensi verba faciens.
„ Imprimis, *inquit*, Gunfridum & Rainaldum & Fulconem filium Fulconis De-
„ cani, aliosque nonnullos Grammaticæ Artis peritos in schola Christi emenda-
„ tionem vitæ humiliter docuit. Riculfum quoque secum & Rogerium Rusticos
„ Presbyteros, & Durandum Hortolanum & Goisfridum atque Olricum aliosque
„ simplices Discipulos benigniter tractauit. Ipse etiam Herbertum & Beringa-
„ rium, Goscelinum & Rodulphum, Gillebertum & Bernardum, Richardum &
„ Vuillelmum aliosque plures bonæ indolis pueros diligenter instruxit in domo
„ Domini ad bene legendum, ad canendum & ad scribendum & ad alia bona
„ studia, quæ seruis Dei veram theoriam quærentibus competunt, vigilanter exer-
„ cenda.

Ad annum 1076. narrat quanta cura & sollicitudine Goisbertus Medicus peritissimus plurimos quos morbis affectos curabat, ad contribuendum de bo-
„ nis suis Vticensi coenobio induceret. Dum Goisbertus Medicus Compatrio-
„ tas suos & amicos in Galliis visitasset & officium Artis suæ indigentibus atque
„ petentibus impendisset, plures amicorum & familiarium suorum, quibus antea
„ fideliter arte sua seruierat, adiit, & de suis superfluitatibus eleemosynas facere
„ pro æterna salute benigniter incitauit, maximèque de iis rebus, quæ laici per-
„ sonam non pertinent, Monachis S. Ebrulfi dare eos admonuit. Ad Petrum
„ Mauliensem filium Ansoldi diuitis parisiensis diuertit, & inter reliqua familia-

ritatis ex amicitia colloquia illum conuertit, ipsumque vt ecclesias de Maulia Monachis Vticensibus donaret, obsecrauit.

Et ad an. 1081. ait quosdam amore Dei feruentes seculum reliquisse & res suas iuxta regulæ statutum Monasteriis tradidisse, & amicos ac parentes suos ad simile propositum compulisse. Ex his, *inquit*, fuerunt Rogerius de Sappo & Odo frater eius, Serlo de Orgeriis & Razso Ilberti filius, Odo Dolensis, Goisfredus Aurelianensis & Ioannes Remensis, aliique plures litterarum peritia instructi & deitatis ad cultum idonei. Nonnulli generositate pollebant & exterioribus curis in rebus ecclesiasticis vigebant: nam Drogo filius Goisfredi de Nouo Mercato, & Rogerius Erneisi de Coluncis filius nepos Guillelmi de Garenna & Ernaldus Vmfredi de Telliolo filius, nepos ex sorore Hugonis de Grantemesnilio & Goisbertus Medicus Curiales erant & pro curatione sua terras & ecclesias decimasque fratribus suis acquirebant.

Et ad an. 1085. Goisbertus Ciuis Carnotensis ad conuersionem venit, optimamque domum quam in vico habuerat, 30. libris Carnotensium vendidit, totumque pretium Vticensibus contulit. Hic erat statura procerus & exilis, moribus benignus & tractabilis, magnanimus & dapsilis. Et quia Medicinæ Artis erat peritissimus, multis erat notus & necessarius ac familiaris amicus: per ipsum itaque Fulcherius Carnotensis & Petrus de Maulia aliique plures notitiam Vticensium amplexati sunt, & honestatem eorum cum religione venerantes, eis de rebus suis portionem idoneam contulerunt. Præfatus quippe Fulcherius nobilitate clarebat, ex patrimonio suo magnam possessionem habebat, litteris affatim imbutus S. Dei Genitricis Canonicus erat.

Innumera sunt exempla eiusmodi, ex quibus intelligitur pari ardore virtutum & Religionis exercitia plurimos amplexatos fuisse, quo ab aliis vitia exercebantur. Præterea Gaucherium Melletensis oppidi indigenam in Diœcesi Rothomagensi M. Humberti Lemouicensis Ecclesiæ Canonici & in Academia Parisiensi professoris discipulũ, qui adolescens 18. annorum factus scholis mundoq; relictis suasu Magistri sui in agrum Lemouicensem se contulit, ibique Aureliensis Cœnobii Canonicorum Regularium primus Prior ac Fundator fuit, imitatusque M. Robertum de Arbricellis Sanctimonialium quoque Monasterium ædificauit, qui denique plenus miraculis obiit an. 1140. Hunc virum cum multi eius sanctitate excitati, conuenirent, adiisse quoque dicitur Stephanus Lemouicensis, qui non longe ab eius cella suam habens in loco qui Muretum dicebatur, fuerat aliquandiu ante nimirum circa an. 1080. Grandimontensium Institutor. Præterea & multos alios, qui hoc seculo & initio sequentis simile vitæ genus amplexi fuerunt & post mortem in numero Cœlitum habiti sunt.

In eodem agro Lemouicensi M. Aubertus etiam Canonicus Lemouicensis, Magister Vniuersitatis Parisiensis circa an. 1023. instituerat aliud Collegiũ Canonicorum Regularium in Parochia, quàm vocabant Segundelas, qui locus postea Beneuentũ appellatus est, quia ex vrbe Italiæ Beneuento reliquias B. Bartholomæi nonnulli peregrini attulerant. Hac de re sic scribebat circa an. 1310. Bernardus Guidonis Dominicanus in Opusculis Historicis. Domnus Aubertus quiescit in Ecclesia seu Monasterio Beneuenti, vbi sunt Canonici Regulares, ad cuius tumulum multi febricitantes sæpe curantur. Hic cum esset MAGISTER PARISIUS & Canonicus Lemouicensis, tandem soli Deo vacare desiderans, cum licentia & assensu Capituli Lemouicensis in Manso quodam Parochiæ de Salaniaco nomine Segundelas, Ecclesiam in honore Sanctæ Mariæ Magdalenæ ædificauit: sed postea per Episcopum Lemouicensem Iordanum in Manso qui dicebatur Segundeletas translatus est, ad quem locum allatis reliquiis Beati Bartholomæi de Beneuento Ciuitate Italiæ, quo tunc temporis corpus Beati Apostoli allatum fuit de Lipari Insula, D. Apostolus Ecclesiam in ipsius honore fundauit, & locum Beneuentum deinceps appellari mandauit. Dederunt autem Canonici S. Stephani Lemouicensis Domno Auberto & sociis suis sub regula Christo Domino perpetuò seruituris quinque Mansos. Attulerunt autem illas reliquias quidam magni viri de terra qui sancti Apostoli Limina visitauerunt, & diuino cursu eodem die & ipsa hora quà Episcopus prædicabat, eas Episcopo obtulerunt. Ideo dixit Beneuentum id. BENSIVEN appellatur hic locus.

Tertium seculum

Iudicia Publica.

Ad mores huius seculi pertinent Iudicia, quæ de criminibus occultis exercebantur. Non erit ergo fortasse supervacaneum commemorare hisce temporibus & sequenti adhuc seculo vsurpatam fuisse quandam criminum purgationem, cum aliqui stupri aut alius grauis criminis sine certo teste insimularentur. quæ quidem purgatio *Ordalium* Saxonicè dicebatur. Erat autem Duplex, vna per ferrum candens, altera per aquam. *Ferrum candens* Reus aut manibus ad nouem pedes longum gestabat, aut nudis pedibus in pauimento Ecclesiæ stratum ad 9. pedes latum pertransibat. In aquam vero aut feruentem & bullientem manus, aut in frigidam totum Corpus Rei mittebant. Ita autem persuasum erat omnibus, vt & sæpe euentus comprobauit, Noxios insigni aliqua clade nobilitandos: insontes vero illæsos & immunes abituros.

Antequam autem Reus experiretur, seu se purgationi exponeret, triduo ieiunabat, ab omnibusque aliis esculentis præterquam à pane, sale, aqua & herbis sibi temperabat. Tum celebrabatur Missa, cui Reus intererat & interim ferrum accendebatur, multisq; ceremoniis & orationibus vtebatur sacerdos quibus à Deo precabatur, vti rei occultæ veritatem patefaceret. Illis peractis Reus ad locum purgationis ducebatur præsente Rege aut aliis ab eo constitutis, qui obseruarent an hæc omnia debito more iureque fierent.

Extat in hanc rem Lex Adelstani Anglorum Regis in hæc verba. *Si quis Iudicium ferri vel aquæ vadiauerit, accedat ante 3. noctibus ad Presbyterum qui sanctificare debet eum, & pascat se pane & sale & aqua & herbis, & custodiat missas singulorum ipsorum 3. dierum, & offerat & eat ad sacrosanctam communionem ipsa die, qua Ordalium examinari debebit & iuret quod iure publico sit innocens illius accusationis, antequam ad Ordalium veniat. Et si iudicium Aquæ Frigidæ sit, tunc mergatur vnâ vlnâ & dimidiâ in fune. Si ferrum callidum sit, tres noctes transeant, antequam inquiratur & videatur manus eius. Et persequatur omnis homo compellationem suam præ iuramento, sicut dictum est, & sint vtrique ieiuni ex Præcepto Dei & Archiepiscopi, & non sint in alterutra parte amplius quàm in alia, & hoc sit vtrobique 12. homines. Si autem accusatus homo maiorem defensionem habeat quàm 12. hominum, sit ipsum Ordalium factum in eo, nisi recedere velint ab illo.*

Hanc legem cum multis aliis tulit anno Regni sui 15. de consilio Wolphelmi Archiepiscopi. Deinde alias tulit cum *Sapientibus Oxoniensibus*, rursumque de Ordalio sic agit. *De Ordalio præcipimus in Nomine Dei & præcepto Archiepiscopi & omnium Episcoporum, ne aliquis intret Ecclesiam postquam ignis infertur. Vnde iudicium califacere debet, præter presbyterum & eum qui ad iudicium iturus est. Et sint mensurati 9. pedes à staca vsque ad Marcam ad mensuram pedum eius, qui ad Iudicium ire debet. Et si aquæ iudicium sit, calefiat donec excitetur ad bullitum & sit* Alfetum *id. Calefactorium, ferreum vel æreum vel plumbeum vel de argilla. Et si* Anfeldtyhde *sit (Glossarium corrigit. Et si* Anseald tihle*, rectius* tyhtla *id. si simplex accusatio fuerit) immergatur manus post lapidem vel examen vsque ad* Voriste *(id. Carpum) Et si triplex accusatio sit, vsque ad cubitum. Et quando iudicium paratum erit ingrediantur, ex vtraq; parte duo homines, & certi sint vt ita calidum sit sicut prædiximus. Introeant totidem ex vtraque parte & bis osculari textum sancti Euangelij & signum S. Crucis; & nemo faciat ignem diutius quam benedictio incipiat, sed iaceat ferrum super carbones vsque ad vltimam Collectam: postea mittatur super staphas, & non sit illic alia locutio, quàm vt precentur sedulò Deum Patrem, vt veritatem suam in eo, manifestare dignetur. Et bibat accusatus aquam benedictam, & inde conspergatur manus eius qua iudicium portare debet & sic adeat. Nouem pedes mensurati distinguantur inter terminos. In primo signo secus stacam teneat pedem suum dextrum: in secundo sinistrum pedem: in tertium signum quando ferrum proiiciet & sanctum altare festinet, insigilletur manus eius & inquiratur tertia si* Mulaminum *sit (id. si munda sit vel immunda) intra consigillationem.*

Huic Regi qui sine liberis decessit, successit Edmundus frater, cuius Regni an. 4. Willielmus Longa-spata Dux Normanorum per proditionem Ludouici filij Caroli Regis Franciæ occisus est, inquit Ioannes Brompton: vnde Proceres Normani commoti ipsum Regum Ludouicum Rothomagi captiuum detinuerunt, donec promitteret se Normaniam Richardo Wvillielmi filio redditurum.

Hoc Iudicii Genus experta est hoc seculo Emma Eduardi II. mater, quæ à Roberto Regis Cancellario postea Cantuariensi Archiepiscopo atrocium quorundam criminum accusabatur: imprimis quod necem Aluredo ex liberis vni intulisset, alteri & etiam ipsi Eduardo venenum propinasset: denique quod stuprum cum Aleuino Vuintoniensi Episcopo solens & frequens committeret. Eamque ob accusationem illa carcere damnata apud Cœnobium Vuarvellense, Aleuinus apud Vuintoniam & bonis omnibus spoliatus. Tandem stata die purgationis Rex, Aulici & infinita hominum vtriusque sexus multitudo Vuintoniam aduenerunt, quò Emma adducitur, rectaque ad Templum D. Suithini: cuius ad tumulum in ieiunio, vigiliis & orationibus consumit diem noctemque integram, enixè Deum sanctumque Suithinum ad opem invocat.

Postridie, inquit Harpsfeldius, statis ceremoniis peractis, à duobus Episcopis flentibus & utrumque eius latus claudentibus, plebeia veste contecta, pedibus & tibiis ad genu ipsum nudis per nouem illos ardentes vomeres in Ecclesia D. Suithini positos populo spectante ducitur: quos illa erectis in cœlum semper oculis, neque deorsum in pauimentum deflexis, orationique tota intenta, suamque Deo causam vt olim Susanna committens, illis ductantibus post nouem passus per transiuit. Interim templum eiulantis populi vocibus personabat, Deum invocantis & rogantis vt rei veritatem palam faceret. Tandem prius vomeres pertransiit illa illæsa & immunis, quàm se pertransire animaduertit. Tunc ad Deum ab omni turba mittuntur gratiarum actiones, & Rex vt audiuit ita rem peractam, matrem ad se eo habitu, quo erat induta, venientem amicissimè complexus, ignosci sibi postulauit, quod tam facilem obtrectatoribus aurem præbuisset. Robertus verò sibi conscius in Cantiam se subducit, veritus ne aut Regis irâ, aut populi furore periret. Aiunt verò 9. illos vomeres in Claustro Wintoniensis Cœnobii humo obtectos fuisse & seruatos.

Mirabile quoque est exemplum, quod refert Goblinus citatus in Chronico Belgico Magno ad an. 1000. qui erat 17. Imperii Othonis III. & Pontificatus Syluestri an. 2. in hæc verba. *Otho Imperator, vt in quibusdam Chronicis legitur, ad instigationem vxoris suæ quendam Comitem indictâ causâ fecit eo nomine decollari, quod Imperatrix inferre sibi stuprum voluisse diceret. Comes verò moriens rogauit vxorem suam vt post mortem suam iudicio ferri candentis se expurgaret, quod ipsa promisit se facturam. Cum igitur die quadam Imperator sederet ad ius viduis & orphanis dicendum, relicta vxor Comitis venit portans caput viri sui in manibus quærens ab Imperatore, quâ pœnâ dignus esset, qui alium iniustè occidisset. Et cum Imperator pœna capitis puniendum esse dixisset, mulier intulit, Et tu es qui maritum meum occidisti, iniustè: & statim adhibito ferro candente manibus innocentiam viri ostendit. Vnde Imperator perterritus se ipsum dedit in manus mulieris puniendum: sed interuentu Pontificum recipit primò inducias dierum 10, à Muliere. 2. Inducias. 8. dierum. 3. Inducias. 7. dierum. 4. Inducias sex dierum. Deinde Imperator causâ examinatâ Imperatricem fecit viuam igne cremari: & viduæ pro redemptione sui dedit quatuor Castra quæ deinde ab induciis dierum, decennium, octauum, septimum, & sextum dicta sunt. Illa Castra consistunt in Tuscia Episcopatu Lucensi.* Hæc Goblinus.

His autem suplicamentis candens ferrum & aqua feruens consecrabantur à Sacerdotibus vt legitur in antiquis Sacrificiorum libris. Et primum hæc erat consuetudo consecrandæ aquæ calidæ ex Auentin. lib. 9.

Deus Iudex Iustus fortis & patiens, qui es author & amator Iusticiæ, qui iudicas æquitatem, iudica Domine quod iustum est, quia recta tua iudicia sunt, qui respicis super terram & eam facis tremere. Tu Domine Omnipotens qui per aduentum Filii tui Domini Nostri I. C. Mundum saluasti, & per eius passionem genus humanum redemisti, tu hanc aquam per ignem feruentem sanctifica, qui 3. pueros id. Sidrach, Misach, Abdenago iussione Regis Babylonis missos in caminum ignis seruasti. Tu Clementissime præsta, vt si quis innocens in hanc aquam feruentem, manum mittat, sicut 3. pueros supradictos de camino ignis eripuisti & Susannam de falso crimine liberasti: ita Domine manum illius salua & illæsam perducas. At si quis culpabilis vel incrassante Diabolo cor induratum præsumpserit manum mittere, tua iustissima pietas hoc declarare dignetur;

Consecratio ferri.

vt in eius corpore tua virtus manifestetur, & anima illius, per pœnitentiam saluetur. Similiter hæc erat Consecratio ferri.

Deus Iudex Iustus qui author pacis & iudicas æquitatē, te suppliciter rogamus vt hoc ferrū ordinatum ad iustam examinationē cuiuslibet dubietatis faciendā, benedicere & sanctificare digneris. Ita si innocens (de prænominata causa, vnde purgatio quærēda est) hoc ignitū in manus acceperit illæsus appareat & si culpabilis atq; reus, iustissima sit ad hoc virtus tua in eo cū virtute declarandū quatenus iustitiæ non dominetur iniquitas, subdatur falsitas æquitati. Per D N. I.C. &c.

Hanc consuetudinem in laicis tolerauit Ecclesia, in Sacerdotibus verò improbauit: vt docet Iuo Carnotensis Episcopus ad Hildebertum Cenomanensem, à quo interrogatus fuerat, an liceret sibi subire iudicium aquæ aut ferri, vt probaret innocentiam seque abesse à crimine proditionis vrbis Cenomanicæ quod Rex Angliæ obiiciebat. Sic ergo respondet Iuo. Quantum ex tenore litterarum tuarum perpendi, ad suggestionem æmulorum tuorum de proditione Cenomanicæ vrbis nuper facta insimulare molitur Regis Anglorum metuenda seueritas, nulla aduersum te legitimâ accusatione prolatâ, sed prauorum delatione coniecturarum diuinationibus palliata: & cum paratus sis ad perficiendam purgationem legitimam, non aliter vult te huius proditionis immunem credere, nisi igniti ferri examinatione demonstres innocentiam tuam. Consulis itaque humilitatem meam, vtrum tibi bene conscius pro conseruanda integritate fumæ tuæ, & recuperanda Regis gratia debeas voluntati eius acquiescere, an quælibet aduersa pati, vt non recedas ab ordine. Breuiter itaque tibi respondeo consulens vt non transgrediaris terminos antiquos, terminos quos non posuerunt patres tui. Aliter namque innocentiam defendere, est innocentiam perdere. Monomachiam enim & ferri calidi examinationem nec consuetudo Ecclesiastica in discutiendis causis Ecclesiasticis recipit, nec Canonica authoritas instituit. Vnde Nicolaus in causa Regis Lotharii & Thebergæ de falsis criminibus impetitæ Monomachiam, inquit, in legem non assumimus, quam præceptam esse non reperimus cum hæc & huiusmodi sectantes Deum solummodo tentare videantur. Dicit autem Augustinus in lib. Quæstionum super Genesim. Quando habet homo quod faciat, non debet tentare Deum suum. Inde etiam ita scripsit Alexander II. Papa Rainaldo Cumano Episcopo. Super causa Gislandi Presbyteri tui de morte Episcopi sui prædecessoris tui infamati in medium consuluimus. Itaque circumastantium omnium fratrum, assensu vnanimi tuæ dilectioni rescribimus præfatum Gislandum ante te præsentandum; vbi si certi accusatores defuerint, tunc dictante Iustitia, sine omni controuersiâ Presbyter quæcunque ob hoc iniustè amisit, ac sacerdotium & integra accipiat beneficia. Purgationem tamen antea duobus sibi sacerdotibus iunctis vbi accusator cessauerit, eundem ex se præbere tuo committimus arbitrio. Vulgarem denique legem ac nulla Canonicâ sanctione fultam, feruentis scilicet siue frigidæ aquæ, ignitique ferri contactum, aut cuiuslibet popularis inuentionis (quia fabricante hæc sunt omnino ficta inuidia (nec ipsum exhibere, nec aliquo modo te volumus postulare: imò Apostolica auctoritate prohibemus firmissimè. Inde etiam Stephanus V Papa dicit Lamberto Episcopo Magontino, ferri candentis vel aquæ feruentis examinatione confessionem extorqueri à quolibet sacri non censuerunt Canones. Et quod SS. Patrum documento sancitum non est, superstitiosa adinuentione non est præsumendum. Spontanea enim confessione vel testium approbatione publicata delicta habito præ oculis Dei timore, commissa sunt regimini iudicare: occulta verò & incognita illius sunt iudicio relinquenda, qui solus nouit corda filiorum hominum. Plura tibi perscripsissem super his si licuisset. Tu itaque his & aliis authoritatibus Patrum vndique munitus viriliter age, & ne de te aliis præbeas exemplum futuris & præsentibus nocituum. Si enim aliquid contra Iustitiam pateris, de tribulatione purgaberis & probaberis, atque probatione misericordiam consequēris.

Genus aliud probationis video etiam fuisse, sacræ Eucharistiæ sumptionem: cuius exemplum profert Glaber Rodulphus l. 5. c. 1. his verbis *Denique*, inquit, extitit quidam in nostro tempore in Clericali habitu dum iure culp. retur quodam crimine, contigit vt sumeret audacter Iudicio Examinationis donum Euchariſtiæ, Calicis videlicet ſanguinis Chriſti. Cui protinus per medium vmbilici egredi viſa eſt pars candidiſſima, quam ſumpſerat eiuſdem ſacrificii, dans procul dubio euidens Indicium reatus ſe indigne percipientis. Illico verò pœnitens quod prius negauerat, pœnituit.

Leguntur aliæ formulæ conſecrandæ aquæ calidæ ſeu frigidæ in veteri Codice S. Ben. Diuinion. quas Pater Fronto Canonicus Regularis San-Genouefanus euulgauit & typis mandari curauit. Talis eſt igitur Benedictio ſeu Exorciſmus aquæ calidæ.

Exorcizo te Creatura aqua in nomine Dei Patris Omnipotentis, & in nomine I. C. Filii eius Domini noſtri, vt fias aqua exorcizata ad effugandam omnem poteſtatem inimici & omne fantaſma Diaboli, vt ſi hic homo manum ſuam in te miſſutus eſt innocens vnde reputatur, pietas Dei Omnipotentis liberet eum: & ſi quod abſit, culpabilis eſt, & præſumptuoſe in te manum mittere auſus fuerit, eiuſdem Omnipotentis virtus ſuper eum hoc declarare dignetur, vt omnis homo timeat & contremiſcat nomen ſanctum gloriæ Domini noſtri, qui viuit & regnat Deus per omnia ſecula &c.

Domine I. C. qui es Iudex iuſtus, fortis & patiens & multum miſericors, per quem facta ſunt omnia, Deus Deorum & Dominus Dominantium, qui propter nos homines & propter noſtram ſalutem de ſinu Patris deſcendiſti & ex Virgine Maria carnem aſſumere dignatus es, & per Paſſionem tuam Mundum in cruce redemiſti, & ad Inferos deſcendiſti & Diabolum in tenebris exterioribus colligaſti, & omnes Iuſtos qui originali peccato ibidem detinebantur, magnâ potentiâ exinde liberaſti. Tu Domine quæſumus mittere digneris Spiritum tuum ſanctum ex ſumma Cæli arce ſuper hanc Creaturam aquæ, quæ ab igne feruescere atque caleſcere videtur, quæ rectum per eam Iudicium ſuper hunc hominem nomine illo comprobet ac manifeſtet. Te Domine Deus ſupplices deprecamur, qui in Cana Galilææ ſigno admirabili tua virtute ex aqua vinum feciſti & tres pueros Sydrac Miſaach & Abdenago de lumine ignis ardentis illæſos eduxiſti, & Suſannam de falſo crimine liberaſti, cœco nato oculos aperuiſti, Lazarum quatriduanum à monumento ſuſcitaſti, & Petro mergenti manum porrexiſti; Ne reſpicias peccata noſtra in hac oratione, ſed tuum verum & ſanctum Iudicium coram hominibus in hoc manifeſtare digneris: vr ſi hic homo præ hac reputationis cauſa, furto videlicet vel homicidio, aut adulterio vel luxuria, aut pro qualibet cauſa culpæ modò ad præſens manum ſuam in hanc aquam igne feruentem miſerit, & culpabilis ex hac cauſa non eſt, hoc ei præſtare digneris vt nulla læſio vel macula in eadem manu appareat, per quam ſine culpa calumniam incurrat.

Iterum Te Deus Omnipotens Nos indigni & Peccatores famuli tui ſuppliciter exoramus, vt ſanctum verum & rectum Iudicium nobis in hoc etiam manifeſtare digneris, quatenus hic homo ex hac reputatus cauſa, ſi per aliquod maleficium Diabolo inſtigante aut cupiditate vel ſuperbiâ culpabilis eſt, in factu vel conſenſu, & hoc comprobationis Iudicium ſubuertere aut violari volens malo conſilus ingenio manum ſuam in hanc aquam præſumptuoſe mittere auſus fuerit, tua pietas taliter hoc declarare dignetur, vt in eius manu dignoſci queat, quod iniuſtè egit, vt & ipſe deinceps per veram confeſſionem pœnitentiam agens ad emendationem perueniat, & Iudicium tuum ſanctum & verum in omnibus declaretur gentibus per te Redemptor mundi qui venturus es, &c.

Sequitur inſtructio ſeu ceremonia qua Iudicium aquæ frigidæ experiebantur.

Cum homines vis mittere ad Iudicium aquæ frigidæ ob comprobationem ita facere debes. Inſtructio. Accipe illos homines quos vis mittere in aquam, & deduc eos in Eccleſiam, & coram illis omnibus cantet Presbyter Miſſam, & fac eos ad ipſam Miſſam offerre. Cum autem ad Communionem venerint, antequam communicent, interroget eos Sacerdos adiurando & dicat: *Adiuro vos Homines per Patrem & Filium & Spiritum S.* & per veſtram Chriſtianitatem, quam ſuſcepiſtis & per vnigenitum Dei Filium, & per S. Trinitatem, & per S. Euangelium, & per iſtas Sanctas Reliquias quæ in iſta Eccleſia ſunt, vt non præſumatis vllo modo communicare neque accedere ad Altare, ſi hoc feciſtis aut conſenſiſtis aut ſcitis qui hoc egerit. Si autem omnes tacuerint, & vnus confeſſus fuerit, accedat Sacerdos ad Altare & communicat separatis illis qui examinandi sunt: postea vero communicet illos quos vult in aquam mittere. Cum autem communicant, dicat Sacerdos per singulos ante Altare. *Corpus Hoc & Sanguis Domini N. I. C. sit tibi ad probationem hodie, ad laudem & gloriam nominis sui & ad Ecclesiæ suæ vtilitatem.*

Expletâ Missâ faciat Sacerdos aquam benedictam & deferat eam ad locum examinis: cùm autem venerit ad ipsum locum, Letaniam faciens, omnibus pro eadem causa Dominum deprecantibus, de examinandis bibere de aqua illa benedicta. Cum autem dederit vnicuique, dicat, *Hæc aqua Domini fiat tibi ad probationem hodie per Dominum N. I. C. qui est verus Iudex & Iustus.* Deinde coniuret aquam in quam mittendi sunt. Post Coniurationem autem aquæ exuat illos vestimentis suis & faciat illos per singulos osculari sanctum Euangelium & Crucem Christi. Et post hæc de ipsa aqua benedicta aspergat super vnumquemque hominem & proiiciat eos statim per singulos in aqua. Hæc autem omnia facere debet ieiunus, neq illi antea comedant, qui ipsos mittunt in aqua.

Sequitur Aquæ Coniuratio. *Adiuro te Aqua in nomine Dei Patris Omnipotentis, qui te in principio creauit, quique te segregauit ab aquis superioribus & iussit deseruire humanis necessitatibus.* Adiuro te etiam per inuisibile & ineffabile nomen Christi
" Iesu Fili Dei viui Omnipotentis, sub cuius pedibus te calcabilem præbuisti, qui
" etiam in te baptizari dignatus est & suo baptismate consecrauit. Adiuro etiam
" te per Spiritum Sanctum, qui super Dominum in te baptizatum descendit, qui
" te inuisibili sanctificatione sacratam ad animarum purgationem inenarrabile
" constituit Sacramentum: per quam olim & populus Israeliticus siccis pedibus
" transiuit & ex aqua ferrum quod casu ceciderat, Heliseus Diuina virtute con-
" tra naturam natans in suo manubrio redire fecit: vt nullo modo suscipias hunc
" hominé, si in aliquo culpabilis est ex hoc quod illi obiicitur, scilicet aut opere
" aut consensu, seu conscientia vel quolibet ingenio, sed per virtutem Domini
" nostri I. C. reiice ex te & fac illum natare super te, quatenus cognoscant fideles
" Christi nullum maleficium, nullum præstigium Diuinę virtuti posse resistere,
" quod non detectum fiat & omnibus manifestum. Adiuro etiam te per virtutem
" eiusdem Domini N. I. C. vt ad laudem illius cui omnis Creatura seruit, & cui
" Cælestis exercitus famulatur clamans, Sanctus, Sanctus, Sanctus Dominus e-
" xercituum, vt nobis adiurantibus & eius misericordiam obsecrantibus obedias
" qui regnat & dominatur per infinita secula seculorum. Amen.

Sequitur hominis Coniuratio in hunc modum. *Adiuro te homo & contestor per Patrem & Filium & Spiritum S. & per sanctam & indiuiduam Trinitatem, & per omnes Angelos & Archangelos, & per omnes Principatus & Potestates, Dominationes quoque & Virtutes, & per Dei sedilia, Cherubin & Seraphin, & per diem tremendum iudicij Dei, nec non & 24. Seniores qui quotidie laudant Deum, & per 4. Euangelistas, & per SS. quoque Apostolos, Martyres & Confessores, nec non & per S. Genitricem Dei Mariam, omnesque Virgines, & per cunctum Populum sanctum Dei, vel per S Baptismum in quo renatus es, si tu hoc malum fecisti, ex quo culparis, vel assensum præbuisti, aut baiulasti, aut in domum tuam recepisti, aut inde conscius, aut consentaneus extitisti coram omnibus dicito. Quod si Diabolo suadente celare disposueris & culpabilis exinde es, euanescat Cor tuum incrassatum & induratum & non suscipiat te aqua incredulum & seductum, vt dicat populus quia Deus noster Iudex est, cuius potestas in secula seculorum Amen.*

" Post Coniurationem aquæ exuat illos vestimentis eorum, & osculari S. Euan-
" gelium & S. Crucem faciat, & sanctificatis omnibus Aqua benedicta cum ti-
" more & reuerentia Dei Filius de eius Clementia eiiciat in aquam. Hoc Iudi-
" cium autem petente D. Ludouico Imperatore constituit B. Eugenius præci-
" piens vt Omnes Episcopi, Comites, Abbates, omnisque populus Christianus
" qui intra eius Imperium est, hoc iudicium defendat Innocentes, & examinen-
" tur nocentes, neque periuri super reliquias Sanctorum perdant suas animas in
" malum consentientes. Hactenus vetus illud exemplar.

" Erant & alia purgationis Capitalis genera, nimirum per iudicium legale, &
" per duellum De vtroque genere extat constitutio Willielmi, Anglorum
" Regis, vulgo Conquæstoris in hæc verba apud Ioannem Bromptonem in Chronico.

Willelmus D. G. Rex Anglorum Omnibus ad quos scriptum hoc peruenier, salutem & amicitiam. Mando & præcipio per totam Angliæ Nationem custodiri. Si *Anglicus* homo compellat aliquem *Francigenam* per bellum de furto vel homicidio vel aliqua re, pro qua bellum fieri debeat vel iudicium inter duos homines, habeat plenam licentiam hæc faciendi. Et si *Anglicus* bellum noluerit, *Francigena* compellatur adlegiare se iuramento contra eum per testes suos secundum legem Normaniæ. Item si Francigena compellat Anglicum per bellum de eisdem rebus, Anglicus plena licentia defendat se per bellum vel per iudicium si magis ei placeat. Et si vterque sit inualidus & nolit bellum, vel non possit, quærat sibi legalem defensorem. Si Francigena victus fuerit, persoluat Regi 60. S. & si Anglicus nolit defendere se per bellum vel per testimonium, adlegiet se per Dei iudicium. De omnibus *vtlagariæ* rebus Rex instituit, vt Anglicus se purget ad iudicium. Et si Anglicus appellat Francigenam de *vtlagaria* & hoc super eum in veritate velit, defendat se Francigena per bellum. Et si Anglicus non audeat eum probare per bellum, defendat se Francigena pleno iuramento, non in verborum obseruantiis. *Adlegiare* dicebant, quod nos communiter *Alleguer*, Leguleij dicunt *Verificare* vel *Iustificare*, vt legitur in Glossario, *Vtlagaria* Saxonicum vocabulum est, id. delictum authorem reddens exlegem. Hinc *Vtlagium*, & *Vtlagij* opus facere, est tale maleficium pepetrare, cuius causa author omnis legis patrocinio sit exclusus.

VVu iij

CATALOGVS ILLVSTRIVM ACADEMICORVM.

BBO S. Germani Parisiensis, vulgò Pratensis Monachus, patria Neustrius, vt ipse ait, hoc est vt aliqui explicant, Parisinus, Poëticæ artis studiosus, belli Normanici & obsidionis Parisiacæ an. 886. testis oculatus, quam duobus libris complexus est, vt ait in Præfatione: quod opus fratri Goslino nuncupat, eiusque se mandato & precibus inductum fatetur suscepisse & contexuisse. Quamobrem autem eum Fratrem vocet, non est in promptu dicere. An quia reuera frater eius erat germanus, vt videntur indicare verba illa præfationis, *tuæ admodum mihimet acceptissimæ germanitatis affectio sibimet dudum destinari poposcit?* An quia frater erat in Christo, quomodo sunt omnes Christiani fratres? An denique quia Goslinus seu Gauslenus tunc Episcopus Parisiensis, ante fuerat Abbas S. Germani Pratensis, quam Abbatiam an. 885. factus Episcopus Nepoti sui Ebolo resignauit? Certè in eadem præfatione ait se *fraterni* non esse immemorem *flagri*: quæ verba in Abbatem cadere non possunt, quem Monachi non *fratrem*, sed *patrem* appellant; quod & ipsummet verbum indicat: Abbas enim patrem sonat. Verius ergo & commodius in fratrem germanum cadunt: tum propter verbum *germanitatis* quo vtitur in præfatione, tum quia Goslinum illum tanquam Magistrum Artis poeticæ gnarum & peritum compellans in fine sic ait. *Verum quod haud apud Magistrum saltem mereantur* (versiculi nostri) *nancisci penes Germanum.* Tum denique quia illum, cui præfatur, compellat vt viuentem, vt pote cui duos dedicat obsidionis libellos: at Goslenus Episcopus Parisiensis ante obiit quàm esset obsidio soluta, quamque eam Abbo versibus descripsisset. Itaque crediderim Goslinum illum fuisse Magistrum seu Professorem Academiæ Parisiensis, quo præceptore fuerat vsus Abbo, qui tum primum exercuisse videtur, quod in arte Poetica didicerat, atque idcirco fratri primum voluisse dedicare, à quo didicerat. Cæterum non parum contulit Abbo ad splendorem Academiæ Parisiensis & ad Scholarum eius multiplicitatem: quò enim aliò tendunt hæc verba præfationis, *nunquam otio reficiendi ob Scholarum pluralitatem, cuius commoditati vbique locorum vacauerim?* Deinde duas suscepti operis causas afferens, nimirum & ad exercitandum ingenium, & vt aliis vrbium defensoribus exemplum in Odone Parisiensium Comite præberet virtutis & fortitudinis, subdit. *Siquidem prima fuerit causa exercitationis: tunc etenim adhuc litteratoriæ tirunculus disciplinæ Nasonis proscindebam Eclogas; altera verò mansuri aliarum vrbium exempli.* Postremo ait se tertium librum nihil ad historiam obsidionis pertinentem conscripsisse in gratiam Scholasticorum *Scholasticis ambientibus glossas suis in commentis obnixè complacet.* Librum verò primum incipit à descriptione, situ & laude vrbis Parisiacæ.

In medio Sequanæ recubans, culti quoque Regni
Francigenum semet statuit præcelsa, canendo
Sum Polis, vt Regina micans omnes super vrbes.

Illustrium Academicorum. 543

Qua statione nites cunctis venerabiliori,
Quique cupiscit opes Francorum, te veneratur.

Scribebat adhuc de rebus præclarè gestis Odonis Comitis an. 892.

Abbo Antissiodorensis ex Monacho & Abbate S. Germani factus est post fratrem Heribaldum eiusdē Ecclesiæ Episcop. Qui duo fratres viri strenui fuerunt atque sanctissimi, & tam in Diuinis scripturis quā in liberalibus artibus nobiliter eruditi. De Abbone sic habet scriptor Anonymus in Historia Episcoporū Antissiodorensiū. *Abbo vir strenuus, omnimodâ eloquentiâ præclarus, atque tam in Diuinis scripturis quàm in secularibus principaliter eruditus. Fuit autem Abbas Cœnobii S. Germani post fratris decessum iuxta Caroli Regis* (nempe Calui) *electus Pontificatui substitutus est.* Interfuit synodo Metensi an. 859. & Tullensi apud Saponarias eodem anno. Ambo verò fratres in Ecclesia S. Germani cum multa sunt honorificentia tumulati ; inquit Author Chronici Antissiodorensis.

Abbo Patria Aurelianensis, Lœti & Ermengardis filius, professione Monachus & Abbas Floriacensis, vir fuit, teste Trithemio, in Diuinis scripturis vigili lectione & studio exercitatus & in secularibus disciplinis egregiè doctus, vita quoque & conuersatione insignis. Lutetiam ad capessendas bonas artes adolescentulus se contulit, vt narrat in Apologetico, circa annum 960. non an. 988. vt aliqui scribunt : tunc enim factus est Abbas Floriacensis. Primos pueritiæ annos apud exteriores Floriaci Scholas exegit : tum inibi factus Monachus aliquandiu publicè docuit : deinde ad Nobilius Emporium Illustrioremque Litterarum Officinam, Lutetiam se contulit à Richardo Abbate missus, vt ait ipse in Apologetico ad Hugonem & Robertum Reges. Remenses quoque Scholas inuisit : reuersus verò Floriacum, altiorumque disciplinarum publicam professionem aggressus magnum sibi nomen comparauit, adeovt totius Galliæ famosissimus Magister haberetur : vt testatur Aimoinus Floriacensis in eius vita. Idemque confirmat Odolricus in Concilio Lemouicensi an. 1031. habito, vbi de S. Martiale mentio facta. *Quando iam longo olim apud Monasterium S. Benedicti per plures annos artibus imbuerer liberalibus, annosam Monasterij legem reperi, Martialem in Letanys cum aliis pronunciari Apostolis. Pater illius loci Abbo florentissimus Philosophus, quem multi vestrum nouerunt, & omni diuinâ & seculari authoritate totius Franciæ Magister famosissimus, & postmodum gladio persecutoris martyrio coronatus apud Wasconiam quid de Martiale scripserit, quod de eo testimonium perhibuerit, huius vrbis Clero notum est.* Ad tanti viri Scholam non modò Monachi, sed & seculares plurimi, non tantum Galli, sed Angli, Scotti & Hiberni confluebant ; e Gallis nostris inter alios Discipulos, Bernardum habuit Bellilocensium deinde Abbatem, ad quem extant aliquæ eius Epistolæ. Ex Anglis Clarotonum, Britferthum & alios plurimos. De hocce litterarum exercitio sic Aimoinus. *Post Orationum vota, post ieiuniorum virilia certamina multum prodesse censebat litterarum studia, maximeque dictandi exercitia, quarum ipse perstudiosus existens nullum pene intermittebat tempus quin legeret, scriberet, dictaret. ive. Extant multa Scriptorum eius insignia, quæ proprio indigent volumine. Nos interim aliqua futuris profutura seculis succinctim nostris inserimus Chartis : nempe post elucidatos, vt prælibauimus, Dialecticos syllogismos, post exaratas Compoti calculationes, post Solis ac Lunæ viarum declaratas dimensiones, in Diuinas quoque animum intendit Scripturas: assumptisque ex plurimorum Patrum authoritatibus sententiis velut prudentissima Apis, variis fauos componens floribus, mellitum deflorauit opus. Quod licet ad præsens non reperiatur, partim Nostrorum negligentiâ, partim extraneorum substractum cupiditate, certum tamen est idcirco eum excerpsisse, quò haberet ad manum defensiones contra Pontificem Ecclesiæ Aurelianensis non recta quædam ab eo exigentem.* Hoc loco nota, Lector, Aimoinū loqui de duplici genere Scholarium, qui ad Abbonem coueniebant, nempe de Monachis & Extraneis seu secularibus, quos ille publicè instruxit per plures annos Richardo & Amalberto Abbatibus. Ab Oiolbodo vero Abbate qui Amalberto successit, missus est in Angliā ad docendū & ad dirigendas Scholas Ramesienses ita postulante Oswaldo qui, vt legitur in Chronico Ioannis Bromptonis, *litteratos homines in patriam aduocauit, ne patriam illo bono fraudaret, sine quo cætera pene inania mihi videntur, de quibus litteratis fuit vnus Abbo Floriacensis Monachus, qui præter multam scientiæ frugem quam Angliæ in-*

nexit, *vitam S. Edmundi Regis & Martyris S. Dunstano rogante descripsit.* Post biennium autem ex Anglia reuersus est Floriacum. Oiolbodo autem paulo post defuncto substituitur Abbo communi Monachorum suffragio, & de consensu Hugonis Capeti recenter Regis inaugurati. Aimoinus. *Postea factum est* inquit, *vt venerabili Abbate Oiolbodo humanis rebus exempto communis Floriacensium electio fratrum vsque perferretur, hunc* (nempe Abbonem) *sibi patrem postulantium. Præerat per idem tempus Regiæ Francorum Aulæ, Princeps Hugo nomine, qui consensum præbere non distulit.* Anno 991. in Synodo Remensi Arnulfi Archiepiscopi causam defendit, vt legitur in historia eius Depositionis, his verbis. *Sed aderant acerrimi defensores scientia & eloquentia insignes Ioannes Scholasticus Antissiodorensis, Romulfus Abbas Senonensis, Abbo Rector Cænobii Floriacensis.*

Bis Romam profectus est, semel Ioanne XVI. adhuc sedente, cuius vita & moribus offensus statim rediit: iterum vero sedente Gregorio V. circa an. 995. qui minatus est se Regnum interdicto submissurum, nisi Arnulfus in sedem suam restitueretur. Itaque rogatu Roberti Regis reuertitur & peractis ibi negotiis suis refert ad Regem hoc postulare summum Pontificum, vt Arnulfus è carcere liber ad sedem rediret.

Ab eodem Gregorio priuilegium Abbatiæ suæ impetrauit, ne Episcopus Aurelianensis nisi inuitatus Floriacum ingrederetur: nec vllus vnquam Pontificum eidem Monasterio interdicere posset Diuino Officio, neue, etiamsi tota Gallia anathemate feriretur, illi subiaceret. Tandem in Vasconiam profectus ad Monasterium quoddam Squirs nomine eiusdem Ordinis, vbi minus recté S. Benedicti Regula obseruabatur, assumptis his comitibus, Remigio, Aimoino & Guillelmo Monachis Floriacensibus, dum increpat Monachos licentiorem vitam degentes, præsertim verò totius mali Authorem quendam nomine Anezan gente ac vocabulo barbarum, ortâ rixâ inter Francos & Vascones, dum eam sedare cupit, ab aduersæ partis satellite lanceâ in læuo lacerto tam grauiter vulneratur, vt interiora costarum adactum penetrarit ferrum, pauloque post animam exhalarit 13. Nouemb. an. 1004. Rexit Abbatiam 16. annos continuos, scilicet ab an. 988. vsque ad mortem. Nomen dedit Floriacensi Cœnobio sub wlfaro Abbate; quo ad Episcopatum Carnotensem assumpto, hos deinde habuit Abbates, Richardum, à quo missus est ad Parisienses Scholas, Amalbertum, Oyolbodum, cui postremo successit. Scripsit super Calculo Victorij, lib. 1. Additiones in eundem l. 1. & quædam alia teste Trithemio. Claruit sub tribus Othonibus Imperatoribus, I. II. III. & sub his Franciæ Regibus, Lothario, Ludouico, Hugone Capeto & Roberto. Post mortem pro Sancto habitus, & in morte Miraculis inclaruit. De eo sic Ademarus Cabanensis: *Summus Philosophus, Abbas & S. Benedicti Floriacensis super Ligerim, iter Vasconiam faciens Abbo per Engolismam transiens mense Nouembri in Monasterio S. Eparchij hospitatus est, veniensque ad S. Petrum Regulatensis Ecclesiæ, quæ est possessio S. Benedicti Floriacensis Cænobÿ, vbi tumultu Vasconum occisus est, & ibi sepultus miraculis clarescere cœpit. Bernardus Vasconum Dux necem tanti viri de Interfectoribus puniuit, alios suspendio, alios flammis tradens, & omnem illam possessionem Regulatensem, quæ ante in lite inuadentium erat, sine lite Monachis Francis S. Benedicti parauit vindicandam.*

Abbo Suessionensis Episcopus interfuit Synodo Remensi an. 923. pro indicenda ijs pœnitentia, qui bello Suessionico in quo Robertus Rex interfectus est, interfuerant. Eodemque anno Regem Rodulfum consecrauit, & post mortem Seulfi Archiepiscopi Remensis, cum Hugo puerulus successor electus est, donec adolesceret, Episcopale munus gessit: qua de re sic legitur apud Flodoardum l. 4. c. 20. *Rodulphus Rex electione comperta præfatorum Episcoporum consilio Remensem Episcopatum committit Herberto, qui etiam Legatos Ecclesiæ cum Abbone præsule Romam mittere satagit, huius Electionis decretum secum ferentes, & assensum Papæ super ea petentes. Ioannes itaque Papa interueniente Abbone præsule petitioni eorum consensum præbens, Episcopium Remense Abboni Episcopo delegat, quæ sunt Episcopalis ministerii ab ipso in eodem Episcopo tractanda ac finienda decernens.*

Adalbero Ardennensis Godefridi Comitis filius, Franciæ Cancellarius, postea beneficio Lotharij ad Archiepiscopatum Remensem promotus, in scholis Parisiensibus sine dubio educatus, Remenses deinde longè amplificauit & celebres

Illustrium Academicorum.

lebres reddidit euocatis aliunde infignibus Magiftris, & inter alios Gerberto Aquitano, quos fingulari amore complectebatur, beneficiifque ditabat. Singularis quoque ei cura fuit comparandorum librorum, vt videtur innuere Gerbertus Ep. 8. *Mantuæ quid egerim fuper negotiis veftris, præfens melius explicabo verbis, quàm abfens fcriptis, Claues librorum quas mitterem ignoraui, propter communem vfum fimilium ferrarum. Hiftoriam Iulii Cæfaris à D. Azone Abbate Deruenfi ad refcribendum nobis acquirite, vt vos, penes quos Nos habemus, habeatis, quod repetimus fperetis, id eft octo volumina Boetij de Aftrologia, præclariffima quoque figurarum Geometriæ, aliáque non minus admiranda.* Cum eo Gerbertus ad mortem vfque manfit, eiufque nomine varias ad varios epiftolas fcripfit, quæ leguntur inter Gerbertinas. Othonis partibus fauit contra Lotharium, quia Lotharius Godeftidum fratrem bello infectabatur. Hugoni Capeto addictus fuit, ipfumque poft mortem Ludouici Iunioris in Regem inunxit Remis 3. Iul. an. 987. Migrauit è viuis Lauduni quò relegatus fuerat vt aliqui fcribunt à Carolo Lotharingo Lotharii fratre. Alii tamen Remis obiiffe ferunt, an. 989. & verius, vt in hiftoria docuimus. Iacet in Bafilica maiore Deiparæ Virginis fub Altari S. Crucis cum hoc epitaphio quod legitur in Appendice ad Flodoardum.

Contulerat natura parens quæ fumma putauit,
Ad meriti cumulum tibi Præful Adalbero, cum te
Præftantem cunctis mortalibus abftulit Orbi
Quinta dies fundentis aquas cum pondere rerum.

Adalbero Virdunenfis Gothofredi Virdunenfis Comitis filius & nepos Adalberonis Remenfis, Othonis Imperatoris beneficio contraque Lotharii Francorum Regis voluntatem Virdunenfis Epifcopus factus eft an. 984. vt in hiftoria notauimus, vnde in patruum grauis exarfit ira Lotharii. Extant quædam Gerberti ad eum fcriptæ Epiftolæ. In 47. eum hortatur ad fortiter & generosè refiftendum copiafque colligendas, vt Gothofredum patrem à Lothario captum liberet. *Felices, quibus paterna virtus exemplum fit imitabile. Vefter Genitor hoc petit. Repentinus cafus ne vos deterreat, filio Cæfaris fidem quam promififtis, inuiolatam feruate, omnia Caftra ab hoftibus tuemini; denique nec Scarponum, nec Haidonis Caftellũ nec quidlibet eorum quæ vobis deliquit, Francis reliqueritis, illecti aut vana fpe fuæ liberationis, aut terrore fui cruciatus aut Filii Friderici. Hæc præcepta magnanimus pater generofis filiis dedit. Sentiant in vobis hoftes fe non totum cepiffe Gothofredum auxilia vndique comparate, liberatores patriæ, vos fimiles patri in omnibus repræfentate.* Is Salernum profectus curationis gratia, in Italia obiit 14. Kal. Maii. Corpus verò relatum, Virduni fepultum eft; eique fucceffit Heymo an. 988. vt legitur in Chronico Virdunenfi.

Adalbero qui & Afcelinus dictus, natione Lotharingus, Lotharii fauore & gratia factus poft Roriconē Laudunenfis Epifc. an. 977. valde adhuc iuuenis, vir doctus, eloquentiæ & arti poëticæ deditus. Poft mortem Lotharii Carolus frater eum diu in vinclis habuit, vt & Emam Reginam in carcere detinuit. Quo facto omnium incurrit odium. At folutum tandem eum à fecretis habuit intimumq; confiliarium. Verum acceptæ memor iniuriæ, fictéque reconciliatus Laudunum, Carolum ipfum & coniugem Hugoni Capeto obfidenti prodidit & tradidit, ficque Hugonem Regem Francorum fublato competitore conftituit. Mirum & Roberto Regi Hugonis filio voluiffe fidem violare, ob idque publici criminis infimulatus à Gerberto facto Pontifice Siluestro, iuffus ire Romam ad dicendum caufam. At Principis recuperatâ gratiâ imminens tibi periculum declinauit. Extat Carmen ipfius ad Robertum, quod nuper, hoc eft an. 1663. prodiit in lucem opera Hadriani Valefii cum Notis. Quo tempore verò illi poema fuum dedicarit, incertum; certè aut an. 998. quo Robertus Rex folus remanfit, aut paulò poft, tumque iam fenex: ait enim initio

Regi Roberto fic præful Abalbero fcribo
Præfulis in fenio, fratrum Laudunicus Ordo
Flos iuuenum fructufque fenum te mente falutat.

Inter amicos præcipuum habuit Fulbertum Carnotenfium Epifcopum, ab eoque præclaris nominibus laudatur & vocatur Epifc. 45. *Clarus Laudunenfium præ-*

ful. Magnus pater, cui Deus bene suadendi copiam incomparabilem dederit. Rogatur verò, vti quosdam maleficos à Rodulpho Siluanectensium Episcopo summissos in necem Subdecani Ecclesiæ suæ excommunicet. *Quod Ego ste facere deprecor, magne Pater, cui Deus bene suadendi copiam incomparabilem dedit, simulque vt ipse mecum prædictos maleficos citra legitimam satisfactionem excommunices.* Magnas certè virtutes possedit, sed quas proditione fœdasse dicitur à Guiberto Nouigentino Abbate lib. 3 de vita sua *Ascelinus*, qui etiam *Adalbero* vocatur, ex. Lotaringia oriundus, diues opum, possessionum locuples cum distractis omnibus, pretia ingentia ad fidem cui præerat, transtulisset, Ecclesiam suam præcipuis quidem ornatibus insigniuit, Clero ac Pontificio plura auxit, sed cuncta illa beneficia quadam præstantissima iniquitate fœdauit: *Dominum suum Regem, innocentem puerum, cui Sacramentum fidelitatis præbuerat, prodidit.* A Nangio vocatur *vetulus traditor*, ab aliis *falsus* Episcopus. Quo autem anno obierit, non constat. Aliqui scribunt obiisse an. 1000. sed malè: nam Dudo S. Quintini Decanus tres libros de Gestis Normanorum post mortem Richardi Normaniæ Ducis an. 1002. ei dedicauit. Et Fulbertus iam Episcopus Carnotensis factus eius opem contra Siluanectensis Episcopi Ministros implorauit, vt patet ex eius Ep. 45. post an. 1017. scripta. Sepultus est in B. Vincentii Basilica, eiusque tumulo lapideo sequentes versus sunt inscripti.

Sic cui plenus decessit Adalbero Præsul,
Huius multa loci qui viuens condidit olim.
Hic decus Altaris struxit, decus hic Crucifixi,
Et loca Sanctorum nitidauit. Hic quoque Templum
Prorsus honestauit, atque omne vetus reparauit.
Ad dextram turrim, nec non araria sistit,
Ornamenta dedit, quæ præcellentia fecit.,
Pontificalem habitum struxit mira arte peractum,
Tresque dedit Cappas, dorsalia plura, tapetas
Ad decus hoc templi, simul his & multa patrauit
Qui & Pontificium donauit fratribus aurum,
Sanctorum lapsis altaria contulit ipsis.
Hoc scripto firmans ne quis dissolueret vnquam.
Hinc donetur ei memoria digna quotannis,
Cui Dominus requiem tribuat parcendo perennem.

Adalbertus filius fuit Sigulfi veteris, auditor Alcuini in Schola Turonensi, Aldrici Senonensis condiscipulus: verum relictis Musis ad Martem se contulit & sub Carolo M. Hunico Saxonicoque bello interfuit. Ab eo iam valde seniore didicit Monachus Sangallensis res bellicas eiusdem Principis, vt ipse ait in Præfatione lib. 2. *Et cum iam valde senior paruulum me nutriret renitentem & sæpius effugientem, at tandem coactum de his instruere solebat.* Eundem in principio libri ait fuisse secularem hominem & in scripturis minus eruditum. Fuit autem Pater V veremberti Sacerdotis & Monachi apud S. Gallum, à quo etiam ait Sangallensis scriptor se didicisse quæcunque scripsit de Religione Caroli Magni.

Adalbertus nobilis Scholasticus celebratur à Gerberto Aquitanico, videturque ille Remis Præfectus fuisse scholarum aut certè discipulus fuisse Gerberti, cuius Epitaphium sic Magister condidit

Edite Nobilibus, studium rationis adepte.
Dicit Adalbertum te Belgica flore Iuuentus,
Stare diu non passa tulit fortuna, recursus
Bis senos Februi cum produxisset Apollo.

Adalgardus vir doctus, Lupo Ferrariensi familiaris & commercio communique studio litterarum eidem coniunctissimus: ad quem extat eius epist. 8. qua gratias agit ob libros sibi ab eo communicatos. *Habeo tibi plurimas gratias, quod in Macrobio corrigendo fraternum adhibuisti laborem. Quanquam librum cuius mihi folium direxisti, præoptarem videre. Est enim reuera venerabilis & exactis-*

Illustrium Academicorum.

sima diligentia. Nec minus tibi gratulor pro commento Boetii, nescio tamen adhuc an totum hic contineatur; aut si tuum sit, aut si cum alio id contuleris. Hinc autem recastigatum in perpetuum velim, vt nihil mihi vnquam aut scribas aut dicas ambiguum, quod tamen ipse compertum habeas, & in morem oraculorum Apollinis sententiam tuam aliqua obligaitate confundas. Hinc patet quanti eum æstimaret Lupus.

Adalardus Regali ex prosapia oriundus, Pipini Magni nepos, Caroli Augusti consobrinus, vt legitur in eius vita per Paschasium Ratbertum scripta. *Inter Palatii tirocinia omni mundi prudentia eruditus vnà cum Terrarum Principe (Carolo M.) Magistris adhibitus elegit magis Iustitia fore & veritatis amicus quàm in illicita consentire etiam multis oblectatus blandiciis.* Maior erat quinque fratrum, inter quos trium consilio familiari vsus est Imperator, *iste maturior consilio, eximior omnibus sanctitate,* relictis mundi negotiis factus Abbas Corbeiensis in Picardia ex Comite sacri Palatii, & anno 809. Romam à Carolo missus est ad Romanum Pontificê Leonem cum Bernario Episcopo Cormaricensi. Scribunt nonnulli tum Romæ fuisse cum Caroli tristem audiuit interitum; & cum à Principe rebus Italiæ præfectus fuisset, nonnullorum inuidià à Ludouico Pio hac dignitate & administratione priuatum in Abbatiam suam se recepisse: indeque paulo post exulem factum ab anno scilicet 815. ad an. 822. Scripsit librum de *Ordine Palatii,* in quo Palatii curam regimenque in duas partes diuisit; scilicet in eam quæ pertinebat ad ipsiusmet Palatii negotia, & eam quæ ad Regni statum. Hanc Comes Palatii habebat: illam Apocrisiarius seu Archicapellanus, quem hodie ocamus Magnum Eleemosynarium. Hunc librum ait Hincmarus Caroli Calui Archiminister se descripsisse: sic enim habet c. 12. de Ordine & Officiis Palatii. *Adhalardum senem & sapientem Domini Caroli M. Imperatoris propinquum & Monasterij Corbeiæ Abbatem inter primos Consiliarios primum in adolescentia mea vidi. Cuius libellum de Ordine Palatii legi & scripsi, in quo inter cætera continetur duabus principaliter diuisionibus totius Regni statum constare anteposito semper & vbique omnipotentis Dei iudicio.*

Sub eo S. Patre Paschasius Radbertus Abbatiæ nomen dedit, qui an. 818. librum de Corpore & Sanguine Ghristi edidit. Reuersus ab exilio an. 822. mense Ian. statuta quædam duobus libellis contenta Monachis tradidit, quæ opera D. Lucæ Dacherii prodierunt in lucem, legunturque in tomo 4. Spicilegij. Sepultus est tandem in Basilica B. Petri cum hoc Epitaphio.

> *Hic iacet eximius meritis Venerabilis Abba,*
> *Noster Adalhardus dignus honore senex.*
> *Regia prosapies, Paradisi iure colonus,*
> *Vir charitate probus, moribus atque fide.*
> *Quem dum sub tumulo recolis tu quisque viator*
> *Cerne quid es, quid eris, mors quia cuncta rapit.*
> *Nam post octauas Domini hic Carne solutus*
> *Succedente die astra petiuit ouans.*

Adelbodus Henrici Imperatoris ab intimis secretis, vir nobilis, sapiens & summæ virtutis, tamque in diuinis scripturis eruditus, quam in secularibus, nec minus armis quam eruditione prostrauit infideles. Nonnulla opuscula edidit. Vitam Henrici II. Imperatoris. Lib. 1 de Laudibus S. Crucis. Item de laude B. Mariæ, aliaque tam metro quàm prosa. Vltimo Archiepiscopus Vltraiectinus obiit an. 1029. huiusce insignis viri plurimi scriptores meminerunt.

Adelmanus Clericus Leodiensis in Franciam missus circa ann. 1022. vt litteris operam daret: deinde Carnutum profectus Fulbertum Episcopum virum singularem & magni tum nominis Theologum in expositione diuinarum scripturarum audiuit. Ibi habuit condiscipulum, imò contubernalem Berengarium Turonensem tunc adolescentem ætate ipse prouectior. Carnuto reuersus in Patriam Scholas ipse Leodii habuit, sub Reginaldo Episcopo; deinde ad Brixiensem Episcopatum promotus scholarum Leodiensium præfecturam Franconi reliquit. Cum autem audiuisset ille Berengarium post mortem Fulberti Magistri multa docere hæretica, ad eum scripsit in memoriam reuocans præcepta, quæ ab illo Venerabili sene audiuerant, ne scilicet vnquam ad vanas &

inutiles futilesque Philosophiæ nugas abirent, sed solido Ecclesiæ fundamento insisterent. Eius Epistolam in Chronologia retulimus. *Vir fuit* teste Trithemio, *in diuinis Scripturis, studiosus, Philosophus & Dialecticus suo tempore famosus, metro excellens & prosa. Scripsit vtroque stylo quædam commendanda Opuscula, de quibus ad lectionis nostræ notitiam pauca peruenerunt.* Claruit sub Henrico III. Imperatore circa an. 1040.

Ademarus Cabanensis Raimondi Cabanensis & Hildegardis filius Monachum induit apud S. Eparchium Engolismensem. Scripsit Chronicon à primis Monarchiæ Francicæ temporibus ad suam ætatem. Floruit sub Roberto Rege, ad annum vsque 1028. Meminit Alcuini, Theodulfi, Smaragdi, Heliæ aliorumque Magistrorum, qui Parisiensem Academiam litterarum Professione primi commendarunt & illustrarunt.

Æneas Diuini verbi Concionator egregius & in scholis Palatinis sub Carolo Caluo Professor clarissimus fuit. Quis enim, vt aiunt Guenilo Senonensium Archiepiscopus & Suffraganei apud Lupum Ferrariensem Ep. 99. *vel leuiter tetigit Palatium, cui labor Æneæ non innotuit & feruor in Diuinis rebus non apparuit?* Quamobrem post mortem Ercanradi Episcopi Parisiensis à toto Clero Matris Ecclesiæ Parisiorum & à Monasteriis illi subiectis in successorem expetitus est, vt diximus ad an. 853. Summæ fuit apud Caluum authoritatis, eique sæpe Rex grauia negotia grauiumque rerum iudicia commisit. Extat Lupi ad eum Ep. 119. qua rogat vt Regem admoneat de præmio sibi ab eo promisso, si scholarum professionem repeteret. Fuisse autem inter eos affinitatem colligitur ex eadem Epistola, qua illi neptis suæ & Hildegarij filium commendat. *Me Monasterium ingredientem tristis excepit nuncius ostendens Hildegarium vestrum qui Neptem meam habebat in Coniugium, decessisse. Vnde proprio affectu & propinquorum vtriusque lineæ impulsu asserentium me apud vos plurimum posse, sanctitati vestræ has lineas destinaui, supplicans vt filio ipsius, super quo postulauit, concedere dignemini beneficium. Tutorem verò qui & moribus vestris congruat & militare obsequium exigat, laudabili prudentia statuatis relicta memorati viri eiusque propinqui decentervos, si obtinuero, venerari studebunt.* Leguntur duæ ipsius Epistolæ ad Hincmarum Remensem. Hincmarus quoque Rothadi Suessionensis Episcopi causam illi commendauit, quam illi Rex & Immoni Nouiomensi discutiendam commiserat, vt legitur apud Flodoardum. Scripsit librum de Erroribus Græcorum iussu Nicolai. I. qui in membranis apud quasdam Bibliothecas reperiri dicitur. Synodis plurimis interfuit. Apud Saponarias an. 859. Tusciacensi an. 860. Suessionensi III. an. 866. Trecensi an. 867. Eidem Caluus pontem Parisiensem donauit diplomate dato Compendij pridie id. Iulij ann. 867. Obiit circa an. 875.

Agius Aurelianensis Episcopus Ionæ successit an. 843. consecratusque fuit à Guenilone seu Vuenilone Archiepiscopo Senonensi. Capellanus erat Caroli Calui, vir eximiæ pietatis & doctrinæ. Pluribus Synodis interfuit: Beluacensi an. 845. Parisiensi an. 846. Turonensi IV. an. 849. Suessionensi II. an. 853. vbi agitata est causa Burchardi in Carnotensem Episcopum electi, vnusque ex iis fuit, qui cum seorsim admonere iussi sunt, vt si se Episcopatu dignum agnosceret, fateretur ingenuè & probaret; si indignum tali ministerio, Episcopatum eiuraret. At ille fassus quidem est se tanto munere indignum esse, paratum tamen esse se, **ad obiecta crimina respondere.** Cum verò nemo se accusatorem auderet profiteri, remansit Episcopus. Eius tempore extructa est Capella S. Aniani: & quandiu sedem tenuit, bis capta est Aurelia à Normanis teste Adrealdo Floriacensi. Videtur autem sedisse vsque ad an. 868.

Aimoinus seu Monachus Cœnobij San. Germano-Pratensis, seu professor secularis Academiæ Parisiensis florebat adhuc an. 890. fuit Magister Abbonis Monachi S. Germani, videturque eo etiamnum tempore docuisse, quo Parisiacam ille descripsit obsidionem, nempe an. circiter 892. quippe eum compellans ait continuo serere, fodere & putare vineam, ex qua ipsi botros virides quidem adhuc offerebat, ab eo ad maturitatem perducendos.

O Pædagoge sacer meritis
Aimoine piis radians,

Digneque sidereo decore.
Perrogitat Mathites liniens
Ore pedes digitosque tuos
Cernuus Abbo tuus iugiter.
Sume botros, tibi quos tua fert
Vitis adhuc virides: rubeant
Imbre tuo radiisque tuis.
Continuo seris atque fodis
Tu celebrande putas & eam.
Nuncque oupis niteat pluuiis
Alterius, iubare alterius,
Dulce cui tribuas rogo mel.
Nam tibi palmes & vua manet.
Floruit has mihi Parisius
Nobilis Vrbs, veneranda nimis
Bella precans sua ferre tibi.
Agnita cuius vt Orbe vago
Sepiat æthera palma volans,
Doxaque regnet vbique micans
Ore tuo gradiente semper.

Aimoinus patria Petricorius, Monachus Floriacensis, vir literarum humaniorum non ignarus, vt patet ex eius scriptis; nec dubito quin exemplo Abbonis eas Lutetiæ si non incepit, saltem earum cursum compleuerit. Inter Floriacenses nomen dedit Amalberto Abbati, ab coque tonsus est circa an. 986. Scripsit historiam Francicam quæ hodie extat, quam malè tribuunt aliqui Aimoino Sangermanopratensi. Scripsit quoque de Miraculis S. Benedicti an. 1005. & vitam Abbonis Abbatis sui rogatu Heruæi Thesaurarii Turonensis, cuius morti & exequiis in Vasconia interfuerat. Eum Trithemius inter Ecclesiasticos Scriptores reponit. *Aimoinus Monachus Floriacensis*, inquit, *Ordinis S. Benedicti, natione Gallicus: vir in Diuinis scripturis studiosus & eruditus, atque in secularium litterarum disciplinis sufficienter instructus. Fertur tam metro quàm prosa nonnulla composuisse opuscula: sed ad manus nostras minimè venerunt. Scripsit post Adreualdum Monachum volumen vnum de Miraculis S. Benedicti. Claruit sub Othone Imperatore III. an. 990.*

Albericus Diaconus Cœnobij Cassinensis, vir disertissimus & eloquentissimus, quem hic quidem commemoramus, non quod ex Academicis Parisiensibus fuerit, sed quia in Synodo Romana contra Berengarium disputauit, cum quo nemo congredi audebat: acceptis vnius tantum hebdomadæ induciis librum aduersus eundem, edidit de Corpore Domini Nostri I. Christi Sanctorum Patrum testimoniis roboratum, in quo omnes assertiones eius destruxit, æternaque obliuione deleuit. Ita scribit Author Chronici Cassinensis.

Alcuinus in Eboracensi Prouincia apud Anglos natus, Flacci prænomen in baptismatis regeneratione accepit: & ab aliis Albinus, ab aliis Alboinus, Alchoinus & Alchwinus appellatur secundum variarum. Gentium varia idiomata variasque pronunciationes. Egberti Eboracensis Archiep. primum discipulus fuit, à quo relictus hæres sapientiæ factusque Eboracensis Ecclesiæ Scholasticus multos discipulos eruditione ac pietate percelebres habuit, interque cæteros Eambaldum, qui fuit deinde Eboracensis Archiepiscop. & Luggerum qui Monasteriensis Antistes. Hinc cognitus Regi & Ecclesiæ Proceribus ac Principibus multas legationes obiuit tum ad Papam, tum ad Carolum M. ab Offa Merciorum rege missus. Quod vero in Ecclesia Eboracensi enutritus & instructus fuerit, docet ipse Ep ad Eambaldum, *In Ecclesia vbi Ego nutritus & educatus fueram & præessem thesauris sapientiæ, in quibus me Magister meus dilectus Egbertus Archiepiscopus hæredem reliquit.* Et in EP. ad Carolum M. *Date mihi exquisitiores eruditionis Scholasticæ libellos, quales in Patria habui per bonam & deuotissimam Magistri mei Egberti Archiepiscopi industriam.* An vero Venerabilis Bedæ discipulus etiam fuerit, vt vulgus historicorum asserit, dubitatur. Dicunt aliqui fuisse quendam Albinum seu Alwinum Bedæ Discipulum, non eum qui Parisios venit, sed cum Albinuin sed qui factus in Mercia Lichefeldienfis Episcopus obiit an. 737 Alcuinum enim, Parifienfis Academiæ Inftitutore nullatenus audire potuiffe Bedam, quod Beda tefte Polidoro Vergilio obierit an. 731. vel fecundum alios an. 735. ipfe verò Alcuinus an. 804. qui fi Difcipulus fuit Bedæ, nonagenarius & prope centenarius obierit neceffe eft. Contra alii, Alcuinum noftrum vidiffe & audiuiffe Bedam putant. Nam lib. 1. de Geftis Regum Angliæ. eum ipfe vocat Magiftrum. *Recogitate nobiliffimum noftri temporis Magiftrum Bedam Presbyterum, quale habuit in Iuuentute difcendi ftudium, qualem nunc habet inter homines laudem & multò maiorem apud Deum remunerationem.* Addunt ad confirmationem huius fententiæ Bedam non an. 731. aut 735. obiiffe, fed anno tantum 762. die 26. Maii, ætatis 90. Profefsionis Monafticæ 83. idque ex eius Epitaphio quod in Ciuitate Dunelmenfi etiamnum hodie legi afferit Poffeuinus, conftare.

Verum communior, & vt opinor, verior Hiftoricorum opinio eft obiiffe Bedam an. 735. Certum verò eft fuiffe tempore Bedæ quendam Albinum Abbatem Monafterij S. Auguftini Cantuarienfis virum doctum, cuius hortatu & adiutorio Beda hiftoriam de Geftis Anglorum compofuit, vt ipfe refert in prologo. Ifte Albinus, vt legitur in Chronico Willielmi Thorni qui fcripfit vfque ad an. fere 1400. *in diuinarum Scripturarum ftudiis ita erat à B. Adriano* (prædeceffore Abbate) *inftitutus, vt Græcam linguam fimul & Latinam non minus quàm maternam quæ fibi naturalis erat, aquè nouerit.* Ille autem, vt ibidem habetur, obiit an. 732. vnde conftat alium ab eo effe Albinum feu Alcuinum, noftrum.

Certum eft 2. Egbertum Eboracenfem Archiepifcopum, quo Magiftro Alcuinus ait vfum fe fuiffe, ab an. circiter 736. ad an. 766. præfatæ Ecclefiæ præfuiffe, fuccefforemque habuiffe Albertum, & poft annos 14. nimirum an. 780. Embaldum II. vt legitur apud Thomam Stobœum in Actibus Pontificum Eboracenfium. Hinc colligitur quod cum Alcuinus valdè fenex obierit an. 804. aut Bedæ difcipulus effe, aut eum certè videre potuerit, fi faltem octogenarius deceffit. Viuente, adhuc Egberto adolefcens Romam petrexit, ibique quofdam Magiftros docentes audiuit, vt ait Ep. 2. Imo ibidem cum docuiffe vult Meginfredus apud Trithemium, & inter alios Difcipulum habuiffe Rabanum per fex annos. Verum vt obiter dicam, id cum neutrius ætate ftare poteft: fiquidem Rabanus vix eum Parifiis audiuit, tantum abeft vt Romæ ipfum tunc adhuc adolefcentem audiuerit. Adde quod ipfe tria præfertim loca, in quibus publicè docuit, commemorat, Eboracum, Palatium Caroli & Turonicam Ciuitatem, nufquam verò Romæ meminit.

Primùm igitur Eboraci docuit factufque eft poft Egbertum, id eft poft annum 766. Scholafticus feu Scholæ Præfectus. *Mane*, inquit Ep. ad Carolum *Florentibus per ætatem ftudiis feminaui in Britannia, nunc verò frigefcente fanguine in Francia feminare non ceffo.* Ibi S. Ludgerum difcipulum habuit, vt teftatur vetus Author Frifius in vita Ludgeri. *Eo tempore in Eboraica Ciuitate famofus meritò Magifter Alchwinus Scholam tenebat vndecunque ad fe confluentibus de fcientia fua communicans.* Cum autem ille magnum doctrinæ & prudentiæ experimentum dediffet, ab Offa qui Merciorum victor tandem euafit ad Carolum M. Legatus miffus. Hinc innotefcens Carolo peracto Legationis officio ex Anglia in Franciam poftea euocatus eft, cum ipfe in Rhetorica, Dialectica & Mathematicis difciplinis habuit præceptorem. Tum filiorum fuorum Ludouici & Pipini, item & filiarum, poftremo & quorumcunque Difcipulorum inftructioni præfecit. Ita Schola publica in Palatio inftituta: aliique in eodem in variarum profeffione difciplinarum collocati Magiftri, fuis quifque Scholis Claffibufque addicti, ne quis aut de penuria Magiftrorum, aut de inordinatione difciplinarum quereretur. Itaque illuc breui confluxerunt vndequaque Scholares innumeri, Galli, Germani, Saxones, Angli, Scoti, Hiberni, Hifpani annitente maximè Carolo & præmiis ac priuilegiis inuitante, vt in hiftoria demôftratum eft. Demum accepto ab Imperatore Abbatiæ S. Martini Turonenfis regimine, rixarumque impatiens quæ frequentes tam inter Magiftros quàm inter fcholares interueniebãt, vnde fcholas Palatinas ipfe vocat *Caftra pugnantia* Turonas feceffit, ibique Scholam inftituit, quæ continuò plurimis quoque difcipulis redundauit, quorum nonnullos enumerat vetus author vitæ ipfius hoc modo. *Difcipulorum eius nobiliffimus erat Sigulfus vetulus, ma-*

Illustrium Academicorum.

nimus Withso; *Post hos Fregedisus & eius socii. At tempore iam vltimo hærebant ei assiduo* Ragnuardus, Waldramnus, *qui adhuc supersunt;* Adhelbertus *quoque B. memoriæ quantum poterat,* Sigulfi tunc filius. *Post autem venerandus Pater,& multi alii.* Ex omnibus istis Fridegisus illi in Abbatiæ regimine successit, cuius mentionem facit Eginhartus in vita Caroli M. Decessit autem Alcuinus plenus dierum 14. Kal. Iunii seu die 19. Maii an. 804. vt scribit idem author Sigulfi discipulus. Vnde coniungitur erroris Pithæus aiens obiisse circa an. 790. Offa apud Mercios regnante. Nam eiusdem Alcuini ad Leonem Pontificem extant litteræ, qui Adriano successit an. 796. & ad Carolum iam Augustum, qui an. tantùm 800. aut 801. Romæ inauguratus est Imperator. Sepultus est in S. Martini Basilica, & super eius tumulum, Epitaphium quod sibi viuens fecerat, in ærea tabula parieti infixa tale legitur.

> Hic rogo pauxillum veniens subsiste viator,
>   Et mea scrutator pectore dicta tuo.
> Vt tua deque meis agnoscas facta figuris,
>   Vertitur in species vt mea, sicque tua.
> Quod nunc es, fueram famosus in orbe viator,
>   Et quod nunc Ego sum, tuque futurus eris.
> Delicias Mundi casso sectabar amore,
>   Nunc cinis & pulnis, vermibus atque cibus.
> Quapropter potius animam curare memento,
>   Quàm carnem, quoniam hæc perit, illa manet.
> Cur tibi rura paras? quem paruo cernis in antro
>   Me tenet hic requies, sic tua parua fiet.
> Cur Tyrio corpus inhias vestirier ostro,
>   Quod mox esuriens puluere vermis edet?
> Vt flores pereunt vento veniente minaci,
>   Sic tua namque caro, gloria tota perit.
> Tu mihi redde vicem, Lector rogo carminis huius,
>   Et dic da veniam, Christe, tuo famulo.
> Obsecro nulla manus violet pia iura sepulchri,
>   Personet Angelica donec ab arce tua.
> Qui iaces in tumulo terræ de puluere surge,
>   Magnus adest iudex millibus innumeris.
> Alchuuin nomen erat, sophiam mihi semper amanti,
>   Pro quo funde preces mente, legens titulum.

Hic requiescit beatæ memoriæ Alchuuinus *Abbas, qui obiit in pace 14. Kal. Iunias. Quando legeritis ò vos omnes, orate pro eo & dicite* Requiem æternam donet ei Dominus. Extat aliud eius Epitaphium apud Brouuerum l. 1. Antiquitatum Fuldensium c. 10. legiturque in capite eius Operum ab Andrea Duchesnio in lucem editorum.

Inuentum est & aliud à me nuper in Archiuo seu Tabulario Collegii Regii Nauarrici, sed incertæ ætatis: est autem huiusmodi.

> **Præteriens si forte rogas, quicunque viator**
>   Cuius Reliquias hæc tegat effigies.
> Hic situs Alcuinus, doctrina & moribus ingens,
>   Præceptor quondam, Carole Magne, tuus.
> Discipulus Bedæ; is quem primum Parisiense
>   Gymnasium veteres instituisse ferunt.
> Sit licet in cinerem iam corpus inane redactum:
>   Docta tamen nullo est mens peritura die.

Non est autem hic necesse repetere, quod fusè probatum est in Historia, malè Alcuinum à maxima scriptorum turba inter Monachos numerari, cum certissimum sit inter Seculares Clericos gradu Leuitam seu Diaconum obiisse. Cuius rei testes sunt veteres Auctores, quorum plerique Monachi fuerunt, non Alcuinum inter suos vsquam reposuerunt, Eginhartus, Monachus Sangallensis, Lupus Ferrariensis, Odo Cluniacensis, Sigebertus Gemblacensis, & alii innumeri. Extat eius vita fusè descripta à Monacho quodam S. Remigii Remensis paulo post eius obitum, & quæ scribit, ait se à Sigulpho Magistro suo eiusdem Alcuini discipulo accepisse. Nusquam verò cum inter Monachos numerat, imo disertè Leuitam seu Diaconum vocat, eumque ministerio Leuitarum secum habentium Protomartyrem Stephanum & Laurentium Archidiaconum ad Christum perductum fuisse.

Idem Auctor hæc eiusdem Alcuini opera commemorat, *Postulante*. inquit, *Imperatore Karolo scripsit librum de S. Trinitate vtilissimum, nec non de Rhetorica, Dialectica & Musica. Scripsit ad Gundradam de Anima ratione. Postulantibus fœminis Gisla & Richbrude honestissimè, super Euangelium canones partim de suo, partim de S. Augustino mirabile Opus composuit. Scripsit & in 4. Epist. Pauli, ad Ephesios scilicet, ad Titum, ad Philemonem & ad Hebræos: ad Fredegisum in Psal. ad Vvidonem Comitem Homelias de principalibus vitiis & virtutibus. Ad Sigulphum suum Quæstiones in Genesim perutiles. In Prouerbiis Salomonis & Ecclesiaste, in Canticisque Canticorum luculenta sub breuitate ineffabiliter. Sub nominibus Franci & Saxonis de Grammatica cum interogatione & responsione fœcundissimum libellum composuit. Collegit multis de Patrum operibus Homeliarum duo volumina. Scripsit de Orthographia. In centesimo quoque decimo octauo Psalmo stylo vsus est aureo. Sicut in Epistolis ad multos directis.*

Aldricus ex Nobili genere Vastinensium oriundus discipulus fuit Alcuini, ab eoque Monachalis disciplinæ suscepit insignia, vt scribit author Anonymus in eius vita: deinde ordinatus ab Hieremia Archiepiscopo Senonensi Presbyter: hinc in aulam vocatus, Magister fit Palatii, tum Ferrariensis Abbas, postremò ad Senonenses infulas Ludouici Pii fauore promouetur an. 830. de qua promotione scripsit ad Frotharium Tullensem Episcopum virum eximium sibique dilectissimum; cuius Epistola legitur inter Frotharianas 13. De eadem promotione sic Lupus ad Vvenilonem Ep. 29. *Decessor vester Beatæ memoriæ Aldricus præfati Cæsaris* (Ludouici) *iussu & mirabili bonorum annisu Nobis cum esset Abbas, ablatus & Ecclesiæ Senonicæ pontifex factus ad nos immutabiliter proposuerat regredi Episcopali curâ omissâ, quando hanc vitam, vt credimus, feliciore mutauit.* In eadem Epistola notat Lupus exemplum memorabile Sigulfi quondam etiam Magistri Aldrici, qui cum vsque ad senium Abbas fuisset secularis, sponte Monachicum habitum sub Aldrico Abbate sumpsit *Certè*, inquit, *Ferrariensis Monasterii, cui indignus deseruio quondam nobis Abbas & Presbyter Sigulfus, qui vsque ad senium Canonico habitu laudabiliter vixerat, sponte potestate exuit, & nostrum hoc est Monachicam Religionem assumpsit, atque donec diem obiret, suo passus est subiici Discipulo, quem ipsius voluntate ac fratrum consensu Imperator Ludouicus memorato loco Abbatem præfecerat.* Fuit autem Aldricus & litterarum amantissimus, & ab eo Lupus magnis impensis missus est ad scholas Grammaticorum. Quâ de re sic ille Ep. ad Eginhartum. *Mihi satis apparet propter se ipsam appetenda sapientia. Cui indagandæ à S. Metropolitano Episcopo Aldrico delegatus Doctorem Grammaticæ sortitus sum. Præceptaque ab eo Artis accepi: quoniam à Grammatica ad Rhetoricam, & deinceps ordine ad cæteras liberales disciplinas transire, hoc tempore fabula tantum est.* Postea ad Rabanum missus vt sub eo Diuinarum Scripturarum intelligentiam perciperet. Nam *à Præfato Episcopo ad Venerabilem Rabanum directus sum, vti ab eo ingressum caperem diuinarum Scripturarum.* Hinc est quod cum Epistola 41. Nutritorem suum appellat. Obiit autem Aldricus Ferrariis VI. Id. Octob. an. 840.

Aldricus Cenomanensis Episcopus ex primicerio Metensi à Landrano Archiepiscopo consecratus 11. Kal. Ian. an. 832. satagente Ludouico Pio. An. 836. Synodi Aquisgranensis nomine legatur cum Ercanrado Parisienti Episcopo ad Pipinum Aquitaniæ Regem. Idem Epistolæ ad Nomenoium Britanniæ Minoris Principem missæ cum aliis Episcopis subscripsit. Synodo Suessionensi sub Caluo habitæ an 853 contra Ebonem olim Remorum Archiepiscopum interesse non potuit, quia paralysi dissolutus in lecto detinebatur: itaque ad Synodum direxit Epistolam absentiæ suæ causas insinuans. Synodus verò eâ acceptâ iniunxit Amalrico Metropolitano, vt ad Aldricum se conferret, quæque illi Ecclesiæ necessaria esse viderentur, exequeretur. Sic enim habetur in Can. 4. huius Synodi.

Illustrium Academicorum. 553

nodi. Præterea *Cenomanica vrbis Aldricus Epis. paralysi dissolutus Epistolam direxit, causam suæ absentiæ insinuans, petensque vt maximè sibi adhuc viuenti & quandocunque defuncto sacris precibus opitularentur. Quod exuberantes caritate se facturos promiserunt, & Metropolitano illius, Turonica vrbis Venerabili Episcopo Amalrico, vt ad eandem vrbem accederet; iniunxerunt, & quacunque essent eidem Ecclesiæ proficua, vt strenuè exequeretur, vnanimiter præceperunt.* Obiit 7. Ian. sepultusque est in æde S. Vincentii seeus Francones Episcopos decessores suos.

Alfredus cognomento Magnus, natione Anglus, Ethelulfi Regis ex quatuor filiis vltimus, & postipsum Angliæ Rex, à natura ad bonas omnes artes capessendas formatus, inter nostros Academicos numerari dignus, non quod Lutetiæ studuerit, sed quia e nostris Magistris Palatinis duos, Grimbaldum & Ioannem Erigenam in præceptores suos & in Academiæ Oxoniensis institutores euocauit & assumsit: quâ de re pluribus egimus in Chronologia. Hic verò de Alfredi moribus, disciplinis & institutis agendum. *Iam duodennis,* inquit Malmesburiensis, *omnis litteratura expers fuit. Tunc verò Ludo benigna matris inuitatus, vt pro munere libellum quem in manibus tenebat, acciperet, si cito addisceret, ioco litteras ingressus aniditate siticulosâ combibit.* Denique plurimam partem Bibliothecæ Romanæ Anglorum auribus dedit, opimam prædam peregrinarum mercium Ciuium vsibus conuectans: cuius præcipui sunt libri Orosius, Pastorale Gregorii, Gesta Anglorum Bedæ, Boetius de consolatione Philosophiæ, liber proprius quem patria lingua Hundboc, id est Manualem librum appellauit. Quin & Prouincialibus grandem amorem studiorum infudit, hos præmiis, illos iniuriis hortando: neminem illitteratum ad quamlibet Curiæ dignitatem aspirare permittens, psalterium transferre aggressus vix primâ parte explicatâ viuendi finem fecit. In prologo Pastoralis dicit se idcirco ad interpretandos Angliæ libros animatum, quod Ecclesiæ in quibus numerosæ a priscæ Bibliothecæ continebantur, cum libris à Danis incensæ sint. Propterea in tota Insula studium litterarum abolitum: quod quisque magis vereretur capitis periculum, quàm sequeretur librorum exercitium. Quapropter se in hoc Anglis suis consulere, vt nunc prolibarent tumultuariè, quod postea si forte pax rediret, latino ediscerent sermone. Ad omnes principales sedes librum hunc suo iussu conscriptum se velle transmittere cum pugillati aureo, in quo esset marca auri: nihil in ista vel aliis interpretationibus ex suo dicere, sed omnia à spectabilibus viris Pleigmundo Archiepiscopo Cantuariensi, Asserione Episcopo, Grimbaldo & Ioanne Presbyteris hausisse. Postremo vt omnem vitam eius breuiter elucidem, 24. horas quæ inter diem & noctem iugiter rotantur, ita diuidebat, vt octo horas in scribendo & legendo & orando, octo in cura corporis, octo in expediendo Regni negotio transigeret. Erat in Capella sua candela 24. partium, Ædituusque cui hæc delegabatur prouincia, vt per combustionem candelæ Regem de singulis admoneret Officiis. Dimidiam portionem omnium censuum iustè duntaxat acquisitorum Monasteriis delegauit: cunctos præterea reditus in æquas duas partes diuidebat. Rursusque primam in tres: quarum primam Ministris suis Curialibus: secundam Operatoribus, quos iugiter in nouarum ædium extructionibus mirabili & ignoto Anglis modo habebat; tertiam aduenis. 2. pars reditum ita diuidebatur, vt prima portio daretur *Pauperibus;* 2. *Monasteriis* 3. *Scholasticis* 4. transmarinis *Ecclesiis.*

Addamus & testimonium Florentii Wigornensis Monachi, Malmesburiensi antiquioris, (obiit enim an. 1118. & Malmesburiensis an 1148.) Ille autem diserte quàm liberalis esset Alfredus studiosorum Mecenas, quàm litteris deditus, quamque impensè eos amaret qui eas profiterentur, aut se illis darent, in historia describit. *Secundam antem partem,* inquit, *omnium diuitiarum earum, quæ annualiter ad eum ex omni censu peruenniebant, in 4. æquas partes curio sè suos Ministros diuidere imperauit, ea conditione vt prima pars pauperibus vniuscuiusque Gentis, qui ad eum veniebant, discretissimè erogaretur. 2. duobus Monasteriis, quæ ipse fieri imperauerat, & in his Deo seruientibus: 3. Scholæ, quam ex Gentis suæ Nobilibus & etiam pueris ignobilibus studiosissimè congregauerat. 4. Circumfinitimis in omni Saxoniâ & Mercia Monasteriis.* Et alibi.

Cum reperisset Iudices imperitos, eorum imperitiam his verbis redarguit: Ni-

„ mium admiror hinc vestram insolentiam, eo quod Dei dono & meo sapien-
„ tum ministerium & Gradum vsurpastis, sapientiæ autem studium operamque
„ neglexistis. Quapropter terrenarum rerum Ministeria, quæ habetis, illico di-
„ mittatis, aut Sapientiæ studiis multò deuotius, quàm hactenus mundo insiste-
„ re studeatis. Quibus verbis auditis perterriti, ac veluti pro maxima vindicta
„ correcti Comites ac Præpositi ad æquitatis discendæ studium totis viribus se
„ vertere nitebantur: adeò vt mirum in modum Illiterati ab Infantia Comites
„ pene omnes Præpositi ac Ministri litteratoriæ arti studerent, malentes insuetam
„ disciplinam laboriosè discere, quàm Potestatum Ministeria dimittere. Verum
„ si aliquis liberalibus studiis aut præ senio, aut præ nimia inusitati ingenii tar-
„ ditate proficere non valebat, suum, si haberet, filium, aut etiam aliquem pro-
„ pinquum suum, vel etiam si aliter non haberet, suum proprium hominem libe-
„ rum vel seruum, quem ad lectionem longè ante promouerat: libros ante se die-
„ noctèque quandocunque vllam haberet licentiam, Saxonicos imperabat lecti-
„ tare. Ipsi verò senes nimium suspirantes in tima mente dolebant, eo quod in
„ Iuuentute sua talibus studiis non studuerant, felices arbitrantes huius temporis
„ Iuuenes, qui liberalibus Artibus feliciter erudiri poterant: se verò infelices
„ existimantes, qui nec has in Iuuentute didicerant, nec etiam in senectute,
„ quamuis inhianter desiderarent, discere poterant.

Mirum quoque est quod de isto Principe idem Author refert, inter bella & præsentis vitæ frequentia impedimenta, necnon Paganorum infestationes & quotidianas corporis infirmitates (nam à vigesimo ætatis anno vsque ad quadragesimum quintum & amplius die nocteque incognito Medicis morbo laborauit) Regni gubernacula regere, omnem venandi artem exercere, aurifices & artifices suos omnes, falconarios, accipitrarios, coniculariosque docere, ædificia supra omnem Antecessorum suorum consuetudinem venerabilia & pretiosiora noua sua machinatione facere, Saxonicos libros recitare & maxime Saxonicæ Carmina memoriter discere, aliis imperare solum assiduè pro viribus nunquam desiisse. *Missam quotidie audire, psalmos quosdam & Orationes, Horas diurnas & nocturnas celebrare, Ecclesias nocturno tempore orandi causa clam suis adire solebat & frequentabat, Eleemosynarum dator largissimus, omnium affabilissimus & iocundissimus, ignotarum rerum inuestigator solertissimus. Franci autem multi, Frisones, Galli, Pagani, Britones, Scoti & Aremorici sponte suâ se Dominio subdiderant, Nobiles scilicet & ignobiles, quos omnes sicut propriam Gentem secundum suam Dignitatem regebat, diligebat, honorabat, pecuniâ & potestate ditabat.* Eos procul dubio, qui postquam in Academia Oxoniensi studuerant, ingenijque vim exhibuerant, in Anglia remanere cupiebant.

Inter hunc autem Regem & Fulconem Remensem Archiepiscopum, qui in Regni Francici regimine post Regem primas partes tenebat, magna intercessit necessitudo commerciumque litterarum. Nam imprimis Alfredus ab eo duos insignes viros Grimbaldum & Ioannem Erigenam ad Academiæ suæ institutionem, vt in Chronologia nostra retulimus, obtinuit. Deinde ex Flodoardo patet, quàm frequens haberent inter se commercium litterarum, siquidem lib. 4. c. 5. Fulconis ad eum, quem ibi vocat *Albradum* litteras commemorat, quibus ill gratias agebat ob promotum ad Cantuariensem sedem Pleigmundum, quem **Flodoardus Pleonicum vocat) vnum e primariis Oxoniensis Academiæ Institutoribus.** *Albrado* Regi transmarino admirabiles litteras mittens grates refert (Fulco) quia tam bonum virum & deuotum Ecclesiasticisque regulis congruentem destinauerit Episcopum in Ciuitate Cantabrg nomine. Audierat enim quod peruersissimam Sectam Paganicis erroribus exortam, & in illa Gente tunc vsque relictam verbi mucrone sataegeret amputare. Quæ secta suggerere videbatur Episcopis & Presbyteris subintroductas habere mulieres, ad propinquas quoque generis sui quisque vellet accedere, insuper & sacratas Deo fœminas incestare & vxorem habentes, concubinam simul habere. Item Pleigmundo ob illam promotionem aliis litteris congratulatus est Fulco, vt idem Flodoardus refert. *Pleonico Archiepiscopo* Transmarino congratulans bonis eius studiis, quibus cum laborare compererat pro abscindendis & extirpandis incestuosis luxuriæ fomentis, supra in his litteris quas Albrado Regi scripserat commemoratis, quæ in ea

Illustrium Academicorum. 555

Gente videbantur inoleuisse, sacris eum instruens & armans authoritatibus Censuræ Canonicæ, particeps nimirum piis ipsius laboribus cupiens existere.

Porro multa ipse Alfredus edidit ingenij sui monimenta, quæ priusquam ederet, per Academicos suos emendari & approbari curabat. Imprimis verò ex omnibus Legibus Anglicanis flores in vnum volumen collegit, vocauitque *Breuiarium Legum*. Item Legum Occidentalium Saxonum lib. 1. quâ in re Carolum M. Ludouicum Pium & Carolum Caluum imitatus est, qui Capitularia Legum Francicarum condiderant. Item Institut. l. 1. Contra Iudices iniquos lib. 1. Collectiones Chronicorum lib. 1. Regum varias fortunas lib. 1. Ex dictis sapientum lib. 1. Parabolas & Sales l. 1. Acta Magistratuum suorum l. 1. Multa quoque e Latina lingua in vernaculam Anglicanam vertit. Dialogos Gregorij Papæ, Pastorale eiusdem Gregorij, Boëtium de Consolat. Asserij sententias. Historiam Bedæ lib. 5. MS. in Bibliotheca Cantabrigiensi cum hoc disticho.

Historicus quondam fecit me Beda Latinum
Alfred. Rex Saxo transtulit ille pius.

Obiit autem Alfredus an. 900. 15. Kal. Nouemb. & sepultus est Wintoniæ.

Altuinus Senonensis Monachus Lupi Ferrariensis videtur fuisse discipulus, cæterum vir clarus & sciendi cupidus, vt ex Epistolis Lupi ad ipsum colligitur: præsertim ex 34. in qua respondet quibusdam quæstionibus ab Altuino de re Grammatica & quorundam versuum Virgilianorum intelligentia propositis. Initium autem Epistolæ hoc facit. *Si tantâ facilitate discuti possent à quoquam, quantâ mouentur Quæstiones, olim ad consummatam studiosi quique sapientiam euasissent. Nunc litterarum studijs pene obsoletis, quotus quisque inueniri possit, qui de Magistrorum imperitia, librorum penuria, otij denique inopia meritò non queratur? Quo minus indignari mihi debes, si per exiguum otij, quod mihi vix obtingit, tam indagandis quæ nesciam, quàm ventilandis quæ iam consecutus sum, iudicem expendendum. Nec, vt opinor, erro, si quibus Diuino fauore viam intelligentiæ & aperui & planiorem feci, quam præcesserit sequendi necessitatem indicam: hoc est lectione Magistrâ vel vtens vel vsus, si auditoribus meis, aut præsentibus idipsum sermone, aut absentibus obstinato imponam silentio.*

Amalarius vel Hamularius Fortunatus, Natione Teutonicus ex Monacho Luxouiensi factus à Carolo M. Archiepiscopus Treuerensis, Alcuini olim Discipulus, inter omnes ætatis suæ Antistites doctrinâ conspicuus an. 813. missus est ab Imperatore Constantinopolim cum Petro Abbate Monasterii Nonantulæ Ordinis Bened. ad confirmandam cum Michaele Orientis Imperatore pacem. Obiit an. 814. aut saltem ante an. 817. quo Hetho seu Hethi Treueris sedebat. Quia autem Amalarius variis legationibus impeditus Archiepiscopali munere defungi non poterat, consortes sibi oneris adlegit Adalmatum & Herilandum, nec non Theganum virum insignem, ex nobili Francorum genere procreatum, cumq; Chorepiscopum fecit, qui teste Brouuero lib. 8. annal. *flagrantis sapientiæ studio acres ad virtutem stimulos per hoc tempus huic Ecclesiæ subiecit, & præclara vtique eruditionis suæ decora Treuerensi populo pro concione impertiit.*

Amalarius Metensis Ecclesiæ Diaconus (Treuirensi suppar, quem aliqui malè cum eo confundunt) deinde ipsius Ecclesiæ Metensis Episcopus teste Honorio Augustodunensi, quanquam inter Episcopos non reperitur, an. 816. in Concilio Aquisgranensi Regulam Canonicorum scripsit. A Ludouico Pio missus Romam an. 831. ad Gregorium IV. antequam scriberet Antiphonarium, vt inquireret, ac examinaret Antiphonarios Eccles. Rom. quia iam tum Magistri qui à Romanis edocti fuerant; à perfectâ cantandi ratione desciuerant. Qua de re ille c. 68. *Interrogaui Magistros Romanæ Ecclesiæ si eas* (id. Antiphonas) *canerent, responderunt nequaquam. Nostri tamen Magistri dicunt se eas ab eis percepisse per primos Magistros quos melodiam cantus Romani docuerant infra terminos Francorum.* Idem c. 58. lib. de Ordine Antiphonarii, se Alcuini Discipulum fuisse memorat, vbi agens de Responsoriis Psalmorum, *Audiui,* inquit, *illos canere in isto ordine, quando videbar puer esse ante Albinum doctissimum totius Regionis nostræ: cuius authoritate delectatus & fretus postquam libertate vsus sum canendi quæ congrua mihi videbantur &c.* Tunc scilicet liberales artes cum cantandi methodo docebantur, vt hodie quoque fieri solet ruri.

An verò hic sit Amalarius, an alius, qui cum Ioanne Scoto in errorem de prædestinatione lapsus est, & aduersus quem scripsit Ecclesia Lugdunensis, compertum non habeo. Crediderim tamen alium esse à Metensi: quippe Metensis non legitur vixisse vltra an. 836. at Amalarius Scholasticus cum Ioanne Erigena sub Caluo circa an. 855. contra Gothescalcum de prædestinatione scripsit. Andreas Du-Vallius in Notis ad lib. de 3. Epistolis Ecclesiæ Lugdun. suspicatur Amalarium illum fuisse Trecensem Episcopum, sed cum in Catalogo Trecensium Episcopor. non reperio, neque M. Florum, qui aduersus eum scripsit, vt pote de Eucharistiæ mysterio malè sentientem. Nam in psalm. 80. sic scribit. *Vis comedere ipsum Dominum Deum tuum? audi quid dicat, dilata os tuum & implebo illud. Dilatate ora vestra, ipse est Dominus & panis, ipse hortatur Nos vt comedamus: at ipse noster est cibus, quantum dilataueris, tantum accipies.*

Angelrannus Picardus patriâ Pontiuensis prope Centulam, seu S. Richarium, parentibus non adeo sublimibus, sed Deum religiosè timentibus ortus, tam intimè insitum habuit à natura sciendi desiderium, vt quemadmodum legitur in eius vita lib. 4. Chronici Centulensis c. 1. *Literarum non posset scientia satiari.* Adolescens factus, quò facilius voto satisfaceret & sciendi desiderio, Centulæ nomen dedit inter Monachos Ingelardo tum Abbate circa an. 990. postea impetratâ ab eo licentiâ longè positas scholas, præsertim verò Carnotensem lustrauit, ibique Fulbertum, tunc magni nominis magistrum audiuit: qua de re sic habet ut loco citato. *Enimuero, quia vt supradictum est, in discendo multum gliscebat, recepta à patre loci nomine Ingelardo non minima reuerentiâ dignò licentia longè seposita scrutatus est Scholarum Magisteria more scilicet prudentissimæ apis, quæ circuit diuersorum florum arbusta, vt mellis dulcore sua repleat receptacula. Denique multorum experientia probatum & liberalibus studiis ornatissimum Ciuitatis Carnotenæ venerabilem Episcopum ac cum multo honore vocitandum Fulbertum Præceptorem adeptus est atque didaschalum. Hic ei monitor, hic tam morum quàm litterarum fuit institutor. Gaudebat venerabilis Præsul de tanti discipuli solatio, releuabatur tam idonei auditoris industria atq; ingenio, Tandē igitur Grammatica, Musica, atq; Dialectica optimè instructum Centulam remittit tironem amicissimum iam tunc Sacerdotio ornatum, quem velut grandem thesaurum recipit pia congregatio Centulensium. Hinc iam quod ingenti studio fuerat quæsitum, profertur magna scientia præcipuum margaritum, reparantur libri, conscribuntur nedum conscripti, educantur pueri, dispertiuntur quam plurimi sapientiæ thesauri.*

Innotuit clarus iste vir Roberto Regi atque ita innotuit, vt quærenti viros doctos quos secum Romam ducere posset, vnus ex omnibus indicatus sit Angelrannus, qui tum, vt credibile est in Franciæ Scholis, id. Parisiensibus versabatur: idque videtur significari c. 2. his verbis. *Eo tempore Rex Robertus prudentiæ lumine clarus Regni Francorum post patrem Hugonem illustratur fascibus. Cui nutu diuino vt credimus sæpe dictus vir tali modo refertur notificatus. Cū enim adhuc in* FRANCIÆ *partibus detineretur Disciplinis Scholaribus, supradictus Rex ire Romam bonæ voluntatis deuotione est coactus. Dumque iussu eius diuersis in locis quærerentur diuini seruitÿ plenè imbuti Officÿs, ab omnibus prædicatus est efficax in hac re Angelrannus venerabilis.* Ita scribit Ariulfus Monachus Centulensis, qui Chronicon suum absoluit an. 1088.

Angilbertus nominis & generis nobilitate conspicuus, cuius aui & proaui Francorum Regibus semper familiares habiti sunt, inquit Hariulfus Monachus Centulensis, & aut in Dignitatibus primi aut dignitatum affines & propinqui, Petrum Pisanum in Gramaticis & Alcuinum in aliis Artibus simul cum Carolo M. audiuit, Principemque suum æmulatus ad liberalium artium culmen attigit: quamobrem aiente Hariulfo, *tractabat Carolus illum sublimare in arcem alicuius Metropolitanæ Ciuitatis, vt pote quem vbertim commendabat & generis claritas & magnæ scientiæ diffusa peritia.* Adeo verò Principi suo fuit charus, vt illi Bertham filiam Coniugem dederit: ex quâ Nithardum suscepit: at eâ postea dimissâ & intra Cœnobium Centulense Deo vacandi gratiâ collocatâ, ipse post recuperatam valetudinem, quia ita Deo vouerat, apud idem cœnobium (quod

Illustrium Academicorum.

S. Richarii dicitur in Regione Pontiuienſi Diœceſis Ambianenſis) Monachus factus sub Symphoriano Abbate, eo demum mortuo subrogatus est Abbas. Omnibus Palatinis honoribus defunctus est. Primicerius quoque fuit Palatii Pipini Regis Italiæ filij Caroli M. non Caroli Martelli, vt malè ſcribunt Sammarthani fratres: vix enim Alcuinus Pipinum Caroli M. patrem vidit; certè eo regnante in Gallia non reſedit; ſed à Carolo M. euocatus, poſtea & ipſum & filios eius, alioſque plurimos nobiles bonis litteris informauit: ad Angilbertum autem Primicerium Palatij Pipini Regis ſcribit Ep. 42. rogatque vt Portitorem litterarum ſuarum Romam proficiſcentem ſuper peregrinationis cauſâ Pipino Regi commendet. Magna inter eum & Alcuinum interceſſit neceſſitudo, vt pluribus in locis Epiſtolarum Alcuini legitur; eum enim modò fratrem, modò filium, modò Homerum ſuum vocitat. Per eum iam Abbatem factum an. 792. Felix Vrgelitanus deductus eſt ad Adrianum Papam, vt hæreſim eiuraret: quò tendunt hæc Alcuini verba in Ep. 28. *Quia electiſſimus Domni mei Regis miſſus, filius equidem meus cariſſimus Angilbertus ad beatiſſimam ſummæ authoritatis veſtræ dirigitur paternitatem, non eſſe neceſſe putaui litteris exarare, quod ille vir fidelis & prudens melius vivâ voce ſecundum mandatum Domini Regis auribus excellentiæ veſtræ poterit intimare.* De eodem Angilberto ſic Adrianus ad Carolum. *Directus nobis eſt à veſtrâ præcelsâ Regali potentiâ fidelis familiaris veſter Angilbertus Abbas & Miniſter Capellæ, qui pene ab ipſis infantiæ rudimentis in Palatio veſtro nutritus eſt, & in omnibus Conſiliis veſtris receptus eſt.* Ad eundem Papam multas ille legationes obiuit: item ad Leonem eius ſucceſſorem nomine Caroli Regis miſſus Regalia munera detulit an. 796. vt habet Poeta Saxonicus.

> *Miſſus ad hoc Angilbertus, qui corpore ſancti*
> *Richarij clarè decoratam rexerat Abbas*
> *Eccleſiam, pariter Regalia detulit illuc*
> *Deuotè ſancto miſit quæ munera Petro.*

Sæpe queritur Alcuinus quod toties & tandiu abeſſet, nec cariſſimâ eius conuerſatione frui liceret. Ep. 92. rogat eum, vt cum à legatione ſuâ reuertetur, ſibi noui aliquid afferat *Nam*, inquit *ſi nihil attuleris, ibis Homere foras*, eum quippe Homerum Antonomaſticè vocabat, quia Doctorum & Poetarum ſui temporis princeps erat. *Nos ambos, vt recognoſco, quædam neceſſitatis catena conſtringit & libero curſu voluntatis caſtra intrare non permittit, nec eſt qui compedes rumpere valeat, niſi qui inferni ferrea clauſtra contriuit, qui eſt via, veritas, & vita.* & in fine,

> *Proſpera cuncta precor, faciat tibi Chriſtus, Homere,*
> *Qui te conſeruet ſemper vbique, vale.*

Et Ep. 93. ad Flauium Riculfum cognomine Damœtam è Diſcipulis quoque vnum, ſic queritur. *Ego pene quaſi orbatus filijs remaneo domi. Damœtas Saxoniam, Homerus Italiam, Candidus Britanniam receſſit.* Obiit tandem Angilbertus 5. Kal. Feb. an. 814. corpuſque ſepeliri voluit ante portam S. Saluatoris & S. Richarij: at anno poſt eius deceſſum 28. à Ribbodone Abbate intra Eccleſiam tranſlatum eſt. Ipſe autem in faſtigio turris eiuſdem Eccleſiæ hos verſus à ſe factos inſculpi iuſſerat, vt teſtatur Hariulfus Monachus S. Richarii Centullenſis lib. 2. de rebus geſtis Eccleſiæ Centullenſis.

> *Omnipotens Dominus, qui celſa vel ima gubernas,*
> *Maieſtate potens ſemper vbique Deus.*
> *Reſpice de ſolio ſanctorum Gloria ſummo,*
> *Auxiliumque tuis, Rex bone, da famulis.*
> *Principibus pacem, ſubiectis adde ſalutem,*
> *Hoſtis pelle minas, & fera bella preme.*
> *Hæc quoque quæ ſtatui fulgentia Culmina Templi,*
> *Angilbertus ego, ſint tibi culta Deo.*
> *Auguſto & Carolo, cuius virtute peregi,*

Concede Imperij gaudia magna sui,
Quisquis & hic summas precibus pulsauerit aures,
Effectum tribuas semper habere Deus.

Anſegiſus Natione Gallus, in Palatinis quoque Scholis inſtitutus, in quibus ingenium exeruit, ex Presbytero Remenſis Diœceſeos & Abbate S. Michaelis in Senonenſem Archiepiſcopum poſt Egilis mortem electus an. 871. Carolum Caluum vnxit in Regem, eique gratiſſimus & cariſſimus fuit, vt pote qui in Diuinis ſcripturis nobiliter doctus, & ſermone ingenioque clarus habebatur: eiuſque conſiliis creditur Carolus, vndequaque viros Doctos magnis præmiis euocaſſe ad docendum. Poſt mortem Ludouici Romanorum Imperatoris miſſus à Caluo Romam, vt cum Ioanne Papa de ſucceſſore ageret, tam cautè tamque diligenter & induſtriè legationem obiit, vt Regi ſuo Imperiales inſulas obtinuerit. Quæ res tam grata fuit & Ioanni & Carolo, vt in gratiam tanti beneficii Galliarum & Germaniæ Primatia illi fuerit conceſſa, vt ſcribit Odorannus Monachus S. Petri Viui Senonenſis in Chronico, vbi de Capitulis agit in Pontigonenſi Synodo factis, quorum ſecundum hoc fuit. *ſicut Domnus Ioannes Papa ſanxit, commonente & conſentiente ac condecernente Domno glorioſiſſimo Carolo Imperatore ſemper Auguſto Anſegiſum venerabilem Epiſcopum Senonum ſuam vicem tenere & Primatum Galliæ & Germaniæ contulit, in euocandâ Synodo & definiendo Catholicè ſi quælibet inſurrexerint neceſſaria, & vt grauiora quælibet ad ipſius notitiam referat & Nos vnanimiter omni deuotione laudamus, & vt ita ipſe Primatum teneat Galliæ & Germaniæ decernimus & ſancimus, cunctique ſucceſſores eius in propria vrbe.* Obiit autem Anſegiſus an. 883. die 23. Nouemb. ſepultuſque eſt in Monaſterio S. Petri Senon. cum hoc Epitaphio.

Antiſtes Senonum, reuerentia magna Potentum
Anſegiſus in hoc conditus eſt tumulo.
Vt Primas fieret Gallorum, Papa Ioannes
Inſtituit, meritis hoc tribuendo ſuis.
Carli Romana cinxit caput iſte corona,
Et dedit in cunctos Imperium populos.
Gregorij Papæ ſecum caput abſtulit, inde
Hic locus oſſa fouet, ſpiritus aſtra tenet.

Tranſtulit ille multa Sanctorum corpora in Monaſterium S. Petri, de quibus Odorannus ad an. 883. & poſt eum Monachus Antiſſiodorenſis in Chronico, vbi de Anſegiſo fuſè agit. Hic Iudæos & Moniales certis de cauſis ex vrbe Senonum expulit; & ne vltra in ea ſedem ponerent, *ſub anathematis iugulo interdixit*, vt in eodem Chronico Odoranni legitur.

Fuit alius Anſegiſus paulo antiquior Anaſtaſij & Himiladæ filius cœnobij Luxouienſis Abbas, item Fontanellenſis an. 823. qui ſub Carolo M. & Ludouico Pio floruit, *vir omni ſcientia Diuina ſcilicet atque humana Philoſophia ſufficienter inſtructus*, vt dicitur in Chronico Fontanell. c. 16. Is eſt qui Capitularia Caroli M. & Ludouici collegit, & in 4. libros digeſſit an. 827. vt notarunt Valerius Andreas in Bibliotheca Belgica, Petrus Pithæus in præfat. Capitulariorum, Antonius Auguſtinus lib. 2. de Emendatione Gratiani dial. 10. & alij. Liberaliſſimus vir fuit, Bibliothecam ingentem comparauit, & cœnobio Fontanellenſi dedit copioſiſſimam. Item aliam Flauiacenſi, cuius pariter Rector fuerat. Eleemoſynarum quoque largitor benigniſſimus: quarum in Chronico Fontanell. numerus texitur, & inter cæteras, harum ſit mentio. *Ad S. Genouefam Pariſius libras duas, ad S. Germanum Pariſius libras tres: in eadem vrbe illis Canonicis libram vnam, ad S. Dionyſium libras quinque.* Haſce autem virtutes illi tribuit Chronicon prædictum. Erat Eleemoſynarius valdè, pauperumque refector, profluus ditator ac defenſor Eccleſiarum, Clericorum nutritor, Monachorum veriſſimus pater, peregrinorum lætiſſimus ſuſceptor, viduarum ac pupillorum maximus adiutor.

Anſelmus vulgo dictus *Cantuarienſis* genere fuit Longobardus, Auguſtæ Ciuitatis indigena, patre Gundulfo, matre Hermerberga natus. *Litteras edoctus,*

Illustrium Academicorum. 559

A puero bonos imbibi mores cum literis, vt ait Radulfus de Dicero in suis Chronicorum abbreuiationibus. *Adolescentioris ætatis laxiores habenas intra puræ conscientiæ secreta reflectens, in hoc studuit firmare propositum, vt ab honesto non reflecteret animum, in humilitate simul & scientia litterarum coæuos vndequaque transcendens Alpium iuga transcendit inuigilans per triennium liberalibus disciplinis in Gallia. transiens in Normaniam adhæsit Lanfranco Priori Beccensi Scholas Publicas Abbatis Herlwini permissu vel iussu regenti tunc temporis.* Hæc Radulphus. Similiter Geruasius in lib. de Actibus Pontificum Cantuariensium. *Exactis tribus annis in Francia vel Burgundia Lanfrancum adijt in Normania, ad quem audiendum de diuersis mundi partibus confluebant quicunque sapientiæ vel eloquentiæ profectum appetebant.* Aliquanto post Monachalem ipse suscepit habitum, an. ætatis 27. & assumpto Lanfranco Priore Beccensi ad Abbatiam Cadomensem, idem ei in Prioratu successit. Herluuino vero Abbate defuncto vnanimi fratrū cōsensu substituitur in successorē. Postremò è viuis sublato Lanfranco Anselmus Cantuariam euocatur an. ætatis 60. consecraturque pridie Non. Decemb. In iuribus autem Ecclesiæ tuendis dici non potest quàm fuerit strenuus & constans. Vrbanum II. Romæ inuisit ab eoque cum honore susceptus est: cum eo deinde in Galliam profectus in Barensi Concilio Græcorum à fide Catholica dissidentium confutauit errorem. E Gallia Romam reuersus Concilio interfuit, in quo Laïcos Inuestituras Ecclesiarum more pristino conferentes, inquit Radulphus, & eas accipientes à Laïcis & taliter post acceptum honorem munus consecrationis impendere præsumentes à communione fidelium Synodalis authoritas decreuit extorres. Hinc ille à Concilio rediens dum exilium æquanimiter sibi à Vvilliclmo Rufo Anglorum Rege indictum subit, trienniū Lugduni manet. Quo Rege defuncto ab Henrico successore reuocatus est in Anglia, & contra ipsius voluntatē Decretum de Inuestituris seruari cupiens rursus cogitur cum Legatis Anglicanis ad Pontificem proficisci Decreti reuocationem postulaturis. Quod cum incassum tentassent, Rex Anselmo succenset vetatque regressum in Angliam. Itaque ille Lugduni, vbi prius, resedit, *vbi quasi in schola virtutum præsidens Magisterio sanctæ conuersationis enituit*, inquit Radulphus. Denique Henricus eū denuo in Angliā reuocauit, vbi in bona senectute cosenuit, & obiit 21. April. an. 1109. Extant plurima eius opera, quæ quia ab omnibus Doctis teruntur, recensere hic supersedeo.

Anselmus Laudunensis cognomento *Scholasticus*, Canonicus fuit & Decanus Laudunensis, non Episcopus, vt quidam malè scribunt. Is Lutetiæ primùm litteris operam dedit: postea ipsemet magnâ nominis famâ Philosophiæ Professionem exercuit: qua in disciplina discipulum habuit inter alios Guillelmum Campellensem. Deinde secessit Laudunum, vbi bonarum quoque Artium præsertim verò Theologiæ nobilissimum Emporium instituit; in eaque Professione tam sublimiter excelluit, vt ad famam doctrinæ satis esset eum audiuisse. De eo sic Canonicus Quidam Laudunensis, Scriptor illorum temporum. *Vir sapientissimus M. Anselmus tunc temporis Ecclesiæ nostræ Canonicus & Decanus per totum pene orbem Latinum scientia & eloquentiæ suæ fama notissimus.* Et Guibertus l 3 c. 4. *M. Anselmus vir totius Franciæ, imò Latini Orbis lumen in liberalibus disciplinis.* Ioannes à S. Victore eum vocat virum venerabilem, Magistrum nominatissimum, litterarum scientia clarum. De eoque Papa Eugenius dixisse fertur, *quia Deus spiritum eius suscitauerit, ne Scriptura periret: ad Pontificales Cathedras pluries vocatus nullatenus ac quieuit.* Præclarè verò supra omnes de tanto viro ex veterum scriptis & authoritatibus Sixtus Senensis. *Anselmus Laudunensis Gallus cognomento Scholasticus in Diuinis scripturis & sacrorum Doctorum voluminibus iugi studio eruditus, & in omnibus Disciplinis non mediocriter instructus, ingenio acutus, eloquio pressus & laconicæ cuiusdam breuitatis imitator, nouo & inusitato explanationis modo vtriusque Testamenti libros ex breuissimis quibusdam Patrum annotatiunculis exposuit, quas minutissimis characteribus descriptas inter ipsas scripturarum litteras maioribus litteris exaratas non minus curiosa quàm vtili industria artificiosissimè coaptanit; eumque laborem ad differentiam Glossæ Strabensis quæ in marginibus sacrorum codicum describi solet, Glossam interlinearem appellauit.*

Ioannes Saresberiensis Ep. 202. ad M. Richardum Episcopū vocat Anselmum

Doctorum Doctorem, aitque se ex ipsius Discipulis audiuisse solitum eum dicere, in vno se contristari quod in tota vita sua nihil sibi accidisset infausti.

Inter alios Lectionum suarum auditores & Discipulos habuit M. Guillielmum Cantuariensem Episcopum qui & ipse Lauduni docuit; ibidemque in Theologicis Guillielmum Campellensem; deinde Albericum Remensem, Lotulfum Nouariensem, Petrum Abaelardum circa an. 1112. qui quid de Magistro dicat & sentiat, ostendit in Ep. 1. Calamitatum suarum, nosque in Historia locum retulimus. Ad finem vsque vitę docuit, obiitque Lauduni an. 1117. cui in Ecclesia S. Vincentij sepulto vnus ex discipulis hoc Epitaphium inscripsit:

> *Dormit in hoc tumulo celeberrimus ille Magister*
> *Anselmus, cui per diffusi Climata mundi*
> *Vndique notitiam contraxit & vndique laudem.*
> *Sana fides, doctrina frequens, reuerentia morum,*
> *Splendida vita, manus diffundens, actio cauta,*
> *Sermo placens, censura vigens, correctio dulcis,*
> *Consilium sapiens, mens prouida, sobria, clemens,*
> *Sed quas larga Dei concessit gratia dotes;*
> *Idibus innixis dissoluit Iulius alter;*
> *Qua vinens viguit, comitetur gratia functum.*

Eius temporibus exaratus est quidam Codex Ratherianorum operum, qui à Luca Ducherio editus est in lucem an. 1657. habeturque in 2. tomo Spicilegij. Fuit & alius Anselmus Laudunensis posterior Abbas S. Vincentij, qui à summo Pontifice Eugenio consecratus est Episcopus Tornacensis an. 1146.

Arefastus seu *Erfastus* Nobilis Normanus audita ab aliquo Scholari Aurelianensium Magistrorum hæresi, ad eos profectus & edoceri velle simulans didicit quanta fæce schola illa putresceret. Re tota patefacta Regi Roberto effecit, vt ex sententia synodali Hæresiarchæ conuicti flammis damnarentur, vt ad an. 1017. retulimus. Fuit & alius Arefastus Willielmi dicti Conquæstoris Capellanus, qui adita Lanfranci Schola quam recens apud Beccum instituerat, in aliqua Disputatione Philosophica derisus quasi indoctus & ignarus litterarum apud Principem suum id molitus est, vt Lanfranco omni Scholæ professione in Normania interdiceretur. Verum Willelmus rem, vt erat, edoctus, quantosque fructus Schola illa Beccensis allatura esset, liberum ciusdem exercitium Lanfranco permisit & reliquit. Porro Arefastus factus Episcopus Helmeamensis sedem transtulit Thedfordum, obiitque in Anglia Willielmo regnante.

Arnulfus genere clarus, fortunæ bonis locupletissimus, litteratum ornamentis clarissimus & nobilissimus an. 970. factus est Episco. Aurelianensis ex charta Abbatiæ S. Maximini, omnium certè procerum Gallicanorum sui temporis eloquentissimus: vt ex multis synchronis Authoribus colligitur. De eo sic Glaber Rodulfus l. 2. c. 5. *Erat tunc temporis prædictæ Ciuitatis (Aurelianensis) Pontifex venerabilis Arnulfus, qui videlicet genere & doctrina sapientia pernobilis ac paternorum fundorum reditibus locupletissimus.* Interfuit pseudo-Synodo Remensi an. 991. contra Arnulfum Archiepiscopum, in qua Oratorem egit, eo quod omnium consensu cæteros Præsules eloquentia anteiret: vt legitur in Historia depositionis Arnulfi tom. 4. histor. Gall. *Arnulfus autem Venerabilis Episcopus Ordinis custos ac omnium gerendorum interpres declaratus est eo quod inter omnes Galliarum Episcopos sapientia & eloquentia clarior haberetur.* Hic autem quamquam sententia sua damnaret Arnulfum, author tamen fuit, vt si qui eum defendere vellent, prodirent in medium sententiamq; liberè dicerent. *Quamuis hæc ita se habeant, Reuerendissimi Patres, certumque sit hunc Arnulfum omnium Patrum concordibus damnari sententiis, tamen ne in inuidiam adducamur, admoueantur si qui sunt studiosi eius defensionis habeantque locum contradicendi, suumque Arnulfum quomodolibet defensandi. Sitque hoc nostrum Edictum sub disciplina Ecclesiastica, itaut nullus deinceps pateat excusandi locus: excuset nunc qui eum iustas putas habere causas. Hic Clerus ipsius adest. Hic Abbates scientia & eloquentia non ignobiles erigant iacentem, attollant humiliatum; & si ininstè deiectum existimant, qua Iustitia reformari debeat, edoceant. Non*

enim

Illustrium Academicorum. 561

enim in ruina fratris & consacerdotis nostri lætari nobis fas est: nec quisquam in iniuriam sui ducet, si ea quæ contra Arnulfum dicta vel facta sunt, veracibus cognouerit refelli assertionibus.

Inter eum & Gerbertum Aquitanum Remensis Scholæ præfectum magna intercedebat necessitudo, adeo vt essent ambo veluti cor vnum & anima vna, quos ita nempe iunxerat amor litterarum: nec vllum fideliorem expertus est Gerbertus in aduersis & deiectione ab Archiepiscopatu Remensi, quâ Arnulfum, quanquâ non deessent, qui eum à Gerberto conarentur auocate, vt patet ex Ep. 32. addititiarum ad Arnulfum *Multum mortalibus diuinitas largita est, O mei animi Custos, quibus fidem contulit & scientiam non negauit. Hinc Petrus Christum Dei Filium agnoscit & agnitum fideliter confitetur.* Hinc est quod Iustus ex fide viuit. Hinc fidei ideo scientiam copulamus, quia stulti fidem non habere dicuntur. Hanc vos habere fidem illa generosi animi præclara scientia indicat: hoc vestræ orationis series manifestat, quâ eam inter nos æternari cupitis. Habeo igitur & rependo gratias tantorum munerum largitori, & quod mihi in nulla à me dissentientum amicum reseruauerit & quod æmulis nostris verisimilia non tamen vera narrantibus minus credidit. Hoc tui muneris esse Bone Iesu, qui facis vnanimes habitare in domo; hoc Ego Sacerdos tuus coram te confiteor venerabilem artificem tuum Arnulfum me colere, diligere, amare, cunctisque mei ordinis quos hodie nouerim, corde & ore proferre. Procul ergo esto omnis fraus & dolus, pax & fraternitas hic adesto, vt qui alterum lædit, vtrumque læserit. Me Christi potentia protegente, non vis tyrannica ab hoc deterrebit incepto. Non minæ Regum quas in hoc Paschali festo pertulimus graues. Et sub finem. *Sit itaque inter nos, vt vultis, Est tantum, non autem Est & Non. Sit auxilium in commune & consilium. Quod etiam in sacris per data verba, si vestræ sublimitati placet, confirmandum fore censeo, vt amoto motu suspicionum omnium sit nobis cor vnum & anima vna.* Obiit Arnulfus circa an. 994. cique successit Fulco.

Arnulfus seu *Ernulfus* Beluacensis Lanfranci discipulus, S. Luciani primum Monachus, deinde Rofensis in Anglia Episcopus; de quo ita scribit Malmesburiensis l. 2. de Gestis Pontif. Angl. *Ernulfus natione Gallus apud Cœnobium S. Luciani in Bellouaco non paucum tempus Monachus egit. Sed cum nonnulla plena insolentiæ videret, quæ nec emendare posset, nec pati vellet, discessum intendit: quæsito prius à Lanfranco consilio incunctanter facturus quidquid ille iubendum putasset. Ille qui hominis industriam calleret (nam & apud eum diu Becci studuerat) persuasit vt ad se veniret, quia ibi animam suam saluare non posset. Venit ergo & toto tempore Lanfranci Monachus apud Cantuariam, ab Anselmo Prior ibidem, mox apud Burgum Abbas, à Radulfo Episcopus apud Rofam constitutus est. Graue quidem memoratu quantæ probitatis & prudentiæ in omnibus officiis fuerit &c.* Vixit in Pontificatu aliquot dies super nouennium, decessitque quater & octoginta annos natus multa probitatis suæ monumenta reliquit. Ioannes Brompton ait eum obiisse an. 1124. Extant quædam Quæstiones Theologicæ duabus Epistolis ad VValchelinum VVentanæ Ecclesiæ Pontificem & Lambertum quendam contentæ, quibus soluit nonnullas difficultates circa Matrimonii & Eucharistiæ materiam propositas, legunturque in 2. Tomo Spicilegi Dacheriani.

Aubertus Lemouicensis Canonicus docebat Parisiis circa an. 1020. sed relictis scholis soli Deo vacare desiderans Beneuentinum Monasterium Canonicis Regularibus addidit an. 1028. seque eis adiunxit, Iordano tum Diœcesim Lemouicensem regente: vt scribit Bernardus Guidonis, cuius locum in synopsi retulimus. At Sammarthani in verbo *Beneuentum*, huius Monasterii aiunt fuisse fundatorem Robertum quendam Canonicum Lemouicensem, referuntque Instrumentum factum sub Guidone Præsule qui tertius à Iordano sedit an. scilicet 1073. Iacet autem Aubertus in illo Cœnobio, ad cuius tumulum multi febricitantes sæpe curabantur tempore Bernardi Guidonis, hoc est circa an. 1320.

Azo seu *Asso* Monachus, deinde Abbas Deruensis Diœcesis Catalaunensis, vulgo Montier-ender, Gilberto Aquitanico æqualis & amicus, Gerbergæ Reginæ librũ dedicauit de Antichristo, quo tempore Rorico præerat Ecclesiæ Laudunensi, qui obiit an. 976. Quanta verò inter eum & Gerbertum intercederet necessitudo, patet ex ipsius Gerberti ad eum Epist. 82. *Rumpe moras omnes, mi pater.* &3.

& 2. Calend. Iul. egredere de Vr Chaldæorum. Obtemperandum veteranis amicis ac in fide diu probatis. Noster Adalbero Pater Patriæ quondam vobis fidus & nunc fidissimus morarum impatiens vestram expetit præsentiam. Nefas absenti significare ea quæ volumus præsenti dicere. Charissima vobis ac nobis librorum volumina vestrum iter sint comitata. hoc tantum dixisse sufficiat. Edidit vitam SS. Bercharii, Frodoberti, Basoli & Mansueti. Obiit autem in peregrinatione Hyerosolymitana an. 992.

B.

Baldricus Aurelianensis Magduni ad Ligerim natus, circa an. 1050. nobilissimi vir ingenii in Aurelianensibus scholis enutritus, nec videtur posse dubitari quin Parisienses etiam cæterorum sui sæculi more frequentarit. Vnum ex omnibus Magistris suis præsertim laudat M. Herbertum Cenomanensem, cui lessum cecinit. Monachum induit apud Burgulium in agro Andegauensi, eiusdemque loci Abbas factus est an. 1089. Inde euocatus à Rege Philippo ad Episcopatum Aurelianensem post depositionem Sanctionis, verum Archiepiscopi Turonensis operâ qui Ioannem quendam iuuenem nondum Presbyterum promissâ ingenti pecuniæ summâ curauit à Rege nominari, delusus est & remissus. Ioannis illius Electio facta est die SS. Innocentium. Vnde Quidam ex Electoribus sarcasticè iocatus

Eligimus puerum, puerorum festa canentes,
Non morem. nostrum, sed Regis iussa sequentes.

Quam malè Ioannes iste puer audierit, patet ex Epist. 66. Iuonis Carnotensis ad Hugonem Lugdunensem Apostolicæ sedis Legatum, cuius verba pudet hic referre. Ad calcem verò sic de Baldrico loquitur. *Præterea sciat vestra sollicitudo, quia cum Abbas Burguliensis ore patulo, manibus apertis cum multa securitate adCuriam in Natale venisset ad accipiendum Episcopatum, sicut ei illa prædicta Regina promiserat, quia animaduersi sunt plures & pleniores sæculi nummorum latere in apothecis amicorum istius (Ioannis) quàm apud Abbatem, ille est admissus, iste est exclusus. Et cum Abbas quereretur apud Regem quare sic eum delusisset, respondit, Sustinete interim donec de isto faciam proficuum meum, postea quærite vt iste deponatur & tunc faciam voluntatem vestram.* Hæc an. 1099. facta sunt. Denique Baldricus an. 1108. eligente Clero & populo ex Abbatia Burguliensi ad Archiepiscopatum Dolensem euocatus est: de quo vt de viro sibi notissimo sic scribit Ordericus Vitalis lib. 9. sub finem. *Huc vsque venerabilis Baldrici prosecutus sum vestigia......præfatum seniorem quem bene cognoui, veneranter honorare decreui. Hic Ciuis fuit Aurelianensis, Monachus & Abbas Burguliensis, liberalibus imbutus studiis & religiosæ meritis vitæ venerabilis. Inde pro religione & sapientia ad Gradum Dolensis Archiepiscopatus delectione prouectus est Ecclesiastica. In Episcopatu Monachatum seruauit, & cum Monachis prout fors dabat, plerumque habitauit.* Quædam scripta posteritati reliquit: inter alia verò Historiam Hierosolymitanam, Epitaphia quædam Nobilium Professorum sui temporis, & nonnullorum aliorum virorum Illustrium. Vitam quoque M. Roberti de Arbriscello rogatu & precibus Petronillæ Frontebraldensis adductus Ep. ad eam data, cuius tale est initium. Baldricus D. G. *Dolensium Sacerdos licet indignus Ancillæ Christi Petronillæ venerabilis Monasterii Fonteuraldensis Abbatissæ omnibusque eius Cœnobii Sanctimonialibus sub eius regimine salutem.* Obiit valde senex 7. Ian. an. 1129.

Beda dictus Venerabilis, Anglorum Nobilis Doctor & Historicus ridiculè & fabulosè dicitur Theologiam Lutetiæ docuisse, Alcuinumque Doctoris titulo atque insignibus donauisse anno circiter 692. aut Academiam Parisiensem, cum Romam proficisceretur, instituisse; cum præter multa quæ huic fabulæ fidem derogant, certum sit eum è Monasterio, cui nomen septennis dedit, aut certè exAnglia nunquam egressum fuisse. Quamobrem Historicus ille vetustæ Scholæ Cantabrigiensis assertor, rectè ab Harsfeldio & ab aliis *infirmæ fidei Historicus appellatur*. Natus est ille in territorio Monasterii Wiramuthensis an. 677. & cum esset septennis, traditus est à parentibus Benedicto Abbati enutriendus. Quomodo verò tantarum scientiarum thesaurum sibi comparauerit, docet Simeon

Illustrium Academicorum

Dunelmensis scriptor Anglus, qui Historiam de Gestis Anglorum an. 1129. cum vita opinor terminauit. *Videtur quibusdam incredibile*, inquit, *quod in extremo mundi angulo vir, qui nunquam Maria transfretauerit ob addiscendam sapientiam, Scholas Philosophorum non frequentauerit, tanta eruditione clareat*, tanta librorum compositione vbique mundo innotescat: sed hoc non esse mirandum ipse docet, qui inter sexcentos beatæ vitæ & mirabilis scientiæ Monachos enutritus, quidquid scientiæ singuli habuerant, omne hoc ipse in vnum sui cordis vasculum Spiritu S. illuminante contraxerat. Habuerat præ oculis & copiam omnis generis librorum, quos Abbas suus Benedictus inter alia diuersa ornamenta donatione Apostolicorum Vitaliani & Agathonis in Monasteriū suum contulerat. Præterea erat & eo tempore quo magna scientiæ studia floruerunt in Anglia, quando Theodorus Archiepiscopus & Adrianus Abbas peragrata insula, quaquaversum Anglorum Gentes commorabantur, *Scholas sacrarum simul & secularium litterarum instituebāt, vt quicunque cuperent erudiri, haberent in promptu Magistros qui docerent*. Vnde ipse Beda loquens de his, *Indicio est*, inquit, *quod vsque hodie supersunt de eorum discipulis qui Latinam Græcamque linguam, æque vt propriam in qua nati sunt, norunt*. Ab his eorum Discipulis prudens institutus adolescens in lege Domini meditabatur die ac nocte, vt etiam suos Doctores ipse doctior supergrederetur. *Ostendit ipse quod nec Franciam nec Italiam nec Græciam discendi gratia adierit*. Hæc & plura de Beda Simeon: qui & subiungit quosdam eiusdem versus non infelicem venam redolentes, quos de die Iudicii ad Accam Episcopum misit, cum hac inscriptione: LAMENTATIO Bedæ Presbyteri. Sunt autem eiusmodi.

Inter florigeras fœcundæ cuspidis herbas
Flamine ventorum resonantibus vndique ramis
Arboris vmbriferæ, mæstus sub tegmine solus
Dum sedi, subitò planctu turbatus amaro
Carmina prætristi cecini hac lugubria mente,
Vt pote commemorans scelerum commissa meorum,
Et maculas vitæ mortisque inamabile tempus,
Iudiciique diem horrendo examine magnum
Perpetuamque reis districti Iudicis iram;
Et genus humanum discretis sedibus omne,
Gaudia Sanctorum, nec non pænasque malorum.

Legitur integrum poëma apud Simeonem, sed ex paucis istis versibus intelligitur quàm non fuerit Beda contemnendus Poeta. Idem author ait cum obiisse in Gyruuensi Cœnobio an. 735. eademque omnium pene Scriptorum Anglorum sententia: melior certè & verisimilior quàm Baronii, Spondani & Posseuini aientium obiisse an. 762. vel 776. anno ætatis 106. vel saltem 90. Neque credibile est Epithaphium illius, si quod fuisset in Ciuitate Dunelmensi, quemadmodum asserit Posseuinus, Simeonem Dunelmensem qui 4. libros de Ecclesia Dunelmensi composuit, præteriturum fuisse, cum expressè de Beda agat, eumque dicat obiisse in Cœnobio Gyruuensi. An autem Beda fuerit aut potuerit esse Alcuini **Magister**, supra in Alcuino quæsitum est.

Berengarius Turonensis in Grammatica & humanioribus litteris videtur fuisse Turonis institutus, deinde more cæterorum in Dialectica & Philosophiâ Parisiis, postremò in Theologia Carnuti operam dedisse sub Fulberto, donec celeberimus ille Episcopus vixit. Eo verò fato functo Turonis Grammaticam docere aggressus est, indeque Parisios profectus, Dialecticam; in cuius professione excellere putatus est, donec Lanfrancus cum eo congressus plurimum de eius fama deminuit. Inter alios Discipulos habuit in Dialectica Brunonem Coloniensem, qui deinde fuit Carthusianorum Institutor. Verum sentiens se minus nominis ex illa congressione & Lanfranci apud Beccum celebritate habere, ad Theologiam se contulit, cuius ignarum esse putabat Lanfrancum, vt eâ professione superior euaderet, qui in Dialectica victus fuerat. At cæco ambitionis ductu in hæresim lapsus est circa Eucharistiæ mysterium, multasque Ecclesiæ turbas intulit ab anno circiter 1045. ad annum 1080. contraque eum habita sunt passim multa Concilia in Italia, Romæ, in Germania & Gallia, de quibus fusè diximus in Historia, & dicetur adhuc in Lanfranco. Obiit anno 1088, verè pœnitens, vt legitur in Chronico Turonensi MS. Bibliothecæ Regiæ his verbis. Eodem anno *obiit M. Berengarius Grammaticus fidelis & verè Catholicus, super cuius tumulum tale Epitaphium est insertum.*

Quem modò miratur, semper mirabitur Orbis
Ille Berengarius non obiturus obit.

Leguntur & alia eiusdem Epitaphia inter poëmata Baldrici Burguliensis Abbatis, quæ in historia retulimus.

Bernardus de Abbatis-villa, sic dictus, quod eò loci in Pontiuensi Comitatu ortus sit, egregius verbi Diuini Prædicator, Roberti de Arbrisello & Vitalis Socius. S. Cypriani primùm Abbas, defuncto Reginaldo electus; deinde Tironensis Cœnobij in Diœcesi Carnotensi Fundator, cuius vitam & acta descripsit Gaufredus Grossus eiusdem Cœnobij Monachus eiusque Discipulus. *Exe-*"*stuans*, inquit ille, *amore paupertatis* ac solitudinis ad secretum Eremi, à quo "fraudulenta violentia abstractus fuerat, rediit, & mentem suam quæ ibi reman-"serat, inuenit, qui D. Roberto de Arbresello atque Vitali de Mauritonio con-"iunctus, Gallicanas regiones nudis pedibus peragrabant; in villis, castellis, "atque vrbibus verbum Dei prædicabant, homines ab erroribus vitæ suæ cruen-"tes, quasi validi ac robustissimi arietes Diuinæ potentiæ viribus adacti, infide-"litatis atque vitiorum muros impellentes confringebant, corda hominum ab "amore caducarum rerum auellebant, mala eorum colloquia bonos mores cor-"rumpentia destruebant, malorum operum nequitias disperdebant, totius ini-"quitatis coadultam congeriem dissipabant; virtutes Deo authore, cordibus eo-"rum inserentes plantabant & plantatas exemplo corroborantes ædificabant: "& quamuis mortuorum cadauerum resuscitatorum non essent, quod maius est fa-"ciebant, id. animas in peccatis mortuas viuificabant & viuificatas Deo veræ vi-"tæ coniungebant. Talia igitur signa facientes quandoque simul, aliquando ve-"rò singulatim diuersas prouincias circuibant, quibus machinante Diabolo tri-"bulationes non deerant. Obiit 7. Kal. Maij an. 1116. De eo Orderic. Vitalis l. 8. histor. Neubrigensis l. 1. c. 15. Malmesburiensis lib. 5. Histor.

Berthramus Presbyter, vel vt aliqui scribunt, Monachus eruditione clarus, in Diuinarum scripturarum lectione versatus, & valdè peritus teste Trithemio, in litteris quoque secularium disciplinarum egregiè doctus, ingenio subtilis & clarus eloquio, nec minus vita quàm doctrina insignis claruisse dicitur sub Carolo Caluo, eiusque iussu de augustissimo Eucharistiæ sacramento deque prædestinationis mysterio scripsisse. Quæ Quæstiones tunc temporis in Scholis Palatinis agitabantur & alibi in Francia. Sic autem librum de Eucharistia auspicatur. *Iubes gloriosè Princeps, vt quid de Sanguinis & Corporis Christi mysterio sentiam, vestræ magnificentiæ significem. Imperium quàm magnifico principatui vestro dignum, tam nostræ paruitatis viribus constat difficillimum.* In eo autem Corpus & Sanguinem Christi figuratè esse accipienda conatur ostendere. Ei Ioannes Scotus, adhæsit, & vt aliqui scribunt, **Heribaldus etiam Antissiodorensis Episcopus.** Contra verò stetit Paschasius Corbiensis, Responsionemque suam & Confutationem eidem Carolo dedicauit. Sunt tamen qui putent Berthramum non apertè communi & receptæ sententiæ aduersatum fuisse, sed materiam istam dum voluit explicare, implexis & intricatis interpretationibus obscurasse. Ioannem verò Scotum clarè & dilucidè mentem aperuisse, ineffabilemque Transubstantiationem negasse, & longo post tempore Berengarium.

Bruno Coloniæ Agrippinæ parentes habuit & genere & virtute claros. missus Lutetiam Parisiorum, vt liberalibus disciplinis erudiretur, Berengarium sortitus est Magistrum, vt legitur in Chronico Malleacensi, tantumque profecit præ cæteris coætaneis suis, vt inter primos sui temporis Philosophos habitus sit, & vt ait Laurentius Surius, *Scholarium Magister* effectus sit, interque cæteros, Odonis, qui Vrbanus II. Pontifex fuit. Postea se contulit ad Theologiam; in eaque disciplina magnum quoque nomen adeptus est; & inter præstantissimos reponitur à scriptore illo Historiæ Francicæ à Roberto ad mortem Philippi, sic aiente: *Hoc tempore tam in Diuina quàm in humana Philosophia floruerunt Lanfrancus Cantuariorum Episcopus, Guido Longobardus, Manigaudus Teutonicus, Bruno Remensis, qui postea vitam duxit Eremiticam.* Remensem vocat, quia in Ecclesia Remensi Canonicus fuit, imò Cancellarius & Scholasticus seu Scholæ Remensis Præfectus. De eo abunde diximus in Historia ad annum 1082. In Codice S. Remigij Remensis hæc insuper de eo habentur. *M. Bruno Natione Teutonicus ex præclara vrbe Colonia parentibus non obscuris, litteris tam secularibus quàm Diuinis valde munitus, Ecclesiæ Remensis, quæ nulli inter Gallicanas secunda est, Canonicus & Scholarum Magister relicto seculo Eremum Carthusiæ fundauit & rexit sex annis; qui cogente Papa Vrbano, cuius quondam præceptor fuerat, Romanam perrexit ad Curiam, eundem Papam solatio & consilio in Ecclesiasticis negotiis iuuaturus. Sed cum tumultus & mores Curiæ ferre non posset, relictæ solitudinis & quietis amore flagrans, relictâ Curiâ, contempto etiam Archiepiscopatu Rhegiensis Ecclesiæ, ad quem ipso Papa volente electus fuerat, in Calabria Eremum, cui Turris nomen est, secessit: ibique Laicis & Clericis quam plurimis adunatis solitariæ vitæ propositum, quamdiu vixit, exercuit. Ibique defunctus humatus est post egressum Carthusiæ undecimo plus minus anno.* In multis autem locis ad eius memoriam Cenotaphia extructa, vt apud Carthusiam maiorem.

Primus in hac Christi Director Ouilis Eremo
Fundatorque fui, qui tegor hoc lapide.
Bruno mihi nomen, genitrix Germania, meque
Transtulit ad Calabros grata quies nemoris.
Doctus eram, præco Christi, vir notus in Orbe.
Desuper illud erat gratia, non meritum.
Carnis vincla diei Octobris sexta resoluit.
Ossa manent tumulo, Spiritus astra petit.

Similiter Ecclesia S. Crucis Aurelianensis suo tantum virum exornauit Elogio, cuius ita conceptum reperitur Octostichon apud Surium tom. 5. in vita S. Brunonis, & apud Carolum Sausseyum in Annalibus Ecclesiæ Aurelianensis ad an. 1101. quo ait eum de seculo transisse ad vitam die Dominica pridie Non. Octob.

Summum Bruno decus, & gloria temporis huius
Carne iaces, sed parte manes meliore superstes.
Et iusti recipis, nunc præmia grata laboris:
Præclaris merito Doctoribus associatus,
Viuens in Christo Nostri vir sancte memento.
Doctrinaque tua, quæ toto fulget in Orbe,
Christo funde preces, mereamur vt esse sequaces,
Bruno tuis semper precibus vir sancte iuuemur.

Burchardus Comes Parisiensis, qui Hugone Capeto & Roberto regnantibus floruit, nõ tam ob litterarum notitiam hic memorandus venit, quàm ob singularem eius in viros litteratos, Clericos & Monachos amorem. Eius vitam descripsit Odo Fossatensis Monachus, eiusque præclaras dotes satis eleganter prosequitur his verbis. *Inclytus Burchardus nobili stirpe progenitus sacro baptismate est ingeneratus atque nobiliter in Religione Catholica militari tirocinio edoctus. Nam pueritiæ tempora dum transigeret, Curiæ Regali more Procerum Francorum à parentibus traditus est. Qui Christianitatis operibus pollens, totius prudentiæ atque honestatis assumpsit commoda. In aula enim gloriosi Hugonis Francorum Regis cunctis tam cælestibus quàm militaribus imbuebatur institutis. Dum verò adolescentia iuuentutis appulit annos, Domini prouidente gratia, qui fidelem militem sibi eum prouidebat futurum, magno dilectionis amore à Rege amplectitur, in tantum vt cunctos coætaneos transcendere videretur. Amabatur enim à cunctis &c. Erat fidelis defensor Ecclesiarum, quæ sub Imperio Regni Francorum habebantur, largitor Eleemosynarum, consolator miserorum, subleuator piissimus Monachorum, Clericorum, viduarum atque virginum in Cænobiis*

Deo militantium. Foſſatenſe Cœnobium ſuſcepit reformandum operâ Maioli Abbatis Cluniacenſis, & Magenardo Abbate ad Monaſterium S. Mauri, quod Glannafolium dicebatur, tranſmiſſo, expulſiſque ſeditioſis & contumacibus Monachis, alios melioris vitæ ſubſtituit, amplaſque eis poſſeſſiones dedit an. 998 Obiit circa an. 1030. 4. Kal. Martias accepto prius Monachali habitu, ſepultuſque eſt in Cœnobio quod ædificarat. Eius autem Mauſoleum his verſibus decoratum eſt.

Hic vir Magnus erat quondam dum corpore vixit,
Nomine Burchardus per mundi climata notus.
Celſus erat meritis, dictis, factiſque modeſtus;
Pauperibus largus, viduis per cuncta benignus.
Ipſius en corpus tumulo requieſcit in iſto.
Martius oſtendit quarto migraſſe Calendas.

C.

Candidus Presbyter Lindisfarnienſis Anglus vſus eſt primum Patrono ac Præceptore Higebaldo Epiſcopo, à quo miſſus in Galliam ad Flaccum Albinum ſeu Alcuinum tanquam ad torrentem ſcientiarum, ab eoque inſtitutus rediit in Angliam, vbi magnam ſibi ab clitana doctrinâ & eruditione laudem inter ſuos peperit. De eius in Britanniam receſſu ſic Alcuinus Ep. 93 *Ego pene quaſi orbatus filiis remaneo Domi. Damœta Saxoniam, Homerus Italiam, Candidus Britanniam receſſit. Martinus in vicos apud S. Iodocum infirmus remanſit.* Quanti autem Candidum hunc fecerit Alcuinus, vel ex eo patet, quod ei, Oniæ & Nathanaëli tribus ſuis Diſcipulis, qui deinde in Palatinis Scholis docuerunt, ſua in Eccleſiaſten Commentaria dedicarit.

Carolus re & nomine Magnus iure inter Illuſtres Academicos accenſeri debet, non tantùm quia Alcuini præceptoris auditor fuit, ſed quia exemplo ſuo plurimos ad ſtudendum & ſcribendum excitauit, Academiamque toto Orbe celeberrimam inſtituit, Academicorum verò & omnium Doctorum virorum Mecenas liberaliſſimus extitit. Filius erat Pipini Magni, & Nepos Caroli Martelli. Patre apud Pariſios defuncto Regnum cum Carlomanno fratre ſuſcepit an. 769. ſedemque Nouiomi elegit: fratre autem poſt biennium defuncto ſolus regnauit vſque ad obitum. Omnino verò regnauit 47. annis, ſcilicet Francicum Regnum tenuit annos 33. antequam Imperator fieret & cum Imperio 14. Anno Regni 2. Synodum habuit apud Vvormaciam. Anno 5. bellum ſuſcepit aduerſus Saxonas. An. 5. Adriano Pontifici contra Deſiderium Longobardorū Regem adfuit. An. 6. offenſus diſſonantiâ Cantus Eccleſiaſtici inter Romanos & Gallos, miſit Romam viros induſtrios qui ab ipſo fonte cantandi rationem & peritiam diſcerent. Reuerſos primùm Metis Scholam habere iuſſit, deinde Pariſiis & in cæteris Galliæ Vrbibus. Hiſce initiis ad maiora ſtudia amplectenda incitatus, & præterea exemplo inductus Adriani, quem vnicè diligebat, cœpit viros doctos colere, euocare & ad docendum præmiis incitare. Petrum quidem Piſanum, quem Ticini ſeu Papiæ docentem repererat, in Grammatica Præceptorem habuit: deinde Alcuinum in Rhetorica, Dialectica & Aſtrologia. Tum concurrentibus vndique viris Doctis tanti Principis famâ & liberalitatis ſpe, Pariſienſem Academiam inſtituit in Palatio. Omnibuſque patere voluit, Diuitibus, Pauperibus, Nobilibus & Ignobilibus, vt fuſe probauimus in Chronologia. Liberos autem ſuos ita cenſuit inſtituendos, teſte Eginharto, Vt tam filii quàm nepotes primò liberalibus ſtudiis, quibus & ipſe operam dabat, erudirentur. Imo filias quoque voluit primo liberalibus artibus imbui, deinde lanificio: vt ſcribit Radulfus de Diceto. Ipſe vero erat eloquentia copioſus & exuberans, poteratque quidquid vellet, apertiſſimè exprimere: nec patrio ſermone contentus, linguis peregrinis addiſcendis incubuit, inter quas Latinam perfectiſſimè calluit, & ita calluit, vt nihilo difficilius eâ quàm patriâ vteretur. Eius autem in ſtudiis laborem & exercitia ſic deſcribit Poëta Saxonicus.

Legerat aſſidue Scripturæ dicta ſacratæ
Quoſque libros Sancti compoſuère patres

Illustrium Academicorum. 567

Quos Augustinus Cali de Ciuibus almis.
Scripsit amanter eos crebrius audierat.
Scribere tentabat. Nam circumferre solebat
Secum cum paruis Codicibus tabulas,
Ac ponens ipsas ad Cernicalia lecti.
Regalis, nunquam fecit abesse sibi.
Inter tot curas tantique negotia Regni
Rex exercuerat his animum studiis.

Alcuinum adeo dilexit, vt palam & publicè semper eum *Magistrum & deliciosum Magistrum* appellaret. Cuius consiliis non modò in condenda Academia disponendisque scholis secundum ordinem Disciplinarum, sed in ipsa Regni administratione vsus est, vt in historia docuimus, & cuius patebit, qui leget Alcuini ad ipsum Epistolas.

Corporis staturam non omisit Eginhartus, sicque eam describit. Corpore fuit amplo atq; robusto, statura eminenti quæ tamen iustum modum non excederet: Nam septem suorum pedum proceritatem eius constat habuisse mensuram. Apice capitis rotundo, oculis prægrandibus ac vegetis, naso paulum mediocritatem excedente, canicie pulchra, facie læta & hilari. Vnde formæ authoritas ac dignitas tam stanti quam sedenti plurima acquirebatur. Quanquam ceruix obesa & breuior, venterque proiectior videretur, tamen hæc cæterorum membrorum celabat æqualitas. Incessu firmo totaque Corporis habitudine virili. Voce clara quidé, sed quæ minus corporis formæ conueniret. Addit Monachus Sangallensis Carolum gestare solitum diebus feriatis virgulam more sceptri, staturæ corporis æqualem. Ambitionis verò taxat Episcopum quendam Germaniæ, qui virgam auream incomparabilis Caroli, quam ad statum suum fieri iusserat, diebus feriatis vice baculi ferendam, ille pro Episcopali ferula improbus ambiebat. Nonnulla etiam opera edidit, quæ versibus his complectitur Poëta Saxon. lib. 5. de Gestis Caroli M. Imp.

Ipse decem post hæc & ternos circiter annos
Augusto lætus vixit in Imperio.
In quibus antiquas leges correxit, in ipsis
Vniri mandans dissona quæ fuerant.
Addidit his etiam nouiter, quæ congrua duxit,
Pauca quidem numero, valde sed vtilia.
Cunctorumque sui Regni leges populorum
Collegit, plures inde libros faciens.
Nec non quæ veterum depromunt prælia Regum
Barbara mandauit Carmina litteralis.
Cœpit & ingenii totis cum viribus acris
In Linguam propriam vertere Grammaticam.
Ardua Philosophis etiam res hæc foret, artem
Ad hanc sermonem cogere barbaricum
Talibus à studiis non Regni maxima cura,
Non ætas grauior tunc reuocauit eum.

Obiit tandem Princeps omnibus bonis desideratissimus Aquisgrani an 814. 5. Cal. Febr. eique hoc Epitaphium conditum est, quod legitur in fine operum Agobardi, & in vetustissimo Codice M.S. Cœnobij Noualiciensis an tom. 2. Script. Histor. Gall.

Aurea Cælorum postquam de Virgine Christus
Sumpserat apta sibi mundi pro crimine membra,
Iam decimus quartus post centies octo volabat.
Annus fluctiuagi meruit quo feruida sæcli
Ætherei Carolus Francorum Gloria Gentis.
Æquora transire & placidum comprehendere portum

Qui decíesque quater per sex feliciter annos
Sceptra tenens Regni & Regno Rex Regna reiungens,
Febro migrauit quarto arij ex orbe Kalendas
Septuaginta sex vitæ qui terminat annos.
Quapropter flagito precibus si flecteris ullis,
Quique huius relegis versus Epigrammata, Lector,
Astriferam Caroli teneat, dic, spiritus arcam.

Carolus II. cognomento *Caluus* Ludouici Pij ex Iuditha filius, Paterni auitique exempli æmulator egregius, vbi per bella Ciuilia licuit, Academiam intestinis Galliæ motibus sub Patre collapsam instaurauit, vndequaque viros doctos accersiuit, eamque partem hæreditatis paternæ quæ sibi obtigerat, nimirum Franciam & in Francia Lutetiam, omnigena litterarum Disciplinâ nobilitare curauit. Nam an. 858. cum Ludouicus Parens liberis suis ad pacem fouendam diuisisset Imperium, Galliam quam tunc Nouam Franciam appellabant, teste Monacho San-Gallensi, Carolo Iuniori attribuit, & statim *Hilduinus Abbas Ecclesiæ S. Dionysij & Gerardus Comes Parisius Ciuitatis,* inquit Nithardus lib.1. *cæterique omnes prædictos fines habitantes conuenerunt, fidemque sacramento Karolo firmauerunt.*

Huiusce Principis erga immortales Disciplinas studium & amorem prædicat Erricus Antissiodorensis in Epistola dedicatoria, quam vitæ D. Germani versibus à se conscriptæ præfixit: in qua quamquã eum Augustum vocat & Cæsarem, nondũ tamen videtur fuisse Imperator, cum eâ dedicauit. Quid enim attinuisset tam longè repetitam Lotharij filij Abbatis Ferrariensis, qui an. 866. obierat, refricare memoriam Patri qui Imperator factus est an. 876. Deinde hæc verba satis clarè videntur indicare, paulo post Lotharij mortem opus suum Carolo dedicasse. *Habe igitur,* inquit, *post funus dilectissimi filij, hreditarium pignus quo & defuncti memoriam suauiter refricare, & integre fidelis famuli deuotionem aduertere valeas, qui te nullo modo passus sum extremi saltem muneris vtilitate fraudari.* Sed de Caluo satis in historia dictum. Obiit ille in Italia an. 878. biennio post occupatum Imperium, eiusque corpus aliquandiu seruatum est Vercellis, postea translatum ad D. Dionysii, vbi habet hoc Epitaphium.

Imperio Carolus Caluus Regnoque potitus.
Gallorum, iacet hic sub breuitate situs.
Plurima cum villis, cum clauo cumque corona,
Ecclesiæ unius huic tulit ille bona.
Multis Abbatis nobis fuit hic reparator,
Sequanij fluuij Ruoliique dator.

Claudius cognomento *Clemens* natione Scotus excellenter litteratus, Alcuini & Ioannis Malrosii olim in scholis socius, vt tradit Balæus: in condenda quoqȝ Academia Parisiensi adiutor, quem tradunt omnes ferè Historici, cum veteres tum Moderni post Monachũ San-Gallensem, à Carolo fuisse scholis Palatinis præfectũ & inibi ad extremam vsque senectutem multos docuisse, erudisse & cum ibi *gymnasiarches esset,* inquit Balæus, *multa doctrinæ monumenta edidisse.* Inter alia verò opera, edidisse dicitur Commentaria in Matthæum, vbi expeditionis an. 815. in Normanos in præfatione meminit. Scripsit quoque Scholia in Ep. ad Galatas & Druteranno Abbati dedicauit teste Myræo in auctario de scriptoribus Ecclesiasticis. *Claudius Scotus,* inquit, *Monachus Ordinis S. Benedicti, Alcuini in fundandâ schola Parisiensi Collega, scripsit vt mihi est verisimile, Enarrationem Epistolæ ad Galatas Dructerano Abbati dicatam, quam Claudio Antissiodorensi Episcopo inscriptam Parisienses ediderunt.* Hunc nostrũ Clementé confundunt multi cũ Clemente Antissiodorensi Episcopo quem fuisse quoque Scotum aiunt; sed annorum epocha non conuenit: quippe Clemens Episcopus obiisse dicitur an. 744. & is est, quẽ Balæus ait relictâ omni cognatione sua poperanter è Scotia in Galliam venisse cũ Sansone presbytero etiam Scoto: quemque Monachus Antissiodorensis scribit cœcitatem corpoream passum iuxta Basilicam Apostolorum Petri & Iacobi diuersorium habuisse: alii verò obiisse scribunt 13. April. & sepultum in Ecclesia S. Amatoris. At Clemens

Illustrium Academicorum

mens noster Palatinæ Scholæ præfectus & Gymnasiarcha, quem Carolus Lutetiæ reliquit ducto secum Ticinum Ioanne Mailrosio, obiisse dicitur communiter an. 842. consumptis in docendi munere quinquaginta & amplius annis. An autem ille ad vllam Ecclesiam aut Abbatiam promotus sit, nihil comperi.

Claudius natione Hispanus Felicis Vrgelitani, vt creditur, discipulus, ex Hispania à Ludouico Pio ad Palatium euocatus, è Clerico Palatii factus est Episcopus Taurinensis: quò cum peruenisset, omnes Sanctorum imagines de Templis deiici iussit, vetuitque vllum iis cultum exhiberi. Et quia Abbas quidam nomine Theodemirus repugnare visus est, aduersus eum scripsit libellum quendam, quo rationes plurimas complexus est, quibus ad deturbandas imagines motus fuerat. Noua ista Doctrina in Ecclesia Romana turbas excitauit, nec tam citò pacatæ fuerunt, An. 825. in eam rem habita fuit iussu Ludouici Parisiis Collatio virorum Doctorum cum professoribus Palatinis: & Ionas postea Episcopus Aurelianensis qui ei interfuit, ab eo ad Eugenium Papam missus cum consultis sapientum. Aduersus Claudium scripsit Dungalus insignis tunc temporis Theologus, scripsit & Ionas libros tres iussu eiusdem Ludouici, quos postea Carolo Caluo dedicauit. De illo autem sic habet. *Ludouico feliciter imperante idem Felix in quodam Discipulo suo nomine Claudio, vt pote, vt verbis D. Hieronymi vtar, Euphorbus in Pythagora renascitur*. Et in præfatione de Ludouico loquens. *Quendam Presbyterum Natione Hispanum nomine Claudium, qui aliquid temporis in Palatio suo in Presbyteratus militauerat honore, cui in explanandis SS. Euangeliorum Lectionibus quantulacunque notitia inesse videbatur, vt Italicæ plebis quæ magna ex parte à SS. Euangelistarum sensibus procul aberat, sacræ Doctrinæ consultum foret, Taurinensi præsulem subrogari fecit Ecclesiæ. De eodem Claudio non videntur contemnenda quæ habet Strabo de rebus Eccles. c.8. Ipsa denique querela Græcorum temporibus bonæ memoriæ Ludouici Imperatoris in Franciam perlata eiusdem Principis prouidentia scriptis synodalibus est confutata. Quam Claudius quidam Taurinensis Ep. sed in veritatis itinere nominis sui similitudine nutabundus inter cæteras vanitatum suarum ineptias cupiens renouare, antequam diuersorum contra eum scribentium telis perfoderetur, suo iudicio damnatus interriit*. Obiisse autem dicitur circa an. 826.

Constantius vel *Constantinus* Monachus Floriacensis Gerberti Aquitani æqualis & Comprofessor atque amicissimus, in Arithmetica & Mathematicis disciplinis peritissimus, more seculi Luteriæ videtur artes liberales hausisse, quas postea Floriaci & Aureliæ professus est. Ad eum extant nonnullæ Gerberti Epistolæ. In 87 inuitat eum ad se venire, & vt afferat secum *Tulliana Opuscula & de Repub. & in Verrem, & quæ pro defensione multorum plurima Romanæ Eloquentiæ parens conscripsit*. in 92. de eodem sic habet. *Omnia per Constantium Floriacensem supplere curabo. Est enim Nobilis Scholasticus, apprime eruditus mihique in amicitia coniunctissimus*. In 142. ei congratulatur quod peruasor quidam Abbas atque hostis Monasticæ Religionis, qui Floriacensem Abbatiam potentiorum authoritate fretus inuaserat, obiisset, rogatque vt ad se Remos veniat *in festo S. Remigii*. Inibi eum vocat *Dulce solamen laborum suorum*, quo suadente explicare contenderat ipse rationes Abaci, licet iam ab aliquot lustris in eo exercitio versari desisset. *Vis amicitia pene impossibilia redigit ad possibilia*. Nam quomodo rationes numerorum Abaci explicari contenderemus, nisi te adhortante, O mi dulce solamen laborum Constantine? Tandem ex Monacho & Scholastico Floriacensi factus est Abbas S. Maximini Aurelianensis, quæ Abbatia sita est in agro suburbano Miciaco *au bourg de Micy* ad 1. ab vrbe lapidem, vnde eum Gerbertus vocat *Miciacensem Abbatem* Ep. 33. Addititiarum à Sirmondo. Sed errant nonnulli, cum an. tantum 1005. factum fuisse Abbatem scribunt: certum est enim tum cum adhuc Gerbertus Remis esset, & in Gallia, scilicet an. 996. iam fuisse Abbatem, quoniam ad eum prædictam scribit Epistolam. Fuit autem propter litterarum & bonarum artium commercium Roberto Regi acceptissimus, à quo priuilegium obtinuit an. 1020. piscaturæ in Ligeri. Ei successit an. 1021. Albertus II.

Corydon Alcuini quondam discipulus, ad quem extat ipsius poëma 259. quo cum negligentiæ accusat & quasi inebriationis in deliciis Palatinis.

Dormit & ipse meus Corydon Scholasticus olim
Sopitus Baccho. Væ tibi Bacche pater.

*Tu quia tu quæris sensus subuertere sacros
Atque meum Corydon ore tacere facis.
Ebrius intectis Corydon Aulensibus errat
Nec memor Albini, nec memor ipse sui.*

Fuit autem ille Corydon poësi deditus, vt ex eodem carmine intelligitur.

D

DAmatas. Vide Renulfus.
   Daphin Alcuini discipulus, ad quem extat Magistri Epist. de illo Cantici Canticorum loco, *Sexaginta sunt Reginæ & octoginta Concubinæ.* Epistolam verò sic inscripsit *Dilectissimo filio meo Daphini Albino pater salutem.* & sub finem: Sexaginta Reginæ & octoginta Concubinæ Rectores *sunt sanctæ Ecclesiæ. Sed alij ex illis propter solam Christi charitatem docent, alij terrena sequentes commoda laborant in Ecclesia non cœlestis patriæ labore, sed terreni lucri gratiâ desudant in docendo…… Illi contubinarum nomine denotantur, quia seculi ambitione vel temporalis honoris gratia prædicando seu baptizando nobiles quidem generant sæpe filios, sed illi ignobiles in semetipsis permanent. Quorum contubernium, fili carissime, fuge obsecro, & si te quandocunque Dei misericordia Doctorem dignetur efficere, tu pro eius amore laborare non cesses, qui pro tua salute sanguinem suum fundere non dubitauit.*

   Dauid vide supra. *Carolus Magnus.* Sic enim eum Alcuinus appellat, vt & Ludouicum Pium Caroli filium, Salomonem.

   Deganus seu *Theganus* Natione Francus & ex nobili prosapia oriundus, Alcuini cum Amalario Treuirensi Discipulus, eamque ob rem ab ipso ad Ecclesiæ Treuirensis regimen aduocatus. Cum enim variis legationibus & aliis Regni negotiis distineretur, nec posset suo Gregi commodè & pro officio inuigilare, Deganum Chorepiscopum sibi adlegit in Scholis præcognitum, magnæ virum probitatis & doctrinæ. Scripsit Ludouici Pij res gestas, & acriter inuehitur in Episcopos quosdam ex infimo genere ortos, qui Ludouicum de Regno deturbarant, indignumque sceptro iudicarant. Is autem teste Christophoro Brouuero in Annalib. Treuirensibus, flagrantis sapientiæ studio & acres ad virtutem stimulos illi Ecclesiæ subiecit, & præclara scientiæ suæ ornamenta Treuirensi populo pro concione impertiit. Magno quoque in honore fuit apud Augienses Cœnobij Monachos, quorum prædicatione & ingeniorum monumentis ab obliuione vindicatus est, præsertim verò Walafridi Strabonis ipsi familiarissimi, qui, quod Theganus in quibusdam sententiis videatur effusior & ardentior, id dolori adscribit, quem amor iustitiæ & in optimum Principem affectus expresserat: virum enim Nobilem & acris animi, vilium personarum iniurias nescisse concoquere. Addit Walafridus. *Nouimus & nos virum multâ lectione instructum, sed prædicationis & correctionis studijs occupatum.* Eiusdem Walafridi extat de eo poëma, quod oppido adolescens Tattonis Magistri, quem in Augia præceptorem habuit, iussu in gratiam Degani lusit. *Ad Degan Chorepiscopum Treuirensem in Persona Tattonis.*

   *His tibi versiculis Doctor sanctissime Degan
     Tatto humilis mittit verba salutis ouans.
Artor in ambiguis vario moderamine rebus,
     Vtrum pauca loquar, an potius sileam.
Scribere cogit enim dilectio mutua memet,
     Sed vereor ne non dem tibi digna, pater.
Tullius inferno quamuis repedauerit imo,
     Exerat aut Magnus ora faceta Plato,
Liuius aut Titus secum ferat ipse Catonem,
     Vel linguam terretem Sapho loquax terebret,
Non poterunt vnquam laudum miranda tuarum
     Dignè proferri, sunt quia multa nimis.
Miramur merito sapientis muneramensis,*

Illustrium Academicorum. 571

Doctrinam, mores, carmina, dicta, animum.
Nec minus exterius miramur sancta staturæ
Incrementa tua, membra, manus, faciem.
Nos paruos humiles, murem sibi forma subegit
Vosque Gigantem esse gloria mollis habet.

Cæterum quæ scripsit Deganus de Ludouico, extant in 2. tomo Hist. Franc. Scriptorum.

Drogo Caroli M. filius ex concubina, non re sed nomine *Regina*, liberalibus artibus in Scholis Palatinis optimè eruditus, Palatij Archicapellanus, Apostolicæ sedis Vicarius, Ludouico Pio carissimus, à quo, petente vniuerso Clero populoque Metensi ad Episcopatum Metensem promotus est, teste Eginharto ad an. 823. *Drogonem,* inquit, *Fratrem eius sub Canonicâ vita degentem Metensi Ecclesiæ, Clero eiusdem vrbis consentiente atque eligente Rectorem constituit, eumque ad Pontificatus Gradum censuit promouendum.* De eodem & aliis filiis Caroli M. naturalibus, Ludouici Pij curâ institutis sic habet Theganus in Gestis illius Principis. *Eodem tempore iussit fratres suos tonsurari, Drogonem, Hugonem & Theodoricum ad discordiam mitigandam, & liberalibus disciplinis imbui quos postmodum honorificè constituit, Drogoni Episcopatû dedit, & Hugoni Cœnobialia Monasteria: inter omnes autē præcipuè Drogonem diligebat*, adeo vt in extremis vitæ constitutus, sibi per eum sacram Synaxim ministrari voluerit, Missamque celebrari, preces seu commendationes animæ recitari. Eius monitis adductus & motus Ludouico filio multoties rebelli pepercit. Mortui corpus iussit Drogo efferri in Basilicam Metensem, vbi & ipse membra sua componi voluit post mortem, habetque hoc Epitaphium.

Conditur hoc busto præsul Drogo, marmore sculpto
Spiritus in requie lætus ouat Abrahæ.
Filius hic Magni Caroli fuit Imperatoris
Vir pius & prudens, vir probitate cluens.
Aulæ Regalis moderator, Pastor Ouilis
Metis & Ecclesiæ, iure Pater patriæ.
Hic Præsul, Præses, Dominus, Primaque cis Alpes
Eius iudicio pacafuit Regio.
Iste Glodesindis solenniter ossa leuauit
Condigneque loco condidit eximio.

Extat Frotharij Episcopi Tullensis ad Drogonem Ep. 10. quâ eum rogat vt Monachos quosdam compescat, aut se compescere sinat. *Cæterum,* inquit, *sciat vestra dilectio mihi oppido displicere de quibusdam Monachis cœnoby vestri, cui Erlefredus Rector esse videtur.*

Dudo Ecclesiæ S. Quintini Weromanduensis Decanus Tractatum edidit de rebus Gestis Normanorum ad sua vsque tempora, quem Adalberoni seu Ascelino Laudunensi Episcopo dedicauit. Quosdam eius versus ex adlocutione ad librum retulimus in Historia, quibus videtur comparare velle Dædali fugam è Creta ad Cumas Euboicas vbi templum Apollini sacrauit, cum Rollonis è Dania ad Parisiensem vrbem Musis iampridem consecratam appulsu.

Dædalus ad gelidas Pater impiger euolat Arctos,
Telluremque suis attigit hic pedibus.
Calcidicis tandem super adstitit arcibus ipse
Dextris frigoribus gnarus habere modum.
Nobile delubrum Phœbo statuitque dicauit,
Exuit hic alas moxque salutiferas.
Hac te monstra petunt & fabula contigit ista
Ludicris sannis ridiculisque tibi
Præducis incepto Rollonis grandia facta
Dacorumque simul pube tenus iuuenum.
Insima terrarum linquit nimis ardua captans

Dungalus Diaconus, nobilissimus Theologus sub Carolo M. Ludouico & Lothario eius filio scripsit libellum aduersus Claudium Taurinensem, quem vocauit *Responsiones contra peruersas, Claudij Taurici Episcopi sententias.* In quo libello sic habet inter cætera. *Qualis & quanta est insana electio & vana temeritas, vt quod à primauo tempore Christianitatis per annos ferme 820. aut eo amplius à Sanctis ac beatissimis Patribus & religiosissimis postmodum Principibus ad laudem & gloriam Domini in Ecclesijs, & in quibuslibet Christianorum domibus fieri concessum, constitutum & iussum est, vnus homo blasphemare, reprehendere, conculcare, proijcere ac sufflare præsumat.* Vnde autem Dungalus in Franciam aduenerit, ignorare se fatetur Papyrius; sed videri ait eius librum scriptum fuisse in Monasterio San-Dionysiano. Floruit vsque ad an. ciciter 830.

Durandus Monachus Fiscanensis, deinde Abbas Troarnensis in Normania Willelmo Conquæstori acceptissimus, intimorumque consiliorum particeps scripsit contra Berengarium de veritate Corporis & Sanguinis Christi in sacramento altaris, cuius in hanc rem opera extant. Eodem tempore florebant Gerbertus Fontanellensis & Ainardus Diuensis, de quibus sic scribit Ordericus Vitalis l. 4. *Gerbertus Fontinellensis, Ainardus Diuensis, ac Durandus Troarnensis quasi tres Stellæ radiantes in firmamento Cœli; sic isti tres Archimandritæ multis modis rutilabant religione & charitate, multiplicique peritiâ pollebant studioque diuinæ laudationis in templo Dei iugiter inhiabant.* Et l. 7. ad an. 1088. de eiusdem Durandi obitu sic habet. *Durandus siquidem Troarnensis Abbas grandæuus, ab infantia Monachus, religione & sapientiâ præcipuus, Ecclesiastici cantus & diuini dogmatis Doctor peritissimus, sibi durus carnifex, post multos in Dei cultu labores in lectum decubuit & bene vt prudens & fidelis seruus ire ad curiam Domini sui paratus 3. idus Febr. de seculo migrauit : venerabiles Discipuli glebam religiosi Doctoris in capitulo suo reuerenter* sepelierunt, & in candido lapide qui suppositus est, epitaphium hoc addiderunt.

> *Hac tegitur tumba bonus & venerabilis Abba*
> *Durandus nostri norma Monasterij.*
> *Ad Domini laudem præsentem condidit ædem,*
> *Quâ sibi propitium credimus esse Deum.*
> *Luce sub vndenâ februi resolutus habenâ*
> *Carnis ad Angelicam dirigitur patriam.*

Durandus Leodiensis Episcopus an. 1021 factus est, qui ante promotionem Henrici Imperatoris fuerat Cancellarius, vir litteraissimus. Obiit autem an. 1025 10. Kal. Feb. vnde patet malè illi tribui Epistolam ad Brunonem Episcopum Andegauensem de hæresi Berengarianâ : siquidem neque tunc Berengarius in vllam hæresim lapsus fuerat, neque Bruno Episcopatum Andegauensem regebat.

Durandus Berengarij Discipulus Biturigum Archiepiscopus, magnæ famæ & commendationis præsul, Vrbano II. notissimus & charissimus, cuius quippe exequias centum Episcoporum & Abbatum longè plurium comitatu stipatus cohonestauit; vt notauit Baldricus in hoc Epitaphio.

> *Temporibus luteis vir magnæ strenuitatis*
> *Aurea Durandus secula restituit.*
> *Aruernis præsul dignissima præsule fecit,*
> *Fecit digna Deo Religiosus homo.*
> *Ipsius exequias dicas similasse triumphum*
> *Et dispensantis signa fuisse Dei.*
> *Affuit Vrbanus centeno præsule septus,*
> *Abbatum verò maior erat numerus.*
> *Tertia cum decima tunc lugubris ante Decembrem*
> *In reditu luctus sit modò festa dies.*

Illustrium Academicorum.

E

Ebo vel vt aliqui scribunt, *Ibo* ex genere seruorum Originalium, natione Germanus Transrhenensis, filius Himiltrudis, quæ è Germania regnante Carolo M. in Franciam profecta, Aureliæ aliquandiu mansit, deinde Lutetiam cum marito veniens, in Palatio morata est, ibique Ebo filius simul cum Ludouico Pio eodem quasi lacte iisdemque disciplinis imbutus est, vnde Ludouici *Collactaneus* dicebatur, de quo sic Flodoardus lib. 2. c. 19. *Successit Ebo vir industrius & liberalibus disciplinis eruditus, patria Trans-Rhenensis ac Germanicus, Imperatoris, vt fertur, Ludouici Collactaneus & Conscholasticus; qui multis Ecclesiam curauit instruere commodis & præcipuè artificibus, quibus vndecunque collectis sedes dedit & beneficiis munerauit.* A Ludouico ad Archiepiscopatum Remensem promotus est an. circiter 822. Idem de consilio eiusdem Imperatoris & summi Pontificis prædicandæ fidei Christianæ gratiâ ad fines vsque Danorum seu Normanorum profectus est, & multis ad Christum conuersis reuersus est in Franciam. Optimè quidem, si primis vitæ temporibus vltima respondissent. Nam in dissidiis quæ inter Ludouicum patrem & filios intercesserunt, pro his contra Patrem, quocum in puerili ætate nutritus & in iisdem artibus versatus fuerat, stetit; imò coniurationis incentor & armiger fuit. Dissidio verò composito, derelictus ab iis quos secutus fuerat, diu latuit in tenebris, donec tandem captus Fuldam missus est, postea Theodonis-villam ad Synodum Episcoporum iussu Imperatoris adductus in Palatio sistitur an. 835. accusatur, nec respondere ad obiecta crimina valens, vltro in abdicationem Episcopatus consentit. Mortuo Ludouico an. 840. ad Lotharium Vuormaciam se confert, obtinetque ab eo restitutionem in integrum; cui subscripserunt 20. Episcopi. At Karolo Caluo votis potito, iterum fugit an. 844. ad Sergium Papam, à quo nec potest restitutionem impetrare: itaque illi suffectus est à Carolo Hincmarus; ille verò tentatis frustra omnibus viis ad Ludouicum Regem Germaniæ se confert, ab eoque in Saxonia Episcopium promeretur, vbi deinceps episcopi munere & ministerio perfunctus est. Legitur apud Flodoardum loco citato Himiltrudis matris eius epitaphium, vnde agnoscitur, quomodo illa in Francia fuerit educata, quoque pacto cum filio Remos fuerit profecta,

Mea forte si requiris temporis initia
Scito Karoli fuisse Regni sub primordia,
Ludouico triumphante dies fluxit vltima.
Rhenus primos lauit mores, alueus Germanicus,
Hinc nutriuit & secundos Liger amnis Gallicus.
Sequana fouit iuuentam, sordes sordens Vidula.
Præsul erat vrbis huius mihi Natus vnicus,
Idem me conduxit sibi sociam laboribus,
Proximum ruinæ locum renouandi cupidus.
Decem fermè nuper annos simul hic peregimus.
Ebo Rector, Ego Mater Himiltrudis humilis;
Fundamenta sedis sanctæ pariter ereximus,
Deo debitum laborem dum gerebat Pontifex,
Fessa quietem quærebam. Ecce sub hoc tumulo
Quinto me September mensis Kalendarum rapuit.
O viator esto cautus semper ab excessibus.
Fateor non profuisse, vt debui, dum potui.
Veniam dic pro vindicta Da Deus peccantibus.

Ecbertus Abbas Turonensis vir quoque fuit doctissimus & virorum doctorum amicissimus, imprimis verò Gerberti Aquitani, qui cum ex Italia Remos se contulisset, ibique publicè docere aggressus esset, bibliothecam verò comparare conaretur, ac proinde vbicunque libros esse sciebat rariores & non vulgatos, mitteret scriptores qui exscriberent; Ecbertum rogauit vt sibi ea in re operam præstaret. sic ergo Ep. 44. *Cum mei memoriam frequentem habeatis inter honesta, vti* plurimis accepi legatis, magnamque affinitatis iure amicitiam efferatis, existimatione vestrâ beatum me fore puto, si sum is qui iudicio tanti viri inueniar dignus amari. Sed quia non is sum qui cum Panætio interdum ab vtili seiungam honestum, sed potius cum Tullio omni vtili admisceam, has honestissimas atque sanctissimas amicitias nulla ex parte suo cuique vtili vacare volo. Cumque ratio morum dicendique ratio à Philosophia non separentur, cum studio bene viuendi semper coniunxi studium bene dicendi. Quamuis solum bene viuere præstantius sit eo quod est bene dicere, eurisque regiminis absoluto alterum satis sit sine altero. At nobis in Repub. occupatis vtraque necessaria. Nam & apposité dicere ad persuadendum, & amicos furentium suaui oratione ab impetu retinere summa vtilitas. Cui rei præparanda bibliothecam assidué comparo, & sicut Romæ dudum ac in aliis partibus Italiæ, in Germania quoque & Belgica scriptores authorumque exemplaria multitudine nummorum redemi, aditusque beneuolentiâ ac studio amicorum comprouincialium, sic identidem apud vos per vos fieri sinite vt exorem. Quos scribi velimus, in fide Epistolæ designabimus. Scribenti membranam sumptusque necessarios ad vestrum imperium dirigemus, vestri insuper beneficij non immemores. Denique ne plura locuti legibus Epistolæ abutamur, causa tanti laboris contemptus malefidæ fortunæ: quem contemptum nobis non parit sola natura, vt multis, sed elaborata doctrina. Proinde in otio, in negotio & docemus quod scimus, & addiscimus quod nescimus. Quanti verò faceret Gerbertus Egberti eloquentiam, breuiter indicat Ep. 89. Quæ morum grauitas vobis insit, quàm integer vitæ actus, quàm purum eloquium, littera vestra palam fecerunt.

Egbertus Eboracensis Archiepiscopus non studuit quidem Lutetiæ, sed ob hoc inter nostros annumerandus, quia Alcuinum litteris imbuit, eumque mirifico studio fouit & dilexit. Et ipse vicissim singulari obsequio magistrum coluit. De vtroque sic Malmesburiensis l. 1. de Gestis Reg. Angl. c. 3. Hic (Egbertus) omnium liberalium Artium armarium & sacrarium fuit, nobilissimamque Bibliothecam Eboraci constituit. Cuius rei testem idoneum aduoco Alcuinum, qui à Regibus Angliæ pro pace missus ad Regem Magnum Carolum, & benigno apud eum fotus hospitio, in Ep. ad Eambaldum tertio loco Egberti successorem ait: Laus & gloria Deo, qui dies meos in prosperitate bona conseruauit, vt in exaltatione filij mei carissimi gauderem, qui laboraret vice mea in Ecclesia vbi ego nutritus & educatus fueram, & præesset thesauris sapientiæ, in quibus me Magister meus dilectus Egbertus Archiepiscopus hæredem reliquit. Obiit autem an. 766. Archiepiscopatus 32. successorem habuit Albertum, deinde Eambaldum seu Embaldum Alcuini discipulum, qui obiit an. 797.

Eginardus, Eginhartus, Einardus, Ænardus, Agenardus, sic enim secundum varia pronunciationis genera varié appellatur, ex Orientali Francia oriundus fuit circa nemus Ottonicum, & à Carolo in aula enutritus est singulari curâ & studio, vbi tantum profecit in exercitio litterarum, vt à nonnullis Sapiens, à quibusdam, vir vndequaque doctissimus, ab alijs vir sui temporis prudentissimus ab aliis etiam Liberalium Artium experientissimus appellatus fuerit. Viro staturâ paruo sublime erat ingenium: quare eum Carolus sumpsit in Regalis Palatij Notarium, eundemque Regalibus operibus ac structuris præfecit: vt ex his Strabonis versibus patet.

> Nec minor est magni reuerentiâ Patris habenda
> Beseleel fabre primum qui percipit omne
> Artificum præcautus opus. Sic denique summus
> Ipse legens infirma Deus, sic fortia temnit
> Magnorum, quis enim maiora receperat vnquam
> Quam radiare breui nimium miramur homullo?

Vxorem duxit claram natalibus, & eximiis virtutibus conspicuam, Immam nomine, Caroli M. vt scribunt aliqui, filiam: quâ mortuâ vix amicorum verba ad consolationem admittere potuit; adeo vulnus domesticum impatienter tulit: vt patet ex Ep. 2. 3. & 4. Lupi Ferrariensis ad ipsum in. I quidem sic ait. Desiderantissimo præceptori Einhardo Lupus. Molestissimo nuncio de excessu venerabilis vestræ coniugis æstuanti plusquam vnquam vobis nunc optarem adesse, vestram mæstitiam vel meâ compassione leuarem, vel conceptos sensus ex Diuinis Eloquiis assiduo sermone solarer. Verum donec id Deus præstet, etiam possibile suggero, vt memores humanæ conditionis, quam

Illustrium Academicorum.

merito peccati contraximus, modicè sapienterque feratis quod accidit. Neque enim huic infortunio cedere debetis, qui blandimenta lætioris fortunæ forti semper animo deuicistis. Verum seculi pertæsus animoque prostratus & ætate declinante ad Asceticam vitam se contulit, sibique & quibusdam sociis in proprio fundo Cœnobium Salingestadense ad Mœnum fluuium condidit & fundauit; ibique tumulum accepit cum Epitaphio quod illi Rabanus inscripsit; illud verò in Chronologia ad an. 848. retulimus. Porro scripsit Eginhartus vitam Caroli Annalesque Francorum ab an. 741. ad an. 829. qui diu Adelmi seu Ademari Benedictini Monachi nomine inscripti sunt & vulgati. Gesta quoque Saxonum edidit. Epistolas ad diuersos. De Translatione & Miraculis SS. Marcellini & Petri Martyrum libros 4. & alia quædam opera, tam felici stylo disertoque & polito, vt sui temporis alter Tullius diceretur. De eius eloquentia sic ad ipsum Lupus EP. I. *Cum authorum voluminibus spatiari aliquantulum cœpissem & Dictatus nostra ætate confecti displicerent, propterea quod ab illa Tulliana cæterorumque grauitate, quam insignes quoque Christianæ religionis viri æmulati sunt, aberrarent, venit in manus meas opus vestrum, quo memorati Imperatoris clarissima gesta (liceat mihi absque suspicione adulationis dicere) clarissimè litteris allegastis. Ibi elegantiam sensuum, ibi raritatem coniunctionum, quam in Authoribus notaueram, ibidemque non longissimis periodis impeditas & implicitas ac modicis absolutas spatiis sententias adinueniens amplexus sum. Quare cum & ante propter opinionem vestram, quam Sapienti viro dignam imbiberam, tum præcipue propter expertam mihi illius libri facundiam desideraui deinceps aliquam nancisci opportunitatem, vt vos præsentes alloqui possem, vt quemadmodum vos meæ paruitati vestra tum probitas, tum sapientia fecerat claros, ita me vestræ sublimitati mens etiam erga vos amor & erga disciplinas studium commendaret. Neque verò id optare desistam, quandiu ipse incolumes in hac vita vos esse cognouero. Quod posse contingere hoc magis in spem ducor, quo ex Gallia huc in Tranrhenanam concedens regionem vobis viciniorfactus sum.* Tunc Lupus sub Rabano Theologiæ dabat operam. Obiit autem EGINHARTUS an. circiter 848. vt ex Trithemio colligitur.

Embaldus seu *Eambaldus* Alcuini Discipulus successit Alberto in sede Eboracensi an. 770. vnde Alcuinus apud Malmesburiensem l. 3. de Gestis Pontif. Angl. in Eambaldo, qui Alberto substitutus est præfati Alcuini discipulus industrius, *Laus & gloria Deo qui dies meos in prosperitate bona conseruauit, vt in exaltatione filij mei charissimi gauderem, qui laboraret vice mea in Ecclesia, vbi nutritus & educatus fueram.* obiit ar. 797.

Ercanradus successit Deodefrido in Episcopatu Parisiensi, virque fuit eximiæ doctrinæ summæque authoritatis; qui si is est, cuius meminit Carolus M. in quodam diplomate quod in Cartophilacio Basilicæ Parif. seruatur, 50. & amplius annos Episcopatum tenuerit necesse est. Nam ante an. 800. electus dicitur, obiit verò an. 853. vt infra dicetur. Notanda autem hæc verba diplomatis. *Ideoque dum pluris habetur percognitum qualiter Ecclesia Parisiaca quæ est in honore S. Mariæ Matris Domini I. C. & SS. Stephani Proto-Martyris, Dionysij, Germani, Marcelli : vel S. Clodoardi Confessoris, vel cæterorum Dominorum, quorum pignora in ipsa plebe, vel in ipsa Ecclesia Parisiaca adunata requiescunt, vbi præest* ERKANRADUS *in ipsa plebe Episcopus.* Quæ si vera sunt, iam tum Basilica Parisiensis S. Mariæ Virginis nomine celebris habebatur. Verum Launoyus confictam putat hanc Chartam, aitque ERCHANRADUM non Carolo M. regnante, sed Ludouico Pio & Carolo Caluo Regibus Ecclesiæ Paris. præfuisse. Commemorare aliqui duos desiderant, vnum successorem Deodefridi sub Carolo M. alterum sub Ludouico & Caluo. Et iste interfuit Synodo Theodonis-villensi, an. 835. in qua deposito Ebone substitutus est Hincmarus Rhemorum Archiepiscopus. Bellouacensi an. 845. ex iis quoque vnus est, qui scripserunt ad Nomenoium Britanniæ Regem, seu Priorem, vt legitur apud Lupum Ferrariensem. Extat quoque apud eundem Ep. 115. Guenilonis Metropolitani Senonensis & quorundam aliorum ad Ercanradum, modeste cum reprehendentium quod Synodo non adfuisset, sed Vicarium tantum suum misisset: quanti autem eum facerent, aperiunt his verbis. *Persona vestra apud simplices quosque tantum amplius contulisset authoritatis, qui intum præcedit apice dignitatis.* In Synodo Suessionensi, quæ anno 853. habita est lectæ sunt eius litteræ, teste Flodoardo l. 3. c. 11. & eo anno obiit, eique Æneas successit.

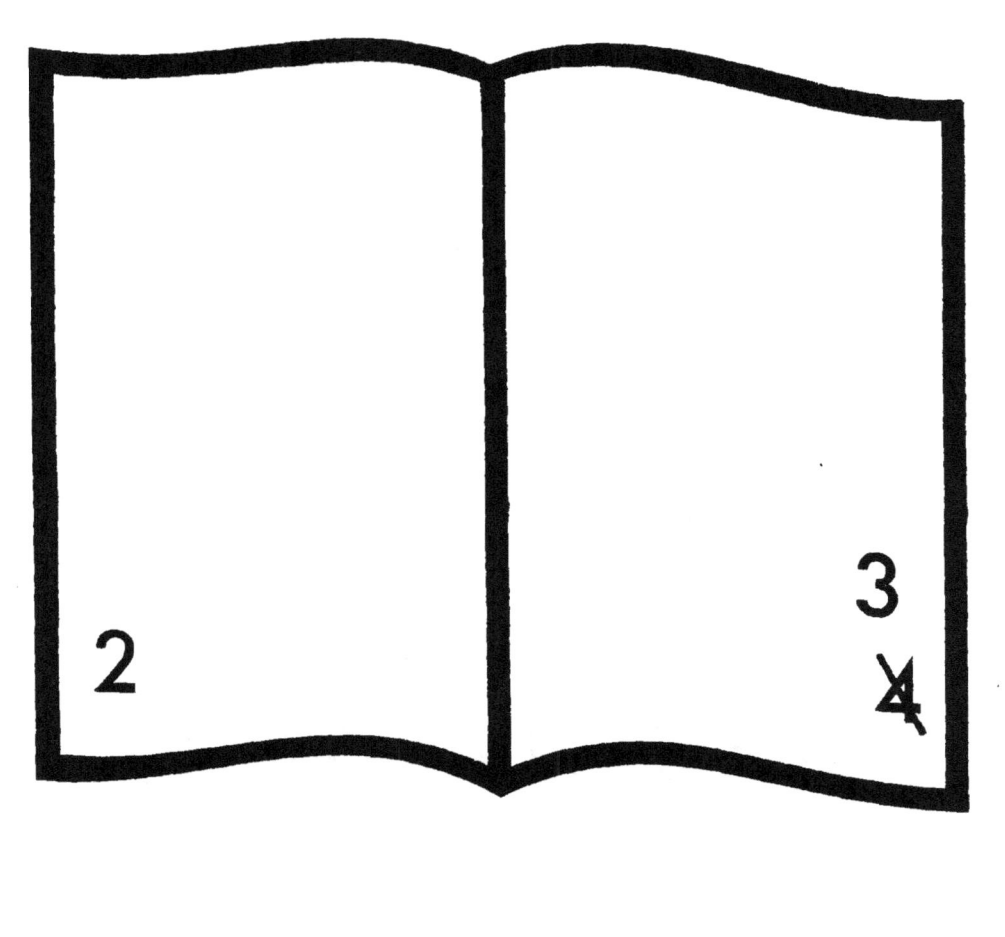

Erilandus insignis in Professione litterarum Magister Baldrico Burguliensi notus & familiaris: quem valde senem obiisse testatur hoc Epitaphio.

Littera quem dines magnum in bar extulit orbi,
Orbi deflendus hic Erilande iaces.
Magne senex, lingua pariter iocundus & actu,
Sufficeres orbi si diuturnus eras.
Nec mors nec senium quenquam nocuisset, vt ipse
Nescisset mortem taliter aut senium.
Sed quoniam commune mori est, & labitur ætas.
Parcatur lachrymis sitque locus precibus.
Dum te terra fouet, tua molliter ossa quiescant,
Sit quoque cum Christo pax Erilande tibi.

Erricus vel *Hierricus* Antissiodorensis Monachus Heliæ Scotigenæ, Magistri Palatini postea Engolismensis Episcopi Discipulus. Ipse quoque Scholas tenuit, & inter cæteros Discipulos habuit Remigium Antissiodorensem & Hucbaldum Caluum, vt ex Ademaro engolismensi in Chronologia retulimus. A Lothario iuuene Caroli Calui filio & Abbate S. Germani Antissiodorensis iussus vitam S. Germani versibus conscripsit tum recens è Scholis reuersus, vt ipse ait in Ep. Dedicatoria. *Tandem me qui tum recens Scholis emerseram, conuocato dolorem aperit intestinum, vtque ei si quâ possem ratione mederer, importunius contestatur: scilicet vt quod elaboratum quondam in præfatis Epistolis legerat, iterarem, actúsque Germani præcellentissimos à prosa in metrum desideriis illius satisfacturus transfunderem. Vir fuit Erricus non minus secularibus litteris quàm Diuinis instructus, carmine excellens & prosa.* De eo hoc tantum Sigebertus. *Erricus Monachus vitam S. Germani Antißiodorensis Episc. metrico stylo luculenter sex libellis descripsit:* & post eum Trithemius. *Erricus Monachus Ord. S. Benedicti Cænobij Antißiodorensis Ciuitatis, vir in Diuinis scripturis doctus & in disciplinis secularium litterarum eruditißimus, carmine excellens & prosa: in declamandis ad populum homeliis Doctor egregius fuit. Scripsit metricè luculenter vitam Germani Antisiod. lib. 6. Homeliarum ad populum lib. 1. Sermones & Epistolas plures. Alia quoque multa vtroque stylo composuit, quæ ad notitiam meam non venerunt.* Vitæ D. Germani Epistolam Dedicatoriam retulimus in Chronologia, quâ mirificè Caluum prædicat ob Scholarum curam virorumque Doctorum, quos ex omnibus mundi partibus ad docendum aduocabat amorem Hoc verò opus an. ætatis 32. absoluit, & in fine lib. 6. ait.

En vitam miseram iam trina decennia versant:
Additur his annus æuo gliscente secundus.
Meque boni quicquam nunquam fecisse recordor.

Toto illo opere vitam, actus & miracula D. Germani complectitur; inter cætera describit binum eius cum Genouefa Virgine colloquium: de secundo autem sic habet lib. 8.

Tuque tuum rursus populosa Lutetia nomen
Carmine conde meo; mihi certè mentio constat
Semper grata tui, quod te nunc ossibus ornat
Sponsa mei Domini quondam celeberrima signis,
Huc tunc ingressus Præsul Germanus.

F

Flodoardus, *Frodoardus*, *Flauualdus*, *Fruuardus*, sic enim diuersimode à diuersis appellatur, Presbyter & Canonicus Ecclesiæ Remensis, itemque Parochus Ecclesiæ Colmisiacæ in Pago Remensis Diœceseos. Vixit sub his Francorum Regibus, Carolo Simplice, Ludouico Transmarino & Lothario eiusdem Ludouici filio (quem Artoldus Archipræsul Remensis consecrauit an. 954.) &
sub

Illustrium Academicorum. 579

sub his Archiepiscopis, Heriueo, Seulfo, Artoldo & Odalrico. Scripsit historiam Archiepiscoporum rerumque Remensium & Chronicon Franciæ ab anno 910. ad an. 966. Item quædam opera metricè de Triumphis Christi, de Triumphis Italicis, de Martyribus & Confessoribus lib. 15. qui dicuntur asseruari Treueris manuscripti in summo Templo. Electus fuerat Nouiomensis Episcopus, sed à Fulcherio Monacho præuentus & frustratus est: quæ causa illi fuisse videtur, cur Mundū deserere in animo habuerit. Retulimus in hanc rem Adelagi ad ipsum Epistolam. Obiit plenus dierum anno ætatis 73. anno verò Christi 996. 5. Kal. April. de quo sic in supplemento Chronici scriptum legimus. Ipso anno (videlicet 966.) *Vir vitæ venerabilis & Remensis Ecclesiæ Presbyter nomine Froardus honore sanctitatis venerandus, castitatis splendore Angelicus, fulgore sapientiæ cœlicus, cæterarumque virtutum insignibus abundanter oppletus, præcedentis libelli, aliorumque dictator egregius 5. Kal. April. terrenæ perregrinationis relinquens exilia, cinica vt credimus, adeptus est iura.* Eiusdem legitur hoc Epitaphium vetustissimum è MS. veteri.

> *Si ti veu de Rein sauoir ly Eueque*
> *Lye le Temporair de Flodoon le saige*
> *Y les mor du Tam d'Odalry Eueque,*
> *Et fut d'Epernay né par parentaige.*
> *Vequit caste Clerc, bon Moine, meilleu Abbé*
> *Et a'Agapit ly Romain fut aubé*
> *Par sen Histoire maintes nouelles sauras*
> *Et en ille toute Antiquité auras.*

Id est, si vis nosse Remenses Archiepiscopos, lege Chronicon Flodoardi docti. Is fato functus est tempore Qdalrici præsulis. Oriundus ex Sparnaco. Vixit castus Clericus, bonus Monachus, melior Abbas. Ab Agapito Papa factus fuit Sacerdos. Ex eius Historia multa noua scies, & in illa totam Antiquitatem hauries.

Florus Ecclesiæ Lugdunensis Diaconus, non Monachus, vt aliqui dicunt, de Monasterio S. Trudonis. Ille qui indicem Chronologicum ad Bibliothecam Patrum contexuit, ait se legisse in Codice M.S. perantiquo illum adfuisse Concilio Carisiacensi, an. 858. temporibus Caroli Calui, & scripsisse contra Amalarium Lugdunensem. Vir fuit doctissimus isque forte est qui Epistolam nomine Lugdunensis Ecclesiæ scripsit contra M. Ioannem Scotum: nam tunc Ecclesia Lugdunensis plurimis doctissimis viris abundabat & professoribus excellentissimis, vt suo loco docuimus. Cæterum M. Flori ætatem agnoscimus ex Versibus Walafridi Strabonis ad Agobardum Lugdunensem Archiepiscopum, qui ab anno circiter 813. vsque ad an. 840. sedem illam tenuit.

> *Dum vix ter senos habuissem temporis annos*
> *Ad vos nomen iit, O pater alme, meum....*
> *At de flore nouo: qui vos penes ortus odorem*
> *Prodit vbique sui, hæc loca rumor adiit.*
> *Flora venit quondam, dum singula quæque Deorum*
> *Sunt affata, iugis prata thymumque gerens.*
> *Huic Floro melius sententia Christicolarum*
> *Attribuit, quidquid dogmate & ore viret.*
> *Nam hic Florus florem sequitur de germine Iesse,*
> *Et tradit quod amans attulit ille homini.*
> *Quæ tam segnis erit donis ignota supernis,*
> *Quæ se hoc non sponte nectare pascat apis?*
> *Floreat haud flaccens hic flos & florea fragrans*
> *Spiramenta ferat semper vbique Deo.*
> *Donec in Astriferas porrecta cacumina sedes*
> *Erigat & fructum iam sine fine habeat.*
> *Cedant Ambrosia, Rosa, Lilia, Spica, Crocusque*

Suauia cuncta simul, huius amor placeat.
Hoc fruar', hoc vtar, fouear, delecter, abundem,
Auditu & visu huius alar, docear.
Det quandoque Deus nos mutua dona vicissim
Impertiri, aliquid pars vtriusque metet.

Hic autem eximiæ Doctrinæ vir B. Pauli epistolas ex veterum aliquot Patrum scriptis cum fragmento de Antiquis Episcoporum electionibus exposuit. Collegit quoque vitas Sanctorum, eumque potissimum sequi affectauit Vsuardus, vt scribit epist. ad Carolum. Postquam enim de Hieronymo & Beda verba fecit, subiungit, *quos tamen secutus censui: & Flori memorabilis viri latiora iam in eo ipso negotio sequi vestigia; præsertim in 2. eius libro.* Scripsit quoque lib. de prædestinatione aduersus Io. Scotum. Item lib. de expositione Missæ, vbi ad illa verba *Qui pridie quam pateretur*, idem omnino sentit quod vniuersa Ecclesia Catholica. Illiusq; materiæ tractandæ occasionem sumpsisse videtur ex eo quod tunc temporis M. Ioan. Scotus nimis subtiliter hanc Quæstionem de veritate corporis & sanguinis in altari, tractauit. Non est tamen hic prætereundum esse aliquos, qui putent, aut hunc Florum fuisse antiquiorem, aut duos fuisse Floros Lugdunenses; vnum Imperante Carolo M. alterum sub Caluo. Verum prope certum est non fuisse duos, neque Florum fuisse tempore Caroli M. sed sub Lothario & Caluo floruisse post an. Christi 840. vt ex Vvandelberti ad Otricum Ep. constat in qua ait se ex Flori Bibliotheca sumere codices coactum, vt natales Sanctorum perdisceret. *Ope & subsidio præcipuè vsus sum sancti & nominatissi.mi Flori Lugdunensis Ecclesiæ Subdiaconi, qui vt nostro tempore venera singulari studio & assiduitate in Diuinæ scripturæ scientia pollere, ita librorum authenticorum non mediocri copia & veritate cognoscitur abundare.* Florebat quoque iste sub Lothario Imp. an. 850. Præterea Ado Viennensis, qui iisdem florebat temporibus & vsque ad an. 874. quo obiit, meminit Venerabilis Flori tantum, neque Iuniorem aut Maiorem appellat: quod discrimen certè apposuisset, si duo in Ecclesia Lugdunensi diuerso tempore floruissent. In vita tamen & Actibus Ludouici Pij ad an. 821. mentio fit cuiusdam Flori Legati Pontificij, qui cum Theodoro interfuit Conuentui publico apud Theodonis-villam mense Octob. celebrato. *Adfuere legati Papæ Rom. Theodorus primicerius ac Florus cum varijs magnisque muneribus.* sed nihil hoc ad Florum Lugdunensem pertinet.

Franco vir litteratissimus, Gerberti Aquitani olim discipulus, Regi Roberto carissimus fuit, Fulberto Carnotensi amicissimus. Rogerio Cancellario Franciæ ad Beluacensem Pontificatum assumpto successit in Cancellariatu, & anno 1000. testamento Ermenfredi Comitis subscripsit: vt legitur in fragm. histor. Hugonis & Roberti. his verbis. *Conscripto itaque Testamento ac Monogrammate Regis manu facto Franco tunc Cancellarius, posteà verò Episcopus Parisij factus imaginem Regis imposuit.* Parisiensis Basilicæ factus Decanus, ex Decano Episcopus viuente decessore suo Alberto qui Monasticæ vitæ plus deditus quàm curis Episcopalibus Episcopatum dimiserat: quanquam posteà eum eiusmodi abdicationis pœnituisse indicat Fulbertus Ep. 8. ad Franconem: quâ illi significat quid ad A. ante Episcopum de sua abdicatione scripsisset. *Si de repetendo Episcopio*, inquit, *querimoniam incipere velis, non satis apparet cui eam iure intendere possis. Nullus enim te*
" expulit, nullus cathedram tuam te renitente peruasit. Sed tutemet vltrò causâ
" ægritudinis, vt aiebas, Curam Episcopalem simul & Cathedram reliquisti, vt
" perhibent: & siue Franconem tunc Decanum Parisiensis Ecclesiæ, siue quem-
" libet alium subrogari tibi verbis & scriptis à Rege petisti. Quod si ita est, & sic
" tibi consequenter substitutus est Franco eligente Clero, suffragante populo, do-
" no Regis, approbatione Rom. Pontificis per manum Metropolitani Senonensis,
" fulcitur vtique substitutio & consecratio eius fauore quoque & authoritate B.
" Gregorij Papæ, qui scriptis suis, sicut nulli Pontificum non petenti pro quali-
" bet ægritudine succedendum fore docuit, ita voluntariè renuncianti sedi suæ
" successorem nullo modo denegauit. Si quid aliud est quare te Episcopatu carere
" oporteat, tute noueris. Sin autem, hoc tanti nobis esse videtur, vt te facere va-
" leat recuperationis exortem. Qua propter define curiosos instigatores audire, de-

sine Reges & principes inefficacis querimoniæ tædiosis scriptitationibus fatiga-re; & Ecclesiæ Parisiensi te obtrudere velle, quæ, vt fatetur, nec Patronum te habuisse gauisa est, nec doluit amisisse. *Quippe cum neque ex præsentia tua Doctrina profectum, neque ex absentia senserit detrimentum.* ET EP. 88. ad Robertum. *Nobis autem videtur quia si Episcopus de quo agitur aptus est Clericus, est optimè litteratus & ad sermonem faciendum agilis.*

Franco Teutonicus Fulberti Carnotensis Discipulus, deinde Leodiensis Scholasticus quo tempore Richardus de Hainault erat Episcopus, hoc est circa an. 1036. Vir scientia & morum probitate clarus: de quo sic scribit Trithemius. *Franco Scholasticus Leodiensis Ecclesiæ, natione Teutonicus, vir in Diuinis scripturis magnificè Doctus,& in secularium litterarum disciplina eruditissimus; Philosophus, Astronomus & Computista insignis, & non minus religione quàm scientia venerabilis fertur in sacris scripturis nonnullos composuisse Tractatus, qui ad notitiam meam adhuc non venerunt. Scripsit ad Archiepiscopum Coloniensem Hermannum* II. *subtile opus & egregium de Quadratura circuli l.* 1. *de Computo Ecclesiastico l.* 1. *& alia plura.* claruit sub Henrico Imp. III. an. 1060.

Freculfus M. Helisachari Discipulus ex Monacho Ord. S. Benedicti factus Episcopus Lexouiensis, vir fuit in Diuinis scripturis instructissimus, Concionator egregius, & conuersatione non minus quàm artium suaui coniunctione amabilis. Illi Ebo Remorum Archiepiscopus, postquam Ludouicus Pius pacem cum filiis iniit, traditus ad custodiendum. Interfuit Synodo Parisiensi an. 846. Turonensi IV. an. 849. subscripsit cum aliis Epistolæ quam Episcopi Gallicani ad Nomenoium Britanniæ Aremoricæ Tyrannum miserunt. Ad eum Rabanus multa volumina exercitandi ingenij sui causa perscripsit, eiusque suasu adhuc Abbas Fuldensis Commentarios edidit in Genesim. Ipse verò Chronicon libris duobus elucubrauit, cuius operis partem priorem Helisacharo quondam Magistro suo dedicauit, & complectitur ab origine mundi ad Christi natiuitatem; posterior vsque ad Francorum & Longobardorum Regna, rerum gestarum Historiam.

Frodo Andegauensis insignis Scholarum Magister, Berengarii quondam Discipulus in Dialecticâ, docuit Lutetiæ, Andegaui & in aliis Ciuitatibus Galliæ: eius inter alios auditor fuit Robertus de Arbrisellis. Demum spe maioris lucri transfretauit in Angliam, vbi in professione litterarum obiit circa an. 1088. Vir fuit in Grammatica & in Philosophiâ non mediocriter eruditus, imò Professorum sui temporis Coryphæus: vt intelligimus ex hisce versibus quos in eius laudem Baldricus Abbas Burguliensis conscripsit.

Quod de Quadriuio norat Triuioque Latinis,
 Id totum Frodo pleniter audieras.
Solers Auditor superatas pœne Latinos
 Cum te morte graui perculit hora breuis.
Raptus ab Andegauis, tumulisque sepultus in Anglis
 Anglos Andegano puluere lætificas.
Frodonis cineres Angli reuerenter habete,
 Ac votis animam lætificate suam.

Idem de eodem.

Frodo quid prodest te nosse profunda librorum,
 Nocte dieque tuus tritus Aristoteles?
Fabula Nasonis tibi quid tot adhæsit in annis?
 Quid tibi nunc Cicero, Statius atque Maro?
Hæc tibi Frodo simul spondebant aurea sæcla;
 Attamen ista simul abstulit atra dies.
Sacra fames auri te duxit ad Anglica Regna,
 Littera multa, lucri spes tibi multa fuit.
Indigetis corpus iubet Anglis flebilis Andus,
 Lectores iubeant Cælicolis animam.

Idem de eodem.

Frodo labor magnis te vatibus æquipararat,
  Quemmodo mors vmbræ quæ fugit æquiparat.
Exul ab Andegauis peragraras impiger orbem,
  Litterulas rapiens atque vacans studiis.
Aurea te tandem spes inuitauit ad Anglos,
  Quo te spemque etiam Mors inopina tulit.
Frodo te plangant studijs quicunque vacabunt
  Quorum, dum moreris, portio summa ruit.
Mortuus ecce iaces factus de puluere puluis.
  Quæso, propitius sit tibi, Frodo, Deus.

Frotharius in Cœnobio Gorzensi adoleuit, & ex Abbate S. Apri ad Episcopatum Tullensem à Ludouico Pio promotus est. Vir fuit scientiarum ornamentis conspicuus. Aulicis omnibus notus, & ipse inter Palatinos non vltimus, vt testantur eius ad ipsos Epistolæ, & vicissim illorum ad ipsum. Leguntur verò in 2. tomo Scriptorum Histor. Franc. Ad Hilduinum, Drogonem, Eginhartum, Aldricum; ad Iuditham Imperatricem Caroli Calui matrem; ex quibus apparet, quo tempore vixerit. Iussus ab Imperatore cum aliis Episcopis eligere Archiepiscopum Senonensem, incurrit prope ipsius odiū cum aliquè è suis elegissent, qui non placuit Imperatori; nec sciebant quamobrem: itaque ille ad Palatinos Proceres statim litteras dat Ecclesiæ Senonensis nomine, causam tantæ indignationis sciscitans: Sic aiens ep. 15. ad Hilduinum. *Fecimus Domine mi nunc secundam* „ *electionem*, & inuenimus hominem ex nostris à puero nobis bene notum, genere „ & moribus non infamem, docilem ætate, huic Officio congruum, litteratoriæ „ Professionis non vsquequaque ignarum, Diuinæ quoque scientiæ non penitus „ expertem, quarundam etiam aliarum artium portionem habentem. Quem cum „ obtulissemus, nullatenus putantes reiiciendum, ipsis Missis Dominicis impe- „ dientibus, quod optauimus, non meruimus adipisci. In eandem rem scribit ad Eginhardum & ad Iuditham Imperatricem. Extat quoque Aldrici ad Frotharium Epistola, quâ eum admonet se in Archiepiscopum Senonensem electum, vnde constat quanti tum nominis esset & famæ atque probitatis Frotharius. *Ora-* „ *tionum vestrarum opitulatione fulciri necesse habui*, sicut ipse vobis eam expetens sæ- „ pe testatus sum. Sed nunc illa vsquequaque indigeo, cum vt vos æstimo audis- „ se, indigno mihi Episcopalis cura iniuncta est, quæ me sicut indignum, ita quo- „ que imparatum inuenit. Nam cum olim Monasticæ disciplinæ operam dans fra- „ trum curam ipsis cogentibus susceperim, quod ferre compellor, nullatenus po- „ tuit esse suspectum. Quamobrem excepta Dei clementiâ totum me ad precum „ vestrarum confero reliquorumque amicorum familiare præsidium, obsecrans vt „ virium mearum fragilitatem earum iugitate adiuuare dignemini. Et quia pru- „ dentiæ meæ fiduciam ad tantum opus idoneè exequendum nullam habeo, quæ- „ so vt vestra sacra intentio apud Deum obtinere elaboret, quatenus & me ipsum „ sinceiè custodiam, & Commissorum mihi curam eo miserante venerabiliter sal- „ tem exerceam.

Fulco Nobilis Palatinus à puero Ecclesiasticis destinatus fuit ministeriis, eamque ob rem Canonicis rectè institutus est disciplinis, in omnibus artibus liberalibus excelluit, adeo vt inde Carolo Caluo Imperatori qui viros Doctos impensè amabat notus, è Scholis ad Palatina ministeria euocatus fuerit, rebusque gerendis formatus & institutus. Vt ipse Fulco in quadam ep. ad Stephanum Papam testatur apud Flodoardum lib. 4. c. 4. quâ se excusat apud ipsum purgatque de obiectis quibusdam criminibus *adnectens simpliciter, vti ab ipsis penè cunabulis educatus Canonicis fuerit disciplinis, donec glorioso Rege Carolo Imperatoris Ludouici filio in Palatinis ac Domesticis eius sit assumptus obsequys. Sicque in Aula Palatij perseuerans vsque ad tempora Karlomanni Regis Ludouici Iunioris filij, nepotis eiusdem Caroli, quando à Sanctis Prouinciæ Remensis Episcopis nec non à Clero & plebe huius vrbis electus sit & Episcopus ordinatus.* Idem testatur eius Epitaphium quod infra referemus, in quo legitur, quod eum Aula de Scholis sumpsit & erudiit. Toto ergo vitæ tempore Palatina munera exercuit, & tandem post mortem Hincmari quæ accidit an. 882. electus est Remensis Archiepiscopus, statimque ad Marinum Papam scribit, ab eo pro more pallium petens, insinuatque se iamdudum ipsi notum esse, nimirum cum sub Pontifice Ioanne cum Carolo Caluo Imperatore Romam profectus fuerat. Quandiu autem illi Ecclesiæ præfuit, duo mihi inter cætera videtur præstitisse digna memoria, quæ ad materiam nostram pertinent. Vnum est, quod Scholas Remenses instituerit aduocatis è Schola Palatina Parisiensi duobus Illustribus Magistris Remigio Antissiodorensi & Hucbaldo Caluo. Alterum, quod ad instituendam Academiam Oxoniensem duos quoque insignes viros Professoresque notissimos miserit ad Regem Alfredum, à quo per litteras & legatos id rogatus fuerat, vt in Chronologia retulimus. In Regia autem administratione primas partes tenuit, vt colligere est ex eius Epistolis ad Reges & Magnates apud Flodoardum. Nec minus fuit Ecclesiæ suæ intentus, quam omnibus afflictis & Normanico iugo oppressis asylum esse voluit: vt legere est apud eundem Authorem l. 4. c. 8. *Eo tempore Normanis Francorum terras infestantibus & diuersa loca depopulantibus hic Pontifex plures tam Sacerdotes, quàm cæteros Clericos & Monachos ad se vndicunque confluentes benignè suscepit & paternè fouit. Inter quos Monachos etiam S. Dionysij cum ipsius Martyris pretioso corpore, aliorumque Sanctorum pignoribus recepit & aluit.* Graue cum Balduino Flandriæ Comite dissidium exercuit, & diuturnum propter eius patricidia & impia facinora, quodque ille Tyrannus Ecclesiastica bona inuaderet. Vnde tandem exacerbatus Fulconem impiâ execrabilique Winemari & popularium eius manu interfici curauit an. 900. cuius hoc habetur Epitaphium apud Flodoardum.

Hoc tumulo Magni Fulconis membra teguntur
  Remorum sedis Præsulis egregij.
Germine Nobilium quem Francia protulit ortum,
  Aulaque de Scholis sumpsit & excoluit.
Hinc Deus assumptum statuit virtute probatum
  Ecclesiæ speculum Pontificemque pium.
Septenos denosque simul cui præfuit annos
  Tres menses, denos insuper atque dies.
Auxit Episcopium superaddens plurima rerum
  Vrbis & istins mœnia restituit.
Orbis honor, patriæ tutor, pietatis amator,
  Pro studio pacis confoditur iaculis.
Septenum denumque diem iam mensis agebat
  Iunius, vt dirâ morte peremptus obit.
Cui Matris Domini, pariter quoque præsulis almi
  Remigij pietas obtineat requiem.   Amen.

Porro ne quis cum leget Flodoardum, errore nominis decipiatur, monendum hic videri fuisse duos Fulcones. Priorem quidem Imperante Ludouico Pio post abdicationem Ebonis, Rhemensem Ecclesiam administrasse: & is Presbyteri nomē habet apud Flodoardū, cui in illa administratione successit Notho Clericus: at illi nusquam Archiepiscopi fuisse leguntur. Hincmarus verò an. 845. omnium consensu in Archiepiscopum consecratus est, cui Fulco posterior an. 882. successit. Fuit quoque & ille prior Fulco magni nominis, & inter Abbates accensetur; vt legitur in Historia Depositionis Ebonis ex M. S. Atrebatensi in 2. tomo Histor. Fran. Scriptorum. *Post hæc verò diuidentes inter se Regna paterna Lotharius Imperator ac Domnus noster Karolus gloriosissimus Rex deuenit iam sæpe dicta mater nostra Remensis Ecclesia in partem & ditionem Gloriosissimi Regis Karoli, cum quo erat gratissimus ac potentissimus Fulcho Abbas qui ipsam Ecclesiam Domini Ludouici Imperatoris antea Presbyter obtinuerat, & gratia eiusdem Regis cum quo erat, iterum adeptus est eam.* Ex his verbis suspicari posset aliquis eundem Fulconem Remensem administrasse Ecclesiam sub Ludouico Pio, & sub Caluo Archiepiscopum fuisse: verum si ita est, prope nonagenarius obierit necesse est: nam ante an. 840. Presbyter erat, &

obiit tantùm an. 900. Ante tamen quàm ad Archiepiscopatum promoueretur, Abbas erat S. Bertini & S Vedasti Atrebatensis, vnusque est è tribus quibus Carolus filij curam commisit. Sic enim legitur in Capitulo 15. *Qualiter & quo ordine filius noster in hoc Regno remaneat, & qui debeant esse, suorum auxilio vtatur & vicissitudine cum eo sint. Videlicet ex Episcopis assiduè sint cum illo aut Ingilwinus, aut Reinelmus siue Odo, seu Hildeboldus. Ex Abbatibus si alia necessitas non euenerit, assiduè sint cum eo* Welpho, Gauzlinus, *&* Folco. sed hac de re satis.

Fulbertus Gerberti Aquitani Discipulus, in scripturis Diuinis eruditissimus & in secularium litterarum disciplinis omnium suo tempore doctorum doctissimus, inquit Trithemius, Poëta clarus & Dialecticus subtilissimus, sed solidissimus. Multis annis Scholæ Publicæ præsidens multos doctissimos auditores enutriuit. Lutetiæ primum, deinde apud S. Petrum Carnotensem Monachus factus, Carnuti summâ quoque celebritate nominis docuit : & ibidem ad Episcopatum assumptus an. 1016. docere non destitit, interque cæteros Discipulos habuit Berengarium, Adelmannum, Hugonem Lingonensem postea Episcopum, cuius esse videtur hæc ad Fulbertum epistola. Domno suo carissimo Fulberto præsuli H. omnium expetendorum summam. *Quod ante vindemias non reuiso vos, Pater Dilectissime, fratris B. morbus detinet, cum opportunum fuerit, annuente Deo libentissimè id acturum. Scripto vestro interim quæso mihi innotescere, quomodo vos agatis, & qualiter Condiscipuli mei se gerant in Scholis, & an melius solito celebrent Canonicas horas. Mitto vobis vnum è duobus libellis quos amicus noster Comes G. rogauit transcribi &c. Salutate precor vice mea Dominum meum* Sigonem *&* Hilduinum *: priorem animum meum, & alterum animæ meæ dimidium.* Quod autem fuerit Gerberti discipulus, docet Chronicon Malleacense his verbis. *Gerbertus docuit Fulbertum Carnotensem Episcopum : hic iterum docuit Berengarium Canonicum S. Martini, qui item Brunonem Remensem & alios multos hæredes Philosophiæ reliquit. Bruno quidem perfectus philosophus Monachus factus & Eremita apud Calabriā multorū Monachorū pater obiit in Christo.* Porro Author Chronici Mall. non vltra an. 1140. scripsit: vnde veritatē facile scire potuit. Cācellarius fuisse dicitur sed malè Roberti Regis Frāciæ: ei quidē carissimus Willelmo Aquitaniæ Duci, à quo Thesaurariā S. Hilarij Pictauiensis obtinuit vt legitur in fragmēto Histor. Aquitan. Odiloni quoq; Abbati Cluniacēsi percarus, vt testatur Siluiniaci Monachus in vita Odilonis. *Hoc nomine,* inquit, (nempe Archangeli Monachorum) *censebat eum appellandum in suis sermonibus & Epistolis Fulbertus ille sibi præcordialis amicus Carnotensis Episcopus in sanctitate laudabilis, in sapientia mirabilis, in cuius morte studium Philosophiæ in Francia periit, & gloria sacerdotum penè excidit.* In Episcopatu pericula multa subiit : itaque sæpe secum deliberauit cedere-ne, an manere deberet: quas inter angustias hunc hymnum Christo Consilij Datori cecinit.

Angele Consilij magni, te consulo, Christe
Mi factor, mea vita, salus, fiducia sola.
Da mihi Consilium & votum viresque sequendi,
Ambiguo quid agam, quo tandem fine quiescam.
Nunc vereor temere suscepto Pontificatu
Seruandis ouibus mage quam prodesse, nocere :
Atque ideo puto cedendum melioribus esse.
Nunc recolens quia non opibus neque sanguine fretus
Conscendi Cathedram, pauper, de sorde leuatus,
Arbitror hoc à te factum, sicut tuus est mos :
Nec mutare locum, nisi significaueris, ausim,
Quamuis hoc læsa moneat mens conscia vitæ.
Tu scis sancte Pater, quid sit tibi gratius horum
Vtiliusque mihi. Precor vnde tuam pietatem,
Vt mihi digneris hoc inspirare labanti
Consilium præsensque iuues ad perficiendum.

In veteri Annali Bibliothecæ Regalis Collegij Nauarrici in vitâ Roberti Regis leguntur hæc verba *Fulbertus primò fuit Cancellarius Regis Francorum Roberti & ex*

Cancellario factus Episcopus Carnotensis, vitâ honestissimus & in scientia clarissimus. Fundamenta S. Ecclesiæ Dei Genitricis Carnot. iecit & eandem perfecit miro lapideo tabulatu. Item in veteri annali Abbatiæ S. Petri quæ sita est in valle Carnotensi Fulbertus Doctor sacræ Theologiæ egregius, hic fuit tempore Roberti Regis filij Hugonis Capet qui regnare cœpit an. 987. Hic Doctor & Episcopus gloriosus speculum Ecclesiæ & fidei Christianæ multa scripta fecit ad laudem Virginis gloriosæ, & inter cætera illam Legendam, quæ legitur in Natiuitate eiusdem quæ incipit, Approbata Consuetudinis. Huius tempore anno 1020. in nocte Natiuitatis B. Mariæ, Episcopatus ann. 4. fuit Ciuitas Carnotensis & tota Ecclesia B. Mariæ combusta. Obiit an. 1028. iacetque in Ecclesia S. Petri vallis Carnotensis, vbi Monachum induerat. Extat autem eius Epitaphium ex M. veteri his verbis. *Anno ab Incarnatione Domini 1028. 4. id. April. obiit dilectus Deo & hominibus pater noster venerandæ memoriæ Fulbertus suæ tempestatis Pontificum decus, lux præclara mundo à Deo data, pauperum subsentator, consolator, prædonum & latronum refrænator, vir eloquentissimus & sapientissimus tam in Diuinis quàm in liberalium Artium libris. Qui ad restaurationem sancti Templi suæ Diæcesos quod ipse post incendium à fundamento reædificare cœperat, bonam partem auri sui & argenti reliquit, & disciplinæ ac sapientiæ radiis illum locum illuminauit & Clericis suis multa bona fecit.* Sequitur. Epitaphium.

    Quem tibi Carnotis concessit fons bonitatis
      Doctrinæ fluuium diplicis egregium.
    Pontificum sidus, Fulbertus fulgidus actu
      Vestis pauperibus, victus & assiduus.
    Inclusus iacet hic factus de puluere puluis,
      Et præstolatur surgere cum reliquis.
    Virtutum cultor, vitiorum mortificator
      Auxiliante Deo perstitit à puero.
    Bis denos annos atque vnum dimidiumque
      Virgo Maria tuæ præfuit Ecclesiæ
    Ingressurus erat Phœbus post limina septem
      Taurum, cum mæstum deseruit populum.

In Bibliotheca Floriacensi circa finem 1. partis. *Prophetiæ quoque spiritu claruit (Fulbertus.) Nam & Berengarium post Hæreticum, moriens hoc modo notauit: nam cum eum in extremis positum multi visitarent, & ædium capacitas vix confluentibus capiendis sufficeret, ille inter oppositas cateruas oculis longè rimatus Berengarium, visu quo potuit, pellendum censuit, protestatus immanem draconem prope eum consistere, multosque ad consequendum blandicate manu illicitè corrumpere.*

Extant eius Epistolæ, sermones ad populum, aliquot Prosæ & Hymni de Sanctis: præterea versus de B. Virgine, de S. Cruce, de seipso, quorum aliquot supra retulimus, de anxietate animi in qua erat & dubitatione, an Episcopatum ciurare deberet, nec ne: quibus & hos subiungere placet, in quibus Beneficia duo in se collata commemorat.

    Te de pauperibus natum suscepit alendum
    Christus, & immeritum sic enutriuit & auxit:
    Vt collata tibi miretur munera mundus,
    Nam puero faciles prouidit adesse Magistros,
    Et Iuuenem produxit ad hoc vt Episcopus esses.
    Reges, Pontifices, populi te magnificabant
    Seruum censentes prudentem satque fidelem
    Esse pii Domini.

Abboni Abbati Floriacensi amicissimus fuisse intelligitur ex epist. 21. in qua breuiter eius laudes complectitur. *Quanam*, inquit, *te resalutatione digner, ô sacer Abba & ô magne Philosophe! quid rependam muneris sanctæ amicitiæ, quam promiserunt signa gemmatæ facundiæ, vix æstimare sufficio. Ego conferre possim, quod tu aut non habeas, aut non habere contemnas?*

Fulcherius Carnotensis vir nobilis & diues, eiusdem Ecclesiæ Canonicus multa bona Monachis Vticensibus contulit, vt videre est apud Ordericum Vitalem ad an. 1083. vbi hæc verba leguntur. *Per ipsum itaque (nempe per Goisbertum Carnotensem Medicum) Fulcherius Carnotensis & Petrus de Maulia aliique, plures notitiam Vticensem amplexati sunt, & honestatem eorum cum religione venerantes, eis de rebus suis portionem idoneam contulerunt. Præfatus quippe Fulcherius nobilitate cluebat & patrimonio suo magnam possessionem habebat, litterisque affatim imbutus sanctæ Dei Genitricis Canonicus erat.* Is est Fulcherius Capellanus, qui ad bellum Hierosolymitanum profectus, illud versibus descripsit.

Fulco de Guarlemuilla Decanus Ebroicensis Fulberti Carnotensis Discipulus, pro more illorum temporum vxorem duxit, ex qua filios octo & duas filias suscepit: vt in historia retulimus.

G

Gallus imperante Carolo M. in Scholis Palatinis institutus fuit: deinde in Italia apud Ticinensem Academiam, cui præerat Ioannes Mailrosius, vt dicemus infra. De Gallo hæc breuiter commemorat Monachus San-Gallensis l. 1. c. 8. *Ne verò obliuisci vel negligere videar, hoc verè de industria & meritis eius (Caroli M.) agnoui: quia de discipulis eius (Clementis) nullus remansit, qui non vel Abbas scientissimus, vel antistes extiterit clarissimus; apud quem & Dominus meus Gallus primo in Gallia, post verò in Italia liberalibus est disciplinis imbutus.* In Codice Moissiacensi Cœnobii vox illa *Gallus* non habetur. An verò nomen sit proprium, vt aliqui putant, an appellatiuum, iure dubitari videtur. Certè Author indicare hac voce Abbatē S. Gal'i in Scholis Palatinis, sub Clemente studuisse. Sed quis ille Abbas? Meminit idem Hartmuti l. 2. c. 15. qui quo tēpore scribebat, Abbatiæ regimine alteri resignato inclusus viuebat. Hartmutus enim teste Stusio l. 5. c. 5. Abbatiam resignauit an. 882. aut 83. Ante Hartmutum verò Abbatiæ præfuerat Grimobaldus, qui excessit e viuis an. 872. Hartmuto verò successit Bernardus an. 883.

Gauzlenus seu Goscelinus Apocrisiarius sacri Palatii, seu Archicapellanus sub Carolo Caluo, Ludouico & Carlomanno, Scholarumque proinde Palatinarum Moderator Generalis, Nobilis prosapiæ vir, quippe filius Roriconis Comitis & Milechildis: quem aiunt primùm fuisse Monachum in Cœnobio Glannensi ad Ligerim, vulgo *S. Mauri*: deinde factus est S. Germani Pratensis Abbas, S. Dionysii in Francia, & S. Mauri; postremo Episcopus Parisiensis, qui Ciuitatem cum Odone Comite contra Normanos acriter & generosè defendit an. 886. regnante Carolo Crasso. Verum in repugnatione fortiter dimicans occisus est an. 887. cuius mortem hisce versibus deflet Abbo San-Germano-Pratensis Monachus l. 1. Belli Parisiensis.

Quis sentire potest patulâ quod subditur aure?
Terra gemat, pontusque, polum, latus quoque Mundus:
Gauzlinus Domini Præsul mitissimus Heros
Astra petit Domino migrans, rutilans velut ipsa,
Nostra manens Turris, Clypeus, nec non Bisacuta.
Rumphea, fortis & arcus erat, fortisque sagitta.
Heu! cunctis oculos fontes tenebrant lachrymarum,
Atque pauore dolor contritis viscera scindit.

Gauzlinus seu Gauzlinus Magister Scholarum, cui Abbo tanquam vni è Magistris suis duos de obsidione Parisiensi libros dedicauit an. circiter 992.

Gauzlinus Abbonis Floriacensis Discipulus; Nothus quidem, sed in moribus vir omni laude cumulatissimus floruit Roberti Regis temporibus. Abbonis in Abbatiæ regimine successor, idemque Bituricensis archiepiscopus, quem Fulbertus Carnotensis & Helgardus mirificis laudibus extollunt. de eo sic Helgaldus. *Huius, Regis Roberti, temporibus cuius adiuuante Deo facta describimus. fulsit in Monasterio Floriacensi loco celebri splendidius mundo Gauzlinus Abbas merito, sanctis Deo coniunctus operibus Pollens scientia spiritalis simul & humana. Inerant eius cordi Abbonis Magistri prolati S. Scriptura floresboni, de quibus honestissimè imbutus ita ructabas omnibus vt possent delectari in cœlestibus. In sanctis Eleemosynis ita largissi-*
mus,

Illustrium Academicorum.

mius, vt ipse peritus in fortissimis frigoribus à se vestes pellium abijciens pauperes Christi indueret.... Hunc perfectus Rex ita suis affixit obtutibus, vt eum præ cæteris diligens suis eum specialiter deuinciret consiliis, quæ ab eo probè probata semper ea habuit honesta, nunquam tamen iniusta. In honoribus seculi eum honorans attribuit illi honores non minimos, Abbatiam S. Benedicti quæ est caput totius Ordinis Monastici, & Episcopatum Bituricensem S. Protomartyris Stephani principatum tenentis totius Aquitaniæ, qui fuit & est honor & decus Franciæ.

Paulo post mortem Abbonis recens factus Abbas grauem habuit cum Episcopo Aurelianensi litem & discordiam, eo quod nonnullis priuilegiis fretus, quæ Abbo à Romano Pontifici obtinuerat, ab Episcopi Iurisdictione se putabat exemptum, subiectionemque profiteri monitus detrectabat: quamobrem ab Episcopo excommunicatus Fulbertum virum in omnite litteraria versatissimum sibi, que amicissimum consuluit rogans quid facto opus esset. At Fulbertus parendum esse rescripsit, nullaque ratione Abbatem ab Episcopi iurisdictione liberum esse pronunciauit hac Ep. quæ est 72. *Præsul Aurelianorum qui vos excommunicauit Coëpiscopos suos idem facere poscit. At Ego correctionis vestræ non expers 3. Kal. Octobr. respectum dedi. Vnde nunc frater commoneo, vt gradus humilitatis interim vel vsque ad tertium relegens Episcopo vestro subijciamini, sicut decet. Aut si vobis non ita faciendum esse videtur, cur fieri non debeat, rationem nobis intimare non pigeat. Ego enim neque legem neque modum ratiocinationis inuenire possum, qui vos ab iugo subiectionis huius absoluat. At si quis alius præter vos inuenisse fateatur, nouum illum Rhetorem de cœlo magis cecidisse quàm descendisse crediderim. Videte, ne quis vos seducat inanibus verbis.*

Quantæ autem doctrinæ vir esse putaretur, patet ex litteris Roberti Regis ad ipsum, quibus indicat se à Willelmo Aquitaniæ Comite rogatum requirere à Regni sui sapientibus, quid pluuiæ sanguineæ quæ de cœlo in partes præsertim maritimas ceciderat, portentum significaret. Extat ipsius Regis epistola, quæ legitur inter Fulbertinas ordine 35. *Per Epistolam*, inquit, *petijt à me idem Guillelmus Comes, vt Ego requirerem à mei regni Sapientibus, quid hoc portentum significaret.* Extat & ipsius Gauzlini Responsiua, ex qua intelligitur quàm multifariæ lectionis & doctrinæ fuerit.

Geraldus Aurelianensis Henrici & Philippi I. temporibus floruit; in Eloquentiæ & Poëticæ Professione excelluit, vt vel indicat Epitaphium Hugonis Magni Roberti Regis filij, quod in Historia retulimus ex antiquo MS. Bibliothecæ Viri Clar. Alexandri Petauij Senatoris Parisiensis. Vir fuit affabilis, Discipulis charus, beneficus, liberalis, Ecclesiasticorum vero Iurium propugnator acerrimus. Obijt plenus dierum circa an. 1080. cuius memoriam hoc Epitaphio celebrauit Baldricus Abbas Burguliensis.

Egregius Doctor, Magnusque Sophista Geraldus,
Ecclesiæ robur, Cleri populique columna,
Spes pupillorum, vir munificus viduarum.
Aurelianorum lux & specialis honestas.
Vir cani capitis, morum moderamine pollens :
Cui nil à sensu tulit antiquata Senectus.
Tandem communis contactus imagine mortis
Exuit hoc quod erat. Datur hìc sua portio terræ,
Spiritus in tenues viuens elabitur auras,
Cui tamen è rebus lutulentis si quid inhæsit,
Expiet id totum clemens miseratio Christi.
His precibus Lector Amen adijciendo faueto.

Gerardus Laudunensis Manegaudi Lutenbachij Lutetiæ fuit Discipulus, vbi & ipse docuit; deinde Andegaui & Lauduni, seu forte Iulioduni vulgo Gall. *Loudun*, Scholam tenuit; vir meliore dignus oppido: fuit enim eloquentiæ, Philosophiæ & Poëticæ laude insigniter conspicuus: adeo vt Ciceronem, Maronem & Aristotelem æquare diceretur. Baldrico Burguliensi Abbati mirificè charus fui, cariorque fuisset, si vt ab eo rogabatur, Monachum inducere voluisset, quem ob id Burgulium euocarat. Eius laudes Baldricus prosequitur hoc modo in suis Carminibus Historicis. In priore cui hæc inscriptio præfigitur de Gerardo Laudunis subrepto, sic habet.

> Tantum Gerardus laudes dum laudibus auxit,
>   Quod dignum magnis laudibus Andus habet,
> Quantum doctrinis Ciceroque Maroque Latinis,
>   Nam nobis alter fulsit Aristoteles.
> Lux & laus Cleri, sol qui suffecerit Orbi,
>   Orbi Quadruuium protulit & Triuium.
> At fortunatus fuit Abbas Burgulianus,
>   Qui sibi Gerardum vindicat in proprium.
> Lausdunis obiit, sed viuit Burgulianis:
>   Vtque diu viuat, iam redimunt precibus.
> Hunc igitur Terræ speciali mandet honore,
>   Quisquis defuncto corpore diues erit.

Item de Eodem.

> Vberibus, Manegaude, tuis lactatus abunde
>   Tempore posterior, pœne legendo prior:
> Atque tuis finibus abstractus venit ad Andos
>   Ardua Gerardus plenaque dicta gerens.
> Laude suâ laudes Lausduni multiplicauit
>   Artes exponens commoditate leui.
> Hunc quoque Lausdunis inuidit Burguliensis,
>   Et quibus inuidit blandiloquus rapuit.
> Iam nunc Gerardus pauset cum Burguliensi,
>   Donec mandetur alteruter tumulo.
> O vtinam neque mors neque casus separet ipsos,
>   Donec nigrescat primitus albus odor.
> Et donec pennis coruus niger euolet albis,
>   Lausdunum refluus donec eat Ligeris.
> Et donec querulæ sileant valeantque Cicadæ
>   Et noceat senium siue dolor neutrum,

Item, cum ad Monachi habitum sumendum sic inuitat propositâ loci Burguliensis amœnitate.

> Ipse locum noui, qui floridus otia gignit,
> Libros & chartas & cuncta studentibus apta.
> Burgulius locus est & Cambio dicitur amnis
> Flumine perpetuo qui vitreus irrigat hortos,
> Hocque loco locus est à turbis pœne remotus,
> Qui tutat fratres à sollicitudine Mundi,
> Et fouet in gremio diuturnos pacis alumnæ.
> Prata virent iuxta, quibus est contermina silua,
> Hunc emat, hunc redimat, quisquis probus esse laborat.

Gerardus seu Giraudus natione Gallus, aliquandiu S. Medardi Suessionensis Abbas post Ataulphum, Philippi I. consecrationi interfuit: deinde à Regina expulsus in Aquitaniam ad Willielmum profectus Siluæ maioris Cœnobium construxit. De eo sic habetur in vita MS. S. Arnulphi Suessionensis. *Electus est in Abbatē vir magnæ scientiæ & religionis præcipuæ nomine Giraldus. Giraldus autem à Regina expulsus dedit locum iræ & secessit in partes Aquitaniæ, vbi à Duce terræ illius gratanter acceptus in Silua maiori illustre Cœnobium construxit.* Nempe anno 1077. vt legitur in Chronico Malleacensi: obiitque anno 1095. 8. Id. April. eaque morte qua defunctus est, visæ sunt stellæ cadere de cælo in modum facis: vt ibidem habetur. Hunc quoque virum celebrat Baldricus.

Cum pro defunctis soleant orare fideles,
    Proque sibi charis perpetuent lachrymas.
Pro patre Geraldo nihil est vtriusque necesse,
    Qui Cæli Ciuis incola vixit humi.
Siluam Maiorem Monachis Dominoque dicauit
    Exul sponte sua finibus à patriis
Francia Natalis sibi sorduit, hancque reliquit,
    Siluestres Saltus Burdegalæ veniens.
Pullulat ecco polo siluestris terra Colonos,
    Quæ per Geraldum floruit Agricolam.
En felix anima Cæli lætatus in aula
    Artus hic positi lætificent populos.

Gerbertus natione Gallus, patria Aquitanus, humili loco natus, ingenio alacer nomen professus est inter Monachos Aurelianenses: apud quos aliquandiu moratus est sub disciplina M. Geraldi, deinde sub M. Raimundo, qui ambo successiuè & immediatè Abbates fuerunt. Inde seu clam aufugit, vt multi scribunt, seu missus est ab Abbate Hispalim seu Seuillam, alii dicunt, Cordubam, in Hispaniam ad Philosophum Saracenum, qui ibi magna nominis celebritate Mathematicas tradebat disciplinas: quas quidem ita ebibit cum liberalibus artibus, vt eas pene emortuas in Gallia resuscitarit. Iis ergo plenissimè instructus rediit in Galliam, & Floriaci primùm docuit, vel vt aliqui scribunt, Aureliæ. Vbi Constantium seu Constantinũ Floriacensem Comprofessorẽ habuit, deinde Lutetiæ; tum in Aula Hugonis nondum Regis Robertum filium erudiit: postremo Remis ad Adalberonem se contulit, quocum tam arctam necessitudinem contraxit, vt nulla possæ esse maior. Italiam quoque lustrauit, & Othoni II. Imperatori carissimus fuit, adeo vt illi filium suum Othonem litteris imbuendum tradiderit simul cum Roberto Hugonis Capeti filio: vnde Ep. 160. de vtroque Discipulo suo loquens, scribit ad Robertum, sibi sæpe Othonem inculcare & repetere desiderium illius videndi. *Dies noctesque mecum sermones confert vbi & quando vos familiariter videre possit coæuum sibi & studiis consimilem seniorem meum Regem Robertum alloqui & complexari.* Illi autem duo Discipuli certatim eum honoribus auxerunt, Robertus Archiepiscopatu Remensi, Otho Rauennate, deinde Papatu Romano. Qua de te sic Glaber Rodulphus breuiter. *Is Gilbertus è Galliis oriundus extitit; Minorem etiam gerens prosapiam, sed tamen ingenio acerrimus, Artiumque liberalium studiis plenissimè instructus. Proinde Remorum etiam à Rege Francorum Hugone fuerat constitutus Pontifex: sed quoniam, vt diximus, valde erat acer ac prouidus, intelligens Arnulfum eiusdem vrbis Archiepiscopum, quo viuente ordinatus fuerat, ex consensu eiusdem Regis niti in pristinam reformari sedem, cautè iter arripiens ad prædictum deuenit Othonem: qui satis honorificè ab eo susceptus. Quem etiam statim Rauennæ: inde verò Romanæ Vrbis sublimauit Pontificem.* Similiter de eodem Helgaldus in vita Roberti Regis. *Is quippe Gerbertus pro maximo suæ sapientiæ merito, quo toto radiabat in mundo, donatiuo Regis Hugonis munere, Pontificium adeptus Remense non multis annis illud adornauit splendidè in his quæ forent necessaria Ecclesiæ sanctæ. Eo namque derelicto Rauennatium factus est Rector ab Ottone III. de quo ab Apostolatum Petri Apostoli Sanctissimi festinus conscendens multa in eo virtutum operatus est insignia: & præcipuè in eleemosyna sancta, quam fortiter tenuit dum fideliter vixit. Inter cætera de se lætus & hilaris ita in* R. *littera lusit.*

Scandit ab R. Gerbertus ad R. post Papa viget R.

Hoc apertè demonstrans quod hi trés Episcopatus honores, quos professione regularis vitæ Patris Benedicti Monachus factus suscepit, rexit & tenuit, hu-

ius R. literæ signo in capite sunt declarati.

Nonnullos alios eius Disc.pulos commemorat Ordericus Vitalis ad an.987. quanquam minus verè inter eos Remigium Antissiodorensem reponit. *Gerbertus*, inquit, *in Diuinis & Secularibus libris eruditissimus fuit & in sua Schola famosus* & sublimes discipulos habuit. Rodbertum scilicet Regem,& Leothericum Senonensem Archiepiscopum, Remigium præsulem Antissiodorensium, Haimonem atque Huboldum, aliosque plurimos fulgentes *in choro sophistarum*. Remigius Pontifex luculentam expositionem super Missam edidit, & artium vel editionem Donati Grammatici vtiliter exposuit. Haimo quoque S. Pauli Epistolas laudabiliter explanauit,& alia multa de Euangeliis aliisque sacris Scripturis similiter tractauit. Huboldus autem Musicæ artis peritus ad laudem Creatoris Ecclesiæ personuit & de S. Trinitate dulcem Historiam cecinit, aliosque multos delectabiles cantus de Deo & Sanctis eius composuit. Hos aliosque plures Gerbertus erudiuit, quorum multiplex sequenti tempore scientia Ecclesiæ Dei plurimum profecit. Qui postquam de throno Remensi quem illicitè vsurpauerat, depositus est, cum rubore & indignatione Galliam relinquens ad Othonem Imperatorem profectus est,& tam ab ipso quam à populo ad præsulatum Rauennæ electus est.

Othonianæ familiæ se totum addixit, Auo, patri & filio ab an. circiter 960.idque asserit ep.30. addititiarũ à Sirmondo. Sic enim ad Othonem M. *tribus, vt ita dicam, seculi ætatibus, Vobis, Patri, Auo inter hostes & tela fidem purissimam exhibui, meam quantulamcunque personam Regibus furentibus, populis insanientibus pro vestra salute opposui. Per inuias solitudines, per incursus & occursus prædonum, fame & siti, vi frigoris & æstus excruciatus, infractus inter tot tempestates extiti, vt mortem potius præoptarem, quàm filium Cæsaris tunc captiuum Imperatorem non viderem*. Ab Otthone II. Abbatia S. Columbani seu Bobiensi in Italia donatus est; sed ingrauescente Italorum contra Othonem odio, cedere coactus est, & primo in palatium Imperatoris, deinde Remos ad Adalberonem se contulit. Omnium autem acerrimum habuit & expertus est hostem Petrum Papiensem Episcopum: vt patet ex Ep.5. in qua scribit. *Quod Abbatiam* S. Columbani habere videntur, Italorum nulli gratias agimus, si à ante Dominum nostrum à vobis laudi sumus, non indebitas vobis reddidimus laudes. Mutua exposcitis colloquia & à rapinis nostræ Ecclesiæ non cessatis. Nostra velut propria militibus diuiditis,qui diuersa in integrum reuocare debuistis. Rapite, prædamini, vires Italiæ contra Nos concurrite. Opportunum tẽpus nacti estis. Dominus noster bellorum certamine occupatur, Nos nec manus paratas eum iuuare detinebimus, nec quod eius officii est, tenere vsurpabimus. In ep. 11. ad Cæsarem testatur ab Italis eum vocari Asinum, se verò Equum admissarium, vxorem & filios habentem, propterea quod partem familiæ suæ de Francia recollegisset. Et ep. 12. ad Hugonem suum eorum rabiem graphicè depingit. *Secundùm* amplitudinem mei animi amplissimis honoribus ditauit me Dominus meus. Nam quæ pars Italiæ possessiones B. Columbani non continet? Hoc quidem ita ex largitate & beneuolentia nostri Cæsaris: fortuna verò aliter instituit. Secundum amplitudinem quippe amici mei amplissimis me onerauit hostibus. Nam quæ pars Italiæ meos non habet hostes ? vires meæ impares sunt viribus Italiæ. Conditio pacis hæc est, si spoliatus seruio,furere desinent, vestitum districtis prosequentur gladiis: vbi gladio ferire nequibunt, iaculis verborum appetent. Contemnetur Imperialis Maiestas tum in me, tum in seipsa, in diuisione sanctuarii Domini secundum libellarias leges facta: quia consentire nolo, perfidus, crudelis, tyrannus cognominor. Ipse Cæsar omnium hominum excellentissimus à furciferis Asino coæquatur. &c. Istis in angustiis rerum positus confugit ad Ioannem Papam XIII. sed frustra: vnde eum vehementer increpat ep. 14 præsertim verò Ep.24. *Grauiter & iniquo animo fero peruadi, diripi sanctuarium Domini creditum mihi à S. Romana & Apostolica Ecclesia. Porro quid deinceps stabilietur, si id dissoluitur quod actum est consensu Principis, Episcoporum electione, Cleri & populi voluntate, postremo omnium excellentissimi Papæ consecratione: si præcepta violantur, priuilegia contemnuntur, diuina & humana leges sustolluntur. Qua spe vos adeundi periculum faciam, ne dedignemini sacris apicibus significare. Alioquin ne miremini, si his Castris me applico, vbi maxima portio*

Illustrium Academicorum.

legis humana, nulla Diuina: humanitas quippe prima in actiuis, Diuinitas secunda in speculatiuis. Fiet hoc mea pusillanimitate, vestrâ cessante magnanimitate. Innuit se tum fuisse in Castris Othonis: at post eius mortem Remos concessit, ad Adalberonem, ibique ludum aperuit : vnde se *Abbatem Scholarem* appellat Ep. 142. ad Constantinum Floriacensem. Et ep. 148. ad Remigium Monachum Treuirensem. Imo etiam Abbas in Italia constitutus docere non desistebat: vt patet ex ep. 13. ad Ecbertum Archiepiscopum Treuirensem, in qua sic habet. *Si deliberatis an scholasticos in Italiam ad nos vsque dirigatis, consilium nostrum in aperto est, quod laudabitis laudabimus, quod s. retis feremus.* Quomodo autem ex Abbate scholari factus fuerit Archiepiscopus expulso Arnulfo, & quomodo expulsus restituto Arnulfo, in Historia docuimus. Hinc factus Archiepiscopus Rauennas ab Othone III. & paulo post Papa: quam in rem extat Rescriptum illius, & de donatione quorundam Comitatuum Italiæ, quibus Sedem Petri æternum gaudere voluit in gratiam Magistri sui. Sic enim ille *Spretis ergo commentitiis præceptis & imaginariis scriptis ex nostro conferimus: sicut enim pro amore S. Petri D. Siluestrum Magistrum nostrum Papam eligimus, & Deo volente ipsum Serenissimum ordinauimus & creauimus: ita pro amore ipsius D. Siluestri Papæ S. Petro de publico nostro dona conferemus, vt habeat Magister quod Principi nostro Petro à parte Discipuli sui offerat.* Ab Italis autem fere omnibus Scriptoribus, qui eius incredibilem animi vim nouerant, eloquentiam & scientiam oderant, velut cum Magi, aut Dæmonis alicuius loco habitum: & ne omnes referam, de eo sic habet Martinus Polonus Pœnitentiarius sub Innocentio IV. *Siluester II.* natione Gallicus, prius vocatus Gilbertus sedit annis 4. mense vno, diebus 8. & cessauit Pontificatus diebus 23. Hic primùm Floriacensis Cœnobii in Aurelianensi Diœcesi Monachus fuit : sed dimisso Monasterio, Diabolo homagium fecit, vt sibi omnia ad votum succederent: id quod Dæmon promisit adimplere. Iste obsequiis Diaboli insistens frequenter super desideriis suis cum eo loquebatur. Veniens autem in Hispalim, Hispaniæ causa discendi, tam bene profecit, quod sua doctrina etiam maximis placuit. Habuit enim Discipulos Othonem Imperatorem & Robertum Regem Franciæ, qui inter alia Sequentiam S. Spiritus *adsit nobis gratia*, composuit: & Leotherum qui fuit Archiepiscopus Senonensis. Sed quia idem Gilbertus quam plurimos honores ambiebat, Diabolus quæ petebat, ad votum impleuit. Fuit enim primò Remensis Archiepiscopus, postea Rauennas, tandem Papa. Et tunc quæsiuit à dæmone quandiu viueret in Papatu, responsum habuit, quandiu non celebraret in Hierusalem. Gauisus fuit tunc valde sperans se longè à fine esse, sicut longè fuit à voluntate peregrinationis in Hierusalem vltra mare. Sed cum celebraret in Quadragesima ad Ecclesiam S. Crucis quæ dicitur in Hierusalem, ex strepitu Dæmonum sensit sibi mortem adesse: quare suspirans ingemuit, licet antea sceleratissimus esset, de misericordia Dei non desperans, reuelando coram omnibus peccatum suum. Sic membra omnia sua, quibus Diabolo obsequium præstiterat, iussit præcidi, & deinde truncum mortuum super bigam poni, vt vbicunque illa animalia perducerent & sisterent, ibi sepeliretur. Quod & factum est, sepultusque est in Lateranensi Ecclesia. Et in signum misericordiæ consecutæ sepulchrum tam ex tumultu ostium quàm ex sudore præsagium est morituri Papæ: *sicut in eodem sepulchro est litteris exaratum.* Verum hæc omnia fictitia & fabulosa esse constat ex eius Epitaphio, quod à Sergio Papa successore immediato conditum est, quodque ad an. 1002. retulimus. Epistolas plures scripsit tum suo nomine, tum multorum Procerum & Regum. Rhetoricam edidit in gratiam suorum Scholasticorum, de qua sic habet ep. 92. *opus expertibus mirabile, studiis vtile ad res Rhetorum fugaces & caliginosissimas comprehendendas atque animo collocandas.*

Cæterum errat Martinus, cum ait Gerbertum fuisse Monachum Floriacensis Cœnobii in Aurelianensi Diœcesi; cum ipse diserte doceat se fuisse institutum in Cœnobio Aureliacensi, & omnia quæ didicit, illi se debere: vnde Ep. 45 ad Raimundum Aureliacensem Monachum Magistrum olim suum, vocat ordinem illum alterem suum & informatorem. *Vale. Valeat Pater Geraldus, valeat frater Airaldus, valeat sanctissimus Ordo meus alter & informator.* Et ep. 35. Additiarum à Sigimundo, ad Geraldum Abbatem & Fratres Aureliacenses. *In commune quidem omnibus vobis pro mea inſtitutione grates rependo &c.* Nuſquam verò Floriacenſes pro ſuis Alumnis & inſtitutoribus agnoſcit: neque Abbo, Aimoinus & Helgaldus Monachi Floriacenſes & Scriptores coætanei illum vſquam inter ſuos reponunt.

Gilbertus Criſpinus Abbas Weſtmonaſterij Diſcipulus Anſelmi Cantuarienſis apud Beccum, de quo ſic ait Miræus: *Deinde in ſtudijs Theologicis Magiſtrum & Doctorem habuit Anſelmum Cantuarienſem, cuius victu intimos ſacrarum ſcripturarum penetrauit receſſus. Poſtea Gallicanas inuiſit Academias & Italiâ demum peragratâ Romam venit, atque inde per Germaniam rediit in patriam.*

Gibuinus aliàs Geboinus frater Hugonis Comitis Diuionenſis ad Epiſcopatum Catalaunenſem promotus eſt an. 947. habeturque inter eruditiſſimos huius ſeculi. Eius meminit Flodoardus, aiens in Chronicis ipſum cū Roricone Lingonenſi Epiſcopo aduerſatum eſſe, quominus extincto Artaldo vacua ſedes Remenſis Hugoni Heriberti Veromanduorum Comitis filio reſtitueretur. Et Glaber Rodulphus l. 2. Hiſtoriarum c. 11. vbi de Leutardo Hæretico. Si tamen is eſt Gibuinus ſenex, vt putant Sammarthani in Catalago Epiſcopor. Catalaunenſum: quod non Ego crediderim: nam Hæreticus ille qui ſub finem an. milleſimi extitit, à Gibuino qui anno 947. Epiſcopus Catalaunenſis factus eſt, comprimi non potuit, ſed à Gibuino Nepote ſeu Iuniore fratris filio, qui ei in Epiſcopatu ſucceſſit, iſque eſt cuius meminit Gerbertus Ep. 154. ad Adalaidem Reginam, quique in diſſidio illo Gerberti cum Arnulfo de ſede Remenſi, propoſitus eſt vt ſuccederet. *Quid ergo? ſi Arnulphus abſoluendus eſt, vel ſi Gibuinus vel alius quilibet in mea ſede intronizandus?* hunc ergo Glaber vocat *Eruditiſſimum ſemen Epiſcopum.* Eius interitum notat Albericus ad an. 1004. at Gibuinus Senior eodem teſte l. 2. c. 7. obijt an 993. quo anno etiam obijt Giſlebertus Pariſienſis Epiſcopus, & Manaſſes Trecenſis & Maiolus Abbas Cluniacenſis.

Gislebertus Maminotus Vuillelmi Conquæſtoris Archiater in arte Medica peritiſſimus an. 1077. ad Lexouienſem Epiſcopatum electus eſt, de quo ſic ſcribit Ordericus Vitalis. *Ad regendum Lexouienſem Præſulatum Gislebertus cognomento Maminotus Regis Archiater & Capellanus electus eſt,& à Michaele Abrincatenſi Ep. in præſentia Ioannis Archiep. conſecratus eſt. Artis Medicæ peritiſſimus erat, ſed ſemetipſum in Pontificatu nunquam ſatis curare poterat. Scientia litterarum & facundia pollebat, delicijs & diuitijs indeſinenter affluebat, propriæ voluntati & carnis curæ nimis ſeruiebat. Otio & quieti affatim ſtudebat, ludiſque alearum & teſſerarum plerumque indulgebat. In cultu Eccleſiaſtico erat piger & negligens, ſed ad venatum aut quamcunque capturam promptus erat & feruens.*

Godefridus Remenſis Scholas tenuit Remis. Excelluit omni ſcientiarum genere, præſertim verò Eloquentiæ laude, Poëſeos, & Philoſophiæ arcanis: quem proinde legimus vocatum fuiſſe per excellentiam, *Theſaurum Philoſophiæ.* Eius memoriam hacce nænia celebrat Abbas Burgulienſis.

Iocundus magnæ Theſaurus Philoſophiæ
Magnaque Muſa perit cum Godefridus obit.
Iſte decus Cleri, Sol alter idoneus Orbi.
Orbi ſufficeret, viueret ipſe diu.
Sed mors effrænis ſuper hunc ſua fræna grauauit,
& iubar à ſuperis inuida grande tulit.
Remis habet corpus, animæ ſit manſio Cœlum
Diuitibus Diues oſſibus vrna, vale.

Idem de Eodem.

Orbi deflendus, tamen & ſpecialiter vrbi
Quam Remis dicunt hic Godefride iaces.
Præcipuè Cleri lachrymis comitatus opimis
Hic tandem Matris redditus es gremio
Remenſis populi Cleriqué lucerna Latini
Omnibus extorques dum moreris, lachrymas.

Illustrium Academicorum.

Gallia te tanto complexabatur amore,
Vt doleat se non occubuisse simul.
Nunc igitur pedibus quibus ire licet gemebunda
Te comitatur adhuc planctibus & precibus.

Item de Eodem.

Quem tegit iste lapis, non Tullius aquipararet,
Si tamen eiusdem temporis ambo forent.
Hunc etenim vatem sapientia tanta replerat,
Vt bene Romuleis ante fuisse putes.
Denique tantus erat, quantos vulgata per orbem
Fama volans fecit, quoslibet esse viros.
Mentis liuor edax hunc proh dolor! abstulit Orbi,
Heu scrobe sub modica nunc Godefride iaces.
Diuinos cineres Genitrix sua Remis habeto
Tu quoque Christe suæ mansio sis animæ.

Item de Eodem.

Quæ Natura potens vix omnia contulit ulli,
Omnia contulerat hæc Godefrede tibi.
Formam, diuitias, mores, monimenta Nepotum,
Discretum pectus, ingenium locuples.
Os par ingenio, studii florentis amorem,
Nec tamen ista tibi cuncta tulere mori.
Egregios artus en paruula continet vrna
Remis te genuit, te quoque Remis habet
Vrbs venerare tuum felici puluere felix
Ciues Conciuem Cælicolæ foueant.

Item de Eodem.

Hos apices donec obliteret ipsa vetustas
Aut inimica manus celebri relegetur honore,
Ille Godefredus quem lucida Musa secundum
Nasoni peperit, quem littera multa repleuit,
Ecce perennis adhuc Godefredum fama perennat.
Atque perennabit dum fama volare valebit.
Remis eum genuit & Remis eum sepeliuit.
Terra colit terram, sed spiritus incolit Astra.

Fuit & iisdem temporibus Godefridus Ambianensis Episcopus Yvoni Carnot. carus, qui tamen sequente seculo floruisse videtur. Fuit & Goffridus 1. Episcopus Andegau. an. 1081. qui obiit an. 1093 cui cecinit Epitaphium elegiacè Marbodus, de quo infra. Item & Gosfridus 2. de Meduana, qui factus est Episcopus Andegau. an. 1094.

Godesmannus Arnulfi Remensis consanguineus, clarus doctrina & natalibus, vt pote qui Lotharium Regem auunculum agnoscebat. Disciplinæ Ecclesiasticæ assertor acerrimus, fuisse videtur. Is enim in causa Arnulfi Remensis an. 991. salutem Ecclesiæ, vt putabat, consanguinitati prætulit. Et cum cæteri Episcopi eius gratiâ commiserarentur Arnulfi casum, ipse in Synodo hæc fortiter subiecit. *Sentio Reuerendi Patres, & hoc vos intelligere quod dicitis, & alterum pudori esse quod tacetis. Nam mouent vos Diuina leges, monet etiam homo affinitate carnis mihi coniunctissimus, vt pote auunculi mei Lotharii Regis filius. Habeo & rependo Charitati vestræ multiplices gratias, sed absit hoc a me, vt amori Christi amorem sanguinis præferam, aut meo sanguine quantum in me est, Ecclesiæ Dei polluatur.*

Goisbertus Carnotensis professione Medicus in Normania multis non sanitatem corporis restituit, sed desideriū quoque iniecit conuersionis ad Deum & religiosæ vitæ amplectendæ, præsertim apud Vticense Cœnobium, seu S. Ebrulfi, vt notat Ordericus Vitalis ad an. 1076. vbi hæc verba leguntur, *Ad Petrum Mauliensem filium Ansoldi Diuitis Parisiensis diuertit, & inter reliqua familiaritatis & amicitia colloquia illum conuertit, ipsumque vt Ecclesias de Maulia Monachis Vticensibus donaret, obsecrauit.* Author quoque fuit Fulcherio Carnotensi Canonico elargiendi multas opes quas amplas habebat; & ipse demum ad conuersionem venit, inquit ille, optimamque domum quam in vrbe Carnotensi habuerat, 30. libris Carnot. vendidit totumque pretium Vticensibus contulit. Hic erat statura procerus & exilis, moribus benignus & tractabilis, magnanimus & dapsilis. Et quia Medicinæ artis erat peritissimus, multis erat notus & necessarius ac familiaris amicus, hacque familiaritate vtebatur in commodum prædicti Cœnobii: vt in multis locis idem Author exponit.

Goisfredus Aurelianensis seu Ioffridus in scholis Aurelianensibus pueritiam exegit, deinde apud S. Ebrulfum Monachum induit circa an. 1081. postremò ad ad Croilandense Cœnobium translatus cum tribus aliis Monachis Cantabrigiēse studium instaurauit, iuxta formam studii Aurelianensis: vt ad an. 1109. dicetur.

Gothescalcus seu Presbyter, seu Monachus Belga, de quo diximus in Historia, vir fuit in Diuinorum quidem Mysteriorum inuestigatione nimis curiosus, in Scripturarum tamen Diuinarum lectione versatissimus; qui sicubi viros doctos esse sciebat, aut eos adibat, aut consulebat per litteras, quò difficultates, si quas habebat, enodaret, vt patet ex Ep. 30. Lupi Ferrariensis ad ipsum. Qui ab eo consultus fuerat de visione beatifica, corporali & spirituali. *Ni veritus fuissem,* inquit, *vt me ab obseruatione charitatis mersum nullius flecti posse precibus putando eandem Charitatem offenderes, etiam nunc silentii latebram fouens, nihil ad ea quæ consuluisti respondissem, duabus videlicet ex causis. Altera ne otio tuo materiam exercendi ingenii vel imminuerem vel detraherem. Altera, vt habita consideratione illorum, quos super eadem Quæstione te solicitasse olim cognoui, mediocritatem meam præiudicare quorundam excellentiæ æstimatione propria comprobarem. Verum autem illorum colloquio & rescripto potius, quid ego hinc sentiam, desideras experiri, quoniam de eisdem Quæstionibus diuersa sentire, quouusque contra fidem non est, aut nulla aut parua culpa est.* De prædestinatione sic sentiebat, non omnes ad vitam æternam prædestinatos, sed aliquos etiam ad exitium. Item Christum non fuisse pro omnibus mortuum. Quod quia durū auribus esse videbatur, magnas in Ecclesia turbas excitauit. ſum quidem Hincmarus Remensis acriter persecutus est, effecitque vt eius sententia dānaretur ab episcopis multiplici in Synodo congregatis.) Ad annum quidem 848. notant Annales Fuldenses in Synodo Theodonis-Villensi fuisse damnatam. *Gothescalcus quoque quidam Presbyter de Prædestinatione Dei prauè sentiens & tam bonos ad vitam quàm malos ad mortem perpetuam ineuitabiliter à Deo prædestinatos esse affirmans, in Conuentu Episcoporum rationabiliter, vt plurimis visum est, conuictus & adproprium Episcopum Ingumarum Rhemis transmissus est, prius tamen iuramento confirmans, ne in Regnum Hludouici vltra rediret.*

Hanc condemnationem reprobauit Ecclesia Lugdunensis, imo fortiter & acriter Gothescalcum defendit his verbis. *Videtur nobis sine dubio, quod illa quæ de Diuina prædestinatione dixit Gothescalcus, iuxta requiem Catholicæ fidei vera sint; nec ab vllo penitus nostrum, qui Catholicus haberi vult, respuenda siue damnanda. Et ideo in hac re dolemus non hunc miserabilem, sed Ecclesiasticam veritatem esse damnatam.* Hincmari verò propositio hæc erat, Deum & bona præscire & mala; sed mala tantùm præscire, bona verò & præscire & prædestinare. Vnde contendebat præscientiam esse posse sine prædestinatione. prædestinationē autem non posse esse sine præscientia: itaq; Deum bonos præsciuisse & prædestinasse ad regnum: malos autem præsciuisse tantùm, non prædestinauisse, nec vt perirent, suâ præscientia voluisse. Huic autem definitioni subscribere Gothescalcum pertinacissimè recusasse. Hæc Flodoardus lib. 3. c 18. Porro cum Gothescalcus tam crebris Hincmari & Catholicorum telis impeti-

Illustrium Academicorum. 595

tum se sentiret, ad Monachos Altiuillatensis Coenobij se contulit, ad quos teste eodem Flodoardo scripsit Hincmarus, *vt si se recognosceret, antequam anima illius egrederetur de corpore & spiritalem & corporalem humanitatem exhiberent illi, ostendens authoritatem Ecclesiasticam ex verbis Orthodoxorum super huiusmodi excommunicatis.*

Grimbaldus Natione Gallus, cuius Magistri fuerit Discipulus non inueni, sed Scholarum Parisiensium Rector fuisse ab Historicis Anglis perhibetur; vir omnibus partibus in re litteraria absolutus, Alfredo Regi Anglorum litterarum peritiâ notus, qui cum eum adhuc valde iuuenem Romam proficiscentem perhumanissimè excepisset, postquam Regno potitus est, memor vrbanitatis & singularis scientiæ quam in Grimbaldo demiratus fuerat, desiderio quoque litterarum perdiscendarum, eum cum M. Ioanne Scoto è Gallia euocauit ad constituendam componendamque Oxoniensem Academiam, in eamque rem per litteras Fulconem Archiepiscopum Rhemensem enixè rogauit, vt si posset, viros istos ad se mitteret: quod, quanquam ægrè, præstitit Fulco pro eâ quâ pollebat in Regno authoritate, vt ad an. 886. retulimus. Porro ex Historicis Anglis nonnulli Grimbaldum Presbyterum vocant existimantque fuisse Presbyterum Ecclesiæ Remensis. Alij Monachum Cœnobij Bertiniani in Ciuitate S. Audomari, cuius Abbas fuerat Fulco. Quidam Parisiensem, nonnulli Aurelianensem fuisse dicũt. Vt vt sit potuit esse notus Fulconi in Scholis Palatinis & in Cœnobio cui aliquandiu præfuit, nimirum ab an. 877. vsque ad an. circiter 882. Obiit autem Grimbaldus in Anglia an. 904. teste Mathæo Westmonasteriensi. Quas verò in constituendâ Oxoniensi Schola difficultates passus fuerit, diximus fusè in Historia.

Gualterius Aurelianensis Episcopi cognominis Nepos scientiâ & nobilitate clarissimus, inquit Monachus Antissiodorensis, ad Archiepiscopatum Senonensem promotus est an. 887. post Euurardum, qui eodem anno vnxit Odonem in Regem. Hic, (vt legitur in Chronico Odoranni) priuilegium Monachis S. Petri fecit de Abbatis electione.

Guenilo seu Wenilo genere & doctrinâ conspicuus, Burcardi Carnotensium Episcopi consanguineus, in Scholis Palatinis pro more illius temporis enutritus, & institutus, deinde Clericus Capellæ Regiæ factus, tum Abbas Ferrariensis, postremo post Aldricum à Carolo Caluo Senonensis Archiepiscopus creatus an. 842. magnæ vir authoritatis & nominis, interfuit & præsedit plurimis Synodis Ecclesiæ Gallicanæ. Carolum vnxit in Regem apud Basilicam S. Crucis Aurelianensis an. 843. die 6. Iunij vacante tunc Remensi sede per depositionem Ebonis. Ludouicum quoque Caroli fratrem in Regem Burgundiæ inaugurauit. Concilio Vernensi II. præfuit an. 844. Beluacensi 845. Parisiensi 847. in causâ Eboniani Iudicij. Carisiacensi 848. pro condemnatione Gotheschalci. Turonensi IV. aduersus Nomenoium Britanniæ Aremoricæ Tyrannum 849. Suessionensi II. an. 853. vbi electus Iudex cum Amalrico Turonensi in causa Clericorum ab Ebone post restitutionem ab Imperatore Lothario factam, ordinatorum. Vermeriensi an. 853. quo anno Æneam Parisiensem Episcopum consecrauit. Vno verbo nemo hactenus habuit inter Episcopos neque inter Palatinos plus authoritatis, Verum nescio quo fato pulsus, in dissidio Fratrum Regum relicto Caluo solus ex omnibus Episcopis ad partes Ludouici Germaniæ Regis transiit: quæ proditio cæterorum in ipsum odium concitauit. Itaque in Concilio Tullensi apud Saponarias libellus à Caluo porrectus est, in quo viri perfidiam post tot à se accepta beneficia exaggerauit; imprimis verò quod in parte Regni quæ sibi obtigerat, eum constituisset Episcopum. *Vacabat*, inquit, *tunc Pastore Metropolis Senonum, quam iuxta consuetudinem prædecessorum meorum Regum Weniloni tunc Clerico meo in Capella mea mihi seruienti, qui more Clerici mei se mihi commendauerat, & fidelitatem sacramento promiserat, consensu sacrorum Episcoporum ipsius Metropolis ad gubernandum commisi, & apud Episcopos, quantum in me fuit, vt eum ibidem Archiepiscopum ordinarent, obtinui.* In cap. 5. ait eundem Vuenilonem se absente & incogitante cum Ludouico Fratre qui in Gallias irruperat, collocutum fuisse, coniurasse & supplantatorem suum fuisse. Deinde iam non dissimulanter sed apertè ad eius partes transiisse, multosque Episcopos vt idem facerent, inuitasse & compulisse; denique

DDdd

in omnibus sibi aduersatum. Itaque petiit ab Episcopis vt illi diem dicerent, reumque condemnarent. Illi igitur Epistolam Synodalem ad Vvenilonem expedierunt mandantes vt infra 30. dies se sisteret, causasque accusationis & impacta sibi crimina si posset, dilueret. Sic enim in fine. *Proinde Frater Carissime, à tempore quo litteras has acceperis post diem trigesimum quocunque euocatus fueris, ita Canonicè instructus occurre, vt defensionis tempore ac loco accepto, si conscientiæ, quod plurimum optamus, confidis, suffragante veritate probabiliter obiecta dissoluas: sin autem in defensione defeceris, sententias à Maioribus institutas excipias.* Hisce litteris inter alios subscripserunt Remigius Lugdunensis, Hincmarus Remensis, Abbo Antissiodorensis, Æneas Parisiensis, Agius Aurelianensis, Gislebertus Carnotensis. Vt se videt Vvenilo ab omnibus derelictum, scribit ad amicos rogatque vt Regem placare conentur, imprimis verò ad Lupum Ferrariensem, quem sciebat plurimum posse apud Regem, quemque audiuerat apud ipsum ruinam suam & depositionem machinari. At Lupus rescribens conatur à se omnem proditionis suspicionem amouere. Sic enim Epist. 125. *Quomodo possem tanta effici prauitatis, vt depositionem eius cuperem, cuius acceperam diuinitus consecrationem? testem eum securus facio, cuius experiemur vterque iudicium: quoniam postquam præesse cœpistis & dignati estis me in familiaritatem assumere, semper optaui vos & in Sanctitate proficere & Dignitate augeri. Et si meis rebus integris sinistrum aliquid quod Deus auertat vobis contigisset, paratus fui opem ferre pro viribus, & me amicissimum modis omnibus euidentissimè comprobare. Quod si me perfidiam incurrisse recolerem, tantum scelus negatione non tegerem, sed confessione supplici veniam obtinere conarer. Nam cui vel parum sacras intueti litteras non vltro ac sæpissimè occurrat? Qui parat foueam proximo suo, incidet in eam.* Habuit Vvenilo in angustis rebus multos amicos, nec legimus eum in vllo Concilio damnatum: quinimo Tusciacensi anno sequenti interfuit, Ita tamen odiosa fuit omnibus Gallis, seu, vera seu credita eius proditio, vt in Prouerbium abierit, *le Traistre Ganelon*, quod aliqui referunt ad tempora Caroli M. quem aiunt proditum fuisse à quodam Ganesio vel Ganelone, cuius Domus vestigia restant pone Cœnobium Dominicanorum via Iacobæa ad fossas vrbis. At Tillius, Baronius & Peyratius in Antiquitatibus Capellæ Regiæ, hoc de Guenilone Senonensi dictum putant. Obiit tandem Vvenilo an. 865. 5. non. Maij, atque in Abbatia S. Remigij apud Vallilias sepultus est.

Guido Longobardus tam in Diuina quàm in humana Philosophia floruit cum Lanfranco, Manigaudo & Brunone Remensis sub Philippo I. teste authore Hist. Franc. à Roberto ad Philippi mortem. Fuit & Guido Turonensis de hæresi suspectus, Berengarij discipulus, expulsus à Conciuibus ob eam rem Remos fugit, ibique interiit. circa an. 1086. eius quoque meminit Abbas Burguliensis.

Exul ab vrbe mea, dum me velut effugientes
 Insequor ipse libros, dumque vaco studiis,
Proh dolor! incubuit mihi lamentabilis hora,
 Quippe superuenit mors inopina mihi.
Ecce sub hoc tumulo cineratus corpore pauso.
 Spiritus obtineat quàm meruit melius.
Me tamen & fidei tenor & confessio culpæ
 Quandoque securum de venia faciunt.
Quod tamen exspecto, poterit mihi turba Legentum,
 Et votiua simul præproperare cohors.
Ciuis eram Turonensis Ego de nomine Guido
 Gentis Patricia, me modò Remis habet.

Videtur iste Guido Remis discipulum inter alios habuisse Odonem Cardinalem & Episcopum Ostiensem, qui Vrbanus II. postea dictus est vnde Baldricus egentem Guidonem ei commendauit.

Vrit Guidonis penuria multa penates;
 Odo roriferas cui plue diuitias.

Fuit & Guido de Cruce S. Leofredi qui contra Berengarium edidit librum elegantem de Corpore & sanguine Domini.

Si mandare velis quod penses vtile nobis
Guidonem nostro noueris esse loco.
Guido mihi viuit, magnus, bonus atque fidelis,
Magni momenti, nominis haud modici.
Hunc venerare modo quo nos veneramur eodem,
Namque bonâ morum simplicitate viget.

Guillelmus Aquitaniæ Dux litteratorum amantissimus fuit, eosque benignè fouit & liberaliter dotauit, atque honoribus auxit; vt exemplo Fulberti Carnotensis patet, cui Thesaurariam S. Hilarij Pictauiensis obtulit. Monachos etiam gratiosè amplectebatur, & inter alios Odilonem Abbatem Cluniacensem: duo celeberrima Cœnobia fundauit, Malleacense in Territorio Pictauiensi, & Burguliense in Andegauensi. Fuit etiam vir litteratissimus, & lectioni Librorum, si quando per tempus liceret, assiduus, vt legitur in fragmento Histor. Aquitan. his verbis. *Fuit autem à pueritiâ doctus litteris, & valde habebat scientiam scripturarum. Librorum etiam copiam in Palatio suo retinebat: & si forte à frequentia causarum & tumultu vacaret, per semetipsum lectionibus intentus erat. Longioribus etiam hyemis noctibus crebrò se se lectionibus occupabat, donec vinceretur à somno. Imitator erat in hac sicut in multis aliis causis Caroli M. Imperatoris & filij eius Ludouici Imper. qui per semetipsos Lectionibus pascebantur.* Et ante de Fulberto deque eius fundationibus mentio fit in hunc modum. *Fulberto quoque sapientia valde ornato Episcopo Carnotensi pro reuerentia Philosophiæ, eius à Francia ad se euocato, Thesaurariam S. Hilarij gratis tribuit, & summo honore eum excoluit. Regulares Abbates & Monachos maximo affectu amoris amplectebatur, & consilio eorum vtilitatem Regni administrare curabat. Vnde & Domnum Odilonem Abbatem Cluniacensis Cœnobij copiosis muneribus sibi attraxit, contemplatus in eo verum Dei habitaculum in quo Spiritus S. requiesceret, & Cœnobia nonnulla suâ Ditionis eius Magisterio commendauit. Fecit idem Dux Vuillelmus à nouo Cœnobium ingens Malleacense in territorio Pictauiensi, itemque aliud Cœnobium Borgoliense in Cespite Andegauensi, in fundo proprio vna cum matre sua nomine Adela Christianissimâ quæ extitit soror Richardi Comitis Rothomagensis.* Extant quædam ad eum Fulberti Epistolæ: extant & apud Fulbertum quædam ipsius Vuillelmi satis elegantes.

Guillelmus Apuliensis Normanæ originis scripsit iussu Rogeri filij Roberti Guichardi, item & Vrbani II. Pontificis quinque libros de rebus gestis Normanorum in Apulia & Italia. Sic autem incipit.

Gesta Ducum veterum veteres cecinere poëta,
Aggrediar vates nouus edere gesta nouorum.
Dicere fert animus, quo Gens Normanica Ductu
Venerit Italiam; fuerit qua causa morandi,
Quosue secuta Duces Latij sit adepta triumphû.
Parce tuo vati pro viribus alta canenti
Clara Rogere Ducis Roberti dignaque proles,
Imperio cuius parere parata voluntas
Me facit audacem: quia vires quas labor artis
Ingeniumque negat, deuotio pura ministrat.
Et Patris Vrbani reuerenda petitio segnem
Esse vetat, quia plus timeo peccare negando
Tanti Pontificis, quàm iussa benigna sequendo.

Guimundus vel Guitmundus natione Burgundus, vel vt aliqui dicunt Normanus, Lutetiam primùm venit vbi in Grammaticâ, Rhetorica & Philosophia excelluit. Deinde ad Lanfrancum in Neustriam ad discendam Theologiam se contulit. Tunc temporis enim in Cœnobiis adhuc Monachi Litterarum studia exercebant, maximè verò Theologiam. Monachi habitum induit in Cœnobio quod Crux Heltoni seu S. Leufredi dicitur, in Diœcesi Ebroicensi. Vir fuit teste Orderico Vitali æuo maturus, religiosus, ac scientiâ litterarum eruditissimus, cuius ingenii præclarum specimen erenitur in libris quos contra Be-

rengarium de veritate Corporis & Sanguinis Dominici conscripsit. Ab Anglorũ Rege euocatus respuit omnia munera Ecclesiastica: post mortem tamen Ioannis Rothomagensium Archiepiscopi Archipræsulatum gessisset, si non obstitissent æmuli, qui tamen nihil aliud obiicebant quàm quod filius esset Sacerdotis. Orationem scripsit ad Guillelmũ Regem Anglorum cũ Episcopatũ recusaret. Scribũt etiã aliqui ab Odilone Abbate suo homine illiterato, qui quantum thesaurũ possideret, non agnosceret, impetrasse peregrinandi licentiam; ab Alexandro factum Cardinalem; vel vt scribit Ordericus, à Gregorio VII. demum Archiepiscopum Auersanum in Appulia. Obiit an. 1080. scripsit de Corpore & Sanguine Christi in Eucharistia libros 3. aduersus Berengarium, confessionem de Christi humanitate, de Trinitate &c. Eius viri meminit Yvo Carnotens. Epist. 78. *Ex quibus*, inquit, *duo de Monasterio Crucis litterati & religiosi Guimundus & Robertus: alter ad Episcopatum Auersensem, alter ad gubernationem Monasterij sancti Laurentij Auersensis authoritate Apostolica assumpti sunt.* Eiusdem Vvillelmus Malmesbur. in vita Guillelmi primi de Berengario loquens, *responderunt ei libris Lanfrancus Archiepiscopus sed præcipuè & fortiter Guimundus prius Monachus de S. Leofredo Normaniæ, postea Episcopus Auersanus Apuliæ nostri temporis eloquentissimus.* Fusius verò Ordericus lib. 4. Hist. *Guimundus Venerabilis Monachus Cænobii, quod Crux Heltonis dicitur, vbi gloriosi confessor Christi Leufredus, tempore Hildeberti & Hilperici iuniorum Regum Domino f. liciter 18. annis militasse legitur.*
" Regio iussu accersitus Pontum transfretauit, & oblatum sibi à Rege & Proceri-
" bus Regni onus Ecclesiastici regiminis omnino repudiauit. Erat enim æuo matu-
" rus, & religiosus æ scientia litterarum eruditissimus: cuius ingenii præclarum
" specimen euidenter patet in libro de Corpore & Sanguine Domini contra Be-
" rengarium & in aliis opusculis ipsius. Hic itaque cum à Rege rogaretur vt in An-
" glia secum moraretur, & congruum tempus eum promouendi præstolaretur,
" secum subtiliter deliberauit, suique voti propositi aliud esse demonstrans,
" regi respondit. Multæ causæ me repetuntab Ecclesiastico regimine &c. Admi-
" ratus Rex cũ Proceribus eius insignis Monachi constantia supplex ac deuotus im-
" pendit ei decentem reuerentiam & competenter honoratum iussit eum remea-
" re in Neustriam &c. Non multo post defuncto Ioanne Rothomagensium Ar-
" chiepiscopo Rex & alii plures Guitmundum ad Archiepiscopatum elegerunt:
" sed æmuli eius quos idem vituperauerat, ne Archipræsul fieret, quantum potue-
" runt impedierunt. In tanto viro nihil obiiciendum inuenerunt, nisi quod filius
" esset Presbyteri. Ille autem ab omni auaritia purgari volens & inter exteros pau-
" pertate premi, quàm inter suos dissensionẽ fouere malens, Odilonem Monasterij
" sui Abbatem reuerenter adiit & humiliter ab illo licentiam peregrinãdi petiit &
" accepit. Porro illiteratus Abbas metiri nesciebat, quantus sapientiæ thesaurus in
" præfato Doctore latebat, ideo desiderabilem Philosophum de Monasterio suo
" facilè dimisit, quem Gregorius VII. Papa venientem ad se gaudens suscepit, Car-
" dinalem S. R. E. præfecit, & Vrbanus Papa iam probatum in multis Metropoli-
" tanum Auersæ vrbis solemniter ordinauit.

H.

HAimo Anglus postquam Lutetiæ Theologiam professus est, reuersus postea in Angliam Archidiaconus Cantuariensis factus est. De eo sic scribit Ba-
" læus *Haimo Anglus* honestâ familiâ natus sub præceptoribus bonis suam iuuen-
" tutem litteris & humanis & Diuinis adornabat splendidè. Dum vero in Anglia
" tumultuarentur Dani, pro corpore seruando prudens in Gallias venit & ad fa-
" num Dionysij sit Monachus primò, postea *Parisiis* sacratum litterarum Doctor: ac
" tandẽ reuersus in Patriam, Cantuariensis Ecclesiæ Archidiaconus. Inter ethnicos
" enim didicerat etiam ab ipso Platone, quid philosophari sit, nempe Deum ama-
" re super omnia. Hanc cognitam & probatam Philosophiam non modio suppone-
" re, aut sibi ipsi seruare, sed accepti talenti copiosus expositor cæteris impartiri
" curabat. Eiusdem meminit Harpsfeldius. *Fuit & Haimo*, inquit, postea Archidia-
" conus Cantuariensis imperante Edvvardo Confessore, qui Dacis omnia in Anglia
" infestantibus se in Galliam proripuit, & ad D. Dionysij fanum Monasticæ se
" vitæ addixit. Deinde Doctoris Parisiensis insignia suscepit: quibus quam dignus

Illustrium Academicorum.   599

fuerit, præclari illius in maximam scripturæ partem Commentarii & opera plane demonstrant. Multa eius opera enumerat Pithæus de rebus Theologicis quæ ait partim in Galliis, partim in Patria post reditum composuisse.

Haimo Anglosaxo Alcuini quondam Discipulus, Rabani socius & Achates fidelissimus, postea Monachus Fuldensis publicè docuit & summo cum applausu. In sacris litteris excellebat, egregiè ad populum concionabatur, postremo tandem factus est Episcopus Halberstadensis. Obiit an. 834. vel vt alii scribunt an. 840. Raros hoc seculo videmus viros doctos, qui ad Monachos se non transtulerint, & ad ecclesiasticas dignitates non euecti fuerint. De Presbyteris hoc frequens fuisse asserit Lupus Ep. 9. ad Wenilonem. *Iam vero* de Presbyteris quid dicam, cum nullum ferè Monachorum reperiatur Monasterium, quo non aliqui eorum seculi tumultus declinantes *concesserint*. Itaque mirum non est si tam multos professores ad Monachatum se contulisse legamus, nam longè securius illic vacabant litteris, quam in scholis publicis aut priuatis propter bellorum tumultus, qui hoc seculo crebri & importuni fuerunt.

Haimo Gerberti Discipulus, S. Pauli Apostoli Epistolas laudabiliter explanauit, teste Orderico Vitali, & alia multa de Euangeliis aliisque sacris scripturis spiritualiter tractauit: is est opinor Haimo qui an. 987. Virdunensem Episcopatum adeptus est post mortem Adalberonis, quique an. 1004. consecrauit in Abbatem S. Vvitoni Richardum Remensis Ecclesiæ olim Canonicum.

Halinardus Burgundus à puero litteris imbutus, Lingonensis Canonicus, postremo circa an. 1049. factus Lugdunensis Archiepiscopus. De quo sic legitur in Chronico S. Benigni. Hic fuit oriundus Burgundia, nobilium virorum exortus prosapia: nam pater eius Lingonum, Mater vero Æduorum ciuis extitit. Ab ipsis infantiæ rudimentis studiis litterarum traditus supernâ prouidentiâ geminâ scientiâ efficacissimè claruit. Amabatur paterno affectu à venerabili Præsule Æduæ Ciuitatis Vvalterio nomine, cuius filius erat in baptismate, ac ideo educabatur ab eo maiori diligentia, vt post aptaretur in domo Dei lucerna. Processu temporis decursa pueritia cum eum iam sibi vendicaret adolescentia, à Patre suo est traditus domno Brunoni Lingonum Præsuli, qui eum cernens liberali ingenio valere, Canonicorum studuit collegio copulare. In ea itaque vrbe cum Philosophos virosque audiret ecclesiasticos, diuina inspirante gratia nulli sodalium erat inferior in sapientia: foecunditas eloquentiæ grauitate componebatur sapientiæ. Apud S. Benignum Diuionensem Monachus factus, deinde Prior, postea Abbas, postremo assumptus est ad Archiepiscopatum Lugdunensem.

Halitgarius in Scholis Palatinis cum Ludouico Pio, Ebone & aliis institutus ad Cameracensem Episcopatum à Ludouico euectus, ab eoque Constantinopolim ad Michaëlem Imp. cum Ansfrido Abbate Monasterij Nonantulæ missus strenuè & fideliter legationem obiit, & an. 828. Ludouico apud Aquisgran. conuentum publicum habente retulit se à Michaele humanissimè fuisse susceptum. Vir fuit in rebus Theologicis, valdè peritus, maximè verò in Theologia morali. Quamobrè hortatu Ebonis Archiepiscopi Remensis sex libellos de remediis peccatorum & ordine vel iudiciis poenitentiæ conscripsit. Vtriusque in hanc rem, leguntur Epistolæ apud Flodoardum libro 2. cap. 19. Ebonis quidem talis est. Reuerendissimo in Christo Fratri ac Filio Halitgario Episcopo Ebo indignus Episcopus salutem. Non dubito tuæ id notum esse Caritati, quanta nobis Ecclesiasticæ disciplinæ quantisque nostrorum necessitatibus subditorum & insuper Mundialium oppressionibus, quibus quotidie agitamur, cura constringat. Idcirco vt tecum contuli, ex patrum dictis Canonumque sententiis ad opus Consacerdotum nostrorum excerpere Poenitentialem minimè valui, quia animus cum diuiditur per multa, fit minor ad singula. Et hoc est quod in hac re me valdè solicitat, quoniam ita confusa sunt Iudicia poenitentium in presbyterorum nostrorum opusculis, atque diuersa & inter se discrepantia & nullius authoritate suffulta, vt vix propter dissonantiâ possint discerni. Vnde fit vt concurrentibus ad remedium poenitentiæ tam pro librorum confusione, quàm etiam pro ingenii tarditate, nullatenus valeant subuenire. Quapropter Carissime frater, noli teipsum nobis negare, qui semper in Diuinis ardenti animo Disciplinis ac solerti cura scripturarum meditationibus perfectissimo otio floruisti. Arripe quæso sine

„ excusationis verbo huius sarcinæ pondus à me quidem tibi impositum, sed à Do-
„ mino cuius onus leue est, leuigandum. Noli timere, neque formides huius ope-
„ ris magnitudinem: sed fidenter accede quia aderit tibi qui dixit, aperi os tuum
„ & ego adimplebo illud. Scis enim optime paruis parua sufficere, nec ad mensam
„ magnatorum pauperum turbam posse accedere. Noli tuæ deuotioni nobis sub-
„ strahere scientiam: noli accensam in te sub modio ponere lucernam, sed præ-
„ celso eam superpone candelabro, vt luceat omnibus qui in domo Dei sunt fratri-
„ bus, & profer nobis veluti scriba doctus quod accepisti à Domino. Aderit tibi hu-
„ ius laboris itinere illius gratia, qui duobus Discipulis euntibus tertium se socium
„ addidit in via, & aperuit illis sensum vt sanctas intelligerent scripturas. Spiritus
„ paracletus omni veritatis doctrina & perfecta Caritatis scientia tua resplendeat
„ pectora, Carissime frater. Vale.

Ad hæc rescripsit Halitgarius paucis verbis, sibi durum quidem onus imponi,
sed tamen pro viribus suscepturum: atque ex his paucis agnoscemus quantæ facundiæ vir fuerit.

Domino & Venerabili Patri in Christo Eboni Archiepiscopo Halitgarius mini-
„ mus Christi famulus salutem. Postquam venerande Pater, directas Beatitudinis
„ vestræ accepi litteras, quibus me hortari dignati estis, ne mentis acumen inerti
„ torpentique otio submitterem, sed cognitioni ac meditationi cotidie sacræ scrip-
„ turæ me vigilanter traderem: & insuper ex SS. Patrum Canonumque sententiis
„ Pœnitentialem in vno volumine aggregarem, durum quidem mihi & valde diffi-
„ cile tremendumque hoc fuit imperium, vt hanc susciperem sarcinam quam à
„ prudentibus cognosco relictam. Multumque renisus sum voluntati vestræ, non
„ velut procaciter durus, sed propriæ infirmitatis admonitus. Hac etenim cura sol-
„ licitus necessarium duxi, vt aliquandiu me à scribendi temeritate suspenderem:
„ quia sicut perpendi iniuncti operis difficultatem, ita & iniungentis authoritati
„ nec volui nec debui vsquequaque resistere, certus quia imbecillitatem meam
„ multo amplius vestra adiuuaret præcipientis dignitas, quàm grauaret meæ
„ ignorantiæ difficultas. Valete.

Extant autem hi libri tom. 5. Antiq. Lection. editi per Henricum Canisium
qui merito recenseri debent inter primos Casuistarum libros: quanquam & ante
hæc tempora fuisse eiusdem materiæ libros editos patet ex Ebonis Epistola, quale
erat Pœnitentiale Rom. & Theodori Archiepiscopi Cantuariensis, de quo Beda
in Chronicis sub Dagoberto. Item liber ipsius Bedæ de remediis peccatorum. Patet autem ex Halitgarii opere tum adhuc pœnitentias imponi solitas secundum
exigentiam canonum.

Helias cognomine Scotigena quia natione Scotus erat, exemplo Alcuini & aliorum Transmarinorum qui Parisienses scholas frequentarunt hoc seculo, in Galliam venit, diciturque fuisse Theodulfi Aurelianensis Episcopi Discipulus & post
eum scholam quoque tenuisse, & inter cæteros habuisse Discipulum Erricum
Antissiodorensem. Et ita refert Ademarus Engolismensis, vt in Historia retulimus. Iste autem ante 860. propter singularem eruditionem factus est Episcopus Engolismensis: imo in Chronico Engolis. legitur obiisse 10. Kal. Octobr. an. 860.
Sed malè, nam interfuit Synodo Suessionensi III. an. 866 deque eius obitu sic habet Chronicon Malleacense. *Hoc tempore grassantibus Normanis Helias Scotigena
Episcopus Engolismensis defunctus est.*

Fuit illis temporibus Helias presbyter Ionæ Episcopi Aurelianensis Notarius,
qui libellum depositionis Ebonis scripsit an. 831. vt legitur apud Flodoardum l. 2.
c. 20. *Coram* omnibus hanc notitiam cum præscripto libello teporibus futuris conseruandam Ionas Episcopus Heliæ Notario qui libellum Ebonis scripserat, cui
idem Ebo subscripsit, secundum 59. Capitulū & item secundum Capitulum 74.
Concilii Africani *pro omnibus dictauit: & idem Helias hæc quæ sequuntur conscripsit.
Acta est hæc Ebonis professio ciusque propriæ manus subscriptione roborata in
Conuentu synodali generaliter habito apud Theodonis-villā anno Incarnationis
Dominicæ 825. anno etiam Imperii gloriosi Cæsaris Ludouici 21.* Hæc iste Helias,
qui dicitur in præmium laboris accepisse Episcopatum Carnotensem. Et reuera
inter Episcopos qui scripserunt ad Nomenoium legitur *Helias* Carnutum. Eodem
anno 835. obiit Helias Episcopus Trecensis eiusdem coniurationis cum Ebone

particeps & cum Iesse Ambianensi Præsule & Wala Corbeiensi Abbate.

Helgaldus Floriacensis Monachus Abbonis quondam discipulus, sub cuius disciplina multum profecit, eo verò miserabiliter occiso sub Gauzlino Abbate vixit. Roberto Regi charissimus fuit, cuius vitam & acta posteritati mandauit. Ecclesiæ Floriacensi quæ incendio deflagrarat, reædificandæ incubuit. Vnde istos versus à se factos ad dextram sinistramque altaris insculpi curauit, ad sinistram quidem intrantibus in Ecclesiam.

Ista Dionysius penetrantes limina sanctus
Auxilio sancto consociet Domino
Quem quicunque petis Dominum deposce Tonantem,
Quatenus Helgaudum seruet amore suum.
Cuius amor Christo sic sic venerabile Templum
Construxit Domino, atque Dionysio.

Ad dextram vero istos.

Est domus ista Deo sine fine dicata supremo
Helgaudi studio consilioque boni.
Hinc paradisiaci pulsatur ianua Regni,
Hinc pia plebs Domino coniubilat supero.
Intrantes pariter Christus conseruet Iesus
Dicite cuncti voce fideli, omne per æuum.

Helisacharus Archicapellanus Ludouici Pii doctissimus sui temporis habitus, Alcuini Discipulus, Abbas S. Richarii prope Abbatis-villam, & Gemmetici vulgo Iumieges. Eum vocat Amalarius in Prologo Antiphonarii *Sacerdotem Dei apprimè eruditum & studiosum in lectione & diuino cultu, necnon inter priores primum palaty excellentissimi Ludouici Imperatoris.* Huic Freculphus dedicauit 7. libros rerum gestarum ab orbe condito ad Christi natiuitatem: claruit & sub Carolo M. & sub Ludouico vsque ad an. 840. Antiphonarium composuit, ob idque laudatur ab Amalario *propter quod non solùm ille,* sed & quoscunque de eruditis viris adse potuit conuocare, *qui in eo negotio sudauerunt.*

Herbertus Iudææ stirpis Gerberti Aquitanici quondam discipulus cum Roberto Rege & Fulberto Carnotensi diu Carnuti docuit, habuitque inter alios Gerardum Fontanellensem Abbatem discipulum & auditorem, & relictis scholis apud Latiniacense Cœnobium Monachum induit: cumque paulo post secutus est Gerardus discipulus, qua de re sic legitur in Chronico Fontanellensi, quod desinit ad an. 1053. *Carnoti tempore Fulberti præsulis vndecumque doctissimi litteras adolescens didicit: vbi Herbertus ex Iudæis ortus, sed à puero Christianus in omni litterarum peritia tunc temporis & cantandi arte vocisque excellentia inter cæteros maximè florebat. Erat enim Regis Francorum Roberti & prædicti Fulberti condiscipulus, auditor vero Gerberti Philosophi, qui postmodum ex Monacho vrbis Remensis tenuit Pontificatum. Vnde per inuidiam quorumdam eiectus ad apicem dignitatis Apostolicæ merito incomparabilis scientiæ demum in vrbe Romulea est prouectus. Huius, vt præmissum est, Herbertus doctrinis liberaliter institutus, non multo post S. Benedicti disciplinis in Monasterio Latiniacensi se submisit regularibus: quem præfatus iuuenis Girardus ad bonum æmulatus, animo & corpore illic pariter est substitutus, atque ad summum Religionis Monasticæ cœlesti præuentus gratia tenorem peruenire promeruit.*

Heriboldus seu Heribaldus nobilitate generis & scientiarum ornamentis clarus, in scholis quoque Palatinis educatus floruit sub Ludouico Pio & Caluo. Inter eos Episcopos numeratur, qui à Lotharianis partibus fuerant contra Ludouicum patrem: quæ ingrati animi labes fuit turpissima, nam à Ludouico ob scientiarum splendorem ad Episcopatum Antissiodornsem post mortem Angelelmi prouectus fuerat: at postea facti pœnitentia ductus restitutus est in integrum & Carolo Caluo carissimus fuit, eique tractandis Regni negotiis fidelis deinceps adiutor fuit. Nihilominus licet occupatissimus litteris vacare non desistebat: vt patet ex Ep. 37. Lupi Ferrariensis ad ipsum. *Codicem Annotationum B. Hieronymi in Prophetas, necdum à me lectum, vobis morem gerens dirigo, quem vestra di-*

ligentia cito ante ex scribendum aut legendum procuret, nobisque restitui iubeat. Vnde vos monendum iudicaui, ne forte vobis in multis assiduisque occupatis negociis nihil vobis collatura, nobis earundem rerum obesset dilatio. Atque vtinam altissimum Diuinumque vestrum ingenium, quantum posset fieri à communibus auersum negotiis ad indaganda humanæ vel diuinæ sapientiæ transferretur secreta, profectò vestra nobilitas Officiique clarissimi gradus dignum sua amplitudine cepisset emolumentum: quod nolim eo dictum à me accipiatis, vt me in hac parte perfectum iactanter existimem, aut vobis in aliquo prorsus conferendam, nedum præferendum opiner. Sed sicut vos conuenientibus cumulatos honoribus congratulor, ita etiam ingenuis maximéque excelsum artibus, ornatos nosse desidero. Ad eundem extat apud Lupum Epistola Iudithæ Reginæ pro fratre suo honoribus destituto, propter homines, qui ei famulati sunt, inquit, Intelligit forté Abbonem Heriboldi fratrem, S. Germani Antissiod. Abbatem, qui ei in episcopatu succellit, virū strenuum & in diuinis secularibuq; scripturis principaliter eruditum, vt legitur in Chronico Antissiodorensi, in quo quid Ecclesiæ cui præfuit, contulerit, sic legitur. *Hic Ecclesiam S. Stephani & parietibus & laquearibus renouauit, vitreis quoque ac picturis optimis decorauit, coronas argenteas 4. instituit. Hic sanctorum Martyrum Alexandri & Crysanti pignora ab vrbe Roma detulit, quæ in prædicta Ecclesia recondidit, fredamque cum cancellis benigno studio exornauit. Hic etiam corpus Beatissimi Germani præcepto Regum Karoli & Ludouici ex loco in quo primum tumulatum fuerat, venerabiliter Kalendis Septemb. transmutauit an. 841. quod ita & soliditate integrum & vestibus reperit incorruptum, vt quondam fuerat à Venerabili Augusta Placidia decentissimè compositum. Hic etiam Præsul cum Regi Karolo & charus esset & intimus, eius munificentia villas quasdam obtinuit quæ olim iuri Ecclesiastico fuerant abdicatæ.* Quo anno obierit, non legi adfuit Concilio Turonensi IV. an 849. & Abbo frater eius ac successor Metensi an. 859. In Historia Episcoporum Antissiodorensium dicitur Antelmo patre Baioario, matre Frotilde Vastinensi natus, in *Palatio Regio* educatus post decessum Angelelmi auunculi ad Episcopatum promotus procurante id beneficium Aldrico Senonensi Archiepiscopo & Coepiscopis ex præcepto Ludouici Imper. Fuit autem, *vt ibidem legitur*, vir admodum nobilis, forma elegans, eloquio nitidus, singulari prudentiâ circunspectus: quamobrem & apud Reges plurimum valuit, itaut in Palatio Archicapellanus effectus, seculari quoque dignitate potentissimus ea tempestate extiterit; Congregationem Canonicorum tam litterarum eruditione, quàm Ecclesiasticæ industriæ studiis illustrauit, adhibitis vndecunque præceptoribus, qui rem Diuinam & studio prouexerent & instantia amplificarent. Sed & in stipendiis eorundem quam largus extiterit, non licet ambigere.

Herifridus vir nobilis patria Carnotensis ad scholas quoque palatinas missus est, quo tempore Caluus Regni habenas moderabatur, vbi se in litteris & pietate conspicuum præstitit, adeout ad Episcopatum Antissiodorensem post Humbaldum prouectus fuerit: eique præfuit 22. an. mensem vnum, dies 16. vt legitur in Chronico Antissiodorensium Episcoporum c. 41. vnde intelligimus, qualis esset Scholarum Palatinarum status illis temporibus. Sic enim de Herifrido habetur. *Hic vir nobilissimus* qualiter hanc suscepit dignitatem, qualis in Pontificatu, qualis & ante fuerit, non allegare litteris indecentissimum est. Eo siquidem tempore Carolus nulli virtute secundus totius orbis gubernabat Imperium: quo hospite felices extitere res mundi: quia & *Rex philosophabatur, & Philosophus Regni moderabatur habenas*: nam licet in diuersa, vt pote Regum omnium potentissimus extenderetur animus, Liberalium artium ferulas à Palatio numquam videres deesse, sed *Regiæ Dignitatis Aulam totius Sapientiæ Gymnasium mirareris existere*. Ad hunc locum quique Nobiles & Regni Optimates discendi gratiâ humani & Ecclesiastici habitus soboles destinabant, certi vtriusque disciplinæ dogma oppido refulgere. Inter alios denique superbi sanguinis Iuuenes, inibi exultantibus animis confluentes aderat præfatus vir ex nobilissima Armoricani Tractus prosapia deriuatus Herifridus nomine, morum sanctitate probatissimus, vultu & conuersatione Angelicus, ardens in humanis tenebris Diuinæ contemplationis radius. Huius pater Herifridus nominatus est, mater verò Isemberga est nūcupata, nobiles genere, nobiliores sanctitate: qui licet forent coniugati seculo, erat tamen

Illustrium Academicorum. 603

tamen in cœlestibus illorum conuersatio, qui præstitam prolem tenere diligentes, Omnipotentis & B. Mariæ seruitio tradiderunt, in Carnotensi vrbe vnde & ipsi oriundi erant, ingenti gratulatione eum tonsurantes: ibi aliquantisper liberalibus institutus studiis, vt in eum litteralis scientia concurreret, Domino Gauterio sanctæ Aurelianensis Ecclesiæ Episcopo id procurante, ex cuius processerat progenie, ad supradicti Imperatoris famulatum seruiturus dirigitur. Illic plenè scripturarum perscrutans paginas, senioris sui inhæsit seruitio, vt nunquā ab eius vellet præsentia discedere, nunquam ab Ecclesi. negotiis separari &c. Atque ne quis dubitet de fide Authoris, hæc de Herifrido deque Scholis Palatinis ad quas è minoribus Iuuenes confluebant, scribentis, eius ætatem ex verbis sequentibus agnoscat: nam Herifridi mores describens, & quo pacto in Ecclesiæ suæ administratione se gesserit, subdit *Vbi qualiter vixerit, & quàm nobilem se normamque virtutum omnibus præbuerit, plures supersunt qui hac luce clarius norunt.* Vnde colligimus authorem vixisse circa an. 930. nam Herifridus obiit ante an. 900. cui successit Geranus. Nec contemnendum quod de eo habet Chronicon Antissiodorense. *Antissiodorensem* Ecclesiam post Humbaldum rexit Herifridus vir ornatus cunctis virtutibus, signis etiam admirandus. Huius tempore Ciuitas improuiso flammis exusta penitus versa est in cineres tantùm & rudera. Quod videns sacer præsul, suo induxit animo quod sibi nunquam in Vrbe habitaculum faceret nisi prius B. Mariæ Virginis, ac SS. Ioannis & Stephani Basilicas integrè reparasset: quas paruo contentus tugurio mox reædificare cœpit mirificèque restruxit, sed morte præuentus Domum Episcopalem reparare non potuit.

Heruæus Lemouicensis in Dolensi Cœnobio Monachus factus, quinquaginta annis ibi studiis vacauit. Legitur Epistola quædam Encyclica Monachorum Burgidolensis Abbatiæ vitam librosque Heruæi continens hoc pacto. *Fuit vir tam vita quàm doctrina venerabilis Heruæus nomine Dolensis Cœnobii Monachus degens ibi circiter 50. annis in prædicanda motum probitate, patriæ autem Lemouicensis indigena multa apud nos suæ fidei & sapientiæ, nec non & innocentiæ monimenta relinquens. Iam namque Iuuenis & à puero Scholarum dogmatibus multipliciter imbutus, cum prædictum Monasterium ingressus fuisset, totum se studio sanctarum scripturarum dedit, atque Catholicos Tractatores, Augustinum videlicet, Hieronymum, Ambrosium, Gregorium ac reliquos frequentare cœpit, iugiterque diebus ac noctibus eorum lectioni incumbere, meditationi inseruire non destitit, nec quolibet impedimento ab inquisitione veritatis auelli potuit. Cumque singularis ingenii atque inæstimabilis memoriæ esset, cœpit in vasculo corporis sui multa profutura recondere, & columbæ more meliora grana eligere sibique memoriter retinere scriptoque commendare. Fecit ergo primùm expositionem mirabilem super libris B. Dionysii de Hierarchiis Angelorum. Deinde exposuit totum librum Isaiæ Prophetæ, & Lamentationis Ieremiæ, extremamque partem Ezechielis ibi incipiens, vbi S. Gregorius Papa dimiserat, & ad finem vsque perducens. Simul etiam Deuteronomium Moysis & Ecclesiasten Salomonis, nec non quoque librum Iobicum & libellum Ruth, librum Tobiæ & omnia quæ in illis minus intelligentibus sonum, litteram sonare videntur, inconuincibili ratione ostendens Christi & Ecclesiæ contestari & prædicare mysteria.*

Hilduinus Alcuini Discipulus ex nobili Francorum Procerum oriundus sanguine, Dionysianæ familiæ Monachus, deinde Abbas, an. scilicet 826. factus quoq; Ludouici Pii Archicapellanus. Lupus Ferrariensis ep. 110. cum vocat *nobilitatis, dignitatis & moderationis apice conspicuum, Ecclesiasticorum Magistrum*. Item eundem appellat Frotharius ep. 11. *Excellentissimæ virum nobilitatis & Gloriosæ Dignitatis apice sublimatum, à Deo electum Patrem & Magistrum*. Et ep. 16. *Inclytum & omni nobilitate præclarum*. Abbas quoque fuit S. Germani-Pratensis & S. Medardi Suessionensis. Eius consiliis & ministerio omnia Ludouicus Imperator administrabat. Ad eum omnes confugiebant, & si quid esset impetrandum ab Imperatore, prius ipse adibatur, vt legere est in Epistolis Frotharii. Omnibus porro charus erat & ita Ministerium suum obibat, vt nemini si posset, noceret, omnibus verò bene facere conaretur: itaque cum ad nouam Corbeiam instituendam & regendam missus fuisset ab Imperatore, donec illi Abbas aliquis præficeretur, omnium animos in se conuertit, vt ait vetus Author de constitutione nouæ Corbeiæ *Illo verò in tempore*, inquit, *venerabilis Abbas Hilduinus in eodem Monasterio iussu habitabat Imperatoris, eratque omnibus charus atque dilectissimus. Quis enim se continere posset ab amore eius qui Dominum summo desiderio amabat & in eiusdem cultu assiduus erat?* Cæterum vir erat Doctissimus & Doctorum virorum Munerator largissimus: nam eius consilio Imperator neminem ad dignitates Ecclesiasticas promouebat, qui scientiâ non emineret & virtutibus. Eiusdem Imperatoris iussu Historiam S. Dionysii ex Græcis Latinisque codicibus collegit, & librum inscripsit Areopagitica. Primusque fertur omnium scriptorum docuisse Dionysium Parisiensem ipsummet esse Areopagitam, amore Pauli sui profectum Romam, Româ in Gallias adprædicandum Euangelium missum fuisse. Rabanum Maurum ex Discipulis quoque Alcuini vnum vehementer amabat, & à Rabano plurimum etiam colebatur, qui nempe suos in lib. Regum commentarios ei dedicauit. Verù ille tam singularis tamque prædicabilis famæ vir cum Iesse Episcopo Ambianensi & aliis Proceribus pro filiis aduersus Patrem stetit, atque in Ludouicum Principem suum cum aliis conspirauit. Quamobrem Abbatiâ spoliatus fuit ab eo, atque in Saxoniam relegatus, vt legitur apud Flodoardum l. 3. c. 1. at paulo post operâ Hincmari qui cum in exilium secutus fuerat, reuocatus & Abbatiis 2. redonatus est : sic enim ibi. *Processu temporis cum præmemoratus Hilduinus Abbas Imperatoris Ludouici Archicapellanus offensam ipsius Augusti adeo cum aliis Regni primoribus incurrisset, vt ablatis sibi Abbatiis, in Saxoniam fuerit relegatus, iste Hincmarus, per licentiam proprii Episcopi cum benedictione fratrum illum secutus est in exilium. Cui pro familiaritatis propiore notitiâ tantam Dominus apud Imperatorem Proceresque contulit gratiam, vt studere pro suo nutritore quiuerit, donec ab exilio reuocatus, duarum fuerit Abbatiarum prælationi restitutus.* Interfuit Cœnobii Hirsaugiensis benedictioni an. 828. cum Rabano Fuldensi tunc Abbate; eodemque anno teste Nitardo cum Gerardo Ciuitatis Parisinæ Comite suam Carolo Caluo fidem obligauit. Decessit 30. Octob. an. 842. atque apud S. Medardum Suessionensem sepultus est. Fuit & eodem seculo alius eiusdem nominis, similiter Abbas, qui cum multis aliis proceribus Ecclesiasticis subscripsit Electioni Caroli Calui in Imperatorem in Conuentu Pontigonensi an. 876. hoc modo *Hilduinus Abbas & Bibliothecarius*.. Neque enim credibile est Hilduinum S. Dionysii ad ea vsque tempora vitam protelasse.

Hincmarus nobilitate quoque generis clarus *apueritia in Monasterio San-Dionysiano sub Hilduino Abbate Monasteriali religione nutritus*, inquit Flodoardus l. 3. c. 1 *& studiis litterarum imbutus, indeque pro sui tam generis quàm sensus nobilitate in Palatia Ludouici Imperatoris deductus & familiarem ipsius notitiam adeptus fuerat*. Vir teste Trithemio, in diuinis Scripturis singulariter doctus & in secularibus litteris nulli suo têpore secûdus, sapiêtia & morum honestate conspicuus atque eloquentissimus, ab aliis vocatur Gallicanorû Abbatû sui seculi Doctissimus. Cum autê Monachi San-Dionysiani tum minus religiosè ad S. Benedicti regulâ viuerent, obtinuit ab Imperatore vt reformarétur, & ipse lubens se reformationi subiecit teste Flodoardo ibidê. *Ibi pro vt potuit, cum Imperatore & præfato Abbate sub Episcoporum authoritate laborauit, vt Ordo Monasticus in prædicto Monasterio quorundam voluptuosa factione diu delapsus restauraretur. Et vt opere quoque adimpleret, quod sermone suadebat, etiam ipse religiosæ conuersationi cum aliis se subdidit, castigans corpus suum & spirituali subiiciens seruituti.* Abbatem suum Hilduinum in Saxoniam relegatum comitatus est, & postea reuerso prodesse studuit. Cuius fidele obsequium demiratus Imperator in aulam eum asciuit, & primùm Monasterio S. Mariæ Beatique Gemani præfecit. Deinde exauthorato Ebone Caluus ad Archiepiscop. Remensê promouit an. 845. Regi suo Caluo semper quoad vixit fidelissimus extitit, fuit & apud eum potentissimus, ac pro nde si quis aliquid à Principe obtinere vellet, eum litteris & precibus prius conueniebat. Ad eum sic Lupus pro suo Cœnobio, Ep. 42. *Non sum nescius cum tantis diuinæ gratiæ muneribus abundaitis, vltro vos*
,,*cogitare apud Principem iuuandi bonos facultatem diuinitus accepisse, vt*
,,*quod in se non habent, in vobis possideant, & remunerandæ vestræ industriæ*
,,*materiam præbeant. Proinde familiaritatis fiducia moneo, vt dum tem-*
,,*pus habetis, vsuram talenti multiplicare curetis ; vt instar solis beneuolentiâ*

vestræ splendor cunctos irradiet, nec quenquam excipiat, nisi qui superbâ cœcitate lucem iustitiæ aspernatur. Nobilitatem vestræ generositatis ornat eruditio salutaris, altitudinem officii commendat religio professionis. Gothescalcum Orbacensis Cœnobii Monachum & Prædestinatianos vehementer infectatus est, & nim strigidè, vt quibusdam etiam tum visum est: nam Remigius cum tota Ecclesia Lugdunensi Gothescalcum defendit, & Capitula contraria Hincmari Capitulis approbarunt Episcopi trium prouinciarum Lugdunensis, Arelatensis & Viennensis in Valentina Synodo an. 855. quæ à Synodo Lingonensi, postea confirmata sunt an. 859. neque doctrinam Hincmari probarunt Prudentius Tricassinus & Lupus Ferrariensis: quamobrem diu iactata est hisce dissidiis Ecclesia Gallicana. Hincmarum nepotem suum Laudunensem Episcopum sedis Apostolicæ iuribus tuendis addictissimum implacabili odio prosecutus, tandem oculis priuari iussit. Hilduini sententiam de Dionysio Areopagita pluribus argumentis confirmauit, non auso Ioanne Erigena, licet contrarium sentiret, tantæ authoritati palam reluctari. Obiit verò Metropolitanorum Galliæ Decanus 21. Decemb. an. 882. in villa Sparnaci trans Matronam fluuium, quò metu Normanorum confugerat: sepulturæ autem mandatus est in Monasterio S. Remigii sub tumulo quem sibi parauerat, & cum Epitaphio tali quod ipse composuerat.

Nomine non merito Præsul Hincmarus ab antro
   Te Lector tituli quæso memento mei.
Quem grege Pastorem proprio Dionysius olim
   Remorum populis vt petiere, dedit.
Quique humilis magnæ Remensis regmina plebis
   Rexi pro modulo; hic modò verme voror.
Ergo anima requiem hanc & cum carne resumpta
   Gaudia plena mihi, hæc quoque posce simul.
Christe tui clemens famuli miserere fidelis
   Sis pia cultori sancta Maria tuo.
Dulcis Remigii sibimet deuotio prosit.
   Quâ te dilexit pectore & ore, manu.
Quare hic suppetiis supplex sua membra locari
   Vt bene complacuit denique sic obiit.

Hincmarus Iunior Magni, seu Remensis nepos, Episcopus Laudunensis, ex Gente Boloniensi nobili natus, in Ecclesia Remensi educatus, auunculi fauore ad Palatinos honores euectus, sed tandè eius odium incurrit leuibus prope de caussis, propterea quod Metropolitano suo non exhibebat eam quam ex Canonibus exhibere tenebatur reuerentiam obseruantiamque, nimis Romanis iuribus tuendis addictus. Obiiciebatur etiam quod fidem Regi violasset, quod excommunicationes quasdam in suos subditos temerè fulminasset, quod nonnullis beneficia per vim abstulisset. Tandem eo res processit, vt in Synodo Duziacensi an. 871. de Episcopali gradu depositus fuerit, in carcerem coniectus, & oculis priuatus. Quod facinus omnibus visum est crudelissimum; quodque Hadrianus Papa Epistola ad Carolum Caluum data improbauit. In Synodo Trecassina II. habita an. 878. Chirographum obtulit quo calamitates suas Ioanni VIII. **Pontifici præsenti exposuit his verbis,** quæ etiam nunc lachrymas eliciant.

Domine & samme Pater Patrum & Rector Pontificum Ioannes audi vocem proclamationis meæ, compassus causæ calamitatis meæ. A Remorum Archiepiscopo ad " Synodum sum vocatus ad Duziacum villam, ad quam cum festinassem, violen- " tiâ hostili in medio itinere segregatus sum ab omnibus meis, priuatus sum & spo- " liatus omnibus rebus meis: perductus sum ab eisdem hostibus vsque ad præfa- " tam villam, in qua cum consisterem: iam stabat Rex Carolus ante ipsum Archie- " piscopum meum tenens in manu scripturam, reputans me esse periurum, quia " Romam sine sua voluntate miserim & imputans quod eum accusauerim. Ad " quæ idem Archiepiscopus me respondere præcipiebat: & Ego reclamaui, quia " non docebat Canonica authoritas nudatum & suis rebus spoliatum, insuper & " ab hostibus detentum respondere vllatenus debere. Sed & addidi quia non fo- "

„ lum suspectum sed manifestissimè illum infestum habebam, vnde & Apostolicam
„ sedem appellaui tam de ipsa accusatione Regis, quàm de præiudicio quod ab
„ ipso patiebar Archiepiscopo: sed nihil mea petitio obtinuit: Iudicium præfatus
„ Episcopus super me imposuit, vt ab Episcopali remouendus essem officio, sed
„ alii gemebant flebantque, inter quos nullum merebar pati inimicum. Scripta
„ quidem ab eodem Archiepiscopo ipsis impositu manibus tenentes, sed ore pro-
„ ferre nolentes, inuiti vix verba singultiebant, aditum tamen ad sedem Aposto-
„ licam minimè sperantes mihi posse denegari. Vnde saluo per omnia sedi Apo-
„ stolicæ iudicio ipsi finem lectionis terminauere. Post hæc transmissus sum in
„ exilium, in quo per 2. annos sanus, sed aliquanto tempore ferro vinctus custo-
„ ditus sum. Duobus annis ferme peractis insuper cœcatus sum & vsque modò re-
„ tentus ad vos & ad vestræ piissimæ serenitatis præsentiam mox vt venire dimis-
„ sus potui, protinus accessi. Nunc autem vestram clementiam suppliciter exoro
„ à vestra summa paternitate parari de me æquitatis Iudicium, quod apud vestræ
„ paternitatis pietatem obtinere efflagito, tum pro multitudine miseriæ meæ, tum
„ pro magnitudine pietatis vestræ. Demum restitutus est publicè in Synodo à Ioanne, eique attributa redituum Laudunensis Ecclesiæ portio cum facultate
etiam cœco, impertiendi benedictionem populo. Nihilominùs remansit He-
nudulphus, qui in Hincmari sedem successerat, & Episcopale ministerium obiit,
quandiu vixit. Notat quoque Aimoinus l. 5. c. 3. permisisse Papam Hincmaro
cœco vt Missam etiam cantaret, Episcopos verò eius amore ductos Episcopalibus cum induisse vestimentis, & in Synodo præsente Papa & Rege cantasse.

Hubertus patria Cœnomanensis, insignis Grammaticus Aureliæ docuit, ibique Baldricum, Burguliensem deinde Abbatem habuit discipulum. Docuit
quoque Cenomani, vbi Audebertum & Hildebertum artibus liberalibus informauit. Eius mortem his versibus deflet Baldricus.

Doctorum speculum Doctor amande
Maiorum titulis æquiparande
O Huberte tuis vir venerande
Immolo perpetuas Exequiis lachrimas
  Mors tua dura mihi.
Ablato mihi Te, quæ mihi gaudia?
Gaudendi subiit deficientia
Lugendi datur heu! pessima copia
Et perpes querimonia
  Væ mea vita mihi.
Hubertus patriæ cura paterna
Magduni cecidit clara lucerna
Ex quo mæsta mihi lux hodierna
Vix aliquando scio, quid faciens facio
  Mors tua dura mihi.
Vrit nostra dolor corda medullitus.
Vix rarus recreat viscera spiritus.
Huberti gemitus causa sit exitus.
Hinc est creber anhelitus:
  Væ mea vita mihi.
Quo nos alter Ego, sed magis idem
Hoc vniuit amor fœdere pridem
Nec sorti modò mors subdit eidem,
Esset obisse mihi gloria, Téque frui.
  Mors tua dura mihi.
Ex quo cum lachrymis plus Ego lugeo
Hinc plus ipse quod est res noua, gaudeo.
Quando displicuit res lachrymarum
Tanto triste placet pondus earum.
Displicet atque placet illud, vtrumque placet.
  Væ mea vita mihi.

Illustrium Academicorum.

Singultus peperit carmina lubrica
Haud arcent Elegos Clauſtra Poëtica.
Te Doctor replicat noſtra querela
Hunc morbum leniet nulla medela
Mors mihi Te Tibi me compoſitura placet.
  Mors rogo ſera ueni.

Nescio an is sit Hubertus Discipulus Fulberti, quem ipse Archiepiscopo Remensi commendat inuisurum Monasterium S. Remigii. *De veſtra bonitate*, inquit, *non de noſtro merito confidentes, deprecamur, optime pater vt notum habere dignemini, hunc Charum noſtrum nomine Hubertum, qui de patriâ ſuâ causâ diſcenda honeſtatis egreſſus, & apud Nos aliquandiu demoratus talem ſe nobis exhibuit, vt non minus quam frater vterinus amari & honorari meruerit &c.* Fuit & hisce temporibus Hubertus Siluanectensis Episcopus qui inaugurationi Ludouici Crassi apud Aureliam an. 1109 interfuit.

Huboldus Leodiensis Orderico dicitur ad an. 987. fuisse Gerberti Aquitani Discipulus his verbis. *Gerbertus in Diuinis & ſecularibus libris eruditiſſimus fuit & in ſua Schola famoſos & ſublimes diſcipulos habuit; Robertum Regem & Leothericum Senonenſem Archiepiſcopum, Remigium Praeſulem Antiſſiodorenſem, Haimonem atque Huboldum alioſque plurimos fulgentes in choro Sophiſtarum.* Adolescentulus è schola Leodiensi Lutetiam fugit & in monte San-Genouefiano Scholam ipse habuit, vt in Historia ex Anselmo scriptore suppare retulimus, *dum adoleſcentulus à ſcholari diſciplina aufugiſſet Pariſius, S. Genoueſae Canonicis adhaeſit, & in breui multatum Scholarum inſtructor fuit.* De eius verò operibus sic scribit Ordericus. *Huboldus Muſicae Artis peritus ad laudem Creatoris in Eccleſia perſonuit, & de ſanctâ Trinitate dulcem hiſtoriam cecinit, alioſque multos delectabiles Cantus de Deo & Sanctis eius compoſuit.*

Hucbaldus cognomento Caluus Errici Antissiodorensis Discipulus ex Chronico Ademari Engolismensis, natione Gallus, Monachus S. Amandi Elnonensis ad fluuium Elnonem in Dioecesi Tornacensi, *vir* inquit Trithemius, *tam in Diuinis ſcripturis, quam in ſecularibus litteris eruditiſſimus; in Muſica, Poëtica, Philoſophia & caeteris artibus humanioribus nulli ſuo tempore ſecundus, quod multa vtroque ſtylo ab eo conſcripta teſtantur opuſcula.* A Fulcone Remensi Archiepiscopo cum Remigio euocatus est ad instituendas scholas Remenses, vt in Historia docuimus. De eo sic habet quoque Sigebertus. *Hucbaldus Monachus S. Amandi peritia liberalium Artium ita inſignis, vt Philoſophis conferretur.* Vitas multorum Sanctorum scripsit: & quia in Musica praepollebat, cantus multorum Sanctorum dulci & regulari melodia composuit. Scripsit etiam librum de Arte Musica, sic contemperans chordas monochordi litteris Alphabeti, vt possit quis per eas sine Magisterio alterius discere ignotum sibi cantum. Scripsit etiam ad Imperatorem Carolum Caluum librum 300. versuum in laudem Caluorum. Trithemius longè posterior Sigeberto opus illud mirabile ait se vidisse 136 tantum versibus constans. In eo autem omnia verba à littera C. incipiebant, vt in hoc versu patebit

  Carmina clariſonae caluis cantate Camaenae.

Scripsit Epist. ad iduersos & Gestorum S. Libuini lib. 1. Vitas etiam multorum sanctorum ornato descripsit eloquio, & cantus in honorem ipsorum dulci & regulari concentu composuit. Sepultus est apud S. Amandum 7. Kal. Iunii an. vt aiunt 937. in monumento Milonis auunculi cum hoc Epitaphio.

  Dormit in hac Tumba ſimplex ſine felle columba,
  Doctor flos & honos, tam Cleri quàm Monachorum;
  Hucbaldus, famam cuius per climata mundi
  Edita Sanctorum modulamina, geſtaque clamant.
  Hic Cirici membra pretioſa reperta Niuernis
  Noſtris inuexit oris ſcripſitque triumphum.

Hugo cognomento Magnus Roberti Pseudo-Regis Francorum filius, Dux Franciæ & Parisiorum Comes, propter multitudinem pinguium Abbatiarum quas possidebat Commendæ titulo, dictus Abba-Comes, ab vrbe Parisiensi bella quam potuit longè remouit, hocque pacto litterarum quieti consuluit. Franciam diu rexit sub Regibus Carolo Simplice & Ludouico Vltramarino: at hunc continuis bellis afflixit, nec passus est federe Parisiis, ne vt sunt Parisiensium mores & animi erga Regem suum benè semper affecti, ab iis expelleretur si bella tentaret. Obiit an. 956. vt notat Chronicon Andegauense, filiumque reliquit Hugonem cognomento Capetum, de quo mox dicetur. Difficile dictu est, quis fuerit sub eo Scholæ Parisiensis status: adeo omnia illa tempora plena fuerunt turbis, tumultibus & bellis.

Hugo Capetus Hugonis Magni filius, Dux quoque Francorum & Comes Parisiorum sub Lothario & Ludouico filio, quibus fato functis destinatum sibi quem Gentis suæ Regnum occupauit, Parisiensem Scholam restituit, eamque optimis disciplinis & nobilibus Institutis celebrem reddidit æmulatus Caroli Magni Caluique Nepotis exempla: ad quam proinde Proceres & Optimates Regni mittere cœperunt filios ad erudiendum: quod vel vnius Burchardi Comitis Meliduniensis exemplo patet. Sic enim legitur in eius vita per Odonem Fossatensem Monachum scripta an. 1057. *Inclytus Burchardus Nobili stirpe progenitus sacro baptismate est ingeneratus, atque nobiliter in Religione Catholica militari tirocinio edoctus. Nam pueritiæ tempora dum transigeret, Curiæ Regali more Francorum Procerum à parentibus traditus est. Qui Christianitatis operibus pollens, totius prudentiæ atque honestatis assumpsit commoda. In Aula enim gloriosi Hugonis Francorum Regis cunctis tam Cœlestibus quàm militaribus imbuebatur Institutis. Dum verò adolescentiæ atque iuuentutis appulit annos, Domini prouidente gratia, qui fidelem militem sibi eum prouidebat futurum, magno dilectionis amore à Rege amplectitur, in tantum vt cunctos, coætaneos transcendere videretur.* Hinc intelligitur Hugonem viros litteratos præsque fouisse: quod & Roberti filii institutio manifestius declarat; quem moribus optimis liberalibusque disciplinis apprimè imbui curauit: quæ res nonparum ei contulit ad stabiliendum Regnum quod occupauerat, vt videtur insinuare Glabre Rodulphus l. 2. c. 1. *Suscepto,* inquit, *Hugone regimine Regni Fancorum non multo post plerosque suorum, quos etiam prius in vniuersis habuerat subditos persensit contumaces. Tamen vt erat corpore & mente viuidus, cunctos sibi rebellantes paulatim compescuit. Habebat enim filium admodum prudentem nomine Robertum, Artium etiam liberalium studiis plurimùm erud tum.*

Hugo Lingonensis Discipulus Fulberti, primus Berengarii fastum & insolentiam retudit, eiusque de Eucharistia opinionem confutauit. Tractatum enim de Corpore & Sanguine Christi composuit, qui prodiit in lucem an. 1648 in eo autem hæc habet inter cætera ad Berengarium. *Domini in huiusmodi Sacramentis*
" *Corpus Christi sic esse,* vt panis & vini natura & essentia non mutetur; corpusque
" quod dixerat Crucifixum, intellectuale constituis. Qua in re vniuersalem Ec-
" clesiam scandalizas. Nam si panis & vini natura & essentia reali principalitate
" post consecrationem persistunt, translatum nihil potest intelligi: & si quod ad-
" iunctum est, sola sit intellectus potentia, reuera non capitur, quomodo vel vn-
" de, vel idem sit quod adhuc non subsistat: sicut non capis quomodo Verbum
" Caro factum sit, sic non potes capere, quomodo panis iste mutetur in Carnem,
" & vinum in Sanguinem transformetur, nisi te docuerit Omnipotentia fidei, &c.
" Propter quod Philosophiæ tuæ suadeo tenere quod scriptum est. Desine impu-
" gnare Cœleste mysterium &c. Huiusce viri vita variis casibus agitata est: in
" Concilio Remensi an. 1049. de Episcopatu suo deiectus alloné ex deinde ab eo-
" dem absolutus Romæ, vnde rediens Virduni Monachum induit, ibique an. 1050.
" obiit.

Humbaldus (alias Vvibaldus) Ioannis Scoti seu Erigenæ in Scholis Palatinis discipulus temporibus Calui Imperatoris, deinde à Ludouico Balbo Calui filio ad Episcopatum Antissiodorensem promotus Vvalæ successit. De eo sic habetur in Historia Episcop. Antissiodorens. c. 40. Vnbaldus (lege Humbaldus) *natione Francigena* Cameracensis Ciuitatis Indigena à Ludouico gloriosissimo & semper Augusto huic Ciuitati futurus directus est Episcopus, Parentibus nobilissimis genitus, Patre scilicet Leutfrido, Genitrice Doda legale inuicem seruantibus castè coniugium. Hic à primo ætatis tirocinio spiritualibus imbuitur disciplinis. *Liberalium Artium Studiis* apprimè instructus, *Ioannis Scoti* qui ea tempestate per *Gallias* sapientiæ diffundebat radios, factus pedissequus, cuius discipulatui longo inhærens tempore diuina simul & humana prospicere, prospera que & sinistra æquali lance didicit ponderare. Dehinc iuuentutis solidum robur adeptus ad aulam introductus est Regiam, vbi Regio militans seruitio Christo sibi fauente, huius sedis Vvala decedente Episcopo meruit suscipere thronum, prælibato Rege Ludouico dignè famulatum eius remunerante, huiusque Ecclesiæ & Cleri & Plebi conniuentia in vnum vt Pontifex ordinaretur, applaudente sicque opituis lante Deo cum summa totius populi exultatione die 9. April. ab Ansegiso venerabili Archiepisc. ordinatus est Episcopus, vbi quàm floridè vixerit, quanto studio domum sibi creditam sublimare voluerit, quàm mitis erga gregem Dominicum largusque dispensator extiterit, multi adhuc supersunt, qui oculis se vidisse testantur.

Humbertus Lemouicensis circa an. 1090. docebat Parisiis, habebatq; inter alios Discipulos Gaucherium Melletensem Rothomagensis Diœcesis, qui paulo post Aureliense Cœnobium Canonicis Regularibus assumptis instituit & fundauit. Humbertus ab eo consultus de modo regendæ vitæ, hoc illi consilium inspirasse legitur in antiquo Codice MS. Ecclesiæ Lemouicensis à Philippo Labbeo Iesuita in lucem edito. In quo sic habetur. *Sub eodem tempore venerandus M. Humbertus Lemouicæ sedis Canonicus, cuius iste* (Gaucherius) *erat familiaris, forte in illis partibus regebat studium, cui etiam aperuit sui animi desiderium, cuius admirans adolescentiam & animi constantiam, blandis sic alloquitur eloquiis.* Fili Charissime Gaucheri, si hoc residet in animo tuo, quod mihi confiteris verbo, sequere me in mea Patria, quæ multum numerosa est, vt spero in Deum, qui semper confortat desiderium, inuenies aliquem loculum tuo animo aptum, in quo poteris Domino seruire, qui tibi porriget manum pietatis suæ. Obiit autem Gaucherius an. 1140.

I.

IDithun videtur quoque inter Magistros Palatinos à Carolo M. adscriptus, artisque Musicæ Regulas pueris tradidisse. Eius quippe meminit Alcuinus poëm. 221. hancque illic professionem adsignat.

Instituit pueros Idithun modulamine sacro,
Vtque sonos dulces decantent voce sonora,
Quot pedibus, numeris, rythmo stat Musica, discant.

Iesse vir nobilis & ingenio valens Alcuini olim Discipulus, deinde professor Palatinæ scholæ, & concionator egregius, cuius meminit Alcuinus Poëmate 221. ad Carolum, in quo varias litterarum artiumque Liberalium, quæ exercebantur in illa schola, professiones enumerat.

Ordo Ministrorum sequitur te Iesse Magistrum
Vox tibi forte tonat Christi taurina per aulam,
Vt decet ex alto populis pia verba legenti.

Iam an. 800. Episcopus erat Ambianensis. an. 802. missus est à Carolo M. Constantinopolim cum Helingaudo Comite ad Irenen Imperatricem: vt nomine suo cum ea pacem stabiliret: quam in rem ipsa prius Leonem ad Carolum miserat. Post mortem Caroli in Palatio remansit, & inter Primarios Imperij Ministros sub Ludouico fuit. Verum cū ipse cum quibusdam aliis, quos Hilduinus Archicapellanus socios sibi adiunxit in prima filiorū defectione prodidit: nam cum molestè ferrent filii Ludouici super inductam à Patre Iuditam Imperatricem susceptæq; ex ea proli nimirū Carolo Caluo terram Alemanicá, Rheticam & Burgundiæ partem datam, in ipsum coniurarunt, eumque de Regno expellere tentarunt. Hac de re sic Theganus Chorepiscopus Treuerensis in lib. de Gestis Ludouici

Pij. Alio anno petrexit D. Imperator de Aquifgrani Palatio & peruenit ad Cōpendium; ibique venit obuiam ei Pipinus filius eius cum Magnatibus primis Patris fui, Hilduino Archicapellano & Iesse Ambianensi Episcopo, Hugone & Mathfrido & multis aliis perfidis, & voluerunt D. Imperatorē de Regno expellere. Obiiciebant autem hæc inter cætera. Iudith Reginam violatam esse à quodam Duce Bernhardo qui erat de stirpe Regia, & Domini Imperatoris ex sacro fonte baptismatis filius, mentientes omnia, suscipientes Reginam Iudith, eamque vi velantes & in Monasterium mittentes, & fratres eius Conradum & Rudolfum tondentes & in Monasterium mittentes. At eodem anno apud Nouiomagum conuocata ingenti hominum multitudine & Episcoporum concione Imperator indignitatem facinoris exaggerauit, Hilduinum in Saxoniam relegauit, Iesse Episcopatum ademit. Ibi, *inquit idem author* Iesse iusto iudicio Episcoporum depositus est. Cui iudicio cum aliis multis interfuit Ebo Remensis. Verum elapsis aliquot annis, cum iterum filij à parte defecissent, ipsumque cepissent, Ebo factionis incentor restituit Iesse in pristinam dignitatem: quod ei inter cætera idem Theganus obiicit. *Patres tui fuerunt Pastores Caprarum, non Consiliarij Principum.* Tu cum cæterorum iudicio Iesse à sacerdotio deposuisti. Nunc iterum reuocasti eum in gradum pristinum. *Aut tunc aut nunc falsum iudicium exhibuisti.* Rursus igitur ad coniuratorum partes transiit Iesse, sed iusto Dei iudicio plerique qui Lotharium rebellem secuti fuerant. an. 835. peste perierunt, quos sic enumerat author incertus in vita Ludouici. Ea tempestate quanta lues mortalis populum, qui Lotharium secutus est, inuaserit, miserabile est dictu. In breui enim, id est à Calendis Septemb. vsque ad Missam S. Martini hi primores e vita excesserunt. Iesse olim Ambianensis Episcopus, Helias Trecassinæ vrbis Episcopus, Wala Corbeiensis Monasterij Abbas.

Ingo Roberti Regis in pueritia condiscipulus fuit; eosdem Magistros audiuit easdemque scholas frequentauit. Quamobrem ille Rex factus Ingonem primum S. Martini Massiacensis, deinde S. Germani Pratensis Abbatia donauit. Qua de re Helgaldus in epitome. *In addiscendis artibus hic vir Dei humillimus Domnum Ingonem Collegam habuit, quem Abbatia S. Martini Massiacensis remuneratum, post Abbatia S. Germani Parisiensis inclytum seculo reddidit vt decebat tantum virum.*

Ioannes cognomento Mailrosius, etiam natione Scotus, sic dictus ab oppido Mailrosio, Alcuini & Clementis in condendâ Academiâ Parifiensi socius, Bedæ Discipulus Latinæ Græcæque linguæ peritissimus, quem aiunt Historici veteres à Carolo præfectum Academiæ Ticinensi seu Papiensi in Italia circa an. 792. ibique senem obiisse. De eo loquitur Monachus San-Gallensis l. 1. *Clementem in Gallia residere præcepit..... Alterum verò in Italiam direxit, cui & Monasterium S. Augustini iuxta Ticinensem vrbem delegauit, vt qui illuc ad eum voluissent, ad discendum congregari potuissent.* Et Balæus postquam narrauit quomodo Scoti illi Lutetiam venissent, & vænalem se scientiam habere clamitassent, subdit de Ioanne & Sociis. *Quod audiens Rex Carolus* cognomento Magnus prouisis statim necessariis eos illico retinuit, vt confluentes passim ad ipsos Nobilium Francorum adolescentes liberaliter erudirent: frequens inde illuc aduenientium conuentus effecit, vt Parisij statim percelebre foret auditorum Gymnasium, & vt Claudius in eo prælectiones inciperet, Ioannes verò Papiam seu Ticinum concederet, vt & Academiam illic & ipse inchoaret. De eodem sic habet **Petrus Angelus** l. 2. de Professorib. Ioannes Mailrosius venerabilis Bedæ Discipulus cum Claudio Clemente populari suo Parisios venit missus à Scotorum Rege Achaio ad Carolum M. apud quem tunc erat Alcuinus, qui cum ipsis Bedam audiuerat. Is Carolo persuadet, vt Scholam constituat, cui præficiat illos. Paret Rex, primaque Lutetianæ tum Academiæ iacta sunt fundamenta. Ioannes Ticinum quoque postmodo missus est Gymnasij causâ instituendi sub annum nostræ salutis reparatæ 813. Hinc facile conciliantur authores, quorum aliqui Ioannem Scotum seu Erigenam Bedæ Discipulum constituunt, arbitrati nempe vnum eundemque esse Erigenam & Mailrosium, vtrumque cognomento Scotum; cum duo manifestissimè distinguendi sint. Mailrosio plurimi tribuunt Erigenæ opera, nomine delusi. Scripsit autem hic certissimè Carmen de laudibus I. C. ad Carolum M. quod Gesnerus ait extitisse suo tempore M.S. apud Dresserum.

Ioannes

Illustrium Academicorum.

Ioannes Erigena natione Scotus, vel vt ait Balæus, natione Britannus in Meneuia Demetarum vrbe seu ad fanum Dauidis Patricio Genitore natus: qui Angliam Bello Dacico vexari videns Athenas profectus est, vt in fonte olim omnium Artium hauriret, si quid adhuc esset limpidi liquoris. Ibi igitur annos plures Græcis, Chaldaicis & Arabicis litteris insudauit. Illinc reuersus in Galliam vbi sciebat florere bonarum Artium exercitium, Carolo Caluo acceptissimus fuit, publicè Parisiis Philosophiam docuit: sed cum solis Dialectices regulis multa fidei nostræ mysteria se posse explicare putaret, in errorem lapsus est: aduersus quem scripsit Ecclesia Lugdunensis, in lib. de 3. epist. Nicolaus quoque I. eum reprehendit Ep. ad Carolum Caluum. Transtulit eiusdem Caroli iussu libros Dionysii de Cœlesti Hierarchia tunc recenter Constantinopoli missos, de Græco in Latinum, & an. 858. vulgauit: nec potuerunt inuidi & obtrectatores efficere, vt quandiu vixit Caluus, è Gallia pelleretur. Paulo verò post eius mortem, cum se videret omnium telis appeti, rediit in Angliam, vbi tum res erant pacatiores, & apud Dauidis fanum Meneuense in vltimis Cambriæ finibus Monachum induisse à nonnullis dicitur. Alii verò scribunt è Gallia in Angliam cum Grimbaldo ad constituendas Oxonienses Scholas ab Alfredo Rege euocatum fuisse, vbi publicè professus est: verum cum ad Malmesburiense Cœnobium recreationis gratia se contulisset, ibi à nonnullis Discipulis eum interemptum ferunt: quo verò anno, non consentiunt authores. De eo sic Helinandus post Will. Malmesb. apud Vincentium l. 24. c. 42. *Hoc tempore claruit Ioannes Scotus vir perspicacis ingenii & mellitæ facundiæ, qui dudum concrepantibus vndique bellorum fragoribus in Franciam ad Carolum Caluum transfugerat. Cuius rogatu Hierarchiam Dionysii Aeopagitæ de Græco in Latinum, verbum è verbo transtulit. Composuit etiam librum quem de Naturæ diuisione titulauit, propter quæstiones soluendas bene vtilem, si tamen ei in aliquibus ignoscatur, in quibus à Latinorum tramite deuiauit, dum in Græcos acriter oculos intendit. Hic suadentibus amicis munificentia Alfredi allectus in Angliá &c.* Petrus Angelus l. 2. de Professoribus de eodem sic habet. *Ioannes Scotus* Monachus Malmesburiensis cum Athenas profectus, Græcas, Caldaicas Arabicasque litteras didicisset, ab Alfredo iam dicto rege datus est præceptor. Cum esset in Gallia apud Carolum II. cognomine Caluum magno fuit in pretio, demum in Oxoniensi Academia Professor an. D. 884. quibusdam insti gantibus malignis, puerorum quos instruebat, graphiis confectus gloriosè Martyr occubuit, multisque post mortem claruit signis. Ideo autem graphiis confectum fuisse à pueris ait Ioannes Hornius lib. 6. Historiæ Philosophicæ c. 1. quia Missam taxabat. *Circa an. 880.* in Britannia floruit Ioannes Patricius Erigena (id. Hibernus, Erin enim Hiberniam hodieque Indigenæ appellant) vir linguarum Orientalium & Philosophiæ & Theologiæ peritissimus, qui primus in Oxoniensi Academia ab Alfredo Magno Anglico Rege fundata bonas artes docuit. Discipuli cum eum Missam taxaret, graphiis confoderunt an. 884. Eiusdem meminit Petrus Crinitus l. 24. de honesta Discip. c. 11. Notum est ferè omnibus quàm egregia eruditione clarissimoque ingenio præstiterit Ioannes Scotus in rebus Diuinis, vt qui omnem Christianæ Theologiæ disciplinam maximo studio coluerit. Qua in re illud mihi visum est annotatione dignum, quod in Gallorum annalibus legitur **de sæuitia discipulorum in eum ipsum, atque incredibili immanitate.** Is enim Scotus cum forte in Britannia Christianæ religioni se dicasset, atque discipulos aliquot, vt fit, erudiret; factum est, vt illi contra præceptorem conspirarent graphiisque assumptis illum sæuissimè interimerent. Quo scelere nihil atrocius aut flagitiosius dici potest. Idem Ioannes Græcas litteras calluit, quæ illis temporibus magna ex parte amissæ fuerant. Hinc Francorum Rex Carolus qui Caluus est appellatus, cum Christianæ Theologiæ studio teneretur, Ioanni Scoto mandauit, vt Dionysii Areopagitæ libros, qui de Sacra Hierarchia scribuntur, latinitate donaret. Quod ipsum pro officio suo erga Regem accuratè absoluit, etsi maiorem diligentiam quàm elegantiam tali opere indicauit. Willelmus Malmesburiensis hoc eius Epitaphium suæ historiæ inseruit.

Clauditur hoc tumulo Sanctus Sophista Ioannes

Qui ditatus erat iam viuens dogmate miro,
Martyrio tandem Christi conscendere Regnum
Quo meruit, Sancti regnant per secula Sancti.

Summopere autem charum fuisse Alfredo Ioannem patet ex eo quod in Aula Regia Vniuersitatis quam Oxonij fundauit Alfredus, etiam hodie teste Iacobo Vvachio in suo Rege Platonico, *Ostentent se eiusdem Aluredi vnáque Erigenæ facies opere perantiquo affabre formatæ, quas grata posteritas e ruderibus conseruatas parieti præ foribus Refectorii affixit.* Scripsit autem Ioannes de Corpore & Sanguine Domini lib. 1. vnde Berengarius dicitur hausisse suum de hoc Mysterio errorem. De Immaculatis Mysteriis lib. 1. De fide contra Barbaros l. 1. Homiliarum lib. 1. De Instituenda Iuuentute lib. 1. & is est opinor liber de Disciplina Scholarium, qui vulgò Boetio adscribitur. Versiones. S. Dionysij l. 1. dedicauitque Gloriosissimo Catholicorum Regum. In Theologiam Mysticam lib. 1. In Moralia Aristotel. l. 9. Dogmata Philosophica l. 1. & alia quædam. Vide Balæum & Pitseum.

Ioannes Antissiodorensis patre Ansaldo, matre Raingarda parentibus mediocribus natus, *Gerberti fuit Discipulus*, deinde Antissiodorensis *Scholasticus*, vir Doctus & summæ facundiæ, vnusque ex iis qui Arnulfum Remensem defenderunt. Postremò Episcopus Antissiodorensis, successítque Heriberto seu Herberto: sic enim legitur in Chronico Antissiodorensi. *Antissiodorensi Ecclesiæ post Heribertum Ioannes præfuit, vir vitæ honestate præcipuus & literarum studiis in Schola Gerberti apprime eruditus & imbutus.* At author Historiæ Episcoporum Antissiodorensium de eodem sic habet. *Litterarum studiis a primæua ætatis indole operam dans, quibus luculentissimè institutus claruit, postmodum inter Scholasticos illius Gerberti viri vtcumque doctissimi tunc Remorum Archipræsulis, dehinc Rauennæ, ad vltimum Romanæ sedis Cathedram indeptus petalum Pontificale meruit. Culmen scientiæ artium liberalium Ioannes perorando celebrauit, dehinc efficacissimus puerorum Didascalus primitus, post hæc Pedagogus clarus refulsit & ad honorem prolectus est Archidiaconatus..... Roberto Regi carus fuit.* Obiit autem 21. Ian. an. 998. sepultursque est extra Ecclesiam S. Germani. Cui successit Hugo Cabillonensis. Paulo ante mortem visionem retulit se habuisse, cuius meminit Robertus Monachus Antissiodor. in Chronico. *Hic cum infirmitate correptus ad extrema deueniisset raptus in extasi decoram satis visionem vidit, quam protinus retulit dicens, modo inquit, apparuit mihi Dominus meus I. C. simúlque cum eo Germanus Beatissimus, aliique quàm plures splendidissimi viri, quorum præsentia permaximum contulit mihi & mei doloris leuamen & animi sospitatem.*

Ioannes Carnotensis cognomento *Surdus* professione Medicus, Henrici I. Francorum Regis Archiatrus fuit; eiúsque mentio fit apud Ordericum Vitalem ad an. 1059. & in fragmento Historiæ Henrici, vbi de repentina eius morte his verbis agitur. *prætaxatus Rex Henricus postquam Regnum Francorum fere per 30. annos rexit, causâ corporeæ salutis à Ioanne Medicorum peritissimo potionem accepit. Sed veneno nimiam sitim inferente iussum Archiatri spreuit, & à cubiculario potum accipiens dum Medicus abesset, ante purgationem bibit.* Is Ioannes creditur fuisse Nominalis Philosophiæ Institutor, Nominaliúmque Princeps, de quibus in Historia fusè diximus.

Ionas Aurelianensis Rabani in rebus Theologicis cum Lupo Ferrariensi auditor, Clementis quoque in humanioribus discipulus, Vir in Diuinis Scripturis non minus quàm in humanis versatus & apprimè doctus, Theodulfo in Episcopatu Aurelianensi successit, seditque ab an. circiter 822. ad an. 842. Hic cum Ludouicus Pius Aureliam ingrederetur, Odam illi obtulit versibus Saphicis conscriptam. Interfuit Collationi Magistrorum virorúmque Doctorum, quam Lutetiæ haberi voluit Ludouicus de cultu Imaginum. Contra Claudium Taurinennensem Episcopum hæresiarcham librum de Adoranda Cruce edidit, inquit Florentius Vvigorniensis: *Dogmatizauit enim idem Hæreticus Crucis Dominicæ signum non oportere adorari, quod nisi adhibeatur frontibus nostris, siue aquis quibus regeneramur, aut Crismati quo linimur, aut Sacrificio quo vegetamur, nihil ritè perficitur. Sed ei memoratus Episcopus Ionas satis lucidè catholicèque illo suo respondit libello.* Ante-

Illustrium Academicorum

quam verò opus illud suum emitteret in vulgus, quod Caluo, dedicauit, tradidit Lupo Ferrariensi amico suo & olim condiscipulo examinandum, vt intelligimus ex hac Lupi ad ipsum rescribentis Epistola quæ est ordine 27. Reuerendissimo Præsuli Ionæ Lupus æternam in Domino Salutem. *Librum vestrum sicut rogastis, excurrimus, sed vt parcissimè dicamus, in eo mutare nihil voluimus, vt operis vestri sitis ipsi correctores cuius estis authores. Siquidem expendenda nobis fuit teneritudinis & tenuitatis nostra ratio, & ætatis ac ordinis vestri habenda consideratio, nec facilitatem ac delectationem quandam reprehendendi, quam in quibusdam notare solemus, debuimus imitari.* Videtur tamen inter eos aliqua intercessisse simultas ob factum aliquod Lupi, quod ipse excusat Ep. 21. Obiit autem Ionas an. 842. eique successit Agius Presbyter Palatii Caroli Calui.

Ioseppus Alcuini Discipulus, cuius ad eum extat Epistola consolatoria de infirmitate corporis quam patiebatur. *Doleo*, inquit, *de dolore corporis tui, sed gaudeo de felicitate animæ tuæ. Quia flagellat Deus omnem filium quem recipit. Occidit & viuificat, vulnerat & medetur. Spes præmii solatium tibi sit laboris. Hi dolores citò finiuntur, præmia patientiæ nunquam. Non sunt condignæ passiones huius temporis ad superuenturam gloriam quæ reuelabitur in sanctis. Quapropter cum gratiarum actione immola Deo sacrificium laudis.*

Iuo Carnotensis natione Picardus, patria Beluacensis, Hugonis de Actoylo & Hilemburgis filius, heres auitæ nobilitatis & virtutis, adolescens humanioribus litteris & philosophicis Lutetiæ animum excellenter excoluit, vt eius testantur opera: grandior factus Lanfrancum tunc adhuc Beccensem Abbatem audiuit in Theologia: inde reuersus à Guidone Bellouacensi Augustæ Veromanduorum in Ecclesia S. Quintini Decano, Cæsaro-Magi Bellouacorum tum Episcopo præfectus est Canonicis Regularibus S. Quintini an. 1078. quibus annos plus minus 14. præfuit, tumque Canones Pontificios collegit; quos deinde in compendium contrax tHugo Catalaunēsis Pannomiamque seu Panormiam vocauit. in eodem cœnobio Theologiam pro more docuit: hinc Magister & Doctor appellatus, omniumque ore celebratus. Vnde à Baronio vocatur *Lucerna Occidentalis Orbis, decus, ornamentum ac fulgor Ecclesiæ Gallicanæ.* Nec latuit Vrbanum II. viri fama, eumque curauit à Clero populoque Carnotensi Episcopum eligi in locum Gaufridi, quem propter crimina sua eiecerat; de qua promotione sic ipse Ep. ad Vrban. 289. *Elegeram abiectus esse in domo Dei, vt pote cui non generis nobilitas, non scientiæ dignitas, non eloquentia animos dabat, & paucorum fratrum pia societas caritate plena plus omnibus diuutiis mihi applaudebat: cum sic mihi latenti nec tale quid suspicanti Ecclesiæ Carnotensis Pontificatus possessiones & pondus obtrusit: nec sane eius voluntati aliqua ratione victus cederem, nisi id vos velle atque præcepisse, cui non obedire nefas est, protestaretur.* Non potuit tamen à Richerio Archiepiscopo Senonensi consecrari, quamobrem ad Vrbanum profectus Capuæ circa finem an. 1092. consecratus est: quod initium fuit malorum ipsius. Richerius enim existimabat sibi factam iniuriam, ad quem pertinere dicebat Gaufridi causam cognoscere antequam deiiceretur: factam quoque Regi, quia eo spreto Vrbanus illum promouerat. Hinc Richerius ab Vrbano iure pallii spoliatus, Gaufridus expulsus, Iuo confirmatus. Accessit & altera causa malorum. Noluit Iuo suffragari Nuptiis regis cum Bertrada Fulconis Andegauensis adhuc viuentis vxore, earumque celebritati Parisiis adesse detrectauit. Hinc indignatio in eum Philipi. Anno 1105. Paschalis Papa in Galliam venit, eumque Carnuti Iuo Paschalia sacra celebrantem habuit. Philippo mortuo Ludouici Crassi inaugurationi apud Aureliam interfuit an. 1189. & demum obiit an. 1115. 22. Decemb. vel vt aliqui scribunt, ipsis Kalendis Ianuarii anni 1116. Extat apud Philippum Abbatem Bonæ spei Iuoni supparem epitaphium eiusmodi.

Reddidit affectus Patrem, Doctrina Magistrum,
Regula Canonicum, Pontificemque Gradus.
Famosum probitas, humilem Natura, verendum
Vita seuera, senem longa, pudica sacrum.
Frasule defuncto sua tollere mos erat olim
Principis: hunc morem Principis emit Iuo.

Huius opem læſus, plebs dogmata, & frana malus Rex
Senſit, egenus opes, pro grege vota Deus.

Extat & aliud in Chronologia Seuertii ex Iauelli Manuſcripto,

Mente, manu, linguâ, doctrinâ, corporis vſu,
Prudens, munificus, præſtabilis, vtilis, inſons,
Firma Columna domus Domini, quam iure ſalubri
Fouit, muniuit, inſtruxit, iugiter auxit
Conſilio, ſcriptis, quo viueret ordine, rebus
Cuius opem gratis ager, rem ſenſit egenus
Iſtius vrbis apex memorandus Epiſcopus Iuo
Hac ſitus expectat aduentum Iudiciorum.

Eius elogia in Martyrologio Eccleſiæ Carnotenſis legere eſt: in quo hæc habentur verba ad tanti viri commendationem. *Idibus Decembris anno Incarnationis* Domini 1015. obiit Pater Iuo huius ſacratiſſimæ ſedis Antiſtes, vir magnæ religionis, eccleſiaſticorum & ſecularium negotiorum prudentiſſimus, mitis affectu, patientia inſignis, caſtitate pollens, & tam in Diuinis quam in Philoſophia eruditiſſimus. Qui ſex pallia bona & 7. cappas & infulas 3. & tapetia 3. decor! huius Eccleſiæ contulit; librum Miſſarum & Epiſtolarum & Textum Euangeliorum, & vnum Lectionarium Matutinalem dedit & omnes argento parauit. Pulpitum miri decoris conſtruxit, *Scholas fecit*, domum Epiſcopalem, quam vilem & ligneam inuenit (quam in obitu Epiſcop. vel diſceſſu quibuſdã prauis conſuetudinibus per violentiam Carnotenſium Comitum inductis ancillatam inuenerat) ſpecioſam & lapideam à fundamento refecit, & cum omnibus ad ipſam pertinentibus ſiue mobilibus ſiue immobilibus ex ancilla liberam reddidit, libertatemque ipſam adſtipulatione priuilegiorum & romanæ ſedis & Regis & Comitis quæ in Archiuis huius Eccleſiæ habentur, confirmauit.

De eodem ſic breuiter Robertus Antiſſiodor. in Chronico. *Florebat & Iuo Carnotenſis Epiſcopus, qui vita atque doctrina ſua eiuſdem ſedis Eccleſiam illuſtrauit, quique inter cætera opera ſua Volumen illud quod Decreta Iuonis dicunt, ſua induſtria vtiliter compilauit.*

L

Lambertus Patriâ Lingonicus, illuſtri ex gente oriundus, Gerberti Aquitanici cum Fulberto Carnoteſi & Roberto Rege diſcipulus, magnæ vir eruditionis & ſapiétiæ, ex Præpoſito Lingonicæ vrbis factus circa an. 1016. Epiſc. cui mole carnis grauato & pendulos habenti pedes in quodam colloquio ſeu conuentu Robertus Rex humilitatis miro exemplo ſuppedaneum ſuppoſuit, teſte Helgaldo: qui inſuper addit. *Erat autem hic Epiſcopus Lingonenſis, Lambertus nomine dictus, ſcientiâ, religione & bonitate pollens.* Obiit ann. 1030. 10. Kalend. Septemb.

Lambertus Patriâ Giſnenſis vir magnæ eruditionis & litterarum peritiâ clarus Manegaudi Lutenbachii diſcipulus, ex Archidiac. Teruanenſi factus ab Vrbano 2. primus Atrebatenſis epiſcop. Iratus enim ille Cameracenſi epiſcopo & Comitibus quod contra ſe ab Henrico IV. Imperatore ſtetiſſent, Atrebatenſem eccleſiam à Cameracenſi ſecluſit, eique Lambertum præfecit: vt explicat Ferreolus Lorrius in Chronico Belgico ad an. 1094. *Anno*, inquit, *1094. Cameracenſibus de Epiſcopo poſt Gerardi 2. obitum aſſumendo variè diſceptantibus Vrbanus 2. Pontif. Max. eiſdem infenſus quod Henrico IV. Imperatori Eccleſiæ rom. proſcripto hoſti fauerent, Atrebatibus peculiarem annuit Epiſcopum.* Molanus in Natalibus SS. 5. Febr. Sigebertus Iperius tabulæ Atrebatenſ. &c. quibus ſtatim addit: Anno 1095. Lambertus Patriâ Giſnenſis, Lilæ in D. Petri, Cantor & Teruanenſis Archidiaconus vir ſpectatæ eruditionis & virtutis primus Atrebatenſis Eccleſiæ ab illo cum Cameracenſi diuortio Epiſcopus, inuitus licet aſſumitur, romamque à ſummo Pontifice aduocatus ſolenni admodum pompa conſecratur, ſitque totius prouinciæ Remenſis Legatus.

Landuinus in inſtituenda Cartuſienſi familia Brunonis ſocius, Clericus Remenſis & Profeſſor Pariſienſis, vt creditur, qui poſt Brunonem Cartuſiæ Prior fuit,

Illustrium Academicorum. 615

vt narrat Guigo Cartusianæ familiæ quintus in ordine Priorum. De eo sic legitur in Codice S. Remigii Remensis. *Landuinus natione Tuscus ex vrbe Luca litteris & ipse diuinis & humanis eruditus annis decem.*

Qui cum ad M. Brunonem pergeret, incidit in manus Guidberti Schismatici, quod multum horrebat. Aduersus cuius minas & promissiones, dolos & violentias Diuinâ iuuante gratiâ modis omnibus perseuerauit inflexus. Quem in suo defunctum errore lachrymabiliter planxit, adeo vt à circunstantibus argueretur quod eum fleret, à cuius peruersitate Ecclesiam suam Christi bonitas liberasset. Post eius obitus septimum diem etiam ipse defunctus est positusque in Monasterio S. Andreæ ad pedem montis Siraptis, cui vicinum est Castrum, vbi captus in custodia tenebatur.

Lanfrancus natione Longobardus ex ciuitate Papiensi patre Humbaldo, matre Coza veniens in Galliam, Doctorum virorum animos excitauit exemplo suo & fama sui nominis ad strenuè studendum: quippe non minus in Theologia & diuinis litteris quàm in Philosophia & Dialectica atque eloquentia suo tempore omnium doctissimus & subtilissimus habitus est. florebat Lutetiæ ante an. 1040. vbi aliquandiu moratus, cum Berengario decertauit tunc inter subtilissimos habitos: deinde relictis Parisiensibus Scholis in Normaniam se contulit, Monachum induit, Becci Abbas fuit, postremo Cantuariensis Archiepiscopus De eo hæc Flaccus Illyricus lib. 12. Catalogi Test. cap. 15. *Papia oriundus*, inquit Theologiam docuit *ex Schola Parisiensi* ad Beccense Monasterium profectus eruditionis fama multos ad se allexit, inter quos fuit Anselmus: ex Cadomensi Abbate tandem Archiepiscopus Cantuariæ factus est. Obiit an. 1090.

De eodem Lanfranco sic scribit Henricus de Knyghton Canonicus Leicestrensis lib. 2. de Euentibus Angliæ. *Secularis ille Magister Lanfrancus* in mundo famosus recessit à patria, vt infra patet, vt esset incognitus. Cum semel super Secanam fluuium iret spatiatum, à sociis suis aliquantum iuit remotiùs, vt Trinitatem personarum & veritatem essentiæ ad plenum intelligere meditaretur, vidit quendam puerum cum cocliari haurientem aquam de Secana, & fundere in quendam puteolum: quæsiuit Lanfrancus quid ageret, puer respondit quod totam fossam immitteret in fossunculam. Dixit Magister, hoc nunquam puerile valebis consumere. Respondit puer, sic nec tu illud quod versatur in corde tuo cogitando. Et statim ad hæc puer euanuit. Lanfrancus verò nolens amplius perscrutari Maiestatem ne opprimeretur, statim Beccense Monasterium intrauit in Normania sub Abbate Herleuuino. Et simulans se quasi pauca aut nulla scire, pro fatuo quasi & simplici habebatur. Hæc de Lanfranco Henricus, quæ alii veriùs de Magno Alano Insulensi commemorant: vt dicemus infra. Pergit verò idem narrare, quo pacto Berengarius errores suos seminarit.

Eodem tempore Quidam famosus & improuidus, Berengarius nomine, qui antea tenebat opiniones contra Ecclesiasticam doctrinam, & per Lanfrancum sæpius retunsus, eo tempore de Lanfranco nec audiens nec videns credidit eum de medio sublatum. Et sic securus per Galliam suam hæresim seminauit, scilicet quod verum Corpus Christi non fuit super altari, & fere Nicolaum Papam corrupit: veruntamen, consilio quorundam celebrauit Concilium vniuersale, vt omnes Prælati, omnes etiam Abbates cum viris litteratis conuenirent, vt in aliquo possent Berengario resistere, & eius error vniuersaliter reprobaretur.

Habuerat fortassis in Patria si non Lutetiæ Alexandrum 2. Pontificem Max. inter Discipulos: vnde cum Romam profectus est, vt litem apud eum finiret quæ sibi cum Thoma Eboracensi Archiepiscopo intercedebat, Alexander vt Magistro assurrexit, eumque osculo suscepit his verbis. *Assurgo tibi tanquam magistro, & deosculor tanquam pædagogum & non tanquam Archipræsulem.* At Lanfrancus. *Et ego te patrem humiliatum, sicut Ananias Paulum, Sixtus Laurentium merito venerer & honoro.* Ita legitur in vitis 23. Abbatum S. Albani. Malmesburiensis verò sic rem narrat. *Erat ille tunc temporis in Doctrina & mundi sapientia famosissimus, & quem venerabiliter susceperit Alexander Apostolicus. Honoris maximum fuit indicium, cum Romam venienti sequestrato illo Romani supercilii fastu dignanter assurgeret, professus hanc venerationem non se illius Archiepiscopatui, sed Magisterio litterarum deferre.*

¶ Idem Author fusè de eo loquitur lib. 1. de Gestis Anglorum Pontif. *Is gente*, inquit, *Longobardus non adeo abiectâ & obscurâ progenie oriundus erat, sed literaturâ*

FFff iij

perinsignis liberales Artes quæ iam dudum sorduerant, à Latio in Gallias vocans acumi-
"ne suo expoliuit: teneriorem ætatem in secularibus deterens, in scripturis Di-
"uinis animo & œuo maturuit. Quibus edoctus mundi fumos & ampullata Gen-
"tilium eloquia parui pendens, Monachatus desiderium imbibit: multisque diu
"locis circunspectis ex omni Abbatiarum copia Beccum apud Normaniam po-
"tissimum elegit, paupertate loci & Monachorum religione captus (si quidem eò
"forte adueniens Harlevvinum nomine ad coquendos panes succinctum & ma-
"nus simo oblitum conspicatus esset) factus ergo ibi Monachus homo qui nesci-
"ret agresti opere victum quærere, *Publicas Scholas* de Dialectica professus est,
"vt egestatem Monasterii *Scholarium liberalitate* temperaret. Exiuit fama eius
"remotissimas Latinitatis plagas, *eratque Beccum magnum & famosum litterarum*
"*Gymnasium.* Gloria laudis conflauit apud improbos viros inuidiam, Capella-
"nis qui infra eius scientiam se viderent, animum Comitis Vvillelmi in ipsum tur-
"bantibus, quod vnum eorum palam de inscitia litterarum irrisisset. Quapropter
"Lanfrancus edictum accipiens vt Normaniam suâ importunitate vacuaret, Curiam
"venit, moxq; indulgentiam Comitis meruit, quod cum ille statim viuacitate sensus
"intellexisset, quantæ prudentiæ Lanfrancus esset, ex dignitate frontispicii & face-
"tia responsi interiora coniectans, nec multo post apud Cadomum Abbatem fecit.
"quin & Archiepiscopum, nim. an. 1070.

Præcipua eius aduersus Berengarium colluctatio fuit de sacramento altaris, cuius in hanc rem opera extant in Bibliotheca Patrum: cætera eius opera & pietatis
" officia complectitur Mathæus Parisiensis ad an. 1089. *Eodem anno obiit Lanfran-*
" cus Cantuariensis Archiepiscopus, qui inter cætera quæ fecit pietatis opera, ma-
" iorem Ecclesiam Christi Cantuariensis renouauit, officinas Monachorum fabrica-
" uit, dignitates Ecclesiæ quæ Antecessorum suorum incuria interciderant, restau-
" rauit, terras multas quæ ablatæ fuerant, reuocauit: 25. maneria eidem Monaste-
" rio restituit, Xenodochia vel Xenotrophia duo extra ciuitatem construxit, qui-
" bus de suo sufficientes annuatim reditus assignauit, Ecclesiam Roffensem restau-
" rauit, & in ea Monachum Becci Hernostum Episcopū ordinauit, &c. Angliâ Re-
" ge absente custodiuit, lectioni assidue vacauit, libros veteris ac noui Testamen-
" ti scriptorum vitio corruptos corrigere studuit, cuius emendationis luce tam
" Anglorum Ecclesia quam Gallorum se gaudet illustrari. Lanfranco successit in
" Archiepisc. Anselmus Abbas Beccensis & consecratus est an. 1093. Anselmo successit
" Radulphus Roffensis Episcopus apud Sagium in Normania olim Monachus, Cæ-
" nomanensis vero patria, de quo sic Malmesburiensis l. 1. de gestis Pontif. Angl.
" *Si scientias* litterarum rimeris, totas exhausit Athenas: si eloquentiam exigas, mel-
" leo quodam lapsu ex eius ore fluit oratio: cui accedit *Genialis* soli idest Cœno-
" manici accuratus & quasi depexus sermo, &c. Extat Lanfranci Epitaphium apud
" Philippum Abbatem Bonæ spei.

> *Vixisti venerande Pater sapienter & aquè.*
>   *Vixisti niueus, mors quoque vita tibi est.*
> *Inter diuitias pauper Lanfrance fuisti,*
>   *Diuitiis manans pauperum amator eras.*
> *Per te florentes artes valuere Latinæ*
>   *Gratia de nobis ecce triumphat ouans.*
> *Tu Latios ortu Gallosque docendo leuasti,*
>   *Te sibi primatem Cando Britannus habet.*
> *In terra degens cælestia mente petebas,*
>   *Exemptus terra sidera liber adis.*
> *Sol geminos denis obsederat orbe diebus*
>   *Prompsit Luna dies, nocte solutus abis.*

Lotharius 1. Italiæ Rex postea Imperator Ludouici Pij filius bonis artibus primum imbutus virorum quoque doctorum Mecenas & defensor fuit: sed Patri ingratum se præbuit, quem captum in carcerem misit, Imperialibusque indumentis expoliauit & nigra veste induit. Qua de re fuse duximus in Historia.

Lotharius Caroli Calui filius in Palatinis quoque scholis informatus, à Patre S. Germani Antissiodorensis Abbas constitutus coenobium illud priuilegiis adornari & amplificari curauit: vt legitur in actis conuentus Pistensis ad an. 864. vbi inter cætera sic habetur. *Adierant nos legati Monachorum S. Germani Antissiodorensis Monasterij, quibus praeest memorati Regis filius venerabilis Abbas Hlotharius.* Eius iussu Erricus eiusdem Abbatiæ Monachus S. Germani vitam versibus conscripsit: quod opus postea Caluo dedicauit. Epistolam autem dedicatoriam In qua de Musis Parisiensibus clarè loquitur, in Historia retulimus.

Leotherius Senonensis Archiepiscop. Gerberti Discipulus Seuino seu Siguino successit atque à Siluestro Magistro suo tunc Papa consecratus est & totius Galliæ primum accepit an. 1000. Qua de re sic legitur in fragmēto Chronici F. Hugonis Floriacensis. *An. D.* 1000. *indict* 13. *Kal. Nouemb. transit ad Christum venerabilis* Seguinus Metropolitanus Episcopus. Post transitum vero eius stetit Ecclesia Senonica sine benedictione sacerdotali vno anno. Acclamat autem omnis populus sibi ordinari Dominum Leothericum nobilissimis ortum natalibus, tunc Archiaconum omni bonitate conspicuum: sed resistebant quam plurimi Clerici cupientes Episcopalem conscendere gradum, præcipuè vero Fromundus Comes filius Rainaldi vetuli natus ex episcopo. Dei autem nutu congregati suffraganei Episcopi Senonicæ Ecclesiæ cum voluntate & authoritate Apostolica, sublato omni timore humano solemniter ordinauerunt Domnum Leothericum in sede Pontificali vt præesset Ecclesiæ Senonensi. Idem an. 1015. Vrbem Senonensem Roberto Regi tradidit, cui adhuc præerat an. 1029. vt legitur in Textu de translatione Reliquiarum S. Euspicij. Ad hunc præsulem extant complures Fulberti Epistolæ, præsertim vero 23. gratias illi agit, quod ab ipso vnctus fuisset in Episcopum Carnotensem. *Multum amoris* atque *fidelitatis tibi, pater, me debere censeo per cuius manum à Deo benedictionem & sacram vnctionem accepi.* Ep. 30. Se apud eum excusat, quod Odolricum Aurelianensem Episcopum à Clero & populo suæ ciuitatis electum sacrauisset Presbyterum.

Ludouicus Pius Caroli M. filius Academicis nostris iure accenseri debet; nam non modò ipse in Schola Palatina & Regiâ litteris informatus est, sed & Imperator creatus tam Diuinis quàm humanis litteris vehementer animum applicuit. Testis Eginhardus Carolum magnopere curasse, vt filii sui in artibus præsertim liberalibus apprimè erudirentur. Testis quoque Teganus, eum *dum viueret, feliciter & vtiliter instruxisse eos liberalibus Disciplinis & mundanis legibus,* in Aquitania verò quod Regnum illi obtigerat, dici non potest, quàm multa præstiterit ad honorem Dei & Ecclesiæ, quamque piè & religiosè circa diuinum cultum & Ecclesiæ exaltationem se gesserit, itaut à plerisque vocaretur *Sacerdos.* Antequam enim illius Regionis curam susciperet, Clerus magis equitationi & bellicæ rei, quàm Diuino cultui operam dabat, vt legitur in libro de vita & actibus Ludouici in 2. tom. hist. Gall. *At Regis studio vndecunque adductis Magistris tam legendi, quàm cantandi studium, nec non Diuinarum & mundanarum intelligentia litterarum citius quàm credi poterat coaluit.* Ibidem enumerantur varia Monasteria quæ aut condidit, aut condita instaurauit. Neminem fere promouebat ad dignitates & Beneficia Ecclesiastica, quem non sciret esse doctrinâ conspicuum: itaque multos etiam pauperes è sordibus & fæcibus extraxit, quos videbat nepe ingenio & scientiarum ornamentis excellere: quod quamquam non placet Thegano propterea quod aliqui ita promoti in Principem suum coniurauerant, magni tamen animi fuit Mecenatem esse plurimotum e puluere & cœno volentium emergere, exemplo patris Caroli qui pluris fecit mediocris fortunæ Scholasticos qui sub Clemente litteris operam dederant, quàm nobiles adolescentes, qui tempus in nugis contriuerant. Clementiam illius vel ex hoc vno agnoscimus, quod exauctoratus, & ab iis quos euexerat, malè & iniuriosè tractatus pepercerit omnibus. Eius porro gentes virtutes breui tabella depingit Ionas Aurelianensis in præfatione lib. 1. de cultu Imag. ad Carolum Caluum. *Dilecto Carolo inclyto Regi Ionas minimus famulorum Christi famulus geminam optat salutem. Quantus Dominus noster Genitor vester Deo dilectissimus Ludouicus Cæsar religiosissimus in fidei sinceritate, totius bonitatis virtute, proborum morum claritudine, sapientia ac sanctitatis dote, Diuinique amoris ac timoris feruore extite-*

rit, & in Ecclesiasticis Domino adminiculante ad honorem & cultum Diuinum pertinentibus augmentandis & gubernandis emicuerit, quantumque Imperium paternum, quia sic Deus voluit, iure æquissimo sortitus, rectissimo Iustitiæ libramine tenuerit rexeritque & contra hostium impetus militariter muniuerit, & Ecclesiam Christi pretioso sanguine redemptam suoque regimini diuinitus commissam, morem patris sui videlicet pij & omonymi viri Caroli nobilissimi Augusti imitans, imò supergrediens disciplinis liberalium artium educauerit, & vtriusque Testamenti sancti paginis atque eximiorum Patrum dictis ad propellenda Hareticorum dogmata venenata & instruxerit, & instrui fecerit, cunctis Catholicæ & Apostolicæ fidei filijs perspicuum esse non ambigitur: quoniam reuera id quod dicitur, in promptu esse cernitur. Mirabilis est autem eius obitus, quem legere est in dicto lib. de vita & actibus illius pag. 318. in 2.tom. Histor. Gall. obijt autem an. 840. 12. Kal. Iulias ætatis 64. præfuit Aquitaniæ per annos 37. aut circiter. Metis iacet in Basilica S. Arnulfi vbi & mater eius sepulta est, habetque hoc Epitaphium.

Imperij culmen, Francorum nobile culmen,
 Erutus à sæclo conditur hoc tumulo,
Aildegard soboles Karoli Magni pia proles
 In pacis metas colligit huc pietas.
Rumelicum villam, quidquid ve refertur ad illam,
 Arnulfo sancto contulit, huicque loco.
Stirps à quo procerum Regumque vel Imperatorum
 Quorum muneribus sistitur iste locus.

Luitbertus vir doctissimus Archiepiscopus Moguntinensis, Ioannis Scoti discipulus ad an. 863. Carolo Pipini I. Aquitaniæ Regis filio viro vndequaque docto, scientia Diuinæ & humanæ legis optimè pollenti vt legitur in veteri, M.S. successit in præsulatu. Multis synodis interfuit. Obijt an. 889. de eo hi versus leguntur in Annalib. Fuldens.

Largus erat multum patiens humilisque benignus
 Omnibus exemplum in bonitate manens.
Hister qua fluitat, currit Hrenusque bicornis,
 Litterulis doctis doctior ipse fuit.

Lupus Ferrariensis ex honestis parentibus natus est in Senonensi agro ab incunabulis deditus litteris, in Gramaticis audiuisse dicitur Clementem Lutetiæ, quò videtur fuisse missus ab Aldrico primum Ferrariensi Abbate, deinde Archiepiscopo Senonensi, idque videtur innuere Ep. 1. ad Eginhardum: quanquam nomen Magistri sui supprimit. Mihi satis apparet, *inquit*, propter seipsam appetenda sapientia. Cui indagandæ à S. Metropolitano episcopo Aldrico delegatus Doctorem Grammaticæ sortitus sum, præceptaque ab eo artis accepi: quoniam à Grammatica ad Rhetoricam & deinceps ordine ad cæteras liberales disciplinas transire hoc tempore fabula tantum est. Cum deinde authorum voluminibus spatiari aliquantulum cœpissem & dictatus nostra ætate confecti displicerent, propterea quod ab illa Tulliana cæterorumque grauitate, quam insignes quoque Christianæ Religionis viri æmulati sunt, aberrarent, venit in manus meas opus vestrum quo memorati Imperatoris clarissima gesta clarissimè litteris allegastis. Lutetiæ quoque docuisse videtur, vt patebit infra ex Ep. 119. ad Acneam Parisiensem.

In Germaniam ab eodem Aldrico missus est ad Rabani auditorium Fuldense, vt Theologiam ab eo acciperet, vnde scripsit ad Eginhardum tunc quoque in Germania degentē: cuius inuisendi magno desiderio teneri se significabat propter eminentem eius doctrinam. *Quod posse contingere,* inquit, *hoc magis in spem adducor, quo ex Gallia hac in Trans-Rhenanam concedens regionem vobis vicinior factus sum. Nam à præfato Episcopo ad Venerabilem Rabanum directus sum, vbi ab eo ingressum raperem Diuinarum scripturarum. Ergo cum ad vos iturum tunc eius Nuncium comperissem, primo quasdam verborum obscuritates à vobis vbi elucidarentur, mittendas proposui. Deinde præstare visum est vt etiam hanc Epistolam dirigere debuissem, quæ si à vobis*

Illustrium Academicorum. 619

vobis dignanter accepta fuerit, exoptabili me affectum munere gratulabor. Tum ergo, cum hanc epistolam scribebat, Lupus Theologiæ operam dabat Fuldæ apud Rabanum Abbatem, ac proinde ante an. 842. quo dicitur à Monachis depositus post 20. regiminis annos. Inde reuersus reperit Aldricum nutritorem suum obiisse, quæ res illi grauem molestiam facessit, vt scribit ad Immonem Præsulem Nouiomagensem amicum suum, cui rationem reddit librorum quos in Germania legerat, aut scripserat. *Cæterum*, inquit, *propitio Domino Deo Nostro sospes regressus sum, præterque Domini ac Nutritoris mei Aldrici, quantum ad me attinet, plenum infortunii obitum & quorundam aliorum amicorum, non est quod mihi extrinsecus accidisse admodum triste crediderim. Cur autem vobis significari petieritis, quos libros in Germania vel scripserim vel legerim, demiratus sum, nec satis causam comprehendere potui, nisi forte mei experimentum argento capere voluistis propositis duabus rebus; quarum altera si cessisset, videri poterat ostentationis, altera imprudentiæ puerilis. Itaque simpliciter vobis aperio principem operam me illic destinasse lectioni, & ob obliuionis remedium & eruditionis augmentum libros pauculos parauisse, nec Germanicæ linguæ captum amore, vt ineptissimè Quidam iactauerunt, sarcinam subiisse tanti tamque diuturni laboris.* Cum autē Aldricus an. circiter 840. b. 10. Octob. obierit, facile est intelligere quandonam sub Rabano Lupus litteris operam daret.

Reuersus igitur inde cum doctrinâ & moribus præstaret, à Iuditha Imperatrice in Aulam accercitus est, & postmodum Abbatiæ Ferrariensi à Carolo Caluo præfectus circa an. 842. quo Wenilo Abbas ad Archiepiscopatum Senonensem promotus est. Ea autem de re statim Magistrum suum Rabanum certiorem fecit, gratiasque egit ob acceptam ab illo litterarum Theologicarum peritiam. Epistola est ordine 40. *Reuerendissimo Patri eximioque Præceptori Rabano Lupus plurimam Salutem. Non potui hactenus vobis gratias agere, tamen quantum affectum habuerim, occultorum Cognitor semper inspexit: deinceps autem si Deus vitam vestram produxerit, optatamque pacem reformauerit, non erit impossibile quod animo geram, factis ostendere. Namque consensu fratrum nostrorum 10. Kal. Decemb. Cœnobium Ferrariense mihi commissum est, Dominusque noster Carolus mirâ me dignatione fouens gratiâ suâ donauit. Vestra igitur beneuolentia me vnaque congregationem mihi creditam sacris orationibus quæso commendare dignetur, vt sicut studia mea plurimum eruditione adiuuistis, sic officii difficultatem assiduis precibus temperetis. Cæterum audiui sarcinam administrationis vestræ vos deposuisse & rebus Diuinis solummodo nunc esse intentos: Hatoni vestro, & nostro curam sudoris plenam reliquisse.* Abiecit autem Abbatiam Rabanus an. 842. vt communiter fertur: nam 20. annos præfuit Fuldæ, præesse autem incepit an. 822. Quinimo aliqui eius regimen ad annum vsq; 846. extendunt: factus autem est an. 847. Archiepiscopus Moguntiæ. Extant plures eiusdem Lupi ad multos viros Doctos Epistolæ, ad Eginardum & Rabanum, quos præceptores suos appellat, ad Hincmarum Remensem, Immonem Nouiomagensem, Æneam Parisiensem, Ionam Aurelianensem, Hilduinum & alios.

Porro ex eiusdem Epistolis ad Ludouicum Abbatem S. Dionysii & ad Carolum patet eum valde pertæsum fuisse regimen Abbatiale, propterea quod multa grauamina passus fuerat, damna & ablationes bonorum, ac proinde in animo illi fuisse litterarum professionem repetere intelligimus ex ep. 119. ad Æneam Parisiensem Episcopum, (is autem factus est an. 853. Episcopus)

Carissimo suo Ænea Lupus æternam Salutem. Doctrinæ studiosissimo Regi Nostro quemadmodum vobis post alia intentionem meam aperire, quod Liberalium Disciplinarum laborem recolendo & alios instituendo fauente totius boni Authore Deo vellem repetere, si otium ipse habiturus præmy communionem sua indulgentia concessisset. Quod votum meum, sereno vultu sermonibusque blandis amplexus, vt ad effectum valerem perducere, se curaturum promisit. Id vobis continuo significandum credidi, ne oblatâ occasione nesciretis ad tantæ rei adnisum quibus esset inuitandus alloquiis. Quando verò obierit Lupus, nondum comperi. Certum est tamen vitam protelasse vltra an. 861. quia ad Folcricum Episcopum Tricassinum scribit Ep. 125. ille autem Prudentio non successit ante an. prædictum, aut etiam ante an. 864. vt aliqui scribunt.

GGgg

M

Maiolus nobilissimis parentibus in Prouincia natus Valentiolæ, primò Matinensis Archidiaconus, deinde Monachus & Abbas Cluniacensis, nomen dedit sub Aymardo Abbate, & post annum sextum suæ conuersionis illi substituitur an. 954. ideo autem à nobis hic commemoratur, non quod forte in Academia Parisiensi studuerit aut docuerit, sed quia ab omnibus viris doctis summa in veneratione fuit, multosque ad Religionem humilitatis & pietatis exemplis conuertit. Erat autem spiritualibus litteris nobiliter imbutus teste post Vincentium Antonino, incessu grauis, voce sublimis, ore facundus, vultu Angelicus, in omni actu vel motu corporis honestus: fide firmus, spe certus, genuina charitate refertus, sapientia clarus, fortitudine robustus, mansuetis affabilis, superbis terribilis, parcus cum debuit, diffusus cum decuit. Ita autem placere studuit hominibus, vt Deo non displiceret. Magna apud Reges authoritate valuit, summa apud omnes Monastici ordinis viros potestate. Gerbertus eum vocat Ep. 95. *Lucidissimam stellam*, & ad eum extant quædam eius Epistolæ, quibus cum rogat vt qua authoritate & potestate valet, ea vtatur ad deturbandum & excommunicandum quendam Abbatem Floriacensem, qui se fauore Principum ad eum honorem prouchi curarat. Epist. quidem 70. sic habet. *Floriacensis Cœnobii propter reuerentiam Patris Benedicti summum locum penes Monachos, vt aiunt, peruasor occupauit. Si vos tacetis, quis loquetur? Hoc incorrecto quis improbus similia non sperabit? Nos quidem hoc zelo diuini amoris dicimus, & vt nostro examine si probus est, recipiatur, si improbus, omnium Abbatum ac Monastici Ordinis societate ad pœnam suæ damnationis priuetur.* Ep. verò 95. ex persona Remensium ad Fratres Floriacenses, citat partem Epistolæ Maioli ad Adalberonem Remensem Archiepiscopum. *Persona quidem vobis iam olim infami conuersatione erat famosa, sed huiusmodi arbitratu præter spem habita.* Et post pauca. *Quantum ergo nostra interest, vicinos & contribules adhortari studuimus, si hoc nefas eliminare nequeunt, sanctorum consortio priuandum infamabunt, nec erit Christi fidelis, cui hæc ambitiosa audacia non fiet detestabilis. Facta laudare non possumus, quid futurum sit nescimus &c.* Plurimorum in Gallia Cœnobiorum reformator fuit, Maioris-Monasterii, S. Benigni Diuionensis, S. Mauri Fossatensis rogatu & precibus adductus Burchardi Comitis Miledunensis, vt habetur in eius vita per Odonem Monachum Fossatensem scripta. Obiit apud Siluiniacum Monasterium an. 994. 5. id. Maii.

Mancio regnantibus Carolo Caluo & Ludouico Balbo M. Mannonis in Palatinis scholis discipulus fuit cum Stephano Episcopo Tungrensi & Ratbodo Vltraiectensi: vt ex veteri manuscripto Codice refert Surius in vita S. Ratbodi ad 29. Nouemb. *Erant autem ei*, inquit, nempe Ratbodo, *condiscipuli Stephanus & Mancio ætate quidem superiores, sed non tamen studio. Itaque inter illos extitit pia quædam æmulatio, conabaturque alter alterum excellere, non honoris ambitu, sed humilitate & charitate, legendi & discendi diligentia: quorum virtus eo progressa est, vt non multò post vterque Episcopus creatus sit. Stephanus quidem Tungrensis Ecclesiæ, Mancio verò Cabilonensis.* Successit Adrado circa an. 920. hic tamen obiter monendum nō reperiri vulgo Mancionē inter Episc. Cabilonenses; nec à Petro de S. Iuliano inter eos connumerari: repositum verò à Samarthanis prædictâ Surii authoritate fultis. At in Catalogo Episcoporum Catalaunensium legitur Mancio successisse Rodoardo; narratque Flodoardus l. 4. c. 3. Histor. Remens. Formosum Papam succensuisse Fulconi Remensi, quod Mancionem ordinasset Episcopum Catalaunensem licet nonnullis criminibus irretitum, deiecto Berthario quodam Presbytero, quem Clerus & plebs Catalaunensis consensu Regis Odonis ad Episcopatum dicebatur elegisse. Verum Mancio Episcopatum retinuit: nam ex eodem Flodoardo an. 900. consecrationi Heriuæi, qui Fulconi successerat, interfuit cum Riculfo Suessionensi, Dodilone Cameracensi, Otgario Ambianensi, Rodulfo Laudunensi & Otfrido Siluanectensi. Obiit autem iste ante an. 909. successoremque habuit Letoldium, qui prædicto an. 909. interfuit Synodo Troslcianæ Pagi Suessionici. Vter ergo Mancio fuit Mannonis discipulus? Catalaunensi tempora magis fauent. Crediderim igitur Surium errasse in appe'latione Gallica Vrbis *de Challons* quam forte legit in Manuscripto Gallico, & Cabillonem pro Catalauno vertisse, cum vox Gallica vtriq; Ciuitati conueniat.

Manigaudus seu Manegaldus natione Teutonicus in humana & diuina Philosophia excelluit: coætaneus Lanfranco, Guidoni Longobardo & Brunoni Remensi. Sic enim vetus & Anonymus author in fragmento historiæ Francorum à Roberto ad mortem Philippi *Hoc tempore tam in Diuina quàm in Humana Philosophia floruerunt Lanfrancus Cantuariorum Episcopus, Guido Longobardus, Manigaudus Teutonicus, Bruno Remensis qui postea vitam duxit Eremiticam.* Diu Lutetiæ Philosophiam & Theologiam docuit, sed tandem circa an. 1090. seculum deserens, Canonicorum Regularium Collegio apud Marbach. præpositus est: de quo sic Munsterus l. 3. suæ Germaniæ: *distantia medii milliarii a Marbacho situm est Lutembacense Collegium, quod aliquando fuit Benedictinense Manasterium fundatum à quodam Comite Lewtyburgensi, qui & Monasterium Ergoiense fundauit circa an. Christi 998. deinde an. 1090. fundatum est Monasterium Marbacense à D. Burchardo de Gebiswiler & M. Manegoldo de Lutenbach.* Ad eundem scribit Iuo Carnotensis epist. 40. sub hoc titulo, Manegaldo Magistro. *Quoniam* post multos circuitus leuem Christi sarcinam subire & contempto mundi flore in domo Dei abiectè viuere elegisti, sciens quia melius est modicum iusto super diuitias peccatorum multas, Diuinæ bonitati quæ humilibus dat gratiam, grates exsoluimus: & vt de commisso tibi talento tanquam fidelis numularius Creditori tuo multiplicem referas vsuram, eandem diuinam bonitatem intensius obsecramus. Sic enim Ordo rationis poscebat, vt qui verbo ad viam vitæ plurimos informaueras, aliquos aliquando conformares & confirmares exemplo. Eiusdem quoque viri, meminit Bertholdus Iuoni coæuus in Chronico ad an. 1095. vbi dicit M. Manigaudum de Lutembach in Alsatia mirabiliter reaccendisse religionem Catholicam iamdudum in illis partibus extinctam: & ad an. 1098. ait ab Imperatore Henrico coniectum fuisse in carcerem, quia Vrbano Papæ contra se fauebat. Sic enim ille. *Manegoldus venerabilis Præpositus Canonicorum apud Marbach degentium ab Henrico Rege diu in captione detentus est, quod Vrbano faueret nec schismaticis obediret.* Denique ad an. 1100. ait fuisse occisum à quodam Monacho suo. Inter alios discipulos habuit Lutetiæ Gerardum Lausdunensem: vt in voce *Gerardus* docuimus.

Manno, aliis *Nanno* Gymnasii Palatini quondam Præfectus & Rector, Philosophiæ Professor celeberrimus floruit sub Carolo Caluo & Ludouico Balbo eius filio: habuitque inter alios Discipulos Ratbodum, Mancionem & Stephanum: qui tres ob eminentem doctrinam fuerunt Episcopatibus donati. De eo diximus in Historia.

Marbodus patria Andegauensis in primâ ætate Andegaui litteris sufficienter imbutus, deinde ad maiora studia Lutetiam profectus, vbi & professus est Rhetoricam. In patriam reuersus Andegaui Canonicus factus, deinde Scholasticus Scholas exercuit. Tum Archidiaconus, ex Archidiacono Redonensis Episcopus factus an. 1096. postremo dimisso Episcopatu Monachalem habitum induit apud S. Albinum Andegauensem, vbi interiit 11. Septemb. an. 1123. quantus verò vir ille fuerit, intelligimus ex Cartulario S. Albani. *Vniuersis S. Ecclesiæ filiis humilis Congregatio B. Albini Andegauensis Episcopi. Apostolica nos informat authoritas, vt pro inuicem omnes alter alterius onera portemus, & sic adimpleamus legem Christi. denunciamus vobis obitum D. Marbodi Venerabilis Episcopi semper cum laude memorandi, linguâ facundi, religione præcipui, morum honestate preclari, litterarum eruditione doctissimi: cuius sermo semper sale conditus erat, & ex ore illius melle dulcior fluebat oratio. Et quamuis eodem tempore variis studiis tota Gallia resonaret, ipse tamen Oratorum Rex Gallicanæ eloquentiæ arcem obtinebat. Tertia siquidem die id. 7. infirmatus carne, sed spiritu fortior excedens à seculo, viuens in Christo suâ nos viduauit præsentiâ, & amoris iaculo vulneratos intolerabili dolore confecit. Qui post longa liberalium studiorum longè latèque vernantium exercitia vir nominatissimus extitit, Magister efficacissimus claruit, electus à Reuerendo Papa Vrbano in Turonensi Concilio sanctissimo sedis Apostolicæ Ecclesiæ annuente Deo ordinatus est Pontifex. Quam dignitatem .... licet inter barbaros & naturali quadam feritate armatos per annos 27. fideliter prudenterque gubernans superborum colla Iusticiæ censurâ perdomuit, arguendo, obsecrando: tandem longæuo confectus senio plenus dierum in sancta confessione, vt præmissum, in Domino re-*

quieuit ingressurus viam vniuersæ carnis mortemque sentiens onere Pontificali deposito Benedicti habitum humilitatemque suscepit, Monachum professus B. Albino se tradidit. Eiusdem meminit Sigebertus Scriptor coæuus aitque eum scripsisse metricè passionem B. Laurentii, & passionem Thebæorum. Eius Ep. extat ad R. Andegauum Episcopum in Tomo 3. Biblioth. Patrum. Eiusdem meminit Hildebertus Cenoman. Ep. 80. & 200. Item Gaufridus Vindocin, l. 3. Ep. 2. Vlgerius Canonicus Andegauensis & Scholasticus, postea Episcopus sic eius Epitaphium cecinit, vt est in vetustissimo Exemplari apud S. Albinum.

Si quis quantus erat Marbodus, noscere quærat,
 Postulat hoc quod Ego, Dicere possem Ego.
In toto mundo non inueniatur eundo
 Vllus compar ei nominis atque rei.
Omnes facundos sibi vidimus esse secundos
 Nullus in ingenio par, nullus in eloquio
Cessit ei Cicero, cessit Maro iunctus Homero
 Vt dicam breuiter, vicit eos pariter.
Per cunctas metas per quas sua se tulit ætas,
 Nulla sibi placuit res nisi quæ decuit.
Curans vt fieret virtutem quod redoleret
 Transtulit huc Studium, transtulit ingenium.
Illi sic noto dedit huius sed sine voto
 Christi Iudicium Pontificis solium.
Hic præsul factus nolens licet atque coactus
 Effecit melius qua bona cuncta prius.
Æquâ mensurâ mensurus singula Iura,
 Lenis erat placidis & rigidus tumidis.
Iugiter orabat, ieiunabat, vigilabat
 Quodque sibi minuit pauperibus tribuit.
Hic tam laudari dignus quàm dignus amari
 Sorte cadens hominum transiit ad Dominum.
Omnes personæ quæ sunt in Religione
 Ingemuere nimis planctibus & lachrymis.
Nobilitas fleuit, nec plebs à flendo quieuit:
 Tum gemit & plorat cum bona commemorat..
In cunctis annis noua mors erat ista Britannis
 Quæ viuens tenuit, quos aluit, docuit.
Præcipuè Rhedoni proprii quæ morte patroni
 Et velut ægra iacens factaque muta tacens.

De eodem Riuallo Archidiaconus Rhedonensis.

Reddidit ingenium sapientem, lingua disertum,
 Mens memorem, vigilem solicitudo Gregis.
Ætas longa senem, iucundum gratia moris,
 Ordo Pontificem Religioque sacrum.
Sobrietas parcum sibi, Munificentia largum
 Pauperibus, rectum regula iustitiæ.
Hic basis Ecclesiæ pondus portabat, & idem
 Mansuetudine bos, & feritate Leo.

Marbodo adscribit Giraldus Cambrensis Colores Rhetoricos & tam verborum quàm sententiarum exornationes versibus egregiis: epigrammata sententiosa lib. 1. In Cantica Cantic. l. 1. de Lapidibus & Gemmis l. 1. Tribuunt etiam illi lib. de vita S. Magnoboldi Episcopi Andeg. Gallicè. Obiit an. 1123. vt legitur in Chron. Andegau.

 Marianus Scotus Chronographus hisce temporibus claret scil. circa an. 1058. teste Sigeberto, qui *e Scotia in Gallias veniens Colonia factus Monachus primò apud*

Illustrium Academicorum.

Fuldam, postea apud Moguntias reclusus est. Ita Sigebertus.

Maurilius patria Moguntinus, vt quibusdam placet, aliis Remensis, Leodii in Scholis institutus, Halberticensis Scholasticus, deinde ex Monacho Fiscanensi factus Archiepiscop. Rothomagensis : quo sedente Guillelmus Normanorum Dux Angliã subegit. Viros Doctos familiares & consiliarios habuit, & inter alios Fulbertum cognomento Sophistam, vt legitur apud Ordericum Vitalem ad an. 1056 vbi hæc habet. *Eodem anno Maurilius Episcopus & Fulbertus Sophista Consiliarius eius & Hugo Lexouiensis Episcopus & Ansfridus Pratellensis Abbas atque Lanfrancus Beccensium præpositus & alii plures profunda sagacitatis viri Vticum conuenerunt.* Obiit 5. id. Aug. an. 1066. sepultusque est in Ecclesiæ Naui ante Crucifixum. Richardus Canonicus Herluini Abbatis filius hoc ei Epitaphium inscripsit: vt legitur apud eundem Ordericum l. 4.

Humani Ciues lachrymam nolite negare
 Vestro Pontifici Maurilio Monacho.
Hunc Remis genuit studiorum Legia nutrix
 Potauit trisido fonte Philosophico.
Vobis hanc ædem cœptam perduxit ad vnguem
 Lætitiâ magnâ fecit & Encenia
Cum tibi Laurenti vigilat plebs sobria Christi,
Transit, & in Cælis laurea festa colit.

Michael natione Italus Lanfranci & Anselmi exempla imitatus in Franciam venit ad hauriendas è meliori fonte disciplinas; quarum exercitatione & eruditione nobilitatus ad Abrincensem Episcopatum promoueri meruit. De eo sic Ordericus l. 3. *In loco eius,* Ioannis Episcopi Abrincensis ad metropolim Rothomagensem traslati, *Michael Natione Italicus, eruditione litterarum imbutus, studio religionis venerandus ad culmen Abrincatensis Episcopatus electione legitimâ est promotus. Qui plusquam 20. annis laudabilis pastor floruit, & Roberti Ducis tempore beatus senex obiit.* nempe cira an. 1100.

Milo Monachus S. Amandi Eltonensis in Diœcesi Tornacensi Ord. Ben. natione Gallus, vir teste Trithemio vndecunque doctissimus, Orator, Poëta & Musicus insignis, nec minus honestate morum quàm scientia scripturarum venerandus. Hucbaldi Calui auunculus & Magister fuit, de quo nos supra. Scripsit tam Carmine quàm soluta oratione non pauca volumina. De quibus ista præcipuè feruntur, ad Carolum Caluum Imp. De sobrietate l. 1. Vitam S. Amandi versibus l. 1. Epist. ad diuersos l. 1.

Modoinus Episc. Augustodunensis, vir metro excellens & prosa, Theodulfi Aurelian. amicissimus etiã in captiuitate, cui cecinit luctus suos in Epigrãmate quod legitur inter opera Theodulphi & nos in vita Theodulfi infra referemus. Episcopatũ Æduensem regebat an. 835. cum ad Ebone Rhemẽsi causæ suæ Iudex acceptus est. Sic enim ille apud Flodoard. l. 2. c. 20. *Ego Ebo indignus Episc. recognoscẽs fragilitatẽ meam & pondera peccatorum meorum, testes & confessores meos Arnulphum videlicet Archiepiscopum & Baradum Episcopum, nec non & Modoinum Episcopum constitui mihi Iudices delictorum meorum.* Ab iisdem præceptoribus cum Ebone, Theodulpho & Ludouico Pio institutus fuerat : hinc amor Ludouici in ipsum, Theodulfi cum eo necessitudo, vt patet ex his versibus, qui leguntur lib. 4. c. 6.

Hoc Modoine tibi Theodulfus dirigit exul
 Summo Pontificum cernuus ore melos.
Ito Thalia celer, celeri transcurre volatu,
 Nec mora, nec tibi sit vlla in eundo quies,
Donec perueniat Modoini ad tecta Beati
 Præsulis eximii Pontificisque pii.
Obsecro frater amans nostri memor esse memento,
 Frater pars animi, portio magna mei.
Mens tua sit semper nostros miserata labores,
 Nostra est nota tibi quod bene causa rei.

Ad hunc legitur Flori Lugdunensis Epistola, de qua Sirmondus in Notis ad Theodulfum: extantque duæ aliæ eiusdem Flori in codice Petauiano: vna prolixior pro Ecclesia Lugdunensi inscripta *Egregio Modoïno viro*, altera breuior, in qua quia *Dunum* vetere Gallorum linguâ *Montem* significabat, Modoïnum Auguftimontis Episcopum appellat.

Salue sanɛte Parens, Christi venerande Sacerdos
Augusti montis pastor in arce potens.
Quem sacer illustrat meritis splendentibus ordo
Doɛtrinæ & studium tollit ad Astra pie.

Videtur protraxisse vitam vsque ad an. 842. nam Altheus qui illi successit, sedem tenebat an. 843. vt patet ex quadam Charta Caroli Calui data Attiniaco in palatio an. 4. Regni ipsius 3. non. Iulii: quę sic habet, *Vir venerabilis Altheus Augustodunensis vrbis Pontifex obtulit obtutibus nostris quandam authoritatem Domini & Genitoris nostri Ludouici Serenissimi Augusti, in qua continebatur Iudicium, quod Modoinus quondam memoratæ sedis Episcopus eidem Domino & Genitori nostro quasdam Authoritates Regum Francorum relegendas obtulisset.*

N

Nathanaël Diaconus, Alcuini Discipulus inter Palatinos Magistros ab eodem accensetur poëm. 221.

Ecce Sacerdotes Christi sua iura tenebunt.
Officiale decus seruant sibi rite Ministri,
Nathaneique suo gaudent sub Principe certo.

Nathaneos videtur vocare eiusdem Nathanaelis Diaconi Clericos & Discipulos. Eidem & Oniæ & Candido dedicat commentaria sua in Ecclesiasten, sicque in Ep. dedicatoria eos compellat, *Postquam de paternæ pietatis nido in publicas sæcularium negociorum euolastis auras, mentis meæ solicitudo vestram omnibus pene horis occupationem comitata est, optans vos diuinâ donante gratiâ in charitate perfecta, sanctarum titulis virtutum Deo placere, honestisque viuere moribus coram hominibus, & quod didicistis sub alis paternis eruditionis, nobilibus ostendere moribus, &c.*

Clarè demonstrant 4. libri de bello Ciuili quos Carolo Caluo dedicauit quàm peritus vir fuerit in præfatione autem lib. 1. sic habet. *Cum, vt optime mi Domine nosti, iam pene annis duobus illatam à fratre vestro persecutionem vos vestrique haudquaquam meriti pateremini, antequam Cadhellonicam introissemus Ciuitatem, præcepistis vt res vestris temporibus gestas styli officio memoriæ traderem. Opportuna quidem placidaque res, fateor fuerat præcepta, si otium tanti negotii vt dignè exsequeretur, fuisset concessum. Nunc autem si quid minus, vel incultius quàm oportuerit, pro rerum magnitudine huic operi inueneritis insertum, tantò facilior venia à vobis vestrisque mihi videtur deberi, quantò me nostis eodem turbine quo & vos dum hoc opus peragerem, esse agitatum.* Imperfectum autem opus reliquit & pertæsus belli calamitates Cœnobiticam quoque vitam amplexus est, fuitque Abbas S. Richarij Centulensis in Pontiuo. In bello autem Normanico occisus est.

Notgerus, seu Notkerus vel Notegarius Natione Teutonicus, Leodii diu bonas artes professus est: deinde factus Leodiensis Episcopus an. 972. docere non destitit, vt in historia diximus: atque vt scholas Leodienses celebriores redderet, ad eas Huboldum, qui Parisiis in Monte San-Genouefano magna nominis celebritate docebat, reuocauit. Sedi suæ 36. annis præfuit, vrbem muro circumcinxit, Imperatoribus Othoni II. & III. addictissimus fuit: fuit quoque Gerberto Aquitano & Adalberoni Remensi Archiepiscopo familiarissimus. Extant plures Gerberti ad ipsum Epistolæ. In 34. sic eum compellat. *Vigilasne PP. famosissime quondam fidei pro castris Cæsaris an cæca premente fortuna & tempore ignorantia, Diuina & humana iura pessundari siccine non cernis? ecce palam* destituitur, cui ob paterna merita fidem denouisti, deuotam seruare debuisti. Et Ep. 49. spectabile faciunt nomen vestrum præsentia tempora, quibus paucorum laudatur probitas, multorum prædicatur improbitas. Et cum Gerbertus ad Archiepiscopatum Remensem expulso Arnulfo prouectus fuisset, iterumquede ipso deiiciendo quæstio versaretur, ad eundem scripsit se pro posse elaborare, vt ex tota Francia vniuersale cogatur Concilium, in quo causa discopretur. Epistolam verò sic claudit. *Oro ergo & deprecor per eam, si qua est in vobis pietas, vt non plus meis hostibus quàm vobisde me credatis. Ex perimini an sim, qui i fuerim, scilicet vobis per omnia deuotus & obsequens, in communi sidus amicis, aqui & veri amantissimus, sine dolo & superbia, vestra vestrorumque vsus amicitia, qui non meo vitio perditam a vestra virtute reposco: eâ negatâ multum dolitarus, itemque recepta multum gauisurus.* Ex his colligitur irrepusse in animum Notgeri ex hostium Gerberti suggestione nō nihil odii aut simultatis. Obiit autē Notgerus plenus dierum 4. id. April in Cœna Domini an. 1006. humatusque est in æde D. Ioannis Euangelistæ in qua Ecclesia Canonicorum instituerat Collegium. Longè tamen aliter de eius morte scribit Trithemius, nimirum obiisse sub Lothario, Ludouici filio, atque eum Abbatem fuisse S. Galli. *Notgerus*, inquit, *Episcopus Leodiensis ex Abbate Monasterii S. Galli, Ord. D. Patris Benedicti, natione Teutonicus, vir in Diuinis scripturis eruditissimus, & in secularium litterarum disciplinis omnium sui temporis doctissimus, Philosophus, Poëta & Musicus insignis, & non minus sanctitate quàm scientia venerabilis. Scripsit tam metro quàm prosâ multa opuscula: de quibus ad manus nostras pauca peruenerunt. Legi enim tantum volumen quod Sequentiarium prænotauit, quod scripserat, cum adhuc Monachus esset in Cænobio S. Galli ad Lutuardum Episcopum Vercellensem & Archicapellanum Caroli Imperatoris Magni. Huius autem operis sic incipit prologus siue præfatio. Summa sanctitatis merito. Sequentiarum autem operis sic. Grates nunc omnes reddamus. De Musica & Symphonia lib. 1. De Expositoribus S. scripturæ l. 1. Epistolarum ad diuersos.* Addit idem Trithemius Nicolaum I. approbasse eius Sequetiarium, & ad Missas decantari præcepisse; propter scientiæ & vitæ claritatem primò Abbatem factum, deinde in senectute sua Episcopum decimum consecratum in ordine Leodiensis ecclesiæ regimini præfuisse, sub Lothario filio Ludouici an. 865. & sub eo obiisse. Hæc Trithemius in lib. de scriptoribus Ecclesiasticis: sed errat bonus Abbas: confundit enim si Notgerum Abbatem San-Gassensem qui obiit an. 981. cum Notgero Leodiensi, qui ex Gerberti Epistolis sub annum millesimum adhuc Episcopus fuisse manifestissimè conuincitur, obiit que tantùm an. 1006.

O

ODo Cluniacensis ex nobili Francorum prosapia oriundus, Turonis primum tonsus est, ibique in Grammatica institutus, deinde Lutetiam ad Remigium Antissiodorensem, vt altioribus disciplinis imbueretur, se contulit circa, an. 900. de eo sic habet Ioannes Monachus Cluniacensis eius Discipulus in ipsius vita. *Odo igitur vir Beatissimus ex Francorum prosapia extitit oriundus, sed intra domum Willielmi robustissimi Ducis Aquitaniæ est alitus. Decimonono ætatis suæ anno apud B. Martinum Turonis est tonsus, ibique Grammaticæ laribus est instructus; deinde apud Parisium Dialectica Musicaque à Remigio Doctissimo viro est institutus. 30. ætatis anno Burgundiam petiit, ibique per 15. annos sub Bernone Abbate Monasticam vitam duxit in Balmensi Cænobio. Et alio loco. His diebus Parisium adiit, ibique Dialecticam S. Augustini Deo dato filio suo missam perlegit, & Marcianum in liberalibus Artibus frequenter lectitauit.* legitur quoque fuisse Canonicus S. Martini Turonensis, imò Præpositus: postremo Abbas fuit Cluniacensis eam. 926. vsque ad an. 941. aut 943. quo obiit. Hinc eius ætatem agnosces ex Ioanne eius Discipulo, si enim, vt communiter scribitur an. 926. factus est Abbas, & per 15. annos ante eum Bernone versatus est, ad eum verò venit iam Tricenarius, prope septuagenarius obierit necesse est. Sicque an. 911. ad Bernonem se contulit iam 30. annos natus. Quod si regrediamur ad ante actam vitam, & si postquam tonsus est Tutonis Lutetiam venit, cum tonsus sit an. 19. ætatis necesse est, vt Remigius post mortem Fulconis quæ accidit an. 900. Parisios redierit ad docendum, ibique tum inter alios Discipulos Odonem habuerit. Trithemius ait eum fuisse insignem Musicum, Archicantorem Turonensem, sub Bernone Gigniacensi Abbate Monachum induisse, & cum esset Homeliarum declamator præcipuus, multos ad Fratres composuisse sermones. Hæc autem eius opera commemorat. Vitam S. Gerardi l. 1. Laudes S. Martini l. 1. Chronicam succinctam l. 1. Hymnos & varios Cantus in honorem Sanctorum: rogantibus quoque fratribus libros B. Gregorii Papæ super Iob vno Volumine comprehensos abbreuiasse. Hoc tamen factum ab eo scribunt alii, cum adhuc Turonis habitaret. Vide quæ de eo diximus ante in Historia vbi de fundatione Cœnobij Cluniacensis.

Odo Fossatensis Monachus scripsit vitam Burchardi Comitis Parisiensis, suoque Cœnobio memoriam eius perpetuam esse voluit, antequam alio proficisceretur, vexatus vt videtur à Confratribus. Scribebat autem an. 1058. sic enim habet. *Vsque hodie id, vsque ad præsentem annum qui est incarnati verbi 1058.* Fuit & sub finem eiusdem seculi *Odo* de Castellione Brunonis olim discipulus & Guidonis quoque Turonensis, vt diximus in historia. Ex Cluniacensi Monacho factus postea Ostiensis Episcopus, deinde Cardinalis, vir doctissimus & doctorum virorum præsertim verò Poetarum amantissimus, hoc vno nomine Baldrico Abbati Burguliano notus; qui proinde optat illi Pontificatum maximum. Eum enim Pontificum decus vocat, consilium Papæ, regulam Lutetiæ, Ecclesiæ robur & columnam non concutiendam, litteratum virum, vt didicerat à M. Guidone, per quem eius fama longè latéque sparsa fuerat.

Mores iocundos Guido tibi dixit inesse
  Et quod conuenias moribus alloquium.
Vsque mihi dixit, ditat te littera diues
  Et vatum Musas deliciosus amas.
Os oratorum modò viuis Tullius alter
  Callidus in verbis vinis Aristoteles.
Tempora qua modò sunt, quæ sunt sine remige nauis
  Rectorem statui te voluere sibi.
Qui te fecerunt Odo velut hostia Romæ
  In modico Romæ te facient Dominum.
Hi iam cœpetunt ordiri prouida fata
  Hic intelligimus, iamque fauemus eis
Odoni factus hares in Pontificatum
  Mox in Papatum substituendus eris.
Hoc locus, hoc nomen, hoc signat copia linguæ
  Hos vlti sensus præcinit integritas.

Vaticinatur illi Pontificatum, quem paulo post adeptus est, & Vrbani II. nomen assumpsit. De eo fusè satis in Historia.

Odolricus Abbas S. Martialis Lemouicensis è Monasterio Lutetiam fugit ad Magistros scholarum, tumque ibidem erat, cum Robertus in palatio Synodum Episcoporum & Magistrorum habuit, ad dirimendam de Apostolatu S. Martialis litem; cui ipse præsens adfuit: vt scripsit ad an. 1030. Cur autem è Monasterio fugerit, narrat Gaufredus Prior Vosiensis in Chronico c. 9. de Abbate Odolrico.

Odolricus iuuenis, inquit, *dum esset, leuitati operam dans, lectioni minus studebat: vnde accidit vt Epistolam ad Maiorem Missam dum legeret, iam turpiter falleret, vt etiam conuentus erubesceret. Qua propter Archichorus nimis cōmotus illico alapam in conspectu populi ei dedit. Adolescens pudore coopertus, erat enim præcipua festiuitas eadem, citius aufugit. Qui Magistrorum scholas in tantum frequentauit, quoadusque idoneus præcipuus factus in propriam rediret Ecclesiam, in qua tantæ probitatis titulum acquisiuit, vt decedente Hugone* (Abbate S. Mart. qui Concilio Parisf. interfuit) *essensu cunctorum Ecclesiæ filiorum in Abbatem proueheretur. Hic Cœnobium per annos 15. nobiliter rexit.* Obiit an. 1030. teste Gaufredo Priore Vosiensi.

Otho III. Imperator Othonis II. filius, licet non Academiæ nostræ Alumnus, inter nostros tamen commemorandus videtur, quod Gerberti nostri discipulus fuerit & Roberti Regis apud eundem condiscipulus. Hoc certè præstanti viro

maximè

Illustrium Academicorum.

maximè illustre fuit, quod viros istos in suam disciplinam datos ita extulerit, vt Otho ob eximias dotes dictus *sit mirabilia mundi*; Robertus verò in Synodo Lemouicensi *Doctissimus Regum* appellatus fuerit: quo nullum illustrius nomen consequi poterat, inquit Massonius. Vterque Disciplinarum liberalium amantissimus, litterarumque Mecenas ac parens fuit. Otho paternæ auitæque virtutis æmulus Christiana pietate Rempub. iuuit & auxit, eruditos viros plurimû amauit, ingenuis artibus condigna stipendia largiens. Robertus totum se pietati, litteris & litteratis addixit. Nec præterire fas est, quâ vterque se gratum erga præceptorem præstiterit. Nã Robertus volente patre Hugone Archiepiscop. Remensem ei procurauit. Otho exulem excepit, Rauennatem Præsulem fecit, postremo Papã, vt ante docuimus. Apud Othonem certè plurimum potuit Gerbertus, & nescio quo maiori animi affectu quàm Robertum coluit, vt vicissim Otho Gerbertum: vnde plurimi æmuli cum è Palatio Cæsariano deturbare conati sunt. Vnum eiusmodi grauiter insectatur Ep. 30. Addititiarum à Sirmundo, sic scribens ad Othonem Cæsarem. *Scio me Diuinitatem in multis offendisse & offendere: sed vos vel vestros in quo offendisse redarguor nescio, & vt mea seruitus sic repente displicuerit. Vtinam à vestra munificentia cum gloria tanta collata aut non licuisset suscipere, aut suscepta cum tanta confusione perdere.* Quid hoc esse putem? Quod vtique, dedistis, aut dare potuistis, aut non potuistis. Si non potuistis, cur posse simulastis? Si autem potuistis, quis ignotus & sine nomine Imperator Imperatori nostro notissimo & per orbem terrarum famosissimo imperat? In quibus tenebris ille furcifer latitat? In lucem veniat & crucifigatur, vt nostro Cæsari liberè imperare liceat. A multis creditum est me apud vestram pietatem posse opitulari multis: nunc operæ pretium est habere patronos, quos olim defendendos suscepi, maiorque fides hostibus meis habenda quàm amicis. Amici quippe salubria cuncta, prospera cuncta docuerût. Hostes nec præcepta, nec beneficia mihi profutura, dulcia principia amaros exitus habitura seu prophetico seu fanatico spiritu prædixerût. Quæ quidè mihi plus quam velim tristia, sed Imperiali personæ minus conuenientia. Tribus vt ita dicam seculi ætatibus, vobis, patri, auo inter hostes & tela fidem purissimam exhibui, meam quantulamcunque personam Regibus furentibus, populis insanientibus pro vestra salute opposui. Per inuia & solitudines, per incursus & occursus prædonum, fame & siti, vi frigoris & æstus excruciatus, infractus inter tot tempestates extiti: vt mortem potius præoptarem quam filium Cæsaris tunc Captiuum imperantem non viderem. Vidi & gauisus sum: & vtinam liceat vsque in finem gaudere, & vobiscum dies meos in pace finire.

Otfridus Monachus Wissemburgensis Cœnobii, natione Teutonicus, vir teste Trithemio, in Diuinis scripturis eruditissimus & in secularibus litteris egregiè doctus, Philosophus, Rhetor & Poeta insignis, ingenio excellens & disertus eloquio. Rabani Mauri apud Fuldam fuit Discipulus, vbi tunc insigne erat litterarum Emporium. Scripsit multa opera exemplo Caroli, in quibus conatus est barbariem linguæ Teutonicæ ad regulas Grãmaticæ reducere. Quod & exparte perfecit. Vnde inquit Trithem. *Et quæ patrio sermone conscripsit, non facilè nostra ætate legi nec intelligi possunt, etiam ab homine quantumcunque Teutonicæ linguæ perito.* Enumerat autem hæc eius opera. Ad Lutbertum Moguntinensis Ecclesiæ Archiepiscopum, in Euangelium, opus grande & insigne, quod prænotauit Gratiam Theotiftæ, lib. 5. ad Ludouicum Regem l. 1. ad Solomonem Episcopum l. 1. ad Monachos S. Galli. In Psalterium volumina 3. De Iudicio Extremo l. 1. De Gaudio Regni Cælestis l. 1. Carmina Diuersi Generis l. 1. Epistol. ad Diuersos l. 1.

Otulfus seu Osulfus videtur quoque vnus fuisse è Professoribus Palatinis, sic enim legitur in quodam Poëmate MS. Theodulphi 2. tom. scrip. hist. Fr. 647.

Stet leuita docens Fredigis sociatus Otulfo
Gnarus vterque artis doctus-vterque bene
Nardus & Ercanbaldi si coniungantur Otulfo
Tres mensæ poterunt vnius esse Pedis,

Otulfus ille, seu Odulfus, vel Osulfus subscripsit cum Fridegiso Abbate, Theodulpho, Iesse &c. cuidam ordinationi seu constitutioni in testamento Caroli M. an. 814.

P

Aschasius Ratbertus, quibus Magistris vsus fuerit, non memini me legere, credibile tamen est in schola Palatina pro more Nobilium virorum illius temporis fuisse institutum, ingenii vir fuit perspicassimi, magnæ eruditionis, Monachum induit apud Corbeiam in Diœcesi Ambian. ad Somonam sub Adalardo quondam Comite Palatij, & postea Abbate Corbeiensi, vt in eius vita diximus. Vir in Diuinis scripturis valde eruditus, Græcè & Latinè doctus, ingenio acutus, sermone compositus, teste Trithemio. Scripsit metro & prosa non pauca opuscula. Inter cætera De Sacramento Altaris l. 1. ad Placidum, quem videtur scripsisse inter an. 815. quo exulare coactus est Adalardus Abbas, & an. 882. quo à Ludouico Pio in Aulam reuocatus est, & in omnes suas dignitates restitutus. Testatur enim in Ep. dedicatoria ad Placidum, tum Abbatem suum *exilium ferre pro fide*. Exilium autem passus est Adalardus ab an. 815. ad an. 822. Scripsit adhuc de eadem materia iam senex ad Frudegardum seu Fredewardum Equitem, exposuitque hæc verba, *Cœnantibus autem eis &c.* Scripsit quoque Vitam S. Adalardi Abbatis Corbeiensis. Passionem SS. Ruffini & Valerii Martyrum. In threnos seu lamentationem Hieremiæ lib. 5. In Psalmum 44. l. 3. Commentariorum in Euangel. Mathæi l. 12. & alia plurima. Ex Monacho autem post Adalardum, Vvalam eius fratrem, Hedonem & Isaacum electus est Abbas an. 844. Obiit an. 851. 26. April. die S. Richarii. Ad eum extant quædam Epistolæ Lupi Ferrariensis.

Paulinus Grammatices quondam insignis Professor, deinde Aquileiensis Patriarcha factus an. circiter 776. à Carolo M. in Franciam adductus, illi mirificè gratiosus fuit, etiam ante Patriarchatum, vt patet ex quodam eius diplomate, quo eum nobili villâ Laberianâ donat an. 773. his verbis. *Igitur notum sit omnium vestrum magnitudini, qualiter cedimus & donamus à nobis viro valde venerabili Paulino artis Grammaticæ Magistro, hoc est res quondam & facultates Vvaldandii filii quondam Mimoni de Laberiano.* Interfuit Conciliis pluribus sub Carolo M. Scripsit eius iussu aduersus Felicem Vrgelitanum & Elipantum Toletanum l. 3. & Alcuino in ea hæresi obterenda adiutor fuit. Obiit die 2. Ian. an. 802. sanctitate & miraculis in vita & post mortem clarus. Sepultusque est in maiori vrbis Foroiuliensis Basilica. Extant de Paulino nonnulla Alcuini Poëmata, in quibus eum sic laudat.

> *O Lux Ansoniæ Patriæ decus, inclytus author,*
> *Iustitia cultor, sacræ pietatis amator,*
> *Te mea mens ardet sacris constricta catenis,*
> *Diligit, exquirit, complectitur, attrahit, ambit,*
> *Pectoris æternâ secumque recondit in arca,*
> *Pars animæ melior, nostræ pars inclyta vitæ,*
> *Sis memor Albini sacris altaribus adstans,*
> *Et dulces inter lachrymas super ora fluentes*
> *Dic, Miserere Deus nostro clementer Amico.*

Ad eundem & carmina & Epistolas scripsit idem Alcuinus.

Paulus Vvernefridi patriâ Longobardus, Diaconus Aquileiensis, cum Desiderio Longobardorum Rege cui erat à secretis, captus an. 774. & à Carolo M. in Franciam adductus, à quo magno in honore habitus ob ingenii excellentiam peritiamque litterarum; erat quippe in scripturis Diuinis cruditissimus, & in secularibus litteris nobiliter doctus. Sed cum coniurationis cuiusdam reus factus fuisset, in vincula coniectus est: vnde tandem liberatus ad Cassinense Cœnobium se conferens, ibi Monachus factus est. Scripsit autem multa opera quorum aliqua commemorat Pitseus. Imprimis verò *Histor*. Vvinilorum, qui postea dicti sunt Longobardi l. 6. Excerpta quædam de primis Metensium Episcopis flagitante Angilramno Episcopo. Vitam S. Arnulphi Metensis Ep. Vitam SS. Benedicti, Mauri & S. Scholasticæ metricè; & alia multa.

Illustrium Academicorum.

Petrus Pisanus in Ticinensibus scholis diu floruit, deinde à Carolo aduocatus, in Palatinis Parisi. Grāmaticam docuit, eamque ab eo Carolus ipse didicit, teste Eginhardo. Et alib. In discenda *Grammatica Petrum Pisanum Diaconum senem audiuit, in cæteris Disciplinis Albinum &c.* Itaque Petrus ille merito dici potest primus Scholæ Palatinæ & Regiæ Institutor.

Petrus Damiani Episcopus Ostiensis, etsi non ex Academicis nostris, locum tamen inter eos habere dignus est, propterea quod ab Alexandro II missus in Gallias, multa statuit quæ ad Disciplinam Ecclesiasticam & Religionis Sanctitatem pertinebant: quem quanti fecerit, ex hac eius Bulla patet ad Geruasium Archiepiscopum Remensem, R. Senonensem, B. Turonensem, M. Bituricensem, T. Burdegalensem. *Non ignorat,* inquit, *Sancta vestra fraternitas, Dilectissimi,* quod ex authoritate Sedis Apostolicæ, cui nos indignos Diuina clementia præfecit, totius vniuersalis Ecclesiæ regendus ac disponendus nobis status incumbit. Quoniam igitur pluribus Ecclesiarum negotiis occupati ad vos ipsi venire non possumus, talem vobis virum destinare curauimus; quo nimirum post nos maior in Rom. Ecclesia auctoritas non habetur, Petrum videlicet Damianum Ostiensem Episcopum, qui nimirum & noster est oculus, & Apostolicæ sedis immobile firmamentum. Huic itaque vicem nostram pleno iure commisimus: vt quidquid in illis partibus Deo auxiliante statuerit, ita ratum teneatur & firmum, ac si speciali nostri examinis fuerit sententiâ promulgatum. Quapropter venerabilem Sanctitatem vestram fraternâ charitate monemus, & insuper Apostolicâ vobis authoritate præcipimus, vt talem tantumque virum tanquam nostram personam dignâ studeatis deuotione suscipere, eiusque sententiis atque Iudiciis propter B. Petri Apostolorum Principis reuerentiam humiliter obedire.

Petrus Pictauiensis Episcopus electus an. 1086. multas cum Cluniacensibus Monachis lites & quasi perpetuas habuit, eo quod optima quæque Sacerdotia sibi vindicabant. Eo sedente in Cathedra Pictauiensi Bernardus primus Tironensis Abbas à Cluniacensibus iisdem in ius vocatus de S. Cypriani Pictauiensis Ecclesia, cui eiusdem Petri nutu præsidebat, quam illi suæ ditioni subditam esse asserebant. Fuerunt illi Roberti de Atbrissello amicissimi & condiscipuli.

Plegmundus in instituenda Oxoniensi Academia operam sedulam Regi Aluredo præstitit cum Grimbaldo & Ioanne Erigena, vt in historia retulimus. In Sacrarum scripturarum lectione & eruditione præsertim excellebat. Et vt ait Simeon Dunelmensis, *Venerandus vir sapientiâ fructibus renidebat, præditus bis binis columnis, iustitiæ videlicet, prudentiæ, temperantiæ fortitudinis.* Ab eodem Rege ad Archiepiscopatum Cantuariensem promotus est, quem rexit 34. annis, vt scribit Geruasius.

Prudentius natione Hispanus, nomine Galindo ad Episcopatum Trecensem promotus est an. circiter 840. interfuit Synodo Parisiensi an. 847. Turonensi IV. an. 849. Suessionensi II. an. 853. Hincmaro Remensi primum intimus fuit, & ab eo sæpe consultus in abstrusis Sacræ scripturæ locis explicandis, tanquam perspicax Diuinæ scripturæ interpres, inquiunt Sammarthani. Scripsit correctiones in librum *Ioannis Scoti* ad Guenilonem Archiepiscopum Senonensem, quas legere est apud Camuzatum: quo opere eruditè confutat libellum Origenianis & Pelagianis erroribus refertum, quem Ioannes conscripserat. Extat eiusdem Prudentii Sermo de vita & morte B. Virginis Mauræ in promptuario antiquitatum Trecensium. Patet insuper ex scriptis Flodoardi Hincmarum eius expetiisse consilium & auxilium ad condemnationem & compressionem Gotheschalci: sic enim ille de Hincmaro l. 3. c. 21. *Quæritur* (scribens ad Prudentiū quare sibi præsentiam suam substrahat, significans se ab eo consilium quærere velle de statu & copressione Gotheschalci, intimans quod de ipso actum vel iudicatum fuerat in Synodo (an. 848.) quo eum reclusum tenebat iudicio; & quia multis modis eum conuerti tentauerit, & de moribus ac superbia ipsius. Et si in Cœna Domini vel in Pascha debeat illum admittere ad audiendum sacrum Officium, vel accipiendam Communionem, & quid sibi videatur de sententia Ezechielis Prophetæ qua dicitur, *In quacunque die ceciderit Iustus, omnes Iusticiæ eius in obliuione tradentur; & quacunque die peccator conuersus fuerit, omnes iniquitates eius tradentur obliuioni.* Sed & de consuetudine Cœna Domini celebranda. Item pro Ecclesiis sedis Remensis, quas ille aliter tractabat, quàm Episcopali conueniret æquitati &c. At Prudentius multa confingi videns in Gotheschalcum, quem ipse initio impugnauerat, postea defendit, multaque collegit ad eius defensionem Sacræ scripturæ loca & SS. Patrum dicta, seque Lugdunensis Ecclesiæ Episcopo Remigio & Canonicis aliisque trium prouinciarum Episcopis cum defendentibus adiunxit. Hac de re sic habent Annales Francorum Bertiniani. *Galindo cognomento Prudentius Tricassinæ Ciuitatis Episcopus, natione Hispanus, apprimè litteris eruditus, qui ante aliquot annos Gotheschalco Prædestinatiano restiterat, post felle commotus contra quosdam Episcopos secum Hæretice resistentes, ipsius Hæresis defensor acerrimus. Indeque non modica inter se diuersa & fidei aduersa scriptitans moritur. Sicque licet diutino languore fatigaretur, ut uiuendi, ita & scribendi finem fecit.* Obiit secundum eosdem Annales an. 861: at in promptuario Sacrarum Antiquitatum Tricassinæ Diœcesis Collectore Nicolao Camuzato obiisse legitur circa an. 864. atque in numero Sanctorum habetur, eiusque festum 6. April. cum 9. lectionibus celebratur. Ei successit Folcricus ex alumno Ecclesiæ Remensis, qui interfuit Concilio Suessionensi III. an. 866. & Tricassino an. 867. Eius quoque opera usus fuisse videtur Hincmarus contra Prædestinatianos: nam apud Flodoardum l. 3. c. 23. gratias ei agit pro Epistolis quibusdam S. Augustini, ab eo ad se missis. Eiusdem Fulcrici meminit Lupus Ferrariensis Ep. 125. eique gratias agit ob subleuatam ab eo Cœnobii Ferrariensis à Normanis expilati paupertatem.

R

*R*Abanus patria Moguntinus, cognomine Maurus, Gentilitia è stirpe Magnentius, vel potius à Patria Moguntinensi seu Magentina sic dictus, Nouennis dicitur nomen dedisse familiæ Benedictinæ in Cœnobio Fuldensi Buchoniæ Siluæ in Franconia. Vbi ad an. vsque 822. educatus est, quo factus est Abbas post mortem Egilis: & an. 847. Archiepiscopus Moguntinus post mortem Otgarii. *Discipulus fuit Alcuini*: id certum: nam Flodoardus l. 3. c. 21. referens Epistolam Hincmari ad ipsum, ait Rabanum vltimum B. Alcuini Discipulorum superesse. *Quærens qualiter de Trinitatis fide ac prædestinatione diuersorum Patrum sint intelligendæ sententiæ, in qua Epistola asserit hunc B. Rhabanum solum tunc temporis de Discipulatu B. Alcuini relictum.* At vbi Rabanus Alcuinum audiuerit, non adeo certum. Balæus diserte asserit missum ad Parisiensem scholam iam ab Anglis & Scotis constitutam. *Inuenis*, inquit, *adhuc Benedictinæ sectæ Monachum induit, ac tam moribus quàm scientiis mirabiliter profecit, & omnium dicendi generum peritus* Parisiensem Scholam *ab Anglis & Scotis inchoatam suâ doctrinâ celebriorem reddidit. Summus enim Theologus erat, Philosophus, Astronomus, Rhetor ac Poeta subtilißimus, cui per ætatem, vt de illo scribitur, nec Italia similem, nec Germania æqualem peperit.* Balæo succenturiatur Mathias Flaccus Illyricus l. 9. *Fuldæ natus, vt ipse testatur in Epicedio suo & in Ep. ad Leonem, Albini Auditor & Discipulus in omni Disciplinarum genere excelluit.* in Parisiensi Academia *aliquandiu professorem egit & magno ornamento fuit Doctoribus Scholasticis.* Idem dicit Hottingerus, seu potius eadem verba repetit ad 9. secul. sect. 1. de Christianismo. Idem quoque Arnoldus Vvion l. 5. c. 71. & communiter alii scriptores.

Nonnulli aiunt cum litterarum & sapientiæ amore succensum à Ratgario Abbate suo impetrasse vt Alcuinum Romæ tum Ministrum & Custodem Lateranensis Ecclesiæ & publicum Bonarum Artium Doctorem audire posset: indeque sexto post anno reuersum, & deinceps Fuldæ docuisse. Alii non egressum Fuldâ contendunt, & sicubi Alcuinum audiuit, audiuisse Fuldæ: quia ipse in Epitaphio quod condidit viuens tamquam Archiepiscopus Moguntinus, ait se in Vrbe Moguntina natum sacrisq; ablutum aquis, in Fuldensi verò Cœnobio sacrum dogma Theologiæ didicisse. Non caret tamen res ista difficultat, propterea quod alii aliter interpungunt. Leguntur in lib. Rabani de Cruce, quidam versus, quibus testatur Alcuinus Rabanum ad se missum, talesque sunt.

Nempe Ego cum fueram custos humilisque Minister
Istius Ecclesiæ Dogmata sacra legens.

Illustrium Academicorum.

Hunc puerum docui Diuini famine verbi,
Ethica monitis, & Sophiæ studiis.
Ipse quidem Francus genere est atque incola silua
Buchonia, huc missus discere verba Dei.
Abbas namque suus Fuldensis Rector Ouilis
Illum huc direxit ad tua tecta Pater,
Quò mecum legeret metri Scholasticus Artem
Scripturam & sacram rite pararet ouans.

Verum hoc Epigramma, vt hoc obiter moneam, non potest tribui Alcuino: nam in sequentibus versibus ait Rabanum iam Tricenarium, ad Christi laudem composuisse librum de Cruce (quem Gregorio IV. seu potius Sergio successori, quia Gregorius an. 843. morte præuentus fuerat, dedicasse ferunt.)

Ast vbi sex lustra impleuit iam scribere tentans
Ad Christi laudem hunc edidit arte librum.

Quomodo autem ista conuenire possunt cum Alcuini ætate, quem communis Scriptorum opinio fert obiisse an. 804? Nam si ante obitum Alcuini iam tricenarius erat Rabanus, saltem octogenarius obierit necesse est, quod nullibi legitur.

Certè cum constet ex Ep. Hincmari ad ipsummet Rabanum, Alcuini discipulum fuisse, non verò alibi quàm in Palatio Parisiensi aut Turonis Scholas habuisse solennes Alcuinum reperiamus, aut Turonis aut Parisiis cum audiuerit necesse est. Et fortassis mortuo Alcuino Rabanus etiam aliquandiu Lutetiæ Professorem egit antequam Fuldam repeteret. Reuersus verò & Monachus & Abbas docere non destitit', teste Trithemio in Chron. Hirsaug. *Tenebat*, inquit, *ipse Rabanus adhuc Monachus scholam Monachorum publicam in Cœnobio Fuldensi, quam etiam Abbas continuauit: in qua monachos non solum in sacris Scripturis, sed etiam in secularibus litteris erudiuit. Nec solum Fuld. Cœnobii Monachos sed ex diuersis locis aliis ad se transmissos multos in omni genere Doctrinæ Discipulos instituit.* Factumque est, vt idem refert ex Meginfredo, vt non solum Abbates Monachos suos, sed & Nobiles Terræ, filios suos Rhabani docendos Magisterio subdiderint.

In illo autem Cœnobio tum erant centum quinquaginta Monachi, è quorum numero doctissimi qui dicebantur, *Seniores* eligebantur 12. & cum quis ex iis siue ad aliud Cœnobium mittebatur, seu obibat, continuò ex Doctoribus & Sanctioribus alius in eius locum *Rectoris* & *Senioru* electione constituebatur, teste Trithemio. Illi autem in singulis Diuersaru Facultatum scholis singuli legebant. Et decimus tertius erat *Principalis Magister* omniumque Lectionum Deputator, qualis erat Rabanus suo tempore, vt legitur in Lycæo Benedictino c. 6. de Rabano : vbi quoque, enumerantur præcipui eius Discipuli, qui Scholis & ipsi publicis præfuerunt. *Strabus*, qui post eum Fuldensibus Scholis præpositus est, *Freculphus* postea Lexouiensis Episcopus, *Lintbertus* primus Abbas Hirsaugiensis, *Hudolphus* primus apud Hirsaugienses Scholarum Magister, *Ruthardus* 2. Hirsaug. Scholasticus, *Bernardus* Abbas Hirsfeldensis, *Ioannes* qui primus apud **Germanos Cantum Ecclesiasticum variâ**, vt ait Trithemius, modulatione composuit, *Altfridus* post Corbeiæ in Saxonia Scholasticus, demum Hildesheymensis Episcopus. Ad eundem Rabanum iam Abbatem factum missus est ab Aldrico Senonensi Archiepiscopo Lupus Ferrariensis, vt Theologiæ dogmata ab eo perdisceret. Tam multa autem opera edidit, vt vix possit certus eorum contexi numerus. Anno 829. edidit Tractatus in libros Sapientiæ & in Ecclesiasticum ad Otgarium Archiepiscopum Moguntinum. An. 844. librum suum de Laudibus S. Crucis Sergio Papæ dedicauit: quâ de re sic legitur in Annalib. Fuldens. ad hunc an. *H Rabanus quoque Sophista & sui temporis Poëtarum nulli secundus, librum quem de Laude S. Crucis Christi figurarum varietate distinctum difficili & mirando poëmate composuit per Aschribum & H Ruodbertum Monachos Monasterii Fuldensis Sergio Papæ S. Petro offerendum transmisit.* Haymoni Episcopo Halberstadensi in Saxonia Alcuini etiam olim discipulo dedicauit libros 22. de Vniuerso. Scripsit etiam de vniuersali natura, l. 1. de Institutione Clericorum l. 3. quos dedicauit D. Haistulfo. De diuinis Officiis l. 1. De computo Dialog. l. 1. Ad Ludouicum Regem l. 1. Epistolarum ad diuersos l. 1. Sermones & alia multa. Abbatiam rexit 20. vel vt scribit Trithemius 24. annos, quam improbitate Monachorum deserere coactus est:sic enim ille an. 1505. in Ep. ad Ioannem Gotfridum Pastorem Ecclesiæ Vallis-virorum. Rabanus ille Maurus *Abbas Fuldensis in Ordine Sextus, vir certè doctissimus, improbitate Monachorum suorum Abbatiam ipsam postquam annis rexisset quatuor & viginti, deseruit & ad Ludouicum Imperatorem Pium confugiens declinauit, à quo transacto biennio post mortem Otgarij Archiepiscopi Moguntini in locum eius suffectus est.* Lupus Ferrariēsis ep. 40. Depositionis istius & abdicationis molestiam lenit, quasi voluntaria fuerit, sic enim ille ad Rabanum. *Cæterum audiui sarcinam administrationis vestræ vos deposuisse & rebus Diuinis solummodo nunc esse intentos; Hattoni verò nostro curam sudoris plenam reliquisse. Cuius rei ordinem, simulque alia quacunque videbuntur, beatitudinis vestræ litteris expectabo cognoscere.* Ideo autem à Commonachis depositus putatur, aut in abdicationem consentire coactus, quod eum viderent nimis addictum litterarum exercitio nec satis intentum bonorum temporalium administrationi: hancque causam affert Trithemius lib. de Script. eccles. *Offensus improbitate Monachorum suorum, qui eum dicebant nimium scripturis intentum temporalia negligere, agente id in eis Diabolo displicentiam contra eum acceperunt, scandalizati in eo quo maxime debuerant ædificari. Dans igitur locum iræ, nec cum ingratis ouibus diutius manere consentiens, Monasterium & habitatores eius deseruit, & ad Ludouicum Imperatorem filium Caroli transmigrauit, cum quo & multis diebus permansit. Monachi autem pœnitentia ducti Legationem ad eum mittentes rogabant vt rediret ad Monasterium, sed non impetrarunt.* Errat Trithemius, cum ait Rabanum confugisse ad Ludouicum Pium: nam ille obierat iam an. 840. confugit verò ad Ludouicum Germaniæ Regem Ludouici filium, à quo an. 847. suffectus est in Archiepiscopatum Moguntinum Otgario præsuli defuncto. Annales Fuldenses breuiter sic hac de re ad an. 847. *Otgarius Moguntiacensis Episcopus 2. Kal. Maij obiit, in cuius locum H Rabanus ordinatus est 5. Kal. Iulij, qui in eodem anno iubente H Ludouico Rege apud Moguntiacum Synodum habuit circa Kal. Octob.* In illa Synodo Gothescalcus ad Remorum antistitem remissus, cuius Synodi meminit Hincmarus, extatque in eam rem in tomo 3. Concil. Synodalis ep. à Rabano missa. Defunctus est autem die 4. Feb. an. 856. ex iisdem Annalibus Fuldensibus, *habens in Episcopatu annos 9. mensem & dies 4. Cui successit Karlus magis ex voluntate Regis & Consiliariorum eius, quàm ex consensu & electione Cleri & populi.* Tumulatus est in S. Albani fano Moguntiæ. Vide eius Epitaphium ad an. 856.

Radulfus cognomento Viridis frater Anselmi Laudunensis, vir in litterarum professione clarissimus, de quo dicetur in Catalogo virorum Illustrium 4. seculi.

Radulfus de Fusteia seu de Frageio vulgò de *Fragrei* socius Roberti de Arbrissello, Monachus S. Iouini de Marna, iacet in Ecclesia S. Sulpicii quæ Monialium est in agro Redonensi: ad quas nempe dirigendas ille missus fuerat. Obiit an. 1124. 17. Kal. Sept. vt legitur in Necrologio.

Raimundus de Lauaur Monachus Auriliacensis, vir doctissimus, Gerberti Aquitani Magister; cui totum ille se debere dicebat, quod sciebat. Sic enim ep. 35. additiarum à Sirmundo ad Geraldum Abbatem. *Adeste ergo Reuerendi Patres, vestroque alumno fusis ad Deum precibus opem ferte. Discipuli victoria Magistri est gloria. In commune quidem omnibus vobis pro mei institutione grates rependo, sed specialius Patri Raimundo, cui si quid scientiæ in me est, post Deum inter omnes mortales gratias rependo.* Idem Raimundus post mortem Geraldi in Abbatem electus est, statimque ad eum Gerbertus congratulatorias dedit litteras. *Clarissimo Patre Geraldo orbatus non totus superesse visus sum. Sed te desideratissimo secundùm vota mea in Patre creato denuo totus in filium renascor.* Extant aliæ plures ad eum eiusdē Epistolæ.

Rainaldus seu *Ragenaldus* Burchardi Comitis Parisiensis filius, Hugonis & Roberti Regum Cancellarius an. 988. subscripsit cuidam testamento. Deinde Parisiensis Episcopus factus viros litteratos exemplo patris plurimum coluit & amauit.

Rainardus Hugo de Bar dictus, vir nobilissimæ prosapiæ ex Comitibus Tornodori & Barri super sequanam oriundus, ad Lingonensem sedem promotus est

Illustrium Academicorum. 633

circa an. 1065. vir fuit impensè litteratus, de quo sic habet Hugo Flauiniacensis. Anno 1077. *Lingonensem Ecclesiā Rainardus regebat, vir apprimè Rhetoricis imbutus studiis, clarus ingenio, sermone facundus, scientiâ præditus, affabilis alloquio & prudens consilio.* Profectus est Hierosolymam vnde rediens Constantinopolim inuisit, indeque brachium S. Mammetis quod in Capella Imperatoris seruabatur, Lingonas attulit. Cuius martyris vitam & acta Passionis prosâ ac versibus heroicis ex Græcis commentariis latinè scripsit.

Rainaldus Abbas S. Cypriani Pictauiensis, vir quoque eloquentissimus, in Philosophicis disciplinis instructissimus, ditissimus & munificentissimus, Roberti Casæ-Dei fundatoris olim Discipulus: de quo sic legitur in vitâ B. Bernardi successoris, deinde Tironensis abbatis. *Est ab hac ciuitate (Pictauinâ) non longe positum S. Cypriani Monasterium, quod eo tempore regebat Abbas Rainandus vir apprimè litteris eruditus, tantâ sapientiâ præditus, vt in Conciliis publicis causarum perorator esset elegantissimus. Cuius rei gratia in Rom. etiam Curia bene notus & acceptus erat & in Aquitania famosus habebatur.* Obiit an. 1100. cui Baldricus Burguliensis ita cecinit.

> *In sibi dilecto requieuit Philosophia*
> *Rainardo, quem vas facerat esse suum.*
> *Hinc igitur sancti Cypriani floruit Abbas,*
> *Ecclesiam ditans ordine, rebus, agris.*
> *Pene loci quacunque fuit possessio primùm,*
> *Hanc duplicem peperit solicitudo Patris.*
> *Tandem Rainaldi pars promptior astra petiit,*
> *Hic quæ terra fuit portio, terra fuit.*

Extat similiter apud eundem Baldricum Epitaphium Rainaldi Canonici olim S. Martini Turonensis, deinde Archipræsulis Remensis: quem virum mirificè quoque prædicat. Obiit Atrebati 19. Kal. Feb. an. 1096.

Ratbodus natione Teutonicus, Traiectensis Episcopus 14. vir in Diuinis scripturis, teste Trithemio, valdè eruditus & secularium litterarum non ignarus, ingenio subtilis, eloquio clarus, vita & conuersatione sanctissimus, ad Scholas Palatinas regnante Carolo Caluo missus, ibique præceptorem habuit Mannonem seu Nanonem Philosophum virum doctissimum. De eo sic legitur apud Surium ad. 29. Nouemb. ex veteri MS. incerti authoris. *Primæ ætatis tempus exegit apud Guntherum Coloniensem Archiepiscopum auunculum suum litteris operam nauans: sed cum illi Episcopo res aduersa accidissent, puer egregiæ indolis hortantibus suis, plerisque etiam adiuuantibus, quippe quem Dei gratia quâ præditus erat, omnibus charum efficeret, primò ad Caroli Regis Francorum, inde ad Ludouici eius filij Aulam se contulit, non quod Palatinos ambiret honores, sed quod intra Regis Palatium Liberalium Disciplinarum Studia præclarè colerentur. Præerat autem Collegio illi Manno Philosophus, cui sanctus puer feruens discendi studio adhæretat.* Trithemius verò de eodem verba faciens lib. de scriptor. Eccles. *Hunc*, inquit, *in omnibus litteris humanitatis Nanno Philosophus doctissimus instruxerat: qui Aduocatus in Palatio Regis Caroli Grossi fuit & postea Monasterium ingressus, tandem Episcopus, vt diximus, consecratus, Ecclesiam Traiectensem in graui Danorum persecutione decem & septem annis strenuè gubernauit.* Opuscula quæ edidit, hæc sunt. Laudes S. Martini l. 1. Laudes S. Bonifacii Episcopi l. 1. De S. Amalberga Homiliæ & Sermones l. 1. De S. Vvillebrodo l. 1. Integrum quoque de S. Martini Translatione Officium composuit. Obiit an. 917.

Ratherius Leodiensis in Cœnobio Lobiensi Manachum induit, ibique in exercitio scholarum insigniter floruit cum Scamino & Theoduino, vt legitur in lib. de Gestis Abbatum Lobiensium. Plurima eius opera enumerat Folcuinus lib. prædicto c. 20. imprimis *Agonosticum*, seu *Præloquiorum*, quem librum ad relegendum siue probandum misit eruditissimis viris quos nouerat, Sobboni & Widoni Archiepiscopis, Godescalco & Aurelio præsulibus, nec non Brunoni & Rotberto Galliarum Archiepiscopis, nobilissimis & in Philosophicis studiis eruditissimis, postremo verò Frodoardo Remensi. In ea Burgundiæ parte quæ Prouincia dicitur, filium ditissimi cuiusdam Roestangum nomine ad imbuendum litteris postulatus, edocuit, ad eumque librum de Arte Grammatica conscripsit, quem Gentilitio loquendi more *Seruadorsum* vocauit, cuius nempe præceptis puerulus qui Scholis assuesceret, à flagris dorsum seruare posset. Postulatus quoque ab Othone Imperatore Brunonem eius fratrem, qui fuit deinde Coloniensis Archiepiscopus, erudiuit, vt in historia retulimus. Leodiensi Episcopatu ab ipso Imperatore *in emolumentum Magisterii*, annitente quoque Brunone donatus est. Sedinde deiectus Veronensem Episcopatum quem iam ante exercuerat, recepit, qua in sede multa damna, mala, calamitates & angustias tam à Clericis quàm à Laïcis pertulit, de quibus ad Ioannem Pontificem scripsit, legiturque Epistola in 2. tomo Spicilegij Dacheriani. Extant eiusdem ad alios Epistolæ, extant & alia opera. De Contemptu Canonum Partes 2. Qualitatis Coniectura seu inuectiua in quendam. Discordia inter ipsum & Clericos. Liber Apologeticus. Epistolarum libellus. Synodica ad Presbyteros. Itinerarium Romam euntis. Sermones varij. In parte 1. Can. sic scribit de nobilium pueris qui ad Scholas mittebantur. *Pone quemlibet Nobilium Scholis tradi, quod vtique hodie magis fieri ambitu videtur episcopandi quàm cupiditate Domino militandi, ecce pes vnus superbiæ, Parentum, scilicet elata voluntas. Is cum adolescere cœperit, aut de ipsa nobilitate, aut de quouis intellectus nomine, aut fortassis pulchritudine corporis, aut quia sit ei, vt de quadam refert Hieronymus, cygneo canore vox forsitan dulcior, incipit insolescere. His igitur Dæmonicis superbiæ pedibus conculcatus eneruatur, & propter iactantiam vt ille primus in aerem crassiorem, ita iste in lasciuiam prosternitur turpiorem. Hinc demum non tam bigamus quàm multogamus effectus sine examinatione prouehitur ad sacerdotium, quod occasio sequentium omnium vsque ad perditionem animarum est profectò malorum.* In omnibus fere eius operibus idem spiritus cernitur contra Seculares Clericos, qui ad dignitates Ecclesiasticas promouebantur.

Ratherij plurimi authores synchroni & suppares meminerunt. Eraclius Episcopus Leodiensis, vt legitur in eius vita, sic eum compellat. *Quis est vobis aut sapientiâ aut probitate aut optimarum artium studio aut innocentiâ aut vllo laudis genere præstantior? patientia si memoratur, si fas est dicere fide salua ne Deum offendam, tu es ipsa.* Luitprandus l. 3. c. 11. *Venerat quidam Ratherius nomine qui ob religionem septemque Liberalium Artium peritiam Veronæ Episcopus constituitur.*

Rogerius Benedictinus Ratherio suppar in vita S. Brunonis Coloniensis Archiepiscopi mirificè Brunonem prædicat, quod expulsum Ratherium è Cathedra Veronensi Leodiensem fecisset Episcopum, ex Episcopatu deinde Leodiensi deiectum in Veronensem restitui curasset.

Ratramnus Corbeiæ Picardicæ Monachus sub Carolo Caluo floruit, eiusque iussu librum edidit de Eucharistia seu de Corpore & Sanguine Domini l. 1. De Prædestinatione lib 1. quæ Quæstiones tum agitabantur in Scholis & in Eccles. quę porro virū licet nonnulli Hæretici sibi vindicent, nusquam tamen per 700. annos in vllius hæreseos suspicionem venit: vt plurium emeritorum virorum testimoniis probat D. Lucas Dacherius in præf. ad lectorem 2. tomi Spicil. de eo diximus in historia. Scripsit quoque 4. libros contra Græcos, qui Ecclesiam Latinam in multis reprehendebant, eosque libros edidit Dacherius in 2. tom. Spicilegij, in quibus quantâ peritiâ conspicuus fuerit Ratramnus, intelligitur.

Regimbertus vir litteratissimus & amicissimus Lupi Ferrariensis, cuius ad eum extat Epistola in qua monet se ad Imperatoris præsentiam deductum annitentibus amicis, atque à Regina benignissime exceptum, spemque esse adipiscendæ alicuius in Aula Dignitatis: quod si euenerit, subitò se cum aduocaturum ad communium studiorum exercitationem. *Superiore anno annitentibus amicis in præsentiam Imperatoris deductus sum, & ab eo atque Regina benignè omnino exceptus nunc hoc est 10 Kal. Octob. Indictione 1. ad Palatium, Regina, quæ plurimum valet, euocante promoueor, multique existimans fore vt citò mihi Gradus Dignitatis aliquis conferatur. Quod si Diuina exuberante gratia euenerit, non dubites illico te arcessendum, vt vna permissu Imperatoris degentes communium studiorum exercitatione iucundissima perfruamur.*

Remigius Antissiodorensis Errici discipulus fuit cum Hucbaldo Caluo, qui deinde Lutetiæ & ipsi scholas habuerunt. Excelluit autem Remigius in Artium Liberaliū, præsertim verò Dialecticæ professione, & licet miserrimis temporibus

doceret

Illustrium Academicorum.

doceret, scilicet tunc cum Normani Lutetiam obsidebant & omnia vastabant; ad eum tamen confluebant vndequaque Discipuli, tanta eius erat fama nominis; vt vno Odonis Cluniacensis exemplo probare licet: sicut legitur in eius vita. *Odo vir beatissimus ex Francorum prosapia extitit oriundus, sed intra domum Vvillielmi robustissimi Ducis Aquitaniæ est alitus.* 19. *ætatis suæ anno apud B. Martinum Turonis est tonsus, ibique Grammatica laribus est educatus. Deinde apud Parisium Dialectica Musicaque à Remigio doctissimo viro est instructus. Et post alia. Odo his diebus adiit Parisium, ibique Dialecticam S. Augustini Deodato filio suo missam perlegit, & Marcianum in liberalibus artibus frequenter lectitauit: præceptorem quippe in his omnibus habuit Remigium*. Hinc intelligitur tum adhuc in Scholis publicis inualuisse morem docendæ Dialecticæ Augustineæ, non Aristotelicæ, vt notauit Ioannes Launoyius in suo de varia Aristotelis fortuna lib. c. 5. addens eam à doctissimo illo viro Remigio Lutetiæ traditam, eandem post Remigium ab Odone, & post Odonem ab aliis similiter traditam, donec tandem aliquando Augustinus Aristoteli, Christianus videlicet Gentili cessit. Eiusdem Remigii Discipulus fuit insignis Grammaticus M. Hildeboldus, qui in Monasterio S. Michaelis super Mosam Scholas aperuit, vbi inter alios Discipulos docuit Ioannem Gorziam Abbatem, vt in eius vita legitur per scriptorem coætaneum exarata. *Hildeboldus quidam Grammaticam professus è Discipulis Domni Remigii doctissimi ea ætate Magistri Scholas habebat.* Hic autē Remigius noster à Fulcone Archiepisc. Remensi euocatus Scholas Parisiens. tunc fere ob bellorum Normanicorū rabiem desertas ad tēpus deseruit, vt quietius Remis scholas aperiret, vt docuimus in Historia ad an. 890. Neq; verò tantum in artiū professione excelluit, sed in Diuinis quoque scripturis versatissimus & vita moribusque insignis fuit. Scripsit de celebratione Missæ Opusculum in quo multa ex M. Floro desumpsit. Item commentatus est in Mathæum & Pauli Epistolas, in Cantica Cantic. & in totum Psalterium. Scripsit quoque de Festiuitatibus Sanctorum lib. 1. ad Episcopum Æduorum, Sermones etiam multos. Præterea Donatum & alios multos authores exposuit. Itaque vt ait rectè Platina, *Formosi Papæ tempora ne omnino infelicissima haberentur, effecit Remigii Antissiodorensis virtus & Doctrina: hic enim multa commentatus est: & scripsit in Mathæum potissimum & Pauli Epistolas.* Caue autem hunc confundas cum Remigio Lugdunensi Archiepiscopo, qui Epistolæ Synodali ad Wenilonem iussu Calui ab Episcopis transmissæ subscripsit an. 859. nam iste ante an. 876. obiit, noster verò Remigius scholas adhuc regebat Parisiis an. 900. Neque hic Episcopus vnquam fuit, neque Monachus, vt opinatur Trithemius: quod non omisisset Flodoardus, si Monachum fuisse comperisset, præsertim cum de Scholis Remensibus à Fulcone per Remigium & Hucbaldum Caluum institutis verba faciens l. 4. c. 9. sub finem, Remigium Antissiodorensem solummodo Magistrum vocet, Hucbaldum verò S. Amandi Monachum appellet: vt in Historia retulimus. Non negarim tamen fuisse illo seculo Remigium quendam Antissiodorensem Monachum, cuius meminit Lupus Ferr. Ep. 116. quem vocat *Charissimum propinquum suum Remigium*: sed Remigio nostro tempora illius non conueniunt: nam obiit Lupus circa an. 860. Remigius verò noster non nisi post an. 900. quandoquidem ex Historia vitæ Odonis Cluniacensis necesse est, vt post obitum Fulconis qui an. 900. accidit, Parisios redierit & ibi docuerit.

Remigius Treuerensis Monachus Gerberti æqualis eique bonarum artium commercio coniunctissimus fuit: vt testatur ipse Gerbertus plurimis ad eum datis litteris. in 134. sic habet inter cætera. *Sphæram tibi nullam misimus, nec ad præsens vllam habemus, nec est res parui laboris tam occupatis in Ciuilibus causis. si ergo te cura tantarum detinet rerum, volumen Achilleidos Statij diligenter compositum nobis dirige, vt sphæram quam gratis propter difficultatem sui non poteritis habere, tuo munere valeas extorquere.* In eandem rem scribit Ep. 148. *Prægrauat affectus tuus, amantissime Frater, opus Achilleidos, quod bene quidem incepisti, sed defecisti exemplar defecit. Itaque & nos beneficij non immemores difficillimi operis incepimus sphæram, quæ & torno iam sit exposita & artificiose equino corio obuoluta. Sed si nimiâ curâ fatigaris habendi simplici fuco interstinctam, circa Martias Kalendas eam expecta: nisi forte cum Horizonte ac diuersorum colorum pulchritudine insignitam præsteleris, annuū perhorrescas laborē.* Scripsit quoq; ad eundē Ep. 152. post mortē Adalberonis.

Riculfus cognomento Damæta Alcuini Discipulus Caroli M. Archicapellanus & magnæ apud ipsum authoritatis, ordinatus est Archiepiscopus Moguntinensis an. 785. 4. Non. Martias. Ex Hispaniâ in Gallias nouum Iuris Canonici corpus aduexit, quod eius opera & studio Carolus publicari curauit. Eum vocat Leo III. *Sanctissimum*, Alcuinus Ep. 91. probatissimum amicum, & Ep. 93. Charissimum filium & fidelissimum. *Tuæ congaudeo* dilectioni & præstitæ fidei congratulor, quia *semper vbique te fidelem inueni & beneuolum erga me agnoui, sicut filium in patrem.* & circa finem Ep. *Ego pene quasi orbatus filijs remaneo domi. Damæta Saxoniam, Homerus Italiam, Candidus Britanniam recessit.* Obijt an. 814. Inter poemata Theodulfi de eo sic legitur.

> *Voce valens, sensuque vigil, sermone politus*
> *Adsit Riculfus nobilis arte, fide.*
> *Qui etsi longinquâ fuerit regione moratus,*
> *Non manibus vacuis iam tamen ipse redit.*

Rigbodus cognomento Macharius, Alcuini quoque Discipulus, Magistro suo vnicè charus, postea Treuerensis Episcopus, ad quem extat Alcuini Epistola 34. querentis, quod ad se nihil litterarum daret. *Quid mihi*, inquit, *diuitias si non habeo quem amo, si non considero, quem desidero? tua potentia mihi est miseria. Vbi est dulcissimum inter nos colloquium? vbi sacrarum litterarum studium desiderabile? vbi communio charitatis quam fraternus amor hinc inde exercuit? vbi saltim memoria nominis nostri? Ecce totus præterit annus, quo nec litterarum consolatio oculis aduenit, nec salutationis officium auribus insonuit. Quid peccauit pater, vt à filio obliuisceretur? quid Magister vt Discipulus neglexerit eum? forte exaltatio seculi dedignata est nomen Magistri in illo: aut peregrinatio mea viluit in oculis suis, aut amor Maronis tulit memoriam mei. O si mihi nomen esset Virgilius! tunc semper ante oculos luderem tuos, & mea dicta tota pertractares intentione, & iuxta prouerbium illius esset apud te.*

> *Tunc felix nimium, quo non felicior vllus.*

" *Quid faciam?* meam doleo infelicitatem, quia non sum quem diligis. An
" tuam laudo sapientiam, quia diligis illum qui non est? Flaccus recessit, Virgi-
" lius accessit, & in locum Magistri nidificat Maro. Hoc dolens dictaui, vel pro-
" pter obliuionem mei, vel propter absentiam tui.... vtinam Euangelia quatuor
" non Æneides 12. pectus compleant tuum. Extant plures aliæ ad eundem Epi-
" stolæ. Eiusdem meminit Poem. 201. & Poem. 258.

> *Hæc tibi Machari denoui munera pastor,*
> *Cum Christo & sanctis tu sine fine vale.*
> *Sis memor Albini....*

Obiit an. 804. vt testantur. An. Fuld.

Robertus Francorum Rex, Hugonis Capeti filius relictis Scholis Parisiensibus, vt aiunt Seruinus & Naudæus, Remos se contulit ad Gerbertum, cuius cum Othone Othonis Imperatoris filio discipulus fuit, vt retulimus in Historia. Ille bonas artes quasi postliminio reuocauit Parisios, earumque professores singulari amore dignabatur. Aimoinus Monachus Floriacensis in vita Abbonis. *Ad vltimum*, inquit, *sua non ignorans multis displicere scripta, Regibus se se commendat, præcipuè Domino Roberto quem scientia litterarum, ac idcirco diligentem fore nouerat studiosorum.* Eidem Roberto nonnulli nostrates Historici tribuunt Rectoris & Procuratorum in Academia Parisiensi institutionem. Verum in Historia fuse satis probatum est, eiusmodi honorum & magistratuum originem altius esse repetendam. Adiecit forte Robertus aliquid ad splendorem & dignitatem, vt viros litteratos sibi litteratus ipse demereretur. Præter ea quæ de hoc Principe in Historia passim retulimus, Trithemius in lib. de scriptor. Eccles. sic habet. *Rupertus Rex Franciæ nobilis, fortis, iustus, doctus & Religiosus inter Ecclesiasticos scriptores meritò locum recipit: quippe qui Cantus & Responsoria dulci & regulari mo-*

dulamine ad honorem Ecclesiæ Catholicæ composuit. In litteris Humanitatis, præsertim in Musica doctissimus fuit : tanta autem Religionis, vt horas Canonicas in Ecclesia decantaret cum Clericis, foris apud se legeret cum suis: tanta pietatis & miserationis extitit in pauperes, vt suis se aliquando vestimentis spolians eorum nuditatem multis vicibus operiret. De eius manibus liber nunquam recedebat : adeo vt pro Tribunali sedens inter Iudiciorum & causarum strepitus in sinu apertum haberet psalterium, vnde & post mortem miraculis coruscasse legitur. Eius est illa vulgata Sequentia quæ cantatur diebus Pentecostes. De S. Spiritu, scilicet, *Veni sancte Spiritus.* Responsorium de S. Petro, *Cornelius Centurio.* De natiuitate Domini, *Iudæa & Ierusalem nolite timere.* Et illud Alleluya. *Eripe me de inimicis.* Et alia multa quæ nescio. Responsorium *Cornelius Centurio,* Romæ summo Pontifice Missam celebrante, S. Petro in altari Offertorij tempore cum magna deuotione obtulit. Accurrentes autem Ministri altaris arbitrati sunt magni ponderis aurum obtulisse diuitem Regem, sed scedulam reperientes scriptam & notatam admirabantur, ingenium & deuotionem Principis collaudantes. Hinc Papa decreuit in memoriam sanctissimi Regis rogantibus Clericis, vt hoc Responsorium in honorem S. Petri deinceps cantaretur. Hactenus Trithemius.

Robertus Arbrisellensis sic dictus à villula Arbrisellensi minoris Britanniæ in agro Redonensi, peragratis pluribus Prouinciis ad comparandas artes liberales demum Parisios venit, ibique magna nominis celebritate docuit : vt in Historia retulimus. De eo sic scribunt Sammarthani fratres in lib. de Abbatiis Gallic. breuiarium vitæ conscribentes ex variis authoribus, præsertim vero ex Baldrico Dolensi Episcopo. *Robertus Arbresellensis* ex minore Aremorica & vico ignobili vulgo Arbrisellum nuncupato parentibus Damaliocho & Orguendi progenitus adolescens patria abscessit Lutetiam profectus, vt in optimis Disciplinis operam nauaret : in iis ergo summopere profecit : tum Redonis à Sylucstro Antistite factus est Archipresbyter eius Ecclesiæ &c. Sublato è viuis Sylvestro æmulorum inuidiâ coactus cedere Andegauum se recipit : deinde aliquanto post assumpto sodale Radulfo de Fusteia Eremum petens colligit Canonicos Regulares, præficitur Monasterio de Rota non procul à Credonio in Andibus dotante Raginaldo Toparcha : quod ab Vrbano II. confirmatur ani 1096. postremò instituit seu fundauit Monasterium Puellarum apud Fontem Ebraldum, in quo voluit viros Abbatissæ tanquam Dei Genitrici parere. De hac institutione Baronius ad an. 1117. quo Robertus obiit. *Ferunt Ebraldum* quendam iuuenem genere nobilem, sed moribus corruptis magna Sicariorum manu stipatum adiacetes vias Regias latrociniis olim infestasse, siluasque tunc temporis frequentes insedisse quaru hod eque reliquiæ manierut non paruæ. Post hæc Theologum quendam Parisiensem eximiæ Doctrinæ virum Diuinique verbi concionatorem insignem Robertum de Arbruscellis nomine eò aduentasse sanctisque exhortationibus suis non modo iuuenem illum vt mores vitamque mutaret, impulisse: sed multos præterea omnium generum homines ad despiciendam seculi vanitatem austerioriſque vitæ leges subeundas permouisse: ad quorum habitationem distincta iisdem in septis Monasteria condidit sua seorsim viris, virginibus ægrotis & mulieribus reliquis ædificando. Vniuersæ porro congregationi Abbatissam præposuisse, quæ in omnes tum viros tum fœminas ius suum obtineret, statuens vt viri Sancti Ioannis Euangelistæ, exemplo virginibus seu mulieribus parerent : **& hæ vicissim B. Virginis** exemplum sequentes Religiosos tanquam filios amplecterentur. Statuta denique & constitutiones pro vtrisque separatim perscripsit.

Eiusdem Roberti meminit Petrus Cluniacensis l.3, Ep.17. quem ait fuisse Institutorem & Magistrum Matris suæ Raingardæ in vita spirituali, quæ viro defuncto professa fuerat Regulam Monasticam in Monasterio Marciniacensi. De eo sic pariter Neubrigensis l. 1. c. 15. *Robertus famosissimum illud Monasterium fæminarum* de Fonte Ebraldi construxit & Disciplinis informauit &c. Et Vvillielmus Malmesburiens. l. 4. de Reb Anglic. Huius Petri (Pictauiensis Episcopi) fuerunt contemporanei & in Religione socii Robertus de Arbreisel & Bernardus de Abbatis-Villa Abbas Tironensis Quorum primus omnium huius temporis Sermonatorum famosissimus & profusissimus, tantum non spumeâ sed melleâ viguit

" eloquentia, vt hominibus certatim opes congerentibus illud egregium Sancti-
" monialium Monasterium apud Fontem Ebraldi construeret: in quo totâ seculi
" voluptate castratâ foeminarum Deo deuotarum quanta nusquam multitudo in
" Dei seruet obsequio. Nam præter cæteratum illecebrarum abdicationem quan-
" tum illud est, quod in nullo loco loquuntur nisi in capitulo propositâ à Ma-
" gistro perennis taciturnitatis Regulâ, quia semel laxatæ silentio foeminæ pronæ
" sunt ad mussitanda friuola. Alter nempe Bernardus famosus paupertatis amator
" in saltuosum & desertum locum relicto amplissimarum diuitiarum cœnobio cum
" paucis concessit, ibique quia lucerna sub modio latere non potuit, vndatim mul-
" tis confluentibus Monasterium fecit magis insigne Religione Monachorum &
" numero quàm fulgore pecuniarum & cumulo.

 Hisce duobus insignibus viris addendus Vitalis fundator Abbatiæ Sauiniacæ in confinio Britanniæ, Cenomaniæ ac Normaniæ. Erant enim isti 4. Condisci-puli, Robertus, Bernardus, Radulfus de Fusteia, & Vitalis, omnesque Abba-tias fundarunt & instituerunt. Quanto autem animi robore & fortitudine se gesserit Robertus in Concilio Pictau. contra incestas Philippi Regis Nuptias, Hi-storia temporis testatur. Quam eius vitæ gestorumque partem miror à Baldrico Dolensi Præsule fuisse prætermissam. Nam certum est Philippo primùm fuisse ob id exosum, deinde verò acceptissimum, postquâ se eius operâ evitioru vora-gine retractum agnouit, & Berthradam pellicem ad Religiosum statum quem in Monasterio Altæ-Bruceriæ professa est, perductâ. Eiusdem præsertim facundiâ vsus est Vrbanus ad promouendam Expeditionem Hierosolymitanam, cum in arte concionatoria supra cæteros Christi præcones emineret. Vnde vocat eum Baldricus *Singularem Seminiuerbium, Doctorem illustrem & eximium, verbis & ope-ribus admirandum, virum extollendum & imitandum*, & alio loco, *iste siquidem*, in-quit. *Robertus Solis Orientalis radius*, Lucifer irreuerberatus, *prædicator potestati-uus Occidentalem orbis plagam irradiauit & ignorantiæ tenebras ore potestatiuo defuga-uit*. Vnde idem ad Petronillam, Abbatiam Fontis-Ebraldi vocat, *Fontem vberem, fontem prædicationis, fontem religionis*. Redolebat, inquit, idem Baldricus, " in eo quodammodo odor diuinæ facundiæ: nam rarus erat similis eloquentiæ. " Vnde factum est vt eo audito multi corda sua percuterent, suisque primis con-" uersationibus abrenunciarent, alii domum suam reuertebantur, prædicationibus " eius meliorati: alii secum demorari cupiebant, eiusque famulatui deseruire & " irremoti consodales ei adhærere cogitabant.

Occidenta-lem Abba-tiam.

 Ipse quoque D. Papa Vrbanus II. eius famâ commotus, iusso Andegaui in solenni Ecclesiæ dedicatione concionem habere ad populum Roberto, agnouit rei veritatem famæ respondere. Hincque ei imperauit & iniunxit prædicatio-nis officium, fecitque secundum à se Dei *Seminiuerbum. Hinc ex tunc Summi Pontificis legationi curiosus cœpit insistere & finitimorum Episcopatuum regiones peram-bulare.* Denique eo munere functus pluribus annis, post instituta Canonicorum quos Regulares vocant, Collegia, fundatum Monasterium Fontebraldense, miraculis clarus obiit in Domino apud Vrsanum an. 1117. 5. Kal. Martias in agro Bituricensi: cuius corpus Leodegarius Archiepiscopus ad Fontebraldense Mo-nasterium comitantibus plurimis Prælatis, viris nobilibus & populo deuexit, ibique sepeliuit die Martis post obitum duodecimo iuxta maius altare templi, vbi iacuit vsque ad an. 1622. quo Ludouica de Borbonio Abbatissa illi Mauso-læum nouo pegmate exornauit.

 Rodulfus cognomento Clericus & Mala-corona, natione Normanus, Geroii filius & Ernoldi Grossi nepos, liberalium artium & Medicinæ peritiâ clarissimus fuit, de quo sic habet Ordericus ad an. 1050. *Clericus cognominatus est, quia peritia litterarum aliarumque artium apprimè imbutus est. Hic & Mala-Corona vocabatur, eo quod in iuuentute sua militaribus exercitijs & leuitatibus detinebatur. Artis Medicinæ peritissimus fuit, multarumque rerum profunda secreta, vnde senes liberis & nepotibus suis adhuc præ admiratione loquuntur, cognouit.* Eamdem nominis reddit rationem Gemmeticensis l. 7. *Rodulfus*, inquit, cognomento Clericus, quia copiosè lit-teratus erat: & Mala-Corona, *quia militaribus exercitijs Clericatus grauitatem malè seruabat*. Quomodo verò & vbi artes liberales Medicinamque comparauit, do-cet idem Ordericus ad an. 1059. *Eodem tempore Rodulfus cognomento Mala-Corona,*

Illustrium Academicorum. 639

Vticum venit, ibique cum Roberto Abbate suo videlicet nepote diutius habitauit. Hic nimirum, vt paulò superius meminimus, ab infantia litteris affatim studuit, & Galliæ Italiæque scrutando Scholas secretarum indaginem rerum insigniter attigit. Nam in Grammatica & Dialectica, in Astronomia quoque nobiliter eruditus est & Musica. Physicæ quoque scientiam tam copiosè habuit, vt in vrbe Salernitana, *vbi maximè Medicorum Schola ab antiquo tempore habetur*, neminem in Medicinali are præter quandam sapientem Matronam sibi parem inuenirer. At quamuis tantâ litterarum peritiâ polleret, non tamen otio sed militiæ labori diu mancipatus est.

Romulfus Abbas Senonensis Gerberti æqualis & in exercitio litterarum ei coniunctissimus; vir strenuus & eloquens, qui cum Abbone Floriacensi Arnulfi Remensis causam acerrimè defendit, vt legitur in Historia depositionis. *Sed aderant acerrimi defensores scientiâ & eloquentiâ insignes, Ioannes Scholasticus Antissiodorensis, Romulfus Abbas Senonensis, Abbo Rector Cœnobÿ Floriacensis.* Extant aliquot Gerberti ad ipsum Epistolæ, ex quibus apparet virum fuisse liberalibus disciplinis addictissimum. In 13. Addititiarium à Sirmundo sic habet. *Officia dantis & accipientis muneribus vestris executi estis. Nihil enim nobis antiquius in humanis rebus clarissimorum hominum scientia, quæ vtique multiplicibus librorum voluminibus explicatur. Agite ergo vt cœpistis, & fluenta M. Tullÿ sitienti præbete. M. Tullius medÿs se ingerat curis, quibus post vrbis nostræ perditionem sic implicamur, vt ante oculos hominum felices, nostro iudicio habeamur infelices.*

Rorico filius Naturalis Regis Caroli Simplicis an. 949. ad Episcopatum Laudunensem promouetur, tunc tantùm Diaconus & ab Artaldo Remensi Archiepiscopo consecratur. Paralysis languore correptus obiit an. 976. 13. Kalend. Ianuar. in vigilia S. Thomæ Apostoli post laudes matutinas. Virum fuisse doctissimum & eloquentissimum apparet ex Ep. Assonis Monachi ad Gerbergam Reginam de Antichristo, in qua sic habet. *Quamuis non indigeatis à me hoc audire, quæ apud vos habetis prudentissimum pastorem D. Roriconem, clarissimum speculum totius sapientiæ atque eloquentiæ hac valde nostra ætate.*

Roscelinus natione Aremoricus, Compendiensis Canonicus, professione Dialecticus, Ioannis Nominalium Principis discipulus & sectator acerrimus, qui ob nouitatem doctrinæ hæreseos accusatus est: & quemadmodum Berengarius in Eucharistiæ, sic iste in Trinitatis mysterio errores varios seminasse visus est Christianæ fidei contrarios: quos quidé non indicat Iuo Carnot. Ep. 7. ad ipsum, at Anselmus tum Beccensis Abbas scribens ad Fulconem Beluacensem Episcop. qualis ille fuerit significat. Partem Epistolæ ex MS. retulimus in Chronologia, ex qua facile erit intelligere locum Ep. quam scripsit Anselmus ad Vrbanum II. iam factus Cantuariensis Archiepiscopus. Refert enim cum in Becci Monasterio esset Abbas, præsumptam fuisse à quodam Clerico hanc assertionem in Francia *si in Deo tres sunt personæ, vna tantùm res & non sunt 3. res, ergo Patrem cum Spir. tu S & cum Filio incarnatum fuisse.* Et paulo post addit illum in Concil. Suessionensi cor venerabili Remensi Arch. Rainaldo errorem suum abiurasse: audisse tamen postea præfatæ nouitatis authorem in sua sententia nihilominus perseuerare, & dicere se non alia de causa abiurasse sententiam, nisi quia populum timebat. Hæc causa fuit, cur Anselmus suum de Incarnatione librum ediderit. Contra eundem Roscelinum scripsit M. Theobaldus Stampensis, Oxoniensis Doctor, propterea quod asserebat filios Sacerdotum esse à sacris Ordinibus arcendos.

Rudolphus Rabani in Fuldensi Schola Discipulus, vir doctissimus & omnium secularium artium notitiâ clarissimus, cuius præclara sit mentio in Annalibus Fuldensibus ad an. 865. his verbis. *Ruodolphus Fuldensis Cœnobÿ Presbyter & Monachus, qui apud totius penè Germaniæ partes Doctor egregius, & insignis floruit Historiographus & Poeta, atque omnium artium nobilissimus author habebatur 8. Id. Mart. diem vltimum feliciter clausit.*

Ruthaldus seu Rathaldus Monachus Fuldensis, deinde Hirsaugiensis, Rabani & Strabi Discipulus, vir vndequaque doctissimus, qui prætulit studia & quietem Episcopatui Halberstadensi, quem ei post mortem Haimonis offerebat Ludouicus. Scholam publicam exercuit, atque etiam ad eam seculares admisit. Obiit an. 865. 8. kal. Nouemb.

S

San-Galenfis Monachus vulgo innominatus (creditur tamen effe Notkerus Balbulus Monachus S. Galli)fcripfit duos libros de Geftis Caroli M. ex relationibus Adalberti filii Sigulfi vetuli & Vverinberti Sacerdotis eiufdem Adalberti filii ; quorum priorem infcribit *de Religiofitate & Ecclefiafticâ Domni Caroli Cura*. Alterum fic *De rebus Bellicis Caroli M*. Eos autem iuffu Caroli Craffi compofuit eique dedicauit, qui Ludouici Germaniæ Regis filius, Pij Nepos & Magni Pronepos tunc Imperium regebat. Sic enim ille l. 1. c. 21. *Nimirum pertimefco ô Domne Imperator Carole, ne dum iuffionem veftram implere cupio, omnium profeffionum & maxime fummorum Sacerdotum offenfionem incurram.* Item l. 2. c. 14. atauum ipfius vocat Carolum M. & auum Ludouicum Pium. Et c. 15. eiufdem libri loquitur de Ludouico ipfius patre. Et c. 25. *Propofueram quidem Imperator Augufte*, inquit, *de folo proauo veftro Carolo omnia vobis fcientibus quæcunque fecit, breuem narratiunculam retexere: fed cum ita fe obtulerit occafio, vt neceffario memoria fiat gloriofiffimi patris veftri Ludwici cognomento Illuftris & Religiofiffimi proaui veftri Pipini Iunioris*, &c. Meminit etiam Hartmuti Abbatis S. Galli quem Stumfius l. 5. c. 5. ait refignaffe Abbatiam an. 882. aut 883. Itaque cum Carolus Craffus obierit aut certè Imperio priuatus fit an. 888. neceffe eft circa an. 887. hanc Hiftoriam fuiffe à San-Gallenfi fcriptam: imperare enim tantùm cœpit an. 886. Author autem ifte l. 2. c. 26. fe valde fenem hos libros fcripfiffe teftatur. *His igitur*, inquit, *quæ ego balbus & edentulus, non vt debui, circuitu tardiore diutius explicare tentaui*.

Seguinus vel Scuinus Rainardi I. Comitis Senonenfium ex forore nepos, egregiis virtutibus non minus quàm claritate generis infignis, omnium Canonicorum votis Antiftes eligitur Senonenfis & Antiffiodori 13. Iulii an. 978. inungitur. Pallium Archiepifcopale & Primatum à Ioanne XV. accepit. Præfedit Synodo Remenfi aduerfus Arnulfum Remenfem iuffu Hugonis Regis, nec vnquam adduci potuit, vt in eius difpofitionem confentiret. Ideo autem præfedit, quanquam aliàs fufpectus Hugoni, quia eum vitæ meritum & fcientia commendabant: ficenim legitur in hiftoria Depofitionis. *Habita ratione totius fummæ Synodi, dignitas prælaturæ ac poteftas quafi iudiciaria ftetit penes Archiepifcopum Seguinum, quem & ætas & vitæ meritum ac fcientia commendabant*. Obiit autem an. 999. fepultusque eft in Capitulo S. Petri Viui Archiepifcoporum olim tumulo: eique tale Epitaphium exaratum eft.

> *Hic humilis tumulus merito cunctis venerandus*
> *Scuini membra continet egregia.*
> *Angelicam cuius felix animam Paradifus,*
> *Paftorum fancto poffidet in numero.*
> *Qui mitis fanctæ pro Religionis honore*
> *Hac in fede fedens multa tulit patiens.*
> *Iamque fenex factus migrauit in Aftra locandus,*
> *Cui parcat petimus, Cunctipotens Dominus.*

Seulfus Remigii Antiffiodorenfis in Scholis Remenfibus olim Difcipulus, ex Archidiacono Remenfi factus eiufdem Ecclefiæ Archiepifcopus poft mortem Heriuæi an. 921. de quo fic Flodoardus lib. 4. Hifto. Remenfis c. 18. *Succeffit Seulfus, qui tunc vrbis huius miniferio fungebatur Archidiaconatus, vir tam Ecclefiafticis quàm fecularibus difciplinis fufficienter inftructus, quique apud Remigium Antiffiodorenfem Magiftrum in liberalibus ftudiis dederat artibus.* Occubuit autem veneno potatus, vt creditur, morte immaturâ 7. Aug. 925. Heriberti Veromanduorum Comitis dolo, qui filium fuum Hugonem puerum quinquennem fubftitui volebat.

Sigulfus Maior & Sigulfus Minor, vterque Alcuini Difcipulus. Quid de maiore dicendum fit, non habeo; nifi quod audiuit Alcuinum, pater fuit Adhelberti feu Adalberti Militis qui Hunico Saxonicoque & Sclauico Caroli M.

bello interfuit, paterque ipse fuit Werimberti Sacerdotis a quo Monachus Sangallensis Historiam didicit *Monachorum Scotorum*, vt ait in præfat. lib. 2. Sigulfus verò Iunior Discipulus quoque fuit Alcuini, Ecclesiæque se à pueritia tradidit. Scholam habuit, & inter alios discipulos Aldricum edocuit, qui primò Ferrariensis Abbas, deinde Archiepiscopus Senonensis fuit. Senex verò ad Ferrariensis Cœnobii Monachos se contulit, vbi & Abbas fuit : & paulo post deposita hac curâ & prouinciâ vltro se Aldrico Discipulo subiecit, qui omnium cōsensu in Abbatem electus est: qua de re sic Lupus Ferrariensis Aldrici alumnus Ep. 29. ad Wenilonem Archiepisc. Senonensem, *Vt de coniugys taceam*, inquit, *quæ ob Dei amorem separata sunt, quorum magna nobis suppetit copia, certè Ferrariensis Monasterij, cui indignus deseruio quondam nobis Abbas & Presbyter Sigulfus, qui vsque ad senium Canonicè habitu laudabiliter vixerat, sponte se potestate exuit, & nostram hoc est Monachicam Religionem assumpsit, atque donec diem obiret suo passus est subiici discipulo quem ipsius voluntate ac fratrum consensu Imperator* Ludouicus *memorato loco Abbatem præferebat.* Ex his verbis manifesti erroris conuincuntur Sammarthani fratres, qui Sigulfum inter Abbates Ferrarienses sextum collocant ante annum 750. immediatum verò prædecessorem Aldrici Alcuinum ponunt ad an. 813. nullâ factâ Sigulfi mentione, quem certum est fuisse præceptorem Aldrici, ipsumq; deinde Abbatem. Non nego tamen quin Alcuinus Abbatiam illam rexerit: quinimo eo Abbate Aldricus Monachalis Disciplinæ suscepit insignia, vt scribit author Anonymus in eius vita.

Porro eodem Sigulfo dictante Anonymus quidam eius Discipulus scripsit vitam Alcuini, quæ eiusdem operibus præfixa est: sic enim ait in Prologo. *Superna Christi rorante dexterâ ac iuuante gratiâ, Reuerendissime Pater æquè ac amantissime, iubes vt tibi de admirandæ vitæ initio fineque Patris Alcuini quæ eius nosse potui narrante fidelissimo Sigulfo discipulo, sermone licet inculto & paruo, tamen veritate referto scribam ædificationi nonnullorum profutura.* Et in fine eiusdem Prologi. *Scribam igitur fideliter quæ ab eius fidelissimo tantùm didici Discipulo, Sigulfo scilicet Institutore meo, dilectissimum quem tu quoque habuisti patrem, qui præ cunctis mortalibus post S. Edberti discessum solus ipsius meruit nosse secreta eximia.*

Ipse Alcuinus Sigulfo Presbytero dedicat Commentaria seu Interrogationes & responsiones suas in librum Geneseos, eumque vocat *fratrem & fidelem socium*, forte quia eum & Parisiis & Turonis Auditorem habuerat, *quia*, inquit, *indiuiduus & fidelis mihi Charissime Frater socius tanto tempore fuisti, & quia te sacræ lectionis studiosissimum esse noui, &c.*

Idem Sigulfus adfuit Magistro morienti, eiusque meritis acerbissimo capitis dolore sanatus est, vt in Alcuini vita scribit prædictus Anonymus. *Pater Sigulfus*, inquit, *corpus Patris cum quibusdam aquâ honorificè lauans posuit super feretrum: habebat nempe & ipse tunc magnum dolorem capitis, sed fide animo sanus citam reperit sanitatem capitis. Oculos namque super Magistri lectulum eleuans cernit pecten, q o ipse suum solebat pectinare caput. Istum ergo manibus sumens ait.* Credo Domine Iesu, quia si isto Magistri mei pectine meum pectinauero caput, meritis illius statim sanabitur. *Vbi igitur prima vice pecten duxit per caput, quantum de eo tetigit, totum sanum habuit, sicque totum pectinando gyrans omnem dolorem amisit.*

Smaragdus, dictus Ardo Smaragdus, Abbas secundum aliquos S. Michaelis in periculo maris; secundum alios S. Michaelis in Saxonia ; Item secundum nonnullos, S. Michaelis Virdunensis ad Mosam : postremo Cœnobii Aniani secundum alios. Alii distinguunt hoc seculo duos Smaragdos, vnum Abbatem S. Michaelis ad Mosam ; alterum Monasterii Aniani Diœcesis Monspessulanæ presbyterum. D. Lucas Dacherius tres distinguit Smaragdos. 1. qui tempore Caroli M. vixit interfuitque Synodo cuidam Romanæ sub Leone III. in secretario Basilicæ Vaticanæ cum Iesse Ambianensi Episcopo & Adalardo Corbeiensi Abbate à Carolo missis: Idemque dedicauit iam valde senex Ludouico Pio Caroli filio opus aureum quod inscribitur. *Via Regia*, isque fuit Abbas S. Michaelis vulgo *S. Miel.* 2. qui Presbyter & Monachus Anianus in septimania dœcesis Magalonensis, qui floruit quoque sub Ludouico Pio. 3. Smaragdus Luneburgensis Monasterii in Saxonia Abbas circa an. 972. Secundi quidem qui Presbyter & Monachus fuit Anianæ, legitur hoc mortuale elogium. *Non. Martii in Monasterio Aniano transitus B. Ardonis Presbyteri atque Monachi qui alio nomine Smaragdus vocatus est, præclari in sanctitate & doctrina viri.* Iste autem claruit sub Ludouico Pio & Carolo Caluo, obiitque an. 843. Huic tribuunt multa opera & scripta publica. Commentaria in Regulam S. Benedicti. Vitam B. Benedicti Anianæ multorumq; aliorum Monasteriorum Abbatis. Diadema Monachorum de vitiis fugiendis & virtutibus tenendis. Commentaria in Euangel. & Epist. In Psalterium. Expositionem in Donatum &c. Commentationi autem suæ in Regulam S. Benedicti hos versus præmisit, vnde agnoscetur quis fuerit viri stylus.

Quisquis ad æternum mauult conscendere Cœlum,
  Debet ad astrigerum mente subire polum.
Religione pia vita perquirere callem,
  Scandere quo valeat aurea Regna celer.
Est Monachis Sancti Benedicti regula Patris
  Perfectis plana, suauis & ampla via.
Aspera sed pueris, nec non tironibus arcta,
  Quos aluit gremio lactea vita diu.
Hæc est sancta via, prælucida semita Cœli
  Carpere quam cupiunt, castra beata Dei.
Admonet hæc Monachos sublimis Regula cunctos
  Vt rebus careant, Regna superna petant.
Propria dimittant, habeant vt propria cuncta
  Prospera, quæ sociis Cœlica Regna manent.
Patribus à nostris in sacro carmine legis
  Regia rectogradis dicitur ista via.
Hæc est vita bonis, nec non & norma salutis
  Arcus & arma piis, frigida tela malis.
Hanc nullus nolens, cupiens implebit & omnis
  Estque grauis grauibus suauis & apta bonis.
Florigeri Monachis ostendit hæc Paradisi
  Regula Lucifluum desiderare locum.
Hæc bene materno natos castigat amore,
  Arguit erudiens & sine felle monens.
Hæc patienter eos tenero cum verbere nutrit,
  Candida post obitum præmia multa dabit.
Pandit iter rectis, Cœlestia pandit amicis,
  Currere ne pigeat, sed patienter eant.
Examinat vitas, mores componit & ornat,
  Librat & æquiparat & moderando minat.
Adnihilat prauum, iustum conflascit vt aurum
  Limat & examinat & poliendo librat.
Est ouibus virga gracilis, moderatio iusta,
  Lima piè capiens, regna beata parans.
Arguit, obsecrat, increpat, atque libenter emendat,
  Quos sibi germano fœdere consociat
Nouit ad æternum Monachos perducere Regnum;
  Et sociare choro dulciter Angelico.
Quamuis hæc socios Cœli deducat ad alta,
  Est tamen angustus callis & arcta via.
Arcta pios celsi deducit ad atria Regni,
  Ampla malos putri mergit in ima nigri.
Nemo viam timeat Monachorum intrare per arctam,
  Ducit ad astrigerum, Castra beata, polum.
Ille poli poterit leuiter conscendere celsa,
  Quem nocuo nulla pondere culpa grauat.
Aliger Æthereus grauido cum corpore nullus,
  Verberat æthereas sæpe volando vias.

Nullus enim Monachus peccati pondere pressus,
Stelligeri poterit Regna subire Poli.
Omnis enim Monachus lachrymis commissa lauare
Debet, & vlterius nulla lauanda pati.
Temperat interea Monachi discretio mentem,
Vt via per medium Regia ducat eum.
Vt caueat dextram solers, timeatque sinistram,
Hortantur sacra munia legis eum.
Tristia non timeat, timeat sed prospera mundi,
Scandere tunc poterit Regna beata Poli.
Quisquis amat rutilos sanctorum carpere fructus,
Actibus in cunctis consocietur eis.
Moribus ornatus & casto corpore comptus
Viuat, & à Domino semper amatus erit.
Sit tacitus, humilis, mitissimus atque benignus.
Sit patiens sobrius, prouidus atque pius.
Indolis & docilis, sapiens ac mente pusillus,
Conceptus, placidus & bene cautus eat.
Excitet interea cordis compunctio fontem,
Qui sordes animae inluuiemque lauet.
Chrismate perfuso lachrymarum fusio fonti
Æquiparat, maculas tergit vt ille nigras.
Tergit & ablutos Paradisi rite colonos
Efficit, vt ciues iam sine fine petat.
Qui iugiter laudes possint persoluere gratas,
Viuere cum Domino semper & esse suo.

Smaragdi Abbatis S. Michaëlis vulgò *S. Miel* meminit Frotharius Episcopus Tullensis Temporibus Ludouici Ep. 1. ad Hilduinum. *Domino Imperatori innotescimus ego & Smaragdus Abba, qualiter Ismundus Abba & Monachi eius quadam simultate à se inuicem discordent.* Et Ep 3 ad Imperatorem *Ad aures misericordia vestra reducimus piissime Imperator, ego Frotharius Episcopus & Smaragdus Abbas, quod tempore Fortunati Mediolanensis Monasterii Abbatis per iussionem vestram Smaragdus ipsius Monasterii Monachis portionem de Abbatia dedit, vt regulariter viuerent.* Obiit eodem Ludouico Imperante, extatque hoc eius Epitaphium in veteribus monumentis repertum.

Cum Pius Imperii Ludouicus iura teneret,
Smaragdus viguit istius Abba loci.
Qui locus humanis quod erat minus vsibus aptus,
Hanc procul hinc sedem transtulit ille suam.
Cum tamen ad Regnum meruit cœleste vocari,
Reddidit antiquo membra fouenda loco.
Scorpio iam Phœbi duodenâ parte premebat,
Sidera Theologo cum patuere viro.

Huic successorem adscribunt Sammarthani Hilduinum an. 823. & Hilduino Hadegaudum an. 841. Quod si ita est, Smaragdus ille obierit necesse est circa an 823. Porro Smaragdus vulgò recensetur inter primos Magistros Parisienses, vt in Theodulfi vita dicetur.

T

Theobaldus Stampensis postquam Lutetiæ aliquandiu docuit, in Angliam transiit & Oxoniæ scholas habuit Theologiæ. Acerrimi fuisse videtur ingenii vir, vt patet ex aliquot eius Epistolis nuper editis à D. Luca Dacherio in 4. Tomo Spicileg. quarum prima est ad Episcopum Lincolniensem de Quibusdam in Diuina pagina titubantibus, cuius hoc est initium, *Si quis prædicat & prædicando temerè* definiat aliquem non posse saluari quacunque hora manus suas pœnitentiæ dederit, fallitur. Et in fine: *Si quis verò hanc Epistolam improbare voluerit & hos præfatos Doctores Catholicos recipere noluerit, lapide percutiatur, percussus comminuatur, comminutus in puluerem redigatur.* 2. est ad Pharitium Habendonensem Abbatem: in qua contendit pueros sine sacramento baptismi vitā æternam nullatenus assequi posse. 3. ad Margaritam Reginam, qua se suaque obsequia illi offert, se vero ita subscribit *Theobaldus Stampensis Doctor Cadumensis*. 4. ad Philippum amicum, quâ eum solatur ob iniurias quibus lacessebatur. 5. ad Roscelinum Compendiensem Clericum, quam retulimus. Pitseus ait eum fuisse Cardinalem, purpuramque Cardinalitiam Romæ induisse & seculo 13. vixisse; sed fallitur. De eius Cardinalatu dubitat Ciaconius sub Nicolao IV. *Theobaldus Stampensis Anglus* (imo Gallus) *de cuius Cardinalatu addubito, quidquid dicat author* (*Pitseus*) *Catalogi Scriptorum Angliæ.*

Theodulfus seu Teudulfus, natione Italus, & ex Gallia Cisalpina à Carolo M. in Franciam vt aliqui credunt, adductus, primumque Floriacensis Abbas, deinde Aurelianensis factus Episcopus, iam ante an. 794. quo nomen eius recensetur inter Episcopos, qui Concilio Franco-Furdiensi contra Felicem interfuerunt. Qualis autem vir fuerit, quantæque doctrinæ, vel ex vna Alcuini Ep ad Carolum patet, qui cum ab eo Felicis Vrgelitani librum confutandum accepisset, exemplaria eiusdem libelli obsecrat tradi Richbodo & Theudulfo Episcopis *Doctoribus & Magistris*. An. 811. Testamento Caroli subscribit. Item Decretis synodi San-Dionysiacæ an. 813 Anno 816. cum aliis Episcopis excipit Remis, aliqui dicunt Aureliæ, Stephanum Papam. Anno 817 coniurationis cuiusdam contra Ludouicum Imperatorem particeps & popularis esse compertus est. Bernardus enim Ludouici nepos Rex Italiæ pranorum quorundam Consiliariorum suggestione dementatus tyrannidem moliri aggressus erat, & stabilisset, nisi Imperator nascentes motus celeriter compressisset. Coniurationis Princeps erat Egiddeo inter omnes amicos Regis primus, inquit Eginhardus, Reginhardus Cubicularius, Reginharius Meginharii Comitis filius: præterea Anshelmus Mediolanensis, Wolfoldus Cremonensis & Theodulfus Aurelianensis Episcopi. Hæc ille distinctis verbis Idemque affirmat Theganus. Coniuratione ergo detecta captisque popularibus, Bernardus oculis priuatur & triduo post moritur: non tamen id factū iussu Imperatoris. Multi capitali iudicio damnati. *Episcopos synodali Decreto depositos,* inquit Eginhardus, *Monasteriis mancipari iussit.* Theodulfus Andegaui in carcerem coniectus an. 818. post aliquot verò annos cum Imperator illac transiret, moramque in vrbe aliquandiu fecisset, Theodulfus è fenestris carceris vt eum vidit cum aliis in solemni supplicatione Diei Palmarum procedentem, hymnum quendam à se compositum tanta suauitate cantare cœpit, vt Imperatoris animum flexerit. Statim enim præcepit eum solui, & ad Episcopatum redire. In huius verò rei memoriam iussit vt deinceps in Processione Ramis Palmarum hymnus Theodulfi decantaretur, qui est huiusmodi.

GLORIA LAVS ET HONOR TIBI SIT REX CHRISTE REDEMPTOR
Cui puerile decus prompsit Osanna pium.

Scribunt tamen nonnulli Theodulfum postquam solutus est, priuato veneno interiisse. Alii cum ad suam rediret Ecclesiam an. circiter 821. obiisse: quæ est sententia Sirmondi. Alii scriptores non consentiunt. Vincentius Beluacensis ad an. 841. ait adhuc floruisse. Author Chronici Vizeliacensis an. 804. obiisse: alii an. 829. sed Sirmondi præualent coniecturæ. Eius captiuitatem multi ex amicis defleuerunt, inter cæteros maximè Modoinus Episcopus Augustodunensis l. 4. car. 9. quod legitur inter Poëmata Theodulfi.

Sæpe queror casum deflendo insontis amici.
    Ore fluunt lachrymæ, amnis ab ore meo.
Sæpe tuam ingeminans luxi flens ipse ruinam,
    Proh dolor! amisso Præsul honore peris!
Exilium innocuus pateris pertriste sacerdos

Inclytus, expertus Præsul enorme malum.
Nonnullis prodesse solet prudentia multa,
Læsis ab ingenio es pater ecce tuo.
Præcipuè tua magna tibi sapientia soli
Obfuit, & quod habes triste parauit onus.

Cæterùm vir fuit in Diuinis scripturis versatissimus, & in secularibus litteris à iuuentute instructus claruit: carmine & prosa excelluit, cuius hodie extant quædam opuscula vtroque stylo conscripta. Edidit Capitula ad Presbyteros suæ Diœceseos. De Ordine Baptismi ad Magnum seu Magnonem Senon. Archiepiscop. De Spiritu S. ad Carolum M. Carminum ad Diuersos lib. 6. De 7. Artibus liberalibus in quadam Pictura depictis, &c. Docuit quoq; publicè Parisiis in scholis Palatinis, sed non eo ordine quo ponit Ademarus Engolismensis sic scribens. *Beda docuit Simplicium & Simplicius Rabanum, qui à transmarinis oris ab Imperatore Carolo vocatus in Pontificem in Francia promouetur, qui Alcuinum docuit; Alcuinus Smaragdum, Smaragdus Theodulfum Aurelianensem Episcopum, Theodulfus Heliam Scotigenam Engolismensem Episcopum, &c.* Nam Alcuinus quidem potuit esse Discipulus & Smaragdi Abbatis Magister, non verò Heliæ Scotigenæ, cum iam an. 794. esset Episcopus, Helias verò Scotigena non ante an. 860. fuerit Episcopus factus Engolismensis. Crediderim itaque Alcuini fuisse discipulum Theodulfum, Smaragdum Theodulfi, Smaragdi verò Heliam.

Theophilactus Alcuini amicus, Academiæ Romanæ Magister egregius; ad quem extat Alcuini Poëma. 215.

Theophilacte Pater, Sophiæ tu Doctor honestus,
Laudibus egregiis clarus in orbe procul.
Vrbs caput orbis habet te Maxima Roma Magistrum,
Verba salutis habes semper in ore tuo.
Omnibus es mitis sanctâ pietate Magistrâ,
Quæ solet egregium cor habitare tuum.
In qua meque precor gremium caritatis amicum
Sim licet ignotus, suscipe sanctè Tibi.
Nam scriptura canit vero paradigmata sancta
Carmine, qua laudes concelebrat Sophiæ.
Si vt Mustum nobis tecum veterascat amicus,
Si hodie dulce bibis, dulcis amicus eris.
Dixerat & Paulus Doctor clarissimus Orbis,
Cuncta probate prius, quæque tenete bona.
Obsecro te supplex animo me spernere noli,
Sed solita fratrem me pietate proba.
Suadeo quippe tibi Doctor clarissime Mundi,
Vt Doctrina sacro currat ab ore tuo.
Chartula scribatur vitæ, mittatur vbique
Prætitulata pio nomine Apostolico.
Sic tua laus crescet, merces sic magna manebit
Pastori summo sedis Apostolicæ.
Cuius amore pio commenda me rogo, frater.
Commendet Christo vt me pater ore suo.

Thomas Baiocensis in Gallia teste Stobæo eruditus, Nostris merito accenseri debet, de quo ad an. 1071. Capellanus fuit Willielmi I. Ducis Normanorū & Angliæ Regis, primusque Normanigenarum ab eo in Eboracensi sede constitutus, vt Lanfrancus in Cantuariensi, ambo doctrinâ clari. Inter eos vero orta est grauis de Professione contentio, quam Lanfrancus primus omnium à Thoma exegit. Vixit in Pontificatu 30. circiter annis & obiit anno 1096. legiturque hoc eius Epitaphium apud Thomam Stobæum.

Orba iacet viduata bono pastore, patrono
Vrbs Eboraca dolet vix habitura parem.
Qualia vix vni, persona, scientia, vita,
Contigerat Thomæ nobilis, alta, bona.
Canicies, hilaris facies, statura venusta',
Angelici vultus, splendor & instar erat.
Hic numero atque modo doctrina seu probitatis
Clericus omnis erat, vel magis omnis homo.
Hæc domus & Clerus sub tanto Præsule felix,
Pæne quod est & habet, muneris omne sui est.
Octauis ergo Martini transiit ille,
Cui pietate Dei sim comes in requie.

V

Vala, vel vt aliqui scribunt, *Vsuala*, genere Francus, Patre Adrado, Matre Witalai, vir scientiarum ornamentis nobilis & singulari in litteratos amore conspicuus, frater Ansegisi Senonensium Antistitis, ipse verò Antissiodorensis Episcopus subscripsit Electioni Caroli Calui in Imperatorem an. 876. cum fratre Ansegiso Apostolicæ sedis Vicario Generali, Hincmaro Remensi, Aureliano Lugdunensi, Gisleberto Carnotensi, Ingelwino Parisiensi Episcopis & alijs plurimis. De eo autem sic habet Monachus Antissiodorensis in Chronico. *In Antissiodorensi Ecclesia Christiano successit Wala prædicti Archiepiscopi Ansegisi frater, vir scientia clarus & moribus adornatus. Huius studium fuit Magistros litterarum charitatiuè amplecti, eorumque alloquiis & consiliis vti, suoque conuiuio participari. Ecclesiæ thesaurum, ac si sacrilegium, vitabat contingere.* Hæc verba videtur desumpsisse ab Anonymo Authore, qui scripsit vitas Episcoporum Antissiodorensium vsque ad sequens seculum quo florebat, vt retulimus in vita Heribaldi. Sic autem scribit de wala. *Hic primo suæ ordinationis tempore ad lectionem sapientium mundi se contulit; de hinc onus vasallorum quos secum adduxerat ex comitatu Carlomanni decenter atque prudenter, quia grauabant Ecclesiam, à se remouit. Huius siquidem Patris de quo loquimur, studium fuit Magistros litterarum charitatiuè amplecti eorumque alloquiis & consiliis vti suoque conuiuio participari. Quo circa duo Luminaria collegij nostri Rainogala & Alagus collaborante Herico Theosopho* (nimirum Errico Antissiodorensi de quo supra) *simul & Monacho gesta Præsulum istius sedis copiediosè atq; commaticè elucubratis paginis indiderunt.* Fuit & Wala seu Walo Abbas Corbeiensis post fratrem Adelardum sub Ludouico Pio, qui obiit an. 836. in Italia. Et is forte est, qui Romam missus Antiphonarium abstulerat: sic enim respondet Gregorij Papæ Amalario cum esset an. 831. *Antiphonarium non habeo quem possim mittere filio meo D. Imperatori, quoniam hos quos habuimus Vuala quando functus est huc legatione aliqua, abduxit eos hinc secum in Franciam.*

Walafridus Strabo sic ab oculorum vitio cognominatus, Natione, vt aiunt, Scotus, Monachus Fuldensis, Rabani in Fulda Auditor & Tattonis in Anglia, clarus suæ ætatis Historiographus, vir doctus & ante alios litterarum scientia illustris. In scripturis tam diuinis quàm humanis nobiliter doctus, ingenio & eloquio clarus, Commentatorque sacrorum eloquiorum laudatissimus, Author glossæ Ordinariæ, Poëta etiam eximius, qui ad Grimoaldum seu Grimbaldum S. Galli Abbatem an. 841. electum *Hortulum Puerorum* misit. Thegani Chorepiscopi Treuirensis Historiam de gestis Ludouici Pij Capitulis distinxit, & hanc illi præfationem præposuit: vnde patet, quantum prosâ quoque excelleret, quamque nitidè loqueretur. *Hoc opusculum*, inquit, *in morem annalium Thegan Natione Fracus Treurensis Ecclesiæ Chorepiscopus breuiter quidem & verè potius quàm lepidè composuit. In cuius quibusdam sententijs quod effusior & ardentior in loquendo videatur, vt vir nobilis & acris animi, quod de indignitate vilium personarum dolor suggessit, tacere non potuit. Præterea nimius amor Iustitiæ & Executoris eius Christianissimi Imperatoris, Zeli naturalis exaggerauit dolorem.* Vnde quantũ sit opus eius pro bona voluntate, non fastidiendum pro quantulacunque rusticitate, nouimus & nos virum multa lectione instructum, sed præ-

Illustrium Academicorum. 447

dicationis & connectionis studiis occupatum. Huic opusculo Ego Strabo quasdam Incisiones & capitula inserui, quia sanctæ memoriæ Ludewici Imperatoris gesta & laudes sæpius audire cupio vel proferre. Cæterum walafridus Rector fuit scholarum in Hirsfeldiensi: nam vt ait Trithemius in Chron. Hirsaug. ad an. 840. *quoties idoneum ad hanc subeundam prouinciam in suo Cœnobio Monachorum Abbas minimè haberet, de alio Monasterio petere aptum non erat verecundum. Sic namque doctissimus ille Monachus Gemblacensis Sigebertus multo tempore in Cœnobio S. Vincentij Metensi Monachorum præceptor, quanquam de alio Monasterio fuit. Ita Strabus Monachus Fuldensis in Hirifeldia,* Notgerus *S. Galli in Stabulensi* Adhuc adolescens iussu Tattonis quem in Augia præceptorem habebat in gratiam Thegani lusit epigramma, quod in vita ipsius retulimus. Fit Abbas Augiæ maioris an. 842. & obiit an. 849. vel vt alij scribunt, an. 859.

Vvalaramnus Alcuini Discipulus sub extrema ipsius vitæ tempora, de quo nihil habeo quod amplius dicam, nisi quod viuebat adhuc tempore, quo author ille Anonymus scribebat vitam Alcuini, vt ipsemet ait.

Vvandalbertus teste Trithemio Diaconus Monasterii Prumiensis in Diœcesi Treuirensi Monachus, natione Teutonicus, vir in diuinis Scripturis doctus & in secularibus litteris valde peritus, Rhetor & Poeta insignis, sermone clarus & nitidus. Martyrologium scripsit metrico stylo anno ætatis 35 quod nuper prodiit in lucem operâ D. Lucæ Dacherij in tomo 5. Spicil. In præfatione verò ait se libris vsum M. Flori Subdiaconi Lugdunensis, *qui vt nostro tempore,* inquit, *reuera singulari studio & assiduitate in Diuinæ scripturæ scientia pollere, ita librorum authenticorum non modica copia cognoscitur abundare.* Claruit sub Lothario Imperatore an. 850. cui librum suum dedicauit: quàm verò felici venâ carmina componeret, ex istis agnoscet Lector.

Carmine qui vacuas captaui sæpius auras,
Rumores vulgi quærendo stultus inanes,
Aggrediar tandem veram de carmine laudem
Quærere & æternum mihi conciliare fauorem,
Spectandos breuiter signans actusque virosque
Atque dies fixo reditu voluendo per orbem,
Ordine quæ lustrent scribens solemnia quemque,
Hic mihi nonnunquam Sanctorum nomina, leges
Carminis excedens, sed non mutilanda vocandi
Est censura, bonis veniam pietate merebor.

Vvazo Scholasticus Leodiensis, & ex Scholastico seu Magistro Scholarum & Capellano Conradi Augusti, Præposito & Archidiacono Episcopus, de quo sic Albericus ad an. 1041. *Vvazo ex Clerico S. Lamberti vir spiritu sapientiæ & feruore religionis insignitus ordinatur Leodiensis Episcopus.* Obiit an. 1047. sepultusque est ante maius altare S. Lamberti cum hoc Epitaphio.

Ante ruet mundus quàm surgat Vvazo secundus.

Vverimbertus filius Alberti Monachus San-Gallensis obiit regnante Carolo Crasso: ab eo Monachus ille innominatus, quem tamen suspicantur esse Notgerum Balbulum, qui duos libros de Caroli M. gestis composuit, ait se primum conscripsisse, & eo dictante excepisse, qui est de Ecclesiastica D. Caroli Curâ: quia verò obiit antequam opus absoluisset, alterum se ex narratione Adalberti secularis hominis, eiusdemque Vverimberti Patris de rebus Bellicis conscripsisse. De vtroque sic in præfatione lib. 2. *In præfatione,* inquit, *huius opusculi tres tantum Authores me secuturum spopondi: sed quia præcipuus eorum Vverimbertus 7. die de hac luce recessit, & debemus hodie id. 3. Kal. Iunij commemorationem illius orbi filij Discipulique agere, hoc fiat terminus libelli istius (nempe primi) qui ex sacerdotis eiusdem ore De Religiositate & Ecclesiastica Domini Caroli cura processit: sequens verò (id. 2.) De Bellicis rebus acerrimi Karoli ex narratione Adalberti Patris eiusdem Vverimberti cudatur; qui cum Domino suo*

Kекardo & Hunifco vel Slauico bello interfuit. Et cum iam valde senior me nutriret, renitentem & sæpius effugientem, vt tandem coactum de his instruere solebat. Vverimbertum hunc annumerat Trithemius Doctis viris illius ætatis.

Vuillelmus natione Normanus, patria Pratellensis in Agro Lexouiensi, dictus *Pictauinus*, eo quod teste Orderico Pictaui fonte Philosophico vbertim imbutus est. Reuersus verò ad suos omnibus vicinis & consodalibus doctior fuit. Lexouiensis Ecclesiæ Archidiaconatum gessit, scripsitque de Gestis Normanorum & Opus suum Vvillelmo Conquæstori dedicauit.

Vvilleramus, de quo in Historia dictum est, natione Teutonicus, fuit teste Trithemio Abbas Merskburgensis, vir in Diuinis scripturis eruditus & secularium litterarum non ignarus, carmine exercitatus & prosa: *qui cum in Vniuersitate Parisiensi aliquandiu litteris impendisset studium, ad Patriam reuersus, Bambergensis Ecclesiæ Scholasticus factus est.* Tandem considerans mundi gloriam transire cum tempore, contempto seculo in Fuldensi cœnobio pro Christi amore Monachum induit, & postremò crescentibus meritis in Monasterio S. Petri prope Merskburg Abbas consecratus, nomen suum scribendo posteris notificauit. De cuius opusculis Ego tantum legi volumen metro & carmine mixtâ prosâ, pulchrâ varietate compositum, de Nuptiis Christi & Ecclesiæ; in Cantica Canticorum lib. 3. *Cum Maiorum studia intueor.* De cæteris nihil vidi. Claruit sub Henrico III. an. Dom. 1060. hæc Trithemius.

Vvetzilus seu *Vvetzilo* Alumnus quoque Academiæ Parisiensis, vir facundus & eloquens, testibus Vvrspergensi & Trithemio; factus Archiepiscopus Moguntinus ab Imperatore Henrico primum stetit contra Papam, postea reconciliatus Papæ obiit an. 1089. quo sedente obiit Marianus Scotus insignis ille Chronographus.

Vvitzo Discipulus Alcuini, quem Scriptor Anonymus vitæ ipsius, vocat *Magnanimum Vvitzonem.*

Vvlfadus Carlomanno Præceptor à Caluo patre datus, in aula strenuè diu versatus est; Canonicus fuit Ecclesiæ Remensis, eiusdemque aliquandiu Oeconomus, & hoc nomine interfuit synodo apud Carisiacum habitæ an. 848. Clericus fuerat ab Ebone, tum cum restitutus est iussu Lotharij, ordinatus; at in Concilio Suession. an. 853. cum Collegis quibusdam gradu priuatus est. Postea verò Nicolai Papæ iussu causa eius aliorumque retractata est in Concilio Suessionensi 3. an. 866. Interim verò Bituricensi sede per obitum Rodulfi vacante, à Caluo non exspectata sedis Apostolicæ authoritate renunciatus est Archiepiscopus seu potius Archiepiscopatus œconomus: quod factum apud Nicolaum I. excusauit per litteras: nec difficulter tamen rei comprobationem obtinuit, quia nouerat Vvlfadum Nicolaus moribus & scientia litterarum excellere: quod & ipse Caluus innuit in aliis litteris ad Nicolaum datis. *Quia fratrem Vvlfadum vt vestræ sanctitatis apices exponunt, moribus & scientia penes nos vigere comperimus, Biturigensem Ecclesiam, ceu sanctæ Paternitati vestræ aliis litteris significauimus, quia dare absque Apostolatus vestri determinatione distulimus, commendare sibi eandem Ecclesiam cum rebus sibi pertinentibus accelerauimus.* Et in aliis litteris petit ipsi concedi Pallium. De Vulfado autem inter alia sic habet. *Ideò eum in illas Aquitaniæ partes ad filium & æquinocum nostrum direximus & Ecclesiam illam ei commendauimus, quoniam eum in educatione alterius filij nostri Karlomani scilicet serui vestri, quem vestra Beatitudini specialiter commendauimus, & alijs vtilitatibus nostris experti sumus & ingenio strenuum & moribus probum & nobis in omnibus fidelissimum. In qua acceleratione si quid vestræ sanctæ serenitatis animo displicuit, vestra sancta paternitate nobis donari deposcimus.* Obiit Vvlfadus Kalendis April. an. 876. sepultusque est in Monasterio S. Laurentii.

Vvsuardus, Husuardus, vel Isualdus natione Gallus, S. Germani-Pratensis vt creditur, Monachus, iussu Caroli Magni Martyrologium post Eusebium, Hieronymum & Bedam conscripsit & ipsi iam Augusto dedicauit post an. 800. si Sigeberto fides est, qui lib. de Scriptor. Eccles. c. 85. sic habet *Husuardum Monachum impulsum studio & iussu Caroli M. Imper. in gratiam eius studuisse opus imperfectum supplere, & integrum Martyrologium effecisse.* Scribit Genebrardus vnum ex iis fuisse qui primi Academiam Parisiensem inchoarunt *Alchwinus*, inquit, *siue Albinus præ-*

Illustrium Academicorum. 649

ceptor Karoli, Claudius, Ifuardus, Io. Mailrofius Beda Auditores, viri doctissimi primi ornant scholam Parisiensem. Trithemius ait claruisse an. 770. sed errat, aut certè longè adhuc post claruit: quippe extat ad eum Alcuini Ep. 79. cumque Pium vocat Patrem Congregationis S. Saluatoris. Cœnobium istud dicitur *S. Saluatoris Vice-Comitis* in Diœcesi Constantiensi Normaniæ (Ord. Bened.) At Hadrianus Valesius, Launoyus & alij nostræ ætatis Critici contendunt Vsuardum non Carolo M. sed Carolo Caluo Imperante scripsisse: propterea quod in præfatione se non solum Hieronymi & Bedæ, sed etiam Flori vestigia secutum ait: Florus autem Magister Ecclesiæ Lugdunensis Subdiaconus post an. 850. vixit. Addunt & aliam rationem, quia meminit Historiæ Eulogij Martyris Cordubæ in Hispania passi die 11. Martis an. Christi 859. post multos alios annis 851. 853. & 857 interfectos tempore persecutionis Arabicæ. Extat quoquæ Lupi Ferarr.ensis Ep. 80. ad Vsuardum Abbatem. Sed id Criticis examinandum relinquamus.

F I N I S.

INDEX
RERVM ET VERBORVM
Quæ in hoc Volumine continentur.

A

BBATES Commendatarii Decanos substituebant 195. contra Abbates Commendatarios. 193
Abbatiæ Commendatariæ 90.
Abbo Monachus San-Germano-Pratensis author librorum de bello Parisiaco 107. & in Catal.
Abbo Antissiodorensis Monachus, deinde Episcopus vir doctus, in Catal.
Abbo Floriacensis studet i artibus 3.3. Floriaci docet 333. seditionis author contra Episcopos. 340
Abbo Suessionensis Episcopus Rodulfum Regem consecrat & Archiepiscopatum Remensem regit. 545
Academiæ vnde dictæ 65 vbi positæ olim? ibidem, quot Collegia continebant 66.67. Academiarum Rectores. 68.69
Adalbero Remensis Archiepiscopus viros doctos promouet, Scholas Remenses instaurat, in Catal. moritur. 328
Adalbero Virdunensis, in Catal.
Adalbero Laudunensis Episcopus, vir doctus & eloquens, in Catal
Adalbertus filius Sigulfi, Discipulus Alcuini in Catal.
Adalgardus Lupi Ferrariensis amicus, in Catal.
Adalardus, item in Catal.
Adelbodus, vide Catal.
Ad Imannus Leodiésis Fulberti Carnotensis Discipulus 3:6 scribit adBerengarium.411. confutat eius errores de Baptismo & Eucharistia 412. in Catal.
Ademarus Cabanensis, in Catal.
Adiutores Gymnasiarcharum. 70
Adriani I Papæ metita 131 & seq. Epitaphium à Carolo M. compositum. 137

Adrianus II. sine consensu Imperatoris Pontifex factus. 188. vir doctus ibid.
Ædui fratres populi R 31 Æduensis Academia 35 eiusdem celebritas, antiquitas, ibid. depopulatio 16 instauratio. 27
Æmilius Magnus Arborius Professor Narbonensis 40
Æneas Episcopus Parisiensis 175. Corpus S. Mauri transfert 188. Præbendam concedit Fossatensibus in Ecclesia Parisiensi ibid. & in Catal
Agius Aurelianensis Episcopus, vide in Catal.
Aquilanneuf vnde? 13
Aimoinus Monachus San-Germano-Pratensis, in Catal.
Aimoinus Floriacensis, vide in Catal.
Author historiæ Francicæ. 240
S Albani schola celebris. 453 454
Albericus, in Catal.
Alcimus Alethius Rhetor Burdigalensis 48.
Alcuinus Magister Caroli M in Artibus Liberalibus 92. adiutor in instituenda Vniuersitate Parisiensi 101. Felicem Vrgelitanum hæreticum confutat. 134. 233. male dicitur fuisse Monachus. 129. obit 143. vide in Catal.
Aldricus Ferrariensis Abbas, deinde Archiepiscopus Senonensis, Alcuini discipulus vide in Catal.
Aldricus Cenomanensis, in Catal.
Alexandrinæ Academiæ Gymnasia duo 68. celebritas 69, locus in ipsa Regia ibid, Gymnasiarchæ. 70
Alexandri de Villa-Dei Grammatica in scholis legi solita 517 de eo iudicium Trithemii 518. quando legi desiit. ibid.
Alexander I. Papa. 438
Alexius Comnenus Imperator Constantinopolitanus instaurator Academiæ. 478
Alfredus Magnus Anglorum Rex Oxoniensis

Index Rerum & Verborum.

fis, Academiæ fundator aut instaurator. 211. Magistros Parisienses ad eam componendam euocat ibid. vide in Catal.

Altuinus Senonensis. Vide in Catal.

Amalarius Fortunatus Archiepiscopus Treuirensis, Alcuini discipulus in Catal.

Amalarius Metensis Ecclesiæ Diaconus, Cantus Ecclesiastici reparator, in Catal

Amalarius Philosophus ab Ecclesia Lugdunensi scriptis laceratur. 181

Ambacti qui dicebantur. 14

Anastasius Professor Pictauiensis 56

Anastasius Monachus professionem edit fidei de Euch. 463

Anastasius Bibliothecarius. 192

Andegauensis scholæ celebritas. 522

Angelrannus Picardus. Vide in Catal. Fulberti Carnotensis Discipulus. 56

Angilbertus Princeps consanguineus Caroli M. Petri Pisani & Alcuini Discipulus 138. & in Catal.

Animarum immortalitas à Druidis asserta. 7.

Annus Scholasticus qualis censetur. 528

Ansegisus Archiepiscopus Senonensis, vide in Catal.

Anselmus Beccensis Abbas 45. falsò insimulatur næresuos Roscelinæ. 485. contra Roscelinum scribit Tractatum de incarnatione 486 fit Cantuariensis Archiepiscopus ibid exulat & Lugduni scribit de Conceptione B. Virginis 494. vide in Catal.

Anselmus Laudunensis 481. & in Catal

Anselmus Lucensis vir doctus fit Papa Alexander II. 438. discipulus Lanfranci assurgit Magistro 499. Compilator Canonum 479. obit. ibid.

Apocrisiarii officium 265. 269.

Apollo Beleni nomine à Gallis olim cultus 11.

Aprunculus insignis Rhetor Narbonensis. 38

Aquæ calidæ & frigidæ iudicium. 536.

Aquæ calidæ consecrandæ ritus. 537. 539

Aquæ coniuratio. 540

Aquitania vnde dicta. 46

Aquitaniæ Præfectus Consulatui destinabatur 47.

Ara Narbonensis. 34

Archiepiscopus Remensis olim Regni Cancellarius. 418

Arefastus Normanigena detegit hæresim Aurelianensem 364. in Cat.

Areopagitica historia 18. contra historiam. 201.

Aristotelis Doctrina quando inualuit 519

Arnulphus Epis. Aurelianensis vir eloquentissimus, in Catal.

Arnulphus Archiepiscopus Remensis 329. sacramentum fidelitatis præstat Regi Roberto 324. agitur de eius depositione ob proditionem, 330. deponitur 331. restituitur in integrum. 341. 342

Arnulphus Cantor Carnotensis Fulberti Discipulus contra Berengarium. 432

Arnulphus Beluacensis S. Luciani Monachus de Quæstionibus Eucharisticis 432. & in Catal

Artanus Iurisperitus Narbonensis. 36

Artes liberales in Palatio Regio docentur. 20. & seq.

Aruerna schola. 57

Ascelinus contra Berengarium. 430

Atacinus Professor Narbonensis. 36

Athene Gallica. 18

Athene noua in Francia vbi instituta. 112

Athenæum Lugdunense. 60

Athenæum Romanum 67. eius descriptio. 68.

Atrebatensis Episcopatus restituitur. 495

Atticus, Tiro Delphidius Professor Burdigalensis. 49

Attius Patera Professor Burdigalensis. 49

Aubertus Lemouicensis Magister Paris. fundat Coenobium Canonicorum Regularium in agro Lemouicensi. 535

Auditorium Capitolinum. 67. 68

Augustini Dialectica in Scholis Parisiensibus legi solita. 519

Auitus Viennensis. 21

Aureliacensis Coenobii fundatio. 298

Aureliacensis schola. 229

Aurelia à Normanis incenditur. 287

Aurelianensis scholæ celebritas. 521

Ausonius Burdigalensis Consulatum obtinet à Gratiano Augusto discipulo. 51

Authorum explanatio legitima qualis. 516. qui authores olim prælegebantur 519

Authores recentiores nonnunquam prælegebantur, ibid.

B

Bagaudæ & Bagaudarum factio. 16

Bagaudarum Castellum 16. origo nominis ibid. & 30

De Baptismo paruulorum & poenis morientium. 493. 494

Pharitius de hac Quæstione 57 contra quem Theobaldus ibid.

Bardi Philosophi veteres Gallorum. 2. 3.

Bardorum sedes. 3

Barbaries in Francia vnde orta. 243

S. Bartholomæi Capella olim Regia. 521

Beccensis schola celebris. 49

Bedellorum institutio in Academia Oxoniensi. 217

Belenus quis & vnde dictus. 11

Berengarii & Lanfranci disputationum initia. 405.

Berengarius à Discipulis deseritur ibid. qui mores ipsius. 406. 506. malè accusatur magiæ. 406. 407. cum Lanfranco de Theologicis concertat. 410 eius error de Baptismo. 412. in variis Conciliis damnatur. 418 & seq. vide infra Concilium. Redit ad vomitum. 428. confligit cum Guillelmo Beccensi. 429

Index Rerum & Verborum.

Hæresim abiurat. 458. à Gregorio VII. benignè excipitur ibid. de eius conuersione dubitatur. 459
Burdigalæ vltimò hæresim abiurat. 462. Moritur. 480 Epitaphio decoratur ab Hildeberto Cenom. 481
Berengariana hæresis in synodo Placentina damnata. 496
Bernardus de Abbatis-villa Tironensis Cœnobii fundator. 533
Bernardus Carnotensis optimus Grammaticus. Quomodo Discipulos exercebat. 515, 516.
Bernardi Clareuallensis ortus. 483
Bruno Epis. Andegauensis Berengarii fautor, deinde desertor. 438, 466 eius Epitaphium ibidem.
Brunonis de Rosciaco laudes. 363
Bruno Coloniensis Archiepiscopus 311
Bruno Coloniensis Scholasticus & Cancellarius Remensis. 454
Discipulus Berengarii, 467. Carthusienses instituit ibid. Dissertatio de causis Conuersionis Brunonis ibidem. Academiæ Parisiensis Rector 468 vbi studia confecit, 469. Magister Vrbani II. 473
Burchardus Vormaciensis Canonum Compilator 59 Olberti Discipulus ibid.
Burdigala vnde dicta 46
Burdigalensis Academia ibid. & seq.
Bursarii seu Alimentarii Pueri 77, eorum vetus institutio. 79. 392

C

Calceorum forma deformis. 532
Calendariæ strenæ. 528
Cancellarius 82, 83
Cancellarius Academiæ Oxoniensis quis. 216.
Cancellarius Parisiensis. 268
Cancellarii duo in Vniuersitate Parisiensi. 272. 385. 389 San-Genouefani antiquitas. 274. 390 vtriusque Cancellarii munera 274. & seq.
Cancellarii Parisiensis quale regimen. 277. quare licentiat authoritate Apostolica. 278
Cancellariatus Regni ad Archiepiscopos Remenses olim pertinebat. 428 eo exciderunt 483.
Canonici Parisiensis mortui Anastasis 470
Canonicorum Regularium Ordo restituitur per Iuonem. 464
Cantandi alternatim methodus Lugduni instituta. 64.
Cantus reformatio. 93
Cantandi peritia in Galliam à Magistris Romanis allata. 93 132
Cantabrigensis Academiæ institutio vetus. 128. de eiusdem institutione dissertatio 291. antiquitas fabulosa ibid. instauratio ab Eduardo. 292
Canutus Daniæ Rex Mecenas litteratorum 466.
Capischola vnde dictus. 80, 257

Capitale & Capital. 261
Capitale Studii Parisiensis ibid.
Cardinalium Ro. institutio 400. Electores Papæ. 414
Carmides insignis Medicus Massiliensis. 19
Carnotensis Ecclesiæ incendium 370. instauratio. 371.
Carnotensis scholæ fama & celebritas. 316
Caroli Magni mores 91. Petrum Pisanum in Grammaticis, & Alcuinum in cæteris Artibus Magistros habet. 92
Cantandi peritiam in Gallia instituit 93, 132. instituit scholas duplicis generis, publicas & priuatas 94. diploma edit de Vniuersitatis Parisiensis erectione 96. quibus adiutoribus illam erigit 101. fit Imperator 140. Capitularia condit 141 Missam Romanam in Francia instituisse dicitur ibid. obit 145 & sanctus habetur ibidem & 146. eius corpus honoratiore tumulo collocatur 352. 353. vide in Catal.
Caroli Calui amor erga litteras. 189. 190 eiusdem logia 191 inauguratur Imperator 193.
Caroli Simplicis miserrimus status. 30 incarceratur, in libertatem restituitur, & obit 304.
Carlomannus Calui filius bellum Patri infert 192.
Carthusianorum origo & institutio. 467
Cassianus Massiliensis Presbyter. 21
Castor Rhetor Massiliensis. 20
Causidici veterum Gallorum. 2
Celtæ olim litterarum rudes. 85
Centorius Atticus Agricius Professor Burdigal. 51
Charondas Iurisperitus Massiliensis. 19
De Chorepiscopis eorumque ordinationibus. 164
Cibus Cœlestis Hæreticorum Aurelianensium. 65
Cicero ex parentibus Narbonensibus oriundus. 35
Cisterciensis Ordinis origo. 502
Claromontensis schola. 57
Claromontensis synodus de reformatione disciplinæ Ecclesiasticæ. 495. ei intersunt Magistri scholarum ibid.
Claudius Clemens Magister Parisiensis. 146.
Claudius Mamertus scholæ Lugdunensis alumnus. 63
Claudius Marius Victor Massiliensis Rhetor 21.
Claudius Taurinensis hæreticus contra cultum Imaginum. 213
Clementia Isaura institutrix Ludorum Floralium. 4
Illius Epitaphium 42. laudes. 44.
Clericorum seu Canonicorum mensa olim communis. 156
Clerici Parisienses seu scholares queruntur de Monachis San-Germano-Pratensibus 147 eorum innumerabilis multitudo interest exequiis Roberti Regis. 343

Index Rerum & Verborum.

Clerici nomen explicatur, & variæ significationes proferuntur 3.3. 5.4
Clerici liberi qui dicebantur 68
Cliuienses scholæ 1). 30 ibi itemque dissertatio de scholis Æduensibus & Cliuensibus.
Cluniacensis Ordinis institutio. 295
Cœnobiales scholæ 80. duplicis generis, interiores & exteriores ibid. quænam cæteris celebriores 80.
Collationes Scholasticæ. 516
Collegiorum loca 67
Collegia Oxoniensis Academiæ. 224
Collegia SS. Thomæ, Honorati & Nicolai de Lupara antiquissima. 394
Collegii Octodecimani Parisiis vetus institutio. 503.
Conceptionis B. Virginis immaculatæ laudes describit Anselmus Cantuar. 494
Concilium Andegauense contra Berengarium 433.
Concilium Brionense contra eundem 419. Burdigalense 462. Parisiense 411 Romanum 427. 451. 450. Turonense. 424. Vercellense. 421
Concilium Constantiense in 4. Nationes diuisum 256.
De Coniugio Presbyterorum. 426
Coniuratio contra Ludouicum Pium. 163.
Consentius Magister Narbonensis. 57.
Conseruatores Priuilegiorum Vniuersitatis Parisiensis 265. & seq.
Constantius Remensis Magister. 360
Constantius Rhetor Lugdunensis. 63
Constantius Afer Salernitanam scholam in Medicina instaurat 475
Constantius Imp. laudes ob instauratas scholas Æduenses. 28
Constantinopolitana Academia instaurata per Bardam Imperatorem. 156. 186
Sub Constantino VII. floret. 294
Constantinopolitana Ecclesia non potest dici Vniuersalis & Catholica. 370
Connictores, vide Scholares. 514
Cornificius Pseudo-Philosophus. 517
Cornificianorum praua methodus ibid. & seq.
Crinas Medicus Massiliensis 19
Crucis Christi descriptio & merita. 148
Cynosarges Gymnasium Atheniense. 67

D

Decani sub Abbatibus Abbatias regebant 295.
Decimarum Quæstio, causa seditionis & hæreseos. 340
Declinatio Scholastica quid sit. 516
Demosthenes Medicus Massiliensis. 19
Denarius S. Petri quid sit apud Anglos. 336 173. 445.
Delphidius Rhetor Burdigalensis. 49
Deroldus Medicus fit Episcopus Ambianensis. 304
Despauterius quando admissus. 518

Dii Gallorum veterum. 10
Dialecticæ Professio celebris Parisiis. 409
Dionysianæ Reliquiæ. 218. 294
Dionysii historia de Cœlesti Hierarchia de Græcia in Galliam allata. 155
Dionysii historia vulgatur. 198. 199
Dissertatio de veritate huius historiæ. 201. 216. 197.
Doctoris Parisiensis anastasis & verba. 469
Fabula illa refutata. 471. 472
Drogo, in Catal.
Druidæ. 2. 3
Vnde nomen 3. Origo Druidarum, locus & sedes 3. numerus, forma, habitus 4. Officia. 5. Academiæ 5. Rector ib. eius authoritas & dignitas. Scholæ variæ. 6 Disciplinæ, ibid. Eloquentia. Mathematica, Medicina, Iurisprudentia, Theologia, doctrina circa immortalitatem animarum. 7 Methodus & tempus docendi. ibid & 9. Priuilegia & immunitates 7. 15. Versus. 8 Lingua. 9. Religio 10. Dii. 10. Sacrificia. 12. 13 Legislatio & Iurisdictio 15.
Drynemetum, Consilium Galatarum. 15
Dudo, ungalus, Durandus Fiscanensis, in Catal.
Durandus Ep. Leodiensis quomodo electus. 371. vide in Catal.

E

Ebbonis Remensis Archiepiscopi educatio, 165. coniuratio, ibid. depositio. 166. in Catal.
Ebulo Archiepiscopus Remensis. 272
Ecbertus, in Catal.
Ecclesia Parisiensis B. Virgini dedicata. 88. eius descriptio. 151
Ecclesia Constantinopolitana, an dici possit Vniuersalis & Catholica. 370
Ecclesia Carnotensis incensa, à Fulberto instauratur 370
Ecclesiæ miserabilis facies in schismate Guibertino. 474
Electorum Imperij institutio. 338
Electio Papæ à Cardinalibus pendet. 425
Electio Episcopi an inuitis Suffragantibus fieri possit. 379
Embaldus, in Catal.
Emma Eduardi I. Mater iudicium ferri candentis experta. 539
Episcopales scholæ 84. & seq. Vide schola.
Episcopi Parisiensis munus circa scholas. 268
Eiusdem lis cum Abbate San-Dionysiano. 336
Episcopus Laudunensis expulsus nihilominus clerum suum regit. 326
Locus Scholæ in Episcopiis. 249
Episcopales scholæ celebriores. 521
Episcopus Parisiensis Archicancellarius Regni. 483
Excanradus, Erricus Antissiodorensis, in Catal.
Eubages Gallorum veterum. 2
Eucherius Lugdunensis. 62
Eucharistia. 354. 356
Eucharistici mysterij à Fulberto explanatio. 357.

LLll ij

Index Rerum & Verborum.

Eucharisticæ Quæstiones. 432
Eucharistiæ dandæ ritus mutatus. 432. Quomodo sumebatur initio Ecclesiæ. 433. Euchar. quota pars in Calicem mittitur. 434. 435. Tripartita quid significet. 435. an ex toto an ex parte sumatur. 435. Quare corpus sumitur separatim à sanguine. 435. 436
Eucharistici mysterij explicatio à Guimundo. 442 à Vvolphemo. 457. ab Anastasio Monacho Andegauensi. 462
Eucharistiæ sumptio in iudiciis publicis vsurpata. 538
Excommunicatio apud Druidas. 15
Excommunicationis veteris ritus. 289. 290
Exequiis Regum interest Vniuersitas 393.
Quem locum obtinet 270
Exuperius Rhetor Narbonensis. 36. 40

F

Facultas Artium Rectoris Vniuersitatis creatrix. 265
Fames in Francia lamentabilis. 403
Famuli Vniuersitatis. 218
Fauor Principum erga litteratos. 235
Felix Vrgelitanus hæreticus errores fatetur. 134.
Romam deducitur. 135
Ferrum Candens in Iudiciis publicis. 5. 6
Ferri consecratio. 518
Festum Omnium Sanctorum Kalendis Nouembris instituitur. 159
Festum Assumptionis B. V. instituitur. 133
Fidei definitio & explicatio 413
Flandria Comitatus esse incipit. 185
Flodoardus Remensis Electus Nouiomensis. 316. 317. in Catal.
Florus, in Catal.
Floralia Massiliensium. 17
Florales Ludi Tolosani. 41. vnde dicti. 42 eorum celebritas, iudices, commendatio. 43
Floriacensis schola. 312
Sanctorum fortium locus. 11
Fortunatus Pictauii docet. 56
Franco Episcopus Parisiensis litteratus. 363
Franco Gerberti discipulus, in Catal.
Franco Abbas Lobiensis in Palatio Regio instruitur. 191
Francorum strages in agro Antissiodorensi. 170.
Freculphus Monachus Fuldensis. 174. & in Catal.
Frodo, in Catal.
Frontonum Gens Aruerna. 58
Frotharius, in Catal.
Fulbertus Scholas Carnuti habet. 355. eius Discipuli aliquot commemorantur. 356. fit Episcopus Carnotensis. 356. Thesaurarius Ecclesiæ Pictauiensis 371. B. Virginis lacte lactatur 37. Reginæ Constantiæ inuisus 377 & 378. morituri verba ad Berengarium. 380
Fulco Remensis Archiepiscopus scholas Remis instituit. 210. interficitur. 288

Interfectores Fulconis excommunicantur. 289. Vide in Catal.
Fulcherius, in Catal.

G

Gallia vnde dicta. 1
Gallim & *Gallere*. ibid.
Gallia frequentata ab Anglis ad hauriendas litteras. 127
Gallus, in Catal.
Gaucherius Melletensis Scholaris Religiosam vitam profitetur. 535
Gaufridus Cantor Andegau. contra Berengarium. 440
Idem Episcopus factus contra eundem 466. ibidemque eius Epitaphium.
Gaufridus Episcopus Parisi. litem habet cum Monachis San-Dionysianis de sacri Olei sumptione. 440
Gaunaca, genus vestis. 391
Gauzlenus & Gauzlinus, in Catal.
Gebuiuus primus Primas Lugdunen. constitutus 454. eius viri dotes. 455
Genouefiana Basilica incensa à Normanis. 177.
S. Genouefæ theca solenniter delata. 207.
Geraldus seu Girardus Magister Aurelianensis, Poëta insignis 377. & in Catal.
Gerardus Episcopus Engolismensis. 452. è scholarum Magisterio ad Episcopatum promotus. 525
Gerardus tumultus Turonensis contra Berengarium sedator. 434
Geraldus Abbas S. Albini exigit professionem fidei ab Anastasio Monacho 462
Gerardus Laudunensis, in Catal.
Gerbertus Aquitanus Parisiis studet 314. 319.
Gerberti Comprofessores & Discipuli 319. Archiepiscopus Remensis eligitur 319 Fidei professionem edere cogitur 334 cum Othone III Imperatore litterarum commercium exercet 335 Archiepiscopatum abdicare cogitur 337. fit Papa Siluester 341. Arnulphum in sedem Remensem restituit 342 obiit 345. à suspicione Magiæ vindicatur ibidem.
Gerberti Rhetorica prælegi solita in scholis 319 & in Catal.
S. Germanus Antissiodorensis quare teres & rotundus dictus. 208. obsidetur à Normanis. ibid.
Germanus Episcopus Parisi. Scholam exercet 88.
Gilbertus Crispinus, Gibuinus, Gislebertus, in Catal.
Gnipho Massiliensis Grammaticus. 10
Godefridus Bullionius Rex Hierosolymitanus. 503. leges præscribit Francicâ linguâ, ibidem.
Godesmannus, in Catal.
Goisbertus Medicus Cœnobiorum amplificator. 534
Eius mores & virtutes. 535

Index Rerum & Verborum

Gosfredus in' Astal.
Gomerus Rex Gallorum. 1
Gomeritæ, ibidem.
Goth Guodam. 1
Gothefcalcus Belga hærefeos infimulatur. 171. eius historia 179 pœnæ ibid. doctrina 181. & in Catal.
Græca lingua Massiliensium & Gallorum. 22. 23.
Gratiani Imp. laus ab amore litterarum 33.
Grammaticæ Professio corrupta 516
Gammaticæ necessitas. 532
Grandimontensis Ordinis origo. 453
Gregorii VII. Papæ elogia 450. 465. in suspicionem venit nonnullis hærefeos Berengarianæ 464. Imp iatorum excommunicatione ferit 460 461. viciffim ab Imperatore vexatur, obfideturque, à Roberto Apuliæ uce liberatus 473. moritur Salerni ibidem.
Grimbaldus Gallus ab Alfredo Rege euocatur in Angliam ad constituendam Academiam Oxoniensem, eiusdem Academiæ regimini præficitur 211 statuta condit adinstar Parisiensis 225 & in Catal.
Gualterius Guenilo feu Vuenilo, in Catal.
Guiberti Antipapæ electio & mores 465. Peritia in litteris 465 fedem Apostolicam inuadit 474. ei adhærent Teutonici, Lombardi & Lotharingi. 475
Guido Aretinus Author Solmificationis. 369.
Guido Longobardus Magister in Theologia, in Catal.
Guillelmus de Conchis, eiusque methodus. 516.
Guillelmus Diuionensis instaurator Litterarum in cœnobiis. 451
Guillelmus Aquitaniæ Dux litteratorum Mecenas, in Catal.
Guillelmus Apuliensis, Guimundus feu Guitmundus in Catal.
Gymnasiarchæ veteres Pro-Scholos feu Pro-Magistros habebant 70
Gymnasiorum antiquorum regimen. 69. & feq.

H

Hærefis Pelagiana in Anglia 127. comprimitur ab Episcopis Gallicanis.
Hærefis Felicis Vigelitani de Deo proprio & nuncupatiuo. 134. 232
Hærefis Claudii Tautinensis de cultu Imaginum. 233
Hærefis de prædestinatione & præscientia Diuina. 233
Hærefis de Eucharistia. 234. 354. 403. & feq.
Hærefis Aurelianens. detegitur. 363
Hæretici Aurelianensesviui cremantur 367 306.
Haimo, Halinardus, Halitgarius, in Catal.
Haro quid significet, & vnde vox deducta. 303.

Hecdicius Aruernus vir doctus. 58
Helgaldus, in Catal.
Helias Scotigena Magister Parisiensis, deinde Episcopus Engolismensis. 109
Helifacharus, in Catal.
Henricus Roberti filius inuita Matre Constantia Rex designatur. 378 male à Matre habetur 401. obit effectu potionis medicæ impedito. 428
Henricus II. Imperator Simoniæ depulsor. 407. eius laudes. 361
Herbertus, Heriboldus, Herifridus, in Catal.
Herculanus Professor Burdigalensis. 51
Heribertus Hæreticus Aurelianensis. 364
Herluvinus feu Hellvvinus fundator Cœnobii Beccensis Lanfrancum recipit; obit. 453
Heriuæi Turonensis laudes. 354
Heruæus Archiepiscopus Remensis 289. eius pietas erga Regem & mors 301
Hefus pro Marte à Gallis veteribus cultus. 1.
Hierosolymitana expeditio decreta. 489. de eadem agitur in Concilio Claromontano. 449. describitur 409. eiusque authores commemorantur ibid. Hierosolymitana peregrinatio per Hungariam. 354
Hilarius Pictauiensis eloquentiæ Gallicanæ torrens 55
Hildebrandus Cardinalis Papa factus Gregorius VII. 450
Hildebertus Lauardensis fit Episcopus Cenomanensis. 501. admonetur ab Iuone Carnotensi virtutes exercere quæ Episcopū decent ibid. eius opera & carmina in scholis prælegi folita. 501. 519.
Hilduinus Areopagiticæ historiæ author. 1, 8. & in Catal
Hincmarus Abbas San Dionysianus Archiminister Regni Areopagiticam historiam S. Dionysii euulgat. 198
Hincmarum Laudunensem nepotem oculis priuat 4. multisque miseriis afficit 20, obit 205. vide in Catal.
Hincmarus Episcopus Laudunensis vir eloquens 203 & in Catal.
Hirfaugiensis scholæ celebritas. 511
Hominum immolandorum consuetudo apud Gallos. 14
Honorarium Magistrorum feu Regentium, 573.
Patronorum olim nullum, postea permissum 525.
Hubertus Cenomanensis insignis Gramaticus in Catal.
Huboldus Leodiensis studet Parisiis, & Canonicis San-Genouefianis adhæret 314. 315. in Catal.
Hucbaldus, in Catal.
Hugo puer quinquennis Archiepiscopus Remensis 302. consecratur 305. deponitur, restituitur. 305
Hugo de Bar vir doctus. 441
Hugo Capetus Rex inauguratur. 326. moritur

Index Rerum & Verborum.

tur. 340. & in Catal.
Hugo Diensis Archiepiscopus Lugdunensis. 466.
Hugo Flauiniacensis author Chronici Virdunensis fit Abbas Flauiniacensis. 502.
Hugo Roberti Regis primogenitus adolescens omni virtutum genere decorus obiit 376. eius lessus ibid.
Hugo Lingonensis contra Berengarium. 410. 411.
Hugo Rainardus Episcopus Lingonensis vir eloquens. 414
Humbertus Burgundus Siluæ-Candidæ primus Cardinalis creatus dictat fidei professionem Berengario. 427
Humbertus Lemouicensis Professor Vniuersitatis Paris. 535. & in Catal.

I

Anæ Papissæ fabula. 170.181.183
Idithun Professor Palatinus, in Catal.
Iesse, in Catal.
Ignis sacri plaga. 309 482.
Imaginum adoratio qualis. 156 & seq.
Immolatio hominum apud Gallos. 14
Immolandi ritus. ibidem.
Immortalitas animarum apud Druidas & Gallos. 7
Imperatricis Mariæ memorabilis damnatio. 334.340.
Immunitatis Priuilegium. 237
Indictum vulgò Ientiu. 195
Indictalium Nundinarum institutio. 196
Indicti locus 197 à quo benedici solet. 197
Indictale Minerual. 198
Ingo Abbas San-Germano-Pratensis, Gerberti Aquitani discipulus. 361. & in Catal.
Instructio iudicii aquæ calidæ 539
Inuestituræ Prælaturarum causa schismatis. 451.
Decretum contra inuestituras Principum Laicorum ibid & 192 260.
Ioannes Antissiodorensis scholasticus Gerberti Discipulus fit Ep. Antissiod. 331
Ioannes Lugdunensis. 64
Ioannes Nominalium author. 443
Ioannes Papa 20. vir magnus. 363
Ioannes Scotus ab Ecclesia Lugdunensi proscinditur. 182. Magister à Carolo Caluo solebat appellari. 183 Capitale seu Rector Vniuersitatis Parisiensis ibid. & 184 suspectus de hæresi, de prædestinatione, de Eucharistia 84. & 507. eius facetiæ. 183. docet in pluribus Franciæ oppidis & vrbibus. eique Humbaldus adhæret. 185. ad Oxoniensem Academiam se confert. 211. graphis puerorum confoditur. 212. duplex Ioannes Scotus distinguendus 213. vide in Catal.
Irenæus Lugdunensis Episcopus. 64
Isaura virgo, vide Clementia Isaura.
Iudex & Conseruator Priuilegiorum Vniuersitatis 265

Iudicium laminæ candentis. 340
Iudicia Druidarum & Iurisdictio eorumdem. 15.
Iudicium Legale & per duellum.
Iudicia publica quomodo exercebantur. 536
Iuliani Imperat. laus à litteris. 48 eiusdem vituperatio ab odio in Christianos ibid.
S. Iuliani Pauperis Ecclesia olim Abbatiola, Basilicæ maximæ addicta. 402
Iuramentum Vniuersitatis. 287
Iuo Beluacensis fit Ep. Carnotensis. 484 de eius consecratione Vrbanus II. ad Clerum Carnotensem ibid. Aduersatur nouis nuptiis Philippi I. cum Berthrada 488 Regis facinus dissuadet ibid. Episcopos ad implendum in hac re officium suum hortatur 489. Bonis omnibus à Rege spoliatur ibid. minatur excommunicationem. 500.

L

Lamberti Theologi laudes & quæsita 431.
Lampridius Burdigalensis Rhetor. 54
Lanfrancus Parisios venit, ibique cum Berengario congreditur 405 Beccum se confert in Normaniam 408. 409 de Schola Lanfranci celebritate 409. de Berengario & Lanfranco 410. interest Lanfrancus Concilio Vercellensi. 412. fit Archiepiscopus Cantuariensis. 447. honorifice ab Alexandro II. recipitur 448. cuius fuerat Magister 4. 9. obit. 482. eius acta ibid.
Iatinus Pacatus Drepanus. 25
Legati Pontificii quomodo excipiuntur. 387
Legere qui sit, Lectio, prælectio. 389
Leo Professor Burdigalensis. 54
Leo Philosophus Rector Academiæ Constantinopolitanæ. 156
Leo IV. Papa vir maximus. 171.188. & seq.
Leonis IX Decretum de Electione Romanorum Pontificum per Cardinales. 414
Leo Simonacos in Concilio Remensi damnat ibid. & vxoratos presbyteros. 415. Remigialia instituit. ibid.
Leodiensis schola 315
Leothericus Gerberti Discipulus Archiep. Senon. 311. eius dubitatio de Eucharistia 3. 4 eius obitu turbatur Ecclesia Senonensis 412.
Leuthardus hæreticus. 340
Leuthardi hæresis de decimarum persolutione. 550
Liberalium artium commendatio. 531
Librorum approbatio per Vniuersitatem Parisiensem. 386
Librarii Vniuersitatis Parisis. 383
Licentia docendi à quo conceditur. 284
Liliorum Franciæ allegorica significatio. 173. quando ad ternum numerum redacta 219. ibi de Tessella Rectoria. 3. liliis insignita.
Lingua Druidarum in tradendis disciplinis 9 ibidemque de lingua veterum Gallorum.

Index Rerum & Verborum

Litterarum clades in Francia. 161. 162. 167. 168. earundem resurrectio 349. 450, 451.
Indignatio aduersus litteratos 168
Liuius, Limpidius, Leo Professores Narbonenses. 37
Lobiensis scholæ celebritas. 31
Lotharius Imperator.151. Monachum induit in Cœnobio Prumiensi. 176
Lotharius Francorum Rex vir bonus & omnibus amabilis. 325
Lucii Deorum sacri. in Lucis sacra febant. 12.
Luciolus Rhetor Burdigalensis. 54
Ludouicus Pius Priuilegium Ro. Pontificibus indulget. 147
Eiusdem afflicta fortuna 65. moritur. 167
Ludouicus Vltramarinus Caroli Simplicis filius ad Regnum reuocatur. 304
Ludi Florales, vide Floralia.
Lugduni descriptio. 59
Lugdunensis schola. 59. 63
Lugdunense templum Augusto dicatum. 59.
Ara Lugdunensis. 60
Ludi ad aram ibid.
Ludi Musici ibid.
Lugdunensis vrbs incendio ab sumpta. 61.
Lugdunensis Primatus quando institutus 464 495. Primatum illum Daimbertus Senonensis agnoscit primus. 496 497.
Lupus Ferrariensis vult resumere scholarum exercitium. 176
Lyceum Atheniense. 67.

M

Magistri seu Regentes. 70
Magistrorum receptio ibid. examen, scriptio. ibid. Salarium. 71. 72 eorum ad honores & dignitates promotio 74.
Numerus ordinem & leges poscit. 249
Magisterii gradus quomodo olim conferebatur 284. & seq.
Qua ætate conferebatur. 386. Magistralium actuum celebratio ibid.
S. Maglorii corpus quomodo Parisiis receptum 320 3 1.
Sam-Magloriani cœnobii fundatio. 321
Malleacense cænobium quando constructum 460
Manasses Archiep. Remensis Simoniacus 494
Accusatus à Canonicis, eos bonis spoliat & vexat 468 hæc causa conuersionis Brunonis Carthusiani. 468
Manigaudus Lutembachius Magister Parisiensis, in Catal.
Marbacense collegium Canonicorum restituit. 487. incarceratur ob constantiam in tuendo Vrbano II. ibid.
Manus filius Theutatæ. 1
De S. Martialis Apostolatu. 372 375. 401
Synodi Pictauiensis, Parisiensis, Lemouicensis ea de re 373. de ea re quinque synodi habitæ. 506

Marciani Dialectica 519
S. Martini Campensis Ecclesia Secularis & Collegiata transit ad Monachos. 462
Massilia vnde dicta. 16. quomodo condita. 17.
Massiliensis Academia 16. 18. celebritas eiusdem 18. 22. exercitia & artes 19. deflorescit 24. cæteris vrbibus pædagogos & magistros suppeditabat. 22
Massilienses Græcorum linguam, mores & habitum retinuerunt 19. qui mores 24. consilium publicum Massiliensium. 24
Dea Minerua 24
Mathurinorum Domus in fundo Vniuersitatis. 387
Maurilii Arch. Rothom. obitus. 442
Medici & Philosophi imperiti. 514
Memoriæ, non scriptis artes tradebant veteres. 8
Menecrates Iurisperitus Massiliensis. 19
Menianæ scholæ 18. vbi positæ. 39
Mensibus varia nomina imposita à Carolo Mag. 144
Merces Regentium quanta 527. decurtata 529.
Exactio Mercedis, & lites de mercede ibidem.
Monachi etiam mercede docebant 516. vide supra Honorarium.
Mercurius à Gallis cultus. 10
Methodus docendi Parisiis 511. praua & quid ex ea consecutum sit 513. 514. bona & probata ibid.
Minerua Massiliensium Dea. 24
Minerual, vide Salarium.
Mineruius insignis Professor Burdigalensis. 47
Miscelli ludi. 62
Missa Gallicana 141. quis illius ordo. 142
Missi & Missorum officium quale olim. 138
Monachorum exercitia antiqua 146. eorum reformatio 147. fastus & arrogantia 513. 514.
Mores corrupti. 150
Contra Monachos se immitentes Parochialibus curis. 497
Monachorum dignitas extollitur in Concilio Nemausensi. 498
Monachica vestes cuius olim coloris. 501
Multi ex desperatione profectus in studiis ad **Monachos se conferunt.** 513
Montanus Votienus Professor Narbonensis. 35
Iulius Montanus ibid.
Mores 3. seculi quales. 331. in habitu, corruptissimi initio seculi. 349
Museum Alexandrinum. 69
Musardus quis dicebatur. 352
Musici ludi instituti. 60. 61
Musicum certamen Tolosæ institutum. 42

Index Rerum & Verborum.

N

Narbo vrbs vnde dicta. 34
Narbonis laus ibid.
Narbonensis ara. 33.34
Nationum Scholarium antiquitas. 75
4. Nationes in Academia Atheniensi. Item & in Romana. 139.
Nationes primæuæ Vniuersitatis Parisiensis 250. 251. earum antiquitas 251. Quando facta diuisio quadrimembris. 2,7 258
Nationum Procuratores. 252, 287
Nationum diuisio in Prouincias. 288
Negationum vis in disputationibus scholasticis. 513
Nemausensis Concilii Canones 493
Neophyti Presbyteri vxorati. 415. eorum hæreses ibid
Nicetius Cantum alternum instituit Lugduni 64.
Nicolai Myrensis translatio in Apuliam. 480
Nicolai I. Papæ electio & mores. 177
Decreta contra Reges & Imperatores ibidem
Ignatium Patriarcham Constantinopol. deiicit, Photium collocat in sede 184
Nominalium origo 443. secta & opinio explicata. 444
Normani Galliam vastant. 171. iterum Lutetiam. 177. 207
Aureliam capiunt. 187
Iterum Andegauum capiunt 193. & tertio. 205.
Neustria illis datur ad habitandum. 205. 96.
Normanorum impia facinora 230. pietas in construendis Monasteriis. 297 514
Notgerus Episcopus Leodiensis vir doctus & pius. 319
Nuncii Vniuersitatis Parisiensis. 237
Magni Nuncii. 238
Magnorum numerus. 239. sodalitium. 240.
Parui 239. Paruorum numerus & officium ibidem.
Nundinales declamationes. 196
Nundinæ San-Dionysiacæ, ibid.

O

O Creatum insignia in Academia Oxoniensi. 227
Odilo Cluniacensis respuit Archiepiscopatum Lugdunensem 81. à Ioanne Papa reprehenditur ibid. qui vir. 413
Odo Rex seu prorex Francorum. 231
Odo Cluniacensis parisiis studet. 290
Odonis obitus 01. elogia. 303
Odonis Cardinalis Episcopi Ostiensis laudes à Baldrico Burguliensi conscriptæ. 476.
Odo laudatur ab amore poëseos ibid. eius in poëtica peritia. 478. fit papa. 480

Brunonis olim discipulus ibid Magistros sibi Consiliarios adsciscit ibid.
Odolricus Archiepiscopus Remensis. 318
Offæ Anglorum Regis & Caroli M. necessitudo. 112. & seq.
Offæ fundator scholæ Anglorum in Academia Rom. 136
Olbertus Gemmeticensis Parisiis studet. 345
Oppidanæ scholæ & Oppidani Magistri, 510.
Oratoris publici munus in Academia Oxoniensi. 226
Ordalium genus iudicii capitalis. 516
Ordo necessarius inter plures Magistros. 249.
Organorum vsus in Gallia. 157
Oscus Rhetor Massiliensis. 10
Otho III è schola Gerberti ad Imperium euocatus. 242
Othonis III. & Roberti Franciæ Regis amicitia & necessitudo mutua 354
Vxorem Mariam igne damnat. 340
Othonis III. obitus. 353
Otricus doctissimus Mathematicus. 319
Oxoniensis Academiæ institutio. 211
Classes variæ. 213. 214. Rhetor. 215

P

Palladia Ciuitas Tolosana. 39
Pallantis Euandri filii corpus inuentum. 414.
Palatium Regium Parisiense Schola dictum. 106
Palatii Comes quando sublatus. 196
Vbi situm. 107
Pallium Regium quale. 392
de Papæ potestate in Reges. 177. 178. 460. 46.
Papæ electio Imperatoria quando incepit. 414 quando sublata. 425
Quando Papæ cœperunt Academicos promouere. 380. 509
Paranymphorum celebritas. 391
Paranisum Paruis. 82
Parium Franciæ institutio. 391. dissertatio de institutione Parium 397. instituendorum causa 396. quot instituti ibid. & 399
Parium iudicia. 397
Pares ob feuda constituti. 398
Parium triplex potestas, ibid.
Parium quæ insignia. 399
Quare Pares dicti, ibid.
Pares in Curiis quoque Ducum & Comitum 397.
Parisiensis Ciuitatis amplitudo 99. laus. 207
Parlamentum Regium quale olim. 397. ex quibus constabat Consiliariis, ibid.
De partu B Virginis Quæstio celebris. 169
Paschalis Abbas Corbeiensis de Eucharistia 185.
Patera sacerdos Apollinis Beleni. 11.12
Patarini Presbyteri vxorati obstinati. 415
Patronorum seu Aduocatorum mores. 123

Paulus

Index Rerum & Verborum.

Paulus Aquileiensis. 141
Ornamenta pellium. 391
Pontici muris pellis. 391
Pellitæ vestes Vniuersitatis vnde. 291
Pelliti Principes, pellitus populus, ibidem.
Quando Ponticorum murium pellibus vsi primum sunt Reges. 391
Pergameni ius Rectorium. 197. 198
Petronius Massiliensis. 10
Petrus Damiani magnæ vir eruditionis 449.
Petrus Theologus contra Roscelinum ad Gaufridum Parisiensem Episcopum. 491
Petrus de Stellis Eremita. 534. 461
Phauorinus Arelatensis. 20. 21
Philippus 1. Rex inauguratur & fidei formulam edit. 418 à Papa reprehenditur quod viros Ecclesiasticos opprimat. 452. eiusdem diuortium à Bertha legitima coniuge & nuptiæ cum Berthrada. 483
Petit diuortium & nuptias approbari. 487. multa de diuortio illo. 488
Phocas Grammaticæ Regulas primus contraxit. 517
Phocenses Massiliæ conditores 16. litterarum professionem instituunt, vide supra Massilia. Bellatores. 17
Photius Patriarcha Alexandrin. ab Ecclesia Rom. discedit ob processionem Spiritus S. 187. deficiunt. 192
Pictauiensis schola. 55
Pigacia calceamenti genus quale. 532
Liber Pœnitentialis. 158
Præbendarum vænalitas. 497
Quæstio de Prædestinatione duplici. 179. qua de re habitæ sunt synodi plures, ibid.
Præfecturæ Prætorii quomodo diuisæ. 251
Prætoria singula multas complectebantur prouincias. 252
Pratum Clericorum. 234 exercitia Prati, ibidem.
A quo concessum Vniuersitati. 245. 246. querela Clericorum Parisiensium in Prato ludentium aduersus Monachos San Germano-Pratenses. 247. 314. Rector quotannis adibat Pratum. 248 quando conuersum in ædificia ibidem.
Presbyteri olim passim vxorati. 414
Contra Presbyteros vxoratos. 425
De Presbyterorum filiis, an possint ordinari 489.
Probatur posse. 490. 491. Ecclesia eos cum dispensatione admittit. 491
Primatus Galliarum. 204. 206
Primatus Angliæ, & de eo lis inter Archiep. Cantuariensem & Eboracensem. 448
Primatus Lugdunensis quando institutus. 454. Vnde & qua occasione. 455
Prisciani vsus in Vniuersitate Parisiensi antiquus. 517
Prisciani duplex opus, ibid.
Priscillianus & Priscillianistæ. 49
Priuilegia Vniuersitatem. 98. 155
Priuilegium duplex ibidem.
Priuilegiorum Vniuersitatis Parisi.

Conseruatores. 143. 144
Procuratores scholarum & nationum 75 in Academia Oxoniensi 216. 232. Parisiis ibidem.
Proæresius sophista. 48. 49
Professorum numerus in ciuitatibus Galliæ. 13.
Prouinciæ quando factæ hereditariæ. 395
Proscholi qui dicebantur 76. eorum officium ibidem.
Purpura violacea quare Regum propria. 400.
Rectori Vniuersitatis Paris. concessa, ibid. & 408.
Purpura Rectoria & Procuratoria. 161. 163

Q

Quæstiones Philosophiæ inutiles. 512. 513.
Quercus arbor sacra Gallis veteribus. 12
Quercus simulacra Deorum ibid. vnum è ligno Crucis Christi. 14
Querneus viscus. 13
Quindecim-Primi Massiliensis senatus 24

R

Rabanus Maurus 149. 150 eius obitus & epitaphium. 176
Rainardus Hugo Episcopus Lingonensis vir eloquens 454
Ratbodi Traiectensis genus, studia, obitus 291 300.
Racherius vir doctus, mores eius & dignitates 311. eius opera ibid
Rectorum Academiarum antiquitas. 69
Rector Acad. Oxoniensis. 224. 225.
Rector Vniuersitatis Paris. 157
Rectoria purpura. 162
Rectorum sigillum. 163
Rectoris nominatio perfecta à 4 Nationibus pendet absque villa confirmatione. 165. 168 278 è Nationibus assumitur quare. 164
Regem in Vniuersitate repræsentat 168. eius in omnibus Actibus Scholasticis præcessio 383. & seq. locus in Pompis & in Basilica B. Mariæ. 371. qui ordo in electione Rectoris. 385
Rectoriarum Supplicationum pompa. 388
Regentes vid. Magistri.
Regentium merces quanta 524 inæqualis 517 qualis apud veteres ibid.
Regimen Vniuersitatis. 249
Ad Regimen tria requiruntur, numerus Magistrorum, ordo & administratio. 249
Regulæ Grammatices quomodo olim traditæ metro-ne an prosa. 517
Reliquiæ San-Dionysianæ furto sublatæ. 228
Remensis Ecclesiæ priuilegium consecrandorum Regum. 174
Remensis scholæ institutio. 210
De Remensi Archiepiscopatu contentio. 307.

MMmm

Index Rerum & Verborum.

Remense Xenodochium. 174
Remigialia instituta à Leone IX. 415
Reprobationis formula in electionibus vsurpari solita. 356
Rex Francorum succedit, non eligitur. 228
Rheginonis historici laudes. 294
Rhenones genus vestis. 391
Richardus Remensis, scholæ Vvintoniensis institutor. 360
Robertus Comes Parisiorum Rex Franciæ factus. 301
Robertus Francorum Rex designatur. 317. lacte materno nutritus; at multa opera latinè componit. 369. eius amor in litteratos 510. moritur. 582. & ibi eius laudes commemorantur
Robertus Arbriscellensis è Britannia Parisios ad scholas venit, studet & docet 463. Canonicos Regulares instituit in Abbatia B. Mariæ de Roza agri Andegauensis 464. vide etiam p. 533. 534
Euocatur è scholis Parisiensibus ab Episcopo Redonensi. 483
Sacræ Crucis expeditionem concionando suadet. 449
Robertus Dux Normaniæ. 403
Roberti Diaboli mores. 457
Robertus Archiepiscopus Rothomagensis vxoratus. 404. expellitur. 378
Robertus Molismensis institutor Ordinis Cisterciensis. 402
Robertus Parisiensis Nominalium Antistes. 443.
Robur apud Gallos sacra arbor. 12
Rodbertus Ludouico Pio & Iudithæ fidelissimus. 167
Rodulphus Rex. 301
Rodulphus à Gregorio VII Imperator creatus deiecto Henrico. 461
Rodulphus Fuldensis 187
Rollonis ad Carnutensem vrbem mora. 295
Coniugium cum Gilla. 295. pietas. 297
Romæ status & mores. 459
Romscot tributum Anglicanum pro scholis Anglicanæ Nationis Romæ fundatis. 116
Rorico Episcopus Laudunensis doctissimus 321.
Roscelinus Compendiensis Nominalium coryphæus 443. errores spargit de Trinitate 485. de Presbyterorum filiis ibid. in synodo Suessionensi damnatur. 485. exulat in Anglia 489. Exosum se præstat omnibus Magistris 491. eius doctrina passim carpitur 492. 503. Iuonis Carnotensis Epistola ad Roscelinum de sua conuersione. 493. seriò pœnitentiam agit & religiosam vitam ducit in Aquitania, ibidem.
Rufus Rhetor Pictauiensis. 56

S

Sacrificia Druidarum. 12. 13
Salarium Magistrorum Regentium. 72
Salarium seu stipendium publicum ibid. & 515. 520. & seq.

Saluianus Massiliensis. 211
Samothes primus Rex Gallorum. 1
Samothei sacerdotes & Philosophi ibid.
Sarron Rex Gallorum Academiam instituit. 2
Satronidæ Philosophi. ibid
Saturninus Tolosanus ad aram Mineruæ sacrificare detrectat. 40
Scholæ Cœnobiales 80. maiores & minores, interiores & exteriores ibid. restrictæ & limitatæ 95.
Scholæ Episcopales 81. duplicis generis 96. limitatæ ibid. Presbyterorum seu Theologiæ. 151. 152. 280
Scholæ publicæ seu Vniuersitates, 66. 159. 178 quid differant à priuatis 97. priuatæ scholæ. 150
Scholæ Prouinciales 510. Oppidanæ ibid.
Schola Parisiensis ante Carolum M. 84. 85.
Schola Romana. 82
Schola Anglorum Romæ à quo instituta. 136.
Scholæ variæ. Aureliacensis 311. Aurelianensis. 3. 5. Beccensis. 121. Cantabrigiensis. 291 Ca notensis. 356. Floriacensis. 311. Fuldensis. 11 Hirsaugiensis. 311. Leodiensis 315. Lobiensis. 311 Purisiensis. 313. Remensis. 210 310.
Sorana Iudæorum & Pambedithana. 316
San-Gallensis. 15. 311
Salernitana Medicinæ professione celebris. 478. 479 Turonensis. 290. 407. vide pag. 510. & seq.
Scholares externi, conuictores & alimentarii seu Bursarii. 77
Scholarium duplex genus. 74. 77. eorum deductio ad scholas. 75. 76. quandiu morabantur in scholis. 513. discedentes Magistris gratias agebant. 328. 329
Scholares obsides. 15. 16
Scholarium ad studia proficiscentium securitas. 236
Scholarcha seu Præfectus scholæ. 80. 81. 82. 83.
Scholarchæ seu Scholastici munus. 271
Scriptores & Scriptorum officium. 142. raritas Scriptorum seu Authorum in decimo Christi seculo. 187
Seculum 10. infelix quamobrem raritas & infrequentia in 10. seculo. 228
Sedechias Caroli Calui Archiater venenum propinat. 202
Seguinus seu Seuinus Archiep. Senon. Ecclesiasticæ libertatis assertor. 353
Sergii Papæ virtutes. 171
Serui Vniuersitatis Paris. immunes, vt Magistri & scholares. 138
Seruilis sortis homines regimini inepti. 167. 168.
Seulfus ad Remensem Archiepiscopatum eligitur. 301
Sigillum Rectorium. 163. Vniuersitatis 278. Sigilli custos. 278.
Siluester Papa olim Gerbertus Aquitanus, moritur, 346. eius Epitaphium ibidem.
Statius Tolonensis Rhetor Gal. 10

Index Rerum & Verborum.

Stephanus Gallus Grandimontensium institutor. 538
Stipendium Vniuersitatis duplex. 241. publicum & certum. 530
Synodus Ecclesiæ Gallicanæ turbata ab Abbone Floriacensi. 340

T

TAranis. 11
Taurorum apud Gallos immolatio. 12
Tempestas in Monte-Martyrum prope Parisios 306
Templa Gallis nulla. 12
Templum Herculis. Musarum Romæ quale 18.
Templum Parisiense. vid. Ecclesia. Tolosanum. 40
Terentius Maurus author regularum metricarum. 517
Termarum descriptio. 62
Terentius varro Professor Narbonensis. 56.
Theobaldus Stampensis contra Roscelinum 486.
Theodericus Gemmeticensis Abbas Vticensis multos ad Religionem conuertit. 534
Theodoricus leges Ciuiles discit Tolosæ. 41
Theodulfus Episcopus de scholis Aurelianensibus. 150. vide in Catal.
Theologiæ studium in Palatinis scholis Parisiensibus 183. in Episcopalibus scholis. 173. 274.
Theologiæ scholasticæ origo. 345. 348. tres illius ætates ibid.
Theon Rhetor. 59
Theutates à Gallis olim cultus II. Theur & Thout quid sit, ibid.
Tiberius Victor Minetuius Professor Burdigalens. 47
Tirellus miles Vuillelmi II. Regis Anglorum interfector. 540. ab hoc crimine vindicatur, ibid.
Timuchi consilium. 61. apud Massilienses. 24.
Titianus Professor Vesontinus. 59
Tolosa quæ ciuitas. 39 Tolosana arx & ara ibidem. aurum Tolosanum fatale 39. Tolosa aurata quare sic dicta ibid.
Treuirensis schola celebris.
Turonensis scholæ celebritas.

V

VAtes sacerdotes veterum Gallorum. Versibus artes tradebant Druidæ.

Vetus mos tradendi versibus Disciplinas. 8
Vesontinæ scholæ celebritas. 59
Victoris II. Papæ electio improbata multis. 475.
Viscus Gallis sacer. 13. quo ritu decerpebatur ibid.
Vitalis author Monastici Ordinis. 533. 534.
Vniuersitatis Parisiensis fundatio. 91
Vniuersitates erigere ius Regium est. 98. Parisiensis in Palatio Regio collocata. 104. filia Regum. 106. eius fundatio probatur authoritate Scriptorum primi Seculi 100. & seq. Item authoritate Scriptorum 2. Seculi. 108. Item authoritate Scriptorum 3. Seculi. 109. Item authoritate Scriptorum 5. sæculi 111. Item authoritate Scriptorum 6. seculi. 113. Item authoritate scriptorum 7. Seculi. 115. denique authoritate Scriptorum 8. seculi ibidem.
Vniuersitatis nomen vnde 244. locus antiquus. 249. 104. regimen primæuum 249. Antiqua diuisio in Nationes. 251. Ordo in exequiis Regum 270. status in 1. seculo. eiusdem. in 2. seculo. 344. eiusdem in 3. seculo 310 celebritas sub Carolo Caluo 190. 191. initium celebritatis ad Carolum M. referendum. 511
An Vniuersitas sit corpus Ecclesiasticum, an Laicum 125
Vorienus Montanus; vide Montanus.
Vrbani II. mores & amor in litteratos. 509
Vvala Episcopus antissiodorensis vir scientia clarus 195
Vvaleranus Cantor Ecclesiæ Parisiensis Monachum induit apud S. Martinum Campensem, & ab Episcopo reuocatur ad officium Ecclesiasticum. 487
Vvetzilo Archiep. Moguntinus alumnus Vniuersitatis Paris. 475
Vvilgardus Italus Grammatices Professor hæreticus. 152
Vvillielmus Nothus Angliâ potitur 440. litteratos promouet, eximit à tributis. 480. eius tempore Normani in litteris excellunt 479. Clericos & scholares ab omni tributo liberos esse vult. ibid. obit. 480
Vvillielmus II dictus Rufus occiditur à suo Milite. 504
Vide ibi eius Epitaphium, & 505
Vvillielmi Rufi Anglorum Regis mores perstringuntur. 535
Lanfranci Epistola contra Berengarium. 454. eiusdem rationes contra argumenta Berengarianorum, ibid.

FINIS.

www.ingramcontent.com/pod-product-compliance
Lightning Source LLC
Chambersburg PA
CBHW050316240426
43673CB00042B/1423